U0895914

中国测绘地理信息年鉴

China Surveying, Mapping and Geoinformation Yearbook

2018

中华人民共和国自然资源部

中国地理位置图

中国地图出版社多圆锥投影（1983年）

比例尺 1:116 000 000 0 1160 2320 3480 4640千米

中国政区图

图例
首都
外国首都、首府
省级行政中心
地级市行政中心（外国重要城市同）
县级行政中心（外国一般城市同）
国界
未定国界
省、自治区、直辖市界
特别行政区界
地区界
军事分界线
山峰 关隘
珊瑚礁
长城
沙漠
常年河 时令河
运河 渠道
时令湖
淡水湖 咸水湖
井 泉
铁路
公路
双标准纬线等积圆锥投影 标准纬线25°、47°
哈萨克斯坦
吉尔吉斯斯坦
塔吉克斯坦
阿富汗
巴基斯坦
印度
尼泊尔
不丹
孟加拉国
缅甸
老挝
泰国
越南
蒙古
俄罗斯
新疆维吾尔自治区
西藏自治区
青海
甘肃
四川
云南
乌鲁木齐
拉萨
西宁
兰州
成都
昆明
比什凯克
伊斯兰堡
新德里
加德满都
廷布
达卡
内比都
万象
河内
塔里木盆地
塔克拉玛干沙漠
准噶尔盆地
古尔班通古特沙漠
柴达木盆地
青藏高原
巴丹吉林沙漠
腾格里沙漠
萨雷耶西克阿特劳沙漠
巴尔喀什湖
罗布泊
喀什
和田
伊宁
克拉玛依
吐鲁番
哈密
库尔勒
阿克苏
酒泉
嘉峪关
张掖
武威
格尔木
日喀则
林芝
昌都
那曲
攀枝花
丽江
大理
保山
临沧
普洱
玉溪
曲靖
雅安
乐山
绵阳
德阳
阿拉山口
吉隆
樟木
孟加拉湾
曼德勒
加尔各答
吉大港

比例尺　1：18 000 000

0　180　360　540　720 千米

▲ 2017 年 9 月 8 日，全国政协副主席罗富和（前左二）在国家测绘地理信息局局长库热西·买合苏提（前左三）的陪同下参观地理信息成果展。

▲ 2017 年 6 月 14 日，国土资源部党组书记孙绍骋（右二）在中国测绘创新基地参观测绘地理信息应急和地理国情监测等技术装备。

▲ 2017年1月10日，住房和城乡建设部部长陈政高（前左）与国家测绘地理信息局局长库热西·买合苏提（前右）在北京签署战略合作框架协议。

▲ 2017年8月30日，国家测绘地理信息局与黑龙江省人民政府在黑龙江省哈尔滨市签署战略合作协议，国家测绘地理信息局局长库热西·买合苏提（前右）和黑龙江省省长陆昊（前左）代表双方签字，黑龙江省委书记张庆伟（后左三）出席签约仪式。

▲ 2017 年 9 月 15 日，国家测绘地理信息局与浙江省人民政府在浙江省杭州市签署合作协议，国家测绘地理信息局局长库热西·买合苏提（左七）和浙江省省长袁家军（右六）出席签约仪式。

▲ 2017 年 5 月 16 日—25 日，国家测绘地理信息局局长库热西·买合苏提（前左）率团访问欧洲，并与挪威国家测绘局局长安娜·凯瑟琳·弗洛斯楚普（前右）签署合作协议。

▲ 2017 年 6 月 2 日，国家测绘地理信息局局长库热西·买合苏提（左四）在北京接见首届全国创新争先奖获得者陈军（左五）、唐新明（左二）、李英成（右三）。

▲ 2017 年 6 月 7 日，国家测绘地理信息局局长库热西·买合苏提（右）看望慰问百岁离休老干部李青。

▲ 2017 年 6 月 15 日，全国城市地理国情监测工作交流会在上海召开，国家测绘地理信息局局长库热西·买合苏提（左二）出席会议并参观地理国情监测专题展览。

▲ 2017 年 7 月 17 日，国家测绘地理信息局局长库热西·买合苏提（右）在北京会见新任联合国经济和社会事务副秘书长、外交部副部长刘振民。

▲ 2017 年 3 月，国家测绘地理信息局副局长李维森（左五）率团访问厄瓜多尔军事地理院。

▲ 2017 年 6 月 7 日，国家测绘地理信息局副局长、国务院第一次全国地理国情普查领导小组办公室常务副主任李维森出席新疆维吾尔自治区绿洲区域地理区情监测项目验收会并讲话。

▲ 2017 年 3 月 8 日，国家测绘地理信息局副局长宋超智（右二）为广西壮族自治区防城港市东兴市测绘地理信息局揭牌。

▲ 2017 年 12 月 6 日，测绘地理信息系统网站建设座谈会在广东省深圳市召开，国家测绘地理信息局副局长宋超智出席会议并讲话。

▲ 2017 年 6 月 10 日，国家测绘地理信息局副局长闵宜仁（左二）出席全国测绘地理信息系统第五届“天润科技杯”乒乓球比赛闭幕式，并为获奖选手及团体颁奖。

▲ 2017 年 8 月 22 日—31 日，国家测绘地理信息局副局长闵宜仁（右）率团到土耳其、约旦、阿联酋进行技术访问，并与土耳其国家测绘局签署《中国国家测绘地理信息局与土耳其国家测绘局关于技术合作的协议》。

▲ 2017 年 5 月 10 日，国家测绘地理信息局副局长李朋德（左）与云南省副省长刘慧晏分别代表双方在云南省昆明市签署《加强测绘地理信息工作 服务云南开放发展战略合作协议》。

▲ 2017 年 10 月 11 日，全国测绘地理信息科普教育基地授牌暨科普中国——让人人享有地理信息启动仪式在山东省青岛市举办，国家测绘地理信息局副局长李朋德（左四）参加启动仪式。

▲ 2017 年 1 月 25 日，国家测绘地理信息局与中央军委联合参谋部战场环境保障局在北京举行座谈会。

▲ 2017 年 2 月 28 日，全国应急测绘保障工作暨国家应急测绘保障能力建设项目实施启动会议在北京召开。

▲ 2017 年 4 月 24 日，国务院新闻办公室举行新闻发布会，国家测绘地理信息局、国土资源部、国家统计局、国务院第一次全国地理国情普查领导小组办公室联合发布第一次全国地理国情普查公报。

▲ 2017 年 4 月 27 日，新修订的《中华人民共和国测绘法》经第十二届全国人大常委会第二十七次会议表决通过。

▲ 2017年5月9日，国家测绘地理信息局在北京召开电视电话会议，对全系统学习宣传贯彻新修订的《中华人民共和国测绘法》进行部署。

▲ 2017年5月10日—12日，国家测绘地理信息局、联合国统计司在云南省昆明市联合举办联合国智慧城市与可持续发展国际研讨会。

▲ 2017 年 5 月 20 日，第二届全国青少年海洋测绘地理信息文化周活动在山东省青岛市中华人民共和国水准零点文化广场开幕。

▲ 2017 年 5 月 27 日，国家测绘地理信息局召开新闻发布会，宣布全国卫星导航定位基准服务系统建成启用，国家现代测绘基准体系基础设施建设一期工程竣工。

▲ 2017 年 11 月 16 日，全国测绘地理信息质量工作会议在北京召开。

▲ 2017 年 11 月 21 日，陕西测绘地理信息局建局 60 周年座谈会在陕西省西安市召开。

▲ 2017 年 12 月 15 日，首届联合国世界地理信息大会指导委员会第一次会议在北京召开。

▲ 2017 年 12 月 26 日，全国测绘地理信息工作会议在北京召开。

▲ 2017 年 5 月，长春五度空间数据有限公司测绘队员在长春地铁 1 号线施工现场监测地表沉降情况。

▲ 2017 年 6 月 24 日，测绘地理信息工作人员紧急为四川省茂县山体垮塌提供应急测绘保障。

▲ 2017 年 9 月，在黑龙江省肇东市资源三号 01 星检校现场，国家测绘地理信息局卫星测绘应用中心组织相关单位开展地面靶标航拍及控制点采集。

▲ 2017 年 10 月 10 日，广东省国土资源测绘院技术人员在广东省清远市开展基础性地理国情监测项目的外业调查与核查工作。

《中国测绘地理信息年鉴》编纂委员会

《中国测绘地理信息年鉴》协调员

协　　调　　员（按姓氏音序排列）

陈俊余	陈晓丽	程　忠	甘培喜	韩启香
贺建红	焦　龙	金志东	李建伟	李迎春
李育松	梁鸿彰	林良光	刘　静	刘晓敏
吕　晗	毛忠民	桑长海	施建勇	施远志
石卫方	王宽苏	王清霞	王　涛	王文忠
席　德	徐　驰	徐广茂	杨世军	张治清
左永军	左　志			

《中国测绘地理信息年鉴》编辑部

编 辑 说 明

根据2018年3月17日第十三届全国人民代表大会第一次会议通过的《国务院机构改革方案》，国家测绘地理信息局的职责划入新组建的自然资源部，不再保留国家测绘地理信息局。为适应机构改革形势需要，《中国测绘地理信息年鉴2018》（以下简称年鉴）的组织编纂单位调整为中华人民共和国自然资源部。年鉴主要记述测绘地理信息行业2017年内对国家经济建设和社会发展有重大影响的事件、活动、成果和重要统计资料等内容，除部首彩页外，设有综述，特载，行政管理工作，直属单位、社团组织和院校工作，地方工作，测绘资质单位工作，法律法规，公告，大事记，统计资料，插页，附录等12个栏目。

年鉴内容由原国家测绘地理信息局机关各司室、所属各单位，各省、自治区、直辖市及计划单列市、新疆生产建设兵团测绘地理信息主管部门，部分甲级测绘资质单位，有关测绘地理信息社团，有关测绘地理信息院校等提供。部首彩页由中国测绘宣传中心和有关测绘地理信息单位提供。年鉴中的地图由中国地图出版集团提供。根据国家有关规定，年鉴未收录我国香港特别行政区、澳门特别行政区和台湾省的资料。

2018年9月

Acknowledgements

In accordance with The Institutional Reform Plan of the State Council adopted at the first session of the 13th National People's Congress (NPC) on March 17th, 2018, National Administration of Surveying, Mapping and Geoinformation of China (NASG) has been dismantled with its mandates assumed by the newly - established Ministry of Natural Resources of the People's Republic of China (MNR). In compliance with the institutional reform, the 2018 Yearbook on Surveying, Mapping and Geoinformation of China, hereinafter referred to as the Yearbook, was compiled by MNR. The Yearbook records the major events, activities, outcomes and important statistics in the sector of surveying, mapping and geoinformation that are of significance to national economic development and social progress in 2017. Besides the front color pages, it includes twelve parts such as summary, highlights, work of administrative management, work of sub - institutions, societies, associations and academies, local work, work of qualified surveying and mapping units, laws and regulations, public announcements, chronicle of events, statistics, insets and appendix.

The contents of the Yearbook are provided by the former NASG departments and sub - institutions, surveying, mapping and geoinformation departments of provinces, autonomous regions, municipalities directly under the State Council, cities with independent planning status, and Xinjiang Production and Construction Corps, some Class A licensed surveying and mapping enterprises, relevant societies, and universities of surveying, mapping and geoinformation. The front color pages are provided by China Surveying and Mapping Publicity Center, and other relevant surveying and mapping units. Maps in the Yearbook are provided by SinoMaps Press. Statistics of the Hong Kong and Macao Special Administrative Regions and Taiwan Province of China are not included in the Yearbook in accordance with relevant national regulations.

September, 2018

目　录

特　载

行政管理工作

直属单位、社团组织和院校工作

地方工作

测绘资质单位工作

法律法规

公　告

大　事　记

统计资料

附　录

Table of Contents

Highlights

Work of Administrative Management

Work of Sub - institutions, Societies, Associations and Academies

Local Work

Work of Qualified Surveying and Mapping Units

Laws and Regulations

Announcements

Chronicle of Events

Statistics

Appendix

综　述

2017 年，测绘地理信息行业全面贯彻党的十九大精神，深入学习贯彻习近平新时代中国特色社会主义思想，推动测绘地理信息事业迈上新台阶。2 月 28 日，国家应急测绘保障能力建设项目全面实施。4 月 24 日，全国第一次地理国情普查工作和公报发布会在国务院新闻办公室新闻发布厅举行。4 月 27 日，国家主席习近平签署第 67 号主席令公布修订后的《中华人民共和国测绘法》。5 月 27 日，全国卫星导航定位基准服务系统正式启用。8 月 21 日，全覆盖排查整治“问题地图”专项行动全面启动。同日，国务院总理李克强签批同意举办首届联合国世界地理信息大会。

学习宣传贯彻党的十九大精神

党的十九大召开前，国家测绘地理信息局开展了“砥砺奋进的五年”主题系列宣传，3 项工作成果载入《党的十八大以来大事记》。党的十九大召开后，国家测绘地理信息局党组制定了《关于学习宣传贯彻党的十九大精神的意见》，通过收看专题辅导报告会、主要领导接受中央媒体采访、党组成员到分管单位或部门宣讲十九大精神、交流研讨、举办培训班等形式深入开展学习宣传贯彻，不断深化对党的十九大精神，特别是对习近平新时代中国特色社会主义思想的理解和认识。12 月下旬，在全国测绘地理信息工作会议上，以习近平新时代中国特色社会主义思想为指导，全面谋划了学习贯彻党的十九大精神的测绘地理信息篇，明确提出了必须切实肩负起新时代赋予测绘地理信息工作者在服务经济建设、国防建设、社会发展、生态保护和维护国家地理信息安全的新使命，系统部署了谱写新时代测绘地理信息事业发展新篇章的重点任务。通过深入学习，全国测绘地理信息系统广大党员干部坚决自觉维护习近平同志党中央的核心、全党的核心地位，坚定自觉维护党中央权威和集中统一领导，决心以习近平新时代中国特色社会主义思想为指导，开启建设测绘地理信息现代化强国的新征程。

测绘地理信息法治建设迈出重大步伐

新修订的《中华人民共和国测绘法》自 2017 年 7 月 1 日起施行，体现了党中央对于新形势下测绘地理信息工作服务国家改革发展大局新的更高要求，进一步明确测绘地理信息部门维护国家安全的重要职责。国家测绘地理信息局加快推进《中华人民共和国测绘法》配套法规制修订，国土资源部出台《地图审核管理规定》。国家测绘地理信息局扎实推进“放管服”改革，积极推行“双随机一公开”抽查，基本建立行业信用体系。加强卫星导航定位基准站建设和安全应用的监督管理，会同有关部门在全国开展全覆盖排查整治“问题地图”专项行动，加强互联网地图监管，认真做好保密和网络安全工作，依法查处测绘地理信息违法行为，深入开展国家版图意识宣传教育，切实维护国家地理信息安全。

第一次全国地理国情普查任务圆满完成

在第一次全国地理国情普查领导小组统一领导下，在有关部门和各级政府的大力支持下，国家测绘地理信息局组织完成了中华人民共和国成立以来第一次全国地理国情普查任务，首次取得了我国全覆盖、无缝隙、高精度的地理国情普查成果，系统掌握了我国“山水林田湖草”等地表自然资源要素和人工设施现状及其空间分布情况，全面摸清了我国地理国情家底，创新形成了一系列数据成果、技术标准和科技成果。经国务院批准同意，《第一次全国地理国情普查公报》等普查成果向社会发布。坚持“边普查、边监测、边应用”，国家测绘地理信息局组织开展了海南省“多规合一”信息化平台建设、全国海岸带开发利用变化监测、南水北调中线工程水源地环境动态监测等100多项地理国情监测试点，取得了一批重要监测成果。普查和监测成果在“多规合一”、精准扶贫、领导干部自然资源资产离任审计、不动产登记、农村土地确权、国土空间用途管制、土地利用和管理督察、打击违法用地违法建设专项行动、国有重点林区森林资源监测和国家重大国情国力调查等工作中发挥重要作用，得到国务院领导的充分肯定。

测绘地理信息供给侧结构性改革扎实推进

国家现代测绘基准体系基础设施建设一期工程顺利完成，建成了覆盖全国、兼容北斗、三维动态的全国卫星导航定位基准服务系统，向社会提供厘米级实时导航定位服务。优于1米的高分辨率遥感影像基本覆盖了我国陆地国土，基础航空摄影达到700多万平方千米；1:1万基础地理信息数据覆盖60%的陆地国土，大比例尺基础地理信息数据覆盖大部分城镇地区；资源三号卫星影像全球覆盖面积累计约9350万平方千米；极地测绘成果不断填补空白。国家级基础地理信息数据库完成定期更新，并向适时更新转型。积极推进新型基础测绘建设试点，探索基础测绘新的技术体系、产品形式、生产方式和应用模式，不断提高地理信息资源供给能力和水平。

测绘地理信息保障服务成效显著

围绕“一带一路”建设开展全球地理信息资源建设，获取部分沿线国家及重点区域586万平方千米地理信息，并开展中欧铁路通道建设位置服务等应用示范，为“一带一路”建设和我国掌握全球资源布局、参与全球治理、维护国家安全提供基础保障。围绕雄安新区建设，编制雄安新区测绘地理信息八年行动计划，主动为新区规划和建设提供保障服务。国家地理信息公共服务平台“天地图”功能不断完善，数字城市建设正在向智慧城市升级，应用成效日益显现。发挥行业优势，主动助力精准扶贫、精准脱贫。国家应急测绘保障能力建设项目全面启动，应急测绘纳入国家突发事件应急体系和国家综合防灾减灾工作体系，并在九寨沟地震等各类突发事件应对中提供高效保障。推动地理信息与新技术、新产业加速融合，地理信息通过分享经济惠及大众，地图创意产品不断涌现，地理信息产业保持高速发展。努力推动地理信息大数据资源整合与共享，积极推进国家测绘地理信息局与国土资源部的业务协作，与住建、气象等部门和云南、黑龙江、浙江等省政府签署战略合作协议。推进测绘地理信息领域的军民融合发展，测绘军民融合示范项目正式立项实施。

测绘地理信息科技创新和对外合作成果丰硕

国家测绘地理信息局修订《国家测绘地理信息局工程技术研究中心管理办法》《国家测绘地理信息科技出版资金管理办法》等多项制度，围绕“天地一体化信息网络工程”专项合作推进地面信息港建设，成立京津冀地理信息科技创新联盟，完善国际联合研究中心等平台建设，2项科技成果获年度国家科技进步奖。测绘地理信息标准体系不断完善，《测绘标准体系（2017修订版）》颁布，中国主导的第2项国际标准即将发布出版。国际合作深入开展，国务院批准首届联合国世界地理信息大会在中国举办，第二期“中国及其他发展中国家地理信息管理能力开发”项目批准立项，对外援助巴基斯坦项目取得实质性进展，援助尼泊尔、老挝等项目积极推进。

测绘地理信息系统党的建设呈现新气象

国家测绘地理信息局认真落实全面从严治党各项要求，完成局系统贯彻落实中央全面从严治党要求检查。严明政治纪律和政治规矩，推进“两学一做”学习教育常态化制度化。制定具体举措，严格落实中央八项规定精神，坚决反对“四风”。深入学习贯彻中纪委全会和国务院廉政工作会议精神，召开全系统电视电话会议部署工作，并印发实施意见和责任分工。坚持开展经常性廉政教育，认真抓好党内有关准则、条例的学习贯彻。准确把握运用监督执纪“四种形态”，实现对全局所属单位领导班子和机关各司室的巡视全覆盖。成立国家测绘地理信息局意识形态工作领导小组，分管局领导带队开展专项督查。坚持正确选人用人导向，统筹推进各类人才队伍建设，大力弘扬“工匠精神”。充分利用传统媒体与新兴媒体，测绘地理信息宣传工作持续有力。

特　　载

重要批示

李克强总理对测绘地理信息工作的重要批示。（批示内容略）

张高丽副总理对测绘地理信息工作的重要批示。（批示内容略）

重要文献

环境保护部办公厅 国家测绘地理信息局办公室关于应用测绘地理信息共同推进生态保护红线划定有关工作的通知

环办生态函〔2017〕817 号　2017 年 5 月 26 日

各省、自治区、直辖市环境保护厅（局）、测绘地理信息主管部门，新疆生产建设兵团环境保护局、测绘地理信息主管部门：

为贯彻落实中共中央办公厅、国务院办公厅《关于划定并严守生态保护红线的若干意见》，环境保护部联合国家测绘地理信息局，共同推进各地划定并严守生态保护红线有关工作，形成生态保护红线全国“一张图”。现将有关要求通知如下：

一、各地环境保护部门要主动将测绘地理信息部门纳入生态保护红线管理协调机制，明确部门责任和任务分工，建立部门间需求对接、业务协同、信息共享、开发应用等合作机制，强化地理国情监测与划定并严守生态保护红线的有效衔接，充分发挥测绘地理信息部门在地理空间信息服务方面的优势，确保生态保护红线管理工作优质高效开展。

二、各地测绘地理信息部门要加强组织领导、协调配合，深入了解生态保护红线划定的技术要求和信息需求，基于第一次全国地理国情普查成果及基础地理信息数据，为生态保护红线划定构建统一的地理空间数据基础，并在划定方案制定、空间基准转换、工作底图编制、界线划定、勘界定标、质量控制、数据定制加工处理和成果审核等方面，为生态保护红线划定工作提供及时有效的服务。

三、充分发挥地理国情监测、国家地理信息公共服务平台的作用，探索开展生态保护红线监测的技术方法，推动健全完善生态保护红线综合监测网络体系以及评价考核机制。各地测绘地理信息部门要建立绩效评价和反馈机制，按需扩展细化地理国情监测内容指标，做好地理国情监测数据的深度开发，为生态保护红线管理提供持续的数据支撑和技术支持。

四、各地环境保护部门与测绘地理信息部门要建立协调推进工作机制，统一数据基础，统一比例尺，统一坐标，推进生态保护红线划定、成图、落地勘界，确保基础数据一致性、图件准确性和成果科学性。

五、各地在划定并严守生态保护红线有关工作中，要严格按照国家保密规定的有关要求，做好涉密数据的存储、管理与使用，确保信息安全。

关于进一步做好当前防灾减灾救灾应急测绘保障工作的通知

国测办发〔2017〕40号　2017年7月11日

各省、自治区、直辖市测绘地理信息主管部门，局所属各单位，机关各司（室）：

今年6月以来，我国北方和江南、华南等地出现多次强降雨天气过程，造成部分地区洪涝、风雹、崩塌、滑坡、泥石流等灾情持续发展，尤其是湖南、浙江、广西等地长时间降雨造成洪涝灾害，人民生命财产遭受严重损失。对此，习近平总书记、李克强总理等党中央国务院领导高度重视，专门作出重要指示批示，要求切实加强各类灾害防范和安全生产工作，排查各种隐患，确保人民群众生命财产安全。为认真贯彻党中央国务院决策部署，落实《国家减灾委员会关于认真贯彻落实习近平总书记李克强总理重要指示批示精神进一步做好当前防灾减灾救灾工作的紧急通知》（国减电〔2017〕2号）要求，切实做好当前应急测绘保障工作，现就有关事项通知如下：

一、提高认识，切实加强应急测绘保障工作组织领导

各地各单位要认真学习贯彻中央领导的批示指示精神，站在维护社会和谐稳定和人民生命财产安全的高度，把防灾减灾救灾应急测绘保障作为当前的一项重要任务，充分认识加强应急测绘保障服务的重要性和必要性，进一步增强工作紧迫感和责任感，高度重视、加强领导，切实抓紧抓好抓实。要严格落实一把手负总责、分管领导亲自抓的应急测绘工作责任制，加强组织领导，提前安排资料、装备、人员、通信和后勤保障等，实行值班制度，尤其要安排好暑期休假期间的值守，确保发生应急事件第一时间人员到岗到位。

二、强化沟通，配合做好灾情监测预警和隐患排查

各地各单位要主动与本地区的党委政府、应急管理组织机构和防汛救灾应急指挥机构等沟通联系并保持信息畅通，积极作为、主动服务、确保实效。要密切关注雨情、汛情、泥石流、滑坡等各种自然灾害的发生发展趋势，积极参与会商研判，充分发挥测绘地理信息资源优势、技术优势和人才队伍优势，配合开展灾害监测预警和隐患排查，为灾情研判、处置决策和应对部署等提供准确、翔实的科学依据。要继续推进军地、部门间应急测绘保障联动协作机制建设，逐步形成优势互补、资源共享、协同响应的应急保障体系。

三、未雨绸缪，着力做好应急测绘保障准备

各地各单位要根据当前防汛减灾救灾形势，科学研判、超前部署，针对本地区多发易发自然灾害的类型、特点和时间，提前收集、整理重点防范地区的各类专题信息和地理信息资源，有针对性地组织研发各种专题测绘产品和地理信息系统。要结合现有生产设备情况，提前检测、有效整合，确保各类应急设备随时能用、及时到位。要进一步加强应急测绘人才队伍建设，明确岗位、职责和任务，强化培训和演练。

四、主动作为，及时提供应急测绘保障服务

一旦灾情发生，各地各单位要立即启动应急保障预案，开通成果提供绿色通道，及时制作提供应急专题地图。要根据实际需求和灾情进展，开展航摄获取、实地测绘、数据处理、加工制作和分析评估，为抢险救灾、群众转移安置、次生灾害防范和灾后恢复重建提供及时可靠的测绘地理信息服务。有条件的地区，可在天地图省市级节点发布能公开使用的专题地图，方便社会公众的查询利用。

五、总结经验，不断提升应急测绘保障服务水平

各地各单位要对每一次应急测绘保障工作进行

认真总结，摸索规律、积累经验、分析不足、及时改进。要结合本地区本单位国家应急测绘保障能力建设项目单项工程的组织实施，在科技创新、装备改善、队伍建设、能力提升、机制建立上下功夫，不断提升应急测绘保障水平，更好地提供应急测绘保障服务。

国务院第一次全国地理国情普查领导小组办公室 国家测绘地理信息局关于表彰第一次全国地理国情普查先进集体和先进个人的决定

国测发〔2017〕11号 2017年9月19日

各省、自治区、直辖市第一次全国地理国情普查领导小组办公室，各省、自治区、直辖市测绘地理信息主管部门，国家测绘地理信息局所属各单位：

第一次全国地理国情普查是国务院部署的重大国情国力调查，在党中央、国务院的坚强领导和地方各级党委、政府及有关部门的大力支持下，全国各级普查机构和5万多名普查人员全面贯彻党的十八大和十八届三中、四中、五中、六中全会精神，深入学习贯彻习近平总书记系列重要讲话精神，紧密围绕国务院部署要求，大力弘扬“热爱祖国、忠诚事业、艰苦奋斗、无私奉献”的测绘精神，勇担使命，攻坚克难，历时三年圆满完成第一次全国地理国情普查，首次全面查清了我国地理国情家底，为经济社会发展和生态文明建设提供了有力保障，作出了重要贡献，涌现出一大批先进集体和先进个人。

为表彰先进，弘扬正气，进一步激发全国测绘地理信息系统广大干部职工的积极性、创造性，持续推进常态化地理国情监测，努力推动测绘地理信息事业转型发展，国务院第一次全国地理国情普查领导小组办公室、国家测绘地理信息局决定，授予北京市测绘设计研究院地理国情普查实施工作办公室等40个集体“第一次全国地理国情普查先进集体”荣誉称号；授予王淼等60名同志“第一次全国地理国情普查先进个人”荣誉称号。希望受表彰的先进集体和先进个人把荣誉作为新的起点，谦虚谨慎，戒骄戒躁，再创佳绩，更好地发挥先进典型的模范作用。

全国测绘地理信息系统各单位和广大干部职工以及地理国情监测工作者要以受表彰的先进集体和先进个人为榜样，更加紧密地团结在以习近平同志为核心的党中央周围，高举中国特色社会主义伟大旗帜，求真务实，团结拼搏，按照“五位一体”总体布局和“四个全面”战略布局，坚持创新、协调、绿色、开放、共享的发展理念，大力实施“加强基础测绘、监测地理国情、强化公共服务、壮大地信产业、维护国家安全、建设测绘强国”事业发展战略，努力开创测绘地理信息工作新局面，为全面建成小康社会、实现中华民族伟大复兴的中国梦作出新的更大的贡献！

附件：1. 第一次全国地理国情普查先进集体名单（略）
2. 第一次全国地理国情普查先进个人名单（略）

关于印发《测绘标准体系》（2017修订版）的通知

国测办发〔2017〕143号 2017年9月21日

各省、自治区、直辖市及计划单列市、新疆生产建设兵团测绘地理信息主管部门，国务院有关部门，局所属有关单位，有关高校、科研单位，有关企事业单位：

为进一步满足测绘地理信息事业发展对标准化的需求，做好测绘标准的制修订工作，提高测绘标准的科学性、协调性和适用性，根据《测绘地理信息标准化“十三五”规划》的有关要求，国家测绘地理信息局在2009年发布的《测绘标准体系》的基础上，组织修订了《测绘标准体系》（2017修订版），现予印发实施，请认真遵照执行。

测绘标准体系（2017修订版）

前　言

《测绘标准体系（2017修订版）》（以下简称本体系）按照《测绘地理信息标准化“十三五”规划》的要求，根据测绘事业转型、升级和发展对标准化的需求，在2009版《测绘标准体系》的基础上经进一步补充和完善形成。本体系明确了当前测绘领域国家、行业标准的内容构成，为信息化测绘生产、管理与服务提供全面的标准支撑，满足测绘作为基础性、公益性事业对标准化的需要。地方、团体和企业标准是国家和行业标准的细化补充，应在执行国家和行业标准规定基础上，结合实际需要规定国家和行业标准不宜涉及、无法统一和适宜在其领域内规定的具体标准化内容，并与国家、行业标准衔接配套。本体系作为测绘标准化建设的重要依据和支撑，对强化测绘标准计划与管理，统筹和指导测绘标准制修订工作，进一步提高测绘标准的系统性、协调性和适用性具有十分重要的意义。

本体系是目前和今后一段时间内测绘国家标准、行业标准制定与修订的指导性文件，今后对测绘标准项目提案的提出与受理、立项审批及标准审查等，将主要依据本标准体系的内容和要求执行。

本体系由测绘标准体系框架和测绘标准体系表构成，并从信息化测绘技术、事业转型升级和服务保障需求出发，兼顾现行测绘国家标准和行业标准情况，以测绘标准化对象为主体，按信息、技术和工程等多个视角对测绘标准进行分类和架构，共包含“定义与描述”“获取与处理”“成果”“应用服务”“检验与测试”和“管理”共6大类36小类标准，每一个小类标准包含若干国家标准或行业标准。6大类标准之间相互关联，从而构成一个覆盖整个测绘领域的结构化、系统性和可扩展的标准体系。

本体系描述了6大类36小类标准约束与应用范围，并在各小类标准下根据当前技术水平和未来发展需求，以标准化对象和各标准的主要内容与适用范围为主要依据，提出了除目前已发布和正在制定标准之外需制定标准的方向。本体系根据GB/T 13016《标准体系编制原则和要求》对各标准大类、小类和具体标准进行了统一编号。

本体系具备动态性和可扩充性，将随着测绘技术的发展和标准化需求的变化不断进行调整、补充和完善。

一、测绘标准体系主要变化

本体系与2009版《测绘标准体系》相比，除编辑性修改外主要变化如下：

（一）对测绘标准体系框架的目的和作用进行了归纳说明。

（二）按新修订的《中华人民共和国测绘法》所涉及内容梳理标准分类。对测绘标准化对象的分类进行了说明，介绍标准体系中标准类划分和标准体系框架构建所采用的视角。

（三）对测绘标准体系框架的结构与分层，各层内容与共性特征进行了总结和描述。

（四）测绘标准体系框架在继承2009版《测绘标准体系》基础上，根据当前测绘标准化现状、信息时代技术发展、测绘事业转型升级和服务保障需求对标准大类、小类进行了修订和完善，由原来的5大类32小类修订为6大类36小类标准，具体变化如下：

1. 将原“成果与服务”大类拆解为“成果”“应用服务”两个大类；

2. 在原“定义与描述”大类中增加“元数据”小类；

3. 在原获取与处理大类中将“航空航天摄影、摄影测量和遥感测绘”小类合并为“摄影测量与遥感”小类，将“地籍测绘”改为“不动产测绘”，将“数据库建设”小类改为“数据库”小类并归入成果大类，删去了原“其他”小类；

4. 新设的“成果”大类进一步划分为“遥感数据成果、基础地理信息成果、基础地理国情监测成果、基本比例尺地形图、公众版测绘成果、数据库、其他成果”7小类；

5. 新设的“应用服务”大类进一步划分为“导航与位置服务、应急测绘服务、地理国情监测、智慧/数字城市、全球地理信息资源建设和其他应用服务”6小类；

6. “检验与测试”大类由原来“质量元素、成果与产品检验、一致性测试、仪器检验、软硬件与环境测试”的小类划分体系重新修订为“成果检验、仪器检验、系统与软件测试、检验环境”小类；

7. “管理”大类中删除了原“认证管理”小类，增加了“安全管理”小类，并将原“归档管理”小类改为“文档管理”小类。

（五）对标准体系表进行了修订，补充了近年来新制定的标准，修改了修订标准的标准编号等信息，删除了已废止或被代替的标准。

（六）标准体系表中增加“标准状态”栏，说明标准处于“已发布”“制定中”或“待制定”状态。其中“已发布”“制定中”状态的标准注明名称和等级，“待制定”状态的标准仅列出标准化方向或标准类，未列出具体标准名。

（七）为指明测绘标准适用性、方便测绘单位应用，在标准体系表中增加“标准主要应用领域”栏。同时将测绘标准应用分为“基础测绘（简称“JCCH”）、新型基础测绘（简称“XJCH”）、航空航天遥感测绘（简称“HYCH”）、导航与位置服务（简称“DHFW”）、应急测绘（简称“YJCH”）、全球地理信息资源建设（简称“QQJS”）、地理国情监测（简称“DLGQ”）、智慧/数字城市（简称“ZHCS”）、其他应用服务（简称“QTFW”）9个应用领域，说明“已发布”“制定中”和“待制定”标准所适用的领域。

二、测绘标准体系框架与说明

（一）目的作用

测绘标准体系框架基于一定视角描述测绘标准体系的组成要素和层次结构关系，从宏观角度反映测绘领域标准化范围，确定测绘标准对象、内容和架构，说明测绘领域内标准对象结构、分类体系与关系，使测绘领域内的标准科学、有机地组织在一起。测绘标准体系框架既是测绘领域内标准关系的描述，也是测绘标准体系的概括，对测绘标准化工作具有普遍约束和指导作用。测绘标准体系框架对于指导、组织和协调测绘标准化工作，进行测绘标准化信息交流方面的作用不可或缺。

（二）构建方法

测绘标准化对象错综复杂、相互交织，在标准化对象分解和标准体系框架结构描述中基于结构化思想，按照系统化、模块化、动态化理念要求，明确测绘领域内各标准化对象的目标，并将目标分解成下一层更具体的任务。测绘标准体系框架构建从信息、工程、企业、计算、技术等五个视角，按照各标准化对象所适应的视角进行划分，具体包括：

1. 信息视角。基于信息需求、信息语义和信息处理过程，关注信息概念架构，即模型化。本体系框架按信息视角划分和构建了第一层标准大类。同时，定义与描述、成果大类也按信息视角划分和构建下一层标准小类。

2. 工程视角。基于基础设施体系实现，关注一个体系如何分配信息到组件上，怎么实现。本体系框架第一层标准大类划分和构建时局部采用了工程视角。

3. 企业视角。基于工作目的、范围和政策，描述体系及功能实现所涉及问题。本体系框架中应用服务类、检验与测试、管理大类标准按企业视角划分和构建下一层标准小类。同时，获取与处理类部分小类采用企业视角划分。

4. 计算视角。基于功能的分解，关注信息的组件、接口与交互规则描述。本体系框架应用服务大类标准划分和构建下一层标准小类时参考了计算视角。

5. 技术视角。基于技术实现，关注信息获取、处理与应用中所需技术和软、硬件组成。本体系框架获取与处理标准大类主要按技术视角划分和构建了下一层标准小类。

（三）测绘标准体系框架

测绘标准体系框架采用自上而下的层次结构，结合测绘生产、管理、应用服务和技术方法对标准化的需求，对测绘事业所涉及的标准化对象进行抽象、归纳、划分与构建。测绘标准体系框架由两层构成，各层所描述标准化对象按照明确视角划分，内容由标准化需求、分类方法与范围确定。

测绘标准体系框架中的“相关标准”由与测绘相关的地理信息类、信息技术类、专业信息类、标准化管理类和质量管理类等基础、通用性标准及专业技术类标准构成。由于这部分标准的编制、审批、编号、发布、归口和管理等工作在相应行业，本体系仅描述了这部分标准对象，不再列出具体的标准名称和标准编号。“工程测量”类标准除国家标准外还包括国民经济建设各部门根据其特殊需要制定的面向专用测绘的行业标准，本体系列出部分具体标准的名称和编号。

测绘标准体系框架第一层面向测绘业务活动，包含测绘领域生产、技术、成果、服务和管理等各方面。该层以信息视角为主，并局部采用工程视角对测绘标准进行描述、划分和构建，包含信息定义与描述、获取与处理、成果、应用服务等从信息产生到服务过程所涉及的标准化对象，以及实现这个过程所需的相关检验与测试和管理类共6大类标准。第一层划分所形成的标准大类完整描述了测绘标准化领域，覆盖了整个测绘活动过程，并具有较强的稳定性。测绘标准体系框架第一层各大类标准的作用和特征如下：

1. 定义与描述大类标准为测绘提供基础性、公共性描述，确保信息的互联互通和一致理解，促进信息融合、共享和使用。该大类标准可以作为其他标准的基础和依据，具有普遍指导意义。

2. 获取与处理大类标准为满足特定要求，对测绘生产所采用技术方法、途径等需要协调的事项进行规范统一，以满足连续、重复使用要求的通用性标准。该大类标准规定测绘过程中的技术要求、参数和程序，支撑测绘成果按技术规范高效生产，可作为其他标准的基础和依据。

3. 成果类标准是测绘成果生产、使用和维护中需遵守技术准则、要求方面的专用标准。该类标准描述测绘成果的结构、规格、质量等技术指标，以保证测绘成果的规范性。

4. 应用服务类标准是测绘应用服务对象定义与描述、技术要求与流程、成果内容与指标、服务运行等方面进行规范的专用标准。该类标准为测绘应用服务提供支撑。

5. 检验与测试类标准为验证测绘生产、成果和应用服务是否满足确定准则，对成果、仪器设备、软件和环境进行检查和验收的通用或专用标准。检验与测试类标准提供质量要求、检测内容与方法、质量评定等。

6. 管理类标准是为保障测绘工作的协调运行和顺利实施，以测绘管理领域共性因素为对象所制定的通用标准。管理类标准提供测绘项目、成果、文档和安全方面的管理手段和措施，是测绘生产、管理和维护的重要保障。

测绘标准体系框架第二层是在标准大类的基础之上，采用适合视角进行抽象划分形成的标准小类。各标准大类抽象划分视角及所形成的标准小类如下：

1. 定义与描述类标准基于信息视角，针对标准化需求、目的和范围，按照语义、表达等概念架构构建，包含术语、参考系、分幅编号、分类与代码、数据字典、元数据、地图图式和地名译音共8小类标准；

2. 获取与处理类标准划分以技术视角为主，部分小类采用企业视角，基于信息获取处理所需测绘专业技术领域组成，以及获取处理目的和范围进行构建，包含大地测量、摄影测量与遥感、地图编制与印刷、海洋测绘、不动产测绘、界线测绘和工程测量共7小类标准；

3. 成果类标准基于信息视角，按测绘成果内容和分类架构构建，包含遥感数据成果、基础地理信息成果、基础地理国情监测成果、基本比例尺地形图、公众版测绘成果、数据库、其他成果共7小类标准；

4. 应用服务类标准基于企业视角，按测绘专题应用服务的方式和类型进行构建，包含导航与位置服务、应急测绘服务、地理国情监测、智慧/数字城市、全球地理信息资源建设和其他应用服务共6小类标准；

5. 检验与测试类标准基于企业视角，按测绘检验测试所涉及内容和分类构建，包含成果检验、仪器检验、系统与软件测试、检验环境共4小类标准；

6. 管理类标准基于企业视角，按测绘管理所涉及对象与分类进行构建，包含项目管理、成果管理、文档管理和安全管理共4小类标准。

基于以上内容所构建的测绘标准体系框架见图1。

（四）测绘标准体系框架说明

测绘标准体系框架说明描述了6大类36小类标准约束应用范围与基本内容，其内容见表1。

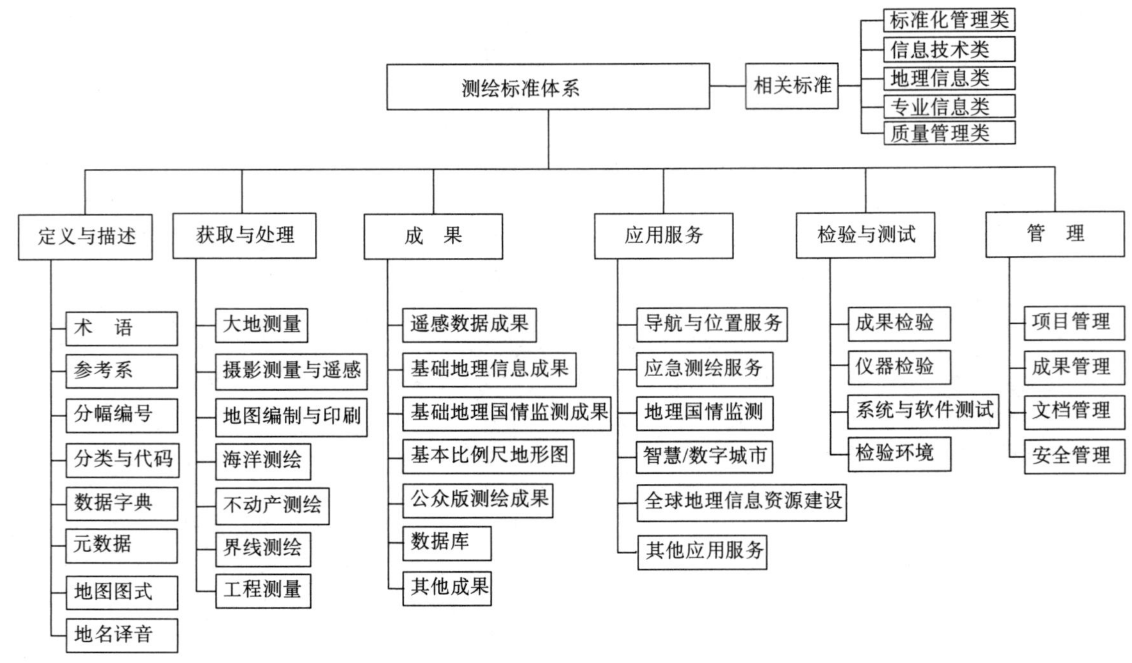

图 1 测绘标准体系框架

表 1 测绘标准体系框架说明

标准类	范 围	基本内容
100 定义与描述类	该类标准用于测绘活动和成果所需的基础定义与描述，并被普遍使用，使标准化涉及的各方在一定时间和空间范围内，达到相对一致的理解，促进对测绘数据成果的共享和使用	
101 术语	定义测绘基本术语、测绘各专业术语和各业务基本术语	术语标准化内容包括测绘基本术语、大地测量术语、摄影测量与遥感术语、地图学术语、海洋测量术语、工程测量术语、不动产测绘术语等
102 参考系	规定国家统一的测绘基准和时空参考系统的定义、参数、构成与实现，以及测绘基本要求	参考系类标准化内容包括国家地球参考框架、国家大地基准、高程基准、重力基准和深度基准、地方坐标系统、时间参考系、地理格网，以及大地测量基本规定、地图测绘基本规定等
103 分幅编号	规定国家基本比例尺地形图的分幅与编号	分幅编号标准化内容包括国家基本比例尺（1∶500 ~ 1∶1 000 000）地形图的分幅与编号等
104 分类与代码	规定地理要素、地理实体、地图等信息分类、编码、代码结构与构成、代码表等	分类与代码标准化内容包括基础地理信息要素分类与代码、三维基础地理信息要素分类与代码、影像要素分类与代码、专题地图信息分类与代码、管线要素分类与代码、不动产地理要素分类代码、地下空间信息要素分类与代码、地理实体要素分类与代码、地名地址要素分类与代码等

标准类	范　围	基本内容
105 数据字典	规定地理信息要素、影像、数据集、数据库等内容、属性、结构、形态和表达等的定义与描述	数据字典标准化内容包括国家基本比例尺（1∶500～1∶1 000 000）基础地理信息要素数据字典、国家基本比例尺三维基础地理信息要素数据字典、航天影像和航空影像（由光学、雷达、激光等类型遥感传感器获取）数据字典、基础地理信息数据库数据字典等
106 元数据	规定地理信息数据成果、数据集和数据库的元数据的内容、标识、结构和格式等	元数据标准化内容包括地理信息数据成果元数据、地理信息数据集元数据和地理信息数据库元数据等
107 地图图式	规定国家基本比例尺地形图、电子地图等地图表示的各种地物、地貌要素符号和注记的颜色、规格以及使用的原则、要求，以及地图整饰等相关技术要求	地图图式标准化内容包括国家基本比例尺（1∶500～1∶1 000 000）地形图图式、公众版地图图式、电子地图图式、三维地图图式、普通地图图式、地籍图图式、房产图图式、海图图式等
108 地名译音	规定测绘成果所使用的少数民族语音译汉字、国外地名的汉语拼写地名的译音汉字规则	地名译音标准化内容包括蒙古语地名译音规则、维吾尔语地名译音规则、藏语（拉萨语）地名译音规则、哈萨克语地名译音规则、藏语（德格话）地名汉字译音规则、黎语地名汉字译音规则、凉山彝语地名汉字译音规则、德宏傣语地名汉字译音规则、柯尔克孜语地名汉字译音规则、藏语（安多语）地名译音规则、西双版纳傣语地名汉字译音规则、英文版地名拼写规则等
200 获取与处理类	以测绘各专业技术领域、各工程需要协调统一的各种技术、方法、过程等为对象制定的标准。通过对数据获取、处理和加工、应用等过程、方法、行为的要求和技术参数的确定，控制测绘数据成果获取与处理过程中的技术环节	
201 大地测量	规定在建立和维持各等级国家或区域大地控制网、高程控制网、重力控制网、距离测量、各等级似大地水准面精化，以及月球测绘、深空测绘、深地测绘等所采用的各种测量方法应满足的技术要求	大地测量标准化内容包括水准测量、三角测量、导线测量、天文测量、重力测量（航空重力测量）、距离测量、区域大地水准面精化、卫星导航定位基准站网建设与测量等技术过程与方法

标准类	范 围	基本内容
202 摄影测量与遥感	规定各种摄影测量与遥感传感器获取各级影像数据或点云，并以此为数据源采用摄影测量与遥感方式获取、处理和更新国家基本比例尺地图、各种测绘数据、测绘成果（产品），以及进行房产、地籍、工程、三维建模等测绘应满足的技术要求	摄影测量与遥感标准化内容包括航空摄影（含高、中、低空，有人机、无人机等飞行器）、倾斜航空摄影、雷达遥感、航天遥感、近景摄影、各类地面移动摄影等数据获取。基于摄影测量与遥感的地理信息数据测绘、地理信息数据更新、地形图数据测绘、其他测绘数据测绘等
203 地图编制与印刷	规定国家基本比例尺地形图、公众版地形图、电子地图、专题地图、地理底图的编绘、制作和印刷应达到的技术要求	地图编制与印刷标准化内容包括国家基本比例尺地形图编绘规范、国家基本比例尺公众版地形图加工、电子地图制作、政区图制作、挂图制作、地理底图编制、地图印刷等
204 海洋测绘	规定海洋大地测量、海洋重力测量、海底地形测量、内陆水下地形测量等应满足的技术要求	海洋测绘标准化内容包括海洋大地测量、海洋重力测量、海洋遥感测量、海底地形测量、海面地形测量（或海面平均高程测量）、海图测绘、海岸带测绘、跨海高程测量、海底水深测量、内陆水下地形测绘等
205 不动产测绘	规定各级比例尺地籍、宗地、房产、面积测量等应满足的技术要求	不动产测绘标准化内容包括地籍测量、房产测量、农村土地确权测量等
206 界线测绘	规定国界、省界等行政界线测量，以及国界线、省界线绘制应满足的技术要求	界线测绘标准化内容包括界线测量、界线绘制等
207 工程测量	规定城市建设、水利、能源、交通、通信、资源开发等领域不同阶段的工程测量应满足的技术要求	工程测量标准化内容涉及规划、建设和管理等不同阶段的控制测量、大比例尺外业测图、施工放样、管线测量、地下空间测绘、变形监测等的测量工作标准
300 成果类	为保证测绘成果与产品满足用户需要，以一种或一组测绘成果应达到的技术要求为对象制定的标准	
301 遥感数据成果	规定地面、车载、航空、航天遥感影像、雷达数据成果与产品的内容、技术要求和指标	遥感数据成果标准化内容包括各种平台、传感器获取的遥感影像数据，以及 LiDAR 点云数据、SAR 数据等航空航天雷达遥感数据成果

标准类	范　围	基本内容
302 基础地理信息成果	规定基础地理信息成果、数据库成果的内容、技术要求、技术指标等	基础地理信息成果标准化内容包括系列比例尺数字线划图、数字高程模型、数字正射影像图、数字栅格地图、数字表面模型、数字水深模型、地下空间测绘等成果
303 基础地理国情监测成果	规定基础地理国情监测相关成果的内容、技术要求、技术指标等	基础地理国情监测成果的标准化内容包括统计、元数据、分类代码、底图、数据、数据库等成果
304 基本比例尺地形图	规定国家基本比例尺地形图成果与产品应达到的技术要求、技术指标等	基本比例尺地形图标准化内容包括国家基本比例尺地形图成果等
305 公众版测绘成果	规定公众版测绘成果应达到的技术要求、技术指标等	公众版测绘成果标准化内容包括公众版电子地图数据、公众版地图产品等
306 数据库	规定国家级、省级和城市级地理信息数据库建设过程各阶段的内容与技术要求	数据库标准化内容包括各级地理信息数据库设计、数据库建设、数据库运行维护、数据库管理、时空信息数据及数据库，以及地理实体数据及数据库等
307 其他成果	规定基础地理信息数据产品加工与处理得到的各种数据集及其数字产品的内容、技术要求、技术指标等	其他成果标准化内容包括政区图、挂图、地籍图、房产图、地理底图、航海图、实景三维图、定向运动图、政务电子地图等
400 应用服务类	应用服务类标准以测绘专题应用服务为目标，对导航与位置服务、应急测绘服务、全球地理信息、地理国情监测、智慧/数字城市等服务的定义与描述、业务流程、技术方法、成果内容、服务运行等进行规范所制定的专用标准	
401 导航与位置服务	规定导航与位置服务信息获取处理的技术方法与要求，导航与位置服务数据内容、技术指标、要求，以及服务的要求等	导航与位置服务标准化内容包括无缝导航、室内导航、多模式协同定位、多维位置、位置智能感知方面关于术语、安全处理、采集更新、产品、软硬件、接口、管理和服务等
402 应急测绘服务	规定应急测绘数据获取处理的技术方法与要求，应急测绘数据内容、技术指标、要求，以及服务的要求等	应急测绘标准化包括应急协同标绘符号、应急协同标绘图层、应急制图、应急数据、仪器检定、应急平台、数据获取处理、地图快速制印、管理与应用等
403 地理国情监测	规定专题地理国情监测技术方法与要求，地理国情监测内容、技术指标、要求，以及服务的要求等	地理国情监测标准化内容包括专题地理国情监测内容和指标要求、信息获取与处理、数据产品、统计分析、信息管理与应用等

标准类	范　围	基本内容
404 智慧/数字城市	规定智慧/数字城市的技术方法与要求，智慧/数字城市的内容、技术指标、要求，以及服务的要求等	智慧/数字城市标准化内容包括平台建设、接口、运行服务、质量等方面的标准
405 全球地理信息资源建设	规定全球地理信息获取处理的技术方法与要求，全球地理信息数据的内容、技术指标和要求，以及服务的要求等	全球地理信息资源建设标准化内容包括全球地理信息数据成果、数据采集处理、数据库建设、数据应用服务等
406 其他应用服务	规定采用各种服务方式进行的信息整合、数据提供、地图服务和平台服务应达到的技术要求	其他应用服务标准化内容包括信息整合、测绘数据交换访问与集成、地理信息公共平台、物联网、时空政务、地名地址等方面的应用服务标准
500 检验与测试类	为规范测绘成果（产品）、仪器、软件和检验环境质量要求所制定的标准。通过检测对象、方法的确定，确定应达到的质量标准	
501 成果检验	规定测绘成果、数据质量的基本元素及其描述基本要求，各种形式、各种类别的测绘成果（产品）质量检查、验收、质量评定内容、方法与技术要求，测绘标准一致性测试要求等	成果检验标准化内容包括成果质量元素、子元素的定义和描述方法，以及质量的量度、数据质量的评价过程和数据质量信息报告内容等的基本要求，基础地理信息数据或数据库检查和验收，公众版地图产品质量评定和监督检查，基础地理信息数据产品加工与处理得到的各种数据成果质量检验和测绘标准一致性测试等
502 仪器检验	规定各种测绘仪器设备的检验的要求等	仪器检验标准化内容包括测绘仪器与工具检验、测绘设备检验等
503 系统与软件测试	规定用于测绘工作和测绘数据获取、生产、处理加工、存储维护和服务等的系统与软件测试的方法、内容和技术要求等	系统与软件测试标准化内容包括各类数据获取、生产、处理加工、存储维护、平台服务，以及相关管理软件、建库软件等的测试
504 检验环境	规定用于测绘工作和测绘数据获取、生产、处理加工、存储维护和服务检验环境的内容和技术要求等	检验环境标准化内容包括比长基线场、摄影测量与遥感室内与室外检校场等
600 管理类	为保障测绘工作的顺利实施，以测绘项目管理、成果管理、文档管理、安全管理为对象制定的标准	

标准类	范　围	基本内容
601 项目管理	规定进行测绘技术设计、技术总结以及测绘成果（产品）生产、处理、存储与备份等过程中的技术管理要求与措施	项目管理标准化内容包括测绘技术设计与技术总结编写，测绘数据质量控制，测绘生产监理、处理、存储与备份技术管理等
602 成果管理	规定测绘成果管理的技术要求与措施	成果管理标准化内容包括测绘数据库管理、备份、运行维护，测绘成果保密，测绘成果编目、保管、存储，测绘成果汇交等
603 文档管理	规定测绘生产、处理、服务、存储与备份等过程中的整理、归档、上交等应满足的要求与措施	文档管理标准化内容包括成果文档归档，文档管理，图、档、库一体化管理等
604 安全管理	规定测绘安全管理内容、技术方法与要求，以及测绘成果生产、处理、服务、存储等过程中安全应满足的要求与措施	安全管理标准化内容包括地理信息安全防控技术体系、技术指标与要求、地理信息安全防控系统等，以及人员人身安全、测绘设备安全、测绘成果安全、服务安全、网络安全等

三、测绘标准体系表

测绘标准体系表基于测绘标准系体框架建立，内容不仅包括已经发布实施的测绘国家标准和行业标准，还包含已列计划正在制定中的测绘国家标准和行业标准，以及综合考虑当前的技术水平和未来发展需要的标准化需求方向。各标准根据标准化对象与内容，按照标准体系框架建立的分类系统进行匹配与定位。测绘标准体系表所列标准号为本标准体系发布时已发布实施的标准编号（含标准发布实施年代），未列标准号的标准为正在制定的标准或需要未来制定的标准。

测绘标准体系表由“定义与描述”“获取与处理”“成果”“应用服务”“检验与测试”“管理”等6大类36小类总计377项已发布或制定中标准，以及若干待制定标准构成。在377项已发布和制定中标准中，定义与描述类有58项，占15.4%；获取与处理类有129项，占34.2%；成果类61项，占16.2%；应用服务类49项，占13.0%；检验与测试类67项，占17.8%；管理类13项，占3.4%。

测绘标准体系见表2。

表2　测绘标准体系

100 定义与描述类标准

标准小类名称	标准小类范围	标准小类编号	标准序号	标准名称	标准级别	标准编号	标准状态	标准主要应用领域
术语	定义测绘基本术语、测绘各专业术语和各业务术语	101	101.1	测绘基本术语	GB/T	GB/T 14911—2008	已发布	JCCH、XJCH、HYCH、DHFW、YJCH、QQJS、DLGQ、ZHCS、QTFW
			101.2	大地测量术语	GB/T	GB/T 17159—2009	已发布	
			101.3	摄影测量与遥感术语	GB/T	GB/T 14950—2009	已发布	
			101.4	地图学术语	GB/T	GB/T 16820—2009	已发布	
			101.5	不动产测绘基本术语	CH/T		制定中	
			101.6	时空政务地理信息术语	CH/T		制定中	
				海洋测绘方面			待制定	
				地下空间测绘方面			待制定	
				卫星遥感测绘方面			待制定	
				……				

标准小类名称	标准小类范围	标准小类编号	标准序号	标准名称	标准级别	标准编号	标准状态	标准主要应用领域
参考系	规定国家统一的测绘基准和时空参考系统的定义、参数、构成与实现，以及测绘基本要求	102	102.1	国家大地测量基本技术规定	GB	GB 22021—2008	已发布	JCCH、XJCH、HYCH、DHFW、YJCH、QQJS、DLGQ、ZHCS、QTFW
			102.2	国家基本比例尺地图测绘基本技术规定	GB		制定中	
			102.3	地理空间框架基本规定	GB/T	GB/T30317—2013	已发布	
			102.4	地理格网	GB/T	GB/T12409—2009	已发布	
			102.5	地理位置网格编码规则	GB/T		制定中	
			102.6	卫星导航定位系统时间系统	GB/T	GB/T 29842—2013	已发布	
			102.7	城市坐标系统建设规范	GB/T	GB/T 28584—2012	已发布	JCCH、HYCH、DHFW、YJCH、DLGQ、ZHCS、QTFW
				地球参考框架方面			待制定	JCCH、XJCH、HYCH、DHFW、YJCH、QQJS、DLGQ、ZHCS、QTFW
				时空基准方面			待制定	
				……				
分幅编号	规定国家基本比例尺地图的分幅与编号	103	103.1	国家基本比例尺地形图分幅和编号	GB/T	GB/T 13989—2012	已发布	JCCH、YJCH、QQJS、DLGQ、ZHCS、
				……				
分类与代码	规定地理信息要素、影像、数据集、数据库等分类、编码、代码结构与构成、代码表等	104	104.1	地理信息分类与编码规则	GB/T	GB/T 25529—2010	已发布	JCCH、XJCH、HYCH、DHFW、YJCH、QQJS、DLGQ、ZHCS、QTFW
			104.2	基础地理信息要素分类与代码	GB/T	GB/T 13923—2006	已发布	
			104.3	中国山脉山峰名称代码	GB/T	GB/T 22483—2008	已发布	
			104.4	中华人民共和国行政区划代码	GB/T	GB/T 2260—2007	已发布	
			104.5	地名分类与类别代码编制规则	GB/T	GB/T 18521—2001	已发布	
			104.6	公路路线标识规则和国道编号	GB/T	GB/T 917—2009	已发布	

标准小类名称	标准小类范围	标准小类编号	标准序号	标准名称	标准级别	标准编号	标准状态	标准主要应用领域
分类与代码	规定地理信息要素、影像、数据集、数据库等分类、编码、代码结构与构成、代码表等	104	104.7	地貌类型分类及编码	GB/T		制定中	
			104.8	地理信息兴趣点分类编码	GB/T		制定中	
			104.9	专题地图信息分类与代码	GB/T	GB/T 18317—2009	已发布	DHFW、QTFW、YJCH、DLGQ、ZHCS
			104.10	不动产测绘要素分类代码	CH/T		制定中	DHFW、DLGQ、ZHCS、QTFW
			104.11	城市地下空间设施分类与代码	GB/T	GB/T 28590—2012	已发布	JCCH、DHFW、YJCH、DLGQ、ZHCS、QTFW
			104.12	管线要素分类代码与符号表达	CH/T	CH/T 1036—2015	已发布	JCCH、YJCH、DLGQ、ZHCS、QTFW
				地理实体分类与代码方面			待制定	JCCH、XJCH、DHFW、YJCH、QQJS、DLGQ、ZHCS、QTFW
				地址分类与代码方面			待制定	JCCH、XJCH、DHFW、YJCH、QQJS、ZHCS、QTFW
				地下空间分类与代码要素			待制定	
				卫星遥感数据分类与代码方面			待制定	JCCH、XJCH、HYCH、YJCH、QQJS、DLGQ、ZHCS、QTFW
				……				
数据字典	规定国家基本比例尺基础地理信息要素、影像、数据集、数据库等内容、结构、形态、表达等的定义与描述	105	105.1	基础地理信息要素数据字典 第1部分：1∶500 1∶1 000 1∶2 000 基础地理信息要素数据字典	GB/T	GB/T 20258.1—2007	已发布	JCCH、XJCH、DHFW、YJCH、QQJS、DLGQ、ZHCS、QTFW
			105.2	基础地理信息要素数据字典 第2部分：1∶5 000 1∶10 000 基础地理信息要素数据字典	GB/T	GB/T 20258.2—2006	已发布	
			105.3	基础地理信息要素数据字典 第3部分：1∶25 000 1∶50 000 1∶100 000 基础地理信息要素数据字典	GB/T	GB/T 20258.3—2006	已发布	

标准小类名称	标准小类范围	标准小类编号	标准序号	标准名称	标准级别	标准编号	标准状态	标准主要应用领域
数据字典	规定国家基本比例尺基础地理信息要素、影像、数据集、数据库等内容、结构、形态、表达等的定义与描述	105	105.4	基础地理信息要素数据字典 第4部分：1∶250 000 1∶500 000 1∶1 000 000 基础地理信息要素数据字典	GB/T	GB/T 20258.4—2007	已发布	
				地理信息权限数据字典			待制定	JCCH、XJCH、DHFW、YJCH、QQJS、DLGQ、ZHCS、QTFW
				……				
元数据	规定地理信息要素、影像、数据集、数据库和数据成果的元数据的内容、标示、结构和格式等	106	106.1	基础地理信息数字产品元数据	CH/T	CH/T 1007—2001	已发布	JCCH、HYCH、DHFW、YJCH、QQJS、DLGQ、ZHCS、QTFW
			106.2	1∶25 000 1∶50 000 光学测绘卫星遥感影像产品元数据规范	GB/T		制定中	JCCH、XJCH、HYCH、YJCH、QQJS、DLGQ、ZHCS、QTFW
			106.3	地理空间传感器观测资源元数据	GB/T		制定中	XJCH、HYCH
				基础地理信息要素元数据方面			待制定	JCCH、XJCH、HYCH、YJCH、QQJS、DLGQ、ZHCS、QTFW
				时空地理信息元数据方面			待制定	
				……				
地图图式	规定国家基本比例尺地形图、电子地图和专题地图等地图表示的各种地物、地貌要素符号和注记的颜色、规格以及使用的原则、要求、以及地图整饰等相关技术要求	107	107.1	国家基本比例尺地图图式 第1部分 1∶500 1∶1 000 1∶2 000 地形图图式	GB/T	GB/T 20257.1—2007	已发布	JCCH、HYCH、DHFW、YJCH、QQJS、DLGQ、ZHCS、QTFW
			107.2	国家基本比例尺地图图式 第2部分 1∶5 000 1∶10 000 地形图图式	GB/T	GB/T 20257.2—2006	已发布	
			107.3	国家基本比例尺地图图式 第3部分 1∶25 000 1∶50 000 1∶100 000 地形图图式	GB/T	GB/T 20257.3—2006	已发布	
			107.4	国家基本比例尺地图图式 第4部分 1∶250 000 1∶500 000 1∶1 000 000 地形图图式	GB/T	GB/T 20257.4—2007	已发布	

标准小类名称	标准小类范围	标准小类编号	标准序号	标准名称	标准级别	标准编号	标准状态	标准主要应用领域
地图图式	规定国家基本比例尺地形图、电子地图和专题地图等地图表示的各种地物、地貌要素符号和注记的颜色、规格以及使用的原则、要求、以及地图整饰等相关技术要求	107	107.5	中国海图图式	GB	GB 12319—1998	已发布	
			107.6	南极地区地形图图式	CH/T		制定中	
			107.7	省、地、县地图图式	CH/T	CH/T 4004—1993	已发布	DHFW、YJCH、DLGQ、ZHCS、QTFW
			107.8	房产测量规范 第2单元：房产图图式	GB/T	GB/T 17986.2—2000	已发布	HYCH、DHFW、YJCH、DLGQ、ZHCS、QTFW
			107.9	地籍图图式	CH/T	CH/T 5003—1994	已发布	
			107.10	公共地理信息通用地图符号	GB/T	GB/T 24354—2009	已发布	JCCH、HYCH、DHFW、YJCH、QQJS、DLGQ、ZHCS、QTFW
			107.11	地图符号库建立的基本规定	CH/T	CH/T 4015—2001	已发布	
			107.12	矢量地图符号制作规范	CH/T	CH/T 4017—2012	已发布	
			107.13	公开版地图编印地理要素地名表示通用要求	GB/T		制定中	
			107.14	地图符号库XML描述规范	GB/T		制定中	
				……				
地名译音	规定测绘成果所使用的少数民族语音译汉字、国外地名的汉语拼写地名的译音汉字规则	108	108.1	藏语（德格话）地名汉字译音规则	CH/T	CH/T 4001—1991	已发布	JCCH、XJCH、HYCH、DHFW、YJCH、QQJS、DLGQ、ZHCS、QTFW
			108.2	黎语地名汉字译音规则	CH/T	CH/T 4002—1991	已发布	
			108.3	凉山彝语地名汉字译音规则	CH/T	CH/T 4003—1993	已发布	
			108.4	德宏傣语地名汉字译音规则	CH/T	CH/T 4006—1998	已发布	
			108.5	蒙古语地名译音规则	CH/T	CH/T 4007—1999	已发布	
			108.6	维吾尔语地名译音规则	CH/T	CH/T 4008—1999	已发布	
			108.7	藏语（拉萨语）地名译音规则	CH/T	CH/T 4009—1999	已发布	
			108.8	哈萨克语地名译音规则	CH/T	CH/T 4010—1999	已发布	
			108.9	柯尔克孜语地名汉字译音规则	CH/T	CH/T 4012—1999	已发布	
			108.10	藏语（安多语）地名译音规则	CH/T	CH/T 4013—1999	已发布	
			108.11	西双版纳傣语地名汉字译音规则	CH/T	CH/T 4014—1999	已发布	
				……				

200 获取与处理类标准

<table>
<tr><th>标准小类名称</th><th>标准小类范围</th><th>标准小类编号</th><th>标准序号</th><th>标准名称</th><th>标准级别</th><th>标准编号</th><th>标准状态</th><th>标准主要应用领域</th></tr>
<tr><td rowspan="19">大地测量</td><td rowspan="19">规定在建立和维持各等级国家或区域大地控制网、高程控制网、重力控制网、距离测量、各等级似大地水准面精化，以及月球测绘、深空测绘、深地测绘等所采用的各种测量方法应满足的技术要求</td><td rowspan="19">201</td><td>201. 1</td><td>大地天文测量规范</td><td>GB/T</td><td>GB/T 17943—2000</td><td>已发布</td><td rowspan="10">JCCH、HYCH、DHFW、YJCH、QQJS、DLGQ、ZHCS、QTFW</td></tr>
<tr><td>201. 2</td><td>加密重力测量规范</td><td>GB/T</td><td>GB/T 17944—2000</td><td>已发布</td></tr>
<tr><td>201. 3</td><td>国家重力控制测量规范</td><td>GB/T</td><td>GB/T 20256—2006</td><td>已发布</td></tr>
<tr><td>201. 4</td><td>国家一、二等水准测量规范</td><td>GB/T</td><td>GB/T 12897—2006</td><td>已发布</td></tr>
<tr><td>201. 5</td><td>国家三、四等水准测量规范</td><td>GB/T</td><td>GB/T 12898—2009</td><td>已发布</td></tr>
<tr><td>201. 6</td><td>三、四等导线测量规范</td><td>CH/T</td><td>CH/T 2007—2001</td><td>已发布</td></tr>
<tr><td>201. 7</td><td>国家三角测量规范</td><td>GB/T</td><td>GB/T 17942—2000</td><td>已发布</td></tr>
<tr><td>201. 8</td><td>精密三角高程测量规范</td><td>CH/T</td><td></td><td>制定中</td></tr>
<tr><td>201. 9</td><td>远程光电测距规范</td><td>GB/T</td><td>GB/T 12526—1990</td><td>已发布</td></tr>
<tr><td>201. 10</td><td>中、短程光电测距规范</td><td>GB/T</td><td>GB/T 16818—2008</td><td>已发布</td></tr>
<tr><td>201. 11</td><td>全球定位系统（GPS）测量规范
注：未来修订时将“GPS”改为“GNSS”</td><td>GB/T</td><td>GB/T 18314—2009</td><td>已发布</td><td rowspan="7">JCCH、XJCH、HYCH、DHFW、YJCH、QQJS、DLGQ、ZHCS、QTFW</td></tr>
<tr><td>201. 12</td><td>全球导航卫星系统连续运行基准站网技术规范</td><td>GB/T</td><td>GB/T 28588—2012</td><td>已发布</td></tr>
<tr><td>201. 13</td><td>全球导航卫星系统连续运行基准站网运行维护技术规范</td><td>CH/T</td><td>CH/T 2011—2012</td><td>已发布</td></tr>
<tr><td>201. 14</td><td>卫星导航定位基准站网运行维护技术规范</td><td>GB/T</td><td></td><td>制定中</td></tr>
<tr><td>201. 15</td><td>卫星导航定位基准站网络实时动态测量规范</td><td>GB/T</td><td></td><td>制定中</td></tr>
<tr><td>201. 16</td><td>全球定位系统实时动态测量（RTK）技术规范</td><td>CH/T</td><td>CH/T 2009—2010</td><td>已发布</td></tr>
<tr><td>201. 17</td><td>区域似大地水准面精化基本技术规定</td><td>GB/T</td><td>GB/T 23709—2009</td><td>已发布</td></tr>
<tr><td>201. 18</td><td>比长基线测量规范</td><td>GB/T</td><td>GB/T 16789—1997</td><td>已发布</td><td rowspan="2">JCCH、HYCH、DHFW、YJCH、QQJS、DLGQ、ZHCS、QTFW</td></tr>
<tr><td>201. 19</td><td>大地测量控制点坐标转换技术规范</td><td>CH/T</td><td>CH/T 2014—2016</td><td>已发布</td></tr>
</table>

标准小类名称	标准小类范围	标准小类编号	标准序号	标准名称	标准级别	标准编号	标准状态	标准主要应用领域
大地测量		201	201.20	基于卫星激光测距数据的大地基准产品规范	CH/T		制定中	JCCH、XJCH、HYCH、YJCH、QQJS、DLGQ、ZHCS、QTFW
			201.21	测量外业电子记录基本规定	CH/T	CH/T 2004—1999	已发布	JCCH
			201.22	导线测量电子记录规定	CH/T	CH/T 2002—1992	已发布	
			201.23	三角测量电子记录规定	CH/T	CH/T 2005—1999	已发布	
			201.24	水准测量电子记录规定	CH/T	CH/T 2006—1999	已发布	
			201.25	测量标志数据库建设规范	CH/T	CH/T 2013—2016	已发布	
				航空重力测量方面			待制定	
				……				
摄影测量与遥感	规定各种地面、航空、航天摄影测量与遥感传感器获取影像、点云数据，并以此为数据源获取、处理和更新国家基本比例尺地图、各种地理信息数据、测绘成果（产品），以及进行房产、地籍、工程、监测、三维建模等测绘应满足的技术要求	202	202.1	近景摄影测量规范	GB/T	GB/T 12979—2008	已发布	JCCH、HYCH、YJCH、ZHCS、QTFW
			202.2	地面三维激光扫描作业技术规程	CH/T	CH/Z 3017—2015	已发布	JCCH、XJCH、HYCH、DHFW、YJCH、DLGQ、ZHCS、QTFW
			202.3	车载移动测量技术规程	CH/T	CH/T 6004—2016	已发布	
			202.4	低空数字航空摄影规范	CH/Z	CH/Z 3005—2010	已发布	
			202.5	低空数字航空摄影测量外业规范	CH/Z	CH/Z 3004—2010	已发布	
			202.6	低空数字航空摄影测量内业规范	CH/Z	CH/Z 3003—2010	已发布	
			202.7	倾斜数字航空摄影技术规程	CH/T		制定中	
			202.8	实景三维地理信息数据倾斜摄影测量技术规程	CH/T		制定中	
			202.9	IMU/GPS 辅助航空摄影技术规范 注：未来修订时将“GPS”改为“GNSS”	GB/T	GB/T 27919—2011	已发布	JCCH、XJCH、HYCH、YJCH、DLGQ、ZHCS、QTFW
			202.10	数字航空摄影规范第1部分：框幅式数字航空摄影	GB/T	GB/T 27920.1—2011	已发布	

标准小类名称	标准小类范围	标准小类编号	标准序号	标准名称	标准级别	标准编号	标准状态	标准主要应用领域
摄影测量与遥感	规定各种地面、航空、航天摄影测量与遥感传感器获取影像、点云数据，并以此为数据源获取、处理和更新国家基本比例尺地图、各种地理信息数据、测绘成果（产品），以及进行房产、地籍、工程、监测、三维建模等测绘应满足的技术要求	202	202.11	数字航空摄影规范第2部分：推扫式数字航空摄影	GB/T	GB/T 27920.2—2012	已发布	
			202.12	数字航空摄影测量 控制测量规范	CH/T	CH/T 3006—2011	已发布	
			202.13	数字航空摄影测量 空中三角测量规范	GB/T	GB/T 23236—2009	已发布	
			202.14	数字航空摄影测量 测图规范 第1部分：1:500 1:1 000 1:2 000 数字高程模型 数字正射影像图 数字线划图	CH/T	CH/T 3007.1—2011	已发布	
			202.15	数字航空摄影测量 测图规范 第2部分：1:5 000 1:10 000 数字高程模型 数字正射影像图 数字线划图	CH/T	CH/T 3007.2—2011	已发布	
			202.16	数字航空摄影测量 测图规范 第3部分：1:25 000 1:50 000 1:100 000 数字高程模型 数字正射影像图 数字线划图	CH/T	CH/T 3007.3—2011	已发布	
			202.17	1:500 1:1 000 1:2 000 地形图航空摄影规范	GB/T	GB/T 6962—2005	已发布	JCCH、HYCH、YJCH、DLGQ、ZHCS、QTFW
			202.18	1:500 1:1 000 1:2 000 地形图航空摄影测量外业规范	GB/T	GB/T 7931—2008	已发布	
			202.19	1:500 1:1 000 1:2 000 地形图航空摄影测量内业规范	GB/T	GB/T 7930—2008	已发布	
			202.20	1:500 1:1 000 1:2 000 地形图航空摄影测量数字化测图规范	GB/T	GB/T 15967—2008	已发布	
			202.21	1:5 000 1:10 000 1:25 000 1:50 000 1:100 000 地形图航空摄影规范	GB/T	GB/T 15661—2008	已发布	
			202.22	1:5 000 1:10 000 地形图航空摄影测量外业规范	GB/T	GB/T 13977—2012	已发布	
			202.23	1:5 000 1:10 000 地形图航空摄影测量内业规范	GB/T	GB/T 13990—2012	已发布	

标准小类名称	标准小类范围	标准小类编号	标准序号	标准名称	标准级别	标准编号	标准状态	标准主要应用领域
摄影测量与遥感	规定各种地面、航空、航天摄影测量与遥感传感器获取影像、点云数据，并以此为数据源获取、处理和更新国家基本比例尺地图、各种地理信息数据、测绘成果（产品），以及进行房产、地籍、工程、监测、三维建模等测绘应满足的技术要求	202	202.24	1:5 000 1:10 000 地形图航空摄影测量数字化测图规范	CH/T	CH/T 3008—2011	已发布	
			202.25	1:25 000 1:50 000 1:100 000 地形图航空摄影测量外业规范	GB/T	GB/T 12341—2008	已发布	
			202.26	1:25 000 1:50 000 1:100 000 地形图航空摄影测量内业规范	GB/T	GB/T 12340—2008	已发布	
			202.27	1:25 000 1:50 000 1:100 000 地形图航空 摄影测量数字化测图规范	GB/T	GB/T 17157—2012	已发布	
			202.28	数字表面模型 航空摄影测量生产技术规程	CH/T	CH/T 3012—2014	已发布	
			202.29	1:5 000 1:10 000 基础地理信息数字产品更新规范	CH/T	CH/T 9006—2010	已发布	JCCH、HYCH、YJCH、QQJS、DLGQ、ZHCS、QTFW
			202.30	数字航空摄影测量 1:5 000 1:10 000 一体化生产技术规程	CH/T		制定中	JCCH、XJCH、HYCH、YJCH、DLGQ、ZHCS、QTFW
			202.31	倾斜数字摄影测量技术规程	CH/T		制定中	
			202.32	数字航天摄影测量　空中三角测量规范	GB/T		制定中	JCCH、XJCH、HYCH、YJCH、QQJS、DLGQ、ZHCS、QTFW
			202.33	数字航天摄影测量 控制测量规范	GB/T		制定中	
			202.34	数字航天摄影测量 测图规范	GB/T		制定中	
			202.35	数字表面模型 航天摄影测量生产技术规程	CH/T	CH/T 3013—2014	已发布	
			202.36	1:25 000 1:50 000 光学测绘卫星遥感影像产品生产技术规范	CH/T		制定中	JCCH、HYCH、YJCH、QQJS、DLGQ、ZHCS、QTFW
			202.37	1:50 000 地形图合成孔径雷达航天摄影测量技术规定	CH/T	CH/T 3009—2012	已发布	

标准小类名称	标准小类范围	标准小类编号	标准序号	标准名称	标准级别	标准编号	标准状态	标准主要应用领域
摄影测量与遥感	规定各种地面、航空、航天摄影测量与遥感传感器获取影像、点云数据，并以此为数据源获取、处理和更新国家基本比例尺地图、各种地理信息数据、测绘成果（产品），以及进行房产、地籍、工程、监测、三维建模等测绘应满足的技术要求	202	202.38	高分辨率SAR卫星遥感影像产品生产技术规程	CH/T		制定中	JCCH、XJCH、HYCH、YJCH、QQJS、DLGQ、ZHCS、QTFW
			202.39	时间序列InSAR地表形变数据处理规范	CH/T		制定中	
			202.40	卫星激光测距数据获取规范	CH/T		制定中	
			202.41	实景三维地理信息数据激光雷达测量技术规程	CH/T		制定中	
			202.42	基于机载SAR的地理信息要素更新技术规范	CH/T		制定中	JCCH、XJCH、HYCH、YJCH、DLGQ、ZHCS、QTFW
			202.43	机载激光雷达数据获取技术规范	CH/T	CH/T 8024—2011	已发布	
			202.44	机载激光雷达数据处理技术规范	CH/T	CH/T 8023—2011	已发布	
			202.45	数字表面模型 机载激光雷达测量技术规程	CH/T	CH/T 3014—2014	已发布	
			202.46	三维地理信息模型生产规范	CH/T	CH/T 9016—2012	已发布	JCCH、XJCH、HYCH、YJCH、DLGQ、ZHCS、QTFW
			202.47	室内三维测图数据获取与处理技术规程	CH/Z		制定中	
			202.48	1∶500 1∶1000 1∶2000地形图合成孔径雷达航空摄影技术规定	CH/Z		制定中	JCCH、HYCH、YJCH、DLGQ、ZHCS、QTFW
			202.49	1∶500 1∶1000 1∶2000地形图合成孔径雷达航空摄影测量技术规定	CH/Z		制定中	
			202.50	1∶5 000 1∶10 000地形图合成孔径雷达航空摄影技术规定	CH/T	CH/T 3015—2015	已发布	
			202.51	1∶5 000 1∶10 000地形图合成孔径雷达航空摄影测量技术规定	CH/T	CH/T 3016—2015	已发布	
			202.52	1∶50 000地形图合成孔径雷达航空摄影技术规定	CH/T	CH/T 3010—2012	已发布	
			202.53	1∶50 000地形图合成孔径雷达航空摄影测量技术规定	CH/T	CH/T 3011—2012	已发布	

标准小类名称	标准小类范围	标准小类编号	标准序号	标准名称	标准级别	标准编号	标准状态	标准主要应用领域
摄影测量与遥感	规定各种地面、航空、航天摄影测量与遥感传感器获取影像、点云数据，并以此为数据源获取、处理和更新国家基本比例尺地图、各种地理信息数据、测绘成果（产品），以及进行房产、地籍、工程、监测、三维建模等测绘应满足的技术要求	202	202.54	摄影测量数字测图记录格式	GB/T	GB/T 17158—2008	已发布	
				地理实体数据生产方面			待制定	JCCH、XJCH、HYCH、DHFW、YJCH、QQJS、DLGQ、ZHCS、QTFW
				数字表面模型生产方面			待制定	
				地理信息数据更新方面			待制定	
				航天影像解译样本制作方面			待制定	JCCH、XJCH、HYCH、QQJS、DLGQ、
				多光谱遥感数据获取、处理和生产方面			待制定	JCCH、XJCH、HYCH、YJCH、QQJS、DLGQ、ZHCS、QTFW
				高光谱遥感数据获取、处理和生产方面			待制定	
				光学测绘卫星数据检校、处理和生产方面			待制定	JCCH、XJCH、HYCH、YJCH、QQJS、DLGQ、ZHCS、QTFW
				SAR 测绘卫星数据检校、处理和生产方面			待制定	
				多源遥感影像网络协同解译方面			待制定	
				无人机视频数据获取、检校、处理方面			待制定	XJCH、YJCH、DLGQ、ZHCS、QTFW
				无人机飞行诸元传输协议方面			待制定	
				机载激光雷达水下地形测量方面			待制定	
				车载移动测量三维模型生产方面			待制定	
				……				
地图编制与印刷	规定国家基本比例尺地形图、公众版地形图、电子地图、专题地图、地理底图的编绘、制作和印刷应达到的技术要求	203	203.1	国家基本比例尺地图编绘规范 第1部分：1:25 000 1:50 000 1:100 000 地形图编绘规范	GB/T	GB/T 12343.1—2008	已发布	JCCH、YJCH、QQJS、ZHCS、QTFW
			203.2	国家基本比例尺地图编绘规范 第2部分：1:250 000 地形图编绘规范	GB/T	GB/T 12343.2—2008	已发布	
			203.3	国家基本比例尺地图编绘规范 第3部分：1:500 000 1:1 000 000 地形图编绘规范	GB/T	GB/T 12343.3—2009	已发布	

标准小类名称	标准小类范围	标准小类编号	标准序号	标准名称	标准级别	标准编号	标准状态	标准主要应用领域
地图编制与印刷	规定国家基本比例尺地形图、公众版地形图、电子地图、专题地图、地理底图的编绘、制作和印刷应达到的技术要求	203	203.4	国家基本比例尺地形图更新规范	GB/T	GB/T 14268—2008	已发布	JCCH、HYCH、DHFW、YJCH、QQJS、DLGQ、ZHCS、QTFW
			203.5	遥感影像平面图制作规范	GB/T	GB/T 15968—2008	已发布	JCCH、HYCH、YJCH、QQJS、DLGQ、ZHCS、QTFW
			203.6	1:10 000 1:25 000 比例尺影像平面图作业规程	CH/T	CH/T 3002—1999	已发布	
			203.7	1:500 1:1 000 1:2 000 地形图数字化规范	GB/T	GB/T 17160—2008	已发布	JCCH、YJCH、DLGQ、ZHCS、QTFW
			203.8	极地地区 1:50 000 1:100 000 遥感影像平面图制作规范	CH/T		制定中	HYCH、QQJS、QTFW
			203.9	公开版地图编印地理要素地名表示通用要求	GB/T		制定中	JCCH、DHFW、QQJS、ZHCS、QTFW
			203.10	1:250 000 公众版地图编制技术规范	CH/T		制定中	
			203.11	地图印刷规范	GB/T	GB/T 14511—2008	已发布	JCCH、YJCH、QQJS、DLGQ、ZHCS、QTFW
				……				
海洋测绘	规定海洋大地测量、海洋重力测量、海底地形测量、内陆水下地形测量等应满足的技术要求	204	204.1	电子海图技术规范	GB/T	GB/T 15702—1995（IHO SP—52）	已发布	JCCH、DHFW、YJCH、QQJS、DLGQ、QTFW
			204.2	中国航海图编绘规范	GB	GB 12320—1998	已发布	
			204.3	海道测量规范	GB	GB 12327—1998	已发布	
			204.4	海洋测绘基准传递技术规范	GB/T	GB/T 15702—1995	已发布	
			204.5	渔业用图编绘规范	GB/T	GB/T 17833—1999	已发布	
			204.6	海底地形图编绘规范	GB/T	GB/T 17834—1999	已发布	
			204.7	海图印刷规范	GB/T	GB/T 14477—2008	已发布	
			204.8	海滨观测规范	GB/T	GB/T 14914—2006	已发布	
			204.9	1:5 000 1:10 000 1:25 000 海岸带地形图测绘规范	CH/T	CH/T 7001—1999	已发布	
			204.10	海洋工程地形测量规范	GB	GB 17501—1998	已发布	
			204.11	海图纸	GB/T	GB/T 2676—2006	已发布	

标准小类名称	标准小类范围	标准小类编号	标准序号	标准名称	标准级别	标准编号	标准状态	标准主要应用领域
海洋测绘	规定海洋大地测量、海洋重力测量、海底地形测量、内陆水下地形测量等应满足的技术要求	204	204.12	海岛（礁）大地控制测量外业技术规程	CH/T	CH/T 2010—2011	已发布	
			204.13	海岛（礁）跨海高程传递测量技术规程	CH/T		制定中	
			204.14	水下地形测量技术规程	CH/T		制定中	JCCH、YJCH、QTFW
				海岛（礁）测绘方面			待制定	JCCH、DHFW、YJCH、QQJS、DLGQ、QTFW
				海洋水深测量方面			待制定	
				岸线测量方面			待制定	
				海底地形测量方面			待制定	
				CORS站与长期验潮站并置技术规程方面			待制定	JCCH、DHFW、QQJS、QTFW
				高程基准与深度基准转换技术规程			待制定	JCCH、QQJS、QTFW
				……				
不动产测绘	规定各级比例尺地籍、宗地、房产、面积测量等应满足的技术要求	205	205.1	不动产测绘基本技术要求	CH/T		制定中	DHFW、ZHCS、QTFW
			205.2	不动产测绘地理底图编绘规范	CH/T		制定中	
			205.3	不动产测绘成果整合处理技术规程	CH/T		制定中	
			205.4	房产测量规范 第1单元：房产测量规定	GB/T	GB/T 17986.1—2000	已发布	DHFW、ZHCS、QTFW
			205.5	地籍测绘规范	CH/T	CH/T 5002—1994	已发布	
				不动产三维空间要素表达方面			待制定	
				农村土地确权方面			待制定	
				……				
界线测绘	规定国界、省界等行政界线测量，以及国界线、省界线绘制应满足的技术要求	206	206.1	行政区域界线测绘规范	GB/T	GB/T 17796—2009	已发布	JCCH、HYCH、DHFW、QQJS、DLGQ、QTFW
			206.2	陆地国界数据技术规范	GB/T		制定中	
			206.3	陆地国界测绘规范	GB/T		制定中	
				……				

标准小类名称	标准小类范围	标准小类编号	标准序号	标准名称	标准级别	标准编号	标准状态	标准主要应用领域
工程测量	规定城市建设、水利、能源、交通、通信、资源开发等领域不同阶段的工程测量应满足的技术要求	207	207.1	工程测绘基本技术要求	GB/T		制定中	HYCH、YJCH、QTFW
			207.2	工程测量规范	GB	GB 50026—2007	已发布	
			207.3	精密工程测量规范	GB/T	GB/T 15314—1994	已发布	QTFW
			207.4	1:500 1:1 000 1:2 000 外业数字测图技术规程	GB/T	GB/T 14912—2005	已发布	JCCH、DHFW、DLGQ、ZHCS、QTFW
			207.5	城市测绘基本技术要求	GB/T		制定中	JCCH、HYCH、DHFW、YJCH、DLGQ、ZHCS、QTFW
			207.6	城市测量规范	CJJ/T	CJJ/T 8—2011	已发布	
			207.7	城市建设工程竣工测量成果规范	CH/T	CH/T 6001—2014	已发布	
			207.8	城市建设工程竣工测量成果更新地形图数据技术规程	CH/T	CH/T 9025—2014	已发布	
			207.9	城市轨道交通工程测量规范	GB	GB50308—2008	已发布	
			207.10	城市轨道交通结构形变监测技术规范	CH/T		制定中	
			207.11	城市地下空间数据测绘规范	GB/T		制定中	
			207.12	地下管线数据获取规程	GB/T		制定中	HYCH、YJCH、DLGQ、ZHCS、QTFW
			207.13	管线测绘技术规程	CH/T	CH/T 6002—2015	已发布	
			207.14	管线信息系统建设技术规范	CH/T	CH/T 1037—2015	已发布	
			207.15	管线制图技术规范	CH/T		制定中	
			207.16	管线测绘工程监理规程	CH/T		制定中	
			207.17	古建筑测绘规范	CH/T		制定中	HYCH、YJCH、ZHCS、QTFW
			207.18	新农村建设测量与制图规范	CH/T	CH/T 1031—2012	已发布	HYCH、QTFW
				电力行业测量系列标准	DL/T		这些标准的代号为行业标准代号，按国家有关标准化管理规定确定	HYCH、YJCH、DLGQ、QTFW
				地震行业测量系列标准	DB/T			
				地质矿产行业测量系列规范	DZ/T			
				建筑工业行业测量系列标准	JG/T			
				交通行业测量系列标准	JT/T			

标准小类名称	标准小类范围	标准小类编号	标准序号	标准名称	标准级别	标准编号	标准状态	标准主要应用领域
工程测量	规定城市建设、水利、能源、交通、通信、资源开发等领域不同阶段的工程测量应满足的技术要求	207		铁路运输测量系列规范	TB/T			
				林业行业测量系列规范	LY/T			
				煤炭行业测量系列规范	MT/T			
				水利行业测量系列标准	SL/T			
				地下空间测绘方面系列标准			待制定	JCCH、DHFW、YJCH、ZHCS、QTFW
				室内移动测量方面系列标准			待制定	DHFW、YJCH、ZHCS、QTFW
				……				

300 成果类标准

标准小类名称	标准小类范围	标准小类编号	标准序号	标准名称	标准级别	标准编号	标准状态	标准主要应用领域
遥感数据成果	规定地面、车载、航空、航天遥感影像或点云数据成果的内容、技术要求和指标	301	301.1	1:25 000 1:50 000 光学测绘卫星遥感影像产品规范	GB/T		制定中	JCCH、HYCH、YJCH、QQJS、DLGQ、ZHCS、QTFW
			301.2	高分辨率 SAR 卫星遥感影像产品分级	CH/T		制定中	
				光学测绘卫星数据产品方面			待制定	
				SAR 测绘卫星数据产品方面			待制定	
				……				
基础地理信息成果	规定基础地理信息数据成果的内容、技术要求、技术指标等	302	302.1	基础地理信息标准数据基本规定	GB	GB 21139—2007	已发布	JCCH、HYCH、DHFW、YJCH、QQJS、DLGQ、ZHCS、QTFW
			302.2	基础地理信息数字成果 1:500 1:1000 1:2 000 数字线划图	CH/T	CH/T 9008.1—2010	已发布	
			302.3	基础地理信息数字成果 1:500 1:1 000 1:2 000 数字高程模型	CH/T	CH/T 9008.2—2010	已发布	
			302.4	基础地理信息数字成果 1:500 1:1 000 1:2 000 数字正射影像图	CH/T	CH/T 9008.3—2010	已发布	

标准小类名称	标准小类范围	标准小类编号	标准序号	标准名称	标准级别	标准编号	标准状态	标准主要应用领域
基础地理信息成果	规定基础地理信息数据成果的内容、技术要求、技术指标等	302	302. 5	基础地理信息数字成果 1:500 1:1 000 1:2 000 数字栅格地图	CH/T	CH/T 9008. 4—2010	已发布	
			302. 6	基础地理信息数字成果 1:500 1:1000 1:2000 1:5000 1:10000 数字表面模型	CH/T	CH/T 9022—2014	已发布	
			302. 7	基础地理信息数字成果 1:5 000 1:10 000 1:25 000 1:50 000 1:100 000 第1部分：数字线划图	CH/T	CH/T9009. 1—2013	已发布	
			302. 8	基础地理信息数字成果 1:5 000 1:10 000 1:25 000 1:50 000 1:100 000 数字高程模型	CH/T	CH/T 9009. 2—2010	已发布	
			302. 9	基础地理信息数字成果 1:5 000 1:10 000 1:25 000 1:50 000 1:100 000 数字正射影像图	CH/T	CH/T 9009. 3—2010	已发布	
			302. 10	基础地理信息数字成果 1:5 000 1:10 000 1:25 000 1:50 000 1:100 000 数字栅格地图	CH/T	CH/T 9009. 4—2010	已发布	
			302. 11	基础地理信息数字成果 1:500 1:1 000 1:2 000 1:5 000 1:10 000 数字表面模型	CH/T	CH/T 9022—2014	已发布	
			302. 12	基础地理信息数字成果 1:25 000 1:50 000 1:100 000 数字表面模型	CH/T	CH/T 9023—2014	已发布	
			302. 13	基础地理信息数字产品 土地覆盖图 注：修订时与地理国情监测成果整合	CH/T	CH/T 1012—2005	已发布	
			302. 14	基础地理信息数字成果 数字水深模型	CH/T		制定中	
			302. 15	基础地理信息数字成果数据组织及文件命名规则	CH/T	CH/T 9012—2011	已发布	

标准小类名称	标准小类范围	标准小类编号	标准序号	标准名称	标准级别	标准编号	标准状态	标准主要应用领域
基础地理信息成果	规定基础地理信息数据成果的内容、技术要求、技术指标等	302	302.16	基础地理信息 1∶10 000 地形要素数据规范	GB/T	GB/T 33462—2016	已发布	
			302.17	基础地理信息 1∶50 000 地形要素数据规范	GB/T	GB/T 33183—2016	已发布	
			302.18	基础地理信息数字产品数字影像地形图	CH/T	CH/T 1013—2005	已发布	
			302.19	地理实体数据规范	GB/T		制定中	JCCH、XJCH、DHFW、YJCH、QQJS、DLGQ、ZHCS、QTFW
			302.20	地址 第1部分：数据模型	GB/T		制定中	
				地名地址成果方面				
				地下空间测绘成果方面			待制定	JCCH、DHFW、YJCH、ZHCS、QTFW
				岸线测量成果方面			待制定	JCCH、DHFW、YJCH、QQJS、DLGQ、QTFW
				海底地形测量成果方面			待制定	
				……				
基础地理国情监测成果	规定基础地理国情监测相关成果的内容、技术要求、技术指标等	303	303.1	基础性地理国情监测基本统计技术规范	GB/T		制定中	DLGQ、QTFW
			303.2	基础性地理国情监测信息统计分析技术规范	CH/T		制定中	
			303.3	基础性地理国情监测元数据方面			待制定	
			303.4	基础性地理国情监测分类代码方面			待制定	
			303.5	基础性地理国情监测底图方面			待制定	
			303.6	基础性地理国情监测数据成果标准方面			待制定	
			303.7	基础性地理国情监测数据库方面			待制定	
			303.8	基础性地理国情监测数据归档方面			待制定	
				……				

标准小类名称	标准小类范围	标准小类编号	标准序号	标准名称	标准级别	标准编号	标准状态	标准主要应用领域
基本比例尺地形图	规定国家基本比例尺地形图成果应达到的技术要求、技术指标等	304	304.1	数字地形图产品基本要求	GB/T	GB/T 17278—2009	已发布	JCCH、HYCH、DHFW、YJCH、QQJS、DLGQ、ZHCS、QTFW
			304.2	国家基本比例尺地图 1:500 1:1 000 1:2 000 地形图	GB/T	GB/T 33176—2016	已发布	
			304.3	国家基本比例尺地图 1:500 1:1 000 1:2 000 正射影像地图	GB/T	GB/T 33175—2016	已发布	
			304.4	国家基本比例尺地图 1:5 000 1:10 000 地形图	GB/T	GB/T 33177—2016	已发布	
			304.5	国家基本比例尺地图 1:5 000 1:10 000 正射影像地图	GB/T	GB/T 33182—2016	已发布	
			304.6	国家基本比例尺地图 1:25 000 1:50 000 1:100 000 地形图	GB/T	GB/T 33180—2016	已发布	
			304.7	国家基本比例尺地图 1:25 000 1:50 000 1:100 000 正射影像地图	GB/T	GB/T 33179—2016	已发布	
			304.8	国家基本比例尺地图 1:250 000 1:500 000 1:1 000 000 地形图	GB/T	GB/T 33181—2016	已发布	
			304.9	国家基本比例尺地图 1:250 000 1:500 000 1:1000 000 正射影像地图	GB/T	GB/T 33178—2016	已发布	
			304.10	国家基本比例尺地形图 1:50 000 晕渲地形图	CH/T	CH/T 9021—2013	已发布	
				……				
公众版测绘成果	规定公众版测绘成果的内容、技术要求、技术指标等	305	305.1	公开版地图产品技术要求	GB/T		制定中	DHFW、YJCH、QQJS、ZHCS、QTFW
			305.2	公共服务电子地图瓦片数据规范	GB/T		制定中	
			305.3	公共服务电子地图数据规范	GB/T		制定中	
			305.4	中尺度公开基础地图数据规范	GB/T		制定中	

标准小类名称	标准小类范围	标准小类编号	标准序号	标准名称	标准级别	标准编号	标准状态	标准主要应用领域
公众版测绘成果	规定公众版测绘成果的内容、技术要求、技术指标等	305	305.5	实景地图数据产品	GB/T		制定中	XJCH、DHFW、YJCH、QQJS、DLGQ、ZHCS、QTFW
			305.6	定向运动地图规范	CH/T	CH/T 4016—2010	已发布	QTFW
				公众版地图产品方面			待制定	DHFW、YJCH、QQJS、ZHCS、QTFW
				行政区划挂图方面			待制定	YJCH、DLGQ、ZHCS、QTFW
				……				
数据库	规定国家级、省级和城市级地理信息数据库建设整个过程各阶段的内容与成果要求等	306	306.1	基础地理信息数据库基本规定	GB/T	GB/T 30319—2013	已发布	JCCH、HYCH、QQJS、DLGQ、ZHCS、QTFW
			306.2	基础地理信息数据库建设规范	GB/T	GB/T 33453—2016	已发布	
			306.3	基础地理信息城市数据库建设规范	GB/T	GB/T 21740—2008	已发布	
			306.4	三维地理信息模型数据库规范	CH/T	CH/T 9017—2012	已发布	
			306.5	卫星激光测距数据及基准产品数据库建设规范	CH/T		制定中	
			306.6	1∶25 000 1∶50 000 影像控制点数据库建设规程	CH/T		制定中	
			306.7	光学测绘卫星遥感影像数据库建设规范	CH/T		制定中	
			306.8	基础地理信息数字成果 1∶500 1∶1 000 1∶2 000 生产技术规程 第1部分：数字线划图	CH/T	CH/T 9020.1—2013	已发布	JCCH、HYCH、DHFW、YJCH、QQJS、DLGQ、ZHCS、QTFW
			306.9	基础地理信息数字成果 1∶500 1∶1 000 1∶2 000 生产技术规程 第2部分：数字高程模型	CH/T	CH/T 9020.2—2013	已发布	
			306.10	基础地理信息数字成果 1∶500 1∶1 000 1∶2 000 生产技术规程 第3部分：数字正射影像图	CH/T	CH/T 9020.3—2013	已发布	

标准小类名称	标准小类范围	标准小类编号	标准序号	标准名称	标准级别	标准编号	标准状态	标准主要应用领域
数据库	规定国家级、省级和城市级地理信息数据库建设整个过程各阶段的内容与成果要求等	306	306.11	基础地理信息数字产品 1:10 000 1:50 000 生产技术规程 第1部分：数字线划图（DLG）	CH/T	CH/T 1015.1—2007	已发布	
			306.12	基础地理信息数字产品 1:10 000 1:50 000 生产技术规程 第2部分：数字高程模型（DEM）	CH/T	CH/T 1015.2—2007	已发布	
			306.13	基础地理信息数字产品 1:10 000 1:50 000 生产技术规程 第3部分：数字正射影像图（DOM）	CH/T	CH/T 1015.3—2007	已发布	
			306.14	基础地理信息数字产品 1:10 000 1:50 000 生产技术规程 第4部分：数字栅格地图（DRG）	CH/T	CH/T 1015.4—2007	已发布	
			306.15	水准测量电子记录规定	CH/T	CH/T 2006—1999	已发布	JCCH
			306.16	大地测量数据库基本规定	CH/T	CH/T 2012—2013	已发布	
				基础地理信息数据库更新方面			待制定	JCCH、XJCH、HYCH、DHFW、YJCH、QQJS、DLGQ、ZHCS、QTFW
				卫星遥感影像数据库方面			待制定	
				地理实体数据库方面			待制定	
				政务地理信息数据库方面			待制定	
				……				
其他成果	规定基础地理信息数据成果加工与处理得到的各种数据集及其数字成果的内容、技术要求、技术指标等	307	307.1	陆地国界数据规范	GB/T	GB/T 33186—2016	已发布	JCCH、XJCH、DHFW、QQJS、QTFW
			307.2	实景三维地理信息数据产品	GB/T		制定中	HYCH、DHFW、YJCH、ZHCS、QTFW
			307.3	车载移动测量数据规范	CH/T	CH/T 6003—2016	已发布	
			307.4	可量测实景影像	CH/Z	CH/Z 1002—2009	已发布	
			307.5	三维地理信息模型数据产品规范	CH/T	CH/T 9015—2012	已发布	
				地理时空信息大数据方面			待制定	XJCH、HYCH、DHFW、YJCH、ZHCS、QTFW
				全息位置地图数据方面			待制定	
				……				

400 应用服务类标准

<table>
<tr><th>标准大类名称</th><th>标准小类范围</th><th>标准小类编号</th><th>标准序号</th><th>标准名称</th><th>标准级别</th><th>标准编号</th><th>标准状态</th><th>标准主要应用领域</th></tr>
<tr><td rowspan="22">导航与位置服务</td><td rowspan="22">规定导航与位置服务信息定义与描述内容，获取处理的技术方法与要求，导航与位置服务数据的内容、技术指标和要求，以及服务的要求等</td><td rowspan="22">401</td><td>401. 1</td><td>卫星导航定位基准站术语</td><td>GB/T</td><td></td><td>制定中</td><td rowspan="7">JCCH、XJCH、DHFW、QTFW</td></tr>
<tr><td>401. 2</td><td>卫星导航定位基准站数据传输和接口协议</td><td>GB/T</td><td></td><td>制定中</td></tr>
<tr><td>401. 3</td><td>卫星导航定位基准站网基本产品规范</td><td>GB/T</td><td></td><td>制定中</td></tr>
<tr><td>401. 4</td><td>卫星导航定位基准站服务管理系统规范</td><td>GB/T</td><td></td><td>制定中</td></tr>
<tr><td>401. 5</td><td>卫星导航定位基准站网服务规范</td><td>GB/T</td><td></td><td>制定中</td></tr>
<tr><td>401. 6</td><td>导航型应用软件基本功能及技术要求</td><td>GB/T</td><td></td><td>制定中</td></tr>
<tr><td>401. 7</td><td>全球导航卫星系统（GNSS）差分数据内容与格式</td><td>CH/T</td><td></td><td>制定中</td></tr>
<tr><td>401. 8</td><td>北斗导航基础数据中心维护与管理规范</td><td>CH/T</td><td></td><td>制定中</td><td>DHFW、QTFW</td></tr>
<tr><td>401. 9</td><td>导航电子地图安全处理技术基本要求</td><td>GB</td><td>GB 20263—2006</td><td>已发布</td><td rowspan="5">DHFW、ZHCS、QTFW</td></tr>
<tr><td>401. 10</td><td>导航电子地图增量更新基本要求</td><td>GB/T</td><td></td><td>制定中</td></tr>
<tr><td>401. 11</td><td>导航电子地图 分区网络模型</td><td>GB/T</td><td></td><td>制定中</td></tr>
<tr><td>401. 12</td><td>地图导航定位产品通用技术条件</td><td>GB/T</td><td></td><td>制定中</td></tr>
<tr><td>401. 13</td><td>导航电子地图框架数据交换格式</td><td>GB/T</td><td></td><td>制定中</td></tr>
<tr><td>401. 14</td><td>车载导航电子地图产品规范</td><td>GB/T</td><td>GB/T 20267—2006</td><td>已发布</td><td rowspan="4">DHFW、YJCH、ZHCS、QTFW</td></tr>
<tr><td>401. 15</td><td>车载导航地理数据采集处理技术规程</td><td>GB/T</td><td>GB/T 20268—2006</td><td>已发布</td></tr>
<tr><td>401. 16</td><td>三维导航地图产品规范</td><td>CH/T</td><td></td><td>制定中</td></tr>
<tr><td>401. 17</td><td>手机地图产品数据规范</td><td>GB/T</td><td></td><td>制定中</td></tr>
<tr><td></td><td>多模式协同定位方面</td><td></td><td></td><td>待制定</td><td>DHFW</td></tr>
<tr><td></td><td>室内外无缝导航方面</td><td></td><td></td><td>待制定</td><td>DHFW</td></tr>
<tr><td></td><td>室内位置服务方面</td><td></td><td></td><td>待制定</td><td>DHFW</td></tr>
<tr><td></td><td>导航定位基准站商用密码应用方面</td><td></td><td></td><td>待制定</td><td>DHFW</td></tr>
<tr><td></td><td>……</td><td></td><td></td><td></td><td></td></tr>
</table>

标准大类名称	标准小类范围	标准小类编号	标准序号	标准名称	标准级别	标准编号	标准状态	标准主要应用领域
应急测绘服务	规定应急测绘信息获取处理的技术方法与要求，应急测绘数据的内容、技术指标和要求，以及服务的要求等	402	402.1	突发事件应急协同标绘符号规范	GB/T		制定中	YJCH
			402.2	突发事件应急协同标绘图层规范	GB/T		制定中	
			402.3	基础地理信息应急制图规范	CH/T	CH/T 4018—2013	已发布	
			402.4	测绘地理信息应急监测车通用技术要求	CH/T		制定中	
				应急测绘术语方面			待制定	
				应急测绘基本技术要求方面			待制定	
				应急测绘数据交换格式方面			待制定	
				应急测绘传感器检定与安装方面			待制定	
				应急测绘影像获取、处理方面			待制定	
				应急测绘样本影像制作与信息解译方面			待制定	
				应急测绘专题制图与快速制印方面			待制定	
				应急测绘基准损毁检测与恢复方面			待制定	
				应急测绘野外安全生产方面			待制定	
				应急测绘设备安全方面			待制定	
				应急测绘协同作业方面			待制定	
				应急测绘成果资料文档管理方面			待制定	
				应急测绘平台方面			待制定	
				应急测绘信息服务方面			待制定	
				……				
地理国情监测	规定地理国情监测的内容、技术方法、技术指标，以及服务的要求等	403	403.1	地理国情监测基本术语	CH/T		制定中	JCCH、DLGQ、QTFW
			403.2	基础性地理国情监测内容框架	GB/T		制定中	DLGQ

标准大类名称	标准小类范围	标准小类编号	标准序号	标准名称	标准级别	标准编号	标准状态	标准主要应用领域
地理国情监测	规定地理国情监测的内容、技术方法、技术指标，以及服务的要求等	403	403.3	基础性地理国情监测内容与指标	CH/T		制定中	
			403.4	基础性地理国情监测成果图编制规范	CH/T		制定中	
			403.5	专题性地理国情监测湖泊流域生态监测技术规范	CH/Z		制定中	
				专题性地理国情监测自然资源资产审计监测方面			待制定	DLGQ、QTFW
				专题性地理国情监测国土空间方面			待制定	
				专题性地理国情监测资源方面			待制定	
				专题性地理国情监测生态环境方面			待制定	
				专题性地理国情监测空间规划方面			待制定	
				专题性地理国情监测城镇化方面			待制定	
				专题性地理国情监测水体整治方面			待制定	
				专题性地理国情监测灾害防治方面			待制定	
				……				
智慧/数字城市	规定智慧/数字城市的技术方法与要求，智慧城市的内容、技术指标和要求，以及服务的要求等	404	404.1	城市地理信息系统设计规范	GB/T	GB/T 18578—2008	已发布	JCCH、XJCH、HYCH、DHFW、ZHCS、QTFW
			404.2	数字城市地理信息公共平台地名/地址编码规则	GB/T	GB/T 23705—2009	已发布	
			404.3	数字城市地理信息公共平台运行服务规范	CH/T	CH/T 9014—2012	已发布	
			404.4	数字城市地理信息公共平台服务接口规范	CH/T		制定中	
			404.5	数字城市地理信息公共平台运行服务质量规范	GB/T	GB/T 33448—2016	已发布	

标准大类名称	标准小类范围	标准小类编号	标准序号	标准名称	标准级别	标准编号	标准状态	标准主要应用领域
智慧/数字城市	规定智慧/数字城市的技术方法与要求，智慧城市的内容、技术指标和要求，以及服务的要求等	404	404.6	智慧城市时空信息基础设施：基本规定	GB/T		制定中	
			404.7	智慧城市时空信息基础设施：评价指标体系	GB/T		制定中	
				智慧城市时空信息大数据方面			待制定	XJCH、DHFW、ZHCS、QTFW
				智慧城市时空信息云平台方面			待制定	
				智慧城市时空信息云平台服务接口方面			待制定	
				智慧城市时空信息云平台运行管理方面			待制定	
				……				
全球地理信息资源建设	规定全球地理信息获取处理的技术方法与要求，全球地理信息数据的内容、技术指标和要求，以及服务的要求等	405	405.1	全球地名库代码编制技术规范	CH/T		制定中	DHFW、QQJS、QTFW
			405.2	南极测绘基本技术规定	CH/T		制定中	HYCH、QQJS、QTFW
			405.3	南极区域低空数字航空摄影规范	CH/T	CH/T 3018—2016	已发布	
			405.4	中尺度全球地表覆盖测绘制图数据产品规范	CH/T		制定中	
				全球地理信息资源数据采集处理方面			待制定	
				全球地址要素编码方面			待制定	
				全球重要社会经济要素数据方面			待制定	QQJS、QTFW
				全球人口统计数据空间化方面			待制定	
				全球重要经济统计数据空间化方面			待制定	
				全球地理信息资源数据成果方面			待制定	
				全球地理信息资源数据库建设方面			待制定	
				全球地址要素库构建方面			待制定	
				全球地理信息资源数据服务方面			待制定	
				网络地理数据质量评估方面			待制定	
				……				

标准大类名称	标准小类范围	标准小类编号	标准序号	标准名称	标准级别	标准编号	标准状态	标准主要应用领域
其他应用服务	规定基于网络等方式，采用目录与元数据等各种服务方式进行的数据提供、地图服务和平台服务应达到的技术要求	406	406.1	地理信息公共平台基本规定	GB/T	GB/T 30318—2013	已发布	JCCH、XJCH、QQJS、ZHCS、QTFW
			406.2	地理信息公共服务平台地理实体与地名地址数据规范	CH/Z	CH/Z 9010—2011	已发布	
			406.3	地理信息公共服务平台电子地图数据规范	CH/Z	CH/Z 9011—2011	已发布	
			406.4	瓦片化地图服务	GB/T			XJCH、DHFW、YJCH、QQJS、ZHCS、QTFW
			406.5	地表覆盖信息服务	GB/T		制定中	
			406.6	自发地理信息采集规范	GB/T		制定中	
			406.7	基础地理信息 三维模型网络服务规范	CH/T		制定中	
			406.8	网络地理信息服务分类与命名规范	CH/T		制定中	
			406.9	地理空间数据交换格式	GB/T	GB/T 17798—2007	已发布	JCCH、XJCH、HYCH、DHFW、YJCH、QQJS、DLGQ、ZHCS、QTFW
			406.10	地理空间数据库访问接口	GB/T	GB/T 30320—2013	已发布	
			406.11	地理信息交换基本要求	GB/T		制定中	
			406.12	地理信息权限表达语言	GB/T	GB/T 33184—2016	已发布	
				地理时空信息云平台方面			待制定	XJCH、DHFW、QQJS、ZHCS、QTFW
				地理信息在线共享接口方面			待制定	
				地理信息服务质量评价方面			待制定	
				网络地图服务质量方面			待制定	
				空间规划术语方面			待制定	DLGQ、ZHCS、QTFW
				空间规划要素分类与编码方面			待制定	
				空间信息整合方面			待制定	JCCH、XJCH、HYCH、YJCH、QQJS、DLGQ、ZHCS、QTFW
				数据集成、分析和应用服务方面			待制定	
				视频流与时空信息融合方面			待制定	
				地址服务方面			待制定	JCCH、XJCH、DHFW、QQJS、ZHCS

标准大类名称	标准小类范围	标准小类编号	标准序号	标准名称	标准级别	标准编号	标准状态	标准主要应用领域
其他应用服务	规定基于网络等方式，采用目录与元数据等各种服务方式进行的数据提供、地图服务和平台服务应达到的技术要求	406		光学测绘卫星影像服务方面			待制定	JCCH、XJCH、HYCH、YJCH、QQJS、DLGQ、ZHCS、QTFW
				SAR 测绘卫星影像服务方面			待制定	
				电子政务地理信息服务方面			待制定	YJCH、DLGQ、ZHCS、QTFW
				重要测绘地理信息系统商用密码及应用方面			待制定	JCCH、XJCH、HYCH、YJCH、QQJS、DLGQ、ZHCS、QTFW
				……				

500 检验与测试类标准

标准小类名称	标准小类范围	标准小类编号	标准序号	标准名称	标准级别	标准编号	标准状态	标准主要应用领域
成果检验	规定测绘成果、数据质量的基本元素、描述方法与要求，各种形式、类别的测绘成果质量检查、验收、质量评定方法与技术要求，测绘标准一致性测试要求等	501	501.1	数字测绘成果质量要求	GB/T	GB/T 17941—2008	已发布	JCCH、XJCH、HYCH、DHFW、YJCH、QQJS、DLGQ、ZHCS、QTFW
			501.2	数字测绘成果质量检查与验收	GB/T	GB/T 18316—2008	已发布	
			501.3	测绘成果质量检查与验收	GB/T	GB/T 24356—2009	已发布	
			501.4	测绘成果质量监督抽查与数据认定	CH/T	CH/T 1018—2009	已发布	
			501.5	卫星导航定位基准站网测试技术规范	GB/T		制定中	JCCH、XJCH、DHFW、QTFW
			501.6	卫星导航定位基准站质量评定规范	GB/T		制定中	
			501.7	高程控制测量成果质量检验技术规程	CH/T	CH/T 1021—2010	已发布	JCCH、QQJS、ZHCS、QTFW
			501.8	平面控制测量成果质量检验技术规程	CH/T	CH/T 1022—2010	已发布	
			501.9	区域似大地水准面精化精度检测技术规程	CH/T		制定中	
			501.10	影像控制测量成果质量检验技术规程	CH/T	CH/T 1024—2011	已发布	JCCH、HYCH、QQJS、ZHCS、QTFW
			501.11	空中三角测量成果检验技术规程	CH/T		制定中	
			501.12	测绘调绘成果质量检验技术规程	CH/T	CH/T 1034—2014	已发布	

标准小类名称	标准小类范围	标准小类编号	标准序号	标准名称	标准级别	标准编号	标准状态	标准主要应用领域
成果检验	规定测绘成果、数据质量的基本元素、描述方法与要求，各种形式、类别的测绘成果质量检查、验收、质量评定方法与技术要求，测绘标准一致性测试要求等	501	501.13	数字线划图（DLG）质量检验技术规程	CH/T	CH/T 1025—2011	已发布	JCCH、QQJS、ZHCS、QTFW
			501.14	数字高程模型质量检验技术规程	CH/T	CH/T 1026—2012	已发布	
			501.15	数字正射影像图质量检验技术规程	CH/T	CH/T 1027—2012	已发布	
			501.16	1:50 000 基础测绘成果质量评定	CH/T	CH/T 1017—2008	已发布	
			501.17	1:500 1:1 000 1:2 000 地形图质量检验技术规程	CH/T	CH/T 1020—2010	已发布	JCCH、HYCH、QQJS、ZHCS、QTFW
			501.18	1:5 000 1:10 000 1:25 000 1:50 000 1:100 000 地形图质量检验技术规程	CH/T	CH/T 1023—2011	已发布	
			501.19	基础地理信息数据库测试规程	CH/T	CH/T 9007—2010	已发布	JCCH、QQJS、ZHCS、QTFW
			501.20	航空摄影成果质量检验技术规程 第1部分：常规光学航空摄影	CH/T	CH/T 1029.1—2012	已发布	JCCH、HYCH、YJCH、QQJS、DLGQ、ZHCS、QTFW
			501.21	航空摄影成果质量检验技术规程 第2部分：框幅式数字航空摄影	CH/T	CH/T 1029.2—2013	已发布	
			501.22	航空摄影成果质量检验技术规程 第3部分：推扫式数字航空摄影	CH/T	CH/T 1029.3—2013	已发布	
			501.23	卫星遥感影像质量检验技术规程	CH/T		制定中	
			501.24	1:25 000 1:50 000 传感器校正产品质量检验技术规程	CH/T		制定中	HYCH、QTFW
			501.25	机载激光雷达测量成果质量检验技术规程	CH/T		制定中	JCCH、ZHCS、QTFW
			501.26	地理国情普查成果质量检查与验收	CH/T		制定中	DLGQ、QTFW
			501.27	公开版地图质量评定标准	GB/T	GB/T 19996—2005	已发布	DHFW、QQJS、ZHCS、QTFW
			501.28	导航电子地图检测规范	CH/T	CH/T 1019—2010	已发布	
			501.29	三维地理信息模型数据产品质量检查与验收	CH/T	CH/T 9024—2014	已发布	JCCH、ZHCS、QTFW

标准小类名称	标准小类范围	标准小类编号	标准序号	标准名称	标准级别	标准编号	标准状态	标准主要应用领域
成果检验	规定测绘成果、数据质量的基本元素、描述方法与要求，各种形式、类别的测绘成果质量检查、验收、质量评定方法与技术要求，测绘标准一致性测试要求等	501	501.30	地籍图质量检验技术规程	CH/T	CH/T 5004—2014	已发布	DHFW、ZHCS、QTFW
			501.31	变形测量成果质量检验技术规程	CH/T	CH/T 1028—2012	已发布	HYCH、YJCH、DLGQ、QTFW
			501.32	管线测量成果质量检验技术规程	CH/T	CH/T 1033—2014	已发布	JCCH、YJCH、ZHCS、QTFW
			501.33	不动产测绘成果质量检验技术规程	CH/T		制定中	QTFW
			501.34	测绘标准一致性测试	GB/T		制定中	DHFW、YJCH、ZHCS、QTFW
				测绘软件质量评定方面			待制定	JCCH、XJCH、HYCH、DHFW、YJCH、QQJS、DLGQ、ZHCS、QTFW
				基础地理信息数据质量检验方面			待制定	JCCH、HYCH、YJCH、QQJS、DLGQ、ZHCS、QTFW
				卫星影像成果质量检验方面			待制定	
				实景影像数据产品质量检验方面			待制定	
				……				
仪器检验	规定各种测绘仪器、设备的检验要求等	502	502.1	测绘仪器防霉、防雾、防锈	CH/T	CH/T 8002—1991	已发布	JCCH、YJCH、QTFW
			502.2	坐标格网尺	CH/T	CH/T 8003—1991	已发布	
			502.3	三等标准金属线纹尺	CH/T	CH/T 8004—1991	已发布	
			502.4	水准标尺检定规程	JJG	JJG 8—1991	已发布	
			502.5	水准仪检定装置检定规程	JJG	JJG 960—2012	已发布	
			502.6	水准仪检定规程	JJG	JJG 425—2003	已发布	
			502.7	数字水准仪检定规程	JJG	JJG（测绘）2101—2013	已发布	
			502.8	因瓦条码水准标尺检定规程	JJG	JJG（测绘）2102—2013	已发布	
			502.9	数字水准仪产品规范	CH/T		制定中	
			502.10	因瓦条码水准标尺产品规范	CH/T		制定中	

标准小类名称	标准小类范围	标准小类编号	标准序号	标准名称	标准级别	标准编号	标准状态	标准主要应用领域
仪器检验	规定各种测绘仪器、设备的检验要求等	502	502.11	光学经纬仪检定规程	JJG	JJG 414—2011	已发布	
			502.12	经纬仪检定装置检定规程	JJG	JJG 949—2011	已发布	
			502.13	陀螺经纬仪检定规程	JJG	JJG（测绘）5201—2013	已发布	
			502.14	光电测距仪	GB/T	GB/T 14267—2009	已发布	
			502.15	超声波测距仪	JJG	JJG 928—1998	已发布	
			502.16	光电测距仪检定规程	JJG	JJG 703—2003	已发布	
			502.17	手持式激光测距仪检定规程	JJG	JJG 966—2010	已发布	
			502.18	手持激光测距仪产品规范	CH/T		制定中	
			502.19	全站型电子速测仪检定规程	JJG	JJG 100—2003	已发布	
			502.20	24m 因瓦基线尺检定规程	JJG	JJG 306—2004	已发布	
			502.21	数字航摄仪检定规程	JJG	JJG（测绘）3401—2016	已发布	JCCH、HYCH、YJCH、DLGQ、ZHCS、QTFW
			502.22	航测仪器整机精度检定规程	CH/T	CH/T 8017—1999	已发布	
			502.23	无人机航摄系统技术要求	CH/Z	CH/Z 3002—2010	已发布	
			502.24	移动测量系统惯性测量单元	GB/T	GB/T 28587—2012	已发布	
			502.25	全球卫星导航系统（GNSS）测量型接收机RTK检定规程	JJG	JJG（测绘）2301—2013	已发布	JCCH、DHFW、YJCH、QQJS、ZHCS、QTFW
			502.26	全球定位系统（GPS）测量型接收机检定规程 注：未来修订时将“GPS”改为“GNSS”	CH/T	CH/T 8016—1995	已发布	
			502.27	卫星导航定位基准站接收机产品规范	CH/T		制定中	
			502.28	机载型全球导航系统（GNSS）接收机通用规范	CH/Z		制定中	
				大幅面数码相机方面			待制定	JCCH、HYCH、YJCH、DLGQ、ZHCS、QTFW
				倾斜航摄仪系统方面			待制定	

标准小类名称	标准小类范围	标准小类编号	标准序号	标准名称	标准级别	标准编号	标准状态	标准主要应用领域
仪器检验	规定各种测绘仪器、设备的检验要求等	502		无人机遥感系统方面			待制定	
				机载激光雷达系统方面			待制定	
				IMU/GNSS 辅助航摄系统方面			待制定	
				……				
系统与软件测试	规定用于测绘工作和测绘数据获取、生产、加工处理、存储维护、管理和服务等的系统与软件测试的方法、内容和技术要求等	503	503.1	地理信息系统软件验收测试规程	CH/T	CH/T 1035—2014	已发布	JCCH、XJCH、HYCH、DHFW、YJCH、QQJS、DLGQ、ZHCS、QTFW
			503.2	地理信息系统软件测试规范	GB/T	GB/T 33447—2016	已发布	
			503.3	卫星导航定位基准站网测试技术规范	GB/T		制定中	DHFW、QTFW
			503.4	遥感数据处理系统软件测试技术规范	CH/T		制定中	JCCH、XJCH、HYCH、QTFW
				……				
检验环境	规定用于测绘工作和数据获取、生产、加工处理、存储维护和服务等的检验环境要求等	504	504.1	比长基线场检定规程	JJG	JJG（测绘）2103—2015	已发布	JCCH、QTFW

600 管理类标准

标准小类名称	标准小类范围	标准小类编号	标准序号	标准名称	标准级别	标准编号	标准状态	标准主要应用领域
项目管理	规定进行测绘技术设计、技术总结以及基础地理信息成果生产、处理、存储与备份等项目执行过程中的技术管理要求与措施	601	601.1	测绘技术总结编写规定	CH/T	CH/T 1001—2005	已发布	JCCH、XJCH、HYCH、DHFW、YJCH、QQJS、DLGQ、ZHCS、QTFW
			601.2	测绘技术设计规定	CH/T	CH/T 1004—2005	已发布	
			601.3	测绘地理信息职业分类与职业能力评价	CH/T		制定中	
			601.4	测绘单位质量管理体系通用要求	CH/T		制定中	
				测绘工程监理方面			待制定	JCCH、XJCH、HYCH、DHFW、YJCH、QQJS、DLGQ、ZHCS、QTFW
				项目文档编制方面			待制定	
				……				

标准小类名称	标准小类范围	标准小类编号	标准序号	标准名称	标准级别	标准编号	标准状态	标准主要应用领域
成果管理	规定测绘成果管理的技术要求与措施	602	602.1	测绘地理信息数字版权标识	GB/T		制定中	XJCH、HYCH、DHFW、YJCH、QQJS、DLGQ、ZHCS、QTFW
				卫星遥感影像目录管理方面			待制定	JCCH、HYCH、YJCH、QQJS、DLGQ、ZHCS、QTFW
				卫星遥感影像数据管理方面			待制定	
				测绘成果编目、标识与汇交方面			待制定	JCCH、HYCH、DHFW、YJCH、QQJS、DLGQ、ZHCS、QTFW
				基础地理信息数据库管理、备份方面			待制定	
				……				
文档管理	规定测绘成果生产、处理、服务、存储与备份等过程中文档整理、归档、上交等应满足的要求与措施	603	603.1	测绘制图资料著录规则	GB/T	GB/T3792.6—2005	已发布	JCCH、HYCH、DHFW、YJCH、QQJS、DLGQ、ZHCS、QTFW
			603.2	基础地理信息数据档案管理与保护规范	CH/T	CH/T 1014—2006	已发布	
			603.3	基础测绘项目文件归档技术规定	CH/T	CH/T 1030—2012	已发布	
			603.4	归档测绘文件质量要求	CH/T	CH/T 1032—2013	已发布	
			603.5	测绘地理信息档案著录规范	CH/T		制定中	
				大地测量数据归档方面			待制定	
				地理信息数据归档方面			待制定	
				遥感影像数据归档方面			待制定	
				……				
安全管理	规定测绘安全管理内容、技术方法与要求，以及测绘成果生产、处理、服务、存储等过程中安全应满足的要求与措施	604	604.1	测绘作业人员安全规范	CH	CH 1016—2008	已发布	JCCH、HYCH、DHFW、YJCH、QQJS、YJCH、DLGQ、ZHCS、QTFW
			604.2	卫星导航定位基准站网安全管理要求	GB		制定中	
			604.3	无人机航摄安全作业基本要求	CH/Z	CH/Z 3001—2010	已发布	
				地理信息数据安全管理方面			待制定	
				地理信息安全防空系统方面			待制定	
				遥感影像数据安全管理方面			待制定	
				测绘设备安全管理方面			待制定	

标准小类名称	标准小类范围	标准小类编号	标准序号	标准名称	标准级别	标准编号	标准状态	标准主要应用领域
安全管理	规定测绘安全管理内容、技术方法与要求，以及测绘成果生产、处理、服务、存储等过程中安全应满足的要求与措施	604		平台安全管理方面			待制定	
				测绘成果安全处理方面			待制定	
				无人机操作员培训规范方面			待制定	HYCH、QTFW
				无人机培训机构资质规范方面			待制定	
				无人机系统注册方面			待制定	
				无人机任务注册方面			待制定	
				……				

测绘相关标准

序号	标准类别	备注
1	标准化管理类	测绘标准制修订应遵循的有关标准化方面的国家标准
2	信息技术类	信息技术中通用性的软件、网络、硬件、环境等方面的国家标准
3	地理信息类	地理信息通用类、数据资源类、应用服务类、环境与工具类、管理类国家标准
4	专业信息类	我国经济建设和社会发展各行业中涉及地理信息数据、成果、产品采集加工处理的基础性国家标准
5	质量管理类	测绘工作中应遵循的有关质量管理方面的国家标准

中共国家测绘地理信息局党组关于学习宣传贯彻党的十九大精神的意见

国测党发〔2017〕63 号 2017 年 11 月 7 日

各省、自治区、直辖市及计划单列市、新疆生产建设兵团测绘地理信息主管部门，局所属各单位党委（党组、总支、支部），机关各司室党支部：

为深入学习宣传贯彻党的十九大精神，把测绘地理信息系统党员干部的思想统一到党的十九大精神上来，把力量凝聚到党的十九大确定的各项任务上来，以习近平新时代中国特色社会主义思想为指导，谱写决胜全面建成小康社会、夺取新时代中国特色社会主义伟大胜利的测绘地理信息篇章，根据《中共中央关于认真学习宣传贯彻党的十九大精神的决定》（中发〔2017〕28 号），结合测绘地理信息工作实际，现提出如下意见。

一、充分认识学习宣传贯彻党的十九大精神的重大意义

党的十九大是在全面建成小康社会决胜阶段、中国特色社会主义进入新时代的关键时期召开的一次十分重要的大会。大会高举中国特色社会主义伟大旗帜，以马克思列宁主义、毛泽东思想、邓小平理论、“三个代表”重要思想、科学发展观、习近平新时代中国特色社会主义思想为指导，分析了国际国内形势发展变化，回顾和总结了过去5年的工作和历史性变革，作出了中国特色社会主义进入了新时代、我国社会主要矛盾已经转化为人民日益增长的美好生活需要和不平衡不充分的发展之间的矛盾等重大政治论断，深刻阐述了新时代中国共产党的历史使命，确立了习近平新时代中国特色社会主义思想的历史地位，提出了新时代坚持和发展中国特色社会主义的基本方略，确定了决胜全面建成小康社会、开启全面建设社会主义现代化国家新征程的目标，对新时代推进中国特色社会主义伟大事业和党的建设新的伟大工程作出了全面部署。

习近平总书记的报告，深刻回答了新时代坚持和发展中国特色社会主义的一系列重大理论和实践问题，描绘了决胜全面建成小康社会、夺取新时代中国特色社会主义伟大胜利的宏伟蓝图，进一步指明了党和国家事业的前进方向，是全党全国各族人民智慧的结晶，是我们党团结带领全国各族人民在新时代坚持和发展中国特色社会主义的政治宣言和行动纲领，是马克思主义的纲领性文献。《中国共产党章程（修正案）》将习近平新时代中国特色社会主义思想写入党章，确立为我们党必须长期坚持的指导思想。修改后的党章充分体现了党的十八大以来党的理论创新、实践创新、制度创新成果，充分体现了党的十九大报告确立的重大理论观点和重大战略思想，对推进党的事业和党的建设必将更好发挥规范和指导作用。

党的十九届一中全会选举产生了新一届中央领导集体，习近平同志再次当选为中央委员会总书记、中央军委主席，这是历史的选择、人民的选择、时代的选择，充分体现了全党全军全国各族人民的共同心愿。

认真学习宣传贯彻党的十九大精神，事关党和国家工作全局，事关中国特色社会主义事业长远发展，事关最广大人民根本利益，对于动员全党全国各族人民更加紧密地团结在以习近平同志为核心的党中央周围，高举中国特色社会主义伟大旗帜，坚定道路自信、理论自信、制度自信、文化自信，为实现推进现代化建设、完成祖国统一、维护世界和平与促进共同发展三大历史任务，为决胜全面建成小康社会、夺取新时代中国特色社会主义伟大胜利、实现中华民族伟大复兴的中国梦、实现人民对美好生活的向往继续奋斗，具有重大现实意义和深远历史意义。

全国测绘地理信息系统党员干部一定要充分认识党的十九大的重大意义，充分认识把习近平新时代中国特色社会主义思想确立为党必须长期坚持的指导思想的重大意义，把认真学习宣传贯彻党的十九大精神作为当前和今后一个时期的首要政治任务，牢固树立政治意识、大局意识、核心意识、看齐意识，在政治立场、政治方向、政治原则、政治道路上同以习近平同志为核心的党中央保持高度一致，坚决维护以习近平同志为核心的党中央权威和集中统一领导。

二、全面准确学习领会党的十九大精神

全国测绘地理信息系统党员干部必须全面准确地学习领会党的十九大精神，认真研读党的十九大报告和党章，学习习近平总书记在党的十九届一中全会上的重要讲话精神，坚持读原著、学原文、悟原理，做到入脑入心、学深悟透。

一要深刻领会党的十九大的主题。不忘初心，牢记使命，高举中国特色社会主义伟大旗帜，决胜全面建成小康社会，夺取新时代中国特色社会主义伟大胜利，为实现中华民族伟大复兴的中国梦不懈奋斗，这是党的十九大的主题，明确回答了我们党在新时代举什么旗、走什么路、以什么样的精神状态、担负什么样的历史使命、实现什么样的奋斗目标的重大问题。中国共产党人的初心和使命，就是为中国人民谋幸福，为中华民族谋复兴。

二要深刻领会习近平新时代中国特色社会主义思想的历史地位和丰富内涵。习近平新时代中国特色社会主义思想，是对马克思列宁主义、毛泽东思想、邓小平理论、“三个代表”重要思想、科学发展观的继承和发展，是马克思主义中国化最新成果，是党和人民实践经验和集体智慧的结晶，是中国特色社会主义理论体系的重要组成部分，是全党全国人民为实现中华民族伟大复兴而奋斗的行动指南，必须长期坚持并不断发展。要准确掌握“8个明确”的核心要义和“14个坚持”的基本方略，从指导思想和行动纲领两个层面理解和实践，全面贯彻党的基本理论、基本路线、基本方略，更好引领党和人民事业发展。

三要深刻领会党的十八大以来党和国家事业发生的历史性变革。5年来，以习近平同志为核心的党中央以巨大的政治勇气和强烈的责任担当，提出一系列新理念新思想新战略，出台一系列重大方针政策，推出一系列重大举措，推进一系列重大工作，解决了许多长期想解决而没有解决的难题，办成了许多过去想办而没有办成的大事，推动党和国家事业发生历史性变革。5 年来的成就是全方位的、开创性的，5 年来的变革是深层次的、根本性的。这些历史性变革，对党和国家事业发展具有重大而深远的影响。

四要深刻领会中国特色社会主义进入了新时代。这是我国发展新的历史方位，新时代意味着近代以来久经磨难的中华民族迎来了从站起来、富起来到强起来的伟大飞跃，迎来了实现中华民族伟大复兴的光明前景；意味着科学社会主义在 21 世纪的中国焕发出强大生机活力，在世界上高高举起了中国特色社会主义伟大旗帜；意味着中国特色社会主义道路、理论、制度、文化不断发展，拓展了发展中国家走向现代化的途径，给世界上那些既希望加快发展又希望保持自身独立性的国家和民族提供了全新选择，为解决人类问题贡献了中国智慧和中国方案。

五要深刻领会我国社会主要矛盾的变化。中国特色社会主义进入新时代，我国社会主要矛盾已经转化为人民日益增长的美好生活需要和不平衡不充分的发展之间的矛盾。我国社会主要矛盾的变化是关系全局的历史性变化，对党和国家工作提出了许多新要求。要在继续推动发展的基础上，着力解决好发展不平衡不充分问题，大力提升发展质量和效益，更好满足人民在经济、政治、文化、社会、生态等方面日益增长的需要，更好推动人的全面发展、社会全面进步。

六要深刻领会新时代中国共产党的历史使命。实现中华民族伟大复兴是近代以来中华民族最伟大的梦想。今天，我们比历史上任何时期都更接近、更有信心和能力实现中华民族伟大复兴的目标。实现伟大梦想，必须进行伟大斗争，必须建设伟大工程，必须推进伟大事业，伟大斗争，伟大工程，伟大事业，伟大梦想，紧密联系、相互贯通、相互作用，其中起决定性作用的是党的建设新的伟大工程。建设伟大工程，要结合伟大斗争、伟大事业、伟大梦想的实践来进行，确保党始终走在时代前列、始终成为全国人民的主心骨、始终成为坚强领导核心。

七要深刻领会实现第一个百年奋斗目标和向第二个百年奋斗目标进军。第一个阶段，从 2020 年到 2035 年，在全面建成小康社会的基础上，基本实现社会主义现代化。第二个阶段，从 2035 年到本世纪中叶，在基本实现现代化的基础上，把我国建成富强民主文明和谐美丽的社会主义现代化强国。从全面建成小康社会到基本实现现代化，再到全面建成社会主义现代化强国，是新时代中国特色社会主义发展的战略安排。

八要深刻领会社会主义经济建设、政治建设、文化建设、社会建设、生态文明建设等方面的重大部署。全面推进“五位一体”总体布局和“四个全面”战略布局，在经济建设上，要贯彻新发展理念，建设现代化经济体系；在政治建设上，要健全人民当家做主制度体系，发展社会主义民主政治；在文化建设上，要坚定文化自信，推动社会主义文化繁荣兴盛；在社会建设上，要提高保障和改善民生水平，加强和创新社会治理；在生态文明建设上，要加快生态文明体制改革，建设美丽中国。

九要深刻领会国防和军队建设、港澳台工作、外交工作的重大部署。坚持走中国特色强军之路，全面贯彻习近平强军思想，把人民军队建设成为世界一流军队。坚持“和平统一、一国两制”方针，推进祖国和平统一进程。坚持和平发展道路，推动构建人类命运共同体，同世界各国人民一道建设持久和平、普遍安全、共同繁荣、开放包容、清洁美丽的世界。

十要深刻领会坚定不移全面从严治党的重大部署。党政军民学，东西南北中，党是领导一切的。坚持和加强党的全面领导，坚持党要管党、全面从严治党，以加强党的长期执政能力建设、先进性和纯洁性建设为主线，以党的政治建设为统领，以坚定理想信念宗旨为根基，以调动全党积极性、主动性、创造性为着力点，全面推进党的政治建设、思想建设、组织建设、作风建设、纪律建设，把制度建设贯穿其中，深入推进反腐败斗争，不断提高党的建设质量，把党建设成为始终走在时代前列、人民衷心拥护、勇于自我革命、经得起各种风浪考验、朝气蓬勃的马克思主义执政党。

学习领会党的十九大精神，要把着力点聚焦到习近平新时代中国特色社会主义思想是党必须长期坚持的指导思想上，聚焦到 5 年来党和国家事业取得历史性成就和发生历史性变革上，聚焦到作出中国特色社会主义进入了新时代、我国社会主要矛盾已经转化为人民日益增长的美好生活需要和不平衡不充分的发展之间的矛盾等重大政治论断的深远影响上，聚焦到贯彻落实党的十九大的重大决策部署上，聚焦到以习近平同志为核心的新一届中央领导集体是深受全党全国各族人民拥护和信赖的领导集体上，聚焦到习近平总书记是全党拥护、人民爱戴、当之无愧的党的领袖上。

全国测绘地理信息系统党员干部要深刻领会党的十九大的丰富内涵和精神实质，全面把握习近平新时代中国特色社会主义思想的核心要义和实践要求，准确把握党的十九大提出的重大理论观点和重大战略部署，在学懂上下功夫，在弄通上下功夫，在做实上下功夫，切实用十九大精神武装头脑、指导实践、推动工作。

三、谱写新时代测绘地理信息事业发展新篇章

全国测绘地理信息系统学习贯彻党的十九大精神，要大力弘扬理论联系实际的学风，坚持学以致用，知行合一，切实提高解决问题、推动发展的能力。

（一）开启建设测绘地理信息现代化强国的新征程。全系统要将学习贯彻党的十九大精神特别是习近平新时代中国特色社会主义思想，与学习贯彻习近平总书记给国测一大队老队员老党员回信重要指示精神紧密结合，与贯彻落实党中央、国务院关于测绘地理信息工作的决策部署紧密结合，与贯彻实施修订后的《测绘法》紧密结合，与推进落实测绘地理信息事业发展战略和“十三五”规划紧密结合，以坚定的理想信念和昂扬的精神状态，拥抱新时代，践行新思想，实现新作为，作出新贡献。要对表对标党的十九大战略安排和目标任务，对表对标在统筹推进经济建设、政治建设、文化建设、社会建设、生态文明建设和实施科教兴国战略、人才强国战略、创新驱动发展战略、乡村振兴战略、区域协调发展战略、可持续发展战略、军民融合发展战略等方面的重大需求，对表对标在履行维护国家主权、安全、发展利益职责和推动构建人类命运共同体方面的更高要求，对表对标坚定不移全面从严治党方面的重大部署，对当前和今后一个时期测绘地理信息事业发展的历史方位、主要矛盾、发展目标、重大需求、重点任务、战略步骤等事关全局的重大问题进行深入研究、作出准确判断、谋划发展举措，结合全国测绘地理信息工作会议召开作出系统部署，让十九大各项目标任务在测绘地理信息工作中落地生根，全面开启建设测绘地理信息现代化强国的新征程。

（二）开创测绘地理信息服务国家改革发展大局的新局面。服务经济建设、社会发展、国防建设、生态保护，满足人民日益增长的地理信息需要，是测绘地理信息工作的目标和定位。全系统要紧紧围绕国家改革发展大局，牢牢把握新的时代需求，全力解决测绘地理信息发展不平衡不充分的问题，大力推进测绘地理信息应用领域和广度深度。要贯彻新发展理念，以深化供给侧结构性改革为主线，加快构建新型基础测绘、地理国情监测、应急测绘、航空航天遥感测绘、全球地理信息资源开发“五大业务”体系，加快提升科技自主创新、技术装备、协调融合、公共服务、产业市场服务“五大能力”，推动测绘地理信息工作质量变革、效率变革、动力变革，着力完善测绘地理信息公共服务体系和品牌，着力提高测绘地理信息供给质量和效益，着力增强测绘地理信息公共服务作用和优势。要以服务“一带一路”建设和生态文明建设为两大战略重点，同时在京津冀协同发展、长江经济带建设、雄安新区建设、乡村振兴战略和西部大开发、东北地区等老工业基地振兴、中部地区崛起、东部率先发展四大板块建设中，在信息等基础设施网络建设中，在数字中国、智慧社会、制造强国、海洋强国中，在共享经济、发展现代服务业等领域中，在精准扶贫、精准脱贫工作中，在提升社会治理智能化水平、提升防灾减灾救灾能力中，在国防建设、军民深度融合发展中，充分发挥测绘地理信息基础先行作用，为决胜全面建成小康社会、实现中华民族伟大复兴的中国梦提供更加坚实、更加有力、更加精准的保障服务。

（三）提升全面推进法治测绘建设的新水平。全面推进法治工作是测绘地理信息事业发展的重要保障。全系统要坚定不移贯彻中央全面依法治国方略，不断深化测绘地理信息法治工作实践，坚持厉行法治，建设法治政府，为依法履职开路、为改革创新除障、为公平公正护航。局党组成立全面推进法治测绘建设领导小组，加强对测绘地理信息法治工作的统一领导。要维护《宪法》权威，对公职人员不定期开展宪法宣誓活动。要完善以《测绘法》为核心的测绘地理信息法律规范体系，推进新《测绘法》的全面贯彻实施和普法执法工作，加快《地理国情监测条例》和地方配套法规建设，确保各项法律规定真正落到实处。要坚持国家利益至上，贯彻总体国家安全观，依法加强卫星导航定位基准站、地图市场监管，建立“问题地图”治理长效机制，依法查处测绘地理信息涉证、涉网、涉密、涉外、涉军违法行为，增强网络空间数据主权保护能力，强化国家版图意识宣传教育，切实保障国家地理信息安全，维护国家主权、安全、发展利益。持续深化“放管服”改革，全面实施测绘地理信息市场准入负面清单制度，清理废除妨碍统一市场和公平竞争的各种规定和做法，激发市场主体活力。各级党组织和全体党员要带头尊法学法守法用法，领导干部要增强运用法治思维和法治方式履行职能、推动发展的能力。

（四）贯彻坚定不移全面从严治党的新要求。按照新时代党的建设总要求，落实好管党治党责任，推动全面从严治党向纵深发展。要坚持把政治建设摆在首位，切实增强“四个意识”，把维护习近平总书记这个核心作为最大政治、最重要的政治纪律和政治规矩，在思想上认同核心、政治上维护核心、组织上服从核心、行动上紧跟核心。要坚定不移用习近平新时代中国特色社会主义思想武装头脑，继续贯彻习近平总书记给国测一大队老队员老党员回信重要指示精神，推进“两学一做”学习教育常态化制度化，扎实开展“不忘初心、牢记使命”主题教育，开展党员牢记入党誓词活动，引导党员干部自觉做共产主义远大理想和中国特色社会主义共同理想的坚定信仰者和忠实实践者。要尊崇党章，严格执行新形势下党内政治生活若干准则，营造风清气正的良好政治生态。要建设高素质专业化干部队伍，加强领导班子建设和基层组织建设，做好离退休干部工作。要巩固拓展落实中央八项规定精神成果，持之以恒正风肃纪，加强对权力的制约和监督，扎实推进反腐败斗争。要全面增强执政本领，着力增强学习本领、政治领导本领、改革创新本领、科学发展本领、依法执政本领、群众工作本领、狠抓落实本领、驾驭风险本领。要坚定文化自信，培育和践行社会主义核心价值观，传承和弘扬测绘精神，激励广大党员干部不忘初心、牢记使命、忠诚奉献。

全国测绘地理信息系统要坚定不移贯彻党的十九大重大决策部署，找准工作结合点和着力点，将习近平新时代中国特色社会主义思想贯彻到测绘地理信息事业改革创新发展全过程、各方面，为决胜全面建成小康社会、夺取新时代中国特色社会主义伟大胜利提供坚实有力的保障服务，作出新的更大贡献。

四、加强对学习宣传贯彻十九大精神的组织领导

全国测绘地理信息系统各级党委（党组）要把学习宣传贯彻党的十九大精神摆上重要议事日程，加强领导、精心组织、周密部署，迅速掀起学习宣传贯彻十九大精神的热潮，确保大会精神得到深入贯彻落实。

（一）切实负起领导责任。各级党委（党组）要按照党中央部署，结合各部门各单位实际，作出专题部署，制定具体方案，提出明确要求，着力抓好落实。坚持领导带头、率先垂范，党的十九大代表、国家局党组书记带头学习、带头发言、带头宣讲，以自己的亲身经历、切身感受宣讲党的十九大精神；其他党组成员先学一步、学深一层，在分管和联系领域开展宣讲。各部门各单位主要负责同志要带头宣讲，以实际行动带动党员干部的学习。在党组（党委）统一领导下，相关工作部门要按照职责分工，作出具体计划，加强协调配合，切实抓好党员干部的日常学习和教育培训，扎实有效地开展宣传工作，大力营造学习贯彻党的十九大精神的浓厚氛围。工青妇等群团组织要充分发挥自身优势，开展各具特色的学习教育活动。党委（党组）要加强工作指导和督促检查，将学习宣传贯彻工作与领导班子建设、基层党组织建设紧密结合起来，务求取得实效。

（二）认真抓好学习培训。要紧密结合“不忘初心、牢记使命”主题教育，利用集中办班、专题研讨、辅导讲座、基层宣讲、“三会一课”、牢记入党誓词、座谈交流与实地考察等形式，面向全体党员开展多形式、分层次、全覆盖的全员培训，国家局要充分利用“测绘学习大讲堂”开展宣讲活动，组织广大党员干部认真学习党的十九大精神。各单位党委（党组）理论学习中心组要把学习党的十九大精神特别是习近平新时代中国特色社会主义思想作为核心内容，制定系统学习计划，组织专题学习研讨，努力学深学透。要突出抓好县处级以上领导干部的集中轮训，分期分批对党员干部进行系统培训，抓好离退休人员中党员的学习。要把学习党的十九大精神作为局党校教育培训的必修课。在学习培训中，要运用好《习近平谈治国理政》《习近平新时代中国特色社会主义思想学习纲要》和《党的十九大报告辅导读本》《党的十九大报告学习辅导百问》等辅导材料，运用好《将改革进行到底》《法治中国》《大国外交》《巡视利剑》《辉煌中国》《强军》《不忘初心、继续前进》等电视专题片，与学习《砥砺奋进的5年——党的十八大以来全国测

绘地理信息事业辉煌成就》一书结合起来。全体党员干部要增强积极性和主动性，原原本本学习，认认真真思考，把党的十九大精神转化为推动测绘地理信息事业发展的思想源泉和强大动力。

（三）精心组织新闻宣传。要牢牢把握正确导向，坚持团结稳定鼓劲、正面宣传为主，弘扬主旋律、传播正能量，着力用党的十九大精神统一思想、凝聚力量。落实意识形态工作责任制，加强对宣传思想文化阵地的管理，绝不给错误思想言论提供传播渠道。充分利用测绘地理信息报刊、网站、杂志、微博、微信等多种载体，大力宣传十九大的重大意义，宣传把习近平新时代中国特色社会主义思想确立为党必须长期坚持的指导思想的重大意义，宣传5年来党和国家事业发生的历史性变革，宣传党的十九大提出的一系列新的重要思想、重要观点、重大论断、重大举措，宣传全党全社会对党的十九大的热烈反响和积极评价，宣传国家局党组学习贯彻的部署要求和各级测绘地理信息部门的实际行动，宣传党员干部特别是基层干部职工的学习体会和典型事迹，激发广大干部职工锐意进取、埋头苦干的精神，进一步鼓足干劲、奋勇前进。积极开展对外宣传，生动展示我们党和国家的良好形象，精心讲好“中国测绘故事”，积极发出“中国测绘声音”。

各地、各单位、各司室要及时将学习宣传贯彻党的十九大精神的情况报告局党组。

关于印发《测绘地理信息部门“十三五”信息化规划》的通知

国测办发〔2017〕218号　2017年11月14日

各省、自治区、直辖市及计划单列市、新疆生产建设兵团测绘地理信息主管部门，局所属各单位、机关各司室：

为落实《国家信息化发展战略纲要》《“十三五”国家信息化规划》《全国基础测绘中长期规划纲要（2015—2030年）》《测绘地理信息事业“十三五”规划》有关要求，加强测绘地理信息部门信息化建设，我局组织编制了《测绘地理信息部门“十三五”信息化规划》。现印发你们，请结合工作实际认真贯彻实施。

测绘地理信息部门“十三五”信息化规划

根据《国家信息化发展战略纲要》《“十三五”国家信息化规划》《全国基础测绘中长期规划纲要（2015—2030年）》《测绘地理信息事业“十三五”规划》等的有关要求，为加强测绘地理信息部门信息化建设，编制本规划。

一、发展基础与形势

（一）发展基础

十八大以来，测绘地理信息部门大力推进信息化测绘技术体系建设，加强基础地理信息资源建设，开展全国地理国情普查和监测工作，深化“天地图”建设应用，强化电子政务建设，信息化建设取得显著成效。

信息化技术装备体系更加健全。资源三号卫星实现双星并轨运行，无人飞行器航测系统大规模装备应用，机载激光雷达、航空重力仪、倾斜摄影仪等新型传感器加速推广应用，航空航天遥感数据获取体系进一步完善；车载激光建模测量系统、地理信息应急监测车等数据获取装备成功研制并投入使用，特别是北斗导航卫星定位系统的建成，有力推动了自主地面测量装备的发展，地理信息地面获取技术装备持续更新换代；大规模集群化遥感数据处理系统等方面建设取得重要突破，地理信息数据处理服务装备进一步完善，天空地一体化的信息化测绘技术装备体系初步形成。

基础地理信息资源建设取得突破。统筹建成由2700多个站组成的全国卫星导航定位基准站网，形成全国卫星导航定位基准服务系统。实现我国陆地国土1:5万基础地理信息年度更新，基本完成省级

1:1 万基础地理信息数据库建设。地理国情普查与监测有效地丰富了地理信息数据资源。省级基础地理信息数据库实现整合，国家级基础地理信息数据库实现多尺度矢量要素联动更新。

公共服务能力大幅提升。“天地图”有力地推进了跨管理层级、跨行政辖区、跨行业的地理信息资源共享与协同服务。智慧城市时空信息云平台建设加快推进，已有重庆、武汉、宁波、广州等40多个城市启动建设试点。大力开展地理国情普查成果应用和地理国情监测试点示范，对区域协调发展、主体功能区建设、生态文明体制改革、“多规合一”等重要领域的保障服务能力进一步增强。全国地理信息资源目录服务系统整合发布各类测绘地理信息成果目录320多万条。应急测绘保障体制机制不断完善，应急测绘保障服务能力显著加强。

电子政务建设成效显著。测绘地理信息部门门户网站内容更加丰富、服务更加高效，政务信息实现网上公开，行政审批事项实现网上办理。各级测绘地理信息部门的办公自动化系统上线运行，重点业务政务应用系统建设加快推进。国家测绘地理信息局地图审核实现全流程在线办理。政务信息资源建设与整合取得突破，电子政务应用支撑软环境建成并投入使用。政务信息化基础设施持续完善，网络信息安全技术防护和安全管理建设取得明显进展。测绘地理信息部门政务管理效能、服务水平明显提升。

（二）发展形势

当前，信息化成为全球性、全局性、战略性的变革力量。以数字化、网络化、智能化为特征的信息化浪潮蓬勃兴起，信息技术应用不断深化，“互联网+”异军突起，推动物联网、云计算、大数据、人工智能、区块链等信息技术与各行业、各领域加速融合，深刻地改变着各行各业的面貌。

中共中央网络安全和信息化领导小组成立，体现了我国全面深化改革、加强顶层设计的意志，显示出保障网络安全、维护国家利益、推动信息化发展的决心。网络强国战略、大数据战略、“互联网+”行动等一系列重大战略决策部署纷纷出台，一系列纲领性文件陆续印发，为测绘地理信息部门信息化发展提供了强有力的指导。

“一带一路”建设、区域协调发展、乡村振兴等重大战略实施，“多规合一”等重点改革事项的落实，需要测绘地理信息部门加快信息化建设，及时有效的提供空间地理信息服务。军民深度融合发展已经上升为国家战略，需要测绘地理信息部门利用信息化技术手段为军队快速高效地提供现势性强、准确度高的地理信息数据，全力支持军队打赢信息化条件下的现代战争。测绘地理信息部门构建“五大业务”，在加强地理信息资源开发建设，不断丰富地理信息数据来源、内容和种类的同时，需要充分利用物联网、移动网络等基础设施以及云计算、大数据等技术，加强数据资源的获取、整合、挖掘以及服务，有效提升地理信息数据资源的开发利用能力；需要加快构建空天地一体化的数据获取体系、快速便捷以及安全可控的数据传输和服务网络，全面提升面向信息化需求的基础设施和技术装备水平。

同时，测绘地理信息部门信息化还存在一些问题，主要体现在：基础地理信息资源整合不充分，信息资源开发利用不足，数据共享开放程度不高，测绘地理信息协同服务能力不足，网络信息安全保障能力不完善，测绘地理信息军民信息化融合尚未全面展开等。

二、总体思路

（一）指导思想

全面贯彻党的十八大、十九大精神，深入学习贯彻习近平新时代中国特色社会主义思想，认真落实党中央、国务院关于信息化建设的总体部署，根据《国家信息化发展战略纲要》《“十三五”国家信息化规划》，围绕“加强基础测绘、监测地理国情、强化公共服务、壮大地信产业、维护国家安全、建设测绘强国”总体战略，以信息化支撑“五大业务”发展为主线，提升基础地理信息资源供给能力，优化改造测绘地理信息生产服务模式，全面提升测绘地理信息保障服务水平。

（二）基本原则

统筹规划，协同发展。把信息化摆在创新测绘地理信息管理和服务方式的优先位置，加强顶层设计，理顺体制机制，国家统筹协调各方力量，充分发挥各级测绘地理信息部门和企业的积极性和能动性，共同推进信息化建设。

创新引领，服务为本。加强云计算、物联网、大数据、人工智能等新一代信息技术与测绘地理信息技术的深度融合。积极利用“互联网+”思维优化测绘地理信息生产服务流程，提高生产服务的信息化水平。

开放共享，安全可控。大力推进基础地理信息资源向社会开放共享，最大程度发挥地理信息资源的经济社会价值。树立牢固的安全观，切实保障网络和信息安全。

（三）发展目标

到2020年，管理信息化能力大幅提升，建成网络互联、信息互通、业务协同的全国测绘地理信息系统政务网络平台，实现测绘地理信息部门“政务云”建设；测绘地理信息生产信息化工艺流程进一步完善，基本完成测绘地理信息生产的信息化改造，建成信息化测绘技术体系，初步构建满足“五大业务”发展需要的信息化生产体系；基于测绘地理信息大数据和公共服务的测绘地理信息服务体系基本建成，初步建成测绘地理信息大数据体系，基本实现各类测绘地理信息数据的有效集成服务，“互联网+”思维融入信息化服务全流程，公共服务信息化、网络化能力和水平大幅提升；军地信息化建设融合进一步深入，网信军民融合发展机制进一步健全，信息基础设施实现共建共享，军民技术双向转化取得突破；网络信息安全保障进一步增强，国家信息安全等级保护制度得到有效落实，测绘地理信息部门信息化运行环境更加平稳、安全、高效。

三、主要任务

（一）加快推进测绘地理信息政务信息化建设

加强测绘地理信息网络和硬件资源统筹，完成测绘地理信息部门“政务云”建设，在此基础上，构建“以数据为中心”的测绘地理信息一体化服务体系，全面支撑行业监管和公共服务等职能。

1. 构建测绘地理信息部门“政务云”

加快完成各种政务资源和信息系统的整合，实现数据共享和互联互通。建成与互联网安全隔离、覆盖国家局及全部所属单位的政务办公专网，逐步构建国家、省、市、县四级互联互通的测绘地理信息非涉密专网；建成国家电子政务内网国家局节点，完成在京所属单位涉密网的接入，构建国家、省二级互联互通的测绘地理信息涉密专网。建设测绘地理信息部门“政务云”基础设施，构建统一的管理平台。提升云服务能力，实现横向集成、纵向贯通、全局共享的统一政务数据服务，开展多维度、多样化的监管信息查询、报表统计和主题分析，动态掌握宏观态势、发展趋势、突发情况等。

2. 加强测绘地理信息部门电子政务公共平台建设

加强测绘地理信息部门政府网站建设，形成覆盖国家局、省级主管部门、局所属单位的门户网站群。依托测绘地理信息部门业务门户网站，完善测量标志管理、行业综合监管、行业信用管理、注册测绘师注册管理、继续教育、卫星导航定位基准站建设备案管理、航空航天遥感影像获取信息收集等功能，通过国家电子政务内网面向政府职能部门提供政务资源展示和政务数据应用服务。建立统一的内部综合办公平台，实现内网统一平台管理和信息服务。推进文件档案管理一体化，加强国家与省级测绘地理信息部门之间的网络化电子公文传输与交换。全面实现测绘地理信息部门行政审批事项全流程网上办理，完善过程监控、实时预警、在线督办等功能。建立地理信息产业单位名录库，开展地理信息产业专项统计调查与运行监测。

（二）加快构建信息化测绘地理信息生产体系

加快生产信息化建设，建成网络化、流程化、智能化的测绘生产管理信息平台，强化成果的统一管理和存储，大幅度提高测绘生产事业单位装备的信息化、智能化水平，不断提高生产效率。

1. 构建信息化业务管理体系

完善测绘项目管理机制，实现测绘地理信息业务全流程、全生命周期信息化管理。升级现有测绘生产管理系统，形成对各级测绘生产基地的全覆盖，围绕多级项目管理、逐级生产调度、可追溯质量控制等，实现测绘项目从项目立项、计划下达、组织实施、绩效监控、验收归档等全过程的网络化、信息化管理。建设测绘产品质量检验管理与信息发布系统，实现网络化的质检业务组织调度和质量信息查询与信息发布。开展测绘地理信息生产内网互联互通改造，加快形成数据生产、质检、归档等环节的一体化管理；开展测绘地理信息业务管理外网的互联互通改造，加快形成项目、进度、质量的一体化管理。

2. 建设信息化生产成果管理体系

加强原始数据和生产过程数据统筹管理，形成测绘地理信息生产原始资料数据快速分发和智能推送、生产质量统一监管和生产成果的规范化汇交与集中入库管理，全面提升测绘地理信息生产原始资料数据统筹获取和分发能力。加强成果数据库整合，搭建云存储环境，整合基础地理信息数据库、地理国情数据库、应急地理信息数据库、地名地址数据库及测绘成果档案数据库等多源数据库，建设地理信息数据管理与交换系统，升级地理信息资源目录服务系统，推动多类型、多时相、多尺度、多源地理信息资源的分布式存储、一体化管理、动态整合、联动更新、共享交换。加强网络基础设施建设，依托国家电子政务内外网资源，构建国家、省、市三级互联互通的测绘地理信息生产数据传输网络。

3. 完善信息化生产装备体系

加强重大装备建设统筹，逐步构建从航天、航空到地面、水下等多层次、立体化获取装备体系。建设国家测绘卫星体系，形成全球范围从米级到亚米级分辨率的卫星数据获取、管理和处理能力。加快建设多分辨率、多传感器、全天候综合航空遥感体系，大力发展长航时航空遥感平台，促进无人飞机、轻型飞机、浮空器等新型平台和机载激光雷达、重力仪、倾斜摄影仪等新型传感器的应用。加快推进地理信息地面获取技术装备的更新换代，发展集成激光扫描仪和全景相机的车载激光扫描测量系统等设备。提高水下、地下测量装备水平，发展地下空间三维移动测量装备和集成多波束、单波束声呐等设备的一体化水下移动测量系统。

（三）构建测绘地理信息大数据体系

构建测绘地理信息部门统一开放的大数据发展机制，加快整合测绘地理信息部门各类数据资源，推进时空大数据的耦合与融合，向政府、社会提供公益性地理信息大数据集成与服务支持。

1. 构建测绘地理信息大数据资源

按照统一的数据资源分类、元数据和资源编目标准，对国家和地方的基础测绘、地理国情监测、“天地图”、航空航天遥感测绘、应急测绘和全球地理信息资源开发的数据和成果进行全面、系统的梳理，实现规范化、分级分类和标准化整合处理；进一步加快地名、地址数据库的融合，推进交通、居民地、水系、政区等公共框架要素的地理实体化，加强非结构化地理信息数据获取，形成完整、多尺度一致、时空耦合能力强的测绘地理大数据资源。按照逻辑上集中、物理上分散的原则，实现国家、省、市三级测绘地理信息大数据的动态存储、灵活调用、联动更新与自主维护。加强测绘地理信息大数据关键技术研发，重点支持数据存储、分析处理、信息安全与隐私保护等领域。

2. 建立测绘地理信息大数据开放共享机制

建立数据开放、产权保护、隐私保护相关政策法规和标准规范，加快修订测绘成果保密政策。制定测绘地理信息数据开放共享办法，建立数据汇聚、存储管理、安全发布和共享开放机制。梳理测绘地理大信息数据资源，编制测绘地理信息大数据资源共享开放目录，制定数据开放计划，有序推进测绘地理信息数据开放和共享。

3. 深化测绘地理信息大数据应用

构建测绘地理信息大数据服务平台，促进测绘地理信息大数据资源跨部门、跨行业和跨层级的开放共享利用，并带动其他行业和部门的地理信息资源开放共享。进一步完善在线服务、分发服务、前置服务等服务模式，强化定制服务、时空耦合服务和实时地理信息服务，实现各类服务的可计量、可监控和弹性扩展的云架构升级。重点要以测绘地理信息大数据作为国家政务大数据的时空数据基础框架，承载与整合自然资源、社会经济、生态环境等多源数据，推进政府决策、生态保护、资源开发、公共服务等领域大数据创新应用。鼓励企业和公众充分利用和挖掘测绘地理信息大数据价值。

（四）提升测绘地理信息公益性保障服务能力

信息化建设是加快构建“五大业务”体系的手段与途径。着力增强数据资源为核心、信息技术为牵引、基础设施为支撑的测绘地理信息公益性服务能力，拓展测绘地理信息服务保障范围和领域，加快推进传统地理信息服务模式向信息化服务方式转变。

1. 完善“五大业务”保障服务能力

充分利用大数据、云计算、知识挖掘等先进技术，强化“五大业务”成果数据资源的开发利用，加强基准数据、遥感影像数据、地理国情监测数据、应急测绘数据以及经济社会统计数据的融合，提供以地理实体为主要表现形式的、定制式的地理信息数据公共服务产品，积极完善“五大业务”在线服务能力。完善全国卫星导航定位基准服务系统，全面满足社会公众、专业用户等不同用户群体对不同精度导航定位服务的需求。不断完善“天地图”，针对社会和公众需求，积极开发各类应用系统，丰富在线服务产品和数据，完善数据共享和服务的网络与平台。加快推动智慧城市建设，深化其在城市建设与管理各领域的应用。大力丰富三维地图产品，为物联网建设提供支撑。

2. 拓展测绘地理信息公共服务领域

围绕美丽中国建设，积极服务生态红线划定、空间性规划“多规合一”工作以及自然资源资产离任审计等，提供统一的空间基准、统一的数据平台、统一的数据标准等方面的保障和服务，确保国家重大战略的实施和重大改革事项的落实。充分发挥地理信息资源目录的作用，积极稳妥推进地理信息资源开放与开发应用，引导和规范地理信息资源增值开发利用，支持市场主体利用地理信息资源开展业务创新。

（五）推进测绘地理信息信息化军民深度融合

贯彻军民融合深度发展战略思想，完善军民深度融合机制，推进信息资源共享、基础设施共建、技术标准共研，加快军民双方科技成果双向转化。

1. 健全信息化工作军民融合机制

积极落实中央关于军民融合发展的意见，加强信息化发展的统筹规划与顶层设计，做好相关规划衔接、项目与需求的对接，推动军民信息化力量的整合。加快构建地理空间信息、导航定位等方面的军地融合共享平台，拓展联通渠道，规范互通标准，实现军地信息资源充分互补共用。

2. 推进信息化基础设施共建共享

遵循军民一体、兼容共用的原则，按照依托民用信息基础设施改进和完善军队信息基础设施的思路，重点推进国家空间基准、航天遥感测绘、海洋测绘以及高精度位置服务等方面的军民融合建设，促进军队和民用信息基础设施更好地融为一体，提高整体建设和应用效益。加强测绘基础设施、北斗系统、地理信息、科技资源等方面的共享应用，建立军民地理信息资料成果通报和位置服务站网共享机制。

3. 加快军民信息化技术双向转化

推动信息技术军民协同创新，加强军民技术标准衔接，形成军民兼容的测绘地理信息技术标准体系，加大对相关核心关键测绘地理信息技术科研项目的支持力度，鼓励开展联合攻关。孵化和支持一批具有重大潜在军事应用价值的信息化项目，通过在军事领域的率先突破实现军事需求牵引技术创新。促进基础平台军民共享，有序推动军民重点实验室相互开放，大力推动军民技术相互转化。

（六）切实加强网络地理信息安全

加强测绘地理信息安全保障基础设施建设，构建安全保障体系。全面落实网络安全等级保护制度，健全网络安全工作协调机制，开展网络安全监测预警及风险评估工作。

1. 强化地理信息网络安全管理

充分发挥国家局网信领导小组对全系统网络安全重大问题、发展战略、长远规划及重要事项的统筹协调作用。明确国家局网信领导小组办事机构的具体职责、人员组成及有关分工，并落实责任。加强全系统网络安全工作联络员机制建设，确保信息畅通、上下协同。出台指导全系统网络安全工作的政策标准，制定关键信息基础设施保护的指导性文件，进一步明确关键信息基础设施保护要求。加大督查督办力度，不断完善常态化的监督检查模式，重点对各单位核心网络基础设施、门户网站、天地图网站和其他安全保护等级确定为三级的重要信息系统以及涉密信息系统进行安全监管。强化网络安全工作考核和追责，坚持“谁主管谁负责、谁运维谁承担”的原则，科学划分信息系统管理、运维单位的网络安全管理职责和非法违法行为处置标准，切实保障网络安全工作。加大网络安全教育培训力度，提高全行业干部职工维护网络信息安全的自觉性与主动性。

2. 提升安全防护能力建设

以分级保护和等级保护为核心，在生产、管理、服务及应用单位进行涉密系统分级保护建设和非涉密系统等级保护建设，建立涉密地理信息生产管理作业环境防护系统、涉密地理信息生产管理过程安全控制系统、涉密地理信息数据成果安全管理系统、涉密地理信息成果安全分发系统，加强地理信息服务安全防护系统建设，形成面向地理信息处理硬件、服务系统和数据产品的安全防护能力。建立覆盖全系统的网络安全信息通报和预警机制、重大网络安全事件报告机制和应急处置机制。

3. 加强安全监控和处置能力建设

以建设覆盖“国家—省市”两级的安全监控业务网络为核心，面向生产、管理、服务与应用各环节，实现涉密成果提供情况备案与检查跟踪、卫星定位跟踪服务安全运行监测、互联网地理信息监管及全球地理信息态势跟踪与风险预测，形成安全隐患检查和安全事件监控能力。研究制定网络安全事件应急处置预案，建立覆盖全国“1+31”节点的地理信息安全监控模式。构建行业主导、部门协同、社会参与的安全处置机制，建成以地理信息安全宣教与预警服务、公众举报与安全事件发现、安全事件上报与应急响应、事件调查与取证、跨部门消息互联与协同处置为核心的业务系统，形成公众举报与宣教服务、互联互通与协同处置、综合监控与态势分析等安全处置能力。

四、保障措施

（一）加强组织领导

强化顶层设计，国家局网络安全和信息化领导小组统筹推进，加强与国家有关部门衔接，做好对全系统信息化工作的指导和支持，整体协调推进信息化建设与管理。各地测绘地理信息部门要高度重视信息化建设，大力推进本地区信息化工作。

（二）加强科技驱动

设立信息化相关科研项目和工程，依托各类创新平台，充分发挥企业技术创新主体作用，深入开展物联网、云计算、大数据、人工智能以及移动互联网等高新技术在测绘地理信息领域的应用研究。

（三）加强人才培养

落实“人才强测”战略，围绕部门信息化建设需要，以公益性科研机构、科技创新平台、生产服务类事业单位等为依托，加快培养和引进大数据、云计算、物联网、人工智能、虚拟现实等领域的人才。加强对干部职工信息化知识和技能培训。

（四）完善投入机制

积极争取各级政府对测绘地理信息部门信息化建设给予专项支持。探索建立信息化建设领域的政府购买服务、政府社会资本合作（PPP）等发展模式，提高财政资金的使用效益，借助社会资本推动信息化建设。

（五）加强评估考核

制定测绘地理信息信息化的评价指标和评估办法，将信息化工作评估纳入各级测绘地理信息主管部门考核目标，定期开展对各地信息化推进工作情况的检查指导工作，并将其作为测绘地理信息部门绩效考核的重要内容。加强对本规划实施情况的评估。

关于开展全覆盖排查整治“问题地图”专项行动“回头看”工作的通知

国测办发〔2017〕219号　2017年11月14日

各省、自治区、直辖市全覆盖排查整治“问题地图”专项行动领导机构，局所属有关单位、机关有关司（室）：

为进一步贯彻落实中央领导关于全覆盖排查整治“问题地图”的重要批示精神，巩固2017年8月至10月全覆盖排查整治“问题地图”专项行动工作成效，全覆盖排查整治“问题地图”专项行动领导小组决定于近期启动专项行动“回头看”工作。具体工作通知如下：

一、目标任务

认真贯彻落实中央领导同志重要批示精神，对专项行动中发现的问题及整改情况进行复查复核，继续联合开展“问题地图”重大案件查处工作，持续采取高压态势，对危害国家主权、泄露国家秘密的有关单位和个人形成有力震慑，进一步健全各负其责、权责清晰的“问题地图”监管长效工作机制，切实维护国家主权、安全和利益。

二、“回头看”工作内容

各地专项行动领导机构重点针对以下内容开展“回头看”工作：

一看排查整治成效。看是否实现“问题地图”排查整治全覆盖、不留死角；看在自查、抽查、巡查工作中发现的“问题地图”是否得到及时整改；看对全国专项行动领导小组移交的“问题地图”线索是否进行依法处理并及时反馈；看是否按照全国巡查组反馈意见及时对工作中存在的不足进行整改。

二看案件查处情况。看对全国专项行动领导小组重点督办的“问题地图”典型案例的查处情况；看是否对其他涉嫌严重损害国家主权、安全或产生较大不良社会影响的“问题地图”违法违规行为依法进行了查处；看是否对“问题地图”屡次出现且拒不整改的单位和个人采取进一步措施。

三看长效机制建设。看是否发挥各成员单位优势，联合开展调查取证、违法违规行为判定、执法查处等工作；看是否进一步明确、细化各成员单位职责和分工，固化联动监管模式和工作流程；看是否在加强监管队伍和能力建设、做好地图审核服务保障、加大公益性地图供给等方面，为专项行动

"回头看"工作的顺利进行做好支撑。

三、工作步骤

（一）11 月 15 日至 25 日，各级专项行动领导机构根据"回头看"工作要求，制定具体工作方案，明确工作措施，开展部署发动工作。

（二）11 月 25 日至 12 月 20 日，各级专项行动领导机构开展"回头看"工作，全国专项行动领导小组将赴部分省（自治区、直辖市）进行巡查指导（提前一周另行通知）。

（三）12 月 20 日至 25 日，各地专项行动领导机构对"回头看"工作进行总结，并于 12 月 26 日前将工作总结报送全国专项行动领导小组办公室（设在国家测绘地理信息局地理信息与地图司），报告内容包括复查复核情况、违法违规行为查处情况、地图管理长效机制建立情况等。

四、有关要求

（一）高度重视。各地要继续深入学习领会中央领导同志关于全覆盖排查整治"问题地图"的批示精神，在前期取得工作成效的基础上，采取有力措施，深入推进专项行动"回头看"工作的开展，对"问题地图"排查整治工作做到持续发力不懈怠。

（二）加强协作。专项行动"回头看"工作涉及部门多、领域多、环节多，各地要充分发挥专项行动领导机构各成员单位的作用，紧密协作，合力攻坚，在"回头看"中确立"问题地图"信息通报机制、监管协作机制、联动执法机制、国家版图意识联合宣传教育机制。

（三）精心组织。各地要按照全国领导小组的统一部署和要求，认真分析专项行动的工作成效与不足，充分调动市县监管力量，紧密结合当地工作现状，统筹安排、抓好落实，确保"回头看"工作取得扎实效果。

（四）强化督导。各地要敢于亮剑，对"问题地图"实行"零容忍"，严格督促相关单位和个人认真、及时做好"问题地图"整改工作，严肃依法查处重大违法违规行为。工作开展过程中存在的困难和问题要及时向全国专项行动领导小组反馈汇报。

关于印发《中共国家测绘地理信息局党组推进领导干部能上能下实施细则》等 3 项制度的通知

国测党发〔2017〕68 号　2017 年 11 月 15 日

局所属各单位、机关各司室：

《中共国家测绘地理信息局党组推进领导干部能上能下实施细则》《国家测绘地理信息局事业单位领导人员管理暂行办法》和《国家测绘地理信息局国有企业领导人员管理暂行办法》（以下简称"三项制度"）已经 2017 年 11 月 6 日局党组会议审议通过，现印发执行。

三项制度认真贯彻党的十九大精神和习近平新时代中国特色社会主义思想，落实中央"党要管党、全面从严治党"基本要求，坚持党管干部、党管人才，坚持德才兼备、以德为先，坚持依法依规管理，坚持从严管理监督与激励关怀相结合，公道公平公正地对待、评价和使用领导干部，推动形成能者上、庸者下、劣者汰的用人导向和从政环境，充分调动领导干部干事创业的积极性、主动性和创造性。三项制度的印发实施，对于推进我局领导干部分类管理、精准科学施策，激发测绘地理信息队伍生机活力，促进测绘地理信息事业改革创新发展，具有十分重要的意义。

各单位各部门要切实抓好三项制度的贯彻落实，进一步加强领导班子和干部队伍建设，严格标准条件，规范选拔任用，从严管理监督，树立正确用人导向，推进能上能下，为优秀人才脱颖而出、健康成长、施展才干创造条件；要严明工作责任，依法依规加强管理，确保中央精神和国家局党组要求得到有效贯彻落实。各单位在贯彻落实三项制度中的有关情况和建议，请及时报告国家局党组。

中共国家测绘地理信息局党组推进领导干部能上能下实施细则

第一条 为贯彻落实党中央关于全面从严治党、从严管理干部要求，形成能上能下的选人用人机制，建设信念坚定、为民服务、勤政务实、敢于担当、清正廉洁的高素质干部队伍，根据《推进领导干部能上能下若干规定（试行）》等党内法规和有关法律法规，结合局实际，制定本实施细则。

第二条 本实施细则所称推进领导干部能上能下，重点是解决干部能下问题。必须坚持党要管党、从严治党，坚持实事求是、公道正派，坚持人岗相适、人尽其才，坚持依法依规、积极稳妥，着力解决为官不正、为官不为、为官乱为等问题，促使领导干部自觉践行“三严三实”要求，推动形成能者上、庸者下、劣者汰的用人导向和从政环境。

第三条 本实施细则适用于局机关司处级领导干部和局所属单位由局党组管理的领导干部。

局机关司处级非领导职务干部及陕西、黑龙江、四川、海南测绘地理信息局机关局级非领导职务干部参照本实施细则执行。

第四条 领导干部下的渠道，主要包括到龄免职（退休）、任期届满离任、问责处理、调整不适宜担任现职干部、健康原因调整、违纪违法免职。

第五条 严格执行干部退休制度，干部达到退休年龄界限的，应当按照有关规定程序办理免职（退休）手续。

对达到国家规定退休年龄的局机关干部和局所属单位主要负责人，由局人事司提出意见报局党组批准；局所属单位其他局党组管理干部由所在单位提出意见经局人事司审核后报局党组批准。干部达到退休年龄后的一个月内须按规定办完免职（退休）手续。

个别领导干部确因工作需要而延迟免职（退休）的，应按干部管理权限研究决定。司局级干部由局党组在征求中组部意见后作出决定；处级干部由局党组作出决定。

第六条 严格执行任期制领导干部职务任期制度，任期年限、届数和最高任职年限，一般不得延长。加强任期内考核和管理，经考核认定不适宜继续任职的，应当中止任期、免去现职，不得以任期未满为由继续留任。干部任期内免职按照有关规定程序办理。

第七条 加大领导干部问责力度。具有下列情形之一的，应当对有关领导干部实行问责：

（一）落实从严治党责任不力，贯彻党风廉政建设责任制不到位，本部门、本单位或者分管领域在较短时间内连续出现违纪违法问题的；

（二）法治观念淡薄，不依法办事，不按法定程序决策，或者依法应当作出决策但久拖不决，造成不良影响和后果的；

（三）决策严重失误或因工作失职，致使本部门、本单位或职责范围内发生特别重大事故、事件、案件，或者在较短时间内连续发生重大事故、事件、案件，造成重大损失或者恶劣影响的；

（四）滥用职权、不作为，引发群体性事件或其他重大事件，或者对群体性、突发性事件处置失当，导致事态恶化，造成恶劣影响的；

（五）违反《党政领导干部选拔任用工作条例》和干部选拔任用工作有关规定，导致用人失察、失误，造成恶劣影响的，或者在干部选拔任用工作中任人唯亲、营私舞弊，本部门、本单位或分管领域用人上不正之风比较突出的；

（六）抓作风建设不力，本部门、本单位或者分管领域形式主义、官僚主义、享乐主义和奢靡之风比较突出的；

（七）对配偶、子女及其配偶和身边工作人员教育管理不严、约束不力，甚至默许其利用自身职权或者职务上的影响谋取不正当利益的；

（八）其他给国家利益、人民生命财产、公共财产造成重大损失或者恶劣影响等失职行为的。

第八条 问责的方式包括责令公开道歉、停职检查、引咎辞职、责令辞职、免职。问责的程序按照《关于实行党政领导干部问责的暂行规定》执行。

对党委（党组）领导成员，纪委（纪检组）领导成员的问责，按照《中国共产党问责条例》执行。

第九条 对不适宜担任现职的干部应当进行调整。不适宜担任现职，主要指干部的德、能、勤、绩、廉和现实表现与所任职务要求不符，不宜在现岗位继续任职。

干部具有下列情形之一，经组织提醒、教育或者函询、诫勉没有改正，或者情形较为明显，被认定为不适宜担任现职的，必须及时予以调整：

（一）不严格遵守党的政治纪律和政治规矩，不坚决执行党的基本路线和各项方针政策，不能在思想上政治上行动上同党中央保持高度一致，有令不行、有禁不止的；

（二）理想信念动摇，在重大原则问题上立场不坚定、旗帜不鲜明、态度不坚决，关键时刻经不住考验，或者散布有损党和国家形象言论，造成不良影响的；

（三）违背党的民主集中制原则，独断专行或者软弱涣散，拒不执行或者擅自改变党组织作出的决定，在领导班子中闹无原则纠纷的；

（四）组织观念淡薄，不执行重要情况请示报告制度，或者个人有关事项不如实填报甚至隐瞒不报，或者无正当理由不服从组织安排的；

（五）违背中央八项规定精神，不严格遵守廉洁从政有关规定的；

（六）对中央的方针政策和局党组的重要工作部署不积极贯彻落实，导致工作进展缓慢、成效不明显的；

（七）不敢担当、不负责任，不敢直面矛盾，不愿动真碰硬，推进中心任务、重点工作不力，造成不良影响的；

（八）工作不适应、人岗不相适，不能有效履行职责、按要求完成工作任务，工作长期打不开局面并处于落后状态，或者出现较大失误的；

（九）本位主义严重，对外协调不积极、不配合，对内协调推诿扯皮、贻误时机，导致工作受损的；

（十）在面临急难险重任务或者事关国家利益、人民生命财产安全等关键时刻逃避退缩的；

（十一）为官不为、庸懒散拖，工作敷衍塞责，不催不办、不推不动，或者工作时间经常忙于私事，群众反映强烈的；

（十二）保密意识淡薄，违反保密工作纪律规定，工作中存在重大失密泄密隐患，造成不良影响的；

（十三）考核测评中优秀和称职（合格）得票率达不到三分之二、不称职（不合格）得票率超过三分之一，群众反映强烈、问题突出的；

（十四）年度考核被确定为不称职（不合格）等次的；

（十五）有关上级机构在巡视、审计、检查、督察等工作中，对相关责任人提出岗位调整意见的；

（十六）品行不端，违背社会公德、职业道德、家庭伦理道德，造成不良影响的；

（十七）配偶已移居国（境）外，或者没有配偶但子女均已移居国（境）外，不适宜担任其所任职务的；

（十八）其他不适宜担任现职的情形。

第十条　调整不适宜担任现职干部，一般按照以下程序进行：

（一）调整启动。局党组根据第九条所列情形和了解到的干部有关情况，在综合分析基础上启动调整程序。

（二）考察核实。局人事司对拟调整的干部，综合分析其年度考核、平时考核、任职考察、巡视、审计、个人有关事项报告抽查核实、民主评议、信访举报核实等情况，有针对性地考察核实，作出客观公正评价和准确认定。

考察核实要深入听取单位干部职工反映、了解群众口碑，特别是要注意听取工作对象、服务对象等相关人员的意见。

（三）提出调整建议。局人事司根据考察核实结果，对不适宜担任现职干部提出调整建议。调整建议包括调整原因、调整方式等内容。提出调整建议前，应当与干部本人谈话，说明调整理由，听取其陈述意见。

（四）组织决定。局党组召开会议，集体研究作出调整决定。作出决定前，应当听取分管局领导、驻部纪检组、直属机关纪委等有关方面的意见。对任免前需向中组部审批或备案的干部，应当征求中组部的意见。

（五）谈话。局领导或者人事司负责同志与调整对象进行谈话，宣布组织决定，指出存在的问题和努力方向，认真细致做好思想工作。

（六）按照有关规定履行任免程序。

第十一条　对不适宜担任现职的干部，应当根据其一贯表现和工作需要，区分不同情形，采取调离岗位、改任非领导职务、免职、降职等方式予以调整。对非个人原因不能胜任现职岗位的，应当予以妥善安排。

第十二条　干部本人对调整决定不服的，可以按照有关规定申请复核或者向上级组织人事部门提出申诉。复核、申诉期间不停止调整决定的执行。从干部调整岗位的次月起，调整其级别和工资待遇。

第十三条　因不适宜担任现职调离岗位、改任非领导职务、免职的，一年内不得提拔；降职的，两年内不得提拔。影响期满后，对德才表现和工作实绩突出，因工作需要且经考察符合任职条件的，可以按照有关规定重新任用或提拔任职。

第十四条　干部因健康原因，无法正常履行工作职责一年以上的，应当对其工作岗位进行调整。恢复健康后，参照原任职务层次作出安排。

第十五条　干部发生违纪违法行为的，按照党的纪律和有关法律法规办理。应当免职的，按照规定程序及时予以免职。

第十六条　在推进领导干部能上能下工作中，严明工作纪律，不得搞好人主义，不得避重就轻、以纪律处分规避组织调整或者以组织调整代替纪律处分，不得借机打击报复。

第十七条　建立健全推进领导干部能上能下工作责任制，局党组承担主体责任，党组书记是第一责任人，人事司承担具体工作责任。把推进领导干部能上能下作为全面从严治党、从严管理干部的重要内容，做到真管真严、敢管敢严、长管长严。

第十八条　加强对干部的日常了解，定期分析研判领导班子和干部队伍情况，对应当调整的干部及时作出调整。

对调整下来的干部应给予关心帮助，并有针对性地加强教育管理。

第十九条　正确把握政策界限，注意保护干部干事创业、改革创新的积极性，宽容改革探索中的失误。

第二十条　局所属各单位根据《推进领导干部能上能下若干规定（试行）》及本实施细则，结合实际制定相应贯彻落实办法，报局人事司备案。

第二十一条　本实施细则由局人事司负责解释。

第二十二条　本实施细则自印发之日起施行。

国家测绘地理信息局事业单位领导人员管理暂行办法

第一章　总　则

第一条　为加强和改进国家测绘地理信息局所属事业单位领导人员管理，健全选拔任用和管理监督机制，建设一支信念坚定、为民服务、勤政务实、勇于担当、清正廉洁的高素质事业单位领导人员队伍，根据《事业单位领导人员管理暂行规定》和有关法律法规，制定本办法。

第二条　本办法适用于国家测绘地理信息局管理的事业单位和陕西、黑龙江、四川、海南测绘地理信息局管理的事业单位领导班子成员。

局属研究院（所）和宣传事业单位的领导人员管理，严格按照《科研事业单位领导人员管理暂行办法》和《宣传思想文化系统事业单位领导人员管理暂行办法》执行。

党内法规和法律法规对事业单位领导人员管理另有规定的，从其规定。

第三条　事业单位领导人员的管理，必须坚持党管干部、党管人才，坚持德才兼备、以德为先，坚持从严管理监督与激励关怀相结合，注意体现测绘地理信息事业单位公益性、服务性、专业性、技术性等特点，遵循领导人员成长规律，不简单套用党政领导干部管理模式，公道公平公正地对待、评价和使用领导人员，充分激发事业单位活力，推动测绘地理信息事业改革创新发展。

第二章　任职条件和资格

第四条　事业单位领导人员应当具备下列基本条件：

（一）政治素质好，坚持以马克思列宁主义、毛泽东思想、邓小平理论、“三个代表”重要思想、科学发展观、习近平新时代中国特色社会主义思想为指导，理想信念坚定，思想上政治上行动上同以习近平同志为核心的党中央保持高度一致，坚决执行党的基本路线和各项方针政策，坚持民主集中制，带头践行社会主义核心价值观，忠实履行测绘地理信息公共服务的政治责任和社会责任。

（二）组织领导能力强，善于科学管理、沟通协调、依法办事、推动落实，有较强的公共服务意识和改革创新精神，工作实绩突出。

（三）有胜任岗位所必须的专业知识和职业素

养，熟悉有关政策法规和测绘地理信息及相关行业发展情况，在业界声誉良好。

（四）事业心和责任感强，热爱测绘地理信息公益事业，求真务实，团结协作，遵纪守法，廉洁从业，群众威信高。

担任党内领导职务的领导人员，应当牢固树立党建责任意识，熟悉党务，善于做思想政治工作和群众工作。

正职领导人员，应当领导经验丰富、能够驾驭全局、善于抓班子带队伍，民主作风好。

第五条　事业单位领导人员应当具备下列基本资格：

（一）一般应当具有大学本科以上文化程度。

（二）提任六级以上管理岗位领导职务的，一般应当具有五年以上工作经历。

（三）从管理岗位领导职务副职提任正职的，应当具有副职岗位两年以上任职经历；从下级正职提任上级副职的，应当具有下级正职岗位三年以上任职经历。

（四）具有正常履行职责的身体条件。

（五）符合有关党内法规、法律法规和行业主管部门规定的其他任职资格要求。

第六条　从专业技术岗位到管理岗位担任领导职务的，其任职资格应当符合第五条第（一）、（二）、（四）、（五）项规定，应当具备管理岗位晋升至拟任领导职务累计所需的最低工作年限、具有相应的专业技术职务（岗位）任职经历和一定的管理工作经历，其中：

（一）担任六级管理岗位领导职务的，应当现聘在专业技术七级以上岗位，或者在专业技术十级以上岗位工作五年以上；

（二）担任五级管理岗位领导职务的，应当现聘在专业技术四级以上岗位，或者在专业技术七级以上岗位工作两年以上；

（三）担任四级以上管理岗位领导职务的，应当现聘在专业技术四级以上岗位工作两年以上。

第七条　特别优秀或者工作特殊需要的，可以适当放宽任职资格。放宽任职资格以及从专业技术岗位到管理岗位担任领导职务正职的，由各党委（党组）按干部管理权限，事先报上级人事部门审核同意。从专业技术岗位到四级以上管理岗位担任领导职务的，由国家局党组事先报中央组织部审核同意。

第三章　选拔任用

第八条　党委（党组）应当切实加强对事业单位领导人员选拔任用工作的领导和把关，坚持正确选人用人导向，严格标准条件和程序要求，按照核定或者批准的领导职数和岗位设置方案，精准科学选人用人。

第九条　党委（党组）及其人事部门按照干部管理权限，根据事业单位不同运行特点、工作需要和领导班子建设实际提出选拔任用工作启动意见。

第十条　选拔事业单位领导人员，根据不同单位特点和岗位要求，可以采取组织选拔、竞争（聘）上岗、公开选拔（聘）等方式进行，也可以探索委托相关机构遴选等方式进行。

领导职位出现空缺，一般情况下采取组织选拔方式进行；本单位符合资格条件人数较多且人选意见不易集中的，可以进行竞争（聘）上岗；领导职位出现空缺且本单位没有合适人选的，特别是需要补充紧缺专业人才的，可以进行公开选拔（聘）或委托相关机构遴选等。

第十一条　事业单位领导人员的组织选拔一般应当经过下列程序：

（一）动议，经综合研判、充分酝酿形成工作方案；

（二）民主推荐；

（三）确定考察对象；

（四）组织考察，综合分析提出任用建议；

（五）讨论决定；

（六）履行任职手续。

第十二条　竞争（聘）上岗、公开选拔（聘）在党委（党组）领导下进行，由人事部门组织实施，一般应当经过下列程序：

（一）公布岗位、资格条件、基本程序和方法等；

（二）报名与资格审查，参加公开选拔（聘）的应当经所在单位同意；

（三）采取适当方式进行能力和素质测试、测评，比选择优（竞争（聘）上岗也可以先进行民主推荐）；

（四）确定考察对象；

（五）组织考察，综合分析提出任用建议；

（六）讨论决定；

（七）履行任职手续。

第十三条 对事业单位领导职务拟任人选，必须依据选拔任用条件和岗位职责要求，全面考察其德、能、勤、绩、廉，把好政治关、品行关、作风关、廉洁关。坚持对考察对象的干部档案必审、个人有关事项报告必核、纪检监察机关意见必听、线索具体的信访举报必查，坚决防止“带病提拔”。

第十四条 综合分析人选的考察考核、一贯表现、人岗相适和征求意见等情况，全面客观地作出评价，既重管理能力、专业水平和工作实绩，更重政治素质、道德品行，防止简单以票、以分或者以学历、职称等取人。

第十五条 任用事业单位领导人员，区别不同情况实行选任制、委任制、聘任制。对行政领导人员，逐步加大聘任制推行力度，鼓励条件成熟的单位实行行政领导人员全员聘任制。对打破身份等限制选拔的领导人员，一般应当实行聘任制。

第十六条 实行聘任制的领导人员，聘任关系通过聘任通知、聘任书、聘任合同等形式确定，所聘职务及相关待遇在聘期内有效。聘任期满因工作需要继续聘任的，应经党委（党组）考核为合格以上等次、本人愿意且未达到最高任职年限，按照有关程序办理续聘手续。

第十七条 事业单位领导人员在聘期内因机构调整、工作需要等原因，党委（党组）决定提前解除所聘职务的，按照有关程序办理解聘手续。事业单位领导人员在聘期内因个人原因提出辞去所聘职务的，应当书面提出申请，按照管理权限报党委（党组）批准。审批期间或者未经批准的，不得擅自离职。

第十八条 提任管理岗位领导职务的，应当在一定范围内进行公示，公示期不少于五个工作日。

提任非选举产生的管理岗位领导职务的，实行任职试用期制度，试用期一般为一年。

第十九条 推行事业单位领导人员选拔任用工作全程纪实，强化事业单位领导人员选拔任用全程监督。

第二十条 事业单位专职纪委书记的选拔任用，严格按照有关规定执行。

第二十一条 事业单位领导人员选拔任用工作具体要求，参照《党政领导干部选拔任用工作条例》及有关规定，结合事业单位实际情况确定。

第四章 任期和任期目标责任

第二十二条 事业单位领导人员一般应当实行任期制。

行政领导人员每个任期一般为三至五年，党组织领导人员的任期，按照党内有关规定执行。领导人员在同一岗位连续任职一般不超过十年。实行聘任制的，聘期应当与任期相衔接。领导人员在任期内应当保持相对稳定。工作特殊需要的，按照干部管理权限经批准后可以适当延长任职年限。

第二十三条 事业单位领导班子和领导人员一般应当实行任期目标责任制。

任期目标内容的设定，应当体现不同类型事业单位特点、符合事业单位实际、涵盖领导班子各项职责，主要内容应当包括：围绕测绘地理信息改革创新发展战略，本届领导班子在任期内要达到的总体工作目标；围绕改革创新发展中心任务和重点工作，本单位要实现的发展目标、阶段性成果或者要完成的任务；围绕本单位深化改革、科学发展的总体要求，在单位党的建设、制度建设、作风建设、队伍建设等方面的规划与目标。要注重打基础、利长远、求实效，防止急功近利、片面追求经济效益、搞形象工程和政绩工程以及不作为、乱作为等倾向。

第二十四条 任期目标由事业单位领导班子集体研究确定，一般应当在领导班子任期调整后半年内提出。主要负责人任期未满调整岗位的，原则上不调整本届领导班子任期目标。

制定任期目标时，应当充分听取单位职工代表大会或者职工代表的意见，注意体现服务对象的意见。任期目标确定后，一般应当报经主管机关批准或者备案，并以适当方式在本单位进行公示，接受干部职工监督。

第二十五条 领导人员的任期目标应当围绕本届领导班子任期目标，根据班子成员职责分工分解确定。同时，要按照年度细化分解，明确年度重点工作任务。

第二十六条 事业单位纪委书记在本单位党委和上级纪检部门的领导和指导下，全面履行纪律检查职能，聚焦纪检监察主责主业。专职纪委书记应专司纪检工作，不得分管行政工作；兼职纪委书记不得分管人事、财务和项目管理工作。

第五章　兼职管理

第二十七条　事业单位现职领导人员（含不担任现职但未办理退（离）休手续的领导人员），不得在企业及其他营利性组织兼职（任职）。

第二十八条　对辞去公职或者退（离）休的事业单位领导人员到企业及其他营利性组织兼职（任职）从严掌握，确因工作需要到企业兼职（任职）的，按干部管理权限严格审批。

辞去公职或者退（离）休后三年内，不得到本人原任职务管辖业务范围内的企业及其他营利性组织兼职（任职），也不得从事与原任职务管辖业务相关的营利性活动。

辞去公职或者退（离）休后三年内拟到本人原任职务管辖业务范围外的企业及其他营利性组织兼职（任职）的，及辞去公职或者退（离）休后三年后到企业及其他营利性组织兼职（任职）的，按规定审批或备案后方可兼职（任职）。

第二十九条　事业单位领导人员一般不得兼任社会团体、基金会、民办非企业单位等的职务（包括领导职务和名誉职务、常务理事、理事等），确因特殊情况需兼任职务的，按干部管理权限审批或备案后方可兼职。除工作特殊需要外，不得兼任法定代表人，不得牵头成立新的社会团体等或兼任境外社会团体职务。

第三十条　从严审批到社会团体、基金会、民办非企业单位等兼职的事业单位领导人员，所兼职务一般应与领导人员工作业务或特长相关。对到国际学术组织或有国（境）外背景的社会团体等兼职的，应听取有关主管部门意见，了解其政治倾向和相关背景。

第三十一条　事业单位领导人员经批准兼职的，兼职不得超过1个；任期届满拟连任的，必须重新履行有关审批手续，同时兼职不超过两届；退（离）休领导人员兼职的任职年龄界限为70周岁。

第三十二条　局属研究院（所）副职领导人员根据工作需要，经批准可在本单位出资的企业（包括全资、控股和参股企业）或参与合作举办的民办非企业单位兼职，兼职数量一般不超过1个。

局属研究院（所）现职领导人员确因学术、专业、业务等实际需要参加本单位科研领域相关的社会团体等，作为相关领域知名专家的现职领导人员确因实际需要参加相关领域学术类专业性社会团体等，以及现职领导人员确因工作需要同时兼任系统性社团的上下级单位或成员单位相关职务的，可适当放宽兼职数量限制，一般不超过3个。

第三十三条　事业单位现职领导人员职务发生变动，其兼职管理应当按照新任职务的相应规定掌握；职务变动后按规定不得兼任的有关职务，应当在3个月内辞去。

第三十四条　兼职期间一律不得领取薪酬、奖金、津贴等各种形式的报酬，不得获取股权和其他额外利益，也不得领取各种名目的补贴等，确属需要的工作经费，要从严控制，不得超过国家有关规定标准和实际支出。

第六章　考核评价

第三十五条　事业单位领导班子和领导人员的考核，分为平时考核、年度考核和任期考核。考核评价以任期目标（年度重点工作任务）为依据，以日常管理为基础，注重业绩导向和社会效益，突出党建工作实效。

第三十六条　建立健全符合测绘地理信息事业单位特点的事业单位领导班子和领导人员综合考核评价制度，积极探索推进分类考核和第三方评价。注意改进考核方法，简化程序，提高效率，避免多头考核、重复考核。

第三十七条　完善考核指标评价体系。对领导班子的考核，以任期目标（年度重点工作任务）完成情况为重点，全面考核领导班子的政治方向、贯彻民主集中制、领导能力、工作实绩、党风廉政建设等情况；对领导人员的考核，以个人任期目标（年度重点工作任务）完成情况、个人作用发挥程度为重点，全面考核其德、能、勤、绩、廉。

坚持党建与业务工作同步考核，实行抓党建述职评议考核制度，可以与年度考核等结合进行，重点了解事业单位党组织履行抓党建主体责任、党组织书记履行抓党建第一责任人职责、领导班子其他成员履行职责范围内党建责任等情况。

第三十八条　综合分析研判考核情况和日常了解掌握情况，客观公正地作出评价，形成考核评价意见，确定考核评价等次。领导班子年度考核和任期考核的评价等次，分为优秀、良好、一般、较差；领导人员年度考核和任期考核的评价等次，分为优秀、合格、基本合格、不合格。

第三十九条 事业单位专职纪委书记的考核，应聚焦监督执纪问责，着眼忠诚干净担当，以岗位职责和工作任务为基本依据，以日常工作和综合研判为重要基础，具体按照有关规定执行。

第四十条 考核结果应当以适当方式向领导班子和领导人员反馈，并作为领导班子建设和领导人员选拔任用、培养教育、管理监督、激励约束等重要依据。

第七章 职业发展和激励保障

第四十一条 完善事业单位领导人员培养教育制度，加强政治引领和能力培养，强化岗位培训，注重实践锻炼，提高思想政治素质和管理工作能力。

第四十二条 完善事业单位领导人员交流制度，统筹推进事业单位之间、事业单位与机关和国有企业之间领导人员的交流。有计划地选拔事业单位优秀领导人员进入机关担任领导干部，注重从机关选派具有较高知识层次、相关专业背景的优秀干部充实到事业单位领导班子。

第四十三条 加强事业单位领导人员后备干部队伍建设，按照拓宽来源、优化结构、改进方式、提高质量的要求，积极发现和着力培养政治素质好、业务水平高、管理能力强、善于改革创新的优秀年轻人才。

第四十四条 完善领导人员后续职业发展制度，对任期结束后未达到退休年龄界限的事业单位领导人员，适合继续从事专业工作的，在项目经费、团队建设、学术交流培训等方面给予必要支持；其他退出领导岗位人员，根据本人实际和工作需要，作出适当安排。

第四十五条 完善事业单位领导人员收入分配制度，根据国家相关工资制度和事业单位类别，结合考核情况合理确定领导人员的绩效工资水平，使其收入与履职情况和单位长远发展相联系，与本单位职工的平均收入水平保持合理关系。

第四十六条 事业单位领导人员在本职工作中表现突出、有显著成绩和贡献的，在推动科技创新、处理突发事件和承担专项重要工作中作出显著成绩和贡献的，或者有其他突出事迹的，按照有关规定给予表彰奖励。

第四十七条 建立容错纠错机制，宽容领导人员在工作中特别是改革创新中的失误，营造鼓励探索、支持创新的氛围，旗帜鲜明地为敢于担当者担当，为敢于负责者负责。正确对待犯错误的领导人员，不得混淆错误性质或者夸大错误程度作出不适当的处理，不得利用其所犯错误泄私愤、打击报复。

第八章 监督约束

第四十八条 党委（党组）及纪检监察机构、审计部门、人事部门按照管理权限和职责分工，落实中央全面从严治党要求，履行对事业单位领导班子和领导人员的监督责任。

第四十九条 监督的重点内容是：贯彻执行党的理论和路线方针政策，依法依规办事，执行民主集中制，履行职责，行风建设，选人用人，国有资产管理，收入分配，职业操守，廉洁自律等情况。

第五十条 发挥党内监督、民主监督、法律监督、审计监督和舆论监督等作用，综合运用考察考核、述职述廉、民主生活会、巡视、提醒、函询、诫勉等措施，对领导班子和领导人员进行监督。严格实行干部选拔任用工作“一报告两评议”、领导干部报告个人有关事项、经济责任审计、问责和任职回避等制度。

第五十一条 建立健全事业单位内部民主决策和监督约束机制，坚持集体领导与个人分工负责相结合。凡涉及本单位改革发展稳定和事关职工群众切身利益的重大决策、重要人事任免、重大项目安排和大额度资金使用事项，应经领导班子集体讨论决定，实行“一把手”末位表态制度。对涉及职工切身利益的重大问题，决策前应当充分听取工会、职工代表大会或者职工代表的意见。

第五十二条 强化事业单位领导人员职业意识，规范领导人员履职行为，引导其正确处理日常管理工作和个人专业技术发展的关系。

第五十三条 事业单位领导人员因决策严重失误、工作失职、管理监督不力、滥用职权或者不作为、作风问题突出、对群体性突发事件处置不当等，造成重大损失或者恶劣影响的，参照有关规定实行问责。

第五十四条 事业单位领导人员有违反政治纪律、组织纪律、廉洁纪律、群众纪律、工作纪律和生活纪律的，以及违反社会公德、职业道德、家庭美德且造成不良社会影响等情形的，按照有关规定给予组织处理或者纪律处分；涉嫌违法犯罪的，按照国家有关法律规定处理。

第九章　退　出

第五十五条　完善事业单位领导人员退出机制，促进领导人员能上能下、能进能出，增强队伍活力。

第五十六条　事业单位领导人员有下列情形之一的，一般应当免职：

（一）达到任职年龄界限或者退休年龄界限的；

（二）年度考核、任期考核被确定为不合格的，或者连续两年年度考核被确定为基本合格的；

（三）非组织选派，离职学习期限超过一年的；

（四）受到责任追究应当免职的；

（五）因健康原因无法履职一年以上的，或虽未达到一年但对单位工作有严重影响的；

（六）正在接受纪检监察机关、司法机关立案调查，有证据证明严重违纪违法的；

（七）因工作需要或者其他原因应当免职的。

第五十七条　实行事业单位领导人员辞职制度。辞职包括因公辞职、自愿辞职、引咎辞职和责令辞职。辞职程序参照有关规定执行。

第五十八条　事业单位领导人员的退休，按照有关规定执行。

第十章　附　则

第五十九条　本办法由国家测绘地理信息局人事司负责解释。

第六十条　各事业单位参照本办法有关精神，进一步规范对单位内设机构负责人的管理。

第六十一条　本办法自印发之日起施行。

国家测绘地理信息局国有企业领导人员管理暂行办法

第一章　总　则

第一条　为加强和改进国家测绘地理信息局国有企业领导人员管理，健全完善各司其职、各负其责、协调运转、有效制衡的企业法人治理结构，建设造就一支对党忠诚、勇于创新、治企有方、兴企有为、清正廉洁的企业领导人员队伍，推进国有资产保值增值和企业提质增效升级，根据《中央企业领导人员管理暂行规定》和有关法律法规，制定本办法。

第二条　本办法适用于国家测绘地理信息局各级国有企业领导人员，包括：

（一）国有独资企业董事长、副董事长、董事（不含外部董事、职工董事，下同），总经理、副总经理，总会计师，党委书记、副书记、纪委书记，监事会主席等。

（二）国有控股和参股企业中由国有股权代表出任的董事长、副董事长、董事，监事会主席等，及按国有股权比例推荐的总经理、副总经理等经理层成员。

党内法规和法律法规对企业领导人员管理另有规定的，从其规定。

第三条　局国有企业领导人员管理必须坚持下列原则：

（一）党管干部原则；

（二）德才兼备、以德为先原则；

（三）出资人认可、职工群众认可、市场认可原则；

（四）权利与责任义务相统一、从严管理监督与激励关怀相结合原则；

（五）依法依规管理原则。

第二章　资格条件

第四条　局国有企业领导人员应当具备下列基本条件：

（一）具有较高的政治素质，坚持以马克思列宁主义、毛泽东思想、邓小平理论、“三个代表”重要思想、科学发展观、习近平新时代中国特色社会主义思想为指导，坚定中国特色社会主义道路自信、理论自信、制度自信、文化自信，坚持党对国有企业的领导和国有企业的社会主义方向，认真贯彻深化国有企业改革方针政策，牢固树立政治意识、大局意识、核心意识、看齐意识，在思想上政治上行动上同以习近平同志为核心的党中央保持高度一致；

（二）具有履行岗位职责所必需的专业知识，

熟悉国家宏观经济政策、现代企业管理、国内外市场和相关行业情况，能够遵循市场经济规律和企业发展规律；

（三）具有较强的组织领导能力，有全局观念，自觉贯彻执行民主集中制，有改革创新精神和市场竞争意识，善于经营，业务精通，能够科学决策，注重沟通协调；

（四）具有搞好国有企业的强烈事业心和责任感，勇于担当，求真务实，勤勉尽责，能够全身心投入企业工作，工作实绩突出；

（五）具有良好的职业素养和品行修养，带头践行社会主义核心价值观，遵纪守法，廉洁从业，作风形象和职业信誉好。

第五条 局国有企业领导人员应当具备下列任职资格：

（一）一般应当具有大学本科以上文化程度；

（二）一般应当具有五年以上工作经历；

（三）提拔担任企业领导人员正职的，应当具有同层级副职两年以上工作经历；提拔担任副职的，应当具有下一层级正职三年以上工作经历；

（四）具有良好的心理素质和正常履行职责的身体条件；

（五）符合有关党内法规、法律法规和行业主管部门规定的其他任职资格要求。

第六条 特别优秀或者工作特殊需要的人才，可以适当放宽任职资格条件。从专业技术岗位直接担任企业领导人员的，其任职资格应当符合第五条（一）、（二）、（四）、（五）项规定，并具有相应的专业技术岗位任职经历和一定的管理工作经历。

第七条 放宽任职资格以及从专业技术岗位直接担任企业领导人员的，应按照干部管理权限，事先报上一级人事部门审核同意。

第八条 实行企业领导人员职位禁入制度，严格按照《中华人民共和国公司法》《中华人民共和国企业国有资产法》和党纪政纪有关规定执行。

第三章 选拔任用

第九条 局国有企业应当按照现代企业制度要求，建立健全规范的企业法人治理结构。党委、董事会、经理层按照《中国共产党章程》《中华人民共和国公司法》以及企业章程等履行职责，形成科学有效的运行机制，保证加强党的领导和完善企业治理相统一。

第十条 坚持党管干部原则与企业董事会依法产生、董事会依法选择经理层、经理层依法行使用人权相结合。上级党组织应当切实加强对企业领导人员选拔任用工作的领导和把关，严格标准条件和程序要求，树立正确用人导向，注重优化企业领导班子结构，精准科学选人用人。支持董事会依法选聘经理层成员，在确定标准、规范程序、参与考察、推荐人选等方面把好关。

第十一条 坚持党组织的领导核心地位，实行“双向进入、交叉任职”的领导体制。推行党委书记、董事长由一人担任，党员总经理兼任党委副书记，党委专职副书记进入董事会。

第十二条 探索在企业领导人员中试行职业经理人制度，实行内部培养和外部引进相结合，畅通现有经理层成员与职业经理人身份转换通道，董事会按市场化方式选聘和管理职业经理人，合理增加市场化选聘比例。

第十三条 任用局国有企业领导人员，区别不同情况实行选任制、委任制、聘任制。

（一）对国有独资企业董事会成员，实行委任制或者聘任制。对国有控股和参股企业中由国有股权代表出任的董事会成员，实行选任制、委任制或者聘任制。

（二）对设立董事会的国有独资企业经理层成员，及国有控股和参股企业中按国有股权比例推荐的经理层成员，实行聘任制。其中总经理人选经上级组织考察、同意任职后，由董事会聘任；总经理以外的经理层其他成员可由董事会提名，经组织考察、按照干部管理权限审批后，由董事会决定聘任。

对未设立董事会的国有独资企业经理层成员，及国有控股和参股企业中按国有股权比例推荐的企业经理层成员，实行委任制或者聘任制。

（三）对党委班子成员按照党章和中央有关规定实行选任制或者委任制。

（四）监事会成员由党委（党组）选派，实行委任制。

（五）市场化选聘的职业经理人，实行契约化管理。

第十四条 选拔局国有企业领导人员，根据不同任用方式和企业实际需要，采取组织选拔（内部推选或外部选派）、公开招聘、竞聘上岗等方式进行。对职业经理人，可以探索面向国内外公开招聘或采取委托相关中介机构遴选等方式进行。

第十五条　局国有企业领导人员的组织选拔一般应当经过下列程序：

（一）动议，经综合研判、充分酝酿形成工作方案；

（二）民主推荐；

（三）确定考察对象；

（四）组织考察，综合分析提出任用建议；

（五）讨论决定；

（六）依照法律和有关规定任职。

第十六条　公开招聘、竞聘上岗在党委（党组）领导下进行，由人事部门组织实施，一般应当经过下列程序：

（一）公布职位、资格条件、基本程序和方法等；

（二）报名与资格审查；

（三）采取适当方式进行知识、能力、素质、心理健康等方面的测试，竞聘上岗应进行民主推荐测评；

（四）确定考察对象；

（五）组织考察，综合分析提出任用建议；

（六）讨论决定；

（七）依照法律和有关规定任职。

第十七条　对企业领导人员考察对象，必须依据选拔任用条件，结合企业特点和岗位要求，全面考察其德、能、勤、绩、廉，坚决防止"带病提拔"。

第十八条　综合分析人选的考察考核、一贯表现和人岗相适等情况，全面客观地作出评价，既重经营管理能力、专业水平和工作实绩，更重政治品质、道德品行，防止简单以票或者以分取人。

第十九条　对组织选拔提任和采取公开招聘、竞聘上岗等方式选拔的领导人员，应当在一定范围内进行公示，公示期不少于5个工作日。

第二十条　组织选拔提任非选举产生领导人员的和通过公开招聘、竞聘上岗、委托人才中介机构推荐方式担任领导人员的，实行任职试用期制度，试用期一般为1年。

第二十一条　企业专职纪委书记的选拔任用，按照有关规定执行。

第二十二条　选拔任用工作具体要求，参照《党政领导干部选拔任用工作条例》及有关规定，结合局国有企业实际情况确定。

第四章　兼职管理

第二十三条　国有企业现职领导人员因工作需要，按干部管理权限任前备案或审批后，可在所任职企业出资的公司中（包括全资、控股和参股公司）兼职，不得到除出资企业之外的其他企业兼职。到任职年龄界限、不再担任国有企业领导职务的，其在出资企业所兼任的其他职务应当一并免除。

第二十四条　到达任职年龄界限、不担任现职但未办理退（离）休手续的局国有企业领导人员，不得在原任职企业及其出资的企业兼职（任职），也不得在其他企业兼职（任职）。

第二十五条　对退（离）休或者辞去公职的局国有企业领导人员到企业兼职（任职）应从严掌握，按干部管理权限严格审批。

退（离）休后不得在原任职企业及其出资的企业兼职（任职）；退（离）休或者辞去公职后三年内，不得到与原任职企业有业务关系的企业兼职（任职）、投资入股或从事相关的营利性活动；退（离）休或者辞去公职后三年内拟到与原任职企业没有业务关系的企业兼职（任职）的，及退（离）休或者辞去公职三年后到企业兼职（任职）的，按规定审批或备案后方可兼职（任职）。

第二十六条　企业领导人员一般不得兼任社会团体、基金会、民办非企业单位的职务（包括领导职务和名誉职务、常务理事、理事等），确因特殊情况需兼任职务的，按干部管理权限审批或备案后方可兼职。除工作特殊需要外，不得兼任法定代表人，不得牵头成立新的社会团体等或兼任境外社会团体职务。

第二十七条　从严审批企业领导人员到社会团体、基金会、民办非企业单位的兼职，所兼职务一般应与领导人员工作业务或特长相关。对到国际学术组织或有国（境）外背景的社会团体等兼职的，应听取有关主管部门意见，了解其政治倾向和相关背景。

第二十八条　企业领导人员经批准兼职的，兼职不得超过1个；任期届满拟连任的，必须重新履行有关审批手续，兼职不超过两届；退（离）休领导人员兼职的任职年龄界限为70周岁。

第二十九条　作为相关领域知名专家的现职领导人员确因实际需要参加相关领域学术类专业性社会团体等，以及现职领导人员确因工作需要同时兼任系统性社团的上下级单位或成员单位相关职务的，可适当放宽兼职数量限制，一般不超过3个。

第三十条 领导人员职务发生变动，其兼职管理应当按照新任职务的相应规定掌握；职务变动后按规定不得兼任的有关职务，应当在3个月内辞去。

第三十一条 兼职期间一律不得领取薪酬、奖金、津贴等各种形式的报酬，不得获取股权和其他额外利益，也不得领取各种名目的补贴等，确属需要的工作经费，要从严控制，不得超过国家有关规定标准和实际支出。

第五章 任期和考核评价

第三十二条 企业领导班子和领导人员实行任期制，一个任期一般为3年。任期内，一般不对领导人员进行调整；任期届满，经考核合格的可以连任。

第三十三条 企业领导班子和领导人员应实行任期目标责任制。主管部门（单位）在任期开始前下达任期经营管理目标，签订任期经营管理目标责任书。任期经营管理目标可分解到任期内的每个考核年度。

第三十四条 建立健全领导班子和领导人员考核评价办法，坚持经济效益和社会效益相统一，实行综合考核和经营业绩考核相结合。在加强经营业绩考核的同时，加强履行政治责任、社会责任等的考核评价，体现以德为先、全面担当。

第三十五条 企业领导班子和领导人员的综合考核，分为平时考核、年度考核和任期考核。考核采取定量考核与定性评价相结合的方式，综合运用民主测评、个别谈话、调查核实、综合分析等方法进行。领导班子考核评价等次分为优秀、良好、一般、较差，领导人员考核评价等次分为优秀、合格、基本合格、不合格。

第三十六条 企业领导人员经营业绩考核实行年度考核与任期考核相结合、结果考核与过程评价相统一，具体按照《国家测绘地理信息局管理企业负责人考核评价办法（试行）》严格执行。

第三十七条 企业专职纪委书记的考核，应聚焦监督执纪问责，着眼忠诚干净担当，以岗位职责和工作任务为基本依据，以日常工作和综合研判为重要基础，具体按照有关规定执行。

第三十八条 考核评价结果应当以适当方式向企业领导班子和领导人员反馈，并作为企业领导班子建设和领导人员选拔使用、培养教育、管理监督、激励约束等重要依据。

第六章 激励与监督

第三十九条 建立符合局国有企业领导人员特点的薪酬制度，健全以考核评价为基础，与岗位职责和经营业绩挂钩，短期激励与中长期激励、精神鼓励与物质奖励相结合的企业领导人员激励约束机制，强化企业领导人员责任。

第四十条 局国有企业领导人员的薪酬由基本年薪、绩效年薪和任期激励收入三部分构成，与考核评价结果相挂钩。综合考核评价结果作为能够领取绩效年薪和任期激励收入的否定指标。薪酬待遇兑现、管理和监督等，严格按《国家测绘地理信息局管理企业负责人薪酬制度改革实施方案》执行。

第四十一条 企业领导人员在本职工作中表现突出、有显著成绩和贡献的，在处理突发事件和承担专项重要工作中作出显著成绩和贡献的，或者有其他突出事迹的，按照有关规定给予表彰奖励。

第四十二条 企业领导人员履职待遇、业务支出等严格按有关规定执行。

第四十三条 企业领导人员应当认真履行岗位职责，依法经营，严格自律，廉洁从业，切实维护国家、出资人、企业的利益和职工的合法权益。领导人员中的中共党员，要按照《中国共产党党内监督条例》等有关规定，自觉接受党组织和党员的监督。

第四十四条 党委（党组）及纪检监察机构、审计、人事部门要按照管理权限和职责分工，落实中央全面从严治党要求，履行对企业领导班子和领导人员的监督责任。监督重点是：贯彻执行党的理论和路线方针政策，经营管理，履行职责，选人用人，国有资产管理，收入分配，职业操守，廉洁从业等情况。

第四十五条 发挥党内监督、民主监督、法律监督、审计监督和舆论监督等作用，综合运用考察考核、述职述廉、民主生活会、巡视、提醒、函询、诫勉等措施，对企业领导班子和领导人员进行监督。严格实行干部选拔任用工作“一报告两评议”、领导干部报告个人有关事项、经济责任审计、问责和任职回避等制度。

第四十六条 监事会依照《中华人民共和国公司法》《中华人民共和国企业国有资产法》和《国

有企业监事会暂行条例》的规定，对企业领导人员的经营管理行为进行监督。

第四十七条　建立健全企业内部民主决策和监督约束机制。凡涉及企业改革发展稳定和事关职工群众切身利益的重大决策、重要人事任免、重大项目安排和大额度资金使用事项，应经领导班子集体讨论决定。充分发挥职工代表大会、工会的作用，涉及改制、重组、破产、关闭等关系职工切身利益的重大问题，在决策前应当充分听取工会和职工代表意见，职工安置方案须经职工代表大会审议通过。

第四十八条　企业领导人员因决策严重失误、工作失职、经营管理不力、滥用职权或者不作为、对群体性突发事件处置不当等，造成重大损失或者恶劣影响的，参照有关规定实行问责或进行责任追究。

第四十九条　企业领导人员有违反政治纪律、组织纪律、廉洁纪律、群众纪律、工作纪律和生活纪律的，以及违反社会公德、职业道德、家庭美德且造成不良社会影响等情形的，按照有关规定给予组织处理或者纪律处分；涉嫌违法犯罪的，按照国家有关法律规定处理。

第七章　职业发展

第五十条　完善局国有企业领导人员培养教育制度，加强政治引领和能力培养，强化岗位培训，注重实践锻炼，提高思想政治素质、经营管理能力、创新能力和防范风险能力。

第五十一条　完善局国有企业领导人员交流制度，统筹推进企业之间、企业与机关事业单位间领导人员的交流。有计划地选派企业优秀领导人员，进入机关担任领导干部；注重从机关事业单位选派具有较强经营管理能力、相关专业背景的优秀干部充实到企业领导班子。

第五十二条　加强局国有企业领导人员后备队伍建设，按照拓宽来源、优化结构、改进方式、提高质量的要求，积极发现和着力培养政治素质好、业务水平高、经营管理能力强、善于改革创业的优秀年轻人才。

第五十三条　任期结束后未达到退休年龄界限的企业领导人员，适合继续从事专业工作的，鼓励和支持其后续职业发展；其他领导人员，根据本人实际和工作需要，作出适当安排。

第五十四条　建立容错纠错机制，宽容企业领导人员在工作中特别是改革创新中的失误，营造鼓励探索、支持创新的氛围，旗帜鲜明地为敢于担当者担当，为敢于负责者负责。正确对待犯错误的企业领导人员，不得混淆错误性质或者夸大错误程度作出不适当的处理，不得利用其所犯错误泄私愤、打击报复。

第八章　退　出

第五十五条　健全企业领导人员退出机制，推进企业领导人员能上能下，完善企业领导人员免职（解聘）、撤职、辞职和退休等制度。有下列情形之一的，一般应当免职（解聘）或者撤职：

（一）达到任职年龄界限或者退休年龄界限的；

（二）任期届满未被续聘（任）的；

（三）年度考核、任期考核被确定为不合格的，或者连续两年年度考核被确定为基本合格的；

（四）非组织选派，离职学习期限超过一年的；

（五）受到责任追究应当免职的；

（六）因健康原因无法履职一年以上的，或虽未达到一年但对企业产生较为严重影响的；

（七）正在接受纪检监察机关、司法机关立案调查，有证据证明严重违纪违法的；

（八）出现《中华人民共和国公司法》或《中华人民共和国企业国有资产法》规定不宜担任所任职务的；

（九）因工作需要或者其他原因应当免职的。

第五十六条　企业领导人员应当全面落实国有资产保值增值责任，出现下列情形之一的，应当及时予以调整：

（一）任期内未实现国有资产保值增值，且无重大客观原因的；

（二）任期经营业绩考核目标未完成或者年度经营业绩考核目标连续两年未完成，且无重大客观原因的；

（三）因企业会计信息严重失真或者提供虚假信息导致经营业绩考核结果严重不实的。

第五十七条　企业领导人员未达到所任职务要求，经组织提醒、函询、诫勉没有改正，被认定为不适宜担任现职的，必须予以组织调整，具体要求和程序参照有关规定执行。

第五十八条　实行企业领导人员辞职制度。辞职包括因公辞职、自愿辞职、引咎辞职和责令辞职。

辞职程序参照有关规定执行。

第五十九条　企业领导人员的退休按照有关规定执行。

第六十条　企业领导人员离职或者退休后，继续对原任职企业的商业秘密和核心技术负有保密责任和义务，保密期限按照国家和原任职企业的规定执行。

第九章　附　则

第六十一条　本办法由国家测绘地理信息局人事司负责解释。

第六十二条　本办法自印发之日起施行。

关于加强测绘地理信息新型智库建设的实施意见

国测党发〔2017〕81 号　2017 年 12 月 5 日

各省、自治区、直辖市及计划单列市、新疆生产建设兵团测绘地理信息主管部门，局所属各单位、机关各司室：

为了贯彻落实党的十九大报告关于加强中国特色新型智库建设的部署要求，根据中共中央办公厅、国务院办公厅《关于加强中国特色新型智库建设的意见》（中办发〔2014〕65 号）精神，现就加强测绘地理信息新型智库建设提出以下意见。

一、重要意义

建设中国特色新型智库是党中央着眼时代发展，建立健全决策咨询机制，推进国家治理现代化作出的重要举措。要从推动测绘地理信息科学决策、民主决策，更好服务经济建设、国防建设、社会发展和生态保护，维护国家地理信息安全的战略高度，把测绘地理信息新型智库建设作为一项重要任务切实抓好。

（一）建设测绘地理信息新型智库是推进科学管理决策的需要

当前，我国测绘地理信息发展的需求环境、政策环境、技术环境正在发生深刻变化，测绘地理信息部门在国家改革发展大局中承担着重要的职责任务，新情况、新矛盾不断涌现，需要研究、破解的难题越来越多。特别是在推进测绘地理信息供给侧结构性改革的关键时期，迫切需要集中各方面智慧、凝聚最广泛力量，为各级测绘地理信息部门提供决策依据，以科学咨询支撑科学决策，以科学决策引领科学发展。

（二）建设测绘地理信息新型智库是破解转型升级和改革创新难题的需要

随着移动互联网、云计算、物联网等新技术的快速发展，测绘地理信息的开放、融合、大众化趋势明显，旺盛的市场需求对测绘地理信息产品和服务提出更加多元化的要求。在机遇和挑战面前，只有不断提高战略谋划和科学研判的能力，紧紧围绕“五大业务”体系建设、“五大能力”提升和促进地理信息产业发展，开展前瞻性、针对性、储备性政策研究，提出专业化、建设性、切实管用的政策建议，才能破解发展难题，提升治理能力，加快转型升级。

（三）建设测绘地理信息新型智库是建设测绘强国的需要

近年来，我国测绘地理信息基础设施建设、信息资源开发应用能力快速提升，科技整体水平已迈入世界先进行列，在国际测绘地理信息事务中的话语权不断加大，但是离实现测绘强国的目标还有较大差距。在实现中华民族伟大复兴中国梦的征程上，必须准确把握全球测绘地理信息战略动向和科技发展趋势，提出事业发展新格局的理念、战略、政策，在推动技术创新和业务变革的同时，创新体制机制和管理政策，加快把我国建设成为测绘强国。

一直以来，国家测绘地理信息局党组高度重视智库建设，局属研究机构和高校智库、企业智库发展很快，在出思路、出成果、出人才方面取得了较大成绩，为推动测绘地理信息事业发展作出了重要贡献。但从总体上看，测绘地理信息领域还缺少具有较大影响力和较高知名度的高端智库；高质量、高层次的研究成果不多；智库建设缺乏整体规划，资源分散，尚未形成工作合力；智库参与决策咨询、智库成果转化缺乏制度性安排；人才引进流动激励等机制亟待创新。解决这些问题，必须采取有力措施，切实抓紧抓好测绘地理信息新型智库建设。

二、指导思想与总体目标

（一）指导思想

坚持以习近平新时代中国特色社会主义思想为指导，按照中央关于加强中国特色新型智库建设的总体部署，围绕“加强基础测绘、监测地理国情、强化公共服务、壮大地信产业、维护国家安全、建设测绘强国”发展战略，建立机制、搭建平台、凝聚智慧、服务发展。以提升各级测绘地理信息部门管理决策科学化水平为目的，以战略研究、政策分析、业务咨询、项目评估为重点，聚焦测绘地理信息发展战略和公共政策等研究领域，以完善组织形式、形成政策研究合力为突破，加快构建测绘地理信息新型智库体系，切实发挥资政建言、理论创新、舆论引导、社会服务等作用。

（二）总体目标

在统筹推进行业各类智库协调发展的基础上，到2020年，初步实现“三个一”的目标：形成一个以国家测绘地理信息局测绘发展研究中心为主体，各地测绘地理信息相关科研院所、高校、学会协会、各类创业创新联盟、企业咨询研究部门参与的，定位清晰、特色鲜明、运行有序、规模适度、开放协同、管理规范的测绘地理信息新型智库体系；建立一套治理完善、充满活力、具有行业特点的管理体制和运行机制；造就一支“四个意识”强、理论功底深、专业素养好、研究水平高的智库队伍，将国家局测绘发展研究中心打造成具有权威影响力的战略问题和公共政策开放式研究平台、各级测绘地理信息部门重大决策的高端智囊机构、测绘地理信息先进理念和先进文化的沟通交流平台。

三、构建测绘地理信息新型智库发展新格局

（一）成立国家测绘地理信息智库委员会

聘请相关领域权威专家组成国家测绘地理信息智库委员会，围绕国家局党组重大决策的需要，开展战略性、方向性、前瞻性重大问题研究，将其打造成为高层次、综合性、直接服务国家局党组的高端智库。建立健全智库委员会高效运行机制，通过多种形式对国家局党组重大决策提出咨询意见，进行论证评价。智库委员会成立秘书处负责日常工作，由国家局测绘发展研究中心承担。

（二）促进测绘地理信息部门智库创新发展

国家局测绘发展研究中心要加强能力建设，深化体制改革，创新人才管理和使用机制，充分调动广大研究人员积极性；要聚焦国家局党组中心工作，围绕测绘地理信息发展宏观形势、现实重大问题等开展研究分析，提出务实管用、科学可行的政策建议；要打造知名论坛，办好新媒体和品牌刊物，不断拓展学术影响力。国家局各科研机构要紧盯世界科技发展前沿和未来趋势，围绕测绘地理信息科技体制机制创新、重大科技布局、成果转化应用等，开展科学评估，进行预测研判，促进科技创新与事业转型升级、产业发展壮大深度融合。各地测绘地理信息部门要进一步强化机制创新，根据本地区管理决策工作实际，采取合理的体制机制，加强战略研究和政策分析工作。

（三）发挥社团组织、企业和社会智库的作用

通过定期发布决策需求信息、项目招标、政府采购、直接委托、课题合作等方式，引导行业相关研究机构、高校、企业和社会智库，开展测绘地理信息政策研究、决策评估、政策解读等工作，吸引各方面专业人才和智力资源向测绘地理信息领域集聚。测绘地理信息行业学会和协会要发挥好建言献策的作用。支持测绘地理信息企业围绕地理信息产业发展的重大问题开展研究。鼓励测绘地理信息智库与其他各类智库开展合作研究，探索建立政府主导、社会力量参与的决策咨询服务供给体系，加快形成提供服务主体多元化和提供方式多样化的格局。

四、创新新型智库运行机制

（一）构建决策参与机制

1. 畅通测绘地理信息智库建言献策渠道。落实政府信息公开制度，主动及时发布政府信息，定期向行业智库通报相关信息和统计数据，为智库开展工作创造条件。探索建立智库委员会秘书处列席国家局相关会议制度，为智库委员会秘书处提供内网专门入口和权限，适度扩展信息共享范围，改变智库在信息收集上的不对称、不及时、不全面状况。各地测绘地理信息部门应采取不同方式，畅通与本地区智库的沟通渠道，促进部门决策与智库建议之间良性互动。智库要积极通过会议、刊物、媒体特别是网站、微博、微信公众号等新媒体推介成果、提升影响。

2. 建立决策咨询评估制度。完善国家局重大决策意见征集制度，将认真听取智库的意见和建议作为决策的重要环节。设立智库研究专项经费，除涉密及法律法规另有规定外，重大政策措施、改革方案以及重大工程项目等决策事项出台前，应当委托智库先行开展专题研究、可行性论证及评估，并将

智库报告作为决策重要依据。建立委托测绘地理信息智库开展发展改革政策执行情况评估、评价工作制度，建立有关部门对智库评估意见的反馈、公开、运用等制度，健全决策纠错改正机制。

3. 建立智库成果报送和应用转化机制。实行研究成果分类送审制度和质量把关制度。智库委员会秘书处应当及时向国家局报送高质量、高水平的最新研究成果，并视情分类为其他智库的研究成果搭桥铺路。对各地测绘地理信息部门委托研究课题和涉及国家安全、科技机密、商业秘密的智库成果，未经允许不得公开发布。建立国家测绘地理信息智库委员会向相关单位通报交流研究成果的机制。对创新性强、切合实际、已被采纳或部分采纳的决策研究咨询成果作为职称评聘的参考。

（二）创新项目管理机制

1. 创新课题研究机制。针对智库研究内容具有战略性、长期性的特点，建立长期跟踪研究、持续滚动咨询的长效机制，明确项目跟踪周期。推进研究方法、政策分析工具和技术手段创新，搭建互联互通的信息共享平台。鼓励测绘地理信息智库根据国家相关法规通过公开招标、邀请招标、竞争性谈判、单一来源等多种方式委托社会智库开展专题研究。

2. 创新课题生成机制。统筹各地测绘地理信息部门和相关机构在管理决策、经营决策等工作的需要，定期编制测绘地理信息智库研究课题指南，设立开放性基金，以定向委托和公开招标等方式开展研究。鼓励各地测绘地理信息部门将战略和规划研究、决策咨询等作为公开招标项目，面向智库招标。

3. 创新成果社会化应用转化机制。充分运用大众媒体等多种手段搭建发声平台，传播测绘地理信息发展思路，解读测绘地理信息重大决策，为引导地理信息产业发展和公众言论提供良好的场所。综合运用学术报告、高端论坛、蓝皮书、内部刊物、新媒体等多种形式和载体传播研究成果。

4. 创新成果评价机制。探索建立测绘地理信息部门对测绘地理信息智库研究咨询工作评价机制，构建用户评价、行业评价、社会评价相结合的指标体系，推动研究成果的质量提升，对优秀研究成果给予奖励。加强智库成果知识产权创造、运用和管理，加大知识产权保护力度。

五、强化新型智库人才队伍建设与管理

（一）加强人才交流培养

推动测绘地理信息智库与其服务对象之间，通过交流、双向挂职等方式形成人才有序流动机制。鼓励测绘地理信息智库聘请有关部门、高等院校、科研院所和企业的专家学者参与智库研究。建立智库高层次人才引进机制和管理办法，满足智库对人才和智力资源的需求。

（二）推进人才岗位聘用、职称评定等改革

坚持“按需设岗、竞聘上岗、按岗聘用”和“公开、公平、公正”的原则，深化测绘地理信息智库人才岗位聘用、职称评定等人事管理制度改革。建立适合智库运行规律的人才管理机制，科学设置专业技术岗位结构。针对研究型和管理型人才特点，建立有利于发挥智库人才积极性的组织形式和管理模式，培养和造就一批德才兼备的专业人才和管理人才。

（三）建立人才评价机制

把决策咨询研究成果的实际水平和应用效果与研究人员的岗位考核与聘任、职称评聘等挂钩，建立体现中国特色、符合行业特点的智库奖励制度。探索有利于智库人才发挥作用的多种分配方式，建立健全与岗位职责、工作业绩、实际贡献紧密联系的薪酬制度。

六、保障措施

（一）加强组织领导

坚持党管智库原则，建立健全国家局党组统一领导、有关部门分工负责的工作体制，创新支持、服务、协作、激励等体制机制，把测绘地理信息智库做大做强，把智库的作用发挥好。落实意识形态责任制，切实加强和改进新形势下智库意识形态工作，确保所从事的各项活动符合党的路线方针政策，遵守国家法律法规。

（二）加大资金投入

探索建立多元化、多渠道、多层次的投入体系和竞争性经费与稳定支持经费相协调的投入机制。鼓励企业、社会组织、个人捐赠资助智库建设。探索建立和完善符合智库运行特点的经费管理制度，尊重和体现科研人员的智力付出和贡献。

（三）加强交流合作

鼓励与国内高端智库、其他行业智库合作开展测绘地理信息发展研究，联合举办研讨会、咨询会等活动。按年度召开测绘地理信息智库工作会议。积极参与并组织国际学术交流。加强国际项目合作和国际人才交流。

领导讲话

在全国测绘地理信息工作会议上的讲话

国土资源部党组书记　孙绍骋

2017 年 12 月 26 日

同志们：

很高兴参加全国测绘地理信息工作会议。刚才，库热西同志传达的国务院领导同志对本次会议的重要批示，充分肯定了测绘地理信息工作取得的成绩，对加快新时代测绘地理信息改革发展提出希望和要求。全国测绘地理信息系统要深刻学习领会，抓好贯彻落实。

会前，我看了库热西同志的工作报告，总的感觉是，报告贯穿了习近平新时代中国特色社会主义思想，总结五年工作全面、分析形势深入透彻、谋划发展思路清晰、部署任务具体可行，可以说站位高、立意深、谋划全、措施实，是贯彻落实党的十九大精神的测绘地理信息篇，我完全赞同，大明部长也完全赞同。

下面，我代表大明部长就贯彻落实党的十九大精神，做好 2018 年测绘地理信息工作讲几点意见。

——党的十八大以来测绘地理信息工作取得显著成绩

十八大以来的五年，是测绘地理信息事业发展极不平凡的五年。以库热西同志为班长的测绘地理信息局党组带领全系统广大干部职工，全面贯彻党的十八大精神，积极适应经济发展新常态，深入贯彻新发展理念，围绕“五位一体”总体布局和“四个全面”战略布局，谋大事、抓实事，测绘地理信息工作取得了重大进展、实现了重大突破，有三项工作成果载入《党的十八大以来大事记》，成绩喜人，令人振奋。

一是加强测绘地理信息事业改革发展谋篇布局。《全国基础测绘中长期规划纲要（2015—2030 年）》由国务院印发实施，加快构建新型基础测绘体系。高质量编制了“十三五”系列规划，统筹推进新型基础测绘、地理国情监测、应急测绘、航空航天遥感测绘、全球地理信息资源开发“五大业务”，形成了公益性保障与地理信息产业市场化服务协同发展的工作格局。

二是圆满完成第一次全国地理国情普查任务。这项工作历时三年，首次获取我国全覆盖、无缝隙、高精度的地理国情信息，系统掌握了我国“山水林田湖草”等地表自然资源要素现状及空间分布情况，全面摸清了我国地理国情家底，为了解国情、制定国策、推进工作提供了科学依据。

三是测绘地理信息法治建设迈出重大步伐。新《测绘法》颁布实施，《地图管理条例》《测绘资质管理规定》《地图审核管理规定》等相继出台或修订，国家地理信息安全维护扎实有效，测绘地理信息工作在法治轨道上行稳致远。

四是测绘地信供给侧结构性改革深入推进。基础地理信息资源建设加快转型，测绘地理信息服务模式和服务内容全面升级，以地理国情监测为抓手服务生态文明建设，有力促进测绘地理信息融入经济社会发展主战场。

五是科技创新成效显著。成功发射资源三号 02 星并实现双星组网运行，我国成为世界上少数掌握高精度卫星立体测绘技术的国家之一，首套全球 30 米分辨率地表覆盖数据彰显大国担当，促进了“一带一路”建设，主导编制的测绘地理信息国际标准实现零的突破，为测绘地理信息事业发展增添新动力。

六是全面从严治党成效显著。在以习近平同志为核心的党中央坚强领导下，测绘地信系统认真贯彻习近平总书记给国测一大队老队员老党员回信精神，贯彻落实李克强总理、张高丽副总理各项指示精神，坚持全面从严治党，牢固树立“四个意识”，坚决维护党中央权威和集中统一领导，更加扎实地把党中央各项决策部署落到实处。广大干部职工不忘初心、忠诚奉献，干事创业的责任感和使命感进一步增强。建党96周年之际，国测一大队荣获“全国先进基层党组织”称号。

这些成绩是在以习近平同志为核心的党中央科学决策、坚强领导下取得的，是以习近平新时代中国特色社会主义思想为指导，全面贯彻党的基本理论、基本路线和基本方略的进程中取得的，是在地方党政、有关部门、社会各界的密切协作、大力支持下取得的，是全国测绘地理信息系统干部职工敬业履职、担当作为的结果。在此，我代表国土资源部党组、代表大明部长，对测绘地理信息工作取得的优异成绩表示热烈祝贺，向全国测绘地理信息工作者致以诚挚问候，向一直以来关心支持测绘地理信息工作的有关部门和单位表示衷心感谢！

——深入学习贯彻党的十九大精神，努力谱写测绘地理信息新篇章

2018年是贯彻党的十九大精神的开局之年，是改革开放40周年，是决胜全面建成小康社会、实施“十三五”规划承上启下的关键一年。全国测绘地理信息系统要全面贯彻党的十九大精神，认真落实中央经济工作会议部署，以习近平新时代中国特色社会主义思想为指导，加强党对测绘地理信息工作的领导，坚持稳中求进工作总基调，坚持新发展理念，紧扣我国社会主要矛盾变化，按照高质量发展的要求，围绕统筹推进“五位一体”总体布局和协调推进“四个全面”战略布局，坚持以供给侧结构性改革为主线，努力开创测绘地理信息工作新局面、谱写测绘地理信息新篇章。

（一）深入学习领会党的十九大精神，用习近平新时代中国特色社会主义思想指导工作。党的十九大确立了习近平新时代中国特色社会主义思想的历史地位，作出了中国特色社会主义进入新时代、我国社会主要矛盾发生关系全局的历史性变化等重大政治论断，对新时代推进中国特色社会主义事业作出全面部署，为我们党迈进新时代、开启新征程、续写新篇章提供了行动指南。学习贯彻党的十九大精神是当前和今后一个时期首要的政治任务。测绘地理信息系统要进一步掀起学习贯彻党的十九大精神热潮，认真学习领会习近平新时代中国特色社会主义思想，切实做到学懂、弄通、做实，准确把握十九大确立的重大判断、重大战略、重大任务、重大举措，牢固树立“四个意识”，更加坚定“四个自信”，坚决服从和维护党中央集中统一领导，始终在思想上政治上行动上与以习近平同志为核心的党中央保持高度一致，切实将十九大精神贯彻落实到各项工作中，不忘初心、牢记使命，锐意进取、埋头苦干，争取到2020年实现我国测绘地理信息整体水平达到国际先进，到本世纪中叶建成现代化测绘地理信息强国。

（二）深入贯彻实施《测绘法》，担当起新时代测绘地理信息部门的职责使命。加快法治测绘建设，以落实新《测绘法》为抓手，做好配套法规的立改废释工作，逐步健全测绘地理信息法律规范体系，做到全面覆盖、相互配套、有机衔接。推进国家版图意识宣传教育、测绘成果应用共享、地理国情监测、应急测绘、不动产测绘等工作，下大力气维护国家地理信息安全。深化“放管服”改革，全面推行权力清单、责任清单、负面清单制度，开展“双随机一公开”抽查并强化常态化监管，做到严格规范公正文明执法。发挥好检查考核的“指挥棒”作用，对《测绘法》落实情况进行专项检查，真正把测绘地理信息职责担当起来，落到实处。

（三）深化供给侧结构性改革，提高测绘地理信息发展质量和效益。前不久，习近平总书记在主持中央政治局第二次集体学习时强调要推动实施国家大数据战略，加快建设数字中国，更好服务我国经济社会发展和人民生活改善。测绘地理信息部门拥有海量的测绘地理信息数据，这些数据资源是整合共享其他各类信息数据的公共基底，地位和作用越来越重要。要坚持质量第一、效益优先，把提高测绘地理信息供给质量作为主攻方向。加快推进新型基础测绘建设，全面开展全球地理信息资源建设，为大数据战略实施夯实数据基底。继续推动数字城市地理空间框架应用与发展，推进智慧城市时空大数据与云平台建设，支撑数字中国、智慧社会建设。统筹航空航天遥感测绘建设，以天地图为中心节点，推进地理信息资源整合共享。全力打造地理国情监测品牌，服务乡村振兴战略实施，为美丽中国建设贡献力量。推动互联网、大数据、人工智能与地理信息融合发展，促进地理信息产业迈向价值链的中高端。

（四）通力合作，共同推动部局业务协作迈上新台阶。2014年深化部局业务协作以来，国土资源部门和测绘地信部门分工负责、攻坚克难，在地理国情普查、遥感影像统筹共享、全覆盖排查整治“问题地图”、陆海观测卫星业务应用统筹、不动产登记管理、测绘基准现代化建设和科技创新等方面取得了丰硕成果。进入新时代，要继续发扬钉钉子精神，把这张蓝图绘到底，进一步夯实国土资源工作基础。一要建立地理国情监测与土地利用调查两项常态化工作的衔接机制。充分发挥两套成果在自然资源资产确权登记、国土空间用途管制、耕地保护等方面的作用，更好地服务国土资源事业发展、服务国计民生。二要支持做好第三次全国土地调查工作。建立影像协同保障机制，充分整合国内外各类遥感影像资源，统筹做好全国范围遥感影像获取，全力保障第三次全国土地调查顺利实施。三要按照国土空间基础信息平台建设的要求，做好基础地理信息、地理国情数据资源和国家地理信息公共服务平台的建设和维护，提升国土空间治理能力现代化水平。四要推进部局科技深度融合。加强“三深一土”国土资源科技创新战略重大项目、平台建设对接，加快陆海卫星业务应用系统建设，加强卫星遥感应用关键技术的开发和应用，为国土资源和测绘地理信息事业发展提供支撑。五要加强不动产测绘。充分发挥测绘地理信息在不动产统一登记工作中的基础性作用，维护好广大群众切身利益。

（五）坚持全面从严治党，推进党的建设新的伟大工程。办好中国的事情，关键在党。全面从严治党不仅是党长期执政的根本要求，也是实现中华民族伟大复兴历史使命的根本保证。十九大报告指出，进行伟大斗争、建设伟大工程、推进伟大事业、实现伟大梦想，必须毫不动摇坚持和完善党的领导。国家机关首先是政治机关，测绘地理信息系统首先是执行党的路线方针政策的政治系统。要加强党对测绘地理信息工作的领导，坚定不移全面从严治党。把党的政治建设摆在首位，用习近平新时代中国特色社会主义思想武装头脑，全面推进党的政治建设、思想建设、组织建设、作风建设、纪律建设，把制度建设贯穿其中，深入推进反腐败斗争，着力构建不敢腐、不能腐、不想腐的体制机制，夺取反腐败斗争压倒性胜利。开展“不忘初心、牢记使命”主题教育，更加自觉地为实现新时代党的历史使命不懈奋斗。坚持党管干部原则，完善干部选拔任用机制，建设高素质专业化干部队伍，为测绘地理信息事业改革发展提供坚强保障。

同志们，走进新时代，要有新作为。推动测绘地理信息改革创新发展，是伟大的事业、艰巨的任务，需要全国广大测绘地理信息干部职工齐心协力、共同奋斗。让我们紧密团结在以习近平同志为核心的党中央周围，不忘初心、牢记使命，努力推动测绘地理信息事业再上新台阶，为决胜全面建成小康社会作出新的贡献。

2018年元旦即将来临，祝愿大家新年愉快、身体健康、工作顺利！

在全国测绘地理信息系统党风廉政建设工作电视电话会议上的讲话

国家测绘地理信息局党组书记、局长　库热西·买合苏提

2017年1月17日

同志们：

这次全国测绘地理信息系统党风廉政建设工作电视电话会议，主要任务是全面贯彻党的十八大和十八届三中、四中、五中、六中全会精神，传达学习中央纪委七次全会精神，总结2016年测绘地理信息系统党风廉政建设和反腐败工作，部署2017年任务，推动测绘地理信息系统全面从严治党向纵深发展，以优异成绩迎接党的十九大胜利召开。稍后，陈春光同志将代表中央纪委驻国土资源部纪检组讲话，同志们要认真贯彻落实。下面，我代表国家局党组，讲三个方面意见。

一、认真学习贯彻中央纪委七次全会精神

习近平总书记在中央纪委七次全会上发表重要讲话，站在实现党的历史使命的战略全局高度，充分肯定党的十八大以来全面从严治党取得的显著成效，明确提出当前和今后一个时期工作的总体要求

和主要任务。讲话立意高远、内涵丰富，直面现实、充满自信，蕴含着质朴真挚的为民情怀、许党许国的担当精神，具有深刻思想性和强烈感染力。王岐山同志在全会上所作的工作报告，具有很强的针对性和指导性。全系统各级党组织和广大党员干部要把学习贯彻习近平总书记重要讲话精神作为重要政治任务，切实把思想和行动统一到中央精神上来，不断增强全面从严治党的系统性、创造性、实效性。

一要准确把握党风廉政建设取得的成绩，牢记党心民心所向。党的十八大以来，以习近平同志为核心的党中央把全面从严治党纳入战略布局、着力从严从细抓管党治党，加强和规范党内政治生活、着力净化党内政治生态，严抓中央八项规定精神落实、着力从作风建设这个环节突破，严明党的政治纪律和政治规矩、坚持反腐败无禁区、全覆盖、零容忍，着力遏制腐败滋生蔓延势头，全面强化党内监督、着力发挥巡视利剑作用，推动全面从严治党不断向纵深发展。经过全党共同努力，党的各级组织管党治党主体责任明显增强，中央八项规定精神得到坚决落实，党的纪律建设全面加强，腐败蔓延势头得到有效遏制，反腐败斗争压倒性态势已经形成，不敢腐的目标初步实现，不能腐的制度日益完善，不想腐的堤坝正在构筑，党内政治生活呈现新的气象。实践证明，中央全面从严治党的决策部署是完全正确的，赢得了党心民心，厚植了执政根基。

二要准确把握党风廉政建设的重要启示，切实予以长期坚持。习近平总书记强调，党的十八大以来，我们在开展党风廉政建设和反腐败斗争中得到了一些重要启示，主要是：一是要坚持高标准和守底线相统一，教育引导党员、干部自觉向着理想信念高标准努力，同时要以党的纪律为尺子，使党员、干部知敬畏、存戒惧、守底线。二是要坚持抓惩治和抓责任相统一，对“四风”问题露头就打、执纪必严，同时要落实主体责任和监督责任，督促党的各级组织和领导干部强化责任担当。三是要坚持查找问题和深化改革相统一，从问题入手，抽丝剥茧，查找根源，深化改革，破立并举，确保公权力在正确轨道上运行。四是要坚持选人用人和严格管理相统一，既把德才兼备的好干部选出来、用起来，又加强管理监督，形成优者上、庸者下、劣者汰的好局面。这些重要启示和经验，要长期坚持。

三要准确把握党风廉政建设面临的形势，始终坚定反腐决心。习近平总书记强调，管党治党不仅关系党的前途命运，而且关系国家和民族的前途命运，必须以更大的决心、更大的气力、更大的勇气抓紧抓好。党的十八大以来，全面从严治党取得显著成效，但仍然任重道远。从宽松软走向严紧硬需要经历砥砺淬炼的过程，要继续在常和长、严和实、深和细上下功夫。落实中央八项规定精神是一场攻坚战、持久战，要坚定不移做好工作。要做到惩治腐败力度决不减弱、零容忍态度决不改变，坚决打赢反腐败这场正义之战。要敢于坚持原则，完善配套措施，推动问责制度落地生根。各级纪委要强化自我监督，自觉接受党内和社会监督，建设一支让党放心、人民信赖的纪检干部队伍，为全党全社会树起严格自律的标杆。

四要准确把握党风廉政建设的各项部署，着力抓好贯彻落实。习近平总书记强调，标本兼治是我们党管党治党的一贯要求。深入推进全面从严治党，必须坚持标本兼治。要严字当头、实字托底，步步深入、善作善成。要坚持共产党人价值观，不断坚定和提高政治觉悟。修身立德是为政之基，从不敢、不能到不想，要靠铸牢理想信念这个共产党人的魂。要依靠文化自信坚定理想信念。领导干部要不忘初心、坚守正道，必须坚定文化自信。党的高级干部要做严肃党内政治生活的表率，始终把握正确政治方向，坚持政治立场和政治原则，遵守政治纪律和政治规矩。增强政治意识、大局意识、核心意识、看齐意识，最终要落脚在看齐上。强化党内监督，重在日常、贵在有恒。党的各级组织要敢于较真碰硬，见物见人见细节，从点滴抓起，从具体问题管起，及时发现问题、纠正偏差。

二、2016年工作回顾

2016年是测绘地理信息事业实现新突破的一年，也是党风廉政建设取得新成绩的一年。全系统各单位各部门紧紧围绕全面从严治党要求，强化责任担当，加强廉政教育，健全规章制度，深化作风转变，把纪律和规矩挺在前面，党风廉政建设工作取得明显成效。

（一）学习十八届六中全会精神及时有力。党的十八届六中全会，明确了习近平总书记的核心地位，具有极其重要的现实意义和深远的历史意义。全会审议通过了《关于新形势下党内政治生活的若干准则》和《中国共产党党内监督条例》，完整展现了党中央“四个全面”战略布局，开启了管党治党的新篇章。全会闭幕后，国家局第一时间召开党组会议传达学习，开展了党组中心组集中学习研讨，分专题邀请专家解读全会精神。在全国测绘地理信息工作会议、直属机关第一次党员代表大会、机关全体党员干部大会上进一步传达学习。印发通知对全系统学习宣传工作进行部署，制定直属机关学习宣传贯彻全会精神方案，通过举办专题培训、配发学习资料等方式，分层次组织广大党员干部学习。全系统各级党组织通过多种形式，组织广大党员干部深入学习贯彻全会精神，切实增强“四个意识”特别是核心意识、看齐意识。

（二）“两学一做”学习教育扎实有效。国家局党组高度重视“两学一做”学习教育，专门制定了工作方案，扎实开展各阶段的专题学习研讨，党组成员分别在基层联系点或所在党支部讲党课。定期组织召开工作推进会和学习交流会，保证学习教育稳步推进。加大宣传力度，定期向中组部、中央国家机关工委上报学习教育情况，在局网站开设“两学一做”专栏。开展了党员组织关系集中排查，对党代会代表和党员违纪违法未给予相应处理情况进行清理，开展了直属机关党员学习教育“灯下黑”问题专项整治，督促基层党组织按期进行换届，开展了党费补缴工作。全系统各级党组织按照中央要求和当地党委部署，扎实开展“两学一做”学习教育，引导广大党员争做“四讲四有”合格党员。

（三）全面从严治党责任进一步落实。国家局党组深入学习贯彻《中国共产党问责条例》，坚持把抓好党建最为最大政绩，切实履行全面从严治党主体责任。我作为“第一责任人”，多次主持召开党组会议听取工作汇报、部署工作任务。局党组其他成员认真履行“一岗双责”，抓好分管领域的党风廉政建设。中央纪委六次全会、国务院第四次廉政工作会议召开后，国家局及时组织广大党员干部认真学习贯彻会议精神，把思想和行动统一到中央要求上来。召开全系统党风廉政建设电视电话会议，总结工作，部署任务。制定局党组党风廉政建设实施意见和任务分工，明确领导班子和领导干部对党风廉政建设应负的责任。通过召开专题会议、举办培训班等方式，层层传导压力。结合内部巡视、民主生活会、年度考核、专题调研等，加强对责任落实情况的监督检查。

（四）反腐倡廉思想防线进一步巩固。国家局以开展“两学一做”学习教育为契机，组织党员干部深入学习习近平总书记系列重要讲话精神和《中国共产党章程》《关于新形势下党内政治生活的若干准则》《中国共产党廉洁自律准则》《中国共产党纪律处分条例》《中国共产党问责条例》《中国共产党党内监督条例》等。结合国测一大队先进事迹宣讲、第二届“感动测绘人物”推选活动等，组织党员干部向身边先进典型学习。通过邀请专家作廉政专题辅导，开展廉政答题测试、到监狱接受警示教育、收看《永远在路上》等警示教育片、学习违纪案件通报、配发廉政学习资料等多种方式，扎实开展形式多样、内容丰富的廉政教育，广大党员干部的廉洁自律意识显著增强。

（五）依规治党水平进一步提高。国家局党组牢牢抓住制度建设这个重点，认真贯彻驻部纪检组一系列制度，结合实际制定了任职廉政谈话、党风廉政建设责任追究、征求领导干部党风廉政情况书面意见、规范工作人员参加项目评审论证鉴定和验收等活动、诫勉谈话、上交礼品礼金登记管理等制度，印发了《关于落实纪律审查工作以上级纪委领导为主的实施意见》和《加强信访举报办理的暂行办法》，切实扎紧反腐倡廉的制度笼子。严格执行民主集中制、民主生活会、报告个人有关事项等制度。完成法规规章和文件清理工作，深化“放管服”改革，建立“双随机”抽查机制，行政审批事项实现全部网上办理。全面推进行政事业单位内部控制建设，切实加强政务公开，及时向社会公布年度部门决算、“三公经费”情况。

（六）贯彻中央八项规定精神进一步深化。国家局党组修订了《贯彻落实中央关于改进工作作风、密切联系群众的八项规定的具体措施》，进一步强化制度的可操作性和刚性。按照中央纪委和驻部纪检组要求，组织局所属各单位、机关各司室认真开展整治“四风”问题回头看，对照9个方面问题逐条检查，召开专题组织生活会，明确整改措施。抓住年节假期等重要时间节点，严明纪律要求，确保廉洁过节。及时传达学习违反中央八项规定精神的典型案例，引导广大党员干部从违纪案例中深刻汲取教训。全系统各级党组织深入贯彻中央八项规定精神，作风建设呈现新的气象。

（七）巡视审计监督作用进一步彰显。对《中国共产党巡视工作条例》贯彻情况进行了自查，抓好中央国家机关纪工委巡视整改专项检查反馈意见的整改工作。国家局党组7次召开会议研究巡视工作，巡视工作领导小组3次召开专题会议听取巡视工作汇报。对巡视工作领导小组及办公室组成人员进行了调整充实，修订印发了《局党组巡视工作实施办法》。对4家单位进行了巡视，并首次对4家单位进行了巡视“回头看”，发现存在问题并督促抓好整改，充分发挥巡视的利器作用。对5家单位开展了预算执行及其他财政财务收支情况审计，对地理国情监测资金使用情况进行了专项审计，对有关所属单位“一把手”开展了离任经济责任审计。

（八）干部管理监督力度进一步加大。国家局党组严格执行《党政领导干部选拔任用工作条例》等规定，强化选人用人全过程监督。落实拟提拔和交流任职个人事项必查和考察对象人事档案必查要求，对160名处级以上干部个人有关事项报告进行了抽查，抽查比例达24%。完成了局所属单位中层以上干部档案审核，开展了选人用人工作专项检查，全部完成超职数配备干部问题整改工作。印发了规范领导干部兼职的意见，对领导干部兼任社团、企业领导职务按程序和规定实行严格审批。严格履行因私出国（境）审批手续。严格借调人员管理，制定印发了《局机关借调人员管理办法》。

（九）执纪审查工作进一步加强。国家局组织局机关和所属单位处以上干部填报廉政信息表，联合驻部纪检组对所属单位党风廉政建设和业务情况进行调研。严把干部选拔任用和基层党组织换届人选党风廉政意见回复关，对提拔任用的干部及时开展任职廉政谈话。在早发现、早处置上下功夫，及时运用诫勉、函询、谈话等方式进行教育提醒。公布局直属机关纪委举报方式，严格按照五类标准处置问题线索。对反映副司级以上干部问题线索进行清理，按要求移交驻部纪检组。配合驻部纪检组开展有关核查，做好对有关党员违纪问题的党纪处分工作。全系统各级党组织坚持把纪律和规矩挺在前面，纪检监察机构严格监督执纪问责，努力营造风清气正的良好局面。

（十）纪检监察力量进一步增强。为加强纪检监察力量，国家局党组决定由直属机关党委专职副书记兼任直属机关纪委书记，将直属机关纪委原有的1个处级办事机构增加到2个。补充调整了6家单位的专职纪委书记（纪检组长）。中国测绘科学研究院、国家基础地理信息中心、重庆测绘院增设专门纪检办事机构，陕西、黑龙江、四川测绘地理信息局所属单位增加17名专职纪委书记职数。国家局所属单位增加配备专职纪检监察干部30余人。督促所属单位对专职纪委书记（纪检组长）职责分工进行调整，回归监督执纪问责主业。

上述成绩的取得，得益于中央纪委驻国土资源部纪检组的监督指导，得益于全系统各级党组织和广大党员干部的共同努力，得益于纪检监察干部付出的辛劳和智慧。在此，我代表国家局党组，向大家表示诚挚的敬意！

在看到成绩的同时，我们也必须清醒认识到全系统党风廉政建设工作还存在一些不足，主要是：一是有的党员领导干部对党风廉政建设和反腐败斗争的严峻性和复杂性认识不足，个别党员干部廉洁自律意识不强，认为我们是“清水衙门”，存在麻痹思想和侥幸心理。二是随着测绘地理信息事业发展，项目和资金逐年增多，但是在项目管理、资金使用、行政审批等工作中仍然存在廉政风险，对权力运行的监督制约还存在薄弱环节。三是有的党组织及其负责人履行主体责任的担当意识不强，对党员干部的管理监督不够严格，把纪律和规矩挺在前面的力度欠缺，违纪违规现象还时有发生。四是纪检监察组织建设和人员配备还需进一步加强，纪检监察机构监督执纪问责的能力还需进一步提高。对此我们必须高度重视，采取有力措施认真加以解决。

三、2017年主要任务

2017年测绘地理信息系统党风廉政建设工作的总体要求是：全面贯彻党的十八大和十八届三中、四中、五中、六中全会精神，深入贯彻习近平总书记系列重要讲话精神特别是在中央纪委七次全会上的重要讲话精神，坚决维护以习近平同志为核心的党中央权威，严肃党内政治生活，加强党内监督，推进标本兼治，驰而不息纠正“四风”，全面加强纪律建设，推动全面从严治党向纵深发展，以优异成绩迎接党的十九大胜利召开。

（一）抓好六中全会精神的贯彻落实。学习贯彻十八届六中全会精神，是当前和今后一个时期的重大政治任务。要围绕习近平总书记重要讲话，围绕全会通过的《关于新形势下党内政治生活的若干准则》《中国共产党党内监督条例》，突出全面从严治党这个主题，通过举办各种形式的研讨班、培训班，全面准确深入学习贯彻全会精神。要以《准则》《条例》为尺子，严肃党内政治生活，强化党内监督，加强对贯彻六中全会精神和执行《准则》《条例》情况的监督检查，督促把全会精神落到实处。

（二）严明政治纪律和政治规矩。政治纪律是党最根本、最重要的纪律。测绘地理信息系统各级党组织和广大党员要自觉遵守政治纪律和政治规矩，不断增强“四个意识”尤其是核心意识、看齐意识，做到坚守政治信仰、站稳政治立场、把准政治方向，在思想上政治上行动上同以习近平同志为核心的党中央保持高度一致。要坚决维护中央权威、巩固党的团结和集中统一，确保中央大政方针在测绘地理信息部门不折不扣落实到位，防止出现政策落实“中梗阻”和“最后一公里”问题。各级党组织要担负起执行和维护政治纪律的责任，同违反党的纪律行为作坚决斗争。

（三）夯实管党治党主体责任。权力就是责任，责任就要担当。各级党组织要牢固树立“抓好党风廉政建设是本职、抓不好党风廉政建设是失职、不抓党风廉政建设是渎职”的理念，把主体责任扛在肩上，抓在手上，落实到行动上。要认真落实领导干部“一岗双责”特别是主要负责同志“第一责任人”职责，坚持党风廉政建设与业务工作同研究、同部署、同落实。要通过责任分解、承诺背书、定期报告、约谈督促、监督检查、述职考核评议等方式，一级抓一级，层层传导压力，强化考核结果运用。要用好问责这个利器，以强有力的问责督促各级党组织履行全面从严治党政治责任。对失职失责的典型问题要盯住不放，问责一个、警醒一片，促进一方工作，激发担当精神。

（四）实践监督执纪“四种形态”。要持续保持反对腐败的高压态势，做到力度不减、节奏不变。要针对案件暴露出来的问题，有针对性地弥补制度漏洞，实现以查促防、以案促建。要进一步规范信访举报工作，完善台账管理，严格依规处置问题线索，加强对下级纪检监察机构的监督指导。要实践好“四种形态”特别是第一种形态，抓早抓小、防微杜渐，这既是从源头预防和减少腐败，也是对党员干部的最大爱护。任何违纪违法问题的发生，都是从小问题逐渐发展起来的，比如收受礼品、公款旅游等看似不起眼，其实反映出作风上的大问题。又比如有的干部把档案造假、个人有关事项报告不实等当成“小错误”，认识不到问题的实质是欺瞒组织、严重违反政治纪律和组织纪律。要多了解党员干部日常的思想、工作、作风、生活状况，瞪大眼睛及时发现苗头性倾向性问题，建立工作台账，对“小事小节”及时采取提醒谈话、警示谈话、批评教育、限期整改、通报、诫勉、函询、责令作出检查、召开组织生活会批评帮助等方式进行纠正，防止小病拖成大病。要及时开展干部任职廉政谈话，督促增强廉洁自律意识。

（五）大力推进标本兼治。全面从严治党、深入推进党风廉政建设和反腐败斗争，既要靠思想教育，也要靠制度防范。要把思想政治建设放在首位，引导党员干部坚定理想信念，提高政治觉悟，加强党性修养，传承优秀文化，追求高尚道德，弘扬测绘精神，强化政治定力，增强廉洁意识，知敬畏、存戒惧、守底线。要发挥正面典型的示范引领作用和反面典型的警示教育作用，以“身边事”教育“身边人”。要把制度建设贯穿到反腐倡廉各个环节，加强规章制度建设，健全决策机制和程序，深化“放管服”改革，推进党务政务公开，提高制度执行力，确保权力在正确轨道上运行。

（六）坚持作风建设永远在路上。要深入贯彻落实中央八项规定精神和局党组贯彻落实措施，把纠正“四风”往深里抓、实里做，坚决防止反弹回潮。要继续紧盯年节假期等重要节点，一个节点一个节点坚守。对“四风”问题露头就打、执纪必严，对不收手、不知止，规避组织监督的一律从严查处，越往后执纪越严。要检查落实中央八项规定精神的措施执行情况，总结经验、梳理问题，加强制度建设，构建长效机制，为持之以恒纠正“四风”提供制度保障。

（七）继续深化巡视审计监督。要完成对国家局机关各司室和三亚测绘技术开发服务培训中心的巡视，实现局巡视工作第一轮全覆盖目标。要落实政治巡视要求，紧盯被巡视单位领导干部这个“关键少数”，紧盯是否存在党的领导弱化、党的建设缺失、全面从严治党不力等问题。要继续实行巡视发现问题和整改落实情况公开，督促整改落实，强化巡视成果运用。要积极推进财务统一平台建设，进一步加大对局所属单位的内部审计，督促抓好整改，严肃财经纪律，促进资金合法合规使用。

（八）进一步加强干部管理监督。要把“选种育苗”和“田间管理”结合起来，既坚持正确用人导向，坚持好干部标准，把德才兼备的好干部选出来、用起来，又加强管理监督，形成优者上、庸者下、劣者汰的好局面。要认真落实《推进领导干部能上能下若干规定（试行）》《关于防止干部“带病提拔”意见》《党委（党组）讨论决定干部任免事项守则》，坚决贯彻“凡提四必”“三个不上会”“两个不得”“五个不准”要求。要严把选人用人政治关、廉洁关，防止干部“带病提拔”“带病上岗”。要做好领导干部个人有关事项报告抽查核实工作，严格审核干部档案，严格出国（境）和在社团企业兼职审批手续。

（九）建设忠诚干净担当的纪检监察队伍。各级党组织要进一步健全纪检监察机构，配齐配强工作力量，更加关心爱护纪检监察干部，为他们履职尽责创造更好的环境和条件。各级纪检监察机构和广大纪检监察干部要牢固树立忠诚于党的信念，坚守责任担当，铁面执纪，严格监督，履行好党章赋予的职责。要把能力建设摆在突出位置，加强调查研究，加大培训力度，不断提高执纪能力和水平。要严格落实《中国共产党纪律检查机关监督执纪工作规则（试行）》，规范内部工作制度和流程，强化自我监督，自觉接受党内和社会监督，建设忠诚干净担当的纪检监察队伍。

最后我再特别强调一点，领导干部尤其是一把手要发挥表率作用。十八届六中全会通过的准则和条例，一个鲜明特色就是突出领导干部这个重点。习近平总书记强调，党的高级干部要做严肃党内政治生活的表率。全系统各级领导班子和领导干部要更加自觉地严肃党内政治生活、加强党内监督，以更高标准落实全面从严治党要求。要担负起全面从严治党政治责任，带头贯彻执行《准则》和《条例》，带头落实民主集中制，带头用好批评和自我批评武器。要在敢于担当上作表率，发现问题敢于动真碰硬，板起脸来批评，不能做太平官、当老好人。要在自觉接受监督上作表率，坦诚接受党内和各方面监督。要在遵规守纪上作表率，自觉尊崇党章，守住纪律底线，以身作则、以上率下，领出好班子、带出好队伍、形成好风气。

春节将至，全系统各级党组织要严格执行中央八项规定精神，认真落实国家局党组和地方党委要求，及时对全体党员干部进行教育提醒，重申纪律要求，坚决防止出现各种不正之风和奢侈浪费行为，过一个风清气正、廉洁祥和的节日。

同志们，做好测绘地理信息系统党风廉政建设工作关系事业发展大局，是全系统各级党组织共同的政治责任。我们要紧密团结在以习近平同志为核心的党中央周围，以坚定不移的态度和坚强有力的措施，扎实推进测绘地理信息系统党风廉政建设工作，为测绘地理信息事业发展提供坚强有力的保证，以优异成绩迎接党的十九大胜利召开。

在全国应急测绘保障工作暨国家应急测绘保障能力建设项目实施启动会议上的讲话

国家测绘地理信息局局长　库热西·买合苏提

2017 年 2 月 28 日

同志们：

习近平总书记指出，公共安全连着千家万户，确保公共安全事关人民群众生命财产安全，事关改革发展稳定大局。应急保障是国家综合实力的集中体现，也是国家发展宗旨的具体体现。牢固树立安全发展理念，坚持以人民为中心、对人民负责任、保障人民生命安全的应急理念，自觉为突发事件和防灾减灾救灾提供保障服务，是政府部门的重要职责，是测绘地理信息工作的重要使命。今天，我们在这里召开会议，既对全国应急测绘保障工作进行总结和部署，也将正式启动实施国家应急测绘保障能力建设项目，这对于我们贯彻落实党中央、国务院决策部署，更好地服务国家应急管理工作、推进测绘地理信息事业改革创新发展具有十分重要的意义。

刚才，宜仁同志回顾了近年来应急测绘保障工作情况，部署了当前和今后一个时期工作重点任务，总结成绩全面、查找问题准确、工作思路清晰、任务部署明确，我完全赞同。希望大家回去以后，按照国家局的总体安排和部署，以及今天会议的要求，把这项工作作为今后一个时期重要业务扎实做好。

下面，我简要讲三点意见。

一、应急测绘保障工作发挥了不可替代的特殊作用

长期以来，在党中央、国务院的坚强领导下，在国务院应急办等相关部委和地方党委政府的大力支持下，在全系统的共同努力下，应急测绘工作从无到有、由小到大，纳入了国家突发事件应急体系和综合防灾减灾工作体系，应急测绘队伍成为国家和地方重要的应急保障力量，测绘地理信息在国家应急工作中的作用和职责不断强化。

特别是近年来，全国应急测绘保障预案逐步完善、工作机制不断健全、资源储备大幅增强、技术装备明显改善、人才队伍实力显著提升，在四川芦山地震、云南鲁甸地震、陕西山阳滑坡、江苏盐城龙卷风、马航失联客机搜寻、天津危险品仓库爆炸等突发事件应急工作中，测绘地理信息部门发挥专业优势，第一时间获取应急地理信息数据，第一时间制作各类专用地图提供应急工作使用，及时满足中央领导同志、国家有关部门和应急指挥机构、地方党委政府、军队单位及社会公众的需要，应急测绘工作在了解灾情、指挥决策、抢险救灾和恢复重建中发挥了不可替代的特殊作用。可以说，在大灾大难面前，我们始终坚决贯彻党中央、国务院部署要求，始终与灾区人民同呼吸、共命运，始终冲锋在前、不畏险阻，体现了测绘地理信息部门不忘初心、勇于担当的大局意识，反映了测绘地理信息工作者与灾区人民心手相连、同舟共济的大爱精神。李克强总理、张高丽副总理亲临国家测绘地理信息局视察调研时，都对应急测绘保障工作的重要贡献给予了充分肯定。我国测绘应急工作成就也得到了国际社会认可，联合国全球地理信息管理委员会专门在成都举办论坛，组织30多个国家和地区的代表进行交流，给予高度评价。

今年，国家应急测绘保障能力建设项目正式立项实施；近日，国家地理信息公共服务平台“天地图”接入国务院应急指挥中心，标志着我国应急测绘保障能力和水平站在了新的起点上，充分体现了党中央、国务院对测绘地理信息工作的高度重视，体现了国家相关部委对应急测绘保障成效的充分认可，也是测绘地理信息工作者主动作为、不懈奋斗的结果。在此，我代表国家测绘地理信息局，向国务院应急办、民政部、中科院、联合参谋部战场环境保障局、海洋局等部门和单位的大力支持表示衷心感谢，向全国应急测绘保障工作战线上的干部职工表示亲切问候！

二、充分认识做好应急测绘保障工作的重要意义

当前，我国正处于经济社会发展的重要战略机遇期，突发事件风险增多、公共安全形势复杂、人民群众公共安全需求日益增长，进一步做好应急测绘保障工作，具有重要现实意义和长远战略意义。

（一）应急测绘保障是贯彻落实党中央、国务院公共安全和防灾减灾救灾部署要求的重要举措。习近平总书记2015年在中央政治局第23次集体学习、2016年在唐山大地震40周年考察和中央深改组第28次会议上，对进一步做好公共安全工作和防灾减灾救灾能力建设提出明确要求，特别强调要落实责任、完善体系、整合资源、统筹力量，全面提高国家综合防灾减灾救灾能力。《国家自然灾害救助应急预案》《关于推进防灾减灾救灾体制机制改革的意见》《国家综合防灾减灾规划（2016—2020年）》和突发事件应急规划相继出台，并对测绘地理信息部门的工作职责和具体任务提出了明确要求。中央领导同志的重要指示精神、国务院的重大部署，是做好应急测绘保障工作的重要遵循和根本要求。我们一定要增强大局意识、忧患意识，以对党和国家高度负责、对人民生命安全高度负责的态度，重视和加强应急测绘保障工作，为维护我国来之不易的大好局面作出应有贡献。

（二）应急测绘保障是有效应对突发事件和防灾减灾救灾的重要基础。我国是世界上自然灾害最为严重的国家之一，灾害种类多，分布地域广，发生频率高，造成损失重，这是一个基本国情。全球安全形势复杂严峻，国际突发事件频发，提升应对国际安全和突发事件的能力异常紧迫。现代测绘技术和地理信息是准确掌握灾情险情、突发事件情况的重要手段和基础支撑，是科学指挥决策、组织救急救援、有效应对处置、开展恢复重建的重要依据。经过60多年的积累和创新，特别是随着全国地理国情普查完成、全球地理信息资源建设启动、资源三号双星组网运行等，测绘地理信息部门具有独特的资源、技术、装备和人才优势。今年即将修订出台的《测绘法》，将应急测绘保障明确为测绘地理信息部门的法定职责。全面加强应急测绘保障工作，为有效应对突发事件和防灾减灾救灾提供有力保障，是我们义不容辞的责任。

（三）应急测绘保障是测绘地理信息供给侧结

构性改革的重要内容。《全国基础测绘中长期规划纲要》明确了应急测绘建设的目标和任务；《测绘地理信息事业“十三五”规划》统筹布局了新型基础测绘、地理国情监测、应急测绘、航空航天遥感测绘、全球地理信息资源开发“五大业务”体系，应急测绘成为新时期公益性保障服务体系的重要业务形态，与其他四大业务互为支撑、相辅相成、相互促进。我们一定要强化战略思维和改革意识，既要把应急测绘保障工作作为测绘地理信息供给侧结构性改革的重要内容，也要将其作为事业改革创新发展的重要任务，谋好篇、布好局，协调推进各项工作落到实处。

三、全面提升应急测绘保障能力和水平

“十三五”时期是全面建成小康社会的决胜阶段，也是测绘地理信息事业改革创新发展的关键阶段。应急测绘保障工作要全面贯彻落实党的十八大和十八届三中、四中、五中、六中全会精神，深入贯彻习近平总书记系列重要讲话精神，坚持稳中求进工作总基调，牢固树立和贯彻新发展理念，统筹考虑各类突发事件需求，综合运用遥感、地理信息系统、卫星导航定位系统和网络通讯技术等先进技术手段，以服务突发事件应急处置为根本，以提高测绘队伍快速反应能力为重点，全面构建服务突发事件事前预防、事发应对、事中处置和善后恢复全过程的现代应急测绘保障体系，逐步建立统一指挥、反应灵敏、协调有序、运转高效的应急测绘管理机制，形成政府主导、部门协调、军地结合、社会参与的应急测绘保障工作格局。各地各单位要全面加强应急测绘保障工作，以国家应急测绘保障能力建设项目实施为契机，加快创新，补齐短板，强化能力，提升水平，在深化供给侧结构性改革中开创测绘地理信息事业发展新局面，更好服务大局、服务社会、服务民生。

（一）加强科学统筹，有力有序完成应急测绘保障布局

国家局党组坚持战略高度，突出需求导向，着眼长远发展，决定构建由全国航空应急测绘保障基地、国家应急测绘保障分队、应急测绘资源共享节点组成的国家应急测绘保障体系。为此，我们一定要加强统筹协调，有序有力推进，加快把工作蓝图转化为成果成效。一要加强布局内容统筹。立足工作实际，注重科学合理，围绕航空应急测绘能力、保障分队能力、应急测绘中心能力和资源共享能力建设，进一步完善顶层设计，为速度化、标准化响应，区域化、整体化作战，网络化、个性化服务筑牢基础。二要加强系统内部统筹。树立全国“一盘棋”意识，在国家统一部署下，发挥地方主动性和积极性，上下一心，形成合力，共同推进应急测绘保障服务能力的整体提升。三要加强部门沟通统筹。要以在国务院应急办、民政部、中科院、联合参谋部战场环境保障局、海洋局建设应急测绘资源共享节点为示范，进一步加强与应急工作相关部门和单位的信息共享与业务协同，拓展应急测绘保障的广度和深度。四要加强平战结合统筹。以服务突发事件应急为主，同时发挥应急测绘装备、数据、队伍在基础测绘、地理国情监测等日常业务中的作用，使有限资源发挥最大效益。五要加强政府与市场统筹。主动开展社会动员，鼓励企业积极参与，发挥社会力量作用，形成社会各方广泛参与、共同做好应急测绘保障工作的良好格局。

（二）加快补齐短板，全面提升应急测绘保障能力水平

应急测绘保障的关键在于“快”，要着力补齐补强短板，全面提升快速获取、快速处理、指挥调度、资源共享和服务能力，实现覆盖全国陆海必要区域、“天空地”一体化、高机动性高适应性服务的国家应急测绘保障目标。一要全面提升快速获取能力。加快构建天空地一体化的快速获取体系，形成响应时间提高 3～4 倍、航空应急救援 4 小时抵达 80% 陆地及沿海区域、重大突发事件现场图像等 4 小时传送国务院应急平台的能力。同时，要通过全球地理信息资源和全球地表覆盖数据建设，逐步实现和提升应对国际安全、国际突发事件的能力，为服务“一带一路”倡议实施、参与全球治理、维护国家安全提供保障。二要全面提升快速处理与分发服务能力。加快国家应急测绘中心能力建设，对全国应急测绘数据实行快速集中处理、成果服务和队伍调度，形成 2 小时提供应急分析指挥用图、12 小时提供第一批现场应急测绘成果、7×24 小时不间断在线应急测绘服务的能力。三要全面提升应急测绘资源储备和共享能力。依托基础测绘、地理国情监测、全球地理信息资源建设、航空航天遥感测绘，发挥“天地图”的战略性信息平台作用，加强系统资源整合、部门资源共享，加强应急测绘资源储备。四要全面提升科技支撑能力。以创新为动力，充分应用大数据、云计算、移动互联网技术，加强应急

测绘关键技术与装备研发，完善标准规范，大幅提升应急测绘保障实时化、自动化、智能化、网络化水平。

（三）强化协同联动，加快构建应急测绘保障长效机制

长效机制是应急测绘工作顺利开展、稳步推进、落到实处的重要保障，一定要高度重视、贯穿始终、抓紧抓好。一要落实主体责任。各司室各单位要把应急测绘保障工作放在重要位置，建立指挥机构，强化责任落实，细化工作任务。各地要推进将应急测绘保障服务纳入各级人民政府应急管理体系，争取重视支持，扩大工作影响。二要建立工作机制。抓紧修订应急测绘保障预案，加快应急响应、决策部署、协同配合、运转保障、共享应用等制度建设，建立应急测绘响应调度、保障投入、部门协作、资源共享、社会动员等各项机制，提高应急测绘工作的制度化、规范化水平。三要加强队伍建设。加强专兼职应急测绘队伍和志愿者队伍建设，大力发展应急测绘专家队伍，形成布局合理、精干实用的应急测绘保障队伍格局，开展经常性演练，确保突发事件发生后，应急测绘队伍召之即来、来之能战、战之能胜。四要创新服务模式。突破传统工作思路和服务模式，注重应急测绘保障绩效分析和评估，多措并举提升应急测绘保障服务供给质量和水平，满足各级领导、各部门、各单位对应急测绘的多元化需求。

今天，国家应急测绘保障能力建设项目就要正式启动实施了。这个项目是国家局针对当前公共安全和防灾减灾救灾形势、着眼提升自身能力、经过科学分析论证、各方支持配合提出的，这是一项复杂的系统工程，工作任务重、技术要求高、实施难度大，也是对测绘地理信息部门党的领导力、工作执行力、行业凝聚力的实践检验。各地各单位各司室要站在国家大局的高度，携手同心、高度负责，抓紧制定实施方案，细化任务措施，分解落实责任，精心组织实施。要加强项目建设进度、经费、质量管理，同时要加强监督检查，实行约谈和督导制度，特别要严格经费管理，确保经费使用合法合规、安全高效。要加强队伍的平时培训演练和装备磨合使用，确保应急时真正发挥作用。国家局要加强对地方的指导和服务，协调解决实施过程中资质管理、空域管制等实际问题，确保项目优质高效完成。

同志们，应急测绘保障工作责任重大、任务艰巨。让我们更加紧密地团结在以习近平同志为核心的党中央周围，紧紧围绕国家改革发展大局，全面提升应急测绘保障能力，加快推进测绘地理信息事业改革创新发展，以优异成绩迎接党的十九大胜利召开。

在学习宣传贯彻新修订的《中华人民共和国测绘法》电视电话会议上的讲话

国家测绘地理信息局局长　库热西·买合苏提

2017 年 5 月 9 日

同志们：

2017 年 4 月 27 日，十二届全国人大常委会第二十七次会议通过了新修订的《中华人民共和国测绘法》，经习近平主席签署第六十七号主席令予以公布，自 2017 年 7 月 1 日起施行。这是我国测绘地理信息事业发展中一座光辉的里程碑，标志着测绘地理信息法治建设取得重大进展。

测绘地理信息工作是服务经济建设、国防建设、社会发展和生态保护，维护国家地理信息安全的重要基础性工作。作为指导测绘地理信息工作的“基本法”，《测绘法》是测绘地理信息主管部门的“立局之本、事业之基”。从《测绘法》1992 年颁布，测绘事业迈入法治化轨道；到 2002 年第一次修订，确立测绘统一监管、基础测绘管理、测绘资质管理、测绘成果管理、测绘市场监管等一系列基本制度，测绘事业进入发展快车道；再到此次《测绘法》修订出台，得到了党中央、全国人大、国务院的高度重视和有关部门、单位的大力支持，为测绘地理信息事业改革创新发展提供了有力的法治保障，为建设测绘强国奠定了坚实的法律基石。回望《测绘

法》的立法进程，我们始终把测绘地理信息法治建设放在国家改革发展大局中去认识和加强，把测绘地理信息的改革创新成果充分体现在立法中、将各项改革与实践纳入法治化管理，极大地推动着我国测绘地理信息事业的长足进步。

今天我们召开电视电话会议，就是要部署新《测绘法》的学习宣传贯彻工作，统一思想和认识，把握内涵和要义，全面贯彻和落实，以《测绘法》为引领，谱写测绘地理信息事业发展新篇章。

一、充分认识《测绘法》修订的重大意义

2002年《测绘法》修订施行15年来，我国经济社会发生深刻变革，测绘地理信息工作迎来重大发展机遇，同时也面临着严峻挑战。《测绘法》的及时修订，对于我们把握战略主动、破解发展难题、赢得发展先机，加快推进测绘地理信息事业改革创新发展，意义重大而深远。

（一）《测绘法》修订是顺应时代发展、服务国家大局的必然要求。党中央、国务院高度重视测绘地理信息工作，近年来赋予测绘地理信息主管部门新的历史使命，提出新的期待要求。习近平总书记多次就切实维护国家地理信息安全作出重要指示批示。李克强总理和张高丽副总理要求加快测绘地理信息改革创新发展，更好服务国计民生。国家“十三五”规划明确了提升测绘地理信息服务保障能力、开展地理国情常态化监测、推进全球地理信息资源开发等重点任务，测绘地理信息工作纳入国家信息化、突发应急体系、统筹经济建设和国防建设等重点专项规划及促进大数据发展、生态红线保护工作方案。这就要求我们紧扣时代脉搏，勇于担当作为，以需求为导向提升供给能力和水平，改革生产方式和服务模式，大力自主创新，加大资源整合，加快全球布局，打造优质公共产品与服务，在大局中更好地彰显作用，在服务中更好地体现价值。

（二）《测绘法》修订是贯彻依法治国方略、促进行业法治建设的重要举措。“法律是治国之重器，良法是善治之前提。”5月3日，习近平总书记在中国政法大学考察时特别强调，“全面依法治国是坚持和发展中国特色社会主义的本质要求和重要保障，事关我们党执政兴国，事关人民幸福安康，事关党和国家事业发展。”修订《测绘法》是贯彻落实党的十八大和十八届四中全会精神，协调推进“四个全面”战略布局，建设法治政府，用法治思维和法治方式推动测绘地理信息事业改革创新发展的重要举措。《测绘法》是测绘地理信息主管部门履行职责的法律依据，也是各类测绘单位及从业人员从事测绘活动的基本规则。《测绘法》的修订出台，是测绘地理信息法治建设的重大成果。我们将以《测绘法》为核心，加快形成完备的测绘地理信息法律规范体系，不断提升法治化水平，为测绘地理信息事业健康快速发展提供有力的法治保障。

（三）《测绘法》修订是贯彻总体国家安全观、维护国家地理信息安全的迫切需要。地理信息是国家重要的基础性、战略性信息资源，事关国家主权、安全和利益。信息化时代，地理信息与国家安全的关联度越来越大，在维护政治、经济、军事、科技和其他非传统领域国家安全中发挥着重要作用。随着卫星定位、遥感技术的快速发展，测绘技术与信息技术、网络技术高度融合，地理信息呈现高精度、易采集、易传输等特点，地理信息安全隐患日益突出。同时，随着时代的发展，测绘地理信息的内涵、外延、市场主体、服务内容、服务对象、投资模式等都发生了新的变化，各种利益关系和诉求复杂多样，传统的监管手段已经不适应市场快速发展的新形势，亟需通过修订《测绘法》作出新的规定，为加强监管提供法律依据。这要求我们全面贯彻总体国家安全观，坚持统筹发展和安全，坚持底线思维，完善体制机制，全面提升监管能力水平，把维护国家地理信息安全的主动权牢牢掌握在自己手中，切实肩负起维护国家安全的责任使命。

（四）《测绘法》修订是加快事业改革创新发展、满足应用需求的重要保障。面对全面深化改革的大背景和新一轮科技革命的重大机遇，加快以“五大业务”为核心的公益性测绘保障服务体系建设，必须深化供给侧结构性改革，以创新引领全面发展，推动测绘地理信息事业转型升级。测绘成果的生命力和价值在于应用，面对日益增长的社会需求，在确保国家安全的前提下，如何科学合理地确定测绘成果保密范围、内容和等级，推动测绘地理信息广泛应用，真正做到科学有效的“管”和更大限度的“放”，是我们亟待研究解决的重大课题。当前，亟须加强技术创新和管理创新，加快保密技术研究和公众版产品研发，丰富测绘地理信息公共产品供给，推进测绘成果社会化应用。同时，加强地理信息资源开发利用的统筹管理，更大程度地开放基础数据，鼓励企业对测绘成果进行增值开发，推动地理信息产品和产业向价值链中高端跃升，促进地理信息产业提质增效升级发展。

二、准确把握《测绘法》修订的重点内容

当前，我国正处于全面建成小康社会的决胜阶段，测绘地理信息事业正处于改革创新发展的关键时期。《测绘法》修订坚持贯彻总体国家安全观，针对测绘地理信息事业面临的新形势，按照加强地理信息规范监管和促进广泛应用并举的总要求，突出问题导向，强调有的放矢，确立了测绘事业服务经济建设、国防建设、社会发展、生态保护和维护国家地理信息安全的宗旨，明确了测绘地理信息主管部门在维护国家地理信息安全、促进测绘成果共享应用、发展地理信息产业方面的新职责。此次《测绘法》修改幅度大、新增内容多、内涵丰富，我们要全面学习领会，准确把握精髓，依法履职尽责。

一是准确理解新《测绘法》中关于“保安全”的要求，切实维护国家地理信息安全。新《测绘法》开宗明义将“维护国家地理信息安全”写入立法目的，体现出鲜明的“保安全”主旨。针对卫星导航定位服务需求旺盛，卫星导航定位基准站快速发展，但由于管理措施缺乏和有效监管滞后而存在的基准站建设无序发展、统筹不足、数据使用不规范等问题，明确了测绘地理信息主管部门对基准站的监管职责，要求建立统一的卫星导航定位基准服务系统并提供公共服务，建立了基准站建设备案制度，对基准站的运行维护、安全保障和规范管理等作出了规定。同时专门增设“监督管理”一章，明确要求建立地理信息安全管理制度和技术防控体系，加强对地理信息安全的监督管理；对属于国家秘密的地理信息的获取、持有、提供、利用实行可追溯管理。同时增加了对个人信息保护的规定，加大了对涉密地理信息违法行为的处罚力度。

二是准确理解新《测绘法》中关于“强改革”的要求，积极推动事业转型升级。在全面总结第一次全国地理国情普查工作实践的基础上，新《测绘法》建立了地理国情监测制度，要求严格管理、规范使用地理国情监测成果，并充分发挥地理国情监测成果在政府决策、经济社会发展和社会公共服务中的作用，这将成为测绘地理信息主管部门服务生态保护的重要抓手；为配合国家不动产统一登记制度改革，新《测绘法》明确要求加强不动产测绘管理，为不动产统一登记工作提供测绘保障；根据突发事件应对工作需要，新《测绘法》要求做好遥感监测、导航定位等应急测绘保障。这些规定，确保了测绘地理信息领域的重要改革创新于法有据。同时，贯彻“简政放权、放管结合、优化服务”要求，新《测绘法》没有新设行政许可，并取消基础测绘规划备案和采用国际坐标系统审批，下放永久性测量标志拆迁审批。建立测绘地理信息市场信用体系，对测绘单位实施信用管理，明确要求建立健全随机抽查机制，加强监督检查，更加强调对地理信息市场和从业单位的事中事后监管，进一步强化了违法行为的法律责任。

三是准确理解新《测绘法》中关于“促发展”的要求，大力激发地理信息产业活力。随着移动互联网技术的发展，我国地理信息产业在蓬勃发展的同时，也出现了测绘成果涉密程度较高、共享应用不足的矛盾。为进一步激发市场活力和动力，促进地理信息产业发展，新《测绘法》明确提出国家鼓励发展地理信息产业，推动地理信息产业结构调整和优化升级，支持开发各类地理信息产品。规定测绘成果按照保障国家秘密安全、促进地理信息共享和应用的原则定密并及时调整、公布，提供公众版测绘成果，促进测绘成果社会化应用；建立健全政府部门间地理信息资源共建共享机制，引导和支持企业提供地理信息社会化服务；通过地理信息公共服务平台提供公共服务，实现地理信息数据开放共享；推动军民融合，促进测绘成果应用。

同时，此次修订根据现实需要，完善了测绘基准、基础测绘、测绘资质资格、测绘成果管理应用等相关制度，强化了国家版图意识宣传教育，加强了地图、互联网地图服务监管，拓展了界线测绘和其他测绘的内涵，规范了测绘项目招投标管理，强调依法保护测绘成果的知识产权、加强测绘成果质量监管等，适应了测绘地理信息行政管理的制度需求。

三、深入开展新《测绘法》的学习宣传贯彻

法律的生命力在于实施，法律的权威也在于实施。新《测绘法》7 月 1 日就要正式施行了，国家局已印发《关于做好新〈测绘法〉学习宣传贯彻工作的通知》。我们当前的重要任务就是要宣传普及好、贯彻实施好这部法律，充分发挥《测绘法》的引领和保障作用，让测绘地理信息工作更好地服务国家改革发展大局。

一要精心组织学习宣传。要将学习新《测绘法》与学习党的十八届四中全会精神结合起来，与学习《中共国家测绘地理信息局党组贯彻落实〈中共中央关于全面推进依法治国若干重大问题的决定〉实施意见》结合起来。各级测绘地理信息主管部门要把学习宣传新《测绘法》作为“七五”普法的头等大事，精心组织好学习宣传教育，深入解读《测绘法》修订的立法背景、重要意义和完整内容。今天的电视电话会议也是学习宣传的一项重要活动，之后我们还将通过印发《测绘法》释义、举办专题培训班、测绘学习大讲堂、座谈研讨、全国测绘法宣传日主题宣传等多种形式开展广泛深入地学习宣传，进一步增强各级测绘地理信息主管部门干部、行业单位、从业人员的法治观念和法治意识，知晓新要求、领会新精神、遵守新规定。要充分利用传统媒体与新媒体，采取喜闻乐见的方式，组织好宣传报道，不断增强普法的生动性和实效性，为新《测绘法》的贯彻实施营造良好氛围。

二要抓紧完善配套法规。纲举才能目张，新《测绘法》在整个测绘法律体系中处于“纲”的位置，相关配套法规规章则是“目”。新《测绘法》确立了基准站建设备案、政府部门间地理信息资源共建共享、地理国情监测、应急测绘保障等多项制度，这些制度的落地需要在内容、方法、程序等方面进一步完善细化。要根据新《测绘法》，及时修订《测绘地理信息立法规划（2015—2020年）》，形成层次清晰、内容完备、切实可行的立体化测绘地理信息法律规范体系。要分清轻重缓急，完善配套法规建设，抓紧启动《地理国情监测条例》立法，修订测绘成果定密政策，健全基准站管理、地理信息资源共享应用、应急测绘保障等规章制度，各地也要加强地方性法规、政府规章及规范性文件的“立改废释”工作，对行业关注、实践急需、条件相对成熟的，要集中力量攻关，力争尽早出台，实现与上位法的统一与协调。

三要提升依法行政水平。坚持法定职责必须为、法无授权不可为的原则，根据新《测绘法》规定，按照“放管服”要求，深化转变政府职能和行政审批制度改革，制定权力清单、负面清单，加强测绘地理信息行业信用体系建设，推进“双随机、一公开”和综合执法监管，严格按照法律规定的程序和要求履行行政审批、监督检查、行政强制、行政处罚等职责。要抓住新《测绘法》颁布的契机，创新管理模式，加大监管力度，提高依法行政能力和水平，切实维护法律的严肃性和权威性。新《测绘法》在明确测绘地理信息主管部门负责测绘统一监督管理职能的同时，也明确了国务院有关部门、县级以上人民政府和军队测绘部门的职责，要积极主动与相关部门做好对接，推动各有关方面守土有责、守土尽责，形成共同推动《测绘法》贯彻实施的合力。

四要着力抓好责任落实。习近平总书记强调，全面依法治国必须抓住领导干部这个“关键少数”。各部门各单位领导班子要高度重视新《测绘法》的学习宣传贯彻，既着眼长远、打好基础、建好制度，又立足当前、突出重点、扎实工作；领导干部要发挥带头作用，做尊法学法守法用法的模范。当前，国家局要抓紧两项工作：一是制定新《测绘法》分工落实方案，明确工作内容、责任分工、具体措施和时间进度，全面部署新《测绘法》贯彻落实各项工作；二是依据新《测绘法》，协调有关部门，落实和完善测绘地理信息管理职能职责，优化内设机构设置，进一步完善统一监管体制机制。地方测绘地理信息主管部门要主动向当地党委、人大、政府汇报，积极争取各级领导机关和有关部门的进一步关心和支持。国家局要加强督促检查，适时组织新《测绘法》贯彻落实情况的专项督查，对各项职责分工情况进行逐项检查，把立法成果切实转化为推动事业发展的具体举措，保证取得实实在在的效果。

同志们，新《测绘法》的修订颁布，开启了我国测绘地理信息事业发展的新征程。我们要紧密团结在以习近平同志为核心的党中央周围，切实增强“四个意识”，大力推动《测绘法》的全面贯彻实施，以《测绘法》引领和保障测绘地理信息事业改革创新发展，为全面建成小康社会作出新贡献，以优异成绩迎接党的十九大胜利召开！

在城市地理国情监测工作交流会上的讲话

国家测绘地理信息局局长　库热西·买合苏提

2017 年 6 月 15 日

同志们：

刚才，时光辉副市长作了热情洋溢的致辞，介绍了上海的基本情况，围绕测绘地理信息工作如何更好地为市政府服务发表了很好的意见。在此，我谨代表国家测绘地理信息局，向上海市委、市政府长期以来对测绘地理信息事业的关心和支持表示感谢！对上海市测绘地理信息工作锐意创新、敢为人先、蓬勃向上，助力上海实现创建卓越全球城市目标所取得的优异成绩表示祝贺！

2013 年以来，在党中央、国务院的坚强领导下，在有关部门、各级政府的大力支持下，全国测绘地理信息系统广大干部职工以高度的政治责任感和使命感，不负重托，攻坚克难，优质高效地完成了新中国成立以来首次地理国情普查任务，获取了全覆盖、无缝隙、高精度的海量地理国情数据，全面准确地摸清了我国地理国情家底，为了解国情、把握国势、制定国策提供了基础数据支撑和科学保障手段，得到李克强总理、张高丽副总理等中央领导同志的充分肯定，普查成果已于今年 4 月正式向社会发布。同时，我们坚持“边普查、边监测、边应用”，开展了 100 余项地理国情监测试点，取得了一批重要监测成果，在国家重大战略实施、生态文明建设、“多规合一”、精准扶贫、领导干部自然资源资产离任审计、农村土地确权登记、重点城市黑臭水体整治、国土空间用途管制、打击违法用地违法建设专项行动、国家重大国情国力调查等工作中发挥了重要作用。围绕城市发展各方面需求，上海、北京、宁波等地创造性地开展了城市地理国情监测，为城市规划建设管理提供了有效支撑，丰富了城市治理手段。

当前，地理国情监测工作已经进入常态化开展阶段。李克强总理、张高丽副总理对做好地理国情监测工作作出了重要指示。新修订的《测绘法》将测绘事业为生态保护服务写入立法总则，规定测绘地理信息部门要依法开展地理国情监测，要求各级人民政府应当采取有效措施，发挥地理国情监测成果在政府决策、经济社会发展和社会公众服务中的作用。我国国民经济和社会发展“十三五”规划纲要、测绘地理信息事业“十三五”规划对开展地理国情监测作出了明确部署。近日，国家局印发了《关于全面开展地理国情监测的指导意见》，进一步明确了地理国情监测的主要目标和重点任务。

为贯彻落实中央领导同志的指示精神，按照新《测绘法》和中央《关于进一步加强城市规划建设管理工作的若干意见》，提升地理国情监测在城市工作中的服务保障能力，我们在上海召开工作交流会，全面总结近年来城市地理国情监测中所形成的一系列可借鉴、可推广的典型案例和成功经验，通过互动交流，推动地理国情监测更好地服务于城市发展。

下面，我讲三点意见。

一、深刻认识城市地理国情监测的重要意义

城市是经济社会发展和人民生产生活的重要载体，是我国经济、政治、文化、社会等方面活动的中心，在党和国家工作全局中的地位举足轻重，开展城市地理国情监测对于提升城市治理能力和治理水平具有重要意义。

（一）地理国情监测是测绘地理信息部门的新职责。地理国情是重要的基本国情，是制定和实施国家发展战略与规划，优化国土空间开发格局的重要依据；是推进自然生态系统和环境保护，合理配置各类资源，实现绿色发展的重要支撑；是做好防灾减灾和应急保障服务，开展相关领域调查、普查的数据基础。开展地理国情监测是新《测绘法》赋予测绘地理信息部门的新职责。在圆满完成地理国情普查和监测试点示范的基础上，全面开展地理国情监测，既是现阶段技术发展条件下测绘地理信息工作的必然方向，也是测绘地理信息服务大局、服务社会、服务民生的必然要求，对于履行新时期测绘地理信息主管部门的新职责新使命、更好地服务经济社会发展和生态文明建设，具有重要的现实意义和长远意义。

（二）城市在国家经济建设发展全局中举足轻重。党的十八大以来，党中央、国务院高度重视城市工作，中央政治局、中央深改组、中央财经小组多次召开会议，研究部署城市工作。习近平总书记在多个场合提出要更加重视城市工作，要认识、尊重、顺应城市发展规律，改革完善城市规划，准确把握城市规划定位，加强对规划实施情况的监督。测绘地理信息部门要坚持以人民为中心的发展思想，认真贯彻落实党中央、国务院关于城市工作的部署，发挥测绘地理信息行业的资源、技术、人才等优势，为促进城市科学发展提供高质量、高水平的测绘地理信息服务。

（三）城市可持续发展需要地理国情监测提供有力支撑。李克强总理指出，“未来二十年是我国工业化、城镇化加快发展时期，也是自然地表、人文地理快速变化时期，开展地理国情监测对于科学推进我国工业化、城镇化进程至关重要”。当前，城市规划建设管理中还存在着一些突出问题：一是“土地城镇化”快于人口城镇化，建设用地粗放低效，一些城市“摊大饼”式扩张；二是城市空间分布和规模结构不合理，与资源环境承载能力不匹配；三是一些城市重建设、轻管理，城市治理能力不足，环境污染、交通拥堵等“城市病”问题日益突出；四是自然历史文化遗产保护不力，城乡建设缺乏特色。测绘地理信息部门在城市工作中承担着重要职责。开展城市地理国情监测，准确掌握城市自然和人文资源禀赋，科学分析城市资源环境的承载能力和发展潜力，是有效解决制约城市科学发展的突出矛盾和深层次问题，把城市规划好、建设好、管理好的重要手段。

二、准确把握城市地理国情监测的主攻方向

各地各单位要深入学习贯彻习近平总书记系列重要讲话精神和治国理政新理念新思想新战略，贯彻落实李克强总理、张高丽副总理关于做好地理国情监测的重要指示精神，牢固树立和贯彻落实新发展理念，针对城市发展中存在的问题，围绕城市管理中的需求，以改革创新精神开展城市地理国情监测，为城市工作提供多元化、精细化、系统化的地理国情监测保障和服务。

一是围绕城市规划开展监测，增强城市规划的前瞻性、严肃性。城市规划在城市发展中起着战略引领和刚性控制的重要作用。一方面，科学编制城市规划，增强规划的前瞻性、严肃性和连续性，必须要全面掌握城市的底数，城市地理国情监测不可或缺。近两年，在省级、市县空间规划“多规合一”试点工作中，地理国情成果作为空间规划编制的工作底图，为科学评价资源环境承载能力、确定城市建设约束性指标、梳理解决各类空间规划数据间的矛盾、合理划定城市开发边界、优化城市空间布局和形态功能等方面发挥了重要作用，取得了许多成功经验。海南省、浙江开化县“多规合一”工作在中央深改组会议上得到了习近平总书记的充分肯定。中央经济体制和生态文明体制改革专项小组安排我局牵头编制《市县空间规划编制技术规程》，将地理国情信息作为市县空间规划编制的重要基础数据。在中办国办印发的《省级空间规划试点方案》中，我局承担了重要职责。另一方面，在城市规划实施情况监督、实施效果评估以及打击违规建设等工作中，城市地理国情监测的作用凸显。北京市在打击违法用地违法建设专项行动中，利用地理国情和城市规划数据叠加分析，准确掌握了各类违规建设的用地数量和空间分布，显著提高了拆违工作效率和精准程度。各地要借鉴这些成功经验，通过开展城市地理国情监测，为统筹城市空间布局，开展环境容量和城市综合承载能力评价，确定城市功能定位和规模、控制城市开发强度、科学划定城市开发边界等提供基准统一、系统全面的基础支撑。

二是围绕公共服务开展监测，促进城市公共服务更加高效。合理均衡布局城市各类公共设施，完善各类公共服务，切实解决人民群众最关心的生活、教育、出行、养老、就医等问题，能够让市民生活更加便捷高效，让城市更具有“人情味”。国家明确指出，到2020年要基本完成城镇棚户区、城中村和危房改造；城市建成区平均路网密度提高到8公里/平方公里；实现中心城区公交站点500米内全覆盖等公共服务设施建设要求。这些都与地理空间密切相关，也为城市地理国情监测提出了明确需求。比如，通过对棚户区城中村和危房改造、老旧住宅小区综合整治等进行监测，可以及时掌握城镇住房棚改安居的空间分布和改造进程；通过对城市综合交通枢纽建设、公共交通布局、道路通达性、停车场设施等进行监测，可以综合评价城市交通发展状况；通过对学校、超市、养老、医疗卫生、文化服务、广场、公园、城市绿地等公共服务设施进行监测，可以对公共服务设施布局的合理性、科学性作出准确判断。各地各单位要以提高城市公共服务水平为目标，分专题开展监测，及时为政府和相关部门提供决策建议和数据支撑。

三是围绕城市治理开展监测，营造城市宜居环境。城市发展需要把握好生产空间、生活空间、生态空间的内在联系，实现生产空间集约高效、生活空间宜居适度、生态空间山清水秀。把握好三者的关系，既要在城市规划上增强前瞻性科学性，更需要在城市治理上提高能力和水平。在这方面，我们与有关部门已经开展了富有成效的合作，例如：参与住建部重点城市黑臭水体整治，利用地理国情数据显著提高了工作效率；与环保部共同应用地理国情成果开展生态红线划定，对城市的生态空间治理和保护起到了重要作用。各地各单位要通过开展城市地理国情监测，准确掌握城市自然山体、河湖湿地、耕地、林地、草地等空间分布信息，为建设海绵城市、提升水源涵养能力、缓解雨洪内涝压力、促进水资源循环利用等提供决策依据；为优化城市绿地布局、保护古树名木资源、推进采矿废弃地修复和再利用、治理污染土地，恢复城市自然生态提供数据支撑；为污水大气处理整治、垃圾综合整治等提供空间化信息服务。

四是围绕特色风貌开展监测，提高历史文化风貌保护水平。我国是一个拥有5000多年文明的多民族国家，形成了许多各具风貌、不同特色的城市。但是发展到今天，城市已经面临千城一面、特色不强的问题，做好历史文化风貌保护已成为城市工作的重要任务。上海市利用监测数据和相关资料，查找出1948—2016年近70年、1979—2016年37年间未变化的街坊或历史建筑，形成了13片城市风貌区数据，为上海旧区改造和市重大工程中的历史建筑保护提供了有力支撑。各地各单位要紧密结合各地相关需求开展监测，为划定城市历史文化街区和确定历史建筑、有序实施城市修补和有机更新、解决老城区环境品质下降和历史文化遗产损毁等问题提供数据支撑。

五是围绕应急救灾开展监测，切实保障城市安全。城市安全关乎人民群众切身利益，关乎国家长治久安，也是我们建设以人为本、安全宜居城市的最重要体现。近年来，测绘地理信息部门在应急保障方面做了大量工作，地理国情成果在陕西山阳滑坡、城市洪涝灾害、西藏维稳指挥平台建设等应急工作中发挥了重要作用，得到了政府有关部门的充分肯定。应急测绘纳入国家突发应急体系，成为测绘地理信息部门的法定职责。年初，国家应急测绘保障能力建设项目启动实施，将用3年时间建立高效的现代应急测绘保障体系。各地各单位要利用好项目建设的相关技术和装备，围绕城市在抗震、防洪、排涝、消防、交通、地质灾害、反恐维稳等的不同需求，积极开展城市应急救灾地理国情监测，为灾害预防、应急指挥、灾后重建等提供快速、准确的地理国情信息服务。

三、推进城市地理国情监测落到实处

城市地理国情监测任务量大、挑战性强、创新性高，要做好这项工作，需要我们敢于担当、广开思路、多措并举，创造性地探索和工作。

一要加强城市地理国情监测的统筹领导。各地各单位要站在事业发展全局的高度，切实加强组织领导，加强与发改、住建、国土、环保、规划、文物、文化等部门的沟通协调和业务对接，提高城市地理国情监测的针对性和实效性。要树立系统思维，加强城市地理国情监测与城市基础测绘的统筹协调，做好城市地理国情监测与智慧城市时空信息建设的有机衔接，进一步丰富城市数据内容，增强信息的现势性及统筹分析能力。要加强城市地理国情监测成效的总结提炼，对实践证明行之有效的好做法在全国推广复制，逐步形成城市地理国情监测的行业品牌和社会效益。

二要加快城市地理国情监测的创新发展。各地各单位要主动了解政府决策需要和部门管理需求，从城市工作的实际需要入手，扩展监测内容，细化采集指标，提高监测频次，建立适应城市地理国情监测的内容指标和技术标准。要以创新驱动发展，加强城市地理国情监测技术的研究，针对城市要素变化频繁的特点，强化变化自动发现、信息快速提取、统计分析评价等关键技术的研究，完善监测工艺流程，提升监测效率。要创新服务模式，丰富监测产品形式，推出一批有影响力的公共服务和产品。要加快培养一批懂城市规划、城市管理的复合人才，建立能承担城市地理国情监测的专业人才队伍。

三要推动城市地理国情监测成果的共享应用。各地各单位要重视城市地理国情监测成果的深度挖掘，多层次、多维度分析提炼综合反映城市空间布局、生态环境协调程度、规划实施成效等方面的规律性特征，提供城市地理国情蓝皮书、专题分析报告、城市地理国情指数等成果，便于政府和社会了解城市发展现状和趋势。要深化地理国情成果共享应用，建立健全部门间的监测成果共享机制，开展深度业务协作，为城市发展相关工作提供统一的地理空间公共基底，助推城市共治共管、共建共享。要及时发布城市地理国情信息，引导鼓励全社会对地理国情信息的开发应用，最大程度地开发利用好监测成果。

同志们，让我们紧密团结在以习近平同志为核心的党中央周围，大力推动城市地理国情监测工作，为建设绿色、智慧、宜居的新型城市发挥应有的作用，以优异成绩迎接党的十九大胜利召开！

在庆祝中国共产党成立96周年暨“七一”表彰大会上的讲话

国家测绘地理信息局党组书记、局长　库热西·买合苏提

2017年6月30日

同志们：

明天是伟大的中国共产党建党96周年。为了隆重迎接党的生日，近期，局党组理论学习中心组召开了专题集中学习研讨会，围绕习近平总书记关于雄安新区建设、“一带一路”建设以及绿色发展理念的重要指示、重要讲话精神进行了学习交流研讨。在局直属机关部署开展了“以案释纪明纪 严守纪律规矩”主题警示教育月活动，传达学习了中央国家机关工委警示教育会精神，参观了警示教育基地，召开了警示教育会，通报了典型违纪案例。昨天，我在赴江西省调研期间，还专程到中国革命摇篮——瑞金接受革命传统教育。局直属机关各级党组织也都结合实际开展了内容生动、形式活泼的主题党日活动。局近期开展的一系列党建活动，充分说明局党组对党建工作的高度重视，对党员教育工作的高度重视。局直属机关各级党组织和广大党员干部缅怀党的光荣历史，重温党的光辉历程，不断鼓舞和激励全局党员干部进一步增强“四个意识”，扎实做好测绘地理信息工作具有重要意义。

今天，我们在这里隆重召开纪念建党96周年暨“七一”表彰大会，表彰了2015至2016年度局直属机关先进基层党组织、优秀共产党员、优秀党务工作者。我代表局党组向受到表彰的先进组织和优秀个人表示衷心的祝贺！向全局党员致以节日的问候！

今天受到表彰的局直属机关先进基层党组织、优秀共产党员和优秀党务工作者，是我局深入开展“三严三实”专题教育、“两学一做”学习教育涌现出的先进典型。局直属机关各级党组织和全体党员干部要对标先进，见贤思齐，既要向廖俊波、黄大年等全国优秀党员学习，也要向身边先进模范学习，认真学习他们的先进事迹，不断增强“四个意识”，自觉践行“三严三实”要求，不忘初心，敢担当、敢负责、敢作为，以更加昂扬向上的精神风貌、更加出色的工作业绩，不断开创测绘地理信息事业改革创新发展的新局面。

同志们，推进“两学一做”学习教育常态化制度化，是以习近平同志为核心的党中央作出的重大决策，是坚持思想建党、组织建党、制度治党紧密结合的有力抓手，是不断加强党的思想政治建设的有效途径，是全面从严治党的战略性、基础性工程。局党组高度重视，认真学习，周密部署，及时召开了党组理论学习中心组研讨会进行专题学习，并印发了局推进“两学一做”学习教育常态化制度化实施方案，对局直属单位推进“两学一做”学习教育常态化制度化进行部署安排。刚才5个局属基层党组织负责同志对推进“两学一做”学习教育常态化制度化作了交流发言，各有侧重，各有特色。局所属各级党组织在推进“两学一做”学习教育常态化制度化方面还有许多好做法好经验，这些经验和做法值得我们去认真总结、相互借鉴、坚持下去。

下面，为扎实推进我局“两学一做”学习教育常态化制度化，我再强调几点意见。

一是从政治和全局的高度深刻认识推进“两学一做”学习教育常态化制度化的重大意义。局直属机关各级党组织和全体党员要提高政治站位，增强政治自觉，牢固树立“四个意识”，自觉维护以习近平同志为核心的党中央权威和集中统一领导。要始终坚持把思想政治建设摆在首位，进一步筑牢同

以习近平同志为核心的党中央保持高度一致的思想根基，推动广大党员干部把维护核心的要求转化为思想自觉、党性观念、纪律要求。要坚持思想建党、组织建党、制度建党同向发力、同时发力，不断取得从严管党治党的新成效，推动全面从严治党向纵深发展。

二是在真“学”实“做”上深化拓展。要在突出思想教育、落实基本制度、解决主要问题上下功夫，做到时常捧读、常学常思、学思践悟，更加注重融入日常、抓在经常。在“学”上下功夫、求实效，把学习党章党规、学习系列讲话作为经常性教育的基本内容，紧密联系工作实际、思想实际，查找不足、改进提高，把学习成效落实到政治觉悟和思想境界的提升上，落实到推动测绘地理信息事业改革创新发展上。在“做”上下功夫、求实效，按照“四讲四有”标准，切实把自己的思想和工作摆进去，从具体事情做起，从具体问题改起，做到政治合格、执行纪律合格、品德合格、发挥作用合格。

三是充分发挥党支部推进“两学一做”学习教育常态化制度化的主体作用。要把党支部建设作为最重要的基本建设，树立党的一切工作到支部的鲜明导向，注重把思想政治工作落到支部，把从严教育管理党员落到支部，把群众工作落到支部，使党支部真正成为教育党员的学校、团结群众的核心、攻坚克难的堡垒。要认真落实局党组刚刚印发的《关于加强和改进基层党支部建设的意见（试行）》，进一步强化“三会一课”的思想教育功能，使之成为政治学习的阵地、思想交流的平台、党性锻炼的熔炉。

四是坚持问题导向，健全完善解决问题的长效机制。学习教育是为了解决问题。推进“两学一做”学习教育常态化制度化必须强化问题导向，建立查找解决问题的长效机制。当前局直属机关基层党组织建设还存在着一些薄弱环节和不足：有的党支部组织生活制度坚持不够严格，不能定期开展“三会一课”；有的党支部开展“三会一课”只是学学文件、抄抄笔记，照本宣科、流于形式，没有触及党员思想；个别党员思想建设滑坡、纪律意识松弛，违反纪律造成了不良影响。要坚持把党的组织生活作为查找和解决问题的重要途径，注意听取群众的意见和反映，抓早抓小、防微杜渐，切实促进和引导党支部改进作风。

同志们，深入学习习近平总书记系列重要讲话是推进“两学一做”学习教育常态化制度化的重大政治任务，按照局推进“两学一做”学习教育常态化制度化实施方案的具体安排，下面我围绕全面深入学习贯彻习近平总书记系列重要讲话精神，谈一谈学习体会和思想认识，也算是为大家讲一堂主题党课。

党的十八大以来，习近平总书记准确把握我国进入改革发展和全面建成小康社会关键阶段的时代特征，围绕改革发展稳定、治党治国治军、内政外交国防等重大问题，发表一系列重要讲话，形成系列治国理政的新理念新思想新战略，已经初步形成了完整的理论体系，是我们在新的历史阶段推进事业发展的基本遵循和理论武器。我们要深刻认识习近平总书记系列重要讲话的重大理论意义和实践意义，深刻理解讲话的时代背景、鲜明主题、科学体系，准确把握习近平总书记治国理政新理念新思想新战略，切实把学用习近平总书记系列重要讲话精神全面提高到新水平。

一、深刻认识习近平总书记系列重要讲话的时代背景

习近平总书记系列重要讲话，显示了对使命、责任、担当的清醒认识，显示了对世情、国情、党情的深刻把握，深刻回答了新形势下党和国家事业发展的一系列重大理论和现实问题，进一步深化了我们党对共产党执政规律、社会主义建设规律、人类社会发展规律的认识，是中国革命、建设和改革的历史逻辑、理论逻辑和实践逻辑的贯通结合。全面深入准确把握习近平总书记系列重要讲话的基本内涵、精神实质和核心要义，首先应把握其所处的时代背景。

（一）从世情看，当今世界正在发生深刻复杂变化，但和平与发展仍是时代主题，和平、发展、合作、共赢的时代潮流更加强劲。党的十八大以来，以习近平同志为核心的党中央，统筹国内国际两个大局、统筹发展安全两件大事，坚持独立自主的和平外交方针，坚定不移走和平发展道路，坚定不移维护世界和平、促进共同发展，推动构建以合作共赢为核心的新型国际关系，打造人类命运共同体，大力推进外交理论和实践创新，开启了中国特色大国外交新征程。

（二）从国情看，中国共产党自成立以来，就肩负起实现中华民族伟大复兴的历史使命。我们党先是通过 28 年艰苦卓绝的奋斗，使中国人站立起来；又经过近30年的不懈努力，打下了国家工业化和现代化的基础；改革开放以来更是创造了人类发展史上的奇迹。当前，在中国共产党的领导下，在开启现代化新征程的重大历史关头，我们比历史上任何时期都更接近中华民族伟大复兴的目标，比历史上任何时期都更有信心、有能力实现这个目标。习近平总书记指出：“我们正在进行具有许多新的历史特点的伟大斗争，面临的挑战和困难前所未有”。党的十八大以来，以习近平同志为核心的党中央把人民利益置于最高位置，直面各种困难挑战，不惧任何风险压力，善解治国理政难题，写下了实现中华民族伟大复兴中国梦的光辉篇章。当前，在中国共产党的领导下，中华民族伟大复兴正展现出前所未有的光明前景。

（三）从党情看，党的十八大以来，我们党坚持全面从严治党，要求各级党组织把抓好党建作为最大的政绩，党的建设成效显著。以习近平同志为核心的党中央看清了党的建设存在的问题，找到了问题背后的原因，提出了解决问题的思路和措施。全面从严治党扎实推进、成效显著，党内外对此高度认同。但是，当前党面临的“四大考验”和“四种危险”依然存在，在一些党员、干部包括高级干部中，理想信念不坚定、对党不忠诚、纪律松弛、脱离群众、独断专行、弄虚作假、慵懒无为，个人主义、分散主义、自由主义、好人主义、宗派主义、山头主义、拜金主义不同程度存在；任人唯亲、跑官要官、买官卖官、拉票贿选现象屡禁不止；特别是高级干部中极少数人政治野心膨胀、权欲熏心，搞阳奉阴违、结党营私、团团伙伙、拉帮结派、谋取权位等政治阴谋活动等等。党中央对党内存在的各种问题有着冷静和清醒的认识，对于我们准确把握党情具有重要意义。我们要坚定不移地推进全面从严治党，发挥党的优势，解决党内存在的突出问题。

二、深入学习和贯彻习近平总书记系列重要讲话精神的重大意义

习近平总书记系列重要讲话，涉及领域广，思想性、理论性、系统性强，深深根植于中国大地，与党和国家的前途命运、人民和民族的前途命运紧紧联系在一起，顺应全党全军全国各族人民的共同愿望、顺应时代发展进步的潮流。习近平总书记治国理政新理念新思想新战略，是党的意志、国家意志和人民意志的集中体现，是中国特色社会主义理论体系最新成果，是马克思主义中国化最新成果，是指导具有许多新的历史特点的伟大斗争的鲜活的马克思主义，是新的历史条件下我们党的行动纲领，是我们凝聚力量、攻坚克难的强大思想武器，是实现“两个一百年”奋斗目标、实现中华民族伟大复兴的中国梦的行动指南。

（一）学习贯彻系列讲话是在思想上政治上行动上同党中央保持高度一致的前提基础。善于用党的创新理论成果统一思想、凝聚力量，是我们党推进伟大事业的重要经验。习总书记系列重要讲话是对党的十八大精神的深化与拓展，既和中国特色社会主义理论体系一脉相承，又是对我国新阶段治国理政方略的最新阐释。深入学习贯彻习近平总书记系列重要讲话精神，是时代和实践的呼唤，是党的事业发展的客观要求，有助于我们始终保持正确的立场和方向，始终保持同党中央高度一致，不折不扣地把党的路线方针政策落到实处。

（二）学习贯彻系列讲话是不断推进理论创新和理论武装、进一步提高全党理论素养的内在要求。提高思想认识水平的问题，说到底，就是改造主观世界的问题。习近平总书记强调：共产党人要有“革命理想高于天”的精神，始终把思想防线筑得牢牢的，始终保持共产党人的蓬勃朝气、昂扬锐气、浩然正气。对马克思主义的崇高信仰、对中国特色社会主义的坚定信念不会自发产生，必须通过科学理论武装来实现。共产党人要练就“金刚不坏之身”，做到拒腐蚀、永不沾，必须用科学理论武装头脑，切实解决好世界观、人生观、价值观这个“总开关”问题。深入学习贯彻习近平总书记系列重要讲话精神，对于提高全党理论素养，更好地把握共产党执政规律、社会主义建设规律、人类社会发展规律，具有重要意义。

（三）学习贯彻系列讲话是在新的历史起点上更好推进测绘地理信息事业改革创新发展的必然要求。以习近平同志为核心的党中央从坚持和发展中国特色社会主义全局出发，立足发展实际，坚持问题导向，逐步形成并积极推进全面建成小康社会、全面深化改革、全面依法治国、全面从严治党的战略布局。“四个全面”战略布局，确立了新的历史条件下，党和国家各项工作的战略目标和战略举措，是我们党在新的形势下治国理政的总方略，是事关党和国家长远发展的总战略。测绘地理信息工作是党和国家工作的重要组成部分，深入学习贯彻习近平总书记系列重要讲话精神，有利于我们进一步理清工作思路，找准工作着力点，科学应对复杂局面，有效破解发展难题，不断开创测绘地理信息事业新局面。

（四）学习贯彻系列讲话是增强各级干部特别是领导干部工作能力和领导能力的重要途径。习近平总书记系列重要讲话充分运用辩证唯物主义、历史唯物主义的世界观和方法论，积极借鉴中华民族传统智慧，既阐述战略问题，又研究战术问题，对于我们提高分析形势、把握形势、谋划大势的能力具有很强的指导性。各级领导干部学习贯彻习近平总书记系列重要讲话，着力学习领会深邃的历史思维、恢弘的战略思维、严密的辩证思维、清醒的底线思维，自觉运用辩证唯物主义和历史唯物主义的思想武器改造主观世界，不断提高带领测绘地理信息事业改革创新发展的能力和水平。

三、深刻领会习近平总书记系列重要讲话的丰富内涵和精神实质

习近平总书记系列重要讲话涵盖中国特色社会主义事业各领域，内容非常丰富，思想极为深刻，是一个具有内在联系的、科学开放的思想体系，是新形势下坚持和发展中国特色社会主义的政治宣言，是增强全党全国人民政治定力、引领中国发展走向的精神旗帜。

（一）深刻领会关于实现中华民族伟大复兴中国梦的重要论述。2012 年 11 月 29 日，习近平总书记在参观《复兴之路》展览时正式提出“中国梦”，指出：每个人都有理想和追求，都有自己的梦想，实现中华民族伟大复兴，就是中华民族近代以来最伟大的梦想。总书记强调：“生活在我们伟大祖国和伟大时代的人民，共同享有人生出彩的机会，共同享有梦想成真的机会，共同享有同祖国和时代一起成长与进步的机会。”中国梦的提出揭示了中国近代以来历史发展的主题主线，顺应了时代发展大势和人民群众期盼，体现了以习近平同志为核心的党中央历史担当。充分认识在中国特色社会主义道路上实现中华民族伟大复兴，是我们党对民族的责任、对人民的责任。中国梦是国家的梦、民族的梦，归根到底是人民的梦，就是要实现国家富强、民族振兴、人民幸福，必须紧紧依靠人民来实现。中国梦已经成为当前凝聚全党全国各族人民团结奋斗的一面旗帜，成为凝聚国家、社会、个人不同层面的价值认识，成为构筑一个民族、国家发展进步不可或缺的精神支柱。

在中国梦的实现过程中，测绘地理信息事业也实现了划时代的变革，传统的模拟测绘生产方式被取代，数字化测绘技术体系从起步到完善，推动了测绘生产和服务方式产生了翻天覆地的巨变。建设测绘强国，实现我国测绘地理信息整体实力达到国际一流水平，全面提升测绘地理信息服务保障经济社会发展的能力和水平是我们测绘人在实现中国梦过程中的责任和担当，为了这个目标，我们必须深入学习贯彻习近平总书记系列重要讲话精神，尤其是要认真学习宣传、贯彻落实习近平总书记给国测一大队老队员老党员回信重要指示精神，不忘初心，砥砺前进，继承和发扬“热爱祖国、忠诚事业、无私奉献、艰苦奋斗”的测绘精神，凝心聚力、开拓进取，奋力谱写测绘地理信息事业改革创新发展新篇章。

（二）深刻领会关于全面建成小康社会的重要论述。全面建成小康社会是实现社会主义现代化建设第三步战略目标必经的承上启下的发展阶段。当前，全面建成小康社会已经进入了决胜阶段，攻坚克难的任务艰巨繁重。深入学习习近平总书记关于全面建成小康社会的重要论述，必须准确理解和把握全面建成小康社会的战略目标，充分认识全面建成小康社会是中华民族千年求索、百年奋斗的历史性成就，是实现中华民族伟大复兴中国梦的重要基础、关键一步，是中国对人类社会的伟大贡献，是社会主义理论和实践的伟大胜利。必须牢固树立起攻坚克难的坚定信心，凝聚起推进事业发展的强大力量，把“十三五”规划描绘的全面建成小康社会宏伟蓝图变成现实。

测绘地理信息事业是经济建设、国防建设、社会发展的基础性事业。要认真贯彻落实习近平总书记关于确保如期全面建成小康社会的重要指示要求，着力提升测绘地理信息事业发展质量和效益，加快形成适应经济发展新常态的测绘地理信息管理体制机制和国家地理信息安全监管体系，加快构建新型基础测绘、地理国情监测、应急测绘、航空航天遥感测绘、全球地理信息资源开发协同发展的公益性保障服务体系，着力提升科技自主创新能力、基础设施装备保障能力、协调融合发展能力、公共服务能力和地理信息产业竞争能力，为如期全面建成小康社会积极贡献测绘地理信息部门的力量。

（三）深刻领会关于全面深化改革的重要论述。

改革开放是党在新的历史条件下领导人民进行的新的伟大革命，是决定当代中国命运的关键抉择。习近平总书记指出："改革开放是当代中国发展进步的活力之源，是我们党和人民大踏步赶上时代前进步伐的重要法宝，是坚持和发展中国特色社会主义的必由之路，是决定当代中国命运的关键一招，也是决定实现'两个一百年'奋斗目标、实现中华民族伟大复兴的关键一招。"深入学习习近平总书记系列重要讲话精神，必须牢牢把握全面深化改革这个党中央和全党全国工作的主旋律，充分认识改革开放是我们党在新的历史条件下带领人民进行的一场新的伟大革命，必须坚定信心、凝聚共识、统筹谋划、协同推进，进一步解放思想、解放和发展社会生产力、增强社会活力，坚决破除各方面体制机制弊端，不断开创中国特色社会主义事业更加广阔的前景。

当前，我们要积极推进测绘地理信息事业改革创新发展，紧密围绕"五大业务"建设、"五大能力"提升，力求在关键领域、重点环节和难点问题上有所突破，在优化结构、增强动力、化解矛盾、补齐短板上有所作为。要大胆尝试、勇于实践，推动新型基础测绘、地理国情监测等新型业务创新发展，增强测绘地理信息事业发展动力。要进一步简政放权、放管结合、优化服务，转变职能，推动公益性服务和产业化服务协同发展，探索建立测绘地理信息基础设施建设多元化投入机制，为进一步提升发展质量和效益创造有利环境和条件。要以强化公益性服务职能为核心，以提高公益性服务水平和效率为目标，以公益二类事业单位机构编制备案试点为契机，稳妥推进国家局直属事业单位体制机制改革，调整和优化事业单位的布局、功能和规模，形成与"五大业务"体系相适应的生产服务组织架构。

（四）深刻领会关于全面依法治国的重要论述。习近平总书记在继承我们党关于依法治国的基本思路的基础上，明确提出落实依法治国基本方略，加快建设社会主义法治国家；明确了推进社会主义法治国家建设的基本思路，从建设目标、总体布局、执政方式、根本宗旨、工作方针等方面对推进法治建设作出了全面部署，丰富和发展了中国特色社会主义法治理论，为进一步推进依法治国指明了路径、提供了遵循。我们必须深刻理解全面依法治国这个重要保障，持续深入地落实依法治国基本方略。充分认识全面依法治国是确保党和国家长治久安的重要基石，法治兴则国家兴，法治衰则国家乱，坚定不移走中国特色社会主义法治道路，坚持党的领导、人民当家做主和依法治国相统一，把党的领导贯彻到依法治国全过程和各方面。各级领导干部要学法、尊法、守法、用法、护法，自觉带头树立法治意识、增强法治观念，带头深入推进依法行政，强化依法办事理念，大力弘扬社会主义法治精神。

《测绘法》是指导测绘地理信息工作的"基本法"，是测绘地理信息主管部门的"立局之本、事业之基"。4月27日，习近平总书记签发第67号主席令，公布施行修订后的《测绘法》。《测绘法》修订是顺应时代发展、服务国家大局的必然要求，是贯彻依法治国方略、促进行业法治建设的重要举措，是贯彻总体国家安全观、维护国家地理信息安全的迫切需要，是加快事业改革创新发展、满足应用需求的重要保障。要在全系统深入开展新《测绘法》的学习宣传贯彻活动，充分发挥《测绘法》的引领和保障作用，将学习新《测绘法》与学习党的十八届四中全会精神、学习《国家局党组贯彻落实〈中共中央关于全面推进依法治国若干重大问题的决定〉实施意见》有机结合。坚持法定职责必须为、法无授权不可为的原则，根据新《测绘法》规定，按照"放管服"要求，深化转变政府职能和行政审批制度改革。要抓住新《测绘法》颁布实施的契机，创新管理模式，加大监管力度，提高依法行政能力和水平，切实维护法律的严肃性和权威性。

（五）深刻领会关于全面从严治党的重要论述。全面从严治党是锻造中国特色社会主义事业坚强领导核心的必然要求，是全面建设小康社会、实现中华民族伟大复兴中国梦的根本保证。习近平总书记强调："办好中国的事情，关键在党、关键在人，必须把党建设好，把党的队伍特别是干部队伍建设好。只有党强，事业才会强，国家才会强。"习近平指出："工作作风上的问题绝对不是小事，如果不坚决纠正不良风气，任其发展下去，就会像一座无形的墙把我们党和人民群众隔开，我们党就失去根基、失去血脉、失去力量。"深入学习习近平总书记关于党的建设的重要论述，必须紧紧抓住全面从严治党这个关键环节，始终保持党的强大创造力凝聚力战斗力，始终保持党同人民群众的血肉联系，使党始终成为中国特色社会主义事业的坚强领导核心。充分认识治国必先治党、治党务必从严的必要性、重要性和紧迫性，紧扣党的执政能力建设、先进性和纯洁性建设这条主线，从严管理干部队伍，从严教育和管理党员，从严做好抓基层、打基础工作，从严抓好纪律建设，从严加强党风廉政建设和反腐败斗争，不断提高党的建设科学化水平。要牢固树立宗旨意识、强化群众观点，坚定反对形式主义、官僚主义、享乐主义和奢靡之风，以党风的好转推动社会风气的转变。要不断强化责任担当，落实全面从严治党各项任务，着力加强思想建设、纪律建设、组织建设、作风建设和反腐倡廉建设，深入贯彻落实中央八项规定精神，扎实推进“两学一做”学习教育常态化制度化，积极有效应对“四种挑战”“四大考验”和“四种危险”。

局党组坚持把落实中央全面从严治党的部署要求摆在首要位置，把抓好党建作为最大政绩。局机关及各直属单位党组织和广大党员干部要充分发挥好表率、示范和引领、带动作用，始终走在前、作表率。要坚持把思想建党放在首位，引导党员、干部坚定道路自信、理论自信、制度自信、文化自信，永葆共产党员的政治本色。要坚持把纪律挺在前面，特别要把严守政治纪律和政治规矩放在首位，始终坚持党的领导，维护党的团结统一，用好监督执纪“四种形态”。要坚持正确选人用人导向，把公道正派作为干部工作核心理念贯穿选人用人全过程，做到公道对待干部、公平评价干部、公正使用干部。要从严落实“三会一课”、民主生活会、组织生活会、民主评议党员、谈心谈话等组织生活制度，经常拿起批评和自我批评的思想武器，切实增强党内政治生活的政治性、时代性、原则性、战斗性。要严格落实中央八项规定精神和局党组具体贯彻措施，防范和查处各种隐性、变异的“四风”问题，坚持常抓不懈，不断巩固和扩大作风建设成果。

（六）深刻认识关于五大发展理念的重要论述。习近平总书记在党的十八届五中全会上强调，实现“十三五”时期发展目标，破解发展难题，厚植发展优势，必须牢固树立并切实贯彻创新、协调、绿色、开放、共享的新发展理念，这是关系我国发展全局的一场深刻变革，事关“十三五”乃至更长时期我国发展思路、发展方式和发展着力点，是我们党认识把握发展规律的再深化和新飞跃。习近平总书记强调：“我们的发展，必须是遵循经济规律的科学发展，必须是遵循自然规律的可持续发展，必须是遵循社会规律的包容性发展”。新发展理念拓展了全面小康社会的新格局新面貌，为实现第二个百年奋斗目标夯实根基开辟道路。贯彻落实新发展理念，就要着力推进供给侧结构性改革，推动经济更有效率、更有质量、更加公平、更可持续地发展，加快形成崇尚创新、注重协调、倡导绿色、厚植开放、推进共享的机制和环境，不断壮大我国经济实力和综合国力。党的十八大以来，党中央着眼于我国“十三五”时期和更长时期的发展，逐步明确了“一带一路”建设、京津冀协同发展、长江经济带发展三大发展战略，包括近期提出的雄安新区建设，都是遵循科学发展理念的具体实践。

局党组积极贯彻落实五大发展理念，按照开创公益性服务与市场化服务协调发展、行政管理与业务保障齐头并进的测绘地理信息事业发展新格局的目标，着力打造“五大业务”协同发展的公益性保障服务体系，着力提升地理信息产业对国民经济的贡献率。加强对全局性、战略性及跨区域、跨领域目标任务的统筹协调，建立横向、纵向协调联动机制，确保全国“一盘棋”。围绕党和国家中心工作、特别是“三大战略”实施和生态文明建设，推进地理国情监测全面开展，为经济社会发展提供最新的地理国情公共数据。积极与“一带一路”沿线国家开展互利务实合作，为“一带一路”建设和我国掌握全球资源布局、参与全球治理、维护国家安全提供基础保障。

四、全面深入践行习近平总书记系列重要讲话精神

局机关及各直属单位广大党员干部特别是领导干部要充分认识习近平总书记系列重要讲话的重大政治意义、理论意义、实践意义和方法论意义，把学习贯彻讲话精神作为一项重大政治任务，摆在更加突出的位置，以更加坚决的态度、更加自觉的行动、更加有力的举措、更加科学的方法，推动学习贯彻工作不断取得新进展新成效，切实把思想和行动统一到讲话精神上来。

（一）必须坚持用讲话精神武装头脑，不断深化对讲话科学内涵和精神实质的理解把握。

学习贯彻习近平总书记系列重要讲话精神，关键是要把握核心要义、领会思想精髓。要坚持读原著、学原文、悟原理，从整体上有机统一地把握讲话精神，全面系统地学、融会贯通地学，真正学懂、学透、学通。要把学习讲话精神同学习马克思列宁主义、毛泽东思想结合起来，同学习邓小平理论、“三个代表”重要思想、科学发展观结合起来，准确把握党的科学理论一脉相承又与时俱进的内在联系，增强对讲话精神的思想认同、理论认同、情感认同。

（二）必须坚持领导干部带头，推动全体党员干部深入学习贯彻讲话精神。

各级领导干部要把学习贯彻讲话精神作为政治责任、政治要求，以身作则、率先垂范，带着深厚的感情学，带着执着的信念学，带着实践的要求学，坚持学而信、学而用、学而行，做到在学习上深一步、认识上高一筹、实践上先一着，力求对讲话精神领会得更全面、把握得更准确、贯彻得更坚决。要切实承担起组织推动学习贯彻的责任，把学习贯彻讲话精神作为工作重中之重，抓好各级党组织的学习。要发挥好领学促学作用，主动到基层去，同大家一起学习交流。

（三）必须坚持弘扬理论联系实际的优良学风，增强针对性实效性。

要通过深入学习讲话精神，推动党的十八大和十八届三中、四中、五中、六中全会各项战略任务和重大部署的落实，真正把讲话精神贯彻落实到测绘地理信息实际工作中。要强化问题意识、树立问题导向，以讲话精神为思想武器，提高发现问题、分析问题、解决问题的能力，提高开拓创新、攻坚克难、化解矛盾的能力，在解决测绘地理信息改革创新发展的重大问题、瓶颈问题上取得新的突破。要紧密结合推动“两学一做”学习教育常态化制度化，对照讲话精神检视思想作风和精神状态，查找自身不足、明确努力方向、加强党性修养，不断提升思想道德境界，坚守共产党人的精神高地。

（四）必须坚决维护以习近平同志为核心的党中央权威和集中统一领导，切实增强“四个意识”。

看齐是重大政治原则，是党的力量所在、优势所在。讲看齐，不是个人的小事，而是事关政治方向的大事；不是一般的品行要求，而是党性要求。要严守政治纪律和政治规矩，自觉在思想上政治上行动上同以习近平同志为核心的党中央保持高度一致，自觉向党中央看齐，向党的理论和路线方针政策看齐，向党中央改革发展稳定、内政外交国防、治党治国治军各项决策部署看齐。要坚决服从党中央集中统一领导，坚决维护党中央权威，切实把向党中央看齐体现在思想和工作的各个方面。

学习贯彻习近平总书记系列重要讲话精神，是一项重大且长期的政治任务，是一个持续推进、不断深化的过程，必须经常学、系统学、反复学、持续学，持之以恒、久久为功。我们要以更加自觉的态度、更加有力的措施，推动学习贯彻讲话精神向广度和深度拓展，推动“两学一做”学习教育常态化制度化，努力使广大党员干部的理想信念进一步坚定，思想认识进一步统一，理论水平进一步提升，政治责任进一步明确，大局意识进一步增强，工作作风进一步转变，精神品格进一步纯洁。要把习近平总书记系列重要讲话精神作为强大思想武器，不断增强“四个意识”，更加自觉地在思想上政治上行动上同以习近平同志为核心的党中央保持高度一致，奋力推动测绘地理信息事业不断前进，以优异成绩迎接党的十九大胜利召开。

在全国测绘地理信息工作半年情况交流会上的讲话

国家测绘地理信息局局长　库热西·买合苏提

2017 年 7 月 13 日

同志们：

一天来，大家围绕深入学习贯彻习近平总书记系列重要讲话精神和治国理政新理念新思想新战略，围绕贯彻李克强总理、张高丽副总理重要批示精神，就落实全国测绘地理信息工作会议部署、推进测绘地理信息事业改革创新发展，总结成绩，交流经验，达到了相互学习、相互借鉴、相互促进的目的。各位副局长和陈春光同志发表了重要意见，各省局和部分事业单位负责同志作了很好的发言，讲得都很到位，我完全赞成。

下面，我谈两方面意见，供大家参考。

一、上半年工作取得重要进展

半年来，在党中央、国务院的关怀重视下，在全国各级测绘地理信息主管部门的不懈努力下，各项工作有序推进，重点任务实现突破，事业发展持续加力，取得了显著成效。

（一）新《测绘法》颁布实施，为事业发展奠定坚实法治基础。《测绘法》修订得到习近平总书记的高度重视，纳入国家安全立法体系。4 月 27 日，新修订的《测绘法》经十二届全国人大常委会第二十七次会议通过，习近平主席签署第 67 号主席令予以公布，7 月 1 日已正式施行。作为指导测绘地理信息工作的“基本法”，《测绘法》修订出台是我国测绘地理信息事业发展中的重要里程碑，我们的职能职责得到强化、机构机制逐步完善、服务领域广泛拓展，标志着测绘地理信息法治建设取得重大进展，对于我们把握战略主动、破解发展难题、更好服务大局，意义重大而深远。新《测绘法》颁布后，全国人大常委会举行了专题新闻发布会，局党组印发了学习宣传贯彻的通知、制定了实施方案、召开了全系统电视电话会议进行全面动员和部署，并开展了深入宣讲和培训，各地也积极行动、依法履职，共同推动《测绘法》的全面贯彻实施，为事业发展提供坚实的法治保障。

（二）地理国情普查成果发布，地理国情监测正式启动。我们将地理国情普查和监测作为服务国家改革发展大局的主攻方向和测绘地理信息领域供给侧结构性改革的关键突破口全力推进，经过 5 万余名普查人员 3 年多的攻坚努力，圆满完成了新中国成立以来第一次全国地理国情普查，首次摸清了我国地理国情家底，取得了一批重要地理国情监测试点成果，得到了李克强总理、张高丽副总理等中央领导同志的充分肯定，得到了各部门的高度认可和全社会的广泛关注。经国务院批准，我局联合国土资源部、国家统计局在国新办召开了新闻发布会，向社会发布了普查成果。普查成果价值日益彰显，在第三次全国土地调查、生态保护红线划定、新型城镇化建设、精准扶贫、文物保护等方面得到深度应用。贯彻国务院部署，正式启动了地理国情监测，研究制定了全面开展地理国情监测的指导意见，组织开展了全国基础性监测和跨区域、多省区联动的专题性监测，并推动地理国情监测更好地服务城市发展，努力开创地理国情监测工作新局面。

（三）围绕中心服务大局成效显著，深度融入经济社会发展主战场。强化全球地理信息资源建设对“一带一路”倡议的支撑，新增获取“一带一路”沿线 200 多万平方千米地理信息数据，开展了“一带一路”重点区域 30 米地表覆盖数据更新，开通了“天地图 · 一带一路”专题，编制了《丝绸之路经济带系列地图集》。将服务雄安新区建设作为重大政治任务，获取了新区高精度地理信息数据，建设了新区卫星导航定位综合服务系统，为新区前期调研选址、规划论证编制提供了大量高效保障。贯彻中办、国办《省级空间规划试点方案》部署要求，会同发改委等部门构建了试点地区空间规划信息平台，形成了可复制、可推广的技术规范，有力推进了统一衔接的空间规划体系建立、国家国土空间治理能力和效率提升。会前，组织大家参观了“多规合一”试点成果展，希望大家能从中受到启发，把服务“多规合一”作为与经济社会发展融合的重要结合点、拓展测绘地理信息应用的重要领域抓实抓好。国家应急测绘保障能力建设项目启动实施，“天地图”接入国务院应急指挥中心，为四川茂县山体垮塌、内蒙古大兴安岭森林大火、新疆塔什库尔干地震等自然灾害和反恐维稳等提供了高效应急保障。国家现代测绘基准体系基础设施建设一期工程竣工，全国卫星导航定位基准服务系统启用，已向社会提供厘米级定位服务。

（四）围绕夯实事业发展基础，能力建设取得新进展。制定了国家“十三五”规划纲要、重点专项规划和测绘地理信息事业“十三五”规划等任务分工方案，深入推进“十三五”规划实施，全面提升服务大局的能力。强化基准站建设和管理，加快地理信息保密政策与技术研究，加强互联网地理信息安全治理，切实提升维护国家地理信息安全的能力。深入推进“放管服”改革，统筹开展“双随机一公开”工作，初步构建地理信息产业运行监测体系，地理信息产业发展环境不断优化。科技创新能力持续提升，三位同志获得首届全国创新争先奖，两个项目获得国家科技进步二等奖，我国主导编制的第二项地理信息国际标准获表决通过。以联盟形式促进京津冀、长江经济带和西部地区等区域测绘协调发展，与相关部门、省级政府业务协作不断深化，积极推动军民融合发展，为脱贫攻坚贡献“测绘力量”，协调融合发展能力进一步增强。

（五）全面从严治党要求进一步得到落实，干部队伍建设呈现新气象。认真落实全面从严治党主体责任，严明政治纪律和政治规矩，引导党员干部切实增强“四个意识”，扎实推进“两学一做”学习教育常态化制度化。加强对党建工作的组织领导和监督考核，印发了《局党组关于加强和改进基层党支部建设的意见》，开展了“两优一先”评选表彰活动，推动全面从严治党向基层延伸。认真贯彻中央纪委七次全会和国务院第五次廉政工作会议精神，召开电视电话会议，印发实施意见和责任分工，巡视工作实现对所属单位、机关各司室全覆盖。坚持正确的选人用人导向，加大干部培养选拔力度，高层次人才队伍建设全方位推进，为事业发展提供“人才红利”。事业单位、社团脱钩、养老保险、公车改革、培训疗养机构改革等各项改革任务稳慎推进。

（六）创新工作思路和方式，各地工作特色鲜明。上半年，各地围绕国家和地方重大战略，围绕各地党和政府中心工作，在全面协调推进各项工作的同时，抓住重点、突出亮点、体现特点，创造性地开展工作。北京、上海利用测绘地理信息技术和成果在服务特大城市管理治理方面成效突出；河北关键时刻迎难而上，为雄安新区调研选址、规划编制和建设管理提供了有力保障；山西、广西推进测绘军民深度融合有思路、有举措、有实效；辽宁创新开展特色乡镇建设测绘保障服务；吉林精心打造地理信息产业孵化基地；黑龙江转变服务理念，测绘地理信息工作纳入省委省政府20余项大战略、大规划；江苏、内蒙古、湖北、四川、甘肃新《测绘法》宣传贯彻有力，地方配套法规建设进展迅速；浙江率先开展“最多跑一次”行政审批改革、地理国情监测立法，各项工作继续领跑；浙江、山东新型基础测绘改革力度很大，取得了十分有益的成果和经验；福建、江西服务国家生态文明试验区举措扎实，成效明显；河南采取有效措施构建创新平台体系；湖南、宁夏大力推进地理空间数据共享应用；海南服务“多规合一”形成立体、纵深和规模效应；重庆以地理信息时空大数据为基础建成全市社会公共信息资源共享交换平台；四川推进事业单位体制机制改革取得显著成效；贵州助推绿色农产品发展和应急测绘体系建设彰显作用；陕西抓党建、促发展协调有力推进；青海高分辨率对地观测系统分中心特色和优势显现；新疆围绕丝绸之路核心区建设提供服务，全力保障反恐维稳贡献突出；西藏工作取得明显进步。

整体来看，在全国测绘地理信息系统广大干部职工的共同努力下，我们以有为彰显作用，以作为提升地位，面临的机遇前所未有，发展的前景更加广阔。在充分肯定成绩来之不易的同时，我们也要清醒地认识到，《测绘法》赋予测绘地理信息部门的职责任务十分艰巨，供给侧结构性改革需要加大力度统筹推进，“五大业务”的顶层设计、主要目标、业务流程、实现路径等亟待完善，自主创新和科技成果转化步伐需要加快，地理信息产业发展的新动力需要培育，地理信息安全监管协同机制、技术手段仍需强化，科技创新和成果转化步伐需要加快。我们要认清形势、把握机遇，坚定信心、奋发有为，以改革创新推进测绘地理信息事业持续健康发展，更好地服务国计民生。

二、扎实全面完成全年各项工作

下半年，全国测绘地理信息工作要以迎接党的十九大召开为主线，牢固树立和贯彻新发展理念，深化供给侧结构性改革，围绕服务国家改革发展大局，强化责任担当，紧盯全年目标，突出工作重点，确保2017年各项任务圆满完成。

（一）围绕事业的新定位新职责新任务，全面履职尽责。随着党中央治国理政新理念新思想新战略的深入贯彻，测绘地理信息工作与经济社会发展的联系越来越紧密，测绘地理信息事业的战略性地位日益凸显。一要切实履行好新《测绘法》赋予的新职责。此次《测绘法》修订将“保障测绘事业为经济建设、国防建设、社会发展和生态保护服务，维护国家地理信息安全”作为立法目的，明确了测绘地理信息工作在国家改革发展大局中的定位；在新一轮政府机构改革之际强化了测绘地理信息部门职责，对地理信息安全监管与共享应用、卫星导航定位基准站监管、地理国情监测、行业监管、地理信息产业发展等提出了更高要求。我们要坚持法定职责必须为的原则，大力提升保障服务经济社会发展和生态文明建设的能力水平，切实增强地理信息安全红线意识，在维护国家安全的前提下促进地理信息开放和应用。二要认真完成好党中央、国务院部署的新任务。在“一带一路”建设、长江经济带建设、京津冀协同发展等国家和地方重大战略推进中，在促进大数据发展、“互联网+”行动计划、建立资源环境承载能力监测预警长效机制、完善主体功能区战略和制度、领导干部自然资源资产离任审计、突发应急体系建设等一系列重大改革部署中，测绘地理信息部门承担着重要使命。我们要主动作为，统筹“五大业务”协调发展，促进“五大能力”全面提升，着力构建与经济社会发展大局相适应的测绘地理信息保障服务体系，把各项新任务完成好。三要充分发挥好在相关领导机构和协调机制中的重要作用。信息化时代下，在中央网络安全和信息化领导小组、军民融合发展委员会、国家教材委员会等领导机构，在生态保护红线划定、省级空间规划试点、防灾减灾、智慧城市、车联网、民用空间基础设施建设、采煤沉陷区综合治理等部际协调机制中，测绘地理信息部门是重要成员单位。我们一定要认真履行相关职责，彰显独特优势，充分体现价值，发挥好应有的作用。

（二）围绕“十三五”规划和重大改革创新，统筹推进落实。今年是实施“十三五”规划的重要一年。我们要强化规划的引领作用，以重点突破带动全局，以改革创新提升水平，统筹推进规划重大任务和重要改革落地。一要落实“十三五”规划各项任务。各部门各单位要按照推进“十三五”规划的任务分工，加强组织领导，狠抓任务落实，并对实施情况开展动态监测和评估。按照中央领导同志批示要求，全力推动全球地理信息资源建设专项工程的立项，尽快形成全球服务能力，服务“一带一路”倡议实施。制定雄安新区建设地理信息保障行动计划，将雄安新区纳入新型基础测绘试点和地理国情监测重要内容，服务支撑新区规划建设和生态保护。推进应急测绘能力建设项目组织实施，加快构建协同联动的应急测绘保障长效机制。加快推进海岛礁测绘二期、资源三号03星立项和高分七号卫星工程研制，推动军民融合项目的立项和实施。开展第三轮测绘地理信息发展战略研究，为“十四五”及更长远发展提供支撑。二要加快推进重要改革。深入推进“放管服”改革，以清单管理推动减权放权，构建以信用为核心的常态化监管机制，强化卫星导航定位基准站备案、安全运行和监督管理，推进《地图审核管理规定》修订出台，开展地图市场大检查“回头看”和互联网地图监管，做到审批更简、监管更强、服务更优。加快新型基础测绘体系建设，在工艺流程、技术规范、产品形式、服务模式等环节扩大试点，补齐基础测绘业态封闭、形态单一的短板，扩大有效和高端供给。大力拓展地理国情普查成果应用，启动《地理国情监测条例》立法，围绕国家重大战略、重大工程、重大工作、重大需求全面开展基础性、专题性地理国情监测，鼓励各地创造性地开展工作。有序开展事业单位分类改革，按照中编办明确要求和局党组统一部署，做好二类事业单位编制备案管理试点，妥善安排和解决好编制、机构、人员调整和队伍稳定等问题，逐步建立与公益性保障服务体系相适应的生产服务组织架构。三要提升科技创新能力。深入实施创新驱动发展战略，聚焦“五大业务”建设和产业升级，以体制机制改革激发创新活力，以关键核心技术突破提升自主创新能力，以科技成果转化带动事业升级，以创新人才培养提供事业发展后劲。与联合国共同推进发展中国家地理信息管理能力开发二期项目落地，拓展与“一带一路”沿线和周边国家务实合作。

（三）围绕公共服务和保障能力，强化共享应用。做好供给侧结构性改革的“减法”和“加法”，创新以存量换增量、以资源换资本的思路，正确处理市场与政府、保密与应用、有为与不为的关系，着力提高测绘地理信息供给质量和效益。一要提高服务能力和水平。加强需求调研和业务对接，发展前置定制服务，为政府部门提供专业化、综合性地理信息服务保障。以应用为牵引，拓展一批、新兴一批、创造一批面向社会大众的普适性产品，加快购买公共服务步伐。推进非涉密测绘地理信息成果网络化在线服务，提升全国卫星导航定位基准服务系统服务水平，着力优化地图公共服务，全面提高“天地图”公益性服务能力，加快智慧城市平台的建设和推广应用。二要促进成果共享应用。贯彻大数据发展战略，抢抓政府信息整合共享机遇，进一步扩大地理信息数据开放，提高数据获取能力，让要素属性动起来、响应速度快起来、行业应用串起来，创造更大的价值。强化航空航天遥感影像统筹，适时出台指导意见。要加强部局业务协作，做好“三调”遥感影像、国土空间基础信息平台建设的保障服务，加快落实在不动产登记管理、行政执法、科技创新等方面的合作。要抓好与相关部门和单位合作协议的落实，尽快联合军方出台测绘地理信息领域军民融合发展的指导意见，加快形成全要素、多层次、高效益的测绘地理信息军民融合深度发展格局。各地测绘地理信息主管部门要把党中央的要求、国家局的重点工作同地方政府的需求有机结合起来，找准抓手，大力推进测绘地理信息成果共享应用。三要促进地理信息产业发展。发挥好政府引导作用，运行市场力量满足个性化、多样化的地理信息需求。抓紧制定完善地理信息开放、安全保密等政策，优化行业指导服务，加大产权保护力度，促进产业健康发展，多措并举扩大市场容量，推动产业由聚集发展升级为集群发展，形成新的增长极。鼓励通过融资、并购、重组、联合等方式，培育具有国际竞争力的产业集团。

（四）围绕落实全面从严治党要求，加强队伍建设。推进思想建党、组织建党、制度治党，落实全面从严治党各项要求，为测绘地理信息事业发展提供坚强的政治保障。一要切实增强“四个意识”。树牢“四个意识”，坚定“四个自信”，践行忠诚奉献，把严守政治纪律和政治规矩放在首位，始终在思想上政治上行动上同以习近平同志为核心的党中央保持高度一致，坚决维护党中央权威和集中统一领导。二要扎实推进“两学一做”常态化制度化。落实局党组关于“两学一做”实施方案和加强基层党支部建设的意见，引导广大党员深入学习党章党规，深入学习习近平总书记系列重要讲话精神和党中央治国理政新理念新思想新战略，与学习总书记给国测一大队老队员老党员回信重要指示精神结合起来，与学习黄大年、廖俊波的先进事迹结合起来，教育引导广大党员做到政治合格、执行纪律合格、品德合格、发挥作用合格。三要加强对党员、干部的管理和监督。按照全面从严治党要求，压紧压实党委主体责任、纪委监督责任和领导干部“一岗双责”，用好监督执纪“四种形态”，推进述责述廉制度化、约谈提醒规范化、责任考核一体化、责任追究常态化，切实加强对权力运行的监督制约。四要加强作风建设和廉政建设。紧盯“四风”新动向，引导党员干部筑牢拒腐防变的思想防线，严厉查处各类违法违纪案件，坚决治理“慵懒散浮拖”，健全落实容错纠错机制，推动作风建设在坚持中深化、在深化中坚持。五要迎接宣传贯彻党的十九大。开展以“砥砺奋进的五年”为主题的宣传，展示十八大以来测绘地理信息事业取得的辉煌成就。扎实做好安全生产、信访维稳、扶贫攻坚等工作，全力确保意识形态和网络安全，为十九大胜利召开营造安全稳定的社会环境。深入宣传党的十九大的重大意义、精神实质、科学内涵，不断增强干部职工用十九大精神武装头脑、指导实践、推动工作的自觉性和坚定性。

同志们，实践无止境，改革正当时，落实争朝夕。让我们紧密团结在以习近平总书记为核心的党中央周围，牢记使命，忠诚奉献，矢志奋斗，加快推进测绘地理信息事业改革创新发展，以优异的成绩迎接党的十九大胜利召开！

在第一次全国地理国情普查总结表彰会上的讲话

国家测绘地理信息局局长　库热西·买合苏提

2017 年 9 月 25 日

同志们：

在国庆佳节来临之际，我们在这里隆重举行第一次全国地理国情普查总结表彰大会，对普查工作进行全面系统的总结，对表现突出、成绩优异的先进集体和先进个人进行表彰，这对于进一步弘扬测绘精神，激发广大干部职工干事创业的热情，对于营造学赶先进、见贤思齐的浓厚氛围，对于全面开展地理国情监测、推动测绘地理信息事业转型升级，都具有十分重要的意义。刚才，我们表彰了 52 个先进集体和 64 名先进个人，4 位同志代表先进集体、先进个人做了很好的发言，我听了之后很受启发，很受鼓舞。首先，我代表国务院第一次全国地理国情普查领导小组办公室、国家测绘地理信息局，向受到表彰的先进集体和先进个人表示热烈祝贺！向一直以来给予普查工作关心支持的各级政府和各个部门、新闻媒体和各界人士表示衷心感谢！特别要向在普查工作中付出辛勤劳动的广大干部职工表示诚挚的慰问，并致以崇高的敬意！

下面，我讲三点意见。

一、第一次全国地理国情普查工作圆满成功，好做法好经验可圈可点

第一次全国地理国情普查是我国进入全面建成小康社会决胜阶段的一项重大国情国力普查，对于了解国情、把握国势、制定国策具有重要意义。自 2013 年 2 月国务院部署启动以来，在党中央、国务院坚强领导下，在各地区、各相关部门和各级普查机构的大力支持和配合下，5万多名普查工作者、历时3年多的时间，圆满完成了党中央国务院交给的光荣任务，首次全面准确地摸清了我国地理国情家底。

张高丽副总理在国务院第一次全国地理国情普查领导小组全体会议上指出，本次普查达到预期目标，取得显著成绩，获得圆满成功。标志着这项工作得到了党中央国务院的充分认可和高度评价。回顾3年多来的普查工作，任务艰巨而无经验可鉴，要求之高不容丝毫懈怠，过程艰辛付出太多汗水，但经过大家的共同努力，结果令人欣喜，成绩令人振奋，做法值得推广，经验值得总结。

（一）主要做法

一是加强组织领导，注重统筹协调。地理国情普查是一项首创性工作，其要素之全、工序之繁、参与人员之多、涉及面之广，在测绘史上是前所未有的。以张高丽为组长的普查工作领导小组，高位谋划和推动，加强领导和指导，关键环节作出部署，重点工作提出要求，为普查工作指明了方向。领导小组下设的普查办公室，承担了大量具体而繁重的日常管理工作，在方案设计、计划制定、任务部署、组织实施、督促检查、成果验收等方面认真履职，统筹推进，协调帮助中西部贫困地区完成了普查任务，建立了督导约谈和通报机制。普查办成立的综合协调组、财务监督组、组织实施组、统计分析组、质量监督组、宣传组6个工作小组，分工明确，任务清晰，相互配合，沟通紧密，保证了普查工作自始至终呈现出组织有序、运转顺畅、衔接紧密、高效优质的良好局面。

二是严格规范管理，数据真实精准。这次普查按照“所见即所得”原则，对地表现状进行如实表达。为客观表达地理国情信息，提高普查成果准确度和精细度，在管理层级上，实施由国家和各省（区、市）两级人民政府负责制；在数据汇交上，省级原始普查数据直接汇交普查办，避免了各种因素的干扰；在技术规范上，全国统一技术设计、统一技术标准、统一生产流程，统一数据建库；在技术路线上，采用“室内分析判读、外业实地核查”等方法进行全域普查，普查技术人员核查路线累计里程超过1000万千米；在影像保障上，全域使用高分辨率遥感影像，优于1米高分辨率卫星影像覆盖国土面积达92%。经评估，本次普查数据准确率高于99.7%。

三是坚持质量第一，打造优质工程。这次普查建立了质量控制体系，实现了对普查承担单位、普查区域、普查工序、普查成果的全覆盖。严格贯彻“两级检查、一级验收”制度，先后开展了6批全国性过程质量监督抽查和两轮全国性成果复核工作。建立了参与单位和人员的准入退出机制，坚持全员培训、持证上岗，累计进行普查制度、调查技能等方面的培训18.5万人次，并以普查劳动竞赛助推质量提升。

四是着力自主创新，有力支撑普查。这次普查采用了三维激光扫描车、无人机航拍、外业调查轨迹跟踪等新技术手段，自主研发了普查所需的一系列软件，创新了涉及影像自动解译、要素自动提取、自动质量控制、海量数据管理、大数据挖掘等方面的高新技术，以技术创新推动普查提质增效。全面加强技术管理，成立了专家咨询委员会，构建了国家、省、生产单位多级技术问题处理体系，确保各类技术问题及时发现、及时解决。

五是强化安全意识，实现安全普查。面对人员众多、野外环境复杂多变的情况，建立了普查安全生产管理制度，制定了事故应急预案，多层次开展安全生产检查，实现了安全生产“零伤亡”。严肃财经纪律，对使用财政经费承担普查生产的单位实现全覆盖检查，保证了普查资金安全运行和规范使用。建立了完善的普查资料管理和使用制度，加强普查资料及成果的保密管理，杜绝了失泄密事件的发生。

六是注重成果应用，普查监测并进。坚持“边普查、边监测、边应用”，紧紧围绕生态文明建设重大部署开展了100多项地理国情监测试点示范，普查和监测成果已在多规合一、精准扶贫、不动产统一登记、领导干部自然资源资产离任审计、重点城市黑臭水体整治、打击违法用地违法建设专项行动、典型湖泊面积变化监测等多领域发挥了重要作用，彰显了普查和监测工作的价值和意义。

七是持续开展宣传，扩大社会影响。充分发挥传统媒体和新兴媒体的各自优势，利用测绘媒体和中央媒体，组织举办了系列专题宣传活动，制作了专题宣传片，编辑出版了《美丽中国行》一书，多视角、宽领域、全方位地宣传报道普查工作的意义、进展及成果成效。特别是4月24日在国务院新闻办召开的成果新闻发布会，社会反响强烈，取得良好效果。

（二）主要成果

一是在数据成果方面，获取了我国陆地国土范围内（不包括港澳台地区）的地表自然和人文地理要素由10个一级类、58个二级类和135个三级类共2.6亿个图斑构成的全覆盖、无缝隙、高精度的海量地理国情数据，建立了总数据量约770TB的大型空间数据库，形成了普查公报、统计数据汇编、图件图集等系列成果，具有现势性好、客观性强、服务面广、互补性突出、系统全面翔实等特点。

二是在科技成果方面，组织研发了自动解译、外业调查、内业编辑、数据检验、数据入库等系列软件，提出了高精度地表面积计算理论和方法，形成了《地理国情普查内容与指标》等20余项技术标准，取得科技创新成果500余项。

三是在组织管理方面，按照“全国统一领导、部门分工协作、地方分级负责、各方共同参与”的原则，探索建立了“互联网+组织管理”，形成了国家级和省级普查办分别负责、承担单位分工细化的项目管理组织体系，创新了影像保障模式，严格实行了项目法人责任制、合同管理制和成果验收制，建立了统一设计、分级实施和多单位协作的运行机制、三级质量管理责任体系以及全过程、全员和分级分类质量评价技术体系。

（三）主要体会

一是党中央、国务院的高度重视和正确领导是普查成功的根本。国务院印发了《关于开展第一次全国地理国情普查的通知》，成立了第一次全国地理国情普查领导小组。李克强总理强调地理国情的重要性，高度关注普查和监测工作。张高丽副总理亲自担任普查领导小组组长，先后主持召开会议审定普查方案、审议普查成果，多次作出重要指示。党中央、国务院的高度重视，中央领导同志的亲切关怀，为普查工作提供了遵循，极大鼓舞了普查工作者的士气，保证了普查工作的顺利开展。

二是各部门的鼎力支持是普查成功的保障。普查领导小组各成员单位在普查工作顶层设计、经费落实、资料提供、数据衔接、成果发布、推广应用、业务协作、舆论宣传等各方面给予了工作指导和大力支持，中华全国总工会支持开展了普查劳动竞赛。正是相关部门的鼎力支持、密切配合，为普查工作提供了坚实保障。

三是各级政府和普查机构的精心组织是普查成功的前提。各省（区、市）政府专门印发通知，对本地区普查工作进行全面部署和推动，集中人力、物力、财力，全面落实普查任务。许多地方党政一把手亲自过问指导普查工作，分管普查的负责人认真督促检查组织实施情况。各级普查办认真履行职责，在组织实施、技术创新、质量控制、教育培训、督促检查等方面做了大量卓有成效的工作，保证了普查工作全国一盘棋。

四是五万名普查工作者的恪尽职守是普查成功的关键。广大普查工作者发扬“热爱祖国、忠诚事业、艰苦奋斗、无私奉献”的测绘精神，奋力拼搏在普查工作第一线，夜以继日，拼搏奉献，付出了常人难以想象的艰辛，用自己的智慧和汗水成就了这次普查任务的圆满成功，铸就了测绘地理信息事业发展史上又一座丰碑。

二、认真学习先进典型事迹，让测绘精神永放光芒

今天受表彰的先进集体和先进个人不仅是5万普查工作者的优秀代表，也是用实际行动践行习近平总书记回信重要指示精神的先进楷模。学身边典型先进，做合格党员，这不仅是“两学一做”常态化制度化的重要内容，也是加强干部职工队伍建设的有效举措。各级党组织要迅速掀起学习先进典型的热潮，广泛宣传他们的先进事迹，认真学习他们的崇高精神，以他们为榜样，争创一流业绩，争当时代先锋。

（一）学习先进，就是要学习他们热爱祖国、忠诚事业的高尚情操。普查工作者胸怀祖国，牢记使命，以对党、国家和人民高度负责的精神，测山水林田湖，绘地表全貌图，用测绘人独特的方式采地理数据、为山河作注、抒爱国情怀，用测绘人朴实的风格表达对事业的无限忠诚，对工作的恪尽职守。广大干部职工要以他们为榜样，自觉践行习近平总书记回信重要指示精神，深刻理解中央领导同志对“问题地图”的重要批示精神，把对祖国的热爱、对事业的忠诚作为高尚的道德情操来坚守，切实转化为爱岗敬业、忠于职守的实际行动，转化为维护国家安全、主权和利益的具体举措，进一步坚定理想信念，增强“四个意识”，在思想上政治上行动上始终同以习近平同志为核心的党中央保持高度一致。

（二）学习先进，就是要学习他们淡泊名利、无私奉献的优秀品质。在时间紧、任务重、要求高的情况下，普查工作者舍小家、顾大家，加班加点，不辞辛苦，不求名利，不计得失，用辛勤汗水换来了优秀成果，用无私奉献诠释了测绘精神。广大干部职工要以他们为榜样，树立正确的世界观、人生观和价值观，增强责任意识和担当精神，立足本职，苦干实干，耐得住寂寞，抵得住诱惑，经得起考验，将个人理想融入到测绘地理信息事业中去，在奋进中不忘初心，在奉献中书写人生。

（三）学习先进，就是要学习他们严谨务实、精益求精的优良作风。普查工作者坚持实事求是、追求质量第一，把认真、细致、严谨的好作风贯穿于各项工作、各个环节，确保了每个要素信息的客观性、准确性。广大干部职工要以他们为榜样，秉承一代代测绘人在工作中积淀下来的优良作风，脚踏实地不浮躁，一丝不苟不马虎，认真负责不敷衍，持之以恒不懈怠。要进一步弘扬“工匠精神”，标准上追求更高，实践中追求更细，效果上追求更好，努力做到每个步骤都要精心、每个环节都要精细、每项工作都要打造成为精品。

（四）学习先进，就是要学习他们勇于创新、大胆实践的探索精神。普查工作者坚持问题导向，在实践中探索，在攻关中突破，实现了普查理念、组织方式、制度设计、管理模式、技术方法等多方面的创新，为高效优质地完成普查任务提供了有力支撑和坚强保障。广大干部职工要以他们为榜样，牢固树立创新理念，充分认识创新驱动发展的重大意义，敢为人先，敢闯敢试，特别要围绕支撑“五大业务”体系，集中力量开展关键性技术攻关。同时，要以科技创新引领产品、服务、管理、产业等全方位的创新，让创新成为测绘地理信息事业永葆生机与活力的不竭源泉。

三、牢记职责使命，充分发挥地理国情监测在服务大局中的作用

地理国情监测已经纳入新修订的《测绘法》和国家“十三五”规划纲要，在圆满完成地理国情普查和监测试点的基础上，全面开展地理国情监测，是新时期测绘地理信息主管部门的新职责新使命。我们要全面贯彻落实党中央国务院决策部署，努力把第一次全国地理国情普查取得的成果和经验转化为继续解放思想、改革创新、服务生态文明建设的新优势、新举措，以奋发有为的姿态推进地理国情监测工作，将其打造成测绘地理信息服务国家改革发展大局的新模式和新品牌。

（一）统一思想，深刻认识地理国情监测的重大意义。李克强总理指出，地理国情是重要的基本国情，是搞好宏观调控、促进可持续发展的重要决策依据，也是建设责任政府、服务政府的重要支撑。新修订的《测绘法》将测绘事业为生态保护服务写入立法宗旨，要求依法开展地理国情监测。国民经济和社会发展“十三五”规划和测绘地理信息事业“十三五”规划都对开展地理国情监测作出了明确部署。我们一定要深刻认识地理国情监测的重大意义，把地理国情监测作为服务生态文明建设的主攻方向、供给侧结构性改革的关键突破和事业转型升级的重要途径来认识和把握，从大局出发，扎实推进这项工作，履行好新时期测绘地理信息部门的新职责新使命，服务好经济社会发展和生态文明建设。

（二）高点谋划，为地理国情监测向纵深发展提供有力保障。今年5月，国家测绘地理信息局印发了《关于全面开展地理国情监测的指导意见》，对开展地理国情监测作出了明确部署。各部门各单位要注重顶层设计，从法规、规划、经费、体制、机制、制度等多方面全力推进，特别要加快拟订《地理国情监测条例》和地方性法规、政府规章，确保地理国情监测工作有法可依，于法有据。同时，要针对政府和社会公众关心关注的重点、热点、难点问题，科学谋划地理国情监测主攻方向、重点目标、重大任务，深度融入领导科学决策、部门精细化管理、生态文明建设、社会治理和民生保障等方方面面工作。

（三）加强协作，进一步推动地理国情监测融合发展。坚持统筹协调、需求牵引、协作共享、融合发展的思路，加快建立地理国情监测部门间业务协作机制、各级政府间分工协作机制、军地间融合发展机制、企事业单位共同参与机制，形成沟通顺畅、运转协调、公正权威、公益服务的地理国情监测常态化工作格局。各部门各单位要加强多方沟通协调和需求对接，细化监测内容和成果要求，做好技术指标和标准衔接，积极推进业务协作，强化监测数据的深度开发，促进成果共享和协同发展。

（四）持续创新，不断提升地理国情监测供给能力和水平。地理国情监测是新生事物，需要不断创新、提质增效。要围绕重点环节和核心技术加强创新，大力推进地理国情监测关键技术和装备自主创新，不断提升监测效率和品质。要加强服务产品和模式创新，丰富地理国情产品形式，健全地理国情指标指数，提高地理国情信息在线服务水平。要优化调整测绘地理信息事业单位布局、结构、功能和规模，加强创新人才队伍建设，建设与地理国情监测相适应的专业队伍。

第一次全国地理国情普查已圆满完成，国家层面进行了总结、验收，发布了公报，今天又召开总结表彰会，从3个方面对普查工作进行了全面总结，对先进集体和个人进行了表彰。希望各地对地理国情普查的好经验、好做法认真做好总结，推动形成地理国情监测的新制度、新模式，同时扎实做好本级普查工作总结表彰，加强对普查先进典型和先进事迹的宣传，掀起学习先进的高潮，凝聚起继续前进的精神动力。

最后，我再强调一下省级地理国情普查成果发布和应用这项工作。广大普查工作者用心血、汗水换来的普查成果，是我国重要的空间信息资源，是非常重要的政府数据，是全社会的宝贵财富，必须经过政府权威性的发布，作为权威成果实现充分共享。为了推进普查成果数据发布和解读工作，普查领导小组办公室启动了省级普查成果发布工作专项督查督办。尚未完成公报发布的省份要进一步加大工作力度，省级普查办主任作为第一责任人，要强化组织领导，压实工作责任，加快数据对接、征求意见、审议报批等工作进度，主动向省政府汇报，争取各方面的理解与支持，确保10月31日前全部省级公报对外发布，善始善终地全面完成普查工作。同时，要根据当地实际和工作需要，创造性地开展普查成果分析和应用工作，充分挖掘普查成果蕴含的价值，最大限度地发挥普查成果效用。

同志们，辉煌已经载入史册，新的征程已经开启。让我们紧密团结在以习近平同志为核心的党中央周围，不忘初心、继续前进，持续努力、久久为功，在实现“两个一百年”奋斗目标、实现中华民族伟大复兴中国梦的征程中，谱写测绘地理信息事业改革创新发展新篇章，以优异的成绩迎接党的十九大胜利召开！

在全国测绘地理信息质量工作会议上的讲话

国家测绘地理信息局局长 库热西·买合苏提

2017年11月16日

同志们：

在全党全国上下认真学习贯彻党的十九大精神之际，我们召开全国测绘地理信息质量工作会议，就是以实际行动贯彻落实党的十九大精神，以习近平新时代中国特色社会主义思想为指导，把提高供给质量作为深化测绘地理信息供给侧结构性改革的重要内容，推进质量变革，提升服务水平，开创新时代测绘地理信息事业发展新局面。

测绘地理信息事业作为服务经济建设、国防建设、社会发展和生态保护的基础性事业，与国计民生息息相关。“差之毫厘，谬以千里”。精度要求本质就是质量要求，质量是测绘地理信息事业和我们工作的根本性问题，如果质量出了问题，所有工作成果都等于零。质量是测绘地理信息事业发展永恒的生命线，真实、客观、精准是测绘地理信息工作的执着追求和鲜明特点。做好质量工作，不仅是全行业综合实力的集中反映，更是推进我国由测绘大国向测绘强国转变的内在要求。

经过长期不懈努力，近年来全国测绘地理信息质量管理工作不断加强，产品质量持续提升，取得了显著成绩。主要体现在：质量管理法规体系日趋完善，新修订的《测绘法》为做好质量工作提供了法律依据，制定了《测绘地理信息质量管理办法》，质量管理工作更加规范。重大测绘工程质量保障有力，第一次全国地理国情普查、基础地理信息数据库建设与更新、现代测绘基准建设、海岛（礁）测绘等重大工程成果质量优良，社会各界给予充分认可。质量监督管理力度不断加大，按照国务院“双随机一公开”抽查要求，持续开展全国测绘地理信息质量监督抽查，加强了事中事后监管。质量管理模式持续创新，引入质量控制关口前移、过程质量监督抽查、成果质量复核、成果质量交叉验收、质量约谈等质量管理新手段，有效提高了生产效率和成果质量。质检信息化水平大幅提升，信息化质检体系基本形成。计量工作取得突破，筹建了国家测绘地理信息计量站，新型测绘仪器检测能力大幅提高，有效规范了测绘仪器市场，促进了地理信息产业健康发展。全国测绘地理信息质量工作取得的突出成绩，是在党中央、国务院坚强领导下，全系统干部职工真抓实干的结果，在此，我代表国家局，向为测绘地理信息质量工作作出贡献的同志们表示衷心的感谢！

下面，我就做好新时代测绘地理信息质量工作，讲两个方面意见。

一、深刻领会党中央、国务院关于建设质量强国的重大部署

党的十九大明确提出，中国特色社会主义进入新时代，这是对我国发展新的历史方位的重大判断。站在新的起点上，我们必须深入分析质量工作面临的新形势，全面把握经济社会发展的新要求，进一步增强做好测绘地理信息质量工作的责任感和使命感。

一要深刻领会党的十九大对质量工作的新要求。习近平总书记在十九大报告中提出“我国经济已由高速增长阶段转向高质量发展阶段，正处在转变发展方式、优化经济结构、转换增长动力的攻关期”的重大论断，强调“必须坚持质量第一、效益优先，以供给侧结构性改革为主线，推动经济发展质量变革、效率变革、动力变革”“把提高供给体系质量作为主攻方向，显著增强我国经济质量优势”“建设质量强国”，这一系列重要指示宣示着我们国家进入新时代之后对质量的要求达到了前所未有的程度，重视程度也达到了前所未有的高度。这些部署和要求充分体现了质量在新时代中国特色社会主义建设中的重要作用，为新时代质量工作指明了方向。测绘地理信息系统要以习近平新时代中国特色社会主义思想为指导，深刻领会党的十九大关于建设质量强国的丰富内涵和精神实质，准确把握新时代质量工作的核心要义和重大部署，将其贯彻到测绘地理信息质量工作的全过程。

二要深刻领会党中央国务院对质量工作的新部署。李克强总理在中国质量大会上提出，“要牢固确立质量即是生命、质量决定发展效益和价值的理念，把经济社会发展推向质量时代”，并在今年《政府工作报告》中就广泛开展质量提升行动作出部署。今年9月，中共中央、国务院印发《关于开展质量提升行动的指导意见》，这是新中国成立以来中共中央、国务院首次出台关于质量工作的纲领性文件。《指导意见》从开展质量提升行动的总体要求到全面提升产品、工程和服务质量、破除质量提升瓶颈、夯实国家质量基础设施、改革完善质量发展政策和制度等方面，全面提出了新形势下质量提升的目标任务和重大举措。这就要求我们按照国务院的部署要求，进一步加强测绘地理信息质量工作，守土负责，主动担当，努力提升测绘地理信息质量水平。

三要深刻领会《测绘法》对质量工作的新规定。新修订的《测绘法》明确规定：“测绘单位应当对完成的测绘成果质量负责。县级以上测绘地理信息主管部门应当加强对测绘成果质量的监督管理。”在保留测绘资质单位要健全质量保证体系相应规定外，新《测绘法》对于提高互联网地图服务质量、保证地图质量、推动地理信息产业结构调整和优化升级、提高地理信息产品质量作出了新的规定。当前，国家局正在以深化供给侧结构性改革为主线，加快构建新型基础测绘、地理国情监测、应急测绘、航空航天遥感测绘、全球地理信息资源开发“五大业务”体系，加快提升科技自主创新、技术装备、协调融合、公共服务、产业市场服务“五大能力”，开创新时代测绘地理信息事业发展新格局，这就迫切需要抓住质量这个核心和关键。各级测绘地理信息主管部门要切实履行好《测绘法》赋予的质量管理各项职责，以质量全面提升促进测绘地理信息事业转型升级。

二、推进测绘地理信息质量工作再上新台阶

当前和今后一段时间，加强测绘地理信息质量工作要深入学习贯彻党的十九大精神，以习近平新时代中国特色社会主义思想为指导，认真落实党中央、国务院的决策部署，贯彻新发展理念，坚持质量第一、效益优先，把“质量强测”放在更加突出的位置，把提高供给体系质量作为主攻方向，认真开展质量提升行动，着力推动质量变革，全面加强质量监管，大力提升测绘地理信息产品、工程、服务的质量水平、质量层次和品牌影响力，加快培育国际竞争新优势，谱写建设质量强国的测绘地理信息新篇章，满足人民日益增长的地理信息需要，为决胜全面建成小康社会、实现中华民族伟大复兴的中国梦提供更高质量的保障和服务。

（一）认真开展质量提升行动。日前，国家局党组认真学习贯彻党的十九大精神，按照党中央、国务院的决策部署，结合测绘地理信息工作实际，审议通过并印发了《国家测绘地理信息局关于开展质量提升行动的实施方案》。各地各单位要准确把握《实施方案》中关于测绘地理信息质量工作的指导思想、主要目标、重点任务和保障措施，按照国家局党组工作部署，认真落实好《实施方案》中的各项任务安排。要争取通过三年努力，到2020年，实现测绘地理信息产品质量持续提升，质量监管进一步强化，测绘地理信息单位质量体系更加完善，“质量强测”建设取得明显成效，质量总体水平显著提升，质量对事业发展和产业壮大的贡献进一步增强，更好地保障和服务经济社会发展。

（二）全面提升测绘地理信息质量水平。紧紧围绕经济社会发展主战场需求，深化供给侧结构性改革，全面提升测绘地理信息产品、工程与服务质量水平。一要发展中高端产品。加快新型基础测绘体系建设，丰富各类地理信息资源，推进基础地理信息数据开放共享，扩大新型优质公共产品供给，推动测绘地理信息产品向多元化、高品质迈进。加快地理信息产业发展，突出企业市场主体地位，推动地理信息与互联网、大数据、人工智能和实体经济深度融合，在数字经济、共享经济等领域形成新动能，引导地理信息产业结构调整和优化升级，鼓励企业发展个性定制、规模定制、高端定制，促进我国地理信息产业向价值链中高端跃升，不断增强创新力和竞争力。二要打造优质工程。围绕“五大业务”体系建设，高质量实施基础地理信息资源建设更新、全球地理信息资源建设、地理国情监测、应急测绘保障、海岛（礁）测绘、资源三号卫星体系建设、现代测绘基准体系建设、极地测绘等重大工程，积极参与第三次全国土地调查、不动产测绘、地下管廊建设、精准农业等重点工作，切实提升工程质量，服务国家重大战略、重大工程、重大工作和地方经济社会发展。三要提升公共服务水平。牢牢立足服务国家改革发展大局，以服务“一带一路”建设和生态文明建设两大战略为重点，同时在京津冀协同发展、长江经济带建设、雄安新区建设、乡村振兴战略中，在数字中国、智慧社会、制造强国、海洋强国中，在精准扶贫、精准脱贫工作中，在提升社会治理智能化水平、提升防灾减灾救灾能力中，在国防建设、军民深度融合发展中，下大力气完善测绘地理信息公共服务体系和品牌，发挥测绘地理信息公共服务作用和优势。开展地理国情常态化监测，形成一批具有影响力的监测成果；推动智慧城市时空大数据与云平台建设，深化数字城市地理空间框架建设；提升国家地理信息公共服务平台“天地图”服务水平，为经济建设、国防建设、社会发展和生态保护提供更加优质、更加坚实的保障服务。

（三）切实加强全面质量管理。贯彻落实国务院“放管服”改革要求，加强全过程全生命周期质量控制，完善质量监管体制机制，全方位提升质量管理水平。一要全面落实质量主体责任。测绘地理信息企事业单位是质量提升的主体，要全面落实质量主体责任，把质量责任落实到人，做到质量记录有据可查，质量问题可追溯。建立完善并严格落实质量管理体系，加强质量风险分析与控制。二要完善质量管理相关制度。完善项目验收制度，要严格把好成果质量检验关口，对重大测绘项目，探索开展测绘成果质量复核制度。落实注册测绘师质量审核制度，开展注册测绘师审核签字试点。建立质量工作考核与质量守信联合激励机制，强化质量失信联合惩戒，加大对质量违法行为的惩处力度。三要加强全过程质量控制。以“两级检查、一级验收”控制方式为核心，强化关键环节质量管理，确保整体质量受控。全面加强对项目设计、生产全过程质量管理。探索创新更高效、更便捷的过程质量控制方式，确保非测量手段实施的测绘项目，以及新型测绘产品和服务质量可控可信。四要不断深化质量监督检查。持续开展测绘地理信息质量专项监督检查，检查结果要依法向社会公布，并纳入测绘地理信息资质单位信用信息。构建质量协同发展体系，加快推进国家、省、市三级质量技术、信息、人才、设备等资源共享。加强对相关行业部门重大工程中测绘工作的质量监督管理，推动行业部门更加重视测绘质量工作。

（四）要努力加快质量工作创新。贯彻创新驱动发展战略，激发质量创新活力，全面提升测绘地理信息发展质量和效益。一要加强质量技术创新。开展质量控制关键技术研发攻关，构建新型质检业务技术体系。创新“互联网+质量”模式，加快新型测绘仪器装备检测技术研究，全面提升国产软件质量水平。二要推进质量装备创新。加强质检仪器装备建设，推进测绘地理信息产品质量检验检测实验室建设，以新装备改造促进测绘质量提升。加强计量基础设施建设，提升仪器装备检测能力，发挥测绘仪器检测工作的法制性、基础性作用。三要构建质量标准体系。进一步完善测绘地理信息标准体系，加快测绘生产技术、质量管理与成果质量检验标准的制修订速度，用先进标准引领产品、工程和服务质量提升。四要加大质量人才培养力度。完善质量人才培养体系，实施测绘地理信息“工匠计划”，大力弘扬“工匠精神”，努力造就一支政治强、业务精、作风好、纪律严的测绘地理信息质量工作队伍。

同志们，做好新时代测绘地理信息质量工作责任重大。让我们紧密团结在以习近平同志为核心的党中央周围，以习近平新时代中国特色社会主义思想为指导，以学习贯彻党的十九大精神为强大动力，以高度的政治责任感、精湛的业务能力和扎实的工作作风，开创测绘地理信息质量工作新局面，为新时代测绘地理信息事业发展作出新的更大贡献。

在联合国世界地理信息大会指导委员会第一次会议上的讲话

国家测绘地理信息局局长　库热西·买合苏提

2017 年 12 月 25 日

尊敬的刘振民副秘书长、孙景森副省长，联合国世界地理信息大会指导委员会各位委员，同志们：

经中国政府批准，首届联合国世界地理信息大会将于 2018 年 11 月在浙江德清举行。大会由联合国主办，国家测绘地理信息局和浙江省人民政府共同承办。大会将交流展示世界测绘地理信息领域的最新进展，展望未来发展趋势，研讨地理信息支撑联合国 2030 年可持续发展议程实施的举措，提出共同应对各国及全球面临挑战的倡议。

为加强大会筹备工作的组织领导，主办和承办各方经协商成立了大会指导委员会，决定筹办工作重大事项，定期听取大会筹办情况，指导、督促大会筹备工作落实。

今天的会议，不仅是联合国世界地理信息大会指导委员会第一次会议，也是一次全面的动员部署会。会议将指导动员各方做好大会各项筹备工作，总结通报前期筹备情况，安排部署后续重点任务，全力以赴，共同努力，确保成功举办。

下面，就全力做好大会筹备工作，我谈几点意见。

一、充分认识世界地理信息大会的重要意义

习近平总书记在中国共产党第十九次全国代表大会报告中指出：中国共产党始终把为人类作出新的更大的贡献作为自己的使命，明确提出要推动构建人类命运共同体，建设持久和平、普遍安全、共同繁荣、开放包容、清洁美丽的世界。我们要站在贯彻落实习近平新时代中国特色社会主义思想、推动构建人类命运共同体的高度，充分认识在中国举办首届联合国世界地理信息大会的重要意义。

（一）对全球地理信息领域发展具有深远影响

近年来，互联网、卫星导航、位置服务、智慧城市、人工智能等科技发展异军突起，地理信息技术既无处不在、又日新月异，成为不可抗拒的时代潮流。联合国高度重视全球地理信息发展，专门成立了全球地理信息管理专家委员会，建立了世界测绘地理信息领域最高层次的政府间协商机制，为各国提供了地理信息领域交流合作高层平台，加强了发展中国家地理信息管理能力建设，促进了全球地理信息管理的协调发展，作出了有目共睹的突出贡献。对此，国家测绘地理信息局对联合国以及全球地理信息管理专家委员会所付出的努力表示由衷的赞赏。

放眼全球，我们正处在一个挑战频发的世界。世界经济进入新旧动能加速转换的关键期，经济增长需要测绘地理信息提供新动力；各国地理信息领域发展不平衡、规则不健全、秩序不合理等问题日益凸显，制约全球地理信息同步推进的信息鸿沟有待弥合；地理信息对经济、社会、环境可持续发展的重要支撑作用尚未充分彰显；世界范围内普遍面临的地理信息安全与社会化应用之间的矛盾尚未找到最佳解决方案；全球能源和气候危机、自然灾害等应对急需地理信息支撑，全世界地理信息工作者面临着严峻挑战。同时也要看到，当前，新一轮科技革命和产业变革正同人类社会发展形成历史性交汇，世界经济呈现向好态势，新产业、新技术、新业态层出不穷，大数据、云计算、物联网、人工智

能等正在重构地理信息产业链格局，全球地理信息领域面临难得的发展机遇。

正如刚刚刘振民副秘书长所讲，联合国2030年可持续发展议程为世界地理信息发展提供了重要历史机遇。在中国举办联合国世界地理信息大会，有利于促进全球地理信息领域的国际协同合作，共同应对挑战，共同解决问题，推动2030年可持续发展议程地理信息领域目标的实现；有利于建立健全开放、合作的联合国全球地理信息管理共商对话平台、共建共享平台、协同合作平台以及能力建设平台，推动世界各个国家地理信息事业共同进步；有利于共享中国发展经验，让更多国家和人民搭乘中国地理信息技术和产业发展的“顺风车”，将合作发展之路越走越宽。

（二）对中国测绘地理信息具有深刻现实意义

近年来，中国测绘地理信息在服务大局、服务社会、服务民生中发挥了重要作用，新《测绘法》修订实施，赋予了测绘地理信息部门新的重要职责；第一次全国地理国情普查圆满完成，首次摸清了中国“山水林田湖草”地理国情家底，绘制出第一份全覆盖、高精度的“地理国情图”；基础地理信息资源不断丰富，牢牢把握大数据时代国家战略性地理信息的主动权；北斗导航卫星开始三代系统构建，“资源三号”测绘卫星双星组网，信息化测绘体系基本建立，中国测绘科技整体水平跻身世界先进行列；应急测绘纳入国家突发事件应急体系和国家综合防灾减灾工作体系，在国家突发事件应急工作中承担重要使命；地理信息产业作为国家战略性新兴产业蓬勃发展，通过分享经济、信息消费惠及大众。

与此同时，中国测绘地理信息正前所未有地走近全球业界舞台中央。与联合国共同提高发展中国家地理信息管理能力，为全球地理信息管理提供中国方案；研制共享全球首套30米分辨率地表覆盖数据，为联合国和国际社会落实2030年可持续发展议程贡献中国力量；开展全球地理信息资源建设，为“一带一路”倡议提供支撑；国产测绘地理信息技术装备进军国际市场彰显中国制造；中国主导的国际标准制定体现中国创造；对外援助有关国家测绘基础设施建设体现中国担当。

联合国首届世界地理信息大会选择在中国举办，是对在习近平同志为核心的党中央领导下，中国测绘地理信息发展理念、发展战略、发展实力的充分认可和信任。大会也是测绘地理信息领域迄今为止在中国举办的层次最高、覆盖面最广的重大国际多边活动，是中国促进全球地理信息领域共同繁荣发展的一次“主场外交”。办好大会，是服务国家重大战略与国家外交大局的重要体现，是参与全球治理、提升国际地位的必然选择，是增强核心竞争力、建设测绘强国的重要举措。我们要充分认识办好大会的重要性和紧迫性，统筹国内国际两个大局，集中力量、全力以赴做好大会筹备工作。以大会的成功举办为契机，开创中国测绘地理信息对外开放合作新局面，促进中国测绘地理信息发展在世界舞台中发挥更大作用，以实际行动贯彻习近平新时代中国特色大国外交理念，推动测绘地理信息服务人类命运共同体构建。

二、精心谋划大会成果目标和议程内容的建议

世界地理信息大会对联合国和中国来说都是首次，办好大会的关键在于谋划好大会预期目标和成果，设计好大会议程议题和活动。我建议，大会在以下六个方面聚焦着力，将世界地理信息大会办成创新驱动、合作共赢的大会，互学互鉴、富有成果的大会，办成推动全球地理信息迈向更美好未来的一次国际盛会。

（一）聚焦可持续发展

落实2030年可持续发展议程是当前国际社会的共同任务，中国政府高度重视，已于2016年9月发布了《中国落实2030年可持续发展议程国别方案》，各项落实工作已全面展开。其中，中国开展的地理国情监测是服务生态文明建设和可持续发展的创新实践。建议大会紧扣可持续发展目标，把地理信息对经济规律、自然规律、社会规律的科学分析力，对绿色、低碳、循环、可持续的生产生活方式的持续支撑力，对世界发展变化趋势和社会公平正义的敏锐感知力，对抵御灾害和应对气候变化的应变决策力，都有机会在大会上展示出来。

（二）聚焦“一带一路”合作

“一带一路”是推动人类发展进步的和平之路、繁荣之路、开放之路、创新之路、文明之路，将努力实现政策沟通、设施联通、贸易畅通、资金融通、民心相通。测绘地理信息领域能够为“一带一路”倡议提供支撑，更好惠及沿线国家和地区测绘地理信息能力建设。中国的北斗导航卫星系统、地球观测卫星、全球地理信息资源开发、地理信息公共服务平台和地理信息技术、知识、人才、标准、资本等已经并将继续服务“一带一路”国际合作。建议以世界地理信息大会为契机，推动建立“一带一路”地理信息科技创新和技术转移平台，促成更多合作成果落地，为世界各国测绘地理信息技术共同进步、管理转型发展、应对新的挑战贡献中国智慧和中国方案。

（三）聚焦数字经济发展

数字经济是推动经济变革、效率变革和动力变革的“加速器”和“放大器”，是改变世界的力量。习近平总书记近日提出，要构建以数据为关键要素的数字经济。建议大会聚焦地理信息在数字经济中的基础资源和独特驱动作用，为推动地理信息与互联网、大数据、人工智能及实体经济融合，催生新产品、新模式、新业态，形成以创新为引领、以数据为关键要素的数字经济作出努力。

（四）聚焦智慧社会建设

全球智慧城市、智慧社会建设异彩纷呈、方兴未艾，不仅提供了智慧化的问题解决方案，契合可持续发展要求，更让世界各国人民有实实在在的“获得感”。建议大会聚焦智慧城市、智慧社会建设取得的丰硕成果，为全球可持续发展路线图和时间表的实施提供案例。倡导融合发展，真正把数据变为信息，把信息变为知识，推动城市运行、社会管理和人们生活的方式向智慧互联演变，共同营造和谐宜居的人类家园。

（五）聚焦地理信息能力建设

加强各国地理信息能力建设，是全球地理信息领域的共同愿景。世界地理信息大会汇聚政产学研各方，覆盖政策、技术、应用各领域，提供了促进地理信息能力建设的大平台。建议通过精心组织交流、展示世界各国政府地理信息管理、开发和服务的最佳做法和成功案例、科学界前沿技术领域的先进理念和关键突破，产业界市场化延伸的典型应用范例，最终形成一份《德清宣言》，建立一些长效机制，取得一些务实成果。

（六）聚焦地理信息人文交流

测绘是一门古老学科，地图是人类文明史上的伟大创举，与音乐、绘画一起被称作世界三大通用语言。建议大会注重技术合作与人文交流并重，深入挖掘地理信息文化资源，既展示测绘学科的悠久历史底蕴，又传播新时期地理信息蓬勃发展的多元文化。通过提供形式灵活的地理信息技术体验活动、地图文化展示活动、参会人员会外活动，营造和谐友好的人文氛围，加强各国地理信息工作者的专业认同、情感认同，使大会成为全球地理信息界以及相关各方增进友谊与合作的桥梁纽带。

三、统筹协调推进落实大会组织保障任务

（一）发挥整体合力

办好世界地理信息大会要集世界智慧，举中国之力。要解读好大会目标，介绍好大会丰富内涵，让大会成为引领世界地理信息发展的品牌，推动地理信息互利共赢合作理念深入人心，激发各国政府、联合国专门机构、相关国际组织、产业界、科技界和民间社会的参与动力，广泛贡献智慧和力量。要创新办会理念，营造筹备过程中的创新氛围，集聚更多创新资源，为互联网时代的青年人才提供展示机会和创新秀场。要全面梳理预期成果，精心设计大会内容，全力做好组织保障，为各相关方搭建开放包容、共商共享的舞台，实现全球、区域、国家、地方等各层面、测绘地理信息各领域的共同目标。

（二）落实责任分工

大会是让全世界感知中国地理信息魅力的重要窗口，我们必须对照国际一流标准，遵循国际通行惯例，周密组织、精准部署、持续发力。联合国将重点负责大会内容设计和议程落实，邀请国外代表和国际嘉宾。国家测绘地理信息局要全方位配合联合国，制定详细周密的大会承办工作方案，统筹做好大会筹办工作，积极参与策划，切实发挥承上启下的联结作用。要对照《2030 年可持续发展议程》和中国落实国别方案，研究制作基于地理信息反映议程目标落实的成果。浙江省要发挥东道省的作用，全面保障大会筹办工作，研究解决重大问题，确保德清承担责任落实到位。德清县要全县动员、群策群力，保障大会设施和服务尽早就位并达到国际水平。国家局的各工作组要各司其职，全面参与，组建工作团队，明确工作计划。前期大会筹办各方责任分工已基本明确，接下来各方要按照筹备工作时间进度表，完善细化各项具体工作方案，对照方案中的阶段性目标，查漏补缺，缜密安排，优化完善，快速推进。

（三）加强设施保障

现在距离大会开幕只有 11 个月，时间十分紧迫，任务相当繁重。德清县务必要以时不我待的态度，打造包括会场、展馆、会议代表衣食住行等配套服务系统在内的城市软硬件环境。在基础设施建设上，要在 2018 年 8 月完成会场和展览馆等的建设，并通过举办国内会议进行试运行。同时，要确保智能化地理信息小镇的良好体验，让来宾体会到当代地理信息技术所提供的便利、高效服务，以及对当地经济社会发展的提振作用。

（四）扩大宣传影响

要加强大会新闻宣传，主动发布信息，发挥新媒体的短平快优势，增强对外传播效果。要策划制作好宣传中国测绘地理信息成就和实践的宣传片、展览展示活动，同步讲好地理信息故事，传播好地理信息声音，彰显地理信息效能，凝聚起全球地理信息共同发展的深刻共识。

（五）确保和谐安全

外事无小事。要把和谐安全作为第一原则，确保会场运行指挥和应急处置能力，建立安全隐患排查机制，细化大会环境、设施设备、安全保卫、交通安排、食品安全、医疗卫生、代表接待等各项服务保障方案，确保每一个环节都不出丝毫疏漏，坚决守牢安全底线，确保万无一失。

世界地理信息大会筹办工作已经迈出坚实第一步，期待大会在我们的共同努力下，取得丰硕成果，为全球地理信息领域共谋合作、共同发展书写新篇章。

在全国测绘地理信息工作会议上的工作报告

国家测绘地理信息局局长　库热西·买合苏提

2017 年 12 月 26 日

同志们：

本次会议的主要任务是：全面深入贯彻党的十九大精神，以习近平新时代中国特色社会主义思想为指导，贯彻落实国务院关于测绘地理信息工作的部署要求，全面回顾党的十八大以来我国测绘地理信息事业发展成就，分析形势，明确任务，安排部署 2018 年工作。

党中央、国务院高度重视测绘地理信息工作。本次会议召开前，李克强总理、张高丽副总理审阅了会议工作报告，作出了重要批示，充分肯定了全国测绘地理信息工作取得的成就，对全行业广大干部职工表示了亲切问候，并对做好新时代测绘地理信息工作作出了明确指示。国务院领导同志的重要批示，充分体现了党中央、国务院对测绘地理信息工作的高度重视和对广大干部职工的亲切关怀，为我们以习近平新时代中国特色社会主义思想为指导，更好地突出重点、履职尽责、发挥作用指明了方向、提供了遵循。我们要深入学习贯彻，倍加奋发努力，以新作为开启新征程，以新成绩谱写新篇章，为决胜全面建成小康社会、实现中华民族伟大复兴的中国梦贡献力量。

今天，国土资源部党组书记孙绍骋同志专程出席工作会议并讲话，对十八大以来测绘地理信息工作取得的成绩给予充分肯定，对做好 2018 年工作提出了明确要求，我们要认真学习领会，着力抓好落实。

下面，我讲几点意见。

一、履职尽责，测绘地理信息事业取得新成就

党的十八大以来，在党中央、国务院的坚强领导下，在国土资源部的正确指导下，在中央各部门各单位、地方各级党委政府的大力支持下，全国广大测绘地理信息工作者牢记嘱托，主动作为，砥砺奋进，推动事业迈上了新台阶，铸就了新辉煌，为党和国家事业取得历史性成就、实现历史性变革作出了积极贡献。

领导关怀，指引事业发展新方向。党中央、国务院高度重视测绘地理信息工作，习近平总书记亲自给国测一大队老队员老党员回信，签署第 67 号主席令公布修订后的《测绘法》，就全球地理信息资源建设、保障国家地理信息安全等多次作出重要批示。李克强总理连续多年对测绘地理信息工作作出重要批示，签署第 664 号国务院令公布《地图管理条例》。张高丽副总理亲自担任第一次全国地理国情普查领导小组组长，在国家局主持召开领导小组全体会议并进行调研考察，多次对测绘地理信息工作作出具体指示。这些都为测绘地理信息事业指明了发展方向，提供了行动指南。特别是习近平总书记的重要回信，政治意义之大，社会影响之广，激励作用之强，成为广大干部职工奋发有为、忠诚奉献、推动测绘地理信息事业改革创新发展的强大精神动力和根本思想保障。

登高望远，谋篇布局形成新格局。确立了“加强基础测绘、监测地理国情、强化公共服务、壮大地信产业、维护国家安全、建设测绘强国”的事业发展战略。出台了《测绘地理信息事业“十三五”规划》，统筹布局了新型基础测绘、地理国情监测、全球地理信息资源开发、应急测绘、航空航天遥感测绘“五大业务”体系，明确提出要全面提升公共服务有效供给、基础设施装备保障、地理信息产业竞争、创新驱动发展、协调融合发展“五大能力”。形成了以事业规划为总领，基础测绘规划、地理信息产业规划和测绘地理信息立法、科技、卫星、标准、人才、信息化等专题规划及地方配套规划构成的规划体系。

深化改革，转型升级取得新成效。在资源建设上，推进基础地理信息资源由地上向地下、由陆地向海洋、由国内向国外、由静态向动态、由定期更新向适时更新的转型。在服务模式上，推进测绘地理信息从传统的面对面、点对点服务向网络化云服务升级，从提供单一的地理信息数据向提供综合的地理信息服务转型，从发挥基础先行作用向服务决策管理全过程升级。在转型发展上，将地理国情监测确定为服务生态文明建设的主攻方向、供给侧结构性改革的关键突破和事业转型升级的重要途径。在体制机制上，大力推进测绘地理信息领域的军民融合发展，测绘科技体制改革、公益二类事业单位机构编制备案试点、社团组织脱钩等工作得到稳步推进。

依法行政，法治建设实现新突破。《测绘法》在短时间内修订颁布，赋予测绘地理信息工作更高更重要的职责定位，为我们依法行政、履职尽责提供了法律遵循。《地图管理条例》《测绘地理信息行政执法证管理办法》《地图审核管理规定》等相继出台或修订，地方立法有序开展。扎实推进“放管服”改革，积极推行“双随机一公开”抽查，行业信用体系基本建立。加强对卫星导航定位基准站建设和安全应用的监督管理，会同有关部门在全国开展全覆盖排查整治“问题地图”专项行动，依法查处测绘地理信息违法行为，坚持开展国家版图意识宣传教育，切实维护国家地理信息安全。

不负重托，地理国情普查取得新成果。圆满完成第一次全国地理国情普查任务，首次全面准确地摸清了我国地理国情家底，获取了我国陆地国土范围内全覆盖、无缝隙、高精度的“山水林田湖草”地理国情信息，形成了一系列数据成果、技术标准和科技创新成果。坚持边普查、边监测、边应用，普查和监测成果在“多规合一”、精准扶贫、领导干部自然资源资产离任审计、不动产登记、农村土地确权、国土空间用途管制、土地利用和管理督察、打击违法用地违法建设专项行动、国有重点林区森林资源监测和国家重大国情国力调查等工作中发挥重要作用，开启了服务生态文明建设的生动实践。

夯实基础，资源建设迈上新台阶。坚持把基础测绘作为强基固本的工作抓紧握实，加快推进新型基础测绘体系建设，不断丰富基础地理信息资源。国家现代测绘基准体系基础设施建设一期工程圆满完成，全国卫星导航定位基准服务系统建成并使用；优于1米的高分辨率遥感影像基本覆盖了我国陆地国土，基础航空摄影达到700余万平方千米；1:5万等基础地理信息数据覆盖了全部陆地国土并实现年度更新，1:1万基础地理信息数据覆盖了60%的陆地国土，大比例尺基础地理信息数据覆盖了大部分城镇地区；摸清了我国主张管辖海域海岛礁数量和分布；通过资源三号卫星获取全球影像9350万平方千米；极地测绘成果不断填补空白。

创新驱动，事业发展增添新动力。深入贯彻创新驱动发展战略，自主创新能力不断增强。成功发射了我国民用高分辨率立体测绘卫星——资源三号02星，自主研发了国内首套机载雷达测图系统、倾斜相机、无人机航摄等大批核心技术装备，测绘地理信息标准体系不断完善并开始主导国际标准制定，基本建立起以数据获取实时化、数据处理自动化、数据管理智能化、信息服务网络化、信息应用社会化为特征的信息化测绘技术体系。成功研制了首套全球30米分辨率地表覆盖数据，并由张高丽副总理代表我国政府赠送给联合国，已得到广泛应用；对外援助巴基斯坦、与湄公河五国、东盟等测绘合作项目取得实质性进展。五年来，全系统科技成果获得国家科技进步奖15项、国家发明奖5项，3人获全国创新争先奖，1个团队获国家创新团队奖。

围绕大局，服务保障开创新局面。全面融入经济社会发展主战场，为国计民生提供了强有力的保障服务。围绕“一带一路”建设，启动了全球地理信息资源建设，成功获取部分沿线国家及重点区域地理信息，并开展中欧铁路通道建设位置服务等应用示范。国家地理信息公共服务平台“天地图”

功能不断完善，数字城市建设正在向智慧城市升级，应用成效日益显现。发挥行业优势，主动助力精准扶贫、精准脱贫。国家应急测绘保障能力项目稳步推进，应急测绘纳入国家突发事件应急体系和国家综合防灾减灾工作体系，并在各类突发事件中彰显作用。推动地理信息与新技术、新产业加速融合，地理信息通过分享经济惠及大众，地图创意产品不断涌现，地理信息产业保持高速发展。努力推动地理信息大数据资源整合与共享，积极推进国土资源部与国家局的业务协作，与相关部委、政府、单位签署合作协议近40个。援疆援藏工作取得实效。

全面从严，党的建设呈现新气象。深入学习贯彻习近平新时代中国特色社会主义思想，认真贯彻落实总书记给国测一大队老队员老党员回信重要指示精神。严明政治纪律和政治规矩，认真落实全面从严治党各项要求，扎实开展党的群众路线教育实践活动、“三严三实”专题教育，推进“两学一做”学习教育常态化、制度化。制定具体举措，严格落实中央八项规定精神，坚决反对“四风”。深入学习贯彻中纪委历次全会和国务院廉政工作会议精神，每年召开电视电话会议部署工作，并印发实施意见和责任分工。坚持开展经常性廉政教育，认真抓好党内有关准则、条例的学习贯彻。准确把握运用监督执纪“四种形态”，加强纪检监察工作力量，强化日常管理监督，实现了对局所属单位领导班子和机关各司室的巡视全覆盖。坚持正确选人用人导向，在严格标准、完善制度和规范程序上下功夫，各级领导班子的结构更加优化，优秀年轻干部培养选拔力度持续加大。坚持高端引领、整体开发，高层次创新型人才不断涌现，各类人才队伍建设统筹推进。首次开展老干部督查工作成效显著，工青妇等群团组织建设进一步加强。坚持把弘扬测绘精神与践行社会主义核心价值观紧密结合，大力开展测绘文化建设，涌现出了国测一大队、刘先林、杨艳萍等一批先进集体和“感动测绘人物”“测绘大国工匠”，国测一大队先进事迹报告会引起社会广泛反响，职工群众文化体育活动经常化、品牌化。意识形态责任制进一步落实，宣传工作持续有力。

即将过去的2017年，是党和国家发展进程中极不平凡的一年，我们以实际行动迎接和学习贯彻党的十九大精神，新《测绘法》颁布实施，第一次全国地理国情普查圆满完成并发布成果，首届联合国世界地理信息大会在中国举办获得国务院批准，雄安新区测绘保障服务主动扎实，全国卫星导航定位基准服务系统正式启用，国家应急测绘保障能力建设项目全面启动，全覆盖排查整治“问题地图”专项行动取得阶段性成果，“十三五”规划确定的重大项目和重点工作正在落实，局系统贯彻落实中央全面从严治党要求检查工作全面完成，各级领导班子和党员干部队伍的创造力、凝聚力和战斗力日益增强，可以说喜事多、大事多、成果多，既为事业发展增加了思想动力，也为今后工作开展奠定了坚实基础。

过去的五年，是团结奋斗、砥砺前行的五年；是改革发展、忠诚奉献的五年；也是认识深化、境界提高的五年。五年取得的成就令人振奋，五年积累的经验值得总结。

——党的领导是中国特色社会主义最本质的特征。只有毫不动摇地坚持党的领导，同以习近平同志为核心的党中央保持高度一致，才能确保测绘地理信息事业始终沿着正确方向发展。五年来，我们党以巨大的政治勇气和强烈的责任担当，解决了许多长期想解决而没有解决的难题，办成了许多过去想办而没有办成的大事。在党和国家事业取得历史性成就、发生历史性变革的同时，测绘地理信息事业也实现了许多新突破，取得了许多新成绩。实践证明，中国共产党是全国人民的主心骨，是中国特色社会主义的最高政治领导力量。只有毫不动摇地坚持党的领导，中华民族才能迎来伟大复兴的光明前景；只有牢固树立“四个意识”，切实增强“四个自信”，对党忠诚，为国奉献，测绘地理信息事业也才能迎来更加辉煌灿烂的明天。

——习近平新时代中国特色社会主义思想是强大思想武器和根本行动指南。只有坚持用习近平新时代中国特色社会主义思想指导实践，才能不断开创测绘地理信息事业新局面。五年来，我们始终坚持用习近平新时代中国特色社会主义思想武装头脑、指导实践、推动工作，深入学习贯彻党的十八大、十九大精神和习近平总书记回信重要指示精神，不折不扣地落实党中央、国务院的重大决策部署，测绘地理信息事业改革创新发展不断迈上新台阶。实践证明，只有以习近平新时代中国特色社会主义思想为指导，全面贯彻党的基本理论、基本路线、基本方略，测绘地理信息事业才能不断开创新局面、呈现新气象。

——发展是解决我国一切问题的基础和关键。只有坚持新发展理念，始终服务大局、服务社会、服务民生，才能彰显测绘地理信息事业的地位、作用和力量。五年来，我们坚持当前与长远兼顾、继承与创新并举，始终以高站位、新理念、宽视野谋划事业发展，使测绘地理信息事业的发展方向、目标任务、业务布局、实现路径、保障措施更加明确。各级测绘地理信息部门上下同心谋发展，步调一致抓改革，抢抓机遇促创新，在越来越多的领导机构和协调机制中承担重任，并站在更高层次、以更开放的姿态服务着国家大局和地方发展。数据更新的速度、服务领域的广度、与发展大局的紧密度、自身优势的彰显度，都呈现出前所未有的良好局面。实践证明，只有坚持发展是硬道理的战略思想，坚持贯彻新发展理念，以钉钉子精神落实既定的发展战略、发展规划、发展举措，测绘地理信息事业才能焕发出蓬勃生机与活力。

——全面依法治国是中国特色社会主义的本质要求和重要保障。只有坚持总体国家安全观，大力加强测绘地理信息法治建设，才能统筹发展和安全，保障测绘地理信息事业健康发展。五年来，我们坚持改革与法治统筹推进，把推进立法和改革发展相衔接，努力以法治凝聚改革共识，在改革中不断完善法治。特别是《测绘法》的修订实施，增加了服务生态保护职责，让卫星导航定位基准站建设与管理、地理信息安全监管、地理国情监测、应急测绘、不动产测绘、地理信息产业发展等新实践新探索有法可依、于法有据，使保安全与促发展相得益彰。经过各级测绘地理信息部门的共同努力，目前，已形成以《测绘法》为核心，4 部行政法规、35 部地方性法规、6 部部门规章、近百部地方政府规章和大量规范性文件组成的测绘地理信息法律规范体系。实践证明，只有科学立法、严格执法、依法行政，运用法治思维和法治方式开展工作，才能确保测绘地理信息事业在法治化轨道上健康发展。

——全面从严治党永远在路上。只有把党的政治建设摆在首位，全面推进党的各项建设，才能为测绘地理信息事业发展提供坚强的政治保障。五年来，我们把抓好党建作为最大政绩，认真履行全面从严治党责任，以各种集中学习教育活动为载体，以深入贯彻中央八项规定精神为抓手，强化政治纪律和政治规矩，做到党中央提倡的坚决响应、党中央决定的坚决执行、党中央禁止的坚决不做，基层党组织的创造力、凝聚力和战斗力不断增强，各级领导班子、干部人才队伍呈现出良好风貌，为事业改革创新发展提供了思想保障、精神动力和智力支持。实践证明，只有把全面从严治党的责任扛在肩上，把政治建设作为首要任务抓在手上，毫不松懈地抓班子、带队伍、聚人才，持之以恒地转作风、强素质、提能力，我们的政治生态才会风清气正，我们的职工队伍才会心齐劲足，我们的事业才会蒸蒸日上。

同志们！测绘地理信息事业之所以能够形成今天这样的良好局面，得益于党中央的坚强领导，得益于各部门、各级党委政府的鼎力支持，得益于广大干部职工的团结奉献！在此，我代表国家局党组，向关心支持测绘地理信息工作的领导同志、相关部门、军队单位及社会各界表示衷心的感谢，向全行业广大干部职工致以崇高的敬意！

按照党的十九大决策部署，面对国家经济社会发展的需要和事业改革创新发展的内在要求，我们必须深刻认识到还存在的问题和不足，特别是通过学习党的十九大精神和习近平新时代中国特色社会主义思想，更加感觉到在思想境界、理论视野、战略谋划上的许多差距。同准确把握基本国情一样，我们必须清醒地看到我国测绘地理信息事业“大而不强”的现实，建设测绘地理信息强国必须付出更为艰巨、更为艰苦的努力。在工作方面，旺盛需求与有效供给不足的矛盾仍然十分突出，地理信息资源开发利用还不充分，供需脱节的问题仍旧存在，测绘地理信息高质量、高效率、高水平的供给体系尚不完善；“问题地图”频发多发，监管难度加大，维护国家地理信息安全的任务十分艰巨；地理国情监测的体制机制还未健全，地理国情综合服务水平亟待提高；科技创新力度不强，重大成果不多，创新成果转化率不高，部分核心技术和装备仍受制于人，企业作为技术创新主体的地位和作用还没有得到充分发挥；测绘地理信息工作整体上还存在系统性、平衡性、协调性不强等问题，加快“五大业务”建设、“五大能力”提升还需下大力气，转型升级任重道远。在党的建设方面，从严治党主体责任层层传导压力不够，在抓常抓细抓长上还需持续用力。

二、凝心聚力，肩负起新时代赋予测绘地理信息工作者的新使命

党的十九大报告指出，经过长期努力，中国特色社会主义进入了新时代，这是我国发展新的历史方位。学习贯彻习近平新时代中国特色社会主义思想，落实党的十九大提出的各项重大部署，是我们当前和今后一个时期的重大政治任务，我们必须准确把握新时代要求，确立新时代目标，担起新时代使命，负起新时代责任。

（一）新时代，必须用习近平新时代中国特色社会主义思想指导测绘地理信息事业新实践。习近平新时代中国特色社会主义思想，是对马克思列宁主义、毛泽东思想、邓小平理论、“三个代表”重要思想、科学发展观的继承和发展，是马克思主义中国化最新成果，是党和人民实践经验和集体智慧的结晶，是中国特色社会主义理论体系的重要组成部分，是全党全国人民为实现中华民族伟大复兴而奋斗的行动指南。将习近平新时代中国特色社会主义思想写入党章，确立为我们党必须长期坚持的指导思想，具有重大现实意义和深远历史意义。我们要大力弘扬理论联系实际的学风，用习近平新时代中国特色社会主义思想指导测绘地理信息事业新实践、新发展。

要坚持党对测绘地理信息工作的领导，提高各部门各单位党委（党组）把方向、谋大局、定政策、促改革的能力和定力。坚持以人民为中心，践行全心全意为人民服务的根本宗旨，把党的群众路线贯彻到事业发展的全部活动之中。坚持全面深化改革，在转变思想观念、理顺体制机制、增强发展动能上狠下功夫。坚持创新、协调、绿色、开放、共享的新发展理念，加快推进测绘地理信息事业转型升级、科学发展。坚持全面依法治国方略，深入推进测绘地理信息法治建设，实现依法行政。坚持社会主义核心价值体系，大力弘扬测绘精神，打造测绘人的精神家园。坚持在发展中保障和改善民生，努力满足人民日益增长的地理信息需要。坚持人与自然和谐共生，为建设美丽中国作出贡献。坚持总体国家安全观，尽职尽责加强国家地理信息安全监管，维护国家主权、安全、发展利益。坚持贯彻军民融合发展战略，开创测绘地理信息军民融合发展新局面，为实现党在新时代的强军目标作出努力。坚持推动构建人类命运共同体，为世界测绘地理信息发展提供中国方案，贡献中国智慧。坚持全面从严治党，把党的政治建设摆在首位，为测绘地理信息事业发展提供坚强的政治和思想保障。

（二）新时代，必须开启建设现代化测绘地理信息强国新征程。站在新的历史方位，认真回顾和全面审视我国测绘地理信息事业 60 多年来的发展历程和辉煌成就，我们有信心也有决心通过上下齐心、共同努力，让我国的地理信息资源储备能力、供给能力、服务能力和测绘科技创新能力、装备保障能力、人才支撑能力、产业核心竞争力、文化传承力、队伍凝聚力以及国际影响力都强起来。我们要自觉服从并服务于新时代中国特色社会主义发展的战略安排，从现在到 2020 年，在服务全面建成小康社会的进程中，实现测绘地理信息事业“十三五”规划确定的目标任务，构建“五大业务”体系，显著提升地理信息产业对国民经济的贡献率，使我国测绘地理信息整体实力达到国际先进水平；到本世纪中叶，在服务建设社会主义现代化强国的过程中，建成硬实力和软实力都领先的现代化测绘地理信息强国。要立足当前，谋划长远，在做好测绘地理信息事业“十三五”规划中期评估的同时，启动第三轮测绘地理信息事业发展战略研究。

（三）新时代，必须在把握新的社会主要矛盾中解决测绘地理信息工作面临的新问题。党的十九大报告指出，中国特色社会主义进入新时代，我国社会主要矛盾已经转化为人民日益增长的美好生活需要和不平衡不充分的发展之间的矛盾。这种变化要求我们在紧紧扭住发展这个第一要务不动摇、继续推动发展的基础上，着力解决好发展不平衡不充分问题，大力提升发展质量和效益；要求我们始终牢记人民对美好生活的向往就是我们的奋斗目标，顺应人民新期待，更好满足人民各方面日益增长的需要，不断增强人民的获得感、幸福感、安全感。享受更精准更高效更便捷更周到的地理信息服务，是人民美好生活需要的重要组成部分。我们要及时分析和准确把握人民多样化、多层次、个性化的地理信息需要，以更多更好的地理信息产品和服务满足人民的期待。同时，要解决短板问题，解决发展的系统性、整体性、协同性还不够的问题，解决人民日益增长的地理信息需要和不平衡不充分的发展之间的矛盾，让测绘地理信息事业实现各地区、各方面、各环节的平衡发展、充分发展。

（四）新时代，必须认真履行好测绘地理信息工作者的新使命。党的十九大报告指出，中国共产党人的初心和使命，就是为中国人民谋幸福，为中华民族谋复兴。对于测绘地理信息工作者而言，初心和使命就是忠诚奉献于党和国家事业，为国民经济和社会发展提供强有力的服务保障。服务经济建设、国防建设、社会发展和生态保护，维护国家地理信息安全，既是新《测绘法》明确的事业新职责新定位，也是新时代赋予我们的新担当新使命。服务经济建设是测绘地理信息工作的根本任务。我们必须加快供给侧结构性改革，不断提升供给能力和水平，彰显创新驱动发展优势，加快发展地理信息产业，助力高质量、高效益的现代化经济体系建设。服务社会发展是测绘地理信息成果惠及百姓、改善民生的重要体现。我们要创造更多更好的地理信息产品和服务，为创新社会治理、实施智能化管理、优化公共服务、造福千家万户作出贡献。服务国防建设是测绘地理信息工作肩负的战略责任。我们要系统谋划、高位推动军民融合发展，实现测绘地理信息军民融合深度发展新格局，为军事斗争和国防建设提供坚实保障。服务生态保护是测绘地理信息事业转型升级的主攻方向。我们要围绕生态文明体制改革和美丽中国建设的部署要求，实现对我国地表自然和人文地理要素的边界划定、变化监测，在生态保护中发挥“千里眼”和“侦察兵”的作用。维护地理信息安全是确保国家主权、安全、发展利益的重要内容。我们要坚持统筹发展和安全，坚持底线思维，全面提升监管能力水平，把维护国家地理信息安全的主动权牢牢掌握在手中。

2018 年，是贯彻党的十九大精神的开局之年，是改革开放 40 周年，是决胜全面建成小康社会、实施“十三五”规划承上启下的关键一年。2018 年测绘地理信息工作的总体要求是：全面深入贯彻党的十九大精神，以习近平新时代中国特色社会主义思想为指导，坚持稳中求进工作总基调，坚持新发展理念，紧扣我国社会主要矛盾变化，按照高质量发展的要求，统筹推进“五位一体”总体布局和协调推进“四个全面”战略布局，以供给侧结构性改革为主线，贯彻总体国家安全观，坚持创新引领，实施测绘地理信息事业发展战略，推动质量变革、效率变革、动力变革，以完善新型基础测绘体系、健全地理国情监测机制、推进全球地理信息资源建设为重点，加快建设“五大业务”、加速提升“五大能力”，为促进经济社会发展和生态文明建设提供更多高质量的测绘地理信息产品与高水平的服务，切实维护国家地理信息安全，全面开启建设测绘地理信息现代化强国新征程，奋力谱写新时代测绘地理信息事业发展新篇章。

三、深化供给侧结构性改革，加快构建现代化测绘地理信息公益性保障新格局

建设现代化测绘地理信息公益性保障体系，是服务国家改革发展大局的迫切要求，是新时代测绘地理信息事业发展的战略目标。必须加大供给侧结构性改革，坚持质量第一、效益优先，加快构建新型基础测绘、地理国情监测、全球地理信息资源开发、应急测绘、航空航天遥感测绘“五大业务”体系相辅相成、互为支撑的现代化测绘地理信息公益性保障新格局，推动测绘地理信息事业实现更高质量、更好效益、更可持续的发展。

（一）加快推进新型基础测绘体系建设。落实全国基础测绘中长期规划纲要（2015—2030 年），围绕全国覆盖、海陆兼顾、内外结合、联动更新、按需服务、开放共享的新型基础测绘体系建设总体目标，全面提升基础测绘的质量和效益。要进一步加强现代测绘基准体系建设与服务。按照统筹建设、资源共享的原则，整合系统内外基准站资源，进一步建设统一的全国卫星导航定位基准服务系统，形成良好的运维服务机制，印发基准站服务办法，向社会提供高精度、实时动态的导航定位基准信息公共服务。要进一步加强基础地理信息数据体系建设。着眼掌握国家战略性基础信息资源主动，做好重大基础测绘项目立项和组织实施，不断丰富国家、省、市、县各级基础地理信息资源，为国家和地方经济社会发展提供基础支撑。扩展基础地理信息内涵，增加政府关注、社会需要、民生关切的要素和属性，使基础地理信息数据更加实用。构建基于云架构的国家地理信息大数据库，满足“五大业务”体系海量数据的一体化入库需求，避免大量重复建库工作，打通各级各类地理信息资源的“经脉”和“孤岛”，真正形成测绘地理信息全国“一个库”，实现多源、多时相、多精度地理信息数据的共享交换、互联互通。要进一步加强基础地理信息公共服务产品体系建设。在创新基础测绘产品的同时，建立具有自主知识产权的基础地理信息公共服务产品体系，实现快速提供多层次、多形式、多元化产品和服务。完善覆盖全行业、一站式的测绘成果和产品目录服务系统，切实统筹好测绘成果管理和地理信息服务。要进一步完善新型基础测绘工作机制。紧紧围绕国家和地方重大战略需求，始终坚持需求决定生产、质量效益优先导向，强化开放测绘意识，形成多维测绘能力，编制完成新型基础测绘体系建设方案，建立基础地理信息协同更新机制，发挥存量资源价值、扩大优质增量供给、促进供需动态平衡，推进基础地理信息资源源头供给从量变到质变的飞跃，显著提升全国测绘地理信息工作的整体合力和综合实力。

（二）全力打造地理国情监测品牌。地理国情监测是测绘地理信息部门履行服务生态保护法定职责、建设美丽中国的重要支撑，是保障国家改革发展大局的创新实践。要形成地理国情监测权威效应。开展基础性地理国情监测，发布年度监测报告，为经济社会发展、重大国情国力调查提供年度更新、普遍适用、精准统一的地理国情公共基底。面向国家重大部署、围绕生态文明体制改革重点领域，开展专题性地理国情监测，强化跨区域、多省区联动监测。围绕城市规划、公共服务、城市治理、特色风貌、应急救灾等开展城市地理国情监测，服务城市精细化治理。要注重地理国情综合统计分析。融合经济社会和人文等信息，多层次、多维度分析揭示资源、生态、环境、人口、经济、社会等要素在地理空间和时间上的内在联系、协调程度，反映规律性特征，预测变化性趋势，提出科学性建议，探索发布地理国情指数，形成地理国情蓝皮书、白皮书、专题分析评价报告等成果，服务领导决策和管理。要健全地理国情监测机制。落实《关于全面开展地理国情监测的指导意见》，建立地理国情监测联席会议机制，推进部门业务协作、上下统筹联动、军地融合发展、企事业单位共同参与，形成沟通顺畅、运转协调、公正权威、公益服务的地理国情监测工作格局，健全监测成果发布、共享、应用等相关制度。各地要推动地理国情监测纳入各级政府预算，建立稳定的投入机制。

（三）全面开展全球地理信息资源建设。全球地理信息资源建设事关国家主权、安全、发展利益，必须全力推进项目立项和实施，为“一带一路”建设和我国掌握全球资源布局、参与全球治理、维护国家安全、促进商贸交流提供基础保障。要扩大资源获取。按照需求牵引、分步实施、内外有别、自主可控、边建边用的原则，集中力量组织实施全球地理信息资源建设项目，开展六大经济走廊相关国家、东盟十国、非洲、极地等部分重点区域地理信息资源建设，逐步形成我国对全球地理信息资源的总体掌控能力，使我国对全球地理信息资源的获取和应用能力达到国际先进水平。要大力推进应用。积极推进全球地理信息资源在“一带一路”涉及国外重大工程规划与建设、海外突发事件应对与救援、国家安全与军事斗争、全球生态环境评估与监测、海外商贸活动与社会人文交流、全球变化研究与可持续发展规划等领域的深入应用，为“一带一路”建设和国家相关战略实施提供坚实保障。

（四）加强应急测绘保障建设。坚持安全发展理念，践行生命至上、安全第一的思想，及时为应急工作提供保障，是测绘地理信息部门义不容辞的使命。要加快构建国家应急测绘保障体系。统筹做好国家应急测绘保障能力项目实施，加快完成由全国航空应急测绘保障基地、国家应急测绘保障分队、应急测绘资源共享节点组成的国家应急测绘保障体系布局，实现与国务院应急办、相关应急部门、各省应急办的互联。要全面提升应急测绘保障能力。着力补齐补强短板，统筹应急信息资源，提升快速获取、快速处理、指挥调度、资源共享和服务能力，实现覆盖全国陆海必要区域、“天空地”一体化、高机动性高适应性服务的国家应急测绘保障目标。同时，逐步实现和提升应对国际安全、国际突发事件的能力。要完善应急测绘保障机制。抓紧修订应急测绘保障预案，建立应急测绘响应调度、保障投入、部门协作、资源共享、平战结合、队伍建设等各项机制。

（五）统筹加快航空航天遥感测绘建设。航空航天遥感测绘是保障事业发展数据源的重要支撑，必须依靠科技进步打造独具特色的业务体系。要加快提升能力。积极推动国家民用空间基础设施中长期发展规划遥感卫星星座的落实，做好高分七号发射准备，推进资源三号 03 星立项、04 星论证，建设国产卫星海外接收站及处理系统，促进无人飞机等新型平台和机载激光雷达等新型传感器的应用，逐步形成多分辨率、多类型、多传感器、全天候综合高效的航空航天遥感测绘能力。要注重数据统筹。着眼国内国外两大市场，着眼军民深度融合，着眼公益性保障和市场化服务需求，统筹“军、民、商、外”对地观测数据资源，推进航空航天遥感测绘数据的分建共享、资源整合、统筹管理，加大向国产商业遥感卫星购买服务的力度。要着力拓展应用。研究主动服务、智能服务、一站式服务模式，建立适合中国国情的遥感数据政策，搭建航空航天遥感测绘增值服务平台，推进遥感数据商业化应用和国际化服务，推动北斗导航卫星系统的产业化应用以及与测绘卫星的全面融合。

四、围绕国家改革发展大局，开辟测绘地理信息保障服务新境界

要紧紧围绕经济建设、国防建设、社会发展、生态保护，走出去深入调研有关部门、地方政府、军队单位、相关企业的现实需要，千方百计拓展测绘地理信息应用服务的广度和深度，为国计民生提供精度更高、质量更优、更新更快、内容更丰富、方式更便捷的测绘地理信息保障，开辟全方位服务国家大局的新境界。

（一）全面服务现代化经济体系建设。坚持发展是执政兴国的第一要务，着力为经济建设提供坚实的测绘地理信息支撑，显著提升对国民经济的贡献率。要围绕国家重大战略、重大工程发挥基础先行作用。把为“一带一路”建设、京津冀协同发展、长江经济带建设提供服务保障作为重中之重，主动契合需求，主动超前服务，主动保障发展。以服务西部大开发、东北地区等老工业基地振兴、中部地区崛起、东部率先发展区域协调发展战略为途径，不断提升全国测绘地理信息协同发展能力。启动雄安新区测绘地理信息八年行动计划，积极服务雄安新区的高起点规划、高标准建设。坚持陆海统筹，加快海洋地理信息资源开发，服务海洋强国建设。着力保障水利、交通、管道、电网、信息、物流等基础设施网络建设，服务重大工程实施。要围绕乡村振兴战略实施乡村振兴测绘工程。遵循国家牵引、地方为主、全国联动的原则，充分利用已有各类测绘成果，用三年的时间实施乡村振兴测绘工程，为加快推进农业农村现代化提供坚实支撑。按照农业部、财政部、国土资源部和国家局关于进一步做好农村土地承包经营权确权登记颁证有关工作的部署要求，高度负责做好技术支持，提供准确权威的地理信息成果，切实维护农民权益。要围绕建设数字中国、智慧社会推进地理信息大数据共享。落实中央加快建设数字中国、实施国家大数据战略的要求，统筹“天地图”、数字城市、智慧城市建设，启动政务地理信息大数据“一张图”建设，形成全国时空大数据平台，接入国家数据共享大平台，强化与相关部门、各级政府、行业单位的协同共享，辅助实现政府决策科学化、社会治理精准化、公共服务高效化。要围绕发展现代服务业显著增强地理信息产业优势。从政策支持、规划引导、市场环境等方面促进地理信息产业发展，加强公众版测绘地理信息成果的开发与供给。推动地理信息产业与互联网、大数据、人工智能和实体经济深度融合，让地理信息“活”起来，在共享经济等领域培育新增长点，更好满足人民对地理信息的需要。探索建立政府和社会资本合作（PPP）等模式，加大向社会购买公共服务力度。支持大型龙头企业加快布局世界级先进技术和服务，促进我国地理信息产业迈向全球价值链中高端。

（二）全面服务国防和军队现代化建设。国家安全环境的深刻变化，强国强军的时代要求，对加强测绘地理信息保障提出了十分紧迫的需求。必须坚持富国和强军相统一，贯彻军民融合发展战略，把测绘地理信息军民深度融合发展提到更加重要位置切实推进。要强化顶层设计。按照中央部署，履行中央军民融合发展委员会成员单位职责，尽快出台促进测绘地理信息领域军民融合深度发展的指导意见，加快构建全方位、多层次、高效率的军民融合发展新格局。要健全融合机制。加强军地协调、需求对接，着力解决制约融合发展的体制性障碍、结构性矛盾、政策性问题，建立健全在规划计划、法规政策、资源共享、科技创新、通用标准、人才培养、国防动员等方面的融合机制。要落实重大项目。统筹测绘基础设施共建共用，全力组织实施好军民融合空间基准项目，合作开展海岛礁测绘、遥感卫星应用，为提高联合作战能力、全域作战能力做好保障。在新型基础测绘体系建设、全球地理信息资源建设、应急测绘保障、海洋地理信息开发等工作中主动对接国防建设需求，促进军民地理信息融合与共享。

（三）全面服务民生保障和改善。坚持尽力而为、量力而行，充分发挥测绘地理信息在保障和改善民生中的重要作用。要助力精准扶贫、精准脱贫。围绕坚决打赢脱贫攻坚战，协调助力相关部门，把习近平总书记关于扶贫工作“6个精准”要求进行空间定位、落到实地，主动在全国精准扶贫精准脱贫大数据平台建设中发挥作用，特别要加强“三区三州”（西藏、四省藏区、新疆南疆四地州和四川凉山州、云南怒江州、甘肃临夏州）深度贫困地区测绘保障。坚决落实脱贫攻坚责任，确保在2020年前完成对口扶贫地区的脱贫攻坚任务。要提供高效应急测绘保障。切实履行在国家防灾减灾救灾和突发事件应急体系中的职责，确保应急测绘队伍召之即来、来之能战、战之必胜，为处置各种突发事件、保护人民生命财产安全、提升防灾减灾能力提供高效保障。

（四）全面服务美丽中国建设。践行人与自然和谐共生理念，发挥测绘地理信息行业技术、资源优势，在生态文明建设中彰显不可或缺的重要作用。要着眼生态系统保护强化保障。履行好生态保护红线划定、省级空间规划试点、采煤沉陷区综合治理等部际协调机制职责，提升“山水林田湖草”的地理国情持续监测水平，在打赢蓝天保卫战、水污染防治、近岸海域综合治理中发挥积极作用，在重要生态系统保护和修复重大工程、优化生态安全屏障体系、“三线”划定、天然林保护、耕地保护等重点任务中提供服务，为第二次全国污染源普查、第三次全国土地调查、第四次经济普查等重大国情国力调查做好保障。要围绕生态环境监管主动作为。在国有自然资源资产管理和自然生态监管中发挥应有作用，为领导干部自然资源资产离任审计、自然资源资产负债表编制和国土空间开发保护、主体功能区完善、自然保护地体系建立、河长湖长制等重大部署提供地理国情综合服务，完成《市县空间规划编制技术规程》编制。

五、贯彻依法治国方略，全面提升法治测绘建设新水平

建设法治测绘是实现国家治理体系和治理能力现代化的必然要求，也是推进测绘地理信息事业发展的重要保障。要坚定不移贯彻中央全面依法治国方略，以新《测绘法》全面贯彻实施为重点，全面提升法治测绘建设水平，营造竞争公平有序的测绘地理信息市场环境，维护国家主权、安全、发展利益。

（一）深化法治测绘实践。坚持厉行法治，建设法治政府，筑牢事业发展的法治基石。要加强法治工作统一领导。国家局党组要成立全面推进法治测绘建设领导小组，制定法治测绘建设相关意见，强化对法治工作的统一领导，全面推进依法行政水平整体跃升。弘扬宪法精神，维护宪法权威，开展宪法宣誓活动，增强公职人员尊法学法守法用法意识。要推进新《测绘法》全面实施。法律的生命力在于实施，要坚持法定职责必须为，全面依法履行新《测绘法》赋予的各项职责，全面推进新《测绘法》确立的各项制度落地生根。开展新《测绘法》实施一周年专项检查评估，督促各级测绘地理信息部门把立法成果转化为事业发展的具体举措，增强领导干部运用新《测绘法》履行职能、推动工作的能力。要完善测绘地理信息法律规范体系。加强科学立法，推进《地理国情监测条例》立法进程，抓紧制定或修订测绘保密、资质管理、市场管理、公开地图内容表示、自动驾驶地图和三维地图产品公开使用、测绘成果知识产权保护等规定，完善测绘地理信息行政执法依据和职权分解，不断完善以新《测绘法》为核心的新时代测绘地理信息法律规范体系。各地要加强地方性法规、政府规章及规范性文件的“立改废释”工作。要加大普法力度。落实“谁执法谁普法”的普法责任制，坚持系统内普法与社会普法并重，创新组织开展日常和集中普法活动，切实增强干部职工、行业单位和社会公众的测绘法治意识。

（二）加快建设服务型政府。转变政府职能，深化简政放权，努力以行政权力的“减法”换取市场活力的“乘法”。要深入推进“放管服”改革。深化行政审批改革，加大政务公开，创新服务方式，加大政务信息化建设，减轻市场主体负担。加强事中事后监管，统筹测绘资质、质量、成果、地图管理“双随机一公开”抽查，构建以信用为核心的新型市场监管机制，开展质量提升行动，稳慎推进注册测绘师制度实施，做好让社会组织有序承接政府转移职能工作。推动综合监管平台的应用，提高综合监管水平和效率。要激发市场主体活力。全面实施测绘地理信息市场准入负面清单制度，清理废除妨碍统一市场和公平竞争的各种规定和做法，以市场准入和管理政策的不断完善引导测绘从业单位向新业态、新服务、新技术领域发展，促进传统测绘单位优化升级，培育新市场新动能；以管理服务水平的不断提升营造良好市场环境，支持民营企业发展，激发市场主体活力，促进行业持续健康发展。

（三）切实维护国家地理信息安全。坚持国家利益至上，贯彻总体国家安全观，依法履行维护国家地理信息安全职责。要严格地理信息安全监管。完成卫星导航定位基准站专项整治和安全升级改造，巩固全覆盖排查整治“问题地图”专项行动成果并建立治理长效机制，加强互联网地理信息安全监管，提高互联网地图监管技术水平，强化网络安全和保密工作，依法查处测绘地理信息涉证、涉网、涉密、涉外、涉军违法行为，切实保障国家地理信息安全。要增强安全监管能力。完善与网信、安全、保密等相关部门的协作机制，开展联合执法、综合执法，强化地理信息安全监管合力。提高互联网监管技术水平，探索涉密地理信息可追溯管理，增强网络空间数据主权保护能力。推广使用安全可信的地理信息技术和设备，实施涉密领域国产化替代战略，提高防范和抵御安全风险能力。要强化国家版图意识宣传教育。推进各级政府、有关部门加强国家版图意识教育，引导新闻媒体开展国家版图意识宣传，推动教育行政部门、学校将国家版图意识教育纳入中小学教学内容，规范搜索引擎优先推送标准地图供公众使用，组织开展第四届国家版图知识竞赛和少儿手绘地图大赛，切实增强公民的国家版图意识。

六、坚持创新引领，加快形成测绘地理信息事业发展新动能

创新是引领发展的第一动力。要贯彻创新驱动发展战略，以科技创新引领制度创新、管理创新、产品创新、服务创新等全面创新，加快建设创新型行业，不断提升国际影响力。

（一）优化创新生态环境。最大限度地解放和激发各类创新主体的创新活力，努力形成让各类创新主体都有创新能力、都有创新意愿、都有创新担当的创新生态系统。要合理定位政府和市场作用。强化测绘地理信息主管部门在创新方面的政策制定、环境营造、公共服务、重大项目组织等职能，竞争性测绘地理信息新技术、新产品、新业态开发交给市场完成。要强化创新激励机制。落实中央《关于实行以增加知识价值为导向分配政策的若干意见》，完善具有行业特色的创新评价和人才评价制度。建立创新治理的社会参与机制，发挥学会协会、创新联盟的作用，支持企业先行投入开展关键技术研究、装备和标准的研发攻关，推动产学研和创新要素的集聚，鼓励建设区域性创新应用中心，形成政府、社会组织、企业、高校、研究机构协同创新体系。要营造崇尚创新文化。弘扬鼓励探索、敢冒风险、宽容失败的创新精神，鼓励科研人员创业创新，强化创新意识，锻炼创新思维，塑造创新人格，增强创新能力。

（二）提升科技供给能力。抓住科技创新的“牛鼻子”，大力提升测绘地理信息核心竞争力。要围绕“五大业务”体系加快补短板。围绕涉及事业长远发展的“卡脖子”问题，聚焦“五大业务”体系建设，大力推进信息化测绘技术体系建设，开展地理实体采集、全球地理信息感知、水体和地下空间测绘、地理信息数据库融合、地理国情统计分析、测绘卫星建设和数据应用等研究和原始创新，实现关键核心技术安全、自主、可控。落实“天地一体化信息网络工程”专项合作，加快地面信息港建设。要瞄准国际前沿技术加快创新。推进测绘地理信息与互联网、物联网、大数据、云计算、人工智能新技术的深度融合研究，推动测绘地理信息技术在自动驾驶、智能制造、穿戴装备等前沿领域的应用。特别要高度重视人工智能这一战略性、颠覆性技术给测绘地理信息行业带来的深刻变革，审时度势、超前布局，把握深度学习、跨界融合、人机协同、群智开放、自主操控等特征，主动求变应变，力争抢占先机，带动行业竞争力的整体跃升。要强化科技成果转化。贯彻落实《促进科技成果转化法》，制定科技成果使用、处置、收益相关制度，推进科技报告和科技成果登记，加强对核心知识产权的支持力度，提升成果转化的积极性，打通科技成果转化的“最后一公里”，把科技成果转化效率纳入单位绩效考核。要坚持标准引领。完善测绘地理信息标准体系，开展重大、关键领域的标准制修订，推进时空大数据、地理信息统计和公共服务标准化，做好军民测绘标准通用化工作，扩大主导国际标准制定范围。

（三）扩大国际交流合作。践行人类命运共同体思想，秉持共商共建共享的全球治理观，将国际合作道路不断走宽、走实、走深。要办好首届联合国世界地理信息大会。经国务院批准，2018 年 11 月，首届联合国世界地理信息大会将在浙江德清举办，要坚持高位协调、高端策划、高规格推动、高水平组织，全力以赴办好大会，推动落实联合国 2030 年可持续发展议程地理信息领域目标，开展主场外交，讲好中国故事，提升中国测绘影响力。要积极参与国际事务。充分发挥与联合国合作的中国及其他发展中国家地理信息管理能力开发项目平台作用，为全球地理信息事务贡献中国智慧和力量。积极发展全球伙伴关系，推进与测绘大国的协调合作，深化与周边国家交流关系，探索测绘“南南合作”模式。要扩大对外合作应用。拓展全球地理信息资源、全球 30 米分辨率地表覆盖数据应用，加快资源三号卫星应用国际化，支持国产测绘地理信息技术、装备、产品、服务“走出去”，加强培育国际合作与竞争新优势。实施好巴基斯坦新一代国家测绘基准援建项目，推动尼泊尔等相关合作项目立项，提升受援国自主发展能力，体现测绘大国担当。

七、营造风清气正的政治生态，坚定不移贯彻全面从严治党新要求

党政军民学，东西南北中，党是领导一切的。测绘地理信息系统各级党组织要深入落实新时代党的建设总要求，牢牢扛起管党治党的政治责任，坚定不移把全面从严治党推向纵深，为新时代测绘地理信息事业改革创新发展提供坚强政治保证。

（一）把党的政治建设摆在首位。保证全党服从中央，坚持党中央权威和集中统一领导，是党的政治建设的首要任务。维护党中央权威，首先要维护习近平总书记的核心地位。全系统党员干部要提高政治站位，牢固树立“四个意识”，坚决维护习近平总书记在党中央和全党的核心地位，坚决贯彻落实《中共中央政治局关于加强和维护党中央集中统一领导的若干规定》，坚定执行党的政治路线，严格遵守政治纪律和政治规矩，自觉在政治立场、政治方向、政治原则、政治道路上同以习近平同志为核心的党中央保持高度一致。要尊崇党章，严格执行新形势下党内政治生活若干准则，完善和落实民主集中制的各项制度，切实增强党内政治生活的政治性、时代性、原则性、战斗性。各级领导干部特别是主要负责同志要认真履行全面从严治党责任，率先垂范，加强党性锻炼，提高政治觉悟和政治能力，把对党忠诚、为党分忧、为党尽职、为民造福作为根本政治担当。要毫不动摇贯彻党中央重大决策部署，严格执行重大问题及时向党中央请示、重要进展情况及时向党中央报告制度。要全面加强党的督促检查工作，切实提升执行力，做到思想统一、步调一致，对落实不力的要严肃追责。

（二）用习近平新时代中国特色社会主义思想武装头脑。思想建设是党的基础性建设。要把习近平新时代中国特色社会主义思想作为党委（党组）理论学习中心组核心内容、党校教育培训的必修课，利用领导干部宣讲、集中办班、专题研讨、辅导讲座、“三会一课”等形式，面向全体党员开展多形式、分层次、全覆盖的全员培训，突出抓好县处级以上领导干部的集中轮训，分期分批对党员干部进行系统培训，抓好离退休人员中党员的学习，教育引导广大党员更加自觉地把习近平新时代中国特色社会主义思想作为改造主观世界、开展实际工作的思想旗帜、理论指引和根本遵循。要结合继续贯彻落实习近平总书记给国测一大队老队员老党员回信重要指示精神，教育引导党员牢记党的宗旨，挺起共产党人的精神脊梁，自觉做共产主义远大理想和中国特色社会主义共同理想的坚定信仰者和忠实实践者。要推进“两学一做”学习教育常态化制度化，以处级以上领导干部为重点，扎实开展“不忘初心、牢记使命”主题教育，引导党员牢记入党誓词，锤炼党性修养。

（三）建设高素质专业化干部队伍。全系统党员干部是测绘地理信息事业发展的中坚力量。要坚持党管干部原则，突出政治标准，选优配强各级领导班子。要改进推荐考察办法，大力发现储备和选拔使用经过实践考验的优秀年轻干部，加大干部交流轮岗、双向交流挂职力度。要坚持党管人才原则，继续实施“人才强测”战略，实行更加积极、开放、有效的人才政策，实施系列人才培养工程、测绘地理信息“工匠计划”，协调完善测绘学科建设，让各类人才的创造活力竞相迸发、聪明才智充分涌流。要坚持严管和厚爱结合、激励和约束并重，完善干部考核评价机制和省级测绘地理信息主管部门绩效考核办法，建立激励机制和容错纠错机制，旗帜鲜明为敢于担当、踏实做事、不谋私利的干部撑腰鼓劲，同时贯彻落实国家局干部能上能下实施细则，做到从严管理干部常态化。认真做好离退休干部工作，强化政治引领和各项服务。要全面增强党员干部的学习本领、政治领导本领、改革创新本领、科学发展本领、依法执政本领、群众工作本领、狠抓落实本领、驾驭风险本领等各项执政本领，注重培养专业能力、专业精神，让干部队伍适应新时代要求，担当起新时代重任。

（四）加强基层组织建设。一个基层党组织就是一个战斗堡垒，一名党员就是一面旗帜。要树立党的一切工作到支部的鲜明导向，以提升组织力为重点，突出政治功能，把基层组织建设为坚强的战斗堡垒。党支部要担负好直接教育党员、管理党员、监督党员和组织群众、宣传群众、凝聚群众、服务群众的职责，引导广大党员发挥先锋模范作用。要坚持“三会一课”制度，不断总结创新支部工作法，努力解决党小组虚化问题。要加强标准化测区建设，把支部建在测区一线。要推进党务公开，严格党员发展和管理，完善党内激励、关怀、帮扶机制。要加强工会、共青团、妇联等群团组织建设，增强政治性、先进性、群众性。

（五）持之以恒正风肃纪反腐。党风廉政建设和反腐败斗争永远在路上。要坚持以上率下，驰而不息加强作风建设，巩固和拓展落实中央八项规定精神成果，根据新修订的中共中央政治局贯彻落实中央八项规定实施细则，研究制定局党组落实具体措施，继续整治“四风”问题。要重点强化政治纪律和组织纪律，带动廉洁纪律、群众纪律、工作纪律、生活纪律严起来，让党员干部知敬畏、存戒惧、守底线，习惯在受监督和约束的环境中工作生活。要运用好监督执纪“四种形态”，坚持无禁区、全覆盖、零容忍，坚持重遏制、强高压、长震慑，强化监督执纪问责，严肃查处顶风违纪问题，坚决惩治各类腐败行为。要深化政治巡视，开展新一轮巡视，启动巡察工作试点。要按照《廉洁自律准则》《纪律处分条例》《党内监督条例》《巡视工作条例》《问责条例》等党内法规制度，织密扎牢全面从严治党的制度笼子。要严格财经制度和财经纪律，建立全面规范透明、标准科学、约束有力的预算制度，全面实施绩效管理，确保各项经费安全高效使用。强化内部审计，注重对内部审计发现问题的坚决整改和责任追究，严格防范腐败问题的发生。

（六）大力推进测绘文化建设。文化兴国运兴，文化强民族强，高度的文化自信是实现中华民族伟大复兴的精神基石。要坚定文化自信，坚持开展理想信念教育，加强思想道德建设，引导干部职工树立正确的历史观、民族观、国家观、文化观，激励干部职工向上向善、孝老爱亲、忠于祖国、忠于人民。要严格落实意识形态工作责任制，加强各类阵地建设和管理；坚持正确的宣传舆论导向，加快媒体融合发展，加强互联网内容建设，提高对外传播能力；加强新型智库建设，构建新型智库体系。要大力培育和践行社会主义核心价值观，让不忘初心、忠诚奉献的测绘精神生生不息、薪火相传，转化为党员干部对党、对国家、对事业的高度情感认同与行为习惯，凝聚起戮力同心干事创业的高度行业自信。要围绕改革开放40周年等主题，挖掘、展现地理信息历史档案的文化内涵和应用价值。要坚持讲品味、讲格调、讲责任，推出更多更好的地图文化产品，满足人民对地图文化生活的需要。要加强测绘科普工作，不断深化群众性精神文明创建活动，推动各种活动经常化、品牌化，营造健康向上、和谐文明的文化氛围。

同志们，党的十九大擘画了新时代党和国家事业发展的宏伟蓝图。测绘地理信息广大干部职工要更加紧密地团结在以习近平同志为核心的党中央周围，拥抱新时代，践行新思想，实现新作为，奋力谱写决胜全面建成小康社会、夺取新时代中国特色社会主义伟大胜利的测绘地理信息新篇章，为实现中华民族伟大复兴中国梦作出新的更大贡献！

在国家测绘地理信息局第七届科学技术委员会第三次全体会议上的讲话

国家测绘地理信息局局长　库热西·买合苏提

2017年12月28日

尊敬的各位院士、各位委员：

这次会议召开得很及时，对深入学习贯彻党的十九大精神、中央经济工作会议精神以及国务院领导同志对测绘地理信息工作的重要批示精神，加快建设创新型国家、加快推进测绘地理信息事业改革创新发展具有重要意义。

今天，我跟大家一起又学习了一遍十九大报告中关于科技创新的内容，每学一次都有新的认识和新的动力。认真听取了上午的报告和院士们的发言，备受启发，也备受感动。局科技委是测绘地理信息局乃至整个测绘地理信息系统的非常重要的智库和智囊团。各位院士、委员长期以来对测绘地理信息发展作出了重大的贡献，我代表局党组，对各位委员及顾问长期以来对测绘地理信息事业的关心支持和辛勤付出表示衷心的感谢！

刚才，各位院士从测绘地理信息科技发展趋势、战略发展方向等角度，对如何进一步提升测绘地理信息科技自主创新能力，以及改进测绘地理信息管理体制、机制等方面都提出了非常宝贵的意见和建议，对于提升测绘地理信息科技创新供给能力具有非常重要的意义。科技委秘书处、科技司的同志在会后要认真梳理、吸纳院士、专家们的意见和建议，落到实处。

2017年，在各位院士专家的大力支持下，全系统干部职工齐心协力、忠诚奉献、凝心聚力、砥砺前行，推动事业迈上了新台阶，取得了新业绩。《测绘法》修订颁布，赋予测绘地理信息工作更高更重要的职责定位，为依法行政、履职尽责提供了法律遵循。首次全面准确地摸清了我国地理国情家底，形成了一系列数据成果、技术标准和科技创新成果，在“多规合一”、精准扶贫等工作中发挥重要作用，开创了服务生态文明建设的生动实践。我局组织推荐的2项科技成果获国家科技进步二等奖，这是对测绘地理信息科技工作者不忘初心、辛苦付出的高度褒奖。首届联合国世界地理信息大会获得国务院批准在中国举办，两天前大会指委会第一次会议刚刚在这里召开，联合国副秘书长亲自到场，充分体现了联合国对这次大会的重视，明年大会的召开是全球测绘地理信息的一次盛事，必将促进中国测绘地理信息在世界舞台发挥更大作用，以实际行动贯彻习近平新时代中国特色大国外交理念，推动测绘地理信息服务人类命运共同体构建。在全国范围内组织开展的全覆盖排查整治“问题地图”专项行动取得显著成效，地图市场乱象得到有效遏制。由我局17位科技委顾问、院士委员联名建议的全球地理信息资源建设工程得到党和国家领导同志高度重视，我局认真落实有关重要批示，主动与财政部、发改委、科技部沟通，项目建议正在有序推进。

在取得成绩的同时，我们也必须清醒地看到存在的问题和不足：科技创新力度不够强，重大成果不多，创新成果转化率不高，部分核心技术和装备仍受制于人，企业作为技术创新主体的地位和作用没有充分发挥，制约着科技自主创新水平和供给能力的进一步提升。

十九大报告指出，我国社会主要矛盾已经转化为人民日益增长的美好生活需要和不平衡不充分的发展之间的矛盾，中国特色社会主义已进入了新时代。我们必须准确把握新时代的新要求，紧紧围绕国家改革发展大局和测绘地理信息事业发展的目标任务，认真推进科技体制改革，切实发挥好企业技术创新主体作用，大力提升自主创新能力和水平，加强高精尖装备的自主研发，做好成果转化与推广应用，为测绘地理信息改革创新发展提供强有力的战略支撑。

下面，我讲几点意见：

一、全面贯彻党的十九大精神，用习近平新时代中国特色社会主义思想指导测绘地理信息科技创新

习近平总书记所作的党的十九大报告把十八大以来党的理论创新成果概括为新时代中国特色社会主义思想，党的十九大通过的党章修正案把习近平新时代中国特色社会主义思想确立为我们党的行动指南，实现了党的指导思想的又一次与时俱进。这是党的十九大的一个重大历史贡献。深入学习贯彻习近平新时代中国特色社会主义思想，对于推进测绘地理信息事业改革创新发展，建设硬实力和软实力都领先的现代化测绘强国具有重大意义。

习近平新时代中国特色社会主义思想是强大思想武器和根本行动指南，是建设现代化经济体系的战略支撑，为新时代加快建设测绘强国指明了方向。要坚定“四个自信”，以习近平新时代中国特色社会主义思想为指导，全面贯彻党的基本理论、基本路线、基本方略，做到党中央提倡的坚决响应、党中央决定的坚决执行、党中央禁止的坚决不做，事业发展才能有遵循、有纲领，才能有动力、有信心，各项工作才能打开新局面、呈现新气象。要大力弘扬理论联系实际的学风，用习近平新时代中国特色社会主义思想指导测绘地理信息科技创新有新突破、新发展、新成就。

二、坚定不移地把科技创新摆在全局工作的核心位置

进入新时代以来，科技创新成为以习近平同志为核心的党中央治国理政的核心理念之一，“创新驱动”成为中国发展的核心战略。习近平总书记在党的十九大报告中，17次提到“科技”，特别是在“加快建设创新型国家”部分，短短300多字提到了9次“科技”、5次“技术”。刚刚召开的中央经济工作会议也指出要“大力培育新动能，强化科技创新，推动传统产业优化升级，培育一批具有创新能力的排头兵企业，积极推进军民融合深度发展”。党和国家对科技创新工作的高度重视和多次强调，彰显了新时代科技创新的战略地位和重要意义，也体现了新时代科技工作者将要肩负起的责任和使命。党的十九大报告把创新视为引领发展的第一动力，把科技创新作为实现建设现代化经济体系战略目标的战略支撑，对加快建设创新型国家提出明确要求，做出具体部署，赋予科技创新工作更加重要、更为艰巨的使命，科技工作者责任极其重大。我们要以十九大报告精神和习近平总书记系列重要讲话精神为指导，积极作为、勇于担当，把科技工作摆到测绘地理信息事业发展的战略和全局核心位置去谋划，始终坚持服务大局、服务社会、服务民生的宗旨，以科技创新提升测绘地理信息整体实力，推进测绘地理信息强国建设。

三、不断深化测绘地理信息科技体制改革

“十三五”以来，我局印发了《关于加强测绘地理信息科技创新的意见》《测绘地理信息科技发展“十三五”规划》《信息化测绘体系建设技术大纲》等文件，召开了科技创新工作会，基本形成测绘地理信息科技体制改革和创新发展的顶层设计，要在后续的工作中抓好落实，不断完善。要破除一切制约和束缚科技创新的思想障碍和制度障碍，以改革释放出创新活力，发挥科技创新对供给侧结构性改革的支撑作用，推进创新驱动发展战略的实施。最大限度解放和激发各类创新主体的创新活力，努力形成让各类创新主体都有创新能力、都有创新意愿、都有创新担当的创新生态系统。要合理定位政府和市场分工，强化创新激励机制，建立突出创新导向的评价制度。

局科技委作为我局科技发展的最高级别智库，要为测绘地理信息事业全面深化改革积极建言献策，尤其是在科技创新发展战略和未来发展方向上，要充分发挥顶尖科学家的战略眼光，前瞻谋划、超前布局，要提前认识到、把握住未来科技发展的重点、热点和关键点，要让中国测绘地理信息科技水平从跟跑、并跑逐步提升到领跑地位。

四、紧密围绕“五大业务”，尽快补齐短板

加强科技创新，实施创新驱动发展战略，就一定要突出科技创新对供给侧结构改革和培育发展新产业、新动能的支撑引领作用。进入新时代以来，测绘地理信息科技创新工作成绩显著：信息化测绘技术体系初步建成；测绘卫星双星组网，获取能力大幅提升；全球地表覆盖数据成功研制，实现引领国际发展；自主研发技术装备日益成熟，市场竞争力与日俱增。新时代的测绘地理信息科技创新工作，要紧密围绕测绘地理信息事业发展方向和局党组的重大战略部署，聚焦“五大业务”，着力解决测绘地理信息发展中存在的“卡脖子”问题，要围绕新型基础测绘体系的建设完善，有针对性地开展科技创新，为新型基础测绘体系建设早日实现“全球覆盖、海陆兼顾、联动更新、按需服务、开放共享”的总体目标提供有效地科技支撑和引领。刚才志刚总工介绍了全球地理信息资源建设工作推进情况，在这里首先要感谢各位院士，是你们的智慧、努力和付出造就了全球地理信息资源建设项目。当前这个项目已基本落地，但后续还有很多技术问题需要攻克，尤其随着工程的逐步深入开展，还有很多方面需要科技创新做好支撑和引领，希望各位院士、专家要特别关注这一方向，做好全球地理信息资源建设的科技支撑和引领。此外，还要注重开展协同创新，尤其是要做好军民深度融合发展，要加强军民共建、共用，为军队提供测绘地理信息科技支撑，这既是国家的需要，也是我们的责任。在加强协同的同时，也要瞄准国际前沿技术加快创新，特别要高度重视大数据、人工智能对测绘地理信息行业带来的深刻变革，甚至有可能是颠覆性影响，必须审时度势，超前布局，力争主动。

五、不断完善测绘地理信息科技创新体系

当前我局已初步建成了全国覆盖、协同创新的测绘地理信息科技创新平台体系，为全面提升科技创新能力奠定了坚实的平台基础。在后续工作中要进一步统筹科技资源配置，优化科技力量布局，在地域分布、学科布局、综合管理等方面不断完善，在功能分类上，要构建以高校、科研机构和重点实验室等组成的基础研究体系，以科研机构和科技企业组成的技术开发体系，以生产单位和工程中心等组成的技术应用体系，以管理机构和中介机构等组成的科技服务体系。积极整合现有资源，凝聚力量，严谨论证，选准方向，争取成立测绘地理信息领域国家级创新平台，建立国家、部门和地方重点实验室与工程中心的相互联接机制，逐步形成以国家级平台为核心、部门和地方创新平台为节点的全国科技创新平台网络体系。大力开展协同创新，加强测绘地理信息行业的辐射和渗透能力，尤其要加强与其他新兴学科、其他行业、部门以及军队的交流与融合，积极抢占未来发展的制高点。加强国际科技交流合作，全力以赴办好首届联合国世界地理信息大会，开展主场外交，讲好中国测绘故事。并以此为契机，探索建立国际合作的技术中心。

六、加强高端科技人才培养和创新团队建设

人才是事业发展的重中之重，培养和造就一只规模宏大、结构合理、具有国际水平的战略科技人才、科技领军人才、青年科技人才队伍和高水平创新团队是测绘地理信息事业持续健康发展的根本保障。要努力造就一大批能够把握世界科技大势、研判科技发展方向的战略科技人才，培养一大批善于凝聚力量、统筹协调的科技领军人才，培养一大批勇于创新、善于创新的企业家和高技能人才，培养一大批熟悉市场运作、具备科技背景的创新创业人才。要积极营造有利人才成长的体制机制，实施更加开放的人才政策，创新开放式人才培养模式，大力倡导创新文化，强化知识产权创造、保护、运用，激发各类人才的创新活力和潜力，做到“择天下英才而用之”。科技委中很多委员都是测绘地理信息教育一线的中坚力量，希望大家充分发挥自己的强项，为测绘地理信息队伍培养出更多的领军人才、杰出人才，为推进测绘地理信息事业改革创新发展做出更大的贡献。

七、进一步发挥科技委的战略咨询作用

局科技委是测绘地理信息事业发展战略、科技创新工作方面的最高层次的智库，是十分宝贵的资源，一定要充分发挥好科技委各位院士、专家、委员的作用。通过参加近几年召开的科技委会议，我听到了很多院士、专家们的很好的意见和建议，发挥了很好的作用。但是在日常的工作过程中，要加强与科技委委员的交流，采取多种形式，听取专家意见和建议，更好地发挥科技委的咨询、建议作用。科技委秘书处和各专委会要进一步改进工作方式，利用好局科技委这一平台。也希望各位委员一如既往的关心、支持测绘地理信息事业发展，积极建言献策，履行好科技委委员的职责。

各位院士，专家，同志们，坚持创新驱动发展，建设创新型国家，大力提升测绘地理信息科技供给能力，是党和国家对我们的要求，是新时代赋予我们的使命。任重而道远，需要凝聚起全国广大测绘地理信息科技工作者的智慧与激情，共同奋斗。让我们认真学习贯彻落实十九大精神、以习近平新时代中国特色社会主义思想为指导，不忘初心，牢记使命，努力提升测绘地理信息科技创新水平，为全面建成小康社会、实现中华民族伟大复兴的中国梦作出新的贡献。

新年马上到了，衷心祝愿各位院士、专家身体健康，阖家幸福，在新的一年取得更大的成绩。

在全国测绘地理信息系统厅局级干部培训班（第4期）开班式上的讲话

国家测绘地理信息局副局长　王春峰

2017 年 6 月 13 日

各位学员、同志们：

全国测绘地理信息系统厅局级干部培训班（第4期）今天正式开班。在这里，我代表国家局党组、代表局党校（管理干部学院）向大家表示欢迎！

国家局党组高度重视干部教育培训工作。今年2月13日，局党组专门听取局党校工作汇报，对局党校工作取得的成绩给予了充分肯定，要求局党校“坚决贯彻落实《中共中央关于加强和改进新形势下党校工作的意见》《干部教育培训工作条例》等中央文件精神，结合测绘地理信息工作实际，把党校办出特色、办出水平”。

本期培训班是局党校在全面贯彻十八届六中全会精神，深入学习贯彻习近平总书记系列重要讲话精神和治国理政新理念新思想新战略，扎实推进“两学一做”学习教育常态化制度化，继续推进测绘地理信息事业改革创新发展的重要时期举办的一期高层次培训。参加这期培训班的学员都是全国测绘地理信息系统的厅局级干部，是各单位各部门的领导骨干，把大家从繁忙的工作中抽调出来，进行为期12天的学习培训、加油充电，目的就是使大家进一步加强理论武装，全面增强理论修养、政治修养、道德修养、纪律修养、作风修养，提高能力素质，更好为测绘地理信息事业改革创新发展贡献力量。在这里，我围绕学习贯彻六中全会精神，结合井冈山精神和测绘地理信息事业发展，谈几点认识和体会，作为开班动员，供同志们参考。

一、落实好六中全会精神，更加深入地认识和把握全面从严治党各项要求

十八届六中全会是在我国全面深化改革、全面建成小康社会的决胜阶段，在推进党的建设新的伟大工程和中国特色社会主义伟大事业进程中召开的一次十分重要的会议，在党和国家历史上具有重要的里程碑意义。学习贯彻六中全会精神，要站在历史高度、运用历史思维，深刻认识和全面把握。

（一）深刻认识六中全会的重大成果和历史性贡献

六中全会明确了习近平总书记在全党的核心地位，顺应党心民心，是历史的选择、人民的选择。全会体现了中央“四个全面”战略部署，标志着习近平总书记治国理政新理念新思想新战略形成了较为完整的科学理论体系。全会开启了治国理政、管党治党的新时代，为深入推进全面从严治党提供了基本遵循和制度保障，为实现全面从严治党不断向纵深推进奠定了思想基础和制度规范。

学习六中全会精神必须深刻认识全面从严治党的鲜明主题。新时代背景下，中国共产党人肩负着实现“两个一百年”奋斗目标，实现中华民族伟大复兴中国梦的历史使命。坚持共产党领导，实现新的历史使命，必须全面从严治党。因此，测绘地理信息系统党员干部，尤其是领导干部，要始终保持政治定力，坚持严字当头、真管真严、长管长严，把严的要求落实到党的建设各方面，做到抓思想从严、抓管党从严、抓执纪从严、抓治吏从严、抓作风从严、抓反腐从严，不断增强党在全面执政条件下的自我净化、自我完善、自我革新、自我提高能力。

（二）准确把握《准则》和《条例》的基本要求

六中全会着眼于完成党的历史使命，从我们党面临的内外部环境不断发生深刻变化的实际出发，审议通过了《关于新形势下党内政治生活的若干准则》和《中国共产党党内监督条例》，对落实全面从严治党提出了新的更高要求，对新形势下加强党的建设作出新的重大部署，为推进全面从严治党，提高党的创造力、凝聚力、战斗力提供了更加有力的制度保障。

《准则》和《条例》既深入总结了我们党在加强自身建设方面的经验和教训，继承和发扬了我们党在长期实践中形成的制度规定和优良传统，又全面总结了党的十八大以来党中央推进全面从严治党的生动实践，针对当前党内政治生活和党内监督存在的薄弱环节，聚焦党员领导干部特别是高级干部这个“关键少数”，形成了制度安排，使党内监督更加制度化、规范化、程序化。测绘地理信息系统党员领导干部，一定要深入学习领会新颁布的这两部党内法规，以严的要求、严的标准、严的措施进一步增强从严治党意识、落实管党治党责任，并结合自身工作实际坚决贯彻执行。

（三）以优异成绩迎接党的十九大胜利召开

党的十八届六中全会决定中国共产党第十九次全国代表大会于2017年下半年在北京召开。我们要把学习宣传贯彻全会精神作为向习近平总书记为核心的党中央看齐、向党的路线方针政策看齐、向党中央决策部署看齐的实际行动，进一步统一思想、凝聚力量、真抓实干、扎实工作，以实际行动和优异成绩迎接党的十九大胜利召开。

学习全会精神要与学习习近平总书记系列重要讲话结合起来，把“两学一做”学习教育常态化、制度化。学习全会精神要与干部教育管理、加强队伍建设结合起来，加强政治修养、强化担当意识、树立正确用人导向、发扬务实作风、坚守诚信廉洁，培养和打造一支对党忠诚、干净自律、敢于担当、充满活力的测绘地理信息党员干部队伍。学习全会精神要与指导实践、推动工作结合起来，把全面从严治党的政治优势和组织优势转化为发展优势，以解决突出问题为突破口和主抓手，用全会精神指导推动测绘地理信息事业不断取得新进展。

二、学习井冈山精神，推动测绘地理信息事业改革创新发展

井冈山是中国革命的摇篮，党和国家历届领导人都对井冈山充满敬仰和怀念之情，并结合新的时代特征加对深邃和丰富的井冈山精神以诠释。本期培训班在井冈山举办，利用井冈山丰富的教学资源对课程安排进行了精心设计。希望大家在接下来的学习中深刻体会，从中吸取养分、汲取力量，学深悟透、知行合一，为推进测绘地理事业发展贡献智慧。

（一）坚定执着追求理想

坚定不移的理想信念是井冈山精神的灵魂。“行程万里，不忘初心。”80多年前，在中国革命最危难的时刻，对马克思主义的坚定信仰，对共产主义的坚定信念，是共产党人的精神支柱。今天，实现中华民族伟大复兴的中国梦，同样需要坚定执着追求理想的永恒信念。“热爱祖国、忠诚事业、艰苦奋斗、无私奉献”的测绘精神是测绘地理信息行业的优良传统。在测绘地理信息事业改革创新发展的战略机遇期，局党组提出了“加强基础测绘、监测地理国情、强化公共服务、壮大地信产业、维护国家安全、建设测绘强国”的发展战略，如期完成新时期测绘地理信息事业改革创新发展的各项任务，必须深入学习贯彻习近平总书记给国测一大队老队员老党员重要回信精神和中央领导同志对测绘地理信息工作的批示精神，大力弘扬测绘精神，激发广大党员干部积极进取、追求先进、提升素质的热情，不断凝聚广大党员干部的智慧力量，为事业发展提供政治保障、精神动力和智力支持。

（二）实事求是敢闯新路

实事求是、敢闯新路是井冈山精神的核心。发展理念是发展行动的先导。发展理念不是固定不变的，发展环境和条件变了，发展理念就自然要随之改变。在新的历史时期，习近平总书记关于“经济发展新常态”“五大发展理念”“供给侧结构性改革”三大战略思想，就是从实际出发、从当前形势出发所作出的重大战略决策。“十三五”时期是测绘地理信息事业全面深化改革、转型发展的关键五年，《测绘地理信息事业“十三五”规划》，明确提出构建由新型基础测绘、地理国情监测、应急测绘、航空航天遥感测绘、全球地理信息资源建设“五大业务”协同发展的公益性测绘地理信息保障服务体系，显著提升地理信息产业对国民经济的贡献率。面对新形势新任务，测绘地理信息工作者要坚持以五大发展理念为指引，解放思想、开拓进取，融入大局、服务发展，用改革创新的思路和办法解决前进中的各种问题，全面推进测绘地理信息事业“十三五”规划的实施。

（三）艰苦奋斗攻坚克难

艰苦奋斗、攻坚克难是井冈山精神的基石。在井冈山革命斗争的艰苦岁月里，红军战士在物质极其匮乏的环境下，始终保持旺盛的革命斗志和乐观主义精神，在党的正确领导下，取得一个又一个的重大胜利。在党和国家高度重视下，经过60年的发展，测绘地理信息人艰苦奋斗、筚路蓝缕，实现了事业从无到有、从小到大、由弱变强的发展历程，职能职责显著强化，法规体系日趋完善，基础测绘快速发展，服务保障更加彰显。站在历史的新起点，党中央、国务院对测绘地理信息工作提出更高要求，经济社会发展对测绘地理信息提出更旺需求，面对机遇与挑战，我们要继续保持艰苦奋斗、攻坚克难的精神，坚持问题导向、改革创新，抓住影响和制约事业转型升级的主要矛盾和矛盾的主要方面，继续深化“放管服”改革，继续深化测绘地理信息领域供给侧结构性改革，全面推进测绘地理信息体制机制改革，开创测绘地理信息事业发展新格局。

（四）依靠群众谋求发展

依靠群众是井冈山斗争坚持和发展的重要法宝。井冈山时期，毛泽东等老一辈无产阶级革命家想方设法为群众谋利益，关心和体察群众疾苦，切实解决群众的实际问题，开辟了农村包围城市、武装夺取政权的井冈山道路。群众路线是共产党人最鲜明的政治立场和最宝贵的政治品格。测绘地理信息事业发展也要牢记全心全意为人民服务的宗旨，紧紧围绕国家改革发展大局和百姓民生需求，创新测绘地理信息公共服务提供方式，向社会提供丰富、适用的测绘地理信息公共产品和服务，同时发挥行业优势，主动服务国家精准扶贫项目，帮助对口扶贫地区实施脱贫攻坚工程，为夺取全面建成小康社会的伟大胜利贡献我们的力量。

三、发挥“三个作用”，始终坚持“党校姓党”的根本原则

党校事业是党的事业的重要组成部分。局党校坚决贯彻落实习近平总书记在全国党校工作会议上的重要讲话精神，始终坚持“党校姓党”的原则，突出部门党校办学特色，充分发挥“干部培训的主阵地作用、育人咨政的思想库作用、党性锻炼的大熔炉作用”，已经成为高度认可的学习品牌、学员称赞的精神家园。局党校为办好本期培训班做了精心安排，希望大家集中精力、端正态度，通过培训学有所获。

（一）注重锤炼“看家本领”，把加强马克思主义基本理论学习摆在首位

马克思主义理论素养是领导干部领导素质的核心和灵魂，领导干部特别是高级领导干部要把系统掌握马克思主义基本理论作为看家本领，把马克思主义中国化最新成果作为理论学习的中心内容，读原著、学原文、悟原理，自觉用马克思主义科学理论武装头脑。为落实局党组要求，局党校在教学目标中特别加强基本理论学习，邀请知名专家作专题讲座，编印《基本理论重点篇目选编》和《习近平

总书记系列重要讲话选编》两本自学教材。希望大家认真学习，不要浅尝辄止，真正做到学而信、学而用、学而行，提高理论素养，更加坚定道路自信、理论自信、制度自信、文化自信。

（二）努力促进学用转化，把联系实际解决问题作为学习根本出发点

学习的目的在于应用，用学到的理论知识指导新的实践，做到学以致用、用以促学、学用相长。为办好本期培训班，局党校认真设计教学方案，努力促进学用转化，组织小组研讨、撰写小组论文，要求每位学员结合学习和工作实际提交学习成果。希望大家大力弘扬理论联系实际的优良学风，紧紧围绕贯彻落实测绘地理信息“十三五”规划布局，加强对测绘地理信息热点难点问题的研究，在深入研究推进事业发展和改革创新上下功夫见成效，通过专题研讨、调研座谈、学习论文等多种形式，“化道为器，转智成行”，努力形成一批有益于推动测绘地理信息事业改革创新发展的实实在在的学习成果。

（三）加强校风学风建设，把从严治校作为教学管理的重中之重

从严治校是坚持全面从严治党在党校工作中的具体体现，必须始终坚持从严治校、从严治教、从严治学、勤俭办学，始终把纪律规矩挺在前面。大家在原单位无论担任什么职务，到了党校都是普通学员，要作为学员严格要求、严格教育、严格管理，严格遵守学习培训和廉洁自律等各方面相关规定，自觉加强党性锻炼，自觉遵守校规校纪，没有特殊情况不能请假。局党校要切实履行职责，加强管理，加强服务，为学员学习生活创造良好条件。学员选派单位和各有关部门也要齐抓共管，支持和配合局党校做好学员管理工作。

同志们！把大家从繁忙的工作岗位上抽调出来集中学习12天，机会难得，要倍加珍惜。也希望大家深刻认识到党校学习的重要性，明确党校学习的主要任务，尽快实现“三个转变”，以优良的学风投入到学习中去，静下心来，力争多读一些经典，多做一些思考，多组织一些交流，多研究一些实际问题，努力使自己在理论素养、党性锻炼和能力提升方面都取得收获和进步。

最后，代表局党组、局党校，对江西省测绘地理信息局对本次培训给予的大力支持表示感谢。祝大家培训期间学习进步、身体健康、生活愉快！预祝培训班圆满成功！谢谢大家！

在全国测绘地理信息系统办公室主任会议暨信访工作推进会上的讲话

国家测绘地理信息局副局长　王春峰

2017年8月18日

同志们：

在全国人民喜迎党的十九大之际，召开全国测绘地理信息系统办公室主任会议暨信访工作推进会，对于我们进一步统一思想、明确任务、促进工作具有重要意义。在全体与会代表的共同努力下，我们用一天半的时间认真学习了习近平总书记对信访工作重要批示精神和第八次全国信访工作会议精神，传达学习了全国政府系统秘书长、办公厅主任会议精神，学习交流了测绘地理信息新闻发布和舆情应对工作，部署推进了测绘地理信息信访工作，协调安排了近期办公室重点任务，圆满完成了各项会议议程。可以说，此次会议准备充分，内容丰富，议程紧凑，成果丰硕。

下面我讲三方面意见，供同志们参考。

一、围绕中心服务大局，办公室工作取得明显成效

在国家局党组和各单位党组（党委）的正确领导下，全国测绘地理信息系统办公室的同志们深入学习贯彻习近平总书记和李克强总理关于做好办公室工作的重要指示精神，深入贯彻落实党中央、国务院和局党组决策部署，积极发挥参谋助手、统筹协调和服务保障作用，为推动测绘地理信息事业改革创新发展作出了重要贡献。

一是当好“第一参谋助手”，辅助领导决策作

用明显。各单位办公室努力推动参谋助手向纵深全面发展，紧紧围绕国家局党组的决策部署和各单位的重点任务，密切关注测绘地理信息改革发展中的新情况、新变化，抓住牵一发动全身的关键环节，围绕破解事业发展难题和突出矛盾，加强调查研究和成果转化，提供了高质量的政务信息和具有较强针对性的意见建议，把参谋服务融入到领导科学决策的过程中。国家局办公室高质高效完成了学习贯彻习近平总书记回信重要指示精神、落实中央领导同志重要批示、中央领导同志视察调研、学习宣传贯彻新《测绘法》、第一次全国地理国情普查、全国测绘地理信息工作会议等重要文稿服务，较好地发挥了以文辅政作用。

二是加强综合协调，枢纽作用有效发挥。各单位办公室充分发挥桥梁枢纽作用，将分散行为变成统一的行动，使各部门、各环节有序衔接，保证了本单位工作的运转顺畅。对内，严守工作规矩，着力牵头抓总，注重统筹协调，调动各方力量，促进全局性、重点性工作顺利开展。对外，加强与各级党委政府、有关部门之间的沟通联系，在争取各方关心、重视、支持、理解方面做了大量周到细致的工作。国家局办公室在张高丽副总理主持召开第一次全国地理国情普查领导小组会议并在国家局调研、新《测绘法》宣传贯彻、建局60周年等重大活动中，统筹高效有力，协调顺畅稳妥，补台积极主动。

三是做好“大服务员”，服务保障水平全面提高。各单位办公室把服务作为根本，坚持认真负责、精益求精的工作作风，大力推进工作的优化整合，基本形成了科学合理、操作规范、运转协调、简洁高效的运行体系，服务保障能力全面提升。各单位办公室在办务实的事、开有效的会、发管用的文上率先垂范，用严明的制度、严格的执行、严密的监督推动公文处理、档案管理、政务信息、政务公开、督查督办、信访维稳等工作扎实开展，取得了良好成效。

四是积极强化新闻宣传，社会影响力不断扩大。各单位办公室紧密围绕测绘地理信息中心工作，不断加强新闻宣传机制建设，加大正面宣传和新闻发布力度，加强舆情监测和突发事件应对，营造了良好的舆论氛围。严守政治纪律和政治规矩，积极加强宣传策划，通过主动召开新闻发布会、组织专题报道等方式，充分运用电视、报纸、互联网以及官方微博、微信等平台，围绕地理国情普查和监测、国测一大队先进事迹、测绘应急保障、感动测绘人物等深入宣传，进一步扩大社会影响、树立部门形象、助推事业发展。

五是强化网络安全和保密管理，筑牢事业发展防护墙。测绘地理信息是国家重要的基础性、战略性信息资源，事关国家主权、安全和利益。各单位办公室认真学习贯彻习近平总书记关于网络安全和保密工作的重要指示，按照党中央决策部署和新《测绘法》的规定，着力推进体制机制建设、教育培训、监督检查、信息通报、队伍建设等工作，基本摸清了网络安全工作家底，初步建立了日常工作机制，网络安全保障能力明显提升，非涉密信息系统等级保护工作和涉密信息系统分级保护工作取得积极进展，对行业指导监督力度显著增强，保障了党和国家秘密安全。

在此，我代表国家测绘地理信息局党组向在座的各位办公室主任，并通过你们向所有测绘地理信息系统办公室的工作人员致以衷心的感谢和诚挚的问候！

在看到办公室工作成绩的同时，我们也应该清醒地认识到，新形势下，办公室工作的内涵和外延都有了新的变化，面临的任务更重、要求更多、标准更高。一方面，工作要求超越以往，必须高度重视。党的十八大以来，党中央、国务院和国家局对办公厅（室）工作提出了更高要求。习近平总书记和李克强总理等中央领导同志先后在不同的场合对办公厅（室）工作提出要求，作出重要指示批示。中央办公厅、国务院办公厅每年都分别召开全国党委秘书长会议、全国政府秘书长和办公厅主任会议，研究部署、推进落实办公厅（室）工作任务。库热西局长近期在参加局办公室党支部活动时指出，办公室有着特殊的职责，承担着特殊的任务，面临着特殊的要求。测绘地理信息系统办公室的全体同志，要全面贯彻习近平总书记“坚持绝对忠诚的政治品格、坚持高度自觉的大局意识、坚持极端负责的工作作风、坚持无怨无悔的奉献精神、坚持廉洁自律的道德操守”的要求，充分认识办公室工作的重要性，进一步增强使命感和责任感，不断筑牢政治定力、创新工作方式、转变工作作风、提高服务水平。另一方面，发展任务超越以往，必须积极作为。当前，测绘地理信息事业正处于改革创新发展的关键时期，正在全面加强法治建设，转变行业管理方式，加快建立“五大业务”体系，着力提升“五大能力”，推进公益性事业和市场化服务的协调发展。库热西局长在全系统半年工作情况交流会上强调，要围绕测绘地理信息事业的新定位新职责新任务，全面履职尽责，为经济社会发展和生态文明建设提供高效保障。面对当前的艰巨任务，办公室的同志们必须加快适应“保安全、促发展，转职能、强保障”的转变，积极谋划，主动作为，在抓紧、抓实上想办法，在精准、精细上出实招，在作风、作为上见成效，在简化、优化上下功夫，确保局党组的各项工作部署落到实处。

二、抢抓机遇，力争办公室工作取得新突破

今年将召开党的十九大，也是实施“十三五”规划的重要一年和供给侧结构性改革的深化之年。各单位办公室要以迎接党的十九大召开为主线，按照习近平总书记“五个坚持”和李克强总理“三点要求”，认真落实全国政府秘书长、办公厅主任会议和第八次全国信访工作会议精神，以新的视角审视办公室工作面临的新机遇新挑战，加强思想政治、业务能力、勤政廉政建设，抓好舆论宣传、政务服务等各项工作，努力成为党组（党委）放心的“坚强前哨”和“巩固后院”。

（一）加强舆论宣传工作

办公室的工作千头万绪，这次会议确定的重点内容就是新闻发布和舆情应对，为此我们邀请中宣部对外新闻局和人民网舆情监测室的专家进行了授课。下面，我先就这方面工作提几点要求。

一要旗帜鲜明狠抓意识形态工作。意识形态工作是党的一项极端重要的工作。库热西局长多次对意识形态工作作出批示，局党组专门听取贯彻落实党组（党委）意识形态责任制情况汇报，研究部署意识形态工作，成立了领导小组。各单位办公室作为党组（党委）主管意识形态工作的职能部门，要以习近平总书记“7·26”重要讲话精神为指导，增强“四个意识”，把好方向导向，全面落实意识形态工作责任，在重大政治原则和大是大非问题上敢于斗争、敢于交锋、敢于亮剑，牢牢把握工作的主导权主动权，坚决维护意识形态领域安全。要动态分析、综合研判意识形态领域情况，加强对宣传思想文化阵地的管理，强化工作指导和检查考核，推动各单位始终绷紧意识形态这根弦，特别要把网络阵地作为重中之重，规范发展微博、微信等自媒体，把意识形态工作各项要求落到实处。

二要服务大局大事做好新闻宣传。新闻宣传是为党和政府中心工作服务的，必须围绕中心、服务大局。要兴起迎接、宣传党的十九大的热潮。党的十九大是在我国全面建成小康社会决胜阶段召开的一次十分重要的代表大会，是党和国家政治生活中的一件大事。各单位办公室要统筹推进网上网下，做好“砥砺奋进的五年”主题宣传，深入宣传党的十九大的重大意义、精神实质、科学内涵，用十九大精神武装头脑、指导实践、推动工作。要强化新闻发布工作。国务院新闻办要求各部门建立定期化、常态化的新闻发布机制，强化了新闻发布工作的刚性约束。每个季度，我们都要向国新办报送新闻发布工作有关情况。各单位要深刻认识并充分把握做好新闻发布工作的重要性，坚持及时准确、公开透明、全面真实的原则，利用好中央、国家局和地方三级新闻发布平台，主动举办新闻发布会，强化政务公开，加强政策解读，回应社会关切。要坚持正确舆论导向。围绕测绘地理信息供给侧结构性改革的成效、法治建设进展、公共服务保障重要作用等开展深入宣传，把握宣传的时、度、效，用典型宣传唱响主旋律、汇聚正能量，激发广大干部职工干事创业的决心和力量。

三要进一步强化舆情应对工作。突发事件的舆情应对直接考验舆论宣传工作的能力和水平。近年来，国家局印发了加强新闻发布主动及时回应社会关切实施方案的通知，在舆情应对方面取得了一定成绩，也积累了一定经验。但是，仍然存在思想认识不到位，新闻发布和与媒体打交道的能力不足，统筹协调有待加强等问题。各单位办公室要从更好提高政府治理能力、增进社会共识、树立良好形象的角度，高度重视并加强舆情应对工作。要加强统筹协调。积极参与到应急处置工作中，统筹抓好突发事件舆情应对工作，推动建立完善党组（党委）统一领导、业务部门分工负责、宣传部门组织协调、新闻媒体积极参与的工作体系。要健全舆情研判机制。安排有关部门专人负责，对舆情持续跟踪和科学分析研判，及时发现各种苗头性、倾向性问题，增强工作主动性、精准性、有效性。要抓住舆论引导的主动权。及时根据舆情做好应对工作，对于社会关切的“问题地图”、测绘资质资格、地理信息安全等问题，要做好充分准备，及时沟通联系，准确介绍情况，坚决避免随意发布政务信息。遇到敏感复杂事件，不能采取“捂盖子”的做法，也不能通过宣传部门“灭火”，要疏堵结合，加强舆论引导。

（二）做好重点政务工作

要发扬“工匠精神”，坚持问题导向，补齐工作短板，创新工作方式，提高工作效率，推动测绘地理信息督查督办、电子政务、网络安全和保密等工作扎实开展。

一要切实加强督查督办工作。督查是抓落实的重要手段。中共中央近日印发《关于加强新形势下党的督促检查工作的意见》，按照中央要求和库热西局长的批示，局办正在制定国家局党组的督促检查工作管理办法，推动党务、政务督查督办的全覆盖。各单位办公室要充分发挥督查的“利剑”作用，努力当好党组（党委）和本单位的“高效督办员”。要突出督查重点抓落实。坚决贯彻落实党中央、国务院领导同志重要批示指示，抓好国家局和各单位重要工作部署的督查落实，加强跟踪问效和督办检查。要健全督查工作机制。建立督查相关制度，完善任务分解、跟踪检查、定期通报、决策反馈、绩效考核等机制，不断形成严于督责、严格考责、严肃问责的氛围。要创新督查方式。推进督办信息化建设，探索建立现场督查、会议督查、综合调研、专项督查、督查回访等模式，熟练掌握运用固定式、点穴式、机动式三种方法，全方位、全过程开展督查督办。

二要切实加快电子政务建设。电子政务是推进治理体系和治理能力现代化的必然选择。近两年，国家局强化顶层设计，加快政务服务平台建设，加强门户网站建设和指导，有力支撑了“放管服”改革和服务型政府建设。各单位要准确把握电子政务发展最新趋势，以改革思维不断推进电子政务建设。要落实统筹协调机制。把电子政务建设作为一项重要工作职责，加强组织协调和规范引导，推动服务理念、服务渠道、服务格局的全面提升。要加强政务内外网建设。紧密结合实际，以贯彻落实国家和各地党委政府的工作部署为重点，采取有效措施，切实解决政务内外网建设和管理中存在的问题，逐步实现资源共享、协同共建和整体联动。要提高公共服务水平。推进“互联网+政务服务”，加快建设一体化网上政务服务平台，推动政务服务事项全面公开，不断提升政务服务的标准化、网络化水平。

三要切实做好网络安全和保密工作。国家局党组高度重视网络安全和保密工作，2016年来已有7次党组会的议题涉及网络安全和保密相关工作。与党中央国务院最新要求相比，测绘地理信息系统网络安全和保密工作还存在明显差距，目前已开展的工作还都属于起步和基础阶段，我们要清醒地认识到网络安全和保密形势的严峻性、任务的艰巨性、工作的紧迫性。各单位办公室要严格按照中央要求和国家局部署，更好推动网络安全和保密工作开展。要加强制度建设。进一步建立健全有关制度和机制，按照“谁主管、谁负责”的原则，进一步落实网络安全和保密管理责任，做到制度完备、责任到人。要强化能力建设。全面落实网络安全等级保护制度，按照等级保护和分级保护建设标准开展安全防护能力建设。推进测绘地理信息涉密领域国产化替代工作，逐步实现关键设备自主可控专用替代，提高对网络安全重大事件的应急处置能力。要强化指导和监管。定期开展网络安全和保密意识教育、技术培训和技能考核，加强网络安全信息通报工作，不断完善常态化的监督检查模式，强化网络安全工作考核和追责。

三、突出重点，扎实做好信访维稳工作

为党的十九大胜利召开营造安全稳定的政治、社会环境，是我们必须肩负起的重大政治责任。近期，国家局调整了局国家安全小组成员，制定了小组工作暂行办法，起草了2017年局国家安全人民防线工作计划，督促在京所属单位成立了以一把手为责任人的国家安全领导机构，加强安全稳定工作的组织领导。7月25日，库热西局长主持召开党组会议，传达学习习近平总书记对信访工作的重要批示和第八次全国信访工作会议精神，对测绘地理信息信访工作进行部署，并成立了国家局信访工作领导小组。各单位要坚定不移把思想和行动统一到党中央关于信访工作的重要决策部署和指示精神上来，充分认识做好信访工作的长期性、复杂性和艰巨性，按照国家局的部署要求，不断提高测绘地理信息信访工作的质量和水平，更好地服务党和国家工作大局。

（一）抓好信访问题的实质解决

信访的最终目的是推动问题的解决。一要加强源头治理。深入开展矛盾纠纷排查化解，查隐患、找漏洞、补短板，提高初信初访办理质量，推动信访关口前移，努力把问题解决在初始阶段、把矛盾化解在当地。二要注重依法化解。运用法治思维和法治方式做好信访工作，切实做到在法治轨道上、法律框架内行使职权、化解矛盾。对属于应当通过法定途径解决的问题，要及时从信访渠道分离出去，导入相应的法定途径依法处理。三要推进综合施治。综合运用法律、政策、经济、行政等多种手段和教育、调解、疏导等办法，从政策措施、法律法规、人文关怀层面做好矛盾纠纷调处工作。

（二）抓好信访责任制的落实

牢固树立信访稳定工作“宁可百日紧，不可一日松”的理念，以责任落实推动信访问题解决。一要层层落实责任。认真贯彻落实中办、国办印发的《信访工作责任制实施办法》，拧紧各级党政领导干部的责任螺丝，层层传导压力，级级压实责任。按照中央要求，我局起草了《测绘地理信息信访工作责任制实施细则》，同志们提出了富有建设性的意见和建议，局办要认真研究吸纳，抓好细则落实。二要健全工作机制。充分发挥党委政府的组织优势，切实强化内部协调联动，用好专门队伍和社会力量，统筹推动形成做好测绘地理信息信访工作的合力。三要加强监督考核。建立健全失职失责典型问题通报制度，公开曝光问责情况。对信访责任不落实、措施不得力、工作不到位的，要紧盯不放、严督严查、督促整改。

（三）夯实信访工作基础

一要加强信访队伍建设。把思想政治建设摆在首位，把纪律规矩挺在前面，把能力建设贯穿始终，全面加强信访工作部门自身建设和信访干部的思想、组织、作风、纪律建设，建设一支对党忠诚可靠、恪守为民之责、善做群众工作的高素质信访工作队伍。二要加强信息化建设。建立完善信访信息系统，实现信访事项从登记受理到办理督办全过程的信息化管理，推动信访基础业务的信息化、规范化，提高工作效率和质量。

同志们，做好新形势下的办公室工作，使命光荣，责任重大。让我们紧密团结在以习近平同志为核心的党中央周围，按照国家局党组的决策部署，在推动改革创新发展、加快转型升级、增强公共服务上谋良策、抓落实，以更加优异的成绩迎接党的十九大胜利召开！

在2017年地理国情监测部署动员会上的讲话

国家测绘地理信息局副局长　李维森

2017年3月27日

同志们：

按照国务院总体要求，第一次全国地理国情普查完成后转入常态化地理国情监测。去年国家局在中央财政经费的支持下完成了年度任务，为进一步做好这项工作探索了方法，积累了经验。在各地的共同努力下，今年的工作基础和环境发生了可喜变化，基础性地理国情监测方面，北京等14个省（区、市）结合省级监测任务承担全区域监测工作，河北等12个省区承担部分区域监测工作；专题性地理国情监测方面，各省（区、市）除参与国家组织的专题性监测外，还积极结合本地实际需求确定了工作任务。当前，各地各部门已经做了大量前期准备工作，即将进入全面铺开阶段。在这样的节点，我们召开地理国情监测部署动员会，统一思想认识，全面部署2017年地理国情监测各项任务，共同谋划建立常态化地理国情监测长效机制，十分关键，十分重要。库热西局长对这次会议高度重视，听取了会议情况的汇报，审议了会议材料，并专门做出了批示。我们要认真学习、贯彻落实。下面，我讲几点意见。

一、2016年地理国情监测工作成效显著，实现“十三五”良好开局

2016年是全国地理国情普查和监测工作肩负重大任务、经受重大考验、取得显著成效的一年。一年来，全国测绘地理信息系统深入贯彻落实张高丽副总理关于地理国情普查的重要讲话和系列重要批示精神，按照国务院的总体部署，牢牢把握普查和监测的重点任务和关键环节，统筹谋划、扎实推进，实现了“十三五”良好开局。

（一）地理国情普查任务全面完成。自2013年国务院部署开展第一次全国地理国情普查以来，国家测绘地理信息局举全系统之力，聚全行业之智，组织各级普查机构和5万多名普查人员，全力以赴、攻坚克难、团结协作、不负重托，历时三年，全面完成了各项任务，首次获得了多要素、无缝隙、高精度、全覆盖的地理国情信息，全面摸清了我国地理国情家底。2016年11月22日，张高丽副总理主持召开第一次全国地理国情普查领导小组全体会议并作重要讲话，对普查工作给予了充分肯定，认为本次普查达到预期目标，取得显著成绩，获得圆满成功。各地普查收尾工作有序推进，全部完成了基本统计工作，23个省（区、市）完成了数据衔接，12个省（区、市）完成了普查项目验收。浙江省召开了普查领导小组会议，得到分管副省长充分肯定。

（二）顶层设计实现新跨越。地理国情常态化监测纳入国家“十三五”规划。国家发改委与国家局联合印发《测绘地理信息事业“十三五”规划》，提出了构建包括地理国情监测在内的“五大业务”体系。《测绘法（修订草案）》确立了地理国情监测法定地位，已通过国务院常务会议审议，并经十二届全国人大常委会第二十四次会议第一次审议，将于2017年修订出台。各省（区、市）均制定了“十三五”测绘地理信息事业发展规划，对本地区地理国情监测工作进行了部署，其中28个省（区、市）已经由省级政府印发。

（三）常态化监测迈出新步伐。完成了2016年度基础性地理国情监测数据生产，建成了2016版地理国情数据库，实现了地理国情信息的年度更新。开展了京津冀协同发展重要地理国情监测、国家级新区空间格局变化监测、全国海岸带开发利用变化监测、全国地级以上城市及典型城市空间格局变化监测、生态安全屏障区域自然生态状况变化监测等11项跨区域、多省联动的专题性地理国情监测，广泛服务于国家重大战略和重大工程、国土空间开发、生态文明建设等领域。

（四）协作机制建设呈现新局面。利用普查和监测成果，按照中央经济体制和生态文明体制改革专项小组要求正在牵头编制《市县空间规划编制技术规程》，联合发改委与浙江、福建、广西、湖北、贵州5省区共同推进省级空间性规划“多规合一”试点，在中办国办印发的《省级空间规划试点方案》中承担重要职责，与贵州省联合建设精准扶贫作战图管理系统，与农业部、财政部、国土资源部联合开展农村土地确权登记，参与住建部重点城市黑臭水体整治、统计局自然资源资产负债表编制、环保部生态红线划定和国土资源部不动产统一登记、国土空间用途管制等重点工作。

二、认清形势、振奋精神，地理国情监测面临良好发展机遇

地理国情监测是了解国情、把握国势、制定国策的重要基础性工作，是测绘地理信息服务国家改革发展大局的主攻方向，是测绘地理信息领域供给侧结构性改革的关键突破口。在各级测绘地理信息部门的共同努力下，地理国情监测得到各级政府的高度重视，影响力日益扩大，呈现良好的发展态势。

一是党中央国务院高度重视。李克强总理指出“未来二十年是我国工业化、城镇化加快发展时期，也是自然地表、人文地理快速变化时期，开展地理国情监测对于科学推进我国工业化、城镇化进程至关重要”。在地理国情普查阶段，张高丽副总理多次作重要讲话和重要批示，部署和指导做好普查工作。对做好常态化地理国情监测，张高丽副总理提出了五个方面的明确要求：“一是加强依法监测，建立健全地理国情监测法律法规体系；二是坚持需求导向，扩大地理国情监测服务领域；三是建立协作机制，形成地理国情监测常态化工作格局；四是强化创新引领，提高地理国情监测保障能力；五是注重绩效评价，促进提升地理国情监测服务水平。”李克强总理、张高丽副总理的重要讲话和指示精神，为做好地理国情监测指明了方向，注入了强大动力。

二是地方政府认识深刻和行动有力。大多数省政府都深刻认识到地理国情监测在法治政府、创新政府、廉洁政府和服务型政府建设中的重要作用。在经济下行压力较大的情况下，绝大部分省（区、市）安排了财政资金开展常态化地理国情监测工作，黑龙江、新疆等地区测绘地理信息工作纳入了省（区）“十三五”规划纲要，其中新疆是全国首次以专门章节纳入，河北省批准“十三五”基础测绘项目预算25.4亿元，天津市在地理国情普查基础上深入开展地理市情监测，这些都充分体现了地方政府对地理国情监测，对测绘地理信息工作的重视和支持，为做好地理国情监测营造了良好环境。

三是应用需求日益旺盛。在推进生态文明建设、推动供给侧结构性改革、建立空间治理体系等重大工作中，地理国情信息能够客观、真实地反映自然资源底数和变化趋势，可为资源环境承载力评价、优化资源配置、强化国土空间用途管制、建立有效的预警机制等提供数据支撑，因而越来越受到各级政府和相关部门的高度重视和关注。在普查领导小组全体会上，地理国情普查成果受到各成员单位高度认可，很多部门希望尽快应用到普查成果。国土、住建、环保、农业、文物等部门主动到国家局进行调研和对接，在第三次土地调查、“多规合一”、生态文明体制改革、生态保护红线划定、新型城镇化建设、文物保护等方面都提出了具体需求和合作意向，与发改、统计等部门的合作迈向更深层次。各级政府和部门的旺盛需求，拓宽了地理国情监测发展空间。

四是前期工作基础扎实。普查工作全面完成，为开展地理国情监测提供了本底数据，建立了地理国情监测技术体系，构建了完整的生产工艺流程，形成了科学的组织管理模式，培养了一支规模宏大的地理国情监测队伍。全国开展的100多项地理国情监测试点示范，为推动监测协作机制建立和监测成果广泛应用积累了经验。资源三号02星成功发射，多星联合、协同利用、互利共享的影像保障服务模式初步建立，极大提高了卫星遥感影像保障能力。这些扎实的工作为开展常态化地理国情监测奠定了良好基础。

面对经济社会发展的旺盛需求和地理国情监测改革创新发展的内在要求，我们工作中仍然还存在一些亟待解决的问题和不足，主要表现在：一是个别地区对常态化地理国情监测认识不到位、政府不重视、立项不及时、投入不足、推动力度不够，影响了普查与监测的衔接，更影响了全国常态化监测工作的全面开展；二是高质量、高水平有效供给不足，可推广、可复制、可传播的成果和经验偏少，与经济社会发展需求对接尚需加强，与形成地理国情监测品牌的目标还有差距；三是统计分析队伍偏弱，人才结构尚需优化，能力有待加强。对此，我们必须高度重视，在今后工作中认真研究、加以解决。

三、统一思想、理清思路，准确把握2017年地理国情监测任务

2017年，是实施测绘地理信息事业“十三五”规划的重要一年，也是推进常态化地理国情监测的关键一年。做好今年的工作，各地要全面贯彻习近平总书记给国测一大队重要回信精神、李克强总理对地理国情监测工作的重要指示精神以及张高丽副总理在普查领导小组全体会议上的重要讲话精神，深入贯彻落实全国测绘地理信息工作会议精神，以全面开展基础性地理国情监测为主线，以按需开展专题性地理国情监测为主攻方向，全力推动地理国情信息广泛应用，不断提升地理国情监测产品供给能力，为经济社会发展和生态文明建设作出更大贡献。重点做好以下5个方面工作。

（一）全面开展基础性地理国情监测。以2017年6月30日为标准时点，利用高分辨率航空航天遥感影像，整合最新的基础地理信息数据及相关部门专题数据，对2016版基础性地理国情监测成果进行年度更新，形成现势性强、高精度、全覆盖的全国地理国情“一张图”，编制2017年度地理国情监测报告。

国家和地方采取统一领导、上下联动方式共同组织实施。国家负责统一制定全国基础性监测实施方案及相关技术规范，统筹获取并提供遥感影像，开展整体质量控制和监督抽查，完成全国监测数据库建设、统计分析以及报告编制等工作，帮助西部欠发达省份完成部分区域的数据生产。地方按照统一要求，负责结合本地实际制定实施方案，组织开展本地区的基础性监测工作、省级监测数据库建设并形成监测分析报告。设区市（地、州、盟）要结合普惠化公共服务体系构建、精细化社会管理体系建立、宜居化生活环境建设、现代化产业发展体系建立、智能化基础设施建设、智慧城市建设等城市建设和管理需求，增加监测内容、细化采集指标，开展市辖区的基础性监测，丰富城市市情大数据资源。全国的基础性地理国情监测由国家基础地理信息中心牵头具体组织实施，成果由国家和地方共享。

基础性监测任务接续环节多，各地、各单位要把握好国家总体进度要求，密切配合，确保如期完成国家任务。国家局卫星测绘应用中心于8月10日前完成时相在4月—7月间的卫星影像获取和分发。各省（区、市）于8月底前完成变化信息采集与更新工作，10月底前完成数据汇总和省级验收，11月10日前完成数据汇交。国家测绘产品质量检验测试中心于11月20日前完成全国数据验后复核。国家基础地理信息中心于11月底前完成国家级数据库建设。中国测绘科学研究院于2018年1月底前完成全国基本统计分析和报告编制工作。

（二）按需开展专题性地理国情监测。利用基础性监测成果，融合经济社会人文等信息，针对政府和社会公众关心关注的问题，开展深层次监测分析。专题性监测按照国家指导、按需监测的方式分层次开展。国家负责制定专题性监测技术指南及相关技术规范，为地方开展专题性监测提供参考，主要围绕“一带一路”、京津冀协同发展、长江经济带等国家重大战略以及相关部门业务管理需求，组织开展跨区域、多省联动的专题性监测，通过业务指导、项目带动、资金配套等方式，引导所涉及省份共同开展。地方负责围绕本地区国土空间开发利用、资源环境及生态管理、空间规划编制与实施、区域协调发展战略、重大自然灾害防治、生产力优化布局等方面的重大战略和重大工程建设需求，自主开展专题性监测。设区市（地、州、盟）要重点围绕城镇化宏观布局、基本公共服务均等化、城乡规划违法建设集中整治、城镇棚户区城中村和危房改造、生态环境保护、水体整治、地质灾害防治等城市管理和治理需要，积极开展市辖区的专题性监测。

（三）大力推进地理国情信息广泛应用。按照张高丽副总理“对接需求、促进共享，做好地理国情普查成果的推广应用”要求，大力推进地理国情信息在国家和地方重大战略和重大工程、生态文明建设、社会治理、民生保障以及国家重大国情国力调查中的深入应用。一是深入挖掘地理国情信息所蕴含的价值。创造性地开展综合统计分析，多层次、多维度提炼出综合反映我国生态环境协调程度、城镇化进程、区域协调发展等方面的规律性特征，提出扎实有据的判断和政策建议。二是推动地理国情信息统筹共享，及时向有关部门提供最新成果，使地理国情信息成为国家重大国情国力调查或相关管理工作的统一地理空间公共基底。三是主动对接各部门业务需求，做好地理国情信息的分类整理和深度开发，为各部门提供个性化服务。四是引导鼓励全社会对地理国情信息的开发应用，拓展地理国情信息服务的广度和深度。

（四）加强地理国情监测支撑体系和机制建设。国家局将印发《关于推进常态化地理国情监测工作的指导意见》，完善地理国情监测顶层设计，出台全国基础性监测实施方案、专题性监测技术指南。健全技术标准体系、质量控制和产品服务体系，修订地理国情数据采集等相关技术文件，优化质量检查软件，建立地理国情信息在线服务平台。完善地理国情监测业务协作、信息发布、共享应用、绩效评价等工作机制，建立国家和地方的监测规划、年度计划、预算投入、信息发布的衔接机制，探索专题性监测与基础性监测联合实施模式，建立监测成效用户评价和反馈机制。各地按照上述要求，结合本地实际，开展相应工作。

（五）做好地理国情普查后续工作。开展总结和表彰工作。从组织领导、部署实施、质量控制、成果应用、媒体宣传等不同角度对普查工作进行全方位、全过程总结，把好做法、好经验以制度形式固定下来，对存在的不足和问题加以改进，便于今后的监测更加科学有效。加强与相关部门沟通，于8月底前完成全国普查先进集体和先进个人的评选表彰，各地组织做好本地区总结表彰工作。做好省级普查验收和汇报，各地争取6月底前完成普查验收和召开省级普查领导小组会议。做好普查数据发布和解读。全国性普查数据由国务院普查办负责发布，各省（区、市）普查数据由省级人民政府负责发布。各地要加强解读和舆论引导，避免引起社会误解。

四、敢于担当、迎接挑战，努力推动地理国情监测迈上新水平

2017年地理国情监测任务量大、挑战性强、创新性高，要做好这项工作，需要我们敢于担当、广开思路、多措并举，创造性、开创性地去工作和探索。为此，下面我提几点要求。

（一）坚持一张蓝图干到底，增强使命感责任感。中央领导同志的系列重要讲话、国家“十三五”规划、测绘地理信息事业“十三五”规划，为开展常态化监测描绘了美好蓝图。这些年，大家共同努力，攻克了普查和监测的一道道难关，夺取了一个个胜利，成绩得到了张高丽副总理、各部门、各级政府领导的充分肯定和高度赞扬。美好蓝图要变成美好现实，还需要靠在座各位再接再厉、不忘初心、继续前进。我们务必进一步增强使命感责任感，继续发扬钉钉子精神，坚持一张蓝图干到底，做到对国家和事业高度负责。

（二）坚持强化领导，明确责任分工。常态化监测工作需要国家和地方统筹协调、上下联动、全面开展。国家局国土测绘司要做好监测工作的统筹协调、计划安排、业务指导、监督检查等工作，研究决定地理国情监测重大事项，协调解决项目实施和相关工作中的重大问题。国家基础地理信息中心作为基础性监测的牵头单位，要充分认识本项工作的艰巨性和重要性，重点工作主要领导要亲自抓，分管领导要把主要精力放在监测上，抓好工作的关键环节，选择责任心强、经验丰富的人员充实到管理岗位上，全力做好全国基础性监测组织实施。中国测绘科学研究院作为专题性监测的牵头单位，要负责做好国家级专题性监测项目的组织实施，做好地方专题性监测的业务指导。国家局卫星测绘应用中心要负责做好监测所需遥感影像资料的统筹获取及分发提供工作，国家测绘产品质量检验测试中心要负责做好监测全过程质量控制业务指导、过程质量抽查和验后复核等工作。各地各单位要对所承担的监测任务负总责。

（三）坚持统筹协调，确保全国“一盘棋”。一要科学制定工作计划。国家局组织有关单位编写了基础性监测实施方案、质量控制方案、遥感影像获取保障方案和专题性监测技术指南，会上有相关负责人做报告。各地各单位要根据方案和指南，结合本地实际，科学制定年度工作计划，落实承担单位、明确时间节点和工作内容。二要提高信息化管理水平。国家基础地理信息中心要指导各地和各单位用好“地理国情监测项目管理系统”，为各级人员任务管控、科学决策提供信息化支持。三要畅通技术交流渠道。逐级建立技术负责人、质量负责人队伍，对本地区本单位技术和质量负总责。通过技术支持分享系统、常见问题解答手册、微信平台等手段，提高技术问题处理效率和共享水平。四要加强督促指导。对进度和质量落后的地区和单位，加强督促指导，确保全国“一盘棋”。

（四）坚持严格管控，确保成果质量可靠。质量事关地理国情监测成败，强化质量管理，须臾不可放松。一要加强人员培训。在各地生产启动前，国家测绘产品质量检验测试中心要对2016年基础性监测普遍性和重大质量问题进行梳理，开展一期质量负责人培训，各地也要根据实际情况组织开展质量培训，努力将质量控制在生产过程中。二要加强质量检查。利用好普查形成的首件成果检查、监督抽查、两级检查一级验收等质量控制手段，推行多层级、全过程质量管理。质检中心要做好全国监测成果的整体质量控制，组织开展覆盖全部生产单位的过程质量监督抽查，及时掌握全国质量情况，督促各地加强整改；做好成果验收后复核工作，确保数据质量复核通过后才能汇交。三要强化问责。建立健全地理国情监测质量考核体系，对质量好的要公开通报表扬，对因措施不力造成质量不高的要通报批评，对造成重大质量事故的要严肃问责。

（五）坚持创新引领，着力提升保障能力。要提高地理国情监测的发展质量和效益，关键是靠技术进步。一要实施创新驱动。大力开展遥感影像自动化处理、野外核查、内业编辑、大数据存储与分发、统计分析等领域关键技术和装备自主创新，着力在重大技术难题上取得突破。研究院要充当科技创新的主力军，围绕监测的关键技术、数据的统计分析、成果的形式内容等，把监测的关键节点、技术难点梳理出来，组织力量加强攻关，发挥技术指导和创新引领作用。二要加强队伍建设。引进多学科专业技术人才，优化队伍人才结构，建设统计分析团队。三要完善技术标准体系。加强地理国情监测标准规范与行业标准和用户需求的衔接，加快形成科学可行、各方认可、覆盖全面的地理国情监测标准体系。四要加强技术培训。广泛开展多形式、多层次的技术培训，重点加强对生产单位的管理、技术人员培训，真正把地理国情监测的可持续发展转移到依靠科技进步和提高人员素质的轨道上来。

（六）坚持业务统筹，增强服务有效供给。近年来测绘地理信息事业发展迅速，从过去基础测绘和航空航天遥感测绘双轮驱动变为五大业务多轮驱动发展，特别是地理国情监测促进了测绘地理信息更加开放发展，与经济社会发展愈发融合。在现有机构、人员基本不变，职能职责增加的情况下，我们的工作面临很大挑战。面对这种形势，必须加强业务统筹协作。一要做好地理国情监测与其他业务的有机衔接，推动建立五大业务相协调的公益性保障服务体系，实现数据资源的联动更新和融合应用。二要鼓励引导社会力量参与，充分发挥企业市场主体作用和创造力，探索向社会力量购买服务，增强地理国情信息有效供给能力。三是充分利用地方在遥感影像、1:1万基础地理信息以及智慧城市、数字城市建设中等所形成的数据资源，进一步提升监测功效和成果精细度。

（七）坚持安全第一，筑牢安全生产防线。安全生产每天都是新起点，我们必须始终保持危机意识，提高警惕。一要学习贯彻党中央安全生产有关精神，高度重视安全生产。二要严格落实安全生产责任。将安全生产责任层层分解，落实到每一个人。三是加强安全生产管理。制定安全生产措施和应急预案；更加注重交通安全管理，避免交通事故发生。四要全面排查安全隐患。加强重点时间节点、重点岗位、重点场所的安全隐患排查，及时采取措施加强安全事故的防范。五要加强安全生产教育。积极开展安全生产的宣传教育活动，切实提升职工的安全防范意识。

同志们，地理国情监测事关测绘地理信息事业改革发展大局，是时代赋予我们的重大使命。各级测绘地理信息部门要按照党中央国务院的决策部署，以改革创新的精神、敢于担当的品格、从严从实的作风、抓铁留痕的干劲，扎实推进地理国情监测工作，以优异成绩迎接党的十九大胜利召开。

在新型基础测绘交流推进会上的讲话

国家测绘地理信息局副局长　李维森

2017 年 12 月 8 日

同志们：

正当全国上下深入学习贯彻党的十九大精神，高举习近平新时代中国特色社会主义思想伟大旗帜，踏上新征程、进入新时代、实现新目标的大好形势下，我们在福州市，召开新型基础测绘交流推进会，就是以实际行动全面贯彻党的十九大精神，落实习近平总书记治国理政新理念新思路新战略，系统分析当前基础测绘工作面临的新形势、新机遇、新问题，交流经验，深入研讨新型基础测绘的发展方向和工作举措，部署新型基础测绘的试点工作，为新时代测绘地理信息事业创新发展、转型升级奠定坚实基础。下面，我讲几方面意见，供大家讨论。

一、基础测绘工作取得的成绩

经过几十年的不懈努力，基础测绘已基本形成了比较完善的管理体制和运行机制，基础测绘工作滞后于国民经济发展的局面得到了根本性扭转，成为政府宏观调控、经济社会可持续发展的重要支撑。特别是党的十八大以来，在党中央国务院的坚强领导下，各级测绘地理信息部门认真履职，积极作为，测绘职工众志成城，奋发进取，将基础测绘工作推向了一个新的高度，实现了新的跨越，取得了显著的成绩。

一是生产技术体系基本成熟。以卫星导航定位、航空航天遥感、地理信息系统为代表的测绘高新技术得到了广泛应用，形成了天空地一体化的数据获取体系，生产作业效率快速提升，突破了外业环境对测绘作业的局限，为在西部无人区、远海区域等特殊条件下开展测绘作业奠定了坚实的基础。随着计算机、网络技术的发展，多源、海量数据的快速处理能力显著增强。基础测绘数据的获取、传输、存储、分析、服务、处理全链条技术体系基本成熟。

二是基础测绘资源更加丰富。通过实施国家现代测绘基准体系基础设施建设工程，整合了国家和省级卫星导航定位基准站，构建了高精度、三维、动态的国家现代测绘基准体系，建成并启用了全国卫星导航定位基准服务系统，具备了覆盖全国的导航定位能力。完成了西部空白区、海岛（礁）等地理信息获取，1:100 万、1:25 万、1:5 万基础地理信息数据实现了全国陆地的覆盖和年度更新，省级 1:5000、1:1 万以及市级 1:500 至 1:2000 基础地理信息数据基本实现了重点区域的必要覆盖和按需更新，我国地理信息资源得到了极大丰富。

三是应用服务成效日益显著。以数字城市、智慧城市、天地图为代表的公共服务平台建设持续推进，充分发挥了测绘地理信息基础性保障作用，为国家经济建设、社会发展和大众生活提供了多元化服务，促进了各领域资源的共享和开发利用，在政府决策、城市管理、民生工程、国防建设等方面发挥了巨大的作用，测绘地理信息的价值得到了彰显，成为不可或缺的战略性资源。

四是政策法规体系基本建立。形成了以《测绘法》为核心，《基础测绘条例》以及相关行政法规、部门规章、地方性法规为主体的法律法规体系，明确强化了基础测绘的法定职责、概念内涵、建设内容、体制机制，推动了基础测绘工作步入法制化轨道，为基础测绘快速发展提供了有力的法律保障。

五是组织管理机制日臻完善。基本形成了国家统筹、分级管理、协同推进、资源共享的基础测绘组织管理机制，各级基础测绘财政投入稳中有升，地理信息数据更新和维护机制日益成熟，质量管理力度不断强化，安全生产保障水平显著提升。国家和省级纵向统筹联动、测绘地理信息与其他部门的横向协作融合局面正在逐步形成。

六是质量管理体系逐渐健全。通过实施多重质量保障措施，确保了各级基础测绘项目和各项重大测绘工程顺利开展，各项工作均取得了很好的成效。国家和省级质量监督抽查联动机制更加完善。各级质检单位已着手探索实施“互联网＋质检”模式，信息化质检体系逐渐形成。测绘计量工作稳步发展。

在取得成绩的同时，我们也应当清醒地认识到当前基础测绘工作存在的问题。一是生产技术水平相对于高新技术发展速度明显滞后，特别是与大数据、云计算、物联网等高新技术的融合不够深入，数据挖掘、综合分析能力亟待提升。二是产品形式单一，仍以4D产品作为主体，地理信息内容和要素种类不够丰富，地理信息产品的有效供给不足。三是服务模式落后，以数据提供为主的服务模式，对各行业、各领域的多元化、专业化需求考虑不足。四是组织管理固化，国家、省、市基础测绘纵向统筹联动力度不够、效果不明显，作业力量和资源利用的整体效率有待提升。测绘地理信息与其他行业部门的横向协作机制不成熟，各行业数据共享、融合、分析、应用程度不够深入。

二、基础测绘工作面临的新形势

党的十九大提出建设中国特色社会主义现代化强国、实现中华民族伟大复兴的宏伟目标。国家各项重大战略的实施，为基础测绘的转型升级提供了难得的历史机遇，对测绘地理信息的服务保障提出了更高的要求。

一是党的十九大精神为基础测绘发展提出了新的要求。党的十九大提出，我国社会主要矛盾已经转化为人民日益增长的美好生活需要和不平衡不充分的发展之间的矛盾。满足人民在经济、政治、文化、社会、生态等方面日益增长的需要应当成为基础测绘工作的努力方向。要重点围绕十九大报告提出的“深化供给侧结构性改革，建设数字中国、智慧社会，建设美丽中国”等战略部署，全面提升基础测绘服务保障能力，形成管理规范、生产高效、产品丰富、服务精准、协调发展的新型基础测绘体系。

二是新修订的《测绘法》为基础测绘工作赋予了新的内涵。新修订的《测绘法》，进一步明确强化了测绘地理信息部门在基础测绘规划、建设、服务、监管等方面的职责，突出了基础测绘服务生态文明建设的重要使命。提出了建立统一的卫星导航定位基准服务系统，强化全国基准站“一张网”的统筹服务和安全监管。基础测绘工作要紧密围绕法律赋予测绘地理信息部门的职责，以“促进测绘事业发展，为经济建设、国防建设、社会发展和生态保护服务，维护国家地理信息安全”为目标，通过完善现代测绘基准体系，加快基础地理信息资源建设，构建地理信息服务平台，强化地理信息安全监管等手段，为国家经济社会持续健康发展作出新的贡献。

三是国家重大战略对基础测绘提出了新的需求。党的十八大以来，党中央作出了“一带一路”建设、海洋强国战略、生态文明建设、京津冀协同发展、长江经济带建设等重大战略部署，这对基础测绘工作提出了新的要求，客观上要求基础测绘要突破传统思维，在工作内容、服务模式、管理方式等方面不断创新，进一步拓展地理信息覆盖范围和更新周期，创新地理信息资源开发和利用，为国家重大战略的实施提供保障。

四是高新技术的发展为测绘地理信息工作注入了新的动力。当前大数据、云计算、物联网、人工智能等现代信息技术与地理信息技术正在加速融合，北斗卫星导航系统布局加快，高分辨率对地观测系统已具备全天候数据获取能力，数据快速处理、综合分析等技术发展迅速，为构建更加现代化、更具适应性的基础测绘技术体系创造了条件，也为基础测绘工作创新发展、实现满足各方需求的深层次应用和全过程服务注入了新的动力。

三、新型基础测绘的认识和建设思路

新型基础测绘，是基础测绘在新的历史条件下，面对新形势、新机遇、新需求、新挑战作出的自身变革和发展，具有鲜明的时代特征。新型基础测绘，是基础测绘的继承和发展。国务院批复的《全国基础测绘中长期规划纲要（2015—2030年）》明确提出“到2030年，新型基础测绘体系全面建成”，这就要求我们必须进一步完善现代测绘基准体系、基础地理信息数据体系和公共服务产品体系，要在建设内容、产品形式、服务模式、管理方式、技术手段等方面对基础测绘进行探索和创新，在实践中不断总结，逐步形成更为高效的生产、管理、服务体系，毫不动摇的全力推进新型基础测绘工作，争取早日建成新型基础测绘体系。

新型基础测绘的继承性，主要表现在基础测绘的基础性和公益性的本质不能变，对国家经济建设、社会发展、国防建设、生态文明建设等重要领域的服务保障仍是新型基础测绘工作的主要任务。涉及国家经济命脉、敏感领域、国家安全等方面的需求，不易于或不便于通过市场机制实现的基础地理信息的获取、处理、服务等内容，都需要通过基础测绘来实现。因此，新型基础测绘仍然需要各级测绘地理信息主管部门来规划、来组织，由各级基础测绘队伍来实施。与此同时，要认识到新型基础测绘并不是万能的、包罗万象的。新型基础测绘必须要围绕公益性、基础性的特征，保障好国家重大基础性、战略性工程的实施。要准确界定好新型基础测绘与地理信息产业之间的边界，把更多的个性化服务和应用留给地理信息产业、交给市场。

同时，新型基础测绘要创新发展。为适应公益性服务的多元化发展，《测绘地理信息事业“十三五”规划》细化了业务形态，优化了组织分工，确立了新型基础测绘、地理国情监测、应急测绘、航空航天遥感测绘、全球地理信息资源开发等公益性事业和地理信息产业构成的“5+1”业务格局。这样的划分既细化了基础性、公益性地理信息保障服务的内容与分类，又对创新服务领域、提升服务水平拓展了广阔的空间。这就要求我们要辩证地看待五大业务之间的关系，例如：《测绘法》明确的基础测绘内容包括“基础航空摄影”，规划列出的五大业务中“航空航天遥感测绘”业务是与新型基础测绘并列的，这是考虑到航空航天遥感迅速发展和服务能力、对象、产品迅速拓展的新情况确定的。这项业务独立后，反而更扩展了其发展空间；至于地理国情普查和监测，则是测绘地理信息新的产品形式和服务模式。所以，五大业务之间是独立并行的，但又是有机联系的。各单位一定要正确认识他们之间互相支撑、相辅相成、相互促进的关系，以便于按照新的业务体系开展相关工作。

基础测绘是不断发展和创新的过程，是动态的自我完善。我们所讲的新型基础测绘，就是在基础测绘上拓展与丰富，是面向未来的进行时。站在新时代、面临新形势，怎样去发展基础测绘，建设什么样的新型基础测绘，我们认为应该重点从以下几个方面去考虑和创新：

一是建设内容创新。要构建陆海统一的现代测绘基准体系，强化全国卫星导航定位基准站网的统筹利用，真正形成全国“一张网”的基准服务体系。要在实现陆地国土覆盖的基础上，向海洋、海岛（礁）、地下空间以及地下的基础设施、水下地形等方面延伸。要完善数据体系，优化数据精度和指标，融合行业部门的数据属性，构建基于云架构的地理信息实体数据库，形成在物理上隔离、逻辑上联通的全国多精度、多尺度、多时空状态的基础地理信息数据库。

二是产品形式创新。要完善公共服务产品体系，转变面向制图数据的数据库结构形式，融合人口、经济等相关指标信息，实现数据向信息、低端供给向高端供给的准确表达与全面转换。要改变传统纸质地图和4D产品为主的单一产品形式，从单纯的地理空间分析向包含人文、历史、规划、管理等要素的综合性分析转变，增加专题地图、电子地图、三维立体产品、四维时空产品、统计分析产品等多种形式，满足不同用户的专业化需求。要实现快速提供多元化的地理空间数据的数据库产品、衍生数据库，提高基础地理信息的附加值。

三是服务模式创新。要加快数字地理空间框架和智慧城市时空大数据与云平台建设，推动基础测绘从数据提供向信息分析、形势预测、科学决策等方面的转变，提供能够直接服务于政府决策、城市管理、行业应用和便民服务的信息化产品，使测绘地理信息服务从后台走向前台，从被动走向主动，从单一化、固化的服务向定制化、网络化、一站式服务的转变。

四是管理方式创新。要建立纵向联动、横向共建共享的组织管理体系。纵向上，要建立国家、省、市各级测绘地理信息部门的统筹规划、互相配合、协调推进的组织管理方式。共同搭建“时空大数据”“时空信息云”，实现测绘地理信息成果的分布存储和实时共享，推动优化测绘地理信息系统的资源配置，实现资源利用效益的最大化。横向上，要建立与各行业部门的协作配合、共建共享机制。强化与部门的沟通，融合其他部门专题信息，加快基础地理信息更新的速度，丰富基础地理信息的内容，进一步提升服务水平。

五是技术手段创新。要按照地理信息获取实时化、立体化，处理自动化、智能化，服务网络化、社会化的建设目标，开展基础测绘数据获取、处理、融合、挖掘、分析、服务和决策支持等方面的科学研究和技术攻关。要按照对一个地理实体对象只做一次高精度测绘和增量式融合数据更新的要求，对现有基础测绘生产技术手段进行创新。要推动测绘地理信息与大数据、云计算、物联网、人工智能等高新技术深度融合，探索利用时空大数据构建时空信息云存储、应用、分析能力，最终形成信息化为基础的新型基础测绘技术体系。

六是质量管理体系创新。要以构建信息化质检体系为主线，增强质检工作新动力。要研究传统的"两级检查一级验收"制度对新型基础测绘、数据库建设等成果的适用性，提出更为便捷、高效的过程质量控制方式，设置合理的质量控制节点、指标、流程，确保成果质量。要加强系列质检软件研发，加快信息化质检平台建设，推动质检信息化与生产信息化同步发展。要广泛开展"互联网＋质检"模式的探索，提升质检针对性和质检效率。要加强质量信息管理与共享平台建设，为各级质量管理部门、质检机构提供质量信息服务，提升质检管理能力。

四、积极推进新型基础测绘建设试点

新型基础测绘的形成，不是一蹴而就的，需要在前期工作的基础上，不断进行新的探索，以适应新时代经济社会发展对基础测绘的需要。当前，推进新型基础测绘建设，首要任务就是针对基础测绘工作中存在的突出问题，进一步理清思路，抓住重点，瞄准方向，开展新型基础测绘的建设试点，做好试点工作的经验积累和总结推广，形成适合新型基础测绘体系建设的试点成果。当前应重点从以下几个方面进行探索和试点。

一是以国家战略为牵引，探索新型基础测绘的建设内容。我国基础测绘成果已经实现陆地国土和近海领域的全覆盖，但在远海、水下、地下空间等方面还明显不足，对部门信息承载能力偏弱，难以满足国家战略对基础测绘的需要。拓展基础测绘的建设内容，就是要进一步统筹国土、规划、交通、水利、环保、海洋、能源等共性测绘内容和人口、公安、经济发展方面的共性信息，围绕基础测绘的公益性、基础性、前期性等特征，实现基础测绘内容的拓展。

例如，有些单位已经开展了平面、高程、重力三网结合的试验，启动了水下地形测绘、海洋滩涂测绘和地下管廊测绘；有些省份已经将竣工测绘等工程测绘内容纳入基础测绘范畴。

二是以供给侧结构性改革为主线，探索新型基础测绘产品形式。基础测绘产品供给有效性和针对性不强，往往不能直接满足各行业部门业务应用需要，需要进行再加工。丰富基础测绘产品形式，就是要深化供给侧结构性改革，围绕扩大有效供给和高端供给，用改革的办法推进产品结构调整，提高供给结构对需求变化的适应性和灵活性。

例如，有些省份制作了部分建成区区域真实三维模型；有些单位建立了图库一体化多样、多品种的快速出图系统。

三是以提质增效为抓手，探索新的基础测绘服务方式。我们提供的基础测绘服务有些仍停留在传统的服务模式上，基于网络在线服务的潜力还没有很好地得到发挥，需要采用信息化的手段对服务进行提质增效。优化基础测绘服务方式，就是要在维护国家地理信息安全的前提下，紧密围绕国家信息化需求和重大战略实施，充分利用互联网、物联网等泛在网络形式和新型基础测绘产品形式，探索新的服务模式，提高基础测绘服务的质量和效益。

例如，有些地方已经在工程建设领域全面应用现代测绘基准体系；有些地方充分利用互联网等信息平台，开展了基于网络的基础测绘一站式服务。

四是以协调共享为导向，探索新的基础测绘组织模式。在测绘地理信息领域，基础测绘协调共享机制已基本建立，但总体上仍呈现效率不高的局面；在与各部门的协调共享上仍有较大的提升空间。改进基础测绘组织生产模式，就是要深入落实统筹协调、共建共享的发展模式，进一步探索纵向与横向的联动生产、共享机制，切实转变组织生产模式，使基础测绘数据全面实现在纵向上多精度、多尺度的统一，在横向上海量信息的聚集。

例如，有些省份发挥了省级部门的全面统筹协调作用，实现了与专业部门的信息共享；有些省份实现了全省各级基础测绘数据生产、更新的纵向联动。

五是以创新驱动为引领，探索新的基础测绘技术体系。现阶段，信息化测绘技术手段已趋于成熟，但在融合物联网、大数据、云计算、人工智能等前沿技术方面的创新探索仍显不足，难以体现新型基础测绘的时代特征。时空大数据、时空信息云、测绘地理信息的智能化服务等技术体系还没有形成。提升新型基础测绘技术体系，就是要以技术创新为驱动，紧密围绕工作范围的拓展、产品形式的丰富、服务方式的优化，促进基础测绘技术体系充分与前沿技术深度融合，突破关键技术瓶颈，构建自主可控的技术体系。

例如，有些单位利用互联网、大数据、云计算等手段开发了信息化测绘生产与服务系统；有些单位开展了多尺度基础地理信息自动缩编技术研究，实现了基础测绘数据的跨尺度融合。

六是以保障工程质量为目标，探索新的质量管理体系。随着新产品形式和新服务模式的出现，质检手段方式方法呈现不能满足质检管理的需要，能力有待提升。探索新的质量管理体系，就是要加强重大基础测绘工程质量控制技术创新和攻关，围绕重大工程的质量检验，开展抽样技术检验方法和评价技术的研究，要进一步加大国家和省市联动监督检验抽查统筹力度，抽查涵盖多种类型的基础测绘成果。

例如，有的省份建成了集质检业务系统和管理系统为一体的网络化质检平台；有的省份建立了基础测绘项目成果强制检验制度。

当然，我刚刚提到的新建设内容、产品形式、服务方式、组织模式、技术手段和质量管理体系，都是各省、各单位在新型基础测绘探索中的一些具体做法，并未完全涵盖新型基础测绘的全部。各地要根据实际情况，按照国家局的总体部署，结合本地实际，开展新型基础测绘的探索与研究，扎实推进新型基础测绘试点工作，为建成新型基础测绘做好前期准备。

五、全面推动新型基础测绘建设工作

新型基础测绘通过近几年的积极探索，其内涵、方向、架构、目标已逐渐清晰。这次会议是对新型基础测绘试点工作进行一次统一的安排和部署。今后，要将全面推进新型基础测绘工作作为重点任务，将新的理念、思路落实到实际的管理、生产、服务各个环节，不断完善新型基础测绘体系，全面提升服务保障水平和能力。因此，提出以下几点要求：

一是要提高认识，主动作为。开展新型基础测绘建设，是贯彻落实党的十九大精神，深入推进测绘地理信息领域供给侧结构性改革的重要举措。各单位要深刻认识新型基础测绘重大意义，加强组织领导，认真履行职责，主动开展新型基础测绘建设试点与研究，为加快新型基础测绘的建设贡献力量。

二是要加强探索，深入研究。新型基础测绘工作涉及面广、技术性强，具有长期性和复杂性的特征，尚存在一些难点和困惑，没有成熟的经验可循。各地要科学研判国情省情，聚焦新型基础测绘产品形式和服务模式，加强对技术创新和体制机制的探索研究，有重点、有步骤、分阶段地推进新型基础测绘建设。

三是试点带动，逐步推广。国家局将统一部署新型基础测绘试点工作。各省级测绘地理信息主管部门，要积极参与到国家局开展的试点中去，组织好本辖区省级的试点工作，扎实推动各项试点工作的有效落实，形成可借鉴、可复制、可推广的试点成果，为新型基础测绘全面铺开积累经验、创造条件。

四是要密切配合，协同推进。国家局机关各司室要紧扣新型基础测绘的发展方向，围绕新型基础测绘的难点和关键环节，协同做好新型基础测绘的顶层设计。各省级部门及相关单位要积极配合，制定切实可行的设计方案，扎实有效地推进各项工作。各单位要强化沟通与交流，互相借鉴，互相学习，及时推广好的措施和经验，确保新型基础测绘建设顺利推进。

五是要强化保障，务求实效。新型基础测绘工作的稳步推进，离不开人才、科技、经费等重要的基础性保障。各单位、各部门要注重对创新型、复合型人才的培养，要加大科研力度，提升自主创新能力，落实工作经费，要加强项目的质量监督管理，为新型基础测绘工作提供坚实的政策和组织保障，确保新型基础测绘取得实实在在的成效。

同志们，党的十九大勾画了新时代党和国家事业发展的宏伟蓝图，推进基础测绘向新型基础测绘转型升级迫在眉睫，时不我待。做好新型基础测绘工作是全国测绘系统的共同职责和历史使命，事关测绘地理信息事业的长远发展。我相信，通过测绘系统的共同努力，新型基础测绘定会稳步推进、不断完善，更好地服务大局、服务社会、服务民生，为决胜全面建成小康社会、实现中华民族伟大复兴的中国梦作出新的更大贡献。

在2017年全国测绘地理信息行业职业技能鉴定站工作会议上的讲话

国家测绘地理信息局副局长　宋超智

2017年3月23日

各位领导、同志们：

大家上午好！

在全国上下认真学习贯彻全国“两会”精神之际，非常高兴与全国测绘地理信息行业职业资格工作战线的精英们相聚在古城南京，共谋发展大计。会前，我审阅了易树柏同志将要作的工作报告，认为总结工作准确全面、实事求是，部署工作思路清晰、重点突出。下面，我讲三点意见，供大家参考。

一、2016年测绘地理信息职业资格工作取得新成绩

2016年，各级测绘地理信息职业资格工作部门，围绕中心、服务大局、增强职能、拓展阵地，取得了突出成绩，实现了“十三五”良好开局。

（一）地理国情普查劳动竞赛完美收官

地理国情普查劳动竞赛规模大、责任重、时间长、荣誉多，受到国家局和全总领导的充分肯定。2016年是普查劳动竞赛收官之年，职鉴中心组织各有关单位开展了评选推荐工作。完成了“普查标准时点核准百日大会战”主题竞赛活动评选表彰工作；督导各地做好省级五一劳动奖申报表彰和普查劳动竞赛总结；组织开展了普查劳动竞赛评选表彰工作；开展了全国五一劳动奖的指标落实和推荐评选工作。在国家严格管控评比表彰项目、全国五一劳动奖指标锐减30%的背景下，争取到了2个全国五一劳动奖状、4个全国五一劳动奖章和10个工人先锋号的16个表彰指标，来之十分不易。

（二）职业技能大赛筹办顺利

国家局启动了第五届全国测绘地理信息行业职业技能竞赛筹备工作。目前，第五届行业竞赛已被纳入2017年中国技能大赛系列活动，人社部、全国总工会、共青团中央、全国妇联有关部门和单位均明确支持，继续联合办赛并根据国家有关政策给予表彰奖励；有关承办单位积极开展准备工作，竞赛技术文件已正式印发；各地竞赛选拔组织工作也陆续开始启动。经过8年四届大赛的影响和感召，竞赛关注度更高、影响力更大、参与度更广、竞争性更强。各级测绘地理信息行政主管部门高度重视、行业单位积极相应、从业人员踊跃参与，“单位有比武、地市有预赛、省级有选拔、全国有决赛”的竞赛机制基本完善。

（三）注册测绘师制度持续深化

第6次注册测绘师资格考试工作顺利完成。通过优化命题思路定位、合理配置题量权重、科学设置难度系数，使命题方向向一线生产人员和测绘行业系统内人才选拔倾斜，进一步确保专业性测绘单位有更多的人员通过考试。整体考试工作质量进一步提升，得到了人社部考试中心的充分肯定。注册管理工作稳步开展，注册审查上报8833人，已完成注册测绘师总数的67%。

（四）职业技能鉴定稳中有进

认真贯彻落实国务院简政放权方针，测绘地理信息职业技能鉴定放管服工作进一步推进。严格执行国务院关于取消测绘行业特有工种职业技能鉴定行政审批事项的决定，探索建立了新的管理方式，职业技能鉴定工作无缝衔接、平稳过渡。启用了新版国家职业资格证书及打印管理系统；推动更多的省级鉴定站开展证书自主打印工作；继续精简工作流程，减少了一些不必要的证明材料。深入开展技师评审工作，申报条件和申报范围不断优化，广大一线工作者的参与热情进一步激发，企业人才评价与管理的难题得到了缓解。鉴定服务领域更加宽泛，鉴定渠道不断拓宽，鉴定机构与职业院校联系得到加强，协助职业院校落实“双证书”制度，推进校企共建“双师型”队伍。

以上成绩的取得，是各级测绘地理信息职业资格工作机构齐心协力，共同努力的结果，在此，我代表国家局党组，向在测绘地理信息职业技能资格工作岗位上的广大干部职工致以衷心的感谢！

二、测绘地理信息职业资格工作面临新形势

我们要始终坚持“观大势、懂全局、管本行”，深入学习党中央国务院的新理念新思想新战略，加快推动测绘地理信息事业改革创新发展，准确研判

发展形势，牢牢扭住发展方向，科学谋划发展思路。从当前的形势看，外部政策环境和内部发展需求更有利于职业资格工作的开展和推进，主要体现在：

一是中央进一步加强人才工作。党的十八大以来，中央出台了一系列加强人才工作的政策措施，对技能人才也更加重视。《国民经济和社会发展第十三个五年规划纲要》中明确提出要实施人才优先发展战略，把人才作为支撑发展的第一资源，加快推进人才发展体制和政策创新，构建有国际竞争力的人才制度优势，提高人才质量，优化人才结构。首次把高技能人才队伍与战略科学家、科技领军人才、社科人才、企业家人才并驾齐驱，作为着力发现、培养、集聚的重点对象，并将国家高技能人才振兴计划列入六大国家重大人才工程，进一步明确了高技能人才更加重要的地位和作用。

二是职业资格清理规范基本完成。党中央、国务院高度重视减少职业资格许可和认定事项工作，将其作为推进“放管服”改革的重要内容。李克强总理多次强调，要坚决砍掉各种不合理的职业资格许可和认定事项，通过建立科学的国家职业资格体系，促进各类人才脱颖而出，推动大众创业、万众创新。近日，李克强总理答记者问，再次明确资格认证属于简政放权要继续推进的内容，强调要求打通“最后一公里”。按照国务院决策部署，人力资源社会保障部牵头开展了减少职业资格许可和认定工作，削减国务院部门设置的职业资格许可和认定事项已达70%以上，推动了政府职能转变，提高了职业资格管理的科学化规范化水平。在此基础上，人社部研究提出了国家职业资格目录清单。经过历时三年的沟通协调，测绘地理信息行业职业资格最终在国家职业资格目录清单上均得到了保留。这在职业资格大幅削减的背景下难能可贵，也为测绘地理信息职业资格工作的深入开展创造了有利条件。

三是测绘地理信息事业改革创新发展。测绘地理信息事业“十三五”规划明确提出了打造由新型基础测绘、地理国情监测、应急测绘、航空航天遥感测绘、全球地理信息资源开发等“五大业务”构成的公益性保障服务体系，全面提升公共服务有效供给能力、基础设施装备保障能力、地理信息产业竞争能力、创新驱动发展能力和协调融合发展能力“五大能力”的目标任务。人才是第一资源，要把人才工作放在测绘地理信息事业发展的新格局中去谋划和推动，准确把握事业转型升级时期的人才供需情况，有针对性地加强人才资源开发和优化配置，加快培养造就一支能够适应“五大业务”发展、促进“五大能力”提升的“高精尖”人才队伍。国家局党组审时度势，进一步优化政策，建立机制，为高素质技术技能人才的培养创造了有利条件。我们要把握好有利时机，争取更大担当。

三、测绘地理信息职业资格工作找准新方向

2017年是实施“十三五”规划的重要一年，是推进供给侧结构性改革的深化之年。测绘地理信息职业资格工作机构要主动融入测绘地理信息事业主战场，强化人才服务保障职能，在结构性改革中担当重任，重点做好以下五个方面工作。

（一）扎实开展“大国工匠”学习活动

近年来国家日益高度重视“工匠精神”，培育和弘扬精益求精工匠精神作为践行社会主义核心价值观的具体体现已被提升到了国家政策的新高度，“劳动光荣、技能宝贵、创造伟大”已成为大众创业、万众创新时代背景下的新风尚。测绘地理信息作为技术密集型行业，其提供精准地理位置的工作性质与精益求精的“工匠精神”一脉相承，地理信息的获取手段、处理方式、服务模式的创新创造，不仅需要大师，更需要技艺精湛的“工匠”；不仅需要高层次创新型人才，更离不开数以万计的高素质技术技能人才。国家局和全总决定联合开展“身边的大国工匠·测绘地理信息篇”学习活动。各级测绘地理信息职业资格工作机构要积极配合主管部门，主动联系工会组织，精心开展学习活动，宣传追求卓越的创造精神、精益求精的品质精神、用户至上的服务精神，进一步弘扬“热爱祖国、忠诚事业、艰苦奋斗、无私奉献”的测绘精神。

（二）精心筹办第五届行业技能竞赛

测绘地理信息职业技能竞赛是各级测绘地理信息职业资格工作机构凝心聚力树立的品牌，是职业资格工作特别是技能鉴定工作的重要抓手，要努力把这一品牌做强做优，做成精品。一要抓联动，与人社、工会、共青团、妇联等联合办赛，拓展竞赛影响面。二要重策划，广泛动员，精心组织，全力组织好省级选拔工作，确保竞赛质量。三要给激励，进一步提高获奖选手的精神和物质奖励，不断激发技能竞赛原动力。四要建制度，进一步完善竞赛组织管理办法，使竞赛规则公开化、竞赛程序流程化。五要强宣传，营造深厚的“比、学、赶、帮、超”的竞赛氛围，为实现竞赛目标提供强大的文化牵引和精神动力。

（三）继续强化职业技能鉴定工作

要深化职业技能鉴定工作改革研究，完善职业技能鉴定制度顶层设计。要完善高技能人才评价方式，探索高技能人才评价方法，使职业资格工作贴近一线实际，贴近从业者职业发展。要加快推广2015版《国家职业分类大典》，统筹规划已有职业标准修订、新职业标准开发的相关工作。要正确处理好数量和质量的关系，既要保证规模持续扩大，更要确保质量提升。职鉴中心与鉴定站要上下联动、协同推进；与职业院校、企事业单位加强协作，发挥好全国测绘地理信息职业教育教学指导委员会的作用，促进产教深度融合，谋求协同创新发展。

（四）稳妥推进注册测绘师制度实施

注册测绘师制度是为了维护国家安全、保证测绘质量、提升队伍素质，依据《测绘法》设立的一项重要制度，列入了人社部2016年公布的《国家职业资格目录清单》。截至目前，已有13106人取得注册测绘师资格，为推进制度实施奠定了数量基础。当然也要看到，实践中存在诸如培训、注册等日常管理繁琐；生产环节发挥作用不够，至今和签字制度没有挂钩；资质挂钩过渡即将期满，但甲乙级资质单位的注册测绘师不均衡或达不到规定人数等问题。国家局对此高度关注和重视，库热西局长召开专题会议听取汇报，要求开展认真研究，加以完善和解决。最近，国家局成立了调研组，围绕如何有效加强注册测绘师的日常管理、如何在生产管理和质量保障体系中发挥作用、如何和行业管理有效结合三个分课题开展调研，局党组将专题研究深化注册测绘师管理工作。日前，国家局法规司印发《关于测绘资质管理中涉及注册测绘师制度有关问题的说明》，通知挂钩暂缓，待研究后正式通知。当前我们要继续做好资格考试组织工作，确保第7次注册测绘师考试圆满完成；结合形势发展，开展注册测绘师考试大纲修订；推进注册测绘师执业签字制度；完善注册管理业务，加快信息化建设，提供更好的在线培训服务；建立注册测绘师诚信自律机制。

（五）广泛开展教育培训工作

要坚决贯彻中央领导关于人才工作的精神，不断创新培训制度、优化培训师资、完善教材体系。继续拓展地理国情监测、不动产测绘、地下管线测量、无人机航摄操控、激光雷达测绘等业务培训。积极探索新的合作办学模式，加强同有关部门和机构的沟通协作，与优质院校建立长期合作关系。

同志们，使命重在担当，实干铸就辉煌。测绘地理信息事业正处在改革创新发展的关键时期，我们要始终坚持围绕中心、服务大局，用工作实绩为测绘地理信息事业改革创新发展作出新的更大贡献，迎接党的十九大胜利召开。

谢谢大家！

在测绘地理信息法治工作座谈会上的讲话

国家测绘地理信息局副局长　宋超智

2017年12月14日

同志们：

在全国上下深入学习贯彻落实党的十九大精神之际，我们召开测绘地理信息法治工作会议。会议的任务是：认真学习党的十九大精神，深刻领会习近平新时代中国特色社会主义思想，深入贯彻全面依法治国方略，深入贯彻总体国家安全观，深入贯彻新发展理念，坚持创新监管方式，紧紧围绕推动《测绘法》赋予我们的新职责新制度的落地，全面部署局党组深化依法治测的总体安排，保障测绘地理信息事业持续健康发展。这次会议，是在中国特色社会主义进入新时代的历史背景下召开的一次重要会议。

下面，我受库热西局长的委托讲三点意见，供大家参考。

一、近两年来的测绘地理信息法治工作基本情况

2016—2017年，各级测绘地理信息主管部门全面推进依法行政，充分发挥了法治对事业发展的保驾护航作用。突出体现在：

（一）立法工作取得突破提供坚强制度保障

新修订的《中华人民共和国测绘法》和《地图管理条例》分别于今年和去年颁布实施，为测绘地理信息事业发展奠定了法治基石。2016 年，国家局印发贯彻落实《法治政府建设实施纲要（2015 年—2020 年）实施意见》，对推进法治测绘建设作出全面部署。2017 年 11 月 28 日，国土资源部第 77 号令公布了修订后的《地图审核管理规定》，健全了地图审核和监督管理机制。江苏、浙江、湖南、陕西、四川、海南等地在省级层面，积极推进测绘统一监管、地理国情监测、数据共享应用、地图管理、基础测绘管理等方面的立法，取得显著成果。国家局和省级测绘地理信息主管部门按照国务院“放管服”改革要求，开展了法规规章和规范性文件清理工作，确保了测绘地理信息法制协调统一。

（二）深化行政审批制度改革规范行政权力

国家局全部行政审批事项均纳入到行政许可大厅，实行了“一个窗口”集中受理和审批事项全部网上办理。推进行政许可标准化工作，完善行政许可信息公开、一次性告知、首问责任、服务承诺等标准化制度，制定甲级测绘资质审批细则。推进政务信息系统整合共享，打通“放管服”改革经脉，完成测绘地理信息综合监管平台一期建设，即将正式上线运行，实现了“让数据多跑路，让群众少跑腿”。各地深入推进简政放权，梳理完善权力清单和责任清单，简化申请材料，优化审批流程，编制行政许可服务指南。山西、辽宁成立行政审批处，选配人员增强审批力量。河南建立测绘资质协审机制，规范审批行为，严肃责任追究。

（三）完善测绘资质管理支持行业健康发展

国家局深入调研注册测绘师制度实施情况，结合实际印发《关于推进注册测绘师制度实施有关工作的通知》，稳妥调整了注册测绘师与测绘资质管理挂钩的制度，分步有序推进注册测绘师签字盖章制度试点。组织指导各地完成 577 家甲级测绘资质单位和 2789 家乙级测绘资质单位的续期换证，实现政策平稳过渡，维护了市场稳定。国家局组织各地开展测绘资质年度报告公示工作。各地依法开展乙丙丁级测绘资质审查。两年来，测绘地理信息行业规模不断壮大，市场主体“双创”活力进一步激发。截至目前，全国各等级测绘资质单位已达 1.86 万家，其中民营企业占比 62%，甲级测绘资质单位突破 1000 家，测绘资质单位从业人员数量达到 46 万人，其中专业技术人员近 40 万人。2017 年，中国地理信息产业总产值预计超过 5180 亿元，同比增长 18.8%。

（四）强化事中事后监管促进市场公平有序

国家局印发《关于加强测绘地理信息行业信用管理和推进征集发布工作常态化的通知》，将甲级测绘资质单位不良信用记录与资质准入挂钩，初步建立失信惩戒机制。首次在国家局层面上统筹开展涵盖测绘资质、质量体系、成果保密等内容的“双随机，一公开”联合抽查，共检查 52 家甲级测绘资质单位，向“问题”单位下发整改通知书。国家局开展了测绘航空摄影、导航电子地图制作市场检查，对不符合条件的 1 家企业予以注销甲级测绘资质、2 家企业予以核减甲级测绘资质业务范围。各地按照国家局部署要求，全面开展“双随机”联合抽查和测绘资质单位信用信息征集、发布工作。青海局协助省发改委做好全省信用信息数据共享对接工作。新疆局与自治区工商局共享信息，对作出行政处罚和纳入不良信息的测绘企业实施联合惩戒。

（五）加大行政执法力度维护地理信息安全

国家局认真贯彻中央领导重要批示，组织开展全覆盖排查整治“问题地图”专项行动。配合国家安全部查处 1 起重大涉外非法测绘案件。配合中央保密办指导 3 省（区）对发现的涉军非法测绘隐患进行整改。印发《关于进一步加强涉外测绘管理工作的通知》，组织开展涉外测绘专项检查。通报 12 起测绘地理信息违法典型案件。通报 2 家测绘企业非法转包测绘项目和无资质测绘行为。举办全国测绘行政执法人员培训班，新核发执法证 2000 余个。各地健全部门间执法协作机制，依法查处涉证、涉网、涉密、涉外、涉军等非法测绘行为。北京完成市行政执法信息服务平台涉刑职权录入，加强行政执法与刑事司法的衔接。

（六）大力开展法制宣传营造良好发展环境

国家局印发《全国测绘地理信息法治宣传教育第七个五年规划（2016—2020 年）》，大力开展新修订的《测绘法》学习宣传贯彻活动。一是召开全系统电视电话会，进行全面动员，印发学习宣传贯彻工作通知和实施方案。配合全国人大在《测绘法》颁布当天召开新闻发布会，编写出版《测绘法》释义、《新测绘法学习 60 问》和《测绘法》单行本。二是局领导发表署名文章，并奔赴全国 20 多个省（区、市）宣讲《测绘法》。国家局面向省级部门和测绘行业单位，开展大规模培训。三是充分发挥国家局网站、微博、微信等宣传主阵地作用，开展包括制作《测绘法》图解、发布微宣传片和动漫短片、组织网络有奖知识竞答等在内的新媒体宣传活动。四是举办“8·29”全国测绘法宣传日主场活动。

各级测绘地理信息主管部门在《测绘法》颁布日、实施日和“8·29”宣传日等特殊时间节点，采取多种形式，集中开展宣传活动，形成全国联动宣传效应，将学习宣传活动推向高潮。山东、广东、湖南等省利用视频会议形式，举办《测绘法》专题大讲堂，三个省所属市、县国土资源局干部职工均有1万人以上在分会场听课，在测绘地理信息各级干部中迅速形成了依法决策、依法行政、依法办事的良好氛围。上海、山东、江西、青海、新疆等地还联合当地电视台等媒体，开展新《测绘法》知识竞赛，生动宣传《测绘法》的主要内容，扩大了测绘地理信息工作在全社会的影响，有效推动和促进了本单位的测绘地理信息工作。

这些成绩的取得，得益于我们对法治是治国理政基本方式这一认识的深化，得益于我们对转变政府职能是建设现代政府必然要求这一认识的深化，得益于我们对普法依法治理是弘扬法治精神这一认识的深化。总体看，有以下三条基本经验，应当继续坚持并不断发扬光大。

一是坚持立法先行。立法对事业发展具有引领和推动作用，是推进法治测绘建设的“牛鼻子”。只有具备良法，才能实现善治。实践证明，哪些地方重视加强立法来解决本地改革发展中带有根本性、全局性和长期性的问题，这些地方的测绘地理信息工作就走在前、有亮点、出成效。

二是坚持放管有度。我们紧紧围绕使市场在资源配置中起决定性作用和更好发挥政府作用，深入推进“放管服”改革，给行政审批做“减法”、市场监管做“加法”、公共服务做“乘法”，为权力“瘦身”，为职能“健身”，为企业“松绑”，增进了测绘地理信息市场主体的获得感。

三是坚持普治并举。我们一手抓法治宣传，大力开展普法活动，提倡崇德尚法，推进法润人心，增强法治的教化功能，营造浓厚的法治氛围；一手抓行政执法，健全行政执法制度，开展行政执法检查，加强部门执法协作，加大案件查处力度，维护地理信息安全，净化市场环境。

总结两年工作成绩的同时，必须清醒看到，我们的工作还存在一些不足，也面临一些困难和挑战。主要是：在立法方面，《测绘法》配套法规制度还不完善，不能满足新时代法治测绘建设的新需求；立法质量有待提高；立法工作需要加大统筹力度。在行业管理方面，行政审批的便利化、信息化能力还不足；研究测绘市场需求容量与供给规模的关系、推进供给侧改革力度不够；市场准入政策相对滞后于新业态、新技术发展，优化服务、培育市场的办法不多。在执法普法方面，部门间执法协作机制还不健全，推动跨部门综合执法力度不够，地理信息安全隐患依然突出，测绘地理信息法治观念尚未深入人心。这些问题和薄弱环节，需要我们在认真学习党的十九大精神和习近平新时代中国特色社会主义思想的基础上，着力加以解决。

二、准确把握新时代测绘地理信息法治工作新使命

党的十九大将习近平新时代中国特色社会主义思想确立为党必须长期坚持的指导思想，为新时代伟大实践提供了行动指南。我们一定要从中国特色社会主义进入新时代的历史方位和战略高度，深刻认识我国社会主要矛盾发生变化在法治测绘领域的新表现，准确把握习近平新时代中国特色社会主义思想的基本方略和基本内涵，准确把握建设法治政府的重大意义、本质要求和主要任务，牢固树立目标导向、问题导向和需求导向，坚定不移全面推进法治测绘建设，促进测绘地理信息事业实现更高质量的发展。

（一）深入贯彻全面依法治国方略谋划好法治测绘建设

按照党的十九大报告提出建设中国特色社会主义法治体系的要求，我们要建立完备的测绘地理信息法律规范体系、高效的法治实施体系、有力的法治保障体系，统筹谋划好法治测绘建设，做到谋定而后动。为此，要在以下几方面下功夫：

一要建立完备的法律规范体系，要全面梳理《测绘法》新职责新制度，找准我国社会主要矛盾发生变化对测绘地理信息工作的新需求，重点围绕维护地理信息安全、加快事业转型升级、完善市场监管机制、推动成果广泛应用、促进地理信息产业发展等方面加强立法，构建以《测绘法》为核心的新时代测绘地理信息法律体系。要深入开展立法调研和比较研究，本着急用先行、成熟先上的原则，加快立法步伐。要推进科学立法、民主立法，拓宽建言渠道，广泛吸纳众智，提高立法质量。

二要建立高效的法治实施体系，要建立权力清单、责任清单和负面清单，做到“法无授权不可为，法定职责必须为”，让审批更简、监管更强、服务更优。要推进严格规范公正文明执法，依法实施行政许可、行政检查、行政强制和行政处罚，寓严管于中，施重惩于后。要落实“谁执法谁普法”普法责任制，强化领导干部法治思维，建立普法责任清单，健全普法工作的领导机制、协作机制和考评机制，推进法治宣传工作创新，实现按需施教、精准普法。

三要建立有力的法治保障体系，要根据中央成立全面依法治国领导小组的部署，强化本单位法治测绘建设的组织保障，研究本地本单位依法行政、依法治测等重大问题。要贯彻 2016 年 12 月中办、国办印发的《党政主要负责人履行推进法治建设第一责任人职责规定》，各单位党政一把手要当好法治测绘建设的重要组织者、推动者和实践者。

（二）深入贯彻总体国家安全观谋划好地理信息安全监管

按照党的十九大报告提出坚持总体国家安全观的要求，我们要完善地理信息安全管理制度，加大地理信息安全监管力度，加强地理信息安全教育，推动形成保障地理信息安全的合力，有效维护国家主权、安全和发展利益。为此，要在以下几方面下功夫：

一要完善地理信息安全管理制度，要分析评估地理信息安全风险潜在的各种情形，对卫星导航定位基准站监管，要建立基准站建设备案制度，加强对基准站运行维护、制定安全标准等方面的管理。对“问题地图”治理、互联网地理信息安全监管、个人信息保护等，要建立长效工作机制。对属于国家秘密的地理信息的获取、持有、提供、利用等情况，要建立地理信息安全管理制度和技术防控体系。

二要加大地理信息安全监管力度，要加强市场准入管理，对于与国家安全高度相关的测绘业务，坚决禁止外资进入。要完善与网信、安全、保密等相关部门的协作机制，加大市场检查和执法力度，强化监管合力，健全打防管控一体化的安全监管机制。要探索涉密地理信息可追溯管理，增强网络空间数据主权保护能力，推广使用安全可信的地理信息技术和设备，实施涉密领域国产化替代战略，提高防范和抵御安全风险能力。要提高对地理信息数据采集活动快速发现、数据传输实时监控、涉密隐患及时预警的能力。

三要加强地理信息安全教育，要推进各级人民政府、有关部门加强国家版图意识教育，引导新闻媒体开展国家版图意识宣传，协调教育行政部门、学校将国家版图意识教育纳入中小学教学内容。要对地理信息管理人员和技术人员开展安全技术培训，提高从业人员的地理信息安全意识。

（三）深入贯彻新发展理念谋划好全行业持续健康发展

按照党的十九大报告提出贯彻新发展理念建设现代化经济体系的要求，我们要坚定不移把发展作为第一要务，减少政府对微观经济的直接干预，支持测绘企业发展，支持各类市场主体公平竞争，最大限度激发市场活力。为此，要在以下几方面下功夫：

一要深入推进简政放权，要进一步精简行政审批流程，压缩行政审批时间，改进行政审批方式，减轻市场主体负担，减轻专业技术人员负担。针对测绘资质管理不适应新业态、新技术快速兴起的问题，要科学调整市场准入政策，满足各类市场主体日益增长的需求。

二要深化供给侧结构性改革，要按照优化存量、引导增量的原则，调控测绘市场准入，加大供给侧改革，积极稳妥化解测绘资质单位同质化竞争问题，培育新产业新动能，促进形成优胜劣汰机制。要加强政策引导，驱动“双创”活力，促使各类市场主体各展其长、共同发展。

三要营造良好市场环境，要清理废除妨碍全国统一市场和公平竞争的各类规定和做法，鼓励各地结合实际制定扶持测绘资质单位发展的政策措施。要运用大数据等手段跟踪分析测绘资质单位运行情况，为出台鼓励支持行业发展政策提供支持，打造人民满意的测绘地理信息主管部门。

（四）坚持创新监管方式谋划好行业治理能力现代化

按照党的十九大报告提出创新监管方式的要求，我们要树立现代市场监管理念，创新市场监管机制，认真贯彻国务院 2017 年 1 月印发的《“十三五”市场监管规划》，尽快提高市场监管的科学性和有效性。为此，要在以下几方面下功夫：

一要依法依规监管，就是对各类市场主体一视同仁，依法依规实施公平公正监管，平等保护各类市场主体合法权益。没有法律依据不能随意检查，规范政府部门自由裁量权。

二要简约审慎监管，就是实行简约高效的监管方式，消除不必要的管制，革除不合时宜的陈规旧制，打破不合理的条条框框，砍掉束缚创业创新的繁文缛节，为市场主体减负。要适应新技术、新产业、新业态、新模式蓬勃发展趋势，实行包容式的审慎监管，推动创新经济繁荣发展。对潜在风险大的领域，要严格监管，消除风险隐患。

三要综合智慧监管，就是推进市场监管领域综合执法，建立综合监管体系，加强信息共享，建立健全跨部门、跨区域执法联动响应和协作机制，消除监管盲点，降低执法成本。要充分发挥新科技在市场监管中的作用，依托互联网、大数据技术，打造综合监管大数据平台，推动“互联网＋监管”，提高市场监管效率。

四要推动协同监管，就是明确企业的主体责任，推动市场主体自我约束，充分发挥信用体系的约束作用、行业组织的自律作用和社会公众的监督作用，实现社会共治。

三、扎实进取谱写新时代法治测绘建设新篇章

全面推进法治测绘建设，为依法履职开路、为改革创新除障、为公平公正护航，是法治工作者的重要职责。对做好新时代测绘地理信息法治工作，我从六个方面提出原则性要求，以便于大家统一思想认识，明确工作方向。

（一）全面推动《测绘法》的贯彻落实

《测绘法》是测绘地理信息事业的根本大法。落实好《测绘法》各项法律制度，对于促进测绘地理信息转型升级和测绘地理信息事业长远发展，具有十分重要的意义。法律是有生命周期的，不能束之高阁，要加快落地生根、开花结果。国家局已经印发贯彻落实《测绘法》分工方案，将法条责任逐项分解到局机关各司室，并将加强督促检查。全面贯彻落实《测绘法》，是各级测绘地理信息主管部门应当全力抓好的一件大事，各地在抓落实过程中，要持之以恒，久久为功，避免出现“雨过地皮湿，来去一阵风”现象。国家局将于明年开展《测绘法》实施一周年评估交流，督促指导和推动地方将《测绘法》各项制度落到实处，并将督导落实作为一项长效机制固化下来。

（二）构建新时代测绘地理信息法律体系

国家局将深入分析新时代测绘地理信息法治需求，在现有“一法四条例六规章”的法律体系框架基础上，进一步丰富和完善，做好测绘地理信息法律体系顶层制度设计。一是重点推进《地理国情监测条例》立法进程，进一步完善地理国情监测的体制机制，促进监测成果的广泛应用，推进地理国情监测工作制度化、常态化。各地要加速推进地理国情监测的本地立法工作。二是重点推进测绘市场管理、卫星导航定位基准站管理、不动产测绘管理等部门规章的立法进程，进一步规范测绘地理信息市场秩序，加强地理信息安全监管，强化测绘地理信息保障服务。三是按照国务院“放管服”改革要求，凡是与上位法不一致、不协调的，凡是不符合测绘地理信息事业改革发展要求的，都要认真做好相关法规规章和规范性文件的“立改废释”工作。要认真贯彻中办、国办2016年印发的《关于推行法律顾问制度和公职律师公司律师制度的意见》，在各级测绘地理信息主管部门设立法律顾问、公职律师，为重大法律事务提供法律意见，提高依法行政的能力水平。

（三）改革市场准入制度培育良好市场环境

围绕无人驾驶、人工智能等新业态、新技术，国家局将重点修订完善导航电子地图制作等资质标准。在进一步认真调研的基础上，适时启动《测绘资质管理规定》和《测绘资质分级标准》修订工作，进一步优化审批方式和审批流程，调整考核指标和专业类别，科学设定市场准入门槛。启动《测绘市场管理暂行办法》修订工作，规范市场主体从业行为，维护公平竞争市场秩序。各地要按照构建“清”“亲”新型政商关系的要求，进一步依法严格测绘资质审批，做到不徇私情，不偏不倚，既为申请单位提供便捷优质的服务，又要坚守底线原则。各地要加快实施测绘地理信息市场准入负面清单制度，要研究制定鼓励更多市场主体投身“双创”的行业发展政策。

（四）健全以信用为核心的新型市场监管机制

市场经济是信用经济。加强信用管理，是提升监管能力、维护市场公平的关键一招，要建立守信者一路畅通、失信者处处受阻的机制。各地要按照国家局的部署要求，大力推进本地区测绘地理信息行业信用管理工作。一是抓好测绘资质单位信用信息的常态化征集、审核和发布工作，实现“发生即录入、报送即审核、生效即发布”。征集中，要坚决杜绝“报喜不报忧”的问题，要通过信用管理平台，为诚实守信单位树“光荣榜”，为违法失信单位建“曝光台”。二是把信用发布与测绘资质年度报告公示、“双随机、一公开”、执法检查等手段有机结合起来，依据市场主体信用情况确定抽查对象，聚焦风险较高、投诉举报较多或者有严重违法记录的单位，进行重点监管和执法，做到“守法的不打扰，犯规的跑不掉”。要继续推行涵盖测绘资质、质量体系、成果保密、地图管理的“双随机、一公开”联合抽查，抽查工作要坚持做到事项公开、标准公开、程序公开、对象公开、结果公开，将抽查结果纳入市场主体信用记录。三是推动建立跨部门信息交换共享机制，解决信用信息碎片化、分散化、区域化等问题，将测绘资质单位基本信息和政府部门在履职过程中形成的行政许可、行政处罚及其他监管信息，全部归集到该单位名下形成全景多维画像，提升跨部门信用监管、协同监管、联合惩戒的能力。

（五）加大执法力度维护地理信息安全

2017 年 11 月 22 日，李克强总理签署第 692 号国务院令，公布《中华人民共和国反间谍法实施细则》，这为我国反间谍工作进一步提供了强有力的法律支撑。各地要深刻认识当前地理信息安全面临的严峻形势，共同筑牢维护国家安全的防线。从去年国家局配合国家安全部查处的一起重大涉外非法测绘案件看，国外敌对势力从未放弃对我国军事秘密的觊觎，处心积虑采取花样翻新的手法，伪装成合法身份，隐匿真实意图进入我国，大肆窃取地理信息数据，给我国安全带来严重隐患。目前，该涉案外籍人员已被我方采取强制措施，依法严肃查处。新形势下，各级测绘地理信息主管部门要认真贯彻总体国家安全观，进一步深化与有关部门间执法协作，开展跨部门联合执法，加大案件查处和曝光力度，有效提升地理信息安全防范能力和安全监管能力，切实维护国家主权、安全、发展利益。国家局将加大指导力度，按照减少层次、整合队伍、提高效率的原则，加强执法力量，下移执法重心，推动地方测绘地理信息综合执法。各级测绘地理信息主管部门要根据 2017 年国办印发的《推行行政执法公示制度执法全过程记录制度重大执法决定法制审核制度试点工作方案》，推行行政执法三项制度，促进行政执法规范化、信息化建设。

（六）深入落实“谁执法谁普法”普法责任制

党的十八届四中全会决定指出，实行国家机关“谁执法谁普法”的普法责任制，这是第一次以党的纲领性文件形式明确了国家机关是普法责任制的主体。2017 年，中办、国办联合印发《关于实行国家机关“谁执法谁普法”普法责任制的意见》，把普法同立法、执法和司法统筹考虑，把普法工作与其他业务工作同部署、同检查、同落实，充分说明了普法工作的重要性。目前，国家局正在制定落实“谁执法谁普法”普法责任制实施方案。各级测绘地理信息主管部门要健全普法领导和工作机构，制定本单位普法规划、年度普法计划和普法责任清单，明确普法内容，夯实普法责任，加强普法督促检查。要创新普法方式方法，增强测绘地理信息法治宣传实效，提高全民尊法学法守法用法意识。

同志们，让我们以习近平新时代中国特色社会主义思想为指引，上下一心，奋力谱写法治测绘建设新篇章，为保障测绘地理信息事业持续健康发展作出新的更大贡献！

在全国地理信息与地图（测绘成果管理）工作会议上的讲话

国家测绘地理信息局副局长　闵宜仁

2017 年 3 月 1 日

同志们：

刚才，武文忠司长作了工作报告，全面总结了 2016 年地理信息与地图（测绘成果管理）工作取得的成绩，分析了存在的问题，部署了 2017 年的工作。三位处长对 2017 年的重点工作进行了进一步的解读。大家进行了座谈讨论，对地理信息与地图（测绘成果管理）工作提出了一些很好的意见和建议。近年来，地理信息与地图司（测绘成果管理司）都会在年初组织召开地理信息与地图（测绘成果管理）工作会议，主要目的有两个：一是这项工作政策性很强，涉及政治和安全问题，中央领导同志每年都会作出重要批示，社会也很关注；二是这项工作的重点在于应用和服务，需要我们不断转变观念、适应新形势，满足社会需求。因此，我们希望通过会议的方式，大家共同全面贯彻落实中央领导批示精神，深入贯彻落实去年年底召开的全国测绘地理信息工作会议精神，着力解决测绘地理信息推广应用工作的相关问题，同时做好测绘地理信息保障服务工作。下面，我就怎么推进、如何开展地理信息与地图（测绘成果管理）工作，讲三方面意见。

一、充分肯定地理信息与地图（测绘成果管理）工作取得的成效

（一）发展理念有转变。近年来，测绘地理信息系统牢固树立并认真贯彻“创新、协调、绿色、开放、共享”的发展理念，正在由注重生产到注重服务的转变、由自建自用到共享开放的转变、由成果提供服务到决策支持服务的转变，这很不容易。在刚才的发言中，大家提到了要抓住大数据发展的机遇，建设地理信息大数据，在“服务大局、服务社会、服务民生”方面发挥更大的作用，这都是很大的转变。湖南树立地理信息大数据、地理信息资源的发展理念，积极推动测绘地理信息应用工作，值得借鉴。

（二）推广应用有成效。各地继续加强天地图建设力度，服务能力显著提高，应用领域不断拓展。同时，通过签署地理信息共享合作协议、召开用户会等多种方式，有效推动了测绘地理信息成果的社会化应用。新版全国地理信息资源目录服务系统整合并开放了279万多条目录，也为社会各界使用地理信息资源提供了方便、快捷的手段。贵州积极参与扶贫攻坚工作，大力推动地理信息在精准扶贫工作中的应用，彰显了测绘地理信息部门的重要作用。

（三）安全监管有创新。牢固树立总体国家安全观，既加强技术创新，也加强管理创新。在落实国家安全政策方面，也做了一些工作。中国测绘科学研究院、地图技术审查中心不断完善互联网地图监管系统，提高了地理信息安全监管的效率；着力加强国家、省级互联网地图监控节点建设，基本能做到及时发现“问题地图”。各地通过成功举办第三届“美丽中国”全国国家版图知识竞赛和少儿手绘地图大赛，进一步提高了公众的国家版图意识和地理信息安全意识。

（四）产业推进有突破。出台了卫星导航定位基准站数据密级划分和管理的文件，规范了基准站的社会化应用。开展了产业区域发展调研和基础理论研究，启动了产业运行监测，产业发展继续呈较好态势。国办《意见》印发后，目前已有24个省（区）政府出台了促进地理信息产业发展的政策文件，产业发展的政策环境更加优化，集聚效应更加明显。黑龙江出台了“互联网+地理信息”服务行动计划，着力为各行业“互联网+”行动计划提供地理空间载体支撑保障。

取得这些成绩，离不开大家的共同努力。借此机会，请允许我代表国家测绘地理信息局党组对同志们的辛勤而扎实工作表示衷心的感谢！

二、抓好地理信息与地图（测绘成果管理）重点工作

要做好地理信息与地图（测绘成果管理）工作，就必须研究其发展规律。在测绘地理信息方面，我认为主要存在两大矛盾：一是供需矛盾。没有需求就没法推广应用，供给不好需求就得不到满足，就需要改革。当年的测绘数字化生产就是供给侧结构性改革，这次应急测绘项目也是一次供给侧结构性改革，就是要构建动态服务技术体系。因此，我们需要不断适应时代变化，着重进行供给侧结构性改革，力争使供给和需求达到平衡。二是应用与保密的矛盾。涉密测绘地理信息事关国家安全和利益，不容忽视，如何在维护国家地理信息安全的前提下深化地理信息应用是测绘地理信息系统的重要任务。从制度设计上，我们有《测绘管理工作国家秘密范围的规定》和《公开地图内容表示若干规定》以及补充规定，对维护地理信息安全和推进地理信息应用起到了一定成效。但从现代技术的发展以及安全监管的理论和实践来看，近些年这个矛盾显得更为突出了，目前如何科学界定涉密测绘地理信息是一个非常关键而重要的问题。这个问题解决好了，地理信息安全监管会更有序，测绘地理信息应用工作就会更好开展。

要做好地理信息与地图（测绘成果管理）工作，就必须分析其发展环境。2017年，我们在贯彻落实国家重大方针政策之外，还需关注一些重大事件可能对开展地理信息与地图（测绘成果管理）工作的影响：一是《测绘法》的修订，估计会在上半年出台，里面有很多新的提法和要求，特别是对地理信息安全明确了监管要求。二是政府依法行政改革，特别是“放管服”改革，大家要敏感，这对我们开展相关工作会影响很大。关于大家提到各类审批系统分散的问题，国家局正在组织建设，应该会整合成一个平台进行审批和监管。三是大数据的发展，这有利于解决地理信息共享问题，也有利于推动地理信息的深层次应用。四是事业单位改革，国家局正在深化所属事业单位的改革，调整职能，优化布局。地方事业单位改革力度很大，有些地方的测绘院改成了企业，这对我们工作有一定的影响，需要加强研判和提出对策。

总体来说，地理信息与地图（测绘成果管理）工作主要是服务和监管，这也是我们当前需要抓好的重点工作。

（一）在服务方面

一是天地图建设与应用。大家对天地图的重要性认识都很到位了，这几年的发展也很不错。下一步，我们要抓住国家电子政务内网即将连通的有利时机，大力整合 1∶5 万数据库、地理国情监测、全球测图等各类数据，着手建设信息资源丰富、服务方式齐全、高精度的涉密版天地图。在此基础上，逐步将天地图打造成为一个综合性地理信息大数据服务平台。国家基础地理信息中心要在国家局的指导下，运用大数据的发展理念，尽快拿出涉密版天地图顶层设计方案，下半年印发给各省局，并指导各地开展建设。着力面向政府部门等重点用户推广应用天地图并做好服务，特别是为应急管理部门提供技术支撑，落实国家突发应急事件“十三五”规划，以天地图为基础建成应急资源“一张图”。

二是应急测绘保障服务。在昨天的全国应急测绘保障工作暨应急项目启动会上，已进行了具体部署，我就不多说了。在此要强调一点：应急专项不单是买设备，要在应急项目实施过程中加强人才培养，各实施单位要有专人全过程参与项目设计、系统集成、运行维护工作，培养一批技术骨干，为适应应急测绘和动态监测的供给侧改革需要提供人才保障。

三是测绘地理信息业务档案管理与利用。要认真贯彻落实《测绘地理信息业务档案管理规定》，做好测绘地理信息业务档案的接收、整理、保管等工作。近年来，我们启动了很多项目，产生了大量测绘地理信息成果。这些成果业务档案要做到应归尽归，不要当历史的罪人。要检查《测绘地理信息业务档案管理规定》落实情况，促进业务档案管理水平提升。公开一批档案目录，推进测绘地理信息业务档案编研利用，充分发挥档案“今世可以知古，后世可以知今”的素材作用。指导开展古旧地图的解密研究，加强宣传策划，争取在测绘档案利用宣传上出亮点。

四是地理信息应用深度推广。要重点面向公益性的深度应用，现阶段主要表现为两个方面：电子政务和国家重大战略。在电子政务应用方面，中国测绘科学研究院要在为国办服务方面有所创新、有新的突破，同时要带动省级政府办公厅与测绘地理信息部门的合作，真正形成“四边形”的业务模式。在服务于国家重大战略方面，比如“一带一路”、精准扶贫等，要主动发挥测绘地理信息的保障服务作用。地理信息的深度应用，其实就是大数据的应用，其核心在于挖掘、分析、预测，而不在于数据量多，这是关键。因此，我们要进一步开放地理信息资源，利用市场机制，支持企业面向重点行业推广应用测绘地理信息成果。

（二）在监管方面

一是“问题地图”的查处与整治。随着地理信息产业的发展，社会对地理信息的需求越来越旺盛，新闻媒体、新媒体使用地图也越来越多。由于没有正确使用地图的意识，导致“问题地图”层出不穷，影响非常不好。要重点推动国家版图意识宣传教育“进媒体”，规范媒体使用地图的同时，借助媒体的力量，扩大国家版图意识宣传教育的覆盖面。在此基础上，提升“问题地图”监控能力，大力推广互联网地图监管系统的应用。同时，要特别关注网络舆情，防止“问题地图”事件的炒作。以完善“标准地图服务”系统为重点，开发适用、实用的权威性地图公共服务产品，提高产品质量，丰富产品种类。继续推进《中国城市地图集》的编制，突出地名等基本地图公共服务。加强辅助决策用图的资源共享与信息交流，提高服务能力与水平。

二是地理信息安全监管。测绘成果保密技术处理主要有两种方法：非线性保密技术处理和天地图保密技术处理。这两种方式都是国家局联合有关部门确定的，各地可根据需求选择使用。要推动《测绘管理工作国家秘密范围的规定》的修订，目前新的修订稿已经提出来了，主要思路是要素定密。要加大地理信息安全监管力度，主要体现在三个方面：自己管理的涉密数据不出问题，要管好；对外提供的涉密数据能跟踪，知道在什么地方，是否符合保密条件，使用是否合理；对行业进行涉密数据管理指导，在查处失泄密案件时，要联合保密部门开展工作。因此，我们要完善涉密测绘成果使用审批、跟踪检查等制度，开发涉密测绘成果跟踪监管系统。此外，还要密切关注非涉密测绘成果的安全问题，特别是天地图的信息安全问题。按照国家有关安全规划要求，统筹谋划地理信息安全监管能力建设，积极向有关部门申报项目支持。大力研发和推广使用安全保密防护技术，从数据生产、使用等多个环节，切实有效封堵失泄密漏洞。同时，进一步强化多级联动、部门协作的网上地理信息安全监管机制。

三是政务地理信息共享。测绘地理信息部门掌握了大量的基础地理信息资源，但要开展深层次应用，就必须共享更多的政务地理信息，两者结合起来才更有价值。在推动政务地理信息共享方面，浙江局做的不错，发挥了较好的示范作用。国家局将组织编制政务地理信息资源共享目录，探索部门间依托天地图开展数据融合和共享。加强与国务院应急办的联络沟通，力争以应急为依托开展部分政务地理信息的共享。各地要加强与掌握政务地理信息资源部门的沟通协调，建立共享机制，依托地理信息公共服务平台集成各类政务地理信息资源，为推动地理信息深层次应用奠定基础。

四是促进产业发展。地理信息企业是测绘地理信息推广应用的重要力量，也是解决供需矛盾的主力军。在应急测绘方面，我们就可以吸纳企业来开展相关保障服务工作。地理信息产业等相关协会是连接企业和政府的桥梁纽带，我们要充分利用协会的力量来促进产业发展。作为政府部门，要为企业提供高效的审批服务，同时也要提供信息服务，比如测绘地理信息行业信用的征集与服务。为摸清产业发展总体情况，国家局将组织开展产业专项调查工作。这是一项全新的工作，可能会遇到各种问题和困难。希望各地能高度重视，积极配合国家局做好此项工作。同时，各地也可借此机会，摸清本地区产业发展的底数。要加强产业宏观经济运行监测，扩大地理信息企业监测范围，力争及时把握地理信息产业发展态势。各地要根据本地区实际情况，进一步制定或者完善产业发展政策，推动形成新的产业增长极。

三、几点要求

（一）加强组织领导。地理信息与地图（测绘成果管理）工作责任重大、监管困难、新情况多。因此，我们要多向主要领导汇报，与相关领导沟通，得到支持和配合。要加强统筹协调，努力形成产业发展统筹、公共服务统筹、安全监管统筹的格局。各单位要落实好责任，扑下身子，多干些能促进事业发展的事情，让干部收获更多的成就感。

（二）坚持目标引领。做好地理信息与地图（测绘成果管理）工作，要以《国务院办公厅关于促进地理信息产业发展的意见》《全国测绘地理信息事业“十三五”规划》等政策文件为依据和行动纲领，明确目标，分解任务，踏踏实实做好每一项工作，争取每年都有新的突破和进展。

（三）突出问题导向。随着技术的快速发展，地理信息与地图（测绘成果管理）工作面临的问题比较多。我们必须突出问题导向，发扬钉钉子的精神，一个问题一个问题解决，这也是我们工作的原则。比如测绘地理信息成果科学定密问题，就必须花大力气来解决，进一步缓和应用与保密的矛盾。

（四）聚焦重点任务。刚才讲了，地理信息与地图（测绘成果管理）工作重点任务主要就是服务和监管。我们要围绕两项重点工作，明确责任部门和单位，进一步细化天地图、应急测绘、档案管理、推广应用、“问题地图”整治、安全监管、政务信息共享、促进产业发展 8 项具体工作任务，确保按时保质保量完成。

（五）坚持创新驱动。要结合本地区本单位实际，根据形势发展需求，试点先行，积极探索，不断加大创新力度。特别是地理信息安全监管工作，中国测绘科学研究院正在进行前期研究和技术设计，争取能有项目支持。在地理信息安全监管方面，要设计好国家怎么做、地方怎么做、企业怎么做，力争通过项目的实施，为地理信息上把“锁”，确保地理信息用得好、管得住。

（六）强化自身建设。要发扬求真务实、真抓实干的优良作风，切实增强履职尽责的本领。希望我们能成为想干事、会干事、干成事、不出事、能共事的好干部。想干事，就是要有责任心和使命感，发挥主观能动性；会干事就是敢于担当、善于担当；干成事，就是能圆满完成各项工作任务；不出事，就是依法干事，做到干净、廉洁；能共事，就能相互之间沟通，具有大局意识。

同志们，地理信息与地图（测绘成果管理）工作责任重大、任务繁重。我们要全面贯彻党的十八大和十八届三中、四中、五中、六中全会精神，深入学习贯彻习近平总书记的系列重要讲话精神和给国测一大队回信重要指示精神，认真贯彻落实中央领导对测绘地理信息工作批示精神，不断强化政治意识、大局意识、核心意识、看齐意识，自觉同以习近平同志为核心的党中央保持高度一致，紧紧围绕国家局党组中心工作，进一步解放思想，开拓创新，共同推动各项工作的顺利开展，以优异成绩迎接党的十九大胜利召开！

在局党组贯彻落实中央全面从严治党要求情况检查整改意见反馈会议上的讲话

国家测绘地理信息局副局长 闵宜仁

2017 年 11 月 24 日

同志们：

为深入贯彻落实中央全面从严治党要求，进一步压实局机关和所属单位各级党组织及主要负责同志全面从严治党主体责任，按照部党组的部署要求，局党组成立了由库热西同志任组长、闵宜仁同志任副组长的贯彻落实中央全面从严治党要求检查工作领导小组以及领导小组办公室，印发了检查工作方案，召开了检查工作动员会，并派出了 5 个由正局级领导干部担任组长的检查组，于 9 月 26 日至 10 月 20 日对局所属各单位、机关各司室党组织贯彻落实中央全面从严治党要求情况进行了检查。各检查组分别听取了被检查单位或部门党组（党委、总支、支部）书记、纪检组长（纪检书记、纪检委员）自查情况汇报，对照《贯彻落实中央全面从严治党要求情况检查参考清单》规定的 7 个方面 32 条检查内容，查阅了党组、党委、总支、支部学习、会议、活动记录等材料，以个别谈话或座谈会形式听取了党组成员、党委（总支、支部）委员以及普通党员代表的意见和建议，较为全面地了解了各单位各部门党组织坚持全面从严治党、加强党的建设情况。10 月 23 日，局贯彻落实中央全面从严治党要求检查工作领导小组召开会议，分别听取了各检查组工作汇报，并对检查工作进一步提出指导意见。10 月 30 日，局党组召开党组会议，充分肯定了各检查组工作成效和提出的意见建议，并对下一步整改工作提出了明确要求。

经局党组研究同意，我们今天召开贯彻落实中央全面从严治党要求情况检查整改意见反馈会议，通报对局所属 28 个单位党组织贯彻落实中央全面从严治党要求的检查情况，并对下一步整改工作提出要求。

一、局各级党组织贯彻落实中央全面从严治党要求基本情况

总体来看，党的十八大以来，特别是经过局党组集中巡视后，各单位各部门党组织在国家局党组和有关省（市）直工委的正确领导下，能够全面贯彻落实党的十八大和十八届三中、四中、五中、六中全会精神和习近平总书记系列重要讲话精神，充分发挥党组织的领导核心和政治核心作用，紧紧围绕中心工作，以开展党的群众路线教育实践活动、“三严三实”专题教育和“两学一做”学习教育为契机，贯彻落实中央全面从严治党要求，坚持真学实做，学用结合，基层党组织的战斗堡垒作用和党员先锋模范作用明显增强。

一是坚决贯彻全面从严治党要求，“两个责任”得到较好落实。各单位各部门党组织能够深入学习贯彻中央全面从严治党方针政策，认真落实局党组各项部署要求，党委（党组、支部）书记履行第一责任人职责的意识明显提高，坚持将党建工作和业务工作同研究、同部署、同考核，定期召开党委（党组、支部）会议，研究部署党建各项工作，制定工作计划和学习方案，审定有关重要事项，坚持把抓好党建作为最大的政绩，以党建工作统揽推动事业发展大局，严格落实管党治党政治责任。纪检组长（纪委书记）认真落实监督责任，其他班子成员落实“一岗双责”，通过开展经常性政治理论学习、组织党性党纪党风教育、廉洁自律警示教育、签订党风廉政建设责任制承诺书、加强廉政风险管控制度建设，推动全面从严治党向纵深发展、向基层延伸。

二是严明党的纪律特别是政治纪律，“四个意识”显著增强。近年来，特别是开展“两学一做”

学习教育以来，各单位各部门党组织都将增强党员领导干部的“四个意识”、做“四讲四有”合格党员，作为营造讲政治讲规矩守纪律良好政治生态的重要抓手，强化政治理论学习和纪律规矩教育，尊崇党章，增强政治定力，筑牢思想之基，自觉在思想上政治上行动上同以习近平同志为核心的党中央保持高度一致。认真贯彻落实党的路线、方针、政策，坚决贯彻党中央重大决策部署，自觉服从大局，坚决维护大局，自觉维护以习近平同志为核心的党中央权威和集中统一领导，坚决执行党的“六大纪律”，确保政令畅通，有令必行，有禁必止。着力加强意识形态工作，守住思想阵地、网络阵地、文化阵地，通过开展思想政治工作、组织理论学习、开展文化活动，及时解决出现的苗头性、倾向性问题，当前测绘地理信息部门政治生态总体良好。

三是切实加强党组织建设，党建工作制度落实情况持续好转。各单位各部门党组织都能够认真贯彻局党组关于加强和改进局基层党支部建设的意见，坚持把加强各级党组织建设、严格落实党组织各项制度作为党建工作的基础，按期进行了“两委”换届，开展了“灯下黑”专项整治，坚持开好民主生活会和组织生活会，扎实开展党建述职评议和党员评议，较好执行民主集中制，认真落实“三会一课”制度，积极开展主题党日活动，严格规范党费收缴和党员发展，党员领导干部带头讲党课，带头过双重组织生活，党委（总支）班子的政治核心作用、支部的战斗堡垒作用和党员的先锋模范作用不断增强。

四是严格执行中央八项规定精神和局党组要求，纠正“四风”取得明显成效。各单位各部门党组织都能够把坚决贯彻落实中央八项规定和局党组具体措施工作，作为一项重要的政治任务来抓，自觉接受群众监督。制定了系列规章制度，进一步规范了办公用房、公务用车、公务接待等。注重加强常态化检查，紧盯重要节日和关键节点，加强教育监督，扭住重点环节，加强风险防控，严防“四风”反弹。及时发现整治苗头性、变异性“四风”问题，实行严格责任追究。加强作风建设，深入基层，密切联系群众，帮助基层和群众解决实际困难。广大党员干部对贯彻落实中央八项规定精神的自觉性明显提高，对本单位纠正“四风”的成效高度认同。

五是“两学一做”学习教育常态化制度化有条不紊按计划推进。按照中央和国家局党组、有关省（市）直工委的部署要求，各单位各部门党组织普遍制定了“两学一做”常态化制度化实施方案，及时进行了部署和推进落实。积极发挥班子及其成员以上率下的作用，加强对基层党组织的指导和检查，以理论学习中心组学习为引领，带动党支部、党小组学深悟透党章党规和习近平总书记系列重要讲话精神，在抓常抓细抓长上下功夫。充分发挥党支部教育管理党员的主体作用，把“两学一做”学习教育融入日常、抓在经常，纳入“三会一课”主要内容，书记带头讲党课，理论联系实际，学做结合。认真组织党日主题活动，结合实际，普遍开展了联学联做活动，教育引导广大党员干部按照“四讲四有”标准，深入践行“四个合格”。积极开展争做优秀共产党员活动，发挥党员先锋模范作用，推动党员队伍建设和各项工作的开展。

六是持续深入抓好巡视整改任务，巡视发现问题基本整改到位。各单位各部门党组织都能够以高度的政治责任感认真落实中央巡视和局党组巡视整改任务，主要负责同志牵头研究制订整改方案，细化整改内容，制作问题清单、整改清单、责任清单，坚持立行立改，对于需要较长时间才能解决的，明确了整改期限，制定了有效的措施，层层落实责任，坚持真抓实改。

二、检查发现的主要问题

从这次各组检查情况来看，局属各单位各部门党组织贯彻落实中央全面从严治党要求还存在一些比较集中且普遍存在的问题，主要表现在以下六个方面。

（一）落实全面从严治党“两个责任”方面：对全面从严治党工作的重要性、紧迫性认识还需加强，支部主体作用发挥还不充分，存在等靠思想，自主开展活动不多，层层传导压力不够等问题。

（二）思想政治建设方面：政治理论学习的深度还不够，思想政治工作的针对性和吸引力不强，载体单一、抓手不多，运用马克思主义的立场、观点、方法去分析解决问题、指导推动工作、提高能力水平方面存在差距等问题。

（三）组织建设方面：“三会一课”等组织生活制度执行的还不够严格，不够规范，部分基层党支部活动开展的还不经常、不系统，支部学习活动的记录、台账等还不完善、不完整，专兼职党务工作者的业务能力还需提升等问题。

（四）纪律建设方面：廉政风险点排查还不够

全面深入，廉政风险防控体系还有待进一步完善，专兼职纪检干部的业务水平还有待进一步提高，党风廉政建设监督考核还有待进一步加强等问题。

（五）作风建设方面：部分单位或部门党组织深入基层不够，到基层调研存在针对性不强、不深入、不全面、不具体，一定程度上还存在“文山会海”现象等问题。

（六）制度建设方面：部分基层党支部未建立支部学习、会议等方面的制度，议事规则不明晰，存在支部会议和行政会议不分的情况等问题。

三、下一步整改要求

各单位各部门党组织要提高思想认识，切实增强做好整改工作的政治自觉。要对检查组反馈的整改意见，正确对待、照单全收。深入学习领会十九大对全面从严治党的新要求，进一步强化全面从严治党的政治自觉，深刻领会中央国家机关首先是政治机关，不是单纯的业务单位，要在落实全面从严治党要求方面当表率、做示范，强化责任意识和担当意识，把整改落实工作作为一项重要政治任务，作为落实全面从严治党要求的重要工作，作为加强和改进自身建设的有力抓手，不折不扣、抓紧抓好，切实扛起全面从严治党的政治责任。

（一）要在加强理论武装上下功夫，推动学习贯彻党的十九大精神取得实效。要把认真学习和全面贯彻党的十九大精神作为当前和今后一个时期的首要政治任务，坚定不移用习近平新时代中国特色社会主义思想武装头脑、推进发展。要发挥党委（党组）中心组的示范引领作用，通过党员领导干部宣讲、读书讲坛、支部书记讲党课、党员写感言等活动，深入开展分领域分层次分专题的学习。要紧密联系测绘地理信息工作实际，学以致用，切实承担起新时代测绘地理信息人的新使命新担当。

（二）要在强化政治建设上下功夫，推动全面从严治党向纵深发展。要切实把政治建设摆在党的建设首位，继续推进“两学一做”学习教育常态化制度化。要坚定执行党的政治路线，严格遵守政治纪律和政治规矩，在政治立场、政治方向、政治原则、政治道路上同以习近平同志为核心的党中央保持高度一致。坚定理想信念，强化宗旨意识，不断提高政治觉悟和政治能力，把对党忠诚、为党分忧、为党尽职、为民造福作为根本政治担当，永葆共产党人政治本色。按照中央要求开展“不忘初心，牢记使命”主题教育，积极开展学习党章、重温入党誓词活动，用党的创新理论武装头脑，推动工作，更加自觉地为实现新时代历史使命不懈努力。要继续深入贯彻习近平总书记给国测一大队老队员老党员的回信精神，不断丰富党建活动载体，创新学习形式，提高学习效果，大力推进思想政治工作上质量、上水平。

（三）要在扎实抓基层打基础上下功夫，着力强化基层党支部功能。充分发挥支部在党建工作中的主体作用，切实把支部工作法运用到日常党建工作中。基层党支部都要制定工作规则和学习制度并上墙，明确党员活动场所。要制定以“三会一课”为主要内容的年度工作计划并报上级党组织备案。要按期召开党员大会、党小组会和上党课，定期召开支部委员会会议，突出政治学习和教育，突出党性锻炼，如实记录“三会一课”开展情况。要建立完善党员学习教育培训台账，督促党员做好个人学习笔记。坚持问题导向，涉及外业工作的支部，要积极探索和创新工作方式，充分发挥互联网+党建的优势，切实搞好理论学习和党建活动。要严格执行党内政治生活若干准则，落实好民主生活会、组织生活会、领导干部参加双重组织生活、民主评议党员等制度，增强党内政治生活的政治性、时代性、原则性、战斗性。

（四）要在推动党风廉政建设上下功夫，全力营造良好政治生态。各单位各部门党组织要增强落实党风廉政建设的责任意识，扎实推动党风廉政建设和反腐败工作，切实做到有计划、有部署、有分工，日常有检查，年底有考核。要持之以恒贯彻落实中央八项规定精神，特别是要认真贯彻执行《中共中央政治局贯彻落实中央八项规定的实施细则》，紧盯突出问题和重要节点，推动反“四风”向深度和广度延伸。要切实加强纪律建设，强化纪律教育，严格纪律执行，引导党员干部知敬畏、有戒惧、守底线。要进一步加强党风廉政建设风险点排查工作，及时上墙公示廉政风险点和防控措施，督促党员干部特别是领导干部增强廉政风险防控意识。要认真落实谈话提醒、任前廉政谈话、干部述职述廉等制度，准确把握运用好监督执纪“四种形态”，坚持把纪律和规矩挺在前面。

（五）要在落实管党治党责任上下功夫，推进新时代全面从严治党各项工作落到实处。各单位各部门党组织要切实担负起全面从严治党“两个责任”，提高对全面从严治党重要性和紧迫性的认识，正确处理好党建与业务工作关系，找准党建工作与业务工作的结合点，加强和改进党建述职评议考核方式方法，切实把抓好党建作为最大政绩，层层传导压力，层层抓落实，把全面从严治党任务落实、责任压实，继续把全面从严治党推向纵深。

十九大报告强调要坚定不移全面从严治党、全面从严治党永远在路上，并作出了全面系统的部署要求。所以通过此次检查，各单位各部门党组织要聚焦问题，针对检查组提出的整改意见，提出整改措施，及时进行整改，做到所有问题有着落有措施，对现在能解决的问题要立行立改，确保整改工作取得实效。各单位各部门整改落实情况要及时报局党组，局党组将结合学习宣传贯彻党的十九大精神、推进“两学一做”学习教育常态化制度化、年终考核一并进行检查。

在国家测绘地理信息局测绘标准化工作委员会三届一次全体会议上的讲话

国家测绘地理信息局副局长　李朋德

2017 年 1 月 19 日

各位顾问、委员：

今天，我们召开国家测绘地理信息局测绘标准化工作委员会换届暨第三届第一次全体会议，各位顾问和委员积极建言献策、交流热烈，既肯定了局测标委上一届的工作，也对 2017 年及今后的工作提出了很多中肯的建议，尤其是加强测绘标准国际化和行业领域全覆盖的建议，对今后标准化工作具有很好的启示。在此，对大家一直以来参与支持测绘地理信息标准化工作表示感谢！也非常期待与大家共同努力把测绘地理信息标准化工作做得更好。

国家局不久前召开了全国测绘地理信息工作会，传达学习了国务院领导的重要批示，对全国测绘地理信息工作做了回顾总结，提出了新一年的重点任务，大家应该都通过国家局网站和报纸媒体进行了学习。当前，中共中央、国务院对测绘地理信息工作都高度重视，测绘地理信息事业也正在加快转型发展，尤其随着科学技术加快演变，“互联网 +”、大数据、物联网和云计算的发展使得各级政府、各行各业对地理信息支撑的需求非常急迫，对测绘地理信息标准化的压力也空前巨大，而不只是测绘新产品和技术对标准化提出了新的要求，因此，测绘标准化保障能力不足也许会成为影响测绘地理信息供给侧改革的一个重要因素，阻碍测绘地理信息事业转型升级，无法适应生态文明建设、智慧城市建设、“多规合一”等新需求。“十三五”测绘地理信息事业的“五大业务”体系、“五大能力”建设的顺利实施需要坚持创新驱动战略，积极开发并利用测绘新技术，通过制定修订反映新技术、适应新需求的标准体系。下面我讲五个方面的意见。

一、深刻领会党中央、国务院重大决策部署，高度重视标准化工作

去年第 39 届国际标准化组织（ISO）大会在北京召开，习近平总书记向大会发了贺信，李克强总理专门出席会议并发表讲话，充分体现了中共中央、国务院对标准化工作的高度重视。国务院专门批准建立了标准化协调推进部际联席会议制度，标准化改革的一系列新政出台，标准化工作也得到全社会越来越高的重视。测绘地理信息领域标准化工作一定要根据党中央、国务院的部署和要求，注重测绘地理信息供给侧结构性改革的标准化支撑，注重“一带一路”倡议对测绘地理信息先行的标准化支撑，注重现代地理信息消费产品尤其是数字经济等新经济业态的测绘地理信息标准化保障。习近平总书记指出：“标准已成为世界‘通用语言’”“国际标准是全球治理体系和经贸合作发展的重要技术基础”，推进中国标准国际化是我国的重要任务。我国牵头制定的测绘地理信息国际标准已经有了突破，新的立项也已确定，今后必将更多地参与，适应全球化要求。

去年 12 月，测绘地理信息领域的 17 位院士给习近平总书记写信，建议开展全球地理信息资源建设，包括开展“一带一路”“21 世纪海上丝绸之路”重要港口周边测绘、获取全球地理信息资源等，党和国家领导同志高度重视并作出重要批示。全球地理信息资源建设的标准化问题怎么解决？我国的标准是否适合国外的情况？这不仅对工程技术是挑战，对标准化工作也是很大的挑战。测标委全体委员要认真领会党中央、国务院领导同志重要指示精神，谋划好标准化工作，支撑全球地理信息资源建设工程，服务“一带一路”倡议实施。

二、牢固树立创新发展理念，谋划测绘标准化工作

科技的日新月异和经济社会快速发展对测绘地理信息形态提出了新的要求，测绘地理信息工作实现了从被动向主动服务转变，正在从主动服务向监督服务转变，也正在向智能服务转变。地理国情常态化监测服务生态文明监督体系建设特别是领导干部自然资源资产离任审计等工作体现的是监督服务，测绘地理信息成果的这种监督服务将影响政府和各级领导政绩的客观评价，因此，测绘地理信息标准支撑监督服务至关重要。智能服务实质上是地理信息操控化服务，比如无人驾驶汽车操作与控制需要实时位置和精准地图服务，需要建立一套机器用的测绘地理信息标准。直观地讲，测绘地理信息要从现有的比例尺概念过渡到无比例尺概念，实现测量、数据和应用的1:1:1。虚拟现实（VR）和增强现实（AR）需要1:1，汽车无人驾驶需要1:1，工程监理和形变监测领域需要1:1的数据。传统基础测绘的系列比例尺概念和基础测绘4D产品已经跟不上形势发展需求，我们一定要考虑到信息经济和网络时代测绘地理信息数据为各方面提供的高精准时空基准服务。如何保证这些数据的高精度、高可信和全覆盖？标准化必须考虑。从工业领域、农业领域、服务业领域，甚至细化到为盲人提供导航服务的民生领域，都需要高精度时空信息服务。可以预见，测量的范围将实现地理空间、工程设施、工业零件、医疗健康等领域跨越，1:1:1的测绘将成为众多领域的新需求。为此，大家要解放思想，不要只局限在测绘地理信息这个领域考虑标准化，比如虚拟现实和增强现实的标准现在还没有，而机器视觉和摄影测量遥感与此密切相关，怎么样将测绘的一些相关标准延伸到该领域？专业门类的渗透必将带来标准化的新挑战。

三、不断完善测绘标准化工作机制，充分发挥测标委工作组作用

为了加强测标委的专业化能力，促使委员更深入地参与标准化工作，新一届委员会将探索建立工作组机制。拟设立五个工作组，分别负责卫星导航定位与基准、摄影测量与遥感、地理信息系统与地图、工程测量与城市测绘、海洋与水体测绘等五个领域的标准化工作。要充分发挥工作组在测绘标准化工作中的生力军作用，组长切实负起责任牵好头，本着公平、公正和开放原则，协调相关标准制修订工作中的重大技术相关事项，带动各个分支领域委员专家们积极开展工作。测标委的《章程》要进一步完善，细化工作组的职责，发挥工作组的支撑作用。比如最近国家局和住建部签了战略合作协议，住建部部长提到希望开展城市的规划执法以及“大城市病”诊断，但是缺少及时准确的地理空间数据和信息服务平台，期待测绘地理信息的成果和技术可以发挥积极作用。因此，可以看到测绘地理信息与城市建设、管理和服务信息化需要融合，没有相应的标准就难以实现融合。国家局测绘标准化研究所是我国测绘地理信息专业研究所，也是世界上唯一的测绘地理信息标准化研究机构，不仅要制定、完善好标准体系，跟踪研究每个测绘地理信息标准的生命周期，更要把好测绘类标准的技术关，并做好标准的推广和监督。标准所要创造条件为工作组提供支持服务，各位委员也要对标准所的发展提供支持。

四、紧紧围绕测绘标准化发展全局，积极建言献策

在座的各位顾问、委员是国家局测绘地理信息领域标准化方面的权威专家。这一届测标委进一步扩大了委员的范围，基本实现了测绘地理信息核心业务全覆盖，实现了军民统筹，还进一步扩大了高校、企业委员数量，代表性很强。希望大家多建言、多献策。测标委全会一般一年开一次，但是小会可以有多次，希望各个组都有计划安排，我和司里的同志们也尽可能多参加这些小会与大家交流。希望各位委员发挥好带头、引领作用，用好本地区、本单位标准化资源，能够推荐测绘标准体系的进一步完善，把承担的标准化技术项目做好。我们也要加紧推进新型基础测绘、地理国情监测以及“多规合一”等新领域测绘标准的出台。

同时，要积极培养标准化人才队伍。标准化工作对每个地方、单位都很重要，信息化、大数据时代更需要加强标准化工作。当前，标准化人才缺乏，有关高校、科研机构的委员也要多培养标准化方向的研究生，研究机构也要着力标准化人才的培养，尤其要推动标准国际化人才的培养。

五、注重提升标准的国际化水平，推进中国标准走出去

国标委在刚结束的全国标准化工作会议上要求加快中国标准国际化步伐，为“一带一路”提供坚实的标准化保障支持。“一带一路”要促进互联互通，尤其基础设施的联通，缺少地理信息和统一坐标，规划难以对接，设施难以分建共享，因此测绘地理信息工作成了薄弱环节。先要有国家间的标准互认，我国的测绘队伍才能走出去，国外的队伍也才有可能使用我国的设计标准和先进技术产品。

标准“走出去”工作至关重要。中交、中铁等勘察设计单位在标准“走出去”方面开了个好头，奠定了很好的基础。希望测标委秘书处积极收集相应标准，尽快筛选一批适应“一带一路”急需的测绘与工程相关标准，纳入到“一带一路”标准国际化工程，翻译出来、发布出去，这对促进国内企业走出去、让国际同行认可中国标准是非常重要和必要的。今年5月，国家局与联合国全球地理信息管理专家委员会将联合在昆明召开国际论坛，主题是“未来城：智慧、弹性与可持续”，计划设一个针对标准化的专题，讨论智慧城市与“一带一路”的测绘地理信息标准化工作，希望大家积极参与。当前国际标准化组织ISO、IEC等在地理国情监测、卫星测绘、雷达激光扫描、大数据等领域还没有专门的技术委员会，我国应该发挥优势争取谋划成立新的委员会。习近平总书记在达沃斯国际经济论坛上提出，不仅要向世界讲好中国故事，还要策划好世界方案和规则。大家一定要有国际视野，进一步加大测绘地理信息标准国际化力度。

各位顾问、委员，本次会议是第三届测标委的第一次全体会议。希望新一届测标委在国家局的统一领导下，在国家标准委的指导下，按照国家全面深化标准化改革的总体要求，进一步完善工作机制，充分发挥机构职能，强化统筹协调和统一监管，全面提升整体质量和水平。希望各位委员能够珍惜荣誉，主动担当，发挥个人的聪明才智和团队力量，共同开创测绘地理信息标准化工作的新局面，为测绘地理信息事业改革创新发展提供坚实的技术支撑。

在全国测绘地理信息标准化工作会议上的讲话

国家测绘地理信息局副局长　李朋德

2017年9月27日

各位代表，同志们：

在党的十九大即将召开之际，我们今天在这里召开全国测绘地理信息标准化工作会议，目的是深入学习贯彻落实习近平总书记关于中国实施标准化战略的重要指示精神和国务院领导同志对测绘地理信息工作的重要批示精神，按照新修订的《中华人民共和国测绘法》赋予测绘地理信息标准化工作的职责要求，系统总结近年来我国测绘地理信息标准化工作成就，分析存在的不足，凝练成功的经验，研究部署近期标准化工作重点，不断开创标准化工作的新局面。这次会议国家测绘地理信息局非常重视，会前库热西局长审阅了会议方案，并对我们开好这次会议作了重要批示，对我们开好这次会有重要的指导意义。下面我向会议做测绘地理信息标准化工作报告。

一、测绘地理信息标准化工作取得显著成绩

这些年来，我国测绘地理信息标准化工作紧密结合事业发展实际，标准化工作机制与标准制定内容不断拓展，从政府主导向政府引导、多方参与转变，从测绘数据生产标准制定向地理信息应用服务、跨界融合标准制定转变，从被动跟踪采标向主导制定国际标准转变，各项工作取得显著成绩。

（一）标准化顶层设计取得重要成果。“十二五”以来，我国测绘地理信息标准化工作着眼顶层设计，各项工作统筹推动，基本形成国际、国家、行业、地方协调发展，共同促进的良好态势。一是工作机制不断健全。发布《测绘地理信息标准化“十三五”规划》，编制加强测绘地理信息标准化工作的意见，从顶层全面部署测绘地理信息标准化工作。成立第三届测绘标委会，修订印发标委会章程和秘书处工作细则，创新性设立卫星导航定位与基准、摄影测量与遥感、地理信息系统与地图、工程测量与城市测绘、海洋与水体测绘5个工作组，基本实现测绘业务领域全覆盖。成立第四届地理信息标委会，逐步扩大部门和相关技术委员会委员的覆盖面，增加企业和科研机构委员代表的比例，提升标委会跨部门跨行业协调的能力。浙江、吉林、江西、内蒙古、黑龙江、广东6省先后成立省级测绘地理信息标准化技术委员会，四川、北京、重庆、江西、福建等地取得丰硕的地方标准成果，江苏、广东等地将标准化工作经费列入财政经费预算。企业参与标准化工作的积极性明显提升，企业牵头制定标准的比例从“十一五”末的3%提升到“十三五”初的25%。二是标准体系日臻完善。2009年，印发《测绘标准体系》和《国家地理信息标准体系》，会前修订发布《测绘标准体系》，通过合理规划标准体系布局，科学确定标准制定重点方向，提高标准制定、实施、监督的科学性和协调性。“十二五”以来发布国家标准50项、行业标准60项、部门计量检定规程6项、地方标准60余项，初步形成了由136项国家标准、146项行业标准、6项部门计量检定规程、70余项地方标准等组成的较为完善的测绘地理信息标准体系。深入贯彻落实国家深化标准化工作改革的要求，坚持放管结合，完成测绘地理信息强制性标准精简整合、推荐性标准集中复审和标准废止工作，进一步强化强制性标准对监督检查和行政执法的支撑保障作用，增强推荐性标准的统一性和权威性。三是标准化创新成果明显。面向事业转型、产业升级、国际合作、“互联网+”等新需求，利用公益性行业科研专项、国家重点研发计划等平台开展10余项测绘地理信息标准化研究，推动数字航空摄影测量、移动互联下地理位置数据关联、地理信息时空云平台等新技术标准研制，通过标准化推动新技术在全行业乃至相关领域的广泛应用。多项标准化创新成果获标准化领域全国性最高奖项——“中国标准创新贡献奖”，其中由中测新图、测绘标准化研究所等共同研制的数字航空摄影测量系列标准获2016年中国标准创新贡献奖一等奖，由四川省测绘产品质量监督检验站、国家基础地理信息中心等共同研制的质量检验系列标准获2016年中国标准创新贡献奖三等奖。标准化成果在地理信息公共服务、北斗导航与位置服务等方面广泛应用，四川、武汉、重庆、江西、黑龙江、甘肃等地7个国家级社会管理和公共服务标准化试点获国家标准委批准立项，重庆、武汉、四川三地4个标准化试点高分通过验收。测绘地理信息标准化课程首次进入武汉大学本科教学大纲，《测绘地理信息标准化教程》正式出版。

（二）标准服务国家战略和重大工程取得实效。卫星导航定位基准站、地理国情监测、国家基本比例尺地图、数字航空摄影测量等多个关键标准相继制定，为国家战略和测绘地理信息工程实施提供有力的标准化支撑。一是快速响应迅速立项。紧跟国家经济建设和国防建设融合发展要求，努力破解制约军民测绘地理信息资源深度融合的标准化问题，积极协调军委装备发展部等，成功实现《军民标准通用化工程测绘地理信息专项》立项，军民通用标准《基础地理信息要素分类与代码》修订研究项目立项。依据党中央、国务院赋予我局的基准站管理职责，在国家标准委、军队测绘主管部门的大力支持下，面向基准站建设运维、应用服务、安全监管等方面的标准化需求，成功完成10项基准站国家标准立项，实现基准站基础国家标准归口我局管理，目前已完成3项基准站国家标准报批。不动产测绘6项行业标准完成征求意见，全球地理信息资源建设、地理国情监测相关标准按需快速立项。二是发布实施效益明显。国家基本比例尺地图系列标准规定了1∶500到1∶100万正射影像地图、地形图的分类、内容及表达、质量检验，以及图式、编绘等方面的技术指标要求，规范了国家基本比例尺地图的数据生产、质量控制、分发和使用。数字航空摄影测量系列标准创新性提出了IMU/GPS辅助航空摄影等技术方法及指标要求，推动实现航空摄影测量从模拟到数字时代的跨越、从有控制测图到少或无控制测图技术的提升，推动实现国产数字航空摄影测量高端装备的快速发展与产业化升级，节约国家基础测绘生产作业成本近3亿元，节约测绘行业航摄仪进口装备购买成本约2.4亿元。质量检验系列标准广泛应用于国土、规划、建设、农业等领域，成为测绘地理信息质量监督检查、地理信息公共服务平台建设、农村土地确权航空摄影、高速铁路形变监测等重大项目的质量检验依据。管线测绘系列标准覆盖管线要素分类与表达、数据获取、成果质量检验、信息系统建设等方面，为促进管线测绘工作的健康发展提供重要的服务支撑。

（三）标准支撑公共服务和社会治理取得积极

进展。地理信息公共服务平台、数字（智慧）城市、导航与位置服务、公开版地图产品、数字航摄仪等一批急需标准的成功研制与应用实施，大幅推动了地理信息资源的开发利用，有力促进了公共服务和社会治理水平提升。一是支撑公共服务效能提升。地理信息公共服务平台系列行业标准统一了地理实体与地名地址数据、电子地图数据处理要求，黑龙江、四川、青海、广东、江苏、福建等地的地理信息公共服务地方标准在行业标准统一框架下体现了地方特色，有效实现全国1个国家级、31个省级、278个市县级地理信息公共服务节点的互联互通。数字城市地理空间框架建设应用系列标准全面用于全国数字城市数据整理、平台部署以及运营服务等框架建设各环节，在技术上确保了地理空间框架横向与各行业部门互联、纵向与国家、省区框架互通。组织完成2项智慧城市时空基础设施国家标准的编制和报批。组织开展地名地址统一空间编码强制性标准研究，充分发挥地名地址数据在大数据整合中的重要纽带作用。国家局测绘标准化研究所成功获批成为全国第一批标准化服务业试点，大幅提高标准的培训、解读、咨询、技术服务能力。组织开展一系列国家与省级、标准化理论知识与专题重点标准相结合的标准化宣贯培训。二是支撑社会治理水平提升。公开版地图标准规范了测绘地理信息成果向公开使用地图转化的技术途径，为“问题地图”监管提供技术支撑，提高地图公共服务和市场监管的能力。四维图新、高德、立得等牵头编制的导航电子地图、手机地图、实景地图标准规范了新型地理信息产品数据采集、表达等行为，强化了企业自律和创新成果转化，极大地促进地理信息产业的发展，保障地理信息安全。计量标准为测绘仪器的政府监管和用户购买提供依据，是测绘仪器质量的保障，《数字航摄仪》检定规程自2016年5月发布以来，国家光电测距仪检测中心根据该标准完成10余种国内外主流数字航摄相机和数字航摄仪（系统）型号的检定，产生经济效益70余万元。四川、吉林、深圳等地测绘部门主编的房产测量地方标准为当地住建、规划、房管和不动产登记部门开展房产面积量算和质量控制提供有力保障。三是标准化试点搭平台。四川、重庆、武汉地理信息公共服务综合标准化试点着力于地理信息公共服务标准体系构建，试点建设形成的地理信息公共服务纵向辐射至试点区域的社区、网格，横向辐射相关政务部门，通过统一机制、统一标准、统一平台、统一接口，促进试点单位深化管理提质增效，大幅提升试点区域社会治理和公共服务水平，依据试点提供的地理信息公共服务，截至目前武汉累计为地方增加税收约30亿元，四川取得直接经济效益4115万元间接经济效益1.5亿以上。四川北斗导航与定位公共服务标准化试点有效提升北斗导航与定位公共服务水平，实现试点单位各服务环节产值增加约50%，通过数据交换、数据接入所提供的标准化服务推动第三方产值增长约8800万元。

（四）标准国际化取得实质性突破。2016年1月，地理信息领域我国主导编制的首个国际标准ISO/TS 19163—1《地理信息 影像与格网数据的内容模型及编码规则 第1部分：内容模型》正式发布，实现零的突破；我国主导编制的第二项国际标准ISO/TS 19159—3《地理信息遥感影像传感器定标与验证 第3部分：SAR/InSAR》于2017年6月获表决通过，ISO 19150—4《地理信息本体第4部分：服务本体》成功立项。我们持续加大力度推动中国标准“走出去”，加大对成熟且符合我国国情的国际先进标准转化力度，推荐国内技术专家40余人次参与了国际标准制修订工作，中国专家受国际标准化组织地理信息技术委员会（ISO/TC211）委派担任ISO/TC211与联合国全球地理信息管理亚太区域委员会（UN—GGIM—AP）联络人。我国测绘地理信息标准国际化工作不断深入，是中国20余年来持续跟踪地理信息国际标准的结果，标志着中国成为国际地理信息标准化领域的一支重要力量。

在看到成绩的同时，我们也要清醒地看到一些不足。一是标准化视野不宽。标准投入机制相对单一，标准化人才老化现象明显，国际化人才缺乏，多方参与共同推进的工作机制不够健全。二是标准化创新动力不强。移动互联、虚拟现实/增强现实等快速适应技术和市场需求的标准不全，基础通用、支撑管理和促进跨界融合等方面标准仍然欠缺。三是全国一盘棋的格局尚未形成。跨部门跨领域标准化协调机制不够高效，对重大项目的统筹协调不够有力，部分地方主管部门的标准化职能落实尚不到位，相关行业参与测绘地理信息标准制修订热情不高。对于这些不足，我们必须高度重视，采取有力措施加以改进和完善，以满足新时期测绘地理信息标准化工作发展的需要。

二、充分认识加强测绘地理信息标准化工作的重要性

加强测绘地理信息标准化工作对于保障我国标准化战略实施、支撑测绘地理信息事业转型、推动地理信息产业发展和测绘地理信息“走出去”具有重大意义。

（一）加强测绘地理信息标准化工作是实施标准化国家战略的重要内容。2016 年 9 月，习近平总书记在第 39 届国际标准化组织（ISO）大会开幕式贺信中指出，中国将积极实施标准化战略，以标准助力创新发展、协调发展、绿色发展、开放发展、共享发展。习近平总书记强调，“谁制定标准，谁就拥有话语权；谁掌握标准，谁就占据制高点”，“伴随着经济全球化深入发展，标准化在便利经贸往来、支撑产业发展、促进科技进步、规范社会治理中的作用日益凸显”。李克强总理多次主持召开国务院常务会议研究部署标准化工作，要求把标准化放在更突出的位置，以标准化全面提升推动产业升级，形成新的竞争优势，促进经济保持中高速增长、迈向中高端水平。近日，标准化法修订草案通过人大常委会二次审议。测绘地理信息作为经济社会发展的基础，事关国家主权、安全和利益，加强测绘地理信息标准化工作，有利于提升测绘地理信息标准化整体水平，推动我国标准化战略有效实施。

（二）加强测绘地理信息标准化工作是测绘地理信息事业的重要保障。测绘地理信息标准化是测绘地理信息工作的重要组成部分和基础性工作，综合反映和衡量着我国测绘地理信息事业的整体水平。2017 年 7 月 1 日，新修订的《中华人民共和国测绘法》正式实施，地理信息安全监管与共享应用、卫星导航定位基准站监管、地理国情监测等首次写入《测绘法》，维护地理信息国家安全、激发地理信息产业活力、推动地理信息领域“放管服”改革、促进测绘地理信息事业改革创新发展等测绘地理信息工作被赋予更高要求，这是测绘地理信息部门把握战略主动、应对环境变化、转变发展方式、破解发展难题、赢得发展先机的重要机遇。加强测绘地理信息标准化工作，向经济社会发展提供权威、标准地理信息数据、产品和服务，对于全面贯彻落实总体国家安全观，提升地理信息安全监管能力，促进地理信息资源和服务的供给均等化，提高测绘地理信息公共服务水平，推动简政放权、放管结合，服务“多规合一”、不动产统一登记、新型城镇化建设等，具有重要的保障支撑作用。

（三）加强测绘地理信息标准化工作是地理信息产业发展的必然要求。随着人工智能、移动互联、大数据等技术的快速进步和融合发展，以移动位置服务为代表的新型时空服务正迅速兴起。技术的发展进步，改变了测绘地理信息原有的生产工艺、成果形式和服务模式，催生出了更多的新产品、新内容和新服务。“得标准者得天下”，话语权和主动权的竞争很大程度上就是标准之争。面对国外优势企业在专利和标准上给我们带来的竞争压力，以及技术日新月异为事业发展带来的巨大机遇，必须加强新技术标准、新产品标准、新服务标准的制定，发挥标准在创新成果产业化中的桥梁、纽带和扩散作用，打通数据关联，促进跨界融合，激发海量数据潜能，促进共享经济发展，催生新型服务应用，降低企业数据采集成本和研发成本，拓展测绘地理信息应用潜力，逐步建立技术创新、产业发展与标准化良性互动、支撑发展的新格局。

（四）加强测绘地理信息标准化工作是测绘地理信息“走出去”的持续动力。改革开放以来，我国测绘地理信息合作已从单方面技术“引进来”扩展到“引进来”与“走出去”全方位双向结合，测绘地理信息国际科技合作日趋紧密，资源三号卫星、北斗卫星导航系统、公共服务平台“天地图”等方面的国际服务日益增多，特别是“一带一路”国家重大战略的实施，中资企业在海外投资建设项目越来越多，大量有实力的工程测绘企业走出国门承揽国际测绘业务，我国测绘地理信息已活跃在世界舞台上，发出“中国声音”，提出“中国方案”，展现“中国担当”。加强测绘地理信息标准化工作，是我国测绘地理信息应对全球化纵深发展带来的国际化挑战的必由之路，亟需发挥标准作为世界通用技术语言的作用，主导国际标准制定并推进国家间标准互认，以标准“走出去”带动产品、服务、装备和技术“走出去”。

三、不断开创测绘地理信息标准化工作新局面

“十三五”时期，测绘地理信息标准化要坚持创新引领、协调统一、开放包容、跨界共享的基本原则，到 2020 年，基本实现政府引导、市场驱动、社会参与、协同推进的测绘地理信息标准化工作新局面。

（一）加大标准化工作统筹。一是加强与相关部门的协调。建立与公安、民政、国土、环保、住

建、交通、水利、农业、质检、统计、林业、海洋等部门的互动协调关系，加强与全国经济普查、人口普查等所需统计标准的对接，推动实现地理编码标准的统一。争取加入国务院标准化协调推进部际联席会议制度，推动不动产测绘、地名地址、对地观测等跨部门跨领域标准制修订。建立与相关标准化技术委员会的沟通协调关系，开展跨界融合新技术标准制定，推动地理信息产业各领域之间联动，丰富完善测绘地理信息标准体系。二是加强与军队有关部门的协调。做好与军队有关部门的沟通合作，开展测绘地理信息领域军民标准通用化基础性研究，协调推动军民标准通用化工程项目。深入贯彻落实军民融合发展国家战略，协调开展卫星导航定位基准站等重点领域军民通用标准制定，积极推动测绘地理信息民用标准在国防和军队建设中的应用，并将先进适用的军用标准转化为民用标准。三是加强各类各层级标准的协调。全面梳理各级测绘地理信息标准的技术内容和层次关系，建设并动态维护适应信息化测绘体系和新型基础测绘、地理国情监测、应急测绘、航空航天遥感测绘、全球地理信息资源开发五大公益业务体系构建要求的新型测绘地理信息标准体系，并实现动态更新。建立测绘地理信息已发布标准和在研标准项目公开机制，切实提升标准体系对标准制修订工作的指导水平，统筹推进测绘地理信息团体标准制定，形成国家、行业、地方、团体、企业标准协调发展的良好局面。

（二）加快重要急需标准制定。一是抓重点工程基础通用标准制修订。按照习近平总书记对全球地理信息资源建设的批示，面向全球化战略需求，开展基础地理信息要素分类与代码、图示符号等现行基础通用标准修订，开展地理信息参考模型、本体及语义等国际标准的采标及转化应用，加快全球地理信息数据资源采集与处理、数据库成果与应用、地表覆盖数据产品与信息服务等标准的制定。加快海岛（礁）测绘、内陆水下地形测绘、海洋测绘、极地测绘、地下空间测绘等基础地理信息资源建设标准制定，加快航空重力测量等现代测绘基准体系建设标准制修订。加快标准化测区建设，加快测绘地理信息职业分类、安全保密、质量控制等管理标准制定。二是实施“测绘地理信息标准化＋人工智能”行动。按照国务院《新一代人工智能发展规划》精神，鼓励站在科技创新前沿的企业、科研院校积极参与，在测绘多传感器数据集成、测绘数据知识挖掘和测绘智慧服务等方面，深挖深度学习、跨界融合、人机协同、群智开放、自主操控等特点，开展虚拟现实/增强现实/混合现实、移动互联、大数据挖掘、云计算、计算机视觉等新一代信息技术与测绘地理信息技术融合研究，加快测量机器人、无人驾驶、新型传感器集成、泛在地理信息位置关联、位置智能感知等标准研制，加快遥感影像特征和知识解译、影像自动变化检测、高精度导航电子地图、室内导航电子地图等标准研制，加快精细化三维建模、地理信息智能分析与决策等标准的研制。

（三）强化标准实施与监督。一是强制性标准的实施监督。逐步构建测绘地理信息强制性标准体系，加快卫星导航定位基准站、国家基本比例尺地图、导航电子地图安全处理、测绘作业人员安全规范等方面强制性标准制修订。强化测绘地理信息强制性标准对测绘成果质量和地理信息安全的“硬约束”地位，建立以行政管理、执法检查、专项整治等形式为主的强制性标准实施监督机制。二是重要关键标准的实施应用。建立测绘地理信息标准应用实施评价机制，加强标准实施配套软硬件工具研发和测试环境建设，组织地方测绘地理信息主管部门及有关社会团体、科研机构、质检机构、企业共同参与评价，跟踪问效，将评价结果作为标准制修订立项的重要依据。鼓励各级测绘地理信息主管部门积极引用标准和有效使用标准，运用标准符合性检测、监督抽查、自愿性认证等手段，促进测绘地理信息标准贯彻实施。三是标准化试点示范建设。开展全国社会管理和公共服务标准化试点建设，总结提炼不同地区、不同方向标准化试点示范的成功经验，形成可在全国范围全面铺开的可持续、可复制的模式，积极开展国家级标准化示范创建工作。开展测绘地理信息标准化综合试点建设，以标准化测区、地理信息公共服务、导航与位置服务等为重点方向，树立具有优势技术和特色产品的标准化品牌，提升测绘地理信息生产能力和服务水平。

（四）提升标准国际化水平。一是继续主导制定国际标准。深度发掘国内优势技术和特色产品，将更多具有自主知识产权的技术和产品以标准化手段推向国际舞台，在中国主导编制国际标准的数量和质量上取得更大突破，逐步缩小中国标准与国外先进标准技术差距。二是搭建标准国际化平台。深化中国参与 ISO 的力度，推动测绘地理信息先进技术领域与 ISO 的对接，争取在 ISO/TC211 和其他相关技术委员会设立分委会、工作组。鼓励企业、社会组织和产业技术联盟积极参与国际标准化活动，加强与开放地理空间信息联盟（OGC）、国际水道测量组织（IHO）、国际电工委员会（IEC）等国际组织的交流，拓宽测绘地理信息标准国际化合作领域。三是开展标准对比研究。积极推动与主要贸易国和“一带一路”沿线国家之间的标准互认、版权互换，推动发展中国家采用中国测绘地理信息标准。加大国际标准翻译跟踪、研究评估和转化力度，组织翻译一批急需的测绘地理信息国家标准、行业标准的外文版，开展全球测绘地理信息标准对比研究。

（五）创新标准化工作机制。一是开放型的标准制修订工作机制。印发并贯彻落实加强测绘地理信息标准化工作意见。修订《测绘标准化工作管理办法》和《地理信息标准化工作管理规定》并发布实施。建立测绘地理信息标准体系的公开制度，提供已发布和在研国际、国家、行业标准信息在线查询检索服务和行业标准全文浏览服务，鼓励企事业单位、学会协会、相关标委会积极申报标准立项。鼓励地方测绘地理信息主管部门加大标准化投入，积极组织开展地方标准制定工作。充分调动各方参与测绘地理信息标准化工作的积极性，鼓励社会力量自筹经费开展标准研制，探索建立多元投入的标准化经费保障机制。二是标准快速形成机制。畅通测绘地理信息重大工程项目技术规范向国家和行业标准转化的渠道，建立健全标准立项、审查、发布的快速工作程序。在测绘地理信息科技项目中进一步强化标准导向作用，将标准作为科研项目的重要考核指标，鼓励测绘地理信息科研单位和企事业单位开展基础公益、产业共性技术和方法标准研制，鼓励开展充电桩、电子围栏的地图表达等新领域标准研制，促进科研成果加速向标准转化。鼓励开展地方、企业、团体标准向国家、行业标准的升级转化。三是标准化人才队伍培养机制。进一步加强标委会自身建设，完善广泛参与、公开透明、协商一致、管理科学的工作机制。加强标准化研究机构建设，做好标准方向引领、标准化服务咨询、标准实施评价等。加强各级标准化管理人员、标准化技术组织的培训，让标准化工作紧紧围绕中心、服务大局。建立标准化人才培养激励机制，将标准化培训纳入测绘地理信息人才能力建设重要内容，对标准化工作突出的个人和组织予以通报表扬。扩展标准化专业教育，深入推进标准化进入测绘地理信息高等教育体系。加强测绘地理信息标准化青年专家队伍建设，建立青年标准化专家库。鼓励利用网络平台推进测绘地理信息标准化宣贯和培训。

同志们！当前测绘地理信息改革创新发展进入关键阶段，我们肩负的责任光荣而重大，测绘地理信息标准化工作任重而道远。大家要全面贯彻落实新《测绘法》相关要求，贯彻落实习近平总书记系列重要讲话和批示精神，按照这次会议的部署，深刻认识做好新形势下测绘地理信息标准化工作的重要性和紧迫性，树立测绘地理信息标准化大格局，扎扎实实做好测绘地理信息标准化相关工作。各地测绘地理信息主管部门要进一步完善体制机制，强化统筹协调和统一监管，全面提升整体质量和水平，共同开创测绘地理信息标准化工作的新局面，大幅提升测绘地理信息保障服务能力。

重要会议

全国测绘地理信息系统党风廉政建设工作电视电话会议

主办单位：国家测绘地理信息局

时间：2017 年 1 月 17 日

地点：北京

参加人员：国土资源部副部长、党组成员，国家测绘地理信息局局长、党组书记库热西·买合苏提，驻部纪检组正局级纪律检查员陈春光，国家测绘地理信息局部分领导班子成员、局机关全体公务员、在京直属单位领导班子成员；北京市勘察设计和测绘地理信息管理办公室及北京市测绘设计研究院领导班子成员、各处室主要负责人和纪检监察机构人员等在主会场参加会议。各省、自治区、直辖市及计划单列市、新疆生产建设兵团测绘地理信息主管部门和国家测绘地理信息局京外直属单位领导班子成员、机关各处室和所属单位负责人及纪检监察机构工作人员等在各地分会场参加会议。

议题（主要内容）：深入贯彻习近平总书记系列重要讲话精神特别是在中央纪委七次全会上的重要讲话精神，回顾2016年测绘地理信息系统党风廉政建设工作，部署2017年主要任务，推动全面从严治党向纵深发展。

国家测绘地理信息局安全生产电视电话会议暨局安委会全体会议

主办单位：国家测绘地理信息局

时间：2017年1月23日

地点：北京

参加人员：国家测绘地理信息局副局长李维森、总工程师李志刚，国家测绘地理信息局安全生产委员会在京成员，在京所属各单位分管安全生产工作的领导和部门负责人在北京主会场参加会议。局安全生产委员会京外成员，京外所属各单位分管安全生产工作的领导和部门负责人及其下属各单位主要负责人和分管安全生产工作负责人，陕西、黑龙江、四川、海南测绘地理信息局和重庆测绘院安全生产委员会成员在各地分会场参加会议。

议题（主要内容）：传达学习习近平总书记和李克强总理关于安全生产工作的重要指示批示精神和全国安全生产电视电话会议精神；总结国家测绘地理信息局2016年安全生产工作，部署2017年工作任务。

全国应急测绘保障工作暨国家应急测绘保障能力建设项目实施启动会

主办单位：国家测绘地理信息局

时间：2017年2月28日—3月1日

地点：北京

参加人员：国家测绘地理信息局局长库热西·买合苏提、副局长闵宜仁、总工程师李志刚；各省、自治区、直辖市测绘地理信息主管部门分管应急测绘工作的负责人及承担应急测绘工作的处室负责人，应急项目主要承担单位负责人及具体技术负责人；国家测绘地理信息局重庆测绘院、中国地图出版集团、中国测绘科学研究院、国家基础地理信息中心、国家测绘地理信息局卫星测绘应用中心分管应急测绘工作的负责人及项目组织实施负责人；中国测绘宣传中心、国家测绘地理信息局地图技术审查中心、国家测绘地理信息局三亚测绘技术开发服务培训中心负责人；国务院应急管理办公室、民政部、中国科学院、国家海洋局、中央军委联合参谋部战场环境保障局等部门相关人员。

议题（主要内容）：总结近年来全国应急测绘保障工作，部署当前和今后一个时期应急测绘保障工作主要任务，正式启动国家应急测绘保障能力建设项目实施，介绍应急项目建设任务和进度要求，听取各地对应急测绘保障工作及应急项目建设的意见和建议。

全国地理信息与地图（测绘成果管理）工作会议

主办单位：国家测绘地理信息局

时间：2017年3月1日

地点：北京

参加人员：国家测绘地理信息局副局长闵宜仁；各省、自治区、直辖市测绘地理信息主管部门分管领导和负责测绘成果管理、应急测绘、地图管理、天地图建设与应用、地理信息产业促进等工作的处室负责人；中国地图出版集团、中国测绘科学研究院、国家基础地理信息中心、国家测绘地理信息局卫星测绘应用中心、国家测绘地理信息局地图技术审查中心分管领导和有关处室负责人；国家测绘地理信息局地理信息与地图司（测绘成果管理司）全体人员。

议题（主要内容）：研究部署2017年地理信息与地图（测绘成果管理）重点工作任务，听取各地对地理信息与地图（测绘成果管理）工作的意见和建议。

2017年地理国情监测部署动员会

主办单位：国家测绘地理信息局

时间：2017年3月27日—28日

地点：北京

参加人员：国家测绘地理信息局副局长李维森；各省、自治区、直辖市测绘地理信息主管部门分管地理国情监测工作的领导和主管处室负责人；国家测绘地理信息局重庆测绘院、国家基础地理信息中心、中国测绘科学研究院、国家测绘地理信息局卫星测绘应用中心和国家测绘产品质量检验测试中心分管地理国情监测工作的领导和主管处室负责人；国家测绘地理信息局有关司室相关人员。

议题（主要内容）：全面部署2017年全国基础性地理国情监测总体实施、遥感影像获取保障、质量控制等各项工作，介绍专题性地理国情监测技术指南（2017—2020），讨论《关于推进常态化地理国情监测工作的指导意见（征求意见稿）》。

学习宣传贯彻《中华人民共和国测绘法》电视电话会议

主办单位：国家测绘地理信息局

时间：2017年5月9日

地点：北京

参加人员：国家测绘地理信息局局长库热西·买合苏提，副局长王春峰、宋超智、闵宜仁，总工程师李志刚；国家测绘地理信息局机关全体公务员、局所属在京单位领导班子成员；北京市勘察设计和测绘地理信息管理办公室、北京市测绘设计研究院领导班子成员及有关人员；部分行业单位负责人在北京主会场参加会议。各省、自治区、直辖市及计划单列市、新疆生产建设兵团测绘地理信息主管部门领导班子成员及有关人员，国家测绘地理信息局所属京外单位领导班子成员及有关人员，部分行业单位负责人在各地分会场参加会议。

议题（主要内容）：部署新《测绘法》的学习宣传贯彻工作，进一步统一思想，提高认识，推动新《测绘法》各项制度的落实，促进测绘地理信息事业改革发展。

联合国智慧城市与可持续发展国际研讨会

主办单位：国家测绘地理信息局、联合国统计司

时间：2017年5月10日—12日

地点：云南昆明

参加人员：联合国经济社会事务副秘书长吴红波，国家测绘地理信息局副局长、联合国全球地理信息管理专家委员会共同主席李朋德，云南省副省长刘慧晏，联合国全球地理信息管理专家委员会共同主席、美洲区域委员会主席、墨西哥国家测绘与统计局副局长罗兰多·奥坎普，联合国全球地理信息管理专家委员会共同主席、美国商务部人口调查局首席地理信息科学家蒂莫西·特雷纳，联合国全

球地理信息管理专家委员会非洲区域委员会主席、埃塞俄比亚国家测绘局局长苏丹·阿尔雅，中国科学院地理科学与资源研究所副所长周成虎及其他来自联合国成员国、国际组织、专业机构、学术界、企业界、中国相关部门和各省市的200多位代表。

议题（主要内容）：围绕“建设智慧、容灾、可持续的城市”主题，以报告、交流发言、小组讨论等多种形式，共同分享地理信息支撑智慧城市建设的成功经验，交流地理信息服务防灾减灾救灾的最佳做法，探讨地理信息支持城市可持续发展的技术方法。

全国卫星导航定位基准服务系统启用新闻发布会

主办单位：国家测绘地理信息局

时间：2017年5月27日

地点：国家测绘地理信息局新闻发布厅

参加人员：国家测绘地理信息局副局长李维森、宋超智，局机关有关司室负责人，有关媒体记者。

议题（主要内容）：宣布全国卫星导航定位基准服务系统建成启用，国家现代测绘基准体系基础设施建设一期工程竣工，回答记者提问。

城市地理国情监测工作交流会

主办单位：国家测绘地理信息局

时间：2017年6月15日

地点：上海

参加人员：国家测绘地理信息局局长库热西·买合苏提，上海市副市长时光辉，国家测绘地理信息局副局长李维森；各省、自治区、直辖市、新疆生产建设兵团测绘地理信息主管部门主要负责人或分管地理国情监测工作的负责人和主管处室负责人；计划单列市测绘地理信息主管部门负责人；各省会城市测绘地理信息主管部门负责人；国家测绘地理信息局重庆测绘院、中国测绘科学研究院、国家基础地理信息中心、国家测绘地理信息局卫星测绘应用中心和国家测绘产品质量检验测试中心负责人；国家测绘地理信息局机关有关司室负责人。

议题（主要内容）：贯彻落实新修订的《测绘法》和《关于全面开展地理国情监测的指导意见》，总结城市地理国情监测的成功经验，提升地理国情监测在城市规划、建设、管理等方面的服务保障能力。

全国测绘地理信息工作半年情况交流会

主办单位：国家测绘地理信息局

时间：2017年7月13日

地点：北京

参加人员：国家测绘地理信息局局长库热西·买合苏提，中央纪委驻国土资源部纪检组副组长陈春光，国家测绘地理信息局副局长王春峰、李维森、闵宜仁、李朋德，总工程师李志刚；各省、自治区、直辖市、新疆生产建设兵团测绘地理信息主管部门主要负责人，北京市测绘设计研究院、上海市测绘院、天津市测绘院、内蒙古自治区测绘地理信息局、安徽省测绘局、山东省国土测绘院主要负责人；国家测绘地理信息局所属各单位、机关各司室主要负责人。

议题（主要内容）：全面贯彻党的十八大和十八届三中、四中、五中、六中全会精神，认真学习贯彻习近平总书记系列重要讲话精神和治国理政新理念新思想新战略，深入学习贯彻国务院领导同志关于测绘地理信息工作的重要批示指示精神，总结交流上半年重点工作推进情况，部署下半年重点工作任务并提出要求，确保全年各项目标任务的顺利完成，推进测绘地理信息事业改革创新发展。

全覆盖排查整治“问题地图”专项行动启动电视电话会议

主办单位：国家测绘地理信息局

时间：2017 年 8 月 21 日

地点：北京

参加人员：国土资源部副部长、国家测绘地理信息局局长库热西·买合苏提，国土资源部副部长王广华，国家测绘地理信息局领导班子成员、总工程师，局机关全体公务员；国家测绘地理信息局在京所属单位、学会、协会领导班子全体成员；北京市规划和国土资源管理委员会分管领导和业务部门有关人员在北京主会场参加会议。各省、自治区、直辖市测绘地理信息主管部门领导班子成员，副处级以上公务员及相关单位负责人在各地分会场参加会议。

议题（主要内容）：认真学习贯彻中央领导同志重要批示精神，大力推进《测绘法》实施，组织动员全国测绘地理信息系统的力量，在全国范围内部署开展全覆盖排查整治“问题地图”专项行动，切实维护国家主权、安全和利益。

第一次全国地理国情普查工作总结表彰大会

主办单位：国家测绘地理信息局

时间：2017 年 9 月 25 日

地点：北京

参加人员：国务院第一次全国地理国情普查领导小组副组长、普查办主任、国土资源部副部长、国家测绘地理信息局局长库热西·买合苏提，中纪委驻国土资源部纪检组副组长陈春光，中华全国总工会能源化学地质工会副主席郭振友，国家测绘地理信息局副局长王春峰、李维森、闵宜仁、李朋德；受表彰的先进集体代表和先进个人；国务院第一次全国地理国情普查领导小组办公室全体成员；各省、自治区、直辖市第一次全国地理国情普查领导小组办公室主要负责人；局机关全体公务员、在京所属单位领导班子成员。

议题（主要内容）：全面总结第一次全国地理国情普查经验，表彰为普查作出突出贡献的先进集体和先进个人，弘扬“热爱祖国、忠诚事业、艰苦奋斗、无私奉献”的测绘精神，进一步激发全国测绘地理信息行业广大干部职工的积极性、创造性，不断开创测绘地理信息事业发展的新局面。

全国测绘地理信息标准化工作会议

主办单位：国家测绘地理信息局

时间：2017 年 9 月 27 日

地点：陕西西安

参加人员：国家测绘地理信息局副局长李朋德，国家标准化管理委员会、军队系统、地方测绘地理信息主管部门、国家测绘地理信息局机关及所属单位、学会、协会、高校、科研机构、企事业单位的 100 多位代表。

议题（主要内容）：深入学习贯彻落实习近平总书记关于中国实施标准化战略的重要指示精神和国务院领导同志对测绘地理信息工作的重要批示精神，按照新修订的《中华人民共和国测绘法》赋予测绘地理信息标准化工作的职责要求，系统总结近年来我国测绘地理信息标准化工作成就，分析存在的不足，凝练成功经验，研究部署近期标准化工作重点，不断开创标准化工作新局面。

全国卫星测绘应用工作会议

主办单位：国家测绘地理信息局

时间：2017年9月28日

地点：河南郑州

参加人员：国家测绘地理信息局副局长李朋德，局科技与国际合作司、国家国防科技工业局重大专项工程中心有关负责人，国家测绘地理信息局所属各单位分管科技的负责人，武汉大学、战略支援部队信息工程大学、河南省测绘地理信息局、江苏省测绘地理信息局、北京四维远见信息技术有限公司、北京吉威数源信息技术有限公司等单位的专家及用户代表50多人。

议题（主要内容）：认真贯彻落实党的十八大和十八届三中、四中、五中、六中全会精神，全面总结卫星测绘应用工作进展，研究部署当前和今后一个时期卫星测绘应用工作的发展方向和重点任务，着力提升卫星测绘保障服务能力和水平，助推测绘地理信息事业改革创新发展，为服务国计民生提供更加坚实的测绘保障和更多更好的地理信息产品。

联合国地理信息管理法规政策框架国际研讨班

主办单位：国家测绘地理信息局、联合国全球地理信息管理专家委员会秘书处

时间：2017年11月7日—9日

地点：天津

参加人员：国家测绘地理信息局副局长、联合国全球地理信息管理专家委员会共同主席李朋德，联合国统计司、全球地理信息管理专家委员会秘书处高级顾问张志海，来自19个国家测绘地理信息主管部门的40多位高级管理和技术人员。

议题（主要内容）：围绕地理信息管理相关法规政策框架、地理信息许可政策的作用与设置、地理信息管理中的主要法律问题等专题，举办专家报告、国家报告、区域报告等28个报告，旨在促进发展中国家测绘地理信息部门对地理信息管理相关法规政策框架的认识，提升其对影响地理信息管理的政策法规问题的应对能力。

“天地图”及基础测绘成果用户座谈会

主办单位：国家测绘地理信息局

时间：2017年11月9日

地点：北京

参加人员：国家测绘地理信息局副局长闵宜仁；中央纪委、国务院应急管理办公室、国家审计署等50个中央部委、军队的司、处级领导和技术负责人；国家测绘地理信息局地理信息与地图司、规划财务司、国土测绘司、科技与国际合作司相关人员；中国测绘科学研究院、国家基础地理信息中心、国家测绘地理信息局卫星测绘应用中心、国家测绘地理信息局地图技术审查中心分管领导及内设职能部门负责人。

议题（主要内容）：发布“天地图”2017版和新版全国地理信息资源目录服务系统；介绍“天地图”及基础测绘成果建设、应用总体情况及相关服务政策；介绍“天地图”2017版最新功能特点，2017版国家基础测绘成果、地理国情普查及监测成果、国家现代测绘基准一期工程成果、资源三号卫星影像成果和标准地图服务系统，并进行演示；听取有关意见和建议。

全国测绘地理信息质量工作会议

主办单位：国家测绘地理信息局

时间：2017 年 11 月 16 日

地点：北京

参加人员：国家测绘地理信息局局长库热西·买合苏提，副局长李维森，总工程师李志刚；各省、自治区、直辖市测绘地理信息主管部门分管领导、相关处室主要负责人；各省、自治区、直辖市测绘质检站（中心）主要负责人；陕西测绘仪器计量监督检定中心、黑龙江测绘计量仪器检定站主要负责人；国家测绘地理信息局机关有关司室负责人、局所属有关单位分管质量工作的负责人和处室主要负责人。

议题（主要内容）：学习贯彻党的十九大精神，贯彻落实《中共中央 国务院关于开展质量提升行动的指导意见》，总结交流近年来测绘地理信息质量工作经验，分析当前测绘地理信息质量工作形势及存在的问题，研究加强管理、提高成果质量水平的政策和措施，进一步明确新形势下质量工作有关思路，部署今后一个时期质量工作任务。

新型基础测绘交流推进会

主办单位：国家测绘地理信息局

时间：2017 年 12 月 8 日

地点：福建福州

参加人员：国家测绘地理信息局副局长李维森，各省、自治区、直辖市测绘地理信息主管部门分管新型基础测绘建设的负责人或职能处室负责人，国家测绘地理信息局所属有关单位和机关有关司室负责人，湖北、福建省有关测绘单位负责人。

议题（主要内容）：围绕基础测绘建设应用需求和发展趋势，交流讨论新型基础测绘试点建设和研究探索情况，进一步统一思想，明确新型基础测绘建设目标、任务和工作举措，推动新型基础测绘体系建设取得实效。

测绘地理信息法治工作座谈会

主办单位：国家测绘地理信息局

时间：2017 年 12 月 14 日—15 日

地点：云南昆明

参加人员：国家测绘地理信息局副局长宋超智，各省、自治区、直辖市测绘地理信息主管部门分管法规与行业管理工作的负责人和承担法规与行业管理工作的职能处室主要负责人。

议题（主要内容）：认真学习党的十九大精神，深刻领会习近平新时代中国特色社会主义思想，深入贯彻全面依法治国方略，深入贯彻总体国家安全观，深入贯彻新发展理念，坚持创新监管方式，紧紧围绕推动《测绘法》新职责新制度的落地，研讨推动完善测绘地理信息法规制度、规范测绘资质审批、加强行业管理服务、提升监管执法能力的新思路和新举措，全面部署深化依法治测实践，保障测绘地理信息事业持续健康发展。

联合国世界地理信息大会指导委员会第一次会议

主办单位：国家测绘地理信息局

时间：2017 年 12 月 25 日

地点：北京

参加人员：国家测绘地理信息局局长、联合国世界地理信息大会指导委员会主任库热西·买合苏提，联合国副秘书长、大会指导委员会主任刘振民，浙江省副省长、大会指导委员会副主任孙景淼，大会指导委员会委员，联合国经济社会事务部其他代表，国家测绘地理信息局领导班子成员、总工程师，直属单位和机关各司室主要负责人，外交部相关人员，国家测绘地理信息局、浙江省和湖州市、德清县参与大会筹备工作的人员。

议题（主要内容）：通报联合国世界地理信息大会有关背景，筹备工作任务分工，初步拟定的预期目标和成果、活动安排和组织方式等情况，听取国家测绘地理信息局、浙江省、德清县方面筹备工作进展情况，对后续各项筹备工作进行动员和部署。

全国测绘地理信息工作会议

主办单位：国家测绘地理信息局

时间：2017 年 12 月 26 日—27 日

地点：北京

参加人员：国土资源部党组书记、副部长孙绍骋，国土资源部党组成员、副部长，国家测绘地理信息局党组书记、局长库热西·买合苏提，中央组织部、国务院办公厅、国家发展和改革委员会、科技部、财政部、国土资源部、环境保护部、审计署、中央军委联合参谋部战场环境保障局、中国人民解放军 32020 部队有关负责人，国家测绘地理信息局领导班子成员、总工程师，各省、自治区、直辖市及计划单列市、新疆生产建设兵团测绘地理信息主管部门主要负责人，中国测绘地理信息学会、中国地理信息产业协会、中国卫星导航定位协会主要负责人，武汉大学、解放军战略支援部队信息工程大学、河南测绘职业学院负责人，部分地理信息企业负责人，国家测绘地理信息局在京所属单位领导班子成员、局机关全体公务员，中央新闻媒体记者等 300 多人参加会议。陕西、黑龙江、四川、海南、重庆设分会场，各直属局、重庆测绘院机关干部通过局视频会议系统收看大会实况。

议题（主要内容）：全面贯彻党的十九大精神，深入学习贯彻习近平新时代中国特色社会主义思想，认真落实国务院关于测绘地理信息工作的部署要求，回顾总结党的十八大以来我国测绘地理信息事业发展成就，分析形势，明确任务，安排部署 2018 年的工作。

重大事件

《中华人民共和国测绘法》颁布施行

4月27日，十二届全国人大常委会第二十七次会议通过新修订的《中华人民共和国测绘法》，经习近平主席签署第六十七号主席令予以公布，自2017年7月1日起施行。这是我国测绘地理信息事业发展中一座光辉的里程碑，标志着测绘地理信息法治建设取得重大进展，也标志着国家测绘地理信息局圆满完成中央交办的修订《中华人民共和国测绘法》的重大任务。

全国测绘法宣传日主场活动

8月29日，新修订的《中华人民共和国测绘法》颁布施行后的首个全国测绘法宣传日主场活动在黑龙江哈尔滨举行。活动由国家测绘地理信息局和黑龙江省人民政府主办、黑龙江测绘地理信息局和哈尔滨市人民政府协办。国家测绘地理信息局副局长宋超智、黑龙江省政府副秘书长马立新、哈尔滨市副市长智大勇出席活动并讲话。活动主场设有测绘法和测绘成就展示区、测绘装备展示区、法律咨询区和宣传品发放区4个展区、76块宣传展板，全方位展示了测绘地理信息法律法规体系及测绘地理信息工作在服务经济社会发展、重大工程和重大项目建设、生态环境保护、社会民生等方面发挥的重要作用，展示了测绘无人机、无人船、机载导航等新型测绘仪器装备。

《地图审核管理规定》公布施行

2017年11月20日，国土资源部第3次部务会议审议通过新修订的《地图审核管理规定》，国土资源部部长姜大明签发第77号国土资源部令予以公布，自2018年1月1日起施行。

首届联合国世界地理信息大会落址浙江省德清县

经国务院批准，首届联合国世界地理信息大会将于2018年11月在浙江省湖州市德清县召开。大会由联合国主办，国家测绘地理信息局和浙江省政府承办。“举办好首届联合国世界地理信息大会”写入中共浙江省委十四届二次全会决定。浙江省委书记车俊、省长袁家军、副省长孙景淼多次就大会筹备工作作出批示。

行政管理工作

党的建设

党建工作

【学习贯彻党的十八届六中全会精神和习近平总书记系列重要讲话精神】

国家测绘地理信息局党组把学习党的十八届六中全会精神和习近平总书记系列重要讲话精神作为理论武装的重点任务，纳入教育培训课程，通过中心组理论学习研讨、组织“测绘学习大讲堂”、印发支部理论学习指导意见、部署召开组织生活会等形式，组织直属机关广大党员认真学习习近平总书记系列重要讲话精神，强化专题学习研讨，不断增强党员干部“四个意识”，为测绘地理信息事业发展提供强有力的思想组织保证。

【学习宣传贯彻党的十九大精神】

国家测绘地理信息局党组把学习宣传贯彻党的十九大精神作为首要政治任务，摆上重要议事日程，切实加强组织领导。组织广大党员干部收听收看十九大开幕会实况，采取党组中心组集中学习研讨、各支部党员集中学习、基层党组织学习党章、重温入党誓词、党组成员到基层党支部宣讲党的十九大精神、直属机关党委委员、纪委委员、工会、共青团、妇女工作委员会集中学习研讨等形式认真学习大会工作报告、新党章等。坚持从深刻领会党的十九大主题，习近平新时代中国特色社会主义思想的历史地位和丰富内涵，党的十八大以来党和国家事业发生的历史性变革，中国特色社会主义进入了新时代，我国社会主要矛盾的变化，新时代中国共产党的历史使命，社会主义经济、政治、文化、社会、生态建设等方面的重大部署，国防和军队建设，港澳台工作、外交工作的重大部署，坚定不移全面从严治党的重大部署等10个方面学习把握十九大精神实质，切实把党员干部的思想和行动统一到党的十九大精神上来，把智慧和力量凝聚到实现党的十九大确定的发展目标和任务上来。

【推进“两学一做”学习教育】

国家测绘地理信息局党组印发了贯彻落实《中央国家机关工委贯彻落实全面从严治党要求实施方案》的通知，组成5个检查组集中开展了1次落实中央全面从严治党要求情况检查，进一步压实局机关和所属单位各级党组织及主要负责人全面从严治党主体责任。坚持以“两学一做”学习教育为基本内容，以“三会一课”为基本制度，以党支部为基本单位，以解决问题发挥作用为基本目标，推动“两学一做”学习教育融入日常、抓在经常，形成常态、发挥长效。印发了《加强和改进基层党支部建设的意见（试行）》，进一步强化基层党组织的政治功能和服务功能，树立党的一切工作到支部的鲜明导向。集中开展“党课月”和“党课宣讲”活动，组织开展了向黄大年、廖俊波学习活动，充分发挥先进典型的示范作用。在局直属机关范围内，采用联述联评联考方式开展党建述职评议考核工作。突出责任导向，聚焦主责首责，督促基层党组织书记落实好工作责任。

【创建学习型党组织】

根据《中共国家测绘地理信息局党组中心组2017年理论学习计划》安排，国家测绘地理信息局党组中心组率先垂范，带头学习，按照科学理论武装、具有世界眼光、善于把握规律、富有创新精神的要求，坚持每月必学，全年进行了学习贯彻习近平新时代中国特色社会主义思想、学习宣传贯彻党的十九大精神、学习党章党规、推进“两学一做”学习教育常态化制度化、学习中央关于党风廉政建设和反腐败工作部署、学习贯彻新修订的测绘法 6 个专题的学习。在保证集体学习研讨的时间外，还及时安排了中央重要会议、中央领导同志重要讲话精神的传达、学习和贯彻活动。

进一步深入推进学习型党组织建设，围绕时事政策、理论热点和局重点工作，举办“测绘学习大讲堂”10 期，邀请有关领导和专家学者作专题辅导报告，不断加强党员干部的理论素养和战略思维。充分利用网络平台进行理论宣讲，发布专题讲座视频，为党员、干部学习理论知识和时政热点提供新途径。坚持每季度印发直属支部理论学习指导意见，及时为各支部提供学习资料和学习指导。

【基层党组织建设】

根据中央部署，国家测绘地理信息局认真开好局党组民主生活会。指导机关各司室、局所属各单位进一步严格民主生活会程序，认真落实征求意见、谈心交心、对照检查、整改落实等环节，深入开展批评与自我批评，切实提高解决自身矛盾和问题的能力。严格执行党员领导干部双重组织生活会制度，局党组成员以普通党员身份参加所在党支部的组织生活会。各基层党组织严格规范基层组织生活会程序，坚持开好“三会一课”，结合“两学一做”学习教育常态化制度化开展主题党日、警示教育等支部活动，确保每名党员都受到党内生活的教育。认真做好党的十九大代表候选人预备人选的推荐提名工作。根据机构和人员调整，指导相关党支部进行换届选举和增补委员工作。完善党内激励、关怀、帮扶机制，做好老党员、困难党员的服务工作。认真贯彻新修订的《中国共产党发展党员工作细则》，完成局直属机关党委所属党组织、党员基本信息采集。加强党费收缴使用管理，印发《关于使用部分党费支持直属党支部开展党建活动的通知》，规范党费的使用，推动基层党建活动开展。

【“五型机关”创建活动】

国家测绘地理信息局组织开展了 2017 年度“五型机关”创建活动先进司局、先进处（室）和先进个人评选表彰工作，2 个司室、9 个处（室）、26 名个人受到表彰。

【群团工作】

国家测绘地理信息局学习贯彻中央群团工作会议精神，贯彻落实《中共国家测绘地理信局党组关于加强和改进党的群团工作的意见》，支持工青妇组织开展工作，指导局直属机关工会、共青团、妇女工作委员会完成换届工作。指导工会组织群众性文体活动，开展向困难职工送温暖活动。继续加强同各民主党派和党外高级知识分子的沟通联系。

党风廉政建设

【协助落实主体责任】

国家测绘地理信息局党组认真学习贯彻中央纪委七次全会和国务院第五次廉政工作会议精神，召开了全系统党风廉政建设工作电视电话会议，总结工作，部署任务。印发《2017 年党风廉政建设工作实施意见和责任分工》，细化工作任务，落实责任分工。调整充实党风廉政建设领导小组及办公室，进一步加强对党风廉政建设工作的领导。检查局机关各司室和局所属各单位党组织开展的贯彻落实中央全面从严治党要求情况，督促落实管党治党政治责任。

【巡视工作全覆盖】

国家测绘地理信息局党组制定 2017 年巡视工作计划，明确巡视对象和重点任务。组成 4 个巡视组，对局机关各司室和局三亚测绘技术开发服务培训中心等 10 个党组织开展巡视，局党组成员分别对分管司室（单位）进行巡视反馈约谈，约谈了陕西测绘地理信息局、海南测绘地理信息局、中国地图出版集团、中国测绘科学研究院 4 家单位党政主要负责人，督促做好巡视整改工作。巡视结束后，按要求将发现的问题报中央纪委驻国土资源部纪检组。全年实现了巡视全覆盖的目标任务。认真学习贯彻中央新修改的《中国共产党巡视工作条例》。

【纪律教育】

国家测绘地理信息局组织开展了“以案释纪明纪　严守纪律规矩”主题警示教育月活动，明确了“4＋X”项工作任务，组织党员干部到廉政教育基地接受警示教育，召开案例警示教育会传达上级机关通报和十八大以来测绘地理信息系统发生的违纪违法典型案件，并组织党员干部撰写学习体会。分 2 批对新提拔的 27 名处级干部开展任职廉政谈话。为局所属各单位和机关各司室配发《国土资源系统反腐倡廉警示教育案例选编》、警示教育片《警钟》等学习材料。

【履行监督责任】

在国家应急测绘保障能力建设项目中，国家测绘地理信息局探索推行重大项目建设廉政责任制。在重要时间节点，通过印发通知、发送廉政短信、转载违纪案例，提醒督促党员干部廉洁过节。开展违规公款购买消费白酒问题集中排查整治。贯彻扶贫领域监督执纪问责电视电话会议精神，配合中央纪委驻国土资源部纪检组对局扶贫项目资金等进行专项检查。按照中央纪委驻国土资源部纪检组要求，报送局深化落实中央八项规定精神和纠正“四风”有关情况报告。建立处级干部廉政情况活页，做好对人事部门征求干部党风廉政情况意见的回复工作。严格依规处置问题线索，做好信访举报、纪律审查和党风政风数据统计上报工作。配合中央纪委驻国土资源部纪检组开展有关核查，对有关干部及时进行谈话提醒，努力实践监督执纪“四种形态”。组织局所属各单位、机关各司室填报了《党风廉政建设基本情况表》。

【纪检监察队伍建设】

国家测绘地理信息局党组为直属机关党委（直属机关纪委）增加1个人员编制和1个司局级领导职数，为直属机关纪委纪检监察室增加2个人员编制和1个副处级领导职数。按照中央纪委驻国土资源部纪检组和局党组部署要求，首次对局所属单位专职纪委书记（纪检组长）进行了专门的年度考核测评。组织局机关和所属单位纪检干部深入学习中央纪委七次全会精神、《中国共产党纪律检查机关监督执纪工作规则（试行）》等，认真贯彻执行工作规则和中央纪委驻国土资源部纪检组印发的实施细则。举办局系统纪检监察业务培训班，选派局纪检监察干部参加上级部门组织的培训。

政策与法规

立法工作

【《中华人民共和国测绘法》颁布施行】

4月27日，十二届全国人大常委会第二十七次会议表决通过新修订的《中华人民共和国测绘法》，国家主席习近平当天签署第六十七号主席令予以公布，于2017年7月1日起施行。新修订的测绘法共10章68条，分为总则、测绘基准和测绘系统、基础测绘、界线测绘和其他测绘、测绘资质资格、测绘成果、测量标志保护、监督管理、法律责任、附则，比原法增加“监督管理”一章。此次测绘法修订明确了“加强测绘管理，促进测绘事业发展，保障测绘事业为经济建设、国防建设、社会发展和生态保护服务，维护国家地理信息安全”的立法宗旨，贯彻了“加强共享、促进应用，统筹规划、协同指导，规范监管、强化责任，简政放权、优化服务”的原则，重点针对我国地理信息安全面临的严峻形势和地理信息产业发展的迫切需要进行了修改完善。主要有五大亮点：加强卫星导航定位基准站管理，维护国家地理信息安全和对个人信息的保护；促进测绘成果社会化应用，激发地理信息产业活力；强化国家版图意识宣传教育，完善地图、互联网地图服务监管；建立地理国情监测制度和应急测绘保障工作机制，提升测绘地理信息服务水平；“放管服”协同推进，加快转变政府职能。

【《地图审核管理规定》公布施行】

11月20日，《地图审核管理规定》由国土资源部第3次部务会议审议通过，明确了地图审核工作管理体制、申请与受理、地图内容审查、审核决定、监督管理等有关方面的内容，共34条。主要内容包括：规定立法目的、工作原则、管理体制和经费保障；明确地图的送审范围，各级测绘地理信息主管部门的审核职责，申请人提交的材料，测绘地理信息主管部门对申请的处理；规定审查程序、审查内容、审查依据及对地图审查人员的从业要求；规定测绘地理信息主管部门作出的决定、审核的期限、结果的公布、审图号格式、互联网地图审图号有效期和新增标注内容备案；规定上级测绘地理信息主管部门对下级测绘地理信息主管部门的监督检查和对违反规定的处理。

【法制建设】

按照国务院统一部署，国家测绘地理信息局完成法规规章和文件清理工作。4 部行政法规中，《地图管理条例》《中华人民共和国测绘成果管理条例》不存在需要废止或修改的情况，《基础测绘条例》第七条、《中华人民共和国测量标志保护条例》第十九条需要进行修改。6 部部门规章中，5 部不存在废止或修改的情况，《地图审核管理规定》已完成修订。规范性文件中，继续有效的 236 件、废止的 13 件。根据《关于推行法律顾问制度和公职律师公司律师制度的意见》，选聘顾问律所，建立国家测绘地理信息局法律顾问制度。依法做好行政复议案件调查处理和行政应诉工作。

【局内立法】

国家测绘地理信息局印发《国家测绘地理信息局 2017 年立法工作计划》，明确 15 项立法任务并指导有关司室实施，出台《国家测绘地理信息局电子政务内网管理暂行办法》《国家测绘地理信息局工程技术研究中心管理办法》《国家测绘地理信息局非涉密测绘成果管理暂行办法》《测绘地理信息成果定密管理规定》。召开测绘地理信息法治工作座谈会。对国务院各部门的 20 多部法律法规研究提出反馈意见。

行政审批制度改革

国家测绘地理信息局组织完成综合监管平台一期建设，双随机抽查子系统上网运行，实现局现有信息系统的互联互通。出台行政许可信息公开制度、一次性告知制度、首问责任制度、服务承诺制度、行政许可集中受理大厅文明服务制度和岗位责任制度、责任追究制度等行政许可标准化制度。配合开展行政许可标准化测评，向国务院行政审批制度改革领导小组办公室报送测评自评报告。

行政执法

【“双随机一公开”联合抽查】

国家测绘地理信息局贯彻国务院“放管服”改革要求，推进新型监管方式，印发《国家测绘地理信息局随机抽查工作细则》和《国家测绘地理信息局随机抽查事项清单》，首次统筹行政执法力量，开展测绘资质、质量管理、成果保密管理“双随机一公开”联合抽查。制定工作方案，遴选抽查单位，成立 3 个抽查组，完成 51 家甲级测绘资质单位检查，督促存在问题的单位进行整改。

【违法案件处理】

国家测绘地理信息局配合国家安全部门指导地方测绘地理信息主管部门查处涉外非法测绘案件。对 2 家公司违法测绘行为的处理情况和 2017 年测绘地理信息违法典型案件进行了通报。

【执法队伍建设】

国家测绘地理信息局完成新申请的 1000 多个全国测绘地理信息行政执法证的审核发证和持证人员证件注册工作。举办 2017 年全国测绘地理信息行政执法人员培训班。

法制宣传

国家测绘地理信息局以“认真学习宣传贯彻新修订的《中华人民共和国测绘法》”为主题，组织开展全国测绘法宣传日系列活动。局党组书记、局长库热西·买合苏提在《中国测绘报》发表署名文章。局门户网站开通宣传专栏，《中国测绘报》刊登 6 篇评论员文章，开设《新测绘法大家谈》专栏。组织制作动漫宣传短片“厉害啦，我的新测绘法”，并在全国测绘法宣传日活动期间展播。开展测绘法宣传日口号、短信、宣传画有奖征集活动。在哈尔滨举办全国测绘法宣传日主场活动。腾讯网、百度地图等网站，应用“互联网＋法治宣传”手段，以有奖答题游戏和手机地图闪屏等形式宣传测绘法。

规划与计划

规划实施

国家测绘地理信息局制定印发《国家“十三五”规划、国家重点专项规划、测绘地理信息事业“十三五”规划等任务分工方案》，逐步建立滚动式规划实施及评估机制。编制《测绘地理信息“十三五”信息化规划》，强化测绘地理信息部门信息化建设的系统性和整体性。会同国家发展和改革委员会修订基础测绘计划指标并形成新的指标体系，进一步强化规划与计划的衔接。

重大改革任务

国家测绘地理信息局落实党中央、国务院关于推进重大发展改革事项的精神，主动与住房和城乡建设部进行对接，共同组织开展全国新城新区规划实施监测评估工作，为新城新区开发和科学管理提供技术和数据支撑；推进公车改革、疗养机构改革等工作，完成在京直属事业单位公车改革工作，协调做好北戴河休养院资产人员等安置工作；指导中国卫星导航定位协会完成资产清查工作并形成专项审计报告。

军民融合

国家测绘地理信息局贯彻落实中共中央、国务院、中央军委关于经济建设和国防建设融合发展的意见和规划要求，修改完善测绘地理信息领域军民融合意见，积极谋划、推进军民融合深度发展。向某导航基地提供全球地理信息资源。推进军民融合意见和规划落实，与某部队签署战略合作协议，深化军民融合工作。

基础测绘

基础测绘项目

【基础测绘计划】

国家测绘地理信息局印发2017年国家基础测绘生产计划，提出2018年国家基础测绘生产项目“一上”和“二上”计划。每月汇总编制各单位基础测绘项目任务和经费进度表，对执行较慢的单位和项目加强督促。

【国家基础地理信息数据库更新】

国家测绘地理信息局组织完成2016年度1∶5万地形数据库更新成果检验和入库，建成新版1∶5万地形数据库并通过项目验收。完成1∶5万、1∶25万、1∶100万基础地理信息数据库年度更新，数据内容进一步丰富详实，1∶5万地形数据库现势性保持在2017年内，1∶5万制图数据库和1∶25万、1∶100万基础地理信息数据库现势性保持在2016年内。

加大项目管理、资料保障、技术支撑、质量控制等方面的创新实践，优化1∶5万数据库全要素更新的技术方法和工艺流程，完善软件功能，提升更新效率。组织北京、天津、江苏、浙江等地方单位与局直属单位共同完成2017年度1∶5万地形数据更新生产，强化成果交叉验收，保障更新成果质量。利用1∶5万地形更新增量成果完成全国1∶5万地形图制图数据库、1∶25万基础地理信息数据库和1∶100万基础地理信息数据库的年度更新。

【测绘美丽乡村试点】

国家测绘地理信息局选定5个省份作为2017年项目试点，带动地方在农村地区的测绘保障投入。梳理完成76个已建项目，对项目数量、内容、对象、应用等进行总结，完成《新农村与城乡一体化建设测绘保障与服务示范项目工作报告》。通过实地调研完成《城乡一体化建设测绘保障服务工作调研报告》《新常态下美丽乡村建设测绘保障服务示范项目发展模式研究报告》，探索建立新机制、新模式、新政策。

【国家基础测绘成果应用推广项目】

国家基础测绘成果应用推广项目共设立国家地理信息公共服务平台天地图建设（二期）、面向政府管理决策的地理信息保障服务、测绘地理信息业务档案收集整理与开发利用、测绘地理信息成果应用推广支撑体系建设与运行维护、地理信息安全监管能力建设和公益性地图编制与服务6个二级项目，经费投入3800万元。

【基础测绘科技项目管理】

国家测绘地理信息局做好2018—2020年预算申报及2017年基础测绘科技项目立项等工作。在立项过程中，以签订实施方案的方式替代项目批复，与各新上科技项目课题牵头单位签订课题实施方案，提高工作效率，减少发文数量。组织对所有2016年基础测绘科技项目进行验收，除形成验收意见外，还采取专家对项目实施情况进行定量打分的方式进行评价，较准确地反映项目的组织实施情况和成果质量。组织开展基础测绘科技项目管理系统开发，经过多轮沟通讨论，明确科技项目管理系统的基本流程、操作方式、任务流转及文本格式等基本要求，并组织对研发的项目管理系统进行全面测试，及时发现问题，督促修改完善，组织全国各省开展项目管理系统的使用培训。

测绘基准管理

【现代测绘基准维持与更新】

国家测绘地理信息局完成410个国家级卫星导航定位基准站数据观测及处理，华东、华中地区298个卫星大地控制点观测与区域网平差，7万千米二等水准数据处理工作。

【全国卫星导航定位基准服务系统启用】

国家测绘地理信息局召开新闻发布会，宣布全国卫星导航定位基准服务系统建成启用。截至年底，该系统是我国规模最大、覆盖范围最广的卫星导航定位服务系统，可向公众提供免费开放的实时亚米级导航定位服务，并向专业用户提供厘米级、毫米级定位服务。

【卫星导航定位基准站管理】

国家测绘地理信息局会同各省级测绘地理信息主管部门依法开展卫星导航定位基准站备案工作。指导各省级测绘地理信息主管部门开展卫星导航定位基准站安全专项整治行动、实施对省级卫星导航定位基准服务系统的安全升级改造，规范基准站建设管理、数据传输和应用服务，保障国家地理信息安全。

安全生产

国家测绘地理信息局召开安全生产电视电话会议暨局安全生产委员会全体会议，传达学习习近平总书记和李克强总理关于安全生产工作的重要指示批示精神和全国安全生产电视电话会议精神；总结2016年安全生产工作，部署2017年工作任务。印发《国家测绘地理信息局2017年安全生产工作要点》，明确全年工作的总体要求和具体任务。印发《关于加强2017年汛期安全生产工作的通知》《关于加强2017年下半年安全生产工作的通知》。

地理国情监测

地理国情普查

第一次全国地理国情普查圆满完成。经国务院批准，《第一次全国地理国情普查公报》正式向社会发布。国务院新闻办公室组织就第一次全国地理国情普查工作和普查公报情况召开新闻发布会。全国31个省（自治区、直辖市）完成本级地理国情普查公报发布。国家测绘地理信息局召开第一次全国地理国情普查工作总结表彰大会，全面系统总结普查经验做法。全国测绘地理信息相关部门和单位采取多种形式对普查工作进行全方位、全过程总结，把好做法、好经验以制度形式固定下来，在地理国情监测工作中继续执行。

地理国情监测

国家测绘地理信息局印发《关于全面开展地理国情监测的指导意见》，明确监测目标任务，为各级测绘地理信息主管部门开展相关工作提供重要遵循。26个省份参与项目建设，初步形成地理国情监测“全国统筹、国省联动、分工合作”的新格局。围绕国家重大战略、重大工程及政府和社会公众关心关注的重点、热点、难点问题，不断丰富、拓宽专题性地理国情监测领域和内容，取得了一批新的监测成果，为生态文明建设和优化国土空间开发格局等提供保障服务。把城市确定为监测的一个主攻方向，加快推进城市地理国情监测技术标准体系建设，指导各地将城市地理国情监测纳入2018年重点工作，为全面启动城市地理国情监测工作奠定坚实基础。参与《落实〈关于划定并严守生态保护红线的若干意见〉工作方案》和《生态保护红线划定指南》确定的15项主要任务中的10项，利用普查和监测成果为生态保护红线划定提供统一的地理空间数据基础。发挥自然资源资产负债表试点工作指导小组成员单位作用，开展地理国情信息服务自然资源资产负债表编制和领导干部自然资源资产离任审计试点工作。落实中央经济体制和生态文明体制改革专项小组要求，牵头开展《市县空间规划编制技术规程》编制工作，选择部分地区开展试点验证，充分发挥地理国情空间公共基底作用。与发改、环保、国土、住建、统计等部门加强工作协作，形成推动普查和监测成果应用的工作合力。第二次全国污染源普查、第三次全国土地调查、全国采煤沉陷区综合治理等工作明确要求利用地理国情普查成果开展工作。

全球地理信息资源建设

国家测绘地理信息局积极落实党中央、国务院领导同志的批示精神，在国家发展和改革委员会、财政部等部门的支持下，加快推进全球地理信息资源建设项目立项，及时调整项目预算，落实试生产经费，积极推进全球地理信息资源建设，开展面向大规模生产立项准备工作，促进“一带一路”重点地区数据获取工作的顺利实施。组织完成伊朗、韩国、朝鲜、不丹、孟加拉国等国家约206万平方千米的数字表面模型、数字正射影像、核心矢量数据（含交通、区划、地名）等生产任务，并开展了工程技术研发成果应用推广。

航空航天遥感测绘

基础航空摄影与卫星影像获取

国家测绘地理信息局编制下达影像获取计划4期，其中集中安排地级以上城市城区优于0.2米分辨率航空摄影项目65个。全年结算经费额度1.08亿元。年度在执行项目179项，其中上年延续项目60项、新增项目119项，完成81个项目。获取航空摄影影像约44万平方千米、商业卫星影像约104万平方千米，及时为基础测绘、地理国情监测、智慧城市建设等提供基础数据源。国家基础地理信息中心全年共接收48个摄区航摄资料，数据量360TB；接收卫星影像资料18689景，数据量31TB；为铁路、地质、水利等部门提供影像资料37.4TB；开展历史影像数据检查整理及归档工作，包括643个摄区近400万片航空摄影数据，62180景卫星影像，数据量1881TB。

测绘卫星建设与应用

国家测绘地理信息局组织完成资源三号03星重要指标的细化论证，组织编报《资源三号03星工程项目》并获国家发展和改革委员会立项批复；为保障资源三号01星、02星双星应用系统正常运行，对系统软硬件进行升级改造，在存储扩容的同时将数据提取操作由半自动化提升为全自动化，新建测绘卫星成像快视系统和测绘卫星运行与仿真系统，并搭建运控系统多媒体展示平台；完成高分七号卫星与地面系统的数传链路对接试验、数据管理和测量控制系统正样产品生产。

卫星测绘关键技术研究

国家测绘地理信息局组织相关单位配合L波段差分干涉SAR卫星工程大总体，开展卫星几何和干涉定标实验。完成高分多模卫星测绘需求论证。开展电磁卫星、重力测量卫星的前期技术论证工作。初步完成超大规模光学卫星数据并行处理系统研发，系统适用于资源三号卫星、天绘一号卫星等国内卫星影像及Pleiades、WorldView1—4等国外甚高分辨率卫星大规模批量处理；基本完成干涉SAR卫星的全链路仿真、面向TerraSAR-X、高分三号卫星、分布式SAR卫星的几何检校算法设计，对高分三号卫星的干涉性能进行初步分析，在相干性较好的条件下可生成高程精度优于10米的数字高程模型数据。

应急测绘

国家应急测绘保障能力建设

国家测绘地理信息局编制完成《国家应急测绘保障能力项目管理办法》《国家应急测绘保障能力项目经费管理办法》等制度，在重大项目实施中创新性地引入廉政建设制度，督促92人签订《项目廉政建设承诺书》、38家单位签订《参建单位共建共享承诺书》。编制完成项目总体任务分工计划、2017年度用款计划、2017年度建设任务计划、2017年项目投资计划分解表及项目落实方案、招投标工作计划、无人机应急测绘系统集成测评方案、项目办公室2017年工作要点等工作计划。组织研发项目管理系统；批复34家参建单位单项工程实施方案；通过公开征集、专家评定等流程，确定13个项目规程的编制承担单位，启动规程编制相关工作；组织编制项目进口设备论证所需要的材料，通过国家测绘地理信息局组织的专家评审。

应急测绘保障服务

【“天地图”服务应急保障】

国家测绘地理信息局推进以“天地图”为基础的应急信息资源“一张图”建设纳入《国家突发事件应急体系建设“十三五”规划》，组织制定“一张图”建设方案。与国务院应急管理办公室建立应急测绘地理信息保障服务机制，将“天地图”通过专网接入国务院应急指挥中心，为国务院领导进行灾情研判和指挥决策提供在线地理信息服务。

【日常应急测绘保障】

国家测绘地理信息局协调各地各单位为内蒙古大兴安岭毕拉河森林大火、新疆塔什库尔干5.5级地震、内蒙古呼伦贝尔市陈巴尔虎旗火灾、“6·24”四川茂县山体垮塌、四川九寨沟7.0级地震、新疆精河6.6级地震、贵州纳雍县山体垮塌、西藏林芝6.9级地震等提供应急测绘保障服务，为指挥决策和抢险救援提供测绘地理信息支撑，累计提供各类应急地图123种。

“天地图”建设与应用

“天地图”建设

【总体情况】

2017年，各级测绘地理信息主管部门采取多种措施推进“天地图”建设和应用，“天地图”数据资源更加丰富，服务功能更加完善，主节点总访问量（PV）达到32.63亿次，日均访问量209万次。

【数据更新】

“天地图”主节点全国道路数据更新里程136.8万千米，铁路数据更新里程1.97万千米，地名、居民地、水系、绿地等要素数量增加18.3%；更新0.5米分辨率影像数据约54万平方千米，覆盖面积超过145万平方千米；资源三号卫星影像数据更新超过950万平方千米。

【平台升级】

“天地图”主节点增加快照分享功能和复杂符号标绘、HTML5定位、多种地图控件、JavaScript 4.0 API开源库。简化操作逻辑，实现面向服务的功能集成，支持API代码示例在线调试及运行，增加服务接口信息。降低模块间耦合度，后台服务集中代理。实现索引数据快速更新，API增加服务接口代理。开展涉密版建设技术试验，搭建了原型系统。

【节点建设】

“天地图”实现1个主节点、31个省级节点和291个市县级节点的服务聚合和互联互通。189个地级市节点接入主节点，接入率为57%，开展全国31个省级节点与主节点数据融合，实现节点间数据资源的优势互补，形成“天地图”的核心能力。

【综合评估】

国家测绘地理信息局组织对31个“天地图”省级节点进行综合技术评估，共评出五星级节点10个、四星级节点12个、三星级节点5个、二星级及以下节点4个。

“天地图”应用

国家测绘地理信息局与环境保护部、国家开发银行和军队等部门和单位深入对接，推进“天地图”在第二次环境污染普查、军民融合等领域的应用。据不完全统计，基于“天地图”主节点开发41个部门的业务应用系统，基于“天地图”省市节点开发近2000个政府部门的应用系统。“天地图”政府域名服务（www.tianditu.gov.cn）开通，更加有利于“天地图”代表政府部门面向社会提供公共服务。

智慧城市建设

国家测绘地理信息局加强政策制定，从2个层面指导智慧城市建设试点。印发《关于加快推进智慧城市时空大数据与云平台建设试点工作的通知》，从工作层面作出全面部署，明确试点主要目标、任务内容和各方职责等。对2015版《技术大纲》进行修改，形成《智慧城市时空大数据与云平台建设技术大纲（2017版）》，使技术层面更具指导性和操作性。截至年底，48个城市开展了智慧城市时空大数据与云平台建设试点，其中重庆、武汉、潍坊、老河口4个智慧城市建设达到设计目标并完成验收，取得初步成效和一些有推广价值的经验。

地理信息产业

总体发展情况

国家测绘地理信息局印发《关于开展地理信息产业运行监测工作的通知》，监测约330家上市企业和重点企业及地方政策、产业园区建设等情况，为测绘地理信息主管部门及时把握产业发展态势、完善产业政策提供依据。通过监测，2017年地理信息企业营业收入同比约增长19%，净利润同比增加约10%。

产业监测

【产业统计分类】

经国家统计局核准，国家测绘地理信息局印发《地理信息产业统计分类（2017）》，明确地理信息产业的基本范围，首次实现对《国民经济行业分类》中符合地理信息产业特征有关活动的再分类，为开展我国地理信息产业统计调查和增加值核算工作奠定基础。

【产业单位名录库】

国家测绘地理信息局进一步完善全国地理信息产业单位名录库管理系统，新增运行监测、统计调查等功能，与测绘资质管理系统和全国组织机构代码数据库实现互联，更新1.7万家非测绘资质单位数据，整合资质单位统计数据和运行监测企业财务数据，产业单位名录总数达3.2万家。

【产业专项统计调查】

国家统计局批准《地理信息产业专项统计调查报表制度》，国家测绘地理信息局组织各级测绘地理信息主管部门、中国地理信息产业协会、中国卫星导航定位协会约1.4万家非测绘资质的地理信息企业填报2015—2016年从业人员、财务状况等数据，基本摸清产业2015年和2016年总体发展状况。

极地测绘

国家测绘地理信息局完成中山站机场选址区域（6点）、中山站—昆仑站沿线（10点）D级大地控制点布测，长城站北斗卫星导航系统基准站（1座）运行维护，长城站基于北斗卫星导航系统的大地控制点（6点）联测，中山站机场选址区域1∶500地形图（16幅）外业生产，重点考察区域1∶5万DLG、DOM、DEM生产（30幅）。

质量监督与计量

质量监督

国家测绘地理信息局开展2017年国家测绘地理信息成果质量监督抽查工作，印发质量监督抽查工作通知，制定监督抽查方案。对甲级测绘资质单位2016年完成的变形测量、管线测量、工程测图等成果项目进行监督抽查。组织召开全国测绘地理信息质量工作会议，研究加强管理、提高成果质量水平的政策和措施，进一步明确新形势下质量工作有关思路，部署今后一个时期质量工作任务。

计量工作

国家测绘地理信息局指导组织国家测绘地理信息专业计量站筹建工作，数字航摄仪检定装置建标和数字航摄仪检定装置、数字水准仪及条码水准标尺检定装置授权通过考核并获国家质量监督检验检疫总局授权。对陕西、四川、青海、福建、山西5个省级测绘地理信息仪检机构的质量管理体系和检定技术能力进行评价，为加强测绘地理信息仪器检定管理、制定测绘地理信息计量机构及计量技术发展规划提供参考，带动省级测绘地理信息仪检机构能力提升。启动测绘科学综合实验场建设项目，开展国家重大测绘生产项目实施的生产试验和研究、新型测绘设备的检验和测试、测绘地理信息生产技术类标准技术指标和参数的试验等。

市场监管与服务

测绘资质管理

【测绘资质审批】

国家测绘地理信息局全年依法审核批准98家单位取得甲级测绘资质，依法审核批准94家甲级测绘单位新增甲级专业范围，在局门户网站公示24个批次，注销甲级测绘资质6件，受理合资单位资质申请1件并依法转送军方会审。实地核查2家测绘资质单位。调查处理资质申请相关举报1件。

【注册测绘师与测绘资质挂钩政策】

7月31日，注册测绘师与测绘资质挂钩过渡期结束，后续的有关政策受到高度关注。为维护市场稳定，国家测绘地理信息局本着审慎的态度，经全面深入调研，决定将过渡期延长到2019年12月31日。据此，577家甲级、2789家乙级测绘资质单位顺利完成续期换证。

【测绘资质管理系统升级】

国家测绘地理信息局对测绘资质管理信息系统进行升级改造并部署上线，实现了20多项新需求，提高了审查效率。开发续期换证功能，保障续期换证工作正常开展。

【审批标准化】

国家测绘地理信息局落实国务院有关要求，完善审查细则、服务指南、示范文本、常见问题解答和《甲级测绘资质审批工作注意事项》，推进审批工作的科学化、规范化、标准化。

市场管理

【企业负责人培训】

国家测绘地理信息局贯彻实施“走出去”战略，组织部分民营甲级测绘资质企业负责人参加2017年中欧测绘地理信息技术与产业发展高级研讨班。

【测绘资质管理工作调研】

针对部分测绘领域同质化竞争加剧给市场秩序带来的影响及测绘资质标准滞后于新型服务业态发展的情况，国家测绘地理信息局就加强和改进测绘资质管理工作情况进行了调研。组织13家省市测绘地理信息主管部门、56家甲乙级测绘资质单位代表参加座谈调研，书面调研覆盖31个省级测绘地理信息主管部门和2700多家测绘资质单位，实地调研6家单位，并委托江苏星月测绘科技股份有限公司对测绘服务价格水平进行研究。通过调研，摸清了同质化竞争问题的现状、原因及优化测绘资质管理政策、加强和改进测绘资质管理工作的意见建议，为科学调整测绘资质管理政策提出了3个方面10项工作建议。

信用管理

【征集发布常态化】

国家测绘地理信息局把加强测绘地理信息行业信用管理作为加强监管的重要措施，印发《关于加强测绘地理信息行业信用管理和推进征集发布工作常态化的通知》，配套审查细则（试行），进一步明确审查标准，推动行业信用体系建设常态化。将不良信用记录与资质准入挂钩，初步建立守信激励和失信惩戒机制。

【信用信息共享】

国家测绘地理信息局对接国家工商行政管理总局，研究推进测绘地理信息行业信用管理平台与国家企业信用信息公示系统互联互通。

日常监管

978家甲级测绘资质单位依照《测绘资质管理规定》的要求，向国家测绘地理信息局报送了2016年度测绘资质年度报告，甲级测绘单位填报率达99.5%。国家测绘地理信息局在局门户网站公示了年度报告，接受公众查询监督。依据《测绘地理信息行业信用指标体系》，对未按要求报送的5家单位计入不良信用信息。

地图管理与地图公共服务

地图审核

国家测绘地理信息局组织局地图技术审查中心为“砥砺奋进的五年”大型成就展、中央电视台《绿水青山看中国》《辉煌中国》《不忘初心 继续前进》等大型节目提供地图技术服务保障，审查各类地图产品300多件。组织举办2017年全国地图审核人员培训班，来自全国30个省、自治区、直辖市测绘地理信息主管部门地图管理和地图审核等相关工作人员共100多人接受培训并参加上岗考核。指导协助西藏自治区测绘局开展地图审核培训工作，提升该局地图审核人员技术能力与水平。初步建立地图快速审查机制，开通地图审核绿色通道，为应急保障用图、新闻媒体用图等提供高效的地图审核服务。依法开展地图审核并全面实现网上办理。全年共受理地图审核申请4814件，经审核批准3817件，不符合地图审查规定不予批准997件。

互联网地图监管

国家测绘地理信息局组织有关单位进一步完善互联网地图监管系统功能，提升“问题地图”的判定准确率。召开互联网地图信息安全监管技术研讨会，研究建立各部门监管系统技术对接机制。与中央网络安全和信息化委员会办公室建立互联网网站“问题地图”应急处置机制，共同开展对“问题地图”监控、封堵 、查删和查处工作。开展国家、省级上下联动的互联网日常监控工作，国家、省级监控节点共搜索并判定175万条监管信息，涉及网站2.5万多个，发现“问题网站”1800多个，“问题地图”服务信息530条，“问题地图”图片9219张，违规POI标注信息270条，完成对875个“问题网站”的处置。

地图公共服务

国家测绘地理信息局联合中央网络安全和信息化委员会办公室面向百度、中国搜索、360、搜狗等搜索引擎公司召开座谈会，规范搜索引擎正确地图抓取工作，实现搜索引擎优先推送国家测绘地理信息局标准地图供公众使用。启动《中国城市地图集》第二批编制试点工作，在河北石家庄、山西晋城、辽宁沈阳、浙江绍兴、福建漳州、平潭综合实验区、江西景德镇、湖南长沙、重庆、四川眉山、陕西咸阳 11 个城市开展试点。为“一带一路”倡议等做好地理信息保障服务，及时为中青在线、中央电视台《开讲啦》节目等提供新闻地图。履行领导工作用图服务职责，累计向中央办公厅、国务院办公厅等提供领导工作用图服务近 40 次，提供世界地图、中国全图、中国分省图、专题图、定制类地图 160 多种共 1700 多幅，为中央领导视察、出访、决策等提供地理信息服务保障。基于辅助决策用图定制服务平台完成第四次辅助决策用图共享工作，各地共享地图 1810 幅，地图数据约 20GB。

国家版图意识宣传教育

国家测绘地理信息局加强与中央电视台合作，为中央电视台有关栏目负责人、编辑等 200 多人开展国家版图知识培训，以推荐选手、提供地图技术服务保障等方式支持中央电视台《青山绿水看中国》节目录制播出，广泛宣传国家版图知识，提升公众国家版图意识。推进《国家版图知识读本》修订工作，组织开展国家版图知识多媒体课件小学版编写工作，组织编制蒙文版《世界地图》《中国地图》《内蒙古自治区地图》，并在内蒙古自治区成立 70 周年之际向自治区大中小学校等单位赠送。

全覆盖排查整治“问题地图”专项行动

【总体情况】

8 月，习近平总书记等中央领导对“问题地图”整治工作做出重要批示。国土资源部、国家测绘地理信息局深入学习贯彻中央领导批示精神，会同中央网络安全和信息化委员会办公室、国务院办公厅政府信息与政务公开办公室、国家新闻出版广电总局、外交部、教育部、工业和信息化部、公安部、海关总署、国家工商行政管理总局、国家保密局、国家文物局、中央军委联合参谋部战场环境保障局 12 个部门迅速制定工作方案，成立领导小组。8 月—10 月，在全国范围组织开展全覆盖排查整治“问题地图”专项行动（以下简称“专项行动”）。专项行动期间，各地、各部门共组织开展检查 1.79 万次，组织全国 18.85 万家单位进行自查，对 4.64 万家单位进行抽查，共检查各类地图 205.8 万件。专项行动领导小组成立 8 个巡查组赴 31 个省（区、市）进行督查指导，对全国 63 个城市的 185 家单位和有关场所进行重点检查，对重大违法违规行为重点予以督办。通过集中整治，清除存在的“问题地图”，遏制“问题地图”的传播和蔓延。

【专项行动成效】

各地、各部门对互联网、新闻媒体、展览（展会）、博物馆等登载、展示的地图及公开出版和销售的地图、进出口地图等 8 大类地图进行全覆盖排查，对检查中发现的各类“问题地图”实行“零容忍”，通过约谈、下达整改通知、立案查处等各种方式，严肃处理一批“问题地图”违法违规行为。专项行动期间，全国共下架、查封、收缴 30.7 万件“问题地图”产品，立案查处 330 起违法违规案件。其中，清除互联网网站中“问题地图”18.42 万件，清除微博、微信公众号中“问题地图”1.84 万件，清除展览（展会）、博物馆等展示的“问题地图”2.15 万件，清除公开出版和销售的地图产品中“问题地图”3.68 万件，清除地球仪、工艺性地图产品等中“问题地图”2.76 万件。湖南省国土、公安等部门联合查处在线售卖涉密地形图的重大案件，涉案涉密地形图共 265 幅；河南省测绘地理信息、海关、公安等部门联合查处存在“一中一台”、将我国藏南地区绘入印度等重大问题的出口地图产品 1.4 万多件；上海市工商、测绘地理信息部门联合对上海华与华营销咨询有限公司设计的“问题地图”进行处罚，没收广告费用并罚款 100 万元。

【联动监管机制】

专项行动领导小组各成员单位在舆论引导、线索侦获、调查取证、联合执法查处过程中密切配合，破解了一系列地图监管工作的难点，形成联动监管的强大合力。国家测绘地理信息局和中央网络安全和信息化委员会办公室建立常态化联动应急处置机制，联合开展查处工作，及时封堵和全网查删“问题地图”。国务院办公厅政府信息与政务公开办公室联合国家测绘地理信息局向各政府网站管理人员普及识别“问题地图”基础知识，建立“问题地图”定期通报机制，将地图登载使用作为重要内容纳入政府网站考核工作。教育部组织对全国各级各类教材进行全面排查清理，2018 年春季教材将全部整改到位。国家文物局与国家测绘地理信息局联合印发《关于规范文物博物馆单位使用地图的通知》，建立文物博物馆单位地图使用管理的长效监管机制。网信、工信、工商和测绘地信部门针对电商平台中销售地图产品数量大、问题多、定位查处难等问题，督促电商平台经营者履行主体责任，组织网络商铺开展自检自查，主动下架“问题地图”商品。

【社会关注度】

9 月—10 月，国家测绘地理信息局收到“问题地图”举报电话和网站留言同比增长近 5 倍，地图审核行政许可咨询和受理量同比增长近 2 倍，标准地图服务网站的访问和下载量分别增长 9 倍和 5 倍。相关政府部门、新闻出版单位、社团组织等与测绘地理信息部门联系，主动寻求地图审查技术支持。京东、淘宝等电商平台主动寻求测绘地理信息主管部门的指导，建立电商平台地图审验内部管控机制，从源头防止“问题地图”商品上架销售。部分地区的书店、图书馆自觉开展“问题地图”自查自改工作，对发现存在“问题地图”的图书主动予以下架、封存。

测绘地理信息成果管理与应用

成果管理

【测绘成果保密管理】

1 月 1 日，涉密测绘成果行政审批实现全程网上办理，进一步方便了申请人。国家测绘地理信息局建立 QQ 群和微信群，及时向用户单位提供咨询服务和问题解答，全年办理审批 504 件，累计提供 1:5 万、1:25 万和 1:100 万等各类地形图 7306 幅、10015 张，成果数据 121.58TB，大地成果 2.41 万个。初步完成涉密测绘成果跟踪监管系统设计工作，实现与目录服务系统、成果分发系统的对接。配合国家保密、安全等部门开展测绘成果保密鉴定 9 次，鉴定各类涉及测绘地理信息数据图件 1221 件，数据量 29.43GB。印发《国家测绘地理信息局测绘地理信息成果定密管理办法》，规范测绘地理信息成果定密工作，在确保安全保密的前提下促进测绘地理信息成果的广泛高效利用。

【测绘地理信息业务档案管理】

国家测绘地理信息局围绕雄安新区区域历史变迁，开展古旧地图档案编研工作，以微视频形式展示编研成果，助力雄安新区建设。以雄安新区涉及的 3 县为重点，开展 1:2.5 万、1:5 万、1:10 万民国地形图公开利用研究，取得阶段性成果。整理核查国内出版的解放后各时期测制、覆盖全国范围、多种比例尺地形图档案目录 14 万条，在全国地理信息资源目录服务系统发布。

【非涉密测绘成果管理】

国家测绘地理信息局印发《国家测绘地理信息局非涉密测绘地理信息成果提供使用管理办法》，建立非涉密测绘地理信息成果目录管理、保管、提供、使用等制度，进一步加强非涉密测绘地理信息成果的集约化管理和社会化应用。

成果应用

【地理信息资源目录服务系统】

国家测绘地理信息局印发《关于推动全国地理信息资源目录服务系统长期稳定运行的通知》，规范目录服务系统的运行维护、目录发布、推广使用和管理考核；改版全国地理信息资源目录服务系统，新增目录树功能，实现与国家测绘地理信息局网上政务服务平台互联互通和行政许可的关联，向社会提供全球地表覆盖、应急测绘及 1:100 万部分数据免费下载服务，发布各类目录 360 万条，同比增长 20%。

【自动驾驶地图保密处理技术优化测试】

国家测绘地理信息局组织有关单位与企业开展针对自动驾驶地图保密处理技术和插件的优化测试。测试结果证明，现有保密处理技术经优化后能够满足自动驾驶地图的应用需求，为我国自动驾驶地图的实用化和产业化创造了条件。

科技工作

科技管理

国家测绘地理信息局修订并发布《国家测绘地理信息局工程技术研究中心管理办法》《国家测绘地理信息科技出版资金管理办法》等。与中国电子科技集团有限公司围绕天地一体化信息网络重大专项联合推进地面信息港和德清智慧社会科技示范区建设。开展资源三号 03、04 星技术指标优化论证及 03 星立项工作，协调推动高分多模卫星、L－SAR 卫星、碳监测卫星的立项。开通资源三号卫星影像云服务平台挪威节点，协调开展高分七号卫星工程大总体协调，组织申报高分七号卫星应用共性关键技术项目。开展信息化测绘技术体系建设培训及试点评估，形成《信息化测绘技术体系建设情况调查报告》。构建测绘地理信息科技项目管理系统并正式上线使用，可提供项目申报、项目实施方案报送、项目实施进度查询、课题验收及成果库管理等多种服务。推荐的 2 项科技成果获 2017 年国家科技进步奖二等奖，1 项专利获第十九届中国专利优秀奖，2 本图书获 2017 年全国优秀科普图书奖。开展首批 16 家全国测绘地理信息科普教育基地认定和授牌活动。

科技创新体系

国家测绘地理信息局召开局重点实验室和工程中心主任会，瞄准“五大业务”和“五大能力”战略目标，系统研究部署重点工作。完成海岸带地理环境监测、流域生态与地理环境监测 2 家局重点实验室，中亚地理信息开发利用、地理信息公共服务平台和科技成果测试评价 3 家局工程中心建设期满验收工作；开展时空信息安全与服务国家实验室预研工作。召开时空大数据与人工智能技术研讨会，邀请人工智能、大气、信息处理、地球科学等领域的专家作专题报告。形成《测绘地理信息调查研究建议》。

科技项目

【国家科技计划项目】

国家测绘地理信息局参与科技部组织的空天技术领域“十三五”专项规划的制定和公共安全风险防控与应急技术装备等多个专项的实施方案修改、指南编制等工作，通过会议发言、复函等形式积极反馈国家测绘地理信息局科技需求，并较好地体现在相关材料当中，有效拓展了测绘地理信息科技项目渠道。经向科技部争取，在“云计算与大数据”国家重点研发计划专项 2018 年指南中新增“基于天空地一体化大数据的公共安全事件智能感知与理解”项目。在 2017 年基础测绘科技计划中设立专门项目，组织国家测绘产品质量检验测试中心开展“全球地理信息感知与服务”国家重点研发计划专项建议预研及专项建议书的起草，面向全国各单位开展科研需求调研，组织开展多次座谈研讨，完善材料，于年底正式向科技部报送。

【国家级科技项目管理】

国家测绘地理信息局继续做好在研科技支撑项目管理。组织对“基于地理信息的智慧城镇规划设计技术集成与示范”科技支撑项目进行中期检查，认真督导，推进项目按计划进行。组织海南测绘地理信息局对项目可能存在的问题进行梳理，并就有关问题与科技部进行沟通，寻求最优解决方案，确保项目能够顺利验收。

【公益行业科技项目管理】

国家测绘地理信息局做好测绘地理信息公益性

行业科研专项项目管理。组织相关部门和单位对2015年底结束的测绘地理信息公益性行业科研专项项目开展验收，对所有延期项目进行督导检查；对2014年已验收项目一年来项目成果的应用和转化情况进行“回头看”，组织各项目牵头单位编制成果应用转化情况报告，组织开展现场汇报，督促各项目认真开展成果转化和应用。

科技成果及奖励

2017年，测绘地理信息科技工作者突破全球高程基准转换、基于国产卫星的境外无控精准处理等关键技术，并为全球测图开展技术培训，初步建立自主可控的全球地理信息资源建设核心技术体系。突破CORS站数据脱密关键技术，研发了软件系统，形成我国省级卫星导航定位基准站网数据安全技术处理的完整解决方案。测绘地理信息主管部门加强政务地理信息服务，推进国家电子政务内网政府系统业务网一期工程建设，完成46家部委政府内网信息资源整合，推动政府地理信息系统在发展和改革委员会、农业部、国务院国有资产监督管理委员会和河北、四川、内蒙古等部门和地区的应用；完成超大规模卫星数据并行处理软件研发，该软件适用于资源三号卫星、天绘一号卫星等国内卫星影像及Pleiades等国外甚高分辨率卫星大规模批量处理，具有万景以上卫星影像并行预处理、区域网平差、数字正射影像图提取能力，平面精度优于6米、高程精度优于4米，开始试生产运行。研制耕地数量与统计数据一致的全球500米耕地一张图、2期GlobeLand30包含10个亚类信息的湿地（含水体）数据集及首套全球2期30米分辨率的城乡细化分类数据集，首次实现多要素、多尺度的全球耕地利用格局变化分析。完成长江流域湿地生态健康评价，科学揭示人类活动对地表土地利用的扰动程度，为全球城市的地理世情监测和可持续发展研究等提供依据，已应用于农业部全球重点国家农业生产监测系统（CHARMS），支持联合国可持续发展2030议程等有关分析评估等。

推荐的“全球30米地表覆盖遥感制图关键技术与产品研发”和“国家海岛礁测绘重大关键技术与应用”获2017年国家科技进步奖二等奖，推荐的“铁路轨道几何状态精密测量系统”获第十九届中国专利优秀奖，推荐的《美丽地球新视角》和《珠峰简史》2部科普作品获2017年全国优秀科普图书。

测绘地理信息标准化

标准化研究

国家测绘地理信息局组织修订《测绘标准体系》和《地理信息标准体系》，全面征求意见；正式印发《测绘标准体系（2017修订版）》并开展宣贯工作。组织申报的“民用测绘标准采用分析与验证”项目获军委装备发展部批准立项。10月，与军委装备发展部综合计划局联合召开项目启动会，全面开展军民测绘标准化深度融合工作。组织有关单位开展军地标准通用化技术研究，探索军民标准协同长效工作机制，努力破解制约军民测绘信息资源深度融合的标准化问题。军民通用标准《基础地理信息要素分类与代码》修订项目获国家标准化管理委员会批准立项。

国家测绘地理信息局组织开展国家质量基础专项2016年已立项项目和课题的工作，组织完成“国家时空信息基础设施建设与服务”项目36项标准提案的编写和立项审查，报送国家标准化管理委员会立项。成功争取2017年“卫星导航定位应用服务标准应用示范”课题和“测绘地理信息标准走出去”子课题的立项。推荐专家参与专项2018年项目指南编写，协调将新型航空遥感信息获取处理检验检测等写入2018年项目指南，开展项目、课题的组织申报工作。组织开展框幅扫摆式数字航空摄影规范、城市静态三维地图技术规范、高分辨率光学遥感多光谱影像解译等级等标准化研究课题的实施。

国家标准制修订

国家测绘地理信息局组织40多项国家标准向国家标准化管理委员会立项，组织完成16项国家标准审查，完成30多项国家标准的报批。全年共组织完成42项测绘地理信息领域国家标准的发布，完成16项测绘地理信息国家标准立项。

2017年发布的测绘地理信息国家标准

序号	标准编号	标准名称
1	GB/T 14912—2017	1:500　1:1 000　1:2 000外业数字测图规程
2	GB/T 19996—2017	公开版纸质地图质量评定
3	GB/T 35627—2017	室内多维位置信息标记语言
4	GB/T 35628—2017	实景地图数据产品
5	GB/T 35629—2017	室内外多模式协同定位服务接口
6	GB/T 35630—2017	手机地图数据规范
7	GB/T 35631—2017	地图符号XML描述规范
8	GB/T 35632—2017	测绘地理信息数据数字版权标识
9	GB/T 35633—2017	公开版地图地名表示通用要求
10	GB/T 35634—2017	公共服务电子地图瓦片数据规范
11	GB/T 35635—2017	地表覆盖信息服务
12	GB/T 35636—2017	城市地下空间测绘规范
13	GB/T 35637—2017	城市测绘基本技术要求
14	GB/T 35638—2017	地理信息 位置服务 术语
15	GB/T 35639—2017	地址模型
16	GB/T 35640—2017	公交导航数据模型与交换格式
17	GB/T 35641—2017	工程测绘基本技术要求
18	GB/T 35642—2017	1:25 000　1:50 000光学遥感测绘卫星影像产品
19	GB/T 35643—2017	光学遥感测绘卫星影像产品元数据
20	GB/T 35644—2017	地下管线数据获取规程
21	GB/T 35645—2017	导航电子地图框架数据交换格式
22	GB/T 35646—2017	导航电子地图增量更新基本要求
23	GB/T 35647—2017	地理信息 概念模式语言
24	GB/T 35648—2017	地理信息兴趣点分类与编码
25	GB/T 35649—2017	突发事件应急标绘符号规范
26	GB/T 35650—2017	国家基本比例尺地图测绘基本技术规定
27	GB/T 35651—2017	突发事件应急标绘图层规范
28	GB/T 35652—2017	瓦片地图服务

序号	标准编号	标准名称
29	GB/T 35653. 1—2017	地理信息 影像与格网数据的内容模型及编码规则 第 1 部分：内容模型
30	GB/T 35764—2017	公开地图内容表示要求
31	GB/T 35765—2017	陆地国界测绘规范
32	GB/T 35766—2017	地图导航定位产品通用规范
33	GB/T 35767—2017	卫星导航定位基准站网基本产品规范
34	GB/T 35768—2017	卫星导航定位基准站网服务管理系统规范
35	GB/T 35769—2017	卫星导航定位基准站网服务规范
36	GB/T 35775—2017	智慧城市时空基础设施 评价指标体系
37	GB/T 35776—2017	智慧城市时空基础设施　基本规定
38	GB/T 20257. 1—2017	国家基本比例尺地图图式第 1 部分 1:500　1:1 000　1:2 000 地形图图式
39	GB/T 20257. 2—2017	国家基本比例尺地图图式第 2 部分 1:5 000　1:10 000 地形图图式
40	GB/T 20257. 3—2017	国家基本比例尺地图图式第 3 部分 1:25 000　1:50 000　1:100 000 地形图图式
41	GB/T 20257. 4—2017	国家基本比例尺地图图式第 4 部分 1:250 000　1:500 000　1:1 000 000 地形图图式
42	GB/Z 34429—2017	地理信息 影像和格网数据

行业标准制修订

国家测绘地理信息局组织完成《时空政务地理信息应用服务接口技术规范》等 8 项测绘行业标准的编制、审查、报批。面向社会公开征集 100 多项测绘国家标准和行业标准项目提案，完成 34 项行业标准立项。

地方标准制修订

国家测绘地理信息局组织完成《1:500 1:1 000 1:2 000 基础地理信息地形要素数据规范》等 8 项测绘地理信息地方标准的编制和发布。

国际标准化

中国主导编制的第 2 项国际标准 ISO 19159 - 3 已正式提交国际标准化组织（ISO）中央秘书处，2016 年底立项的国际标准 ISO 19150 - 4 已基本完成草案的编制。由清华大学承担的国际标准 ISO 19130 - 3 项目、由福州大学承担的国际标准 ISO 19105 项目已批准立项；武汉大学承担的国际标准 ISO 19163 - 2 已正式提交国际标准化组织地理信息委员会（ISO/TC211）。截至年底，我国主导编制的地理信息国际标准 1 项已发布、1 项即将发布、3 项在研、1 项申报立项。跟踪测绘地理信息国际标准化工作进展，组织专家参加第 44、45 届国际标准化组织地理信息委员会工作组会议和全会。组织开展“一带一路”倡议相关英文版标准翻译工作。

标准化服务

国家测绘地理信息局组织开展测绘地理信息标准化网络综合服务平台建设，完成全部现行有效测绘地理信息标准收集、整理和公开工作，实现标准文本在线查阅、提案项目库、标准化监管等功能。组织开展《车载移动测量数据规范》等6项测绘行业标准和《地理信息系统软件测试》等6项地理信息国家标准培训工作。以标准化人物专访、局领导答记者问等形式，组织开展2017年世界标准日相关宣传活动，副局长李朋德在全国世界标准日庆祝活动上发表讲话，多家媒体转载报道。

国家测绘地理信息局联合国家标准化管理委员会组织专家对武汉市国土资源和规划信息中心承担的“武汉市地理信息公共服务综合标准化试点”、四川测绘地理信息局承担的“四川省地理信息公共服务标准化试点”和“四川省北斗导航与定位公共服务标准化试点”进行评估考核，专家组对试点建设工作给予高度评价，3个试点均以高分通过专家组的考核评估，标准化试点工作按进度有序推进。

财务工作

预算管理

国家测绘地理信息局积极落实局党组关于深化供给侧结构性改革的要求，注重发挥预算管理在推动事业转型升级中的关键性作用，筑牢全面契合事业发展规划的新型预算框架，引导测绘地理信息事业转型升级向纵深推进。推动财政部确立新型基础测绘、地理国情监测、航空航天遥感测绘和全球地理信息资源建设作为一级项目纳入中期财政规划。将公共服务、保障能力、行政与业务管理等能力建设纳入中期财政规划，支撑能力建设和行政职能的履行。做好调整支出规划结构和积极争取增量资金，加快落实全球地理信息资源建设规模化生产资金。落实应急测绘第一期资金1.5亿元。全面落实国家测绘地理信息局“五大业务”（新型基础测绘、地理国情监测、应急测绘、航空航天遥感测绘、全球地理信息资源开发）的资金，首次实现财政支出规划框架与事业发展规划高度契合的良好局面，推动引导测绘地理信息事业转型升级，保障“十三五”期间五大公益性业务全面落地。

绩效管理

国家测绘地理信息局进一步加大预算绩效全过程管理力度，在绩效目标全覆盖基础上，实现绩效自评全覆盖；绩效监控覆盖面达到一半以上；绩效评价覆盖面翻番，达到财政项目总金额的47%。加大绩效评价结果的应用力度，评价结果与下年预算安排挂钩并作为单位整体考评的指标。财政部从170多家中央部门和单位中，选择国家测绘地理信息局作为开展财政整体支出绩效评价试点的2家单位之一，并给出良好评价。国家测绘地理信息局预算绩效管理工作再次获得财政部的通报表扬。

涉企收费

国家测绘地理信息局主动将管理的全部行政事业性收费，即测绘仪器检测收费、测绘产品质量监督检验费和测绘成果成图资料收费等取消或停征，并进一步清理涉企经营服务性收费。通过清理规范，涉企收费大幅降低，切实降低、减轻企业负担，优化实体经济发展环境，激发市场活力。

财务监管

国家测绘地理信息局配合审计署资源环保审计局对局机关及在京直属单位2016年预算执行情况进行审计，逐条梳理分析审计报告提出的问题，制定整改方案，按时完成整改。进一步扩大内部审计范围，组织开展13家预算单位2014—2016年财务收支、政府采购、国有资产管理等方面的全面审计。印发《国家测绘地理信息局关于严肃财经纪律 进一步加强财务预算管理工作的意见》，指导所属各单位进一步健全管理制度，严守国家财经纪律。

行政体制与队伍建设

机构编制

截至2017年底，国家测绘地理信息局所属事业单位共56家，事业编制5651名，从业人员7432名，其中在编人员5180名，退休职工3547名。贯彻落实中央要求和局党组决策部署，加强局纪检监察和保密工作力量，增加了相关部门编制和职数，优化人员配置。对国家基础地理信息中心等4家单位内设机构进行了调整，将机关网络安全和电子政务建设方面2项职责赋予局管理信息中心；研究提出局财务结算中心撤销及人员安置方案，经局党组同意后稳妥实施，进一步严肃机构编制纪律。

事业单位改革

【事业单位分类改革】

国家测绘地理信息局贯彻落实局党组改革完善测绘地理信息事业体制机制的部署，协调推进四个直属局所属公益二类事业单位编制备案管理试点相关工作；稳妥推进局属培训疗养机构改革、生产经营类事业单位改革，做好局北戴河休养院改革基础工作；完善局属单位机构设置，调整4家单位内设机构，进一步明确局管理信息中心的职责，完成局财务结算中心撤销及人员安置工作。

【人事制度改革】

国家测绘地理信息局坚持用制度管人管事，制定《事业单位领导人员管理暂行办法》《国有企业单位领导人员管理暂行办法》，填补了事业单位、国有企业单位人员管理制度空白。制定实施《局推进领导干部能上能下实施细则》，重点解决干部“下”的问题，推动形成优者上、庸者下、劣者汰的选人用人环境。

【收入分配制度改革】

国家测绘地理信息局深入贯彻中央事业单位绩效工资制度改革精神，组织完成2014年和2015年局属事业单位津贴补贴发放情况专项核查工作，抽查了部分局属单位的上报数据。稳妥推进局属机关事业单位基本养老保险制度改革，组织完成局属多数在京单位参保登记、数据确认、缴费等工作，协调解决局属部分京外单位参保登记难题，保证其顺利参加所在地方社保登记。全面推进局属国有企业负责人薪酬制度改革，组织完成中国地图出版集团负责人2016年度经营业绩考核和薪酬核定工作，并结合中央要求修改完善部分考核指标；组织对局属4家单位所管理国有企业负责人薪酬制度改革具体实施方案落实情况进行全面督查，确保改革真正落地。按照人力资源和社会保障部、财政部统一部署，组织完成局属机关事业单位退休人员增加基本养老金发放工作。组织开展局属机关事业单位防治“吃空饷”问题长效机制建立情况全面自查，督促指导局属单位进一步健全完善机制，严格人员日常管理和工资发放管理。

人才队伍建设

【总体情况】

国家测绘地理信息局深入贯彻落实习近平总书记关于人才工作重要批示精神，大力实施人才强测战略，不断创新人才培养、评价、选用和激励机制，继续深入实施科技领军人才工程、青年学术和技术带头人培养工程和高技能人才发展计划等重点人才工程。

【党政人才】

国家测绘地理信息局突出思想建党，坚持把理论武装贯穿领导班子和干部队伍建设始终，不断提高领导班子和干部队伍全面深化改革、协调推进测绘地理信息改革创新发展的能力。分期分批组织党的十八届六中全会精神和党的十九大精神集中轮训，教育和促使党员干部进一步增强“四个意识”、坚定“四个自信”。54名领导干部参加脱产培训、专题研修，计划落实率为90%。深入贯彻中央防止干部“带病提拔”意见，坚持按照好干部标准选人用人。2017年，局党组先后提拔任用12名司局级干部、11 名处级干部；交流任用 13 名司局级干部、11 名处级干部、5 名科级干部。进一步优化领导班子和干部队伍结构，增强班子整体功能；改进和完善干部实践锻炼机制，择优选派干部援藏援疆、干部定点扶贫挂职、有计划选派优秀中青年干部到基层或上级机关双向交流。

贯彻中央全面从严治党、从严管理干部要求，坚持把纪律和规矩挺在前面。落实中央关于加强干部监督管理相关政策规定，发挥干部个人有关事项报告、选人用人专项检查的作用，严格执行领导干部因私出国（境）、领导干部在社会团体兼职和直属单位中层干部任免职备案等制度，建立健全干部管理监督体系。开展 2 次宪法宣誓活动，增强领导干部宪法意识。

加强领导班子和领导干部考核，修订完善促进测绘地理信息科学发展的领导班子及领导干部年度考核评价指标，完成机关公务员和直属单位领导班子及领导干部年度考核；修订完善全国省级测绘地理信息主管部门年度测绘地理信息工作绩效考核指标，完成绩效考核工作。评定全国 31 个省级测绘地理信息主管部门的考核等次，确定优秀单位 10 家、达标单位 21 家、突出进步单位 6 家、特色工作创新单位 4 家。

【专业技术人才】

国家测绘地理信息局坚持党管人才原则，不断创新集聚人才体制机制，借助国家重大人才工程平台推进测绘地理信息高层次人才培养。参与百千万人才工程国家级人选等国家重大人才工程的选拔推荐工作，1 人入选百千万人才工程国家级人选、3 人获得全国创新争先奖。继续实施测绘地理信息领域重点人才培养工程，修订《局青年学术和技术带头人管理办法》和《局科技领军人才管理办法》，实施分类管理、动态调整，不断完善测绘地理信息高层次人才培养选拔管理制度。组织完成第 4 批国家测绘地理信息局科技领军人才选拔和现有科技领军人才考核，遴选 5 名来自测绘地理信息行业并能够引领测绘地理信息领域重大战略、关键技术发展和产业化应用的科技领军人才，给予每人 50 万元科技资助专项资金。通过组织境内外培训、科研计划资助、修订管理办法、出版带头人报告文集等方式，不断加强青年学术技术带头人培养。完善测绘地理信息高层次人才发展制度，落实中央关于进一步加强党委联系服务专家工作的意见精神，印发《局党组联系服务专家工作暂行办法》，进一步加强对专家的服务管理。完成年度高级专业技术职务任职资格评审结果审核。广开引才渠道，通过公开招聘、引进留学回国人员、组织选调等方式，以高校毕业生为主体，引进各类高层次人才。通过走访慰问、参与重大决策、参加国情研修等方式，鼓励和关心人才成长，切实发挥人才作用。

统筹区域人才发展，加大对西部地区人才援助工作力度，构建中央组织部选派与自主选派相统筹、送进去与走出来相结合的人才援助模式。按照中央组织部统一部署，2 人作为第九批援疆干部进疆执行对口支援任务；1 人作为博士服务团成员赴青海服务锻炼。国家测绘地理信息局援派干部人才的突出表现得到了中央组织部的高度认可，3 人在援派期间得到提拔或重用。开展自主人才援助工作，根据新疆维吾尔自治区测绘地理信息局工作需求，自主选派 9 名干部人才进疆挂职或开展技术指导，接收 8 名该局干部人才到局属单位挂职或学习培训。加大对青海藏区人才培养支持力度，接收青海省测绘地理信息局 6 名干部人才到国家测绘地理信息局机关和局属单位挂职。在青海西宁举办 2017 年面向西部地区测绘地理信息专业技术人员新技术培训班，来自青海全省各市、州测绘地理信息局、省内测绘资质单位的 130 多名专业技术骨干参加培训。

【技能人才】

国家测绘地理信息局通过面向测绘地理信息行业单位、高等学校和职业院校举办技能培训、技能鉴定和技能竞赛等方式，弘扬工匠精神，提升技能人才的技艺水平。组织开展测绘地理信息行业技师评审，经评审，新产生 59 名高级技师和 434 名技师，至年底测绘地理信息行业技师和高级技师达 3628 人。

加强对行业职业教育指导与统筹，召开全国测绘地理信息职业教育教学指导委员会主任办公扩大会议，组织举办 2017 年全国职业院校技能大赛高职组测绘赛项竞赛、第二届全国职业院校测绘地理信息类专业青年教师讲课比赛和首届全国高校大学生无人机测绘技能大赛。会同人力资源和社会保障部、中华全国总工会、共青团中央、全国妇女联合会等五部委联合主办第五届全国测绘地理信息行业职业技能竞赛，竞赛以“弘扬工匠精神、厚植工匠文化、恪守职业操守、崇尚精益求精”为主题，全国 31 个省、自治区、直辖市和新疆生产建设兵团测绘地理信息主管部门通过组织竞赛选拔组队参赛，全国参与竞赛选拔与技能培训的人数超过 6 万人，参加选拔的行业单位超过1800家。

落实“十三五”人才规划，国家测绘地理信息局联合中国能源化学工会全国委员会开展“身边的大国工匠·测绘地理信息篇”学习活动，推荐出以刘先林院士领衔的10名行业大国工匠。

干部教育培训

国家测绘地理信息局认真贯彻落实《干部教育培训规划纲要》和《干部教育培训工作条例》，不断完善和创新教育培训工作机制，加强培训阵地建设，下移干部教育培训工作重心，干部教育培训机制不断完善。发挥局党校（管理干部学院）的主阵地作用，指导局职业技能鉴定指导中心、局继续教育中心等培训机构深入开展各类各层次人才知识更新培训，培训规模较前有所扩大；指导局党校（管理干部学院）举办全国测绘地理信息系统局级、处级、科级干部及生产单位负责人培训班4个主体班次。支持局职业技能鉴定指导中心、继续教育中心开展注册测绘师继续教育培训。强化培训管理的计划性，严格按照年度教育培训计划和领导干部脱产进修选派计划开展工作，年度教育培训计划完成率100%，领导干部脱产进修选派计划落实率90%。统筹推进各类重点班次落实，承办地方党政领导干部专题研究班，来自全国26个省（自治区、直辖市）和新疆生产建设兵团分管测绘地理信息工作的地市级或县区级党政领导，以及相应省份或地市测绘地理信息主管部门负责人共58名学员参加。组织举办2期青年学术技术带头人境外培训班、1期西部地区测绘地理信息专业技术人员新技术培训班。加大对局机关处级及以下干部的培训力度，组织举办国家测绘地理信息局机关处级干部能力提升培训班。

离退休干部管理

【离退休干部人数】

截至2017年底，国家测绘地理信息局管理的离退休干部共有3232人，其中离休干部110人、退休干部3122人；局机关管理的离退休人员共有100人。

【组织指导工作】

国家测绘地理信息局对所属单位离退休干部工作开展第一次全面督查。督查工作由局离退休干部办公室按照中央关于进一步加强和改进离退休干部工作的意见，会同局人事司、直属机关党委利用2个多月时间，摸清了底数，梳理了问题，提出解决问题的办法和思路。组织召开局直属单位离退休干部工作会和离退休干部工作部门人员培训班，针对新形势下工作现状和存在的问题进行交流，特别是围绕十九大报告关于“认真做好离退休干部工作”的要求，对重点工作进行研究，明确任务目标。

【思想政治建设】

国家测绘地理信息局首次在保定市组织为期1周的离退休干部集中政治学习，引导广大离退休干部深刻把握中央重大决策部署和了解测绘地理信息事业发展现状。坚持每季度集中学习制度，通过制定学习计划、丰富学习内容、创新学习方式，用党的最新理论武装头脑，组织离退休党支部开展学习活动，不断加强对离退休干部的思想政治引领作用。为离退休干部和离退休支部订阅《中国测绘报》《离退休党支部参考学习》等报刊，不断丰富老干部自学内容。

【离退休干部关怀】

国家测绘地理信息局组织开展“畅谈十八大以来变化，展望十九大胜利召开”和“建言十九大”活动，鼓励离退休干部通过撰写文稿、绘画、摄影等方式，抒发他们对党和测绘地理信息事业的热爱和关心。开展老干部健康体检，主动协助4名去世老干部家属办理后事，为5名去世离休干部家属办理生活困难补助。坚持“四必访”制度（生病住院必访、重要寿辰必访、新春佳节必访、丧葬大事必访），2017年特别增加了对离休干部全覆盖集中探望。全年共看望慰问离退休局领导、住院和行动不便在家老同志70多人次。

【活动平台搭建】

2017年春节前夕，国家测绘地理信息局举办局机关老干部迎春茶话会，老同志们齐聚一堂共贺新春；组织“三八”节活动和春秋游活动，抒发老干部退休生活和谐美好的幸福感和自豪感。组织离退休干部参加第二届“桑榆金辉杯”中央国家机关老干部喜迎党的十九大书画摄影展活动，引导广大离退休干部为党的事业增添正能量。在对局各活动站进行设备资产盘点清查基础上，争取基建整修工程立项，对车道沟活动站室内外进行了较大规模的维修，对百胜村活动站屋顶进行了防水处理。新增配备了活动器材，推动活动站正规化、规范化。

【离退休干部工作宣传】

国家测绘地理信息局营造最大范围关心支持老

干部工作的氛围，坚持刊发《夕阳鸿雁》，创建离退休干部短信微信工作联系平台，在发放通知、重大节日问候的基础上，及时传达党中央和局党组重要工作部署。加大与中央国家机关工作委员会、全国老龄工作委员会和老年报社等单位和部门联系，公开报道李青等离退休干部事迹和离退休干部工作，多篇宣传稿件在《紫光阁》《中国老年报》上公开刊登。

【离退休干部工作部门建设】

国家测绘地理信息局注重离退休干部工作部门制度建设，相继制定和完善离退休干部办公室公文办理流程、工作人员守则、会议规定和涉密文件资料管理办法等10多项规章制度，做到办事有计划、议事有记录、定事有纪要。注重离退休干部工作部门人员素质提升，倡导修身律己、勤勉敬业、务实高效、关爱协作的工作风尚；结合新形势离退休干部工作的要求和局离退休干部实际，探索人文关怀和个性化服务的思路和举措，增强工作人员精准服务意识。

职业资格管理

【执业资格】

国家测绘地理信息局深入推进测绘地理信息职业资格制度建设，大力推进注册测绘师制度实施，协调推进注册测绘师执业试点，成立推进注册测绘师制度实施工作领导小组，明确相关部门职责分工和进度安排。联合人力资源和社会保障部组织完成年度全国注册测绘师资格考试，共有29924名测绘地理信息专业技术人员报名参加考试，3567人取得注册测绘师资格，全国获得注册测绘师资格证书人数达16673人。注册测绘师注册工作进展顺利，3039人通过审批取得执业资格。完善注册测绘师继续教育工作体系，建设并运行注册测绘师远程继续教育网络平台，全面开展注册测绘师必修课培训，注册测绘师继续教育制度基本建成。

【职称制度】

国家测绘地理信息局完善测绘专业技术人员职称评价机制，审核批准直属单位测绘高级专业技术职务任职资格144人，为直属单位及相关部委符合条件的50多名专业技术人员进行了委托评审。了解掌握局属事业单位岗位设置和人员配备情况，对各单位进行摸底调查。加强对各评审委员会开展高级职称评审工作的指导，对有关高级职称评审委员会的评审活动进行了规范。

【职业技能鉴定管理】

国家测绘地理信息局组织全国31个测绘地理信息职业技能鉴定站面向行业企事业单位、高等学校和职业院校提供技能鉴定服务，33616人获得国家职业资格证书，行业累计获证人数突破31.7万，其中高技能人才突破6.5万。组织召开2017年度测绘地理信息行业职业技能鉴定站工作会议。启动大地测量员、摄影测量员、地图绘制员、不动产测绘员、工程测量员等国家职业技能标准和无人机测绘操控员行业职业技能标准开发工作。

【职业资格目录】

人力资源和社会保障部公布首批国家职业资格目录，测绘地理信息行业有6项职业资格上榜，其中注册测绘师作为准入类职业资格，测绘服务人员下属的大地测量员、摄影测量员、地图绘制员、不动产测绘员、工程测量员作为水平评价类职业资格。

对外合作与交流

服务“一带一路”建设

加强与“一带一路”沿线国家互利合作，促进地理信息服务“一带一路”建设需求。首个测绘援外项目巴基斯坦测绘基准援建完成立项并启动实施。国家测绘地理信息局推进援助尼泊尔、老挝测绘地理信息合作项目技术方案和可行性研究。在英国、香港举办测绘地理信息企事业单位参与“一带一路”建设培训班和研讨班。面向周边国家，加强国产遥感卫星数据国际化服务和应用合作，举办资源三号中南亚应用推广研讨会，推进资源三号卫星影像云服务平台建设和数据共享。

多边合作

国家测绘地理信息局参与联合国全球地理信息管理专家委员会及其亚太区域委员会、地球观测组织事务与活动，发挥中国测绘地理信息在政府间国际组织中的引领作用。局领导当选连任联合国全球地理信息管理专家委员会共同主席。首届联合国世界地理信息大会经国务院批准将于2018年在浙江德清举行。作为中国参与地球观测组织工作部际协调小组副组长部门，与科技部共建地球观测组织中国秘书处并发挥支撑作用，积极参与地球观测组织事务与活动。认真履行在国际摄影测量与遥感学会、国际地图制图协会中的任职职责，积极参与国际测量师联合会、国际大地测量协会等的学术技术交流活动，提高中国测绘地理信息在非政府间国际组织中的参与深度与广度。2017年国际摄影测量与遥感学会空间周活动成功在我国举办。我国选送的多幅地图作品在第28届国际地图制图大会上获奖。

双边合作

国家测绘地理信息局继续加强与发达国家的交流合作，组团访问英国、挪威、瑞典测绘地理信息部门，举行双边会谈，签署双边合作协议。与美国、德国、瑞典、英国等有关机构和高校合作，在境外举办地理国情监测、智慧城市、地理信息技术与产业发展培训班和研讨班。组团访问日本、韩国，联合举办中日、中韩双边合作联合工作组会议。组团访问墨西哥、秘鲁、厄瓜多尔测绘地理信息机构，拓展与南美洲国家双边合作关系。组团访问土耳其、约旦、阿联酋，签署相关合作协议，扩大与中东国家的交流合作。组团访问津巴布韦、纳米比亚并举办第三次中非测绘地理信息合作会议，深化与非洲国家合作。

国际合作平台建设

国家测绘地理信息局进一步完善测绘地理信息国际联合研究中心和卫星测绘技术与应用国际联合研究中心等合作平台建设，发挥国际合作平台对开展务实合作的支撑作用。推进全球地表覆盖数据应用国际合作，组织召开全球地表覆盖信息服务协同共享国际学术研讨会。成功申报国家重点研发计划战略性国际科技创新合作项目、政府间国际科技创新合作项目及亚洲区域合作专项资金项目等。基于国产航空航天遥感影像的高精度复合测绘技术及应用示范项目作为战略性国际科技创新合作项目立项，东盟国家及中国—阿富汗—巴基斯坦区域位置服务平台建设技术交流与应用示范等2个亚洲区域专项项目立项。全球地表覆盖数据更新与服务应用研究等2个引进国外智力项目立项。

国际化人才培养

国家测绘地理信息局与联合国合作的地理信息管理能力开发项目按计划实施，在昆明、天津举办联合国智慧城市与可持续发展国际研讨会、地理信息管理法规政策框架国际研讨班，推动我国及其他发展中国家地理信息管理能力提升。利用与联合国合作项目平台，选派6人赴联合国、国际测量师联合会等国际组织挂职工作，支持12名青年管理和技术人员参加国际会议，强化测绘地理信息系统国际化人才队伍建设。

政务工作

政府信息公开

国家测绘地理信息局按照国务院要求，制定局政府信息与政务公开年度要点，将政府信息与政务公开列入全国省级测绘地理信息主管部门绩效考核内容。建设完成信息公开目录系统，进一步优化发布流程，规范公开内容和形式。统筹发挥新媒体作用，全年主动公开政府信息8000多条。主动公布部门年度决算和预算等信息。公开生产装备、国家航空航天遥感影像获取项目采购、招标信息及中标结果等。对外发布政策法规、发展规划、科技标准、统计数据等，公开人大建议、政协提案办理工作情况。做好地图公共服务工作，强化国家地理信息公共服务平台“天地图”广泛应用，推动地理空间数据和应用系统向公众开放。统筹运用新闻发言人、新闻发布会、国家测绘地理信息局网站、官方微博微信等媒体平台，围绕社会关切加强政策宣传解读。做好政府信息依申请公开。

督察督办

国家测绘地理信息局贯彻落实党中央、国务院关于加强和改进督查工作的部署要求，深化开展督查督办工作。国家测绘地理信息局党组制定了局党组加强督查工作的意见，对贯彻落实党中央重大决策部署提出明确要求。按照国务院第四次大督查等党中央国务院一系列督查工作部署，对贯彻落实中央八项规定精神、中央经济工作会议、国务院印发文件、国务院常务会议议定事项、《政府工作报告》中涉及国家测绘地理信息局的重大任务，开展督查督办，做好党中央国务院政策措施落实工作。按照每周开展日常事项督办、每月统计反馈督查事项办理情况、每季度通报重点任务完成情况、每半年提交重点工作推进情况总结等，全年共对1000多项局工作进行督查督办，督查落实局重点任务事项42项、局党组工作部署38项、各部委来文明确任务940多项。

建议提案办理

国家测绘地理信息局全年共承办人大建议4件、政协提案11件。建议提案内容涉及建设智慧“一带一路”、加强地理空间信息数据共享立法、审慎开放地图精准测绘、开展海洋测绘与地理信息工作、修改我国坐标保密政策、发展我国地理信息产业创新供给、推进北斗系统及国家北斗精准服务网应用等方面。

对于周岚等16名代表提出的《关于完善国家高速公路标识体系，彰显中华大地文化特色和生物多样性的建议》，针对其中绘制中华大地特色资源认知地图的建议，国家测绘地理信息局将贯彻落实《中华人民共和国测绘法》《地图管理条例》《国务院办公厅关于促进地理信息产业发展的意见》，继续采取措施促进地图市场繁荣发展，鼓励相关单位编制和出版展示我国特色文化和自然资源的优秀地图产品。开展地图公共产品编制工作。力争在“十三五”末完成100个城市地图集的编制工作，组织编制纪念建党一百周年地图集，进一步丰富“天地图”数据资源，推进新世纪版《中华人民共和国国家大地图集》有关集册的编制工作，努力为社会提供展示中华大地特色资源的各类地图产品。在国家版图意识宣传教育活动中丰富历史文化、自然资源等重要特色资源的知识点，增加公众对国土家园的认知了解。

对于杨维刚委员提出的《关于加强地理空间信息数据共享立法的提案》，国家测绘地理信息局将继续主动加强服务，并深入落实部门间签署的战略协议，推动并配合相关部门做好航空航天测绘遥感影像的统筹工作；会同有关部门落实测绘项目批准立项前征求意见制度，努力推动地理信息项目统筹工作；进一步加强与其他部门的联系，持续推进2000国家大地坐标系推广使用，维护国家统一的地理信息空间数据标准和空间基准；做好与国土、林业、农业、水利等部门的影像数据共享交换，推动建立资源共享机制，协调、配合各方推动地理空间信息资源共享的立法工作。

文秘档案管理

国家测绘地理信息局加强机关公文规范化管理，通过强化公文审核、严格公文把关、加强公文定密等方式，提升机关办文工作水平。加强测绘地理信息档案管理制度建设，与国家档案局共同印发《测绘地理信息档案管理规定》。注重档案在机关政务运行中的查询服务和资政作用，推动机关档案开发利用，全年档案查阅利用近1000人次、超2000件次。深化办公自动化系统应用，按照国家测绘地理信息局党组关于贯彻落实中央八项规定精神实施意见，严格控制发文数量、范围和层级，每月通过局办公内网通报机关各司室发文数量，解决“文山会海”问题。

信息编发

国家测绘地理信息局全年共编发《内部情况通

报》45期，主要收录国土资源部、国家测绘地理信息局领导在重要会议和重要活动上的讲话、测绘地理信息重点工作进展情况通报等。围绕国家测绘地理信息局年度工作要点和局重点工作情况，按季度就局机关和在京所属单位工作进展情况进行通报。

全年向中共中央办公厅、国务院办公厅、中央网络安全与信息化领导小组办公室报送政务信息13期。编发《局内要情》48期。主要收录国家测绘地理信息局领导重要批示和参加的重要会议活动、国家测绘地理信息局所发重要文件和测绘地理信息系统重要信息。

援疆援藏工作

【援疆援藏基础测绘建设工作布置会】

9月14日，《“十三五”支持新疆维吾尔自治区、新疆生产建设兵团、西藏自治区和四川、云南、甘肃、青海四省藏区经济社会发展规划建设项目方案》基础测绘建设工作布置会在新疆召开。会议要求各地要从全面落实党中央、国务院关于推进新疆维吾尔自治区、新疆生产建设兵团、西藏自治区及四省藏区经济社会发展的战略部署的高度出发，组织开展好工程建设工作，及时将工程建设成果应用于经济建设、国防建设和社会发展。新疆、西藏、四川、甘肃、青海和新疆生产建设兵团测绘地理信息主管部门作了交流发言。

【人才援助】

按照中共中央组织部、人力资源和社会保障部关于第九批援疆干部人才选派工作的部署，国家测绘地理信息局党组决定选派局国土测绘司遥感信息处（地理国情监测处）处长王瑞幺、中国测绘科学研究院地理空间信息工程国家测绘地理信息局重点实验室副主任翟亮作为第九批援疆干部到新疆执行援疆任务，为期3年。7月17日，局党组书记、局长库热西·买合苏提与援疆干部进行行前谈话。

定点扶贫工作

【决策部署】

国家测绘地理信息局高度重视扶贫开发工作，全面贯彻落实党中央关于脱贫攻坚工作的总体部署，及时传达学习深度贫困地区脱贫攻坚座谈会精神，把定点扶贫工作作为重大政治任务来谋划和推动。充分发挥行业特色和优势，坚持以精准扶贫、科技扶贫、行业扶贫、产业扶贫为主攻方向，推进对口扶贫工作，为定点扶贫地区海伦市的经济发展提供服务保障和政策支持。局党组多次召开会议对扶贫工作进行研究部署，局党组书记、局长库热西·买合苏提深入海伦贫困地区，部署推动定点扶贫工作。党组副书记、副局长王春峰，党组成员、副局长宋超智，副局长李朋德到海伦市指导定点扶贫工作，召开座谈会听取扶贫工作开展情况汇报并实地调研，对进一步做好扶贫工作提出明确要求，解决扶贫工作中存在的困难和问题。

【制定计划】

年初，国家测绘地理信息局制定年度扶贫开发工作计划，将扶贫工作纳入全局重点工作任务。将海伦市定点扶贫主要任务打包立项，纳入局2018—2020年支出规划，列入项目预算。针对扶贫工作中的重大问题、难点问题，将任务进行细化分解，确保扶贫工作计划逐项得到落实。

【行业扶贫】

国家测绘地理信息局建设完成海伦市精准扶贫信息化服务平台。投入21.6万元，完成海伦全域2.5米及0.2米分辨率影像数据处理及发布、海伦市贫困户定位信息采集系统开发、海伦市地理信息精准扶贫服务平台系统开发、2个乡22个自然村4749户贫困户的数据采集工作。投入30万元边少地区基础测绘专项经费补助，利用倾斜航空摄影测量数据，完成36平方千米实景三维模型、正射影像图的生产和三维数据的建库工作。以海伦市长发村为示范区，利用地理国情普查数据成果，开发村镇管理信息系统，具有以户为单位获取贫困户、党员、留守儿童和孤寡老人等特殊村民基础信息的功能，实现“一村一户、一户一档”的管理模式。黑龙江测绘地理信息局和中国测绘科学研究院共同为海伦市免费开展农业生产可追溯系统试点建设。应海伦市政府要求，抽调测绘专家到海伦市开展为期10天的测绘仪器及软件专项培训，测绘、规划和国土等相关部门的技术人员500多人次参加培训。

【爱心捐赠】

国家测绘地理信息局向海伦市捐赠测绘仪器、农业机械。充分发挥行业优势，向海伦市捐赠价值100万元的测绘仪器及软件，多方筹措资金向海伦市长发镇长发村捐赠价值40多万元的2台水稻收割机、1台农用拖拉机。局直属机关党委组织机关干部职工开展“送温暖，献爱心”活动，共筹集过冬衣物被褥16箱330多件（套），及时送到长发镇长发乡的贫困户。

【挂职干部工作】

国家测绘地理信息局挂职副市长和驻村第一书记协助解决农民饮水、看病、修路、危房改造及贫困户子女就学问题。坚持与精准识别贫困人口同样工作标准，同步推进农村低保户精准识别工作，确保符合条件的贫困人口全部纳入低保范围，为推行低保线与扶贫线“两线合一”做好基础性工作。加强基层党建工作。严格落实“三会一课”制度，深入学习党的十九大精神特别是习近平新时代中国特色社会主义思想，增强“四个意识”，坚定“四个自信”。以党支部为核心，积极探索建立“党支部+企业”“党支部+扶贫”“党支部+民生”等“1+N”党建新模式。谋划推动长发村党支部与中国地图出版集团第八党支部开展支部共建活动。协调帮扶单位为长发村捐赠价值1.5万元的会议桌椅。

【成果布展】

按照中纪委驻国土资源部纪检组的要求，国家测绘地理信息局对5年来的扶贫工作进行“回头看”，总结经验，补足短板。参加中央国家机关“坚决打赢脱贫攻坚战——中央国家机关定点扶贫工作成果展”活动，并组织在京单位的干部职工集体参观。

宣传工作

宣传管理

【总体情况】

测绘地理信息宣传工作在国家测绘地理信息局党组的正确领导下，以迎接、宣传、贯彻党的十九大为主线，认真学习贯彻习近平新时代中国特色社会主义思想，坚持正确政治方向、舆论导向、价值取向，统筹媒体资源，发挥传统媒体与新兴媒体作用，形成声势大、亮点多、成效好的宣传工作良好局面。

国家测绘地理信息局党组多次召开专题会议，研究部署党的十九大宣传贯彻、第一次全国地理国情普查工作成果发布宣传、新测绘法宣传贯彻等工作，严把政治方向和舆论导向，并协调争取全国人大、中共中央宣传部、国土资源部的支持。局领导亲自组织重大宣传，并通过发表署名文章、做客中央台、接受媒体采访、答记者问等形式带头宣传。为做好全国卫星导航定位基准服务系统启用、全覆盖排查整治“问题地图”专项行动、国家版图意识宣传教育等重大宣传活动，分管局领导亲自组织、协调宣传工作

国家测绘地理信息局党组贯彻落实中央关于加强党委（党组）意识形态责任制，把意识形态责任制落实情况纳入党组听取年度工作汇报内容。在全国测绘地理信息系统办公室主任会议上，邀请中共中央宣传部对外新闻局、人民网舆情监测室专家就做好新形势下的新闻发布和突发事件舆论引导、舆论生态和舆情应对工作进行授课，学习交流测绘地理信息新闻发布和舆情应对工作。按照国务院“4.2.1+N”新闻发布工作要求，组织召开新闻发布会，按月报送新闻发布计划，按季度报送新闻发布工作情况。落实《加强新闻发布 主动及时回应社会关切的实施方案》，进一步完善政策解读、突发事件应对、舆情监测与回应等机制，及时开展相关舆情监测。

新华社、人民日报社、光明日报社、经济日报社、中央电视台、中央人民广播电台等中央主要媒体累计刊（播）发测绘地理信息新闻230条，其中中央电视台播出56条，人民网、新华网、中国政府网、新浪网、搜狐网等网络媒体和各地方媒体刊（转）发有关新闻20多万条。

【网站宣传】

国家测绘地理信息局门户网站开设《中华人民共和国测绘法》修订颁布实施、第一次全国地理国情普查新闻发布、学习宣传贯彻党的十九大精神等10个宣传专题，全年中文网站登载新闻类稿件2284篇，转载测绘地理信息工作报道692篇，发布公文类信息505篇，点击量1.8亿次，英文网站登载新闻类稿件4篇。

【新媒体宣传】

国家测绘地理信息局官方微博全年发布信息1469条，粉丝数19.4万多人；微信发布信息951条，关注人数3.2万多人。

专题宣传

【党的十九大宣传贯彻】

国家测绘地理信息局围绕十八大以来测绘地理信息事业取得的显著成就，开展“砥砺奋进的五年”主题宣传活动，在《中国测绘报》和局门户网站开设专栏。3项测绘地理信息工作成果载入《党的十八大以来大事记》，编撰《砥砺奋进的5年——党的十八大以来全国测绘地理信息事业辉煌成就》。配合摄制《将改革进行到底》《辉煌中国》《大国外交》《复兴丝路》《改变中国的力量》等系列政论片，利用测绘地理信息成果解读十八大以来国家发生的巨大变化和辉煌成就。人民日报社、科技日报社等媒体报道了测绘地理信息事业发展成就和先进典型。围绕学习贯彻党的十九大精神，通过局门户网站及时转载权威文章、《中国测绘报》开设《学习贯彻党的十九大》和《畅谈党的十九大》栏目、局领导发表系列署名文章、组织文化作品专版等形式，宣传全行业学习贯彻党的十九大精神的工作动态及成果成效。党组书记库热西·买合苏提作为首位被邀请的十九大代表，接受中央人民广播电台十九大特别节目“做客中央台”专访，接受人民日报的采访，畅谈参加党的十九大学习体会和测绘地理信息事业发展情况。

【新测绘法宣传】

新修订的《中华人民共和国测绘法》表决通过当日下午，全国人大常委会办公厅举行专题新闻发布会，中央各大媒体进行报道，刊（播）发新闻近20条，各地方媒体、门户网站转载新闻500多条。其中，中央电视台在《新闻联播》等栏目中播发消息，《人民日报》头版刊发消息并全文刊登新测绘法全文，新华社刊发消息《新修订的测绘法明确：测绘无人机要有准入制度》，中央人民广播电台播发消息《新修订测绘法加强对地图产品及互联网地图服务监管》。中国人大网、人民网、新华网、中国网、央视网、法制网等网站对发布会进行实时报道。局领导发布署名文章、接受媒体采访，通过微宣传片、微话题、图解、微信有奖竞答等形式，全面解读、宣传新测绘法。

【第一次全国地理国情普查成果发布和地理国情监测宣传】

4月24日，第一次全国地理国情普查工作情况和普查公报新闻发布会在国务院新闻办公室举行。新华社、人民日报社、中央电视台等中央各大媒体在第一时间刊（播）发新闻近50条，国家测绘地理信息局门户网站、各地方媒体第一时间播发消息、视频，形成联动宣传效应。其中，中央电视台在《新闻联播》《朝闻天下》等栏目播出消息19条，新华社、人民日报社进行专题报道。中国网、中国政府网、国际在线、国新网对发布会进行全程直播，国家测绘地理信息局领导接受人民网《强国论坛》专访。制作科普视频动画《普图大搜索》，以卡通形象生动活泼的表现形式，展示普查取得的重要成果。中央电视台《朝闻天下》等栏目多次全面深入报道地理国情监测成果，《工人日报》《中国国土资源报》、新华网、中国经济网、《经济日报》新闻客户端、法制网等进行相关报道。

【服务国家改革发展大局宣传】

国家测绘地理信息局宣传服务保障“一带一路”建设、精准扶贫、雄安新区建设等国家重大战略部署的重点举措和进展，宣传测绘地理信息供给侧结构性改革的成果。围绕全国卫星导航定位基准服务系统启用，5月27日，在国家测绘地理信息局新闻发布厅举行新闻发布会，中央电视台新闻频道、新华社、经济频道、《法制日报》等播（刊）发消息，局领导就国家现代测绘基准体系建设与应用答记者问。宣传航天航空遥感测绘、国家基础地理信息数据库建设、智慧城市时空大数据与云平台建设、新型基础测绘建设试点等进展和成效。第一时间报道为四川茂县、九寨沟地震等各类突发事件提供测绘应急保障情况。与国家发展和改革委员会共同筹办“一张蓝图干到底——多规合一试点成果展”，累计接待50批次1000多人次参观。宣传地理信息产业作为战略性新兴产业在振兴实体经济、服务社会大众方面的重要作用，《人民日报》《经济日报》《科技日报》等报刊发表重要报道。

【科技创新和国际合作新成果宣传】

国家测绘地理信息局宣传报道测绘地理信息2项成果获国家科技进步奖二等奖，3人获全国创新争先奖等科技重大奖项。围绕《测绘标准体系（2017修订版）》颁布实施、中国主导编制的第2项地理信息国际标准获表决通过开展宣传，局领导就新版测绘标准体系颁布实施答记者问，参加国家标准化管理委员会举办的国家标准新闻发布会。围绕联合国智慧城市与可持续发展国际研讨会、联合国地理信息管理法规政策框架国际研讨班等重大国际活动和对外援助巴基斯坦、尼泊尔、老挝等重点项目开展系列宣传报道，新华网、中国国际广播电台等媒体刊（播）发通讯消息，国家测绘地理信息局英文网站开设《联合国智慧城市与可持续发展国际研讨会》专题，及时报道首届联合国世界地理信息大会将于2018年11月在浙江德清举行的消息，宣传我国测绘地理信息国际合作新进展。

测绘地理信息教育

教育指导

国家测绘地理信息局继续发挥行业主管部门作用，通过测绘类专业（含地理信息专业）教学指导委员会、全国测绘地理信息职业教育教学指导委员会2个教育教学指导机构，进一步加强测绘地理信息教育教学指导，推进测绘地理信息院校协同创新协同育人，实现产学研结合。完成中高职衔接工程测量技术专业教学标准和中职学校工程测量专业顶岗实习标准以及工程测量技术、测绘工程技术、测绘地理信息技术、地籍测绘与土地管理等专业教学标准的研制工作。举办2017年全国职业院校技能大赛高职组测绘赛项竞赛，全国30个省、自治区、直辖市的82所高职院校组队参加全国总决赛，参赛人员突破600人。全国20多个省份组织开展了选拔赛，参赛队规模、参赛人员规模、覆盖地区等多项指标始终在全国职业院校技能大赛的各赛项中名列前茅。举办首届全国大学生无人机测绘技能竞赛，来自全国19个省、自治区、直辖市的39所院校组队参赛，其中本科院校15所、高职院校24所，参赛人员超过200人。举办第二届全国职业院校测绘地理信息类专业青年教师讲课竞赛。各级各类竞赛活动蓬勃开展，“以赛促教、以赛促学、以赛促建、以赛促创”的优势作用得到彰显，“以国赛为引领、地方和院校比赛为基础、行业企业深度参与”的竞赛体系基本形成。

文件目录

综合文件

关于贯彻落实《中央国家机关贯彻落实全面从严治党要求实施方案》的通知（国测党发〔2017〕13号）

关于印发《中共国家测绘地理信息局党组关于推进“两学一做”学习教育常态化制度化的实施方案》的通知（国测党发〔2017〕23号）

中共国家测绘地理信息局党组关于加强和改进基层党支部建设的意见（试行）（国测党发〔2017〕33号）

中共国家测绘地理信息局党组关于印发贯彻落实《中国共产党党委（党组）理论学习中心组学习规则》的实施细则的通知（国测党发〔2017〕47号）

中共国家测绘地理信息局党组关于印发《贯彻落实中央全面从严治党要求检查工作方案》的通知（国测党发〔2017〕48号）

中共国家测绘地理信息局党组关于学习宣传贯彻党的十九大精神的意见（国测党发〔2017〕63号）

关于印发《中共国家测绘地理信息局党组推进领导干部能上能下实施细则》等3项制度的通知（国测党发〔2017〕68号）

关于开展“问题地图”专项治理的通知（国测发〔2017〕8号）

国务院第一次全国地理国情普查领导小组办公室 国家测绘地理信息局关于表彰第一次全国地理国情普查先进集体和先进个人的决定（国测发〔2017〕11号）

关于印发《国家测绘地理信息局非涉密测绘地理信息成果提供使用管理办法》的通知（国测发〔2017〕12号）

关于学习贯彻李克强总理 张高丽副总理重要批示精神和贯彻落实全国测绘地理信息工作会议上姜大明部长重要讲话 库热西局长工作报告 王春峰副局长总结讲话的通知（国测办发〔2017〕1号）

关于印发2017年测绘地理信息工作要点的通知（国测办发〔2017〕4号）

关于印发《国家测绘地理信息局贯彻落实〈中华人民共和国测绘法〉分工方案》的通知（国测办发〔2017〕223号）

政务管理

关于印发《测绘地理信息档案管理规定》的通知（国测发〔2017〕6号）

关于印发2017年测绘地理信息保密工作要点的通知（国测保发〔2017〕3号）

关于成立国家测绘地理信息领域重要信息系统商用密码应用试点示范工作领导小组的通知（测办发〔2017〕22号）

关于印发国家测绘地理信息局机关2017年调研计划的通知（测办〔2017〕17号）

直属单位、社团组织和院校工作

中国地图出版集团

主要业务工作

【出版总量】

中国地图出版集团全年出版地图、图书共2041种，其中新版（含再版）646种、重印1395种。

【实用参考图出版】

中国地图出版集团以“互联网+”为引领，继续深化实用参考地图产品的创新转型。全年出版实用参考地图新品种78个、重版品种700多个，重版率约85%。出版的《“一带一路”全景地图》将古今丝绸之路汇集一图，用地图解读了“一带一路”倡议；《列国图志——世界日历2018》将地图与大众、文创产品结合；《“出国游”城市旅游地图系列》通过纸媒、音频相结合的方式与读者互动。出版了《完美旅图》《一张图读懂系列·三国地图》《中国自驾游地图集》《开曼群岛旅游投资指南》《西藏：背着半斤思念，就这么走》等出版物。

完成世界大地图集库图一体化编研项目，取得世界各国边界在地图集上的表示规范、世界大地图集标准地名拼写原则、立体化超媒体世界大地图集等11项研究成果。基本完成“一带一路”地理信息服务平台的建设与应用项目的平台设计，开展数据库建设工作。编制的《丝绸之路——重要古迹遗址赋存环境图集》被列为国家重点出版物出版规划项目、2017年度国家出版基金资助项目。开拓实用参考地图的行业应用，与新疆维吾尔自治区基础地理信息中心、河北省制图院等单位开展长期合作。

【地图科研项目】

中国地图出版集团组织业务部门申报国家新闻出版广电总局“十三五”国家重点图书出版规划增补项目，《中华人民共和国地理国情普查成果地图集》《地图礼赞——内蒙古自治区成立七十周年》及《中国地理国情丛书》3个项目增补入选“十三五”国家重点出版物规划。组织申报财政部2017年文化产业发展专项资金项目，“时空地图大数据及动态服务平台”项目获得财政资金支持。

组织协调并推动全球地理信息资源建设工程项目实施，按要求完成国家测绘地理信息局交办的任务。组织编制并上报国家应急保障能力建设项目实施方案。组织实施2017年全球地理信息资源建设与维护更新项目，编写并报送了项目专业技术设计书。组织2014年测绘公益性行业科研专项“世界大地图集库图一体化编研”项目的实施和验收，通过国家测绘地理信息局组织的财务部分验收。申报的“辅助决策用图保障服务”“公益性标准地图在线服务”“国家版图意识宣传教育能力建设”及“地图上我国历史疆域及边疆重要地名表示与研究”等国家基础测绘成果应用推广项目经国家测绘地理信息局审批通过，获得财政资金支持，组织报送了上述项目的实施方案。组织推荐国家版图意识宣传教育能力建设、辅助决策用图保障服务、公益性标准地图在线服务、《中国城市地图集系列》编制扩大试点、中国共产党百年辉煌地图集、地图上的中国和重要地理信息变更地图发布平台建设7个项目申报2018—2020年国家基础测绘成果应用推广项目。组织完成2016年国家基础测绘成果应用推广项目“全国地理信息成果应用与地图网上展览系统建设与维护项目”的验收。

组织申报2018年国家出版基金项目，申报了《中国国家人文地理》丛书（第二批城市分卷）、《中国近代地图志》《南亚地区“一带一路”重要廊道资源环境地图集》《内蒙古历史沿革地图集》及《网络地理信息获取融合与分析挖掘》5个选题。组织签订了2017年国家出版基金项目《中华文明地图》《丝绸之路重要古迹遗址赋存环境图集》实施协议。

按照北京市新闻出版广电局《关于实施中华优秀传统文化传承发展工程的意见》重点项目申报通知要求，组织申报《中国古今地名公共服务平台》《中国传统文化时空信息可视化平台》《中国古地图资源库及公共服务平台》《中医药时空地图公共服务平台》4个项目。按照北京市新闻出版广电局《关于申报媒体融合发展重点实验室有关工作的通知》要求，组织申报“中图集团媒体融合发展重点实验室”项目。承担《公开版地图质量评定标准》修订工作。

【教材与教辅图书出版】

中国地图出版集团全年完成教材产品新版（含初版、再版）品种114个、重版品种669个。在教材编制、审图、出版、印制过程中，严格落实内部各项质量规定，保障教材出版质量。完成2017春、秋季发稿品种1106个、2179套，为人民教育出版社等合作单位编绘教材地图插图686幅，完成山西、陕西、辽宁、湖南、山东、江西等省送审品种130个。为地理学科师生提供课上课下各环节资源服务的“中图e学堂”APP正式使用。

在教辅市场上，坚持系统产品与市场产品并重的原则。在系统产品方面，重点开发地方定制教程，研发了《少先队活动》《美丽中国梦》《祖国在我心中》国家版图教育读本。在市场产品方面，继续完善“金博优”品牌产品线，开发与完善了《就爱金博优教材全解》《金博优暑假作业》《金博优题典》等丛书；继续强化史地学科优势教辅产品研发，提升地图类教辅产品质量和差异化设计，出版了《走向中考考场》《中学教材全解学案版》《提分宝典》《新课标中学复习用地理读图填充及思考练习册》《新高考地理基训》、全张《地理学习图典》水晶版地图；进一步丰富少儿益智产品，出版了《地图拼拼乐》《Larva趣味启蒙套装》等文创产品和《AR地图》《图呀会说话》等“纸电联动”产品，推动传统出版和新兴出版的融合发展。

【测绘地理信息图书出版】

中国地图出版集团测绘出版社继续推进“服务国家和行业大局、弘扬测绘出版文化”的科技图书出版工作，出版了《砥砺奋进的5年——党的十八大以来全国测绘地理信息事业辉煌成就》《测绘法学习笔记》《一起了解中华人民共和国测绘法》等重点图书；《中国地理国情丛书》项目入选“十三五”国家重点出版物规划，被列为国家重大出版工程；出版了《武汉市地理国情监测与城市协调发展研究（2016）》《测绘地理信息知识丛书》等8种国情系列图书、6种行业标准。完成现行146项测绘地理信息行业标准文本免费公开的数据整理、加密、移交和试运行任务。连续第12年出版《中国测绘地理信息年鉴》，出版院士文集系列图书《魏子卿院士文集》等重要学术图书，出版国家出版基金项目图书2种、国家科学技术学术著作出版基金项目图书1种、测绘地理信息科技出版资金项目图书13种。

【综合出版】

旅游类图书出版方面，中国地图出版集团完成与Lonely Planet合作的《国际旅游指南》《中国旅游指南系列》《IN系列》《自驾指南系列》《口袋系列》《城市指南》《旅行读物》7个系列43种新编图书品种的出版工作，推进旅游数字平台建设。大众图书出版方面，《地图里的兴亡》系列已形成品牌；《环亚旅行》《吃货的天堂—美国》《一生痴恋去大理》《冒险雷探长》也有较好的市场表现。

申报的时空地图大数据及动态服务平台项目进入2017出版改革项目库，并获500万元国家财政资金支持。完成面向数字出版服务的地图专业内容资源库建设项目验收。基本完成地图文化网络传播运营平台建设项目、面向教育信息化的教学地图资源库项目和面向位置服务的中国文化遗产信息库（第一批）》项目。

【“十三五”国家重点图书出版】

中国地图出版集团重点打造《中国国家人文地理》丛书，为地方政府打造“城市名片”，该丛书被列入“十三五”国家重大出版工程规划，并被中央宣传部列为向党的十九大献礼的重点图书。在香港举办《中国国家人文地理》丛书海外发布会暨中国城市海外推介活动启动仪式，丛书已成为展示中华文化魅力和宣传中国城市发展的重要窗口。

【期刊出版】

中国地图出版集团完成《测绘学报》和《测绘通报》全年组稿、编辑、出版、发行工作。《测绘学报》14 篇论文入选“中国精品科技期刊顶尖学术论文（F5000）”，出版《测绘学报》创刊60 周年特刊，在深圳举办测绘地理信息与导航高端论坛暨《测绘学报》创刊60 周年学术研讨会，召开《测绘学报》第十一届编委会第四次工作会议。《测绘学报》微信关注人数超过 3 万人。《测绘通报》获第三届全国优秀测绘地理信息期刊奖，在西宁召开测绘地理信息前沿技术论坛（无人机测绘技术及应用专场）。以《地图》杂志为媒介，为国内地图和地理信息产业相关单位和企业提供宣传推广服务，已有 18 家单位成为理事单位。

中国测绘科学研究院

主要业务工作

【全球地理信息资源建设】

中国测绘科学研究院突破全球高程基准转换、基于国产卫星的境外无控精准处理等关键技术，开展全球测图技术培训，初步建立自主可控的全球地理信息资源建设核心技术体系。

【现代测绘基准体系动态维持】

中国测绘科学研究院开展卫星导航定位基准站安全升级改造，突破 CORS 站数据脱密关键技术，研发了软件系统，形成我国省级卫星导航定位基准站网数据安全技术处理的完整解决方案。

【卫星激光测距数据观测与处理】

中国测绘科学研究院房山人卫站完成卫星激光测距（SLR）总观测 3368 圈，其中高轨道卫星 1392 圈、中轨道卫星 262 圈、低轨道卫星 1714 圈，测距精度满足国际激光测距标准要求，卫星激光测距系统无故障率 98%。参与实施天宫二号飞行器的国内激光联测，为天宫二号飞行器精密定轨专项试验提供厘米级测距数据。

【智慧城市建设】

中国测绘科学研究院发布《智慧城市时空大数据与云平台建设技术大纲》及 2 项国家标准，指导武汉、潍坊、聊城、临沂、徐州等智慧城市建设试点，组织开展第一批智慧城市建设典型案例遴选，为智慧城市建设提供技术支撑，支撑完成的智慧潍坊被评选为全国十大智慧城市样板工程之一。基于 WJ－III 地图工作站软件系统，组织开展多尺度基础地理信息数据联动更新生产试验，做好技术支撑并制定相关技术规范。

【电子政务地理信息服务】

中国测绘科学研究院推进国家电子政务内网政府系统业务网一期工程建设，完成 46 家部委政府内网信息资源整合，推动政府地理信息系统在国家发展和改革委员会、农业部、国务院国有资产监督管理委员会等部门和河北、四川、内蒙古等地的应用。

【基础性地理国情监测统计分析】

中国测绘科学研究院完成第一次全国地理国情普查公报编制，协助国家测绘地理信息局完成普查成果发布，支撑完成全国各省普查成果与国家成果的衔接、审核与发布工作；围绕地表资源分布与利用、生态协调性、基本公共服务均等化、区域经济潜能、城镇发展 5 个主题，开展全国范围地理国情综合统计分析工作；完成我国首部地理国情蓝皮书（2017 版）的编制出版工作。

【常态化地理国情监测】

中国测绘科学研究院编制完成 2017 年京津冀协同发展重要地理国情监测等 4 项项目设计书，编制完成雄安新区地理国情监测试点方案；组织完成 2016 年京津冀协同发展重要地理国情监测和全国海岸带开发利用变化监测项目的验收，牵头开展 2017 年京津冀协同发展重要地理国情监测和全国海岸带开发利用变化监测，并向社会公开发布 2016 年度全国地级以上城市及典型城市群空间格局变化监测、国家级新区空间格局变化监测等研究成果。研发专题性地理国情监测与分析系统软件，牵头编制专题性地理国情监测技术指南，组织召开城市地理国情监测高端技术论坛和城市地理国情监测工作交流会，推动建立常态化地理国情监测工作机制。

【期刊出版】

《测绘科学》获国家新闻出版广电总局组织评选的第三届全国“百强报刊”称号、中国测绘地理信息学会评选的全国优秀测绘期刊一等奖，全年出版12期，发表文章410篇。《遥感信息》获中国测绘地理信息学会评选的全国优秀测绘期刊一等奖，全年出版6期，发表文章149篇。《导航定位学报》获中国测绘地理信息学会评选的全国优秀测绘期刊二等奖，全年出版4期，发表文章86篇。中国测绘科学研究院主办的《影像与数据融合国际期刊》（International Journal of Image and Data Fusion，简称IJIDF）进入EI检索，全年出版4期，发表文章28篇，同比增长40%。

【图书出版】

中国测绘科学研究院出版《网络地理信息获取融合与分析挖掘》《国家大地坐标系建立的理论和实践》《海岛礁测量技术》《卫星测高原理及应用》《山区坡耕地撂荒机理与模型模拟——以重庆武隆区为例》《新疆地名的积淀与穿越——新疆地名历史语言学探源》《少数民族语地名概论》《中华命名大讲堂》《Methodical Basis for Landscape Structure Analysis and Monitoring: Inclusion of Ecotones and Small Landscap Elements》9部专著。

【标准发布】

中国测绘科学研究院发布《地理信息影像和格网数据》《大地测量控制点坐标转换技术规范》2项国家标准。中国测绘科学研究院浙江分院（浙江省测绘科学技术研究院）负责起草的《地理空间数据交换和共享基本规范》由浙江省质量技术监督局发布，这是国内首个地理空间数据交换和共享的地方标准。

【中国测绘地理信息学会分支机构工作】

中国测绘地理信息学会大地测量与导航专业委员会在西安主办大地测量与导航新技术研讨会，来自全国大地测量与导航领域的160多名专家学者参加。9月22日—23日，在广州举办2017学术年会暨研究生学术论坛，共500多人参加。

中国测绘地理信息学会科技信息网分会在西安主办第十一届全国测绘科技信息交流会暨信息网分会成立40周年大会，来自全国各地的科技信息网分会会员200多人参加。

科技创新与人才培养

【科技政策创新】

中国测绘科学研究院制定发布《车辆使用管理办法（试行）》《仪器设备采购管理办法（试行）》《公开招聘实施办法》《财政科研项目间接费用管理办法（试行）》《青年出国（境）留学研修管理办法》《科研财务助理管理办法（试行）》《交通费管理办法》《财政科研项目经费预算调整办法（试行）》《基本科研业务费项目管理实施细则》《科研人员兼职兼薪暂行管理规定》《企业管理办法》11项规章制度。

【科技平台建设创新】

中国测绘科学研究院针对房山人卫站建设，开展了能力分析、功能定位、建设任务的研究，形成《建设规划方案》。12月，国家质量监督检验检疫总局授权中国测绘科学研究院成立国家测绘地理信息计量站，该计量站作为法定计量检定机构，承担全国测绘地理信息检测设备检定、校准和测试任务。

持续加强北斗分析中心建设，研发高精度GNSS北斗定位工程应用软件，开展北斗国家动态地心坐标参考框架建立关键技术研究，建立和维护融合GPS/北斗/GLONASS的自主高精度地心参考框架。

7月20日，国家测绘工程技术研究中心山东中心在济南挂牌，该中心依托山东省国土测绘院。8月23日，中国测绘科学研究院全资公司中测高科（北京）测绘工程技术有限责任公司、中国丝路集团全资公司中国国际安防科技有限公司和中国丝路卫星集团有限公司合资在北京成立中测国际地理信息有限公司，该公司旨在服务配合“一带一路”建设。10月19日，中国测绘科学研究院与贵州省国土资源厅联合成立地图与地理信息新技术应用联合研究中心并在贵州贵阳挂牌。

【科技项目创新】

中国测绘科学研究院推动海洋大地测量基准与海洋导航新技术研究，突破超长距离、低纬度电离层、海洋坐标参考框架维持技术，完成室内无缝定位专题技术试验。推动一体化综合减灾智能服务研究及应用示范，自主研制一体化、全流程综合减灾智能服务系统，完成9次应用服务。

【科技项目申报】

2017年，中国测绘科学研究院落实国家自然科学基金项目5项，国家重点研发计划课题1项、子课题2项，战略性国际科技合作重点专项课题2项，国家国防科技工业局高分专项1项，国家外国专家局引智项目2项，国家测绘地理信息局项目29项，其他项目38项。总经费超过9000万元。

【科技奖励】

中国测绘科学研究院牵头完成的“国家海岛礁测绘重大关键技术与应用”项目获国家科技进步奖二等奖；“全球地心坐标参考框架建立理论与动态维持关键技术”“大区域地面沉降InSAR监测的关键技术及应用”项目分获中国测绘地理信息学会2017年测绘科技进步奖特等奖、一等奖；“国家级重要地理国情监测与分析关键技术”“城市典型要素监测分析关键技术研究与应用示范”项目分获中国地理信息产业协会2017年中国地理信息科技进步奖特等奖、一等奖。

【科技成果及转化】

中国测绘科学研究院完成高分辨率遥感影像一体化测图系统PixelGrid、多源遥感影像采编一体化测图系统FeatureStation、地理国情普查基本统计分析软件系统、新图软件NewMap、WJ－III无级地图工作站、激光扫描仪软件、Supercoord坐标转换软件、北斗定位软件8项科技成果转化，签订合同30多批次。出版专著9部；发布国家标准1项、行业标准1项；获国家专利授权19项、软件著作权登记43项；发表期刊学术论文111篇、国内外会议论文49篇。

【人才队伍建设】

中国测绘科学研究院对14名处级干部进行了试用期考核，选拔任用1名正处级干部。制定科研人员兼职兼薪和青年后备人才培养管理办法。研究员赵春梅入选2017年国家百千万人才工程。研究员黄国满当选国家测绘地理信息局第四批科技领军人才。

根据国家测绘地理信息局党组决定，中国测绘科学研究院选派地理空间信息工程国家测绘地理信息局重点实验室副主任翟亮赴新疆执行援疆任务，任中国测绘科学研究院新疆分院（新疆测绘科学研究院）副院长，为期3年。

【研究生培养】

中国测绘科学研究院设有大地测量学与测量工程、摄影测量与遥感、地图制图学与地理信息工程3个专业的硕士授予点。全年招收全日制硕士研究生11人，全日制在读研究生合计33人，学制3年；联合培养在读研究生87人；在站博士后9人。

【对外合作与交流】

中国测绘科学研究院联合举办第一届中英智能移动论坛，与英国诺丁汉大学、北京航空航天大学、同济大学共同签署中英智能移动联盟意向协议。完成科技部对测绘地理信息国际联合研究中心的评估。正式组建中坦测绘地理信息联合研究中心，在坦桑尼亚阿德海大学挂牌，举办中国地理信息产品发布会和技术培训班。拓展与美国、加拿大有关高校的合作。首次在俄罗斯举办矿山测量与大地测量研究生暑期夏令营。全年组织出访17批、43人次，接待国外来访14批、46人次。

国家基础地理信息中心

主要业务工作

【国家基础地理信息数据库动态更新】

国家基础地理信息中心完成2016年度1:5万地形数据库更新成果检验和入库，建成2016版1:5万地形数据库并通过验收；1:5万地形数据库实现第6轮更新，整体现势性保持在1年内。完成2017年度全国24185幅1:5万地形数据更新生产，对全部区域的重点要素更新和2/3区域的一般要素进行更新，数据现势性达到2017年。利用2016版1:5万地形成果完成全国24185幅1:5万地形图制图数据库快速联动更新，并与1:5万地形数据库一体化管理，实现数据对全国陆地国土的连续无缝覆盖，数据现势性与2016版1:5万地形数据保持一致。利用2016版1:5万地形数据库完成全国816幅1:25万地形数据库的增量联动更新，利用更新后的1:25万地形数据完成覆盖全国范围77幅1:100万地形数据库的增量联动更新。初步建立以1:5万地形数据库为基础，增量联动更新1:25万、1:100万地形数据库和地形图制图数据库的国家基础地理信息数据库更新技术体系。

【国家地理信息公共服务平台“天地图”建设】

国家基础地理信息中心组织编写《国家地理信息公共服务平台天地图涉密版建设指南》，组织建设“天地图”涉密版原型系统。组织起草《地理信息公共服务平台管理办法》和《天地图工作部与天地图公司协同工作方案》，完善数据融合共享机制，推动28个省份完成数据资源融合共享。完成29个省级节点2017年更新评估，完成52个市级节点、50个县级节点更新备案审查。完成平台升级改造，发布2017版“天地图”服务和“天地图·一带一路”、天气、应急测绘等频道式专题服务。35个中央部门以“天地图”为基础搭建业务工作平台。

【现代测绘基准建设】

国家现代测绘基准体系基础设施建设一期工程通过竣工验收，建成全国范围基准站网、大地控制网、高程控制网三网深度融合的现代测绘基准。工程完成360座国家卫星导航定位基准站网建设，构建了由4500点组成的卫星大地控制网，共同组成新一代国家大地基准框架；新建、改建26327个高程控制点，布设12.6万千米的国家一等水准网，形成国家现代高程基准；新建50个国家重力基准点，进一步完善国家重力基准体系；构建了国家测绘基准管理服务系统，实现测绘基准数据传输、存储、处理、服务的一体化和实时化。

5月27日，全国卫星导航定位基准服务系统建成启用。该系统是国家现代测绘基准体系基础设施建设一期工程的重要成果，包括410座国家级卫星导航定位基准站，统筹各省级测绘地理信息部门的2300多座基准站，利用高速数据传输网络连接国家和30个省级数据中心，形成覆盖全国的卫星导航定位服务“一张网”，兼容北斗、GPS、格洛纳斯、伽利略等卫星导航系统信号。

【全国基础性地理国情监测】

国家基础地理信息中心完成2017年全国基础性地理国情监测实施方案、数据库建设方案及系列技术规范的制订。组织4次全国性技术培训，实地调研各生产单位实施情况，解决各类技术问题600多个。完成2016年全国基础性地理国情监测数据入库，基本统计对算，开发地理国情大数据分析应用平台。完成2017年监测成果数据接收、入库检查和数据入库。围绕全国水系数据统一编码、汇流关系整理、河流实体处理、水系网络构建等内容，在深入技术试验的基础上完成相应的技术方案和技术培训，并组织开展生产。完善《市县空间规划编制技术规程》，选择试点区域开展验证。完成全国生态服务价值分析计算，形成评估数据成果。与相关部门合作开展全国地理国情普查成果在生态红线划定、长江经济带资源与环境审计、城市黑臭水体治理、国土空间基础信息平台建设、“多规合一”试点、自然资源承载力预警、自然资源负债表编制等方面的应用。

【国家航空航天遥感影像获取】

2017年国家航空航天遥感影像获取项目包括国家基础航空摄影专项、地理国情监测影像获取项目，延续及新增项目共计179个摄区，总面积272万平方千米。国家基础地理信息中心负责组织实施项目监督管理，开展政府采购、合同监管、成果质检、数据服务等工作，按计划完成年度任务。

截至年底，共获取各类航空航天遥感影像约148万平方千米，其中航空摄影44万平方千米、卫星影像104万平方千米。为地理国情监测、基础测绘、数字（智慧）城市等重大测绘工程提供及时可靠的影像资料。

【全球地理信息资源建设】

国家基础地理信息中心组织完成全球地理信息资源建设项目年度任务区域约206万平方千米数字表面模型、数字正射影像、核心矢量要素、地名数据的资料搜集、协同处理、产品制作、境外验证和入库工作。继续开展全球地表覆盖数据更新与应用服务，完成“一带一路”重点区域3000万平方千米（2015期）30米地表覆盖数据的更新、检核工作。建立了以自动化更新和人机交互检核相结合的更新生产流程，完成全球地表覆盖数据国际验证项目。提供我国周边区域约180万平方千米数字正射影像、数字表面模型及核心矢量数据，满足“一带一路”建设和国防工作需要。

【国家应急测绘保障能力建设】

2017年，国家基础地理信息中心组织制定《国家应急测绘保障能力建设项目管理办法和经费管理办法》，组织制定总体任务分工计划、2017年建设任务计划，组织指导36家参建单位的单项工程实施方案编制工作，组织开展40多次重点建设内容和核心技术调研、交流和论证。

【测绘地理信息服务保障】

国家基础地理信息中心为中央办公厅、全国人大办公厅、国务院办公厅、国务院应急管理办公室、国家发展和改革委员会、外交部等单位提供领导决策用图保障服务99批次，编制提供专题图1742张，提供电子数据1.72GB，定制领导办公专用挂图23批次，制作安装107套。为领导出访、宏观决策及“一带一路”国际合作高峰论坛等重大活动提供地图服务保障。为中央办公厅、国务院应急管理办公室、地震预测研究所等单位提供应急测绘保障服务22批次，编制提供专题图288张，提供电子数据80.48GB。在四川九寨沟7.0级地震、西藏米林6.9级地震、新疆精河6.6级地震、新疆塔什库尔干塔吉克自治县5.5级地震、重庆武隆5.0级地震、内蒙古呼伦贝尔陈巴尔虎旗火灾、四川茂县叠溪镇山体高位垮塌、贵州纳雍县山体垮塌事件中，为国家应急指挥决策提供应急测绘保障服务。

【测绘档案资料收集与归档】

国家测绘档案资料馆收集交通运输部全国道路2015年数据和全国航道2006年数据；雄安地区1945年、1962年、1965年、1966年、1967年、1972年、1980年历史影像数据，总数据量约35.24GB。收集1:50万全国航空图248幅、1:100万全国航空图73幅、1:200万全国航空图24幅、日本出版的民国时期中国大陆地形图528幅、雄安新区古地图13幅，以及印度、越南、马来西亚等国家及“一带一路”北线10个国家的地形图、海图、大地图集等国外地图资料共890本（幅）。完成归档档案数据47.5TB、归档件数35.6万件、归档批次107次。

【测绘地理信息成果提供使用】

国家测绘地理信息局行政许可大厅全年受理涉密成果使用申请504件，受理地图审核申请4814件。提供成果（含非涉密测绘成果）753批次，成果包括数字成果121.58TB、大地成果2.41万点、纸质地形图7306幅（10015张）。根据国家测绘地理信息局的地理信息共享合作框架协议要求，向6家单位提供地理信息数据成果9.85TB。

【全国地理信息资源目录服务系统】

国家基础地理信息中心对全国地理信息资源目录服务系统进行改版升级，完成系统首页改版、数据下载、接口功能等开发工作，规范整理测绘档案数据目录14万条、公开可下载遥感影像数据目录48万条、地形数据目录3000多条；完成元数据自动规范化模块、移动端访问模块、地市级站点扩展模块等系统功能模块的技术选型、方案设计与开发。改版后的目录服务系统新增开放数据下载与应急测绘保障成果发布功能。系统共收录3236242条成果目录数据。自上线以来，20个站点完成101个批次数据更新，新增44万条成果元数据。完成与国家测绘地理信息局网上办事大厅和内网行政审批系统的对接，实现涉密基础测绘成果的查询、申请、审批、分发在内的全流程网上业务办理。14个省级测绘地理信息主管部门利用全国地理信息资源目录服务替代了其原有的目录服务系统。

【新型基础测绘体系建设】

国家基础地理信息中心进行新型基础测绘试验与生产，开展新型基础测绘地形数据产品规范设计、跨尺度联动更新技术设计等工作，完成新型基础地理信息内容、指标设计和跨尺度基础地理信息数据联动更新技术方法、工艺流程等技术设计。完成雄安新区新型基础测绘试点方案的设计工作，对雄安新区新型基础测绘试点的主要内容、试点方案、组织实施、经费测算等内容进行了设计，编制完成雄安新区新型基础测绘试点方案并通过评审。举办智慧时空大数据助力雄安新区建设高端论坛—新型基础测绘服务雄安新区分论坛，围绕发挥新型基础测绘对雄安新区建设的支撑和保障作用，共组织了8个专题报告。完成基础性地理国情监测与1:5万基础地理信息更新整合试生产，制定《数据库整合方案》。

【“砥砺奋进的五年”国家大型成就展】

国家基础地理信息中心按照国家测绘地理信息局部署，负责“砥砺奋进的五年”国家大型成就展测绘地理信息部分筹备、布展工作，组织建设“地图上的家园”互动展台、地理国情成果查询演示系统和地理信息成果展板等，利用多媒体技术和声光电手段，设计制作我国首台交互式内投影地球仪和首个离线式地理国情成果查询演示系统，全方位展示党的十八大以来测绘地理信息事业取得的成就。

【标准化工作】

国家基础地理信息中心开展《国家地理信息标准体系》修订工作，完成20项国家标准送审稿的专家评审，33项国家标准进入报批阶段。继续做好ISO/TC211国内技术归口办公室工作，开展地理信息国际标准跟踪研究，推动我国专家牵头的国际标准项目立项和研制工作。

【《地理信息世界》】

国家基础地理信息中心完成《地理信息世界》编委会调整和组织机构建设，召开新一届编委会会议。开通《地理信息世界》网站和微信公众号。完成全年组稿、审稿、编辑、出版、发行等工作，向全国发行2.4万册。

科技创新与人才培养

【科技项目立项】

国家基础地理信息中心全年新立项目13项，其中国家重点研发计划课题3项、国际合作项目3项、国家测绘地理信息局基础测绘科技项目5项、中国工程院的项目2项。

【科技项目实施】

国家基础地理信息中心完成测绘业务管理信息化体系研究与建设示范项目研究，构建了分布式信息化管理平台，在预算编制、预算执行、预算控制及预算统计等环节提供信息化支持，制定了管理信息交换等相关技术规范。发表学术论文4篇，申请软件著作权登记2项。牵头承担重点研发计划“基于国产遥感卫星的典型要素提取技术”项目，设立“全球典型要素提取技术集成与应用示范”“国产卫星遥感影像高精度协同几何处理技术”“典型地形要素自动识别与快速提取技术”“典型资源环境要素自动识别与快速提取技术”“毫米全球历元地球参考框架（ETRF）构建关键技术”5个课题，共18家单位参与项目研究。

【获奖情况】

国家基础地理信息中心作为第一完成单位获省部级奖励5项，其中“第一次全国地理国情普查关键技术与应用”项目获中国测绘地理信息学会2017年测绘科技进步奖特等奖；作为参加单位获省部级以上奖励5项；主办的期刊《地理信息世界》获第三届全国优秀测绘地理信息期刊提名奖。

【人才培养】

国家基础地理信息中心全年招收博士研究生2名、硕士研究生2名、海外留学研究生1名，接收博士后出站人员1名，选派2名技术专家分别赴新疆、青海省测绘地理信息主管部门挂职锻炼。截至年底，共有21名专家获国务院政府特殊津贴。

国家测绘地理信息局卫星测绘应用中心

主要业务工作

【重大工程立项】

国家测绘地理信息局卫星测绘应用中心组织编报资源三号03星工程项目、第三次全国土地调查遥感影像数据采集任务、基于遥感卫星应用构建政府监管服务平台建设、国家应急测绘保障能力和建设、全球海洋地理信息资源建设5个重大工程的项目设计申请，其中前4个项目获国家发展和改革委员会、财政部、国家国防科技工业局立项批复。

【空间基础设施规划】

国家测绘地理信息局卫星测绘应用中心完成《资源三号03星使用要求》《资源三号03星工程可行性研究报告》和《资源三号03星工程初步设计和投资概算》的编制、评审和报送等工程立项论证工作。资源三号03星工程于11月1日经国家发展和改革委员会批复立项，研制工作正式启动；完成高分七号卫星系统与地面系统的数传链路对接试验、数据管理等分系统正样产品生产；作为主用户之一，参与L波段差分干涉SAR卫星、陆地生态系统碳监测卫星的工程研制和X波段双天线干涉SAR卫星、重力梯度卫星的预先研究；推进Ka波段干涉雷达卫星、单光子激光雷达探测卫星纳入空间基础设施规划。

【资源三号卫星影像获取和数据生产】

资源三号01星、02星组网运行，实现双星有效成像3251轨，影像数据74万景，我国陆海全境有效覆盖1027万平方千米，全球范围内有效覆盖6302万平方千米。影像数据同比增加21.5万景，增长41.11%；影像有效覆盖面积同比增加1897万平方千米，增长43.06%。资源三号卫星预处理系统运行稳定，共完成资源三号01星数据编目生产和人工云判1031轨25.7万景，传感器校正产品生产1031轨15.5万景；02星数据编目生产和人工云判1990轨49万景，传感器校正产品生产1990轨31.5万景。以资源三号01星影像为主，其他多源国产遥感卫星影像为补充，全年累计生产正射纠正影像1.8万景，累计有效覆盖面积936万平方千米。

【卫星测绘保障】

国家测绘地理信息局卫星测绘应用中心以资源三号卫星为核心，采用军民融合、部局协作、战略合作、交换共享、商业卫星影像采购等措施加大卫星数据源统筹协调力度，形成多分辨率、多传感器、多次覆盖的影像获取能力，可统筹卫星14颗。完成第三版2米分辨率全国数字正射影像建库；开展15米格网全国数字表面模型库更新工作。为第三次全国土地调查、全国1:5万国家基础地理信息数据库更新、“天地图”公共服务平台项目、全球地理信息资源建设与维护项目、内蒙古大兴安岭火灾等受灾地区提供影像和应急测绘产品保障服务。

科技创新与人才培养

【科技创新】

国家测绘地理信息局卫星测绘应用中心纵深建设资源三号卫星影像云服务平台，平台节点“1+31+X”的网络布设由2016年的31个节点增加到73个。陆续建立中南亚、欧洲、非洲、北美洲的一些国家和地区系列节点，与泰国、斯里兰卡、哈萨克斯坦、奥地利、老挝、挪威、墨西哥、加纳、乌干达、土耳其10个国家签署合作协议，开通肯尼亚、英国、奥地利、挪威、老挝、蒙古、泰国7个云服务平台国际节点并完成推送测试。为水利、林业、环保、海洋等行业用户提供卫星影像保障，开展卫星影像整合分析、正射影像制作、影像解译与要素提取、变化发现与监测等服务，直接为水流域监测、全国碳汇监测、环境监测、海岸线变迁监测、海岛变化监测、海岛周边重要人工及自然地物监测提供影像和动态变化监测技术服务。建立卫星遥感即时监测新型服务模式，初步形成多星统筹、快速发现和多种网络协同的业务化即时监测服务能力。面向钢铁、煤炭、船舶等重点行业去产能监管服务需求，开发即时监测监管服务平台，直接为国家土地利用监管、城市土地资源管理、南水北调工程、长江经济带沿江非法码头专项整治、青海贵州近30个自然保护区的人类活动信息提取和变化提供监管监测服务。

【人才培养】

国家测绘地理信息局卫星测绘应用中心全年接收高校毕业生4人，其中博士3人、硕士1人。博士后科研工作站招收博士后1人，至年底在站博士后2人。通过委托评审认定，5人获高级专业技术职务任职资格、1人获中级专业技术职务任职资格。组织青年人才托举工程申报和国家测绘地理信息局卫星测绘应用中心繁星带头人考评。

中国测绘宣传中心

主要业务工作

【“十九大”宣传】

围绕学习贯彻党的十九大精神，《中国测绘报》刊发国家测绘地理信息局党组集中学习、印发学习宣传贯彻意见等报道，《中国测绘报》开设《十九大时光》《十九大代表风采》《学习贯彻党的十九大精神》《畅谈党的十九大》《心声心语》《谈体会表心声》等专栏，推出喜庆十九大文化副刊、热议十九大报告视频新闻等，全方位报道测绘地理信息行业学习贯彻党的十九大精神的重要举措、动态信息、成果成效和心得体会。全国各宣传工作站报道各地学习贯彻十九大精神的情况，组织稿件在各栏目推送。

【重大主题宣传】

中国测绘宣传中心围绕“砥砺奋进的五年”重大主题宣传活动，在全媒体各平台上集中编发40多篇重点稿件。在中央电视台《中国有我》等栏目中对测绘地理信息五年来的成就和先进典型进行报道，在《将改革进行到底》《辉煌中国》等中共中央宣传部重点系列政论专题片中，利用地理国情监测成果等解读十八大以来国家发生的巨大变化。认真做好“砥砺奋进的五年”大型成就展相关筹备工作，参与视频脚本、讲解词内容策划编辑、文字稿件撰写等工作和《砥砺奋进的5年——党的十八大以来全国测绘地理信息事业辉煌成就》的编辑工作。全国各工作站深入挖掘，采写30多篇重点报道。

【地理国情普查宣传】

中国测绘宣传中心围绕全国第一次地理国情普查，利用报纸、杂志、网站、微博、微信等载体及时发布消息，组织深度采访。《中国测绘报》刊发多个专题报道以及地方专版，全面反映地理国情普查在组织实施、确保质量、科技创新等方面的成效。利用国务院新闻办公室召开新闻发布会和国家测绘地理信息局召开总结表彰会的契机，开展集中重点报道。中央各大媒体和测绘媒体利用报纸、电视、广播、网站、微博、微信等载体进行全方位报道。中央各大媒体刊（播）发新闻50条，其中中央电视台《新闻联播》等栏目播出消息19条；新华社刊发长篇通讯；《人民日报》整版刊登普查报道；中国新闻网、新华网现场直播新闻发布会；国家测绘地理信息局副局长李维森等做客人民网强国论坛。系列科普动画短片《普图大搜索》在腾讯、爱奇艺、优酷、乐视等国内视频平台总播放量近650万次。制作了向国务院领导汇报的普查汇报片。编辑出版普查图书《美丽中国行》《大地的微笑》。

【新测绘法宣传】

中国测绘宣传中心积极组稿约稿，共同策划，及时报道全国各地学习贯彻修订的《中华人民共和国测绘法》的具体举措。通过刊发消息、局长发表署名文章、社论及系列评论、新闻发布会现场实录、法治建设综述、专栏、专题等进行集中深入报道。首次派出记者参加全国人大常委会会议《中华人民共和国测绘法》修订议程并进行报道。策划并组织刊发业内专家撰写的系列评论员文章和理论文章，宣传新测绘法的亮点、作用、意义等。推送“新测绘法新在哪儿”“新测绘法知多少”“测绘法的前世今生”等特别微信，测绘普法宣传片在全国普法网播出。中央各大媒体参加新闻发布会，刊（播）发新闻20条，地方媒体、网站转载500多条。中央电视台《新闻联播》等栏目播发消息，并就新测绘法解读专访国家测绘地理信息局副局长宋超智。各地测绘宣传工作站积极供稿，刊发多个省级主管部门专题报道。

【重点工作宣传】

中国测绘宣传中心围绕国家测绘地理信息局年度其他重点工作，组织重点宣传报道“两学一做”学习教育常态化制度化等党建工作；全国卫星导航定位基准服务系统建成及国家现代测绘基准一期工程竣工；资源三号02星交付使用；全覆盖排查整治“问题地图”专项行动；全国测绘地理信息行业职业技能竞赛及测绘大国工匠；地理国情监测新成果；北斗卫星导航应用；智慧城市时空大数据与云平台建设；应急测绘及国家应急测绘保障能力建设项目；测绘服务“一带一路”倡议、“多规合一”、精准扶贫重点工作；地图文化繁荣发展等。

【中国测绘科技馆】

中国测绘宣传中心将中国测绘科技馆打造成为集中展示测绘地理信息工作的宣传窗口和知名品牌，认真做好中国测绘科技馆运维和接待工作。加强与中共中央党校、国家行政学院、北京市科学技术协会、北京师范大学、中国农业大学及行业企事业单位等的联系，合作开展社会化科普教育活动。做好展示内容更新和设施维护，做好讲解员、志愿者培训，推进参观接待规范化、人性化。全年接待近110批次4600多人次参观。中国测绘科技馆获“全国优秀科普教育基地”称号和首批“全国测绘地理信息科普教育基地”称号，中国测绘宣传中心被评为全国科普工作先进集体。

【中国测绘全媒体平台建设】

中国测绘宣传中心初步建成由《中国测绘报》（含手机客户端）、《中国测绘》杂志、中国测绘微信公众号、中国测绘新闻网、中国测绘微博、中国测绘视频频道、中国测绘科技馆、中国测绘科技馆网等宣传媒介构成的中国测绘全媒体平台，基本做到重要消息当日上网上微信微博，第一时间见报。策划推出一系列重要节点特别微信，“测绘地信随手拍”活动面向全行业征集、发表测绘干部职工拍摄的摄影作品，每期策划不同的主题。利用扫描二维码的方式，实现报刊与网站、微博、微信的联通，报刊新闻稿件与手机媒体读者的深度互动。开通视频频道，制作一批视频新闻。《中国测绘报》手机客户端每天定时推送新闻。全年推送手机报近900个版面、要闻500多条、行业动态近1000条。

【测绘文化建设】

中国测绘宣传中心办好中国测绘报经纬副刊和文化专刊，中国测绘杂志文化类专栏。组织开展喜迎十九大“书香测绘”征文、摄影大赛、“随手拍”等面向全行业职工的文化活动，共征集征文近200篇，刊发50多篇；征集摄影作品400多幅，刊发77幅；“随手拍”刊载作品400多幅。积极推进创作测绘地理信息题材电视连续剧《热血珠峰》，完成第一次全国地理国情普查书《为了大地的微笑》（上、下册）55万字书稿的组稿、编辑工作。

人才培养

中国测绘宣传中心加大对班子成员、中层干部、支部书记、编辑记者、年轻骨干、普通职工的教育培训力度。通过选拔正处级干部；专业技术干部职称评审、职务聘任；实施中心青年学术和技术带头人制度；引进博士毕业生等方式，合理调整中层干部岗位，促进人岗相适应，施行管理岗位、技术岗位分离，队伍结构和人力资源状况不断改善。

国家测绘地理信息局管理信息中心

主要业务工作

【国家测绘地理信息局门户网站建设】

国家测绘地理信息局门户网站（以下简称局网站）全年总点击量为1.8亿次，平均日点击量为49.3万次。在由中国社会科学院信息化研究中心与国脉互联政府网站评测研究中心共同发布的2017年中国政府网站绩效评估结果中，局网站在49家国务院其他部门网站中排名蝉联第三，获得“数据开放领先奖”“创新发展领先奖”2个单项奖。在中国软件评测中心发布的2017年中国政府网站绩效评估结果中，局网站位列国务院其他部门网站第10名，首次进入前十名。12月29日，局网站手机版建成并上线运行。国家测绘地理信息局管理信息中心编写《2016年国家测绘地理信息局网站运行情况通报》，报经局办公室审定后以内部情况通报印发系统各单位参考。

全年局中文网站接收并处理新闻类稿件3817篇，其中登载2284篇、送审152篇。转载媒体报道692篇、发布公文505篇。新增开设《中华人民共和国测绘法》修订颁布实施、第一次全国地理国情普查新闻发布、第五届全国测绘地理信息行业职业技能竞赛、联合国智慧城市与可持续发展国际研讨会、砥砺奋进的五年、第一次全国地理国情普查先进集体和先进个人先进事迹、全国测绘地理信息标准化工作会议、全覆盖排查整治“问题地图”专项行动、学习宣传贯彻党的十九大精神、全国测绘地理信息工作会议10个专题，转链放管服改革专项督查、2017年国家网络安全宣传周2个专题。设计、制作全国测绘地理信息工作会议报告图解。局英文网站登载稿件4篇。局网站互动交流栏目接收并办理各类公众留言共1406件，其中分送局机关有关司室办理472件，按季度向国家测绘地理信息局报送局网站公众留言办理情况的报告并在局内网予以通报。

国家测绘地理信息局管理信息中心协助局办公室完成4个季度网站检查，并向国务院办公厅政府信息与政务公开办公室报送检查情况报告。及时办理国务院办公厅政府信息与政务公开办公室转办的“我为政府网站找错”网民留言9件，全部按期办结。

【测绘地理信息系统网站测评】

国家测绘地理信息局管理信息中心研究制定网站测评指标，起草并协调国家测绘地理信息局办公室印发开展网站测评工作的通知文件，组织专业测评机构对36家测绘地理信息主管部门政府网站及17家国家测绘地理信息局所属单位、地方有关测绘地理信息单位网站进行测评，形成测评报告。起草并协调局办公室印发《关于2017年测绘地理信息系统网站测评情况的通知》，发布网站测评结果，对下一步工作提出要求。组织召开测绘地理信息系统网站建设座谈会。

【国家测绘地理信息局官方微博、微信建设】

全年国家测绘地理信息局官方微博发布政务信息1469条，年底微博粉丝19.4万多人；微信发布信息951条，年底关注人数3.2万多人，同比增长42.6%。制作H5微宣传片宣传新测绘法，点击量达到7037次。测绘法宣传日期间，开展测绘法微信有奖竞答活动，共7083人参与，全程共答题37384道，活动浏览量达36238人次。通过微信发布《新党章知识100问》。国家测绘地理信息局管理信息中心编写《国家测绘地理信息局官方政务微博和微信公众号2016年运行情况报告》，并以管理信息简报形式印发。

【网上舆情监测分析】

国家测绘地理信息局管理信息中心向局领导报送《关于对〈关于测绘资质管理中涉及注册测绘师制度有关问题的说明〉网上舆情的初步分析报告》，向局办公室报送第一次全国地理国情普查结果发布和新修订的《中华人民共和国测绘法》颁布舆情报告。密切关注网友通过局官方微博反映“问题地图”的舆情，及时向局办公室报告并协助局有关司室及时进行回应。结合舆情监测分析和公众留言办理情况，起草并向局办公室报送《关于我局网民关切回应和咨询回复工作的情况报告》，建议局网站、微博、微信上的网民关切回应和咨询回复工作由局管理信息中心办理和转送机关各司室办理改为机关各司室直接办理，并组织对网站互动交流系统进行了修改完善。

【网上政务服务平台】

6月9日，国家测绘地理信息局网上政务服务平台正式上线运行，集中发布和展示各类政务服务信息，实现政务服务的导航、认证、办理、查询、评价五个统一。设立智能搜索，可关联查询服务事项的操作指南、应用入口、信息资源、政策法规、新闻公告等内容，为公众提供测绘资质单位、地图审核结果公告等多项信息查询。年底实名注册用户总数达3.18万人，企事业单位用户占67%。新增8项服务事项，提供服务内容基本覆盖国家测绘地理信息局已上线运行系统，共2.36万人办理业务，业务办结量达1.56万件。开展注册测绘师继续教育平台旧版迁移和新版开发建设工作。

【政务信息资源中心】

国家测绘地理信息局管理信息中心建成国家测绘地理信息局政务信息资源中心，数据使用单位可查看共享数据目录，按需选择接口服务、数据库表、文件3种共享方式，申请订阅有关资源。开展政务信息系统自查、清理，形成国家测绘地理信息局政务信息系统清单，涉及25个系统，基本覆盖国家测绘地理信息局已上线非涉密系统。向全国政务信息共享网站上报信息资源目录46条，涵盖信息项270项，依托资源中心实现基于资源目录的前置共享交换，通过数据库表方式交换共享数据超过145万条，文件方式共享24份。

【行业综合监管平台】

国家测绘地理信息局管理信息中心建成测绘地理信息行业综合监管平台，实现基于监管信息资源中心、综合监管业务应用体系、应用开放支撑体系、综合监管服务体系、大数据分析决策体系“1+4”的建设模式。构建行业综合监管的核心数据库，全面支撑国家测绘地理信息局开展测绘资质、地图管理、注册测绘师、成果质量、测绘项目、标准、信用、涉密成果8个业务的综合监管应用，面向社会公众提供信息查询、在线办理、资源下载服务，并通过统一的底层技术支撑系统间互联互通，运用报表查询、数据可视化以及BI分析等技术，形成决策分析成果。汇聚15类综合监管数据，形成912个数据项，数据量超过6TB，制作24个数据统计专题。

【双随机抽查管理系统】

国家测绘地理信息局管理信息中心完成双随机抽查管理系统的开发、用户终试和上线。配合做好地图审查、涉密成果提供使用等行政审批事项在线申请和办理工作。完成资质系统优化升级工作。完成国家测绘地理信息局内网门户和办公自动化系统运行维护工作。

【网络安全和保密工作】

国家测绘地理信息局管理信息中心提升安全防护能力和强化安全管理，形成由39台设备组成的网络安全架构。加强网络信息安全日常管理，坚持安全设备巡检，利用安管平台定期查看安全设备状态和告警信息，坚持机房巡查和重要时点机房设备检查，及时处置发现的问题，全年有效阻断攻击370万次。贯彻落实国家网络安全等级保护制度，推进政务信息系统定级、风险评估、整改方案设计工作，依据国家等级保护三级系统建设标准实施安全整改。完成行业信用管理平台和电子邮件系统等级保护三级和二级的测评。“一带一路”高峰论坛、金砖国家会议、“十九大”期间，重点保障国家测绘地理信息局机关网络安全，确保制度到位、人员到位、措施到位，提前对重要信息系统和网络进行安全加固，协调第三方公司实时监测网络攻击情况。落实值班及零报告制度，安排专人值班，实施全天候监控，每日上报有关情况。重要活动和会议期间未发生重大信息安全事件。开展网络安全突发事件应急处置。针对网络安全突发状况，安排人员和保障单位及时处置，恢复正常运行后，加强一段时期的安全值守。定期开展针对性安全应急演练，制定项目方案和步骤，提升应对处置能力。5 月 12 日晚，针对在全球范围爆发的“永恒之蓝”勒索病毒，处理 39 台感染病毒的服务器，在短时间内消除病毒影响。制定了《国家测绘地理信息局机关网络与信息系统安全应急预案（试行）》。

协助开展网络安全、保密、密码的技术支撑工作，贯彻落实 20 个相关文件。具体实施面向局机关及所属单位开展的各类检查，配合局办公室到局属单位开展现场检查。及时处理国家网络安全检查信息共享平台通报的各种网络安全问题，协助开展全系统关键信息基础设施网络安全检查工作，每季度报送网络安全保障和关键基础设施安全态势情况，配合开展“十九大”网络安全检查。完成局机关涉密设备管理工作，开展局机关保密自查，配合完成国家保密局首次进驻式检查。参与起草《测绘地理信息领域重要信息系统商用密码应用规划（2016—2020)》，编制测绘地理信息领域重要信息系统商用密码应用项目预算。完成等级保护测评中心和保密测评分中心建设调研工作，撰写并上报调研报告。组织推进国家测绘地理信息局电子政务内网建设实施工作，编制完成设计方案，完成项目通用设备采购和项目监理、总集与安全体系建设招标和局机关网络环境涉密改造。

【电子政务运维工作】

国家测绘地理信息局管理信息中心完成终端设备日常维护及耗材管理和信息化资产管理等工作，保障国家测绘地理信息局办公正常有序运行。全年处理局机关终端设备软件、网络、外设等问题 1300 多次，安装计算机、打印机 90 多台，完成大量设备调整工作。保证耗材供应，准确登记耗材领用信息并及时发放。配合局办公室完成局机关 415 台台式计算机、120 台便携式计算机、283 台外设信息化资产的管理，报废设备 105 台。虚拟化环境资源持续扩容，13 台高性能主机支撑了 418 台虚拟服务器的运行，总存储量已达 170TB，支撑多个全国性信息系统的运行。完成国家测绘地理信息局机关内网、外网运维，承担国务院政务信息资源专网、中央和国家机关传输专网、国家电子政务外网等国家级专网的维护任务。定期巡检系统，完成国家测绘地理信息局内网办公系统、行政执法、测绘资质等 28 个政务信息系统的运维管理。

【统计管理】

国家测绘地理信息局管理信息中心对各单位 2016、2017 年的统计工作进行综合考核，对 21 家单位和 30 名统计人员进行通报表扬。参与国家测绘地理信息局地理信息产业专项调查工作，协助完成调查制度的编写工作，负责将调查制度报送国家统计局审核并及时按要求对制度进行修改完善，参与调查报告编写工作。完成国家统计局布置的各项工作。

【统计信息服务】

国家测绘地理信息局管理信息中心编制完成《2017 年测绘地理信息统计年报》和《2017 测绘地理信息统计手册》。组织开展统计年报集中会审工作，对各单位上报的 2016 年统计年报数据进行全面审核。完成 2017 年各季度统计报表数据的收集、审核、汇总等工作。

根据 2016 年测绘地理信息统计年报数据，分析总结测绘地理信息事业的发展情况，撰写分析报告并编入 2016 年测绘地理信息统计年报。开展 2017 年上半年统计数据分析，编写印发 1 期《管理信息简报》。推动系统各单位开展统计分析工作，45 家单位上报了分析报告，编印了《2016 年测绘地理信息统计分析报告汇编》。

承担国土资源公报“测绘地理信息服务”章节的供稿工作，撰写测绘地理信息重点工作内容，稿件经局办公室审核后按时报送国土资源部。配合局办公室完成向海淀区统计局报送国家测绘地理信息局机关年度有关统计数据的工作。按要求为《中国测绘地理信息年鉴》《中华人民共和国 2016 年国民经济和社会发展统计公报》《中国统计年鉴》《中国科技统计年鉴》《中国第三产业统计年鉴》《国土资源统计年鉴》提供反映测绘地理信息工作开展情况的统计资料和测绘地理信息服务业财务状况统计数据。向国家测绘地理信息局有关部门提供统计资料。

【《中国测绘地理信息年鉴》编制】

国家测绘地理信息局管理信息中心按照《中国测绘地理信息年鉴 2017》（以下简称《年鉴 2017》）

框架结构，对各单位报送的稿件进行初审、拆分、汇总、整理、编辑、审核、校对，于9月送印出版。增加91家地市级测绘地理信息主管部门和5所院校的工作内容，首次将综合工作部分编辑完成后提交国家测绘地理信息局机关各司室和有关单位进行审核。《年鉴2017》成书156万字，比上卷年鉴增加27万字；印刷5800本，比上卷年鉴增加1000本。征集彩色宣传插页44版，其中事业单位26版、企业18版。

【《中国测绘地理信息年鉴》征订发行】

《年鉴2016》第一次印刷4800本，后加印350本，累计发行4726本，为历年发行数量最多，发行量同比增长11.6%。《年鉴2017》出版后，印发《关于做好〈中国测绘地理信息年鉴2017〉征订工作的通知》，全面启动征订发行工作，截至年底，累计发行2200多本。将传统的纸质订单改为网上电子订单，提高了效率。印发《关于表扬〈中国测绘地理信息年鉴2016〉征订发行工作成绩突出单位的通报》，对16家省级和82家地市级测绘地理信息主管部门进行通报表扬。组织举办年鉴行业单位组稿及征订发行工作座谈会，进一步推进年鉴征订发行工作。

【《中国测绘地理信息年鉴》质量建设】

国家测绘地理信息局管理信息中心组织举办年鉴组稿和编辑培训班，总结1年来年鉴工作取得的明显成效，对做好2017年年鉴工作提出要求，就年鉴组稿和编辑的有关要求和规范进行培训，来自各单位的年鉴组稿和编辑人员共70多人参加培训。根据《年鉴2017》编制中发现的问题及2017年测绘地理信息重点工作，结合各单位提出的意见，对年鉴框架结构进行修订并形成《〈中国测绘地理信息年鉴2018〉框架结构》，将国家测绘地理信息局直属单位、社团组织和院校合并设立为1个编目。协调局办公室印发《关于做好〈中国测绘地理信息年鉴2018〉组稿供稿工作的通知》，启动《年鉴2018》组稿工作，印发《关于征集〈中国测绘地理信息年鉴2018〉彩色宣传插页专版的函》。编发1期管理信息简报，通报《年鉴2016》征订发行情况。

【《中国国土资源年鉴》工作】

国家测绘地理信息局管理信息中心设计编写《中国国土资源年鉴2017》中国家测绘地理信息局彩色宣传插页的相关内容，经局办公室审定后报送国土资源部。认真审核《中国国土资源年鉴2016》涉及国家测绘地理信息局的内容并按要求反馈意见。编写完成《中国国土资源年鉴2017》中国家测绘地理信息局供稿内容并报送局办公室审核，修改完善后报送国土资源部。按要求编写完成十八大以来测绘地理信息工作大事记，经局办公室审定后报送国土资源部。

人才培养

【人文关怀】

国家测绘地理信息局管理信息中心制定谈心谈话制度，加强与干部职工的谈心谈话交流，以平等的姿态、真诚的心态，有针对性地和职工进行谈心谈话，深入了解职工学习、生活、工作情况，增进相互了解和信任，主动听取干部职工意见建议，对干部职工提出的意见建议认真研究，采取有效措施加以解决。评选优秀共产党员、优秀职员，激发职工爱岗敬业、创先争优的工作积极性。

【培训教育】

国家测绘地理信息局管理信息中心加强职工培训教育，提升职工岗位技能。通过召开务虚会、座谈研讨等方式，培养战略思维，提高分析问题、处理问题的能力；加强对专业技术人员的培养，通过给任务、压担子、岗位交流、业务培训等形式，挖掘潜力，提高专业技能水平。鼓励职工结合岗位需求和自身情况参加各种技能培训及学历继续教育，增强职工开拓创新能力和岗位技能，派出1人参加联合国挂职锻炼，1人通过高级专业技术职务任职资格评审具备任职资格，10人次参加相关专业技术培训和继续教育学习。部分职工开展业务工作调研。

国家测绘地理信息局地图技术审查中心

主要业务工作

【地图审查】

国家测绘地理信息局地图技术审查中心完成为行政许可服务的地图审查4814件，其中地图集121件、教科书地图71件、教辅地图1663件、单张地图343件、图书报纸期刊插附地图533件、登载展示地图42件、境外引进类地图199件、对外加工印刷品插附地图1471件、地球仪123件、导航电子地图180件、互联网地图66件、其他产品中插附地图2件。经审查合格4181件，不合格633件，地图审查量较上年增长25.85%。

为国家和国家测绘地理信息局重大活动、重点工作提供审图服务保障82次。为“砥砺奋进的五年”大型成就展提供服务保障，共审查地图145幅、视频96个。为全覆盖排查整治“问题地图”专项行动提供地图审查服务保障，搜索“问题地图”线索1000多条，派出30多人次赴全国各地判定识别大量“问题地图”。为外交部、民政部、国家发展和改革委员会、中央宣传思想工作领导小组、中央电视台、人民日报、江苏卫视、中青在线等单位和测绘地理信息系统有关单位提供审图服务保障。

【互联网地图监管】

互联网地图监控国家主节点全年搜索并判定174.7万条监管信息，涉及网站2500多个，发现“问题地图”网站350多家、“问题地图”图片1000多张。定期汇总分析省级分节点监控工作情况，编写《全国互联网地图监控情况季报》并上报国家测绘地理信息局。

国家测绘地理信息局地图技术审查中心对537家网站进行重点监控，其中中央重点新闻网站14家、中央部门行业新闻网站77家、中央国家机关网站82家、中央直属机关网站14家、中央级社团网站12家、涉台机构网站12家、涉藏机构网站10家、涉边涉海机构网站8家、国防军事网站7家、主要商业网站5家、中央企业网站104家、甲级互联网地图服务资质单位网站192家，发现“问题地图”300多张，涉及网站80多个。对国家领导人出访、“一带一路”倡议、十九大等题材的新闻宣传报道中登载地图，微博、微信使用地图情况进行监控，将“问题地图”的线索以11个专题上报国家测绘地理信息局。

【公益性标准地图服务】

国家测绘地理信息局地图技术审查中心与有关单位继续丰富公益性标准地图内容，完善服务系统功能，补充近100幅标准地图。截至年底，网站注册用户数达1.3万，总浏览量58万次，总下载量32万次。

国家测绘地理信息局测绘发展研究中心

主要业务工作

【政策研究】

国家测绘地理信息局测绘发展研究中心在对当前测绘地理信息安全监管有关问题进行全面梳理的基础上，联合9家测绘地理信息企业开展9个方面的研究工作，完成《地理信息安全策略研究报告》。选择5个政府地区和8家跨国公司开展制度化国际上跨国地理信息企业发展跟踪调研，基本完成2本国际地理信息产业跟踪调研报告。联合新疆维吾尔自治区测绘地理信息局完成《丝绸之路经济带核心区测绘地理信息发展策略研究》，形成研究报告。联合北京市规划和国土资源管理委员会，从规划计划协同、机构协同、政策制度协同、公益性业务协同、地理信息产业协同等方面提出京津冀测绘地理信息协同共享的对策措施，并凝练提出地理国情监测、京津冀地理信息大数据中心建设等相关重点项目，研究成果通过验收。邀请相关企业召开测绘地理信息领域军民融合座谈会，开展军民融合政策境分析，完成有关调研报告。分析信息化面临的形势和现状，开展测绘地理信息部门“十三五”信息化发展研究，提出“十三五”期间测绘地理信息部门信息化的主要目标和任务。研究北京市地理国情监测机制建设，提出有关政策性建议，为促进北京市地理国情监测常态化提供参考。开展测绘地理信息企业核心竞争力指标和测绘地理信息科技进步对产业贡献率的调查指标设计工作，通过发放调查问卷开展广泛调研。开展测绘地理信息科技创新评价研究，完成研究报告。

【地图简史研究】

国家测绘地理信息局测绘发展研究中心从全球视角梳理、介绍地图的历史，勾勒3000年来的世界主流地图发展脉络，回溯从古代绘图时代到17世纪的地图发展历程，划分出世界地图史重要的时空发展阶段。围绕历史上最著名的地图作品与地图学家，讲述、分析了世界不同地域和文化所造就的各具特色的地图。

【单位影响力建设】

国家测绘地理信息局测绘发展研究中心公开出版测绘地理信息蓝皮书《测绘地理信息科技创新研究报告（2017）》《地理国情监测常态化业务应用探索》《新型基础测绘的探索与实践》。编发12期《测绘地理信息发展动态》，全年发送9600份；编发23期《测绘地理信息调查、研究、建议》，发送约4700份。微信公众号发布研究报告200篇。

【获奖情况】

国家测绘地理信息局测绘发展研究中心副主任徐永清撰写的《珠峰简史》被评为2017年全国优秀科普作品。完成的“测绘地理信息全面深化改革若干问题研究”获中国地理信息产业协会2017年中国地理信息科技进步奖二等奖，“地理世情监测的发展策略与政策研究”“测绘地理信息科技创新评价研究”均获中国测绘地理信息学会2017年测绘科技进步奖三等奖。

【服务保障工作】

国家测绘地理信息局测绘发展研究中心配合国家测绘地理信息局完成报送国务院的全球地理信息资源建设有关建议的研究工作。收集、汇总相关部门和单位的专家研究资料，梳理、分析全球地理信息资源建设面临的形势、工作思路等，配合国家发展和改革委员会形成研究报告和呈报党中央、国务院的代拟稿。配合国家测绘地理信息局推进测绘地理信息在“多规合一”试点工作中的推广应用工作，协助完成国家测绘地理信息局与国家发展和改革委员会、有关省（区）协议的签署。完成“多规合一”试点成果展工作方案设计，赴浙江、广西、海南、宁夏、河北等地调研，收集、制作展览材料，完成展板内容的设计和视频制作，按照要求在7月完成布展。

承担《雄安新区测绘地理信息八年行动计划》的研究和起草工作。开展1次专题调研，参加智慧时空大数据助力雄安新区建设高端论坛，并作了题为《雄安新区地理信息产业发展的思考》的报告，组织召开第一次研究小组会议。参与推动测绘地理信息新型智库建设，开展前期研究，编制研究报告，起草测绘地理信息新型智库建设意见、测绘地理信息智库建设方案等文稿，提出具体组建工作建议。组织编写8篇测绘法专题研究文章。组织跟踪国际上大国地理信息立法情况调研，完成俄罗斯、印度、美国测绘地理信息法律翻译工作，相关内容编入《国外测绘地理信息战略与规划选编（2017）》。启动第三轮测绘地理信息发展战略研究，组织开展战略问题专家研讨，形成详尽的研究方案并报送国家测绘地理信息局。参与完成《地理国情监测常态化业务应用探索》出版，有序推进《新型基础测绘的探索与实践》出版。协助国家测绘地理信息局开展注册测绘师制度建设与实施情况的专题调研工作。

国家测绘地理信息局职业技能鉴定指导中心

主要业务工作

【注册测绘师】

国家测绘地理信息局职业技能鉴定指导中心联合人力资源和社会保障部人事考试中心组织完成2017年全国注册测绘师资格考试。全国19156名测绘地理信息专业技术人员报名参加考试，其中3567人通过考试，全国获得注册测绘师资格证书人数达16673人。印发《注册测绘师资格考试工作保密管理暂行办法》《注册测绘师资格考试命题工作暂行规程》2项制度。

全国各地上报注册测绘师初审通过人员45批3037人，累计发放注册证书、执业印章21批2827人。截至年底，注册审查人数共113批11906人，累计发放注册证书、执业印章39批11376人。印发《注册测绘师注册数据保密工作暂行办法》《注册测绘师注册管理工作暂行规程》2项制度。

国家测绘地理信息局职业技能鉴定指导中心组织开展4期注册测绘师继续教育必修课培训班，累计培训注册测绘师1100人次。组织首届全国注册测绘师论文征集及优秀论文评选活动，共收到199篇论文，其中6篇入选《测绘通报》、49篇入选《测绘通报（增刊）》。

【职业技能竞赛】

人力资源和社会保障部、中华全国总工会、共青团中央、全国妇女联合会等有关部门继续参与联合举办第五届测绘地理信息行业职业技能竞赛。全国31个省、自治区、直辖市和新疆生产建设兵团测绘地理信息主管部门成立竞赛组织机构，组织省级选拔赛，多地组织开展市县级选拔赛。全国参与竞赛选拔与技能培训的人数超过6万人，参加选拔的行业单位超过1800家。7月24日—28日、9月21日—26日，地图绘制员赛项及工程测量员赛项总决赛分别在浙江省杭州市和陕西省西安市举办。国家测绘地理信息局职业技能鉴定指导中心联合教育部举办2017年全国职业院校技能大赛测绘赛项竞赛活动，组织第二届全国职业院校测绘地理信息类专业青年教师讲课比赛，举办首届全国高校大学生无人机测绘技能大赛。

第一次全国地理国情普查劳动竞赛完美收官。3月，中华全国总工会印发文件，授予河北省制图院、国家测绘地理信息局第一地形测量队“全国五一劳动奖状”；授予吉林省地理信息院武立军等4人“全国五一劳动奖章”；授予国家基础地理信息中心地理国情监测部等10个集体“全国工人先锋号”称号。

【“大国工匠”推荐学习活动】

3月21日，国家测绘地理信息局办公室与中国能源化学地质工会联合印发《关于“身边的大国工匠·测绘地理信息篇”学习活动的通知》。国家测绘地理信息局职业技能鉴定指导中心履行组委会办公室职责，组织相关人员审核推荐材料、确定候选人、召开推进会。9月22日，国家测绘地理信息局办公室与中国能源化学地质工会联合印发《关于进一步开展“身边的大国工匠·测绘地理信息篇”学习活动的通知》，向全行业推出刘先林等10人为测绘地理信息行业“大国工匠”，其中6人入选中国能源化学地质工会组织开展的“大国工匠·能源化学地质篇”学习活动。

【技师考评与职业技能鉴定】

全国共有20个省、自治区、直辖市开展技师考评工作，为672人提供技师培训和鉴定考评服务，其中493人通过评审取得技师职业资格，全国测绘地理信息行业技师累计4113人。

国家测绘地理信息局职业技能鉴定指导中心组织各鉴定站提供技能鉴定服务，共鉴定人员35312人，较2016年增长1.5%，33616人获得国家职业资格证书，较2016年增长2.3%。

【培训服务】

国家测绘地理信息局职业技能鉴定指导中心分别在6月、5月、8月、7月组织举办全国测绘地理信息系统厅局级干部培训班（第4期）、处级干部进修班（第4期）、青年干部进修班（第4期）、生产单位负责人培训班（第 4 期）4 个主体培训班，共培训学员 239 人次，累计培训 368 学时。

组织举办 2 期学习贯彻党的十八届六中全会精神专题培训班，共培训学员 320 人。组织举办学习贯彻党的十九大精神集中轮训（第 1 期），共培训学员 153 人。组织举办无人机操控员培训班 6 期、不动产登记数据整合建库及权籍调查培训班 1 期、激光雷达数据处理及应用培训班 1 期、地下管线探测技术培训班 1 期，共培训学员 300 多人。组织举办《中华人民共和国测绘法》甲级测绘资质单位负责人培训班 4 期，来自 839 家测绘资质单位的 890 人参加培训。

国家测绘产品质量检验测试中心

主要业务工作

【全国测绘地理信息质量监督抽查】

国家测绘产品质量检验测试中心完成 15 项变形测量成果、10 项工程测图成果和 15 项管线测量成果的全国监督抽查任务；按照国家测绘地理信息局 2017 年度"双随机"联合抽查工作要求，对全国 50 家甲级测绘资质单位开展质量管理体系建设和成果质量情况抽查；完成 10 家单位导航电子地图导航测试及 13 个省 35 个导航样本库的数据采集、整理和入库工作。

【基础性地理国情监测质量控制】

国家测绘产品质量检验测试中心完成 2017 年基础性地理国情监测全部省级任务承担单位及 95 家作业单位的过程质量监督抽查工作；组织开展国家测绘地理信息局直属生产单位（陕西、黑龙江、四川、海南测绘地理信息局和国家测绘地理信息局重庆测绘院）承担任务区成果的交叉验收工作；组织开展全国 26 个省份成果复核工作。

【国家基础地理信息数据库质量评估】

国家测绘产品质量检验测试中心设计形成基础地理信息数据库质量评估的 3 级测试内容和指标，完成国家基础地理信息中心承建的 1∶5 万基础地理信息数据库，陕西、黑龙江、四川和海南测绘地理信息局承建的 1∶1 万基础地理信息数据库的测试质量检验和整体评估。组织开展江苏省测绘地理信息局完成的 1∶1 万地形数据缩编 1∶5 万的试验成果质量评价工作。

【全球地理信息资源建设工程】

国家测绘产品质量检验测试中心完成 2017 年度计划任务 206 万平方千米区域网平差、数字正射影像、数字表面模型和核心矢量要素数据过程抽查和验后成果质量抽查工作；完善《全球地理信息资源建设维护与更新项目过程质量监督抽查规定》和《成果质量抽查规定》。

【全国 1∶5 万地形数据更新成果外业抽检】

国家测绘产品质量检验测试中心完成 2016 年全国 1∶5 万地形数据更新成果质量外业抽检，共对全国 31 个省份 350 幅 1∶5 万地形图进行外业抽检，完成质量元素、地形要素、省域等 8 个方面的成果质量分析与评估。

【协同发展】

国家测绘产品质量检验测试中心组织召开全国测绘地理信息质检站长会议，贯彻落实质量提升行动决策部署，明确新时代质检工作聚焦方向和工作任务。不断探索质检工作协同创新发展新机制，分别与四川测绘地理信息局、国家测绘地理信息局重庆测绘院、北京市测绘设计研究院、西藏自治区测绘局签署战略合作协议，并成立国家测绘产品质量检验测试中心西南中心、重庆分中心、北京分中心、西藏分中心。

科技创新

国家测绘产品质量检验测试中心联合地方质检机构、企业、高校开展信息化质检平台建设，研发形成集质检业务系统和管理系统为一体的网络化质检平台；开展基础地理信息数据、互联网地图数据库、地理国情监测、公共服务平台等标准制修订工作。测绘地理信息公益性科研专项"网络化测绘地理信息质检平台构建技术研究及应用示范"通过验收，并取得"A"类评价。

国家测绘地理信息局重庆测绘院

主要业务工作

【基础性地理国情监测】

国家测绘地理信息局重庆测绘院完成贵州省53个县基础性地理国情监测数据生产，包括资料收集与整合、正射影像纠正、变化信息发现与提取、外业调查核查、内业编辑整理、过程质量检查等，形成符合设计要求、质量合格的基础性地理国情监测数据成果，面积约12万平方千米。完成重庆、贵州、湖南的监测数据汇总、数据接边、入库预处理及汇交，总面积48万平方千米。完成直属生产单位监测数据生产成果的交叉验收。

【基础性地理国情监测成果应用】

国家测绘地理信息局重庆测绘院完成地理国情普查数据中河流、湖泊、水库、水渠等水系数据的统一编码、汇流关系整理、河流实体处理、水系网络构建等全国水网数据优化及流域划分。

【专题性地理国情监测】

国家测绘地理信息局重庆测绘院完成重庆市云阳县、开州区、奉节县、巫溪县、巫山县面积约1.8万平方千米三峡库区环境承载力及协调性监测。完成三峡库区地理信息数据及专题数据等相关资料的收集与整合。基于优于2.5米分辨率卫星影像，充分利用普查成果和基础性监测数据，围绕林地、草地、湖泊、土地等重要生态要素，开展三峡库区生态环境动态监测，形成2017年三峡库区生态环境演变的动态监测数据集及专题图。完成2017年三峡库区生态环境动态监测数据集汇总。

【重庆市地理国情监测】

国家测绘地理信息局重庆测绘院完成重庆市开州区、铜梁区、万州区、酉阳土家族苗族自治县4个区县的地理国情数据监测任务。完成项目相关数据申领手续办理；技术设计书编制；各行业部门专题资料收集与处理；地理国情数据更新采集与成果质量控制，提交质量合格、符合入库标准的地理国情监测数据；相邻区县与省际接边；市级验收意见及国家测绘地理信息局验收后复核意见修改；成果基本统计分析及报告编制。

【贵州省地理国情监测】

国家测绘地理信息局重庆测绘院完成贵州省面积约5.95万平方千米的监测数据生产任务。完成资料收集与整合、影像正射纠正、变化信息发现与提取、外业调查核查、内业编辑与整理、质量控制。

【国家基础测绘】

国家测绘地理信息局重庆测绘院完成27个生产单元（248个县级行政区域）的1:5万DLG重点要素数据更新47万平方千米，1033幅1:5万制图数据更新，29幅1:25万DLG数据缩编更新，29幅1:25万制图数据生产，2幅1:100万DLG数据缩编更新，2幅1:100万制图数据生产。

【地方基础测绘】

国家测绘地理信息局重庆测绘院完成上海市奉贤区青村镇14个村36.82平方千米的农村地籍更新调查任务。完成图根控制测量约2400点，1:500地籍实测约10平方千米，1:2000地籍修测约26.8平方千米。调查农村宅基地约1万宗，建设用地使用权约2000宗。

【“一带一路”重点区域地理信息资源建设与维护更新】

国家测绘地理信息局重庆测绘院完成韩国、朝鲜约22万平方千米数据生产，包括区域网平差处理，DOM、DSM及核心矢量要素数据生产。核心矢量要素数据包括二级行政区划、主要地名、快速路、城市主要道路、乡村主要道路、干线铁路等内容。

【不动产登记存量数据整合】

国家测绘地理信息局重庆测绘院完成珠海市斗门区（总面积801平方千米）约29834宗不动产登记数据整合工作，其中有坐标12113宗、无坐标17721宗。

【数字城市建设】

国家测绘地理信息局重庆测绘院完成武汉市武昌区35.11平方千米地下空间普查。全面完成外业巡视，实地采集及核查地下空间的属性信息、空间信息；完成地下空间调查成果图及专题图编绘；完成地下空间调查成果数据整理及入库。

【安全生产】

国家测绘地理信息局重庆测绘院针对国家重大工程项目，建立安全生产与绩效考核、奖励惩处制度，继续实行安全生产“一票否决”制和安全事故责任追究制；层层签订安全生产责任书，将安全生产与业务工作同计划、同落实。8 月，院领导分赴陕西测区、云阳测区进行生产专项检查，听取一线职工对于安全生产的意见和建议，及时消除生产中遇到的安全隐患。印发《重庆测绘院生产单位间数据交换管理规定》。

【内部控制】

国家测绘地理信息局重庆测绘院编写印发《重庆测绘院内部控制工作手册》，规定内部控制建设的工作目标、工作组织和工作步骤，汇集预算业务、收支业务、政府采购业务、资产业务、工程项目业务及合同业务等方面的内部控制管理制度和工作流程。

科技创新与人才培养

【科技项目】

国家测绘地理信息局重庆测绘院完成信息化测绘基地建设方案设计与论证、常态化地理国情监测与分析技术开发、测绘地理信息标准研究与制修订、移动地理信息系统关键技术研究与应用和面向智慧城市的物联网服务平台 V2.0 研发及其应用等测绘科技创新项目。完成应急测绘保障技术—综合管线应急平台关键技术研究（2016 年度）、长江沿线重点城市新型城镇化发展变化监测与应用、面向地理国情普查的一级类特征提取案例研究和基于 BIM 与 GIS 的建筑工程管理关键技术研究等项目的验收工作。完成地理国情数据库管理与服务平台 V1.0、绿色农产品电商平台 V1.0 和测绘办公信息化管理平台 V2.0 三个软件著作权登记。

【科技奖励】

国家测绘地理信息局重庆测绘院完成的“重庆市 1∶5000 地形图测绘”“数字万州地理空间框架建设工程”“重庆市万州区城市市政地下管线基础信息普查与更新项目”分获中国测绘地理信息学会 2017 年全国优秀测绘工程奖白金奖、金奖和银奖；“省级信息化测绘体系关键技术及应用”“西藏自治区地理国情普查数据库建设关键技术研究及应用”分获中国测绘地理信息学会 2017 年测绘科技进步奖特等奖和三等奖；“重庆市第一次地理国情普查”获中国地理信息产业协会 2017 年中国地理信息产业优秀工程奖金奖。

【人才队伍建设】

国家测绘地理信息局重庆测绘院印发《重庆测绘院青年技术带头人管理办法》，建立劳模创新工作室。作为生产单位与院的桥梁和纽带，确定年度技术创新和技术培训、技术交流、成果推广转化等方面的工作计划。发现、提出生产过程中在技术管理、技术创新、工艺流程、质量控制等方面的问题及建议，解决生产经营管理的重点难点问题。

国家测绘地理信息局机关服务中心

主要业务工作

【中国测绘创新基地管理】

国家测绘地理信息局机关服务中心认真履行中国测绘创新基地管理委员会办公室职责，组织召开 4 次会议并印发会议纪要。根据会议议定结果、相关情况通报及基地安保工作要求，起草、印发有关文件，协调基地各单位间工作联系。核算基地全年运转费用支出情况并详细标注各单位水、电、气及热力的实际消耗量，依比例将费用分摊至各单位并按季度及时收取。继续加强对物业服务的监管力度，指导、督促物业公司查找问题、改进工作，注重提升物业管理人员管理水平，实现无缝管理。

【办公环境优化】

国家测绘地理信息局机关服务中心向国家机关事务管理局争取到 2 台制冷机组，更换办公楼内老旧窗户，维修改造基地配电室部分低压配电系统，所有工程的实施均严格执行招投标制度。维修基地院内路面并加装护栏；配备专人负责会议室的预订使用，对局务会议室区域加强管理，保障基地各类会议、活动顺利进行。

【食堂管理】

国家测绘地理信息局机关服务中心加大细化管理食堂力度，坚持以“卫生防疫标准化、职责任务具体化、征求意见经常化、花样品种多样化”的目标提高食堂膳食质量，确保职工满意放心。

【绿化美化工作】

国家测绘地理信息局机关服务中心组织栽种、补种开花及色叶植物。为进一步管理好基地现有的花草树木，督促绿化公司定期浇水施肥、修剪整理，及时喷洒农药，防治病虫害。基地环境进一步净化、绿化、亮化和美化，做到庭院整洁、路灯明亮、绿树常青、环境优雅。

【基建房改工作】

国家测绘地理信息局机关服务中心组织完成国家测绘地理信息局机关住房配售配租工作，完成车道沟家属区平房和1～6门下水管道改造。

【维护稳定工作】

国家测绘地理信息局机关服务中心强化对保安队的监管，推动监管工作常态化。严格落实公安、消防部门要求，建立逐级安全责任制，开展安全检查；严格落实值班制度，加强应急值班，确保了十九大会议及节假日期间基地大院安全。与基地各单位签订《消防安全责任书》，逐级落实防火安全责任；建立健全防火巡查、隐患整改等规章制度；加大对消防设施设备的投入力度，对消防、安保中控室核岗定员，继续开展消防培训和演习；督导物业、保安队员健全预警应急机制，落实各项应急预案，明确职责，提高安全管理保障水平，确保基地消防安全、治安防范工作万无一失。

国家测绘地理信息局三亚测绘技术开发服务培训中心

主要业务工作

【测绘地理信息数据处理】

国家测绘地理信息局三亚测绘技术开发服务培训中心完成数字保亭、数字昌江基础地理信息数据生产、整合处理及海南省海岸带监测等生产项目，累计完成1:500地形图和城镇地籍数据入库300平方千米、三维模型数据生产及更新25平方千米、地理空间框架平台数据集1:1万更新2500平方千米及相关数据集建库。

【地理信息数据管理和服务平台研发】

国家测绘地理信息局三亚测绘技术开发服务培训中心与国家基础地理信息中心、海南测绘地理信息局、武汉大学、山东科技大学等建立长期技术交流和互动学习机制，形成基础地理信息数据处理建库、数字城市数据处理建库、数据库管理与应用系统开发等业务综合能力。

【海洋测绘地理信息业务】

国家测绘地理信息局三亚测绘技术开发服务培训中心开展与相关涉海单位合作，初步形成相关技术能力；多渠道探索收集南海海图数据，建立南海海图数据管理与服务平台。组织“天地图·南海”节点建设、南海应急测绘基础地理信息数据库建设、陆海统筹集成建库试验等项目建议书，进一步提升中海洋地理信息工程规划与开发服务能力。

人才培养

国家测绘地理信息局三亚测绘技术开发服务培训中心围绕打造高水平技术队伍和高水平管理队伍的人才建设目标，坚持从严思想教育、从严日常管理、从严监督问责，把从严管理的要求贯彻到组织工作的全过程。努力加强干部队伍建设，加大青年优秀人才培养力度。按照事业单位公开招聘的有关规定，从中南大学、中国地质大学等院校择优招聘毕业生，在经过培训教育后分配到相关项目进行锻炼，初步形成数据处理与平台研发的核心技术团队。开展海洋测绘业务的技术培训与技术储备，加强与国家测绘地理信息局、海南测绘地理信息局的协调，通过海南省“多规合一”、数字城市建设和第三次全国土地调查等项目开展技术练兵。

中国测绘地理信息学会

组织建设

3月20日，中国测绘地理信息学会在广东省惠州市召开全国测绘地理信息学会工作会暨团体会员工作会，总结工作情况，研究部署工作任务，表彰有关单位。8月2日，按照中国科学技术协会关于社会组织党建工作的部署要求，在学会理事会层面建立党组织，实现学会党的组织全覆盖和党的工作全覆盖。经科技社团党委批准，成立中国测绘地理信息学会党委。10月13日，在北京召开中国测绘地理信息学会2017年秘书长工作会议。11月10日，在江苏省南京市召开第十二次全国会员代表大会及十二届一次理事会，完成换届选举，会议选举宋超智为新一届理事会理事长、彭震中连任秘书长并为学会法人代表、其他副理事长8人，常务理事47人，理事150人。选举产生十二届共5人的监事会，张文晖为监事长。

科技成果测评与专业认证

中国测绘地理信息学会作为科技成果测试评价国家测绘地理信息局工程技术研究中心依托单位，完成测绘地理信息团体标准实施方案调研报告；参与编写《国家测绘地理信息局工程技术研究中心管理办法（修订）》；受国家测绘地理信息局委托，开展8家信息化测绘体系建设试点单位的测评工作。

完成测绘地理信息类工程教育专业认证工作。新认证测绘工程专业高校10所。组织开展30多名专家和150多名学校代表的认证培训工作。根据中国工程教育专业认证协会要求，召开2次自评报告审议会和结论审议会。完成14所高校的申请审核受理工作。

业务培训

中国测绘地理信息学会开展无人机测绘航空摄影从业人员培训及相关工作。与国家测绘地理信息局职业技能鉴定指导中心联合举办6期无人机航摄操控员培训班，组织召开智慧城市时空大数据与云平台建设培训研讨会。

会议和活动

【2017年学术年会及第七届全国测绘地理信息技术装备展览会暨全国测绘地理信息博览会】

11月8日—10日，以“创新驱动跨越发展”为主题的中国测绘地理信息学会2017年学术年会及第七届全国测绘地理信息技术装备展览会暨全国测绘地理信息博览会在江苏省南京市召开。会议颁发2017年测绘科技进步奖、优秀测绘工程奖、优秀测绘地理信息期刊奖、全国高校GIS技能大赛奖、夏坚白院士测绘事业创业奖、叶雪安优秀教师奖等13个奖项。同期举行的第七届全国测绘地理信息技术装备展览会暨全国测绘地理信息博览会全面展示测绘地理信息技术和装备在陆、海、空、天、地的应用，涵盖硬件和软件、系统集成和解决方案等，展示跨界融合产生的新技术和新应用。大会举办多场特邀报告会，14场分论坛、专题技术论坛，4000多名代表参会。

【2017年测绘地理信息高端论坛】

5月12日，中国测绘地理信息学会在北京召开以“大数据驱动融合共享，供给侧改革助力转型升级”为主题的2017年测绘地理信息高端论坛，设立3个分论坛。2位院士做主题报告，500多名科技工作者参加论坛，共同探讨测绘地理信息高新技术的发展和应用，深入探索测绘地理信息与相关行业领域的深度融合。

【“中国四维杯”第十三届全国测绘地理信息职工定向越野赛和2017年全国学生定向锦标赛】

7月18日—22日，中国测绘地理信息学会在广东省韶关市举办“中国四维杯”第十三届全国测绘地理信息职工定向越野赛，来自全国52家测绘地理信息单位的760多名选手参加比赛。7月18日—25日，与中国大学生体育协会、中国中学生体育协会在广东省韶关市联合举办2017年全国学生定向锦标赛，来自全国202个代表队的2600多名运动员、教练员、裁判员等参加比赛。

【科普活动】

中国测绘地理信息学会联合举办以“生态文明，我知我行，创新驱动，我们先行”为主题的第三届资源环境与生命科技创新知识网络大赛，9家国家级学会、协会共同主办。10月11日，在青岛举行首批16家全国测绘地理信息科普教育基地授牌仪式，启动“科普中国——让人人享有地理信息”科普活动。11月9日，在江苏省南京市举办让人人享有地理信息全国测绘地理信息科普教育基地2017年巡展，16家全国测绘地理信息科普教育基地展示了基地开展的特色科普活动。联合举办2017第九届全国高校GIS技能大赛，来自全国120多所高校的2000多人参与。联合举办2017Esri杯中国大学生GIS软件开发竞赛，来自全国733个参赛团队的423名老师、1976名学生参加比赛。

【第28届国际制图大会（ICC2017）】

7月2日—8日，以“我爱地图”为主题的国际地图制图协会（ICA）第28届国际制图大会（ICC2017）在美国华盛顿举行，由国家测绘地理信息局和中国测绘地理信息学会联合选送的我国参展地图作品《郑和航海图》（中国航海出版社出版）获专家评审一等奖，《运河全图》（中国地图出版社出版）获地图作品其他类专家评审二等奖和公众投票奖，《梦幻青花——青花瓷地图》（山东青岛市勘察测绘研究院制作）获挂图类公众投票奖。

交流与合作

中国测绘地理信息学会组织人员积极参加国际组织重要活动，支持学会专家学者竞选FIG副主席等国际组织领导职务，为我国在国际组织任职专家做好服务。为国际组织中高级人才申请到中国科学技术协会国际民间科技组织事务专项活动经费。完成《测绘学报》英文版申请审批工作。与英国皇家特许测量师协会经过多轮沟通和协商，制定互认会员的标准及行为准则。根据中国科学技术协会国际联络部要求，编制中国测绘地理信息学会参加国际测量师联合会2018年大会对外交流计划。

7月31日，中国测绘地理信息学会与北京北科天绘科技有限公司成立激光雷达检测与科研成果评价中心。组织专家召开激光雷达检测与科研成果评价中心专家验收会，制定激光雷达测试和科研成果评价中心管理细则。9月，与中国卫星导航定位协会、中国遥感应用协会等12家单位联合成立地理信息产业（德清）创新助力学会企业联合体。10月13日，由国家测绘地理信息局、工业和信息化部、河北雄安新区管委会指导，河北省地理信息局、中国测绘科学研究院、国家基础地理信息中心、中国测绘地理信息学会联合主办的智慧时空大数据助力雄安新区建设高端论坛在雄安新区举办，中国科学院、中国工程院院士李德仁和中国工程院院士王家耀作报告，来自国家相关部门、测绘地理信息主管部门、高校及科研院所、地理信息企业的400多名代表参加论坛。12月1日—3日，在浙江省地理信息产业园德清地理信息小镇举办2017地理信息人才德清论坛及招聘会。来自全国测绘地理信息高等院校及企事业单位200多人开展交流、探讨，近30家企业及100多名学生参加招聘会。

学科发展研究

《测绘学报》再次入选“2016年百种中国杰出学术期刊”和“第四届中国精品科技期刊”。

中国测绘地理信息学会组织编撰测绘学科发展白皮书，组成由中国工程院院士宁津生任首席科学家，学会各分会、专业委员会主任牵头的编委会，编撰《2016—2017测绘科学与技术学科发展报告》。组织编写《中国大百科全书》第三版测绘卷，与中国测绘科学研究院负责组织各分支学科的专家分组、分阶段共同完成。完成年会论文征集、青年优秀论文评选，征集论文103篇，经评审确定20篇优秀论文。

奖项推荐和评奖

中国测绘地理信息学会开展了测绘科技进步奖、全国优秀测绘工程奖、第三届全国优秀测绘地理信息期刊奖等奖项评选组织工作。组织有关单位进行申报，经形式审查、评审、审定等评选程序，评选出2017年测绘科技进步奖候选项目146项、2017年全国优秀测绘工程奖候选项目407项、第三届全国优秀测绘地理信息期刊奖候选期刊23个。直接推荐2个国家级奖励申报项目，其中1个项目获国家科技进步奖二等奖。通过其他渠道推荐的项目分获国家技术发明奖二等奖和国家科技进步二等奖。开展两院院士推荐工作遴选5位候选人，完成向中国科学技术协会的推荐工作。开展创新争先奖推荐工作，推荐的唐新民、陈军2位专家获首届全国创新争先奖。开展2014—2017年度先进集体和先进个人评选工作，共评出先进集体单位30家、先进个人46名。开展了中国青年科技奖、光华工程奖、青年人才、优秀党员科技工作者等推荐工作。

中国地理信息产业协会

组织建设

【健全内部法人治理结构】

中国地理信息产业协会以《脱钩总体方案》调整完善后的章程为据，健全会员代表大会、理事会（常务理事会）、内部监事会（监事）及党组织参与协会重大问题决策制度。召开会长工作会1次，学习新测绘法，讨论研究行业自律、军民融合、产业大会等工作；召开会长办公会7次，讨论通过《中国地理信息产业协会会长办公会议制度》《中国地理信息产业协会财务管理办法》《中国地理信息产业协会费用报销管理办法》《中国地理信息产业协会2017年工资标准》等制度；召开常务理事会会议和通讯会议，研究讨论协会工作委员会工作。通过修订后的《中国地理信息产业协会工作委员会管理办法》《中国地理信息产业协会薪酬管理办法》《中国地理信息产业协会人员考核办法》。在贵阳召开六届二次理事会会议，通过自律委员会名单和工作规则，成立标准管理委员会和军民融合工作委员会。组织召开会员单位新春座谈会、经济形势分析座谈会等，听取会员单位关于地理信息产业现状、存在问题、发展趋势等方面的意见。吸收更多领域的专家、学者参与地理信息科技奖评选工作，对地理信息科学技术奖励委员会进行换届，修订《地理信息科学技术奖励办法》《地理信息科技进步奖实施细则》和《中国地理信息产业优秀工程实施细则》。

【自律委员会成立】

中国地理信息产业协会成立自律委员会，该委员会制定地理信息产业自律公约及工作规则，以规范地理信息产业全体从业组织及从业人员的商业行为，将依法维护行业内部公平竞争的市场经济秩序和正常的市场环境，促进和保障行业持续、健康发展。

【团体标准管理委员会成立】

中国地理信息产业协会成立团体标准管理委员会，逐步建立与国家标准、行业标准协同发展、协调配套的地理信息产业标准体系，增加标准的有效供给，供市场选用，发挥标准在科技进步、成果转化、转型升级等方面的作用。

【军民融合工作委员会成立】

8月15日，中国地理信息产业协会军民融合工作委员会在北京成立，该委员会将发挥军民各方的资源优势，推进测绘地理信息军民融合协调发展。

【工作委员会新架构】

2月，中国地理信息产业协会汇编各工作委员会工作总结和年度工作计划。4月8日，工作委员会主任工作会议在北京召开，27个工作委员会的50多名负责人参加会议。截至年底，中国地理信息产业协会共有28个工作委员会。地理国情监测、装备、软件、地理信息文化、位置服务、云计算与物联网、国土资源信息等工作委员会进行换届，各工作委员会的重新登记工作按计划进行。

【学习宣传贯彻落实十九大精神】

中国地理信息产业协会参与编写《砥砺奋进的5年——党的十八大以来全国测绘地理信息事业辉煌成就》。组织秘书处全体成员收看十九大开幕式及相关报道。参观砥砺奋进的5年展览。在北京召开学习宣传贯彻党的十九大精神报告会，邀请中央党校专家作报告，协会会长、副会长、常务理事、理事、会员单位及地理信息企业的200多人参加。

在重庆召开学习十九大精神谋划新时代协会工作为主题的省级协会研讨会，20个省级地理信息产业协会的50多位负责人参加会议。协会微信公众号开设《学习贯彻党的十九大精神》征文专栏。组织秘书处全体成员参加学习十九大报告学习会，秘书长授课，学习会后组织了测验。

产业调查与发展

【地理信息产业专项统计调查与分析】

地理信息产业专项统计调查由国家测绘地理信息局统筹协调，中国地理信息产业协会具体承办。组织全国地理信息产业非测绘资质企业填报数据，搜集并汇总其他各类单位统计调查数据，撰写地理信息产业专项统计调查报告。初步摸清产业发展底数、掌握产业发展规模和增长速度。

中国地理信息产业协会多次召开企业座谈会，开展产业调查研究和统计分析，编撰《2017中国地理信息产业发展报告》，向有关部门提出政策措施建议，为政府决策提供咨询服务。11月，组成2个调研组，对河南、山东、湖北、上海、浙江、广东、海南、湖南8个省市进行调研，主要听取地方测绘地理信息主管部门、企事业单位负责人意见，了解当地地理信息产业和企事业单位发展状况及会员单位需求，并形成调研报告。

【科技成果评价】

中国地理信息产业协会组织专家为国家级重要地理国情监测与分析关键技术和应用等20多个项目提供科技成果评价。

会议和活动

【中国地理信息产业大会】

2017中国地理信息产业大会在贵阳举办。大会的主题是“创新、转型、融合、发展”，大会表彰2017中国地理信息产业百强企业、最具活力中小企业、高成长企业TOP50，颁发2017地理信息科技进步奖、2017中国地理信息产业优秀工程奖，举办中国地理信息产业高端论坛等16个分论坛及中国地理信息产业成果展、企业家头脑风暴、创新秀等活动。全国政协副主席罗富和，科技部、国土资源部、民政部、国家测绘地理信息局等部门有关领导出席会议，来自全国地理信息产业界及相关领域的3000多人参加大会。

【工作委员会活动】

理论与方法工作委员会参与组织2次地理信息科学论坛、ISPRS2017地球空间周、第六届全国虚拟地理环境会议、崇明智慧生态岛地理信息科学青年学者论坛。质量工作委员会组织开展2017年测绘地理信息质检软件测评工作。教育与科普工作委员会举办第六届全国大学生GIS应用技能大赛、第四届全国高校GIS青年教师讲课竞赛，完成首届全国高校GIS教学成果奖评选工作，举办2017年全国高校青年教师GIS教学研修班。软件工作委员会启动了信息软件的测评工作并完成7个软件的测试工作。空间大数据技术与应用工作委员会主办空间大数据应用与实践研讨会，承办2017北京大学研究生暑期学校空间计量经济学前沿暨首届空间数据科学研讨会、2017年中国地理信息产业大会空间大数据应用论坛。云计算与物联网工作委员会组织举办2017中国地理信息产业大会云与大数据GIS创新分论坛、中国测绘地理信息学会学术年会大数据GIS与空间大数据分论坛。地理信息公共服务工作委员会举办2017中国地理信息产业大会大数据时代的地理信息公共服务专题分论坛。地理信息文化工作委员会承办2017中国地理信息产业大会地理信息文化分论坛，开展少儿手绘地图大赛、地理信息文化大讲堂、“每周一图”地图展、测绘邮票知识大解读等活动。地图工作委员会组织有关单位参加美国华盛顿国际制图大会。国土资源信息工作委员会组织召开2017地质信息技术发展论坛、2017年度国土资源卫星应用技术交流会、卫星与大数据土地应用技术创新研讨会、2017年中德地质信息管理与应用技术研讨会。精准农林业工作委员会召开2017年精准林（农）业经营关键技术论坛。旅游信息工作委员会进行了换届，举办全国VR旅游展暨大美贵州/贵阳时空穿越体验展活动。地信企业管理与咨询工作委员会参与2017中国地理信息产业百强企业、2017中国地理信息产业最具活力中小企业、2017高成长50强企业评选活动和地理信息产业专项统计调查工作，组织举办13期地理信息企业管理智慧公益大讲堂专题讲座。无人机工作委员会组织召开2017年无人机产业协同研讨会。协办德清国际工业级无人机暨北斗卫星应用产业发展高峰论坛，举办无人驾驶系统应用论坛。地下空间工作委员会主办2期城市地下空间普查与信息系统建设交流研讨，举办2017中国地理信息产业大会地下空间与智慧城市专题论坛。电力工作委员会召开2017年度工作会议，承办2017中国地理信息产业大会电力分论坛暨电力工作委员会学术交流年会、2017第三届江西省互联网大会北斗及高分卫星应用分论坛。装备工作委员会举办2017中国地理信息技术装备西北地区（兰州）高端论坛、2017测绘地理信息装备东北三省渠道商交流座谈会、中国国际测绘地理信息技术装备高峰论坛。地理国情监测工作委员会组织召开地理国情监测服务与应用研讨会，承办中国测绘地理信息学会2017年学术年会地理国情/市情监测论坛。军民融合工作委员会举办2次军民融合专题论坛。对接2次军民业务需求。

交流与合作

中国地理信息产业协会编制《2016年地理信息产业协会汇编》。指导、支持云南省地理信息产业协会组织首届无人机摄影测量与遥感全国邀请赛。3月23日—24日，在西安召开测绘地理信息产业协会工作研讨会，来自中国地理信息产业协会和20个省、自治区、直辖市测绘地理信息产业协会的50多人参加会议。组织专家学者参加在澳门举行的第九届海峡两岸GIS发展研讨会。

组织代表团赴奥地利、捷克、德国学习访问，代表团访问维也纳大学，双方就地理信息系统开发应用、国际项目合作、人员互访及交流等方面进行了讨论，在德国柏林参观国际测绘地理信息技术和设备博览会，与德国测绘、地理信息和土地管理协会举行会谈。

奖项评选

【地理信息科学技术奖】

中国地理信息产业协会评选出中国地理信息产业优秀工程项目288项，其中金奖48项、银奖138项、铜奖102项；地理信息科技进步奖项目中132项，其中特等奖2项、一等奖14项、二等奖116项。

【百强企业、最具活力的中小企业】

中国地理信息产业协会开展中国地理信息产业百强企业、中国地理信息产业最具活力的中小企业排名，依据企业最近1年的地理信息营业收入总额，由高到低排出2017中国地理信息产业百强企业；依据企业最近1年地理信息营业收入总额和近3年地理信息营业收入的累计增长率，由高到低排出2017最具活力的中小企业。依据企业近3年地理信息营业收入的累计增长率，由高到低排出高成长企业TOP50的名单。

中国卫星导航定位协会

组织建设

【获批中国科学技术学会团体会员】

1月，中国卫星导航定位协会被中国科学技术学会批准为团体会员，为协会开展卫星导航领域的学术研究和交流、促进学科发展、推动自主创新提供有利条件和资源。

【五届十次常务理事会议】

5月17日，中国卫星导航定位协会在北京召开五届十次常务理事会议。会议完成第五届理事会工作报告、《中国卫星导航定位协会章程》草案及修订说明、会费收取和使用规定、卫星导航定位科学技术奖奖励条例修订情况、关于拟成立理事会层面党组织的工作、第六届理事会（2017—2021）副会长候选单位和候选人名单等议程。

【第六届会员代表大会】

6月28日，中国卫星导航定位协会在北京召开第六届会员代表大会，来自政府部门、高校、科研机构、企业的300多名会员代表参加会议。会议审议通过第五届理事会工作报告、财务报告、协会新章程、会费标准等，选举产生协会第六届理事会、监事会等。

【第六届理事会第一次理事会议】

6月28日，中国卫星导航定位协会在北京召开第六届理事会第一次理事会议，理事会全体成员投票选举产生第六届理事会常务理事、会长、副会长、秘书长，于贤成当选第六届理事会会长，张全德当选第六届理事会秘书长。会议表决通过第六届理事会名誉会长、副秘书长人选及第六届理事会党委委员等。

【第六届一次常务理事扩大会议】

12月21日，中国卫星导航定位协会在北京召开第六届一次常务理事扩大会议，研究讨论协会近期工作，部署2018—2021年工作，审议通过协会建设事项和中国卫星导航定位协会2017年工作总结和2018年工作计划。审议通过《关于梳理中国卫星导航定位协会专业委员会的情况说明》及梳理后各专委员会组成情况的报告，《中国卫星导航定位协会专业委员会工作规则》《副会长、常务理事积极参与协会工作的评价办法》等内容。审核批准第六届专业委员会设置，增选张全德为副会长兼秘书长，武晓淦为专职副秘书长，审核批准新增加的理事单位，新入会的团体会员单位。听取协会内部管理情况及近期重点工作的报告。

科技成果鉴定

中国卫星导航定位协会组织召开科技成果鉴定会，对基于惯性-北斗组合的卫星天线跟踪指向技术及应用、北斗二号民用服务平台、北斗二号系统测试终端多径抑制技术研究及应用、北斗RDSS授时结果周日波动消除技术研究、超低功耗多源融合定位与导航技术项目进行科技成果鉴定。全面鉴定企业科研成果项目的技术、应用和市场发展前景并提出建议，协助产业单位完善成果、开拓市场。

6月15日，在北京召开湖北省北斗地基增强系统项目测试报告评审会，该项目由湖北省测绘工程院和武汉导航与位置服务工业技术研究院共同承建。

会议和活动

【百企xun道】

1月6日，中国卫星导航定位协会组织卫星导航定位行业单位进行“百企xun道”活动，以“寻”智慧城市之道、“巡”精准应用之道、“询”科技创新之道、“循”跨界融合之道为途径，到10多家单位开展此项活动。5月，在福建省龙岩市召开北斗应用“百企xun道”之电力行业暨协会电力行业专业委员会成立会议。

【智慧北斗精准应用峰会】

6月11日—12日，中国卫星导航定位协会在北京召开智慧北斗精准应用峰会，12位院士、有关部门相关人员、国内外北斗及相关产业技术机构和骨干企业的专家、学者及行业代表出席会议。会上，与北京控股集团游戏那公司签署战略合作协议，将北斗精准服务推广到城市供水、排水、供热等领域，与8家企业签订智慧北斗应用合作协议，开发和推广北斗新技术和解决方案。

【第六届中国卫星导航与位置服务年会暨首届卫星应用国际博览会】

9月16日—17日，中国卫星导航定位协会在深圳市召开第六届中国卫星导航与位置服务年会暨首届卫星应用国际博览会，2000多人参会，杨元喜、刘先林、魏子卿等院士在主论坛做报告，5个分会场共举办10个分论坛。参展单位达114家，展示国内主要的科技成果和推广应用。举办卫星导航定位科普知识竞赛，现场向观众免费发放北斗系统及其应用服务科普读本。

【高精度导航地图座谈会】

11月9日，中国卫星导航定位协会在北京召开高精度导航地图座谈会，12家涉及导航电子地图制作、汽车制造、互联网地图服务、自动驾驶系统研发制造的企业和中国汽车工程协会代表参加会议。国家测绘地理信息局有关部门及国家基础地理信息中心等单位参加会议，深入了解企业的诉求和市场存在的问题，讲解政府促进高精度导航地图发展的政策和措施。

【北斗卫星亚米级定位技术推广应用研讨会】

11月18日—19日，中国卫星导航定位协会作为地理信息产业（德清）创新助力学会企业联合体成员单位，在浙江省德清县组织召开北斗卫星亚米级定位技术推广应用研讨会，100多名来自卫星导航与位置服务产业企业有关人员及专家参会，共同探讨全国卫星导航定位基准服务系统免费向社会开放提供的广域实时精密定位技术和服务及基合导航系统定位技术的推广应用。

【“一带一路”卫星应用国际合作联盟】

6月，中国卫星导航定位协会在国家发展和改革委员会国际合作中心丝路国际产能合作促进中心的支持下，以卫星导航与位置服务产业实力单位为依托，聚集遥感、通信等卫星应用单位，成立“一带一路”卫星应用国际合作联盟。

交流与合作

4月16日—25日，中国卫星导航定位协会组织产业单位到捷克、波兰和希腊的卫星导航协会、政府部门、科研机构和高等院校开展交流、建立合作渠道、对接合作需求。

学科发展研究

【《中国卫星导航与位置服务产业发展白皮书》】

5月17日，中国卫星导航定位协会发布2016年度《中国卫星导航与位置服务产业发展白皮书》，介绍产业发展现状、格局、市场规模和发展趋势。

【《绵阳市北斗卫星导航产业发展规划》】

6月28日，中国卫星导航定位协会与绵阳市经济和信息化委员会签署《技术咨询服务协议书》，承担编制《绵阳市北斗卫星导航产业发展规划》工作。完成该项规划的编制并通过绵阳市经济和信息化委员会组织的评审验收。

【《卫星导航定位与北斗系统应用》论文集】

9月，中国卫星导航定位协会征集出版《卫星导航定位与北斗系统应用》论文集。论文集分为我国卫星导航技术和产业的总体发展、CORS系统建设和高精度定位应用、导航与位置服务技术研究和行业应用成果、北斗卫星导航系统核心技术研究成果4部分。

奖项推荐和评奖

中国卫星导航定位协会推荐的“真三维导航中变道诱导的方法和装置”“沿引导路径检索兴趣点的方法及使用了此方法的导航系统”“卫星导航接收机的信号捕获系统及方法”3项发明专利获得国家知识产权局2017年第十九届中国专利奖。

经过协会奖励办公室形式审查、评审专家委员会初审评分、项目答辩和终审投票，评选出2017年卫星导航定位科学技术进步奖37项，其中特等奖3项、一等奖9项、二等奖25项；卫星导航定位优秀工程与产品奖37项，其中特等奖3项、一等奖8项、二等奖26项。

完成2017年度地图导航定位产品测评，向社会推荐5家导航电子地图产品、5家互联网地图服务产品、27家地图导航定位产品。

武汉大学

概况

【师资力量】

武汉大学是国家教育部直属重点综合性大学，是国家“985工程”和“211工程”重点建设高校。拥有测绘类专任教师400多人，其中正副教授300多人，有2位中国科学院院士、6位中国工程院院士、3位欧亚科学院院士，2位国家教学名师，有“973项目”首席科学家（含国家重大基础研究计划）、“863项目”计划领域专家、国家基金委创新群体、国家杰出青年科学基金获得者。

【专业设置】

武汉大学开设普通高等学校本科专业目录（2012年）中全部测绘类本科专业：测绘工程、遥感科学与技术、导航工程、地理国情监测，其中导航工程和地理国情监测专业属特设专业。开设与测绘科学密切关联的本科专业包括：地球物理学（地球物理学类）、地理信息科学（地理科学类）、空间信息与数字技术（计算机类）。

武汉大学测绘类本科教育由测绘学院、遥感信息工程学院、资源与环境科学学院承担，研究生学位教育由测绘学院、遥感信息工程学院、资源与环境科学学院、测绘遥感信息工程国家重点实验室、国家卫星导航定位工程研究中心、中国南极测绘研究中心承担。武汉大学测绘学科有在读普通本科生4000多人、硕士研究生1500多人、博士研究生600

多人。建校以来，共培养了10多万名各类高级专门测绘人才。

学科建设

【学科排名】

9月21日，教育部、财政部、国家发展和改革委员会联合发布世界一流大学和一流学科建设高校及建设学科名单，武汉大学入选一流大学建设高校，测绘科学与技术学科入选“双一流”建设学科。在软科世界一流学科排名中，武汉大学遥感技术学科排名世界第1位，地理学排名世界第44位。

【学科建设】

10月，武汉大学为促进遥感与航天等学科的融合发展，建立遥感科学与技术学科体系，经专家论证和学校研究，成立武汉大学宇航科学与技术研究院，挂靠遥感信息工程学院。

11月10日，科睿唯安公司（原汤森路透集团）发布最新ESI数据，武汉大学地球科学（GEOSCIENCES）在632个上榜机构中排名第288位。1月—11月发文量为2375篇，同比增加550篇；篇均被引次数为6.84。其中顶级论文34篇，热点论文2篇，高被引论文34篇。

【学科评估】

12月28日，教育部学位与研究生教育发展中心公布全国第四轮学科评估结果。具有博士授权和硕士授权的34所高校参加测绘科学与技术一级学科评估；武汉大学名列第一，与解放军信息工程大学同列A+档。

科研情况

【科研概况】

武汉大学测绘学科全年获国家科技进步奖2项、省部级奖励42项。发表高水平科研论文825篇，高引论文49篇，其中SCI 383篇（二区以上SCI 265篇）、EI 442篇。出版专著14部，制定行业标准2项，授权发明专利150项、实用新型专利15项、软件著作权147项。在研项目806项，经费总额近4.5亿元。

新增主持国家重点研发计划地球观测与导航重点专项“全球位置信息叠加协议与位置服务网技术”“城市群经济区域建设与管理空间信息重点服务及应用示范”2个项目，主持课题“极地海冰及其反照率变化的反演方法和产品研制”“现场四维重建与信息融合技术研究”“场景集成建模与自适应表达”“重特大灾害应急通讯与信息服务集成平台研制”“国土资源与生态环境安全应急相应关键技术”“地理大数据统一表达、聚合与可视化挖掘”6个课题，获批中央财政资金11443万元。“卫星大地测量学理论与方法及其应用”获批国家自然科学基金创新研究群体项目。

【南极科考】

武汉大学共派出4人参加中国第33次南极科学考察。其中1人留在南极中山站执行越冬任务；1人参与“雪鹰601”固定翼航空地球物理观测及数据预处理；1人参与“雪龙号”逆时针环南极大洋作业，负责物理海洋CTD站位、罗斯海地质采样和地球物理作业；1人负责维护GNSS观测系统和极地中心网络GIS系统的数据采集与上传。

【获奖情况】

武汉大学主持完成的“航空航天遥感影像摄影测量网格处理关键技术与应用”获2017年国家科技进步奖二等奖，参与完成的“国家海岛礁测绘重大关键技术与应用”获2017年国家科技进步奖二等奖。主持完成的“卫星大地测量反演地壳和断层精细变形的理论和方法”获教育部2016年高等学校科学研究优秀成果自然科学奖一等奖，主持完成的“对地观测传感网实时动态GIS及长江流域典型应用”获教育部2016年高等学校科学研究优秀成果科技进步奖一等奖。主持完成的“空间信息智能分析与服务的理论与方法”获2016年湖北省自然科学奖一等奖，主持完成的“高分辨率光学遥感卫星影像高精度快速处理关键技术及应用”获2016年湖北省技术发明奖一等奖，主持完成的“‘出行地图+’动态服务计算关键技术及应用”获2016年湖北省科技进步奖一等奖。

【主要成果】

武汉大学提交的“关于开展我国自主高精度全球测图的建议”被国务院采纳，智慧城市时空信息服务功能描述和元数据（Function Description and Metadata of Spatio—temporal Information Service for SSC）标准提案在国际电信联盟（ITU）成功立项。参与《城市轨道交通工程测量规范》国家标准和《卫星导航定位基准站数据处理规范》吉林省地方标准的制定工作。向企业转让“一种在Android内核层实现 GNSS/INS 组合导航的方法”等 6 项发明专利、“GNSS/INS 组合导航数据处理软件”等 2 项软件著作权，实现商业化。2 月 3 日，“珞珈一号”02 星工程协调会在武汉召开，武汉大学和航天科技集团在国际上首次试验雷达卫星多角度成像模式。9 月，由武汉大学主办的《地球空间信息科学学报》（Geo—spatial Information Science，简称 GSIS）被科睿唯安公司（原汤森路透集团）的新兴资源引文索引数据库（Emerging Sources Citation Index，ESCI）正式收录，论文的下载量和引用量均大幅上升。12 月 6 日，国务院副总理刘延东在伦敦出席“中英科技创新合作：共塑黄金时代”论坛期间，参观中英科技创新成果展，充分肯定武汉大学地球空间信息技术协同创新中心外聘专家、英国纽卡斯尔大学教授李振洪的参展项目高分三号卫星重轨干涉测量技术及其应用成果。

12 月 11 日，国务院总理李克强在湖北省武汉市考察智慧城市建设，充分肯定智慧交通建设平台。该平台的大数据技术由武汉大学提供。

12 月，利用遥感地面站深空探测接收设备，武汉大学教授李斐带领的团队成功记录到木星卫星信号，并对 NASA 发射的木星探测器 JUNO 进行观测，对采集数据进行傅里叶分析，获取了较明显的点频信号。

【队伍建设】

3 月 31 日，武汉大学测绘学院教授姚宜斌、测绘遥感信息工程国家重点实验室教授杨必胜，入选教育部 2016 年度“长江学者奖励计划”。4 月，武汉大学测绘学院教授李星星获 2017 年度欧洲地学联合会（European Geosciences Union，简称 EGU）颁发的“杰出青年科学家奖”（Division Outstanding Young Scientist Award）。5 月 6 日，武汉大学李德仁院士被第十届国际移动测量技术大会（The 10th International Symposium on Mobile Mapping Technology）授予“杰出成就奖”（Outstanding Achievement Award）。5 月 11 日，武汉大学遥感信息工程学院范红超、测绘学院李星星入选国家“千人计划”青年项目和创业人员名单。7 月 14 日，中国地理学会公布《关于 2017 年中国地理学会系列科技奖励的表彰决定》，李德仁院士获第八届“中国地理科学成就奖”。7 月 28 日—30 日，武汉大学测绘学院、资源与环境科学学院选派的 5 名青年教师获第九届全国高等学校测绘类专业青年教师讲课竞赛 3 个特等奖和 2 个一等奖。9 月，武汉大学面向大一新生开设专业基础课《测绘学概论》，授课团队由宁津生、李德仁、陈俊勇、刘经南、张祖勋、龚健雅 6 位院士组成。六院士团队当选为 8 月“荆楚楷模”月度人物，并获“荆楚好老师”称号。

【合作与交流】

1 月 5 日—7 日，以“未来智慧城市”为主题的第十届亚洲地理信息系统大会在香港大学召开，武汉大学的李德仁、龚健雅院士参加大会。3 月 15 日，武汉大学与广西壮族自治区测绘地理信息局签署测绘地理信息科技合作协议，在人才培养、科技创新和科技成果转化等方面开展长期合作。3 月 17 日，国家自然科学基金委员会主办、武汉大学协办空间信息稀疏表征与在轨智能处理研讨会暨计算机视觉与人工智能前沿论坛在武汉大学举行，80 多名专家学者参加论坛。4 月 6 日，武汉大学与泰国相关部门开展诗琳通地球空间信息科学国际研究中心双硕士项目，签署武汉大学、泰国地理空间信息与技术发展局、东方大学谅解备忘录。

4 月 24 日，在中国极地考察表彰大会上，武汉大学中国南极测绘研究中心被人力资源和社会保障部、国家海洋局授予“中国极地考察先进集体”称号，张胜凯副教授被授予“中国极地考察先进个人”称号。5 月 4 日，全国政协副主席、九三学社中央主席、中国科学技术协会名誉主席、中国科学院院士韩启德到武汉大学技术转移中心浙江分中心考察调研，高度肯定“即时判”智能后视镜项目并希望尽快实现产业化。5 月 6 日，第十届国际移动测量技术大会（MMT2017）在埃及举行，武汉大学李德仁院士做题为“从移动测量到智能机器人测量”的特邀报告。

5 月 8 日—12 日，第 37 届国际环境遥感研讨会（The 37th International Symposium on Remote Sensing of Environment）在南非首都茨瓦内举行，武汉大学李德仁院士率队参加，向与会者介绍武汉大学在环境遥感领域的创新研究成果。5 月 27 日—28 日，第四届全国激光雷达大会在武汉大学举行，来自科研院所、高等院校和相关企业的 500 多名代表参会，与会者围绕激光雷达的基本原理、数据获取与处理、系统开发、行业应用等展开研讨，探讨激光雷达对地观测领域的关键问题。6 月 26 日—30 日，由科技部与欧洲空间局合作的“龙计划”四期 2017 年度学术研讨会在丹麦哥本哈根召开，武汉大学 10 多名学者参加会议，李德仁院士应邀在开幕式上作题为“中国的对地观测计划”的主题报告。7月5日，武汉大学—代尔夫特理工大学地球空间科学联合研究中心第四次研讨会在荷兰代尔夫特召开，代尔夫特理工大学校长蒂姆·凡·德·哈根教授会见了武汉大学代表团。8月2日，国际华人地理信息科学协会（CPGIS）成立25周年庆典暨第25届国际地理信息科学大会在美国布法罗举行，武汉大学20多人的代表团参会并在大会上作报告。8月22日，中国主体功能区战略国际研讨会暨武汉大学中国主体功能区战略研究院成立仪式在武汉大学举行，近300名会议代表共同见证我国首个主体功能区战略研究机构的成立。研究院由国家发展和改革委员会与武汉大学共同发起成立，为国家空间规划改革试点、资源环境承载能力监测预警机制建设、生态产品价值实现机制探索等重大改革任务提供理论、技术、政策和人才支撑。9月11日，人卫激光测距与大地测量科学发展学术研讨会在武汉大学举办。

9月17日—18日，以“高分·精致为用”为主题的第四届高分辨率对地观测学术年会在武汉大学召开，国内外对地观测领域的院士专家、学者1000多人参加会议。9月18日—22日，国际摄影测量与遥感学会（ISPRS）和武汉大学共同主办的地理空间周在武汉举办，来自全球各地的近1000位学者参加。地理空间周为期5天，通过主题报告、特邀报告、分会报告、专家讨论等形式，聚焦智慧城市建设与地球空间信息领域最新进展。40多位特邀嘉宾作专题报告，240位学者作口头报告，100多位学者通过墙报方式与会交流。大会从600多篇投稿中录用300多篇论文。11月29日，武汉大学副校长率团赴泰国出席诗琳通地球空间信息科学国际研究中心硕士项目揭幕仪式，并访问相关合作高校。

招生与就业

武汉大学测绘学院、遥感信息工程学院、资源与环境科学学院、测绘遥感信息工程国家重点实验室、卫星定位技术研究中心、中国南极测绘研究中心共招收测绘相关专业本科生1135名，研究生721名，其中博士研究生160名、硕士研究生561名。本科生、研究生就业率均在95%以上，在武汉大学各学科专业毕业生就业率中处于前列。

河南测绘职业学院

概况

【学院成立】

河南测绘职业学院在整合郑州测绘学校部分资源的基础上建立。3月6日，河南省人民政府办公厅印发《河南省人民政府关于建立河南轻工职业学院等5所高校的通知》，同意建立河南测绘职业学院，并明确河南测绘职业学院为专科层次的普通高等职业学校，由省教育厅举办和管理，办学经费由省教育厅按照省管同类学校经费标准统筹解决；主要培养测绘类高等技能型人才；学校专科层次全日制普通在校生规模暂定为3000人。5月12日，河南测绘职业学院通过教育部备案。

截至年底，学院共有在职教职工216名，其中专任教师148名。53名教师具有高级专业技术职务，其中教授2名、教授级高级讲师1名；77名教师具有中级专业技术职务。共有“双师型”教师111名、厅级学术技术带头人17名、厅级学科带头人1名、厅级骨干教师2名、省级教学名师1名；名师工作室2个。

【新校区建设】

1月4日，郑州测绘学校党委召开专题会议，研究部署新校区一期工程建设有关工作。9月15日，食堂、2栋宿舍楼、2栋教学楼投入使用，电力、自来水、天然气正式供应。9月17日，2017级高职层次学生入住新校区。10月29日，河南测绘职业学院举行新校区启用仪式暨测绘地理信息教育发展研讨会。

【内部机构设置】

河南测绘职业学院在郑州测绘学校的基础上改

革党政及后勤机构，共设党委办公室、院长办公室、教务处、人事处、党委组织部（与人事处合署办公）、纪检监察审计室、宣传统战部、财务处、学生处（学生工作部）、发展规划处、科研处（学报）、基建处、后勤处（党总支）、机关党总支、离退休工作处（党总支）、保卫处（武装部）、工会、团委18个部门和直属单位郑州四维测绘技术公司。党委下设16个直属党组织，其中党总支9个、直属党支部7个。

学院教学部门设有测绘工程系、空间信息工程系、遥感工程系、国土信息与管理系、计算机工程系、经济管理系、思想政治理论教学部、基础课教学部、体育教学部；教辅部门设有实训管理中心、测绘职业技术教育培训中心、信息中心、图书馆。

【干部选拔任用】

河南测绘职业学院分4批进行新设党政部门、系部和教辅部门、直属党组织负责人（正职），系部和教辅部门、直属党组织负责人（副职），系部和教辅部门内设机构负责人，党政及后勤部门内设机构负责人选拔任用工作。

【教学管理】

河南测绘职业学院高职层次开设工程测量技术、摄影测量与遥感技术、测绘地理信息技术、地籍测绘与土地管理、计算机网络技术专业；中职层次开设工程测量、地图制图与地理信息系统、地图制图与地理信息系统（测绘信息数字化方向）、国土资源调查、工程测量（地形地籍测绘方向）、会计、计算机网络技术专业。

教务处统一管理教学工作，制定学期教学计划，指导各系部开展教学工作。学院坚持教学例会制度，及时通报教学情况，落实上级有关教学工作部署，解决教学工作中的问题。全年出台14项教学管理制度，规范教育教学。组织3次教学检查，重点跟踪检查教学过程，增强教师责任意识、质量意识。注重教学评议和教学信息反馈，通过听课、评课、研讨、召开师生代表座谈会等形式沟通教学信息、反馈教学意见、提高教学水平。

【制度建设】

河南测绘职业学院对学生管理工作体系进行改革，由学生处统一管理改为各系管理，学生处加挂党委学生工作部牌子，指导各系学生管理工作。各系下设学生工作办公室，负责本系班主任选聘和对学生的日常教育与管理。学院编印《河南测绘职业学院学生手册》，出台《河南测绘职业学院学生管理办法》《河南测绘职业学院班主任管理办法》《河南测绘职业学院学生工作考评办法》《河南测绘职业学院班主任工作考核办法》等制度，加强学生管理。重点围绕岗位职责、工作规范、绩效考核、资产管理、财务管理、纪检审计、意识形态工作等开展制度建设，出台《郑州测绘学校重大经济事项决策内控制度》《河南测绘职业学院学术委员会章程》等30多项规章制度。

【党建工作】

9月下旬，河南测绘职业学院党委直属党组织调整及各直属党组织选举的负责人全部到位。10月下旬，各直属党组织完成下设党支部选举工作，党建工作体系得到完善。学院把“两学一做”学习教育常态化制度化贯穿党建工作全过程，促使党员学好党章及习近平总书记系列重要讲话，做合格党员；制定全面从严治党主体责任和监督责任清单，并逐级签订《全面从严治党和党风廉政建设责任书》，落实好“两个责任”；坚持“三会一课”制度，落实《关于新形势下党内政治生活若干准则》，增强党员干部政治意识、大局意识、核心意识、看齐意识。

强化主流意识形态的引领作用，加强思想道德建设、精神文明建设、校园文化建设和学校民主建设。多形式、多层次学习宣传十九大精神，把师生的思想统一到十九大精神上来。出台《意识形态工作责任制实施细则》，明确各级党组织、各级干部的意识形态工作责任；出台《加强和改进新时代思想政治工作暨质量提升工程实施方案》，构建课程育人、文化育人、组织育人、心理育人、网络育人、服务育人、资助育人、管理育人质量提升体系，并通过网络思想政治教育、校园宣传阵地建设、思想政治工作进公寓等形式，推进思想政治工作改革创新。组织教职工开展“解放思想、更新观念、凝心聚力、实现崛起”学习讨论活动，以“学习十九大精神、转变思想观念、推进学校跨越式发展”为主题开展干部专题培训。

学科建设

【师资队伍建设】

河南测绘职业学院采取外派学习、内办培训等方式，强化师资队伍建设。全年安排2批次57名教师参加河南省教育厅“双师型”教师及骨干教师培训，安排12名教师参加河南省教育厅及相关部门组织的专题培训，32名教师获得“双师型”教师资格。邀请武汉大学教授及河南省2名职业教育专家到校作专题报告。开展2017年教师职业技能提升考核工作。组织3名教师参加“科力达杯”第二届全国测绘地理信息职业院校青年教师讲课（说课）竞赛，2名教师获特等奖、1名教师获二等奖；组织3名教师参加河南省教育厅组织的2017年度河南省中等职业学校优质课教学评选，1名教师获二等奖、2名教师获三等奖。1名专业课教师参与2项技术创新，2项成果均获实用新型专利授权。

【专业实验（实训）室建设】

河南测绘职业学院新建数字化测图、航空摄影测量虚拟仿真等实训室，截至年底，拥有GNSS数据处理实验室、工程测量数据处理实验室、遥感图像处理实训室、数字摄影测量实训室等实验（实训）室31个。拥有GNSS接收机65套、全站仪146套、精密水准仪30套、普通水准仪221套、管线探测仪12套，无人机、三维激光扫描仪、测量机器人、探地雷达等专业设备及与测绘地理信息生产单位作业水平相当的其他设备和软件系统。截至年底，教学仪器设备总价值7261万元。

【对外合作与培训】

7月，河南测绘职业学院与中国测绘科学研究院、国家基础地理信息中心、国家测绘地理信息局卫星测绘应用中心签署战略合作协议。与武汉航天远景科技股份有限公司、北京天泰北斗科技有限公司、江苏京东信息技术有限公司、北京打造前程互联网教育科技有限公司等企业开展校企合作，并引企入校，建立北京天泰北斗航测数据加工中心、京东校园实训中心、北京打造前程校企共建基地、河南陆通测绘实训中心、拓普北斗三维建模实训中心，实现校企资源共建共享，强化学生实践能力培养。

履行国家测绘地理信息局测绘职业技术教育培训基地职能，按照2017年国家测绘地理信息局培训计划，举办变形监测技术、航测数据获取与处理等培训班5期。开办8期测绘技术实用人才培训班，其中4期在校内进行。承担河南省教育厅下达的2017年中等职业学校工程测量专业骨干教师省级培训任务，培训教师39人。

【学生实践能力培养】

河南测绘职业学院构建“项目引导式”新型课程体系及“教、学、练、做一体化”项目课程教学模式——将教师的“讲”和学生的“学、练、做”融为一体，贯穿于项目课程教学全过程；学生在教师的引导下边学边练、边练边做，通过反复的教、学、练，最终自主完成测绘项目成果。开展校内实习质量检查，强化实习效果。组织3批次19个班学生赴登封外业实训基地进行外业实习，让学生在外业实践中得到锻炼。举办2017年顶岗实习洽谈会，299家测绘地理信息用人单位为942名顶岗实习学生提供5815个实习岗位；做好顶岗实习学生及实训指导教师的日常管理与考核，提高顶岗实习质量。组织4名学生代表河南省参加2017年全国职业院校技能大赛，获中职组工程测量比赛团体一等奖；组织2名学生参加首届“达北杯”全国大学生无人机测绘技能竞赛，获特等奖；组织10名学生参加河南省教育厅、省人力资源和社会保障厅联合举办的2017年河南省中等职业教育技能大赛建筑CAD赛项及工程测量赛项比赛，2名学生在个人赛项建筑CAD比赛中分获一、二等奖，8名学生组成2个参赛组参加工程测量赛项比赛，均获一等奖。

【论文发表情况】

河南测绘职业学院测绘地理信息专业的教师全年在国内公开发行的刊物上发表论文52篇，承担公共基础课的教师发表论文29篇。全校教师在核心期刊发表学术论文14篇，其中SCI 3篇、EI 3篇。

科研情况

【科研奖励与考评机制】

河南测绘职业学院成立学术委员会，制定《河南测绘职业学院学术委员会章程》；建立“无人机倾斜摄影测量”和“国土资源调查与信息化管理”2个科研团队，启动相关领域的科研工作。出台《河南测绘职业学院科研成果奖励办法》。实施《河南测绘职业学院科研工作考核办法》，将科研工作纳入系部年终考核。制定《河南测绘职业学院系（部）科研工作考核指标体系》，从6个方面进行考核评分。

【科研项目】

河南测绘职业学院教师承担河南省教育科学“十三五”规划课题和河南省职业教育教学改革研究2个类别共20个项目，其中5个项目在年内结项。教师参与河南省哲学与社会科学规划课题、河南省职业技术教育学会课题等 10 项课题研究。

招生与就业

【高职招生】

经河南省教育厅审核批准，河南测绘职业学院 2017 年面向河南省在工程测量技术、摄影测量与遥感技术、测绘地理信息技术、地籍测绘与土地管理、计算机网络技术 5 个专业首次招生，招生计划为 600 人，实际招生 598 人，实际报到学生 524 人（含因参军被保留学籍的 13 人）。与北京打造前程互联网教育科技有限公司联合招收计算机专业委托培养生 86 人。

【中职招生与就业】

河南测绘职业学院全年招生 1235 人，同比增长 22.3%、毕业学生 1029 人，建校以来累计毕业学生 24242 人。做好毕业生的资格审查、就业资料整理、就业报到手续办理及毕业生档案传递等工作。2017 年中职层次毕业生最终就业率为 100%。

昆明冶金高等专科学校

概况

【师资力量】

昆明冶金高等专科学校设有 16 个二级学院，开设 79 个高职专业，其中测绘学院开设有测绘工程技术、工程测量技术、测绘地理信息技术和摄影测量与遥感技术 4 个测绘地理信息类专业，培养测绘地理信息类专业毕业生 6000 多人。

测绘学院有教职工 32 人，其中教授 4 人，副教授和高级工程师 8 人，讲师、实验师及工程师 16 人；硕士 20 人、博士 2 人。设置现代测绘技术实训中心，下设 13 个专业实训室，实训仪器设备和软件总值 1400 万元，具有乙级测绘资质。

【测绘赛项】

昆明冶金高等专科学校承办全国职业院校技能大赛高职组测绘赛项，全国 31 个省、直辖市和自治区的 82 支参赛代表队的 500 多名师生参加比赛，参赛选手共 328 名，指导教师共 234 名，专家、裁判 100 多人。学校获全国职业院校技能大赛突出贡献奖。

学科建设

昆明冶金高等专科学校测绘工程技术专业及其专业群作为重点建设专业纳入云南省高水平高职院校建设、云南省高职院校专业实习实训基地建设和云南省优质高职院校建设等项目。针对测绘地理信息类专业教师，开展教师技能大赛，培养“双师”素质，建成省级教学团队。截至年底，拥有注册测绘师 8 名；国家“万人计划”教学名师 1 名，云岭名师 2 名，云南省高校教学名师 2 名，第八届云南省青年科技奖获得者 1 名、中国第十五届青年科技奖候选人 1 名，昆明市中青年学术和技术带头人后备人选 1 名，安宁市“螳川人才”1 名。

推进产教融合、校企合作，建立了“学做相融、全真训练”测绘人才培养模式，是省级人才培养模式创新实验区。2017 年，学生获全国职业院校技能大赛高职组测绘赛项一等奖、云南省高等学校学生职业技能大赛一等奖、“达北杯”首届全国大学生无人机测绘技能竞赛特等奖，教师获第二届全国测绘地理信息职业院校青年教师讲课竞赛特等奖、一等奖、二等奖，2 人获全国职业院校技能大赛优秀指导教师；1 人获全国职业院校技能大赛优秀工作者；学校获优秀组织奖 2 项。

科研情况

测绘学院主持教育部委托项目高等职业学校测绘地理信息类专业教学标准制（修）订，完成测绘地理信息技术、测绘工程技术、地籍测绘与土地管理专业和工程测量技术 4 个专业教学标准的制（修）订；主持教育部委托项目工程测量技术专业实训教学条件建设标准制订，主持 3 个教育部创新发展行动计划项目。主持完成的测绘地理信息技术专业教学资源库子课题《空间数据库技术应用》课程成功入选国家级教学资源备选库。主持厅级以上科技项目3项，与企业合作开发项目1项。

测绘学院获云南省科技进步奖三等奖1项，云南省教学成果二等奖1项。发表科研、教研论文22篇，其中核心期刊10篇，获实用新型发明专利1项。

招生与就业

测绘地理信息类专业共招收7个新生班398人，其中测绘工程技术专业招生2个教学班共113人、工程测量技术专业招生2个教学班共119人、测绘地理信息技术专业招生2个教学班共112人、摄影测量与遥感技术专业招生1个教学班54人。

毕业学生共351人，其中测绘工程技术专业149人、测绘地理信息技术专业59人、工程测量技术专业100人、摄影测量与遥感技术专业43人。毕业生一次性就业347人，就业率为98.86%。毕业生专业基础扎实，报考专升本72人，考取52人，升学率达72%。

地方工作

北京市

概况

2017年，北京市规划和国土资源管理委员会深入贯彻落实党的十九大精神，以习近平新时代中国特色社会主义思想为指引，按照国家测绘地理信息局、北京市委市政府工作部署与要求，为促进经济社会发展和生态文明建设提供测绘地理信息产品与服务，在深化改革、勇于开拓中推进测绘地理信息事业和地理信息产业转型发展。

党的建设方面，以推进“两学一做”学习教育常态化、制度化为抓手，坚持党对一切工作的领导，扎实推进党建工作责任制贯彻落实，全面加强对党员的教育、管理、监督和服务。组织各基层党支部开展“合格党支部建设规范和合格党员行为规范”“党支部工作如何与业务工作有机结合”大讨论，开展“基层党支部星级评定”工作。始终坚持把纪律和规矩挺在前面，以严明的纪律推进全面从严治党，抓好纪律审查工作，进一步营造风清气正的环境氛围。

基础测绘和地理国情普查方面，完成北京市1∶500、六环范围1∶2000地形图数据采用一体化技术与地形图更新、数据入库。开展建立定位精准、覆盖面全、更新及时、类型多样、按需服务、标准先进的北京市新型基础测绘体系研究。完成北京市第一次地理国情普查，配合国家测绘地理信息局持续开展京津冀协同发展重要地理国情监测、地级以上城市及典型城市群空间格局变化监测2项国家级专题性监测任务。

测绘地理信息成果服务保障方面，围绕中心服务大局，为北京城市总体规划修编、北京城市副中心建设、首都新机场建设、京张和京唐铁路建设、背街小巷环境促提升、老旧小区改造、生态保护红线划定等提供数据支持和保障服务。为东城区背街小巷环境整治，制作《“百街千巷”环境整治三年行动计划三色任务图集》，在5月召开的首都精神文明建设工作暨背街小巷环境整治提升动员部署大会上，得到市长蔡奇的表扬，并在全市进行推广。推进普查成果共享和应用服务，与发展改革、住房城乡建设、交通、水务、园林绿化、城管等部门进行成果对接，面向领导决策、政府部门和社会公众进行共享，开展综合统计、专题统计分析，探索普查成果的挖掘应用。

党的建设与人才队伍建设

【党的建设】

北京市规划和国土资源管理委员会以推进“两学一做”学习教育常态化、制度化为抓手，开展“2017责任落实年”活动，以“三个责任”（管党治党政治责任、规划国土工作岗位责任、规划国土重点领域改革责任）为重点，扎实推进党建工作责任制贯彻落实，全面加强对党员的教育、管理、监督和服务。组织“两学一做”专题党日活动，赴故宫博物院、怀柔科学城、首都规划展览馆等地参观学习、组织授课，观看“砥砺奋进的五年”大型成就展。组织各基层党支部开展“合格党支部建设规范和合格党员行为规范”“党支部工作如何与业务工作有机结合”大讨论，开展基层党支部星级评定工作。

【党风廉政建设】

北京市规划和国土资源管理委员会全面贯彻落实中央和市委“两个责任”工作要求，始终坚持把纪律和规矩挺在前面，加强党风廉政建设，持续纠治“四风”，营造风清气正政治生态。召开2017年度党风廉政工作会，全面部署勤政廉政工作，逐级签订党风廉政建设责任书，签字背书，层层传导压力，建立一级抓一级、一级对一级负责的责任制体系。建立通报讲评制度，以处室为单位，每季度结合业务工作和党风廉政建设情况，对遵规守纪和履职情况进行公布，及时做好相关督导整改工作。针对重大节假日容易出现思想松懈、问题反弹的种种安全隐患，采取办公会部署、处务会传达、群发短信提醒等工作方式，对党规党纪、廉政风险点进行层层传导，直到根部的反复重申。

【精神文明建设】

北京市规划和国土资源管理委员会推进新时代精神文明建设，引导职工共建共享美好生活。北京市测绘设计研究院举办第九届职工运动会，开展职工健康体能测试，组织职工参加17个职工兴趣小组及各类文体比赛和活动。推进职工之家建设，开展“创建学习型组织，争做知识型职工”活动，组织开展五四青年主题演讲活动和“青年文明号”工作，拍摄先进党支部微电影，组织文化地图团队走进校园，普及地图及测绘地理信息知识。

【人才队伍建设】

北京市规划和国土资源管理委员会完善干部选拔任用、人才培养等相关机制，实施专业素质能力提升计划，统筹教育培训资源，做好全员培训、专项培训和专业技术人员继续教育培训。组织干部参加市委组织部举办的专题班、中青班，赴境外培训。推进干部人才队伍建设和培养重心下移，加大基层公务员培训力度，开展督查督导业务技能大赛、优秀审批案卷评选等岗位竞赛活动。按照京津冀协同发展人才工作战略定位，建立健全区域人才合作机制。

法制建设与市场监管

【法制建设】

2017年，北京市规划和国土资源管理委员会持续加强测绘地理信息法制建设，加强行政执法与刑事司法衔接。清理规范权力清单，将47项行政许可、确认、检查、奖励和其他事项清理为32项。制定《关于贯彻落实新〈测绘法〉实施方案》，经市政府同意后印发，推进新修订的《中华人民共和国测绘法》各项规定在北京贯彻落实。

【法制宣传】

北京市规划和国土资源管理委员会开展新修订的《中华人民共和国测绘法》宣传贯彻，邀请国家测绘地理信息局有关领导授课，近300人参加培训。以“8·29”测绘法宣传日为契机，通过在官方网站、微博开设“学习贯彻新测绘法”宣传专栏和现场科普宣传活动相结合的形式，向市民广泛宣传新测绘法。网站专栏、微博、微信、APP等互联网信息关注量达400万人次，通过宣传引导广大市民增强国家版图意识。

【依法行政】

北京市规划和国土资源管理委员会持续推进法制建设，确保依法行政不越位、不缺位。全年对80个涉嫌违法违规案件予以立案调查，完成24个案件结案，人均办案量和职权履行度显著提升。依据相关法规、规章、规范规定，制定立案审批、询问笔录、听证告知、送达回证、结案报告等规范性表格格式，对工作人员进行执法培训，不断提升工作人员依法行政能力。

【“放管服”改革】

2017年，北京市规划和国土资源管理委员会按照“放管服”的工作要求，进一步深化行政审批改革，监管与服务并重，推动资质资格管理工作转型。进一步简政放权，落实北京市服务业扩大开放综合试点工作要求，放宽市场准入限制。强化事中、事后资质动态监管。采取“双随机现场核查”“注册缺失专项检查”“资质换章全面普查”等多种方式，清除“僵尸”企业，规范市场秩序。进一步优化服务，逐步启动资质无纸化申报工作，采取数据库管理模式为企业提供规范、便捷的服务，提升信息化管理水平。

【测绘资质管理】

截至2017年底，北京市共有测绘资质单位432家，其中甲级单位127家、乙级单位181家、丙级单位68家、丁级单位56家。全年综合服务窗口共接待来访人员和电话咨询1.1万多人次，受理行政许可申请326项，在规定时间内完成甲级测绘资质单位初审，并及时上报国家测绘地理信息局，受理乙级及以下资质行政许可（含证书变更事项）246项，在规定时间内完成审查并在网上公示结果，批准后由窗口发放测绘资质证书。

【信用管理】

北京市规划和国土资源管理委员会认真贯彻执行《测绘地理信息行业信用管理办法》和《测绘地理信息行业信用指标体系》，汇总测绘资质单位信用状况良好信息和不良信息，与国家测绘地理信息局沟通信用管理平台权限配置事宜，完成北京市权限调整，在测绘地理信息行业信用管理平台集中完成填报、初审工作，将6家未按要求报送测绘资质年度报告的单位提交于测绘地理信息行业信用管理平台。配合北京市工商、经济和信息化部门完成行政处罚、资质许可等信息采集工作，通过北京市企业信用信息服务系统公示发布。

规划与计划

【规划的制定与执行】

北京市测绘地理信息主管部门制定了构建新型基础测绘体系推进地理国情常态化监测，健全地理信息服务体系拓宽公共服务发展空间、提升科技自主创新能力壮大地理信息产业、深化地理信息区域合作保障京津冀协同发展等专题规划内容。开展京津冀测绘地理信息成果应用共享机制研究，与河北、天津测绘地理信息行政主管部门在成果保密、地图监管、成果目录共享、数据共享等方面加强合作。

【计划的制定与执行】

北京市测绘地理信息主管部门制定新型基础测绘专题实施计划，编制北京市新型基础测绘体系建设实施方案，开展卫星定位系统升级、依据卫星影像更新1:2000地形图实施试点。制定2017年地理国情监测计划并组织开展，在年底实施完成。以提高首都城市治理能力和管理服务智能化水平、提升保卫首都安全的能力为目标，与中部战区合作，开展全市“三维立体地形图”建设，计划在“十三五”期间完成。

基础测绘

【基础测绘经费投入】

北京市建立了“中心城 + 新城”两级基础测绘体系，中心城每年实施《北京市基本控制、基本比例尺地形图更新测绘项目》，地方财政投入资金约4500万元，建立了稳定的基础测绘地方财政投入机制。

【测绘基准建设与应用】

2017年，北京市完成通州基准站建设，并通过卫星导航定位基准站服务系统，持续对测绘基准系统运行进行维护管理。加强卫星导航定位基准站监管力度，对10家单位的82个基准站点进行备案管理。与北京市国家安全局联合开展卫星导航定位基准站安全专项整治行动，对北斗导航位置服务（北京）有限公司、北京市气象局、航天恒星科技有限公司的56个站进行现场核查，发现部分单位在信息传输、数据中心建设、建站位置以及高精度位置服务资质等方面存在问题，责成相关单位进行整改，并将核查情况上报国家测绘地理信息局。

【基本比例尺地形图测制与更新】

北京市完成沉降区一、二等水准复测1050千米，城区控制网平面测量1000点、高程复测1020千米。采用一体化更新工艺完成四环范围1:500地形图两轮更新入库8450幅、六环范围1:2000地形图航测一体化更新、六环外平原地区1:2000地形图要素更新约4500幅、平原地区1:1万地形图更新及数据加工入库。

【智慧城市、数字城市建设】

北京市完成数字亦庄、数字平谷建设，开展数字石景山、丰台、中关村二期建设，运用最新移动GIS、物联网、三维仿真等技术，在辅助城市规划、应急管理、产业转型、智慧交通等领域开发应用系统，提升数字城市建设水平，逐步向智慧城市转型升级。推进智慧西城时空大数据和云平台建设，开展顶层设计并通过国家测绘地理信息局组织的专家评审。推进试点项目典型应用系统建设，开展历史文化保护区智能监测与管理系统研究与示范项目，完成项目总体设计、物联网监测体系部署方案和综合数据库设计方案，完成人流、车流、环境质量监测样机研发；开展街道、楼宇、环境整治、园林和公众应用等其他智慧应用建设。

【质量管理】

北京市开展2017年测绘资质单位成果质量监督抽查，对涉及158家单位的工程测图、变形监测、规划监督测量和地下管线项目进行抽查。要求抽查有不合格项目的3家单位进行限期整改。配合国家测绘地理信息局质量监督抽查工作，及时全面报送北京市变形测量、管线测量和工程测图等项目，协助国家测绘产品质量检验测试中心对甲级测绘资质单位的变形形变与精密测量项目进行监督检查。

【安全生产】

北京市测绘地理信息主管部门召开安全生产工作会，要求各行业单位认真组织开展自查整改，做到横向到边、纵向到底，不留死角、不留盲区，提高安全生产责任意识，落实安全生产责任制，紧抓野外作业生产安全，加强安全生产管理工作。北京市测绘设计研究院完善安全管理机构，加强生产、信息、消防、交通方面的安全管理等工作，定期开展培训和日常检查，安全装备发放到位，定期维护更新，全年未发生安全生产事故。

地理国情监测

【地理国情普查】

6月，北京市第一次地理国情普查项目通过验收，理清了全市基础设施等10大类地表覆盖要素和16项地理国（市）情要素的总量及空间分布情况。11月，副市长隋振江主持召开市普查领导小组会，审议通过了《北京市第一次地理国情普查公报》。市委副书记、代市长陈吉宁主持召开市政府常务会，审议通过普查报告，充分肯定普查成果，强调成果要共享应用。北京市将普查成果应用于城市总体规划修编、城市副中心建设、疏解整治提升专项行动、冬奥会场馆赛道、首都新机场规划建设等重大工程和大城市精细化管理工作，为城市规划建设管理提供了全面精准的地理国情信息服务。国家测绘地理信息局局长库热西·买合苏提充分肯定相关工作并指出："北京市利用普查监测成果服务专项工作的做法和取得的成效十分珍贵，值得各地学习借鉴"。

【地理国情监测】

北京市规划和国土资源管理委员会根据"进法律、进职责、进规划、进预算"的要求，开展常态化地理国情监测。根据立项要求制定工作方案，按政府采购程序开展公开招投标，确定3家单位承担监测生产、质检、机制研究等任务，开展基础性地理国情监测，利用高分辨率航空航天遥感影像、基础地理信息数据及专题数据，对普查成果及上一年监测信息进行变化发现和年度更新，形成现势性强、精度高、覆盖全的地理国情信息数据库。进行数据对比和统计分析，形成统计分析报告，配合国家测绘地理信息局持续开展2项国家级专题性监测任务。

不动产测绘

【行政区域界线测绘】

北京市测绘设计研究院完成北京市西城区15个街道、朝阳区43个乡镇及街道、大兴区6个街道及乡镇、延庆区17个街道及乡镇、昌平区3个街道及乡镇、通州区3个街道及乡镇的界线勘界和二次联检工作。协助各区民政局完成界线测绘地形图成果资料的扫描入库工作。

【地下管线测绘】

北京市完成大兴、顺义、亦庄、门头沟、昌平、密云和平谷7个新城地下管线普查项目，管线普查总长度达16717千米。完成地下管线基础信息综合管理系统建设项目的信息系统开发和信息资源建设及项目验收等，城六区管线普查图集制作；推进新城管线普查的数据入库、管线三维建模及2016—2018年管线竣工数据核查入库等项目。

地图管理与地图服务

【地图公共服务】

北京市规划和国土资源管理委员会及时组织收集与地图内容相关的行政区划、地名、交通等要素的变更情况，推进测绘成果共享和应用，编制、更新公益性地图并向公众、媒体和政府等部门提供标准地图服务，提升公共服务能力。策划编制《京津冀协同发展综合地图集》，编制完成《北京历史地图集》《北京市交通基础设施图集》和《北京市行政区域界线系列基础地理底图》等多种地图。合作编制出版《中国人文地理》，已编制出版《北京人文地理·朝阳卷》。开展北京市首届地图创意设计比赛，出版《南锣鼓巷手绘地图》，打造北京地图文化的新名片。

【国家版图意识宣传教育】

北京市以国家版图意识宣传教育"进媒体"为重点，深化国家版图意识宣传教育工作，以"8·29"测绘法宣传日为契机，通过在市规划展览馆开辟常设展览，利用互联网专栏、微博、微信等形式，以线上主题宣传为主、现场科普宣传活动为辅，集中开展宣传活动，向市民广泛宣传国家版图知识。

【全覆盖排查整治"问题地图"专项行动】

2017年，北京市规划和国土资源管理委员会联合北京市14个部门共同开展全覆盖排查整治“问题地图”专项行动。通过广泛动员宣传，认真开展自查、检查整改工作，自查单位2874家，自查地图150319幅，对全市1047家政府网站全面梳理，对西单图书大厦、王府井图书大厦、中国书店、京东商城等开展实地检查。对检查和巡查中发现的问题依法进行处理。根据国家巡查组反馈的问题及要求，分级分类对存在问题进行了全面整改，与成员单位建立了联动机制，将“问题地图”检查纳入日常监管，健全地图市场长效协同监管机制。

测绘地理信息成果管理与应用

【“天地图·北京”建设与应用】

2017年，北京市规划和国土资源管理委员会加强“天地图·北京”节点建设和应用，完成省级节点数据融合工作，矢量数据约7.5GB、影像数据约50GB、POI数据60多万条，上线多尺度标准地理底图供社会免费下载使用。开发完成了“天地图·北京”手机端应用，开展“天地图·北京”网站升级改版工作，从功能和界面方面对原网站进行升级，保障网站全年零故障不间断运行。推进北京市地理信息公共服务平台应用，完成政务版电子地图、影像地图、地名地址、线划地图以及专题数据更新，推进“天地图”在地理国情普查、地名普查、管线普查、历史文化名城保护等领域和公安、国土、交通等部门应用。

【成果汇交与分发】

北京市加强测绘成果的共享和利用，组织开展2017年按季度汇交测绘成果工作。成果汇交全部采用网上申报，审核通过后自助打印测绘成果汇交电子凭证，提交成功后系统形成二维码，方便查询。按照统一要求，做好第四次辅助决策用图共享工作，建立领导工作用图共享机制。与国家测绘地理信息局进行领导工作用图共享，与天津市规划局和河北省地理信息局紧密配合，做好领导工作用图服务。推进测绘成果分发，为社会各界用户提供基本比例尺地形图等各类测绘资料。

【测绘成果保密管理】

北京市完善测绘成果安全保密监管机制，推进涉密测绘成果管理信息化建设，开展涉密测绘成果跟踪监管。加强与外事、通信、公安、保密等部门的联系，健全情况互通、部门协作的联合监管机制。落实测绘成果核心涉密人员管理制度，组织举办2017年涉密测绘地理信息成果管理人员培训班，北京市涉密测绘成果保管、使用单位和乙、丙、丁级测绘资质单位约300人参加。

【测量标志管理】

北京市测绘设计研究院对测量标志进行日常巡查和维护。巡查平原地区及山区水准点1300个，损失110个，完好率92%；北京GPS网点201个，损失20个，完好率90%；网络RTK点1470个，损失100个，完好率93%。补选埋测量标志53个，其中水准点39个、GPS点14个；维修测量标志10个，其中GPS点3个。新绘点之记33个，更新点之记61个。完成北京市卫星导航定位基准站服务系统建设，满足测绘地理信息单位应用需求，逐步提升基准站网络服务能力。

【应急测绘保障服务】

北京市规划和国土资源管理委员会按照国家应急测绘保障能力建设项目实施总体部署，基于“天地图·北京”编制国家测绘应急保障能力北京节点建设方案，通过专家评审并组织实施。2017年，为京津冀协同发展、2022年冬奥会筹办、建军90周年阅兵、“一带一路”高峰论坛北京峰会提供测绘保障服务。在党的十九大召开前夕，紧急为十九大安保编制大会会场、代表驻地空间服务地图和影像图，服务领导决策和安保应急指挥。为2022年冬奥会冬残奥会筹办的国际方案征集开展地形图测绘，制作三维模型，为场馆规划、设计、施工建设和管理提供数据服务。

地理信息产业

【地理信息产业政策】

北京市落实国家测绘地理信息局开展地理信息产业专项调查和产业监测工作，专项调查非测绘资质单位约1200家，按要求上报产业名录库系统。不断完善地理信息产业促进政策，配合国家测绘地理信息局完善新版全国地理信息资源目录服务系统，依托全国地理信息资源目录服务系统及时发布北京市最新测绘成果目录。加强保密管理和市场监管，开展双随机动态抽查，营造公平竞争、规范有序的产业发展环境。

【地理信息产业发展】

2017年，北京市测绘地理信息企业产值持续增加，高新技术企业云集，其中多家具有高成长性、持续创新能力强、具有领先优势的企业入选中关村战略性新兴产业集群创新引领工程。全市测绘资质单位全年完成测绘服务总值150亿元，其中甲级单位完成120亿元、乙级单位完成18亿元。年末测绘资质单位从业人员3万多人，全年完成科技成果235项。

科技、标准化与国际合作

【科技创新体系建设】

北京市规划和国土资源管理委员会根据《关于加强测绘地理信息科技创新的意见》要求，积极推进测绘地理信息科技创新体系建设。北京市测绘设计研究院成立城市地理信息与文化创意工作室，开展的“城市手绘地图系列产品视觉表达与创新研究”获首都职工自主创新成果一等奖、“京味儿地图文化产品”获海峡两岸职工创新成果金奖。北京地理国情监测与城市评估研究中心组织开展城市体检交流，开展智慧城市建设背景下的城市体检评估研究；城市空间信息工程北京市重点实验室资助开放研究课题重点项目1项、一般项目16项，“北京市城市绿化系统动态监测技术研究”“城市体检评估分析研究”获第11届北京发明创新大赛银奖。

【科技项目与科技奖励】

北京市第一次地理国情普查数据建库与信息化建设、海淀区城市管理基础数据建设及更新维护项目、北京市地下管线基础信息普查及信息化建设3个项目获中国地理信息产业协会2017年中国地理信息产业优秀工程奖金奖。北京市第一次地理国情普查项目获中国地理信息产业协会2017年全国优秀测绘工程奖白金奖。地形图测量系统误差判断的方法和系统、制作大比例尺地图的测量方法及系统2项科技成果获国家知识产权局颁发的发明专利。

【标准化工作】

北京市规划和国土资源管理委员会编制完成《地理国情普查成果质量检查与验收》《地理国情信息基本统计分析技术规程》《地理国情信息外业调绘底图制作技术规程》《基础地理信息系统技术规程（修编）》4项地方标准送审稿。北京市测绘设计研究院作为主编单位开展7项行业标准、12项地方标准的编制工作，完成3项标准的复审工作。

【对外合作与交流】

7月16日—29日，北京市测绘设计研究院1人随国家测绘地理信息局团组赴美国参加地理国情监测及分析技术培训班。9月13日—18日，北京市测绘设计研究院7人随北京市科学技术协会团组赴澳门、香港参加第十届京港澳测绘地理信息技术交流会。

地方社团工作

【北京测绘学会】

2017年，北京测绘学会召开理事长会议4次、常务理事会暨理事会1次、团体会员会1次及党建工作小组专题学习会议。举办了2017年学术年会暨会员日活动、北京智慧城市建设联合体成立大会综合论坛。承办2017年“北京科技周”活动，主办测绘地理信息技术及新产品研讨会，举办测绘法专题辅导讲座，承办京台青年科学家论坛测绘分论坛，组织注册测绘师考前培训和工程技术系列中、初级专业技术资格（测绘）专业课考前培训。组织28名在京专家代表团赴澳门参加第十届京港澳测绘地理信息技术交流会，提交大会论文31篇，14名团员做了专题报告，与香港、澳门专家学者进行了深度交流。出版8期《北京测绘》杂志，发稿332篇。主编《建筑施工测量规范》行业标准及《地理国情信息内容与指标》《地理国情信息内业采集与编辑整理技术规程》《地下管线信息管理技术规程》等6个地方标准。组织评出北京市测绘地理信息科技进步奖特等奖1项、一等奖5项、二等奖8项、三等奖11项；优秀测绘地理信息工程奖一等奖12项、二等奖18项、三等奖25项。

【中国城市规划协会城市勘测专业委员会】

2017年，中国城市规划协会城市勘测专业委员会编制完成了《城市基础地理信息系统技术规范》，通过由住房和城乡建设部信息技术应用标准化技术委员会组织的专家审查。与国务院第一次全国地理国情普查领导小组办公室统计分析组（中国测绘科学研究院）一起作为主办单位，在武汉市举办城市地理国情监测（2017）高端技术论坛。11月10日，召开中国城市规划协会城市勘测专业委员会年会，并首次举办2017年“华正杯”城市勘测优秀论文评选活动。

天津市

概况

2017年10月底，天津市人民政府召开新闻发布会，对外发布《天津市第一次全国地理国情普查公报》。天津市形成了地理国情监测常态化工作机制，开展了2017年地理国情监测工作。编制了国家应急测绘保障能力建设项目天津实施方案，并经国家测绘地理信息局批复实施。天津市测绘地理信息主管部门组织完成2017年天津市基础测绘计划各项任务，开展天津市全覆盖排查整治“问题地图”专项行动，完成全市部分测绘资质单位资质巡查、质量监督检查和行业信用征集发布工作。

党的建设与人才队伍建设

【党的建设】

天津市规划局制定《关于开展“维护核心、铸就忠诚、担当作为、抓实支部”主题教育实践活动推进“两学一做”学习教育常态化制度化的实施方案》，下发给各基层单位，按照工作任务清单逐一落实，为基层单位统一发放配套的学习记录本。通过开展支部书记讲党课、主题党日活动等方式丰富主题教育实践活动。印发《天津市规划局党组关于组织开展党的十九大精神学习动员的通知》《市规划局党组学习宣传贯彻党的十九大精神工作实施意见》，转发《中共天津市委关于迅速兴起学习宣传贯彻党的十九大精神热潮的通知》，召开党的十九大精神学习宣传贯彻动员大会，邀请十九大代表讲专题党课。

【党风廉政建设】

天津市规划局与各支部层层签订2017年党风廉政建设责任书，制定下发《关于强化规划局系统党风廉政建设组织　开展专项整治工作方案》。严格落实中央八项规定精神，用力纠正“四风”，坚决防止“四风”问题反弹。坚持在元旦、春节、清明等重要节日前采取下发通知、电话提醒、会议提醒和发送短信、微信等形式，传达贯彻纪律工作委员会、驻局纪检组和局党组的部署要求，重申纪律规定，防止出现赠送节礼、公款吃喝、公车私用等问题。对照不作为、不担当12个重点整治内容，开展不同层面的自查自纠，列出问题清单，建立整改台账，全面整改整治；梳理天津市纪委转办事项，建立线索台账。设立对外监督举报电话，筛选问题线索。开展业务督查和明察暗访，重点对窗口单位进行检查，定期召开会议，及时研究解决问题。

【人才队伍建设】

天津市规划局制定印发《市规划局关于做好2017年人事人才工作的通知》。天津市测绘院1人、市勘察院1人入选2017年天津市131创新型人才培养工程第一层次人选，北斗卫星导航与位置服务团队入选2017年天津市131创新型人才团队候选单位。推荐2人为天津市首批“天津市青年人才托举工程”候选人。参加国家测绘地理信息局组织的“大国工匠”评选，天津市测绘院1人荣获“大国工匠”称号。

开展天津市测绘地理信息行业职业技能竞赛活动，2个竞赛项目纳入天津市职业竞赛二类项目，选拔推荐优秀选手参加全国测绘地理信息行业职业技能竞赛活动。全年组织天津市测绘地理信息行业专业技术人员继续教育培训3个班次，培训1027人。

法制建设与市场监管

【法制宣传】

8月29日，天津市规划局组织开展2017年测绘法宣传日活动，主会场设在天津市规划展览馆门前广场，组织各区分局和部分甲级测绘资质单位集中宣传。活动期间，共发放宣传材料近1万份，接待群众1万多人次。人民网、北方网、天津电视台、天津广播电台、《中国测绘报》等媒体报道了活动情况。

【测绘资质管理】

2017 年，天津市增加测绘资质单位 27 家，其中乙级 7 家、丙级 16 家、丁级 4 家。天津市规划局对全市 160 多家乙、丙、丁级测绘资质单位 2016 年度报告进行了公示。测绘资质巡查工作与质量监督检查同步进行，共巡查测绘资质单位 23 家，其中甲级 4 家、乙级 9 家、丙级 9 家、丁级 1 家。

【信用管理】

天津市规划局征集测绘资质单位信用信息并通过统一的信用信息管理平台提交国家测绘地理信息局审批，发布 1 家测绘资质单位的不良信用信息。

基础测绘

【基础测绘项目】

2017 年，天津市规划局完成基础测绘指令性任务，包括全市域一、二等水准复测和“天地图・天津”分节点建设与应用、全市域 1∶2000 地形图更新维护、天津市 1∶1 万地形图更新维护、天津市测绘资质单位信用信息征集相关工作、天津市潜水观测系统维护、天津市全市域机载激光雷达航空测量、天津市 1∶5 万地形要素数据库动态更新、基于 2000 国家大地坐标系天津市现代大地基准的升级改造工程、天津市地理国情常态化监测、全市域航空摄影及 DOM 制作。

【航空航天遥感影像获取与应用】

2017 年，天津市规划局完成全市域航空摄影飞行任务及天津全市域 1∶2000 DOM 制作。全部影像资料已按期向国家测绘地理信息局汇交共享，成果资料广泛应用于全市城市规划审批和监督管理、国土资源利用管理、城市建设重大项目，为天津市地理国情监测、政务版电子地图更新、天地图天津节点更新提供了影像资料。

【质量管理】

天津市规划局组织开展 2017 年度天津市测绘地理信息产品质量监督抽查工作，制定了工作方案和技术方案，随机抽查 50 家测绘资质单位 137 个工程项目。对 2016 年度监督检查项目不合格的单位印发整改通知，并完成对质量管理体系整改后的复查和 2 个不合格项目整改后的复查工作，受检单位已完成整改。

【安全生产】

天津市规划局制定 2017 年度局安全生产工作计划，下发《市规划局 2017 年安全生产工作要点》《市规划局关于进一步巩固深化安全生产隐患大排查大整治工作的通知》。各单位开展自查自纠后，领导带队开展全覆盖安全生产大检查。特别邀请市消防局的 3 名专业技术领导分别加入 7 个检查组，完成局属 12 个单位的安全消防大检查工作。检查组共出动 30 人次，对检查中发现的消防隐患要求立整立改。

地理国情监测

【地理国情普查】

《天津市第一次全国地理国情普查公报》经市政府批准，10 月底，天津市人民政府召开新闻发布会对外发布。天津市搭建了地理国情共享平台，开展了平台上线运行、数据脱密工作。

【地理国情监测】

天津市规划局形成了地理国情监测常态化工作机制，制定了《2017 年地理国情监测总体方案》《2017 年地理国情监测实施方案》，完成了生产任务。完成了国家测绘地理信息局交办的京津冀协同发展重要地理国情监测（天津）、国家级新区空间格局变化监测（滨海新区）和全国地级以上城市及典型城市群空间格局变化监测（天津）3 项专题性地理国情监测工作，并结合委办局业务需求，开展全市专题性地理国情监测工作，利用地理国情数据成果为各委办局提供服务。

地图管理与地图服务

【地图审核】

2017 年，天津市规划局受理地图审核 25 件次，其中地图（集、册）5 件次，图书、报纸、期刊插附地图 6 件次。

【全覆盖排查整治“问题地图”专项行动】

天津市成立了天津市全覆盖排查整治“问题地图”专项行动工作领导小组，制定了《天津市全覆盖排查整治“问题地图”专项行动工作方案》，组织各自查单位严格对照《“问题地图”检查目录》《“问题地图”专项治理工作指南》开展自查。基本整改完成发现的 989 处“问题地图”。开展了专项行动督查工作，按照自查整改上报情况 30% 比例抽检“问题地图”线索进行复查，对未彻底整改的单位，采取删除、下线、封存等措施。组织编制完成5幅天津市标准地图并上线发布，向公众提供服务。

【地图公共服务】

天津市规划局组织天津市测绘院制作完成《京津冀行政区划图集》《西青区安全监管图集》《天津市滨海新区勘界地图集》《北辰区民政地图册》《武清区行政地图系列》《宁河区行政地图系列》等，完成《国家城市地图集—天津市分册》制图工作。为天津市测绘管理办公室完成了天津市初步的标准地图产品并上网发布；为中华人民共和国第十三届运动会组织委员会编制系列路线图、场馆图等工作用图。

测绘地理信息成果管理与应用

【“天地图·天津”建设】

天津市规划局制定了2017年“天地图”建设工作方案。高度重视“天地图”公众版运维工作，明确专人负责。4月底，提出了天津节点数据融合申请。6月初，开展了矢量、POI、影像数据的融合工作，经国家测绘地理信息局检查验收后，完成天津节点的上线发布。

【应急测绘保障服务】

天津市规划局与市应急管理办公室开展专题座谈，拓展深层次合作，共同构建现代化应急体系。印发了《市规划局关于成立天津市应急测绘保障能力建设项目组织实施机构的通知》。编制了国家应急测绘保障能力建设项目天津实施方案，并获批复实施。

【成果应用】

天津市规划局组织天津市测绘院在北辰区开展了建设“1+16”全区覆盖的数字社区服务平台工作，建立了河东全区智慧党建管理平台，开展了静海区沿庄镇智慧村镇试点工作。与发展和改革部门开展了资源环境承载力监测预警分析，全面评估了全市陆域和海域资源开发利用程度。利用InSAR技术与滨海新区水务局开展了滨海新区地面沉降“十三五”规划项目实施，与国土和房管部门开展了2030年土地耕地保有量核减、土地节约集约利用研究工作。开展了对宁河区和海洋资源的测绘和统计、河西房管二期、西青高新经济开发区系统、物业管理二期、北辰土地整理中心、市水务局数字海堤等项目。

科技与标准化工作

【科技项目与科技奖励】

天津市勘察院开展GNSS和INSAR联合监测地面沉降技术及应用研究、安卓平台下地铁保护区监测数据的自动采集及成果展示”研究、基于安卓系统的内外业一体化管线成图APP的定制与开发。2017年，天津市测绘院获省部级及以上科技进步奖4项、优秀工程奖17项、发明专利授权2项、软件著作权15项，公开发表科技论文41篇。

【标准化工作】

天津市勘察院作为副主编单位编制的国家标准《城市地下空间数据测绘规范》通过专家审查。参编的国家标准《城市测绘基本技术要求》《城乡测量技术规范》《地理位置网格编码规则》，主编的行业标准《实景三维地理信息数据激光雷达测量技术规程》等均按计划开展相关工作。作为主编单位，完成《建设工程（建筑部分）规划放线测量技术报告编制通则》《建筑工程选址意见书和规划条件申请书编制通则》《建设项目空间分析模型图纸绘制技术规范》《建设项目核定用地技术规程》4项地方标准的编制工作。

地方社团工作

【天津市测绘学会】

截至2017年底，天津市测绘学会拥有理事26人、监事3人、个人会员1227名，单位会员63家，其中测绘资质单位48家，测绘地理信息主管部门、测绘地理信息部队和院校15家。制定规章制度26项。

【天津市测绘与地理信息协会】

天津市测绘与地理信息协会开展地理信息产业专项统计调查工作，完成各级测绘资质单位信用信息征集上报工作，协助国家相关协会开展地理信息产业调研。

河北省

概况

2017 年，河北省测绘地理信息行业单位完成测绘服务总值 37.43 亿元。河北省地理信息局在全国省级测绘地理信息主管部门 2017 年度测绘地理信息工作绩效考核中名列第六。

主动服务雄安新区建设，制作完成雄县、安新、容城及周边地区 1:1000 数字正射影像图 560 平方千米、1:2000 数字正射影像图 2905 平方千米、1:1000 地形图 185 平方千米、1:2000 地形图 280 平方千米，提供 467 幅 1:1 万地形图数据和 39 幅区域行政图。成立雄安新区建设地理信息保障工作领导小组及工作机构，抽调业务骨干 50 人常驻雄安新区开展航飞和测绘工作。经国家测绘地理信息局批准，成立京津冀地理信息科技创新联盟，举办智慧雄安时空大数据助力雄安新区建设高端论坛。

落实《河北省地理信息事业发展“十三五”规划》，完成 2018 年 1.01 亿元财政预算项目立项、评审及入库工作，完成 6000 多幅 1:1 万数字线划图地物要素更新、13 万平方千米 1:1 万数字地面模型采集，编制完成《国家应急测绘保障能力建设项目河北单项工程实施方案》。全省 13 个市（含定州、辛集市）和 139 个县（市、区）启动数字城市建设工作，其中 11 个设区市和 27 个县（市、区）通过竣工验收；40 个县（市、区）通过市级预验收。

认真贯彻新修订的《中华人民共和国测绘法》，制定印发通知和实施方案，利用专题汇报、工作报告等形式，向河北省委省政府及有关部门进行报告、宣讲，举办全省县级以上管理部门和甲、乙级测绘资质单位培训班。《河北省地图管理办法》经省政府颁布实施。

探索新型基础测绘体系建设，科学制定航空航天遥感影像获取年度计划，全年获取高分二号卫星影像 1 次、资源三号卫星影像 4 次，申请并完成石家庄市地区 2300 平方千米 0.1 米分辨率国家基础航空摄影。探索利用多源数据缩短 1:1 万基础地理信息数据更新周期，常态化开展利用大比例尺地形图更新 1:1 万 DLG 全要素信息工作，完成利用地理国情普查成果更新全省 1:1 万 DLG 地物要素信息工作，开展利用高精度数字地面模型更新 1:1 万 DLG 地形要素信息工作。

河北省政府召开新闻发布会，公布河北省第一次地理国情普查公报。围绕雄安新区建设、资源环境及生态管理、重大自然灾害防治等开展地理国情专题监测。开展禁种铲毒监测，夏秋季秸秆禁烧、纳污坑塘应急监测，地理信息工作纳入河北省防灾减灾救灾体制机制改革范畴。

党的建设与人才队伍建设

【党的建设】

河北省地理信息局组织全局党员干部职工收听收看党的十九大开幕会，印发《关于深入学习党的十九大精神的通知》，组织全局系统党员干部职工进行辅导学习，深入学习贯彻落实党的十九大精神。制定《局分党组中心组理论学习计划》，深入推进“两学一做”常态化制度化和“四个意识”专题教育，扎实推进局系统专题教育开展。

【党风廉政建设】

河北省地理信息局印发工作要点，部署局系统 2017 年党风廉政建设和反腐败工作。组织机关干部和局属各单位领导班子成员参加国家测绘地理信息局和河北省国土资源厅党风廉政建设电视电话会议，召开全局党风廉政建设工作会议。局分党组与局属单位签订党风廉政承诺书。组织召开局分党组领导班子民主生活会，指导并列席参加局属单位领导班子民主生活会。

【人才队伍建设】

河北省地理信息局落实《河北省地理信息人才发展“十三五”规划》，制定年度计划，目标分解到人。局系统办班 7 个，培训人员 1200 人次，选派干部参加各类培训班 80 多人次。局总工程师被评为享受国务院特殊津贴专家。年末全省共有注册测绘师576名，已完成审核注册527人。联合河北省人力资源和社会保障厅举办第五届全省测绘地理信息行业职业技能竞赛。

法制建设与市场监管

【法制建设】

河北省地理信息局制定印发《关于学习宣传贯彻新修订的〈测绘法〉的通知》和《学习宣传贯彻新〈测绘法〉工作实施方案》，举办全省测绘地理信息管理干部和甲、乙级测绘资质单位测绘法培训班，培训350多人，指导各地市举办测绘法培训班。河北省政府颁布实施《河北省地图管理办法》，加快《河北省实施〈中华人民共和国测绘法〉办法》修订进程。制定出台《关于进一步加强测绘资质和信用管理有关工作的通知》《关于加强测绘地理信息行业信用管理健全信用征集发布工作机制的通知》等规范性文件。

【法制宣传】

河北省地理信息局印发《2017年河北省地理信息普法依法治理工作要点》，部署2017年普法依法治理工作。印发《关于开展2017年测绘法宣传日活动的通知》，对宣传日活动进行部署。河北省国土资源厅、省地理信息局、石家庄市国土资源局领导现场参加主会场活动，活动期间全省各地共设立宣传站点400多个、悬挂横幅标语1200多条、制作宣传展板1000多块、发放宣传品8万多张。

【综合执法】

河北省地理信息局开展“五位一体”综合执法检查，完成16家甲级单位、57家乙级单位的检查工作，并向21家测绘单位发出整改通知书，责令限期整改。对《唐山市曹妃甸区住房和城乡建设管理局数字化城市管理平台建设项目》中未对单位测绘资质作出要求的违法情况，对国家测绘地理信息局移交的卢龙县林业局和石家庄东方环球地理信息工程有限公司等涉嫌违法测绘行为的举报，及时进行调查处理。据不完全统计，全省2017年开展重大专项执法行动7次，累计开展执法检查603起，查处各类违法案件150起。

【依法行政】

河北省地理信息局根据《中华人民共和国测绘法》修订的内容，对行政权力清单、罚没事项清单和市场主体行政审批后续监管清单进行清理，确立71项行政权力事项、36项罚没事项以及7项行政审批后续监管事项。制定印发《关于进一步贯彻实施行政执法全过程记录制度的通知》《河北省地理信息局重大执法决定审核制度》《河北省地理信息局行政执法公示制度》《河北省地理信息局实施查封扣押行为规范》，初步建立3项行政执法制度框架体系，并按要求落实推进3项制度月报制度。

【“放管服”改革】

河北省地理信息局对省本级测绘地理信息行政许可事项进行公示，衔接取消注册测绘师审查过程中的注册证和执业印章遗失声明、从事测绘活动的专业技术人员（超过70周岁）的身体健康证明等2项中介服务事项，将法律法规规定由省级实施的测绘地理信息行政权力事项以及法律法规没有明确规定由省级实施的测绘地理信息行政权力事项共63项全部委托或直接下放雄安新区行使。梳理、编制《政务服务事项目录清单》《政务服务事项实施清单》《政务服务事项办事指南》，根据国家相关清单内容和《中华人民共和国测绘法》有关规定，完成全省测绘地理信息市场准入负面清单制定工作，确定9项市场准入负面清单事项。

【测绘资质管理】

河北省地理信息局全年受理测绘资质申请108项。注销测绘资质14家，降级1家，名称、法人、地址等事项变更98项。协助国家测绘地理信息局完成36家甲级测绘资质单位续期换证工作，按期完成11家甲级测绘资质单位和120家乙级测绘资质单位续期换证工作。

【信用管理】

河北省地理信息局配合国家测绘地理信息局按时完成全省甲级测绘资质单位信用信息的征集工作以及乙级以下测绘资质单位信用信息的审核发布工作，未出现信息异议。推动测绘地理信息行业信用管理平台与河北省公共信用信息共享平台的对接。

【日常监管】

河北省地理信息局组织完成2017年度测绘资质年度报告公示工作，将15家未参加或未按时参加年度报告的单位予以公示，将相关不良信息上传至测绘地理信息行业信用信息平台。在“五位一体”综合执法检查中推行“双随机”抽查方式，随机抽查事项占监管事项比例100%，随机抽查实现全覆盖，对随机抽查的73家甲乙级测绘资质单位，做出58

家合格、14家基本合格、1家不合格的检查结论。

基础测绘

【基础测绘项目】

河北省地理信息局建成河北省北斗导航定位网，实现京津冀地区卫星导航定位基准站数据资源共享和定位导航服务系统的协同服务，形成区域协同服务机制。省级测绘地理信息成果全部完成2000国家大地坐标系转换并通过国家测绘地理信息局的质量检验。探索利用多源数据缩短1:1万基础地理信息数据更新周期，完成全省3525幅1:1万数字线划图专题要素更新；更新省级基础地理信息数据库；开展多尺度基础地理信息数据联动更新试验。

【航空航天遥感影像获取与应用】

河北省地理信息局认真落实河北省政府办公厅《关于加强全省航空摄影和遥感资料统一管理的通知》要求，统筹使用每年740万元航空摄影购置及处理专项经费，按计划向组织实施单位划拨影像数据。与国家测绘地理信息局卫星测绘应用中心签订卫星影像获取合作协议，河北省卫星影像2米级数据每季度一推送，亚米级数据一年一推送，实现资源三号等测绘卫星影像数据的高效利用。及时向国家测绘地理信息局报送航空航天遥感影像获取计划，按时汇交相关数据，完成全省范围高分二号卫星影像数据的获取、3期资源三号卫星影像数据获取。

【智慧城市、数字城市建设】

河北省11个设区市和141个县（市、区）全部立项启动数字城市建设，11个设区市和40个县（市）完成建设任务并通过竣工验收，59个县（市）正在建设，成果在政府决策、应急救援、防灾减灾、部门管理、百姓生活等多个领域得到应用。市级数字城市建设完成110个部门应用系统的对接，县级数字城市建设完成386个部门应用系统的对接。河北省地理信息局印发《关于推进数字城市向智慧城市转型升级的通知》，石家庄市获国家测绘地理信息局批准成为全国智慧城市时空信息云平台建设试点城市，落实经费5958万元。

【质量管理】

全省基础测绘成果、地理信息专项和重大建设工程地理信息项目成果全部由河北省地理信息局委托省质检站检验，均为一次验收合格，无不合格记录。配合国家测绘地理信息局质量监督检查工作，及时统计全省基本比例尺地形图和变形监测项目目录并上报国家测绘地理信息局。按计划完成省级质量监督抽查工作。

【安全生产】

河北省地理信息局印发《安全生产责任制》《安全生产领导责任追究处罚规定》《安全生产管理考核办法》《河北省地理信息局安全生产应急预案》等制度，7月“安全生产月”期间，开展专题培训宣传、各类演习预警、安全隐患排查、专项整治检查等，提高安全生产意识。全年无重大安全事故发生。

地理国情监测

【地理国情普查】

9月19日，河北省政府召开第一次地理国情普查第二次领导小组会议，审议通过全省第一次全国地理国情普查工作情况报告和第一次全国地理国情普查公报；9月29日，召开河北省第一次全国地理国情普查成果新闻发布会。

【地理国情监测】

“建立地理国情常态化监测体系”被列入《河北省基础测绘“十三五”规划》。河北省计划每两年开展一次基础性地理国情监测，每年开展专题性地理国情监测任务。根据国家测绘地理信息局下达的2017年国家地理国情监测项目生产计划，完成石家庄、沧州、衡水、邢台、邯郸、辛集共61547.17平方千米的基础性地理国情监测工作。按照河北省政府安排，开展夏秋季秸秆禁焚监测、禁毒铲毒监测、纳污坑塘监测等专题性监测。

地图管理与地图服务

【地图审核】

河北省地理信息局全年受理地图审核行政许可43项，严格执行地图审核质量检验、地图审核结果网上公告、地图出版样本备案等制度。

【地图编制与出版】

河北省地理信息局编制更新古村落地图、采摘地图等共编制更新公益性地图10多份；通过局门户网站等媒介向公众、媒体和政府部门提供标准地图服务。

【全覆盖排查整治“问题地图”专项行动】

河北省地理信息局实现全省排查整治“问题地

图”全覆盖，累计排查789家政府网站，其中13家网站存在不规范使用地图的现象，责令全部限期整改。对12家出版社、312家报刊社进行排查，未发现问题。整改171起在实地检查中发现的不规范使用地图的展牌、宣传品等，共检定静态图片72820张，判定为非地图图片70623张；搜索网站989个，及时查处违法违规行为并按时上报监管信息。

【地图公共服务】

河北省地理信息局全年主动为省委省政府领导决策提供各类用图累计150多次、图件1000多幅，包括雄安新区雄县、容城、安新县域地图，京津冀行政区划图，京津冀综合交通图等代表性用图。

【国家版图意识宣传教育】

河北省地理信息局组织国家版图知识“进学校、进社区、进媒体”活动，向社会公众、中小学生普及国家版图知识，介绍有关地图的法律法规。

【“美丽中国”第三届全国国家版图知识竞赛】

河北省地理信息局、省委宣传部、省教育厅和团省委联合组织开展国家版图知识竞赛和少儿手绘地图大赛，全省共有3372人在国家版图知识竞赛常规赛和挑战赛中获得满分；4名选手代表河北省参加国家版图知识竞赛全国电视决赛暨江苏卫视《一站到底》特别节目。

测绘地理信息成果管理与应用

【“天地图·河北”建设与应用】

河北省地理信息局完成雄安新区、河北省安监局、省公安局3个“天地图·河北”前置系统的集成部署。到河北工程大学、河北经贸大学、河北省铁道职业技术学院等高校开展“天地图·河北”走进大学校园专题宣传活动，与河北省安全生产监督管理局、省工业和信息化厅、石家庄市公安局等部门深入交流“天地图”的数据情况。

【成果汇交与分发】

河北省地理信息局加强测绘资质单位成果汇交管理，全年汇交地理信息成果副本530套，利用测绘资料档案管理系统，定期向社会发布；受理测绘成果使用申请292项，服务产值560多万元；编发《地理信息成果快报》48期。

【测绘成果保密管理】

河北省地理信息局投资近500万元建设完成河北省基础地理涉密信息系统。8月14日，河北省国家保密局正式下发涉及国家秘密的信息系统使用许可证。开展“五位一体”综合执法检查，对全省73家单位进行保密检查，对存在问题的单位下达整改通知书并要求其按期整改，对不能完成整改的单位给予相应的处分。

【测量标志管理】

河北省各级地理信息行政主管部门全年完成40座重点测量标志维护工作，开发了测量标志保护与地理信息资源发布系统。

【应急测绘保障服务】

4月10日，河北省地理信息局与省政府应急管理办公室召开专门协调会议，就冬奥会应急项目中测绘地理信息应急保障等事项进行深入交流。继续开展测绘地理信息禁种铲毒监测工作，全省夏、秋秸秆监测工作。5月11日，为河北省保定市阜平县岔河乡三官村森林火灾提供应急监测。推进国家应急测绘保障能力项目石家庄基地建设。

地理信息产业

【发展地理信息重点领域】

河北省地理信息产业发展重点在北斗导航芯片与其他器件集成、遥感影像数据应用、地理信息资源开发应用等领域，2017年总体产值约350亿元。

【优化产业发展环境】

河北省地理信息局深入部分高新地理信息企业进行“放管服”改革调研，摸清了企业基本情况、制约单位发展的瓶颈问题和对省地理信息工作的意见建议，研究制定出台了相关政策，推进“最多跑一次”和行政审批“零见面”“不见面”制度，不断优化产业发展环境。

科技、标准化与国际合作

【科技创新体系建设】

河北省地理信息局出台《关于加强地理信息科技创新的意见》和《河北省地理信息科技发展“十三五”规划》。牵头成立了由京津冀三地测绘地理信息主管部门、科研机构和企业19家单位联合组建的京津冀地理信息科技创新联盟，举办智慧雄安时空大数据助力雄安新区建设高端论坛，国内测绘地理信息主管部门以及行业代表400多人参加论坛。全面启动信息化测绘体系建设工作。

【科技项目与科技奖励】

河北省地理信息局发挥国家、省、局青年科技带头人作用，每年设立不低于100万元专项资金，鼓励科技人员进行科技创新。国土环境与灾害监测国家测绘地理信息局重点实验室完成测绘地理信息公益性行业专项“面向地理国情服务的资源开发地表沉降监测”项目。与河北经贸大学、河北中色测绘科技有限公司成立河北省经济社会发展地理信息大数据工程技术研究中心。10月，经批准成立河北省空间地理大数据中心，全面推进全省时空大数据的挖掘、分析和应用。

【标准化工作】

河北省地理信息局初步编制完成地方标准《1:500 1:1 000 1:2 000基础地理信息地形要素数据规范》，按计划报送审批。推动测绘地理信息标准宣贯工作，组织2批测绘地理信息标准与质量培训班，约400人参加培训。

【对外合作与交流】

河北省地理信息局按计划完成美国进出口银行主权担保贷款建设河北省基础测绘现代化技术装备体系项目还款3次共884万元，北欧投资银行的政府贷款建设河北省卫星定位综合服务系统项目还款2次共152万元。派员随国家测绘地理信息局代表团赴芬兰参加国际测量师联合会（FIG）第79届工作周会议。

地市级测绘地理信息工作

【石家庄市】

石家庄市国土资源局（地理信息局）全年共受理72家单位的测绘资质初审（审核）、15家单位的测绘项目备案事项、7家单位的测绘作业证业务，测绘项目备案和测绘作业证办理（延期）工作全部实现网上报备审批。加强数字城市运行维护及应用推广工作，对地形图修测补测成果数据进行入库处理。推进智慧城市时空信息云平台建设工作，项目设计通过专家论证。进一步完善“天地图·石家庄”门户网站，为社会公众提供全天候不间断的“一站式”地图服务，为石家庄市旅游局开发石家庄旅游地理信息系统；为满足社会对于自驾旅游的需求，自主开发了“游骑标”应用。

【邯郸市】

邯郸市地理信息局全年共受理上报3家单位的丙级测绘资质申请，受理审批2家丁级测绘资质单位。全年市级通过备案登记管理系统备案登记测绘项目32个，县（市、区）局备案登记127个。邯郸市地理信息局联合14个部门成立专项行动领导小组，组织开展邯郸市全覆盖排查整治“问题地图”专项行动和“回头看”工作，采取收缴、责令下架、限期整改等方式防止“问题地图”的使用和扩散。

【保定市】

保定市国土资源局（地理信息局）全年共受理新办资质单位13个，完成测绘项目备案10个。加大地理信息与国土资源管理业务工作的深度融合，服务土地管理、矿山监管、不动产登记等国土资源工作，促进国土资源管理信息化、科学化水平，提升地理信息服务保障国土资源管理工作的能力和水平。

【衡水市】

衡水市国土资源局（地理信息局）全年初审通过3家新增测绘资质单位。备案登记41个测绘项目，完成8个单位658项测绘成果目录的汇交工作。落实县级测绘管理机构建设和数字城市建设。全年3次专项督导县级测管机构建设和数字城市建设进程。落实《衡水市基础测绘“十三五”规划》，全年申请基础测绘项目预算近100万元。

【唐山市】

唐山市国土资源局（地理信息局）加强地理信息机构建设，市、县两级全部挂牌成立测绘地理信息管理机构。组建了唐山市基础地理信息中心。印发《唐山市基础测绘“十三五”规划》，落实了年度基础测绘经费，制定基础测绘年度计划并组织实施。在全市21个县（市、区、管委会、开发区）开展地理信息资源共建共享工作，更新市县两级相关委办局管理机构、人员目录和地理信息交换共享目录。

地方社团工作

【河北省地理信息产业协会】

9月13日，河北省地理信息产业协会在石家庄组织新修订的《中华人民共和国测绘法》培训班，全省理事单位和甲、乙级测绘资质单位参加。5月9日，与河北省测绘学会及中国地理信息产业协会云计算与物联网工作委员会联合主办2017地理信息技术创新研讨会；9月14日，与河北省智慧城市建设联盟、省电子政务学会、省电子学会、省城镇供热协会联合主办2017地理信息空间应用研讨会。全年共培训全省测绘地理信息行业代表1000多名。组织开展行业评奖评优活动，评选出2015—2016年全省地理信息产业20强企业。

【河北省测绘学会】

3月3日，河北省测绘学会在保定举办不动产测绘管理研讨会，全省11个设区市的40多人参加会议。4月21日，在河北工程大学召开河北省测绘工程专业工程教育认证研讨会，18所省内高校近50位专家、学者参加会议。7月1日—2日，与北京市测绘学会、天津市测绘学会共同主办首届京津冀高等学校大学生测绘技能大赛，京津冀26所高等院校53个代表队参加比赛。9月14日，举办河北高校地信专业新技术应用交流会。12月7日，举办无人机在地理信息领域的应用专题研讨会。全年培训测绘单位代表500多人。

组织完成河北省优秀地理信息工程奖评审工作，评出一等奖21项、二等奖44项、三等奖48项。组织完成河北省测绘学会科学技术奖评审，评出一等奖13项、二等奖15项、三等奖18项。在中国测绘地理信息学会、中国地理信息产业协会的各类评奖中，河北省共有22个项目获得不同等次的奖励。编制出版4期《河北测绘》杂志，免费向会员单位发放2800多册。

山西省

概况

2017年，山西省测绘地理信息工作在全国省级测绘地理信息主管部门测绘地理信息工作绩效考核中排名较2016年有较大幅度提升，山西省测绘地理信息局被国家测绘地理信息局评定为“突出进步单位”。

落实省级基础测绘经费1071万元。完成省级1∶1万基础测绘1.56万平方千米数字线划图和1850平方千米数字正射影像图更新生产；建成山西省北斗卫星定位连续运行综合服务系统。山西省第一次全国地理国情普查成果通过验收，10月31日，公开发布《山西省第一次全国地理国情普查公报》。开展年度基础性地理国情监测，建立稳定的经费投入机制；开展专题性地理国情监测，完成2017年山西省地级以上城市及典型城市群空间格局变化监测。完成“天地图·山西”与国家主节点、朔州和临汾市级节点数据融合。2个县数字城市地理空间框架建设项目通过验收。

全年投入科研经费456万元，完成5项科研成果。7项科技成果获国家行业协会科技奖励，2项成果获山西省科技进步奖三等奖，2项成果取得计算机软件著作权。

做好地图服务，《山西省政区沿革地图集》《山西省传统村落地图集》通过验收，《走进山西地图集》完成年度任务。保障紧急公务用图，为中央领导视察山西提供专题地图30多种3000多张，为省领导公务活动提供各类工作用图1000多幅。

强化测绘市场监管，推进“放管服”改革，全年受理各类行政审批事项799件，限时办结率100%。完成测绘单位资质审查83家，复审换证106家，续期换证49家，测绘项目登记8件。与山西省国土资源厅、山西省互联网信息办公室等14个部门联合开展全覆盖排查“问题地图”专项行动，发现各类“问题地图”561处，查处、查封网站17个，查封、收缴产品281件。截至2017年底，山西省共有测绘资质单位666家，其中甲级28家、乙级80家、丙级230家、丁级328家。年末测绘从业人员13178人。全年完成测绘服务总值15.87亿元。

党的建设与人才队伍建设

【党的建设】

3月31日，山西省测绘地理信息局召开党建工作会议，安排部署全年党建重点工作任务，印发《2017年山西省测绘地理信息局党的工作要点》。定期召开党组会议专题听取汇报，研究部署党建重点工作。修改完善党建制度12项，新制定3项。加强基层党建工作，健全基层党组织及负责人责任清单，完成基层党支部规范化建设，组织机关基层党组织书记参加省直机关年度机关党支部书记轮训，开展全局党务干部培训。局属各单位完成工会组织建设和注册法人登记，局直属机关工会完成换届。开展专项巡视整改，巡视反馈问题整改完成率84%，制定和修订制度18项。

推进“两学一做”学习教育常态化制度化和“维护核心、见诸行动”主题教育活动。5月9日，召开动员部署会议，成立主题教育办公室，印发实施方案。组织开展2次学习习近平总书记系列重要讲话精神研讨交流。举办“喜迎十九大、高举旗帜跟党走”主题演讲比赛。组织观看《将改革进行到底》和《榜样》等专题宣传教育影视片，学习《习近平总书记的成长之路》和《习近平的七年知青岁月》等文献资料，结合学习贯彻习近平总书记视察山西重要讲话精神开展专题研讨。学习贯彻党的十九大精神，集中观看开幕式，集体聆听、学习党的十九大报告；11月7日—20日，在全局党员干部中开展学习党的十九大知识书面问答活动；11月14日，邀请省委党校专家教授作专题辅导讲座。局班子成员分别宣讲党的十九大精神，开展学习党的十九大精神交流研讨。

【党风廉政建设】

山西省测绘地理信息局召开全局党风廉政建设工作会议，安排2017年党风廉政建设和反腐败工作。印发《2017年党风廉政建设和反腐败工作要点》，调整局党风廉政建设责任制工作领导小组，制定落实党风廉政建设主体责任清单。局党组书记、局长与新选拔任用的领导干部开展任前廉政谈话，围绕落实党风廉政建设主体责任对局机关各处室、局属各单位主要负责人进行集体约谈。编印《廉政文化读本》并发放各基层党组织。

开展整治“四风”问题“回头看”监督检查，贯彻落实中共山西省委、省人民政府《关于进一步贯彻落实中央八项规定精神的实施办法》监督检查。制定印发《山西省测绘地理信息局关于进一步贯彻落实中央八项规定精神的实施细则》。学习贯彻习近平总书记关于进一步纠正“四风”、加强作风建设的重要批示精神。

【精神文明建设】

山西省测绘地理信息局组织开展文明创建活动。举办迎新春团拜会；开展“营造良好家园、青春志愿行”主题志愿服务活动；妇女节前夕，组织机关女职工参观娄烦高君宇故居纪念馆；组队参加省总工会组织的庆祝“三八”国际劳动妇女节省城女职工趣味运动项目比赛。组织“博爱一日捐”“送温暖献爱心”捐助活动。组队参加全国测绘地理信息系统第五届“天润科技杯”乒乓球比赛，获女子单打季军；参加全国测绘地理信息系统“四维图新杯”桥牌赛。举办“喜迎十九大高举旗帜跟党走”演讲比赛。

1名局领导接任宁武县省委驻村帮扶工作队大队长，兼任县委副书记。2名中层干部到宁武县迭台寺乡担任村第一书记，1名中层干部到宁武县乡镇挂职。为宁武县迭台寺乡小学修缮校舍，为学生购置生活学习用品；向迭台寺乡养驴合作社赠送优质乌头种驴，为贫困户提供优质土豆种子，帮助发展养殖种植业。开展“送十九大精神、送政策、送科技、送温暖”到村到户活动。

2017年，省测绘资料档案馆获“省直文明单位标兵”称号。截至年底，全局共有省级文明单位1个、省直文明标兵单位5个、省直文明单位6个。

【人才队伍建设】

山西省测绘地理信息局落实《党政领导干部选拔任用工作条例》，全年提拔任用领导干部9名、平职调整（交流轮岗）领导干部10名。举办技术专题培训、基层干部能力提升培训、党政领导干部履职能力提升培训、事业单位管理人员培训60期，累计培训1423人次。1名局领导、4名处级干部和2名科级干部参加国家测绘地理信息局党校学习培训。在哈尔滨、天津举办2期领导干部履职能力提升培训班，80多人参加培训。公开招聘测绘及相关专业硕士研究生12人，公开引进博士生1人。1人入选享受政府特殊津贴人员。组织开展中级职称评审，149人通过全省初级和中级评审。6月，举办2017年“南方测绘杯”第五届全国测绘地理信息行业职业技能竞赛山西省选拔赛。

法制建设与市场监管

【法制建设】

《山西省测绘管理条例》修订列入省人大五年立法规划。山西省测绘地理信息局建立法律顾问制度，设立公职律师。完成《山西省人民政府关于进一步规范行政执法工作的意见》《山西省食品生产加工小作坊和食品摊贩监督管理办法》等法规和规范性文件的立法征求意见工作。

【法制宣传】

山西省测绘地理信息局印发《关于做好新修订的〈中华人民共和国测绘法〉学习宣传贯彻工作的通知》。为各市、县和全体机关工作人员统一征订学习教材。对测绘资质单位和测绘地理信息行政管理人员进行新修订的测绘法培训。在全省范围组织开展2017年测绘法宣传日主题口号、宣传口号、公益短信、宣传画有奖征集活动，报送主题口号2条、宣传口号20条、公益短信4条、主题宣传画1幅。开展“8·29”测绘法宣传日活动，全省编印测绘法宣传页1.2万多份，制作宣传展板，通过现场宣传和手机短信、广播电视、报刊、微信等多种形式宣传测绘法律法规。

印发《山西省测绘地理信息局落实〈关于实行国家机关“谁执法谁普法”普法责任制的意见〉方案》《山西省测绘地理信息局2017年度普法责任清单》和《2017年山西省测绘地理信息普法依法治理工作要点》，为机关全体工作人员和局属各单位班子成员征订《领导干部法治读本》《“七五”普法参考资料选编》和《民法总则释义》等普法学习教材，组织3人参加2017年全国测绘地理信息行政执法人员培训、4人参加提升依法行政能力暨法治政府建设专题培训。

【依法行政】

山西省测绘地理信息局2017年受理审查行政审批事项申请799件，其中国家秘密的基础测绘成果资料利用审批379件，编制出版或者展示未出版的地方性地图审核62件，测绘项目登记8件，建立相对独立平面坐标系统审批1件，甲级测绘资质初审3件，乙、丙、丁级测绘资质审批80件，资质业务范围变更28件，资质基本信息变更72件，复审换证106件，资质注销7件，续期换证49件，拆迁永久性测量标志或者使永久性测量标志失去效能审批4件。全部办结，限时办结率100%；当日办结382件，当日办结率47.81%。

【“放管服”改革】

山西省测绘地理信息局行政审批事项全部进驻山西省政务服务中心，启用“行政审批专用章”。修订完善《行政审批服务承诺制度》等7项制度；废止《山西省测绘地理信息局行政审批内部审批工作程序规定》等3个规范性文件。对14项行政审批事项的129项审批前置申请材料进行清理，保留88项、取消41项。完成权责清单、规章和规范性文件的清理工作。

【测绘资质管理】

山西省测绘地理信息局制定印发《山西省测绘地理信息局测绘资质管理实施细则》，将丁级测绘资质委托市级测绘地理信息主管部门审批。全年审查发放测绘资质证书53家，其中丙级19家、丁级34家；审批测绘资质升级27家，其中丙级升乙级12家、丁级升丙级15家；初审乙级升甲级3家；完成复审换证106家、续期换证49家。截至2017年底，全省共有测绘资质单位666家，其中甲级28家、乙级80家、丙级230家、丁级328家。

组织开展2017年全省测绘资质“双随机”巡查工作，对太原、晋中、运城3市18家甲、乙级测绘资质单位进行巡查。组织开展2016年度测绘资质年度报告公示工作，全省应进行年度报告公示的乙、丙、丁级测绘资质单位574家。其中，5家未报送年度报告，其余569家的年度报告通过测绘资质管理信息系统和局网站向社会公开。

【信用管理】

山西省测绘地理信息局组织开展测绘地理信息信用体系建设，做好“信用山西”信用信息共享，编制省测绘地理信息局“双公示”目录，通过“信用山西”网站公开本局“双公示”信用信息；完成山西省信用信息共享平台数据录入。开展进一步深化信用体系建设工作，加强测绘地理信息行业信用管理，全年无信用信息异议处理。

规划与计划

【规划的制定与执行】

山西省测绘地理信息局推进基础测绘“十三五”规划年度系列工作开展。实施完成晋北、晋西测区部分1:1万基础地理信息采集更新。开展2017年度省域基础性地理国情监测和省地级以上城市空间格局变化的专题性监测工作。建立覆盖全省的北斗卫星连续运行参考站网。完成各地级市基础测绘“十三五”规划编制与备案。

【计划的制定与执行】

山西省测绘地理信息局制定2017年山西省航摄计划，联合国家测绘地理信息局与飞行中标单位签订“晋东（一、二）”2个摄区3.8万平方千米0.5米分辨率的数字航空摄影合同。截至年底，航摄任务全部完成并通过验收。

基础测绘

【基础测绘经费投入】

山西省测绘地理信息系统落实2017年基础测绘经费2470.58万元，地级以上城市空间格局变化专题性监测项目配套资金30万元。2018年基础性地理国情监测专项经费2383万元纳入财政年度预算。落实岢岚县“边老少”地区基础测绘专项补助经费200万元。

【测绘基准建设与应用】

山西省测绘地理信息局组织实施山西省北斗导航地基增强系统建设项目，新建30个基准站，改造67个基准站，建成山西省北斗卫星定位连续运行综合服务系统。完成全球卫星导航系统（GNSS）大地控制点测量202点，水准测量61点。推进新型基础测绘体系建设，实现等高线和高程注记点自动采集，构建基础测绘生产新工艺。与省国家安全厅联合开展卫星导航定位基准站安全专项整治活动。完成省级卫星导航定位基准服务系统安全升级改造。推动卫星导航定位基准站的应用服务，与山西省嫦娥北斗卫星导航公司开展战略合作。推进2000国家大地坐标系使用，建立覆盖全省各县（区）的GPSD级控制网，完成2000国家大地坐标系统构建；协助省国土资源厅、省农业厅等开展2000国家大地坐标系成果应用和转换。

【基本比例尺地形图测制与更新】

山西省测绘地理信息局牵头协调各市县人民政府及省直有关部门提供本行政区域内1:5万数据库更新所需的专业资料和升级成果，协助黑龙江测绘地理信息局开展国家1:5万数据库更新工作。推进1:1万基础测绘成果更新，完成晋北测区1.56万平方千米1:1万数字线划图和晋西1850平方千米1:1万数字正射影像图更新生产任务。完成1:5000地形图更新380平方千米，1:2000地形图测制206.3平方千米、更新206.3平方千米，1:1000地形图测制100.3平方千米、更新66.3平方千米，1:500地形图测制152.3平方千米、更新86.3平方千米。

【航空航天遥感影像获取与应用】

山西省遥感中心接收国产高分辨率卫星影像2188景，其中针对2017年基础性地理国情监测项目接收2017年4月—8月亚米级国产高分辨率影像数据822景。全年处理影像1600多景，优于2.5米分辨率数字正射卫星影像实现省域全覆盖，亚米级数字正射卫星影像有效覆盖率约94%。分发提供基础性地理国情监测亚米级原始卫星影像数据706景，高分一号、资源三号卫星原始影像数据283景，累计分发数据量约1TB。全省完成航空摄影28130.2平方千米，用于基础测绘4032.5平方千米、应急测绘保障392平方千米、数字（智慧）城市建设4170平方千米。

【智慧城市、数字城市建设】

山西省测绘地理信息局和太原市国土资源局推进智慧太原时空信息云平台试点项目。完成太原市80千米街景360°实景影像数据采集，数据技术规范制定、各类数据库建设、云平台电子地图处理，“智慧城市管理”“智慧公共交通”2个应用系统。建设组织完成右玉、永和2个县级数字城市地理空间框架建设。全面完成山西省被列入国家测绘地理信息局数字城市地理空间框架建设试点或推广计划的城市建设工作。

【质量管理】

5月，山西省测绘地理信息局召开专题会议，安排部署2017年质量管理工作。组织开展全省测绘地理信息质量监督检查，监督抽查太原、晋中、运城3市18家测绘单位，委托省测绘产品质量监督检验站监督检验20家单位20项成果，检查结果依法公布。开展市级测绘成果质量监督检查试点，受晋中市国土资源局委托，省测绘产品质量监督检验站对晋中市3个测绘资质单位的3项测绘成果进行测绘成果质量监督检验。省测绘产品质量监督检验站全年检定测绘仪器3798台，其中水准仪743台、经纬仪83台、全站仪1124台、GPS接收机1307台、手持测距仪541台。检定出不合格仪器353台。

【安全生产】

山西省测绘地理信息局落实安全生产责任制，局党组与局属各单位签订综合治理目标管理责任书。成立局安全生产联合检查组，开展局属单位安全生产大检查。在全局范围内开展“除火险、保安全”活动。6月“安全生产月”期间，与迎泽街道办事处联合举行安全培训和应急逃生演练。全年投入安全经费16万元。

地理国情监测

【地理国情普查】

7月21日，山西省第一次全国地理国情普查成果通过验收。山西省测绘地理信息局与省国土资源厅、省民政厅、省林业厅、省统计局等部门完成地理国情普查数据与有关行业专题数据的衔接。与省国土资源厅、省统计局、省第一次全国地理国情普查领导小组办公室联合编制《山西省第一次地理国情普查公报》，经山西省第一次全国地理国情普查领导小组审议通过后于10月31日公开发布。

【地理国情监测】

山西省测绘地理信息局推进常态化地理国情监测，完成2017年度基础性地理国情监测任务。自2018年起监测经费纳入省财政年度投入预算。实施国家级专题性监测工作，完成2017年山西省地级以上城市空间格局变化专题性监测。组织开展太原盆地及太原城市群城市空间格局变化监测项目。

不动产测绘

【地籍测绘】

山西省测绘地理信息系统单位全年共完成地籍测绘3503.4平方千米。

【房产测绘】

山西省测绘地理信息系统单位全年共完成房产测绘43826592.4平方米。

【行政区域界线测绘】

山西省测绘地理信息系统单位全年共完成县级行政区域界线测绘6.5千米。

地图管理与地图服务

【地图公共服务】

山西省测绘地理信息局编制完成2017版《省领导工作用图》、全省及11市新版标准地图和《山西省政区沿革地图集》《山西省传统村落地图集》《山西历史地图集》。完成《走进山西地图集》《晋城城市地图集》年度任务。为中央、国务院领导视察山西提供公务用图30多种3000多张。为省领导提供全方位介绍山西的系列地图集300多本（册）、外出考察用图600多幅。向党政机关、社会公众提供实物地图5800多册（张）、制图数据2900多套。实施辅助决策用图定制与服务系统应用示范项目，开展辅助决策用图共享工作。

【国家版图意识宣传教育】

山西省测绘地理信息局配合省国土资源厅在山西省地质博物馆布设测绘地理信息主题展厅。“8·29”测绘法宣传日期间，山西省测绘地理信息局及各市国土资源局制作国家版图意识教育宣传展板，发放全国版地图、国家版图意识宣传折页、国家版图知识教育读本等。部分县（市、区）国土资源局会同教育部门在中小学开展国家版图意识教育系列活动，组织地图知识讲座，赠送《国家版图知识读本》。

【全覆盖排查整治“问题地图”专项行动】

8月21日—10月30日，山西省组织开展全覆盖排查整治“问题地图”专项行动（以下简称专项行动）。省政府成立专项行动协调小组，9月13日，省政府办公厅印发《山西省开展全覆盖排查整治“问题地图”专项行动工作方案》。9月14日，省政府召开专项行动协调推进会，14个成员单位领导和有关负责人以及11个市国土资源局分管领导参加会议。

9月30日，省测绘地理信息局举办专项行动培训班，省专项行动协调小组14个成员单位、各市国土资源局、地图编制资质单位及互联网地图服务资质单位等100多人参加培训。通过宣传、提供公共地图服务、各单位自查整改、国家巡查、省市多部门联合监督检查等方式，开展专项行动现场检查513次，累计检查网站、微信公众号、博物馆、图书或其他地图产品7371个（种），检查地图6068幅（张、册），发现各类“问题地图”561处，查处、查封网站17个，查封、收缴产品281件。11月—12月，组织开展专项行动“回头看”。截至年底，专项行动检查发现的“问题地图”已全部完成整改。

测绘地理信息成果管理与应用

【“天地图·山西”建设与应用】

山西省测绘地理信息局完成“天地图·山西”影像和部分矢量要素及兴趣点数据更新，省级节点与临汾、朔州市级节点数据融合，太原、晋中市级节点数据更新，11个地市级节点评估考核等工作。推动“天地图·山西”应用，与省气象局对接，为省应急指挥系统提供前置平台数据；为省人民防空办公室指挥系统进行前置平台数据更新；为省国土资源厅地质灾害应急指挥中心、省公安厅治安总队视频监控系统提供前置平台服务。

【成果汇交与分发】

山西省测绘地理信息局向国家测绘地理信息局

汇交2017年山西省地级以上城市空间格局变化专题性监测成果数据。省测绘资料档案馆完成基础测绘相关项目文档资料、测绘成果目录、地图集册等9类146件资料归档，向有关单位提供1:1万地形图1696张、1:5万地形图341张、其他比例尺地形图7张，1:5万图形数据61幅。省综合地理信息中心完成1:1万基础地理信息数据库两代数据的整理和入库，其中一代数据6319幅、二代数据6239幅；向161家用户提供1:1万基础地理信息数字线划图（DLG）5607幅、数字高程模型（DEM）63幅、数字正射影像图（DOM）252幅，数据量达154GB；向省基础地理信息院、省地图院、省测绘工程院等8家单位提供1:1万基础地理信息数据和国情普查成果50GB。

【测绘成果保密管理】

山西省测绘地理信息局组织对2017年申领测绘成果的测绘资质单位和用户单位开展测绘成果跟踪保密检查。11月，组织涉密测绘成果管理人员培训，11个市测绘地理信息主管部门、测绘资质单位和用户单位320人参加培训。

【测量标志管理】

山西省测绘地理信息局完成4项测量标志拆除审批，建设完成朔州市右玉县右玉干部学院和晋中市乔家大院景区2座景观型测量标志，完成昔阳县大寨虎头山景区景观型测量标志宣传版面维修整饰。

【应急测绘保障服务】

山西省测绘地理信息局组织完成国家应急测绘能力建设项目山西省单项工程建设年度任务，山西省远程会商终端应急测绘调度场所建设项目通过验收。参加山西省“5·12”防灾减灾应急演练、2017年全省人防演习、2017年大同震后次生地质灾害应急演练。省遥感中心无人机应急分队完成晋能集团山西煤炭运销集团和顺吕鑫煤业公司滑坡事故处理应急测绘任务，为临汾市浮山县城关镇爆炸案件侦破提供卫星影像服务，协助宁武县迭台寺乡精准打击非法种植罂粟行为。

山西省测绘地理信息局与省住房和城乡建设厅、中国测绘科学研究院、省地质勘查局等签署战略合作协议并开展业务合作。配合省审计厅完成晋城等市党政领导干部自然资源资产离任审计。与省气象局合作在省预警信息发布中心部署山西省地理信息公共服务平台，为省政府的“山西省突发事件应急指挥支持系统”项目建设提供保障。3月3日，与武警山西省总队签署军民深度融合发展共建合作协议，为武警山西省总队提供地理信息数据资源、人才和技术服务，《人民武警报》头版头条刊登报道；11个市国土资源局分别与驻地11个支队签署共建合作协议。

地理信息产业山西省测绘地理信息局选取山西金瓯土地矿产咨询服务有限公司和山西迪奥普科技有限公司作为试点开展地理信息产业监测工作，按时上报企业经济运行监测数据和全省地理信息产业发展综合情况。完成全国地理信息产业单位名录库中的77家非测绘资质企业基本情况的统计调查和上报。建成全面兼容北斗卫星信号的山西省北斗卫星定位连续运行综合服务系统，向社会提供各种精度的导航定位服务。

科技、标准化与国际合作

【科技创新体系建设】

山西省测绘地理信息局以“1+3”（省国土资源厅+省地质勘查局、省煤炭地质局、省测绘地理信息局）模式参与制定山西省国土资源科技创新行动计划（2016年—2020年），申报科技项目5项。落实《信息化测绘体系建设技术大纲（试行）》，开展省级信息化测绘生产基地建设。完成山西省测绘地理信息工程技术研究中心管理委员会人员调整。

【科技项目与科技奖励】

山西省测绘地理信息局全年投入科研经费456万元，实施完成“三维不动产权籍测绘生产体系研究”“数字城市基础地理信息数据库升级改造及数据管理系统开发”“GIS技术在水利防汛领域中的应用研究”“基于无人机中画幅传感器技术在城市大比例尺基础测绘中的应用研究”“山西省自然生态空间格局监测与分析指标体系研究”5项科技创新项目。

山西省测绘地理信息局系统完成的科技项目获中国地理信息产业协会2017年中国地理信息产业优秀工程奖银奖3项、中国地理信息科技进步奖二等奖1项，中国测绘地理信息学会2017年全国优秀测绘工程奖银奖1项、铜奖2项，山西省科技进步奖三等奖2项。山西省地图院2项成果取得计算机软件著作权。

【标准化工作】

山西省测绘地理信息局完成《时空政务地理信

息编码技术规范》《测绘单位质量管理体系通用要求》《高分辨率SAR卫星遥感影像产品生产技术规程》《卫星遥感影像质量检验技术规程》等多项国家和行业测绘地理信息标准征求意见工作。10月14日，开展世界标准日宣传活动。在全省测绘地理信息质量监督检查工作中加强标准化宣贯。

【对外合作与交流】

5月28日—6月4日，山西省测绘地理信息局1人随国际测量师联合会（FIG）会员代表团赴芬兰参加FIG第31届大会。8月20日—28日，1人随国家测绘地理信息局团赴美国乔治梅森大学参加第四期中美地理国情监测技术与管理高级研讨班。

地市级测绘地理信息工作

【晋中市】

2017年，晋中市编制完成晋中市“十三五”基础测绘规划、各县（市）“十三五”基础测绘规划，并正式印发。完成0.08米高分辨率正射影像图350平方千米、1:500数字线划图73.2平方千米市级基础测绘更新成果接收归档。全部完成灵石县基础测绘更新工作。晋中市城区新增10个GPS D级控制点。数字晋中整体进入政府云平台，开发完成数字晋中政府应急决策指挥系统。晋中市国土资源局和武警晋中市支队签订《军民深度融合发展共建合作协议》。为城建、规划、农业、林业、环保等部门提供基础测绘数据资料20多份，为4家测绘单位提供1:500数字线划图成果，向晋中市水利勘测设计院提供晋中市全市电子地图成果数据。

强化测绘资质监管，完成测绘资质申请、升级、变更等初审15件；上报资质延续25件；巡查抽查丙、丁级测绘资质单位5家，其中1家符合要求、4家基本符合要求。完成测绘项目登记62个。开展测绘质量监督检查，抽查8家测绘资质单位，监督检查5家，全部基本符合要求；监督检验3个项目，其中，2个项目成果批合格、1个项目成果因实地变化无法评定。开展测绘成果保密检查，全市抽查29家单位，对发现的问题由县级测绘地理信息主管部门监督完成整改。开展全覆盖排查整治“问题地图”专项行动，对辖区内的图书市场、资质单位、微博、微信公众号、各类网站、博物馆、展览馆、图书馆等展开清查，发现各类“问题地图”46幅（处），全部完成整改。加强测绘作业证管理，审批完结测绘作业证10个。推进测绘地理信息市场信用信息平台建设，新征集信用信息11条。开展测量标志巡查，完成测量标志数据库动态管理、更新及汇总上报；在晋中市乔家大院景区建设1座景观型测量标志。开展“8·29”测绘法宣传日活动，在晋中市区发放新修订的测绘法、版图知识教育等宣传资料2000多份，《地图管理条例》宣传资料3000多份，现场接受咨询200多人次。

【晋城市】

2017年，晋城市编制完成《晋城市基础测绘“十三五”专项规划（2016—2020年）》并正式印发。晋城市有关负责人到晋城市国土资源局调研。完成100平方千米1:2000数字线划图生产，数字晋城地理信息平台更新升级，“天地图·晋城”与“天地图·山西”数据融合。制定印发《晋城市应急保障预案》。实施《晋城城市地图集》编制试点项目，成立以市长为主任的编纂委员会，7月18日召开《晋城城市地图集》编纂工作协调会议；山西省地图院承担编制工作，完成项目设计书评审、图集初稿送审等。晋城市国土资源局和武警晋城市支队签订《军民深度融合发展共建合作协议》，与市规划局达成合作意向，为市旅游文物局全市域旅游规划、市环保局城市环境监测项目等提供基础地理信息数据服务。全年向有关部门和单位提供GPS控制点成果40个、1:500基础测绘成果5000多幅。

贯彻落实《地图管理条例》，在权力清单中增加“编制出版或者展示未出版的晋城市辖区内地图审核”行政许可事项。开展全覆盖排查整治“问题地图”专项行动，发现无审图号出版物9种，违规地球仪3种，及时完成整改。完成测绘资质申请、升级、续期、注销等初审11件。完成测绘项目登记125个。巡查抽查14个测绘资质单位，对存在问题限期完成整改。组织完成全市31家测绘资质单位信用信息征集，30家测绘资质单位年度报告审核上报。与市保密部门联合开展测绘成果保密检查，抽查单位15家，对存在的安全隐患督促完成整改。开展测绘成果质量监督检查，抽检资质单位12家、各类测绘项目22个，受检单位对存在问题全部整改。组织开展“8·29”测绘法宣传日活动，全市设置咨询点40多个，悬挂宣传横幅100多条，发放宣传资料1万多份、发送手机短信3万多条，设置宣传展板20多块，发放中国地图、山西省导游图、晋城市地图、晋城市交通旅游图5000多份。

地方社团工作

【山西省测绘学会】

山西省测绘学会举办2017年山西省基础性地理国情监测技术培训与技术交流会。组织参加中国测绘地理信息学会举办的2017年全国测绘地理信息学会工作会议暨团体会员工作会议、2017年学术年会与第七届全国测绘地理信息技术装备展览会暨全国测绘地理信息博览会。成立中共山西省测绘学会党支部。

【山西省地理信息系统协会】

1月5日，山西省地理信息系统协会召开第二届会员（代表）大会暨换届大会。完成2016年度优秀测绘地理信息工程奖评选。11月12日，举办2017年山西省部分省直厅局桥牌邀请赛。组织参加2017年中国地理信息产业协会工作研讨会、学习宣传贯彻党的十九大精神谋划新时代协会工作研讨会，组织会员单位参加2017年中国地理信息产业大会。

【山西省测绘行业协会】

山西省测绘行业协会完成2016年度年检。与广州南方测绘科技股份有限公司、广州中海达卫星导航技术股份有限公司等测绘装备企业合作举办测绘新技术、新装备推广会。举办全省首届无人机应用创新论坛，参会人员300多人。

内蒙古自治区

概况

2017年，内蒙古自治区测绘地理信息系统以党的十九大精神为指引，主动融入内蒙古自治区党委、政府中心工作，着力提升测绘地理信息服务保障能力，实施了“丝绸之路经济带”、主体功能区监测试点、联通俄蒙开放口岸、脱贫攻坚工程、新型城镇化建设、呼包鄂城市群空间格局变化监测、“多规合一”平台建设、公共服务平台建设、智慧城市建设、呼伦湖流域国家级自然保护区生态与环境综合治理等测绘地理信息保障服务项目。参与第三次全国土地调查工作，为自治区开展调查试点提供了大量基础资料和技术支持，研究编制了《第三次土地调查生产研究报告》。统筹做好测绘地理信息项目库建设，强化项目前期工作，已筛选入库项目120个，项目资金预算15亿多元。强化科技创新顶层设计，发挥院士专家工作站的优势。继续深化和巩固多方合作，落实和扩大与政府、部门和单位的战略合作协议，实现了双方融合共赢发展，获国家有关部委和自治区政府的肯定。推进地理国情监测，选取主体功能区规划、新型城镇化建设、生态文明建设等方面内容开展监测，并形成了一批地理国情监测成果。

党的建设与人才队伍建设

【党的建设】

内蒙古自治区国土资源厅党组、测绘地理信息局党委围绕学习贯彻党的十九大精神，制定《学习贯彻党的十九大精神实施方案》。各级领导班子成员分别作了专题党课报告。组织召开分层级的专题研讨会，并通过网站、微信等媒体进行了宣传报道和交流学习，营造了“看十九大、知十九大、学十九大”的良好氛围，有序推进“两学一做”学习教育常态化制度化，印发《“两学一做”学习教育常态化制度化实施方案》，制定详细的“两学一做”学习教育计划表。开展“两学一做”学习教育主题活动，把经常性的思想道德教育渗透到党员干部队伍的日常工作和生活中。举行国测一大队先进事迹报告会。在井冈山红色文化教育学院举办2017年领导干部素质提升培训班。组织开展“传承五四薪火，展现测绘风采”“围绕中心抓党建，服务大局促发展”主题研讨会、“塞外党旗飘扬　70载成就辉煌”等多种形式的主题党员活动。

【党风廉政建设】

内蒙古自治区测绘地理信息系统逐级落实全面从严治党责任，认真落实党组党委的主体责任、纪检的监督责任，逐级签订责任书和责任状，把责任落实作为干部职工考核的重要内容。召开全系统党建和党风廉政建设专题会议，部署 2017 年党建工作，印发《党建和党风廉政建设工作要点》《推进领导班子成员党建联系点常态化方案》《关于开展警示教育专项活动的工作方案》《集中整治“雁过拔毛”式腐败问题实施方案》。

【精神文明建设】

内蒙古自治区国土资源厅、测绘地理信息局领导班子主要负责人分别深入帮扶点进行调查研究，参与制定脱贫项目规划。专题研究制定脱贫工作方案，确定帮扶资金和项目，并派出驻村队伍对帮扶计划，进行整体推进落实。自治区测绘地理信息局投入帮扶资金近 50 万元，用于桥梁修建、广场地面硬化及村委会自来水、供暖设备安装等基础设施建设。协调争取卫生部门支持，为村卫生院配套 20 多万元的基础医疗器械。协调农业银行、邮政银行金融帮扶资金近 300 万元，建设 2 万平方米育肥牛养殖基地、400 平方米青储窖、600 米院墙以及地秤和水井等配套设施，改善了当地的生产生活条件。

【人才队伍建设】

内蒙古自治区测绘地理信息相关单位印发《青年学术和技术带头人管理办法》，录用 11 名专业技术人员。推选申报 1 名“草原英才”个人、1 名内蒙古突出贡献专家。1 个科技团队被自治区党委组织部评选为内蒙古“草原英才”工程高技能人才团队。内蒙古自治区测绘院、郑利军分获国家测绘地理信息局第一次全国地理国情普查先进集体和先进个人。在第五届全国测绘地理信息行业职业技能竞赛全国总决赛中，内蒙古自治区测绘院 2 人、自治区航空遥感测绘院 1 人均获“全国测绘地理信息行业优秀技能人才”称号。内蒙古自治区基础地理信息中心地理信息室被自治区总工会授予“工人先锋号”称号。内蒙古自治区航空遥感测绘院任甜君荣获自治区“五一劳动奖章”。

法制建设与市场监管

【法制宣传】

6 月 13 日，中国国土资源报刊登了内蒙古自治区利用测绘地理信息手段助力大兴安岭火灾及灾后重建的报道。8 月 29 日，内蒙古自治区国土资源厅在《内蒙古日报》利用一整版面宣传测绘地理信息法律法规知识，厅长发表了《全面提升测绘地理信息保障服务能力》的署名文章。2017 年，共在各类媒体上刊发新闻报道和信息 100 多篇。

【测绘资质管理】

内蒙古自治区国土资源厅举办了 140 多人参加的全区测绘地理信息行政管理培训班和 380 多名乙级以下资质单位负责人参加的新测绘法培训班，着重对新《测绘法》进行解读，并对测绘地理信息行业管理、地图管理、成果保密和内蒙古第一次全国地理国情普查成果及应用等方面内容进行讲解。加强测绘资质的事中事后管理，召开全区 2016 年测绘地理信息质量抽检约谈会，对在 2016 年测绘地理信息质量抽检中存在问题的 2 家甲级、35 家乙级资质单位进行约谈。安排专项经费继续对丙、丁级资质单位开展质量监督检查。与自治区农牧业厅联合发文，就自治区农村土地承包经营权确权登记颁证工作进一步加强测绘管理提出意见。

规划与计划

经内蒙古自治区人民政府同意，内蒙古自治区国土资源厅与自治区发展和改革委员会联合印发《内蒙古自治区测绘地理信息事业发展第十三个五年规划（2016—2020 年）》。

基础测绘

【基础测绘经费投入】

2017 年，中央和内蒙古自治区财政投入基础测绘经费 1.02 亿万元。

【测绘基准建设与应用】

内蒙古自治区国土资源厅组织完成兴安盟、赤峰 GPS C 级点 100 个、三等水准测量 4000 千米的测绘任务。完成自治区卫星导航定位基准服务系统 161 个站点的优化维护工作，启动北斗卫星导航系统建设，改造建设 5 个北斗地基增强基准站点。自治区内外 500 多个经企业授权无偿使用该系统，平均每天同时在线用户 600 个，有效数据量达到 30 多万点。

【基础地理信息数据采集】

内蒙古自治区国土资源厅组织完成室韦水路口岸、乌力吉公路口岸 2 个对外开放口岸与二连浩特市中蒙经济合作区 24 平方千米 1∶1000 地形图测绘项目。配合和林格尔新区管理委员会完成“一核两翼”航空影像获取、生态绿化带大比例尺测图、河道治理规划建设等任务。集中采集包头市、武川县、赤峰元宝山区、喀喇沁旗、土默特右旗、固阳县、磴口县、科尔沁右翼中旗、扎赉特旗等人口密集地区的基础地理信息数据。

【航空航天遥感影像获取与应用】

国家测绘地理信息局卫星测绘应用中心为自治区推送覆盖全区的资源三号卫星影像和呼和浩特市、包头市、乌海市1万多平方千米亚米级卫星影像数据。完成阿拉善左旗8000平方千米激光雷达LiDAR影像获取。内蒙古自治区建设完成全区遥感卫星影像数据获取和分发服务系统建设项目。

【智慧城市、数字城市建设】

内蒙古自治区完成额尔古纳市与喀喇沁旗智慧时空信息基础设施建设工作。

【质量管理】

内蒙古自治区测绘产品质量监督检验站与中国测绘科学研究院合作，建成数字水准仪条码尺、全站仪频率检定装置。自治区测绘地理信息局组成检查组对局属单位基础测绘内外业成果进行质量检查及指导，特别是加强对局属单位一、二级检查是否落实到位的监督管理。采用过程检查、跟踪检查、生产过程中动态检查的方式，全程控制成果质量管理，实现全年零重大质量事故。

地理国情监测

【地理国情普查】

6月28日，内蒙古自治区第一次全国地理国情普查成果通过国务院第一次全国地理国情普查领导小组办公室验收。10月25日，自治区人民政府召开新闻发布会予以公布。7月24日，自治区审计厅正式下发《关于领导干部自然资源离任审计操作指引》和《领导干部自然资源资产离任审计意见》，明确使用地理国情普查数据用于离任审计评价。利用普查成果，为自治区成立70周年，研编了图集《地图礼赞——献给内蒙古自治区成立七十周年》，为自治区党委、政府编制提供地图产品约2000多幅。

【地理国情监测】

2017年，内蒙古自治区安排专项经费进行地理国情监测并推广监测成果。包头市政府利用地表沉降监测成果安排调整工矿业布局，对城市快速沉降地区也采取了应对措施。巴彦淖尔市利用农作物种植结构和盐碱地监测成果，有效指导农民耕种，并通过“改盐增粮”工程有效保护和改善河套平原生态环境。鄂尔多斯市露天生态环境监测成果为政府“去产能，调结构”的战略方针提供数据依据。完成自治区几个地级城市空间格局变化监测，为当地党委政府提供研究报告。开展了呼和浩特、包头、乌海市共4.67万平方千米的基础性地理国情监测，完成项目验收并上交国家测绘地理信息局。

不动产测绘

内蒙古自治区建设完成察哈尔右翼中旗综合管廊信息平台、翁牛特旗综合管线信息管理系统和扎赉特旗地下管线信息管理系统，建立部分地区预警管理系统试点。建立了城市三维立体精细平台，展示包头地铁沿线的城市景观和风貌。

地图管理与地图服务

【地图公共服务】

内蒙古自治区国土资源厅组织编印图集《地图礼赞——献给内蒙古自治区成立七十周年》，该图集被国家新闻出版广电总局列入《“十三五”国家重点图书、音像、电子出版物出版规划》主题出版规划；开发制作《内蒙古自治区区情地图册》，为内蒙古自治区党委、政府及有关部门科学管理和宏观决策提供了重要基础资料；编印和提供地图产品4000多幅。

【国家版图意识宣传教育】

10月11日，由国家测绘地理信息局主办，内蒙古自治区党委宣传部、中国地图出版集团、自治区国土资源厅和自治区测绘地理信息局承办的“庆祝内蒙古自治区成立70周年蒙文地图赠送仪式”在内蒙古师范大学举行，相关部门向内蒙古师范大学、蒙古族中小学、蒙古族幼儿园和基层社区、自治区各大媒体赠送了3000份蒙文《世界地图》《中国地图》《内蒙古自治区地图》。

【全覆盖排查整治“问题地图”专项行动】

内蒙古自治区国土资源厅联合自治区政府办公厅、网络安全和信息化委员会办公室、新闻出版广电局等单位在全区开展了全覆盖排查整治“问题地图”专项行动。全区共检查单位1754家，检查各类地图1604幅，抽查各类地图432幅。首次在自治区国土资源厅门户网站发布了标准地图，提供地图审核、整改服务600多次，接受了国家全覆盖排查整治“问题地图”专项行动第三巡查组的抽查，并得到肯定。

测绘地理信息成果管理与应用

【“天地图·内蒙古”建设与应用】

“天地图·呼伦贝尔”接入“天地图·内蒙古”省级节点，实现了与国家、省、市（县）的互联互通。2017 年，内蒙古自治区完成“天地图·内蒙古”数据融合工作，数据融合工作涉及交通、河流、绿地、居民地、境界等要素。

【成果应用】

内蒙古自治区测绘地理信息相关单位为巴彦淖尔市、赤峰市、云中现代农业科技示范园、托克托县、巴林右旗等提供测绘地理信息保障服务；为鄂尔多斯市自然资源管理系统建设提供数据和技术支持；为包头市、巴彦淖尔市、尼尔基镇、察右中旗等地城市建设和管理提供航空摄影数据和技术支持。

搭建集查询、指挥、调度为一体的纪检监察综合信息平台，实现纪检机构、人员管理和线上廉政教育学习、实时查看地区动态政治生态、应急资源查询调度、三维动态展示等功能。与自治区审计厅开展了自然资源资产离任审计工作相关业务合作，协助制定《基础地理信息数据服务审计指标体系》，支持编发《领导干部自然资源资产离任审计操作指引（试行）》和《领导干部自然资源资产离任审计意见（参考式样）》。与自治区环境保护厅环境在线监测中心就内蒙古三维园区监控系统建设试点达成合作协议，开发了环保三维在线监控系统，设计制作了演示系统和应急预案指挥系统。

【成果汇交与分发】

内蒙古自治区测绘地理信息相关单位领取了科尔沁左翼中旗与吉林交界处“吉林（20120101）”摄区的航摄影像数据及相关资料、“呼和浩特市、包头市、乌海市”2016 年基础性地理国情数据、2017 年国家基础性地理国情监测任务区高分辨率卫星影像数据。12 月，向国家测绘地理信息局汇交了呼和浩特市、包头市、乌海市 2017 年基础性国情监测成果及相关文档资料。全年累计推送影像数据 12566 景，省（市、区）域内覆盖率为 99.98%。通过云服务平台获取现势性较高的资源三号卫星影像、分辨率较高的高分二号卫星影像。

【测量标志管理】

内蒙古自治区完成兴安盟、赤峰市重要测量标志 320 点的维护工作。

【应急测绘保障服务】

内蒙古自治区测绘地理信息相关部门制定《内蒙古应急测绘保障能力建设项目实施方案》和《内蒙古自治区应急地理信息平台专业技术设计书》，完成《2016 年国家地理国情监测全国地级以上城市及典型城市群空间格局变化监测——内蒙古自治区监测区》项目。为大兴安岭毕拉河森林火灾提供测绘地理信息应急保障服务，第一时间启动测绘地理信息应急保障预案，提供相关图件资料，向国家测绘地理信息局申请提供灾区最新高分辨率卫星影像，并组织专家对灾情进行分析和研究，形成研究分析报告，为内蒙古自治区党委、政府第一时间掌握火灾发生区域的地理信息状况和下一步指导扑救工作提供了重要科学依据。

科技与标准化工作

【科技项目与科技奖励】

内蒙古自治区测绘地理信息相关部门建设和完善空间地理信息资源库，制定空间地理信息平台建设方案及建设国土资源大数据平台。开展并申报的内蒙古自治区自然资源空间信息数据库研究与建设项目、内蒙古自治区北斗卫星导航地基增强应用服务系统研究与应用项目，均被列入 2017 年内蒙古应用技术研究与开发专项资金项目。参与实施的内蒙古自治区资源环境承载能力预警监测系统建设项目，被内蒙古自治区发展和改革委员会和科学技术厅列入重大科技项目。二连浩特市“多规合一”研究与应用项目被列入 2017 年内蒙古科技创新引导资金项目。

【科技成果】

内蒙古自治区测绘地理信息相关部门研究形成了 70 多份测绘地理信息服务保障成果研究分析报告，报告内容涉及内蒙古“一带一路”、中俄蒙经济走廊、国家向北开放桥头堡、主体功能区、脱贫攻坚、湿地保护、农业种植结构调整、应急管理、公共服务平台、智慧城市、自然资源资产数据库成果应用和生态环境建设等重大发展热点。《呼和浩特市城市形态变化监测分析》获第十二届内蒙古自治区自然科学学术年会优秀论文一等奖、《基于测绘地理信息的自然资源资产空间信息数据库建设研究——以呼伦贝尔市阿荣旗为例》获二等奖、《内蒙古自治区国土资源三维平台成果应用分析》《浅析精准扶贫管理系统的设计与实现》获三等奖。

【合作共享】

内蒙古自治区国土资源厅、自治区测绘地理信息局与包头市政府、和林格尔新区管理委员会、巴彦淖尔市政府签署了测绘地理信息战略合作框架协议。

【标准化工作】

内蒙古自治区测绘地理信息标准化技术委员会开展了《高精度全站仪精密三角高程代替二等水准操作规程》等3个地方标准编制工作。

地市级测绘地理信息工作

【呼和浩特市】

2017年，呼和浩特市国土资源局不断强化测绘地理信息统一监管，坚持依法行政、健全管理机制。开展测绘资质巡查与成果质量抽查，配合自治区国土资源厅完成20家乙级资质单位的巡查工作，并抽查了30家丙、丁级资质单位的质量管理体系和成果项目。落实全市规划一张图综合应用系统建设，制定了工作方案和技术方案。收集整合了近40个部门40多个专题1000多个图层数据。收集城市规划、林业、水务、环保、集约利用评价等资料100多项、地图1111幅，已处理地图246幅。实现与国土部门的土地矿产审批、不动产登记、执法监察等业务系统数据库互通，业务审批的带图查询分析，审批登记结果实时回传更新。“多规一张图”系统建设被自治区测绘学会评为科技进步奖一等奖。在排查整治“问题地图”中，对内蒙古博物院、呼和浩特火车站、呼和浩特白塔国际机场等22家单位进行了现场排查，对12家单位下达整改通知书。联合市国家安全局启动卫星导航定位基准站安全专项整治行动，对全市范围30个基准站、6个数据中心进行安全专项整治。完成和林格尔新区基础测绘规划设计方案，推进武川县新农村新牧区建设测绘保障服务示范项目。对全市178家乙级及以下测绘资质单位的年度报告情况进行了公示。开展测绘成果目录汇交系统采购和测绘成果目录汇交工作，并对汇交成果情况进行监督检查。

地方社团工作

内蒙古自治区测绘学会召开学会八届四次常务理事会议暨党建工作会议。举办学术交流会、地理空间大数据及数据中心建设科技讲座、“测绘地理信息科技工作者日”活动暨弘扬测绘精神诗歌朗诵会等活动。被中国测绘地理信息学会授予“2014—2017年度中国测绘地理信息学会先进集体”称号。

辽宁省

概况

2017年，辽宁省测绘地理信息局认真学习贯彻党的十八届六中全会和党的十九大精神，以推进“两学一做”学习教育常态化制度化为抓手，全面贯彻落实从严治党。联合省国家保密局、省公安厅、沈阳海关等14个部门开展辽宁省全覆盖排查整治“问题地图”专项行动和专项行动“回头看”，常务副省长张雷在《关于辽宁省全覆盖排查整治“问题地图”专项行动工作总结报告》上做出了“工作细致深入，成效明显”的重要批示。

7月21日，组织召开辽宁省新测绘法培训会议，做好“七五”法治宣传教育工作。实现全国地理信息资源目录服务系统与省政务服务网的成功对接，全面实现了审批业务的“一站式”网上办理并网运行。

建立统一的卫星导航定位基准站服务系统，完成辽宁省北斗地基增强系统二期建设工作，与一期19座基准站共同组网运行，形成覆盖全省域的辽宁省北斗地基增强网。推进基准站共享服务，实现与吉林省、河北省，国家“927工程”、国家现代测绘基准等基准站的数据共享。截至2017年底，通过辽宁省资源三号卫星影像云服务平台，辽宁省共接收2017年影像156批次3240景，陆域覆盖率为

100%。全面完成辽中、辽北地区1:1万地形图重要要素平面更新与建库生产任务。

持续推进地理国情监测常态化，强化服务应用，提出建立适合辽宁省实际的基础性和专题性监测的指标体系。完成抚顺市地理国情监测及应用示范、大连金普新区空间格局变化监测、全国地级以上城市空间格局变化监测（辽宁监测区）3个国家级专题监测任务。12月15日，在沈阳召开辽宁省第一次全国地理国情普查公报发布暨测绘地理信息成果应用会。全面启动特色乡镇专题地图编制工作，为省政府推进全省特色乡镇建设规划提供保障，受到省长陈求发的高度赞扬。完成辽宁省领导公务用图移动电子平台实施方案的编写工作，组织编写了辽宁省测绘地理信息应用成果和地图展馆更新实施方案，编制了《辽宁省公益性地图》《沈阳城市地图集》。2017年，为省委、省政府有关部门提供办公地图，为社会公众、媒体和政府部门等提供标准地图服务。

推进沈阳市、本溪市数字城市地理空间框架建设向智慧城市时空大数据与云平台转型升级。继续做好数字城市和“天地图·辽宁”建设，持续推进“天地图”国省数据融合和POI数据更新，为辽宁省公安厅、交通厅提供“天地图”前置服务，为辽宁省省级承储企业智能化升级改造项目及省级储备粮管理平台开发建设提供基础地理信息支撑。组织辽宁省测绘成果档案管理系统Ⅱ期建设，实现测绘成果信息化管理。为省直部门提供有关资料和数据，与大连金浦新区、省地震局和省畜牧兽医局签订测绘地理信息数据共建共享协议。

党的建设与人才队伍建设

【党的建设】

2017年，辽宁省测绘地理信息局认真学习贯彻党的十八届六中全会和十九大精神，以习近平总书记系列重要讲话精神为指导，带动和促进业务工作，推动全局基层党建工作进一步深入和加强。精心组织，制定方案，认真学习宣传贯彻党的十九大精神，把思想和行动统一到党中央和省委决策部署上来。扎实开展“两学一做”学习教育，组织开展理论知识学习，领导干部、党支部书记带头讲党课，党员在专题讨论中畅谈学习心得体会。加强党员和党建工作人员培训，提高思想觉悟和组织管理能力。做好日常的党费交纳、党组织换届选举和党员关系的调转等工作。运用批评与自我批评的方式，反省和改进自身存在的问题。通过民主评议党员、党支部书记述职评议及党建工作考核等方式，加强党建工作的管理和监督，推动从严治党向基层延伸。

【党风廉政建设】

辽宁省测绘地理信息局扎实推进党风廉政建设和反腐败工作，聚焦监督执纪问责，切实落实党的纪检监察责任。加强廉政教育，筑牢拒腐防变的思想防线，认真组织学习国家测绘地理信息局、辽宁省委的廉政工作会议以及纪检监察文件精神，在局系统开展“辽海讲坛——廉政文化进机关”活动。组织局系统订购《中国纪检监察报》《党风月报》等党风廉政建设报刊，参观辽宁省廉政文化书画摄影作品展。开展局系统党员干部违纪行为、案件线索实时监控，不定期对基层党组织履行全面从严治党政治责任情况进行监督检查，通过专项督导、分层谈话，把压力层层传导到基层。综合运用监督执纪“四种形态”，加大纪律审查力度，对苗头性倾向性问题及时发现，及时纠正。对在执纪检查中发现的违纪问题线索深挖细查，对构成违纪的严格按规定程序对当事人进行党纪政纪处理，充分发挥执纪审查的震慑和警示教育作用。在直属单位开展巡察工作，进一步提高各单位对严肃党内政治生活、净化党内政治生态重要性的认识。对局行政审批事项动态实时监控，实施严格的电子监察措施，提高测绘地理信息行政效率。

【精神文明建设】

辽宁省测绘地理信息局通过开展各种文体活动、技能竞赛和表彰先进等方式，弘扬测绘精神，加强精神文明建设。开展深受职工欢迎的乒乓球、羽毛球文体活动，带动广大干部职工积极投入全民健身活动。组织文艺骨干参加省直机关工委组织的2017年省直机关春节文艺会演；组织开展“三八”妇女节、“六一”儿童节慰问活动和职工健步走、篮球、足球友谊比赛等活动。组织开展辽宁省测绘地理信息行业职业技能竞赛建功立业竞赛活动。召开年度总结大会，对涌现出的先进单位、先进集体、优秀公务员和先进工作者进行表彰。推进家庭文明建设，号召广大干部职工发扬中华民族传统家庭美德，培育和弘扬社会主义核心价值观，组织参加省妇女联合会组织的辽宁省“最美家庭”评选活动，2个家庭获“最美家庭”称号。利用办公走廊创建文化长廊，张贴精美宣传画和职工创作的作品等；利用会议室建设职工书屋，干部职工可以借阅和交换自己喜爱的书籍；采购健身器材，为职工健身活动提供设备和场地。开展以“坚贞立志 永葆精神 奋勇当先 不负青春”为主题的青年活动。直属单位的2个科室被辽宁省直属机关授予“2017年青年文明号”称号。

【人才队伍建设】

2017年，辽宁省测绘地理信息局机关调入人员5名（包括调任副处长3名、转任1名、接收军转干部1名），晋升副调研员1名。组织局直属单位之间交流轮岗副处级干部5名。安排机关与直属单位之间双向挂职锻炼干部14名，其中包括副处级干部4名。派驻喀左县西沟门村驻村扶贫干部6名，包括副处级领导2名。对1名挂职凤城市凤凰城区副区长的局机关年轻干部开展了挂职任期结束考核工作。组建辽宁省工程系列测绘行业高级专业技术资格评审委员会。

承办辽宁省委组织部数字城市地理空间及智慧城市云平台建设培训班，各市测绘地理信息主管部门班子成员共55人参加培训。组织局机关干部和直属单位班子成员参加各类培训177人次，每人每年网络在线学习超过40课时。组织局属各单位专业技术人员参加业务培训2698人次。全年共举办4个批次中级工程测量员技能鉴定培训班，743人取得技能鉴定证书。截至2017年底，全省330名注册测绘师通过注册，其中2017年通过注册91人。辽宁省启动测绘地理信息行业职业技能竞赛省级选拔竞赛，共48个代表队、96名选手参赛，产生团体奖项6个、个人奖项12个。截至2017年底，局系统共有辽宁省百千万人才百层次1人、千层次3人、万层次12人，享受国务院特殊津贴专家3人，国家测绘地理信息局青年学术和技术带头人2人。

法制建设与市场监管

【法制建设】

辽宁省测绘地理信息局出台《辽宁省测绘地理信息局加强和改进行政应诉工作实施办法》《辽宁省测绘地理信息局法律顾问工作规则》《辽宁省测绘地理信息局重大行政决策及规范性文稿合法性审查规定》等多个规范性文件，完善依法行政工作制度建设，推进实施聘用法律顾问制度。

【法制宣传】

2017年初，辽宁省测绘地理信息局制定《2017年法治宣传教育计划》，全面加强法治宣传教育，推动广大干部职工学法用法。出台《辽宁省测绘地理信息局学习宣传贯彻新〈测绘法〉工作方案》，7月21日，邀请国家测绘地理信息局有关负责人宣讲新测绘法，各级测绘地理信息管理人员、资质单位法人600多人参加培训。局门户网站开设学习宣传贯彻新测绘法专栏，及时登载新测绘法颁布后本地开展贯彻实施的学习宣传活动情况。

8月29日，组织开展“8·29”测绘法宣传日活动。在省委、省政府、太原北街2号、局测绘基地设立宣传点，通过搭设展板、悬挂横幅、发放印有新测绘法的地图等形式，向机关干部、过往群众宣讲测绘法律法规。全省共设立宣传点200多个，发放地图1.5万多张、宣传手提袋1万多个，悬挂宣传横幅50多个，搭设宣传展板300多块。起草了《关于开展2017年国家宪法日暨法治宣传活动的通知》，推动全局树立宪法意识，开展国家宪法日暨法治宣传活动。

【依法行政】

辽宁省测绘地理信息局通过“双随机一公开”执法检查，对违法行为进行查处，以案释法，坚决维护测绘地理信息安全。加大执法立案和行政处罚，对福建特力惠信息科技股份有限公司未开展项目备案、泄露涉密测绘成果，丹东一帆水运工程勘察设计院违法使用涉密计算机等分别进行了立案和调查取证，并依据《中华人民共和国测绘法》对涉案单位分别作出相应的行政处罚。

【“放管服”改革】

辽宁省测绘地理信息局深入贯彻落实辽宁省政府关于“放管服”改革和营商环境建设的有关指示要求，督促指导各市测绘地理信息主管部门开展执法检查。7月，开展测绘资质年度巡查工作，对存在问题的单位下发整改通知书，并在规定期限后进行复核。11月，结合“双随机一公开”到朝阳市和阜新市开展抽查工作，抽查内容涵盖测绘资质条件、质量体系管理情况、档案和保密管理情况、涉密测绘地理信息成果使用和保管等情况。坚持依法依规履行行政审批职责，严格按照规范化流程、按规定时限要求高效办理各项行政审批事项。全年累计完成行政审批事项受理326项，办结318项，为省内测绘资质单位申领省外涉密测绘成果出具使用证明函62份。各项事项均在规定时限内办结，群众满意度100%。

借助国家统一开发的测绘资质审批系统、省政府统一搭建的政务服务网平台和部门自建的测绘成果网络化分发服务系统，实现所有行政审批事项网上递交申请、网上电子流转、网上在线审批。按照“互联网 + 政务服务”要求，实现全国地理信息资源目录服务系统与省政务服务网的成功对接，通过数据交换、系统对接和系统整合，全面实现审批业务的“一站式”网上办理并网运行。组织研发电子证照系统，用户通过电子印章和电子证照可办理地图审核样图等资料送审，该经验做法被国家测绘地理信息局网站和省政务服务网刊载。

【测绘资质管理】

2017 年，辽宁省测绘地理信息局通过对各单位报送的年度报告抽查，按程序依法注销 22 家单位的测绘资质，降低沈阳北星测绘科技有限公司测绘资质等级。对全省 27 家甲级测绘资质单位提出的测绘资质证书续期换证申请材料进行了审核，完成全省甲、乙级测绘资质单位续期换证工作，并向国家测绘地理信息局报送全省乙级测绘资质单位续期换证工作方案。

【信用管理】

2017 年，借助国家测绘地理信息局测绘信用信息管理平台，辽宁省测绘地理信息局对全省测绘资质单位信用情况进行管理。对未按时报送上一年度测绘资质年度报告的 17 家单位计入轻微失信记录，并通过国家测绘地理信息局平台向社会发布。16 家测绘资质单位出具信用信息证明，为 15 个测绘项目办理了备案手续。通过走访调研、网上问答、现场服务等途径，共为全省测绘资质单位及个人解决困难或疑问 30 多次。

规划与计划

【规划的制定与执行】

按照辽宁省发展和改革委员会的要求，辽宁省测绘地理信息局准时报送完成“十三五”规划纲要重点任务实施情况。

【计划的制定与执行】

辽宁省测绘地理信息局围绕国家测绘地理信息发展总体战略和《辽宁省测绘地理信息发展“十三五”规划》的总体部署，扎实推进规划实施，系统谋划“十三五”期间测绘地理信息重大项目，加强规划、计划和预算的有效衔接，为地理信息公共服务平台建设、测绘基础设施建设及运行维护、省应急测绘保障体系建设工程、智慧城市群等“十三五”规划重点项目及基础测绘、国情监测等项目争取财政资金支持。

从严预算审核，提高项目资金使用效率，落实资金 624.6 万元，用于基础性监测、空间格局变化、三维 GIS 平台开发等 5 个项目，保证国情普查项目的顺利收尾和监测项目的有序进行。增强重大测绘地理信息专项经费资金保障，2017 年，辽宁省财政预算批复 1:1 万地形图更新与入库、辽宁省机载激光雷达数据获取和数字高程模型生产项目、辽宁省潮间带 1:5000 基础地理信息数据库获取与制作等 17 个项目、资金 2710.9 万元。

基础测绘

【基础测绘经费投入】

辽宁省初步建立稳定的基础测绘地方财政投入机制。《辽宁省测绘地理信息发展“十三五”规划》作为全省 38 个重点专项规划之一列入《辽宁省“十三五”规划纲要》。2017 年，辽宁省围绕基础测绘等项目投入资金 8941.89 万元，其中省财政供养项目人员专项经费 5596.34 万元、省级财政项目专项资金 3345.55 万元，国家测绘地理信息局配套资金 177 万元。

【测绘基准建设与应用】

辽宁省测绘地理信息局履行基准站建设和运行维护管理职责，建立统一的卫星导航定位基准站服务系统，开展基准站备案管理工作。全年处理各类故障 100 多次，保障系统正常运行。完成辽宁省北斗地基增强系统的二期建设工作。在全省范围建设 39 座北斗基准站，与一期 19 座基准站共同组网运行，形成覆盖全省域的辽宁省北斗地基增强网。推进基准站共享服务，实现与省内大连市，吉林、河北省，国家“927 工程”、国家现代测绘基准等基准站的数据共享。

【基本比例尺地形图测制与更新】

辽宁省测绘地理信息局采用资源三号、高分二号等卫星影像数据，全面完成辽中、辽北地区 2881 幅 1:1 万地形图重要要素平面更新与建库生产任务。组织辽宁省摄影测量与遥感院完成喀左地区 20 平方千米 1:1000 地形图测制，辽河入海口至锦州湾段约 240 平方千米 1:5000 沿海潮间带滩涂地形图测绘项目。组织辽宁省基础测绘院完成了白石水库 33.87 平方千米 1∶2000 水下地形测量。

【航空航天遥感影像获取与应用】

辽宁省测绘地理信息相关部门获取全省 14.81 万平方千米的资源三号、高分一号、高分二号卫星影像数据。

【智慧城市、数字城市建设】

9 月 22 日—24 日，辽宁省测绘地理信息局协助国家测绘地理信息局完成“第四届中国智慧城市（国际）创新大会”智慧时空分论坛的组织协调工作。11 月 13 日—17 日，与沈阳建筑大学联合举办数字城市地理空间及智慧城市云平台建设培训班。4 月，下发《关于加快我省数字城市地理空间框架建设成果推广应用的通知》，要求各市建立并落实、完善长效机制。2017 年，全省新增 14 项平台应用项目，沈阳市初步形成智慧沈阳时空信息云平台项目立项建议书，开展项目申报、立项、招投标等工作。

【安全生产】

2017 年，辽宁省测绘地理信息局印发《关于开展基础测绘安全生产工作的通知》，明确要求健全安全生产管理制度，落实安全生产责任。局直属各单位开展安全生产教育培训，加大安全生产投入，定期检查维护生产设备装置，开展安全生产自查工作。8 月，辽宁省测绘地理信息局组成安全检查组对局直属各单位进行现场督导巡查和安全生产检查，未发现安全隐患，全年安全生产无任何事故发生。

地理国情监测

【地理国情普查】

7 月 20 日，辽宁省第一次地理国情普查项目通过验收。省普查领导小组办公室与普查领导小组各成员单位开展普查数据衔接，第一次地理国情就普查数据达成一致意见。10 月 31 日，经审核备案，省人民政府批准同意省测绘地理信息局和省第一次地理国情普查领导小组办公室联合对外发布《辽宁省第一次全国地理国情普查公报》。

【地理国情监测】

辽宁省测绘地理信息局组织实施沈阳、抚顺、鞍山、本溪、辽阳 5 市 4.66 万平方千米的基础性地理国情监测任务，动态更新地理国情信息。

完成抚顺市地理国情监测及应用示范、大连金普新区空间格局变化监测、全国地级以上城市空间格局变化监测（辽宁监测区）3 个国家级专题性监测任务。与大连金普新区管理委员会签署“智慧新区”基础地理信息平台战略合作协议。

地图管理与地图服务

【地图公共服务】

2017 年，辽宁省测绘地理信息局组织编制了 28 幅 4 种比例尺辽宁省公益性地图，在辽宁省测绘地理信息局门户网站发布，为社会公众、媒体和政府部门等提供标准地图服务。提供辅助决策用图 127 幅，为省委、省政府、省人大、省政协有关部门办公提供地图服务，并为省委领导参加党的十九大提供保障用图。

【国家版图意识宣传教育】

2017 年，辽宁省国家版图意识宣传教育以“进媒体”为重点，对新浪辽宁、腾讯大辽网、辽宁日报集团和沈阳日报集团等媒体进行版图意识宣传教育，对相关技术负责人和管理人员进行了知识培训。辽宁省测绘地理信息局联合省新闻出版广电局对辽宁省出版集团 9 家出版社 200 多名编辑和管理人员进行了现场培训。

【全覆盖排查整治“问题地图”专项行动】

辽宁省测绘地理信息局联合省政府办公厅、省国土资源厅、省公安厅等 14 个部门完成辽宁省全覆盖排查整治“问题地图”专项行动，得到国家专项行动领导小组第二巡查组的认可专项行动中，全省开展自查单位 1580 个，检查地图 10167 幅，整改“问题地图”683 个，查处案件 61 个，查处“问题地图”网站 92 个，收缴“问题地图”9800 件。专项行动得到了辽宁电视台、辽宁日报、中国政府网等媒体的报道。12 月 29 日，常务副省长张雷对辽宁省测绘地理信息局全覆盖排查整治“问题地图”专项行动工作报告做出重要批示：工作细致深入，成效明显！

测绘地理信息成果管理与应用

【“天地图·辽宁”建设与应用】

辽宁省测绘地理信息局组织完成 2015 年 1514 幅 1∶1 万基础地理信息数据更新区域的国省数据融

合工作。对全省 POI 数据进行更新，保证了“天地图·辽宁”数据的现势性。拓展应用领域，重点推动“天地图”用于政府决策和公共服务。为辽宁省公安厅科技信息化总队、辽宁省气象台提供“天地图”前置服务，为辽宁省省级承储企业智能化升级改造项目及省级储备粮管理平台开发建设提供基础地理信息支撑，对其他前置部署的“天地图”服务系统及数据服务进行更新。

【成果汇交与分发】

全省 431 家测绘资质单位向辽宁省测绘地理信息局进行成果目录汇交，其中零汇交 32 家，汇交成果目录 3015 条，通过辽宁省测绘成果网络化分发服务系统发布最新测绘成果目录。辽宁省通过辅助决策用图服务系统上传《辽宁省地理国情普查成果图集》。依托全国地理信息资源目录服务系统发布辽宁最新的基础测绘成果目录 58524 条，实现内网辽宁省地理信息资源目录管理系统与全国地理信息资源目录服务系统对接。

【测绘成果保密管理】

辽宁省加强地理信息成果的保密与安全监管，建设数据加密系统和水印系统并试运行，实行涉密测绘成果跟踪监管。系统采用主流安全加密技术，通过事前预防和事后追查等多角度保护地理信息成果安全。自 2018 年起，对外提供的涉密测绘成果将被加密，限制使用期限和使用范围，被加密的数据只有被授权的单位才能编辑使用。

【测量标志管理】

辽宁省测绘基础设施管理中心开展了全省测量标志巡查、维修、委托保管等工作。完成沈阳、锦州、抚顺“十二五”之前建设的二等以上水准点及三角点的巡查工作，维修了 2016 年巡查工作中发现的 35 个破损点。

【应急测绘保障服务】

2017 年，应急测绘保障工作纳入辽宁省政府工作报告，并列入省政府工作实绩考核个性指标。辽宁省测绘地理信息局编制完成《国家应急测绘保障能力建设项目辽宁单项工程实施方案》，通过专家评审并获得国家测绘地理信息局批复。及时调整辽宁省应急测绘保障领导机构组成人员，印发《辽宁省应急测绘响应工作细则》。联合开展辽宁省应急测绘保障综合演练，对省内地质灾害易发区制作专题数据 230 平方千米，为应急测绘保障指挥、救援与灾后评估做好数据准备。

8 月 2 日—5 日，受到强降雨影响，立即启动Ⅰ级应急测绘保障响应，先后提供鞍山市、丹东市有关区域 50 多幅套应急保障用图、4 个重灾乡镇地理坐标。

地理信息产业

辽宁省测绘地理信息局完成地理信息产业专项调查和监测。选报大连勘察测绘研究院和沈阳勘察测绘研究院 2 家甲级测绘资质单位作为监测对象，按照要求完成了企业上半年经济运行数据和企业前三季度经济运行数据的上报工作。对全省 100 多家非测绘资质单位的地理信息产业组织开展了专项统计调查，11 月，向国家测绘地理信息局上报统计调查结果。

科技与国际合作

【科技创新体系建设】

2017 年，辽宁省测绘地理信息局加强科技成果申报，指导省测绘地理信息学会开展辽宁省测绘科技进步奖评选工作。组织直属各单位结合年度生产任务安排，在地理信息获取、处理、服务和地理国情监测等方面开展技术攻关，完成“互联网 +”时代的辽宁地理信息云平台建设、辽宁省测绘地理信息成果质量检验管理系统升级、影像库与资料库数据向档案库归档功能的设计与开发等技术攻关和标准研究。

【科技项目与科技奖励】

2017 年，辽宁省测绘地理信息局严格规范科技创新项目的范围、申报要求以及项目实施的管理和奖罚。结合基础测绘和地理国情监测工作，不断促进科技成果转化“INSAR 技术在矿区地面沉降监测中的研究与应用”“地理国情普查成果应用于沙化遥感监测关键技术研究与推广”“基于倾斜摄影技术的城市三维模型生产关键技术与应用”等项目获中国测绘地理信息学会 2017 年测绘科技进步奖三等奖；“辽宁省第一次全国地理国情普查数据生产项目”“辽宁省现代测绘基准体系建设”获中国测绘地理信息学会 2017 年全国优秀测绘工程奖金奖，“抚顺市城区 1:500 地形图测绘（补测）项目”获银奖，“辽宁省抚顺市西露天矿南帮滑坡变形监测系统运行工程”获铜奖。

【对外合作与交流】

辽宁省测绘地理信息局强化计划管理，按要求向辽宁省外事办公室上报了局2018年度出国（境）培训项目计划和2018—2020年三年的滚动计划。

地市级测绘地理信息工作

【沈阳市】

2017年，沈阳市基于辽宁省B、C级GNSS控制网、陆态网等高精度测量基准，完成市级新一代测绘基准的基准传递与建立，构建与省级测绘基准、国家级测绘基准的联系。通过陆态网、地壳变形监测网络等国家级工程，引入2000国家大地坐标系（CGCS2000）坐标基准，有效解决投影变形等问题。推进现有测绘地理信息成果向CGCS2000坐标系统转化。

开展智慧沈阳时空信息云平台项目申报工作，该项目已通过市政府的立项程序，开展项目招标工作。编写了《基础数据（DLG、DOM、DEM、三维）技术规范》《地名地址生产技术规范》《地理实体生产技术规范》《框架数据生产技术规范》《电子地图生产方案》《沈阳市地理空间信息资源目录技术规范》《地名地址编码规则》《路网数据生产方案》等标准规范。完成沈阳市公共服务平台的系统升级，优化网站响应速度平台实现分布式切片工具体系、自定义工作流服务、地名地址匹配引擎功能、在线地名地址匹配功能、在线专题制图制作功能。

制定年度普法计划并组织实施，将普法经费列入年度预算并专款专用。“8·29”测绘法宣传日，组织各县、区分局设立测绘法宣传点。

10月，开展测绘资质单位信用信息的征集和录入工作，完成信用评价及结果的发布，逐步完善本地区的测绘地理信息市场信用体系制度。配合省测绘地理信息局组织开展测绘产品质量监督检查工作，向市财政局申请专项资金，测绘成果质量检查列入每年的常规专项工作。

3月，组织开展2016年度测绘成果汇交工作，截至6月20日，完成测绘资质单位成果汇交103家，成果汇交率99%。11月，组织核发《辽宁省资质单位档案和保密管理考核证书》和《辽宁省测绘资质单位质量管理考核证书》，将材料齐全的资质单位上报辽宁省测绘地理信息局复核。在全市范围内对“问题地图”开展全覆盖排查整治工作，全面清除各类“问题地图”。12月，对专项行动中检查出的问题和整改情况进行“回头看”，进一步强化落实整改措施，建立地图监管长效机制。

【本溪市】

截至年底，本溪市共有测绘资质单位34家，其中甲级1家、乙级9家、丙级12家、丁级12家。2017年，依法对全市16家测绘单位测绘项目质量进行抽检抽查，4家单位的测绘项目质量不规范，被责令进行整改。召集全市乙、丙、丁级测绘资质单位主要负责人30多人集中学习新测绘法。8月29日，在本溪市向阳山路口发放《本溪交通旅游图》《辽宁省地图》《测绘法宣传知识》等资料1000多份，全市各测绘单位悬挂宣传条幅35个。

成立了全覆盖排查整治“问题地图”专项行动领导小组，制定工作方案，明确各自的职责。开展本溪市全覆盖排查整治“问题地图”专项行动，对全市互联网网站、文化市场、文物市场、公共场所、图书馆、博物馆等进行排查。向省测绘地理信息局提供2万字的资料，用于测绘志编撰。

【丹东市】

丹东市将基础测绘投入纳入年度财政预算。2017年，基础测绘财政预算投入3.84万元用于数字丹东地理空间平台硬件维护；年底向市财政申请预算293.84万元，其中2000国家大地坐标系转换费用282万元（不含3个县）、数字城市更新费用8万元、硬件维护费用3.84万元。

指导本地区测绘单位推广使用2000国家大地坐标系，基本实现新生产的基础测绘成果均采用2000国家大地坐标系。开展国土资源系统相关地理信息数据由1980西安坐标系向2000国家大地坐标系转换工作。数字丹东地理空间框架建设基础测绘成果应用到各委办局，丹东华润燃气公司的地下管网系统、丹东国税局的税务现状分析服务型专题地理信息综合系统及东港市不动产登记等项目应用了数字城市成果。

3月，丹东智慧城市建设顶层设计工作正式启动。丹东市信息化领导小组办公室下发《关于开展丹东智慧城市顶层设计调研的通知》。丹东市开展了全覆盖排查整治“问题地图”专项行动，成立了专项行动领导小组，对发现的“问题地图”责令限期整改到位；和全市测绘地理信息市场监管核查开展国家版图意识宣传教育活动，利用丹东日报等媒体宣传“问题地图”排查整治工作情况。“8·29”测绘法宣传日，下发《关于开展2017年新修订的

〈测绘法〉宣传日活动的公告》，各县（市）测绘管理办公室及各测绘资质单位分发“8·29”测绘法宣传手册、宣传新修订的《测绘法》地图等资料，在市国土资源厅正门口设立宣传站点，组织全市40多家测绘资质单位开展宣传活动。

丹东市国土资源局会同市国家保密局联合下发《关于开展2017年全市测绘地理信息保密检查及成果质量监督抽查工作的通知》，对辖区内测绘产品质量进行了监督检查。组织协调全市49家测绘资质单位完成2016年度测绘成果汇交工作。

地方社团工作

4月21日，辽宁省测绘地理信息学会召开换届大会，产生了第十一届理事会。在辽宁省民间组织管理局完成了年度注册、法人变更等工作。对往届理事会设立的专业委员会进行梳理，对挂靠单位进行评估，研究设立了14个专业委员会。制修订《辽宁省测绘地理信息学会会员登记和会员发展工作办法》《辽宁省测绘地理信息学会专业委员会活动管理办法》《辽宁省测绘地理信息学会常务理事会议事规则》《辽宁省测绘地理信息学会理事长秘书长办公会议事规则》《辽宁省测绘地理信息学会经费管理办法》和《辽宁省测绘科学技术进步奖评选办法》。

2017年，辽宁省测绘地理信息学会被辽宁省科学技术协会评为有序承接政府转移职能试点单位。开展17次学术交流，共30人次进行报告交流，报告主题涵盖新型基础测绘、地理国情监测、遥感卫星测绘等技术领域，参会人数达1500多人。组织开展“宏图创展杯”辽宁测绘地理信息优秀论文评选活动，征集论文85篇。与辽宁省遥感应用协会联合主办“中海达杯”2017辽宁测绘学术论坛，8名专家学者做专题报告，40篇论文成果参与交流。与辽宁工程技术大学、中国测绘科学研究院共同主办以“全球测绘、协同创新”为主题的第五届测绘地理信息青年学者论坛。

吉林省

概况

2017年，吉林省测绘地理信息局学习贯彻习近平新时代中国特色社会主义思想、党的十八大以来历次全会和十九大精神。“开展地理国情监测，进一步优化空间布局”列入省政府工作报告。“全面完成吉林省第一次地理国情普查和基础测绘任务，实现全省资源三号高分辨率卫星影像全覆盖”列入省政府重点工作。与省发展和改革委员会联合印发《吉林省测绘地理信息事业发展“十三五”规划》《吉林省省级基础测绘“十三五”规划》。省政府办公厅印发《吉林省战略性新兴产业“十三五”发展规划》，省测绘地理信息局在遥感卫星及应用产业、实施大数据发展计划等重点工作承担多项任务。印发《2017年吉林省市（州）县（市）测绘地理信息行政管理重点工作》。启动吉林省测绘地理信息局管理服务平台与吉林省政府网上办事大厅对接。长春市规划局直属城区朝阳区分局、南关区分局、宽城区分局、二道区分局、绿园区分局、双阳区分局监督检查科加挂测绘管理科。深化“放管服”改革，除涉密行政审批许可项目外，所有行政审批许可项目全部纳入吉林省网上办事大厅办理。加强测绘市场事中事后监管，压缩测绘地理信息行政管理部门与市场主体双向寻租空间，制定《“双随机一公开”抽查细则》。在全省范围组织开展2017年测绘地理信息资质巡查和成果质量巡检工作，规范测绘地理信息市场秩序。

《吉林省基础测绘中长期规划纲要（2016—2030年）》获省政府批复。全省基础测绘经费投入4985.54万元。吉林省测绘地理信息局与省财政厅联合印发《省级测绘地理信息项目资金管理暂行办法》。完成全省19.11万平方千米1∶1万基础地理信息数据重要要素更新工作；领导工作用图更新、《吉林省环境保护图集》等专题地图编制。获取机载激光雷达数据约6.7万平方千米；完成长春新区1∶1000航飞1800平方千米。资源三号卫星影像云服务平台向吉林省累计推送影像数据3760景，吉林省域2017年覆盖率为100%。完成吉林省第一次地理国情普查工作，普查成果通过国家验收，开展常态化地理国情监测。

完成吉林省1:1万长春、松原、白城测区1804幅DOM数据和长春、松原、白城、白山、通化、延边朝鲜族自治州测区3200多幅DLG数据与国家主节点数据融合。对外提供各类数据成果4643幅，数据量1117 GB；各种比例尺地形图3966张；各类控制成果3107点；各类专题地图445幅（册）；为省重点工程免费提供地理信息数据成果95项，折合资金1236万元。“天地图·吉林”纳入“省政务服务一张网”平台。省政府办公厅印发《吉林省综合防灾减灾规划（2016—2020年）》，省测绘地理信息局作为重要组成部门纳入吉林省综合防灾减灾规划。副省长侯淅珉对吉林省空间地理信息大数据云平台建设做出批示，明确指示2018年启动大数据建设。

促进测绘地理信息产业与科技创新融合，举办测绘地理信息企业与高校测绘工程类专业合作交流会。1家企业在全国中小企业股份转让系统（新三板）挂牌，成为吉林省首家新三板挂牌上市的测绘地理信息企业。1家企业入选2017年中国地理信息产业百强企业。3家企业进入2017年中国地理信息产业高成长TOP50企业。12月16日，吉林省地理信息科技产业孵化基地（吉林省导航定位数据中心、吉林省空间地理信息大数据基地）正式启动，引进上市公司3家，全国30多家企业签署入驻吉林省地理信息科技产业孵化基地协议。

全局共有国家测绘地理信息局青年学术和技术带头人3人、省突出贡献专家3人。1人赴联合国经济与社会事务部（DESA）可持续发展司（DSD）挂职半年。吉林省测绘地理信息局在全省政府部门绩效考核中被确定为良好等次。开展2017年全省测绘工程系列专业技术职称信息化申报工作，527人通过全省测绘行业高、中级职称初审，其中高级工程师126人、中级工程师401人。与省人力资源和社会保障厅共同举办地理国情监测技术及成果应用高级研修班。

党的建设与人才队伍建设

【党的建设】

吉林省测绘地理信息局印发《关于做好和落实党的十八届六中全会精神计划的通知》《学习宣传贯彻党的十九大精神的通知》等文件，部署局系统政治理论学习活动。全年局党组理论中心组学习12次，开展领学、讲学、研讨交流，强化对局属单位领导班子和局机关干部思想政治建设的引领，落实基层党委理论中心组和党支部学习制度。及时接转党员组织关系；制定年度发展党员计划，组织入党积极分子参加省直机关党工委党校培训，培养发展8名新党员。组织局系统党员干部参加省委“长白山—e支部”网络学习和省直机关党工委组织的网上理论学习测试，300多名党员干部在线完成理论知识答题。建立局系统各级党组织党建微信群，推送理论知识学习。开展各级党委书记和党支部书记讲党课活动。落实党建责任制，党组书记、直属机关党委书记深入基层调查、研究、解决问题；落实主体责任，对管党治党全局性重大工作进行谋划、指导、掌控；对党建工作进行专门部署，制定定期议党和专题议党制度、召开局党组“两学一做”专题民主生活会、中央巡视“回头看”专题生活会和局属单位党委（支部）民主生活会、组织生活会，认真开展民主评议党员活动。开展各级党组织书记述职述责述廉、党建工作和党组织书记考核。

印发《关于抓好机关党支部理论学习的通知》，局领导参加基层党组织生活会和民主评议党员活动。开展“三会一课”、民主生活会、组织生活会等活动，向省直机关党工委组织部上报专题组织生活会和民主评议党员案例。召开局系统各级党组织负责人会议，落实党的十九大和十八届六中全会精神及《关于新形势下党内政治生活的若干准则》《中国共产党党内监督条例》等党规党纪。开展“评、比、促”主题活动，落实“三会一课”等基本制度，促进“两学一做”学习教育常态化制度化。遵循党务工作由省委和省直机关党工委领导，局党组牵头，直属机关党委承接实施，基层党支部实行落地的工作模式。每季度通报党员收缴情况，规范党费收缴工作。向省直机关党工委上报2个基层党支部工作法。完成党组织和党员信息采集。建立基层党组织换届提醒机制，制定《吉林省测绘地理信息局基层党组织换届提醒制度》。加强局系统党组织和主要负责人考核，明确党务重点工作和新安排的党建工作全部纳入考核内容，细化部门党建目标责任制考核和绩效考核指标。全年撰写党建工作稿件36篇。

【党风廉政建设】

吉林省测绘地理信息局召开局系统警示教育大

会，运用反面案例集中开展警示教育。10月，局系统组织党员领导干部到省廉政教育中心，开展“廉政一日”教育活动，重温入党誓词。局直属机关纪委全年组织2次明察暗访，对11个局属单位进行突击检查，对检查发现的问题及时下发《关于对工作纪律检查情况的通报》，责令限期改正。印发《省测绘地信局关于强化正风肃纪确保廉洁过节的通知》。落实党风廉政建设到基层，局领导带队到辽源、临江测区一线及局属事业单位开展调研，排查掌控基层的廉政风险点。加强对局各级党组织、领导干部履行职责和行使权力的监督，重点排查扶贫攻坚、选人用人、设备采购、市县考核、行政审批等重点工作，对重要环节实施全程监督。组织局属单位党委（支部）班子成员、局机关处室负责人在党委扩大会、支部民主生活会上进行述职述责述廉及接受民主评议，参加述职述责述廉的处级以上党员领导干部累计42人。

3月20日，召开全局党风廉政建设专题会议，明确局管领导干部在党风廉政建设工作中的责任，学习新修订的《领导干部报告个人有关事项规定》《领导干部个人有关事项报告查核结果处理办法》，现场签订《2017年度领导干部党风廉政建设目标责任书》。制定局系统开展约谈工作方案，开展履职、岗位“一对一”约谈和集体约谈，全年接受约谈人员共220多人次。举办2期局系统纪检干部培训班。制定《局属单位廉政风险防范监督管理实施细则》，完善局系统《廉政风险点排查及防范措施汇总》。

【精神文明建设】

吉林省测绘地理信息局制定《关于进一步抓好机关党建工作落实深入开展“评、比、促”活动的实施方案》。参与省直机关“建功十三五”主题实践活动，3个项目获省直工委“建功十三五”突出业绩奖二等奖。

举办庆祝建党96周年歌颂党的丰功伟绩和吉林测绘地理信息转型创新发展的主题活动，向省直机关党工委报送主题活动图片及《为吉林振兴发展提供坚实保障——吉林省测绘地理信息局工作纪实》视频短片。举办局系统第九届篮球赛，参加省直机关第五届书香“三八”暨“清廉养德话家风”读书征文、省直机关党工委妇工委“巾帼心向党、喜迎十九大”诗歌诵读等活动。局系统各级团组织召开纪念“五四”座谈会，开展志愿者服务和创建文明号等活动。局直属机关工会获“2015—2016年度省直机关先进工会”称号。局系统1人获“省直三八红旗手”称号，1人获省直“五一劳动奖章”，1人获“2016年度省直机关优秀专职党务干部”称号。

【精准扶贫】

吉林省测绘地理信息局参与扶贫工程建设，获取重点贫困区三维空间地理信息资源，开发完成三维演示系统，为全省扶贫工程提供信息技术支持。1月18日，吉林省测绘地理信息局直属机关党委组织局机关及局属单位有关人员到图们市月晴镇杰满村了解经济改善情况和未来扶贫需求，帮助购买打包机。与市县帮扶单位配合，帮助村委会制定实施和计划，帮助扶持粮食加工、旱改水、养牛基地等产业项目，村集体新增收入5万元。至年底，39户贫困户中38户脱贫。

【人才队伍建设】

吉林省测绘地理信息局完成2017年度省政府绩效考核、局机关工作人员绩效目标考核、全国省级测绘地理信息主管部门2017年度测绘地理信息工作绩效考核等工作。完成测绘工程系列专业技术职称申报材料初审工作。建立全省测绘地理信息专家库，印发《吉林省测绘地理信息专家库管理暂行办法》，完成向各市州、县市测绘地理信息主管部门和省政府办公厅公共资源交易管理办公室推荐工作。公开招聘局属事业单位管理及专业技术人员16人。制定全省测绘地理信息行业单位和局系统教育培训计划。完成局属事业单位内外业生产一线调研，规范测绘野外津贴发放范围和标准。全年选派局机关人员、局属单位处级领导干部参加省委党校、省行政学院和国家测绘地理信息局党校等教育培训55人次。完成2017年领导干部个人情况报告材料汇总综合报告等相关材料上报备案。

【政务服务】

吉林省测绘地理信息局对列入省政府重点工作的任务进行细化分解，制定政务公开任务分工方案，全年共向省政府督查室上报12期督查报告，2期专项总结报告、制定2017年工作要点、宣传工作要点、调研计划，印发2017年工作目标手册。全年向省委报送政务信息25篇，被《吉林信息》采用4篇；向省政府报送政务信息25篇，被政府《每日要情》采用9篇，印发《内部情况通报》5期。组织局机关及局属各单位开展保密自查和抽查，将检查情况上报省委保密委员会办公室。开展网络安全排查，及时堵塞漏洞。政务微博和微信公众平台全年发布信息1038条。微信关注人数新增350人，文章最高阅读量突破3500人次。微博粉丝总量达3万多人。1人被吉林年鉴编纂委员会评为《吉林年鉴(2017)》优秀撰稿人。

【宣传工作】

中国测绘宣传中心吉林工作站采写的《筑巢引得“凤凰”来》《“吉林精度”服务机场建设，百万市民梦圆蓝天》《奋战在地下30米深处》均在《中国测绘报》头版头条刊登。3人被中国测绘宣传中心评为2016年度优秀通讯员。全年共采写原创新闻稿件215篇，省政府网站、吉林机关党建网、中国测绘新闻网、国土资源部网站、国家测绘地理信息局网站、吉林卫视、《吉林日报》、吉林人民广播电台、城市晚报、吉林新闻网、新华网等媒体对测绘地理信息新闻进行播发和转载。《吉林测绘地理信息》杂志全面改版，新增“图说胡同”“特别策划”“教育专栏”等栏目，杂志全年发行5000多本。

法制建设与市场监管

【法制建设】

吉林省人大常委会法制工作委员会组织省测绘地理信息局、省政府法制办公室到甘肃、云南开展《吉林省测绘条例》修订工作的立法调研。7月，吉林省测绘地理信息局成立法制工作领导小组，向各市县测绘地理信息主管部门和有关单位征集意见和建议，编写完成《吉林省测绘条例（草案）》送审稿并报送省政府法制办公室。11月，省人大常委会召开立法工作会议，同意《吉林省测绘条例》更名为《吉林省测绘地理信息条例》。吉林省测绘地理信息局对《吉林省测绘地理信息专家库管理办法》进行合法性审查，完成向省政府法制办公室备案工作。起草《吉林省注册测绘师管理办法（草案）》。

【法制宣传】

吉林省测绘地理信息局制定《学习宣传贯彻新修订的〈测绘法〉工作方案》，印发《关于学习宣传贯彻新修订的〈测绘法〉的通知》。6月28日，吉林省举办新修订的测绘法培训班，邀请国家测绘地理信息局有关领导对新修订的测绘法进行全面解读，300多人参加培训。举办相关知识竞赛，来自全省9市州及长白山管委会的16支队伍参赛，比赛设置冠军1个、亚军2个、季军3个、优秀奖10个、优秀组织奖1个，长春市测绘院代表队获得冠军。印发《关于开展2017年全省测绘法宣传日活动的通知》。组织开展“8·29”测绘法宣传日活动，各级测绘地理信息主管部门、部分测绘资质单位共设置宣传点50多个，制作宣传展板100多块、条幅300多幅，发放测绘法宣传品3万多份，发送测绘法规公益短信近100万条。

6月28日，吉林省测绘地理信息局举办新修订的《测绘法》培训班。

【综合执法】

吉林省测绘地理信息局制定《“双随机一公开”抽查细则》。下发《关于开展2017年测绘地理信息资质巡查和成果质量巡检工作的通知》。在全省范围组织开展2017年测绘地理信息资质巡查和成果质量巡检工作，以“双随机”模式随机抽取检查对象和检查人员。8月，对抽检的45家测绘资质单位进行总结并印发《关于2017年全省测绘资质巡查和成果质量巡检工作情况的通报》，对8家存在问题的单位进行通报并提出整改意见。

【依法行政】

吉林省测绘地理信息局向省政府法制办公室报送2016年依法行政工作总结和2017年工作计划。9月，向省政府办公厅报送2015年以来省测绘地理信息局“减证便民”行动成果，介绍压缩行政审批办事时限、搭建吉林省测绘地理信息局服务与管理平台及方便企业和群众办事等工作。完成“不利于经济发展软环境规章和规范性文件清理”“清理阻碍市场一体化的规范性文件清理”“规范行政审批中介服务的进一步清理”等专项清理。全年办理测绘地理信息项目备案102项。

【“放管服”改革】

吉林省测绘地理信息局完成全国政务服务体系吉林省测绘地理信息局行政审批事项的申报工作。对2013年以来行政审批制度改革工作的落实情况进行梳理，编写行政审批改革制度自查报告。5月，向省政府行政审批制度改革工作领导小组办公室建议“取消超过70岁的注册测绘师注册的需提供健康证明”和“取消补办证书和印章需提供的遗失声明”2个中介服务事项。新增权力清单行政许可2项、行政处罚12项、其他职权4项；减少行政征收1项、其他职权2项、行政处罚62项（其中7项因依据废止或取消，6项属于日常管理工作，不应纳入权力清单；49项与其他处罚项内容一致）；调整名称13项。完成省级测绘地理信息行政许可事项梳理，报送省政府政务公开协调办公室。

【测绘资质管理】

2017年，吉林省测绘地理信息局完成9家单位新申请测绘资质和46家测绘资质单位升级、增加业务范围的材料审核，核发测绘资质证书55本。2月，组织全省甲级测绘资质单位贯彻落实国家测绘地理信息局关于注册测绘师制度实施的有关精神，鼓励企业做大做强，培育科技创新能力，吉林四维航遥信息技术有限公司、中铁津桥工程检测有限公司等4家单位，升级为甲级测绘资质。至年底，吉林省甲级测绘资质单位增至26家，其中10家为民营测绘地理信息企业。

【行政管理】

1月，长春市机构编制委员会办公室正式批复，在市规划局直属城区分局（朝阳分局、南关分局、宽城分局、二道分局、绿园分局、双阳分局）监督检查科加挂测绘管理科的牌子，增加测绘地理信息行业管理的工作职责。吉林省测绘地理信息局印发《关于〈2017年吉林省市（州）县（市）测绘地理信息行政管理重点工作〉的通知》。支持地方测绘地理信息行政执法工作，为长春地区测绘地理信息行政执法人员办理执法证29个。政务大厅全年受理报件652件，提前办结率89.34%；全年接待来访和电话咨询320多次，群众满意率为100%。吉林省测绘地理信息局1人被评为“省政务大厅2017年度窗口服务标兵”。

【信用管理】

吉林省测绘地理信息局印发《关于做好全省测绘地理信息行业信用征集和发布工作的通知》，组织全省各级测绘地理信息主管部门、各级测绘单位依据分工开展信用信息征集填报工作。启动省测绘地理信息信用管理平台，开展信用信息发布工作。出台《吉林省测绘与地理信息行业协会“诚信单位”评审办法》。印发《关于开展2016年度吉林省测绘与地理信息行业协会“诚信单位”评审工作的通知》。6月，评选出37家单位为2016年度省测绘与地理信息行业“诚信单位”。

规划与计划

10月31日，《吉林省基础测绘中长期规划纲要（2016—2030年）》获省政府批复。3月8日，吉林省测绘地理信息局与省发展和改革委员会联合印发《吉林省测绘地理信息事业发展“十三五”规划》《吉林省省级基础测绘“十三五”规划》。《吉林省测绘地理信息事业发展“十三五”规划》明确全省测绘地理信息事业“十三五”发展目标、主要任务和重点项目，新型基础测绘、地理国情监测、空间地理信息大数据、“天地图·吉林”、应急测绘保障5个项目进入省发展和改革委员会重大项目库。《吉林省省级基础测绘“十三五”规划》明确进一步完善现代测绘基准和卫星测绘应用体系、持续更新基础地理信息、信息化测绘体系建设、常态化地理国情监测、测绘地理信息公共服务等全省测绘地理信息领域重点任务。

基础测绘

【基础测绘经费投入】

2017年，吉林省省级基础测绘经费投入4985.54万元。省测绘地理信息局针对基础测绘、地理国情常态化监测、吉林省连续运行卫星定位参考站综合服务系统运行维护管理等进行项目库子项目细化分解，编制2017年测绘地理信息项目库并报送省财政厅。起草吉林省“十三五”期间基础地理信息数据更新经费投入情况报告，内容编制吉林省“十三五”1:1万DLG重点要素更新工作量测算方案。编制2018年专项任务项目预算，完善信息化测绘生产体系财政预算管理有关流程。

【测绘基准建设与应用】

吉林省测绘地理信息局会同省国家安全厅在全省范围组织开展卫星导航定位基准站安全专项整治行动，规范全省基准站建设管理、数据传输和应用服务。举办卫星导航定位基准站管理及备案培训班，全省各市（州）、县（市）测管部门及省内已建设基准站的单位相关业务人员参加培训。全面升级吉林省连续运行卫星定位参考站综合服务系统（以下称 JLCORS）。开展 JLCORS 系统运行维护，至年底系统已有 245 家注册单位，接入用户数量达到 1032 个；为省气象局推送数据 8760 次、数据量超过 12TB。向国家测绘地理信息局实时提供 7 个基准站数据，汇交完成全省基准站 8—9 月离线数据；为有关单位各类航飞提供静态数据 110 多个站次，总数据量 230GB。配合省气象局完成珲春、二道站迁移，协助完成长岭站、双辽站、乾安站的选址和建设等工作，完成梨树站、梅河口站、长白山天池站的改造工作。完成九台区、大安市、乾安县等 13 个县市 CGCS2000 城市坐标系建设，其中三等水准测量约 2000 千米和 C 级 GPS 点观测 127 个。

【基本比例尺地形图测制与更新】

吉林省开展 2017 年基础地理信息数据更新工作，组织编写《吉林省 1∶1 万影像纠正专业技术设计书》《吉林省 1∶1 万基础地理信息数据（DLG）重要要素更新专业技术设计书（2017 年）》《吉林省机载激光雷达数据制作 DEM 及生成地貌数据专业技术设计书（吉林省中西部航摄测区）》等。举办 2017 年专业技术设计培训班、四维数码技术交流新型基础测绘等技术培训。完成全省 19.11 万平方千米 1∶1 万基础地理信息数据重要要素更新工作，领导工作用图更新、吉林省环境保护图集等专题地图编制工作。

【航空航天遥感影像获取与应用】

吉林省测绘地理信息局与国家测绘地理信息局卫星测绘应用中心签署协议共建卫星影像云服务平台，获取全省高分辨率影像作为 2017 年基础测绘更新及地理国情监测数据源并下发。共获取机载激光雷达数据约 6.7 万平方千米、中朝边境地区卫星立体像对 8000 平方千米。完成长春新区 1∶1000 航飞 1800 平方千米、通化测区三维建模项目倾斜摄影 83 平方千米、延白通测区优于 0.5 米分辨率航空摄影约 5 万平方千米。

截至年底，资源三号卫星影像云服务平台向吉林省累计推送影像数据 3760 景，吉林省域内 2017 年覆盖率为 100%，其中 2 米级共 2128 景、覆盖率为 99.97%，亚米级共 1586 景、覆盖率为 99.08%。为生态红线划定提供全省高分辨率遥感影像数据和地理国情普查成果数据，对数据成果的使用、生态红线划定核准等提供测绘地理信息技术支持。为乾安县公安局提供部分地区遥感影像数据成果。

【智慧城市、数字城市建设】

吉林省鼓励各市州推进“智慧城市”建设，辽源市、通化市被批准为国家智慧城市时空大数据与云平台建设试点。省测绘地理信息局召开《智慧通化时空大数据与云平台建设项目设计书》评审会，设计书通过省级专家组评审。通化市机构编制委员会办公室批复成立通化市智慧城市建设领导小组办公室，落实参照公务员管理事业编制 8 名。通化市完成智慧税务、智慧养老项目建设；编制《关于通化市建设统一政务大数据平台的建议》及大数据相关的政策文件，推动通化市大数据平台的建设，与市金融工作办公室、市税务局、市环保局探索大数据在专业领域的应用。辽源市编制完成智慧城市时空大数据与云平台建设项目意见书。白山市智慧规划馆建成使用，财政资金投入 255 万元。

【服务民生工程】

吉林省测绘地理信息局开展民生工程建设，支持图们市和帮扶村经济发展，投入资金共 64.8 万元，完成延边朝鲜族自治州图们市月晴镇杰满村建筑区全野外 1∶500 数字化测图 83 幅共 3.3 平方千米，村域范围数字正射影像图 81 幅共 44.53 平方千米。制作杰满村专题挂图。完成轨道交通 2 号线、3 号线东延线、北湖线等线路 56 千米基础控制测量；服务市区旧城改造、伊通河黑臭水体治理、伊通河棚户区改造建设项目，完成 1∶500 地形图测绘 240 平方千米。

【服务自然资源审计】

吉林省测绘地理信息局为做好省审计厅 2017 年领导干部自然资源资产离任审计保障工作，利用最新航天遥感影像完成 400 个图斑的对比，协助国家审计署驻长春办事处完成经济责任审计；编制完成双全开吉林省农业分布图、省林业分布图、省水利分布图、省矿产分布图、省自然保护区分布图，作为自然资源审计分析资料。起草《领导干部自然资源离任审计信息系统建设方案（草稿）》。

【质量管理】

吉林省测绘地理信息局印发《2017 年基础测绘项目检验计划》。采取分批次、分工序的检验方式，保证检验工作按要求全面实施，加强对生产、检查人员的培训工作。开展年度全省测绘地理信息质量监督检查，针对检查中发现的问题，检查组提出整改措施和工作意见。组织全省甲级测绘资质单位报送 2017 年国家检查备查项目信息，13 家甲级单位报送符合监督检查要求的36个项目。协助国家测绘地理信息成果监督检验实施小组开展监督检验抽查工作，对抽检的吉林省磐石市城市地下管线普查项目进行实地精度检验，重点检查明显管线点、隐蔽管线点的物探精度、地下管线测绘、控制测量及属性精度，成果检验结果为合格。开展2017年吉林省测绘地理信息行业质量巡检工作，对全省45家资质单位开展测绘质量管理体系监督检查，对8家测绘资质单位存在的问题下发整改通知，限期上报整改报告。开展质量管理调研，组织局系统专题质量培训，加强基础测绘项目各级质量管理人员的业务能力，对两级检查人员进行考核，完成局属单位81名两级检查人员的年度注册。

【安全生产】

吉林省测绘地理信息局与直属事业单位签订2017年工作目标责任书，落实安全生产第一责任人，完善安全生产管理规定和生产应急预案。开展安全生产教育和安全生产大检查，全面排查安全隐患。加强节假日、重要时间节点的安全保卫和冬季安全用电管理，局系统定期开展安全大检查，杜绝安全事故的发生。在局系统部署安全保卫工作，严格执行省政府应急值班制度。全年无安全责任事故发生。

地理国情监测

【地理国情普查】

6月27日，吉林省第一次地理国情普查验收会在长春召开，普查工作通过专家委员会验收。吉林省测绘地理信息局编制完成吉林省第一次地理国情普查技术文件、工作及技术报告等文件11册。完成吉林省第一次地理国情普查公报与41家小组成员单位的对接工作。向省政府递交《吉林省第一次地理国情普查公告对接采纳情况说明》。8月10日，吉林省第一次地理国情普查公告通过国务院第一次全国地理国情普查领导小组办公室评审。9月22日，吉林省政府发布《吉林省第一次地理国情普查公告》。吉林日报社、吉林人民广播电台等新闻媒体刊发地理国情普查工作和成果。

【地理国情监测】

吉林省测绘地理信息局印发《2017年吉林省地理国情监测计划》；完成DOM纠正846景，覆盖全省范围，其中高分二号、北京二号、资源三号卫星

6月27日，吉林省第一次地理国情普查验收会在长春召开，吉林省第一次地理国情普查通过专家组验收。

影像覆盖率为97.69%，商业卫星影像覆盖率为2.31%；11月，完成省级验收。编写完成《2017年吉林省基础性地理国情监测实施方案》，对任务、数据源、专业资料、技术流程等进行部署；委托省地理信息院进行专业技术设计，完成60个县、市、区的基础性地理国情监测和遥感影像解译样本数据采集成果制作；12月，完成国家级数据汇交，成果优良品率超过国家测绘地理信息局85%的要求标准。推进长春市城市地理国情常态化监测项目立项。

地图管理与地图服务

【地图管理】

吉林省测绘地理信息局完成对《吉林雁鸣湖国家级自然保护区功能区划图》《吉林省高速公路出行信息服务网地图》《长春市能源战略规划》等的编印、出版、展示地图及其示意图的审查、核准、发放地图审图号工作。全年共受理编印、出版、展示地图及其示意图的审批报件80件，其中通过审批76件，核发审图号76个，审图工作量按A4图幅折算为1595幅。

【地图公共服务】

吉林省测绘地理信息局为政府部门更新出版《吉林省领导工作用图》；为吉林年鉴编纂委员会提供《吉林省行政区划图》《吉林省地势图》；为国土、交通、规划等部门编制《吉林省土地利用现状图》《吉林省耕地国家经济等别图》《吉林省交通图》《长吉图空间发展战略规划图》等；编制完成《测绘地理信息精准扶贫专题图》；为省政协重大战略提案提供测绘地理信息服务，制作专题图5幅；配合省地方志编纂委员会共同收集整理《吉林省地图志》插图。

【地图编制与出版】

吉林省有关单位参与编印出版《吉林省环境保护地图集》《吉林省公路网图集》《吉林省第一次地理国情普查公报》《三维长春地图集》《长春交通全图》等；获取重点贫困区三维空间地理信息资源，为省扶贫工作办公室制作完成三维演示系统；编制更新《吉林省地图集》。

【互联网地图监管】

吉林省测绘地理信息局利用互联网地理信息安全监管系统，规范互联网地图服务行为，制止“问题地图”在互联网上刊登。专职地图审核员对671家网站实行日常监管，全年筛查图片38万多张；检定静态图片28015张，排查和鉴定地图图片700多张；排查政府网站545家、企业网站26家、新闻媒体网站45家、高校网站55家，责令27家网站停止刊登“问题地图”。全年向国家测绘地理信息局提交4期监管情况报告。

【地图市场监管】

吉林省测绘地理信息局印发《吉林省地图市场大检查“回头看”行动工作方案》，加强全省地图市场监管工作。省地图技术审核中心在长春、吉林、通化、延边地区的火车站、客运站、旅游景点等重点区域的地图销售单位进行地图市场“回头看”排查，检查发现长白山天地度假酒店销售未依法送审的手绘地图，责令商家停止销售，向经营人员宣传地图相关的法律法规并发放《国家版图知识读本》。为吉林省廉政教育基地、长春市规划展览馆等单位提供地图技术服务支持。

【全覆盖排查整治“问题地图”专项行动】

吉林省测绘地理信息局制定《吉林省全覆盖排查整治“问题地图”专项行动工作方案》。由省测绘地理信息局牵头、14个省政府部门联合成立吉林省全覆盖排查整治“问题地图”专项行动领导小组，建立领导小组联络员制度，设立“问题地图”举报电话和网上举报信箱；召开全覆盖排查整治“问题地图”专项行动工作部署会；举办吉林省全覆盖排查整治“问题地图”专项行动培训班。9月15日，《吉林日报》要闻专栏报道全覆盖排查整治“问题地图”专项行动领导小组工作组到长春市、公主岭市实地巡查的有关情况。

印发《吉林省全覆盖排查整治“问题地图”专项行动巡查工作方案》，召开全覆盖排查整治“问题地图”专题会议，落实专项行动的具体分工和部署；成立3个“问题地图”专项行动巡查组，赴9市州及长白山管委会开展巡查，重点对互联网网站、新闻媒体、展览和博物馆、公开出版、销售和进出口地图的单位开展全面排查整治；排查网站671家，书店、图书馆123家，博物馆、展馆等公共场所234家，房地产楼盘10多个；查出外省29家出版社80多本地理类教辅材料插图存在“问题地图”，下发整改通知书，责令停止出售。印发《关于全覆盖排查整治“问题地图”专项行动巡查工作情况通报》，“问题地图”样本上报全覆盖排查整治“问题地图”专项行动领导小组；11月30日，印发《吉林省全覆盖排查整治“问题地图”专项行动“回头看”工作方案》，巩固排查整治成果。杜绝“问题地图”编印出版，组织编制完成12幅省边境市州及县市区位示意地图。

测绘地理信息成果管理与应用

【“天地图·吉林”建设与应用】

吉林省开展国家和省级节点的数据融合，完成吉林省1∶1万长春、松原、白城测区1804幅DOM数据和长春、松原、白城、白山、通化、延边朝鲜族自治州测区3200多幅DLG数据与国家主节点数据融合，融合成果通过国家基础地理信息中心数据质量检验并接收。完成全省道路网、地名地址与兴趣点的变化与融合更新。

吉林省测绘地理信息局申请省政务服务云空间，搭建采集、整合、服务于一体的省级政务地理信息服务平台，完成“天地图·吉林”平台公众版向政务云运维环境迁移。与吉林政务服务“一张网”项目对接，启动政务地理信息资源在线采集系统建设，满足办事群众需求、实现地理信息和政务服务资源整合。专人负责“天地图·吉林”平台公共版巡检和新闻、服务等栏目内容更新，更新信息条目50多次，对外发布测绘、规划、水利、林业等专题数据信息20多条。编制《吉林省测绘地理信息局服务河长制工作方案》，启动吉林省河长制在建编辑系统建设项目，提供在线个性化服务，在线提取全省河流长度、流域范围、河流起始点经纬度等综合信息等；依托国情普查数据为全省生态保护红线划定提供服务。为全省河湖目录填报及磐石市、辽源市、抚松县、靖宇县、长春市等地区的河长制建设提供基础地理信息大数据支持。

【成果汇交与分发】

吉林省全年受理利用涉及国家秘密测绘成果提供502件，出具国家秘密基础测绘成果资料使用证明函45份。组织开展2016年度测绘成果目录（副本）汇交，共427家测绘单位汇交2755条测绘成果目录。吉林省测绘档案资料馆接收国家基础地理信息数据10项，数据量约26.37TB；接收各基础测绘生产单位上交的局计划内生产任务数据成果20项，数据量9549GB；整理基础测绘档案22项，归档、立卷120盒。提供局系统内部各类数据成果18628幅，数据量8TB；1:5万纸质地形图1662张；控制成果6506个，其中GPS点1274个、三角点2314个、水准点2918个。对外提供各类数据成果4643幅，数据量1117 GB；各种比例尺地形图3966张；各类控制成果3107点；各类专题地图445幅（册）；为省重点工程免费提供地理信息数据成果95项。

【地理信息数据共享】

受台风“海棠”带来的强降雨影响，吉林省测绘地理信息局部署省基础地理信息中心和省航测遥感院向省防汛抗旱指挥部提供东西辽河流域、松花江干流等全省重点流域防洪工作用图及长春、吉林市西部、通化北部等受台风影响的重点降雨区域行政区划系列工作用图，做好灾后重建用图保障工作。7月17日，应吉林市政府请求，为抗洪和灾后重建免费提供永吉县全县域1:1万DLG数据153幅及相关控制点数据。编制省重点工程《东北虎豹国家公园天地空一体化监测平台策划方案》《东北虎豹国家公园信息化平台建设方案》，起草《吉林省测绘地理信息局与东北虎豹国家公园管理局地理信息共享框架协议》，为园区规划建设提供相关基础测绘及卫星影像数据。

【测绘成果保密管理】

吉林省保障对外提供基础地理信息数据的安全，编制《吉林省测绘档案数据安全灾备蓝光存储建设实施方案》。在全省涉密测绘成果提供工作中推广涉密测绘成果加密软件应用，启动涉密地理信息安全防护系统，全年共加密数据80项，授权电脑500台。加强涉密地理信息成果使用管理，修订《吉林省测绘成果资料提供使用审批程序规定》。强化涉密网络日常监管，处理多次突发事件。完成涉密网络测评工作，4单位通过省国家保密局测评。落实测绘成果核心涉密人员保密管理制度，防止测绘成果失泄密现象发生。举办第八期涉密测绘成果管理人员岗位培训班，全省涉密测绘成果使用单位及部分测绘资质单位共180人参加培训。

【测量标志管理】

吉林省测量标志管理站完成永吉县、蛟河市等19个县（市、区）CGCS2000城市坐标系统建设135座点位选点埋设。制定《2017年测量标志普查维护计划和项目实施方案》，在公主岭市和德惠市进行普查维护加装套管试点，向2个地区提供普查维护工作的点位资料和技术培训，通过“省、市、县、乡、村”五级联动，共普查维护水准点91个、三角点155个，组织专业技术人员对普查维护进行检查验收，质量全部合格。开展水准点巡查工作，运用GPS计算点位坐标，重新绘制无法使用的点之记，完成临江市、靖宇县等5个县（市、区）巡查三等以上水准点250个。落实全省测量标志保管人员经费，白山、白城、长春、辽源、长白山保护开发区2017年度测量标志保管津贴发放到位。完成图们市大型景观型测量标志设计方案。

【应急测绘保障服务】

3月9日，吉林省国家应急测绘保障能力建设领导小组成立，下设办公室、生产管理组、技术组和无人机组4个机构。7月13日，吉林省永吉县遭受暴雨袭击，引发特大洪涝灾害，吉林市规划局测绘管理办公室紧急组织市测绘院航测遥感部门携带9架无人机抵达受洪灾影响最严重的永吉县，利用无人机航拍受灾区域正射影像32架次、面积32平方千米，视频航飞29架次。为省、市有关领导指挥救灾工作提供最新灾情影像和视频数据的应急服务保障，为省、市有关部门统计受灾情况，科学规划灾后重建工作提供测绘地理信息数据服务支持。

地理信息产业

【地理信息产业政策】

吉林省测绘地理信息局认真落实《吉林省地理信息产业发展“十三五”规划》，促进全省测绘地理信息产业发展，与全国30多家企业签署入驻吉林省地理信息科技产业孵化基地协议，引进上市公司3家。召开入驻企业座谈会，了解基本情况与服务需求，为企业发展与壮大提供优化的政策环境。入驻企业享受国家、吉林省、长春市及北湖科技开发区有关地理信息企业、科技孵化器、企业总部基地、产业园区等一系列优惠扶持政策。孵化基地提供生产运营、商务中介、宣传策划等各类服务，为企业发展搭建资源整合平台。减轻企业压力，扶持有潜力的科技创新企业做大做强，扶持有条件的企业上市。推动组建吉林地信集团，打造省级测绘地理信息龙头企业。12 月 16 日，吉林省地理信息科技产业孵化基地（吉林省导航定位数据中心、吉林省空间地理信息大数据基地）正式启动，首批 25 家企业入驻孵化基地。

12 月 16 日，吉林省地理信息科技产业孵化基地启动仪式在长春北湖科技园举行。

【地理信息产业发展】

吉林省测绘地理信息局在长春举办测绘地理信息企业与高校测绘工程类专业合作交流会，8 所高校的有关领导、测绘地理信息专家学者与 8 家省内优秀民营测绘地理信息企业负责人参加座谈交流。吉林省国遥博诚科技股份有限公司在全国中小企业股份转让系统（新三板）挂牌，成为吉林省首家新三板挂牌上市的测绘地理信息企业。7 月，省测绘与地理信息行业协会组织省内 6 家甲级民营企业到广州、上海 4 家企业进行调研，学习测绘地理信息企业经验。9 月 8 日，全省 30 多家行业单位代表组团参加 2017 中国地理信息产业大会，1 家企业入选 2017 年中国地理信息产业百强企业，3 家企业进入 2017 年中国地理信息产业高成长 TOP50 企业。

科技、标准化与国际合作

【科技创新体系建设】

吉林省测绘地理信息局印发《关于贯彻落实吉林省测绘地理信息科技发展“十三五”规划的通知》，开展规划的落实及重点项目调查工作。参加省科技厅组织的科技创新中心现场评估，吉林省地理省情监测工程技术研究中心通过省级验收。指导省测绘地理信息学会开展“知网杯”第十四届东北三省测绘地理信息优秀论文评选，共评选出优秀论文 18 篇，其中一等奖 3 篇、二等奖 6 篇、三等奖 9 篇。吉林省航测遥感院点云项目组投稿的《平原地区机载激光雷达数据的抽稀算法研究与应用》论文被第四届全国激光雷达大会录用。推进产学研合作，鼓励高校与企业开展专业技术人员继续教育、校企人才培养方向对接、建设大学生企业实训基地、高校参与企业技术攻关和重点项目建设等合作，吉林省昊远农林规划设计有限公司与吉林大学等高校联合成立智慧地理信息技术联合工程实验室、地理空间信息工程联合实验室等科研平台；组织召开企业与测绘专业高校合作交流会，吉林省工程技术学院与长春五度空间数据有限公司签订校企合作协议。

【科技项目与科技奖励】

吉林省测绘地理信息局坚持项目与人才培养相结合的模式，培养青年科技创新带头人，设立科技创新专项经费 20 万元，支持科技创新项目的实施。召开 2016 年科技创新项目验收评审会，7 个科技成果项目全部通过验收，7 个科技成果项目通过 2017 年科技创新项目立项评审。“数字榆树地理信息空间框架建设”项目获中国测绘地理信息产业协会 2017 年中国地理信息产业优秀工程奖银奖，“哈达山生态农业旅游示范区现状地形图测绘项目”“公主岭市农村集体建设用地使用权和房屋调查确权登记发证工作基础控制测量项目”获铜奖。

【标准化工作】

吉林省测绘地理信息局成立标准体系建设工作领导小组。参与测绘地理信息行业标准化科研项目，牵头编制《房产面积计算规则标准升级适用性研究》并获国家测绘地理信息局批准立项；《吉林省测绘地理信息标准体系研究》经由省质量技术监督局批准立项，被确定为 2017 年吉林省标准化战略科研项目。《吉林省建筑日照测量技术规程》通过省质量技术监督局审查。《“多规合一”空间地理信息编制规程》《自然资源资产离任审计空间地理信息解译规程》等 4 个研究项目报请省质量技术监督局立项。12 月 28 日，吉林省测绘地理信息标准化技术委员会召开换届大会，68 名专家当选为第二届省测绘地理信息标准化技术委员会委员。

【对外合作与交流】

吉林省地理信息院 1 人通过国家测绘地理信息局考核，进入“中国及其他发展中国家地理信息管理能力开发项目”，赴联合国经济与社会事务部

（DESA）可持续发展司（DSD）挂职工作半年。

【职业技能培训与竞赛】

吉林省测绘地理信息局与省人力资源和社会保障厅联合举办地理国情监测技术及成果应用高级研修班，共培训88人。与省人力资源和社会保障厅、省总工会、省妇女联合会、共青团吉林省委在长春联合举办吉林省第五届测绘地理信息行业职业技能竞赛，全省共有20个代表队参赛，设置工程测量和地图制图2个项目，其中理论知识考核占30%，技能操作考核占70%。省基础测绘院获工程测量团体和个人一等奖；省航测遥感院获地图制图团体和个人一等奖。选拔出5名选手参加第五届全国测绘地理信息行业职业技能竞赛。省测绘职业资格管理中心被评为2016年全国测绘地理信息行业职业技能鉴定先进单位，1人被评为2016年全国测绘地理信息行业职业技能鉴定先进工作者。

地市级测绘地理信息工作

【长春市】

长春市健全行政管理机构，市规划局直辖6个区分局全部承接测绘地理信息职能。推进行政许可标准化建设，制定优化行政审批流程、精简审批要件、压缩审批时限。编印《申请丁级测绘资质的指引》《审核发放测绘作业证的指引》，明确行政审批的操作标准。在政务服务“一门式，一张网”的公开监督平台上办理审批测绘资质和审核发放测绘作业证，丁级测绘资质行政审批时限从原定20个工作日压缩至15个工作日，审核发放测绘作业证审批时限从原定30个工作日压缩至5个工作日。全年办理丁级测绘资质审批15件，审核发放测绘作业证212本。参加测绘地理信息行政执法培训，市规划局测绘地理信息行政管理执法人员增至25人。开展测绘地理信息市场事中事后监管，对长春市33家测绘资质单位进行测绘地理信息资质巡查和成果质量巡检工作，全部巡查、巡检项目综合评定合格。

市规划局对2016年全市52家申领涉密测绘成果使用单位的涉密测绘成果使用和保管情况进行全面梳理。转发国家测绘地理信息局、国家档案局联合发布的规范性文件《测绘地理信息业务档案管理规定》，要求全市测绘资质单位严格执行。对37家涉密测绘成果使用单位的档案管理、测绘成果保密、质量体系管理和涉密测绘成果销毁工作进行抽查，对未达标单位提出整改措施。规范成果资料规格和精度，制定《长春市建设工程规划核实测绘技术要求》，印发《关于进一步加强项目规划竣工核实测绘管理工作的通知（试行）》。开展长春市全覆盖排查整治“问题地图”专项行动，制定工作方案，设立“问题地图”举报电话和网上举报信箱。9月，市规划局组织各分局测绘管理办公室在各自辖区集中开展“问题地图”排查行动，重点检查地图编制单位、出版单位、旅游景点、书店、客车站、火车站、高速公路服务区、公益性图书馆和高校图书馆、博物馆、展会展馆，对检查中发现的问题，通知相关单位按要求立即整改，对“问题地图”责令下架、封存。

召开长春测绘行业政企互信交流座谈会、长春市测绘市场与行业管理情况调研会，了解企业困难，解决企业发展中遇到的问题。组织全市测绘资质单位参加全省资质单位普法培训班，学习新修订的测绘法，组队参加省测绘地理信息局主办的新修订测绘法知识竞赛，获团体第一名和优秀组织奖。完成数字长春地理空间框架平台及城市规划、园林绿化、市容环卫与道路清扫等典型应用系统建设并投入运行，共为20多家单位提供50多项地理信息空间定位、系统建设、数据支持和专题服务。建成长春市“多规合一综合信息平台”，实现规划编制和规划实施方面的多项应用功能，与规划、国土、发改、环保等部门实现互联互通，在规划部门开展部分推广应用。制定应急预案和相关规定，保障长春市重点工程、应急救灾等对地理信息数据的需要，完善测绘应急测绘保障服务体系。

【吉林市】

吉林市测绘地理信息主管部门组织建成覆盖吉林市规划区3000平方千米的现代测绘基准体系。普查、维护各类测量标志点70多处。组织撰写《吉林市1∶500、1∶1 000、1∶2 000矢量地形图数据标准（试行）》。建立长期稳定的数据交换和更新机制，完成吉林市中心城区400平方千米1∶1000地形图覆盖，实现建成区200平方千米1∶500地形图年度更新。利用航测技术手段实现覆盖中心城区1000平方千米的1∶1000“3D”产品更新。加快推进基础地理信息数据的共享应用，为公安、执法、市政等政府部门的业务管理系统提供基础数据支持。组织吉林市智慧城市时空信息云平台建设项目前期调研。

开展“国家版图知识进校园”活动，吉林市测绘地理信息主管部门协调省地图技术审核中心，在吉林市船营区第四小学举办版图知识讲座，为学校师生发放版图宣传材料。落实行政权力“放管服”制度，全年办理丁级测绘资质审批2件，审核发放测绘作业证52本，受理涉密测绘成果使用申请初审53件，受理审核测绘地理信息项目登记备案91件。开展测绘资质单位巡查、成果质量监督检查，注销乙级互联网测绘资质1项。推动《吉林省房产测绘实施细则（试行）》实施，放开房产测绘市场。组织完成全市卫星导航连续运行基准站备案。与吉林市文化广电新闻出版局开展排查整治“问题地图”专项行动，遏制非法地图产品在市场的流通。在“7·13”特大洪水抗灾任务中，深入一线灾区，配合市测绘院无人机应急保障组为领导决策和灾后重建提供测绘地理信息应急保障服务。宣传贯彻新修订的《中华人民共和国测绘法》，开展“版图知识进校园”“法规知识进单位”“宣传产品进百姓”系列教育宣传活动。

【白城市】

白城市为国家海绵城市建设试点、老城区综合提升改造、地下管廊、智能指挥中心等国家、省、市重点工程项目提供基础测绘地理信息服务。完成辖区10家丙、丁级测绘资质单位2016年度测绘成果目录（副本）汇交工作。对14家测绘资质单位的资质注册进行复查审核。规范测绘地理信息市场秩序，加强对测绘资质单位的动态管理，对市区内测绘资质单位资质条件变化、市场活动、产品质量、涉密地理信息保密管理、测绘成果汇交、执行测绘管理体系标准、履行法定义务等情况进行现场抽检，对检查中发现的问题及时要求测绘资质单位整改。推进“放管服”改革，转变政府职能，将白城市承接的省级下放的测绘作业证审核发放、测绘地理信息项目登记备案和丁级测绘资质审批及年度注册等行政许可审批事项，全部纳入市政务大厅办理。

9月初，全市开展排查整治“问题地图”专项行动，选派业务骨干对全市各类门户网站、新华书店、玩具店等地图售卖点出售的各类地图、地球仪等进行全面检查；对不按规定送审、不按审查意见修改、不按要求备案的情况进行梳理，地图市场检查结果为整体秩序良好，未发现“问题地图”。开展测绘法宣传工作，深入贯彻落实新修订的测绘法及测绘地理信息相关法律法规，结合“8·29”测绘法宣传日，白城市住房和城乡建设局在市区街道繁华地段悬挂横幅，摆设宣传展板，张贴宣传海报，共发放宣传资料400多份。

【松原市】

2017年，松原市测绘地理信息财政投入1211.8万元，用于浪潮松原云计算中心、数字松原地理信息空间框架建设、松原市地下管线普查、数字松原地理空间框架应用支撑环境建设等松原市数字（智慧）城市建设。全年办理丁级测绘资质审批3件，受理审核测绘地理信息项目登记备案2件，审核发放测绘作业证8本，受理吉林省涉密测绘成果使用申请初审11件，向政府部门和企事业单位提供1:500电子及纸质地形图600多张。完成辖区2016年度测绘成果目录（副本）汇交工作，出具14张汇交凭证。在全市组织开展“8.29”测绘法宣传日活动，发放宣传海报及宣传材料500多份，向社会各界普及测绘法律、法规。在全市开展全覆盖排查整治“问题地图”专项行动，对市区内10多家书店进行检查，发现10多种存在问题的地理教辅材料，责令其下架。完成全市卫星导航定位基准站的排查工作。10月，联合市国家保密局完成测绘成果陈旧图销毁工作，共销毁2750幅5876张纸质地形图。

【通化市】

通化市深化行政审批“放管服”工作，全年办理丁级升丙级测绘资质初审2件、丙级测绘资质增加业务范围初审2件、乙级测绘资质续期换证初审4件、丁级测绘资质审批1件、测绘资质法人及地址信息变更1件、受理审核测绘地理信息项目登记备案16件、审核发放测绘作业证43本、受理吉林省涉密测绘成果使用申请初审14件。完成辖区2016年度测绘成果目录（副本）汇交工作，出具11张汇交凭证。对辖区行业单位开展测绘地理信息资质巡查和成果质量巡检工作，抽查3家丁级资质单位，抽查结果为合格。成立通化市全覆盖排查整治“问题地图”专项行动领导小组，针对互联网、新闻媒体、展览馆、教材教辅图书等登载、使用、展示的地图及书店、火车站等销售地图的场所进行排查，未发现“问题地图”。

市机构编制委员会办公室批复成立通化市智慧城市建设领导小组办公室（参照公务员管理事业编制8名）。与相关建设单位交流、调研，建设完成智慧税务、智慧养老项目。印发《关于建设统一政务大数据平台的建议》，并汇编大数据相关的政策文件。宣传测量标志保护知识，落实测量标志保管人待遇。组织开展“8·29”测绘法宣传日活动，以宣传贯彻新修订的测绘法为主题，组织系统干部职工在通化广场开展新测绘法宣传活动，通过悬挂宣传横幅、摆设宣传展板、设立咨询台、发放宣传资料等方式，向过往市民宣传测绘法律法规，答疑解惑。

【延边朝鲜族自治州】

延边朝鲜族自治州汇交各类测绘成果目录（副本）214条。完成2016年度测绘资质年度报告网上申报、全州2017年测绘地理信息资质巡查和成果质量巡检自查、11家乙级测绘资质单位复审换证等工作。组织全州45家资质单位集中检定测绘仪器200多台。开展“8·29”测绘法宣传日活动，组织测绘资质单位在本单位办公地点悬挂宣传横幅，在城市的主要繁华地段设立咨询台、摆设宣传展板，发放宣传材料500多份。选派专业技术人员对图们市农村土地确权登记颁证成果自查进行全程监督。参与地理国情普查验收工作，协调州住房和城乡建设局相关部门搜集数据及资料，汇总上报吉林省第一次地理国情普查领导小组。

7月20日，延边朝鲜族自治州出现大规模强降雨，州测绘主管部门指导测绘单位利用无人机航测，向州政府上报路毁桥断第一手材料，为抗洪抢险决策提供测绘服务保障。在全州组织开展全覆盖排查整治“问题地图”专项行动，动员各县市在火车站、展览馆、图书市场等地开展“问题地图”自查，省、州联合对县市进行抽查，检查发现有未送审地图的情况，责令限期整改和停止出售。开展地理信息产业非资质单位专项统计调查，采用电话、走访、调取资料方式全面了解24家企业状况。加强测量标志保护与管理工作，发放测量标志宣传资料，配合省测量标志管理站到图们市、安图县等县市开展CGCS2000城市坐标系统城区选址，完成测量标志埋石工作。配合省测绘地理信息学会和省测绘与地理信息行业协会，举办第十四届东北三省测绘学术与信息交流会、第二届吉林省测绘地理信息行业乒乓球赛；组队参加省测绘地理信息局举办的新修订测绘法知识竞赛，获团体第二名；培养测绘科技创新人才，与延边大学联合举办2017第四届测绘技能大赛；协助国家测绘地理信息局职业技能鉴定指导中心、中国测绘地理信息学会举办无人机操控员培训班；举办测绘地理信息行业新形势测量前沿技术研讨会；召开新修订《吉林省测绘地理信息条例》征求意见座谈会。

【辽源市】

辽源市制作完成本辖区测绘资质单位2016年测绘项目成果汇交目录并上报到吉林省测绘地理信息局。加强对测绘资质单位的动态监管，对测绘资质单位进行资质、成果质量、成果管理、诚信系统等方面的检查，对不满足条件的测绘单位督促改正。加强涉密测绘地理信息成果提供管理，对涉密成果申领单位的使用目的和范围、成果保管和保密制度、设施条件及涉密人员持证上岗等情况严格审核。完成1家丙级资质单位资质业务增项初审、1家乙级资质单位资质换证。开展“8·29”测绘法宣传日活动，通过悬挂条幅、现场播放录音、大屏幕循环播放、报纸专版、媒体采访等形式，宣传新测绘法，现场发放1000多张地图、1000份宣传页及海报。9月30日，全市集中开展全覆盖排查整治“问题地图”专项行动，主要对各大书店、图书音像市场等场所出售的各类地图、地球仪、教辅资料进行检查，责令无审图号的教辅资料下架。

【白山市】

白山市智慧规划馆建成使用，财政资金总投入255万元；市级财政投入25万元拍摄1∶500航空影像图，用于白山市棚户区改造工程。白山市规划局联合市文化广电新闻出版局、市教育局、市国土资源局等部门开展全覆盖排查整治“问题地图”专项行动，重点检查市中心区域的新华书店、市政务大厅、火车站、图书馆等场所，引导社会公众正确绘图用图，检查中未发现“问题地图”。推进行政审批制度改革，加强资质审批管理，全年办理资质单位申请法人、单位地址及业务变更4件，测绘资质丁级升丙级初审1件。对白山市15家测绘资质单位进行测绘地理信息资质巡查和成果质量巡检，所有检查评定均为合格。完成城市CGCS2000城市坐标系统建设选点埋石工作。开展“8·29”测绘法宣传日活动，以“强化国家版图意识，捍卫国家主权安全”为主题，活动当天在白山市区发放吉林省地图、新测绘法等宣传材料800多份，设立宣传点、悬挂条幅、摆设宣传展板、散发宣传资料、设立咨询台、提供咨询服务，为广大群众答疑解惑。

【长白山保护开发区】

长白山保护开发区开展测量标志普查维护工作，共普查维护各类测量标志40多点。开展辖区规划及私搭乱建监察工作，完成池西区、池南区无人机外业航摄82平方千米。开展资质巡查、成果质量巡检工作，督促指导辖区测绘资质单位建立健全测绘成果及资料档案管理制度。举办新修订的测绘法培训班。开展全覆盖排查整治“问题地图”专项行动，对经营“问题地图”的经销商责令停止销售。组织开展“8·29”测绘法宣传日活动，宣传本地区测绘地理信息服务保障重点工程、政策决策、社会管理和人民生活等方面的工程项目及测绘法律法规。开展2000国家大地坐标系控制点巡查，完成池北区9个控制点，池西区、池南区23个控制点的巡查工作。

地方社团工作

【吉林省测绘与地理信息行业协会】

3月2日，吉林省测绘与地理信息行业协会在长春召开二届三次理事工作会议，会议通过增选副会长、变更副会长、增选常务理事、变更常务理事和理事人员的名单，审议通过吉林省测绘与地理信息行业协会“诚信单位”评审评选办法等。4月13日，与吉林省测绘地理信息学会联合举办智慧城市社会化应用高级研讨会，100多人参加研讨会。6月6日，吉林省测绘地理信息行业“诚信单位”评审会在长春召开，评定37家单位为省测绘与地理信息行业“诚信单位”。11月3日，在珲春主办第二届吉林省测绘地理信息行业乒乓球赛。11月22日，与中国测绘宣传中心吉林工作站在长春联合举办全省测绘地理信息新闻宣传写作培训班，全省测绘地理信息行业单位相关负责人和宣传工作人员80多人参加培训。

【吉林省测绘地理信息学会】

2月24日，吉林省测绘地理信息学会派员参加吉林省科学技术协会第九次代表大会全体代表会议。3月2日，召开九届三次理事工作会议，表彰2016年度学会先进集体和先进工作者，表决通过增补学会会员、理事、常务理事、变更副理事长人选和理事长人选提名议案；大会对获2016年度省测绘地理信息科技进步奖的单位和省熹光测绘科学技术奖鼓励奖的个人进行表彰。起草《关于第十四届东北三省测绘学术与信息交流会实施方案》，组织“知网杯”第十四届东北三省测绘学术与信息交流会主题论文征集活动。

8月23日，与辽宁省测绘地理信息学会、黑龙江省测绘地理信息学会在珲春市共同举办第十四届东北三省测绘学术与信息交流会，500多人参加会议。举办“南方测绘杯”首届东北三省测绘地理信息行业定向越野赛，来自东北三省测绘地理信息行业单位的72名选手参加比赛。11月8日，组团参加中国测绘地理信息学会2017年学术年会暨第十一次全国会员代表大会，省测绘地理信息学会获“2014—2017年度中国测绘地理信息学会先进集体”、1人获“2014—2017年度中国测绘地理信息学会先进个人”称号。

黑龙江省

概况

2017年，国家测绘地理信息局与黑龙江省人民政府签署省局共建协议。国家测绘地理信息局、黑龙江省委省政府主要领导30多次听取测绘地理信息工作汇报，为推动黑龙江测绘地理信息事业改革创新发展提供了精神动力和向好发展环境。

初步建立起面向黑龙江省“横向辐射至厅局、纵向延伸至市县”的测绘地理信息公共服务新体系。从传统的以测绘成果验收为终结的单一生产模式向“数据获取—处理—服务”一体化、多元化产品模式转变。“十二五”省级基础测绘圆满收官，似大地水准面精化完成验收。构建以“一个中心、四个平台”为核心的省地理信息公共服务体系。黑龙江省卫星遥感影像数据获取能力实现一年四季多次覆盖。主动服务美丽中国和美丽龙江建设，充分发挥精细调查、精准监测优势，提升各部门依法行政智能化水平，确保生态文明建设任务顺利实施。

圆满完成黑龙江省第一次全国地理国情普查任务，黑龙江省第一次全国地理国情普查领导小组更名为省地理国情普查与监测工作领导小组，体制机制建设更加完善。普查和监测成果在“多规合一”、河长制、资源环境承载能力监测预警评价等生态环境保护与监管工作中发挥重要作用。以省局共建协议为驱动，推进省基础测绘“十三五”规划年度任务落实。完成国家测绘成果档案存储与服务设施项目黑龙江异地备份馆建设。履行测绘地理信息政府职能，依法行政不断加强。牵头编制《黑龙江省推进卫星应用产业发展专项行动计划（2017—2020 年）》，开展“互联网 + 卫星应用关键技术”研究，在精准农业、城市管理、智能交通等领域实施多项精品工程，编制完成《局信息化测绘体系建设总体方案》，3 项标准列入 2017 年地方标准制修订计划并通过专家审定。黑龙江省测绘资质单位全年完成测绘服务总值 20.3 亿元，实现稳步增长。

党的建设与人才队伍建设

【党的建设】

黑龙江测绘地理信息局认真学习贯彻落实党的十九大精神，完善中心组学习制度，扎实推进“两学一做”学习教育常态化制度化，制定“三级”（党组、机关党委、党支部）、“四岗”（党组书记、党组成员、机关党委专职副书记、党支部书记）党建工作责任清单体系，认真落实“三会一课”、民主生活会、组织生活会、民主评议等制度，局党组成员带头落实“五个在支部”要求。实施基层党建提升工程，建立党员活动室，统一组织完成局机关各党支部和 10 个基层党组织换届工作，配齐配强党委、纪委组成人员，新组建黑龙江测绘地理信息局劳动服务管理中心（极地中心）党支部。利用红色教育基地等开展开放式组织生活，持续改进干部作风。开展落实全面从严治党要求专项考核，进一步建立完善党建述职、考核评价工作机制。

【党风廉政建设】

黑龙江测绘地理信息局认真贯彻落实全面从严治党要求，强化党员领导干部廉洁从政、廉洁自律意识，自觉在思想上政治上行动上同以习近平同志为核心的党中央保持高度一致。印发《黑龙江测绘地理信息局 2017 年党风廉政和反腐败工作任务和责任分工》，分解落实局党组和党组成员及机关处室、局属单位主要负责人员责任分工。召开 2017 年全局党风廉政建设工作会议，研究部署落实党风廉政建设和反腐败工作。组织局属单位和机关处室 35 名党风廉政建设第一责任人向局党组递交《2017 年党风廉政建设责任承诺书》。6 月，通过参观黑龙江省廉政教育基地、开展主题党日活动和观看警示教育片，在 600 多名党员中组织开展“以案释纪明纪，严守纪律规矩”主题警示教育月活动。开展专项监督检查，抓住年节等重要时间节点，在局网站发布公告，严禁公款吃喝、公款旅游、收送节礼、公车私用、违规发放津贴补贴等，公布作风建设专项举报电话和电子邮箱。组织开展违规公款购买消费白酒问题集中排查整治工作，修订《黑龙江测绘地理信息局公务接待管理办法》。落实全面从严治党监督责任，组成 4 个监督检查组深入局属 11 家单位开展落实全面从严治党专项监督检查。

【精神文明建设】

黑龙江测绘地理信息局机关和局属 4 家单位被命名为“省级文明单位标兵”，3 家单位被命名为“省级文明单位”。将“七五”普法纳入中心组学习和党委工作计划，分层次为党员干部配发普法读本。黑龙江第二测绘工程院第二测量队被共青团黑龙江省委命名为“省级青年文明号”。

【人才队伍建设】

2017 年，黑龙江测绘地理信息局全面改善干部队伍结构，调整交流处级干部 23 名，提拔处级干部 21 名，调任公务员 2 名；确定 49 名年轻优秀的科级干部为局属单位领导班子后备干部；选派 16 名年轻优秀干部双向交流挂职锻炼；选派 3 名优秀干部驻村扶贫。继续做好干部培训工作，选派 1 名厅局级干部赴中央党校学习，8 名厅局级干部赴国家测绘地理信息局党校学习，1 名厅局级干部参加智慧城市建设专题培训班学习，4 名处级干部和 2 名科级干部参加国家测绘地理信息局党校学习，2 名处级干部参加武汉大学专项培训，1 名带头人赴国外参加培训。全年举办各类专项培训近 20 次，累计培训近 4000 多人次。截至年底，黑龙江测绘地理信息局拥有百千万人才工程国家级人选 1 人，享受政府特殊津贴专家 13 人，其中享受国务院特殊津贴专家 11 人、享受黑龙江省政府特殊津贴专家 2 人，省部级专家 4 人。

法制建设与市场监管

【法制建设】

《黑龙江省地理信息数据共享和交换管理办法》

被省政府确定为2018年力争出台的立法项目。《黑龙江省测绘管理条例》修订工作启动。黑龙江测绘地理信息局印发《黑龙江省测绘地理信息局贯彻落实“谁执法谁普法”普法责任制实施方案》。开展2部政府规章和4部省政府规范性文件清理、审查工作。对测绘地理信息行政执法主体和人员进行清理，进一步明确执法主体的法定职责和执法人员的执法资格。

【法制宣传】

黑龙江测绘地理信息局全面贯彻落实新修订的《中华人民共和国测绘法》，举办了大型的新测绘法现场宣传活动，得到省委省政府高度重视和大力支持，省委书记亲自批示。在黑龙江省范围内举行了2次测绘法宣传日活动，全省累计发放宣传材料8.6万份、设立宣传板300块，发送公益短信1万多条。组织局干部职工收看新测绘法新闻发布会；召开专题辅导报告会，邀请国家测绘地理信息局领导解读新测绘法；召开全省宣传贯彻新测绘法暨甲乙级测绘单位座谈会，订阅《中华人民共和国测绘法》释义和《新测绘法学习60问》200套；开设新测绘法宣传专题网站，制作H5作品进行嵌入式宣传；组织开展宣传口号、短信、宣传画的征集工作，获国家测绘地理信息局优秀组织奖。

【“放管服”改革】

黑龙江测绘地理信息局做好“放管服”政策落实“最后一公里”工作，配合省工商、物价等部门，开展全省“多证合一”改革、企业准入审批、年检年审、中介服务收费标准依据等有关事项审查和上报工作。加强企业设立类事项管理，在省工商登记后置审批事项目录中明确并公示测绘资质审批流程和办事指南。全面梳理测绘资质管理系统和测绘信用信息平台的共享清单、需求清单，推进省政务信息化平台共享建设。以省权力清单为依据，多次指导13个地市开展并完成地市级的权力清单梳理和认定工作。

【测绘资质管理】

截至年底，黑龙江省共有测绘资质单位703家，全年新增测绘单位76家，注销22家，完成增项、基本信息变更等360项，上报国家测绘地理信息局甲级单位事项13项，办理测绘作业证517本。完成测绘资质单位2016年度报告工作，在黑龙江测绘地理信息局门户网站专栏公开，实现年度报告信息及其他有关信息的实时查询。按照“双公示”要求，上报省政府信用黑龙江平台公开测绘资质许可76项。完成到期资质证书续期换证工作，于7月31日前完成全省151家甲、乙级测绘资质单位续期换证，于年底前完成54家丙、丁级测绘单位换证。

【信用管理】

黑龙江测绘地理信息局开展测绘单位信用信息评价工作。认定部分测绘单位良好信息，结合2016年测绘成果质量抽检结果，对31家被检质量不合格单位及黑龙江省综合执法检查限期整改的15家单位做出不良信用信息评价。依托省信用信息平台，加强测绘单位日常信用管理，向参加测绘项目招投标单位出具信用证明。

【日常监管】

黑龙江测绘地理信息局加强地市测绘管理工作的指导和考核，进一步修改和完善2017年地市级年度测绘地理信息工作绩效考核目标和内容，开展了考核工作，推进基础测绘、市场监管、成果应用等各项工作全面完成。开展2次注册测绘师调研工作，对甲、乙级测绘单位的注册测绘师数量及聘用情况、存在的问题进行摸底和调查；对全省的甲级和部分乙、丙、丁级测绘单位共150多家开展了测绘资质管理调研，并将调研结果及时上报国家测绘地理信息局，进一步完善测绘资质管理工作。全面加强测绘项目备案管理，积极推行网上项目备案。

基础测绘

【国家基础地理信息数据库动态更新】

黑龙江测绘地理信息局组织完成黑龙江省、吉林省、辽宁省、内蒙古自治区、山西省、河北省、山东省、江苏省（南京、扬州、淮安除外）行政区域范围总面积约257.65万平方千米1∶5万地形数据更新，其中黑龙江省、吉林省、内蒙古自治区完成重点要素更新，其余5省完成全要素更新；黑龙江省、吉林省、辽宁省、内蒙古自治区、山西省、河北省、北京市、天津市、山东省、江苏省共10个省（自治区、直辖市）262.28万平方千米7211幅1∶5万地形图制图数据更新、246幅1∶25万地形数据库更新和地形图制图数据更新、23幅1∶100万地形数据更新和地形图制图数据更新任务。

【极地测绘】

黑龙江测绘地理信息局组织完成中国第33次南极科学考察测绘任务，完成长城站北斗卫星导航系统基准站运行维护及6个大地控制点联测、中山站机场选址区域1:500地形图测绘40幅、中山站机场选址区域D级大地控制点建设16点、中山站—昆仑站沿线10个大地控制点建设、查尔斯王子山脉区域1:5万DLG、DOM和DEM生产各30幅。11月，选派3人参与第34次南极科学考察。

【基础地理信息系统运行与维护】

黑龙江测绘地理信息局组织完成哈尔滨全球定位系统跟踪站每日GPS数据采集、汇交及跟踪站日常维护与管理等工作，数据有效率100%。完成省级基础地理信息数据库日常维护与管理等工作。

【全球地理信息资源建设与维护更新】

黑龙江测绘地理信息局组织完成全球地理信息资源建设与维护更新项目伊朗中部约54万平方千米数据生产，包括数字正射影像、数字表面模型及二级核心矢量要素数据；完成中亚5国、南亚8国，总面积约850万平方千米30米地表覆盖数据更新生产。

【国家边少地区基础测绘专项补助经费项目】

2017年，中央财政补助黑龙江省500万元用于边远地区、少数民族地区基础测绘建设，立项开展了逊克县奇克镇基础测绘工程、宁安市范家工业园规划区1:1000航测地形图测绘等10项地形图测绘和测绘保障服务项目。

【测绘基准建设与应用】

黑龙江省卫星定位连续运行综合服务系统开通试运行以来，持续完善设施建设和深化服务应用，全年为测绘、规划、地质等10多个行业的1517个终端用户提供高精度位置数据服务。

【基本比例尺地形图测制与更新】

黑龙江测绘地理信息局组织完成数字龙江地理空间框架建设一期工程项目验收工作，首次实现全省1:1万基础地理信息全覆盖，完成1:1万地形要素数据（DLG）12851幅；数字影像地图（DIM）8793幅、数字高程模型（DEM）12790幅、数字正射影像图（DOM）21644幅。

【航空航天遥感影像获取与应用】

黑龙江测绘地理信息局获取海伦市40平方千米0.08米分辨率的倾斜航空摄影影像，作为海伦市精准扶贫、智慧城市和各项规划建设的影像数据基础。全省航空航天遥感数据获取能力实现一年四季多次覆盖，面向社会定期推送航空航天遥感影像目录，推进航空航天遥感影像资源共享。

【智慧城市、数字城市建设】

黑龙江测绘地理信息局组织完成国家测绘地理信息局试点项目智慧伊春时空信息云平台建设项目预验收，完成智慧讷河县级智慧城市时空信息云平台建设。完成数字创业、数字二道河地理空间框架建设项目验收和数字嘉荫地理空间框架建设项目预验收，数字海伦、数字友谊等县级数字城市地理空间框架建设全面完成，数字绥芬河地理空间框架建设基本完成。

【农村土地承包经营权确权登记】

黑龙江测绘地理信息局组织完成黑龙江省农村土地承包经营权确权登记影像底图制作项目成果归档和入库。作为省土地确权登记领导小组成员单位，开展了佳木斯市及随机抽检的县、乡、村的农村土地承包经营权确权登记颁证工作的督导与现场检查。

【质量管理】

黑龙江测绘地理信息局对全省206家资质单位开展测绘地理信息成果质量监督检查工作；加强直属单位指令性任务质量管理，完成检查员培训、资格复审和发证，下达检验委托85批次。

【安全生产】

黑龙江测绘地理信息局印发《2017年度安全生产工作要点》。及时调整安全生产管理委员会及其办公室组成人员。春训期间专门安排安全生产知识培训，普及安全生产知识，提高安全生产技能，全局近500人参加培训；全年局、院两级共组织50多次安全生产专题讲座及演练。全局180多台外业车辆（包括雇佣车辆）配置升级后的安全生产车辆监测系统和行车记录仪，提高工作效率和安全生产管理水平。严格督查抽查，排查安全隐患，经常不定期进行安全综合检查、专项检查、节假日例行检查。全年未发生安全生产责任事故。

地理国情监测

【地理国情普查】

黑龙江省第一次全国地理国情普查工作圆满收官。5月，普查工作顺利通过专家验收。9月，省第一次全国地理国情普查领导小组更名为省地理国情普查与监测领导小组，国情监测体制机制建设更加完善。10月，省政府新闻办公室举行新闻发布会向社会正式公开发布普查公报。地理国情普查及监测成果应用于“多规合一”、河长制、资源环境承载能力监测预警评价等生态环境保护与监管工作。

【地理国情监测】

黑龙江测绘地理信息局完成黑龙江全域及辽宁省（沈阳市、抚顺市、本溪市、辽阳市、鞍山市除外）、内蒙古自治区（呼和浩特市、包头市、乌海市除外）、河北省（石家庄市、衡水市、邢台市、邯郸市、沧州市除外）等区域总面积约180万平方千米的基础性地理国情监测数据生产工作，监测成果通过国家测绘产品质量检验测试中心验收；参与完成直属生产单位监测数据生产成果的交叉验收；完成辽宁、内蒙古、河北等地总面积约259万平方千米的分省数据集汇总、入库前检查和预处理、成果汇交等工作，完成片区内独立开展省份监测数据生产的技术支持与工作对接、片区内交通网络数据的优化等工作。完成国家级新区空间格局变化监测和全国海岸带开发利用变化监测2项专题性地理国情监测。完成地理国情普查监测成果深化应用、全国地级以上城市及典型城市群空间格局变化监测、生态屏障区自然生态状况变化监测和地理国情监测服务生态文明建设试点示范4项地理国情监测分析项目。

海洋与不动产测绘

【海洋测绘】

黑龙江省有3家资质单位开展海洋测绘工作，共完成874.1平方千米的海洋测绘成果。

【地籍测绘】

黑龙江省有132家资质单位开展地籍测绘工作，共完成505461.6平方千米的地籍测绘成果。

【房产测绘】

黑龙江省有168家资质单位开展房产测绘工作，共完成51382263.7平方米的房产测绘成果。

【行政区域界线测绘】

黑龙江省有1家资质单位开展行政区域界线测绘工作，共完成210千米的行政区域界线测绘成果。

【援疆测绘】

黑龙江测绘地理信息局组织完成援助新疆维吾尔自治区阿勒泰地区青河县阿格达拉镇3.9平方千米85幅1:500全野外地形图测量项目。

地图管理与地图服务

【地图审核】

黑龙江测绘地理信息局全年受理审核地图160件，其中地图（集、册、幅）149件、互联网地图11件。

【地图编制与出版】

2017年，哈尔滨地图出版社共出版图书232种，其中地图地理类图书51种。编制出版《中国三维地貌图（3D眼镜版）》《世界三维地貌图（3D眼镜版）》《黑龙江省第一次地理国情普查成果地图集》《黑龙江省基础地理信息要素识别与表达》等新版图书20种；再版《长三角城市群地图》《中国地图（丝绸版）》《哈尔滨城市地图》《黑龙江省地图册》《东北三省交通图》《黑龙江省地图》《中国地图册》《东北三省行政区划图》等地图册以及系列单张地图102种。

【地图市场监管】

黑龙江测绘地理信息局制定印发《黑龙江省2017年测绘地理信息综合行政执法检查工作方案》，部署各市地测绘地理信息主管部门和新闻出版主管部门联合开展全省地图市场检查活动。9月—11月，通过双随机系统从黑龙江省696家测绘资质单位中确定70家抽检单位，抽调专人组成检查小组对抽检单位的资质情况、测绘成果保密、测绘档案管理制度和测绘产品质量等方面进行全面检查，并针对检查发现的问题及时进行处理。发放测绘地理信息执法证203个。依托黑龙江省全覆盖排查整治“问题地图”专项行动，将黑龙江省哈尔滨市、齐齐哈尔市等634个政府门户网站纳入互联网地理信息监管系统，并进行“问题地图”搜索检查，对存在问题的网站责令整改。

【地图公共服务】

黑龙江测绘地理信息局服务第四届中国—俄罗斯博览会暨第二十八届中国哈尔滨国际经济贸易洽谈会，为大会提供全程地图市场监管服务，将地图监管事项写入大会工作须知，在黑龙江测绘地理信息局门户网站新增省图分色样板，并及时提供给省政府、东北网等门户网站及社会用户使用。为《航拍中国——黑龙江》纪录片提供地图服务，开辟绿色地图行政审批通道，组织专门工作人员对即将播出的样片进行联合审查，将发现的问题及时反馈给栏目组，并及时通过组织程序将此事上报国家测绘地理信息局，解决纪录片中涉及的全国各省地图审核问题。

【国家版图意识宣传教育】

2月，黑龙江测绘地理信息局邀请哈尔滨市工业大学附属中学广大师生到黑龙江测绘地理信息局参加版图教育社会实践活动。4月，调整黑龙江省国家版图意识宣传教育和地理信息市场监管工作联席会议制度成员，印发《关于调整黑龙江省国家版图意识宣传教育和地理信息市场监管工作联席会议制度组成人员的通知》。5月，启动国家版图意识宣传教育“进媒体”工作，组织测绘地理信息专家走进东北网向媒体传授如何正确使用地图的知识和理念，与媒体建立有效的长期合作机制。9月，联合哈尔滨市教育局走进继红小学开展国家版图意识宣传教育活动，向同学们赠送了世界地图、中国地图及地球仪。

测绘地理信息成果管理与应用

【数字龙江地理空间框架建设】

12月29日，数字龙江地理空间框架建设一期工程项目通过验收。该项目是首次实现黑龙江省多源、多尺度高分辨率航空航天遥感影像的全省覆盖；省级1:1万基础地理信息成果的覆盖率由“十一五”末的52%达到全覆盖；建成省级基础地理信息数据库；完成地理信息公共服务平台“天地图·黑龙江”的省级节点建设，实现在“天地图·黑龙江”上最新省级节点的数据发布，省级节点矢量电子地图、影像电子地图达到全省覆盖，扩展省级地理信息公共服务平台应用领域。成果已分两次通过公告形式向社会发布，为黑龙江省经济社会发展提供及时、可靠的测绘保障。

【“天地图·黑龙江”建设与应用】

2017年，“天地图·黑龙江”省级节点建设全面升级。黑龙江省完成大兴安岭、伊春、牡丹江、黑乌等测区数据更新工作，实现全省省级数据100%覆盖。完成三江平原佳木斯测区、黑河—齐齐哈尔测区约13.16万平方千米1:1万国省数据融合和发布数据生产，并通过国家评估。完成伊春、黑河市主城区省市数据融合生产和发布数据生产，并通过国家评估。完成“天地图·黑龙江”市级节点评估。至年底，13个市、县级节点接入了“天地图·黑龙江”省级节点及国家主节点。开展平台软件技术升级工作，引入联想4节点超融合一体机和1台全线速交换机。完成教育、医疗、省直办事大厅及全省机关单位、办事地点在线采集工具等政务服务系列网页开发，辅助省“互联网+政务服务”落地。在行业应用方面，完成黑龙江省煤矿遥感监测服务平台、黑龙江省农合机构多维度地图分析展示系统建设。协助用户单位定制开发黑龙江省社区矫正管理信息系统和智慧北兴统一管理服务平台，拓展了“天地图”行业应用的推广模式。

【成果汇交与分发】

2017年，黑龙江测绘地理信息局办理涉密测绘成果行政许可308件，协调出具出省购图函22件。提供地形图1947幅、控制点2541个、“4D”成果289532幅、影像22244景。为局属单位收集“4D”产品、影像资料22.78TB，接收矢量及影像数据158TB。

【服务生态文明】

在国家“多规合一”、生态保护红线划定工作中，黑龙江测绘地理信息局参与相关技术文件的起草，推动国家测绘地理信息局与有关部委的合作。被列为黑龙江省委全面深化改革领导小组生态文明体制改革领导小组成员。配合黑龙江省有关部门完成省空间规划、省生态保护红线划定、河长制“一河一档”普调等多个技术、工作方案编制工作，形成可复制、可推广的技术路线和模式，推进项目实施。服务省生态保护红线划定和河长制试点已进入向全省市县推广阶段。配合省发展和改革委员会开展全省资源环境承载能力监测预警评价；与省林业厅、武汉大学等单位合作推进省碳储量计量和碳汇监测前期研究，为推进全省碳汇经济发展提供支撑；协助省环境保护厅完成省自然保护区界线核准；支撑全省“绿盾2017”环保督察专项行动；支撑省审计厅开展大庆市领导干部自然资源资产离任审计。

【应急测绘保障服务】

4月，黑龙江测绘地理信息局针对内蒙古大兴安岭北部乌玛林业局伊木河林场过境森林火灾，组织黑龙江基础地理信息中心与哈尔滨地图出版社协作完成多版防火工作用图，并迅速发送给国家基础地理信息中心，将内部版地图上传至国务院应急管理办公室。从接到任务到成图提交，只用了5个小时。7月，在接到省委办公厅紧急供图要求和工作部署后，对尚志市珍珠山乡洪涝灾害启动测绘应急保障响应机制，快速制作提供《尚志市珍珠山乡防汛应急测绘保障图》及受灾地区地形图资料。

地理信息产业

黑龙江测绘地理信息局落实《黑龙江省地理信

息产业发展规划》，编制的《关于挖掘地理信息产业经济增长潜力情况的报告》纳入全省经济中观层面增长潜力研究报告。理顺省地理信息产业园组织管理机构。9 月 20 日，由黑龙江省工业和信息化委员会、黑龙江省科学技术厅牵头，黑龙江测绘地理信息局主持编制的《黑龙江省推进卫星应用产业发展专项行动计划（2017—2020 年）》由黑龙江省政府办公厅印发，是黑龙江省制定的首个面向卫星应用领域的专项行动计划。完善空间基础设施建设，升级维护省卫星定位连续运行综合服务系统（HLJ-CORS）。充分发挥省"互联网 + 地理信息"关键技术研究院士工作站作用，开展"互联网 + 卫星应用关键技术"研究，围绕省大战略、大工程、大规划需求，在精准农业、城市管理、智能交通等领域实施多项精品工程。

科技、标准化与国际合作

【科技创新体系建设】

7 月 27 日，黑龙江省"互联网 + 地理信息"关键技术研究院士工作站正式揭牌成立并召开第一次工作会议。10 月 20 日，黑龙江省对地观测与导航工程技术研究中心通过黑龙江省科学技术厅组织的备案，该中心通过开展卫星综合应用服务中心的产业化运营，面向区域行业用户和大众提供高精定位的、在线的、动态的、实时的、基于位置服务的综合应用，实现公益服务与有偿增值服务并举发展格局，推进卫星综合应用服务的社会化。

黑龙江测绘地理信息局出台《测绘地理信息科技发展"十三五"规划》，完善科技创新体制机制，推进信息化测绘体系建设，拓展科技成果转化与服务领域，优化创新服务平台建设，全面支撑测绘事业转型升级。完成《信息化测绘体系建设实施方案》《黑龙江省地理空间大数据中心和"测绘云"建设总体方案》初稿编制。

【科技项目与科技奖励】

2017 年，黑龙江测绘地理信息局承担基于国产遥感卫星的典型要素提取技术等 3 项国家重点研发计划专项子课题，中央引导地方科技发展专项"黑龙江省对地观测与导航工程技术创新平台"，黑龙江省应用技术研究与开发计划项目"北斗地基增强导航定位与 HLJCORS 融合服务研究"，黑龙江省与中国科学院、中国工程院科技合作专项"空间倾斜摄影技术在洪涝灾害监测平台的应用"；开展常态化地理国情监测与分析技术研发等 5 项国家测绘地理信息局基础测绘科技项目。组织申报国家国防科技工业局"高分专项黑龙江省生态文明服务产业化应用"项目。"室内外高精度无缝定位技术研究与智慧位置示范系统构建"通过国家测绘地理信息局验收。

黑龙江测绘地理信息局首次获国家发明专利授权 1 项（一种可佩戴地理信息处理工作站及信息采集方法），获得实用新型技术专利 1 项（一种移动小型地名采集装置），获软件著作权 12 项；获中国测绘地理信息学会、中国地理信息产业协会、中国卫星导航定位协会颁发的科技进步奖、优秀工程奖 10 项。

【科技成果转化】

黑龙江测绘地理信息局编制完成《科技成果转化管理办法》初稿。举办黑龙江测绘地理信息局科技创新论坛，推介相关单位在倾斜摄影测量、多规合一、智慧城市时空大数据和云平台建设方面取得的研究成果。在辽宁、新疆、山西、福建等地推广应用基于安卓操作系统平板电脑研发的地理国情外业核查系统；基于"室内外高精度无缝定位技术研究与智慧位置示范系统构建"项目成果，开展伊春市风景区定位场布设、五大连池风景区火山博物馆室内导航环境搭建及应用服务；基于常态化地理国情监测与分析技术研发项目，建立了一套适用于基础性地理国情监测成果的质量模型和评价体系；将地理国情监测服务生态文明建设试点示范—采煤沉陷区综合性监测试点项目研究成果应用于鹤岗、鸡西、双鸭山市采煤沉陷区的地面沉降信息分析。

【标准化工作】

黑龙江测绘地理信息局组织申报 6 项国家测绘地理信息局测绘地理信息标准制修订提案，承担制订《市县级空间规划工作底图编制技术规程》行业标准，反馈《卫星导航定位基础站服务管理系统（征求意见稿）》等相关行业标准征求意见、建议 20 项，承担国家社会管理和公共服务综合标准化试点项目"地理信息公共服务标准化省级试点"。发布《地理信息公共服务平台地方节点数据处理技术规程》《测绘地理信息成果质量检查与验收第 1 部分：大比例尺地形图》2 项测绘地理信息地方标准；《测绘成果质量检查与验收 第 2 部分：管线测量》《测绘地理信息成果资料归档鉴定验收技术规定》《河长制一河（湖）一档信息普调技术规程》3 项标准列入 2017 年度地方标准计划并通过审定。7 月 14 日，黑龙江省首次举办测绘地理信息地方标准培训班。7 月 20 日，承办测绘地理信息科技发展与标准化规划宣贯培训班。全年组织参加标准培训 130 多人次。

【对外合作与交流】

黑龙江测绘地理信息局选派 15 人分赴澳大利亚、芬兰、美国、纳米比亚、津巴布韦、瑞典、肯尼亚、马来西亚、伊朗、阿联酋、南极等国家、地区参加技术与管理培训和研讨，执行全球地理信息资源建设工程境外踏勘和南极第 34 次科学考察等专项测绘任务，参加第 28 届国际地图制图大会、地理国情监测及分析技术培训班、智慧城市建设与地理信息应用技术培训班、第四期中美地理国情普查监测技术与管理高级研讨班等。组织专业技术人员参加在哈尔滨召开的第八届全球华人导航定位协会论坛和香港测量师学会青年组代表团到哈尔滨市城市规划展览馆的参观考察、交流活动。

地市级测绘地理信息工作

【双鸭山市】

2017 年，双鸭山市测绘地理信息管理办公室完成年度测绘统计、成果汇交工作。汇交成果目录 63 条，其中控制点成果目录 3 条、数字成果目录 8 条、地籍房产测量成果目录 37 条、界线测量成果目录 2 条、工程测量成果目录 13 条。完成 3 家单位测绘资质审核，其中 1 家丙级、2 家丁级。协同黑龙江基础地理信息中心，升级规划三维服务系统 GIS 平台至 SuperMap 9D 版本。开展“问题地图”检查工作，对双鸭山市新华书店、市规划展览馆、火车站、市全兴农业科技有限公司等场所开展巡查，针对公开出版的教材教辅、图集图册、地图制品、展馆用图等进行细致排查。7 月，组织全市 24 家测绘资质单位，在五环体育馆门前宣传新颁布实施的测绘法，进一步强化国家版图意识宣传教育，完善地图、互联网地图服务监管。建立地理国情监测和应急测绘保障制度，提升测绘地理信息服务水平。

地方社团工作

9 月，黑龙江省测绘地理信息学会在哈尔滨召开第九次会员代表大会，召开九届一次理事会，完成学会换届工作，通过 7 个分支机构、挂靠单位和负责人。10 月，召开理事长工作会议。组织参加黑龙江省科技工作者创新争先徒步活动、全国测绘职工定向越野比赛、中国测绘地理信息学会信息网分会信息交流会及“黑龙江·哈尔滨全国科普日暨龙江金秋科普月”活动。8 月 22 日—24 日，与辽宁、吉林省测绘地理信息学会联合举办第十四届东北三省测绘学术与信息交流会。11 月，组织 60 多人参加中国测绘地理信息学会学术年会。全年组织参加全国、黑龙江省研讨会和活动 7 次，在哈尔滨组织开展学术交流 5 次，累计参加人员 1000 多人次。9 月，与黑龙江省教育厅联合举办“徕卡杯”2017 年黑龙江省高等学校大学生测绘技能大赛。10 月，与黑龙江工程学院测绘工程学院联合举办“中海达”第二十三届“测绘杯”技能竞赛暨测绘科技活动月系列活动。开展黑龙江省测绘地理信息优秀工程奖和科技进步奖评选工作，共评出优秀工程奖金奖 6 项、银奖 12 项、铜奖 22 项，科技进步奖一等奖 1 项、二等奖 3 项、三等奖 5 项。

上海市

概况

2017 年，上海市规划和国土资源管理局进一步深化测绘管理体制机制改革，整合全局各相关部门力量，提升测绘地理信息行政管理水平，达到举全局之力共同做好测绘地理信息管理工作的新局面。行政管理职责主要由上海市规划和国土资源管理局承担；上海市测绘院、上海市测绘产品质量监督检验站、上海市规划和国土资源管理局执法总队分别承担基础测绘、质量监督检验、综合执法等技术支撑工作；上海市测绘学会和上海市测绘地理信息产业协会在促进行业科技进步及产业发展等方面发挥辅助作用。上海市机构编制委员会办公室印发《上海市测绘产品质量监督检验站主要职责内设机构和人员编制规定》，明确上海市测绘产品质量监督检验站的主要职责、内设机构、人员编制和分类方式。上海市人力资源和社会保障局印发《关于上海市测绘产品质量监督检验站岗位设置方案的复函》，对上海市测绘产品质量监督检验站的岗位设置情况进行了核定。7 月，上海市测绘学会进行了改选。8 月，上海市机构编制委员会办公室批复同意上海市测绘院为公益二类事业单位。各区规划土地管理部门承担测量标志维护、测绘法宣传等相应管理职责。

3 月 13 日，2017 年度上海市测绘地理信息工作会议召开，全面推进上海测绘地理信息事业改革创新发展。6 月 15 日，全国城市地理国情监测工作交流会召开，协助做好各项会务工作。9 月 29 日，向市政府报送《关于全覆盖排查整治“问题地图”专项行动有关工作情况的报告》。10 月 19 日，向国家测绘地理信息局报送《关于上海市测绘地理信息管理有关工作情况的报告》。

党的建设与人才队伍建设

【党的建设】

上海市规划和国土资源管理局把学习贯彻习近平总书记系列重要讲话精神作为理论武装的首要任务，紧紧围绕党的十九大做好各项学习宣传贯彻工作。参加由上海市级机关工作委员会举办的“我与上海改革发展共奋进”征文活动和“话党建、促改革”主题宣传活动，组织开展“四看”活动和“砥砺奋进，喜迎十九大”专题宣传活动。研究制定《上海市规划和国土资源管理局直属机关党委工作规则》和《局系统党建工作责任清单》，促进党建工作制度化、从严治党具体化、落实责任层级化。开展“责任落实年”主题活动，研究制定实施方案，明确了落实政治责任、岗位责任和改革责任的目标要求。

【“两学一做”学习教育】

创办“规土党建专刊”手机报，每周在局系统党建微信群推送；机关业务处室与测绘行业单位加强定点联系，听取对测绘管理工作的意见和建议，长效推进党建工作。扎实推进“两学一做”学习教育常态化制度化。按照目标确立紧贴实际、活动对象紧贴实际、动作设计紧贴实际的原则，研究制定了实施方案，增强了学习教育的针对性、指导性。局直属机关党委每季度召开书记例会，每月组织工作会议，对学习教育情况进行讲评部署，下发 17 期局系统《“两学一做”工作提示》，通过做好方案计划落实、组织阶段讲评部署、跟进检查指导，确保学习教育扎实推进。按照党组成员、处级以上领导干部和党员群众 3 个层次各有侧重地做好创新理论学习。持续开展“大家讲坛”“SEA - Hi！论坛”“双月谈”“修身讲堂”等活动，打造学习品牌；举办局系统“两学一做”学习教育知识竞赛，19 支队伍、近 60 名选手参加了竞赛。

【党风廉政建设】

上海市规划和国土资源管理局严格落实党组织的主体责任和纪检组织的监督责任，研究制定《上海市规划和国土资源管理局直属机关纪检监察工作规则》，建立《局系统党风廉政建设责任清单》，层层签订党风廉政建设责任书，细化责任清单，分工落实，把主体责任落实到班子成员“一岗双责”上，形成齐抓共管、党政同责的工作格局。充分运用信息化手段加强对权力运行的制约和监督，进一步完善党风廉政制度建设，以规范制度构筑反腐倡廉防线。加强监督检查，运用监督执纪“四种形态”，抓早抓小，防微杜渐。认真贯彻执行中央八项规定精神，结合上海市公务员从业行为规范专项试点工作，制定《上海市规划和国土资源管理局从业行为“七不准”（试行）》。深入开展党风廉政教育，坚持教育为先、预防为主，利用微平台、内网党风党建专栏、党风廉政专刊（手机报）等平台和载体，加强正面宣传和警示教育，促进党员干部增强廉政意识，牢固树立底线意识。

【人才队伍建设】

上海市规划和国土资源管理局开展《局系统人才队伍建设机制研究》，提出“服务发展、高端引领、人尽其才、激励创新”的原则，明确测绘领军人才队伍的领域范围、对象、梯队序列、评选标准、评选办法，考核、培养措施等实施细则。市测绘院出台《院领军人才和“扬帆计划”人才培养选拔管理办法》和《师徒结对和导师带教实施办法》。选派 12 名干部参加国家测绘地理信息局、上海市委党校组织的干部培训。组织开展局系统处级后备干部培训班，37 名学员参加培训。组织为期 21 天的赴美短期培训班，20 名局系统优秀青年业务骨干参加。3 月 7 日—10 日，协助举办第三期注册测绘师继续教育必修课培训班，共 300 多名注册测绘师参加培训。全年举办测绘上岗证、初级工、中级工、高级工和高级技师培训鉴定 7 期 151 人次，其中高级及以上的高技能人才培训 31 人次。组织第五届全国测绘地理信息行业职业技能竞赛上海市选拔赛暨上海市市级机关“建功十三五”劳动竞赛，30 名专业人员参加比赛，第一名获“上海市青年岗位能手”称号并推荐申报上海市五一劳动奖章，竞赛前两名选手代表上海市参加全国比赛。

法制建设与市场监管

【法制建设】

上海市规划和国土资源管理局推进新测绘法配套立法工作。着眼于构建新形势下的测绘管理立法框架，专题研究地方工作特点，厘清地方性法规、政府规章、规范性文件、政策性文件各自立法重点和相互衔接，按项目化管理标准排定相应工作时间。将《上海市测绘管理条例》修订申报为新一届上海市人大五年立法规划项目，启动相关调研工作；开展《上海市测绘地理信息行政处罚裁量基准实施办法》清理工作，落实新测绘法关于行政处罚的调整和增加事项；贯彻新测绘法关于成果管理和利用的新要求，及时修改相关管理文件。围绕管理机制调整、互联网地图监管等重点、难点问题，9 月，赴陕西测绘地理信息局学习调研，加快推进《上海市地图编制出版管理若干规定》修订工作。完善和细化不同立法项目立法过程听取意见的操作重点。印发《关于开展政策文件解读工作的通知》，明确要求规范性文件等需主动公开的政策文件，解读材料应与文件文本同步起草、同步审签、同步发布。结合有效期管理和涉“放管服”改革、涉“生态文明和环境保护”等专项清理工作，测绘领域共清理地方性法规 1 件次、政府规章 6 件次、规范性文件 12 件次。

【法制宣传】

5 月 9 日，上海市规划和国土资源管理局召开专题会议对全市学习宣传贯彻新测绘法进行全面部署。7 月 27 日，邀请国家测绘地理信息局有关领导作新测绘法专题辅导报告，全市各区测绘管理部门、局相关处室和局属单位、测绘资质单位负责人共 250 多人参加。8 月 21 日，在全市行业单位范围组织开展新测绘法知识竞赛活动，53 家单位的 87 名职工参赛。“8・29”测绘法宣传日期间，通过上海规土官方微信、微博等平台陆续推出“新测绘法知识竞答”栏目，并组织相关单位通过电视台播放、设立宣传点、张贴宣传画、悬挂宣传横幅等方式开展系列宣传活动，市测绘院会同浦东新区测绘管理办公室、陆家嘴街道办事处在陆家嘴金融区联合开展“8・29”测绘法宣传日活动。

【综合执法】

上海市规划和国土资源管理局加强测绘执法队伍建设，建立健全综合执法体制，在执法总队综合执法科室设置测绘执法岗位，配备测绘执法人员，通过“请进来、走出去”的培训方式，邀请测绘管理执法专家授课，参加国家测绘地理信息局组织的测绘执法人员培训。在全覆盖排查整治“问题地图”专项行动中，建立与海关、新闻出版、网信、公安、保密等部门的协作机制，按照分工负责、密切配合的原则，加强执法巡查力度。对发现的各类“问题地图”，依法进行查处并落实整改。现场检查 15 次，查处、查封存在“问题地图”的网站 45 个，查封、收缴“问题地图”产品 12.65 万件，上报 4 例“问题地图”查处典型案例。

【依法行政】

上海市规划和国土资源管理局深入学习贯彻落实新测绘法，做好上海地方法规和规范性文件的衔接配套工作，把法律赋予的各项职责落到实处。共梳理测绘管理行政处罚 51 项、行政确认 5 项、行政备案 1 项等行政权力事项，并报经市审改主管部门确认后向社会公开发布。推进测绘行政审批事项网上审批，开发了测绘管理审批信息系统并投入使用，实现公开出版地图审批和永久性测量标志拆迁审批在网上政务大厅受理。推进“证照分离”改革试点工作，提高审批透明度和可预期性。建立重大疑难案件集体会办制度，加大现场勘调、当面协调等纠纷处理新方法的使用。继续巩固法制部门负责程序、业务部门负责实体的工作格局，继续完善法制部门、业务部门共同办件的制度。全年测绘领域未发生被立案审查的复议或诉讼案件。

【“放管服”改革】

上海市规划和国土资源管理局加强测绘行业事中事后监管，加强对重点测绘活动的指导和监督。针对地理信息产业特点，充分研判市场监管面临的新形势、新特点，针对地理信息市场中存在的无序竞争、“问题地图”、非法测绘、成果质量不合格、侵权盗版以及测绘成果泄密等问题，不断创新监管机制和方式方法，提高监管的针对性、有效性和科学性。局分管领导带队赴行业单位走访调研，了解地理信息企业发展情况，解决企业困难和问题，优化产业发展环境。组织做好测绘资质巡查、质量监督检查和地理信息保密检查。配合国家测绘地理信息局开展关于注册测绘师制度、加强和改进测绘资质管理工作等有关调研。

【测绘资质管理】

上海市规划和国土资源管理局严格资质准入把关，全年完成甲级测绘资质初审22件（含初申请、升级、注销、基本信息变更、补充修改数据等），乙级以下测绘资质审批124件（含初申请、升级、扩项、注销、基本信息变更、补充修改数据等），审批意见均在局外网予以公示，批准后及时将证书送达单位。按照国家测绘地理信息局要求按时完成14家甲级单位、39家乙级单位的续期换证。加强对测绘资质单位的日常监督管理，落实国家测绘地理信息局关于年度报告制度的有关要求，做好测绘资质单位年度报告公示工作。

【信用管理】

上海市规划和国土资源管理局全面开展测绘地理信息行业信用信息征集、评价、发布工作，向行业单位下发通知，明确有关要求，并指导各行业单位学习信用管理政策，推广使用信用管理平台。开展对2016年1月1日起产生的存量信用信息的征集、审核和发布工作。推进建立常态化征集和发布信用信息机制。按照上海市公共信用信息管理要求，做好市“法人库”测绘资质类公共信用信息的上报工作。

【日常监管】

上海市规划和国土资源管理局认真贯彻落实《关于印发〈国家测绘地理信息局推广随机抽查工作实施方案〉的通知》要求，进一步健全“双随机”抽查机制，做好测绘资质巡查、地理信息保密检查和测绘质量监督检查的组织实施工作。年初制定工作计划和实施方案，4月印发3项通知，有序开展事中事后检查工作。对20家测绘资质单位进行测绘资质巡查，约占全市测绘资质单位总数的10%；对54家单位的测绘地理信息成果和质量管理体系进行年度例行监督检查，对16家具备规划测量资质的单位进行专项测绘成果检查；组织15家涉密地理信息成果使用单位进行自查，并对其中2家单位进行现场检查。依法对2016年“双随机”抽查的结果进行了通报，及时向国家测绘地理信息局报送抽查结果和总结报告。

基础测绘

【基础测绘项目】

上海市规划和国土资源管理局会同上海市国家安全局、上海市警备区等部门在全市范围组织开展卫星导航定位基准站安全专项整治行动，79个卫星导航定位基准站全面开展自查，并启动开展基准站备案工作。上海市测绘院全面完成陆域卫星导航定位基准站建设，全市连续运行参考站网系统（SH-CORS）与国家现代测绘基准体系进行联接。配合国家测绘地理信息局现代基准一期工程项目部，完成崇明站的技术和财务验收工作。推动卫星导航定位基准站的应用服务和跨区域共享，进一步优化上海市测绘基准服务平台服务功能，向注册用户提供自助查询和实时在线的空间三维坐标、大地成果数据服务。按计划完成全市域389幅1∶1万地理信息数据库更新维护工作，涉及16个区陆地范围、部分岛屿及东海大桥、大小洋山区域等6700平方千米，并通过国家测绘地理信息局组织的质量检验。协助完成国家1∶5万基础地理信息数据库动态更新，向国家测绘地理信息局第二地形测量队提供电力管线、道路名称及道路边线等更新要素。上海市规划和国土资源管理局探索新型基础测绘体系建设，全面推进地形图与地籍图“两图融合”和1∶2000地形图航测法实测及内外业采编一体化试生产工作。10月21日，组织召开上海市新型基础测绘体系建设专家咨询会，参会的院士和专家充分肯定了上海在新型基础测绘体系建设方面开展的积极探索。

【航空航天遥感影像获取与应用】

上海已建立全市域全覆盖的航空影像每年获取至少1次的机制，每年的航空摄影测量项目由市级财政投入，2017年投入专项经费2000万元。上海市测绘院形成成熟的生产技术体系，航摄影像处理周期从6个月缩减到3～4个月，既保证了影像的现势性，也提高了影像的使用率。2017年完成的全市域航空影像空间分辨率达到0.1米，获取北京二号、资源三号等航天遥感影像作为补充，应用于全市地理国情监测、“天地图·上海”数据更新、低效用地减量化和土地综合整治等规划国土资源管理工作，并为上海市住房和城乡建设管理员会、市农业委员会、市水务局、市绿化和市容管理局等政府部门重点工作提供服务，影像数据等成果使用率达100%。年初利用影像对全市16个区218个乡镇的所有河道进行了水环境普查。全年利用不同时间段的高分辨率影像形成了综合治理市级重要区块和重点推进区块影像成果。配合上海市环境保护局开展生态红线划示和保护监测工作。向国家测绘地理信息局及时上报影像获取计划及实施情况、影像成果资料等。

【智慧城市、数字城市建设】

上海采取全市范围统一标准集中、建设管理模式推进上海智慧城市地理空间框架建设。上海市测绘院建成“天地图·上海”和政务版地理信息公共服务平台，并通过上海市发展和改革委员会的验收。政务版和公众版平台通过实时在线、前置服务等方式，广泛应用于上海的规划国土资源管理、水务、文物、消防、安保、应急服务等领域，拥有政府部门用户48家、应用系统100多个。2017年市级财政落实地理信息公共服务平台数据更新经费400万元。

【质量管理】

上海的基础测绘、测绘专项成果由上海市测绘产品质量监督检验站统一负责验收。配合国家测绘地理信息局开展的全国测绘地理信息质量监督抽查工作，按照要求及时全面报送项目情况。国家测绘产品质量检验测试中心对上海市测绘院承担完成的地形测量成果和上海市地质调查研究院承担完成的变形测量成果进行了监督抽查，抽查结果全部合格。上海市规划和国土资源管理局组织开展2017年上海市测绘质量监督检查工作，制定了年度例行监督检查和专项监督检查实施方案，上海市测绘产品质量监督检验站负责具体实施，对54家行业单位的测绘地理信息成果和质量管理体系进行年度例行检查，对16家具备“规划测量”资质的单位进行专项测绘成果检查。依法对2016年监督检查结果进行公告，并及时向国家测绘地理信息局报送抽查结果和总结报告。

【安全生产】

上海市规划和国土资源管理局与各单位签订安全生产责任书，采取定期和不定期的方式检查，年底进行考评。在对行业单位日常监管中，注重从劳防用品配备和使用、测绘仪器设备、消防设备配备和消防演练等方面进行监督检查。上海市测绘院成立安全生产工作领导小组，制定年度安全生产工作计划。院领导班子每年带队到生产现场和驻地慰问一线作业人员，开展安全检查，监督安全规范执行情况。与相关单位签订安全保密等工作责任书，在台风多发季节和极端天气期间，及时向各单位发出安全警示。全年未出现安全生产责任事故。

地理国情监测

【地理国情普查】

上海严格按计划推进地理国情普查和监测工作。年初启动地理国情普查成果编制工作，3月初完成初稿并召开成果对接工作会议。6月16日，普查成果通过专家组验收。9月21日，上海市副市长时光辉主持召开市第一次地理国情普查和监测领导小组会议，审议通过《上海市第一次地理国情普查公报》。10月27日，市政府批准发布普查公报。10月30日，上海市政府新闻办公室主持召开新闻发布会，正式发布普查公报。按照“边普查、边监测、边利用”的原则，推进成果利用。普查成果和监测技术已在上海城市总体规划、土地利用规划和相关专项规划编制工作中得到应用，并为全市“五违四必”环境治理、中小河道整治、历史风貌保护、低效建设用地减量化、生态红线划定、污染源普查等重点工作服务。6月15日，上海市规划和国土资源管理局承办召开全国城市地理国情监测工作交流会。

【地理国情监测】

上海市副市长时光辉在市第一次地理国情普查和监测领导小组审议会上对普查公报的发布、普查成果应用、常态化监测机制等工作提出明确要求。上海市规划和国土资源管理局开展“基于地理国情监测的上海2040总规实施动态评估机制建设”课题研究，起草《关于本市全面开展地理国情监测的实施意见》，经修改完善后上报市政府。2017年落实地理国情监测专项经费1140万元。上海市测绘院完成2017年基础性地理国情监测的项目设计、数据生产、数据整合处理、入库检查和成果汇交等工作，开展了全市地理国情普查数据库的更新建设。根据国家测绘地理信息局2017年地理国情专项监测生产计划，完成2017年国家级新区（浦东新区）空间格局变化监测、全国地级以上城市及典型城市群空间格局变化监测的项目设计，按计划实施生产。上海市测绘院开展专题性监测，拓展服务领域。以区域为尺度，完成教育、养老、医疗、公园、体育、文化6个方面公共服务设施规划实施评估试点，形成试点区的专题统计分析地图和公共服务设施规划实施评估报告，正在推进其他区域各专题研究；以市域为尺度，完成以公共交通为导向的发展模式（TOD）交通枢纽和TOD模式下小区均等化两方面的综合统计分析，形成全市尺度的专题统计分析地图和TOD建设规划实施评估报告。重点进行了房屋、水体、路面等市情现状的专题监测，完成市情数据的更新采集工作，形成市情监测数据库，为地理国情监测成果的应用提供基础数据。

地图管理与地图服务

【地图审核和市场监管】

上海市政府网上政务大厅正式受理公开出版地图审批，上海市规划和国土资源管理局全年完成公开出版地图审批123项。组织推进上海市全覆盖排查整治“问题地图”专项行动工作开展，成立专项行动领导小组，制定工作方案，召开专项行动工作会议、专项行动推进会、布置会。9月21日—22日，国家第七巡查组到上海进行巡查，对上海全覆盖排查整治“问题地图”专项行动取得的成果表示肯定。11月3日，向国家测绘地理信息局上报《关于报送〈上海市全覆盖排查整治“问题地图”专项行动工作总结〉的报告》，全面总结巡查工作情况。加强地图市场和互联网地图监管工作，推广使用“地图卫士”软件，排查、检定互联网地图网站40个。

【地图公共服务】

上海市测绘院根据重大工程实时更新情况，对公开版地图产品结构进行调整，形成“区域全覆盖、功能全方位、发布多载体、表现多形式、版本多语种”的公众地图产品架构，并及时对“天地图·上海”和各类地图信息进行更新。“两会”期间，向上海市人大代表和政协委员提供《郊野公园地图》和道光年间老地图；全年为上海市委市政府及上海警备区等更新领导用图154幅；为上海市发展和改革委员会、上海铁路局、上海市水务局等部门及长宁等区政府更新领导用图42幅；为上海地铁全部300多个站厅绘制了道路指引图；在浦东、虹桥国际机场与磁悬浮列车站免费投放中、英、日3种文字的上海地图100多万张；在各旅游集散地、宾馆等场所免费投放上海旅游图207万张。同时与上海市委组织部共同策划编制《上海市党建服务中心党性教育基地地图》，并分发至市、区、乡镇各级党建服务中心。探索地图服务新模式，建立“图溯上海”微信公众号并推出了《黄浦江两岸公共空间贯通专题地图》。按要求做好第四次辅助决策用图共享工作。

【国家版图意识宣传教育】

上海市规划和国土资源管理局利用测绘法宣传、“地图文化之旅”等活动深化国家版图意识宣传教育活动。依托青年志愿者队伍，上海市测绘院为曹杨新村、长风社区等街镇的爱心暑托班学生、社区居民开展集知识性、趣味性于一体的国家版图意识宣传活动，举办“童眼看测绘——走进爸爸妈妈的工作”的亲子活动，和上海市七宝中学签定协议并为学生地图俱乐部提供支持。

测绘地理信息成果管理与应用

【“天地图·上海”建设与应用】

上海市测绘院制定上海市地理信息公共服务平台（“天地图·上海”）建设“新三年计划”，明确平台建设重点及时空信息云服务推进计划。8月1日前完成“天地图·上海”的更新并通过国家测绘地理信息局省级节点接入评估，10月1日前完成与国家主节点的数据融合等工作。“天地图·上海”完成全新改版，添加了黄浦江两岸贯通、郊野公园、交通管制等专题信息，提供标准地图查看和下载功能。“天地图·上海”页面总点击量超过716万次。全面更新影像地图、矢量地图和搜索数据，累计发布数据近200GB，数据信息更加丰富和实用。推进跨部门数据融合工作，与上海市经济和信息化委员会联合开展上海市法人库空间库融合及综合服务平台研究，上海市科学技术委员会同意“上海市时空数据共享服务平台研究”立项，为上海智慧城市建设提供优质高效的基础地理信息服务。

【涉密成果和测量标志管理】

上海市规划和国土资源管理局联合市国家保密局开展2017年上海市地理信息保密检查工作，组织开展涉密地理信息成果使用单位的自查和抽查。共有15家使用单位进行了自查，对其中2家单位进行现场检查，并对发现的问题及时进行了整改。全年完成利用属于国家秘密的基础测绘成果审批2件，永久性测量标志拆迁审批2件，向外省市测绘管理部门申领测绘成果证明57件。11月13日，在全市行业单位范围组织开展涉密测绘成果管理人员岗位培训，甲、乙、丙、丁级测绘资质单位共200多人参加培训。

【应急测绘保障服务】

上海市规划和国土资源管理局推进应急测绘保障能力建设，根据2017年启动的全国应急测绘建设项目要求和国家测绘地理信息局的统一部署，指定上海市测绘院为国家应急测绘保障能力建设项目的具体实施单位。《上海单项工程实施方案》通过审批，视频会议系统实施方案编写完成。为保障“12345”市民服务热线等用户单位全天候使用地理信息公共服务平台，上海市测绘院组织开展2次公共服务平台应急演练。

地理信息产业

上海市规划和国土资源管理局分管领导带队赴行业单位走访调研，了解地理信息企业发展情况，解决企业困难和问题，研究促进产业发展政策。认真组织做好地理信息产业专项统计调查工作，下发通知并组织有关单位填报。更新《上海市空间地理信息产品共享目录》。上海市测绘地理信息产业协会拥有会员163个，设立地理信息与航测遥感等5个专业委员会。

科技、标准化与国际合作

【科技创新体系建设】

上海市规划和国土资源管理局开展信息化测绘生产基地情况摸底和探索。上海市测绘院成立“集创工作室”，承担上海市2017年度“科技创新行动计划”中涉及韧性城市规划技术的相关项目。开展“上海市时空数据共享服务平台研究”。2017年与上海市经济和信息化委员会联合开展“上海市法人库空间库融合及综合服务平台研究”。与上海市地质调查研究院共同开展“全空间三维时空数据平台建设”研究。推动航测遥感技术用在金山、崇明等区的违法用地监测试点工作。推进高分辨率航空影像技术创新应用于土地利用变化监测，为上海市土地违法发现提供新形式、新方法。对科技工作管理规定进行修订，完善相关内容，制定11项年度科研计划，并投入专项科研经费。

【科技项目与科技奖励】

上海市测绘院联合同济大学承担市科技计划“基于地理市情的城市灾害监测技术”项目研究。同济大学教授童小华领衔完成的“航天重大工程的遥感空间信息可信度理论与关键技术”获国家科学技术进步奖一等奖。上海市测绘院的“城市高精度DEM空间数据库建设与应用研究”项目获中国地理信息产业协会2017年中国地理信息科技进步奖二等奖，“基于高分辨率影像的规划土地监管技术研究”获中国测绘地理信息学会2017年测绘科技进步奖三等奖。

【标准化工作】

上海市测绘院参与《卫星定位城市测量技术标准》等国家标准和《地下管线测绘规范》等地方标准的编写，安排技术人员参与国家测绘地理信息局测绘标准化工作委员会组织的车载移动测量系列标准的宣贯培训、中国测绘地理信息学会组织的智慧城市时空大数据与云平台建设培训等。

【对外合作与交流】

上海市规划和国土资源管理局全年共选派22名测绘地理信息人才赴美国、英国、荷兰、德国等国家和地区进行技术交流、培训、参加国际会议等。

江苏省

概况

2017年，江苏省测绘地理信息局认真学习宣传贯彻党的十九大精神，认真贯彻落实国家测绘地理信息局和省委省政府的部署要求，圆满完成年度工作任务，在全国省级测绘地理信息主管部门年度测绘地理信息工作绩效考核中排名第二，获历史最好成绩，连续8年被评为优秀单位。学习贯彻党的十九大精神，扎实推进“两学一做”学习教育常态化制度化，深入贯彻落实中央八项规定精神，开展“责任落实年”活动。率先启动地方性法规修订，《江苏省测绘地理信息条例（草案）》获省政府常务会议审议通过和省人大常委会第三十二次会议一审通过。南通市县两级测绘地理信息机构编制、人员全部落实到位，沭阳县国土资源局增设测绘地理信息管理科。市场监管力度不断加大，省测绘地理信息市场监管平台被评为全省依法行政示范项目。全省29个项目获国家级年度优秀测绘工程奖或地图作品裴秀奖。

地理国情普查工作完美收官，省政府召开新闻发布会向社会公开发布《江苏省第一次地理国情普查公报》，普查成果在全省经济社会发展中得到应用。构建多级联动常态化地理国情监测机制，并在全国测绘地理信息工作会议上作了经验交流。全省13个设区市均印发“十三五”基础测绘规划，落实了经费。智慧城市建设稳步推进，国家级试点智慧徐州进入验收阶段，省级试点纷纷立项启动。在全国率先建立辅助决策地图省市县“三级联动、按月更新、共建共享”的常态化机制，获得国家测绘地理信息局领导高度肯定并向全国推广。出版《江苏省地图集》《江苏省地图册》和《城市地图集》，编制宁杭生态经济带等专题地图，为省市领导、政府部门和军队提供及时高效的地图服务。“天地图·江苏”省级节点建设在国家测绘地理信息局测评中名列前茅。在盐城“6·23”龙卷风特大灾害灾后重建中持续开展地理国情监测，得到省领导和相关部门的高度评价。地理信息产业创新发展，命名了4家产业园区。评选第一批“新时代‘测绘苏军’科技创新带头人”“新时代‘测绘苏军’青年科技先锋”“新时代江苏测绘工匠”，局系统9个科技项目获得国家及省部级科技奖项；在第五届全国测绘地理信息行业职业技能竞赛中，取得了全部赛项2个团体第一名。

党的建设与人才队伍建设

【党的建设】

江苏省测绘地理信息局把学习宣传贯彻党的十九大精神作为首要政治任务，邀请国家测绘地理信息局领导及省委党校教授作专题辅导，局领导到党建工作联系点、机关退休干部党支部宣讲，举办局系统党组织负责人学习十九大精神培训班。扎实推进“两学一做”学习教育常态化制度化，印发实施方案，按照“四讲四有”合格党员标准开展组织生活会和民主评议党员工作，全年局党组理论学习中心组开展专题学习13次。高度重视意识形态工作，印发《局党组意识形态工作责任制实施办法》。组织150多名党支部书记、政工干部等赴瑞金、沂蒙开展党性专题教育。召开中共江苏省测绘地理信息局第一次直属机关党员代表大会，完成直属机关党委换届工作。指导省测绘资料档案馆党支部等5个直属单位党支部及时换届。成立了省测绘研究所党总支和省基础测绘中心建设办公室临时党支部。加强党建宣传，江苏省测绘地理信息局被省级机关工作委员会录用的党建信息量名列省级机关第一。开展“责任落实年”活动，强化政治责任、岗位责任、改革责任。组织开展“找补改提”抓落实行动，认真落实党建工作巡视反馈意见整改。开展建党96周年“六个一”系列纪念活动（组织一次集体党课、做好一次评比表彰、举办一期主题演讲、领导干部讲一次党课、开展一次专题讨论、开展一次党员主题活动），引导各级党组织及广大党员增进爱党之情、恪尽党员之责。开展争创“‘两聚一高’先锋行动队”主题实践活动，省基础地理信息中心地图编制部党支部被表彰为省级机关党组织“‘两聚一高’先锋行动队”。开展局系统“两优一先”评比，表彰局系统先进党支部4个、优秀党务工作者5名和优秀共产党员20名。

【党风廉政建设】

江苏省测绘地理信息局局系统各级党组织担负起从严治党主体责任，深入贯彻落实中央八项规定精神，认真落实党风廉政建设责任目标内容和党风廉政建设主体责任双报告制度。配备局直属机关纪委书记，利用局属各单位党组织改选契机，明确专人负责纪检工作。重点监督关键岗位和重要环节，认真开展廉政教育和提醒工作。开展违规吃喝问题专项整治“回头看”工作，深入排查违规吃喝等问题。对领导干部的个人及家庭重大事项通过事前报告进行提醒规范。前移党风廉政建设关口，认真落实约谈提醒制度，召开新任职处级干部集体廉政谈话会。深入开展廉政风险点排查和防控机制建设工作，排查出廉政风险点60个，制定防范措施68条，并重新修改完善10项制度。组织观看《永远在路上》《坚决铲除党内政治污染源》等专题警示教育片。

【精神文明建设】

江苏省测绘地理信息局组织局机关党员观看《周恩来的党性之光》教育影片、《新四军在江苏》与《砥砺奋进的五年》图片展，赴盱眙黄花塘新四军军部纪念馆开展爱国主义教育等活动。开展以"奉献在岗位、建功'十三五'"为主题的季度之星、年度之星、"十三五"之星创建活动，评选局系统季度之星40名、年度之星10名，行业年度之星20名。把"经纬讲堂"打造成局系统党员干部示范党课、教育培训、学习交流的平台，创建富有新时代"测绘苏军"特色的干部职工自我教育品牌，把讲堂当作开展局系统意识形态工作的重要阵地，全年举办"经纬讲堂"15场。18名局党组理论学习中心组成员围绕"责任落实年""'找补改提'抓落实"行动等主题，谈经验体会。

开展"工人先锋号""青年文明号""共青团先锋岗（队）""巾帼示范岗"等活动。开展"冬送温暖，夏送清凉"主题活动，慰问局系统困难职工、困难党员、外业职工，举办局系统2017年"金威遥感杯"第七届职工球赛、首届职工广播操比赛和城市定向越野赛等活动。开展"学雷锋志愿者服务""不忘初心，做合格团员"主题演讲、"我的青春我的梦"征文、《习近平的七年知青岁月》读后感交流等主题活动。局团委获2016年度省五四红旗团委，局系统2名青年被团省委评为2017年"江苏好青年"。

【人才队伍建设】

江苏省测绘地理信息局制定年度干部教育培训计划，开展专题业务培训，组织全省测绘监理从业人员继续教育和局系统基础测绘从业人员暨专业技术人员继续教育培训。组织全省20名测绘地理信息技术人员和管理干部赴瑞典参加地理信息技术与不动产培训。全年局系统接收军转干部4人，录用公务员2人，组织事业单位公开招聘引进优秀技术人才30人，从外单位引进事业单位技术人员1人。举办第五届全省测绘地理信息行业职业技能竞赛及全国竞赛江苏选拔赛。在第五届全国测绘地理信息行业职业技能竞赛中，江苏取得全部赛项2个团体第一名和个人1个第一、2个第四、1个第八的优异成绩；举办4场"技能竞赛展风采、强富美高作贡献"报告会，对获奖单位和个人进行表彰宣传，全系统1000多人参加报告会。评选产生第一批"新时代'测绘苏军'科技创新带头人"5人、"新时代'测绘苏军'青年科技先锋"10人、"新时代江苏测绘工匠"10人，并通过《中国测绘报》《新华日报》和局宣传橱窗等宣传他们的先进事迹。局职业技能鉴定指导中心获得注册测绘师继续教育必修课培训承办资格。

法制建设与市场监管

【法制建设】

《江苏省测绘地理信息条例（草案）》获省政府常务会议审议通过，9月24日，省人大常委会完成一审。江苏省测绘地理信息局组织开展《江苏省地图编制出版管理办法》修订调研工作，并上报省政府法制办公室，争取列入2018年政府规章建设项目计划。依法清理规范性文件，制定《关于促进地理信息产业园建设的意见》《江苏省测绘地理信息质量管理办法》《江苏省测绘地理信息科技创新发展的实施意见》《江苏省测绘地理信息科研项目管理办法》，并报省政府法制办公室备案审查。镇江市政府制定了《镇江市地图管理办法》。

【法制宣传】

《中华人民共和国测绘法》修订颁布后，江苏省测绘地理信息局组织参加国家测绘地理信息局学习宣传贯彻电视电话会议，制定学习宣传贯彻实施方案，部署全省测绘地理信息行业学习宣传贯彻工作。6月7日，邀请国家测绘地理信息局有关领导到江苏做测绘法宣讲报告，全省测绘地理信息主管部门分管领导、局机关和局各直属单位中层以上干部320多人参加报告会。利用省政府网站《在线访谈》专题宣传新测绘法。"8·29"测绘法宣传日活动期间，组织省级站点大型宣传活动，对全省13个设区市和3个省管县开展新测绘法宣传工作检查督导；在《新华日报》刊发局主要领导署名文章，在《中国测绘报》专版宣传江苏测绘地理信息法治工作，在新浪网江苏、人民网江苏网站发布测绘法宣传口号；组织编制《江苏测绘地理信息依法行政画册》，与省法制办公室、新闻出版广电局联合发文要求加强国家版图宣传教育，开展学习宣传贯彻新测绘法征文活动。

【依法行政】

江苏省测绘地理信息局依法查处涉外利用挖掘

机装载 GPS 设备非法从事测绘活动案件，严格按照执法程序，召开听证会，补充调查证据，作出处罚决定，并在规定时限执行完毕。查处大丰某公司以欺骗手段取得测绘资质证书从事测绘活动案件，依法吊销该公司测绘资质并处罚款。完成国家测绘地理信息局交办的 1 起举报信的核查工作。完善“双随机一公开”抽查机制，制定《局双随机抽查工作细则》，完成“双随机”名录库建立和抽查软件开发。召开“双随机一公开”工作推进会，首次公开随机抽取检查对象和执法人员。开展全省测绘地理信息市场巡查工作，加大对违规失信单位检查频次。全省共巡查测绘资质单位 198 家，其中省级巡查 18 家，依法责令改正巡查中发现的问题。完善测绘地理信息市场综合监管平台，及时发布市场监管信息。加强全省测绘项目备案管理，提高项目备案率，印发《关于切实做好测绘地理信息项目备案工作的通知》，核查统计测绘项目未备案单位情况和省外单位在江苏从事测绘地理信息活动情况，召开省外测绘单位座谈会，对未按规定备案的测绘单位列入市场巡查重点，加大巡查力度。根据行业单位举报，协调处理和规范多起测绘地理信息项目招投标活动。

【“放管服”改革】

江苏省测绘地理信息局深入推进“放管服”改革，对 59 项省级测绘地理信息行政权力责任清单进行修订，进一步简化部分审批流程，不断提高审批效率。省政务服务大厅测绘地理信息窗口全年办件 1215 件，其中承诺件 809 件、咨询件 406 件，通过 EMS 邮寄 58 件，完成“12345”在线服务平台服务工单 7 件。完成省政务服务“一张网”建设应上尽上的全部内容，实现行政服务事项在线办理 80% 以上“不见面”的要求。

【测绘资质管理】

江苏省测绘地理信息局规范测绘资质审查，组织各市测绘管理人员对 200 多家测绘单位的测绘资质信息进行交叉互查，没有发现问题。依法公告全省乙、丙、丁级测绘单位测绘资质年度报告，并将未依法填报测绘资质年度报告的不良信用信息进行曝光。全年完成资质审查 648 家，其中申请审批 113 家、增加业务范围 64 家、资质升级 38 家、基本信息变更 106 家、补充和修改数据 309 家、注销资质 18 家。完成测绘资质证书续期换证甲级 35 家、乙级 101 家。组织开展注册测绘师制度建设工作调研，确定全省乙、丙、丁级测绘资质关于注册测绘师的政策要求；完成国家测绘地理信息局部署的测绘资质调查工作。完成涉密基础测绘成果提供审批 168 件、地图审核 16 项、审批测量标志迁建 5 项、保护测量标志点 4 项。

【信用管理】

江苏省测绘地理信息局推动建立以信用为核心的新型市场监管机制，推进信用信息征集和发布工作常态化，按规定将未报送测绘资质年度报告的 22 家单位的不良信息发布到测绘地理信息行业信用管理平台；向省“双公示”信用平台报送行政处罚信息 3 条。按照《2016 年江苏省社会信用体系建设文件汇编》和《失信行为分类指导目录》要求，汇总上报相关材料。指导行业协会开展诚信单位评审工作。

规划与计划

【规划的制定与执行】

11 月 13 日，江苏省测绘地理信息局印发《江苏省测绘地理信息局立法工作规划（2018—2020 年）》。组织编写江苏省“十三五”省级基础测绘规划实施方案。印发《江苏省“十三五”省级基础测绘规划主要任务工作分工》，明确局各职能处室在省级基础测绘实施中的职责。13 个设区市均完成了“十三五”基础测绘规划编制并印发。

【计划的制定与执行】

根据江苏省“十三五”省级基础测绘规划，江苏省测绘地理信息局编制了 2017 年度基础测绘生产计划，明确要求各单位要高度重视生产计划的执行，切实加强组织领导，确保任务按计划完成。

基础测绘

【基础测绘经费投入】

2017 年，江苏省投入省级基础测绘经费 9900 万元，主要用于陆海统一的测绘基准升级改造、航空航天遥感数据获取与处理、基础地理信息数据更新与维护、“全景江苏”三维地理场景建设、地理国情动态监测与综合评价、智慧江苏时空信息云平台与“天地图”建设、基础设施建设与应急保障服务、公益性测绘地理信息服务应用 8 个项目的建设。各市均落实了基础测绘经费，共计约 1.08 亿元，组织实施年度基础测绘任务。

【测绘基准建设与应用】

江苏省测绘地理信息局组织完善省级现代测绘基准体系，新建江苏 CORS 站点 4 个，升级改造站点 20 个，全网 144 个站点的测量计算。完成通信网子系统改造。完成一、二等水准选点补埋 80 个，普查南通、盐城、泰州等地省管测量标志 748 个，维护省管测量标志 92 个。完成一等水准测量 2300 千米复测，10 个基本重力点、100 个加密重力点的测量计算工作。

【基本比例尺地形图测制与更新】

江苏省测绘地理信息局组织完成数字高程模型、等高线和高程碎部点的试生产工作，1:1 万 DLG 数据更新 3531 幅。配合国家测绘地理信息局完成南京市、扬州市、淮安市 1:5 万地形数据更新生产。完成年度“两会”图集的制作和印刷，组织开展 1:30 万、1:50 万、1:70 万、1:100 万政区系列图更新。完成扬州市杭集镇新农村建设测绘服务保障示范项目。

【航空航天遥感影像获取与应用】

江苏省测绘地理信息局组织完成“十三五”第一轮基础航空摄影，0.3 米分辨率数字正射影像图 4139 幅；基础性地理国情监测卫星影像年度生产及更新；机载 LiDAR 点云数据获取及航摄面积约 6.9 万平方千米的数据处理。

【智慧城市、数字城市建设】

江苏省测绘地理信息局贯彻执行《智慧城市时空大数据与云平台建设技术大纲（2017 版）》，执行新要求，规范和促进智慧城市时空大数据与云平台建设。召开全省智慧城市时空大数据与云平台建设工作现场推进会，总结推广建设成功经验。启动“云上扬州”、智慧宿迁与智慧宜兴等时空大数据与云平台建设项目。完成智慧徐州时空信息云平台项目建设并通过预验收。推动无锡、大丰、洪泽等智慧城市时空信息云平台建设等国家级试点项目。向国家测绘地理信息局推荐智慧蠡湖、“慧眼守土”视频监管平台、常州市工业企业分析评价系统等 7 个智慧城市时空大数据与云平台建设第一批典型案例。印发《关于开展特色小镇时空信息云平台建设试点的通知》，面向全省开展特色小镇时空信息云平台建设。泰州、新沂、泰兴等智慧城市时空信息云平台建设省级试点项目按计划实施。智慧南通时空信息云平台实行市县一体化的推进模式。数字睢宁、数字江阴通过验收。数字宝应项目设计书通过专家评审。数字常熟建设完成。

【质量管理】

江苏省测绘地理信息质量监督检验专家库增选第二批 46 名专家。江苏省测绘地理信息局组织开展年度全省测绘地理信息质量监督检查，省级共抽检 75 家单位 75 个项目，成果抽查结果为“批合格”69 项、“批不合格”6 项，批合格率为 92.0%；质量管理体系抽查结果为“符合”65 项、“不符合”10 项，符合率为 86.7%。市级共检查 1433 个项目成果，其中“批合格”1390 个，合格率 97.0%；质量管理体系共检查 678 个，其中“符合”662 个，符合率 97.6%。指导测绘地理信息单位加强质量管理体系建设，完成 3 家测绘单位体系考核。组织年度江苏省优秀测绘地理信息工程奖的项目评审，评选出一等奖 14 个、二等奖 30 个、三等奖 61 个。全省 29 个项目获国家级年度优秀测绘工程奖或地图作品裴秀奖。1 家甲级测绘资质单位通过国家测绘地理信息局质量监督检查。江苏省测绘产品质量监督检验站全年完成测绘成果质量检验 193 项，检定测绘仪器 5889 台（次）。

【安全生产】

江苏省测绘地理信息局修订并印发《江苏省测绘地理信息局安全生产管理规定》。开展局系统测绘地理信息安全生产工作，督促各单位落实安全生产制度和人员责任制，检查安全生产工作情况。全年安全生产无事故。

地理国情监测

【地理国情普查】

江苏省测绘地理信息局编制《江苏省第一次地理国情普查公报》和《江苏省第一次地理国情普查成果图集》。9 月 14 日，江苏省副省长陈震宁组织召开第一次地理国情普查工作会议，对江苏省普查工作和成果进行审核，《江苏省第一次地理国情普查公报》通过审核。经省委省政府主要领导批示，10 月 17 日，江苏省政府召开新闻发布会，省测绘地理信息局、国土资源厅、统计局、第一次地理国情普查领导小组办公室联合发布《江苏省第一次地理国情普查公报》。新华社、中央电台、中新社、江苏卫视、新华网、新华日报社、扬子晚报社等 20 多家主流媒体参加发布会。

【地理国情监测】

江苏省测绘地理信息局将地理国情监测列入省

级基础测绘年度生产计划，落实生产经费 2300 万元，编制印发《江苏省地理国情监测项目管理办法（暂行）》。完成影像获取及处理、内业变化要素采集、外业调查、内业编辑和数据建库工作。完成江北新区空间格局变化监测（2016 年）、全国地级以上城市及典型城市群空间格局变化监测（江苏省任务区）、长江经济带国家投资基础设施建设监测（江苏省监测任务区）、长江经济带（江苏）城镇空间格局变化监测和江苏省典型区域精细化地面沉降监测试点（南京）等项目验收工作。确定南京江北新区空间格局变化监测项目为江苏省专题性监测内容。联合中国测绘科学研究院开展江苏省自然生态空间变化监测项目，基于江苏省第一次地理国情普查数据，完成 2015 年度江苏省自然生态空间变化监测工作。围绕“地理国情监测技术方法与应用”主题，组织高校、科研院所和相关单位开展技术研讨。南京市规划局在全国城市地理国情监测工作交流会上作了交流发言。

海洋测绘与不动产测绘

【海洋测绘】

全省共有 152 家测绘资质单位开展海洋测绘工作，完成海洋测绘成果 14034 平方千米。

【地籍测绘】

全省共有 777 家测绘资质单位开展地籍测绘工作，完成地籍测绘成果 11279 平方千米。

【房产测绘】

全省共有 704 家测绘资质单位开展房产测绘工作，完成房产测绘成果 5343 平方千米。

【行政区域界线测绘】

全省共有 160 家测绘资质单位开展行政区域界线测绘工作，完成县级行政区域界线测绘 184.1 千米。

地图管理与地图服务

【地图公共服务】

江苏省测绘地理信息局建立全省辅助决策地图联动更新共享工作机制，实现全省县级政务地图全覆盖，完善行政区划农村到村、城镇到社区的县级政区地图。全省 13 个设区市已基本完成城市地图集编制工作。制作省“两会”用图、全省 13 个设区市和 97 个县级政区地图；制作“1 +3”区域发展、宁杭生态经济带、扬子江城市群、旅游风情小镇和苏北系列专题地图；为江苏发展大会提供专用地图 1820 册；为省委、省政府、省人大、省政协提供全省县级行政区划图 100 多套；为全省设区市提供全省县级行政区划图 91 套；印制江苏省行政区划丝绸地图 1000 幅。

【国家版图意识宣传教育】

“8·29”测绘法宣传日活动期间，江苏省测绘地理信息局会同省政府法制办公室、新闻出版广电局联合部署开展国家版图意识宣传教育。扎实开展国家版图意识宣传教育“进学校、进媒体、进社区”活动，到社区、市民广场、电视台、学校宣传国家版图知识 20 多场，授予江苏省国家版图意识宣传教育示范学校 2 个，通过“三进”活动进一步提升公民国家版图意识。

【全覆盖排查整治“问题地图”专项行动】

按照国家全覆盖排查整治“问题地图”专项行动领导小组的统一部署，江苏省测绘地理信息局迅速响应国家测绘地理信息局工作会议精神，召开专题会议，制定行动方案，成立工作机构，开展自查抽查督查，依法处理违法违规案件。省专项行动领导小组组织 7 个督查组对全省 20 个市、县进行督查。督查组选取书店、展览馆、博物馆、咖啡店、购物商场、车站等 117 个场所和 110 家单位进行实地抽查，共查出各类“问题地图”78 幅。联合省市场监督管理中心与相关政府机构，对政府网站登载的地图、互联网网站登载的动态和静态地图、新闻媒体使用的地图、博物馆（展览馆）展示的地图等进行排查，对发现的“问题地图”提出整改的时限和要求。运用互联网地图监控系统和国家互联互通的标准地图数据库，在技术层面从源头上把住“问题地图”关。

测绘地理信息成果管理与应用

【“天地图·江苏”建设与应用】

江苏省测绘地理信息局以国家测绘地理信息局“天地图”综合技术评估新标准为依据，着重推进“天地图”的数据融合与更新工作。召开专项会议，制定“天地图”评估指标体系，明确“天地图”13 个市级节点的技术单位，并签订数据更新融合协议。在规定时间内，完成全省市级节点的数据更新与融合工作。拓展应用领域，继续推进“天地图”在各领域的公益性应用，发挥其作为应急响应平台的作用。发布“天地图·江苏”移动端服务和导航平台，在省政府外网部署“天地图”政务版。

【成果汇交与分发】

江苏省测绘地理信息局组织开展全省测绘成果汇交工作。全年共接收驻宁省部属测绘地理信息单位测绘成果目录合订本14本，其中目录78张、接合图15张、电子数据光盘6张；接收各市测绘成果目录合订本460本，电子数据光盘83张。依托全国地理信息资源目录服务系统，对江苏站点进行跟踪维护与新闻发布，整理并发布了以DLG和DOM为主体的“十二五”省级基础测绘第二轮成果目录。

【测绘成果保密管理】

江苏省测绘地理信息局与省保密部门建立常态化的保密协同监管机制，采用数字水印技术对测绘成果进行使用监管。开展地理信息保密宣传教育培训，强化新型测绘地理信息数据产品和技术服务的安全监管。查处韩资某挖掘机企业无测绘资质作业的非法行为。组织开展2期共450多人参加的涉密测绘成果管理人员岗位培训，并对通过考试的人员颁发《涉密测绘成果管理人员岗位培训证书》。

【测量标志管理】

江苏省测绘地理信息局组织对全省13个设区市的三角点、水准点、GPS点和景观型测量标志进行定期巡查和维护。全省上报测量标志共3476个，新增28个，损毁30个，拆迁4个，更换保管员11名，发放保管员津贴104.28万元。

【应急测绘保障服务】

国家应急测绘保障能力建设项目江苏节点实施方案通过国家测绘地理信息局评审。江苏省测绘地理信息局组织制定年度全省测绘地理信息应急基地建设方案，形成政务网络架构并联通使用，江苏省应急数据库系统建设工作。按计划组织实施徐州、连云港、泰州和常州测绘应急基地建设，为新成立的基地配发旋翼、垂直起降固定翼无人机及相关摄影、传输等软硬件设施。组织应急基地技术人员开展无人机操作培训。在联合国智慧城市与可持续发展国际研讨会上，交流和展示了盐城“6·23”龙卷风特大灾害测绘应急保障经验和成果。

地理信息产业

【地理信息产业政策】

江苏省测绘地理信息局在充分调研、广泛征求意见的基础上，出台江苏省《关于促进地理信息产业园建设的意见》。从鼓励集群集聚发展、落实各项优惠政策、加强统一监管等方面，提出资质申报、数据提供、购买服务、科技评奖等优惠政策。

【地理信息产业发展】

江苏省测绘地理信息局召开全省地理信息产业发展大会，命名挂牌了江苏省空间大数据园区、智图科技园区、兰德园区、北斗园区4家地理信息产业园。出台《加快推进“互联网+地理信息”行动的指导意见》，协调主流媒体深入地理信息企业，宣传报道江苏省地理信息发展情况。组织开展地理信息产业专项统计调查工作，对全省1000多家非测绘资质单位的基本情况信息进行核对、修改。至年底，全省共有地理信息企业2042家，其中测绘资质单位1063家，7家企业进入全国百强。

科技、标准化与国际合作

【科技创新体系建设】

江苏省测绘地理信息局召开全省测绘地理信息科技创新大会，出台《关于促进全省测绘地理信息科技创新发展的实施意见》，成立江苏省测绘地理信息局科学技术委员会。在4个设区市、5家测绘单位开展测绘地理信息科技创新发展调研，召开科技工作者代表座谈会，研讨科研创新、项目实施、人才培养、成果转化、奖励激励等方面的建议和意见。修订完成《江苏省测绘地理信息科研项目管理办法》，严格科研项目管理，清理2015年之前立项的科研项目，验收通过25项。开展2017年度省测绘地理信息科研项目资助工作，22个项目列入年度科研资助计划，资助总额289万元。指导省测绘地理信息学会开展2017年度江苏省测绘地理信息科技进步奖评选，共评选出获奖项目28个。推进创新平台建设和科技成果转化，成立江苏省智慧城市时空大数据与云平台关键技术研究院士工作站。完善省测绘地理信息科研项目和获奖项目查询平台，汇总科技成果信息并定期更新向社会提供咨询目录和宣传推广。开展成果示范应用，对城市三维模型数据单元网格化管理与更新技术、不动产三维数据库建设与应用技术、多源地图瓦片集成服务技术、模板化Web专题制图系统、多源多尺度影像解译、数据野外快速采集等具有实用价值的成果进行了生产转化。

【科技项目与科技奖励】

江苏省测绘地理信息局组织开展测绘地理信息公益性行业科研专项“SAR 卫星 DEM 及形变测量误差来源分析”、国家国防科技工业局重大工程专项“GF-7 卫星激光测高仪高程精度真实性检验技术”、国家测绘地理信息局卫星测绘应用中心项目“江苏省 SAR 控制点影像库建设”、江苏省海洋科技创新专项项目子课题“江苏海涂资源分布与演变研究”等国家和省级科研项目研究，完成《长江经济带国家投资基础设施建设监测（江苏监测区）》项目。局系统 9 个项目获国家及省部级科技奖项。

【标准化工作】

江苏省测绘地理信息局健全标准化工作组织机构，成立江苏省测绘地理信息标准化工作委员会。参与国家和行业标准制修订，3 项测绘地理信息行业标准获得立项，其中牵头编制《水下地形测量技术规程》，参与编制《倾斜摄影成果质量检验技术规程》和《数字表面模型质量检验技术规程》。牵头编制的《卫星导航定位基准站网服务管理系统规范》和参与编制的《卫星导航定位基准站网基本产品规范》《卫星导航定位基准站网服务规范》3 项国家标准发布，牵头编制的行业标准《倾斜数字航空摄影技术规程（送审稿）》通过专家审查。省地方标准《江苏省交通地理信息资源数据管理规范》获省质量技术监督局立项，《地理实体编码资源库标准》被立为团体标准试点项目，省地方标准《基础地理信息系统安全风险评估规范（送审稿）》通过专家审查。南京市地方标准《1:500 1:1 000 1:2 000 基础地理信息地形要素数据规范》《三维地理信息模型数据规范》和《地名地址数据规范》正式发布。全年组织 16 人（次）参加国家测绘地理信息局举办的标准化工作培训。

【对外合作与交流】

江苏省测绘地理信息局组织人员赴美国、墨西哥、澳大利亚、新西兰、巴基斯坦、乌兹别克斯坦开展测绘地理信息科技国际交流合作；派员参与国家测绘地理信息局组织的赴芬兰参加国际测量师联合会大会；组织全省测绘地理信息技术人员和管理人员赴瑞典参加地理信息技术与不动产测绘培训，对接测绘地理信息前沿科技，提高测绘地理信息业务技能和管理水平。首次组织并完成“教学科研人员出国学术交流合作”专项报备团组及由局系统和省内行业龙头企业组成的“一带一路”专项计划单列团组各 1 个批（次）。全年自组出访团组 5 批 46 人、参团 1 批 1 人次。

地市级测绘地理信息工作

【南京市】

2017 年，南京市本级测绘地理信息工作经费财政投入 2600 万元，同比增长 12.1%。4 月 11 日，南京市政府发布实施《基础测绘“十三五”规划》。5 月 24 日，南京市政府发布通告，全面启用南京新一代空间基准。11 月 30 日，《地名地址数据规范》《城市三维地理信息模型数据规范》《1:500、1:1 000、1:2 000 基础地理信息地形要素数据规范》3 个地方标准发布实施。南京市规划局组织开展“南京市测绘标准体系化建设”项目研究，完成全市 GPS 框架网复测和大地水准面精化工作。实现数字南京广泛服务于市公安局、市教育局等 30 多个政府部门。开展智慧南京时空大数据与云平台建设项目申请立项。完成全市对外提供地形图成果加装网络数字水印和大面积成果实行加密技术。完成“南京市地理国情普查成果管理及服务系统”和“南京市 1:2000 地理国情底图制作及底图无级缩编平台建设”2 个地理国情拓展项目。

组织实施“8·29”测绘法宣传日系列活动，在新街口等地设置 9 个宣传点，江苏省测绘地理信息局有关负责人现场指导并接受媒体采访。出台《地图审核管理规定》。依法做好丙、丁级测绘资质审查工作，全年共审查 40 家。为市污水处理监管平台等项目免费供图 158 项，涉及基础地理信息数据约 23 万平方千米。建成江宁土山景观型测量标志。参加江苏省“测绘杯”定向锦标赛，获 M21A 组接力赛第一名。“地铁结构智能监测与安全评估系统关键技术研究与应用”和“面向南京市地理国情的地图无级缩编平台关键技术及应用”分获中国测绘地理信息学会 2017 年测绘科技进步奖一、二等奖。

【无锡市】

2017 年，无锡市本级测绘地理信息工作经费财政投入 933.51 万元，同比增长 48%。无锡市测绘地理信息主管部门组织开展二等水准网建设，建设覆盖市域 300 个点位的二等水准网。开展智慧无锡时空大数据与云平台项目建设，融合构建时空大数据库，开发由时空大数据融合、政务信息采集等系统组成的时空信息云平台，建设智慧街道、智慧城管、智慧地税等示范应用。推进地理信息资源共享，与经信、公安、城管、水利等23个政府部门开展数据共建共享，建立长期的数据共享更新机制。完成无锡市城市原点建设，开展无锡市区湿地空间范围监测、雪浪山地质灾害监测2项地理国情专项监测。无锡市地理国情普查成果通过省级验收，开展了普查成果统计分析，普查成果已在市工业用地调查、农村建设用地调查等工作中广泛应用。公开出版《无锡市城市地图集》，开发移动端APP。

全年完成涉密成果提供、地图审核和资质审查等审批57项，其中涉密测绘成果对外提供审批9件，完成测绘资质审查17家，地图审核32件，测量标志点迁建2件。加强测绘地理信息市场监管，完成全市73家企业备案注册、65家企业1498个项目网上备案；组织开展全市市场巡查和质量检查，抽查全市15家丙、丁级资质单位；联合市保密部门对3家涉密测绘成果单位进行检查。做好全覆盖排查整治“问题地图”专项行动工作，成立以市政府副秘书长为组长的领导小组，对地图市场、电子地图、文化宣传等各类场所进行全面排查。开展测绘地理信息宣传活动，组织召开新测绘法专题学习培训暨测绘地理信息产业推进会，邀请省测绘地理信息局相关负责人进行解读；与市教育局联合下发版图意识宣传教育进校园活动通知，深入6所学校为1800多名师生现场讲课，向市教育局赠送400册版图知识教学辅导用书；“8·29”测绘法宣传日，在市中心电子屏、全市4000多辆出租车显示屏播放宣传海报和口号，在市《江南晚报》刊登测绘法宣传专版，进行街头宣传，发放地图4000多份。

【徐州市】

2017年，徐州市本级测绘地理信息工作经费财政投入1105万元，同比增长22%。5月2日，徐州市政府办公室正式印发《徐州市“十三五”基础测绘规划》。徐州市测绘地理信息主管部门组织完成徐州市1025平方千米基础测绘更新维护以及徐庄镇137平方千米航空摄影测量，建立覆盖全市1.2万平方千米的基础地理信息数据库。基本建成智慧徐州时空信息云平台，完成云平台搭建、云计算中心搭建、时空一体化数据管理、地图空间统计和可视化分析等成果，为智慧徐州建设提供及时有效的地理信息服务。在全省率先全面完成数字县区建设工作，在县市政府部门广泛应用。完成徐州市第一次地理国情普查验收并推进常态化地理国情监测工作，开展地质灾害、工业用地节约集约利用等监测，为“多规合一”提供数据支撑。整合利用相关部门专题数据，联合建设、交通、民政、教育、水利、统计、公安等相关部门编制地理国情监测专题图件，为政府、企业和社会提供地理国情专题信息服务。

全年完成测绘资质申请单位初审2家、复审换证4家、续期换证5家、办理补充和修改数据12家、基本信息变更4家、业务范围变更6家、依法注销3家，审核并发放测绘作业证58本，完成辖区内测绘项目备案审核422件。组织开展全市测绘地理信息市场巡查、质量检查和保密检查工作；联合市网信、新闻出版、工商等部门开展徐州市全覆盖排查整治“问题地图”专项行动。开展“8·29”测绘法宣传日活动，举办新修订的《中华人民共和国测绘法》专题讲座，180多人参加培训。举办徐州市测绘地理信息行业职业技能竞赛，选拔出优秀选手代表江苏省在第五届全国测绘地理信息行业职业技能竞赛总决赛工程测量赛项获得团体和个人第1名。

【常州市】

2017年，常州市落实年度基础测绘经费295万元、地理国情监测经费50万元，辅助决策地图联动更新等其他重大专项经费地得到落实。常州市测绘地理信息主管部门向市人大报送《常州市测绘管理条例》立法计划；与市应急管理办公室协商制定《常州市测绘应急保障预案》，并将该预案纳入全市应急体系；与市发改和财政部门联合印发《关于加快推进市（区）基础测绘工作的通知》。完善“双随机一公开”抽查机制，实现随机抽查事项全覆盖；做好测绘地理信息单位信用信息审核发布和“双公示”工作，形成以信用为核心的新型市场监管机制；依托测绘地理市场监管平台及巡查工作，对资质单位业务情况实施有效的事中、事后监管。协调部署卫星导航定位基准站安全专项整治行动并建立长效机制，配合江苏省测绘地理信息局完成现代挖掘机非法采集地理信息数据案件查处工作。全省第一个基岩标景观建设项目——燕山公园景观型测量标志通过验收。编制完成《常州城市地图集》。组织编写《智慧常州时空大数据与云平台可行性研究报告》，殷村职教特色小镇时空信息云平台建设试点项目为全省首个获批试点项目。完成地理国情普查成果验收。组织“童眼看祖国，同心颂山河”国家版图意识宣传教育大型公益活动。全年共办理资质申请、升级、基本信息变更、注销等资质管理事项28件，地图审核8件，永久性测量标志拆迁或者失去效能审批2件，国家秘密基础测绘成果使用申请2件。全市共有2个项目获中国地理信息产业协会2017年中国地理信息科技进步奖二等奖，5个项目获得中国地理信息产业协会2017年中国地理信息产业优秀工程奖，5个项目获全省测绘地理信息科技进步奖。

【苏州市】

2017年，苏州市本级基础测绘经费财政投入1270万元。5月，市政府办公室印发《苏州市“十三五”基础测绘规划》，市级经费预算8225万元。苏州市测绘地理信息主管部门完成1:1000地形图修测、补测及建库，数字苏州地理空间框架平台更新维护，网上电子地图发布数据的维护与更新，城区三维模型数据更新与扩展，苏州市街景信息采集更新等基础测绘项目。完成“天地图”省市级节点数据融合和市级节点数据更新发布。基本完成市县数字城市和“天地图”建设，建设了“国土一张图”综合监管平台、农业与生态文明“四个百万亩”管理信息系统、苏州市数字城管系统等39个示范应用，与规划、城管、公安、农业等9个部门建立共建共享机制。组织出版《苏州城市地图集》《苏州市影像地图集》。开展辅助决策地图联动更新共享工作，向江苏省测绘地理信息局更新居民地、交通、水系等信息1000多条。苏州市第一次地理国情普查通过验收。中科苏州地理科学与技术研究院获省测绘地理信息局授牌，命名为江苏省地理信息产业园空间大数据园区，为全省首批四个地理信息产业园之一。

全年受理审核行政审批事项172件，其中丙丁级测绘资质初审36件、地图审核40件、测绘作业证件审核96件。完成测绘项目备案1173项，备案总金额约1.77亿元。开展全覆盖排查整治“问题地图”专项行动及“回头看”工作，经过自查、抽查、跟踪整改等，“问题地图”现象得到有效整治。开展卫星导航定位基准站安全专项整治行动，对辖区内建有基准站的4家单位开展实地检查，对进一步做好数据安全和保密措施等提出要求。开展测绘地理信息市场巡查，共抽查丙、丁级测绘单位15家。开展测绘地理信息质量监督检查，共抽查丙丁级测绘单位19家。“8·29”测绘法宣传日期间，举办新测绘法讲座，全市约160人参加，8月29日在《苏州日报》刊登市国土资源局局长署名文章和专题宣传文章。

【南通市】

2017年，南通市本级测绘地理信息工作经费财政投入887万元，同比增长12%。南通市测绘地理信息主管部门出台了《南通市测绘资质管理办法》《进一步完善测绘地理信息项目备案工作的意见》等规范性文件，依法清理测绘地理信息行政权力事项，重新梳理行政许可事项，优化办事流程，除秘密成果使用外，其他测绘地理信息事项全部实行“不见面”审批，压缩办理时限，提高办事效率。参与《古建筑测绘标准》制订工作，完成南通地方标准《测绘地理信息业务操作规范》。制订《南通市抗灾救灾测绘保障应急预案》，建立应急测绘保障机制，开展南通突发地质灾害抗灾救灾地质测绘应急演练。印发《关于进一步深化南通测地业务融合工作的意见》，构建测地融合、服务社会的新机制。印发《关于加快使用2000国家大地坐标系的通知》，完成已有测绘成果向2000国家大地坐标系的转换。全面完成地理国情普查任务，开展了遥感、地质灾害、地下水情等监测工作。完成“天地图·南通”更新与维护、1:500和1:1000地形图更新、南通市区图和政区图修编、辅助决策地图联动更新、南通似大地水准面精化、智慧时空平台可行性研究等年度工作任务。与发改、公安、住建、民政、规划、水利、公交、城管、农林、环保、地震部门签定共建共享协议，基础测绘和地理国情普查成果广泛应用于南通市农村建设用地调查、南通—如皋段长江水下地形测绘、辅助决策地图编制、智慧市政、河长制、河道确权、土地出让、地下水禁采区划分、地质灾害防治等工作中。举办测绘新技术、新设备展示会。组织参加江苏省测绘地理信息行业职业技能竞赛，获团体、个人2个三等奖，车红磊、李砾砾被评为第一批新时代江苏测绘工匠。对10个测绘项目进行质量检查。完成327个测绘项目备案工作，备案产值2亿多万元，利用南通市地理信息监管平台，汇交测绘地理信息成果654项。依法对市规划、建设、水利等政府采购测绘项目招标活动进行监管。完成《南通城市地图集》编制工作。推进地图社会化服务，开展地图下乡、地图进社区、上门送图等系列活动。完成2284个永久性测量标志普查维护工作，发放保管津贴41.07万元。举办3期测绘法培训班。

【连云港市】

2017 年，连云港市本级测绘地理信息工作经费财政投入 213 万元，同比增长 81.02%。经江苏省测绘地理信息局批准，江苏省应急测绘保障中心连云港基地正式挂牌成立。连云港市测绘地理信息主管部门组织编印《连云港市影像地图》。完成中国大陆构造环境监测网络连云港基准站基础设施维护，确保基准站设备持续稳定运行。完成“天地图·连云港”更新及数据融合，按照数字连云港地理空间框架数据标准，对连云港市域部分 1:2000 DLG 进行维护更新。数字连云港地理信息公共服务平台接入市政务云平台，实现空间信息资源共建共享。启动孔望山景观型测量标志建设，打造测绘宣传教育基地。连云港市第一次地理国情普查成果通过验收。连云港城市原点正式落成。

推进行政审批制度改革，将国家涉密基础测绘成果使用审批权下放市局连云分局、开发区分局、徐圩分局。连云港市本级全年受理审核行政审批事项 59 件，其中国家涉密基础测绘成果使用审批 24 件，丙、丁级测绘资质审批 5 件，地图审核 3 件，测量标志点迁建 1 件。在测绘地理信息市场监管方面，完成项目备案审核 510 件，同比增长 136.11%；在全市 37 家丙、丁级测绘企业开展资质巡查和抽查工作；联合市不动产登记局、不动产登记中心开展不动产测量成果质量检验，重点检查房产面积测算成果的数学精度、观测质量；开展全覆盖排查整治“问题地图”专项行动，对市区地图市场开展联合执法检查；举办全市测绘地理信息成果质量检验人员培训班，组织开展全市测绘地理信息质量监督检查，检查情况总体良好；举办 2017 年新测绘法知识竞赛，借助移动平台向社会公众发送测绘法宣传公益短信 10 万多条，在苍梧绿园架设宣传拱门，在市不动产登记中心大厅和苏宁广场设置宣传站点，累计发放宣传材料 4000 多份。

【淮安市】

2017 年，淮安市本级测绘地理信息工作经费财政投入 1121 万元。淮安市测绘地理信息主管部门开展智慧淮安时空信息云平台建设，平台软硬件已部署到位。拓展基础测绘地理信息数据覆盖范围，1:500、1:1000 数字线划图覆盖面积 700 平方千米，0.1 米分辨率影像覆盖面积 900 平方千米。开展全市控制点 2000 国家大地坐标基础控制更新工作，开工建设景观型 CORS 监测基准站。推进测绘地理信息共建共享，与住建、城管、环保等 32 家单位签订共建共享协议，共享平台为公安警务信息平台、数字城管指挥系统、绿地园林系统等多个项目提供在线服务。开展辅助决策地图联动更新共享工作，上报更新行政村名称、位置及行政区划、主要道路等信息 257 条。编制完成《淮安市地图》《淮安城区图》（挂图 2000 套、布图 150 套）和《淮安市城市地图集》。完成第一次地理国情普查市级验收，编制《淮安市第一次地理国情普查图册》，开展白马湖生态保护功能片区和淮安农业科技园 2 个规划功能片区地理国情监测。

梳理在线办理事项 12 项、“不见面”事项 9 项。全年受理丙、丁级测绘资质审核 6 件、地图审核 4 件、作业证审核 54 本、使用国家基础测绘成果对外提供审批 103 件、备案项目 550 个。出台《淮安市国土资源局“双随机，一公开”实施细则》，在全市 49 家丙、丁级资质单位中开展测绘资质巡查、全市成果质量监督检查和涉密测绘成果检查，其中 1 家单位质量被批“不合格”。联合市文化广电新闻出版局、市政府网站运行管理中心，开展政府网站“问题地图”排查、地图市场及互联网地图服务等专项督查，累计出动执法人员 86 人次，检查各类销售点 75 家、部门门户网站 58 家，清理无审图号地图 14 种，下架错误地图 3 种，下达整改通知书 1 份。开展测绘地理信息宣传活动，召开新测绘法宣讲报告，70 多人参加培训；8 月 29 日在全市各县（区）设立 9 个宣传点，制作宣传展板 30 多块，推送测绘法宣传短信息 4000 多条，发放宣传地图 2000 多张，宣传活动获市“全国科普日”优秀活动表彰。

【盐城市】

2017 年，盐城市本级测绘地理信息工作经费财政投入 1740.73 万元。盐城市测绘地理信息主管部门组织编制完成《盐城市“十三五”基础测绘规划》，该规划经市政府审批印发。通过政府的大数据平台，在数字盐城地理空间框架的基础上整合交通服务、医疗卫生、城市生态等基础性的图层数据，完成盐城市区 807 平方千米基础测绘数据更新工作，做好“天地图·盐城”数据更新和节点融合工作，新增 4 个在线示范应用，示范应用达到 18 个。市及 9 个县（市、区）地理国情普查成果通过省测绘地理信息局组织的验收，开展市自然保护区生态红线监测及阜宁、射阳灾情监测和东台富安镇、许河镇

7 个村强对流雷雨大风灾情应急测绘保障。完成全市测量标志信息系统建设工作，融入国土“一张图”系统。完成市及 9 个县（市、区）辅助决策地图（含区域图、城区）编制与更新。

市本级全年受理审核测绘行政事项 89 件。出台《盐城市加强市区工业项目地籍测绘招投标有关规定（试行）》，推进“三测合一”改革。完成 2016 年度测绘成果目录汇交工作，全市 41 家测绘单位共汇交测绘成果目录 945 项。全年完成测绘项目备案 1004 件。成立由 12 个部门组成的市全覆盖排查整治“问题地图”专项行动领导小组，部署开展“问题地图”专项行动。开展卫星导航基准站安全专项整治，督促 2 个基准站建设单位依法备案。组织召开全市测绘地理信息行业业务培训暨市场监管研讨会，测管部门和测绘资质单位负责人共 150 多人参加会议。对全市 11 个测绘单位进行市场巡查，发出限期整改通知 3 份。开展市级测绘质量监督检查 15 个项目，对 22 个申报 2017 年度市优秀测绘工程项目进行评审。开展“8·29”测绘法宣传日活动和学习宣传贯彻新测绘法活动。

【扬州市】

2017 年，扬州市本级测绘地理信息工作经费财政投入 1794.54 万元，同比增长 35.18%。扬州市测绘地理信息年均产业产值增长达 25%，2017 年实现产值近 10 亿元。截至年底，共有测绘资质单位 54 家，中、高级测绘专业技术人员 500 多人。4 家甲级测绘资质单位，年产值均超过 1 亿元。

扬州市测绘地理信息主管部门与公安、规划、环保、财政等 31 个部门建立地理信息共建共享机制，开发“天地图·扬州”12 个扩展应用。高邮市、仪征市、宝应县完成数字城市立项，签署三方共建协议。“天地图·高邮”上线试运行。建立市区范围 2000 国家大地坐标系控制网，建立与其他坐标系之间的转换关系。仪征市、高邮市、宝应县、江都区建立 2000 国家大地坐标系控制网。启动时空信息大数据与云平台建设，立项申请获省测绘地理信息局批准。完成《云上扬州》顶层设计方案，市政府印发《“云上扬州”建设行动计划（2017—2020 年）》，落实项目经费，推动数字城市向智慧城市转型升级。全面完成省级和市级拓展普查项目，完成全市第一次地理国情普查验收，形成地理国情普查统计公报、图集等成果。开展江都区综合统计分析、南水北调地理国情专题监测项目、交通路网信息数据在城市交通预测模型中的应用、慧眼守土、基本农田监管等多项监测应用。

保障辅助决策用图，引导地图市场健康发展，建立辅助决策用图电子地图库，汇总电子地图 23 项。编制扬州市政区图、市区图、河道整治分布图、重大项目建设分布图、扬州旅游图、休闲体育公园图等系列专题地图。制定并下发《扬州市辅助决策地图联动更新和共享工作实施方案》。开展“问题地图”专项排查整治工作。在南京国际软件产品和信息服务交易博览会的“扬州日”举办地理信息与智慧城市建设主题论坛。

【镇江市】

2017 年，镇江市本级测绘地理信息工作经费财政投入 380 万元，同比增长 49%。8 月 4 日，镇江市在全省率先以政府名义出台《镇江市人民政府关于启用 2000 国家大地坐标系的通告》。镇江新一代测绘基准与现行地方坐标系的转换、衔接过渡期为一年。9 月 26 日，镇江市出台《关于印发全覆盖排查整治“问题地图”专项行动工作方案的通知》，成立以政府副秘书长为组长、市国土资源局局长为副组长、其他相关部门分管领导为成员的专项行动领导小组；划分了各成员单位的工作职责和检查内容；对各阶段的排查整治做出具体部署；开展了自查整改工作。9 月 18 日—25 日，开展科学化管理、品质化服务的创新监管新模式探讨，在全省率先提出“市场巡查、质量检查和专项检查（保密、地图）”三位一体的创新巡查模式。对同一市场主体的资质、质量、成果等多个事项的检查做到一次性完成，简化工作流程，降低企业负担。全年在全市共抽查 11 家测绘资质单位，占测绘资质单位数量的 20%。

充分利用省测绘地理信息市场监管平台开展网上巡查和项目备案工作。截至年底，完成全市测绘项目备案金额 6907.39 万元，备案项目 1186 项，同比增长 20%。加强对测绘单位依法测绘的管理和服务，为 229 人发放了测绘作业证，并建立了作业证管理数据库。加强测绘地理信息行政管理公共服务水平，在市测绘地理信息主管部门微信平台上，建立“智能测管”知识库和服务平台，方便用户获取测绘管理方面的法律法规和相关知识。

【泰州市】

2017 年，泰州市本级测绘地理信息工作经费财政投入 708.76 万元（不含县级），同比增长 20%。泰州市首次将“十三五”基础测绘规划纳入市政府专项规划，出台《泰州市地理信息资源共享管理办法》。泰州市测绘地理信息主管部门组织编制完成江苏省地方行业标准《基础地理信息系统安全风险评估规范》，并通过审核。完成泰州市区、兴化、靖江、泰兴全市域1:1000地形图的基础测绘工作。推动泰州市、泰兴市“智慧城市”时空信息云平台及“数字靖江”建设。泰州市首个科普类景观型测量标志——泰州市职业技术学院测绘园建设项目通过竣工验收，并对外正式发布使用。加强与民政、住建、交通、旅游等部门的联动，按时间节点和技术要求推动辅助决策地图联动更新工作。建成江苏省应急测绘保障中心泰州基地。与泰州市国家安全局联合开展卫星导航定位基准站建设和应用安全专项整治行动，对全市备案的3家CORS基准站进行联合检查，拆除1处卫星基站。对第八届中国（泰州）国际医药博览会参展的20多个国家和地区近1000家企业的地图宣传品开展联合检查监管。利用“4·22”地球日、“6·25”土地日、“8·29”测绘法宣传日、“12·4”宪法日，在“中国·泰州”门户网站、“泰州发布”“微泰州”公众号等新媒体进行宣传，并联合举办新测绘法有奖知识竞赛。发布首款“人文泰州”系列手绘地图丝巾和手帕。局主要负责人就落实新测绘法接受《泰州日报》答记者问；在泰州电视台《凤城茶馆》栏目直播《走进泰州测绘地理信息》专题访谈节目。全市测绘地理信息单位在市区24个地点设置测绘服务咨询台，张贴宣传画，发放8000多份各类宣传资料。向泰州市4套班子领导、相关部门赠送最新影像地图、泰州市政区图、泰州市城市地图集、手绘真丝地图等1000多份。联合5个部门开展泰州市测绘地理信息行业职业技能竞赛，并举办泰州测绘地理信息行业职业技能竞赛纪念封全国首发仪式。联合省测绘地理信息行业协会、中国邮政集团公司设计了新测绘法宣传个性化邮票和“不忘初心 继续前进”测绘地理信息专题邮册。

【宿迁市】

2017年，宿迁市本级测绘地理信息工作经费财政投入398万元，同比增长147%。宿迁市测绘地理信息主管部门组织编制并印发《宿迁市“十三五”基础测绘规划》。完成“天地图·宿迁”市级节点数据更新及融合项目，补充完善部分街景数据，新增宿迁市公交绩效评价系统、宿迁市“慧眼守土”平台、宿迁市地质监测平台等应用。编制完成《宿迁城市地图集》并通过验收。全面完成第一次地理国情普查各项工作，组织开展市区工业用地监测、乡镇数字环保监测试点等监测工作。推进智慧宿迁时空大数据与云平台建设，该项目列入省测绘地理信息局2017年度试点计划。组织相关单位申报省级及以上科技进步奖，宿城区“国土资源移动端辅助决策技术研究”项目获2016年度省级测绘地理信息科技进步奖三等奖。宿迁市征地勘测中心1人被评为2017年度全省测绘地理信息行业“年度之星”。

全年受理审核行政审批事项44件，其中属于国家秘密的基础测绘成果资料利用审批30件，乙、丙、丁测绘资质初审10件，地图审核4件。在测绘地理信息市场监管方面，完成项目备案审核31件；在全市26家丙、丁级测绘企业开展资质巡查和抽查工作；组织开展全市测绘地理信息成果质量监督检查；认真开展全覆盖排查整治“问题地图”专项行动，成立专项行动领导小组，召开部署工作会议，制定下发《宿迁市全覆盖排查整治“问题地图”专项行动工作方案》，联合成立督查组，开展全市督查整治工作。召开《地图管理条例》专题宣贯培训会，全市200多人参加培训；结合“8·29”测绘法宣传日和全国法制宣传日活动，开展国家版图意识宣传教育，组织观看宣传短片、制作宣传展板、发放《国家版图意识教育宣传册》，5家中小学被省测绘地理信息局授予“国家版图意识宣传教育示范学校”称号。

地方社团工作

【江苏省测绘地理信息学会】

4月7日，江苏省测绘地理信息学会在南京召开十届七次常务理事扩大会议；11月7日，召开十届八次常务理事会议和十届理事会第五次会议。6月23日，组团参加第十九届华东六省一市测绘学会学术交流会暨海峡两岸测绘技术与学术研讨会。11月13日，受台湾测量技师公会邀请，组团赴台湾参加2017苏台地区测绘技术交流会。11月7日—8日，与江苏省地理学会、江苏省遥感与地理信息系统学会共同主办地理信息与人工智能论坛暨江苏省测绘地理信息学会2017年学术年会。11月9日，与江苏省测绘地理信息局承办中国测绘地理信息学会2017年学术年会。全年各分支机构承办11项学术交流活动。承接并完成省测绘地理信息科技进步奖评审、省测绘地理信息优秀工程奖评审和测绘标准化工作3项政府转移职能的相关工作。主办的《现代测绘》杂志出版6期、增刊2期，刊登学术论文180篇。向江苏省科学技术协会申报的科技服务站项目、首席专家项目、承接政府职能转移项目和学术创新项目获得审批，申报的“长江经济带生态承载力与城镇格局时空响应研究”获调研课题资助。获省科学技术协会“综合示范学会”称号。

【江苏省测绘地理信息行业协会】

江苏省测绘地理信息行业协会参与测绘地理信息法制建设，省地质测绘院、省工程勘测研究院有限公司、江苏兰德数码科技有限公司、苏州市测绘院有限公司等副会长单位负责人受邀参加省人大、省政府法制办公室组织的《江苏省测绘地理信息条例（草案）》立法调研会；组织学习宣传贯彻新测绘法，会长、副会长、联络处主任参加各地现场宣传活动。市场自律公约组织定期召开例会，通报市场活动情况，反映市场存在的问题，研究讨论解决问题的办法。市场自律组织成员及时向协会汇报市场招投标活动情况，对不规范、不合理的招标行为，转报省测绘地理信息局并全部得到纠正。协调省测绘地理信息局召开在江苏的外省测绘单位负责人座谈会，专题讨论省外测绘单位在江苏活动中存在的问题，及时规范省外测绘单位在江苏的活动。组织全行业“诚信单位”评审，申报单位数量逐年上升，评审结果在测绘地理信息项目招标市场成为品牌和加分项。无锡市联络处组织行业单位职工环湖走健身活动，徐州市联络处组织行业单位负责人开展新测绘法学习培训，泰州市联络处组织新测绘法知识竞赛，盐城市联络处组织行业单位人员技术、质量和经营管理业务培训等。副会长单位、常务理事单位牵头组织开展对外交流和合作，苏州市测绘院有限公司组织赴德国参加世界测绘高新技术设备展览会。

【江苏省测绘地理信息思想政治工作研究会】

8月7日—14日，江苏省测绘地理信息思想政治工作研究会组织会员单位赴山东沂蒙党性教育基地，参加“传承沂蒙精神，提升党性修养”专题培训，期间，召开江苏省测绘地理信息思想政治工作研究会第二届五次常务理事会，总结并通报工作情况，部署下阶段主要工作并提出相关要求。10月13日—15日，在江苏仪征举办“测绘、两园杯”第十五届江苏省定向锦标赛，全省32支代表队250多名运动员参赛。印发《关于做好2017年思想政治工作重点课题调研的通知》，对全省测绘地理信息行业开展思想政治工作重点课题研究工作进行部署。11月24日，在苏州召开2017年度江苏省测绘地理信息思想政治工作研究会第二重点课题组研讨会。12月25日，在南京召开2017年度江苏省测绘地理信息思想政治工作研究会第一重点课题组研讨会。

浙江省

概况

2017年，浙江省测绘与地理信息局在全国省级测绘地理信息主管部门年度测绘地理信息工作绩效考核中连续第八年名列第一。经国务院批准，首届联合国世界地理信息大会将于2018年11月在浙江省湖州市德清县召开。“举办好首届联合国世界地理信息大会”写入中共浙江省委十四届二次全会决定。国家测绘地理信息局与浙江省政府在杭州市签订《关于提升服务保障能力 开展测绘地理信息示范省建设战略合作协议》。浙江省政府召开全省测绘与地理信息工作座谈会，印发《浙江省人民政府办公厅关于加强测绘与地理信息工作的意见》。浙江省信息化测绘创新基地正式启用。全省测绘资质单位全年完成测绘服务总值54.13亿元。

推进“最多跑一次”改革，浙江省测绘与地理信息系统所有14个办事事项实现“最多跑一次”，其中8个事项实现“跑零次”，所有行政审批事项实现网上办理，测绘资质等4个审批事项实现移动端审批。联合推进建筑工程“竣工测验合一”改革，建立注册测绘师签字制度。加强测绘市场事中事后监管，落实“双随机、一公开”抽查制度和测绘行业“红黑名单”管理制度，组织开展测绘资质巡查、地图市场、测绘质量、涉密测绘成果保密专项检查及全覆盖排查整治“问题地图”专项行动，市场秩序更加规范。

2017 年，浙江省基础测绘经费投入 6.43 亿元，省市县基础测绘年度计划全面完成。1∶1 万基础地理信息数据已覆盖浙江全省区域并实施联动更新。浙江省政府印发《关于开展全省山区 1∶2 000 测图和地表精细模型建设工作的通知》，推进工作进展顺利。浙江省测绘与地理信息局建立遥感影像定期获取机制，累计节约财政经费 1150 万元。经浙江省政府批准，联合发布《浙江省第一次全国地理国情普查公报》。海洋测绘方面，完成浙江省杭州湾区 850 平方千米水下地形的数据更新和舟山海域 2122 平方千米水下地形的测量工作。

基于“天地图·浙江”（公众版）省级节点的政府部门、公众用户量达 1838 个，政务版（专网版）用户量达 170 个。地理信息成果在服务党委政府中心工作、生态文明保护、智慧城市建设、防灾减灾等方面作用明显。2017 年，浙江省地理信息产业产值年增长超 22%。浙江省地理信息产业园累计引进地理信息及相关企业 155 家，其中全国百强地理信息企业 20 多家，全年税收超 4 亿元。

落实《浙江省测绘与地理信息局科技发展“十三五”规划》《浙江省测绘与地理信息局“十三五”人才发展规划》，承担国家测绘地理信息局科研课题 3 个和浙江省科技厅计划项目 8 个，浙江省微波目标特性测量与遥感重点实验室（LAMP）成功申报浙江省重点实验室。

党的建设与人才队伍建设

【党的建设】

浙江省测绘与地理信息局党委认真组织学习贯彻党的十九大精神、习近平新时代中国特色社会主义思想和中共浙江省委第十四次党代会精神，开展学习宣传贯彻党的十九大精神“九个一”行动。深入推进“两学一做”学习教育常态化制度化，制定《中共浙江省测绘与地理信息局委员会关于加强新时代党的建设的意见》《中共浙江省测绘与地理信息局直属机关委员会工作规则》。开展“勇立潮头建新功，党员干部当先锋”大讨论活动和“推进‘最多跑一次’改革强服务强效能”作风建设专项行动，制定《中共浙江省测绘与地理信息局直属机关委员会关于加强局系统党员固定活动日指导意见》，开展形式多样的主题党日活动。推进浙江测绘党建信息化平台建设，增强组织生活吸引力。开展民情社情调研活动，持续推进在职党员进社区志愿服务活动，服务“五水共治”，争当“治水剿劣先锋”。浙江省测绘与地理信息局机关党建工作在浙江省直机关工委年度考核中名次连年提升，被评为浙江省直机关“五星级”直属机关党委。

【党风廉政建设】

浙江省测绘与地理信息局党委认真履行党风廉政建设主体责任，将党风廉政建设工作列入局党委重要议事日程，把落实党风廉政建设责任制与落实工作目标责任制相结合，做到同研究、同部署、同细化、同检查、同落实。与局机关各党支部、局直属各单位党委（党总支、党支部）签订《2017 年度党风廉政建设责任书》，制定实施《中共浙江省测绘与地理信息局委员会 2017 年党风廉政建设和反腐败工作要点》《中共浙江省测绘与地理信息局委员会关于局系统运用监督执纪“四种形态”实施办法（试行）》《浙江省测绘与地理信息局廉情分析制度（试行）》《浙江省测绘与地理信息局廉政谈话实施细则（试行）》等制度，制定局党委班子成员和其他厅级干部党风廉政建设和反腐败工作责任清单，进一步细化落实局领导班子成员的党风廉政建设责任。浙江省测绘与地理信息局党委组织开展全面从严治党主体责任落实情况自查，成立巡察监督工作组，对局直属单位浙江省第一测绘院开展监督巡察工作。浙江省测绘与地理信息局直属机关纪委履行党风廉政建设工作职责，做好党风廉政教育警示，坚持执行党风廉政建设工作例会和工作纪实制度，加强监督执纪问责，驰而不息正风肃纪，加强对财经纪律执行情况、重大项目运行、干部选拔任用等事项的监督，认真处理、及时反馈来信来访。

【精神文明建设】

浙江省测绘与地理信息局及时传达学习中央和中共浙江省委、国家测绘地理信息局关于意识形态工作领域的文件精神。局团委组织开展“青春瞩目十九大，争做三有好青年”主题活动。浙江省测绘职工思想政治工作研究会召开年会，组织全省测绘与地理信息行业单位开展思想政治工作研讨，连续 5 年获国家测绘职工思想政治研究会优秀成果组织奖，被浙江省思想政治工作研究会授予“2015—

2016优秀政研会”称号。局工会发动广大党员干部和职工参加国家测绘地理信息局举办的行业职业技能大赛和浙江省直机关第十二届运动会，并组织开展一系列文体活动，丰富干部职工业余文化生活。浙江省第一测绘院导航分院获“全国青年文明号”称号，浙江省第二测绘院地理国情监测组荣获“全国工人先锋号”称号，局妇女工作委员会在第三届浙江省直机关三味书院讲书大赛中获优秀组织奖。《浙江通志·测绘与地理信息志》编撰工作按计划进行。局网站获全国测绘地理信息系统政府网站绩效测评第1名。

【人才队伍建设】

2017年，浙江省测绘与地理信息局选拔任用处级领导干部4名，干部轮岗交流和党政领导交叉任职12人。派出1名省管干部、8名局管干部参与浙江省全面剿灭劣V类水督导工作。对三年来的下派指导员工作进行总结并通报情况。联合市、县（市、区）测绘与地理信息局开展公开招聘工作，招聘专业技术人员33人。举办市、县（市、区）测绘与地理信息局局长培训班。推荐1人赴联合国秘书处经济社会事务部挂职锻炼。浙江省第二测绘院被评为“全国地理国情普查先进集体”。

法制建设与市场监管

【法制建设】

《浙江省地理国情监测管理办法》经浙江省政府第92次常务会议审议通过，于12月4日公布，自2018年2月1日起施行。浙江省测绘与地理信息局组织开展《浙江省地图管理办法》修订工作，向省政府法制办公室申报2018年立法项目。启动《浙江省测绘管理条例》修订工作。12月29日，《浙江省人民政府办公厅关于加强测绘与地理信息工作的意见》印发。

【法制宣传】

浙江省测绘与地理信息局开展以宣传新测绘法为主题的测绘法宣传日活动，全省共组织集中宣传活动90多场，印发各类宣传材料20多万份，发送公益短信60多万条。在局门户网站开设新测绘法专栏，编制《新〈测绘法〉图解》宣传册。全省多地组织开展测绘法微信有奖答题活动和国家版图知识讲堂、竞答、和拼图比赛，组织行业单位开展测绘与地理信息新型装备展示、产品体验等活动。《浙江法制报》4个专版刊登浙江省、市测绘与地理信息局局长谈如何宣传贯彻新测绘法，全省各地电视台、报刊对宣传活动进行专题报道。

【依法行政】

浙江省测绘与地理信息局印发《2017年浙江省测绘与地理信息普法依法治理工作要点》《关于做好新修订的〈测绘法〉学习宣传贯彻工作的通知》《新〈测绘法〉学习宣传贯彻工作实施方案》，组织全省测绘管理人员和测绘单位负责人、测绘从业人员开展新测绘法学习培训活动120多次。全面清理与新测绘法不相适应的配套法规和政策文件共50部，及时公布清理后的规范性文件目录。组织开展测绘资质巡查、地图市场、测绘质量、涉密测绘成果保密专项检查等工作，共发出责令改正通知书123份，做出行政处罚13起。浙江省测绘与地理信息局在浙江省法治政府建设（依法行政）考评中连续第6年被评为先进单位。

【“放管服”改革】

浙江省测绘与地理信息局深化行政审批制度改革，推进“最多跑一次”改革。制定《浙江省测绘与地理信息局加快推进“最多跑一次”改革实施方案》，成立深化“最多跑一次”改革工作专班，在浙江政务服务网公示“最多跑一次”事项清单、办事指南和“最多跑一次”指导目录，11个办事事项实现“跑零次”办理。组织编制《浙江省测绘与地理信息局行政许可标准化手册》《浙江省测绘与地理信息系统“最多跑一次”事项“八统一”样表》，进一步简化申请材料，再造审批流程，缩短审批时限20%以上。推进“互联网+地理信息+政务服务”，消除“信息孤岛”，局全部审批事项实现网上办理，所有行政审批文书和证照实现快递送达。全面推进公共数据和信息系统整合共享，地理信息数据实时推送浙江省数据管理中心，测绘资质审批系统和测绘项目备案系统与浙江政务服务网互联互通，实现数据共享交换。开展建筑工程“竣工测验合一”改革，与浙江省住房与城乡建设厅等11个部门联合印发《关于贯彻落实“最多跑一次”改革决策部署全面推进建筑工程“竣工测验合一”改革的实施意见》，在建筑工程领域变多部门测绘为联合测绘，实现测绘数据“一家测绘、大家共享”，提升服务效率，减少重复测绘，减轻企业负担。

【测绘资质管理】

2017年，浙江省新增测绘资质单位（含资质等级升级）124 家，其中甲级 6 家、乙级 34 家、丙级 46 家、丁级 38 家；注销测绘资质单位 23 家，其中乙级 2 家、丙级 5 家、丁级 16 家。截至年底，浙江省共有测绘资质单位 722 家，其中甲级 42 家、乙级 157 家、丙级 231 家、丁级 292 家；民营测绘资质企业 499 家，占全省测绘资质单位总数的 69.11%，比 2016 年底增加 55 家，增长 12.39%。全年检查测绘资质单位 261 家。

【信用管理】

浙江省测绘与地理信息局印发《关于做好全省测绘与地理信息系统信用建设工作的通知》。完成甲级测绘资质单位的信用信息初审工作并上报国家测绘地理信息局。完成乙、丙、丁级测绘资质单位信用信息的录入、征集、审核、公布工作。全年共出具信用证明 15 份。发布全省测绘与地理信息行业 2017 年度“黑名单”和 2016 年度“红名单”单位。印发《浙江省测绘与地理信息局关于做好在测绘与地理信息行政管理中应用信用信息工作的通知》，向浙江省信用中心和浙江省政府数据管理中心及时报送“红”“黑”名单、质检不合格、行政处罚、测绘工程获奖等信用信息和测绘行业信用典型案例。

规划与计划

浙江省测绘与地理信息局落实《浙江省基础测绘中长期规划纲要（2016—2030 年）》《浙江省基础测绘“十三五”规划》《浙江省地理信息产业发展“十三五”规划》，各项工作按计划进行。2017 年浙江省基础测绘计划列入浙江省国民经济和社会发展专项计划，由浙江省发展和改革委员会印发通知统一下达，已全面完成。

基础测绘

【基础测绘经费投入】

2017 年，浙江省基础测绘经费共投入 6.43 亿元。

【测绘基准建设与应用】

2017 年，浙江省测绘与地理信息局完成全省 240 座基准站的备案工作，协调升级金华市基准站为国家级基准站；与浙江省国家安全厅联合开展全省卫星导航定位基准站安全专项整治行动，对基准服务系统进行安全改造升级；与浙江省国土资源厅联合印发《关于加快使用 2000 国家大地坐标系的通知》，推动浙江省国土资源系统使用 2000 国家大地坐标系。

【基本比例尺地形图测制与更新】

1∶1 万基础地理信息数据已覆盖浙江全省区域，按照“3613”准实时更新机制生产数字正射影像图（DOM）3 万平方千米、基本比例尺数字地形图 1446 幅。在杭州市、绍兴市开展 1∶5 万基础地理信息数据更新生产与入库，在湖州市开展跨尺度基础地理信息数据联动更新生产试验。浙江省政府印发《关于开展全省山区 1∶2 000 测图和地表精细模型建设工作的通知》，已完成 21 个市、县（市、区）2.7 万平方千米的航摄影像获取和地表精细模型制作。

【航空航天遥感影像获取与应用】

2017 年，浙江省测绘与地理信息局建立遥感影像定期获取机制，0.5 米分辨率卫星影像由省、市两级共同出资采购，由省测绘地理信息局统一公开招标、统一处理，获取合格影像全省覆盖，累计节约财政经费 1150 万元。获取舟山市、台州市、温州市、丽水市等 3 万平方千米优于 0.2 米分辨率的数码航空影像。获取嘉兴市城区 137 平方千米 0.05 米分辨率高精度倾斜摄影影像。

【智慧城市、数字城市建设】

浙江省测绘与地理信息局落实《浙江省数字城市地理信息公共服务平台推广应用行动计划（2016—2020 年）》，建立公共服务平台推广应用回访评价机制，持续深化推广应用。完成智慧宁波时空信息云平台预验收，完成智慧嘉兴、智慧长兴时空信息云平台试点项目总体设计和报批工作。

【质量管理】

2017 年，浙江省测绘与地理信息局共抽查 21 家测绘资质单位的测绘成果质量，基础测绘、专项测绘成果一次验收合格率 100%。探索新型基础测绘体系质检新模式，建立成果质量巡检、影像联合质检 2 种质检机制。配合国家测绘地理信息局做好质量监督抽检工作，被抽检的 2 家单位质量管理体系建设完备、成果质量总体良好。

【安全生产】

浙江省测绘与地理信息局印发 2017 年安全生产工作要点，组织召开安全生产工作会议，开展安全生产工作日常巡查。经常开展安全生产教育、安全技能培训和计算机网络安全检查，加强生产设备装置的日常维护维修，及时购置更新生产设备和装备，提升安全水平。全年无安全责任事故发生。

地理国情监测

【地理国情普查】

浙江省测绘与地理信息局全面完成浙江省第一次地理国情普查工作。9 月，经浙江省政府批准，浙江省测绘与地理信息局、省国土资源厅、省统计局、省第一次地理国情普查领导小组办公室联合发布《浙江省第一次全国地理国情普查公报》。10 月，向省政府上报大陆海岸线及海岛普查专报，城市建成区、城市建成区绿化覆盖率及绿地率普查专报。

【地理国情监测】

浙江省测绘与地理信息局完成 2017 年基础性理国情监测任务，实现监测成果动态更新。开展浙江省平原区 InSAR 地面沉降监测等省专题性监测，与浙江省住房与城乡建设厅联合发文，部署开展市、县“一区两率”监测工作。推进城市地理国情监测，指导杭州市开展地理国情监测服务城中村改造、宁波市开展海洋空间规划实施监测等。监测成果服务于城乡规划实施监测试点、资源环境承载力监测预警试点和林业绩效考核应用试点。联合浙江省文物主管部门开展大运河文化遗产监测等工作。《浙江省地理国情监测管理办法》经浙江省政府第 92 次常务会议审议通过，于 12 月 4 日公布，自 2018 年 2 月 1 日起施行。

海洋测绘

浙江省测绘与地理信息局持续丰富海洋地理信息资源，全年完成浙江省杭州湾区 850 平方千米水下地形数据更新和舟山海域 2122 平方千米水下地形测量工作。

地图管理与地图服务

【地图公共服务】

2017 年，浙江省各级测绘与地理信息主管部门共审核地图（集、册、幅）182 件 1572 幅，地球仪 107 个，互联网地图 41 件，图书报纸期刊插附地图 57 件 241 幅。经审核批准，发放公开出版、展示、登载的地图审图号 335 个，发放国家测绘地理信息局委托审核的地图产品审图号 107 个。及时更新省、市、县三级标准样图，编制各级《领导工作用图》和各类交通旅游、便民系列等文化休闲类地图，满足社会公众需求。

【国家版图意识宣传教育】

浙江省测绘与地理信息局在中国湿地博物馆举办浙江省国家版图书皮进校园系列活动启动仪式，在 23 所中小学开展国家版图意识宣传教育活动。举办浙江省第六期地图审核和安全审校人员培训班，220 多人参加。联合中共浙江省委网络安全和信息化领导小组办公室、浙江省新闻出版广电局举办全覆盖排查整治“问题地图”暨国家版图意识宣传教育“进媒体”培训班，全省 60 多家新闻媒体共 100 多人参加。

【全覆盖排查整治“问题地图”专项行动】

浙江省成立由 14 个部门组成的全覆盖排查整治“问题地图”专项行动领导小组，开展专项整治工作。组织 2000 多家测绘资质单位和涉及地图的单位开展“问题地图”自查。对 400 多个场所开展 700 多次现场检查，检查商位 5000 多个，收缴不合格地图产品 2000 多件。对 4.3 万家网站、微博、微信公众号进行排查，发现“问题地图”520 个。排查电商平台地图类商品 60 万件，处置未经许可的出版物地图和地图产品 7.5 万件。发放整改通知书 56 份，立案查处 5 起“问题地图”典型案件，罚款 14 万元。

测绘地理信息成果管理与应用

【“天地图·浙江”建设与应用】

浙江省测绘与地理信息局举办“天地图·浙江”市县节点建设与应用业务培训班，完成 2017 年度“天地图”省市县数据融合及成果发布，开展省市县地理信息公共服务数据联动更新试点。基于“天地图·浙江”（公众版）省级节点的政府部门、公众用户量达 1838 个，二次开发用户达 619 个，服务申请达 948 个；基于政务版（专网版）的用户量达 170 个，应用示范达 206 个。浙江省级节点在全国“天地图”省级节点年度综合技术评估中继续获得“五星级”，并连续 5 年位列全国第一。

【成果汇交与分发】

浙江省测绘与地理信息局组织开发浙江省测绘成果服务网，实现目录发布、成果查询、使用审批

“一个平台、一站式服务”。完成浙江省地理信息资源目录分站点建设，汇交各类测绘成果共21类，数据总量10.5万多条。全年向社会各界提供各种比例尺地形图5.92万件（数据量31TB），纸质地形图239张，大地控制点1743个。

【测绘成果保密管理】

浙江省测绘与地理信息局不断完善浙江省基础地理信息综合服务平台，升级改造浙江省基础测绘信息网上发布系统。对261家测绘资质单位开展测绘成果保密安全检查，并落实测绘成果核心涉密人员管理制度，建立相关数据库，举办测绘成果核心涉密人员岗位培训班4期，培训713人。

【测量标志管理】

浙江省测绘与地理信息局落实浙江省测量标志保护专项资金指标，组织全省开展测量标志动态巡查，指导有关市县开展测量标志景观点建设，并做好永久性测量标志拆迁审批工作。

【应急测绘保障服务】

浙江省各级测绘与地理信息应急保障工作全部纳入当地政府应急管理体系。国家航空应急测绘保障杭州基地建设进展顺利，浙江省测绘与地理信息局编制实施《国家应急测绘保障能力建设项目浙江省单项建设实施方案》。2017年，浙江省本级投入600万元，引进应急测绘新技术装备，全方位提升数据获取能力。开展空域调研协调，形成浙江省中航时无人机空域协调初步方案。组织开展测绘应急保障演练，提升应急测绘综合保障服务水平。

地理信息产业

【地理信息产业政策】

浙江省测绘与地理信息局制定落实浙江省地理信息产业发展“十三五”规划2017年工作计划。宁波市出台《关于促进地理信息产业发展的实施意见》。浙江省湖州莫干山高新技术产业开发区管理委员会出台《地理信息企业培大育强三年计划》。

【地理信息产业发展】

浙江省地理信息产业发展继续保持良好发展势头，浙江省地理信息产业园累计引进地理信息及相关企业155家，其中全国百强地理信息企业20多家，入园企业累计完成产值121.6亿元、财政收入8.25亿元，全年税收超4亿元。首届联合国世界地理信息大会落地浙江省湖州市德清县，中国—联合国全球地理信息管理论坛永久会址建设按计划开展。

科技、标准化与国际合作

【科技创新体系建设】

浙江省测绘与地理信息局落实《浙江省测绘与地理信息科技发展“十三五”规划》各项指标，发布《浙江省信息化测绘体系建设评估报告》。落户浙江省地理信息产业园的浙江省微波目标特性测量与遥感重点实验室（LAMP）成功申报浙江省重点实验室。

【科技项目与科技奖励】

2017年，浙江省测绘与地理信息局设立技术攻关课题19项，承担国家测绘地理信息局科研课题3个和浙江省科技厅计划项目8个，浙江省测绘与地理信息系统共获测绘科技进步奖9项、地理信息科技进步奖3项。推进科技成果转化，移动外业调绘系统在浙江省测绘与地理信息局直属单位及多个市县的基础测绘和地理国情监测中得到应用。

【标准化工作】

浙江省地方标准《地理空间数据交换和共享基本规范》（DB33/T 2060—2017）发布。浙江省公益性项目《基于语义模型的地理实体谱系标识与标准研究》《基于增强现实的便携式信息化测绘终端技术与标准研究》通过验收。浙江省测绘与地理信息局举办标准化工作培训班2期，共100人参加。

【对外合作与交流】

首届联合国世界地理信息大会落址浙江省湖州市德清县，副省长孙景森领队赴联合国对接筹备工作，并参加在墨西哥举办的第五次联合国全球地理空间信息管理高级论坛。中国—联合国全球地理信息管理论坛永久会址建设按计划推进。浙江省测绘与地理信息局全年因公出国共5批43人次。推荐1人赴联合国秘书处经济社会事务部可持续发展司政策与分析处挂职锻炼。

地市级测绘地理信息工作

【杭州市】

2017年，杭州市测绘与地理信息财政投入4150万元，同比增长5.3%。基础测绘工作方面，杭州市六城区范围的1∶500地形图实现一月一更新，全年累计实测面积达93.6平方千米，获取城区800平方千米8厘米精度的航空正射影像；完成杭州市地面沉降监测网二期复测，开展武林广场、钱江新城周边100平方千米范围的地下空间地形图生产试点工作；完成杭州市域范围的地理空间框架数据生产，在已建成主城区城市三维数据上，构建城市CIM模型，推进倾斜摄影三维数字城市建设；建立杭州市测绘与地理信息专项指挥中心，提升应急测绘服务保障能力。地理国情普查监测方面，完成地理国情普查项目验收，发布《杭州市第一次地理国情普查公报》；统筹安排“一区两率”地理省情监测，全市一套标准全面实施监测13个区（县、市），数据成果全覆盖市域1.6万平方千米；开展11大类专题性地理市情监测，实现杭州市九城区全覆盖；地理国情监测成果在杭州市拥江发展战略、多规融合、城中村改造等工作中得到应用。杭州市规划局（杭州市测绘与地理信息局）与国土、园文、水务等部门签订地理信息资源共建共享协议，全年共享单位达18家。开展测绘资质单位巡查和成果质量监督检验工作，2017年检查测绘资质单位56家。4月，举办杭州市测绘与地理信息行业职业技能选拔赛。

【温州市】

2017年，温州市测绘与地理信息财政投入5534万元，与2016年基本持平。基础测绘工作方面，温州市测绘与地理信息局实施基础测绘项目15个，实现温州市城区1∶500地形图一季一更新，全年更新面积215平方千米并同步更新地名、门牌址、兴趣点数据及全市域高分辨率影像；完成温州市市域范围的地理空间框架数据生产和省市“天地图”数据融合。测绘与地理信息公共服务方面，继续在“天地图·温州”微信客户端推送“瓯越·每周一图”；为党委政府重点工作和信息化项目提供基础测绘成果600多批次，其中涉密基础测绘成果使用行政许可135件。地理国情普查监测方面，完成第一次地理国情普查并编制《温州市第一次地理国情普查公报》，组织开展温州市区范围的“一区两率”监测工作；与温州市政府新闻办公室（温州市互联网信息办公室）、温州日报报业集团签订共建共享合作协议，共建“热点地图”栏目。测绘与地理信息监管方面，永嘉、平阳、苍南县增设测绘与地理信息科，明确行政管理职能；市县两级全部8个（县级7个）测绘地理信息行政审批事项纳入“最多跑一次”改革；开展“双随机”监管工作，检查测绘资质单位18家，对4家单位发出整改通知书，作出行政处罚1起；完成26个测绘地理信息项目的成果质量监督检查；推进测绘市场信用体系建设，上报6条不良信息和1条“黑名单”信息；联合开展全覆盖排查整治“问题地图”专项行动，没收下架“问题地图”产品500多件，21家登载“问题地图”的网站进行了整改。

【湖州市】

2017年，湖州市测绘与地理信息财政投入4258万元，同比增长25.01%。基础测绘工作方面，湖州市完成1∶500地形图更新75.6平方千米、1∶2000地形图更新235平方千米、航空摄影938平方千米、卫星影像获取5818平方千米、似大地水准面精化5818平方千米、地名地址POI更新2万条。应急测绘保障服务方面，制定《湖州市测绘与地理信息局应急测绘保障预案》《湖州市测绘与地理信息局无人机应急操作手册》，明确组织体系、工作机制及无人机安全管理规定、保密制度、应急演练方案等。地理国情普查监测方面，完成第一次地理国情普查，利用最新影像开展城市建成区“一区两率”常态化监测工作。监测成果在地下空间、生态公益林、规划选址、美丽乡村、自然资源确权登记、领导干部自然资源资产离任审计等重大项目和民生服务中得到推广运用。地理信息资源共建共享方面，截至2017年底，湖州市共有65个应用部门（单位）、112个应用系统（平台），年内新增应用21个。智慧云平台建设方面，“智慧德清”和“智慧长兴”项目已列入国家试点，总投资约9852万元，计划于2018年建成投用。“最多跑一次”改革方面，湖州市测绘行政审批事项及公共服务事项共11项实现“全部零上门”。“双随机”抽查监管方面，巡查资质单位32家；涉密成果检查自查单位109家、抽查单位73家、检查计算机81台，销毁电子光盘5张；全覆盖排查整治“问题地图”自查单位474家、抽查单位212家，发现“问题地图”99张，发出整改通知书16份；抽查测绘质量单位22家，1家检验不合格。

【嘉兴市】

2017年，嘉兴市测绘与地理信息财政投入5274万元，同比增长9.6%。行业管理方面，嘉兴市测绘与地理信息局梳理测绘与地理信息“最多跑一次”事项8项，印发《嘉兴市测绘行政许可事项办事指南》；印发《嘉兴市测绘与地理信息“双随机”抽查监督工作方案》，建立测绘执法检查“两库一清单”，对市本级12家单位的成果质量开展监督检查，对全市30家丙、丁级企业开展资质巡查和县（市）抽查；开展嘉兴市全覆盖排查整治“问题地图”专项行动，检查单位1026家，自查地图8178份；联合嘉兴市国家安全部门对全市20个卫星导航定位基准站开展安全专项检查；联合嘉兴市保密部门对8家申请使用涉密测绘成果的单位进行涉密地理信息使用和保管情况检查；制定《嘉兴市国家版图意识宣传教育“三进”活动方案》。基础测绘工作方面，嘉兴市实现1∶500地形图300平方千米中心城区所有乡镇建成区全覆盖，中心城区150平方千米范围实现动态更新；嘉兴市1∶2000“3D”产品实现968平方千米全覆盖，全年更新数字线划图（DLG）、数字高程模型图（DEM）28.29平方千米，数字正射影像图（DOM）950平方千米；在已建成120平方千米城市三维模型数据的基础上，建立三维模型数据动态更新机制，全年更新10.5平方千米。测绘与地理信息公共服务方面，与13家政府部门和企事业单位签订信息资源共享交换战略合作协议，为34家政府部门和企事业单位的54个应用系统提供地理信息服务；嘉兴市第一次地理国情普查通过验收，组织开展嘉兴市“一区两率”“城市建设用地现状”“多规合一”等监测工作；全面启动智慧嘉兴时空大数据与云平台国家试点建设。开展嘉兴市地理实体建设，关联汇聚全市37个行业部门203个专题8000多万条数据资源。12月3日—5日，智慧嘉兴时空信息云平台参展第四届世界互联网大会·乌镇峰会暨互联网之光博览会，得到嘉兴市市长的高度肯定。

【绍兴市】

2017年，绍兴市测绘与地理信息财政投入8314万元，同比增长9.6%。绍兴市政府召开绍兴市测绘与地理信息工作会议。基础测绘工作方面，绍兴市实现城区1∶500地形图动态更新，全年更新29.67平方千米；完成绍兴市市域范围的地理空间框架数据及系统维护更新，新增应用3个，深入推广应用5个，在已建成490平方千米城市三维数据的基础上，增加12平方千米的倾斜摄影三维模型。测绘与地理信息公共服务方面，编制《绍兴市政务用图》《绍兴市越城区公务地图册》，提供绍兴市大比例尺地形图、卫星影像图、三维城市模型等基础测绘地理信息成果数据。举办绍兴市第二届测绘与地理信息行业职业技能竞赛。组织开展1次市级测绘地理信息应急演练，提升测绘应急保障服务能力。地理国情普查监测方面，组织开展绍兴市区范围的“一区两率”数据监测工作，发布《绍兴市第一次地理国情普查公报》。绍兴市测绘和地理信息局与公安、环保、电力、水利、国土、城管等部门签订地理信息资源共建共享协议，截至年底，共享单位达28家，涉及32个系统。开展测绘与地理信息“双随机”抽查工作，全年检查测绘资质单位12家。

【金华市】

2017年，金华市测绘与地理信息财政投入4870万元，与2016年基本持平。基础测绘工作方面，金华市对覆盖城区154平方千米的1∶500地形图实行动态更新，全年更新43平方千米，三维覆盖150平方千米；1∶2000地形图覆盖8729平方千米，覆盖率87%，更新600平方千米；完成1.1万千米6米以上道路管线普查，建成二三维一体管线管理信息系统和管控平台，启动市区背街小巷和小区地下管线普查。地理国情普查监测方面，组织开展金华市“两区四市三县”范围的“一区两率”数据更新工作；市本级开展城市建成区泊车位、大型商业设施及特色商业街区、古树名木等11项地理市情普查工作。测绘与地理信息公共服务方面，截至年底，数字金华地理信息公共服务平台应用系统达120多个，其中市本级平台应用于23个部门32个应用系统；市本级为市区政府及各部门制作提供各种图件120多张，提供基础测绘与地理信息成果230多次；金华、东阳、永康、武义、磐安等市、县（市）编制了《政务地图集》；组织开展首次应急测绘演练；兰溪市启动智慧兰溪时空信息云平台建设。测绘与地理信息统一监管方面，金华市开展测绘资质单位巡查、成果质量监督检查和涉密测绘成果保密检查，全年检查测绘资质单位23家。金华市“联合测绘”项目办件393个，费用较收费标准下浮34%、服务时限缩短35%。

【衢州市】

2017年，衢州市测绘与地理信息财政投入710万元，同比增长29.58%。衢州市测绘与地理信息局印发《衢州市测绘成果汇交管理办法》。在浙江省率先推出建筑工程项目“测验合一”改革，公布综合联测联核示范名录，国家发展和改革委员会到衢州市实地调研。基础测绘工作方面，实现衢州市城区1∶500地形图动态更新，全年更新20平方千米；新增1∶2000地形图800平方千米；开展全市域

0.5 米高分辨率影像获取工作，已完成70%；完成3轮“天地图”联动更新，更新面积900平方千米，更新POI数据1000多条；完成衢州市域范围的地理空间框架数据生产，新生产城市倾斜摄影三维模型60平方千米。地理国情普查监测方面，组织开展衢州市域范围的“一区两率”数据监测及更新工作，编制完成《衢州市第一次地理国情普查公报》。测绘与地理信息公共服务方面，与衢州市政法、公安消防部门签订地理信息资源共建共享战略合作协议。开发小城镇环境综合整治智慧管理平台和衢州市国有资产大数据管控平台，在120多家企事业单位应用推广。截至年底，衢州市共享测绘与地理信息数据的单位达30家、系统33个。开展测绘资质单位巡查和成果质量监督检验工作，全年检查测绘资质单位34家。

【舟山市】

2017年，舟山市测绘与地理信息财政投入1657万元，同比增长27.37%。舟山市测绘与地理信息局联合其他12个部门印发《舟山市贯彻落实“最多跑一次”改革决策部署、全面推进建筑工程“竣工测验合一”改革实施方案》，制定《舟山市建筑工程竣工综合联测联核实施指南（试行）》。基础测绘工作方面，实现舟山本岛重点区域140平方千米1:500、1:2000地形图一季度一更新；全年更新1:500地形图652平方千米、1:2000地形图565平方千米；获得浙江省测绘与地理信息局对舟山市0.2米分辨率航摄影像获取与处理项目的支持，更新影像面积3485平方千米；建立数字城市展示平台，推广数字城市和基础地理信息成果应用，提升测绘与地理信息应急保障服务能力。地理国情监测方面，组织开展舟山市两县两区范围的“一区两率”、深水岸线资源、低丘缓坡资源数据更新工作。截至年底，舟山市共享使用测绘地理信息数据的单位达16家。开展测绘资质单位“双随机”抽查工作和全覆盖排查整治“问题地图”专项行动，全年检查测绘资质单位、图书馆、博物馆、广告公司等单位40多家。

【台州市】

2017年，台州市测绘与地理信息财政投入5980万元，同比增长66%。市本级生产1:500地形图530平方千米、平原区域0.2米分辨率影像航摄及数字正射影像900平方千米、1:2000数字线划图735平方千米。浙江省测绘与地理信息局批复同意台州市开展地理信息数据联动更新试点。台州市测绘与地理信息局印发《关于促进全市地理信息产业发展的实施意见》，明确通过引进无人机高端装备制造，带动形成一批基于空间位置服务的新产品和新产业。11月，大型无人机“天鹰”在台州市总装下线，中央电视台、浙江卫视多个栏目共同报道。市本级和6个县（市）第一次地理国情普查项目通过验收，编制《台州市第一次地理国情普查公报》，启动规划实施监测、历史文化街区和历史建筑监测、“一区两率”监测等重点市情常态化监测。出台《台州市连续运行卫星定位服务系统使用管理规定（试行）》，研发TZCORS在线服务平台，为40多家测绘单位和有关部门提供实时高精度服务。推进新技术在测绘生产中的应用，基于“北斗+传感器+大数据”变形监测技术应用于台州市椒江区危旧房动态变形监测项目，项目成果“变形监测管理平台”取得软件著作权。召开地理空间信息共建共享与应用座谈会，制定平台推广应用实施计划，为水利、行政执法、交通等部门提供重要基础数据及服务支撑，市县推广深入应用项目达18个。与台州市政府应急管理办公室签订共建共享协议，建立应急测绘数据共享平台，研发应急出图系统，组建应急测绘保障突击队，配置3架无人机和1辆应急测绘装备运载车，共同举办台州市首次突发事件应急测绘保障演练。制定台州市测绘与地理信息行业“双随机”抽查实施方案，建立随机抽查事项清单、执法检查人员名录库、检查对象名录库，完成15家单位资质、档案和保密、质量管理体系等检查。成立以台州市政府副秘书长为组长的市全覆盖排查整治“问题地图”专项行动领导小组，在全市范围内开展自查、抽查，净化地图市场环境。

【丽水市】

2017年，丽水市测绘与地理信息财政投入2680万元，同比增长23.73%，其中市区财政投入651万元，同比增长54.53%。丽水市测绘与地理信息局推进建筑工程“竣工测验合一”改革，公布综合联测联核机构名录，建立测绘成果质量监督检查和测绘项目质量验收专家库。基础测绘工作方面，年底全市1:500、1:2000地形图覆盖面积分别为1167.3平方千米、1781.1平方千米，年内新增面积分别为19.5平方千米、110平方千米。实现丽水市域0.5米分辨率的航空遥感影像数据全覆盖并每年更新。市本级完成覆盖主城区范围的1:2000数字正射影像图（DOM）400平方千米；县（市）共完成覆盖城区范围的1∶2000数字正射影像图1500平方千米。市本级完成覆盖市本级主城区和重点开发区域范围的1∶500地形图110平方千米、1∶2000地形图240平方千米、地下管线测绘及更新1500千米。县（市）覆盖1∶500地形图560平方千米、1∶2000地形图1500平方千米。开展应急测绘现场演练，提升应急测绘保障服务能力。地理国情普查监测方面，组织开展“一区两率”监测工作，编制《丽水市第一次地理国情普查公报》。测绘与地理信息公共服务方面，修编第二版《丽水市领导工作用图》；与公安、水利、城管、规划等部门签订地理信息资源共建共享协议，截至年底，共享单位达10家，地理信息公共服务平台推广应用总量达108个。全年检查测绘资质单位12家，测绘成果质量监督检查17家。

地方社团工作

【浙江省测绘与地理信息行业协会】

浙江省测绘与地理信息行业协会评选出浙江省优秀测绘与地理信息工程奖41项。6月，在杭州市举办“华东测绘杯”浙江省第二届测绘与地理信息职工羽毛球比赛，15支队伍130人参赛。11月，在浙江省信息化测绘创新基地举办“创新基地杯”浙江省第九届测绘与地理信息职工乒乓球比赛，21支队伍148人参赛。10月，与浙江省测绘职工思想政治工作研究会联合举办第一届“山水梦·测绘情”摄影比赛。全年举办新测绘法培训、注册测绘师考前辅导、涉密测绘成果培训、地图内容审查上岗培训、房产测绘技术培训、大地测量技术培训等11期培训班，共2200多人参加。完成注册测绘师注册省级审核220人。新增会员单位56家，取消会员资格单位10家，注销会员单位31家，年底会员单位总数达498家。

【浙江省测绘与地理信息学会】

2017年，浙江省测绘与地理信息学会新发展个人会员781名、单位（团体）会员19家。编辑出版《2017年度浙江省测绘与地理信息学会优秀论文集》。4月，与英国特许土木工程测量师学会签署合作协议。5月，举办“南方测绘杯”第四届浙江省测绘职工与大学生定向越野赛暨“全国科技工作者日”活动。6月，组团参加第十九届华东六省一市测绘学会学术交流会，10篇论文获优秀论文奖。7月，组团参加“中国四维杯”第十三届全国测绘地理信息职工定向越野赛，获23个奖项。举办InSAR技术、标准编写等培训班，培训800多人次。组织浙江省测绘与地理信息科技进步奖、专业技术中级职务任职资格评审和优秀科技工作者评选工作。与11家单位签订地理信息产业（德清）创新助力学会联合体合作协议。

【浙江省测绘职工思想政治工作研究会】

9月，浙江省测绘职工思想政治工作研究会召开六届四次理事会暨第十八次年会，总结六届三次理事会工作，交流政研成果27篇，评出优秀政研成果18篇。获得中国测绘职工思想政治工作研究会2016年度重点课题成果评选优秀组织奖，推荐研究成果10篇，其中1篇获一等奖、2篇获二等奖、3篇获三等奖。被浙江省思想政治工作研究会评为“2015—2016年度浙江省优秀政研会”。

安徽省

概况

2017年，安徽省测绘资质管理、行政执法、地图市场监管、行业信用管理等各项测绘地理信息工作取得成效，市场秩序进一步规范。全年安徽省测绘地理信息行业完成测绘服务总值21.26亿元。实现1∶1万基础地图年度更新，完成安徽省卫星导航定位基准服务系统兼容北斗升级改造。发布《安徽省第一次地理国情普查公报》，为林地“一张图”建设、抗洪救灾等工作提供普查成果。完成全省基础性地理国情监测，全面展开合肥市重点区域地面沉降监测、安徽省矿山复绿监测管理系统等专题性地理国情监测工作，投入资金1400多万元实施环巢湖生态环境动态监测项目。稳步实施数字县域建设，开展黄山市、淮北市智慧城市建设试点工作。完成“天地图”省内节点与国家主节点间的矢量及影像数据融合，完成113万条兴趣点（POI）更新数据与融合，数据更新量达1846GB。全年向社会各界提供各种比例尺地形图27223幅、测绘基准成果1949点（次），航空航天遥感数据约14TB，编制各类专题地图150多幅。投入精准扶贫资金2570万元，完成省内扶贫区域2万平方千米的0.2米分辨率彩色航空摄影及1:2000数字正射影像图生产任务。举办安徽省首届测绘地理信息成果展示会，安徽省国土资源厅与武警安徽省总队、安徽省林业厅等4家单位签订合作框架协议。健全党建工作责任制，做好党务常态工作，制定印发《安徽省测绘局党建工作目标考核办法》。聚焦党风廉政建设，落实民主集中制、落实“三重一大”集体决策制等，细化廉政建设和反腐败工作要素，规范用权，加强监督。

党的建设与人才队伍建设

【党的建设】

安徽省测绘局落实“两学一做”学习教育常态化制度化，完善“三会一课”形式内容，开展“讲重作”等专题研讨。做好党务常态工作，全年组织12次党委理论学习中心组学习活动，专题学习党的十八届六中全会、十九大精神，党章党规和习近平总书记系列重要讲话等。制定印发《安徽省测绘局党建工作目标考核办法》，开展全局党建考核工作。

【党风廉政建设】

安徽省测绘局制定印发《安徽省测绘局2017年党风廉政建设与反腐败工作要点》，落实领导干部述职述廉、诫勉谈话、报告个人有关事项等制度。深化“酒桌办公”专项整治，对公款购买消费高档白酒问题进行排查。组织订阅关注“安徽纪检监察”新媒体、开展党风廉政警示教育活动。针对全局和局属单位重点工作进行监督。全年共处理12件群众来信（来访）和上级纪检部门的专函。

【精神文明建设】

安徽省测绘局组队参加全国测绘地理信息系统第五届“天润科技杯”乒乓球比赛。举办迎国庆红色诗文朗诵比赛、“春季竞走比赛、学雷锋，争当志愿者”活动、老干部重阳节游园、春节文体活动及“三八”妇女节活动等。

【人才队伍建设】

安徽省测绘局增加干部编制，对局属部分单位领导班子和领导干部进行全面测评。全年组织专业技术人员培训1297人次。通过公务员遴选与公开招录等方式招录工作人员24名。

法制建设与市场监管

【法制建设】

安徽省国土资源厅开展配套测绘地理信息地方法规、规章、规范性文件的制定、修订。根据《地图管理条例》，制定安徽省地图审批有关规定，研究制定针对三维地图、街景地图等新型地图服务的管理政策，完善互联网地图监管的有关规定。启动《安徽省测绘条例》修订工作，组建修订小组，上报修订方案，开展有关调研工作。研究制定测绘成果质量管理、测绘市场管理有关政策。

【法制宣传】

安徽省国土资源厅厅长在《安徽日报》发表署名文章贯彻宣传新测绘法。“8·29”测绘法宣传日，安徽省国土资源厅联合合肥市测绘地理信息主管部门、安徽省测绘局、在合肥甲级测绘资质单位及部分乙级测绘资质单位，以认真学习宣传贯彻新测绘法为主题宣传，为市民免费发放印有测绘地理信息宣传口号、标语的宣传品近1万份，发放各类地图产品4000多份。各市测绘地理信息主管部门与辖区内测绘资质单位联合开展相关宣传活动。安徽省国土资源厅举办新测绘法培训班，邀请国家测绘地理信息局有关负责人对全省测绘地理信息主管部门、甲级测绘资质单位负责人进行培训。

【综合执法】

安徽省国土资源厅贯彻落实《国土资源部、国家测绘地理信息局深化部局业务协作实施方案》的有关要求，加强市场监管，提高执法水平，完善部门协作、上下联动的日常监管工作机制。开展全覆盖排查整治“问题地图”专项行动有关工作。根据国家测绘地理信息局《关于查处违法测绘行为的函》《关于核查举报的函》等文件要求，督促指导滁州市测绘地理信息主管部门对华东冶金地质勘查局测绘总队提供存在问题的测绘成果进行立案查处；对举报反映湖北山锐航空遥感科技有限公司涉嫌的问题进行了调查，并上报调查结果；对境外人员在黄山市进行非法勘探、非法测绘进行了立案查处。

按要求向国家测绘地理信息局报备淮南市测绘地理信息主管部门立案查处安徽图联科技有限公司非法测绘案。

【依法行政】

安徽省国土资源厅定期组织地籍测绘管理处、执法监察局、政策法规处等相关处室学习新测绘法，研究制定职责权限，明确任务分工。组织全省测绘地理信息行政管理人员参加国家测绘地理信息局和安徽省国土资源厅主办的有关培训。规范行政审批行为，测绘资质审批、地图审批等事项全部纳入厅政务中心窗口办理，并将行政权力清单通过安徽省政府向全社会公布。

【“放管服”改革】

安徽省国土资源厅推进行政审批服务标准化建设，重新编制《安徽省行政审批和服务事项清单》，完善行政权力清单、公共服务清单、责任清单。全年取消行政权力和公共服务事项1项。

【测绘资质管理】

安徽省国土资源厅全年受理85家单位的测绘资质申请，审查批准测绘资质单位67家，初审并上报甲级测绘资质申请、变更、补充修改数据材料25家；办理乙、丙、丁级测绘资质单位法人代表、单位名称和单位地址等变更68家。开展全省测绘资质单位2016年测绘资质年度报告工作，619家测绘资质单位报送了2015年度测绘资质年度报告并完成公示。40家应当报送2015年度测绘资质年度报告而未报送的单位被记录不良信用信息，半年内不得申请晋升测绘资质等级和增加专业范围。

【信用管理】

安徽省国土资源厅做好信用信息异议处理和信息报告查询服务工作。年初组织所有测绘资质单位进行信用信息征集，对所征集的甲级单位信用信息进行初审，并上报到国家局审核，并对乙级以下单位信用信息进行了终审发布。

【日常监管】

安徽省国土资源厅结合“双随机”抽查，开展测绘资质巡查、测绘资质年度报告、测绘地理信息成果质量监督检查、行业信用征集，对未上报年度报告和质量监督检查“批不合格”的资质单位作为不良信用信息计入测绘地理信息行业信用信息管理系统，并及时向社会公布。加强测绘地理信息行业保密管理工作，举办测绘地理信息保密培训班，各市测绘地理信息主管部门相关科室负责人、各资质单位有关人员共700多人参加培训。与安全、保密等部门开展相关案件查处工作。

基础测绘

【基础测绘项目】

安徽省组织落实基础测绘2017年度计划，制定《2017年基础测绘更新经费预算指标分解表》，细化基础测绘专项经费。2017年，安徽省共投入基础测绘经费1.33亿元。进一步推广使用基础地理信息坐标转换软件，转换大地成果点12.09万个。完成安徽省卫星导航定位基准服务系统兼容北斗的升级改造，建成覆盖安徽省全域的支持北斗、多星座兼容的卫星导航定位基准服务系统，并通过验收、鉴定。截至年底，安徽省卫星导航定位基准服务系统为270多家单位和2900多个流动站用户注册入网并提供技术服务。1:1万基础地图实现全省要素变化年度更新，全年共完成1:1万基础测绘更新DOM 5474幅、DLG 4105幅。

【航空航天遥感影像获取与应用】

安徽省测绘局为满足基础测绘更新、数字城市建设、地理国情监测和精准扶贫等工作需要，完成省内33个摄区5.55万平方千米的数码航空摄影和覆盖安徽省全域（2次）28.3万平方千米的航天遥感卫星数据获取工作。

【智慧城市、数字城市建设】

安徽省完成亳州、淮南、阜阳市数字城市地理空间框架建设，推进马鞍山、芜湖、六安等市数字城市维护更新，安庆、蚌埠、宣城市等数字城市建设进入收尾阶段。黄山、淮北市智慧城市时空信息云平台建设试点工作有序推进。

【质量管理】

安徽省国土资源厅开展测绘地理信息成果质量监督检查工作，全年共监督检查149家行业单位，及时反馈、整改发现的问题。安徽省测绘局强化测绘产品质量管理，建立安徽省基础测绘成果质量巡检机制，开展安徽省1:1万基础测绘更新和基础性地理国情监测质量检查。制定印发《安徽省测绘项目目标管理暂行办法》，规范项目管理。全年检验测绘项目93项，检定各类仪器2463台（套）。

【安全生产】

安徽省测绘局在节假日、重要时间节点召开安全工作会议，部署安全保卫工作，严格执行应急响应和应急值守制度，组织检查组开展全局安全保卫巡视工作。

地理国情监测

【地理国情普查】

《安徽省第一次地理国情普查公报》正式发布，普查成果覆盖全省约14.01万平方千米，在林地“一张图”建设、抗洪救灾等多项工作中发挥重要作用。

【地理国情监测】

安徽省完成全省基础性地理国情监测，组织实施环巢湖生态环境动态监测，全面开展合肥市地面沉降监测、安徽省矿山复绿监测等专题性地理国情监测项目。

地图管理与地图服务

【地图审核】

安徽省国土资源厅严格审核程序，共完成地图审核51件。

【地图编制与出版】

安徽省测绘局编制中德文、中英文版《安徽省地图》，中德文版《下萨克森州地图》《安徽省地图集》《八百里皖江》《安徽省十三五脱贫攻坚分布图》《安徽省电网图集》《安徽省水利工程位置图集》《安徽省公路图》《合肥市城区图》《九华山旅游图》等各类专题地图（集）。

【地图市场监管】

安徽省国土资源厅加强地图市场监管，利用互联网地理信息监管系统进行排查，对互联网网站登载的动态、静态地图和POI信息进行检查，共检定276条记录，其中非地图图片3张、无问题的地图图片35张、违规地图图片3张、无问题的POI信息171条、违规POI信息64条。

【地图公共服务】

安徽省测绘地理信息相关部门为省发展和改革委员会、省水利厅、省政府秘书处、省军区作训处等单位累积提供各类地图50多幅。按时间节点完成第四次辅助决策用图共享工作，上传入库全开版《安徽省地图》《合肥市地图》等17幅最新版辅助决策用图。

【国家版图意识宣传教育】

安徽省国土资源厅结合全国“问题地图”专项整治工作，组织召开了媒体座谈会，通报媒体出现“问题地图”情况，向媒体工作者普及国家版图知识。在中小学开展国家版图意识宣传教育“进学校”活动，深化中小学生的国家版图意识宣传教育；组织具有地图编制、互联网地图服务测绘资质的单位相关人员及各级测绘行政管理人员、地图技术审查人员等，参加国家测绘地理信息局组织举办的《地图管理条例》培训班和省级相关培训；利用测绘法宣传日等活动，向学校、社区和广大群众赠送地图和地图产品，普及国家版图知识，曝光典型违法案件。

测绘地理信息成果管理与应用

【“天地图·安徽”建设与应用】

安徽省完善“天地图·安徽”省级节点建设与运营组织体系，制定2017年更新、融合实施方案及技术设计，实现影像数据的全面更新。开展“天地图·安徽”门户网站维护和升级工作，完成在线存储数据的硬件扩容与软件系统迁移升级，更新“天地图”加密服务密钥。完成淮北等8个地级市“天地图”节点与国家主节点间的矢量及影像数据融合和113万条兴趣点（POI）数据更新与融合。安徽省利用街景采集数据，在“天地图·安徽”平台推出三维特色服务。推动省地质灾害隐患点信息管理系统、省地名普查管理系统等多个示范应用建设。

【成果汇交与分发】

安徽省完成安庆、皖中南、皖北测区基础测绘更新数据、安徽全域0.5米高分辨率卫星影像、243景国产卫星影像等成果汇交，完成2017年度安徽省基础性地理国情监测成果和安徽省内7个扶贫区域的地理信息成果汇交。全年向国土、交通、规划、农业、水利等行业部门提供各种比例尺地形图27223幅、测绘基准成果点1949点（次）、航空航天遥感数据约14TB，主动为各级政府和有关部门规划、科学决策提供地理信息与技术支持。

【测绘成果保密管理】

安徽省完成测绘资料归档241卷。完成全国测绘地理信息资源目录服务系统安徽子网站建设和元数据发布工作，推进测绘地理信息成果、档案数据异地备份系统建设。

安徽省测绘局加强网络安全和测绘地理信息保密工作。制定印发《安徽省测绘局2017年保密工作要点》，开展保密大检查、保密自查自评、保密责任书签订、重要领域密码应用情况汇报等工作，开展定密工作调研，完成局属部分单位涉密信息系统改造工作。配合安徽省国家保密局等单位完成相关保密督查、密级鉴定等工作。

【测量标志管理】

安徽省国土资源厅开展测量标志普查、修缮工作。印发《马鞍山、安庆市第二轮测量标志普查工作方案》，对马鞍山市和安庆市2663座四等以上标志点开展普查；印发《安徽省永久性测量标志维护修缮技术方案》，对完成第二轮测量标志普查的市辖区内A、B、C、D级GNSS点，一、二、三、四等大地点及四等以上的水准点进行全面维护修缮。

【应急测绘保障服务】

安徽省成立国家应急测绘保障能力建设安徽省办公室，编写实施方案并获国家测绘地理信息局批准。安徽省测绘局完善应急保障快速响应机制，主动服务全省防汛、抗洪救灾等应急工作和习近平总书记视察安徽的重要接待工作，制作、提供专题示意图和地理信息数据。

地理信息产业

安徽省地理信息（马鞍山）产业园正式挂牌。产业园按照“一年起步、三年初具规模、五年全面建成”的发展目标，完成总投资30亿元，引进各类地理信息企业100多家，发展龙头企业3～5家。

科技、标准化与交流合作

【科技项目】

安徽省测绘局加强对2016年度立项的科研项目的跟踪管理，完成2016年度10个科研项目的结题评审工作。组织召开2017年度全局科研项目立项评审会议，10个科研项目通过评审。开发满足多领域需求的服务系统，研发安徽省测绘项目备案管理系统、精准扶贫地理信息系统、高发型流行病管理地理信息系统设计与开发等，推进黄山市土地管理委员会决策支持系统建设。

【科技奖励】

“地理信息服务与应用体系研究”项目获2017年安徽省科技进步奖三等奖，“安徽第一次地理国情普查信息统计分析和数据库建库”项目、“2015年度芜湖新增建设用地航空遥感动态巡查监测”项目分获中国地理信息产业协会2017年中国地理信息产业优秀工程奖金、铜奖。

【标准化工作】

安徽省测绘局参与制定《卫星导航定位基准站网基本产品规范》《卫星导航定位基准站网测试技术规范》《无人机航空摄影成果质量检验规程》《似大地水准面精化精度检测规程》，编写完成《安徽省1∶1万基础地理信息数据更新技术规程（一般地区）补充技术规定》《安徽省1∶1万基础地理信息数据更新技术规程（城市地区）》。

【对外合作与交流】

安徽省举办首届测绘地理信息成果展示会，向社会各界展现安徽省测绘地理信息技术能力和服务保障能力。安徽省国土资源厅与中铁第四勘察设计院集团有限公司、武警安徽省总队、安徽省农业委员会、安徽省林业厅4家单位签订测绘地理信息共建共享框架协议，安徽省测绘局与国家林业局华东森林资源监测中心签订合作框架协议，在地理信息数据的共享、开发和应用方面达成共识。

安徽省测绘局派出3人次赴国外参加智慧城市建设与地理信息应用技术培训、地理国情监测及分析技术培训、矿业废弃地恢复与再利用培训等。

地市级测绘地理信息工作

【芜湖市】

2017年，芜湖市本级测绘地理信息财政投入1000多万元，全市测绘资质单位完成测绘服务总值1.3亿多元。编制完成《芜湖市“十三五”信息化发展规划》并正式印发。利用0.1米分辨率航摄数据，完成中心城区300平方千米1∶1000地形图更新入库、地理信息公共平台电子地图更新入库和“天地图·芜湖”数据更新。数字县域地理空间框建设全面启动，按计划推进。完成1家单位新增测绘资质和5家单位测绘资质升级的审核，完成测绘资质巡查及8家测绘资质单位的测绘地理信息成果质量抽查。联合芜湖市国家保密局对芜湖市涉密测绘成果生产、使用、保管单位进行了检查。联合芜湖市国家安全局，完成10座卫星导航定位基准站的安全排查工作。联合芜湖市文化、工商、教育等部门开展地图市场专项检查。组织多次贯彻新测绘法培训会，开展“8·29”测绘法宣传日活动。

【滁州市】

2017年，滁州市本级在基础地理信息数据更新、2017年土地变更调查等测绘地理信息项目共投入财政资金290万元。与公安、水文、林业、民政等10个政府部门共享地理空间数据库平台，实现12个业务管理系统的应用，建立长期稳定的数据交换和更新机制。滁州市本级全年审核2家测绘资质单位的基本信息变更申请，受理3家测绘资质单位补充和修改数据申请，审核并上报1家测绘资质单位的资质升级申请，受理1家测绘资质单位续期换证申请；受理地图审核事项2件。对13家乙、丙、丁级测绘资质单位开展测绘资质巡查及抽查工作。组织开展全市测绘地理信息成果质量监督检查工作，联合中标单位对抽检的7家测绘资质单位进行年度测绘地理信息成果质量监督检查。联合滁州市国家安全局完成滁州市10个卫星导航定位基准站的专项整治，并监督相关单位完成备案工作。联合工商、文化等部门开展测绘地理信息安全、地图市场及互联网地图服务等各类专项监督检查。组织做好“美丽中国”第三届全国国家版图知识竞赛网络赛，全市9人获奖，其中成人组特等奖1人、三等奖2人、优胜奖6人。结合“8·29”测绘法宣传日活动，向市民发放滁州市区地图400张、测绘法宣传单页1000张、宣传布袋300个。

【黄山市】

11月7日，数字黄山县域地理空间框架统一建设项目通过省级专家组验收。黄山市完成经济开发区1:500地形测量工作，完成4家单位测绘资质申请材料审核、5家测绘资质单位增加业务范围材料审核和上报、4家测绘资质单位法人、单位名称、办公地址、技术人员变更事项材料审核和上报工作。完成全市26家测绘资质单位的测绘统计年报工作。全面开展全覆盖排查整治“问题地图”专项行动工作，制定了专项行动工作方案，成立了专项行动领导小组，开展了自查和抽查工作，全市涉及地图自查单位266家、自查地图19188份（其中电子地图82份），抽查单位149家、地图2953份。对全市26家测绘资质单位和近2年领取国家基础涉密测绘成果资料的12家单位开展测绘地理信息成果保密管理情况检查，针对检查发现的问题，提出意见和建议并下达整改通知书。完成非法测绘案件的查处工作，对1起境外人员在黄山市中心城区涉嫌非法测绘进行了立案查处。

地方社团工作

安徽省测绘地理信息学会参加第十九届华东六省一市测绘学术交流会暨2017海峡两岸测绘技术交流会，10篇论文获奖。组织参加2017年全国测绘科技进步奖评选工作，3个项目获三等奖。与7家公司联合举办测绘巡展，与摄影测量与遥感、测绘工程、地图制图与地理信息等专业委员会组织开展专题学术交流会。《安徽测绘》杂志通过年检，全年编辑印刷4期，发行4400册。

福建省

概况

2017年，福建省测绘地理信息局认真推进“两学一做”学习教育常态化制度化，学习贯彻落实党的十九大精神，推进测绘地理信息领域供给侧结构性改革，做好福建生态文明实验区建设测绘地理信息保障服务。福建省级基础测绘经费投入6150万元。截至年底，全省共有测绘资质单位592家，其中甲级36家、乙级95家、丙级263家、丁级198家。

福建省测绘地理信息局开展测绘地理信息领域“一趟不用跑”和“最多跑一趟”办事清单清理，其中4项行政审批事项、2项公共服务事项列入“一趟不用跑”和“最多跑一趟”办事清单。开展福建省测绘地方性法规、规章和省政府规范性文件清理。宣传贯彻新测绘法，补充修订测绘行政审批事项办事指南，重新制定权责清单和减权放权监管责任清单。

福建省测绘地信局落实“双随机、一公开”要求，抽查53家测绘资质单位，发出整改通知书23份。开展常态化测绘地理信息行业信用信息征集，基本建立测绘资质单位失信惩戒机制。联合15家部门开展全覆盖排查整治“问题地图”专项行动，联合省国家安全厅开展卫星导航定位基准站安全专项整治。福建省各设区市国土资源管理部门按要求开展全覆盖排查整治“问题地图”专项行动和卫星导航定位基准站安全专项整治。

12月12日，《福建省第一次地理国情普查公报》正式对外发布。福建省地理国情普查成果广泛应用于省级空间规划编制、领导干部自然资源资产离任审计、不动产权登记、生态空间用途管制等工作。完成福州、宁德市域范围基础性地理国情监测，开展2项专题性地理国情监测。

福建省测绘地理信息局完成全省连续运行卫星定位服务系统北斗化改造，新建及改造升级卫星定位基准站点73个。完成卫星遥感影像获取和基础地理信息数据更新，保持全省基础地理信息数据库和地理信息公共服务平台的良好现势性。新立项数字县域地理空间框架建设项目7个，完成“天地图·福建”6个系统的应用对接、5个部门前置服务的部署更新。高分辨率对地观测系统福建数据与应用中心（以下简称高分福建中心）挂牌成立，为14家单位提供高分辨率卫星遥感影像应用服务。

福建省测绘地理信息局贯彻《国家生态文明试验区（福建）实施方案》和福建省委有关文件精神，研究出台服务保障国家生态文明试验区（福建）建设6条措施。为省级空间规划编制提供地理信息资源与技术支撑，参与《福建省空间规划管理办法》编制。承担福建省委办公厅、省政府办公厅在《福建省党政领导干部自然资源资产离任审计实施方案（试行）》中赋予的相应职责，推进自然资源资产审计大数据平台建设，协助审计部门完成莆田、邵武、平潭等地专项审计试点相关任务。

党的建设与人才队伍建设

【党的建设】

福建省测绘地理信息局领导班子成员落实双重组织生活及“三会一课”等制度，人均参与支部学习、组织生活会18次，为所在支部党员上党课。推广支部7项基本工作法，推动支部建设规范化、制度化、科学化。加强党组织及党员管理，通过“党员e家”平台，采集391名党员信息。各级党组织开展“机关走前头、作表率”活动，组织局机关党员加入东大社区党建联盟，为联盟单位、东大社区代训干部26人次。各级党组织与农村党支部、测绘企业党组织等进行党建共创。

【党风廉政建设】

福建省测绘地理信息局各级党组织层层签订《党风廉政建设责任承诺书》。完成2017年规范公务员津贴补贴和事业单位实施绩效工资专项督查自查工作、测绘外业工作劳务费支出专项自查自纠，开展差旅费开支专项审计、地理国情普查专项经费审计及2016年度内部审计等工作。配合福建省委巡视组开展为期1个多月的巡视，针对省委巡视发现的问题自查自纠，建立整改工作情况周报告制度。做好风险点再排查，梳理出重点风险点20个，确定风险等级并制定防控措施。通报各类违法违纪典型案例126个，组织80人次到榕城监狱开展警示教育。

【“两学一做”学习教育】

福建省测绘地理信息局组织党员干部深入学习党的十八届三中、四中、五中、六中全会精神和党的十九大精神，认真学习《中国共产党党章》，牢固树立“四个意识”，坚定“四个自信”。召开“学习廖俊波、争做合格党员”“建设新福建，机关走前头”“学习贯彻党的十九大精神”等专题学习研讨86场次，集中学习396场次，上党课72场次。组织252名在职党员参加省直机关党建微课等网络学习教育，组织党员干部观看《廖俊波》《将改革进行到底》《时代楷模》《榜样》等教育影片。

【精神文明建设】

福建省测绘地理信息局机关和福建省基础地理信息中心通过第十三届省级文明单位考评。福建省测绘地理信息局组织公益募捐活动，捐款3.57万元；慰问困难党员群众131人次，发出慰问金9.22万元。组织参加2017年义务献血，献血3400毫升。组队参加省直乒乓球、羽毛球及国家测绘地理信息局组织的桥牌比赛。

【人才队伍建设】

福建省评审测绘地理信息高级专业技术人员60人、中初级专业技术人员120人。全省2017年取得注册测绘师资格人员71人。福建省测绘地理信息局培训专业技术人员1083人次，培养福建省技术能手和福建省测绘地理信息技术能手24名。拥有国家测绘地理信息局青年学术和技术带头人3人、局青年学术和技术带头人11人。

【行业职业技能竞赛】

福建省测绘地理信息局、省人力资源和社会保障厅、省总工会、团省委和省妇女联合会5家单位联合举办“南方测绘杯”第三届福建省测绘地理信息职业技能竞赛，全省48支（工程测量32支、地图制图16支）代表队128名选手参加为期6天的比赛，易元春获工程测量个人赛第一名，林雪梅获地图制图个人赛第一名；龙岩市勘察测绘大队获工程测量团体赛第一名，福建省地质测绘院获地图制图团体赛第一名。在第五届全国测绘地理信息行业职业技能竞赛上，福建省代表队获地图绘制员竞赛总决赛团体三等奖。

法制建设与市场监管

【《中华人民共和国测绘法》学习宣传】

福建省测绘地理信息局组织有关处室人员、33家甲级测绘单位主要负责人参加国家测绘地理信息局举办的新测绘法培训班。邀请国家测绘地理信息局有关负责人作贯彻实施新测绘法辅导报告。举办“南方测绘杯”全省测绘法网络知识竞赛活动。利用官方微信、微博等新媒体宣传新测绘法。在《海峡资源报》设立2期专刊，在局门户网站开设专栏，制作2期新测绘法室外宣传专栏。8月29日，在福州联合设立宣传点，举办测绘法宣传日活动，发放《中华人民共和国测绘法》《国家版图小知识》《地图管理条例》等宣传材料2.65万份。

【依法行政】

福建省测绘地理信息局与省行政审批制度改革工作小组办公室联合印发《福建省测绘地理信息系统行政审批和服务事项参考目录》。贯彻落实《中华人民共和国测绘法》《地图管理条例》，补充修订测绘行政审批事项办事指南。根据新测绘法，重新制定权责清单，编制减权放权监管责任清单。

【“放管服”改革】

福建省测绘地理信息局开展“一趟不用跑”和“最多跑一趟”办事清单清理，其中4个行政审批事项、2项公共服务事项列入“一趟不用跑”和“最多跑一趟”事项清单，占全部事项的75%。对简政放权措施落实、商事制度改革落实、权责清单制度落实、加强事中事后监督管理、改进优化政府服务等方面情况进行自查，找出存在的问题，提出整改的具体措施。针对测绘“放管服”改革工作存在的问题，提出深化测绘“放管服”改革的具体措施。

【测绘资质管理】

福建省测绘地理信息局受理乙、丙、丁级单位新申请测绘资质及测绘资质升级83家，测绘资质受理申请80家，批准发证72家；受理乙、丙、丁级测绘单位业务范围变更申请37家，受理35家，批准发证29家；依法注销测绘单位7家。办理乙、丙、丁级测绘单位申请基本信息变更、补充和修改数据等公共服务事项234件，受理230件，办结212件。截至年底，全省共有测绘资质单位592家，其中甲级36家、乙级95家、丙级263家、丁级198家。

【日常监管】

福建省测绘地理信息局开展测绘成果质量监督、测绘资质、地图管理“双随机”抽查，抽查55家测绘单位，发出整改通知书23份。开展测绘单位年度报告公示，对未及时上报公示年度报告的19家测绘单位进行通报。对入闽17家外省测绘单位作业进行备案。

【信用管理】

福建省测绘地理信息局开展常态化测绘地理信息行业信用征集、审核和发布工作，征集录入测绘地理信息行业信用管理平台的测绘单位良好信用信息114条、不良信用信息39条。完成福建省35家甲级测绘资质单位信用信息的填报、审核、上报。

规划与计划

【规划的制定与执行】

福建省测绘地理信息局对“十三五”基础测绘、科技、人才、事业、地理信息产业、法治宣传等规划细化分解，分步推进“十三五”各项规划的实施。完成福建省第一次全国地理国情普查成果验收和发布；推进数字县域地理空间框架建设工作，智慧南平时空信息云平台建设试点项目设计书通过评审；加强高分辨率对地观测系统福建中心建设和运行，推进航空航天遥感测绘服务平台建设；加快新型基础测绘建设，编制完成《信息化体系建设总体设计方案》；开展省级无人机应急保障整备基地的改造。

【计划的制定与执行】

福建省测绘地理信息局围绕“十三五”基础测绘建设任务和目标，加强规划、计划和财政预算的衔接，编制福建省2017年基础测绘计划。完成2017年测绘基准体系维护、基础影像资源建设、基础地理信息更新、地理信息公共服务平台维护等任务。

基础测绘

【基础测绘经费投入】

2017年，福建省落实省级基础测绘项目经费6150万元，从基础测绘项目经费中安排地理国情常态化监测项目经费723万元，其中专题性地理国情监测经费315万元、基础性地理国情监测及成果建库经费348万元、配套国家测绘地理信息局地理国情监测项目经费60万元。

【基本比例尺地形图测制与更新】

福建省测绘地理信息局获取机载激光雷达数据（含数码影像）1.5万平方千米；更新1:1万DLG数据0.98万平方千米、1:1万DEM数据2.36万平方千米；获取兴化湾Ⅱ期1:1万水下地形图500平方千米。利用全景移动测量系统开展实景三维建设，完成外业采集2109千米、内业生产2995千米。

【测绘基准建设与应用】

福建省测绘地理信息局完成全省连续运行卫星定位服务系统北斗化改造，新建及改造升级卫星定位基准站点73个。制定和发布《福建省卫星导航定位基准服务系统使用管理规定（试行）》。审批福建省连续运行卫星定位基准站使用用户377家，同比增加29%，发放注册账号2530个，同比增加28%，为用户提供技术服务1000多次。

【航空航天遥感影像获取与应用】

福建省测绘地理信息局获取全省中分辨率的资源三号卫星影像数据248景、高分一号卫星影像410景，有效覆盖面积12.3万平方千米；获取高分二号卫星影像513景、北京二号卫星影像22景，有效覆盖7.1万平方千米。完成中分辨率卫星影像处理119景，高分辨率卫星影像处理118景。完成历史航空摄影底片扫描21080片，占扫描总量的17.2%。

【数字城市建设】

福建省测绘地理信息局完成数字县域地理空间框架通用平台研发。全省26个县（市）完成数字县域地理空间框架项目立项，12个县（市）完成数字县域建设并通过验收，新增立项10个。智慧南平时空大数据与云平台建设试点项目设计书通过国家测绘地理信息局组织的专家评审。平潭综合实验区开展平潭自然资源与空间信息时空云项目建设。

【省级空间规划】

福建省测绘地理信息局编制完成《福建省级空间规划信息服务与管理平台建设方案》《空间规划成果展示系统研发开展空间规划基础信息平台方案》，为省级空间规划和资源环境承载力评价提供基础和专题地理信息。参与制定《福建省级空间规划管理办法》。

【质量管理】

福建省测绘地理信息局对55家测绘资质单位的项目进行监督检验，其中5家单位抽检项目不合格。福建省测绘产品质量监督检验站完成市场委托测绘产品检验172项、省基础测绘验收项目18项。福建省测绘地理信息局服务福建省农村土地承包经营权确权登记颁证工作，验收航摄影像框幅式航片7万多张、无人机航片10万多张、数字正射影像图16万幅。

【计量检定】

福建省测绘产品质量监督检验站全站仪、水准仪及经纬仪3项计量标准通过省质量技术监督局的复审考核，取得授权证书。检定各类仪器3427台，其中全站仪1144台、GPS仪器887台、水准仪866台、手持测距仪392台、经纬仪138台。

【安全生产】

2月14日，福建省测绘地理信息局印发《关于做好2017年测绘地理信息安全生产工作的通知》，与局直属各单位签署《福建省测绘地理信息局安全生产管理责任书（2017年度）》，落实“党政同责、一岗双责”要求。6月，印发《关于切实做好汛期测绘安全生产工作的通知》。局直属各单位按要求检查维护生产设备装置，全年没有发生安全生产责任事故。

【卫星导航定位基准站安全专项整治】

福建省测绘地理信息局联合省国家安全厅对全省9个卫星导航定位基准站网、174座基准站开展整治。各设区市国土资源局联合地方国家安全部门组织对地方33座单基准站进行安全整治，漳州市关停5座存在严重安全隐患的单基站。

【测绘援疆援藏】

福建省测绘地理信息局向昌吉高新区交付援疆测绘地理信息全部数据成果和技术文档资料。落实测绘地理信息援藏资金180万元，援建昌都市中心城区1:500地形图修补测和测量控制网改造项目。举办为期8天的新疆维吾尔自治区昌吉州、西藏自治区昌都市测绘地理信息干部培训班，共41人参加。

地理国情监测

【地理国情普查】

11月2日，福建省政府召开第115次常务会议，研究通过《福建省第一次全国地理国情普查公报》。12月12日，《福建省第一次全国地理国情普查公报》正式对外发布。

【地理国情监测】

福建省测绘地理信息局完成福州市和宁德市3.01万平方千米的基础性地理国情监测任务。开展国家级新区福州新区空间格局变化监测、全国地级以上城市及典型城市群空间格局变化监测（福建）2项专题性监测。

地图管理与地图服务

【地图审核】

福建省测绘地理信息局完成各类地图审核194项，其中互联网电子地图18项、各开本单张地图及书刊插图176项，4项不合格。检查地图产品样本53件，其中纸质地图45件、互联网地图8件，发现21件纸质地图、8件互联网地图产品样本存在问题。

【地图编制与出版】

福建省制图院编制或修编《福州市交通旅游图》《泉州市交通旅游图》《厦门市商贸旅游交通图》《新编福建省地图册》等27种地图产品，总发行量8.6万册（幅）。

【地图公共服务】

福建省测绘地理信息局更新福建省及各种比例尺标准地图35幅，更新公开版地图数据库兴趣点1.3万个，更新各等级道路1.12万条，编制“两会”用图、公务用图、防汛指挥图等14种。共享辅助决策用图25幅，累计上传地图61幅。

【全覆盖排查整治“问题地图”专项行动】

8月，福建省成立由省国土资源厅、省测绘地理信息局牵头，省政府办公厅等15家单位组成的全覆盖排查整治“问题地图”专项行动领导小组，开展全覆盖排查整治“问题地图”专项行动，对全省342家出版单位、600多个网站、25个重点新闻网站、中小学教材、大型展馆、新华书店开展排查，发现3家期刊单位、32个政府网站、14个新闻网站、4本教材、3家展馆存在“问题地图”。对26个网站开展日常监控，利用互联网地理信息监管系统平台检定10.3万条记录，发现违规地图图片1361张，违规POI信息63个。

测绘地理信息成果管理与应用

【“天地图·福建”建设与应用】

福建省基础地理信息中心更新“天地图·福建”线划电子地图、影像电子地图；更新全省高速、铁路、道路数据，现势性达到2017年底；完成“天地图·福建”与国家主节点的数据融合，融合后的地名兴趣点数据达90万条。完成6个应用系统的对接、5个部门前置服务的部署更新。“天地图·福建”网站浏览量同比增长11%，日峰值同比增长79%，日均访问量同比增长15.8%。

【成果汇交】

福建省基础地理信息中心收集国土、测绘地理信息、规划等行业汇交成果资料数据约145.3 TB，接收航摄相片14.5万张、“4D”成果65.9万幅、航空影像20.9万片、卫星影像505景，各类系统软件14套，其他各类文件4.6万个。

【成果分发服务】

福建省测绘地理信息局向285家单位提供测绘成果分发服务，向1500多人次提供咨询服务，交付713单次，签订数据使用协议480份。提供纸质地形图291幅、“4D”成果83370幅、大地控制点1298点、各类卫星影像145.8万平方千米、地理国情普查数据1.32TB。其中，对外无偿提供“4D”成果83114幅、卫星影像145.7万平方千米、纸质地形图189幅、大地控制点1144个。

【应急测绘保障服务】

福建省制图院参与56个县防汛指挥图编制，为42个县提供防汛指挥图底图数据。福建省测绘院配合省国土资源厅开展全省高隐蔽性地灾点系统和“天地空”一体化地灾应急指挥平台建设，配合省海洋渔业厅开展无人机海洋灾害及承灾体调查。

【自然资源资产离任审计】

6月10日，福建省委办公厅、省政府办公厅出台《福建省党政领导干部自然资源资产离任审计实施方案（试行）》，要求构建福建省自然资源资产大数据平台，以“3S”技术为基础构建多源、多尺度、多时相的自然资源资产审计“一张图”数据库，研发大数据审计服务平台。福建省测绘地理信息局组织搭建自然资源资产审计标准规范框架，完成平潭海洋资源、邵武森林和土地资源的数据处理入库，开发数据中心系统和审计业务支撑系统。

【国土资源服务】

福建省测绘地理信息局获取国土资源2017年卫片执法检查中期监测和预警卫星遥感影像。持续进行“地价一张图”“旧村复垦和城乡建设用地增减挂钩管理”“国土一张图遥感影像库”系统数据更新、运行维护；完善“补充耕地项目远程监管平台”，为1211宗补充耕地抽查提供技术支持。

地理信息产业

【产业监测与目录发布】

福建省将6家测绘地理信息企业运行情况纳入重点监测名录，其中3家企业纳入国家地理信息产业名录库监测系统。开展地理信息产业统计调查，动员产业名录库中297家非测绘资质单位按要求开展产业数据统计填报工作。依托全国地理信息资源目录服务系统更新福建区域最新大地成果目录8000多条，截至年底，福建省拥有在线测绘成果目录6.9万条。

【高分辨率对地观测系统福建数据与应用中心】

12月5日，高分辨率对地观测系统福建数据与应用中心在福建测绘大厦六楼揭牌。福建省基础地理信息中心完成该中心运行机制与标准规范建设、应用示范建设、卫星高分辨率影像建库处理、影像数据平台系统功能研发、系统集成、支撑环境建设及项目初验。2017年，高分辨率对地观测系统福建数据与应用中心获取高分一号2.1米分辨率影像410景，有效覆盖面积8.9万平方千米；高分二号0.8米分辨率影像602景，有效覆盖面积约7.3万平方千米；覆盖全省的高分三号SAR影像366景；高分四号50米分辨率影像33景。福建省测绘地理信息局加强高分辨率对地观测系统福建数据与应用中心成果应用，向14家单位提供20多万平方千米卫星影像。

【福建省测绘地理信息产业技术公共服务平台】

5月，福建省测绘地理信息产业技术公共服务平台通过福建省科技厅验收。该平台初步建立数据、装备等资源共享机制，取得新产品1项、新技术工艺4项、软件著作权1项，发表论文3篇。

【众创空间】

8月，厦门极美众创空间获省级众创空间认定。在国家测绘地理信息局指导下，厦门极美众创空间参与主办第二届中国地理信息技术创新创业大赛，完成厦门、武汉、北京赛区比赛。

科技、标准化与国际合作

【信息化测绘体系建设】

5月，福建省测绘地理信息局印发《信息化测绘体系建设总体设计方案》，按照系统化设计、模块化研制、组合化应用的原则，分步推进信息化测绘体系建设。启动信息化牵引项目“数据中心”和“联动更新”2个项目的建设。

【科技项目与科技奖励】

福建省测绘地理信息局开展基于地理信息技术的福建省自然资源资产审计关键技术研究，申报福建省科技计划项目并获得立项。围绕“十三五”测绘地理信息科技规划，征集30个局级科技专项资金科技项目，确定资助立项12个，资助经费86万元。

【标准化工作】

福建省测绘地理信息局申报《地理信息公共平台应用规范》《多尺度地理空间框架数据融合技术规范》2项地方标准，其中《地理信息公共平台应用规范》获得立项。按要求完成20个国家及行业标准规范草案意见征求工作。

【对外合作与交流】

福建省测绘地理信息局协助山东省举办第十九届华东六省一市测绘学会学术交流暨2017年海峡两岸测绘技术交流与学术研讨会。选拔优秀的青年专业技术人员参加国家测绘地理信息局在国外举办的青年学术和技术带头人培训班及在芬兰举行的国际测量师联合会（FIG）2017年大会。

地市级测绘地理信息工作

【福州市】

福州市加大边远地区、少数民族地区基础测绘专项补助费，给予永泰、闽清、罗源等县50万元补助。数字闽侯地理空间框架项目设计书通过专家评审，数字闽清、数字永泰、数字长乐地理空间框架项目获福建省测绘地理信息局立项批复。获取覆盖福州市中心、大学城及南屿、南通等区域400平方千米的数码航摄影像。将长乐滨海新城188平方千米纳入2017年数码航拍范围。福州市国土资源局依据新测绘法，制定《关于加强福州市测绘行业监督管理若干细则》。

【平潭综合实验区】

平潭综合实验区环境与国土资源局完成平潭自然资源与空间信息时空云项目可行性研究报告。提供数字线划图2.47万幅，影像成果15批次，高等级控制点225个，纸质图505张，成果主要应用于地质调查、城乡规划、森林资源调查等方面。

【莆田市】

莆田市国土资源局完成320平方千米1:2000航测数字成图项目验收。为“美丽莆田、美丽乡村”建设提供工作用图。完成江口、西尾天等镇部分山区乡村320平方千米测图项目的验收。投入56万元采购全市全年优于0.8米分辨率的卫星影像数据。采购1台固定翼测绘无人机，用于国土资源管理和应急工作。完成全省测绘成果审核284宗，面积51平方千米，要求整改16宗。无偿提供基础测绘成果80批次，为全市各县区提供项目区控制点140个，航空正射影像图4200平方千米。

【三明市】

三明市国土资源局完成三明市区1:500、1:1000数字地形图修补测、市区D级控制网加密联网、市区现行1980西安坐标系向2000国家大地坐标系的转换。免费提供地理信息数据及基础测绘成果26份。开展数字三明地理空间框架升级改造与不动产登记“一张图”建设对接。数字明溪、数字尤溪地理空间框架项目通过验收。数字泰宁地理空间框架项目设计书通过评审。数字宁化、数字大田、数字建宁、数字清流地理空间框架项目通过福建省测绘地理信息局立项批复。

【泉州市】

泉州市在安溪县开展控制点普查20点、埋设水准点13点、实施B级卫星定位测量13点及二等水准路线305千米的布设、观测、平差和数据处理。泉州市国土资源局为“古泉州（刺桐）史迹”申遗提供航拍影像图和地形图36幅；为泉州市行政执法局数字城管系统管理办理地理空间框架数据对接；为泉州市城建国有资产投资有限公司片区征迁提供航拍影像图。数字泉港地理空间框架项目通过竣工验收，研发或对接7个典型应用示范。数字德化地理空间框架项目建设基本完成。“天地图·泉州”被评为五星级市级节点。

【漳州市】

漳州市开展中心城区697平方千米基础测绘项目。数字南靖地理空间框架建设项目通过验收。漳州市国土资源局和市国家安全局开展卫星导航定位基准站安全整治，检查了4个联网站和7个单机站，下达整改通知书，当场关闭存在安全隐患的单基站5个。漳州市国土资源局、漳州职业技术学院、南方测绘集团共建福建省首个校企合作的全息虚拟现实仿真实验室。

【南平市】

智慧南平时空大数据与云平台建设试点项目设计书通过国家测绘地理信息局组织的专家评审。南平市国土资源局建成“以图管地、以图管矿、以图防灾”的市县一体化南平市国土资源“一张图”和综合监管平台，构建具有高安全性、可靠性的国土资源和测绘地理信息数字管理、服务和共享体系。以绿色发展为主题的《南平市情地图集》通过专家评审。数字建阳地理空间框架建设项目通过验收，数字武夷山地理空间框架建设项目完成，数字光泽地理空间框架建设项目获福建省测绘地理信息局批复立项。南平市国土资源局将南平市备案非独立法人分支机构纳入“双随机”监管体系，对随机抽取的7家单位进行实地核查，下达整改意见46条。

【龙岩市】

龙岩市国土资源局筹措240万元，完成龙岩市现代测结基准体系基础设施建设。为23家单位无偿提供基础测绘成果。加强对房屋征收拆迁过程中测绘资质单位监管，经过调研，听取市住建、规划部门意见，制定了《关于加强房屋征收拆迁测绘资质单位监管工作的通知》。“天地图·龙岩”对接龙岩市“多规合一”信息平台和全市网格化综合治理平台。

【宁德市】

宁德市国土资源局印发《关于加快数字县域地理空间框架建设工作的通知》。数字古田、数字寿宁地理空间框架建设项目通过竣工验收。宁德市导航卫星定位服务系统项目建成。在省级布设点基础上，对连续运行基准站站点进行加密，布设6个连续运行基准站。测制霍童溪流域30千米两侧500米范围1:1000数字地形图，制作了数字高程模型和三维地形模型。获取宁德蕉城区优于0.1米分辨率低空数字航摄影像图，制作1:100数字正射影像图120平方千米。

地方社团工作

【福建省测绘地理信息学会】

福建省测绘地理信息学会举办“测绘地理信息技术装备应用及解决方案研讨会”“时空信息大数据技术研讨会”等学术交流会4次，协助举办第十九届华东六省一市测绘学会学术交流暨2017年海峡两岸测绘技术交流与学术研讨会。开展福建省测绘地理信息科学技术奖评选，选出省测绘地理信息科技进步奖项目14项、省优秀测绘地理信息工程奖项目20项、省测绘地理信息优秀学术论文奖15项。2017年全省行业单位共获全国优秀测绘工程奖项6项。参加第十届全国测绘地理信息职工定向越野赛，获“优秀组织奖”。

【福建省测绘与地理信息协会】

6月，福建省测绘与地理信息协会在漳州召开四届七次常务理事会，选举产生新常务理事、调整理事，选举产生第一届监事会，推荐3名监事会组成人员。完成脱钩变更登记备案，实现“三证合一”，登记机关为福建省民政厅。12月，举办全省测绘地理信息行业乒乓球赛，宁德市国土资源局、漳州测绘二队、福州市勘测院分获团体前三名。

江西省

概况

2017年，江西省测绘地理信息局主动围绕全省中心工作，善谋实干，创新求实，各项工作稳步迈上新台阶，在全国测绘地理信息系统绩效考评中排名第五。

江西省测绘地理信息局全面落实中央领导、省领导重要批示精神，做好全覆盖排查整治“问题地图”和全省卫星导航定位基准站整治专项行动，取得阶段性成果。发布省级第一次地理国情普查成果，主动向各地市赠送普查成果，为全省空间规划、生态红线划定、领导干部自然资源离任审计、耕地后备资源查找等提供及时可靠的地理信息服务，得到省直相关部门及地方政府的一致好评。争取省政府出台了《江西省地理信息数据管理办法》，建立全省地理信息数据汇集共享机制。开展新测绘法宣传贯彻活动，主要领导带头宣讲，举办了测绘法知识竞赛等系列活动。推行全行业测绘资质巡查和项目质量检查，实现了测绘资质巡查3年全覆盖。下放丙、丁级测绘资质审批权限。开展学习贯彻党的十九大精神系列活动，召开了局直属机关第二次党代会，通过组织全局党支部开展轮训、前往革命老区学习等活动，推动“两学一做”学习教育常态化制度化。局机关通过第五批全国文明单位复查，9个局属单位被评为省直机关第十四届文明单位。

党的建设与人才队伍建设

【党的建设】

江西省测绘地理信息局党委采取集中学习、专题讲座、专题研讨和微党课等多种形式全面深入学习党的十九大精神。召开党委中心组（扩大）学习会议13次，组织310人次参加“两学一做”专题培训。组织召开局直属机关第二次党代会，选举产生新一届局直属机关党委、机关纪委。印发《局党委关于加强和改进基层党支部建设的意见（试行）》。开展述职述责、工作考核，督查局属党组织落实全面从严治党责任。开展党建基层规范化试点，逐步推进党组织基层规范化建设全覆盖。

【党风廉政建设】

江西省测绘地理信息局召开全局党风廉政工作会议，部署2017年党风廉政工作任务，逐级签订党风廉政责任书和廉政承诺书，明确了局领导班子成员、各处室党风廉政和反腐败工作任务。开展“制度执行年”活动，修订完善各项廉政制度30项。组织观看《蝇贪》《榜样》等廉政教育片，提高党员干部职工廉洁意识。建立副科级以上干部廉政档案。践行监督执纪“四种形态”，坚持预防在前，发现问题及时通报。全年开展约谈31人次、明察暗访7次、干部任前谈话1次。

【精神文明建设】

江西省测绘地理信息局举办4期道德讲堂，选树并宣传先进典型。筹措资金20.7万元，推进定点帮扶和扶贫攻坚工作。开展“衣旧有情，与爱同行”爱心捐赠活动。参加全国测绘地理信息系统第五届“天润科技杯”乒乓球比赛，获得团体第3名。举办全局职工登山、拔河、接力跑比赛。购买学习书籍，建立职工书屋。开展“注重家教家风、培育家园情怀”读书活动。局财务处、省基础测绘院四分院获“江西省巾帼建功先进集体”称号。江西省测绘地理信息局通过第五批全国文明单位复查，9个局属单位被评为省直机关第十四届文明单位。

【人才队伍建设】

江西省测绘地理信息局选拔5名副处级、3名正科级干部，转正考察42名正副科级干部，任免备案32人次副科级干部。将江西省测绘成果资料档案馆（省地理空间数据交换中心）级别调整为正处级，重新核定了领导职数，增加1名正处级、2名副处级、3名正科级干部。江西省基础地理信息中心获批设立江西省博士后创新实践基地（省级博士后工作站）。江西省测绘地理信息局组织举办全省地理国情监测及应用高级研修班。与省人力资源和社会保障厅、省国有资产监督管理委员会、省总工会、团省委和省妇女联合会联合举办江西省2017年“振兴杯”测绘地理信息行业职业技能竞赛，全省25家测绘地理信息单位的近100名选手参加了竞赛。

法制建设与市场监管

【法制建设】

12月26日，江西省政府颁布《江西省地理信息数据管理办法》。江西省测绘地理信息局修订印发《江西省测绘地理信息质量管理办法》。

【法制宣传】

江西省测绘地理信息局制定《江西省测绘地理信息法治宣传教育第七个五年规划（2016—2020年）》和《新〈测绘法〉学习宣传贯彻工作实施方案》。邀请国家测绘地理信息局有关负责人宣讲新测绘法。举办“筑梦中国·依法测绘”江西省学习贯彻新测绘法知识竞赛。通过省政府门户网站答记者问、与网民互动，报纸刊登相关文章、微信微博报送消息等宣传方式，加强宣传新测绘法。

【依法行政】

江西省测绘地理信息局成立法治建设领导小组及其办公室，印发《2017年江西省测绘地理信息普法依法治理工作要点》。印制《江西省测绘地理信息局行政调解优秀案例汇编》。局机关及局属各单位均聘请了常年法律顾问。征订《中华人民共和国测绘法附新旧条文对照》3000本、《新测绘法学习60问》1000本、《中华人民共和国测绘法释义》1000本。制定《江西省测绘地理信息局行政许可标准化体系》。编制完成《江西省测绘地理信息局关于“江西省（本级）行政权力责任事项清单”的报告》。举办全省测绘地理信息行政执法人员培训班，市县测绘地理信息主管部门及国土执法监察人员160人参加了培训。

【“放管服”改革】

江西省测绘地理信息局对规章、规范性文件进行了清理自查，保留22件、修改1件、废除2件。做好取消和下放的行政许可事项衔接落实工作，印发《关于做好丙、丁级测绘资质审批权限下放有关工作的通知》和《江西省乙、丙、丁级测绘资质审查工作要点》，将丙、丁级测绘资质审批权限全面下放到设区市测绘地理信息主管部门。对6项行政许可事项证明材料进行自查自清，对“从事测绘活动的单位乙级测绘资质审批”“建立相对独立的平面坐标系统”2项行政许可事项的部分证明材料提出取消建议。精简优化行政权力事项清单，由原来的79项，精简压缩为35项。

【测绘资质管理】

江西省新增1家甲级测绘资质单位。江西省测绘地理信息局审查完成64件甲级测绘资质单位修改、变更资质信息。完成全省90家甲、乙级测绘资质单位续期换证工作。完成项目备案451件，发放测绘作业证265本。实现三年（2015—2017年）对全省甲、乙级测绘资质单位巡查全覆盖，2017年共巡查53家甲、乙级测绘资质单位。

【信用管理】

江西省测绘地理信息局对信用表现突出的24家

单位进行通报表扬，并计入良好信用信息。制定信用信息常态化工作制度，共收集信用信息 42 条，其中有效良好信息 21 条。

规划与计划

【规划的制定与执行】

江西省测绘地理信息局认真落实《江西省测绘地理信息发展与应用“十三五”规划》2017 年重点任务，推进基础地理信息资源建设与更新、地理国情监测、地理信息应用服务、应急测绘地理信息服务保障、“天地图”涉密版建设、信息化测绘体系建设、测绘地理信息科技创新、地理信息产业发展等工作。

【计划的制定与执行】

江西省测绘地理信息局制定了 2017 年基础测绘计划及地理国情监测计划，包括组织开展基准站跨区域共享与安全整治工作；第三代 1∶1 万“3D”产品测制与更新；统筹全省遥感影像获取；主动服务国土数据坐标系向 2000 国家大地坐标系转换；开展常态化地理国情监测；推动普查与监测成果在全省生态保护红线划定、省级空间规划等重大项目中的应用；提升全局科技自主研发水平等工作。全年计划执行情况良好。

基础测绘

【基础测绘经费投入】

江西省级财政累计安排资金 2393 万元支持全省基础测绘项目建设，其中省级财政基础测绘资金 1293 万元、省级财政测量标志维护资金 100 万、省级发展和改革委员会基本建设资金 400 万元、中央财政一般性转移支付固定补助资金 400 万元、年底增补经费 200 万元。

【测绘基准建设与应用】

江西省测绘地理信息局完成了全省卫星导航定位系统的安全升级改造，联合省国家安全厅开展了全省导航定位基准站安全整治。与广东、湖南等周边省份进行了基准站数据跨区域共享，按要求向国家测绘地理信息局汇交了观测数据，保障了全国卫星导航定位基准服务系统正常运行。

【基本比例尺地形图测制与更新】

江西省测绘地理信息局安排 1810 幅 1∶1 万“3D”产品测制与更新，全面测制更新全省第三代 1∶1 万基础地理信息数据，提高了数据库的现势性。

【航空航天遥感影像获取与应用】

江西省测绘地理信息局实施全省国产光学卫星遥感影像数据年度覆盖；获取吉安摄区和南昌摄区的倾斜摄影资料，用于智慧城市建设，开展了三维建模；获取南昌、九江、萍乡等地的 SAR 影像，用于地理国情监测项目。

【智慧城市、数字城市建设】

南昌市完成智慧城市设计书评审，九江市完成数字城市建设验收。湖口、宜黄等县级数字城市立项，设计书通过评审。

【质量管理】

江西省测绘地理信息局完成全省测绘地理信息质量监督抽查，分别对全省 24 家甲、乙级测绘资质单位进行抽查。开展全省测绘地理信息质量监督检验专家库建设，确定 220 人为省市级专家库成员。完成全省甲级测绘资质单位的变形测量、管线测量、工程测图等项目成果统计汇总，协助国家测绘地理信息局完成 2 家甲级单位的质量抽查工作。

【安全生产】

江西省测绘地理信息局实行安全生产一票否决制，建立了“党政同责、一岗双责、齐抓共管”的安全生产责任体系。开展了全局安全、保密大检查与排查工作，全年未发生安全与失泄密事件。

地理国情监测

【地理国情普查】

江西省政府召开省地理国情普查领导小组全体会议，审议并通过地理国情普查成果。3 月，江西省第一次全国地理国情普查通过专家组验收。6 月，江西省政府新闻办公室举行新闻发布会，省测绘地理信息局、省国土资源厅、省统计局、省第一次地理国情普查领导小组办公室联合发布《江西省第一次地理国情普查公报》。8 月，江西省测绘地理信息局向各级政府、各部门和单位提供地理国情普查成果。各部门和单位在有明确目的和用途的前提下，均可申请使用地理国情普查成果。9 月—12 月，江西省测绘地理信息局主要领导带队，向江西省各设区市、县（市、区）赠送地理国情普查成果。

【地理国情监测】

江西省财政首次安排 500 万元用于常态化监测。

江西省测绘地理信息局组织开展地理国情常态化监测工作，编制《江西省地理国情常态化监测总体方案》，提出到2020年的常态化地理国情监测工作总体目标。承担南昌、九江、宜春、抚州4个设区市6.4万平方千米2017年度基础性地理国情监测任务，并通过验收及成果复核。承担“赣江新区空间格局变化监测”“全国地级以上城市及典型城市群空间格局变化监测——江西省监测区”2个国家级专题性地理国情监测项目，项目设计书通过了国家测绘地理信息局组织的专家评审。

地图管理与地图服务

【地图公共服务】

江西省测绘地理信息局编制了反映普查及监测最新进展的成果目录、《江西省第一次地理国情普查图集》和《江西省基本地理省情白皮书》。发布了《江西省气象、地质灾害专题图》《南昌市中、小学分布专题图》《南昌市预防接种点分布专题图》等。为省发改、水利等部门制作了《江西劣V类水治理措施一览图》《滨湖四县区域图》《江西省经济发达镇选点分布图》《长江江西段鄱阳湖区水系图》等专题地图，主动提供标准地图服务。更新制作了《江西省地图》《江西省交通图》《南昌市城区图》及11个设区市城市地图，做好辅助决策用图编制与服务。

【国家版图意识宣传教育】

江西省测绘地理信息局在局门户网站开设宣传国家版知识版块，以新闻动态、图片展示的方式向公众宣传地图市场监管、排查整治“问题地图”的情况，普及国家版图知识并提供标准地图下载链接。组织省内重点新闻网站、新闻报刊、影视制作、图书出版单位的负责人及技术人员参加排查整治“问题地图”培训会，向省内各网络媒体、报纸传媒等单位配发《全覆盖排查整治“问题地图”专项行动自查工作指南》和《国家版图知识》等宣传辅导资料。通过局门户网站、中国江西网、江西日报、江南都市报等媒体对“问题地图”的识别、国家版图知识进行宣传。

【全覆盖排查整治“问题地图”专项行动】

江西省测绘地理信息局联合省政府办公厅、省国土资源厅、省新闻出版广电局、省教育厅、省通信管理局、省公安厅、南昌海关、省军区及网信、工商、保密等部门组成了专项行动领导小组，制订工作方案，组织辅导培训，并分成6个巡查组对全省进行巡查督导，重点对地图网站、繁华街道、旅游景点、博物馆、展览馆、书店等场所进行全面排查整治。1650家单位进行自查，自查地图5950幅。全省抽查单位669家，抽查地图725幅，出动执法人员500多人次。共发现“问题地图”2282幅，对发现的“问题地图”采取收缴、下架、撤换等措施，对有关单位进行约谈、下发整改通知书，全面清理整治“问题地图”，依法查处违法违规行为。

测绘地理信息成果管理与应用

【“天地图·江西”建设与应用】

江西省测绘地理信息局完成国家测绘地理信息局下发的导航数据、“天地图·上饶”数据、“天地图·吉安”数据与“天地图·江西”数据融合。“天地图·江西”新增影像数据1378平方千米，实现与国家导航矢量数据、地名地址数据及影像数据的多级融合。召开江西省天地图建设与应用技术交流培训会，开展市县级节点评估工作，并将评估工作纳入市县工作考核。召开全省地理信息成果应用服务推广会，发布2017版“天地图·江西”。重点面向政府部门和专业用户推广应用“天地图”，加强与当地信息化管理部门的合作，推动“天地图”接入各级政府门户网站。推进地理信息开放与共享，鼓励企业、个人和其他社会组织参与地理信息资源的开发利用，丰富地理信息产品，促进地理信息消费。

【成果汇交与分发】

江西省测绘地理信息局印发《关于进一步规范涉密测绘成果提供使用审批工作的通知》，严格执行国家秘密测绘成果提供使用审批制度，全面实行测绘成果网上审批，把好国家秘密测绘成果提供使用的初审关。严格审核使用单位的单位性质和使用目的，对不具备保密管理条件的单位不予开具证明函。创新管理方式，建立QQ群，接受市县管理部门及使用单位咨询。全年办理涉密测绘成果提供审批375件，办理地图审核70件，为全省地质灾害调查、矿山矿产评估、高速公路建设省重点项目建设等提供了大量基础地理信息资料成果。加强测绘成果汇交，将分级汇交管理工作纳入设区市年度考核及资质单位年度注册及复审换证信用平台体系中。

全年共收到汇交测绘成果目录35项、副本10项，在江西省测绘地理信息局门户网站和江西省测绘成果分发服务系统网站公布。

【测绘成果保密管理】

江西省测绘地理信息局印发《关于开展测绘资质巡查工作的通知》，在全省开展地理信息安全保密检查。完成全省160家甲、乙级测绘资质单位自查，抽查53家单位，共发出整改通知书45份。举办2017年涉密测绘成果管理人员岗位培训班，参加培训的600多人经考试合格取得《涉密人员岗位培训证书》。与省国家保密局、省国家安全厅共同开展保密宣传教育。督促指导各测绘成果归口管理单位开展自查与检查，对密级测绘成果使用单位实行跟踪检查。会同江西省军区、省国家保密局联合开展地理信息保密审查，向国家测绘地理信息局报送需要进行脱密处理的测绘成果数据。

【测量标志管理】

江西省测绘地理信息局研发测量标志移动巡查APP，指导市、县（区）测绘地理信息主管部门、测量标志保管人员通过移动巡查系统上传标志保护信息，并建立管理信息数据库。通过移动巡查APP上传全省重点保护测量标志2300多座。

【应急测绘保障服务】

江西省测绘地理信息局成立国家应急测绘保障能力建设项目领导小组，制定应急测绘保障能力建设单项工程实施方案，通过项目评审并得到正式批复同意。

7月，婺源县发生洪涝灾害，江西省测绘地理信息局迅速启动应急响应，克服天空云层较低等困难，利用无人机低空快速航摄婺源县城及周边区域，获取0.08米分辨率的高清影像40平方千米，并现场测量了洪水发生时的最高水位及退水后的水位，确定洪水淹没范围和受灾情况等信息，及时快拼处理影像数据，制作专题图件及三维飞行演示视频，为领导决策和救灾行动提供地理信息保障。

地理信息产业

【地理信息产业政策】

江西省测绘地理信息局印发《关于做好填报地理信息产业专项统计调查相关报表的通知》，开展地理信息产业专项调查和产业监测工作，对全省1393家企事业单位进行排查，其中1072家企事业单位属于测绘地理信息相关行业单位、321家企事业单位为非测绘地理信息相关行业单位。选取江西省核工业测绘院、江西省合众勘测规划有限公司为重点监测单位。

【地理信息产业发展】

江西省测绘地理信息局举行省地理信息产业园建设项目合作框架协议签约仪式，签约双方江西省测绘地理信息局和中科宇图科技股份有限公司就合作建设江西省地理信息产业园达成协议。

科技、标准化与国际合作

【科技创新体系建设】

江西省测绘地理信息局参与申报的流域生态与地理环境监测国家测绘地理信息局重点实验室通过专家组验收。经国家测绘地理信息局同意，实验室于2017年4月1日起正式运行，并面向社会公开征集重点实验室开放基金课题。

【科技项目与科技奖励】

江西省测绘地理信息局承担的国家测绘地理信息局公益性行业科研专项“卫星遥感与地面传感网一体化的湖泊流域地理国情监测关键技术研究”，通过国家测绘地理信息局组织的专家验收。成功申报大数据驱动的地理信息公共服务地图动态更新技术、基于InSAR技术的南昌市重点区域地表形变安全监测关键技术研究、鄱阳湖湖底地形与湖盆冲淤变化监测关键技术3个2017年度江西省重点研发计划项目。组织验收16个2016年度江西省测绘地理信息局科技创新与科技推先项目。

【标准化工作】

江西省测绘地理信息局承担1项国家测绘地理信息行业标准《湖泊流域生态监测技术规范》、1项江西省地方标准《车载移动测量实景三维数据规范》编制工作。完成《地理信息项目技术设计规定》地方标准编制项目立项。召开江西省测绘地理信息标准化技术委员会第二、三次全体委员会议，初步搭建了江西省测绘地理信息标准体系框架。

【对外合作与交流】

江西省测绘地理信息局选派1名技术、管理骨干随国家测绘地理信息局代表团赴芬兰参加国际测量师联合会（FIG）第31届大会。组织全局18名测绘技术骨干赴瑞典参加以“基于测绘与地理信息的资源环境监测”为主题的专业技术培训。省测绘地理信息学会组织 11 人赴台湾进行测绘技术考察交流。

地市级测绘地理信息工作

【上饶市】

上饶市政府召开全市主要经济指标完成情况调度会，听取了全市基础测绘 2017 年度计划完成情况的汇报。建立了稳定的基础测绘经费投入机制，全市投入 2017 年基础测绘等经费 2001.9 万元，其中市本级 145.8 万元。上饶市国土资源局成立地理国情普查成果推广应用领导小组，利用普查成果开展生态红线划定和耕地后备资源查找等工作。扩展“天地图·上饶”影像覆盖范围 43 平方千米，完成 6 平方千米大比例尺地形数据更新，提高了数据的现势性；完成省市节点数据融合，提升“天地图”的整体数据质量与深度应用支撑能力；利用“天地图·上饶”建设成果，建成并投入使用上饶市测量标志查询信息系统、公共自行车服务系统。“天地图·婺源”县级节点接入国家主接点，已上网发布运行；数字铅山地理空间框架建设基本完成；数字万年地理空间框架建设已完成外业数据采集，开展数据库建设。万年县成立了测绘地理信息中心。

【新余市】

新余市国土资源局完成 2017 年新余市测绘地理信息“十三五”规划与智慧新余建设的衔接结合工作。完成 1:500、1:1000DLG 数据更新，自然资源数据库、1:500、1:1000 数据建库等智慧新多时空信息云平台建设及数字新余升级。完成新余市时空信息云平台、自然资源数据库和“一张图”项目建设工作全部 18 个子项目的招投标工作，其中 5 个子项目通过验收，其余子项目建设工作按计划进行。分宜县“十三五”测绘地理信息规划颁布实施。“8.29”测绘法宣传日，新余市通过设立宣传平台、印发宣传资料、参与知识竞赛等形式，利用官方网站、微博、微信等途径，组织学习贯彻新测绘法。承接新余地理国情普查成果，明确地理国情普查数据作为各类资源调查普查“一张底图”的公共基底。建立由 15 位专家组成的测绘地理信息质量监督检查专家库。开展新余市地理国情监测及推广应用，完成新余市自然资源数据库更新工作，智慧新余“一张图”投入试运行，推动智慧税务、环保、水利、城管、公安等 10 个智慧平台推广应用。

地方社团工作

江西省测绘地理信息学会全年召开理事会议、理事长会议、常务理事会议 10 多次。成立注册测绘师专业委员会。修订《江西省优秀测绘地理信息工程奖评选办法》，全省 81 个项目参与优秀工程奖评选。举办全省地理信息应用与发展研讨会、测绘新技术交流会、自然资源统一确权登记研讨会等。召开《江西测绘》编辑委员会工作会议。开展乙级测绘资质单位调研。组织优秀测绘青年申报省委组织部和科学技术协会举办的“百人远航”工程出国（境）交流学习计划。完善选拔优秀青年测绘技术人员制度，组织参加海峡两岸测绘技术交流与学术研讨会。江西省测绘地理信息学会获“2014—2017 年度中国测绘地理信息学会先进集体”称号。

山东省

概况

2017 年，山东省国土资源厅（测绘地理信息局）（以下简称山东省国土资源厅）深入学习贯彻党的十八届历次全会和十九大精神及全国测绘地理信息工作会议部署，在 2017 年度全国省级测绘地理信息主管部门测绘地理信息工作绩效考核中连续第七年获优秀单位。组织收看全国学习宣传贯彻新测绘法电视电话会，召开专题座谈会，举办国土资源大讲堂和 4 期学习宣贯培训班，累计培训 3 万人次。各级测绘地理信息主管部门及近 1000 家测绘资质单位同时开展。山东省国土资源厅部署开展全覆盖排查整治“问题地图”专项行动，对全省17个市、30个县（市、区）的80多家出版、销售和展示地图单位开展省级巡查工作。全省4356家单位完成自查工作，组织开展巡查591次，抽查单位3922家、地图14149张，发现“问题地图”446件，查封、收缴地图4461件。及时召开省协调小组成员会议，传达省委省政府领导批示精神，研究制定贯彻落实意见，制定建立长效机制的相关措施。下达年度基础测绘任务4期，全面实施山东省航空航天影像统筹获取、新型基础测绘更新技术体系建设、常态化地理省情监测、“天地图·山东”更新运维和应用服务、数字（智慧）城市试点项目建设应用、测绘应急服务保障能力建设等基础测绘重大项目，加快构建五大公益性测绘服务保障体系，提升测绘地理信息服务保障能力和水平。完成2017年山东省基础性地理省情监测。全省遥感影像统筹获取列入《山东省“十三五”基础测绘规划》。山东省统筹获取全省2017版0.5米分辨率航空航天影像，部分市县结合基础测绘、数字城市地理空间框架等项目需求，获取城市建成区航摄影像，所获取的各类影像使用率100%。

山东省国土资源厅完成“天地图”省级节点和11个市级节点、3个县级节点接入国家“天地图”主节点工作，指导市县加快地理信息公共服务平台数据更新和推广应用。截至2017年底，“天地图”省直应用部门累计45个，应用服务超过130个。

结合实际落实《信息化测绘体系建设技术大纲（试行）》，在数据获取、生产组织、档案存储管理、成果发布等环节开展信息化建设，省级信息化测绘生产管理系统运行稳定。全省测绘地理信息系统累计获省部级科技进步奖一等奖1项、二等奖12项、三等奖7项。

全省17个设区市和137个县（市、区）都明确了测绘管理机构，设立了相应科室，配备了专（兼）职管理人员。12个设区市设立了测绘局、测绘地理信息局或地理信息局，临沂、东营等市所辖县（市、区）全部加挂测绘局或测绘地理信息局牌子。组织对市级测绘地理信息工作开展年度绩效考核，表彰6家考核优秀单位、5家特色创新工作单位。全省基本形成潍坊、青岛、济南、临沂等地产业集聚发展、竞相发展、错位发展的“1+N”产业格局。潍坊市凤凰地理信息小镇被山东省政府办公厅列入山东省第二批特色小镇创建行列，截至2017年底68个项目落户小镇，总投资57亿元。

党的建设与人才队伍建设

【党的建设】

山东省国土资源厅组织深入学习党的十九大报告精神，及时组织收看十九大开幕式、聆听中央十九大精神宣讲团报告。举办基层党组织负责人培训班，全面落实党建工作责任制。将支部建到处室，规范开展支部活动。依托“灯塔—党建在线”综合管理服务平台，做好党组织和党员基本信息采集工作。深入贯彻落实习近平总书记关于推进“两学一做”学习教育常态化制度化的重要指示精神和中央、省委部署要求，印发《中共山东省国土资源厅党组关于推进“两学一做”学习教育常态化制度化工作方案》，研究制定每月学习教育计划。组织参观全面从严治党永远在路上专题展览，举办机关“两学一做”图片展，开展“中国梦·党在心中”宣讲活动。开展主题党日活动，听取山东省国土资源厅领导专题党课，参观焦裕禄纪念馆、原山艰苦创业纪念馆。

【党风廉政建设】

山东省国土资源厅召开全省国土资源系统党风廉政建设工作会议，部署全年党风廉政建设重点工作。全面检查《领导干部落实党风廉政建设责任制纪实工作手册》落实情况。按照《厅党组巡察工作实施办法》的具体要求，对山东省地图院、山东省地质博物馆等厅属事业单位开展实地巡察，及时反馈巡察意见，提出整改要求。邀请省纪委有关人员作“学习监督中央八项规定精神落实、坚决纠正‘四风’的实践与思考”专题辅导报告。参加省直机关纪检工作业务培训班，不断提升监督执纪能力和业务水平。转发省纪委办公厅《关于进一步强化监督执纪问责推动国庆中秋期间深入落实中央八项规定精神的通知》，要求厅机关和直属事业单位坚决贯彻落实中央八项规定精神。

【精神文明建设】

山东省国土资源厅继续保持全国文明单位称号，省委宣传部、省精神文明建设委员会办公室领导对山东省国土资源厅的文明建设工作给予高度评价。淄博、德州市局被评为全国文明单位，山东省国土资源系统共有8家全国文明单位。山东省国土测绘院出台文明创建实施意见，开展测绘文化建设和文明创建工作，组织开展环保、献血、捐助、植树、文明礼仪、道德经典诵读等活动。建成图书阅览馆、职工之家、文化墙，组建5个职工兴趣文体组织，院篮球队、足球队分获山东省国土资源系统联赛冠军，毽球队获济南市第七届全民健身运动会毽球比赛团体一等奖。

【人才队伍建设】

山东省国土资源厅全面落实“十三五”人才发展规划，印发《山东省国土资源专家库管理暂行办法》。印发《关于认真贯彻落实省委省政府〈关于激励干部担当作为干事创业的意见（试行）〉的通知》。组织参加国家测绘地理信息局组织的“身边的大国工匠·测绘地理信息篇”推荐活动，山东省遴选推荐的青岛市勘察测绘研究院李伟获测绘地理信息行业“大国工匠”称号。联合山东省人力资源和社会保障厅、山东省总工会、共青团山东省委与山东省妇女联合会举办山东省第三届“技能兴鲁”职业技能大赛“地图院杯”全省测绘地理信息行业职业技能竞赛。选拔优秀队伍参加“南方测绘杯”第五届全国测绘地理信息行业职业技能竞赛，获地图制图员赛项团体三等奖和工程测量员赛项团体三等奖，2名参赛队员分获地图制图员赛项第二名、工程测量员赛项第七名。组队参加全国测绘地理信息系统第五届“天润科技杯”乒乓球比赛，获团体第一名。选拔高技能人才参加省内外研讨、培训。遴选1家民营企业参加中欧测绘地理信息技术产业发展高级研讨班、2人参加青年学术和技术带头人境外培训班。承办华东六省一市测绘学会学术交流会暨2017年海峡两岸测绘技术交流与学术研讨会。

法制建设与市场监管

【法制建设】

山东省国土资源厅贯彻落实新测绘法，组织做好山东省地方性法规立改废工作，申请将《山东省测绘管理条例》《山东省实施〈中华人民共和国测量标志保护条例〉办法》《山东省测绘产品质量监督检验办法》《山东省测绘成果管理办法》列入山东省人民代表大会2018—2022年立法规划。山东省国土资源厅办公会议研究将《山东省测绘管理条例》列入2018年一类立法计划，成立修订工作领导小组，编制修订工作参考资料汇编和工作计划，召开修订工作座谈会。

【法制宣传】

山东省国土资源厅组织开展“8·29”测绘法宣传日普法宣传活动。组织有关单位参加2017年测绘法宣传日主题口号、宣传口号、公益短信、宣传画有奖征集活动，获优秀组织奖。在《经济导报》发表《谋全局、转动能、促发展，奋力推动测绘地理信息事业转型升级》等专题文章，在济南泉城广场布设宣传点，面向公众宣传新测绘法和国家版图意识。全省17个地市、137个县市区及近1000家测绘资质单位，通过悬挂横幅、张贴标语、设立咨询台、发放宣传资料、组织有奖征文等形式，开展系列宣传活动。潍坊市邀请小学生走进山东测绘地理信息产业基地，通过微信平台举办历时5天的新测绘法知识有奖答题活动。临沂市举办新测绘法电视知识竞赛，创作录制《沂蒙测绘之歌》。淄博电视台《国土之窗》栏目，录制了以“测量标志管护”为主题的专题节目。济宁市邀请分管市长参加测绘法宣传日活动。

【依法行政】

山东省国土资源厅做好新测绘法培训工作，印发工作方案，召开座谈会，组织全省甲级测绘资质单位参加国家测绘地理信息局举办的新测绘法培训班，举办国土资源大讲堂及新测绘法宣传贯彻培训班，约3万人参加培训。山东省国土资源厅成立行政许可处，统一办理行政审批事项。编制行政许可事项申报材料标准文本，指导、规范各级审批工作。全面推行行政权力清单制度，向社会公开权力清单，接受社会监督。

【“放管服”改革】

山东省国土资源厅全面落实国家测绘地理信息局“放管服”要求，推进各级测绘地理信息行政职能转变，向山东省机构编制委员会办公室上报《下放省级基础测绘成果审批、测绘资质审批等部分权限的方案》。

【测绘资质管理】

山东省国土资源厅组织完成全省122家测绘资质单位的续期换证工作。做好甲级测绘资质申请的受理、初审、现场核查、初审意见上报工作。2017年，山东省新增甲级测绘资质单位6家、乙级及以下测绘资质单位48家。山东省国土资源厅办理测绘资质升级、业务范围变更、单位基本信息变更等事项近300件。严格执行信息公开制度，做到审批前公示和审批后公告制度，及时发送审批结果和资质证书。落实山东省国土资源厅《在测绘地理信息行政管理工作中推广随机抽查工作实施方案》，开展测绘资质、成果质量、成果保密随机抽查。印发《测绘资质监督检查工作实施细则》，规范测绘资质监督检查工作。抽查9家省内甲级测绘资质单位，督促各市加强对乙级及以下测绘资质单位抽查工作。组织各级测绘地理信息主管部门开展测绘地理信息成果质量监督检查工作，重点抽查56家甲、乙级测绘单位，对2家存在严重质量问题的单位进行约谈，向全省通报检查结果。

【信用管理】

山东省国土资源厅继续推进测绘地理信息市场信用体系建设，组织各市测绘地理信息主管部门及各测绘资质单位开展测绘地理信息市场信用信息征集、审核及上报工作，审核上报甲级测绘资质单位信用信息60多条，征集审核发布测绘资质单位不良信用信息10多条，妥善处理信用信息异议。

基础测绘

【基础测绘经费投入】

山东省国土资源厅执行财政经费使用管理制度，规范重大专项经费管理，保证地理国情监测、测绘应急服务保障能力建设等国家测绘地理信息局项目专款专用。配合山东省财政厅对基础测绘资金进行绩效评价，开展严肃财经纪律规范预算编制执行情况自查自纠工作。编报完成国家现代测绘基准体系基础设施建设项目经费决算。执行省财政投资评审确定的年度经费预算，落实年度省级基础测绘经费1.5亿元，其中常态化地理省情监测经费4100多万元。保证新型基础测绘更新、智慧时空大数据与云平台建设、应急测绘保障能力建设、国土资源数据2000国家大地坐标系转换等重大工程专项经费，形成稳定的基础测绘投入机制。

【测绘基准建设与应用】

山东省国土资源厅进一步强化基层国土资源所管护职责和山东省国土测绘院技术维护职责，做好卫星导航定位基准站网运维与应用，确保站点正常运行。加强测绘、气象、地震、规划等部门站点资源共享，入网终端设备超过2000台（套）。会同有关部门组织开展山东省卫星导航定位基准站专项整治，进一步强化基准站建设和服务的监督管理，及时向国家测绘地理信息局汇交山东导航定位基准站观测数据21GB。推广2000国家大地坐标系使用，全面完成全省各级基础测绘成果2000国家大地坐标系转换，将省级转换成果报送国家质检机构，新开工基础测绘项目全部采用2000国家大地坐标系统，行业部门广泛采用2000国家大地坐标系。联合省国家安全厅开展全省卫星导航定位基准站安全专项整治行动，成立专项整治行动办公室，制定印发实施方案，摸底排查站点328个，对57个不符合规定的站点下达整改通知书，责令其停运、拆除和升级改造，完成109个站点的信息备案工作，对全省卫星导航定位基准站网进行安全升级改造。

【基本比例尺地形图测制与更新】

山东省国土资源厅协助开展1∶5万基础地理信息数据动态更新工作，及时提供专题资源和省级基础测绘成果。完成国家测绘地理信息局多尺度基础地理信息数据联动更新试点项目。进一步完善省级新型基础测绘更新技术方案，完善数据库制图软件，编制新型基础测绘更新质检验收和数据库制图数据标准，基本形成分要素更新、增量更新、联动更新相结合的省级基础地理信息数据按需快速更新模式。

【航空航天遥感影像获取与应用】

山东省国土资源厅落实影像获取计划管理制度，及时向国家测绘地理信息局报送2018年航摄计划，落实配套经费，报送实施情况，汇交共享成果资料。全省遥感影像统筹获取列入《山东省“十三五”基础测绘规划》，建立长效稳定机制。山东省国土资源厅统筹获取全省2017版0.5米分辨率航空航天影像。国家测绘地理信息局卫星测绘应用中心山东分中心在山东省国土测绘院挂牌，通过资源三号卫星影像云服务平台实时获取全省国产卫星影像。部分市县结合基础测绘、数字城市地理空间框架等项目需求，获取城市建成区航摄影像。所获取的各类影像得到广泛应用，使用率达100%。

【智慧城市、数字城市建设】

山东省国土资源厅按年度组织召开智慧城市试点项目督导会，统筹推进试点项目建设进度。智慧潍坊时空信息云平台通过国家测绘地理信息局验收，淄博、新泰智慧城市试点项目设计书通过国家测绘地理信息局评审，加快推进临沂、聊城智慧城市试点项目建设，推荐烟台成为新增国家智慧城市试点城市。全面完成全省市、县两级数字城市地理空间框架建设，形成覆盖省、市、县三级、互联互通、数据融合、协同服务的数字山东地理空间框架。将地理空间框架运维作为各级规划的重要工作内容，结合规划实施定期开展数据更新、系统升级、设备运维等工作。开展省、市两级数据融合，推动数字城市建设成果应用，将数字城市建设与应用情况纳入市级测绘地理信息工作绩效评价指标，应用系统累计超过1000个。

【质量管理】

山东省国土资源厅强化基础测绘项目质量管理，基础测绘、测绘专项成果一次验收合格率达100%。配合国家测绘地理信息局开展成果质量监督抽查工作，按照监督抽查要求及时全面报送备检项目。组织各级测绘地理信息主管部门开展测绘地理信息成果质量监督检查工作，省级重点抽查56家甲、乙级测绘单位，下发整改通知书6份，约谈2家存在严重质量问题的单位，向全省通报检查结果，并按时向国家测绘地理信息局报送检查结果和总结报告。

【安全生产】

山东省国土资源厅成立安全生产管理机构，建立安全生产责任制，完善安全管理制度。定期组织开展以防火、防盗、防汛、防爆等为主要内容的安全隐患排查整治活动，落实人防、物防、技防安全措施，根据相关要求对生产设备装置进行检查维护，进一步提升安全装备水平。全年没有出现安全责任事故。

地理国情监测

【地理国情普查】

山东省国土资源厅组织编制《山东省第一次全国地理国情普查公报》，该公报通过省地理国情普查领导小组会议审议、国务院第一次全国地理国情普查领导小组办公室审核备案。8月2日，山东省地理国情政府新闻办公室召开新闻发布会，山东省国土资源厅会同省统计局联合向社会发布公报。编制出版《山东省第一次全国地理国情普查图集》，编印地理国情普查宣传册和解读彩页，利用门户网站、新闻媒体等宣传普查成果。利用“天地图·山东”发布普查公报、普查成果目录及可公开的专题数据，为政府部门和社会公众提供地理国情信息服务。为山东省审计厅、省住房和城乡建设厅、省林业厅、省环境保护厅、国家土地督察济南局等部门提供定制化服务。建立健全常态化监测机制，将地理省情监测作为战略方向和重点工程纳入《山东省“十三五”基础测绘规划》、经费列入年度预算、地理省情监测纳入省级测绘地理信息主管部门职责范围。

【地理国情监测】

山东省国土资源厅开展2017年地理省情监测，编制实施方案和技术规定，细化监测内容指标、技术标准、方案制度，完善组织管理体系，明确工作责任和时间节点。组织实施并基本完成全省地级以上城市空间格局变化监测、青岛西海岸国家级新区建设变化监测2个国家级专题性监测任务。实施全省开发区、自然保护区与重要湿地、高尔夫球场专题性监测项目，为发改、国土、环保等部门提供管理决策依据。启动全省冬小麦种植面积监测、黄三角地区地面沉降监测2个监测项目，为产粮大省建设及重大基础设施建设提供决策支持。召开城市地理国情监测部署会，组织济南、青岛、烟台、潍坊、威海5个城市启动城市地理国情监测试点，落实经费预算。

海洋测绘与不动产测绘

【海洋测绘】

山东省国土测绘院组织实施“十三五”基础测绘规划任务，完成山东省1:1万地形数据库框架要素年度更新、莱州湾361千米潮间带及近海1:1万地形图测绘任务，扩大海洋基础地理信息资源覆盖范围。

【地籍测绘】

济南市勘察测绘研究院承担山东省征地信息公开系统建设、济南市城市总体规划建设用地普查与建库、济南市章丘区规划局多规合一及三维数字城市决策系统建设等地籍测绘项目。山东省地质矿产勘查开发局第五地质大队完成菏泽市东明县农村集体土地确权登记发证项目1:500地籍图40平方千米、济宁市河道局引汶入济1:2000地形测绘及横断面测绘等项目。

【房产测绘】

济南市房产测绘研究院自主研发的“房测之光”测绘软件及成果管理系统正式上线并投入生产，充实济南市房屋安全鉴定基础数据库，研发房屋安全管理信息平台。

地图管理与地图服务

【地图公共服务】

山东省国土资源厅服务政府决策，为省委省政府、省直机关部门和各级国土资源部门提供《山东省政务工作用图》527幅（套）、《山东省地图集》500多册；为各级国土资源部门编制和提供市、县级政区图25套。组织编制电子版《山东省政务工作用图》，向省委省政府领导提供使用。编制出版《山东省第一次全国地理国情普查图集》。通过辅助决策用图服务系统，做好第四次辅助决策用图共享工作，上传市、县（市、区）地图7幅。

【国家版图意识宣传教育】

山东省国土资源厅注重加强国家版图意识宣传，通过大众日报社、经济导报社、新锐大众网站等新闻媒体发表专题文章，教育引导全社会正确使用国家版图。组织编制山东省标准地图23幅，在省国土资源厅门户网站提供下载使用。

【全覆盖排查整治“问题地图”专项行动】

山东省国土资源厅印发《关于开展2017年地图市场大检查“回头看”行动的通知》，全面清查2016年地图市场大检查工作中存在问题的重点区域和环节，进一步规范地图市场秩序。开展山东省全覆盖排查整治“问题地图”专项行动。组织收听收看全覆盖排查整治“问题地图”专项行动电视电话会议，重新充实全省国家版图意识宣传教育和地图市场监管协调指导小组，指导小组印发专项行动工作方案、加强工作部署。各地市均成立全覆盖排查整治“问题地图”专项行动领导机构，制定工作方案，组织开展自查排查。省国家版图意识宣传教育和地图市场监管协调指导小组组成6个巡查组对全省17个市、30个县（市、区）的80多家地图出版、销售和展示单位开展省级巡查工作，各市、县均开展了巡查工作。全省共组织4356家单位完成自查工作，自查地图9665张；组织开展巡查591次，抽查单位3922家、地图14149张，发现“问题地图”产品446件；向相关部门、单位下发整改通知书14份，向各市移交省级巡查发现的“问题地图”线索107件，完成“问题地图”产品整改446件，查封、收缴地图产品4461件。

测绘地理信息成果管理与应用

【“天地图·山东”建设与应用】

“天地图·山东”省级节点和11个市级节点、3个县级节点接入“天地图”国家主节点，2个市级节点和1个县级节点通过省级测试。按照《天地图省市级节点建设方案》要求，山东省国土资源厅推进节点间数据融合，实现省级节点与国家主节点、部分市级节点数据融合，显著提升纵向协同服务能力和用户体验。印发《山东省地理信息公共服务平台框架数据快速更新技术规定（试行）》和《山东省地理信息公共服务平台地名地址数据规范（试行）》，指导市县加快地理信息公共服务平台数据更新和推广应用。拓展“天地图·山东”应用领域，新增山东省审计厅、省卫生和计划生育委员会等应用部门，截至2017年底，省直应用部门累计45个，应用服务突破130个，为全省重大规划编制、政府应急体系建设、农村承包地确权、新旧动能转换、地名普查、生态红线划定等重点工作提供地理信息服务。

【成果汇交与分发】

山东省国土资源厅完成国家测绘地理信息局数据申领和原始航摄影像数据、航摄文档、省级基础测绘数据、省情监测数据及其他行业资料的接收、整理、组卷、归档和保管工作。全年共接收电子档案资料81.07TB，技术文档835本，图集559本。开展并完成模拟档案整理组卷358卷；完成31个汇交批次电子档案的整理、清单制作、组卷工作。向社会各界提供各种比例尺纸质地形图1343张，“4D”产品46914幅，大地控制点1002个，地理国情数据33.7GB。

【测绘成果保密管理】

山东省国土资源厅完善测绘成果安全保密监管机制，加强与国家安全、保密、公安、工商等部门的业务联系，形成工作协作合力，组织开展测绘资质和成果保密监督检查。完成国家测绘成果档案存储与服务设施项目，实现山东省级测绘档案资料数字化存储和信息化管理。落实测绘成果核心涉密人员管理制度，实现全省核心涉密人员全部持证上岗，加强培训，增强从业人员的保密观念和保密意识，进一步完善从业单位的安全保密制度体系建设。

【测量标志管理】

山东省国土测绘院加强测量标志管护工作，确保标志使用效能。推进测量标志动态监管信息系统推广应用。对滨州、东营、菏泽、青岛、莱芜、临沂市测量标志管护进行督导检查，实地查看110座测量标志点，测量标志完好率为91.8%。完成《山东省测量标志管理维护手册》编印工作，整理测量标志普查档案240册。

【应急测绘保障服务】

《国家应急测绘保障能力建设项目山东省实施方案》通过国家测绘地理信息局评审，山东省国土资源厅编制了应急数据库建设招标文件并报国家测绘地理信息局。山东省国土资源厅及各市测绘地理信息主管部门成立应急测绘保障工作领导小组，组建专门的测绘应急队伍，配备应急装备和车辆，明确测绘应急保障的领导机构、办事机构、实施机构。山东省建成测绘应急保障服务系统，更新各类应急成果储备，开展应急测绘演练。山东省国土测绘院提供测绘应急保障服务，完成中国共产党山东省第十一次代表大会会场0.03米分辨率航空影像获取及处理任务，开展全省80个地质灾害隐患点影像储备工作，为扶贫村测制实景三维模型和大比例尺地形图。参与“海阳—2017”山东省首次核应急联合演习，为相关部门提供实时应急测绘保障服务。

地理信息产业

【地理信息产业政策】

山东省国土资源厅贯彻落实山东省委省政府领导批示精神，编制产业规划，邀请山东省发展和改革委员会、省经济和信息化委员会、省科学技术厅等部门负责人共同考察、座谈山东省测绘地理信息产业发展情况，研究提出具体贯彻落实措施。会同山东省发展和改革委员会编制《山东省地理信息产业发展规划（2017—2025年）》，提报省政府常务会议。

【地理信息产业发展】

山东省地理信息产业基本形成潍坊、青岛、济南、临沂等地产业集聚发展、竞相发展、错位发展的“1+N”产业格局。潍坊市凤凰地理信息小镇被山东省政府办公厅列入山东省第二批特色小镇创建行列，68个项目落户小镇、总投资57亿元。组织全省各级测绘地理信息主管部门及行业单位300多人参加2017年中国地理信息产业大会，组织测绘地理信息行业单位参加中国地理信息产业百强企业评选和科技成果评选。8月7日，省委书记刘家义在省政府研究室、省国土资源厅联合调研组提报的《关于加快我省地理信息产业发展的调研报告》上作出批示：“地理信息产业前景广阔，作用效能巨大。请有关部门研究具体推进办法”。

科技与标准化工作

【科技创新体系建设】

山东省国土资源厅贯彻落实《关于加强测绘地理信息科技创新的意见》和《测绘地理信息科技发展“十三五”规划》，将完善测绘地理信息科技支撑体系作为重要任务，提出提升科技创新对基础测绘发展贡献率的奋斗目标。组织参加国家测绘地理信息局信息化测绘体系建设技术培训班，落实《信息化测绘体系建设技术大纲（试行）》，在数据获取、生产组织、档案存储管理、成果发布等环节开展信息化建设，实现省级信息化测绘生产管理系统运行稳定。山东省国土测绘院新增龚健雅院士遥感大数据研究与应用工作站、国家测绘地理信息局卫星测绘应用中心山东分中心、国家测绘工程技术研究中心山东中心3个创新平台，进一步完善科技创新政策和规章制度。

【科技项目与科技奖励】

山东省测绘地理信息单位共获省部级科技进步奖一等奖1项、二等奖12项、三等奖7项。山东省国土测绘院围绕国土资源标准化、自然资源资产审计关键技术、多波束测深和侧扫声呐影像等技术集成应用、全省卫星导航定位基准站网实时服务等10项前沿课题开展研究和技术攻关，获科技创新奖21项、软件著作权10项、专利5项。

【标准化工作】

山东省国土测绘院制定的《海图电子地图规范》等3个地方标准正式颁布。

地市级测绘地理信息工作

【济南市】

2017年，济南市测绘地理信息主管部门编制完成《济南市“十三五”基础测绘规划》，经市政府批复同意后印发实施。各县测绘地理信息主管部门开展县级规划编制工作。市级及县（市）级年度基础测绘经费投入均得到落实，基本保障全市基础测绘和重大测绘项目的实施。济南市测绘地理信息主管部门配合山东省国土资源厅开展SDCORS系统应用和测绘基准优化升级工作。开展全市重点区域航空遥感影像获取工作，制作中心城区实景三维，获取商河县、济阳县正射影像。及时向山东省国土资源厅通报济南行政区域遥感影像获取计划，汇交共享成果，提高省市统筹水平。为新农村规划建设提供测绘保障并发挥示范作用，结合本地区新农村建设实际需求，开展新农村 1∶2000、1∶500 地形图测绘工作。出台《测绘市场“放管服”实施意见》，完成产业专项统计调查和运行监测工作。推进地理信息资源共建共享，多次向市政府各部门免费提供各类比例尺地形图及 DEM、DOM 数据。全市 30 多家部门（单位）基于地理信息资源共建共享平台建成应用系统 50 多个，并签订共享本部门基础地理信息资源的协议。制订《济南市测绘应急保障预案》，将测绘应急保障资金纳入预算，成立应急保障领导和办事机构。严格基础测绘成果使用审批，每年对审批后的涉密测绘成果使用情况进行保密检查，落实涉密测绘成果保管和提供单位，全年审批基础测绘成果申请 90 多项。利用基础测绘成果为市级领导机关提供地图服务，开展基于济南市基础地理信息公共服务平台的多项地理信息延伸服务。

【淄博市】

2017 年，淄博市测绘地理信息主管部门完成淄博市 750 平方千米正射影像数据、400 平方千米倾斜摄影数据、100 平方千米三维模型数据、200 平方千米数字线划图和 200 千米街景数据采集工作。深入推进地理信息公共服务平台的应用，为全市 27 家的单位 38 套信息化系统提供在线地理信息数据服务。快速推进智慧淄博时空大数据与云平台建设试点项目，项目设计书通过评审，按计划开展各类数据采集、时空信息云平台及示范应用项目建设。投入财政资金 19 万元，对全市测量标志进行维修维护。制作以测量标志管护为主题的电视专题片，在淄博电视台《国土之窗》栏目滚动播出，举办“保安全、严监管、强服务、促发展”主题图片展，宣传普及测量标志管护知识。

全年共受理审核行政审批事项 61 件，其中完成使用国家基础测绘成果对外提供审批 25 件，乙、丙、丁级测绘单位资质申请、信息变更、补充修改数据和业务范围变更等 36 件。组织开展信用信息征集录入和测绘统计年报工作。组织完成全市 8 家乙级资质单位资质续期换证工作。联合省质检部门对 4 家乙级资质单位和 6 家丙、丁级资质单位开展成果质量监督检查、测绘资质巡查和成果保密检查工作。组织开展测绘资质年度报告公示工作，在市测绘地理信息主管部门门户网站年度报告专栏进行公示，接受公众监督。加强地图市场监管，开展全覆盖排查整治“问题地图”专项行动，开展市场检查 54 次，联合执法 26 次，抽查地图产品 21 种，跟踪检查互联网网站 179 个。做好新测绘法学习宣传贯彻和测绘法宣传日活动，组织 120 多人参加测绘法培训，举办测绘法知识竞赛，订购、编制、发放宣传材料 3000 多份，发送公益短信 2000 多条，播放测绘地理信息成果展示宣传视频 110 场次、电视宣传片 120 分钟，刊登宣传口号 200 多条，召开座谈会 10 多次。组织做好“美丽中国”第三届全国国家版图知识竞赛和少儿手绘地图大赛，2 件参赛作品获优胜奖。

【济宁市】

2017 年，济宁市测绘地理信息财政投入 5300 万元，其中市本级投入 2300 万元。开展济宁市大比例尺基础数据库建设与更新、地下管线更新建库、济宁市城区地面沉降监测、景观测量标志点建设、“天地图”济宁节点更新、成果检验等工作。委托山东省鲁南地质工程勘察院开展济宁市兖州区兴隆庄镇巨王林等 18 个村实景三维模型及正射影像图制作项目，支持当地新农村建设。开发建设济宁市测绘地理信息服务监管系统，提高测绘地理信息行业办事效率。

济宁市全年共办理测绘项目登记 6 件，基础测绘成果使用审批 10 件，测绘资质初审 16 件，其中测绘资质信息变更 6 件、测绘资质申请 4 件、测绘资质升级 2 件、测绘资质注销 2 件、增加业务范围 2 件。在全市 50 多家丙、丁级测绘资质单位开展资质巡查及抽查工作。随机抽取 12 家丙、丁级测绘单位开展成果质量检查。组成“问题地图”排查整治联合检查组，以车站、学校、文化用品市场、展会、书店、文体商场为重点区域，实地检查 170 家单位，排查互联网地图网站 100 多个，查出“问题地图” 120 多份、地图产品 20 多件、登载“问题地图”的网站 1 家，对各类违法行为进行依法查处。组成测绘地理信息工作调研组，赴临沂、贵阳等地进行考察学习，撰写测绘地理信息工作调研报告。利用“8·29”测绘法宣传日活动，接待群众 2000 人次，发放宣传资料 2000 多份，发送公益短信 5 万条，市领导及市国土资源局全体党委委员参加宣传活动。济宁市测绘地理信息工作获得山东省国土资源厅 2017 年绩效考核优秀等次。

【东营市】

2017 年，东营市加快推进数字东营地理空间框架建设向智慧时空基础设施建设与应用的转型。完成地理信息公共服务平台升级和数据更新。投入资金180万元，制作完成中心城市规划区范围约400平方千米、地面分辨率优于0.2米的数字正射影像成果。建立动态更新机制，全部完成县级基础地理信息数据更新及地名地址数据更新。7月，市政府启动智慧东营项目建设，计划总投资1.423亿元。依托市地理信息公共服务平台，国土、公安、规划、市政、旅游、交通等22个部门建立专题应用。东营市全面完成县级数字城市建设工作。“天地图·东营”在全省2017年天地图市级节点综合评估中被评为五星，位于山东省市级节点第3位。

全年批准测绘单位注册8家、资质申请3家、基本信息变更4家、补充和修改数据9家、补领证书2家、业务范围变更4家、资质升级4家、续期换证10家、注销2家。加强测绘地理信息随机抽查规范事中事后监管工作。完成全市乙级及以下测绘资质年度报告及其公示工作。开展全覆盖排查整治“问题地图”专项行动市场检查3次，检查地图产品9种，跟踪检查相关网站192个，发现3家单位存在“问题地图”，督促所有存在问题的单位整改。开展新测绘法宣传活动，全市共设置宣传点75个，摆放展板90块，出动流动宣传车59辆次，发放宣传册5550多份，发送公益短信2万条次，通过报纸、网站、微信公众号、官方微博等媒体发表新闻稿件11篇，培训153人次。开展东营市测量标志季度巡查，9月，配合山东省国土资源厅对测量标志进行巡查，并通过山东省国土资源厅测量标志管护软件上传辖区内测量标志管护信息294项。

【烟台市】

2017年，烟台市投入测绘地理信息方面财政资金848.25万元。开展芝罘区、莱山区1∶500大比例尺地形图更新项目。开展数字烟台地理信息公共服务平台运维及推广应用，市级地理信息公共服务平台累计为城管、规划、住建、公安等23个部门的40个系统提供在线服务，县级地理信息公共服务平台应用部门累计达到47个。开展智慧烟台时空大数据与云平台建设项目试点申报工作，试点工作获国家测绘地理信息局立项批复。“天地图·烟台”接入省级节点和国家主节点。落实测量标志管理经费20万元，逐级落实巡查管护职责，定期开展巡查工作，全市完成533座三等以上测量标志点的巡查工作，完好率为94.9%。“烟台市芝罘区、莱山区大比例尺地形图修补测量及数据库更新”“烟台市国土资源局‘一个平台、两个市场’建设”2个项目获中国地理信息产业协会2017年优秀工程奖银奖，“烟台市大比例尺地形图修补测量及数据库更新项目（第四包）”获优秀工程奖铜奖。烟台市测绘地理信息主管部门全年受理基础测绘成果提供使用申请24件，审批6件；审批新申请丁级测绘资质4件，审查测绘资质升级2件、业务范围变更7件。开展丙、丁级测绘成果质量监督检查，共抽查15个测绘项目，抽查结果均为合格。开展乙、丙、丁级测绘资质监督检查，共抽查16家单位，针对检查中发现的问题，责令有关单位进行整改。开展全覆盖排查整治“问题地图”专项行动，累计排查市县政府部门、涉图单位270多家，网站200多个，博物馆、展览馆17个，发现并整改“问题地图”25件。联合烟台市国家安全局对全市35座卫星导航基准站进行调查，对基准站建设未达标准的5家单位发出整改通知书。开展“8·29”测绘法宣传日活动，全市累计发放宣传画9幅、普法宣传材料6000多份，发送公益短信4万多条。

【潍坊市】

2017年，潍坊市落实基础测绘经费，本级测绘地理信息财政投入1000万元。潍坊市测绘地理信息主管部门组织采集市区及周边地区726平方千米的高分辨率航拍影像数据，为济青高速、中心城区交通优化提升等全市重点工程提供地理信息数据保障。为市直部门、单位提供数据服务31次。11月，智慧潍坊时空信息云平台试点通过国家级验收，潍坊智慧城市试点建设经验在第四届中国智慧城市（国际）创新大会得到推广。智慧潍坊时空信息云平台和时空大数据建设在60个市级部门116个系统中得到推广应用，累计节约财政资金2.1亿元，入选2017年国家新型智慧城市发展报告优秀案例。

潍坊市测绘地理信息主管部门办理并上报测绘单位申请10家，资质升级1家，补充修改数据、业务变更、信息变更和注销22家；对全市76家乙、丙、丁级资质单位开展资质巡查及抽查工作。协助山东省国土资源厅开展2家甲级测绘单位资质巡查、2家乙级测绘单位测绘成果质量检查。组织开展全市20项成果质量监督检查。完成全市10个卫星导航定位基准站检查。开展测绘地理信息宣传活动，举办新测绘法培训班，150人参加培训；借助“8·29”测绘法宣传日，通过微信平台举办新测绘法知识有奖答题活动，邀请中小学生走进山东测绘地理信息产业基地，倡导形成维护国家版图的良好社会氛围。《中国国家人文地理·潍坊卷》基本编纂完成，潍坊市委书记亲自作序。坊子园区凤凰地理信息小镇成功创建为山东省特色小镇。

【泰安市】

2017年，泰安市本级财政投入测绘地理信息经费400万元，同比增长15.1%，市、县两级基础测绘“十三五”规划全部编制完成并由同级政府批准实施。新泰市列入国家智慧城市时空大数据与云平台建设县级试点城市，项目设计书通过国家测绘地理信息局评审。与山东农业大学合作开展智慧社区建设试点，新泰市羊流镇智慧社区建设项目通过国家测绘地理信息局组织的验收。泰安市测绘地理信息主管部门推进地理信息共享平台应用，公安、应急、武警、城管、规划等部门利用共享平台建立18个应用系统，与市公安局、规划局等8家单位签订数据共享与交换协议，建立长期稳定的数据交换和更新机制。

全年共受理行政审批事项34件，其中完成国家基础测绘成果对外提供初审、审批23件，测绘资质初审11件。加强测绘地理信息市场监管，对12家测绘资质单位进行巡查。按照分级监管的原则，委托省级测绘产品质检部门对全市10家丙、丁级测绘单位进行测绘成果质量监督检查。开展测绘成果社会化服务，利用泰城0.1米高分辨率航空影像制作影像挂图和新版区划调整图，供市领导及相关政府部门使用。加强国家版图意识宣传教育和地图市场监管，各县（市、区）开展国家版图知识竞赛活动。开展全覆盖排查整治“问题地图”专项行动地图市场检查64次，检查常规地图产品8大类，检查网站143个，检查展示会、展览馆4个。结合测绘法宣传日和全国法制宣传日，通过悬挂宣传条幅、发放宣传材料、发送公益短信等形式，开展测绘地理信息宣传活动，共发放《中华人民共和国测绘法》《地图管理条例》《国家版图知识读本》等宣传材料3000份、发送公益短信3.6万条。

【威海市】

2017年，威海市本级财政投入测绘地理信息经费130万元。威海市及两市一区“十三五”基础测绘规划均由政府批复后印发实施。威海市测绘地理信息主管部门完成114平方千米城市部件普查数据、城区间地下管线探测数据、19个旧生活小区地下管线普查数据和550千米地下管网数据整合任务。完成环翠区992平方千米1:500、1:2000基础地理信息数据库建设和电子地图制作。主动向政府有关部门推广宣传地理信息成果，提供地形图3256幅、航摄影像数据5797平方千米、各等级控制点31个，为威海市中大型水库升级改造工程等10多个大型基础建设项目提供成果审批和办理基础测绘成果审查手续。

受理测绘单位新申请测绘资质2家、资质升级2家、信息变更3家，对7家测绘单位开展测绘资质巡查。推进测量标志管护常态化。建立完善测量标志监管系统，系统使用率100%；普查测量标志点272次，测量标志点上报率94.4%。全市测绘成果质量总体向好，测绘成果获全省优秀测绘工程奖8项。开展全覆盖排查整治“问题地图”，检查网站145家、涉图单位180家，发现“问题地图”产品14个，没收“问题地图”1609幅。与市国家安全局联合核查16个基准站，保障全市测绘地理信息安全。与教育部门联合组织“美丽中国”少儿手绘地图大赛，征集作品700多份，2幅作品获全国优胜奖。

【日照市】

2017年，日照市全面完成并发布各级“十三五”基础测绘规划，编制基础测绘年度计划，不断增加基础测绘经费投入，推进基础地理信息资源建设。日照市测绘地理信息主管部门全年共受理审核行政审批事项26件，其中完成使用国家基础测绘成果对外提供审批21件，乙、丙、丁级测绘资质认定4件，测量标志迁建1件。加强资质日常管理，审核12家测绘单位的业务变更、信息变更和注销申请；在全市34家乙、丙、丁级资质单位开展资质巡查及抽查工作，并对存在问题的2家单位发出整改通知书；组织开展全市成果质量监督检查，并将监督检查结果进行公示。成立由市政府办公室和网信、保密、工商等13家单位为成员单位的“问题地图”专项行动协调指导小组，在全市联合开展排查整治“问题地图”专项行动。与日照市园林局、海洋渔业局等单位签订地理信息资源共建共享协议和保密协议，共建共享协议总数达26份，年度共享信息数据20次。为多家企事业单位提供基础地理信息在线地图服务。组织全市测绘管理工作人员和34家测绘资质单位开展新测绘法培训暨测绘法知识考试，考试成绩在市国土资源局门户网站公示。累计免费提供工作用图2600多套，政区图、城区图2000多套。组织更新《日照市地图》《日照市城区图》。

【临沂市】

2017年，临沂市本级财政投入基础测绘资金1035万元，县级财政投入基础测绘资金588.48万元。开展城区286平方千米1:500地形图更新和66平方千米1:500地形图获取工作，基本实现临沂城区内地物地貌信息实时更新，探索建立动态更新机制。持续推广使用SDCORS，测绘资质单位使用率达100%，配合山东省国土资源厅维护优化升级测绘基准。争取到国家测绘地理信息局提供的600平方千米0.05米高分辨率航摄影像数据，制作完成600平方千米正射影像图。推进新农村测绘保障项目，督导、支持蒙山旅游管理区开展国家试点项目。全面完成市县数字城市地理空间框架和“天地图”市县级节点建设。推进智慧临沂时空信息云平台试点建设。完成时空云平台规范标准编制并通过专家验收，基本完成时空信息云平台软件框架研发，开展时空大数据管理软件内部测试。基本完成“天地图”临沂APP开发，制作完成离线地图包。启动市、县两级国土资源数据2000国家大地坐标系转换工作。全市共有测绘资质单位64家。

智慧临沂时空信息大数据与云平台依托市政府电子政务云环境进行数据共享交换，汇聚多个部门20多类30多万条专题数据。临沂市测绘地理信息主管部门审批68项基础测绘成果使用申请，向政府领导提供精准扶贫等决策用图，完成《中国国家人文地理临沂分卷》编纂工作。开展全覆盖排查整治“问题地图”专项行动，共抽查重点场所38处，发现并撤换“问题地图”3幅，对市直45个主要部门官方网站进行“问题地图”排查整治。投入财政资金9万元，整治规范各类基准站25座。全年共审核上报资质材料12项，按时内完成测绘资质年度报告公示工作。

【德州市】

德州市测绘地理信息主管部门做好基础地理信息数据库更新工作，获取中心城区自2016年5月以来的建设工程竣工测量资料，收录市农村集体土地确权登记地形图数据。规范地理信息公共平台正常运维，实现市、县级节点统一管理。年度推广基于公众版、政务版地理信息公共平台的应用示范市级系统建成9个、在建3个，县级系统建成10个、在建11个。做好测绘资质管理审批，指导58家测绘资质单位开展年度报告工作，常态化开展测绘地理信息行业信用信息征集与发布。

为市规划局、市水文局、运河经济技术开发区管理委员会等5家单位提供涉密基础测绘成果。联合市保密部门开展全市涉密测绘地理信息成果保密检查，实地检查5家领取省、市涉密测绘成果单位，未发现失泄密问题。开展全覆盖排查整治“问题地图”专项行动，重点抽查博物馆、文化艺术馆、图书馆、展览馆及大型商场、超市等场所，发现并整改“问题地图”15份，完成“回头看”行动。与各县（市、区）国土资源局签订委托保管测量标志协议268份，建立全市测量标志管护档案268宗。全面使用山东省测量标志动态监管信息系统，将305座测量标志全部纳入系统管理。完成卫星导航定位基准站安全专项整治工作，共排查23座基准站，责令7座基准站完成备案，责令8座基准站停止运行。有序开展国土资源数据2000国家大地坐标系转换工作。梳理汇总市级需转换数据32项，安排部署县级数据转换工作。

【莱芜市】

2017年，莱芜市本级财政投入测绘地理信息资金158.7万元。莱芜市测绘地理信息主管部门更新完成205平方千米1:500基础地理信息数据库，制作新版电子地图。组织实施地理信息公共平台建设与应用工作，启动国土资源数据2000国家大地坐标系转换工作。向23个部门（单位）提供地图服务。组织16家国家版图意识宣传教育成员单位开展全覆盖排查整治“问题地图”专项行动，对124家单位的190个网站进行了搜索检查。受理测绘单位资质申请4家、业务变更3家、资质升级2家，全部按时办理。开展测绘市场监管，抽查测绘单位8家，下达整改通知书3份。开展测绘产品质量监督检查，抽查11个项目，出具7份合格报告与4份不合格整改报告书。召开测绘地理信息行业诚信守法规范经营座谈会，形成测绘地理信息行业诚信守法规范经营倡议书。

【滨州市】

6月17日，数字惠民地理空间框架建设与应用示范项目通过省级验收，滨州市全面完成数字城市建设。滨州市测绘地理信息局初次获取滨州市主城区0.05米分辨率航空影像，制作420平方千米DOM。开展滨州市主城区大比例尺地形图新测与更新项目。新测及更新城区388.5平方千米1:500地形图，落实追加市财政和滨城、开发、高新三区财政资金374万元。与滨州中油燃气有限责任公司、市文物局签订地理信息资源共建共享合作协议。

对全市9家丙、丁级测绘资质单位进行成果质量检查，9家单位全部通过审查。组织开展测绘法宣传日活动，在渤海国际广场悬挂横幅、摆放展板、设立咨询台，深入宣传测绘地理信息法律法规，共发放测绘宣传材料2000多份，现场接受市民咨询500多人次。开展全覆盖排查整治"问题地图"专项行动及"回头看"行动，共自查地图1767份；山东省第六巡查组对滨州市开展专项行动巡查工作，指出公开出版、展示地图存在的问题，按要求完成整改。组织开展测绘资质年度报告工作，在市国土资源局门户网站及测绘管理专栏公示27家测绘资质单位年度报告。落实测量标志动态监管巡查机制，各县区及时将巡查结果上传至动态监测系统。开展卫星导航定位基准站安全专项整治行动，在全市范围内开展数据核查及摸底排查，及时向山东省国土资源厅报送卫星导航定位基准站安全专项整治行动登记表。

【聊城市】

2017年，聊城市本级财政投入测绘地理信息经费410万元。聊城市测绘地理信息主管部门完成市主城区78平方千米三维精细建模数据采集项目，市空间地理信息数据库更新项目。制作397平方千米规划区数字正射影像图。"天地图·聊城"被山东省国土资源厅评为五星级节点。智慧聊城时空信息云平台为机场选址、交通规划、精准扶贫、海绵城市等近20个政府项目提供空间数据服务，聊城市测绘地理信息主管部门与12个政府部门签订时空信息云平台数据开放共享责任书。9月，智慧聊城时空信息云平台建设典型案例被确定为全国综合典型案例。

聊城市本级完成使用国家基础测绘成果对外提供审批6件，乙、丙、丁级测绘资质新申请审批3件，乙、丙、丁级测绘资质升级3件。审核批准4家测绘企业的业务信息变更和注销申请；完成市级测绘项目备案审核51件。对全市6家丙、丁级资质单位开展资质巡查及抽查工作；组织开展全市成果质量监督检查，重点检查涉及中介服务的测绘项目；联合工商、文化等部门开展测绘地理信息安全、地图市场及互联网地图服务等专项监督检查，开展聊城市全覆盖排查整治"问题地图"专项行动。举办新测绘法暨测绘地理信息技术应用培训班，300多人参加培训；结合测绘法宣传日和全国法制宣传日活动，深入社区开展以新测绘法为主题的宣传活动，现场摆设宣传展板10多个，市区12家测绘单位携带测绘地理信息设备和产品成果进行宣传，免费发放宣传资料2000多张。

【菏泽市】

2017年，菏泽市本级财政投入测绘地理信息经费600万元。菏泽市测绘地理信息主管部门编制完成并印发《菏泽市基础测绘"十三五"规划》，筹备《菏泽城区图》编制工作。基础地理信息数据更新项目，完成430平方千米0.05米分辨率数码航摄影像航拍、1∶500 DOM制作、341平方千米1∶2000数字线划图更新、302.6平方千米1∶500地名地址调查与建库、5平方千米城市三维模型更新、2个示范应用系统开发。将地理信息公共服务平台（政务版、公众版）部署到省地理信息公共服务平台，共享省级节点资源。与山东省国土测绘院推进地理信息资源共享与合作，统筹开展地理信息数据采集分工、持续更新工作。为市委市政府及有关部门提供菏泽市行政地图、菏泽城区图等保障性用图32次126份。

开展全覆盖排查整治"问题地图"专项行动，成立由15家市级部门及有关单位组成的检查领导小组，制定专项行动方案，建立长效机制，在全市开展"问题地图"集中整治行动，重点对新华书店、地图市场、文化用品、纪念馆等56个场馆进行全面自查、检查和抽查，专项整治工作取得阶段性成果。办理测绘丙、丁级单位资质申请各2家、业务范围变更4家、资质升级2家。12月，开展菏泽市测绘成果质量监督检查工作，经全面检查，抽查的6家资质单位均为合格单位。召开《地图管理条例》专题宣贯培训会，30多人参加培训。

地方社团工作

山东省测绘地理信息行业协会完成换届选举工作，完成与政府主管部门的脱钩。配合业务主管部门完成全省新测绘法宣传普及工作，举办测绘行业设备应用及解决方案研讨会。承办第九届山东省大学生科技节暨第十一届"南方测绘杯"山东省大学生测量技能大赛。组织评选2017年测绘工程奖一等奖43个、二等奖65个、三等奖80个。

河南省

概况

河南省测绘地理信息局被国家测绘地理信息局授予2017年度全国测绘地理信息工作“优秀单位”称号。截至2017年底，河南省共有测绘资质单位1013家，测绘从业人员26454人。全年完成测绘服务总值36.78亿元。

全省17个省辖市全部启动数字城市地理空间框架项目建设，其中建成13个、在建4个。《河南省测绘地理信息发展“十三五”规划》经省人民政府专题审定，由省国土资源厅、省发展和改革委员会、省测绘地理信息局印发实施。推进《河南省卫星导航定位基准站建设总体规划（2016—2020年）》进程，正式启动首颗商业卫星“河南一号”项目论证。《河南省第一次全国地理国情普查公报》发布。全年向交通运输、电力、水利、国土、煤炭等行业提供纸质地形图861张、成果点128个；提供“4D”成果3522幅、数据量153GB；卫星影像438景、数据量4647GB。

党的建设与人才队伍建设

【党的建设】

河南省测绘地理信息局印发《2017年党的建设工作要点》《2017年党风廉政建设工作要点》。召开“两学一做”学习教育常态化制度化工作推进会，印发《推进“两学一做”学习教育常态化制度化实施方案》。出台《“讲忠诚、守纪律、做标杆”活动实施方案》。局党委成立全面从严治党工作领导小组，建立基层党建工作联系点制度，加强对联系点的监督指导，抽查党建目标落实情况。组织党员分2期到河南省济源市愚公移山干部学院学习培训。学习党的十八届六中全会精神和全国“两会”精神，解读《关于新形势下党内政治生活的若干准则》《中国共产党党内监督条例》《中国共产党纪律检查机关监督执纪工作规则（试行）》。组织40多名监督责任人进行“一准则一条例一规则”知识测试，优秀率100%。印发《中共河南省测绘地理信息局党委关于以案促改工作制度建设阶段督导展评方案的通知》。11月8日，局党委召开贯彻落实党的十九大精神暨标本兼治以案促改工作制度建设阶段工作推进会，部署制度建设工作。

【党风廉政建设】

河南省测绘地理信息局召开2017年党建暨党风廉政建设会议，与机关处室、直属单位签订《党风廉政建设目标责任书》。印发《中共河南省测绘地理信息局党委履行全面从严治党主体责任清单》《中共河南省测绘地理信息局纪委履行全面从严治党监督责任清单》，落实两个责任，强化一岗双责机制。开展“一准则一条例一规则”集中学习教育活动，多次召开专题会议，学习贯彻相关文件精神。在重点领域和关键环节，将以案促改工作和廉政风险防控制度建设相结合，注重问题整改和制度建设，成立领导小组，印发文件、制定方案。编印发放《坚持标本兼治推进以案促改工作警示教育资料》《廉政锦囊》《违反中央八项规定精神典型案例漫画册》《违反中央八项规定精神典型案例漫画册》等材料。出台《河南省测绘地理信息局机关公务接待管理办法》，开展违规公款购买消费高档白酒集中排查整治活动，全覆盖督查检查可能出现的“四风”问题。在系统内开展廉政风险点梳理排查活动，共排查出风险点207个，并逐条制定防控措施。组织58名处级干部到河南省豫中监狱接受警示教育。组织100多名党员干部参观河南省廉政文化教育馆；组织干部职工集体观看廉政豫剧、廉政影片等；在节假日等廉政风险易发时间节点做好廉政提醒；学习《典型案例通报》。对调离工作岗位或退休的干部进行离任审计，并整改审计发现的问题。

【精神文明建设】

河南省测绘地理信息局持续开展“我们的节日”主题活动，组织干部职工开展拔河、乒乓球、跳棋等活动。2次组织文明交通志愿者服务队，在郑州市开展文明交通志愿者服务活动。“五一”国际劳动节，组织劳模先进事迹报告会。参加国家测绘地理信息局举办的全国测绘地理信息系统乒乓球比赛及省直工委组织的羽毛球比赛和健步走活动。河南省测绘地理信息局合唱队获河南省直属机关“喜迎十九大”群众性大合唱比赛二等奖、优秀组织奖，2人分别被评为省直优秀工会干部和省直优秀党务工作者。组织参加省直团工委“我的青春成长故事”主题征文活动和“奋斗的青春最美丽”青春成长主题微电影征集活动，获征文一等奖1篇、二等奖1篇，三等奖3篇，获微电影二等奖1部，局团委获优秀组织奖。成立结对帮扶活动领导小组，制定《结对帮扶工作实施方案》。与46户贫困户开展“一对一”帮扶活动，制定帮扶台账。至年底，省测绘地理信息局结对帮扶的46户130人中，脱贫16户53人。在扶贫帮扶单位信阳市固始县李店镇刘营村中心小学开展关爱扶贫村少年儿童志愿公益活动。

【人才队伍建设】

河南省测绘地理信息局提拔、交流处级干部29人、科级干部18人，其中正处级领导干部11人、调研员2人、平职交流2人，副处级领导干部9人、副调研员2人、平职交流3人。开展全省注册测绘师拥有情况调研工作，共收到测绘资质单位及地市测绘地理信息主管部门调查表225份。经统计，河南省甲级测绘资质单位拥有注册测绘师220名，乙级测绘资质单位拥有注册测绘师213名，注册测绘师缺口总计466人。2017年，122人通过河南省测绘专业中级职称评审；733人通过初级职称评审，其中助理工程师590人、技术员143人。印发实施《河南省测绘地理信息局直属事业单位首席工程师聘任管理办法》。

法制建设与市场监管

【法制建设】

河南省测绘地理信息局完成《河南省测绘管理条例》修订稿与修订稿前后对照表的起草工作。向省国土资源厅、省人大常委会法制工作委员会报送河南省2018年度地方立法建议项目申报表。

【法制宣传】

5月，河南省测绘地理信息局组织干部职工学习宣传新修订的《中华人民共和国测绘法》，安排部署测绘法学习、宣传、贯彻工作。测绘法精准宣传志愿者为河南省委、省人民政府、省财政厅、省科学院、省地震局等100多家省直和中央驻豫单位发送定制公函及新旧条文对照的《中华人民共和国测绘法》。全省所有市（县）级测绘地理信息主管部门为当地主要领导和部门、市直有关单位发送新测绘法相关资料2000多份。8月29日，河南省测绘地理信息局和开封市国土资源局在开封联合举办主题为“认真学习宣传贯彻新《中华人民共和国测绘法》”的“8·29”测绘法宣传日活动，展出宣传展板100块、悬挂条幅120幅、设置法律咨询台10多个、发送公益短信1000多条、设主题口号彩虹门及大型彩色气柱、赠送法制宣传专题地图4000张。400多人参加活动。河南省测绘地理息局局长在《河南日报》发表《提升法治保障，拥抱产业春天》的文章，濮阳、洛阳、驻马店、开封、焦作等市测绘地理信息局主要负责人均在主流媒体发表署名文章。全省18个省辖市、10个直管县测绘地理信息主管部门均开展了宣传活动，947家单位参与活动，累计设置展板2841块、悬挂条幅2165条、发送公益短信1.1亿条。

【依法行政】

河南省测绘地理信息局举办4期新修订的测绘法培训班，培训2106人，实现测绘地理信息主管部门和资质单位全覆盖。建立测绘资质行政审批法规与行业管理处主审，人事教育处、国土测绘处、测绘成果与地图管理处协审的机制。制定权力清单和责任清单，并在局门户网站公开，接受公众监督。出台《河南省测绘地理信息局“双随机一公开”工作细则》《河南省测绘地理信息局随机抽查事项清单》，完善“双随机”综合执法检查系统，整合了市场主体名录库、测绘行政执法人员名录库、质量检查人员名录库、成果质量监督检验专家名录库信息，成立综合执法检查组或专项检查组开展巡查检查。制定《2017年河南省测绘地理信息综合执法检查工作方案》，开展综合执法检查。11月14日，从“双随机”抽查系统中随机抽取14名行政执法和质检人员，通过培训后对60家资质单位进行检查，未发现测绘地理信息违法情况。

【“放管服”改革】

河南省测绘地理信息局全年通过协审方式受理资质申请46项、资质升级17项、业务范围变更60项，发放协审运转表393份。

【测绘资质管理】

河南省测绘地理信息局累计办结测绘资质单位资质申请35项、基本信息变更103项、补充修改数据155项、业务范围变更37项、资质升级16项、测绘项目备案267项，依法注销测绘资质单位9家，核减业务范围单位3家。组织全省测绘资质单位开展年度报告工作，864家单位完成，占上报年度报告单位数量的95%。其中甲级单位37家，按期上报率100%；乙级单位304家，按期上报率96%。完成26家甲级单位、258家乙级资质单位测绘证书续期换证工作，印发证书852份。组织完成测绘资质管理书面调研工作，收到调研表格133份，收集整理测绘资质管理工作意见和建议19条，按要求上报国家测绘地理信息局。截至年底，全省共有1013家测绘资质单位，其中甲级39家、乙级315家、丙级336家、丁级323家。

【信用管理】

河南省测绘地理信息局持续做好信用管理平台的应用，测绘资质单位信用信息征集、发布等工作。全年受理相关单位报送信用信息50条，发布信用信息46条。未收到公众及企业的异议信息和举报信息。

规划与计划

【规划的制定与执行】

河南省测绘地理信息局组织编制的《河南省测绘地理信息发展“十三五”规划》经河南省政府审定批准，由省国土资源厅、省发展和改革委员会及省测绘地理信息局联合印发实施。18个省辖市陆续编制完成“十三五”规划，6个印发实施。5月8日，《平顶山市测绘地理信息发展“十三五”规划》通过专家评审。河南省航空航天遥感影像统筹等5个新增测绘专项通过评审。《关于加强全省卫星导航定位基准站建设和应用管理实施意见》《河南省卫星导航定位基准站建设总体规划（2016—2020年)》印发。

【计划的制定与执行】

河南省测绘地理信息局编制的《河南省第一次地理国情普查综合统计分析设计方案》《河南省测绘地理信息局信息化测绘体系建设总体方案》《河南省省级空间规划信息平台建设总体方案》通过专家评审。河南省落实省级空间规划项目经费984万元，研发完成省级空间规划基础信息平台。河南省测绘地理信息局编制完成《2018—2020年中期财政规划项目预算书及经费分配方案》，上报省国土资源厅和省财政厅。

基础测绘

【基础测绘经费投入】

河南省测绘地理信息局出台《河南省基础测绘经费管理办法》，全省投入测绘地理信息工作经费18087.58万元、其中基础测绘经费5364.53万元、测量标志维护经费143.78万元。地理国情监测经费615.7万元、“天地图”建设经费70万元、数字城市地理空间框架建设经费7491.8万元、智慧城市时空信息云平台建设经费投入847.18万元。

【测绘基准建设与应用】

河南省测绘地理信息局组织编制《河南省卫星导航定位基准站建设项目实施方案》《河南省卫星导航定位基准服务系统省级中心建设方案》，统筹规划建设全省254个高标准的卫星导航定位基准站。举办全省卫星导航定位基准站培训班，全面启动基准站建设、整合工作。截至年底，全省完成153个卫星导航定位基准站的基建工程建设。与山东、安徽等周边省份实现卫星导航定位基准站数据共享，并向国家测绘地理信息局汇交观测数据。

【基本比例尺地形图测制与更新】

河南省测绘地理信息局组织开展全省1∶1万地形图空白区测绘与数据更新，开展新型基础测绘生产试验，探索研究1∶1万基础地理信息与地理国情监测协同生产模式，开展数据库驱动的地理信息增量更新研究。协助收集和提供本行政区域内1∶5万数据库更新所需的专业资料和省级测绘成果，配合做好1∶5万数据更新工作。完成1∶1万地形图更新许昌市4983.278平方千米192幅、平顶山市7911.629平方千米305幅、漯河市2694.654平方千米104幅。完成郑州、洛阳、济源3个市域1∶1万基础地理信息数据快速更新的像控测量、数字正射影像图制作，利用LiDAR数据开展三门峡、驻马店测区1∶1万数字地表模型（DSM）、数字高程模型（DEM）生产及地貌（等高线）生产。制作完成濮阳、驻马店、漯河市数字正射影像图（DOM）877幅，更新测绘1∶1万基础地理信息数据，完成新乡测区1∶1万地形图数据协同更新。

【航空航天遥感影像获取与应用】

国家测绘地理信息局卫星测绘应用中心河南分中心正式运行，全年累计获取影像数据1940景，影像资源覆盖省域99.55%，在河南省基础性地理国情监测、1:1万基础地理信息数据快速更新、智慧城市时空大数据与云平台建设（郑州市、平顶山市、郑州航空港经济综合实验区）、鹤壁市和洛阳市空间规划试点建设、河南省农业保险绩效监管、虞城县土地利用变化监测、小浪底水库库区生态监测等项目中发挥作用。

【智慧城市、数字城市建设】

智慧郑州时空信息云平台建设项目按计划实施。2月16日，智慧平顶山时空信息云平台建设试点项目设计通过评审。智慧济源时空信息云平台项目进入筹备阶段。18个省辖市全部启动数字城市地理空间框架项目建设，12个通过验收。许昌、平顶山市实现数字县域建设全覆盖。信阳确定数字信阳机房与市大数据云计算中心统筹规划建设。永城建立智慧城市指挥中心。全省开展数字县域建设33个，建成16个；开展数字乡镇建设53个，建成24个。

【质量管理】

2017年初，河南省测绘地理信息局向国家测绘地理信息局上报《2016年河南省测绘地理信息成果质量监督抽查工作报告》，经审查批准后，在局门户网站发布。参加国家测绘地理信息局组织的监督抽查和实施方案培训。完成2017年河南省测绘地理信息成果质量监督抽查，抽查了12家资质单位的12个工程项目。完成2016年测绘地理信息成果质量监督抽查复查工作。检测全站仪（测距仪）、经纬仪、水准仪、手持激光测距仪、GPS接收机等仪器520台（套）。检验完成洛阳、商丘、济源、鹤壁1:1万基础地理信息数据更新1189幅；完成基础性地理国情监测项目相关成果质量控制及检查，地理国情监测监督抽查、成果验收及验收核实。完成智慧郑州时空信息云平台建设项目、郑州市基础地理信息数据更新维护项目的检查与验收。

【安全生产】

河南省测绘地理信息局召开安全生产工作会议，安排部署安全生产工作，多次邀请郑州（市）公安消防支队宣讲团举办消防安全知识讲座。各省辖市、省直管县测绘地理信息主管部门和各测绘资质单位对安全生产开展重点抽查和随机查访。坚持事故隐患等同于安全事故的原则，把隐患排查及整改列入年度考核内容，实施“一票否决”，变“事后治理”为“事前防范”，全年未发生安全事故。

地理国情监测

【地理国情普查】

河南省第一次全国地理国情普查历时近3年，投入省财政资金1.74亿元，组织全省19家资质单位1300名技术人员，完成各项普查任务，全面查清了全省各类地理国情要素的现状和空间分布特征。4月11日，河南省组织国土、环保、住建、水利、交通、统计、林业、测绘等行业的院士、专家对普查成果进行了验收。6月28日，河南省副省长徐光主持召开河南省第一次全国地理国情普查领导小组全体会议，对普查成果进行审核；9月13日，河南省政府新闻办公室举行新闻发布会，正式发布《河南省第一次全国地理国情普查公报》。河南省测绘地理信息局运用普查成果服务空间规划试点工作，参与省全面深化改革领导小组确定的省级和洛阳、鹤壁、许昌市空间规划试点任务，编制《省级空间规划信息平台建设方案》《省级空间规划数据整合技术方案》，河南省的建设方案和技术方案作为全国的试点方案；与河南省地理研究所合作，编写完成《河南省黄淮平原粮食生产区地表自然资源综合统计分析报告》《河南省生态区生态格局综合统计分析报告》。

【地理国情监测】

河南省测绘地理信息局印发《关于安排2017年度基础性地理国情监测项目有关事项的通知》，编制《河南省任务区2017年基础性地理国情监测实施方案》，完成河南省9个地市的基础性地理国情监测工作。完成全国地级以上城市及典型城市群空间格局变化监测项目，编制《全国地级以上城市及典型城市群空间格局变化专业技术设计书》，探索开展郑州市城市建设发展动态监测。与中国测绘科学研究院、省科学院地理所合作，成立地理国情监测中原分中心。开展城乡一体化示范区遥感影像违法建筑动态监测、郑州市城市建设发展动态监测、郑汴一体化区域城市扩展监测等城市地理国情监测工作。在河南省测绘地理信息发展“十三五”规划编制过程中，与规划中涉及地理国情监测任务的10多家厅局进行衔接。为省发改、林业、建设部门提供10多项监测与统计服务。组建河南省时空地理信息院士工作站，开展地理国情监测基础理论和关键技术研究。为河南省空间规划编制试点、资源环境承载力评价、生态红线划定等工作，提供地理国情监测数据支撑及统计、分析和评价服务。完成河南省基础性监测任务，实现地理国情信息动态更新；完成国家级专题性监测任务省辖18个地级市城市空间变化监测。联合河南省人民财产保险股份有限公司，共同构建基于地理国情监测的农业保险服务机制。探索省、市、县地理国情监测联动机制，形成多方共同推动的地理国情监测常态化工作格局。推进部门间、地区间、军地间的业务协作和资源共享，加强各方数据融合，构建统一的地理信息服务平台，向各方按需、分层、分要素提供地理信息数据服务，构建事前科学规划、事中动态监测、事后客观评价的服务模式，推动测绘地理信息部门公共服务转型升级。

地图管理与地图服务

【地图公共服务】

河南省测绘地理信息局完成地图审核32件，共399幅地图，主要为互联网地图和公开出版类地图；为河南省地理国情普查验收会制作《河南省政区图》等工作用图。提供定制地图20多种，更新全省标准地图6种。向国家测绘地理信息局提供开封、郑州和新乡市电子版城区图，共享《河南省地图》《河南省交通图》《河南省地势图》《中原经济区地图》《郑州市地图》《郑州市城区图》6幅辅助决策用图。为河南省相关厅局、单位编制工作用图50多件。与省社会科学院合作开展《中原文化地图集》的设计制作。

【国家版图意识宣传教育】

河南省测绘地理信息局继续推进国家版图意识宣传教育“进媒体、进社区、进学校”活动，举办“参观地图园地，学习地图文化”的国家版图意识宣传教育进社区活动。组织测绘系统职工的孩子开展中小学生暑期地图知识大课堂活动。

【全覆盖排查整治“问题地图”专项行动】

河南省测绘地理信息局联合省国土资源厅印发《关于开展全覆盖排查整治“问题地图”专项行动的通知》《河南省全覆盖排查整治“问题地图”专项行动工作方案》，成立由省国土资源厅、省测绘地理信息局、省互联网信息办公室、省新闻出版广电局、省通信管理局等14家单位组成的河南省全覆盖排查整治“问题地图”专项行动领导小组，指导全省2017年度地图市场大检查和回头看工作。各级专项行动领导小组对书店、图书市场、博物馆、文化用品批发市场、流动摊点、学校、旅游景区等公开销售地图的单位开展了拉网式检查。在相关单位完成自查整改后，河南省测绘地理信息局协同专项行动领导小组成员单位对省辖市和重点省直单位开展了巡查。在专项行动中，全省进行现场检查565次，组织宣传619次，覆盖人数5.36万人，自查及抽查地图1.44万幅（册），发现“问题地图”833幅，查处案件71例。河南省测绘地理信息局联合省通信管理局利用监管系统通过图片关键字排查网站登载的地图图片，联合省政府办公厅对全省1868家政府网站进行了地图检查，完成省政府办公厅公开办公室移交的地图图片判定工作。为省辖市、省直管县（市）测绘地理信息主管部门设置互联网地图监管系统分级账号，并编写《互联网地图监管系统使用指南》。共检查各类互联网网站1915个，检定图片3.12万张，检定地图图片1.18万张，发现“问题地图”841张，检定POI信息283条，发现存在问题的POI信息246条。

测绘地理信息成果管理与应用

【“天地图·河南”建设与应用】

河南省测绘地理信息局印发《关于河南省“天地图”市（县）级节点服务接入与更新评估方案的通知》和《关于开展2017年河南省天地图市级节点综合技术评估工作的通知》，将“天地图·河南”工作按时间节点逐项进行指标分解。实施“天地图”国家主节点与河南省省级节点及开封、安阳、新乡、商丘4个市级节点的数据融合。9月27日，河南省影像、矢量、POI融合数据全部通过国家质检。利用“天地图·河南”为省国土资源厅、省财政厅等部门提供地理信息服务，汇总整理全省12个“天地图”市级节点应用典型案例并上报国家测绘地理信息局。

【成果汇交与分发】

河南省测绘地理信息局向全国地理信息资源目录服务系统上传目录数据近3万条。完成成果汇交18起；办理测绘成果审批353件，其中转函73件；提供省内常规成果278起，CORS服务2起。组织编辑完成第24册河南省测绘成果目录并向社会发布，涉及测绘项目100多个。

【测绘成果保密管理】

5月8日，河南省测绘地理信息局邀请国家测绘地理信息局和河南省国家保密局的有关专家，举办测绘地理信息成果保密教育培训班，140多人参加培训。5月18日，印发《关于开展2017年测绘地理信息成果保密检查的通知》，对局属单位开展保密检查，并对检查中发现的问题完成整改。11月，完成黄河以北测绘资质单位核心涉密人员培训。将涉密成果跟踪监管纳入“双随机一公开”工作，建立检查对象名录库。8月，印发《关于加强涉密测绘成果管理工作的通知》。11月，检查组对被检单位的涉密测绘成果使用情况进行了实地检查。

【测量标志管理】

河南省测绘地理信息局及各地市测绘地理信息主管部门宣传测量标志保护的重要性，将测量标志维护专项经费列入年度预算，不定期巡查测量标志，维护老旧测量标志。办理测量标志维护2起。

【应急测绘保障服务】

河南省测绘地理信息局成立河南省应急测绘保障能力建设项目组织实施机构。为国务院总理李克强在河南开封、新乡、郑州考察紧急制作河南自贸区图，郑州、开封、洛阳片区自贸区图，河南黄河滩区示意图及河南省、开封和郑州城区图等应急保障服务地图27幅。开展应急演练和应急测绘保障能力建设，省市县三级联动应急综合演练。5月23日，联合河南省防汛抗旱指挥部办公室、安阳市防汛抗旱指挥部办公室、安阳市国土资源局等单位开展了省市联动应急测绘实战演练。为省公安厅“9·30”烈士陵园国家烈士公祭日完成应急航测，并制作郑州市烈士陵园影像平面图。

地理信息产业

【地理信息产业政策】

《河南省测绘地理信息发展“十三五”规划》正式印发，《河南省卫星导航定位基准站建设总体规划》《河南省北斗导航产业三年（2016—2018年）发展行动计划》按计划实施。

【地理信息产业发展】

河南省测绘地理信息局与近30个厅局、科研院所合作，实施省级应用示范项目，持续推进4个应用示范园区建设。承接郑州联合大宗商品现货交易中心建设项目、中原农业保险股份有限公司农业保险项目、中国人民财产保险股份有限公司河南省分公司农业保险项目、河南省农业大数据产业技术研究院项目、“地理信息＋生物科技”等多个行业应用项目。为河南省防汛抗旱指挥办公室建立高精度防汛抗旱预测模型，提供地理信息空间数据支撑服务；联合河南省水利厅开展智慧水利平台建设和河长制管理服务。7月，开展地理信息产业专项调查和产业监测工作。通过国家测绘地理信息局政务服务平台填报《地理信息产业综合情况上报表》，并确定3家重点地理信息企业作为监测试点，填报了上半年和前三季度监测数据。9月13日，河南省“地理信息＋”生态示范产业园开园。

科技、标准化与国际合作

【科技创新体系建设】

河南省测绘地理信息局建立河南省时空地理信息院士工作站、河南省“十三五”地理信息科技专家委员会，建立集关键技术研究、创新成果开发及推广应用于一体的专业研发平台。设立年度自主科研经费，开展生产性技术攻关和标准研究。

【科技项目与科技奖励】

河南省测绘地理信息局开展1∶1万基础地理信息快速更新与地理国情监测协同及地理信息增量更新等生产性技术攻关和时空大数据标准研究。研发“优图地名地址核查系统”“优图政务工作用图系统”“优图土地储备移动办公系统”等多个基于智能移动终端的地理信息系统，申请了软件著作权，并应用于多个项目中。组织开展2017年河南省测绘科学技术进步奖、河南省测绘优质工程（成果）评选活动，评出2017年河南省测绘科学技术进步奖特等奖2项、一等奖11项、二等奖13项；河南省测绘优质工程（成果）一等奖30项、二等奖60项、三等奖44项。河南省测绘地理信息相关单位完成的项目获中国地理信息产业协会2017年地理信息科技进步奖特等奖1项、一等奖1项、二等奖2项，中国地理信息产业优秀工程奖金奖1项、银奖1项、铜奖2项；中国测绘地理信息学会2017年全国优秀测绘工程奖银奖9项、铜奖16项，测绘科技进步奖特等奖1项、一等奖1项、二等奖2项、三等奖1项。

【标准化工作】

河南省测绘地理信息局落实《测绘地理信息标准化“十三五”规划》，把测绘地理信息标准化工作纳入《河南省测绘地理信息发展“十三五”规划》中，配合国家测绘地理信息局测绘标准化工作委员会征求国家和行业标准的意见和建议。参与《车载移动测量数据规范》《卫星导航定位基准站网测试技术规范》《卫星导航定位基准站数据传输和接口协议》等行业标准的制订工作；组织局属各单位、测绘资质单位，通过多种形式宣传贯彻落实测绘地理信息标准化与执行监督检查工作。

【对外合作与交流】

河南省测绘地理信息局开展测绘地理信息国际合作与交流，派出4名工作人员出国访问，进行培训学习、研讨交流。组织测绘地理信息出访团，赴瑞典、德国、芬兰开展智慧城市建设与地理信息应用探讨、地理国情监测与分析技术交流。派人参加河南省国土资源厅组织的澳大利亚、新西兰遥感与信息化技术及合作洽谈出访团。6月9日，与河南城建学院在平顶山签署战略合作框架协议，双方围绕人才培养、科技创新和科技成果转化等方面建立长期合作机制。7月6日，与海南测绘地理信息局签订合作协议书，建立全面战略合作伙伴关系。11月1日，与驻马店市政府签订加快地理信息产业发展的合作协议。12月16日，首届时空大数据产业技术发展高峰论坛在郑州召开，河南省时空大数据产业技术研究院揭牌。

地市级测绘地理信息工作

【郑州市】

郑州市国土资源局落实数字（智慧）郑州项目更新维护经费380万元，完成智慧郑州时空信息云平台建设任务。组织郑州市市区1:1000数字线划图更新，完成上街区和惠济区部分缺图区域1:1000数字线划图建设。完成“天地图·郑州”系统功能升级，发布新版地理信息数据。“8·29”测绘法宣传日期间，在《大河报》刊登测绘地理信息工作负责人测绘法修订答记者问，向市领导和市直相关职能部门赠送《中华人民共和国测绘法》350多本。组织300多人参加新测绘法培训。设立宣传主会场1个、彩虹门1座，悬挂大型宣传条幅5条，摆放展板6个，设立咨询台2个，成立宣传队伍2支。发放《中华人民共和国测绘法》《地图管理条例》合订本500多本，赠送新测绘法环保宣传购物袋2000个，接待咨询群众100多人次。各县（市）区设立分会场16个，测绘资质单位驻地宣传点200多个。完成20多家测绘资质单位的巡查、12家测绘单位的成果质量监督抽查工作。投入测量标志管理经费14.8万元，对郑州市市区的测量标志及标石进行巡查维护，巡查测量标志37个。为22家单位办理测绘成果使用手续32件次。全年批准新申请测绘资质单位10家、资质升级单位2家、业务范围变更15家、基本信息变更单位34家、注销资质单位2家。全年备案测绘项目500个，总金额4139万元。

【开封市】

开封市测绘地理信息局编制完成《开封市测绘地理信息发展“十三五”规划》。推进2000国家大地坐标系使用，完成市级成果转换。取消开封市独立坐标系的使用。完成市级1:1000～1:5000地形图数据更新及数据库建设。落实开封市卫星导航定位基准站建设资金400万元，完成10个基准站和1个省级数据处理分中心建设工作。完成数字开封地理空间框架项目建设并通过验收，扩展8个应用系统，完成与“天地图”国家主节点融合工作，“天地图”成果为市大数据中心、应急智慧中心、智慧城市展示中心提供数据支撑。完成全市28家测绘资质单位年度报告工作。开展全市“问题地图”检查、测绘地理信息成果质量监督抽查、“双随机一公开”地理信息综合执法检查工作。“8·29”测绘法宣传日河南主会场设在开封市，河南电视台、开封电视台、《开封日报》《河南日报》对活动进行了报道，市测绘地理信息局局长在《开封日报》发表《落实“四个全面”助推“数字开封”建设》的署名文章。编制《开封市领导工作用图》，出版《开封市地势图》《开封市交通图》《开封市政区图》《开封市城区图》《开封市在河南省位置图》。配合河南省测绘学会举办2017学术年会暨全国北斗卫星导航定位学术交流会。发布测绘地理信息工作报道50篇。印制《开封市测绘地理信息工作材料汇编》，并送给市政府领导和有关部门。

【洛阳市】

洛阳市测绘地理信息主管部门与市城市建设管理局、公安局、城乡规划局等单位签订数字洛阳成果使用共享及保密协议。洛阳牡丹花会期间，对全市范围地图市场集中检查，没收“问题地图”150

多幅。完成全市89家测绘资质单位年度报告工作。全年办理新申请测绘资质单位5家、升级资质单位4家，增加业务范围单位3家，变更信息单位5家。全年备案测绘项目563个，项目总金额8500多万元。开展北斗卫星导航定位基准站调查工作，全市区域共有基准站13个。与洛阳市国家保密局联合成立检查组，抽查涉密测绘成果使用、保存单位22家，发放自查表25份，对发现的问题进行整改。

【平顶山市】

5月8日，《平顶山市测绘地理信息发展“十三五”规划》通过专家评审，12月经市政府审定后印发。智慧平顶山时空信息云平台建设试点项目启动，建设周期为3年。5月4日，智慧宝丰时空大数据云平台建设试点项目通过河南省测绘地理信息局批复立项。6月28日，宝丰县智慧国土建设暨不动产便民助手APP上线发布。10月，鲁山县数字乡镇（尧山镇等10个乡、镇）地理空间框架建设项目通过省级评审；数字叶县通过省级验收；数字舞钢、郏县、石龙数据采集建库和公共平台建设完成，政务版数据通过保密审查并投入使用，实现数字县域、数字乡镇建设全覆盖。完成全市卫星导航定位基准站站点的选址测试工作，采购基站设备，确定基建施工单位和网络运营单位。10月，鲁山县测绘地理信息局挂牌成立，全市各县（市、区）副科级测绘地理信息管理架构全部组建。办理1家单位资质升级、1家单位新申报资质；对全市43家资质单位开展资质巡查和成果质量监督检查，对不符合资质条件的3家单位予以处罚。对巡查中发现的问题，当场下发整改通知书，以文件形式在全市范围内通报巡查结果。在全市开展全覆盖排查整治“问题地图”专项行动，对博物馆、展览馆、书店进行排查；联合市公安局网监支队对150多家热门网站和微信公众号进行排查鉴定；对全市100多所中小学校、170多家地图展示销售场所实地检查；对全市50多家政府门户网站筛查，共没收不规范地图制品116件。“8·29”测绘法宣传日期间，制作新测绘法宣传动漫片，在市电视台滚动播放。在平顶山市国土资源局门户网站、地理信息公共服务平台、微信公众号等媒体，建立“8·29”网络宣传移动场景，累计点击量1万多次。发放《河南省交通旅游图》《平顶山地图》宣传购物袋近万份。发表宣传测绘地理信息工作文章50多篇。围绕市委市政府中心工作，开展“每月一图”项目，共编制6期。为市领导提供工作用图20套、影像挂图10套。为相关领域、多项重点工程提供各类地图服务3000多幅。

【安阳市】

安阳市测绘地理信息主管部门编制完成并印发《安阳市测绘地理信息发展“十三五”规划》。建设完成1个基础地理信息数据库、1个基础地理信息空间信息平台、4个示范应用城市系统（三维信息管理系统、国土资源信息管理系统、教育资源规划管理信息系统、旅游资源信息管理系统）建设。数字安阳地理空间框架项目通过专家验收，数字汤阴上线运行。“天地图·安阳”完成建成并投入试运行。对28家测绘单位开展测绘资质巡查和测绘成果质量监督检查，并整改发现的问题。8月29日，安阳市国土资源局组织测绘资质单位举办法律法规、设备仪器、科学普及展览。开展国家版图意识教育进社区、进公园活动。完成测绘单位新申请资质初审1家、基本信息变更5家、补充修改数据6家、资质升级初审3家、续期换证4家。全年备案测绘项目150个，项目金额2927万元。为市水利、环境、住建等部门提供地形图服务。

【鹤壁市】

鹤壁市完成数字鹤壁基础地理信息更新维护工作，完成淇滨区数码航空摄影100平方千米、1:1000数字化地形图更新80.5平方千米；全市域1:1万数字线划图、数字高程模型、数字正射影像图更新及建库2182平方千米。开展空间规划信息平台建设工作。组织数字县域建设专题培训会、新测绘法培训会。“8·29”测绘法宣传日期间，在《鹤壁日报》发表领导署名文章；向相关部门精准宣传；在鹤壁市国土资源局门户网站、微信公众平台及微信群宣传新测绘法；设站点宣传、展示先进测绘装备，向群众发放宣传资料1000多份，悬挂条幅40多条，摆放活动展板30多块。对全市21家测绘单位开展测绘地理信息“双随机”综合执法检查工作。完成测绘资质单位年度注册21家，注销测绘资质单位1家，资质增项初审单位1家。为公安、水利、住建等单位提供成果服务。开展全覆盖排查整治“问题地图”专项行动，共发现存在问题的地图产品75幅，并全部整改到位。

【新乡市】

《新乡市测绘地理信息发展“十三五”规划》通过专家评审。新乡市测绘地理信息主管部门完成数字新乡地理空间框架建设项目基础地理信息数据库、1个公共服务平台、6个典型示范应用建设。8月17日，举办新测绘法培训班。8月29日，《新乡日报》刊登市国土资源局负责人关于新测绘法答记者问，全市设置宣传33个站点。新乡市测绘地理信息主管部门利用门户网站、官方微博、微信公众号等媒体登载宣传主题、宣传口号，报道宣传动态。向新乡市领导及相关职能部门赠送新测绘法84本；向各县（市）国土资源部门赠送100本。省测绘地理信息局随机抽查新乡市3家测绘资质单位，3家单位整改完成检查组发现的问题。开展全覆盖排查整治“问题地图”专项行动。

【焦作市】

3月22日，焦作市国土资源局组织召开全市测绘地理信息工作会议。编制完成并印发《焦作市测绘地理信息发展“十三五”规划》。完成沁阳、修武、博爱县数字县域地理空间框架建设项目的申报工作。完成数字焦作基础地理信息数据更新，包括1:1000地形图及数据库更新、1:2000和1:5000地形图缩编更新和数据库更新及公共服务平台数据更新。建设完成焦作市城区约350平方千米实景三维模型。完成6个北斗卫星导航定位基准站的选址工作，截至年底建成2个基准站。完成全市31家测绘资质单位年度报告、5家乙级测绘资质单位续期换证工作。开展全覆盖排查整治“问题地图”专项行动，组织有关单位对销售、编制的地图按要求自查。对95个公开销售相关图书、地图的单位开展检查，抽查地图243幅，抽查教材、地球仪、儿童拼图等文化产品60套，当场解决发现的问题，并及时向河南省测绘地理信息局和国家测绘地理信息局送审相关产品。检查网站126个，排查地理图片939件，发现并处理“问题地图”2件。完成测绘单位资质申请初审2家、基本信息变更2家。全年备案测绘项目16个，总金额522.57万元。汇交测绘项目4个。8月29日，全市设立新测绘法宣传站点15个、发放地图500张、新测绘法问卷500份，摆放宣传咨询台60个、展板200块，悬挂横幅30条，发放宣传材料2000份，发送宣传短信1.5万条。焦作市国土资源局负责人发表《深入贯彻新测绘法 不断提升测绘保障能力》的署名文章。向焦作市领导及市直有关部门赠送新测绘法宣传书籍56套，向各县市区赠送新测绘法相关书籍44套。

【濮阳市】

濮阳市国土资源局召开全市测绘地理信息工作会议。“8·29”测绘法宣传日期间，开展以宣传新测绘法为主题的专题访谈，副市长黄守玺在《濮阳日报》发表署名文章《学习宣传贯彻新〈测绘法〉以测绘地理信息服务濮阳经济社会发展》。全市悬挂横幅40条，摆放宣传展板26块，设置宣传咨询点8个，发放《中华人民共和国测绘法》《地图管理条例》《测绘知识问答》等宣传材料8000多份。印发《关于开展2017年测绘资质巡查工作的通知》，成立检查小组，对全市10家测绘单位开展测绘地理信息行政执法检查。开展“问题地图”专项治理，完成地图市场的检查工作。完成测绘单位资质申请初审5家、资质升级初审1家、资质业务范围变更初审4家。完成全市测绘资质单位年度报告37家。

【许昌市】

许昌市国土资源局与市发展和改革委员会联合印发《许昌市测绘地理信息发展“十三五”规划》。召开全市测绘地理信息工作会议，部署任务，表彰先进。实现数字县域建设全覆盖，完成2个数字县域、1个数字乡镇的验收工作。开展全市测绘地理信息综合执法检查，抽查10家测绘资质单位，抽查比例32%。与市文化广电新闻出版局组成联合执法组，开展全覆盖排查整治“问题地图”专项行动。组织31家测绘资质单位完成年度报告工作。完成全市乙级测绘资质单位续期换证工作。新申请测绘资质单位3家。为许昌市国家生态园林城市创建提供1:2000地形图326幅；为机许城市快轨项目建设提供1:1000地形图1230幅。成立北斗卫星导航定位基准站建设工作领导小组，建安区清潩河、新元大道站点，禹州市鸿畅镇、顺店镇站点基建通过验收；长葛市2个站点完成招标；鄢陵县2个站点获得县政府经费支持；襄城县基准站建设经费得到落实，汾陈站点启动建设。完成辖区内测绘专业中初级技术职务任职资格初审工作，向省测绘地理信息局上报43名具备评审资格的人员。在省测绘地理信息局、市国土资源局门户网站发布工作宣传稿件30篇。

【漯河市】

数字漯河地理空间框架建设项目通过验收并进行成果发布。漯河市启动北斗导航基准站建设项目，成立漯河市北斗卫星导航定位基准站建设项目领导小组，制定工作方案。“8·29”测绘法宣传日期间，漯河市国土资源局组织各县区测绘地理信息主管部门及全市测绘资质单位开展宣传活动。全市悬挂横幅80多条，设置宣传展板35块、宣传咨询点15个，出动宣传车辆20多台次，印发宣传材料1000多份，发送宣传公益微信、短信3000多条。在全市开展全覆盖排查整治“问题地图”专项行动，排查并整改网络“问题地图”2处。完成资质升级初审单位1家，完成全市测绘资质单位年度报告12家。为市政府提供《漯河市政区图》50份。数字漯河政务版地理信息公共平台为漯河市土地利用总体规划合规性审查业务系统、漯河水利空间信息管理系统、沙澧河风景区三维辅助管理系统、漯河市数字化城市管理系统及漯河市警用地理信息平台提供地图服务；公众版地理信息公共平台为漯河市地理信息公众服务系统提供多种地图服务。

【三门峡市】

数字陕州地理空间框架建设及应用示范项目完成验收。《三门峡市测绘地理信息发展“十三五”规划》通过专家评审。三门峡市国土资源局开展三门峡市领导、机关工作用图编制更新工作，图集包括三门峡市自然、行政、经济等30多幅地图。“8·29”测绘法宣传日期间，设置测绘设备展示区和展板资料宣传区，向群众赠送宣传手袋2000个，发送宣传短信、微信2万条。各县（市、区）相关部门出动车辆20台，设立咨询台5个，摆设宣传展板50块，悬挂横幅30条，发放地图1500份、宣传单5000张，向群众宣传测绘地理信息法律法规1000多人次。开展全覆盖排查整治“问题地图”专项行动，对110家网站、1个图书馆、6家书店，15个书报销售点、4个旅游风景区销售点进行检查，对30多家政府网站、商业网站、新闻媒体网站、微博、微信公众号登载的地图进行检查，抽查5家市属单位网站，未发现“问题地图”。共办理测绘单位资质升级1家、新申请2家、信息变更7家。完成2016年度全市测绘资质单位年度注册工作。完成7个新建基准站点建设工作。

【南阳市】

《南阳市测绘地理信息发展“十三五”规划》通过专家评审。南阳市国土资源局召开全市测绘地理信息工作会议。举办新测绘法暨测绘成果质量培训班，共90多人参加。“8·29”测绘法宣传日期间，共制作宣传展板160块，悬挂横幅120条，出动车辆20台，发放资料5000份，设立咨询台36个，张贴宣传画60张。开展全覆盖排查整治“问题地图”专项行动，成立专项行动领导小组，在市中心城区开展地图市场专项执法检查。开展全市测绘地理信息市场巡查工作，抽取7家测绘资质单位进行检查。开展测绘地理信息成果质量监督抽查工作，实地检查抽取的7家单位成果质量。完成测绘资质单位基本信息变更3家、资质变更初审2家。完成全市测绘资质单位年度报告、乙级资质单位续期换证工作。为市级重点项目提供基础地理信息数据。审核《南阳城市地图》，发放地图审核批准书。编制《南阳市领导工作用图》。

【商丘市】

商丘市国土资源局印发《商丘市测绘地理信息发展“十三五”规划》。9月27日，数字商丘地理空间框架建设项目通过专家验收并进行成果发布。商丘市完成全市域1.07万平方千米1∶1万、1∶5万DLG更新及建库；以商丘市建成区为中心的真彩色数码航空摄影320平方千米；城区100平方千米1∶1000 DLG、DEM、DOM制作及建库，1∶2000、1∶5000 DLG缩编及建库；城区100平方千米地名、地址采集与建库，形成覆盖商丘市全市域和城市建成区的多比例尺、多类型、多种类的基础地理信息数据。建设完成地理信息公众服务系统（“天地图·商丘”）、规划信息管理系统、商丘市政务工作用图系统。完成全市15座新建卫星导航基准站的基建工作。数字睢县地理空间框架建设项目通过省测绘地理信息局验收。为宣传《测绘法》制作宣传横幅28条、展板20多块、宣传彩页1000多张，10个单位在电子屏滚动播出宣传标语和口号，群发宣传短信300多条。开展全覆盖排查整治“问题地图”专项行动，组织全市互联网服务单位和地图编制、销售单位自查，对政府门户网站、企业网站、微信公众号进行排查。派出执法工作人员对市、县（区）地图展示、销售场所实地检查。通过检查，没有发现“问题地图”。采取自查和实地巡查相结合的方式，对全市26家测绘资质单位的资质管理情况、测绘成果质量、保密工作情况全面检查，并整改发现的问题。对全市300多个测量标志进行检查维护。为公安、交通、市政、住建、水利等部门提供测绘成果服务。开展《商丘市领导工作用图》编制工作，印制《商丘市地图》《商丘市城区中心土地利用总体规划图》各500张、布质《商丘市地图》《商丘市城区中心土地利用总体规划图》各100张。

【信阳市】

数字信阳地理空间框架建设项目完成机房及系

统集成、系统集成监理、测绘监理的政府采购招投标工作，签订项目建设相关合同。数字光山地理空间框架建设项目设计书通过专家评审，与省测绘地理信息局签订项目合作协议。数字息县地理空间框架建设设计书通过专家评审并启动建设。信阳市测绘地理信息局召开全市测绘地理信息工作会。8月29日，召开新测绘法宣传工作座谈会。组织测绘资质单位开展新测绘法宣传活动，共出动宣传车16辆、张贴宣传画60张、发送宣传短信1.8万条、设置宣传点50多个、悬挂横幅70多条、摆放宣传展板130块、发放新测绘法小册子400多本。组织100多人参加省测绘地理信息局举办的新测绘法培训班。组织新测绘法志愿宣传队，向政府职能部门赠送《中华人民共和国测绘法》《中华人民共和国测绘法释义》《测绘法学习60问》180套。11月17日，召开信阳市测绘地理信息综合执法检查工作会并开展实地检查。举办信阳市“华星·思拓力”杯测绘地理信息行业职业技能竞赛。全市测绘地理信息系统4人通过全国注册测绘师资格考试，45人通过省测绘地理信息局中初级专业技术职务评审，1人被评为正高级工程师，1人获信阳市五一劳动奖章。

【周口市】

周口市国土资源局召开全市测绘地理信息工作会议，印发《周口市2017年测绘地理信息工作要点》。国家级北斗卫星周口基准站的建设项目通过专家验收并投入使用。《周口市测绘地理信息“十三五”规划》通过专家验收。数字周口地理空间框架建设成果运用到市中心城区土地利用评估工作、市城市管理局数字城管项目中，为市政府政务云平台、市地税局以地控税提供基础地理信息数据；数字郸城地理空间框架建设成果为县公安、工商、地税、城管等部门提供基础地理信息数据。“8·29”测绘法宣传日期间，全市共悬挂横幅120条，设立咨询台18个，发放测绘法宣传资料9000份、宣传扇子500把，发送宣传公益短信2000多条。《信息化测绘》杂志以《沙颖河畔铸经纬》为题专题报道周口市测绘地理信息管理工作。开展测绘成果质量监督抽查暨“双随机”执法检查，抽取全市8县（市）、区20多家测绘单位进行执法检查。完成全市35家乙、丙、丁级测绘资质单位年度报告公示，完成测绘单位资质升级初审1家、基本信息变更3家。完成地理信息市场信用评价及上报工作。开展全覆盖排查整治“问题地图”专项行动，排查互联网登载的动态、静态地图200幅，政府网站登载地图50幅，新闻媒体使用的地图120幅，公开出版和销售地图300幅，教材中使用的地图50幅，地球仪等工艺品30个。查处收缴“问题地图”，对存在“问题地图”的单位下发整改通知。全年备案测绘项目45个，总金额796万元。

【驻马店市】

4月28日，驻马店市测绘地理信息局组织召开2017年度全市测绘地理信息工作会。数字驻马店地理空间框架建设项目数据库成果通过省军区、省国家保密局、省测绘地理信息局3方会审；管理应用平台和6个应用示范系统通过省专家组测试，并提交有关单位运用。9月30日，数字平舆地理空间框架建设项目完成验收。11月1日，河南省测绘地理信息局与驻马店市人民政府签订加快地理信息产业发展的合作协议。驻马店市测绘地理信息局确定符合技术要求的14个卫星导航定位基准站，完成所有基站基建工作。“8.29”测绘法宣传日期间，在《驻马店日报》刊登市测绘地理信息工作负责人署名文章，发函给市直相关职能部门，赠送新测绘法读本200本。设立宣传主会场1个、分会场9个，出动宣传车10台、悬挂宣传横幅30多条，制作展出宣传展板80块，发放宣传资料2000份，群发宣传短信3000条。8月18日，省测绘地理信息局在驻马店市举办新测绘法培训班，560人参加培训。印发《驻马店市测绘地理信息市场随机抽查工作方案》，对全市资质单位进行巡查。实行测绘地理信息工作政务公开，市政府对外发布市级测绘地理信息部门行政处罚职权15项、行政检查职权5项、其他职权2项，并公示审批事项、办事流程、办结时限和权力清单。为驻马店市创建全国文明城市提供高清影像图，为平舆通用机场建设项目提供地形数据和控制点，为市领导提供领导工作用图，为领导决策提供地图辅助。开展全覆盖排查整治“问题地图”专项行动，对经营地图产品的30多家商店巡查，重点检查3家文化用品商店。对电视台、互联网网站中的地图进行了检查。制定测量标志年度巡查计划，对测量标志进行日常维护。开展卫星导航定位基准站安全专项检查，全面查找排除基准站建设和应用过程中存在的安全隐患和风险，关停2个单基站，对1家单位下达拆除私建基站的整改通知书。26人通过省测绘地理信息局中初级专业技术职务评审。

地方社团工作

【河南省测绘学会】

河南省测绘学会发展新会员单位21家、个人会员35人，共设专业（工作）委员会15个。被河南省科学技术协会评为2017年度十佳五星学会。主办全国北斗卫星导航定位学术交流会暨2017年学术年会、首届时空大数据产业技术发展高峰论坛、河南省测绘科技大讲堂，组织召开2017数据文化与我国时空大数据的发展研修班。5月，教育与科普工作委员会举办第九届河南省高等学校测绘类专业青年教师讲课竞赛，选拔出的教师获全国高等学校测绘学科青年教师讲课竞赛特等奖7人、一等奖4人。6月，摄影测量与遥感工作委员会主办河南省第一届无人机摄影测量与遥感大赛，评出特、一、二、三等奖。举办测绘地理信息技术培训班，培训各类专业技术人员350人。组织参加“中国四维杯”全国测绘地理信息职工定向越野赛，获优秀组织奖和成年组团体第8名。参加全国测绘科技信息网中南分网2017年暨第三十一次信息交流会，9篇论文获奖。组织100多名会员代表参加中国测绘地理信息学会2017年学术年会暨第十一次全国会员代表大会，获2016—2017年度先进集体称号。

【河南省地理信息产业协会】

截至年底，河南省地理信息产业协会共有会员单位280家，覆盖全省18个地市地理信息产业企事业单位。完善领导机构和分支机构建设，筹建航空摄影测量与遥感分会。6月，受河南省测绘地理信息局委托，开展河南测绘援疆项目，项目预算金额300多万元。从省内测绘地理信息行业挑选10多家企事业单位参与项目，谱写《我从中原来》的测绘援疆之歌，制订队旗和队徽。开展科学技术成果评价工作，对行业单位科技成果的科学价值、经济价值、社会价值进行了评价。围绕河南省测绘地理信息行业转型升级等内容地理信息与会员单位开展座谈、调研工作。组织完成2017中国地理信息产业百强企业、2017中国地理信息产业最具活力中小企业推荐工作，4家企业被评为2017中国地理信息产业百强企业、4家企业被评为2017中国地理信息产业最具活力中小企业、3家企业进入2017中国地理信息产业高成长企业TOP50名单。向中国地理信息产业协会推荐中国地理信息科技进步奖2项、中国地理信息产业优质工程奖6项。完成全省测绘地理信息行业社会团体年度检查工作。

湖北省

概况

湖北省测绘地理信息工作以“服务大局、服务社会、服务民生”为宗旨，扎实推进规划实施，取得较为显著成效。湖北省测绘地理信息局丰富地理信息资源，大幅提升公共服务水平。实现多源、多尺度遥感影像全省覆盖。完成省级1∶1万基础地理信息数据库建设及整合升级工作，基本完成省级基础测绘成果2000国家大地坐标系（CGCS2000）转换。实现北斗卫星定位连续运行参考站网（北斗地基增强系统一张网）全省覆盖。研制建设国内首个拥有独立自主知识产权的北斗区域地基增强服务系统（HBAS），首次在专业应用领域突破北斗实时厘米级差分定位等核心关键技术，实现北斗厘米级精确定位，在北斗地基增强系统高精度板卡和应用软件方面取得重大进展。确立以“北斗网”为主干+若干应用的发展模式，取代GPS在相关领域特别在国家安全、政府行业应用等重要领域的位置，建立湖北省导航与位置服务中心，开展公安、气象、交通等行业应用示范。

湖北省北斗卫星导航应用初步形成“一网”“一图”“一端”产业链雏形，成功研制的第一颗40nm北斗高精度消费类芯片实现量产并投入使用，在国内同类型芯片测试指标中排名第一，带动全省终端制造及上下游企业快速发展。组建湖北省北斗卫星导航应用产业发展联盟，形成以武汉为中心的高精度定位服务和地理信息采集、处理、分析等为主的产业发展新格局。建立数字湖北地理信息公共服务平台，开发服务管理系统、运维管理系统、公共地理信息框架数据库管理系统及在线展示系统，在主体功能区建设、公安、水利、卫生、地质灾害等方面得到推广应用，“天地图·湖北”（公众版）上线运行。完成17个市州数字城市地理空间框架建设，开展数字城市从市州向县市的推广工作，推进市县大比例尺基础测绘数据的覆盖。推进数字城市向智慧城市升级改造，开展“智慧武汉”“智慧老河口”试点，老河口市被科技部、住房和城乡建设部、国家测绘地理信息局确定为智慧城市试点城市。

党的建设与人才队伍建设

【党的建设】

湖北省测绘地理信息局全面学习贯彻落实党的十八届三中、四中、五中、六中全会及十九大精神，推进“两学一做”制度化、常态化，以全面提升党员干部综合素质为主线，围绕中心、服务大局，加强党的思想、组织、作风、制度建设和反腐倡廉建设。全局532名党员集中收看了党的十九大开幕会直播，局党组中心组扩大会议专题学习十九大报告，班子成员交流发言，向副处以上干部集中传达学习湖北省领导干部学习贯彻党的十九大精神集中轮训班会议精神。全局44个党支部围绕学习贯彻党的十九大精神主题，开展“主题党日+”活动。湖北省测绘地理信息局在局门户网站开辟学习贯彻党的十九大精神专栏，刊载各级党组织书记学习贯彻党的十九大精神体会文章、党课讲稿及各单位的好经验好做法100多篇。年内发展新党员12名，转正预备党员8名。

【党风廉政建设】

湖北省测绘地理信息局加强党风廉政建设，及时组织党组中心组学习贯彻党风廉政建设有关会议及文件精神，并进行专门学习研讨，全年组织党组中心组学习9次。组织局机关全体人员、局属单位班子成员集中观看警示教育片《不可触碰的红线》。制定局党组成员、机关处室负责人、局属单位班子成员党风廉政建设纪实工作手册。根据省委统一部署，5月开展第十八个党风廉政建设宣传教育月活动，制定印发《第十八个党风廉政建设宣传教育月活动方案》。选好配强各基层党组织负责人，按程序对基层支部书记人选进行严格考察把关，夯实全面从严治党的组织基础。不断转变工作作风，认真做好党建理论研究工作，撰写的《把责任意识贯穿于事业单位从严制党始终的探索与实践》获中国测绘职工思想政治工作研究会2016年度重点课题优秀研究成果一等奖、中国思想政治工作研究会2016年度优秀研究成果优秀奖。

【人才队伍建设】

湖北省测绘地理信息局组织协调省测绘工程院专项招聘2名博士、局属8个事业单位招聘23名工作人员，完成招录北京高校2名硕士研究生的面试工作。选派1名博士参加全省第6批博士服务团，到基层服务锻炼；1名专业技术人员到恩施州地理信息中心挂职副主任。延长随州市1名专业技术人员1年挂职时间，选派2名专业技术人员到新疆维吾尔自治区博尔塔拉蒙古自治州国土勘测院挂职。安排11人到省委党校、华师党校、省直机关工作委员会党校培训。国家测绘地理信息局党校调训局领导1人，处级干部2人、局属单位生产负责人2人、科级干部2人。湖北省测绘地理信息局组织完成2016年度岗位申报、认定工作，组织新聘4名四级正高、续聘9名四级（含2名三级）正高以上专业技术人员。组织完成163名（副高78人、中级85人）测量专业人员水平能力测试报名、资格审查、考试、发证等工作。组织2017年注册测绘师网上报名、资格审查、考试巡视工作，指导开展网上注册、领证发证和注册测绘师继续教育。

法制建设与市场监管

【法制建设】

湖北省测绘地理信息局向湖北省人大和省政府法制办公室分别报送2018年立法计划项目建议书，《湖北省测绘管理条例》和《湖北省地图管理办法》的修订获批列入地方法律和政府规章的立法计划实施项目。

【法制宣传】

湖北省测绘地理信息局制定《2017年全省测绘地理信息普法依法治理工作要点》，印发《新〈测绘法〉学习宣传贯彻工作实施方案》。6月21日，邀请国家测绘地理信息局专家开展新测绘法学习辅导培训；6月29日，举办全省测绘地理信息行业新测绘法培训班；武汉、荆州、鄂州、黄冈等地测绘地理信息主管部门组织辖区测绘资质单位负责人开展新测绘法宣贯培训；其他市州测绘地理信息主管部门和测绘资质单位组织开展本单位新测绘法宣贯培训。印发《关于开展2017年全省测绘法宣传日活动的通知》，8月29日，局全体领导督促指导全省各市州新测绘法宣传活动，各市县测绘地理信息主管部门和测绘资质单位都开展了各具特色的宣传活动。组织“12·4”宪法宣传日活动，组织局机关全体工作人员参加无纸化学法用法在线法律学习知识并参加无纸化学法用法考试。

【综合执法】

湖北省测绘地理信息局以测绘项目登记工作为契机，联合安全、保密等部门，加大对涉军、涉密、涉证、涉外、涉网等各类违法测绘案件的执法力度。督办襄阳市测绘地理信息局查处襄阳市交通规划设计院涉嫌非法转包测绘项目案。

【依法行政】

湖北省测绘地理信息局将8项行政许可（含1项初审转报）、11项行政服务事项全部集中到政务服务大厅（窗口）办理。规范行政审批行为，制定《行政服务指南》和《行政审批事项审查工作细则》。推进政务服务标准化建设，梳理和规范8项行政许可事项和6项公共服务事项，项目依据、办事流程、办事指南、办事结果，报省政府有关部门批准后上网公布。推进“一网办理”，启动实施湖北省测绘地理信息市场服务与监督平台（网上办事大厅），将所有行政许可及行政服务事项在网上集中受理、集中办理，已上线运行。对全省测绘地理信息行政执法证进行注册管理，6月29日—30日，对全省测绘地理信息行政执法人员进行培训。

【“放管服”改革】

经清理，湖北省测绘地理信息局共保留行政职权51项，其中行政许可8项、行政处罚28项、行政检查4项、行政确认2项、其他类9项。在湖北省政府网站和局门户网站公布湖北省测绘地理信息局行政权力清单。按省政府“互联网+放管服”要求，组织实施湖北省测绘地理信息市场服务与监督平台对接湖北政务服务网的工作，行政许可事项和公共服务事项纳入湖北政务服务网并网运行，6项测绘地理信息行政许可和6项测绘地理信息公共服务在湖北政务服务网上受理，全部测绘地理信息行政许可和公共服务均实现网上办理。全年共受理、办结测绘地理信息行政许可499件、测绘地理信息服务事项1232件，群众满意度99%以上。

【测绘资质管理】

湖北省测绘地理信息局严格按测绘资质管理规定和测绘资质分级标准的要求，进一步加强新办资质单位、升级单位的考核，督促落实质量管理和保密管理。全年新批准、升级乙级以下测绘资质单位114家，向国家测绘地理信息局转报11家单位晋升甲级的申请、批准9家。完成37家甲级资质单位审核转报和228家乙级测绘单位续期换证工作，严格按照国家测绘地理信息局时限要求完成测绘资质续期换证工作。督促省内各等级测绘资质单位按时完成年度报告工作，并在省测绘地理信息局门户网站公开，接受社会监督。

【信用管理】

湖北省测绘地理信息局组织测绘资质单位完成测绘地理信息行业信用信息平台信用信息录入工作。做好信用信息异议处理和信用报告查询服务，为测绘资质单位出具信用报告证明10份。推动湖北省测绘地理信息信用市场体系建设，部署测绘地理信息行业信用信息汇集系统落地，12月完成项目验收并投入运行。

基础测绘

【基础测绘项目】

湖北省测绘地理信息局加强基础测绘项目管理，多次到生产单位了解项目生产情况，查找生产单位在项目管理中存在的问题和困难并协调解决。开展基础数据像片控制点数据库建设项目基本实施完成设计书内容，进行验收准备工作。对HBCORS及北斗导航系统基准站进行巡查和维护，维持基准站正常运行。对省级基准站网进行安全改造升级。9月，在武汉召开专题工作会议，向各市州测绘地理信息主管部门传达《关于开展全国卫星导航定位基准站安全专项整治行动的通知》，部署全省卫星导航定位基准站安全专项整治行动。会同省安全部门成立相应机构并联合发文，督导各地开展基准站核查整改工作。将“襄阳市空间利用监测与评价”项目列入2017年基础测绘工作计划。

【援疆援藏】

湖北省测绘地理信息局开展新疆维吾尔自治区博尔塔拉自治州CORS基准站网3个站点迁移改造和赛里木湖14.67平方千米1:500地形图测绘，全部完成并通过质检。完成2017年新疆生产建设兵团第五师领导工作用图编制工作。开展测绘援藏项目，确定2017年工作内容为山南市鲁琼工业园区约3.5

平方千米、滴新工业园区约12平方千米及琼结县城区约7.8平方千米1:500地形图测制，基本完成项目质检。

【自然资源资产监测平台建设】

湖北省测绘地理信息局建设湖北省自然资源资产监测平台，编制完成《湖北省自然资源资产监测平台总体实施方案》和《湖北省自然资源资产监测平台技术设计书（2017年）》，完成自然资源资产相关数据调研及分析，形成数据清单，开展建库工作，完成平台大部分功能开发工作。在鄂州市开展自然资源资产离任审计辅助系统试点工作。

【航空航天遥感影像获取与应用】

湖北省测绘地理信息局获取用于地理国情基础性监测等项目的卫星遥感影像数据，实现优于2.5米分辨率卫星影像覆盖全省、优于1米分辨率的卫星影像覆盖全省93.7%范围。获取长江沿线4.3万平方千米LiDAR点云数据，4月配合国家测绘地理信息局和国家基础地理信息中心检查湖北省LiDAR点云数据的获取进度、质量等情况，及时发现并处理存在的问题，保证工作进度。开展荆门摄区3万平方千米0.5米分辨率数码影像航摄工作。

【智慧城市、数字城市建设】

经国家测绘地理信息局委托，湖北省测绘地理信息局完成智慧武汉、智慧老河口时空信息云平台试点项目预验收工作，国家测绘地理信息局组织完成2个项目的竣工验收。智慧鄂州时空大数据与云平台建设试点项目完成设计评审，设计书通过国家测绘地理信息局组织的专家评审。全省17个市州全部被纳入国家测绘地理信息局数字城市地理空间框架建设试点或推广城市，12个城市完成数字城市建设。湖北省首个县级数字城市建设试点数字麻城开展数据入库和平台搭建工作，2017年完成全部建设工作，进入验收准备阶段。湖北省测绘地理信息局组织局属单位开展数字城市技术支持服务工作，为孝感、黄石、宜昌和神农架4个城市提供技术支持服务。参加国家测绘地理信息局组织的《智慧城市时空大数据与云平台建设技术大纲（2017年版）》学习培训。

【质量管理】

湖北省测绘地理信息局首次将测绘质量与测绘资质、测绘标准、地图市场纳入全省“双随机一公开”监督检查工作，印发《关于开展2017年测绘地理信息双随机抽查工作的通知》。完成对80家甲、乙级和省直管测绘单位的测绘成果质量抽查。组织湖北省质检部门专家到各市州（除神农架，当地无测绘资质单位）现场指导培训质检人员，各市州测绘地理信息主管部门完成对辖区丙、丁级测绘资质单位的质量监督检查工作。为保障“湖北省导航一张图”项目质量，成立质检专班，组织专人对项目进行跟踪检验，严格执行质量控制方案。铺设专网，充分利用网络化信息管理技术，确保过程质量控制与检查验收顺利进行。湖北省测绘质量监督检验站成立地理国情质量控制小组，配合国家测绘地理信息局完成全国地理国情基础性监测第二批过程质量监督抽查湖北省的工作。

【安全生产】

湖北省测绘地理信息局落实安全生产责任制，各生产单位均成立安全生产领导小组，对安全生产责任进行层层分解，严格落实责任主体，真正做到职责明确、责任到人、各司其职。加强安全生产宣传教育和日常监督检查，定期对生产单位的供电、供热、防盗等基础设施进行检查，及时处理发现的隐患。组织消防安全演练，宣传安全知识和法律法规，提高全员安全生产意识；各生产单位实行数据成果统一归口管理，严格防范数据的泄密和丢失；组织职工做好野外安全教育培训工作，确保野外项目安全实施；加强车辆检修保养，做好驾驶员的安全培训工作。

地理国情监测

【地理国情普查】

湖北省测绘地理信息局组织编制完成《湖北省第一次全国地理国情普查统计数据汇编》和《湖北省第一次全国地理国情普查公报》。5月，湖北省第一次全国地理国情普查领导小组办公室组织召开地理国情普查成果数据对接会议，24个普查领导小组成员单位均对普查成果进行了反馈。7月，国家测绘地理信息局对湖北省第一次全国地理国情普查公报数据进行检验，湖北省第一次全国地理国情普查公报数据和第一次全国地理国情普查公报数据一致性较好。湖北省政府批准由省测绘地理信息局、省第一次地理国情普查领导小组办公室联合，发布湖北省第一次全国地理国情普查公报。10月，普查公报通过国务院第一次地理国情普查领导小组办公室最终审核并对外发布。

【基础性地理国情监测】

湖北省测绘地理信息局开展基础性地理国情监测工作。4月12日，召开由各生产单位参加的国情监测专题会议，部署全省基础性地理国情监测工作。组织编写并评审地理国情监测实施方案和专业技术设计书，协调相关生产单位开展技术培训工作。7月，在荆州市组织召开湖北省地理国情基础性监测（2017）首件成果现场会，针对生产单位在首件成果上的技术、生产和质量管理等方面的问题，提供解决方案。9月，2017年基础性地理国情监测第二批过程质量监督抽查第四小组到湖北省进行检查，指出地理国情监测过程质量控制和阶段性成果中存在的问题，并提出整改要求。湖北省测绘地理信息局针对检查组提出的整改意见，组织生产单位召开专题会议，督导制定整改计划，推动落实相关整改意见。

【专题性地理国情监测】

湖北省测绘地理信息局围绕社会热点，开展专题性地理国情监测工作。参与承担武汉市海绵型城市监测试点和武汉老工业区搬迁改造监测试点工作，13个市州（不含省直管市）城市及典型城市群空间格局变化监测工作完成项目设计书评审。主动和邻省相关部门沟通协调，开展三峡库区生态环境承载力及协调性监测（湖北任务区）和洞庭湖生态经济区地理国情监测（湖北任务区）工作，完成2项监测项目资料收集、整理、入库工作。参与湖北省全省生态保护红线优化工作，从湖北省地理国情普查数据中提取地理国情要素和1400多个图斑，最终生成2套生态保护红线划定参考图。

地图管理与地图服务

【地图编制与出版】

湖北省测绘地理信息局按照国家测绘地理信息局关于城市地图集编制试点工作要求，完成荆门、天门城市地图集的编制出版工作，继续推进仙桃城市地图集的编制生产工作。

【地图市场监管】

湖北省测绘地理信息局研究、整理国家第七巡查组对湖北省全覆盖排查整治“问题地图”专项行动的巡查意见，以文件的形式对巡查情况进行通报，向省直相关部门和市州测绘地理信息主管部门发送问题整改要求函。在全面自查整改的基础上，省专项行动领导小组以巡查督导为主要手段，按照《湖北省全覆盖排查整治“问题地图”专项行动巡查工作方案》，联合组成4个巡查组，检查督导市州县专项行动开展情况。市州专项行动领导小组对各县（市）开展巡查工作。省、市两级巡查组重点对各地书店、图书馆、博物馆、规划展览馆、新闻网站、地图编制单位、学校进行巡查。对“问题地图”进行下线、下架、删除、退货、销毁处理，对相关单位进行行政劝诫。现场检查300多次，查处、查封登载“问题地图”的网站128个，检查地图12万多幅（张、册），整改问题985处，查封、收缴“问题地图”产品1220件。

【地图公共服务】

湖北省测绘地理信息局编制《湖北省省情系列地图》和《湖北省成果概览图集》《湖北省“美丽中国”图册》。为湖北省委、省政府、省人大、省政协等单位提供镜框图218幅，为省委、省政府、省直厅（局）等单位提供丝绸地图217幅；向市（州）下发湖北省地图（丝绸）170幅、各市（州）行政区划图（仿真丝）850幅；为省扶贫、林业、国土、省城市规划等单位提供公益性地理信息服务或合作开发地理信息系统。通过局门户网站和“天地图·湖北”提供标准地图服务，最大限度满足社会各界对地理信息服务的需求。通过全国地理信息资源目录服务系统发布湖北省第一次全国地理国情普查项目生产的1∶1万DOM和DEM元数据1.4万多条，新增1∶1万DLG和航空影像元数据，累计发布各类元数据目录40783条。

【国家版图意识宣传教育】

湖北省测绘地理信息局在《湖北日报》刊登2次关于全覆盖排查整治“问题地图”专项行动的专题新闻报道，公布专项行动举报电话、技术咨询电话和邮箱地址。在局门户网站开设《湖北省全覆盖排查整治“问题地图”专项行动》专栏，发布各地工作动态，增强公民的国家版图意识。印制1000册《全覆盖排查整治“问题地图”专项行动自查工作指南》，分发给省直相关厅局和市州测绘地理信息主管部门，为各行业、领域开展排查整治“问题地图”提供技术保障。9月29日，组织召开湖北省全覆盖排查整治“问题地图”专项行动领导小组到市州巡查工作部署及培训会议，对巡查人员进行技术培训。

测绘地理信息成果管理与应用

【“天地图·湖北”建设与应用】

湖北省测绘地理信息局完成“天地图”荆门、仙桃市级节点与湖北省级节点的数据融合工作，开展湖北省级节点、荆门市级节点、仙桃市级节点与国家主节点的数据融合工作。持续开展湖北省级节点数据更新工作，利用地理国情普查相关影像数据开展年度计划性更新工作，提升“天地图”数据资源的现势性。优化升级“天地图·湖北”门户网站导航功能，开发移动端应用，提升“天地图”公共服务能力。开发建设湖北省第一次全国地理国情普查成果发布展示系统，并在“天地图·湖北”省级平台发布。

【成果共享】

湖北省测绘地理信息局做好第四次辅助决策用图共享工作。通过辅助决策用图定制与服务系统向国家测绘地理信息局共享数据现势性为2016年9月的非涉密地图及数据资源，包括湖北省地图，武汉、襄阳、宜昌、鄂州行政区划图。

【测绘成果保密管理】

湖北省测绘地理信息局继续推进时空信息云平台数据中心保密机房建设与维护，基本完成机房、网络等基础设施升级改造工作。完善测绘成果安全保密监管机制，推进涉密测绘成果管理信息化建设，开展涉密测绘成果跟踪监管。对全局和局属生产单位使用、保管涉密测绘成果的情况进行全面检查，确保涉密测绘成果安全使用。对全省使用涉密测绘成果单位的安全保密情况进行抽查，尤其是对涉密测绘成果大宗用户、往年保密检查问题较多的单位进行重点抽查，并督促相关单位加强整改，规范安全保密管理。通过“双随机一公开”，规范测绘成果保密管理和地图市场运行。严格落实测绘成果核心涉密人员管理制度，组织开展涉密测绘成果管理人员教育培训。9月，举办近280人参加的涉密测绘成果管理人员岗位培训班。

【测量标志管理】

湖北省测绘地理信息局测量标志的管护工作采取日常维护与重点维护相结合进行，市州县按时下拨测量标志管护经费，各地测量标志管护工作稳妥推进。批准测量标志迁建5起。

【应急测绘保障服务】

湖北省测绘地理信息局组建国家应急测绘保障能力建设项目领导机构和项目工作专班，编制完成《国家应急测绘保障能力建设项目湖北省单项工程实施方案》，6月6日，该方案通过国家测绘地理信息局组织的第一批项目技术评审。主动对接省政府应急管理办公室，将国家应急测绘保障能力建设项目纳入湖北省应急体系建设“十三五”规划重点工程。

地理信息产业

【发展地理信息重点领域】

湖北省测绘地理信息局以覆盖全省的北斗地基增强系统为基础，建设基准站高精度位置管理与共享平台，开展北斗平台数据安全与服务建设。推动北斗高精度导航与位置服务一张图建设，在完成试点区域的基础上，建立新的生产流程和技术标准，逐步实现全省范围高精度导航。鼓励重点企业加快北斗芯片推广应用和自主研发，实现全球首款基于宽带射频的全系统低功耗Soc芯片和基于北斗的高精度位置+通讯LoCo模组2项重大成果的发布。协调相关部门、承建单位按既定计划推进北斗应用示范项目建设，筹划省级北斗应用示范项目，推动北斗系统在安全生产、城市管理、政府行业管理等方面的示范应用。

【优化产业发展环境】

湖北省测绘地理信息局落实湖北省北斗卫星导航应用产业发展工作联席会议制度，协调解决全省北斗产业发展的重大问题，确保产业发展规划、行动方案实施。加强与主流媒体的交流合作，重点围绕北斗产业发展政策环境、成果成就展示、重大技术攻关、社会化服务应用等方面，加大对全省北斗产业发展宣传报道力度。组织湖北省北斗产业重点企业参加第八届中国卫星导航学术年会暨技术与应用成果展，展会期间举行湖北北斗重大成果发布会。组织湖北省发改、科技、交通运输、商务等单位参加第八届中国卫星导航学术年会及相关活动，到上海北斗产业创新西虹桥基地参观调研，进一步提升湖北省北斗产业发展的竞争优势和社会影响力。

科技、标准化与国际合作

【科技项目与科技奖励】

9月25日，国家测绘地理信息局举行第一次全国地理国情普查总结表彰会，武汉市测绘研究院被授予先进集体称号，湖北省测绘质量监督检验站黄海英、省航测遥感院李雪梅被授予先进个人称号。

【标准化工作】

湖北省测绘地理信息局参与地方标准化工作，协调湖北省质量监督部门，参与并主持《武汉市系列比例尺地形图要素分类编码及时空数据库标准（送审稿）》《全波形三维激光扫描仪性能要求及测试方法（送审稿）》的评审工作。总结智慧老河口时空信息云平台数据标准规范建设成果，初步编制《老河口市政务信息资源目录编制管理规范》《智慧城市时空信息云平台数据中心智能管理平台数据规范》《老河口市政务信息资源共享交换管理办法》；编制《规划专题数据建库与应用规范第1部分：规划编制成果空间数据库规范》《规划专题数据建库与应用规范第2部分：规划审批红线空间数据规范》及《规划专题数据建库与应用规范》等应用领域规范，初步形成省级时空信息云平台对高精度道路网数据、地名地址数据、地理国情普查数据、全省POI数据、数字城市更新数据、测绘数据、部分行业共享交换数据等内容的融合处理流程和指导规范，初步整理全要素地理实体要素分类编码规范（草案）和湖北省时空信息数据库设计规范。

【对外合作与交流】

湖北省测绘地理信息局贯彻国家“一带一路”倡议，落实中国伊朗签署的关于建设中国伊朗产业园备忘录的具体要求，开展伊朗北斗高新技术产业园区建设的筹备工作。2月，组织湖北省相关企业在伊朗举办北斗高新技术产品展，带领14家企业到伊朗实地调研考察，为入驻伊朗北斗产业园做好前期准备工作。组织湖北省科技活动周开幕式参展活动，围绕科技活动周“科技强国、创新圆梦 ”的主题，展出“北斗导航产业” “科技精准扶贫”和“天地图·湖北”三大板块，向民众充分展示近2年湖北测绘地理信息技术的应用和发展。

地市级测绘地理信息工作

【武汉市】

武汉市测绘地理信息主管部门完成37家单位测绘资质申请、升级和业务范围变更审查，各类地图编制项目审批53项、基础测绘成果使用审批125项、测绘项目登记审核395项。实现测绘项目登记互联网审批网上打印证明。区县测绘地理信息主管部门履行市级下方的360多家测绘单位辖区对口服务和监管职责，开展“双随机、一抽查”工作。武汉市测绘地理信息主管部门组织完成第二届“测绘开放日”暨“美丽中国”第三届全国少儿手绘地图大赛武汉赛区颁奖活动，在全市1300多个社区开展送地图进社区活动。会同市网信、新闻出版广电、教育、文化、公安等8个部门，依法开展全覆盖排查整治“问题地图”专项行动，共查出纸质“问题地图”3种25份、公开涉密信息单位15家、不规范标注审图号单位12家，关闭存在问题的网页近1000个，完成全部整改工作，印发《关于进一步加强互联网地图管理的通知》，专项行动成果作为典型案件在全国范围通报宣传。

推进智慧武汉时空信息云平台建设，开展时空大数据分析与可视化系统建设，出台《政务地理空间信息资源共享管理实施细则》。10月，智慧武汉时空信息云平台通过国家测绘地理信息局正式验收。在武汉会议中心举办第4期“城市大讲堂”暨智慧武汉时空信息云平台推广会。完成武汉市地理信息公共服务综合标准化试点工作，通过国家标准化管理委员会验收。截至年底，时空信息云平台为全市30多家政府部门和1.6万个社区网格、企事业单位提供服务，日访问量达150多万次，总访问量超过4.68亿次。

武汉市测绘地理信息主管部门组织完成基础测绘6大工程21项任务，主动服务市委市政府“城轴心”亮点工程建设，为全市土地储备计划编制，地铁、桥梁线路设计和施工，“四水共治”建设工程，综合管廊工程等提供地形图支撑，编印2017年武汉4种公共地图，累计发放52万多份。第一次地理国情普查成果通过国家测绘地理信息局组织的验收，经市政府批准，《武汉市第一次地理国情普查公报》正式发布。武汉市测绘地理信息主管部门组织召开全国首次城市地理国情监测高端技术论坛，在全国城市地理国情监测工作交流会上交流经验。

成立长江中游城市群测绘地理信息协同创新联席会。在武汉组织召开长江中游城市群省会城市第五届会商会国土规划测绘系列活动，4个省会城市签署测绘地理信息协同创新联席会文件和共同推进滨水特色城市规划建设倡议书，区域内40多个城市代表参加活动。

【襄阳市】

2017年，襄阳市本级财政投入测绘地理信息经费1337万元，同比增长9.4%。襄阳市测绘地理信息主管部门组织完成900平方千米1:500基础地理信息建库和1:2000地形图缩编。完成已批准的城市规划编制成果入库，包含5项重大规划编制成果。基本完成襄阳市“城市一张图”空间地理信息系统建设，实施市区3673平方千米优于0.2米分辨率航空影像拍摄、2773平方千米1:2000地形图生产及建库、3673平方千米1:2000正射影像图和数字高程模型生产及建库、市区标准地址采集、全市行政区划和标准地名等基本地理信息生成、公安和城管政务专题信息数据采集与更新、时空信息云平台共享发布系统开发。完成市区建成区190平方千米三维模型建立。启动襄阳市地理国情监测工作。建设湖北省北斗地基增强系统襄阳分中心。老河口县级智慧城市时空信息云平台试点通过国家测绘地理信息局验收。形成基础支撑环境、标准规范体系、时空数据库，时空信息云平台及典型示范应用5大类259项成果；通过统一的时空基准将城市地理空间数据、动态数据、互联网公共数据、部门共享数据、公众数据融合到城市公共大数据中心形成全市一张图，5大类143个子类数据；对外提供云设施服务、数据服务、知识服务、信息服务、软件服务。

襄阳市测绘地理信息主管部门全年共受理审核行政审批事项25项和政务服务617项，其中基础测绘地理信息成果使用申请16项、地图审核9项，为建设单位提供基础测绘成果484项、提供竣工测绘成果133项；测绘资质单位信息变更5家，新申请测绘资质单位初审9家。将地图市场检查、测绘资质巡查和测绘成果质量监督检查列入“双随机一公开”联合检查范围，在湖北省“双随机一公开”监管系统录入襄阳市36家丙、丁级测绘资质单位信息，制定印发“双随机一公开”工作开展实施细则，开展“双随机一公开”检查，并将检查结果录入监管平台向社会公开。与市国家保密局、工商行政管理局、市教育局、市新闻广电出版局等10家单位联合开展全覆盖排查整治“问题地图”专项行动及“回头看”工作。联合襄阳市国家安全局开展卫星导航基准站核查专项行动。开展测绘法宣传活动，发放新测绘法宣传资料200多份，接受咨询30多人次，解答群众疑难问题20多个。

【鄂州市】

2017年，鄂州市本级财政投入测绘地理信息经费800万元。鄂州市测绘地理信息主管部门启动智慧鄂州时空大数据与云平台建设试点项目，完成《智慧鄂州时空大数据与云平台建设试点项目设计书》编制、评审和上报工作；《智慧鄂州时空大数据与云平台技术规范与标准》制定；智慧鄂州时空大数据云平台升级；智慧鄂州时空大数据云平台120平方千米基础地理信息数据更新；鄂州市智慧规划应用系统建设。完成政务网及公众网支撑环境建设项目招标工作。更新、印制、出版、发行2017版鄂州市地图和城区图。开展领导干部自然资源资产审计大数据平台和自然资源资产监测平台建设试点工作。完成测量标志巡查和维护工作，共维护标志点76个、投入专项经费5.6万元。

共受理并初审2家单位的测绘资质申请及1家单位的测绘资质升级申请，办理测量标志点迁建1件。完成2家省外单位在鄂州开展测绘活动的报备。完成测绘项目备案登记25件。依法对辖区内7家丙、丁级测绘单位进行“双随机”监督检查。对鄂州市自2014年以来申领涉密测绘成果的用户单位开展集中检查，对4家单位下达整改通知书。联合工商、文化、保密、公安等部门开展全覆盖排查整治“问题地图”专项行动。开展测绘法宣传活动，举办测绘法暨涉密测绘成果保密和地理国情普查学习培训会。开展“8·29”全国测绘法宣传日大型户外活动，鄂州人民广播电台全程同步直播，现场发放《中华人民共和国测绘法》《鄂州市交通游览图》《鄂州市地图》等宣传资料1000多份，发送短信2万多条等。

【黄冈市】

2017年，黄冈市测绘地理信息局加强测绘普法宣传教育，组织开展全市新测绘法学习培训等系列活动，深入开展“8·29”测绘法宣传日活动，落实法律顾问制度。以规划“一张图”、电子政务平台、综合监管平台和地理信息公共服务平台为基础，不断完善信息化基础设施硬件建设和制度建设。修改完善基础地形数据入库标准，对主城区57平方千米1:500地形图进行入库整理，为政府部门提供标准的电子地形图服务。完成城区95平方千米三维建模，为规划辅助决策提供技术支撑。黄冈市二三维一体化地理空间框架共享平台项目和三维建模项目均获2017年湖北省规划设计奖。共办理9件涉密测绘成果使用手续。支持黄冈市参加“魅力中国城”，即送即审黄冈市全域旅游图。完成市级“天地图”节点建设；推进资源三号卫星影像云服务平台黄冈节点建设。完成全覆盖排查整治“问题地图”专项行动工作。开展“双随机”监督检查，完成全市8家丙级、2家丁级测绘资质单位测绘成果质量、测绘资质、地图市场监督检查。组织开展城区14个测量标志点巡查维护工作，下达1处水准点保护函，上报1处拟迁建水准点，并多次现场查看保护情况，实时跟踪。

【黄石市】

黄石市测绘地理信息局联合开展黄石市卫星导航定位基准站安全专项整治行动，对黄石市的基准站进行摸底排查，暂时关停8个基准站，要求相关单位进行备案登记并整改。联合12家相关单位成立黄石市全覆盖排查整治“问题地图”专项行动领导小组，配合国家第七检查组、湖北省测绘地理信息局检查组到黄石市新华书店、规划展示馆、大冶网信办等场所进行检查指导。强化测绘统一监管，全年办理网上资质初审41项，其中新增丙级测绘资质单位2家、注销丙级资质单位1家。对全市16家测绘单位开展资质巡查、质量监督抽查工作，涉及乙级1家、丙级14家、丁级1家，覆盖率达40%，对测绘项目登记，成果汇交及测绘成果质量等方面进行重点检查。向黄石市各单位提供测绘成果30多次，其中各比例尺地形图2150多幅、地理国情数据4套。

【宜昌市】

2017年，宜昌市本级财政投入基础测绘经费952万元，同比增长24%。宜昌市测绘地理信息主管部门组织开展宜昌市0.2米分辨率1000平方千米正射影像图制作与宜昌市城区400平方千米1:2000数字化地形图制作等项目。基于数字宜昌地理空间框架平台，市直20个部门在宜昌市基础地理信息平台部署50多个应用并启动运行，逐步做到全市一张图推动。推进宜昌市2000国家大地坐标基准建设项目。启动宜昌市测绘地理信息数据标准建设及成果整理入库项目建设获“美丽中国”第三届全国国家版图知识竞赛和少儿手绘地图大赛省级优秀组织奖、国家版图知识竞赛常规赛国家级优胜单位。编制《宜昌市市域图》《宜昌市城区图》。完成2017年测绘地理信息“双随机”抽查工作，并将检查结果进行网上公示。开展宜昌市全覆盖排查整治“问题地图”专项行动，得到湖北省测绘地理信息局督查组的充分肯定，取得阶段性成果。组织全市测绘单位主要负责人集中学习新测绘法，督促各县市测绘地理信息主管部门、测绘单位开展宣传活动。秭归县开展《测绘法》宣传活动，录制1期《今日视点》节目。8月29日，在宜昌市规划展览馆等区域设立宣传站，发放宣传资料500多份。

【仙桃市】

2017年，仙桃市测绘地理信息局开展新测绘法学习宣传活动，利用“8·29”测绘法宣传日，组织全市测绘资质单位开展测绘法宣传，悬挂宣传条幅40多条，张贴宣传海报100多张；组织各测绘资质单位集中收看法治微电影，撰写心得体会50多篇；组织干部职工参加全市学法用法网上学习、考试，平均成绩98分以上。开展国家版图知识宣传教育进学校、进社区、进企业、进机关活动，获“美丽中国”第三届国家版图知识竞赛和少儿手绘地图大赛湖北赛区优秀组织奖。对全市107座测量标志进行巡查，发放测绘标志管护费1.07万元，对胡场镇菜园村测量标志点进行了除锈、加固维护。组织开展全覆盖排查整治“问题地图”专项行动，依法查处市新华书店、青少年书店、读者书城、市规划局网站、市城市展览馆存在的“问题地图”，并责令上述单位对“问题地图”及时整改。对危及2处二等水准点安全的湖北大禹水利水电建设有限公司下达《测绘行政执法责令停止违法行为通知书》，并实施强制性停工。全年为排湖风景区总规修编、沙湖湿地公园规划设计、张沟镇先锋村和杨桥村“美丽乡村”建设等8个项目提供服务保障，提供1:2000、1:1万基础测绘成果87幅，协调湖北省地图院修编《仙桃市城市地图集》，2次向湖北省测绘地理信息局争取精装《仙桃市行政区划图》50幅、丝绸版《湖北省地图》10幅。

【咸宁市】

2017年，咸宁市政府发布《关于进一步加强全市测绘地理信息建设和管理工作的意见》，市财政支出170万元更新市级规划区1:1000基础地形图。咸宁市测绘地理信息局对市级682平方千米1:500～1:2000基础测绘数据、76平方千米三维基础数据进行清理整合，制订了2018—2020年咸安区行政区划基础数据全覆盖计划。完成规划信息平台与地理信息平台的整合，推进规划数据与地理信息数据的共享应用。完成向县、市测绘地理信息主管部门发放第一次地理国情普查咸宁市数据工作，并根据成果进行市级规划督查工作。组织咸宁市勘察测绘院参加湖北省测绘技能竞赛工程测量比赛与制图比赛。

开展咸宁市基准站建设专项整治，与市国家安全局联合进行专项检查，全面摸清13个基准站情况，提出相应整改意见。开展“问题地图”专项整治，检查咸宁市域范围“问题地图”。配合湖北省测绘地理信息局开展对县、市专项行动的检查督导，集中抽查相关地图产品，建立地图管理工作的长效机制和办法。

完成应急测量任务16次，提供市级基础测绘数据14批次，初审1∶1万涉密基础数据4批次、项目登记证明2次。完成对咸宁市12家测绘单位产品质量监督检查、成果保密检查和测绘资质巡查，现场提出存在的问题并出具整改意见。完成咸安区41个国家测量标志点的维护，审核1家测绘单位申请资质升级、2家测绘单位基本信息变更、3家测绘单位注册申请、4家测绘单位续期换证、5家测绘单位补充和修改数据。召开专题测绘技术培训会，培训人员70多人，组织10人参加涉密测绘成果管理人员岗位培训、5人参加新测绘法培训、5人参加新测绘法暨行政执法培训、4人参加测绘地理信息转型升级培训。

【荆州市】

荆州市测绘地理信息局围绕城市重点开发建设地段开展基础测绘工作。建立荆州市基础地理信息数据库，更新基础地理信息数据。完成荆州市规划用地范围约500平方千米的航空摄影，DOM、DEM制作，测绘成果2000国家大地坐标系转换。完成数字荆州地理空间框架建设基础控制网、似大地水准面精化、数码航空摄影和数字线划图、影像图、高程模型、地名地址数据生产。开展100平方千米三维建模生产与应用，推进资源三号卫星影像云服务平台荆州市级节点建设工作。荆州市共有测绘资质单位37家，测绘从业人员500多人。荆州市测绘地理信息局全年共受理测绘项目登记368项，同比增长48%。开展联合执法检查，实现测绘资质巡查全覆盖，共巡查测绘资质单位29家。完成《荆州市基础测绘发展“十三五”规划》编制工作，并首次与荆州市发展和改革委员会联合发布。推进数字荆州、三维建模、航空影像制作等项目建设。

地方社团工作

【湖北省测绘地理信息学会】

湖北省测绘地理信息学会召开十一届七、八次常务理事会会议。举办2017年测绘地理信息新技术讲座，与《地理空间信息》编辑部联合举办如何撰写测绘科技论文培训讲座，组织会员参加中国测绘地理信息学会主办的学术年会和技术装备博览会。评选出湖北省测绘科技进步奖项目26项、优秀论文60多篇。征集学术交流论文60多篇并编纂年会论文集。组织会员单位向中国测绘地理信息学会申报测绘科技进步奖、全国优秀测绘工程奖，向中国地理信息产业协会申报地理信息科技进步奖。组织专家对武汉市测绘研究院完成的地理国情信息在武汉市生态环境监测中的应用研究、基于地理国情监测的武汉市城市空间增长研究、地理信息协同共享与自服务的关键技术研究及应用的研究成果进行鉴定。举办职工春季乐跑活动、组织参加全国测绘地理信息职工定向越野赛。

【湖北省测绘行业协会】

8月，湖北省测绘行业协会完成换届改选，产生第五届理事会及其领导机构。组织召开4次常务理事会、1次理事会，审议通过协会财务管理办法、协会费用支出管理细则等规章制度。协助省测绘地理信息局举办全省测绘地理信息行业新测绘法培训，组织会员单位参加测绘地理信息发展与转型升级专题报告讲座会等。组织完成湖北省优秀测绘工程评审工作，评选出特等奖7项、一等奖16项、二等奖10项、三等奖17项。联合湖北省职业技能鉴定站，在会员单位中开展职业技能鉴定工作。与湖北省测绘地理信息学会联合主办《地理空间信息》杂志，并向会员单位免费赠阅。

湖南省

概况

2017年，湖南省测绘地理信息工作获得更多的支持和关注。湖南省省长许达哲视察省国土资源厅，并对测绘地理信息工作提出要求。湖南省国土资源厅联合中国测绘地理信息学会在长沙举办首届中国地理信息应用创新创意高峰论坛。湖南省国土资源厅在深圳举办湖南地理信息产业园招商会暨2017空间大数据与人工智能峰会，在长沙举办全省市县长地理空间大数据政务应用专题培训等活动。在2017年全国省级测绘地理信息行政主管部门测绘地理信息年度工作绩效考核中被评为优秀单位。

在省政府机构改革过程中，湖南省国土资源厅增设地理信息处和6名人员编制，加挂省测绘地理信息局的牌子。明确地理信息处负责协调统一对外提供包括基础地理信息数据、地理国情普查数据在内的各类空间地理信息数据，整合基础地理信息中心和国土资源信息中心职能，实现2个机构的融合运行，形成全省权威的地理空间大数据管理中心。在汨罗市开展测绘地理信息示范县市创建工作，探索构建省市县相互衔接、推动市县测绘地理信息工作落实的新格局，全省14个市州均明确辖区内地理信息工作示范县。截至2017年底，全省共有测绘地理信息管理机构121个，娄底、长沙、株洲、湘西4个市州增加测绘地理信息行政管理人员编制。省、市、县三级部门共有从事测绘地理信息管理工作的人员331人、直属测绘地理信息单位从业人员2007人。

2017年，省、市、县三级部门共投入测绘地理信息工作经费22299万元。落实基础测绘经费投入（含测量标志维护）8254万元，地理国情监测经费2352万元、“天地图”建设经费352万元、数字城市地理空间框架建设经费12629万元、智慧城市时空信息云平台建设经费1900万元。截至年底，全省共有628家测绘资质单位，其中甲级42家、乙级112家、丙级220家、丁级254家。全年测绘资质单位完成服务总值32.56亿元，同比增加2.5亿元。全省测绘资质单位承担科技研究项目96项，项目经费合计6763万元。全省测绘地理信息行业单位发表论文101篇，申请专利33件，获专利授权18件，取得软件著作权161件，实现技术转让收入223万元，获省部级以上奖项5项。

党的建设与人才队伍建设

【党的建设】

湖南省国土资源厅以“两学一做”学习教育常态化制度化和巡视整改工作为主线，印发《中共湖南省国土资源厅党组关于推进“两学一做”学习教育常态化制度化的实施方案》。厅党组成员实行联点指导制度，分别联系1个直属单位党组织进行指导。湖南省国土资源厅成立厅“两学一做”学习教育领导小组，为全体党员干部配发《习近平关于全面从严治党论述摘编》《全面从严治党面对面》《习近平谈治国理政（第二卷）》等读本。厅党组集中学习《关于新形势下党内政治生活的若干准则》《中国共产党党内监督条例》。各党支部开展形式多样的主题党日活动。湖南省国土资源厅召开庆祝建党96周年大会，厅长为厅机关全体党员干部和直属单位班子成员上“七一”专题党课。印发厅党组理论学习中心组学习计划，组织5次厅党组中心组集中（扩大）学习。组织学习廖俊波先进事迹。组织专题学习《习近平总书记的成长之路》，组织收看黄大年的电视剧和纪录片。召开年度党的工作会议，相关处室支部交流党建工作经验、做法和计划。修订细化党建工作绩效考核指标，认真实施党支部工作标准，严格考评验收和动态管理。在井冈山举办党务干部党性研修班，对机关处室和直属单位50名党务干部进行培训。完成录入党员信息管理系统的1553名党员和114个党支部信息，进一步加强党员信息数据库建设。指导20个厅机关处室党支部和2个直属单位党组织进行换届选举。推荐4批16人参加省直机关工作委员会组织的发展对象培训，发展党员20名。6月29日，组织厅机关全体党员干部和厅直单位班子成员开展纪念建党96周年党建知识竞赛活动。

【党风廉政建设】

湖南省国土资源厅党组牢固树立“四个意识”，提高政治站位和政治觉悟，按照省委巡视组向厅党组反馈的巡视意见要求，召开11次党组专题会议，进行14次督促督办，全力推动巡视整改工作。转发《省委第九巡视组关于对省国土资源厅开展巡视“回头看”的反馈意见》，要求各级党组织认真研究，对照梳理，明确责任，做好整改落实。召开整改工作动员视频会议，全面动员部署巡视“回头看”整改工作。印发《省委第九巡视组巡视“回头看”反馈意见整改落实方案》，细化反馈意见整改责任清单，确立9大类、28项整改任务，明确责任领导、责任单位和整改时限。成立党组巡视整改工作领导小组。召开党组“回头看”整改专题民主生活会。12月6日，邀请省委第九巡视组到湖南省国土资源厅逐项核实整改落实情况。全部办结巡视组反馈的53件信访问题9大类28项整改任务。巡视整改以来，出台“两学一做”学习教育常态化制度化等方面工作制度16个。

【精神文明建设】

湖南省国土资源厅召开厅系统文明创建工作会议，传达学习精神文明建设有关文件精神，总结交流文明创建工作经验，部署年度重点任务。为机关干部职工办理补充医疗保险，减轻干部职工患病住院的经济负担。统一为厅机关在职在编干部职工交纳互助金和女职工特殊疾病互助金。参加国土资源部、国家测绘地理信息局和湖南省有关部门组织的各类文体比赛。厅机关8个文体协会和足球队、太极拳班，组织开展经常性文体活动。举行“迎国庆”环湖跑步接力赛，10个工会小组各派出3名队员组成代表队参加接力赛。部分工会小组组织开展春秋游活动。湖南省国土资源厅通过“省直模范职工之家”评比验收。开展“泥土精神植正气、大地情怀走潇湘”健步走活动。组织厅机关女职工到娄底湄江国家地质公园参观。组织团员青年到崀山开展户外活动。厅机关和直属单位干部职工参加湖南省第48个世界地球日暨第五届“爱地球·看我的”公益跑活动、“我想有个家”安居工程活动，向扶贫点清水村捐款5万元。

【人才队伍建设】

湖南省国土资源厅推荐提拔厅级干部2名，提拔任用干部10人次，完成近30名处科级干部轮岗。全面整改厅管干部档案，补齐完善100多名干部档案资料。配合省委组织部完成年轻干部调研，完成省纪律检查委员会派驻纪检组人员划转工作。根据省委组织部要求，完成全系统处级以上领导干部个人事项报告，对100多名处级（或拟提拔为处级）干部进行个人填报信息核查。安置军转干部6名，厅直属单位招聘人员23名。与省委组织部联合举办市县长地理信息大数据政务应用与地质灾害防治研讨班，140多人参加；在北京大学举办全系统处级干部依法行政能力提升班，近50名处级干部参加培训。调整并增加湖南省国土资源厅驻村扶贫工作队员。安排西藏自治区8名工作人员分别到相关市国土资源局和厅直属单位跟班学习2个月，新疆维吾尔自治区2名处级、1名科级干部分别到厅机关、常德市国土资源局挂职半年。

法制建设与市场监管

【法制建设】

湖南省政府出台《湖南省地理空间数据管理办法》，发布配套的《湖南省地理空间数据交换共享目录》。湖南省国土资源厅起草完成《湖南省航空航天遥感影像统筹管理规定》征求意见稿，并向40个省直单位、14个市州国土资源局及市直机关、县市区国土资源局征集2018年遥感影像数据需求。开展规范性文件清理和合法性审查工作，出台《规范性文件管理办法》，清理地方性法规规章22个，清理各类规范性文件63件，评估即将超过有效期的文件6件。落实“放管服”各项工作要求，进行办事流程和新增权力清单审核，开展“减证便民”专项行动、清理规范中介服务评估工作。

【法制宣传】

湖南省国土资源厅结合“8·29”测绘法宣传日策划和组织开展测绘法学习宣传贯彻系列活动，举行地理国情普查成果新闻发布会、地理空间大数据应用发展论坛、为期一周的媒体集中宣传报道、测绘法普法视频讲座、首届中国地理信息应用创新高峰论坛及数字城市建设和地理空间数据政务应用市县长专题学习班等活动。市县国土资源部门开展提请当地政府或人大召开1场部门学法普法座谈会、在当地主流媒体刊发1篇主要领导的署名文章、召开1场测绘法宣传或地理国情监测成果应用新闻发布会等活动。组织全省系统干部职工征订新测绘法学习资料。全系统举办各种类型宣传活动202次，在各地公众集散地设立宣传点383个，制作各类宣传材料420种，发放宣传材料35.1万份。

【综合执法】

湖南省国土资源厅及各市州国土资源局开展测绘资质巡查215次、测绘质量监督检查310次、涉密测绘成果使用管理检查195次、地图市场检查163次、地图服务网站排查1917个；立案调查涉嫌违法案件118件，其中市场准入类6件、测绘项目类12件、地图类64件、测绘成果类12件、测量标志类22件、涉外测绘2件。对38件案件作出行政处罚，其中市场准入类5件、测绘项目类1件、地图类11件、测绘成果质量安全类6件、测量标志类14件。

【依法行政】

湖南省国土资源厅协调省绩效评估委员会办公室，将测绘地理信息工作纳入对市州党委政府的年度绩效考核内容。召开推进地理信息示范县建设工作座谈会，在全省部署开展地理信息工作示范县建设工作，强化省、市、县三级测绘地理信息工作业务联动，构建省市县相互衔接、市县级落实地理信息应用的工作格局，全省14个市州均明确辖区地理信息工作示范县。印发《落实测绘地理信息领域随机抽查工作有关事项的通知》，明确随机抽查工作流程和事项清单，依法依规开展事中事后监管。出台《行政应诉应复规定》，落实“谁执法、谁应诉应复”要求。12月14日，湖南省国土资源厅厅长方先知在天心区法院出庭应诉，成为省直机关负责人出庭应诉第一人，新华网、人民网、凤凰网、红网、湖南日报数字版等9个网络平台、40多家国内外媒体进行正面报道。

【“放管服”改革】

湖南省国土资源厅将“放管服”改革、优化企业发展环境的要求落实到具体工作。在测绘资质审批事项中，对申请人不再要求提交测绘仪器检测资料，并通过资质巡查、成果质量“双随机抽查”等方式加强事中事后监管。协调省测绘质检部门从3月下旬开始取消测绘仪器检测收费、测绘产品质量监督检验费2项涉企行政事业收费，累计为企业减负近400万元。建立仪器检定预约系统，通过在线预约向企业提供仪器检定服务。湖南省测绘质检部门向社会无偿检定测绘仪器近6000台，为67个市场委托项目提供测绘成果检验服务。

【测绘资质管理】

湖南省国土资源厅全年审核新增测绘资质单位46家，其中甲级2家、乙级12家、丙级19家、丁级13家，完成582家测绘资质单位年度报告公示。按照“宽进严管”原则，进一步规范测绘资质审批。明确各市州国土资源局负责对新申请乙级以下测绘资质单位进行初审的职责。配合开展全省不动产统一登记发证等重大工作，规范不动产测绘业务市场准入管理。

【信用管理】

湖南省国土资源厅开展测绘地理信息行业诚信体系建设工作，将测绘行业信用平台日常工作列入财政预算项目，明确湖南省地理信息产业协会作为技术承担单位。根据省政府《关于加快推进社会诚信建设的实施意见》的要求，省国土资源厅将测绘地理信用信息纳入省社会信用平台，实行数据共享发布，落实守信联合激励和失信联合惩戒措施。对9家测绘成果质量不合格的单位、1家存在失泄密隐患的单位进行通报和停业整顿，并在信用平台中计入严重失信记录。

【日常监管】

湖南省国土资源厅通过测绘资质巡查和质量监督抽检加强事中事后监管。省国土资源厅及各市州国土资源局对207家测绘资质单位资质条件及近3年完成的测绘成果质量进行抽查。湖南省国土资源厅组织省级技术力量，对市州巡查抽检的185家单位按25%的比例进行抽查复核，查处质量问题11起、违法行为3起。联合省国家安全厅完成了全省卫星导航定位基准站安全专项整治工作。

基础测绘

【基础测绘项目】

湖南省国土资源厅完成省级基础地理信息数据库快速更新，首次实现全省1∶1万基础地理信息数据年度更新，数据现势性整体提高到2017年。完成全省现代测绘基准精化工作，形成覆盖全省的三维、动态、地心坐标框架（HNCRF2017）与2017湖南省似大地水准面模型，建设高精度、高分辨率的平面和高程基准转换增值服务系统。累计建成HNCORS卫星导航定位系统基准站123座，系统用户涵盖300多家单位，实现在线坐标转换点750万个，累计提供静态数据389天（站）。在地质灾害监测、车辆管理、执法检查等应用示范领域，搭建拥有自主知识产权的“问北位置”位置服务云平台。

【航空航天遥感影像获取与应用】

湖南省国土资源厅利用航空、航天遥感影像更新1:1万地形图2921幅，面积82664平方千米。加快推进1:2000不动产统一登记航空摄影测量项目，全年获取0.2米分辨率基础航空数据资料2.59万平方千米。实现省级影像资料由省国土资源信息中心统一管理、资源共享，减少重复投入、重复获取。按照国家测绘地理信息局的要求，及时报送湖南省基础航空航天影像获取情况。在基础测绘、地理国情普查、数字城市建设、农村集体土地确权登记发证、1:5万数据更新等方面，实现航空航天影像资源共享。

【智慧城市、数字城市建设】

湖南省国土资源厅累计完成14个市州数字城市建设、19个县市数字县域建设。全面开展市县一体化数字县域建设，启动19个县市数字县域建设，在建的数字城市达53个。各地依托数字城市地理信息公共服务平台，建设了人口管理、园林绿化、电力管理、市政服务、地下管网、公安消防等300多个专业应用系统或应用示范系统。

【质量管理】

湖南省国土资源厅组织完成59个省级基础测绘项目验收。编制湖南省2017年基础性地理国情过程质量检查与监督抽查方案、成果质量检查验收与质量评定方案。完成湖南省2017年基础性地理国情监测整景正射影像、首件成果、地表覆盖分类数据成果、地理国情要素数据成果、生产元数据成果、遥感影像解译样本数据成果、补充影像等的检验。完成不动产统一登记基础数据1:2000数字正射影像图项目验收11个，覆盖面积14191平方千米；1:2000数字线划图项目验收30个，覆盖面积33731平方千米；像控点数据库像控点验收20469个；不动产地貌数据（等高线）实验区11家单位成果验收。不动产统一登记检查成果质量评估体系与评价研究、不动产统一登记基础数据库质量检查关键问题研究及湖南省不动产统一登记基础数据成果质量检查与验收技术规程研究3个课题设计通过专家组评审。湖南省国土资源厅组织测绘地理信息完成湖南省1980西安坐标系向2000国家大地坐标系转换项目试生产成果检查，完成坐标转换检验项目10个。完成津市市、澧县、浏阳市、娄星区、新晃县、芷江县6个县城镇地籍试点检验工作；贡嘎县、扎囊县、桑日县、隆子县援藏质检项目4个，托克逊县、鄯善县、高昌区援疆质检项目3个；湖南省农垦国有土地使用权权籍调查工作底图验收，涵盖全省3138幅底图。

地理国情监测

【地理国情普查】

8月，经湖南省政府审核，省政府新闻办公室召开湖南省第一次地理国情普查成果新闻发布会，省国土资源厅、省统计局、省第一次地理国情普查领导小组办公室联合发布湖南省第一次地理国情普查成果及公报。普查成果在生态保护红线划定、湿地保护修复、“城市双修”工程、地名地址普查、农业普查与农村土地承包经营权确权登记、不动产统一登记、山水林田湖草生态修复等重大工作中发挥基础性数据资源作用。“湖南省第一次地理国情普查”获中国测绘地理信息学会2017年全国优秀测绘工程奖白金奖。

【地理国情监测】

湖南省国土资源厅完成全省基础性地理国情监测，结合土地利用年度变更调查等工作，对全省地表自然和人文地理要素进行更新，保持地理国情普查数据库现势性。实施地理国情专题性监测。继续开展国家级新区空间格局变化监测、全国地级以上城市及典型城市群空间格局变化监测、长江经济带国家投资基础设施建设监测3项国家级监测项目；根据生态文明建设及深化改革要求，开展洞庭湖生态经济区地理国情持续监测、湖南省粮食种植面积监测、长株潭生态绿心地区总体规划实施监测、湘江新区空间格局变化监测、领导干部自然资源资产离任审计国情监测（怀化市、凤凰县、武冈市）、大湘南新型城镇化建设国情监测、土地执法高分辨率遥感动态监测、城市规划区山体水体监测等省级专题监测项目，推进国产卫星监测应用。14个市州开展精准扶贫、违法用地违规建设动态、海绵城市、热岛效应、工业园区用地变化、湖南省风景名胜资源动态监测、城乡建设用地增减挂钩监测等地理国情监测项目。

不动产测绘

【地籍测绘】

湖南省各地籍测绘单位合计完成地籍测绘679万平方千米。

【房产测绘】

湖南省各房产测绘单位合计完成房产测绘1.94亿平方米。

【行政区域界线测绘】

湖南省各相关测绘单位合计完成行政区域界线测绘381千米。

地图管理与地图服务

【地图审核】

湖南省共办理地图审核行政许可215件，完成地图技术审查233批次。其中插图类项目16个，247张地图；地图类项目136批次，157张地图；电子地图5套，65万张地图；地理国情地图集60本，4399张地图；其他图集5本，673张地图；脱密地图11份。经审核批准，出版发行的地图符合公开地图内容表示有关规定，并全部按照要求备案。

【地图编制与出版】

湖南地图出版社有限责任公司全年出版各类地图（册）、图书109种，地图编制与出版综合收入2305万元。

【全覆盖排查整治“问题地图”专项行动】

9月—11月，湖南省国土资源厅牵头在全省开展大规模的“问题地图”整治行动，提请省政府向各市州、县市区和省直有关单位印发《全覆盖排查整治“问题地图”专项行动方案》，成立省级联席会议，与省政府政务公开与服务管理办公室建立政府网站地图监测常态化机制。省、市、县三级上下联动，共开展单位自查1652家，自查地图7.2万幅；抽查单位89家，抽查地图5829幅；查处“问题地图”274起，全部整改到位。国家巡查组对湖南省整治“问题地图”工作给予高度评价。

【地图公共服务】

湖南省国土资源厅组织完成《湖南省地理国情普查成果图集》《湖南省政府工作用图（移动版）》编制工作。推进成立以省主要领导为主任的《湖南省地图集》编纂委员会，编纂委员会经省机构编制部门同意并被报送至省政府办公厅。以最新最权威的地理国情普查数据为基础，融合省、市、县三级行政区划及经济社会发展规划最新内容，完成全省136个市县地理国情图集编制工程，经省国土资源厅湘潭、常德等地地理国情图集编制成果。在长沙市启动申报《中国城市地图集》编制试点工作。在厅门户网站开通标准地图服务，完善地图产品公共服务体系。

【国家版图意识宣传教育】

湖南省全覆盖排查整治“问题地图”专项行动巡查工作过程中，湖南省国土资源厅充分发动湖南卫视、湖南经视、湖南日报社、新华社等媒体参与宣传报道，向市州、县市区下发《专项行动工作指南》及《国家版图知识宣传册》近1000份；省新闻出版广电局组织新闻出版行业及电视媒体人员进行培训，培训500多人次；省政府政务公开与服务管理办公室组织全省电子政务系统培训近400人次。大部分市州通过电视、报纸、网站等多渠道开展国家版图意识宣传，在市国土资源局开通地图审核指导热线电话及举报电话。省国土资源厅通过门户网站为各有关单位提供标准地图下载技术服务1200多次，正确引导政府网站及社会公众使用正确地图。

地图管理与地图服务

【“天地图·湖南”建设与应用】

湖南省国土资源厅组织完成“天地图·湖南”省级节点与国家主节点实体数据、地名地址数据融合；衡阳、益阳、常德、怀化市级节点与省级节点数据融合；“天地图·湖南”母库建设任务；“天地图·湖南”公众版7~19级电子地图生产；“天地图·湖南”移动端7~17级电子地图生产；“天地图·湖南”影像数据更新，全省高分辨率影像覆盖率达70%。持续开展平台优化升级，升级“天地图·湖南”门户界面，加快平台响应速度，新增空地一体全景展示系统，改造“天地图·湖南”政务版、移动端。在平台应用建设方面，优化升级湖南省地理信息应用网上展馆、湖南省政务工作移动用图、岳阳政务工作移动用图等系统，开展“天地图·湖南”微信公众号平台建设。继续为省气象、电信、林业、经信、交通、计生、质监等单位提供“天地图·湖南”运维服务。为省工商部门开通电信网络服务专线，为省教育厅部署虚拟机。

【成果汇交与分发】

湖南省国土资源厅依法加强测绘地理信息成果管理，为国土、水利、电力、地矿等20多个行业提供测绘地理信息成果服务。全年提供基础地理信息数据成果及纸质成果521849幅，无偿提供率99.8%，为全省经济社会发展“十三五”规划编制、不动产统一登记、自然资源调查与监测、农村土地承包经营权登记发证、第二次地名普查、生态保护红线划定、交通基础设施建设、国防工程等重大项目、工程提供地理信息数据保障服务。

【测绘成果保密管理】

湖南省国土资源厅将保密工作与日常业务工作紧密结合，将危害国家安全、泄露国家秘密的“问题地图”纳入专项整治范围。对1起网上售卖1:5万涉密基础地形图案件进行重点查处。会同省国家保密局、省国家安全厅等单位开展全省重要军事设施周边地理信息安全督查专项行动，开展全省卫星导航定位基准站清理整治专项行动。进一步强化厅直系统保密安全措施，推广文件智能锁和数字水印等技术。

【测量标志管理】

湖南省国土资源厅安排市县测量标志维护与巡查补助经费75万元，开展省级测量标志管理系统数据更新。

【应急测绘保障服务】

湖南省国土资源厅制定《湖南省应急测绘工作方案》并提请省政府印发，推进国家应急测绘保障能力建设项目湖南省节点建设。为湖南省特大洪涝灾害提供应急测绘保障服务，出动无人机飞行61架次，调用各类遥感影像数据，制作灾前灾后精细数字正射影像图、数字高程模型、数字线划图、立体三维模型等成果，为应急处置工作提供精准地理信息保障。

地理信息产业

【地理信息产业重点领域】

全省测绘资质单位实现服务总值32.56亿元，同比增加2.5亿元，增幅8.3%。按照地理信息上下游产业链进行测算，全省地理信息行业及相关产业服务总值达257亿元，产业结构进一步优化。地理信息产业装备升级需求持续旺盛。截至年底，全省各级测绘资质单位拥有全球导航卫星系统接收机3445台，同比增加15%；全站仪2966台，同比增加11%；水准仪1574台，同比增加8%；手持测距仪2882台，同比增长21%；地下管线探测仪286台，同比增加19%；测深仪223台，同比增加4.8%；低空无人驾驶摄影飞机架87架，同比增加102%；全数字摄影测量系统458套，同比增加4%；遥感图像处理系统315套，同比增加13.7%；地理信息处理软件及平台软件2768套，同比增加7%；高性能图形编辑计算机3180台，同比增加6%；多镜头多角度倾斜摄影测量系统8套；多角度倾斜摄影真三维处理系统5套。

【优化产业发展环境】

湖南省国土资源厅协调支持省地理信息产业园建设工作。5月，在深圳举办湖南地理信息产业园招商会暨2017空间大数据与人工智能峰会，120多家地理信息与人工智能领域单位参加，8家地信企业现场签约入驻湖南地理信息产业园。8月，在长沙举办首届中国地理信息应用创新创意高峰论坛和走进湖南政企对话会，邀请国家测绘地理信息局有关负责人及多位院士做报告，近500名企事业单位人员参会，促进地理信息产业集聚快速发展。12月，湖南省委常委、长沙市委书记胡衡华考察湖南地理空间大数据应用中心，长沙市将地理信息产业作为全市22个工业新兴及优势产业链项目之一，在湖南地理信息产业园设立长沙市大数据（地理信息）产业链推进办公室。湖南省地理信息产业协会成立地理空间数据应用、不动产、位置服务、航空航天遥感应用等6个专业工作委员会，进一步聚集产业发展的优势资源。

科技与标准化工作

【科技创新体系建设】

湖南省国土资源厅推进科技协同创新平台建设。启动省、市两级地理空间大数据中心建设，在省基础地理信息中心建设省地理空间数据交换共享平台。与省教育厅、省工商行政管理局、湖南大学、省安全生产监督管理局、湖南师范大学等单位签订地理信息共享与应用开发合作协议。参与军民融合发展，湖南地理信息产业园军民融合工程列入省军民融合重点项目储备库。在全省军民深度融合发展推进会上，省国土资源厅与中国航天科工信息技术研究院签订合作协议，与北京航天泰坦科技股份有限公司在航天航空遥感应用和研发等方面开展合作。

【科技项目与科技奖励】

湖南省国土资源厅争取科研经费 885 万元，启动 11 项科技研究攻关项目。厅直属测绘单位承担科研项目 23 项，全年完成科技成果 17 项。厅直属测绘单位及省内高校获中国地理信息科技进步奖二等奖 2 个、教育部科技进步奖二等奖 1 个，湖南省科技进步奖三等奖 2 个。

【标准化工作】

湖南省国土资源厅加强标准化工作，推出 9 个标准研究项目，以公开竞争的方式征集项目承担单位，下达任务与补助资金。

地市级测绘地理信息工作

【长沙市】

2017 年，长沙市国土资源局设立测绘地理信息管理处，加挂长沙市测绘地理信息局牌子，向长沙市政府申报智慧长沙时空信息云平台项目，签订 40 多份共建共享协议，推动测绘地理信息资源共建共享机制建设。开展测绘资质巡查与测绘地理信息质量监督抽检工作、排查整治“问题地图”专项行动，联合长沙市国家安全局开展卫星导航定位基准站安全专项整治行动。开展 1230 平方千米优于 0.07 米分辨率的倾斜航空摄影测量和优于 0.1 米分辨率的航空摄影测量。启动了城市地图集和地理国情地图集的编制工作。以高铁新城片区作为“土地拆违，复绿提质”地理国情监测试点区域，为“土地拆违，复绿提质”提供地理信息监测。

【株洲市】

2017 年，株洲市国土资源局提请株洲市政府办公室印发《关于全面启用 2000 国家大地坐标系的通知》，完成 25 个存量数据库的数据坐标转换，城镇地籍数据库和测绘前置数据库全面启用 2000 国家大地坐标系。落实基础测绘资金 239 万元（其中市财政投入 186 万元），完成市区 53 平方千米 1:500 地形图修补测。开展地理国情图集编制，实施株洲市工业园区用地变化动态监测。部署数字株洲县软硬件平台并完成平台测试，完成数字醴陵项目招投标，完成数字炎陵项目立项，开展“天地图 · 株洲”升级工作。

【湘潭市】

2017 年，湘潭市国土资源局争取湘潭市委市政府的支持，实现测绘地理信息工作经费总投入 2479.97 万元，其中基础测绘经费 103.82 万元、测量标志维护经费 5.4 万元、地理国情监测经费 46.5 万元、数字城市地理空间框架建设经费 2324.25 万元。新增 1:500 地形图 928 幅，覆盖面积 47.7 平方千米。9 月 13 日，数字湘潭县地理信息基础工程项目通过验收，湘潭市成为全省率先全部完成数字县域建设的市州。10 月 26 日，湘潭市市、县地理国情地图集通过验收，湘潭市成为全省率先通过地理国情地图集验收的市州。

【衡阳市】

2017 年，衡阳市国土资源局推进数字县域建设，市县一体化模式为 12 个县市区节约经费 4800 万元，首个县级试点“数字衡阳市县一体化建设南岳项目”通过验收。“数字衡阳市县一体化大数据与地理信息公共服务云平台建设项目”获中国地理信息产业协会 2017 年中国地理信息产业优秀工程奖金奖、中国测绘地理信息学会 2017 年测绘科技进步奖二等奖。开展“违法用地、违规建设”地理市情监测项目，为政府节约征拆资金 2 亿元。“智慧衡阳时空大数据与云平台建设项目”被列为国家试点。完成衡阳市、县两级地理国情地图集编制并通过省验收。1:2000“3D”数据、地名地址、市中心城区 1:500 DLG 等数据年度更新，市级道路层、房屋层、兴趣点等专题图层数据每月更新。在湖南省测绘技能竞赛中，衡阳市代表队获团体一、二、三等奖，衡阳市国土资源局获优秀组织奖。在全国测绘技能竞赛中，衡阳市选手获工程测量项目第 2 名、地图制图项目第 3 名。

【邵阳市】

2017 年，邵阳市国土资源局全面开展市县智慧城市地理信息基础工程建设，启动市级地理信息基础工程云平台升级改造，正式启动 6 个县市的地理信息基础工程建设，全市总投资近 6000 万元。启动邵阳市城区违法用地、违法建设的地理国情监测，为城市建设中拆迁工作提供基础数据。

【岳阳市】

2017 年，岳阳市国土资源局全面加强测绘地理信息行业管理，测绘资质巡查和质量抽检工作，有序推进行业统计、项目备案、年度报告、信用征集发布工作，进一步规范测绘市场。完成市级 155 平方千米 1:500 地形图更新，32 平方千米 1:500 DLG、860 平方千米 1:2000 DLG 新测。为市警用信息系统建设、数字城管二期、市政基础设施管理平台建设、社区网格化管理及“四大会战”系列重点项目建设提供基础地理信息服务。汨罗、华容、临湘完成数字城市外业生产，岳阳、湘阴县完成数字城市项目设计。岳阳市开展城区禁拆治违监测，为城市建设管理提供监测成果。岳阳市国土资源局完成市、县两级地理国情图集编制工作。在排查整治“问题地图”专项行动中，清查并整改“问题地图”82幅（种）。开展卫星导航定位基准站全面清查。

【常德市】

2017年，常德市国土资源局加强测绘行业监管能力建设，全市各县（市）均设立测绘地理信息管理部门，并将测绘地理信息行政管理机构建设纳入全市绩效考核。启动数字城市地理空间框架平台升级与数据更新项目建设，部署完成市县一体化地理信息公共服务平台。所辖8个县市区全部启动数字县域地理信息基础工程建设，累计投入经费1500多万元，完成368平方千米1∶1000、521平方千米1∶2000 DOM和6平方千米常德市重点区域倾斜摄影三维数据等成果生产。累计向社会提供基础测绘成果6000多幅，“天地图”用户访问量达1000多万次。抽检测绘资质单位14家、备案测绘项目97批次、巡查与维护测量标志点451座、发现并整改4个实体“问题地图”产品和302个存在“问题地图”的政府网站。开展城市热岛效应监测、常德市城区土地利用变化动态监测和城市空间扩展动态监测等项目。组织编制《常德市地图》《常德市城区图》《常德市交通旅游图》《常德市地理国情地图集》。开展“8·29”测绘法宣传系列活动，发放宣传资料近5200份，接待咨询群众100多人。

【张家界市】

2017年，张家界市测绘地理信息工作写入政府工作报告并纳入全市综合绩效考核。全市共清理排查42家网站，清理排查信息20多万条，现场暂扣涉嫌“问题地图”的教辅图书559本、旅游地图册413本、旅游地图1.2万多幅；对5宗地图领域的违法案件进行调查，对3宗案件单位进行警示教育，立案查处2宗案件。联合张家界市国家安全机关对全市9个卫星导航定位基准站进行全面检查。投入36万元开展张家界核心区建设变化项目监测。市、县（区）共投入102.6万元开展市、县（区）地理国情系列图集编制工作。张家界市国土资源局在全省率先实现城镇地下管线信息集中统一管理。开展网络安全专项检查，在省保密部门的保密抽查中被评为合格单位。

【益阳市】

2017年，益阳市国土资源局参与智慧益阳项目顶层设计方案的设计，负责完成时空大数据与云平台建设，安排项目建设资金约3600万元；启动安化县数字县域基础设施建设，推动市县一体化工作进程。协调指导沅江市开展地理信息示范县创建工作。开展25平方千米数字三维城市模型建立；完成城市规划区1058平方千米山体水体监测项目。完成测绘资质巡查与质量抽检、益阳市地图编制等工作。完成2000国家大地坐标系转换项目招投标。联合益阳市国家安全局组织完成卫星导航定位基准站安全整治工作。为城市总体规划修编、城市管理、城市旅游建设等提供地理信息应用服务。

【郴州市】

2017年，郴州市国土资源局建立郴州市相对独立平面坐标系，开展郴州市市级各类地理空间数据2000国家大地坐标系转换工作。更新完善数字郴州相关基础数据，完成永兴、桂东、嘉禾数字城市项目，启动桂阳、汝城、临武3个县数字城市建设。完成市本级及11个县市区地理国情地图集编制工作。完成“郴州市城区国有存量土地动态监测”地理国情监测项目，指导永兴县开展地理信息示范县创建工作，与湖南省第一测绘院签署合作框架协议书。举办第五届湖南省测绘地理信息行业职业技能竞赛郴州市选拔赛，在第五届湖南省测绘地理信息行业职业技能竞赛中获“省最佳组织奖”。

【永州市】

2017年，永州市国土资源局在市委市政府的高度重视下，稳妥推进数字市县一体化建设，9个县中的7个县完成或启动数字县城建设，市、县共投入数字城市建设资金1600多万元。数字永州实现与政府各部门的数据共建共享。永州市国土资源局完成永州市涔天河库区生态环境和社会经济环境监测项目和全市地理国情图集的编制工作，2项工作均通过省级验收。

【怀化市】

2017年，怀化市国土资源局完成怀化市市级和11个县（市、区）地理国情图集编制。全面推动怀化数字城市一体化建设，落实资金约6000万元，完成怀化市市级数字城市建设，启动新晃、中方、会同、麻阳、辰溪、溆浦6个县数字县域基础地理信息工程．怀化市市级数字城市基础地理数据成果为不动产登记、警务联防系统、防洪防灾系统和城市地下管网系统等智慧城市建设提供应用。支持湖南省建设工程勘察院由乙级测绘资质单位晋升为甲级测绘资质单位，成为怀化市首个甲级测绘资质单位。

【娄底市】

2017 年，娄底市国土资源局争取专项项目经费 420 万元，并将测绘地理信息工作纳入全市综合绩效考核。向市财政局申请基础测绘经费 370 万元，在市中心建成区新测 35.2 平方千米 1:500 全数字化地形图，在蛇形山镇新测 57.68 平方千米 1:1000 全数字化地形图。双峰县投入资金 500 万元，完成数字双峰地理信息基础工程建设。完成数字新化地理信息基础工程建设项目立项申请。启动冷水江市数字县域建设项目工作。在排查整治“问题地图”专项行动中，清查出涉嫌存在“问题地图”的地图 1 份、资料 4 份、石碑 2 块，督促整治整改到位。在省测绘行业职业技能竞赛中，获省级工程测量项目团体三等奖、地图制图项目团体三等奖，测绘地理信息系统 3 人获“湖南省测绘地理信息技术能手”称号。

【湘西土家族苗族自治州】

2017 年，湘西土家族苗族自治州国土资源局完成数字湘西州县一体化（地理信息公共服务）云平台建设，全面完成 8 个县市数字县域建设。州政府出台《数字湘西地理信息公共服务平台使用管理办法》。开展花垣县十八洞村地理国情监测项目，利用地理信息数据优势助推十八洞村“精准扶贫、精准脱贫”。开展湘西土家族苗族自治州测绘地理信息“十三五”规划评审和发布工作。

地方社团工作

【湖南省测绘地理信息学会】

5 月，湖南省测绘地理信息学会联合长沙理工大学举办行业专业技术人员继续教育培训班，培训 326 人次。7 月，举办注册测绘师考前培训班，培训 84 人次。8 月，联合湖南盈方科技有限公司举办无人机驾驶员培训班，培训 25 人次，对考核合格者颁发《民用无人驾驶航空器系统驾驶员合格证》。开展“8・29”测绘法宣传活动，联合湖南省地理信息产业协会发布相关活动通知，共同承办 2017 年湖南测绘地理信息发展论坛；统一订购测绘法学习配套资料 5000 册，并发放给各市州国土资源局及全省测绘资质单位。组织开展 2017 年全省优秀测绘地理信息工程奖和湖南测绘科技进步奖评选活动，评选出优秀测绘地理信息工程奖一等奖 10 项、二等奖 15 项、三等奖 26 项；测绘科技进步奖一等奖 5 项、二等奖 3 项、三等奖 2 项。11 月，承办全国测绘科技信息网中南分网第三十一次论文交流会，汇编《全国测绘科技信息网中南分网第三十一次学术信息交流会论文集》，约 120 人参会，湖南省获优秀论文一等奖 13 篇、二等奖 10 篇。

【湖南省地理信息产业协会】

湖南省地理信息产业协会举办“新时代、新产业、新征程”2017 湖南省地理信息产业大会，联合承办“地理空间数据应用”2017 年湖南省测绘地理信息发展论坛、“大数据、智时空、慧政务”2017 湖南省政务及时空大数据高峰论坛、2017 企业家走进湖南政企合作对话会等活动，邀请院士和知名专家学者讲座，累计参会企事业单位人员约 2000 人。承担的“2016 年度湖南省测绘地理信息行业信用管理平台建设及数据库更新”项目通过省国土资源厅验收。建立湖南省地理信息产业协会网站，开通协会微信公众号，推进地理信息产业新媒体宣传平台建设。配合省国土资源厅完成全省地理信息产业单位统计工作，共录入更新数据 12240 条，涉及地理信息单位 1313 家。编印完成《2016 湖南省地理信息产业发展报告》《湖南省地理信息优秀产品供应商和工程服务商》。获批成立中国遥感应用协会亚热带分会，主要负责组织与中国亚热带地区遥感应用相关的理论、科技、装备和产业发展相关工作。成立位置服务、航空航天遥感应用、地理空间数据应用、不动产技术服务、软件开发和设备、法律法规与市场 6 个专业工作委员会。10 月，在省国土资源厅的指导下开展“十佳单位、十强企业和优秀应用工程”评选工作，评选出 10 家“十佳单位”、11 家“十强企业”和 34 个“优秀应用工程”。截至 2017 年底，协会共有注册会员单位 237 家、常务理事单位 30 家、理事单位 96 家。

广东省

概况

2017年，广东省政府批准印发《广东省基础测绘“十三五”规划（2016—2020年）》，“十三五”省级财政安排基础测绘预算7.2亿元。广东省第一次地理国情普查项目通过验收，国务院第一次全国地理国情普查领导小组办公室和广东省政府批准发布《广东省第一次全国地理国情普查公报》。广东省开展年度基础性地理国情监测和省级专题性地理国情监测项目，完成3个国家级专题性地理国情监测项目。加快推进数字县区地理空间框架建设和“一村一镇一地图”建设，全省56个县区通过验收、32县区进入验收阶段。完善“一图一网一平台”服务体系，加强地理信息公共服务平台应用服务，加快智慧城市时空信息云平台试点建设。加大简政放权力度，向地市下放23个省级行政职权事项。推动测绘监管与服务体系建设，营造地理信息产业发展环境，促进全省地理信息产业发展。全年核准测绘资质事项285件，核准地图22件。截至年底，全省共有测绘资质单位838家，测绘从业人员2.32万人。全年完成测绘服务总值83.37亿元。

党的建设与人才队伍建设

【党的建设】

广东省国土资源厅加强党的十九大精神学习宣传贯彻工作，召开3次党组会、3次中心组学习扩大会和全厅干部大会传达学习党的十九大精神，举办全省国土资源系统学习座谈会、青年干部畅谈会、形势分析会、宣讲报告会，组织党员干部参加集中轮训、观看远程辅导视频、开展考学竞赛等，持续深入学习贯彻党的十九大精神，开展学习贯彻党的十九大精神调研活动，用调研实践深化学习成果。建立“党支部生活日”制度，推进“两学一做”学习教育常态化制度化。每个支部每月选定2个半天开展“党支部生活日”活动。加强制度建设，推动全面从严治党责任层层落实。修订《中共广东省国土资源厅党组工作规则》，出台《中共广东省国土资源厅党组关于深入推进全面从严治党的意见》《省国土资源厅全面从严治党责任考核方案》。开展基层党组织检查考核，由厅领导带队，分8个小组，对30个基层党组织开展检查考核，量化打分排名，给出评价档次。

【党风廉政建设】

广东省国土资源厅出台《贯彻落实中央八项规定精神防止“四风”反弹的措施》《中共广东省国土资源厅党组关于开展行风政风督导检查工作方案》，开展全省国土资源系统行风政风督导检查工作。完成对5个厅属单位的巡查工作，查找厅属单位在遵守“六大纪律”方面存在的问题和不足，推动全面从严治党向基层延伸。针对近年来国土资源系统发生的违纪违法案件，配合预防腐败等部门启动2017年国土资源系统“以案治本”工作，通过实地调研、查阅卷宗、座谈研讨等形式，查找国土资源管理工作中存在的廉政风险点，堵塞制度漏洞。开展纪律教育月学习活动，对厅机关及厅属单位全体干部进行集中教育学习。编印《国土资源领域违法违纪案例选编（2017）》，通报系统内违法违纪案例。落实谈话提醒制度，开展谈话提醒282人次。

【精神文明建设】

广东省国土资源厅组织干部职工到革命教育基地、爱国主义教育基地、反腐倡廉教育基地参观，开展社会主义核心价值观教育。指导厅团委完成换届选举工作。开展系统内干部职工的沟通交流。举办“爱读书、善读书”系列朗读活动。组织干部职工参加国土资源大讲坛等学习活动。

【人才队伍建设】

广东省国土资源厅选拔厅机关调研员6人、副调研员1人、主任科员4人、副主任科员9人，地级市国土资源主管部门处级领导干部14人；转任厅领导2人；招录、选调公务员13人；接收安置军转干部5人；转制承担行政职能事业单位人员为公务员12人；招聘厅属事业单位工作人员27人。截至年底，厅机关共有在编在岗人员168人，其中厅级干部9人、处级干部69人、科级及以下干部90人；厅属事业单位共有在编在岗人员580人，其中正处级领导9人、副处级领导27人、其他人员544人。选派13名厅机关和厅属事业单位干部到基层挂职锻炼，安排基层干部43人次到厅机关学习锻炼，对9名厅机关干部、10名事业单位领导干部进行轮岗。选送全省国土资源系统干部300多人次参加各类培训。完成2017年度职称评审，372人通过职称评定，其中12人获教授级高级工程师资格、80人获高级工程师资格、280人获其他专业技术职称资格。

法制建设与市场监管

【法制建设】

广东省国土资源厅制定2017年领导干部学法计划。举办2017年领导干部节约集约用地专题培训班，地市政府分管领导、县（市、区）委书记参加培训。举办《中华人民共和国测绘法》解读辅导视频报告会，邀请国家测绘地理信息局有关负责人宣讲解读，约1000人参加。举办《民法总则》视频讲座和2017年度行政复议专题讲座视频培训会，邀请专家进行授课，3000多人参加。编印《国土资源管理法规文件汇编（2016年）》。

【法制宣传】

广东省国土资源厅按照《广东省国土资源系统开展法制宣传教育的第七个五年规划》，开展各项普法工作。制定《中共广东省国土资源厅党组关于全面落实“谁执法谁普法”普法责任制的意见》《广东省国土资源厅普法责任清单》，成立“七五”普法工作领导小组。组织开展学法用法、宪法宣誓，处级以下干部学法用法考试，行政复议行政应诉专题讲座等活动。组织参加广东省首届国家机关“谁执法谁普法”履职报告评议活动，获优秀评议等级。开展2017年测绘法宣传日主题宣传活动，制作宣传材料13种，发放测绘地理信息宣传手册、宣传地图等各类宣传资料7800多份。

【依法行政】

广东省国土资源厅制定《广东省国土资源厅2017年度依法行政工作要点》。完成20个行政许可事项、10个公共服务事项与审批业务系统对接和上线工作。压缩行政许可承诺办理时限，各行政许可事项累计压减承诺办理时限192日。减少申请材料70项，细化量化模糊条款8个，清除兜底条款5个。清理完成2008—2015年厅发文件，废止规范性文件2份和一般行政文件115份，配合完成省政府制发的涉及国土资源管理文件清理。执行规范性文件合法性审查和“三统一”制度，建立政策措施文件公平竞争审查机制。制定年度重大行政决策事项目录，通过厅门户网站对外公布，履行重大行政决策的公众参与、专家咨询、社会风险评估、合法性审查、集体决策等法定程序，未依法履行程序的，不得作出决策，不得出台文件。印发《广东省国土资源厅全面推行“双随机、一公开”监督检查实施细则》《广东省国土资源厅随机抽查事项清单》，推行行政检查事项“双随机、一公开”制度，将10项监督检查事项纳入“双随机、一公开”清单并对外公布。印发《广东省国土资源厅依法行政抽查办法》《广东省国土资源厅立案查处国土资源违法行为工作规范》《广东省国土资源厅关于成立重大案件处理决定审核领导小组的通知》。组织开展全省国土资源系统案卷质量评查工作，对全省152宗国土资源执法监察案件进行案卷评查，查找问题并在全省范围内进行通报。

【“放管服”改革】

广东省国土资源厅加大简政放权力度，推进权责清单动态管理。制定《广东省国土资源厅权责清单（2017年版）》，将省国土资源厅实施的23个省级行政职权事项经省政府批准下放，委托地市实施。清理规范行政审批中介服务事项18项，保留1项，其他事项不再作为有关行政审批受理条件。推进广东省测绘地理信息行政服务标准化工作，缩短行政许可事项办理时限，甲级测绘资质初审办理时限由14个工作日缩短为10个工作日；乙、丙级测绘资质核准事项办理时限由20个工作日缩短至14个工作日；地图审核事项办理时限由20个工作日缩短至15个工作日；测绘作业证核发事项办理时限由15个工作日缩短至8个工作日。

【测绘资质管理】

广东省国土资源厅开展测绘资质巡查，重点检查广州、深圳、汕头、韶关、惠州等市测绘资质单位，对检查中发现的问题，责成有关单位进行整改。完善全省测绘地理信息监管与服务平台，完成市级平台标准版建设。严格测绘资质管理，对新申请、升级、增补业务范围等测绘资质核准事项实行现场核实制度。全年完成甲级测绘资质单位初审50家，乙、丙级核准235家，核发测绘作业证1989个。截至年底，广东省共有测绘资质单位838家，同比增加69家。其中甲级72家、乙级170家、丙级294家、丁级302家。落实测绘资质年度报告制度，全省170家乙级单位、294家丙级单位全部完成年度报告。

【信用管理】

广东省国土资源厅开展测绘地理信息行业信用征集和发布工作，征集48家甲级测绘资质单位申报的信用信息349条，其中346条通过国家测绘地理信息局审核发布。征集27家乙级测绘资质单位申报的信用信息89条，审核通过88条。

规划与计划

【规划的制定与执行】

《广东省基础测绘“十三五”规划（2016—2020年)》经省政府批准印发实施。广东省“十三五”期间，重点实施现代测绘基准体系建设、数据获取、数据生产、基础地理信息系统建设、地理国情监测、测绘技术装备建设等重大测绘项目。推进地市“十三五”基础测绘规划编制工作，全省21个地市中的有18个地市完成规划编制并通过评审，其中广州、深圳、珠海等12个地市级规划经市政府批准后印发实施。

【计划的制定与执行】

广东省国土资源厅编制下达2017年省级基础测绘年度计划，重点实施基准站加密和改善、北斗地基增强服务平台建设、广东省连续运行卫星定位服务系统（GDCORS）服务增强建设、省级平面控制网复测、三等水准复测等现代测绘基准体系建设；遥感卫星影像数据获取；1:1万基础地理信息数据更新、地理信息公共平台数据更新、公共地图数据更新等数据生产；智慧广东时空信息云平台建设与应用、测绘应急保障服务工程、公益性地图保障服务工程、测绘成果档案信息服务工程等基础地理信息系统建设；基础性、专题性地理国情监测；基础地理信息数据中心改造升级、生产设备配置、基础性技术研究等测绘技术装备建设。按照国家测绘地理信息局、省发展和改革委员会的要求，编制上报2018年基础测绘计划。

基础测绘

【基础测绘经费投入】

广东省政府批准“十三五”省级基础测绘经费7.2亿元，其中2017年1.4亿元、2018年2亿元、2019年2亿元、2020年1.8亿元。省国土资源厅会同省财政厅编制上报2017年基础测绘方向资金项目计划，该计划经省政府批准后落实资金1.4亿元；编制上报2018年度省级基础测绘预算，省政府已批准预算2亿元。

【测绘基准建设与应用】

广东省国土资源厅开展卫星导航定位基准站系统升级、5个GNSS连续运行基准站建设、北斗地基增强服务平台建设、GDCORS服务系统设备更新升级。联合省国家安全厅开展卫星导航定位基准站安全专项整治行动，向国家测绘地理信息局汇交卫星导航定位基准站观测数据。开展广东省级卫星导航定位基准服务系统安全升级改造，启用服务用户专网卡，选定安全升级改造方案，对数据中心业务数据流进行脱密处理和中心机房涉密环境进行改造。完善珠江三角洲区域高程基准框架，布设二等水准路线18条、二等水准点410个，施测二等水准路线2600.2千米。印发《广东省国土资源厅使用2000国家大地坐标系工作方案》《广东省国土资源厅国土资源数据2000国家大地坐标系转换技术方案》《广东省国土资源厅使用2000国家大地坐标系工作省级任务数据资料管理办法》，开展省级国土资源数据坐标系向2000国家大地坐标系转换工作，对地市2000国家大地坐标系转换工作提供技术支持和保障服务。

【基本比例尺地形图测制与更新】

广东省国土资源厅组织完成全省1:1万地形图核心要素更新和1:1万正射影像图生产。配合国家测绘地理信息局开展1:5万数据库动态更新，收集和提供1:5万数据库动态更新所需专业资料、省级基础测绘成果和地理国情监测成果。

【航空航天遥感影像获取与应用】

广东省国土资源厅通过资源三号卫星影像云服务平台接收国家测绘地理信息局卫星测绘应用中心推送的影像数据1214景，接收其他平台推送的影像数据675景。与广东省突发事件预警信息发布中心合作，推进遥感数据获取平台资源共享；与省海洋与渔业厅、国家海洋局南海分局合作，推进航空遥感技术在海岸线修测、海岸线类型调查及利用现状调查中的应用；与国家无线电监测中心深圳监测站合作，推进倾斜三维摄影测量、室内三维建模技术在通信保障、无线电安全监测及干扰源排查等方面的应用。

【智慧城市、数字城市建设】

广东省国土资源厅加快推进智慧城市时空信息云平台建设国家试点工作，广州、惠州市项目设计书通过国家测绘地理信息局组织的评审，东莞市项目设计书完成编制。推进数字县区地理空间框架建设和“一村一镇一地图”建设，全省117个县（区）开展数字县（区）地理空间框架建设工作，其中56个县区通过验收并推广应用。加强省级地理信息公共平台服务，全年平台对外提供服务访问8000多万次，访问流量超过900GB，为全省公安信息化建设、地名普查、水利业务一体化和河长制、省应急指挥、劳动保障监察、应急资源管理、食品药品监督管理、农业“一张图”管理、城市规划和城市管理信息化建设、南粤古驿道保护利用、精准扶贫、海洋红线划定、林业生态红线划定、环保执法、全省生态红线划定、海洋经济发展规划、气象灾害精准预测预报、旅游发展规划等工作提供地理信息支撑。

【质量管理】

广东省国土资源厅开展2017年测绘质量监督检查，完成214家甲、乙级测绘资质单位监督检查，指导地市国土资源主管部门完成丙、丁级测绘资质单位及所在辖区的外省来粤从事测绘活动的测绘资质单位全覆盖质量监督检查。发布2016年725家测绘资质单位监督检查结果，责令48家存在问题的单位限期整改，对未整改或整改不到位的20家单位给予处理，其中注销资质9家、核减业务范围1家、通报批评10家并录入信用体系失信信息。

【安全生产】

广东省国土资源厅部署开展全省测绘资质单位安全生产监督检查，重点对野外出测、交通设施、作业环境、饮食安全、数据安全等进行检查，各单位按要求完成安全生产自查、安全隐患排查、应急救援预案编制等工作，组织开展应急救援预案演练，共检查测绘资质单位341家。对检查中发现存在安全隐患的单位限期整改，并督促落实到位。建立安全生产考核制度，将安全生产纳入测绘资质单位现场考核和年度质量监督检查内容。

地理国情监测

【地理国情普查】

广东省国土资源厅完成广东省第一次全国地理国情普查工作，首次查清全省17.76万平方千米普查范围内各类地理国情要素的现状和空间分布特征，获取10个一级类、58个二级类和138个三级类共1094万个图斑的地理国情数据，取得报告、数据、信息系统、图件图集及地理国情专题性监测五大类成果。地理国情普查成果通过中国科学院院士龚健雅为组长的专家组验收。《广东省第一次全国地理国情普查公报》经国务院第一次全国地理国情普查领导小组办公室和省政府批准后发布。广东省国土资源厅推广地理国情普查成果应用，为领导干部自然资源资产责任审计、耕地保护情况调查、自然资源承载能力监测预警评价、省国土规划编制等提供应用服务。

【地理国情监测】

广东省国土资源厅组织开展2017年基础性地理国情监测，实现地理国情信息动态更新。完成2016年度国家级新区空间格局变化监测、全国海岸带开发利用变化监测、全国地级以上城市及典型城市群空间格局变化监测3个国家级监测项目并通过国家验收。开展2017年度国家级新区空间格局变化监测、全国地级以上城市及典型城市群空间格局变化监测2个国家级监测项目的技术设计及方案实施工作。开展2017年度国家级开发区空间格局变化、土地利用规划实施2项省级专题性监测，为国土空间开发动态监测及区域规划实施和重点工程建设动态监测提供决策支持。

海洋测绘

广东省国土资源厅组织开展机载水陆激光潮间带地形测量关键技术研究项目外业航摄和验证水深测量工作，组织船载多传感器水上水下一体化测量应用技术研究项目工作调研、外业踏勘和方案论证，开展广东省深度基准建设项目和海洋测绘新技术实地调研，开展珠海市珠海电厂、中化珠海格力码头和珠海市万山镇东澳岛客运码头等水深测量服务。

地图管理与地图服务

【地图公共服务】

广东省国土资源厅开展互联网地理信息地图监

管，将全省涉及地理信息服务的50个互联网地图服务测绘资质单位网站和103个政府门户及相关网站纳入互联网地理信息监管系统监控，检定静态图片3.58万张，发现“问题地图”262张，查出存在“问题地图”的服务网站50个；检定POI信息171条，发现存在问题的68条。开展全省政府网站登载使用地图现状调查，对全省22家省市级政府网站、81家省政府所属行政机关网站全面检查，查出“问题地图”228幅。全年受理审核地图23件，通过审核22件；完成地图内容审查28件316幅。举办全省地图审核人员培训班，114人参加。编制出版《广东省政务系列专题地图》《广东省五至七级内河航道图》《广东省政区演变历史系列地图》等，为省内各级政府部门提供地图7400多册（幅）；为20多个市县（区）地方志或年鉴制作插图；为《广东省自然村落历史人文普查成果地图》制作插图1264幅。全年出版公开版地图产品71种，总印数24.64万幅（册）。

【国家版图意识宣传教育】

广东省国土资源厅结合测绘法宣传日系列活动和全覆盖排查整治“问题地图”专项行动，利用现场宣传、制作播放公益短片、派发宣传资料、“广东国土资源”微信订阅号和省国土资源厅门户网站等渠道宣传国家版图意识。在“8·29”测绘法宣传日活动中，组织儿童地图拼拼乐大赛及现场有奖知识问答，邀请50多名小学生和100多名群众参加限时拼中国地图比赛。据统计，全省各地共组织100多场国家版图知识宣传教育活动。

【全覆盖排查整治“问题地图”专项行动】

广东省国土资源厅联合省直12个部门开展全覆盖排查整治“问题地图”专项行动。全省各地共组织现场检查964次，宣传发动554次，检查2万多个网站、图书或其他地图产品等，涉及地图数量4万多幅，查封、收缴“问题地图”产品2597件，依法查处违法违规案件6件。

测绘地理信息成果管理与应用

【“天地图·广东”建设与应用】

广东省国土资源厅推进“天地图·广东”建设，完成8个“天地图”地市节点影像矢量数据融合、10个地市7~14级和11个地市15~17级公众版电子地图更新。完成“天地图·广东”地图更新并通过国家测绘地理信息局评估。建设广东省地理信息数据共享交换体系，实现地理信息数据上传下载、服务共享及应用推广。完成“天地图·广东”政务版功能升级，开展“天地图”数据应用服务，为“南粤古驿道”网建设提供地图服务，为全省河长制信息平台建设提供基础地理信息支撑，为省扶贫、海洋、气象、水利、环保等部门提供数据服务和技术开发支持。

【测绘成果保密管理】

广东省国土资源厅全年受理涉密基础测绘成果申请265件，批准173件。向社会和有关部门提供省级基础地理信息数据3.4万多幅（张）、纸质印刷图3897幅（张）、控制点成果1104点、档案成果3.89万幅（片），保障能源、电力、水利、交通等重大项目建设。

【应急测绘保障服务】

广东省国土资源厅加强应急测绘保障能力建设，完善应急测绘保障服务体系与机制。编制完成《国家应急测绘保障能力建设项目广东单项工程实施方案》并报国家测绘地理信息局批准。组织地质灾害应急测绘演练，开展大型滑坡地质灾害点及重点区域无人机数据获取、影像快速拼接处理、灾情分析评估等工作。开展恩平市大田镇锦江水库地质灾害救灾监测，利用无人机获取6厘米分辨率影像5平方千米、16厘米分辨率影像25平方千米，完成17架次视频数据采集，为当地抢险救灾提供应急测绘保障服务。全年为各级政府部门提供应急保障地图470多册（幅），为处理突发事件提供影像地图20多幅。

地理信息产业

广东省国土资源厅推动测绘监管与服务体系建设，营造地理信息产业发展环境。引导企业自主建立合作交流平台，15家企业建立联席会。加大测绘单位和地理信息企业的指导、管理、协调和服务力度，促进全省地理信息产业发展。9家企业列入2017年中国地理信息产业百强企业；3家企业列入国家地理信息产业发展运行监测重点监测企业；15家地理信息企业在“新三板”挂牌成功，3家企业被上市公司兼并。截至年底，全省拥有测绘从业人员2.32万人。全年完成测绘服务总值83.37亿元。

科技、标准化与国际合作

【科技创新体系建设】

广东省国土资源厅印发《关于落实全民科学素质行动计划纲要实施方案（2016—2020年）》，明确“十三五”国土资源科学素质建设工作目标、重点任务和保障措施，对全省国土资源主管部门开展全民科学素质行动计划纲要实施工作进行部署。

【科技项目与科技奖励】

广东省国土资源厅完成2016年9个厅级国土资源科研项目验收；下达“国土资源生态环境遥感快速监测与评估关键技术研究”“基于北斗地基增强系统的位置服务云平台技术研究”“利用三维激光测量技术开展隐蔽地物精度建模研究”等10个2017年国土资源科研项目，涉及科研项目经费242万元；组织申报2018年度厅国土资源科研项目，设立9个科研项目，涉及科研项目预算328万元。承担的“北斗地质灾害监测预警关键技术研发与示范应用”“移动CORS基站软硬件系统研究与开发”2个省科技计划项目通过验收。“国土资源动态巡查监测技术研究及应用”获国土资源部科学技术奖二等奖，“珠三角经济发达区地理时空数据综合集成与应用示范”和“广东省地理国情监测关键技术研究与应用”获中国测绘地理信息学会2017年测绘科技进步奖二等奖。

【标准化工作】

广东省国土资源厅推进广东省地理信息标准化建设，将标准化建设纳入《广东省基础测绘“十三五”规划》。发布3项国家标准和15项行业标准，组织开展4项国家标准和25项行业标准的制定工作。组织开展广东省地理信息标准体系研究，初步建立广东省地理信息标准体系框架，编制广东省地理信息标准化路线图，《广东省地理信息标准体系》通过评审。举办地理信息标准制修订综合培训班，100多人参加。完成10项地方标准征集工作，其中9项已通过省质量技术监督局立项。

【对外合作与交流】

广东省国土资源厅组团出访15批次、21人次，办理国外考察、培训、参加国际会议签证11批次、16人次；办理赴港澳台签证4批次、5人次。派员赴瑞典参加智慧城市建设与地理信息应用技术培训。

地市级测绘地理信息工作

【广州市】

2017年，广州市本级测绘地理信息财政投入9425万元，同比增长25%。完成数字广州地理空间框架地理实体数据7434平方千米、地名地址（含POI兴趣点）、多尺度政务电子地图、广州市级节点“天地图”更新。完成2016年地形图和其他专题数据政务版、公众版建设。数字广州地理空间框架成果为2017年市委市政府部署广州市深化平安有序规范城市管理专项行动和“多规合一”信息联动平台（主体工程）项目建设，提供基础地理信息数据支持。推进地理信息共享平台的应用，与市发改、住建等9个部门签订共建共享协议，建立长期稳定的数据交换和更新机制。推进智慧广州时空信息云平台试点建设，试点项目设计书通过国家测绘地理信息局组织的专家评审。完成地理国情普查，建立地理国情监测平台、地理国情数据库管理系统、地理国情发布与服务系统，形成统计分析报告及图件成果，落实地理国情监测经费。全年办理行政审批事项审核215件、测绘资质审核116件、地图审核91件。部署开展全市丙、丁级测绘资质单位和省外测绘资质单位在穗从事测绘活动的质量监督检查工作，检查80家丙、丁级测绘资质单位，发现16家单位非成果类不符合、3家单位成果类批不合格。部署开展全覆盖排查整治“问题地图”专项行动，组织互联网地图服务单位、出版单位、新闻媒体、博物馆及大型商业网站等开展自查整改，举办“问题地图”专项行动业务培训班，开展全市“问题地图”巡查整治工作，检查地图产品2.1万件，发现“问题地图”1550宗，责令相关单位整改。开展新修订的《中华人民共和国测绘法》学习宣传贯彻，订购发放《中华人民共和国测绘法》单行本400册，举办测绘法讲座和培训班。

【深圳市】

2017年，深圳市本级测绘地理信息财政投入5451万元。完成全市1997平方千米地理国情和市情监测数据生产，开展重要民生设施监测评估数据生产和初步分析。完成6个北斗CORS基准站建设，建立深圳市高精度三维空间控制网和高程控制网，确定1985黄海高程系统下的深圳市1厘米精度似大地水准面数值模型。完成深圳市连续运行卫星定位服务系统（SZCORS）基准站和数据中心硬软件运行状况检查，建立 SZCORS 在线坐标转换系统。完成全市优于 0.2 米分辨率航空影像数据获取和 DOM、DEM 数据内业处理；深圳市 24 期政务版、公开版影像图生产；坐标转换 103 批次 31 万个点；图形数据转换 37 批次 1736GB。对全市 155 个水准点、455 个 GPS 点、14 个重力点进行管理维护，观测 288 个高等级控制点。完成“天地图・深圳”二维矢量电子地图数据、影像数据、60 多万条地理实体和地名地址数据更新，进行“天地图・深圳”门户网站。研发二三维地图框架，完成城市三维仿真系统功能升级。完成智慧深圳时空信息云平台技术方案和智慧深圳时空信息云平台可行性研究报告编写。编制完成《深圳市政务工作系列地图》《深圳市大挂图》《深圳市影像地图》。印发《深圳市地图审核业务手册》《深圳市地图审核办事指南》《深圳市地图审核工作规范》《深圳市房产测绘管理改革工作方案》。与市委网络安全和信息化领导小组办公室、市文化广电新闻出版局等 10 个部门联合开展全覆盖排查整治“问题地图”专项行动，检查地图 5506 张（幅、册），发现“问题地图”360 张（幅、册），全部按要求完成整改。开展《中华人民共和国测绘法》学习宣传活动，举办“8・29”测绘法宣传日主题活动。全年办理地图审核 70 多件，核发审图号 60 多个；提供基础地理信息数据服务 384 批次，其中 1∶1000 地形图 5.04 万幅、1∶2000 地形图 1562 幅、1∶1 万影像数据 2.08 平方千米、地下管线数据 8.3 万千米。

【珠海市】

2017 年，珠海市本级测绘地理信息财政投入 318 万元。《珠海市基础测绘“十三五”规划》报市政府批准印发实施。开展国土资源数据 2000 国家大地坐标系转换，更新珠海市域地图、政务工作用图和图册。完成地理国情普查市级国情数据整理建库，开发地理国情普查成果管理与服务发布系统，开展地理国情专题监测并探索常态化监测机制。推进数字珠海地理空间框架推广应用，应用单位达 30 多家。完成数字横琴地理空间框架建设并通过验收。全年办理行政事项审核 32 件，其中涉密测绘成果提供使用审批 13 件、地图审核 15 件、测量标志点迁建 1 件、测绘资质核准 3 件。组织完成全市丙、丁级单位测绘质量监督检查工作。

【汕头市】

2017 年，《汕头市基础测绘“十三五”规划》编制完成并通过市政府常务会议审议。汕头市测绘地理信息主管部门开展国土资源数据 2000 国家大地坐标系转换工作，启动汕头市现代测绘基准项目建设。推进数字县区地理空间框架建设，其中潮南区、澄海区完成建设并通过验收。完成澄海区、潮阳区、南澳县“一村一镇一地图”公众版地图审核并核发审图号。开展 2017 年度测绘资质单位巡查工作，完成测绘地理信息市场专项检查和测绘地理信息产品质量检查工作。开展汕头市全覆盖排查整治“问题地图”专项行动，制定印发实施方案，完成“问题地图”专项整治工作。组织开展全市测绘项目管理专项整治、汕头市卫星导航定位基准站安全专项整治、汕头市测绘地理信息领域安全生产专项整治等工作。完成全市地理信息产业专项统计调查、《中国测绘地理信息年鉴 2017》征订、2017 年测绘地理信息统计等工作。全年办理涉密测绘成果提供使用审批 4 件。

【佛山市】

2017 年，佛山市本级测绘地理信息财政投入 4000 多万元。完成佛山市 1∶500 修补测项目、三维模型数据制作、地理国情监测、测绘地理信息动态更新管理系统、时空信息云平台建设。推广政务版与公众版基础地理信息数据应用，通过佛山市地理信息公共平台向国土规划、环保、公安、卫生、交通等 18 个部门提供在线数据服务。推进数字县区地理空间框架建设，完成顺德区、三水区、禅城区和南海区建设并通过验收。开展测绘项目专项整治、测绘质量监督检查和地理信息安全检查。完成全市 33 家丙、丁级测绘资质单位和外省从事测绘活动单位的质量监督检查。检查近 350 家互联网网站地图，发出整改通知书 5 份并督促完成整改。全年办理测绘单位信息变更 5 家、资质申请 8 家、补充和修改数据 25 家；核发作业证 16 本；办理涉密测绘成果提供使用审批 280 件、地图审核 19 件。完成《佛山市测绘地理信息管理办法》起草工作。

【韶关市】

2017 年，韶关市测绘地理信息主管部门完成数字韶关地理空间框架平台市级专题数据更新改造。推进数字县区地理空间框架建设，完成仁化县、南雄市、曲江区、翁源县建设并通过验收。全面推进全市“一村一镇一地图”建设，完成浈江区、武江区、曲江区、南雄市、乐昌市、仁化县、新丰县、翁源县、乳源县建设。组织开展全市丙、丁级测绘资质单位监督检查、安全生产专项检查及卫星导航定位基准站专项排查整治工作。与市委网络安全和信息化领导小组办公室、市文化广电新闻出版局等10个部门联合开展全覆盖排查整治“问题地图”专项行动，巡查地图市场并纠正违规使用地图行为。组织开展“8·29”测绘法宣传咨询活动，发放宣传资料1.8万多份。

【河源市】

2017年，河源市国土资源局推进国土资源数据2000国家大地坐标系转换工作，完成C、D级水准点布设、平差及大地水准面精化等内外业工作，2000国家大地坐标系转换技术方案通过省国土资源厅审查。完成市中心城区32.9平方千米1:500地形图修补测工作。与市委网络安全和信息化领导小组办公室、市文化广电新闻出版局等10个部门联合开展全覆盖排查整治“问题地图”专项行动，排查问题线索124条，查处“问题地图”57幅，责令4家单位下架地图。开展全市26家丙、丁级单位测绘产品质量全覆盖监督检查。编制完成《河源市地形图》《河源市工作用图集》。加强测绘成果应用服务，为市委市政府领导和市直有关部门提供地图85幅，为全市255个贫困村提供1:2000数字正射影像图，为编制示范村规划、乡村环境综合治理提供基础地理信息数据服务。

【梅州市】

2017年，梅州市本级测绘地理信息财政投入177万元。《梅州市基础测绘“十三五”规划》编制完成并通过评审。加快推进梅州市数字县区地理空间框架建设，完成梅县区、兴宁市、五华县、丰顺县、平远县、大埔县区建设并通过验收。全年办理涉密测绘成果提供使用审批10多件、地图审核20件、测绘资质核准4件、项目备案6件。完成全市丙、丁级测绘资质单位成果类测绘质量监督检查，抽查24家资质单位。开展全覆盖排查整治“问题地图”专项行动，抽查政府职能部门、企事业单位的70多个公众网站，巡查各类地图市场、文化用品市场、展览（展会）、博物馆、纪念馆等场所，对提供互联网地图服务的网站进行清查。

【惠州市】

2017年，惠州市测绘地理信息财政投入4507万元，其中市本级2407万元、县（区）级2100万元。《惠州市基础测绘“十三五”规划（2016—2020年）》编制完成并印发实施。完成全市基本比例尺地形图约200平方千米、正射影像图约400平方千米生产；三维数据采集与建模约100平方千米；惠州市连续运行卫星定位服务系统（HZCORS）升级改造。加强数字惠州地理空间框架推广应用，建成“平安惠州”“数字城管”“数字地税”等信息化应用系统60多个。组织完成《智慧惠州时空大数据与云平台建设试点项目设计书》评审。完成地理国情统计分析，编制地理国情普查公报，完成地理国情普查验收，开展惠州西枝江流域生态环境监测和监督管理系统建设。全年办理涉密测绘成果提供使用审批31件、测绘资质核准5件、地图审核3件。开展全市测绘资质巡查、测绘地理信息领域安全生产专项整治、全市国土资源系统测绘项目管理专项整治、全市卫星导航定位基准站安全专项整治等工作。与市委网络安全和信息化领导小组办公室、市文化广电新闻出版局等10个部门联合开展全覆盖排查整治“问题地图”专项行动，发出整改通知6份。

【汕尾市】

2017年，汕尾市完成4个县（区）地理空间框架和“一村一镇一地图”建设工作，完成汕尾市CGCS2000坐标系建设、市区大比例尺数字化地形测图约23平方千米、三维模型数据制作约10平方千米及城区地图编制，启动汕尾市地理国情监测数据及应用系统建设，开展国土资源数据2000国家大地坐标系转换工作。举办“8·29”测绘法宣传日主题宣传活动，开展测绘项目管理专项整治、全覆盖排查整治“问题地图”专项行动、卫星导航定位基准站安全专项整治行动、测绘地理信息领域安全生产专项整治。全年办理涉密测绘成果提供使用审批15件、地图审核4件、丙级测绘资质初审1件。

【东莞市】

2017年，东莞市测绘地理信息财政投入9119.21万元。完成建成区约112.25平方千米1:500地形图修补测、东莞市北斗地基增强系统项目建设、数字东莞地理空间框架2017年更新、东莞市地理国情监测信息系统建设。印发《东莞市国土资源局使用2000大地坐标系工作方案》，编制完成《东莞市信息化建设顶层设计》《东莞市地图（新版）》。组织开展全市不动产数据整合工作。完成全市丙、丁级测绘资质单位质量监督检查48家，测绘项目登记3208件及测绘成果汇交995件。开展全市国土资源系统测绘项目管理、测绘地理信息领域安全生产专项整治。开展全覆盖排查整治“问题地图”专项行动，抽查政府职能部门、事业单位公众网站109个，巡查各类地图市场、印刷品生产企业、文化用品市场、展览（展会）、纪念馆等场所，对提供互联网地图服务的网站进行清查，查处2家生产“问题地图”产品的公司。完成2017年测绘统计、测绘资质年度报告审核。全年办理测绘资质审核51件、地图审核8件、测绘作业证审核19件。提供各类基础测绘成果102批次，其中地形图44批次、卫星遥感图58批次。推广东莞市连续运行卫星定位服务系统应用，新增用户3个，系统在线用户100个。举办东莞市第一届测绘地理信息行业职业技能竞赛，协助广东省国土资源厅举办广东省首届测绘地理信息行业职业技能竞赛暨“南方杯”第五届全国测绘地理信息行业职业技能竞赛广东省选拔赛。东莞市测绘院张彦祥被评为第一次全国地理国情普查先进个人。

【中山市】

2017年，中山市测绘地理信息财政投入458.05万元，完成全市域航空影像数据获取约1800平方千米，火炬开发区实景三维影像数据建设150平方千米。完成全市634个测量标志的普查，其中国家各等级三角点10个、各等级GPS点487个、各等级水准点137个。完成基础测绘数据向2000国家大地坐标系转换工作，建立中山市统一坐标系、1954北京坐标系、1980西安坐标系与2000国家大地坐标系的有效联系，开发2000国家大地坐标转换软件。推进地理信息共享平台应用，为市公安、交通、环保等15个政府部门开发应用系统17个，与21家单位签订信息资源共享交换合作协议。开展全市测绘资质巡查和抽查、测绘成果质量监督检查。与市委网络安全和信息化领导小组办公室、市文化广电新闻出版局等10个部门联合开展全覆盖排查整治“问题地图”专项行动，检查各类地图146批次，测绘资质单位57家，全市51个部门、25个镇区政府登载的地图，对检查发现的问题责令整改。开展测绘地理信息领域安全生产专项整治、测绘项目管理专项整治、卫星导航定位基准站安全专项整治。开展“8·29”测绘法宣传日和全国法制宣传日活动，发送短信约1800条，通过微信群发布2017年测绘法宣传短信、宣传口号。全年办理行政审批事项63件，其中涉密测绘成果提供使用审批43件、测绘资质审核16件、地图审核4件。

【江门市】

2017年，江门市测绘地理信息财政投入5097万元，主要用于数字县区地理空间框架、“一村一镇一地图”、测绘基准框架、机关领导用图等项目建设。推进地理信息共享平台应用，为市旅游局等13个部门开发应用系统29个。完成数字江门地理空间框架更新升级和“天地图·江门”市级节点建设验收，“天地图·江门”市级节点接入“天地图”国家主节点。完成江门市第一次全国地理情普查以及江门市建设城镇化演变过程研究和城区用地变化监测、江门市“1+6”园区土地利用变化监测。全年办理行政审批事项23件，其中涉密测绘成果提供使用审批1件、地图审核15件、测量标志点拆迁初审1件、测绘资质审核6件（其中测绘资质升级审核2件，测绘资质申请审核1件，业务变更、法人变更3件）。开展全市21家丙、丁级资质单位巡查及抽查、成果质量监督检查工作。联合江门市宣传、保密等部门开展测绘地理信息安全、地图市场及互联网地图服务等各类专项监督检查。开展“8·29”测绘法宣传日活动，发放宣传资料1000多份。开展全覆盖排查整治“问题地图”、测绘项目管理、卫星导航定位基准站安全等专项整治行动。

【阳江市】

2017年，阳江市测绘地理信息财政投入99.2万元。《阳江市基础测绘“十三五”规划》通过评审。加快推进阳江市数字县区地理空间框架建设，江城区、阳东区、阳春市、阳西县建设项目进入验收阶段。完成阳江市2000国家大地坐标系转换项目建设。组织开展2017年全市测绘资质单位监督检查、全覆盖排查整治“问题地图”、测绘地理信息领域安全生产、国土资源系统测绘项目管理等专项整治工作。

【湛江市】

2017年，湛江市测绘地理信息财政投入279.4万元。《湛江市基础测绘“十三五”规划》编制完成并印发实施。启动2000国家大地坐标系转换项目建设，开展湛江市连续运行卫星定位服务系统（ZJ-CORS）8个基准站维护。全面开展数字县区地理空间框架建设，完成廉江市、徐闻县建设并通过验收，完成湛江市辖区“一村一镇一地图”建设。全年办理涉密测绘成果提供使用审批10多件、地图审核13件。完成全市测绘质量监督检查、测绘项目管理专项整治工作。开展全市全覆盖排查整治“问题地图”专项行动，重点检查政府职能部门、事业单位76个公众网站，巡查各类地图市场、文化用品市场、展览（展会）、纪念馆等场所，对提供互联网地图服务的网站进行清查。

【茂名市】

2017 年，茂名市国土资源局办理测绘资质核准 3 件、地图审核 6 件、涉密测绘成果提供使用审批 9 件。开展全市全覆盖排查整治“问题地图”专项行动，与市委网络安全和信息化领导小组办公室、市文化广电新闻出版局等 10 个部门联合对全市公开展示的地图和网站地图进行排查、整治，对发现使用或展示不规范地图的 3 家单位发出整改通知书。完成全市测绘资质单位监督检查、测绘市场专项检查、测绘产品质量检查和安全生产检查。

【肇庆市】

2017 年，肇庆市国土资源局办理测绘单位资质审核 3 家、地图审核 5 件。截至年底，全市共有测绘资质单位 27 家，其中乙级 1 家、丙级 10 家、丁级 16 家。完成全市 26 家测绘资质单位质量监督检查。与市委网络安全和信息化领导小组办公室、市文化广电新闻出版局等 10 个部门联合开展全覆盖排查整治“问题地图”专项行动，督办“问题地图”重大案件处理。完成 2000 国家大地坐标系转换工作方案编制，落实工作经费。组织参加新修订的《中华人民共和国测绘法》宣传口号、公益短信、宣传画等有奖征集活动，4 幅宣传口号作品获奖。

【清远市】

2017 年，清远市全面完成数字县区地理空间框架建设。编制完成《清远市基础测绘“十三五”规划》并报市政府批准实施。完成市区 50 平方千米三维建模项目验收。推进地理信息资源共建共享，向 44 家单位提供基础地理信息数据。全年办理行政审批事项审核 14 件，其中涉密测绘成果提供使用审批 8 件、丙级测绘资质初审 2 件、地图审核 4 件。组织开展全市测绘成果质量监督检查，完成 33 家测绘资质单位资质巡查和安全生产检查工作。与市委网络安全和信息化领导小组办公室、市文化广电新闻出版局等 10 个部门联合开展全覆盖排查整治“问题地图”专项行动，组织全市 100 多家单位开展自查整改，下达书面整改意见书 1 份，下架“问题地图”产品 1 件。开展“8·29”测绘法宣传日和全国法制宣传日活动，制作宣传视频和短片并在市主要电视频道进行播放。

【潮州市】

2017 年，潮州市本级测绘地理信息财政投入 110 万元。完成地理国情普查和数字潮州地理空间框架平台更新升级项目建设。推进地理信息共享平台应用，与市公安、规划、环保、旅游、地税 5 个部门签订信息资源共享交换合作协议，建立长期稳定的数据交换共享机制。开展 2000 国家大地坐标系转换工作，完成技术方案编制和上报工作，督导县（区）开展 2000 国家大地坐标系转换工作。完成全市测绘地理信息领域安全生产专项整治、卫星导航定位基准站安全专项整治工作。开展全市测绘成果质量监督检查、资质巡查工作。与市委网络安全和信息化领导小组办公室、市文化广电新闻出版局等 10 个部门联合开展全覆盖排查整治“问题地图”专项行动。全年办理涉密测绘成果提供使用审批 8 件、测绘资质审核 2 件、地图审核 1 件。

【揭阳市】

2017 年，揭阳市国土资源局完成使用 2000 国家大地坐标转换工作方案和技术方案编制工作。推进数字县区地理空间框架建设，普宁市完成建设并通过验收，揭西县、惠来县、揭东区进入验收阶段。与市委网络安全和信息化领导小组办公室、市文化广电新闻出版局等 10 个部门联合开展全覆盖排查整治“问题地图”专项行动，检查发现“问题地图” 369 件，全部作删除处理。完成测绘项目专项整治、测绘资质单位安全生产检查、测绘市场专项检查和测绘产品质量检查工作。全年办理涉密测绘成果提供使用审批 6 件、地图审核 3 件。

【云浮市】

2017 年，云浮市国土资源和城乡规划管理局办理测绘资质核准 2 件、地图审核 3 件、作业证核发 12 件。编制完成《云浮市基础测绘“十三五”规划》并印发实施。推进数字县区地理空间框架建设，新兴县、郁南县完成验收，云城区、云安区、罗定市完成 80% 工作量。完成全市 13 家丙、丁级测绘资质单位成果类测绘质量监督检查。与市委网络安全和信息化领导小组办公室、市文化广电新闻出版局等 10 个部门联合开展全覆盖排查整治“问题地图”专项行动，对全市各类展示、出售地图和地图相关产品的市场、展馆、纪念馆进行巡查，对全市各政府网站和登载地图相关产品的网站进行清查。完成全市卫星导航定位基准站建设情况检查，摸清全市 CORS 站分布及运行状况。组织全市测绘资质单位和使用测绘成果单位的保密人员参加全省涉密测绘成果管理培训班，64 人参加。与市住建部门联合举办房地产测绘业务培训，68 人参加。完成全市

15家测绘资质单位的安全制度和规程制定执行情况检查，存在问题的单位按要求完成整改。编制完成《云浮市测绘与地理信息应急保障预案》并印发实施。完成5个县（市、区）1:2000正射影像图分发管理工作，为政府机关、企事业单位提供地图201幅，为农村土地承包经营权登记发证工作提供高分辨率影像数据支持。

地方社团工作

【广东省测绘地理信息学会】

4月，广东省测绘地理信息学会协助中国测绘地理信息学会举办全国测绘地理信息学会工作会议暨团体会员工作会议。7月，协助中国测绘地理信息学会、中国大学生体育协会举办2017年全国学生定向锦标赛、“中国四维杯”第十三届全国测绘地理信息职工定向越野赛。11月，组织100多名会员参加中国测绘地理信息学会年会和全国测绘科技信息网中南分网第三十一次学术信息交流会，提交论文18篇，其中6篇获优秀论文。12月，举办智慧城市（广州）高峰论坛。承接注册测绘师注册审查政府职能转移事项，完成1029名注册测绘师注册审查、审批、发证工作，发放注册测绘师证书900多本。受广东省国土资源厅委托，与省土地学会、省遥感与地理信息系统学会、省土地估价师与土地登记代理人协会、省地质灾害防治协会联合开展第五届国土资源（广东）科学技术奖评奖活动。全年出版《测绘时空》4期，刊发论文56篇，发行9200册。

【广东省遥感与地理信息系统学会】

8月，广东省遥感与地理信息系统学会与ESRI中国（北京）有限公司、国家遥感中心广东分部联合举办ENVI遥感图像处理技术培训班，75人参加。11月，举办新技术应用与交流研讨会，约100人参加；与华南师范大学地理科学学院等单位联合举办华南地理空间信息论坛，约70人参加；与中国海洋工程协会海洋卫星工程分会、广州大学地理科学学院等单位联合举办遥感技术交流和PIE遥感图像处理软件培训会议，约60人参加。参与组织第四届国土资源（广东）科学技术奖评选，评选出一等奖5项、二等奖19项。承担2017年度土地矿产遥感监测项目监理等4项技术咨询、测试及监理服务。承担全省地理信息产业专项统计调查，完成908家非测绘资质单位2015、2016年地理信息产业单位基本情况、发展规模情况等数据收集和系统上报工作。

广西壮族自治区

概况

2017年，广西壮族自治区测绘地理信息局（以下简称广西测绘地理信息局）在全国省级测绘地理信息主管部门年度测绘地理信息工作绩效考核中排名上升到第11位，迈上新的台阶。全力服务习近平总书记到广西考察调研，紧急制作反映广西区位区情现状专题地图15幅。制作《中国—东盟国际大通道示意图》等专题地图，“天地图·广西”接入中国—东盟信息港信息平台。配合建设全区脱贫攻坚信息系统，帮助河池、崇左等市研发脱贫攻坚指挥作战系统。主动服务全区蔗糖产业发展，协同开展糖料蔗生产保护区划定工作试点，参与智慧糖业信息管理系统研发。贯彻国家军民融合战略，研发武警广西总队指挥信息系统，并在全国武警保障系统宣传推广。参与广西省级空间规划试点工作，完成试点地区柳州市全域的空间规划底图编制、“三区三线”划定等工作。与环保、林业、审计、统计等部门合作，共同开展广西资源环境承载力监测预警、领导干部自然资源资产离任审计、生态服务价值评估、生态红线划定等工作。

完成广西第一次全国地理国情普查项目和成果发布。全面启动地理国情常态化监测，完成广西北部湾地区4.2万平方千米的基础性监测任务，16项专题性监测项目取得预期效果。全面完成全区统一航空摄影项目。主动服务全区农村土地承包经营权确权登记颁证工作，第一次实现广西同时期0.2米高分辨率正射影像图全区覆盖。生产的1:2000正射影像图全部应用于全区农村土地承包经营权确权工作，全区农村土地确权登记可颁证率超过95%。基本完成数字广西地理空间框架数据生产和平台建设，进一步完善地理信息大数据中心基础设施建设，实现20多个部门在线应用。全面建成全区14个设区市数字城市地理空间框架。智慧柳州时空大数据与云平台一期项目通过验收，二期项目按计划启动。23个县启动数字城市地理空间框架建设，数字巴马、上林通过验收。

广西标准地图服务平台、广西遥感综合服务平台等地理信息公共服务平台上线运行。国家测绘地理信息局卫星测绘应用中心广西分中心、高分辨率对地观测系统广西数据与应用中心建成运行，第一次实现广西高分辨率影像每年“一张图”目标，数据服务于全区20多个重点项目，实现了高分辨率影像国产化率超过95%。国家航空应急测绘保障南宁基地建设方案通过国家审批，各项准备工作加快推进。广西连续运行卫星导航定位服务系统通过验收，完成102座北斗地基增强系统基准站设备升级改造，实现覆盖全区的厘米级高精度实时动态定位服务。周边5省约40座北斗卫星导航基准站成功接入广西基准站网。“天地图·广西”省级节点完成年度更新，微信公众号上线运行。与一批高校建立战略合作关系，共同开展技术研发。6项自主研发成果获计算机软件著作权证书，2项科研成果获广西科技进步奖，9个项目获评全国优秀测绘工程奖。截至年底，全区共有测绘资质单位648家，同比增加30家。中国—东盟广西地理信息产业园项目建设前期工作按计划推进，一批行业单位成功进入东盟市场。

广西壮族自治区测绘地理信息局修订自治区级测绘地理信息行政部门26项全责清单，加快推进市县两级权责清单梳理制定工作。各市测绘地理信息行政管理“双随机”执法检查走向常态化。《地图管理条例》纳入全区“七五”普法学习和考试内容。全覆盖排查整治“问题地图”专项行动取得阶段性成果。南宁、柳州2市编制完成基础测绘“十三五”规划和中长期规划。县级测绘地理信息局挂牌总数达51个。

党的建设与人才队伍建设

【党的建设】

广西测绘地理信息局建设学习型党组织，为全局支部、党员征订党的十九大用书等党建读物；加强党组中心组专题学习的计划安排，并组织考试，巩固学习效果；组织支部书记、党务工作者、新党员、入党积极分子参加培训，做到培训类型全覆盖；部署开展推进机关党支部规范化建设、发展党支部政治功能和建立“两学一做”学习教育长效机制2个党建课题研究。出台规范落实党内政治生活等方面制度29项；规范主题党日活动，设立党课活动月；开展党员民主评议；严格党费的收缴使用管理及党员发展程序，指导1个党委、3个支部完成换届选举工作，批复成立1个党总支，做好日常党建工作。推进“两学一做”学习教育常态化制度化，制定推进“两学一做”工作实施方案；把习近平总书记视察广西重要讲话精神列入局党组中心组学习，并开展专题学习及检查；通过“广西机关党建”APP等形式，创新学习载体，增强广大党员学习的自觉性和能动性；充分利用区内外红色教育基地，到百色、北海等地开展“七一”主题实践活动和革命传统教育；组织开展以支部为单位的“庆七一 迎十九大”合唱比赛；举办道德讲堂，开展岗位评优评先，挖掘业务工作中的先进人物事迹。将意识形态工作有关要求融入局党组中心组学习，把意识形态工作纳入年度机关党建工作绩效考核，强化意识形态工作的主体责任；层层签订意识形态工作责任状，传导意识形态工作的极端重要性；加强对职工思想的正确引导，开展职工思想政治工作调研，及时了解掌握干部职工的思想动态。

【党风廉政建设】

广西测绘地理信息局召开全局党风廉政建设工作会议，提出党风廉政建设的要求，层层签订党风廉政建设目标管理责任状，严格落实“一岗双责”。做好中央第三巡视组对广西巡视“回头看”反馈意见整改工作，制定整改方案，理清5方面9个问题，制定29项整改措施；组织贯彻中央八项规定精神“回头看”工作专项检查和各项整改工作，将7个问题列入自查整改。严守政治纪律和政治规矩，注重廉洁自律，重点加强广西第一次全国地理国情普查、数字广西、全区农村土地确权统一航空摄影和正射影像图制作等重大重点项目、重点领域、关键环节、重要岗位和敏感事项的管理；召开25次局党组会议、局长办公会议和局务会议，集体研究、集体决策各项议题；出台规范落实党风廉政建设制度7项；修订完善党风廉政建设风险防控点，探索实践“四种形态”，对局属单位落实“一岗双责”等内容开展监督检查。查处1起党员领导干部违纪案件，对1名主要责任人进行党纪处分；组织廉政谈话12人次，对新任职领导干部进行任前谈话8人次，局机关纪委根据问题线索进行谈话函询4件次。

【精神文明建设】

广西测绘地理信息局成立10个志愿服务小组，开展学雷锋志愿服务日活动；在节庆期间开展“我们的节日”主题教育实践活动，让干部职工传承中华民族传统美德，践行社会主义核心价值观；开展2017年春节游园活动、气排球比赛等文体活动，恢复工间操。组织开展全国、广西五一劳动奖和工作先锋号评选活动，参与寻找“最美家庭”“全国三八红旗手”推荐活动，深入开展“巾帼文明示范示岗”的创建活动。

【人才队伍建设】

广西测绘地理信息局坚持“好干部”标准，全年选拔任用处级领导干部4名、交流任职3名，协助广西壮族自治区党委组织部推荐考察领导干部2名。加强干部挂职锻炼，选派1名年轻干部到国家测绘地理信息局挂职锻炼；选派5名处级干部挂任设区市测绘地理信息局（国土资源局）副局长；选派14名优秀年轻干部到设区市测绘地理信息局（国土资源局）挂职锻炼，安排直属单位选送5名干部到局机关挂职和跟班学习；接收陕西测绘地理信息局4名干部到局属单位挂职；更换驻贫困村党组织第一书记2名；公开招聘局属事业单位工作人员30名；制定下发《关于公布自治区测绘地理信息局测绘领域科技带头人梯队人选的通知》，确定测绘领域第一梯队科技带头人21名、第二梯队科技带头人26名；参加由广西壮族自治区人力资源和社会保障厅组织的2017年赴区外招聘重点领域急需紧缺高层次人才岗位工作，赴武汉等地招聘摄影测量与遥感、统计等重点领域急需紧缺高层次人才2名；完成2017年度注册测绘师考试资格审查900多人次；完成武汉大学人才招聘宣讲会，推动签署局校合作协议；完成2017年度职称申报、评审，组织局本级申报教授级高级工程师3人、高级工程师50人、高级经济师1人；完成广西壮族自治区高级职称评审第一层次专家推荐入库工作。组织干部职工参加国家测绘地理信息局、广西壮族自治区有关部门调训、网络培训等830多人次；组织举办高级研修班、干部素质大讲堂和各类技术培训班、讲座等，共培训1860多人次。组织代表队参加第五届全国测绘地理信息行业职业技能竞赛，在地图制图赛项获三等奖。组织完成第一次全国地理国情普查先进集体和先进个人推荐评选工作。申报开展广西第一次全国地理国情普查先进集体和先进个人表彰活动，首次开展广西测绘地理信息系统记二等功表彰活动。制定《自治区测绘地理信息局引进高层次人才暂行办法（试行）》；组织9名管理人员和技术骨干赴境外国家（地区）进行技术交流和学术访问。

法制建设与市场监管

【法制建设】

广西测绘地理信息局制定《关于开展全区卫星导航定位基准站建设备案工作的通知》《广西壮族自治区测绘地理信息局随机抽查工作细则》；制定《广西壮族自治区测绘资质单位质量管理体系考核暂行办法》，征求、收集各市县测绘地理信息主管部门、行业单位意见；完成《广西航空航天遥感影像资料管理规定（征求意见稿）》，征求广西壮族自治区发展和改革委员会、财政厅及专家意见；启动《广西壮族自治区测绘管理条例》修订；组织修改局权责清单；开展涉及“放管服”和生态文明建设的规范性文件清理，建议保留了广西促进地理信息产业发展实施方案。

【法制宣传】

广西测绘地理信息局印发《自治区测绘地理信息局贯彻落实〈法治政府建设实施纲要（2015—2020年）〉实施意见》；将新测绘法、网络安全法等列入局党组中心组理论专题学习内容，邀请国家测绘地理信息局有关负责人和专家宣讲培训新测绘法；向广西壮族自治区法制办公室推荐《中华人民共和国测绘法》《地图管理条例》作为2017年度普法学习考试内容，广西壮族自治区法制建设工作领导小组将《地图管理条例》列入《“七五”普法读本（二）》；指导市县测绘地理信息主管部门开展新测绘法宣传活动，并邀请测绘资质单位派员参与宣传；在全区开展“8·29”测绘法宣传日活动；组织举办多期新测绘法培训班，自治区级累计培训600多人次。

【依法行政】

广西测绘地理信息局推进行政审批制度改革，编制权责清单，依法做好行政复议、行政诉讼工作。

与广西壮族自治区国土资源厅执法监察局联合举办2017年测绘地理信息行政执法培训班，培训市县执法人员190多人；充实执法人员队伍，加强国家测绘地理信息局制发的测绘地理信息行政执法证管理，完成注册252人、新申领115人。组织人员参加2017年全区行政执法人员资格（续职）培训考试。制定印发《2017年测绘资质巡查实施方案》，对柳州、玉林、南宁、桂林4市开展测绘资质巡查，进行了“双随机”抽查；开展地图市场大检查“回头看”行动工作“双随机”抽查；开展涉密成果检查，特别是全区统一航摄成果专项检查，对柳州、玉林、南宁、桂林4市开展涉密成果检查，进行了“双随机”抽查；举办4期涉密测绘成果管理人员岗位培训班，全区共有964人参加培训。

【“放管服”改革】

广西测绘地理信息局根据新测绘法要求，及时修改权责清单并上报广西壮族自治区编制委员会办公室审核；优化再造本部门权力运行流程，上报广西壮族自治区政府办公厅审定后公布。下放审批权限，推进丙、丁级测绘资质初审权限下放到市级测绘地理信息主管部门并加强指导；及时调整行政审批、公共服务事项。向广西壮族自治区政务服务监督管理办公室申请新进政务服务窗口办理的行政奖励2项，申请取消自治区级基础测绘成果复制、转让或转借审批行政许可事项1项；完善修改操作规范和办事流程。组织修改《广西壮族自治区测绘地理信息局公共服务事项审批操作规范》，编制审批操作规范、流程图、限时办结承诺清单等，进一步简化审批环节，优化行政审批事项，提升审批效率。

【测绘资质管理】

广西测绘地理信息局印发《关于开展部分测绘资质证书续期换证工作的通知》，在全区范围内组织开展6家甲级测绘资质单位续期换证初审、120家乙级测绘资质单位续期换证工作。完成全区121家甲、乙级资质单位注册测绘师制度的有关情况调研。通过在局门户网站链接测绘资质管理信息系统，实行测绘资质年度报告公示制度，向社会公示，接受公众监督。

【信用管理】

广西测绘地理信息局组织开展2017年度测绘资质单位信用信息征集发布工作。各级测绘地理信息主管部门把信用管理作为一项日常工作，按照“随报随审，通过即发布”的原则，提高信用反馈机制的时效性。全年共征集广西测绘地理信息领域良好信用信息103条，审核发布75条；征集发布不良信用信息4条。拓宽了信用信息征集渠道，将“单位申报”转变为“单位申报＋管理部门征集”，将日常监管和各类监督检查中所授予的表彰奖励及不良信息主动录入信用管理平台。

规划与计划

【规划的制定与执行】

广西壮族自治区发展和改革委员会、广西测绘地理信息局联合印发《广西测绘地理信息“十三五”规划》，明确了“十三五”期间广西测绘地理信息发展的6项主要任务、10项重点工程和12个重点项目。广西测绘地理信息局编制印发《广西基础测绘“十三五”规划》《广西地理信息产业发展“十三五”规划》；与武汉大学等高校共同开展信息化测绘体系建设等课题研究，力争形成“十三五”发展相对完善的规划体系。《广西战略性新兴产业发展“十三五”规划》等广西相关重点规划都涉及测绘地理信息事业特别是地理信息产业发展。加快推进“十三五”规划确定的重大项目和重点工作。

【计划的制定与执行】

广西测绘地理信息局在全系统实施“深化应用年”活动，做好5方面18项重点工作。基本完成《广西基础测绘“十三五”规划》2017年度任务。

基础测绘

【测绘基准建设与应用】

广西测绘地理信息局全年投入264万元，开展卫星导航定位基准站北斗地基增强系统升级改造，全区102座卫星导航定位基准站北斗地基增强系统升级改造。按照国家测绘地理信息局和广西壮族自治区国家安全厅的要求开展全区卫星导航定位基准站安全专项整治工作，组织开展全区卫星导航定位基准站建设备案工作，25家单位提交备案数据。11月，协助国家基础地理信息中心在南宁举办全国卫星导航定位基准站运行维护培训班。推动卫星导航定位基准站在广西的应用服务和跨区域共享，按要求向国家测绘地理信息局汇交观测数据，保障全国卫星导航定位基准服务系统正常运行。向广西各行业提供卫星导航定位基准站服务，用户账号总数达

3200个。主动与湖南、广东、云南、贵州、海南协商共享交界附近的CORS站点约40座。推进2000国家大地坐标系使用，完成省级成果转换并通过国家测绘地理信息局组织的质量检验，指导行业部门和市县使用2000国家大地坐标系。推动全区各县开展坐标转换的方案编制和经费预算。配合广西壮族自治区国土资源厅制定《广西壮族自治区国土资源系统使用2000国家大地坐标系实施方案》，为林业、环保、农业、国土等部门提供测绘成果2000国家大地坐标系转换服务。

【基本比例尺地形图测制与更新】

广西测绘地理信息局开展1:1万地形图空白区测绘与数据更新，实施农村地区地理信息资源建设与应用。结合数字广西地理空间框架建设项目开展DLG更新，完成广西23.67万平方千米地物更新和13.2万平方千米地貌更新。完成广西农村土地确权统一航空摄影和数字正射影像图制作，并分发至全区14个设区市，保障广西农村土地经营承包权确权颁证按计划开展。协助收集和提供行政行政区域内1:5万数据库更新所需的专业资料和省级测绘成果。承担国家测绘地理信息局下达的基础测绘试生产任务——基于高分辨率遥感影像的1:1万DLG试生产10212平方千米。

【航空航天遥感影像获取与应用】

广西测绘地理信息局获取覆盖全区优于2米分辨率的卫星遥感影像数据，并用于地理国情监测、“天地图”省级节点数据更新等重点工作和重大项目。为广西壮族自治区林业厅、农业厅等部门提供了航空航天遥感影像数据成果。开展“高分辨率对地观测系统广西数据与应用中心”和“国家测绘地理信息局卫星测绘应用中心广西分中心”建设，对获取的遥感影像数据进行统筹管理和对外服务，并将运维费用及卫星遥感影像获取费用纳入年度部门预算。

【智慧城市、数字城市建设】

广西壮族自治区14个设区市全面建成数字城市地理空间框架，基本完成数字生产和平台建设，进一步完善地理信息大数据中心基础设施建设，实现20多个部门在线应用。智慧柳州时空大数据与云平台一期项目通过验收，二期项目已启动。23个县启动数字城市地理空间框架建设，数字巴马、上林通过验收。

【质量管理】

广西测绘地理信息局配合国家测绘地理信息局质量监督抽查工作，按照监督抽查要求及时全面报送项目。4月，向全区19家甲级测绘资质单位收集了2016年开展的变形测量、管线测量、工程测图项目共35项，通过测绘地理信息质量信息系统报送国家测绘地理信息局。6月，配合国家测绘产品质量检验测试中心检查小组开展2个抽检项目成果质量监督检查。开展全区2017年测绘地理信息成果监督检查，抽检50家甲、乙级测绘资质单位。

【安全生产】

广西测绘地理信息局成立局安全生产工作领导小组，由国土测绘与规划处具体负责，年初与局属各单位签订安全生产责任书，部署安全生产工作。7月，向局属各单位印发《关于加强2017年汛期安全生产工作的通知》。开展局属单位安全生产检查工作。定期对生产设备等进行年审。

地理国情监测

【地理国情普查】

广西测绘地理信息局完成广西壮族自治区行政区域内地理国情普查的部门数据衔接、成果验收、领导小组审议、新闻发布等工作。1月，广西第一次全国地理国情普查工作通过验收。10月，广西壮族自治区政府召开新闻发布会，正式发布《广西地理国情普查公报》，并通过微信、网站、报纸等媒介宣传普查成果。

【地理国情监测】

广西测绘地理信息局编制《广西地理国情监测指南》，将地理国情监测经费纳入年度部门预算，初步建立广西常态化监测业务体系和工作机制。开展广西4.2万平方千米的基础性监测任务；承担1项国家级专题性监测任务——全国地级以上城市及典型城市群监测（广西），项目设计书通过国家测绘地理信息局的评审；开展15个省级专题性监测项目，内容涉及发改、国土、住建、林业、海洋、环保、审计等部门。指导各设区市开展城市地理国情监测工作，及时转发国家测绘地理信息局有关城市地理国情监测的文件。

地图管理与地图服务

【地图公共服务】

广西测绘地理信息局向广西壮族自治区民政厅、

交通厅、高速公路管理局、铁路局等部门收集与地图内容相关的行政区划、地名、交通等信息变更情况，编制、更新公益性地图。9 月，推出“广西标准地图服务平台”网站，配合全区部署开展全覆盖排查整治“问题地图”专项行动，向公众、媒体和政府部门提供标准地图服务。做好第四次辅助决策用图共享工作，通过辅助决策用图定制与服务系统，上传辅助决策用图数据。

【国家版图意识宣传教育】

广西壮族自治区及 14 个设区市和灵川、荔浦、南丹等县（市、区）开展“8 · 29”测绘法宣传日活动和国家版图意识宣传教育“进学校、进社区、进媒体”活动。与广西日报社、广西新闻网等媒体就在线地图服务、灾情报道应急供图等达成合作意向。与广西师范学院等高校就共同开展国家版图意识宣传教育初步形成联动机制。

【全覆盖排查整治“问题地图”专项行动】

广西测绘地理信息局制定并印发《全区地图市场大检查“回头看”行动工作方案》，对柳州、玉林、南宁、桂林 4 市地图市场大检查“回头看”行动进行了“双随机”抽查。会同自治区国土资源厅等 15 家单位开展广西全覆盖排查整治“问题地图”专项行动。自治区、市、县三级联动，共同排查网站 1020 家，排查图片 69.2 万张，发现“问题地图”1322 张，涉及网站 260 家。在第十四届中国—东盟博览会、商务投资峰会期间，依法查处国内外参展商的“问题地图”。通过下达整改通知书、约谈单位负责人、开展“回头看”等形式，逐项落实整改任务。

测绘地理信息成果管理与应用

【“天地图 · 广西”建设与应用】

广西测绘地理信息局重点推进“天地图”节点间的数据融合和数据更新。完成与“天地图”国家主节点的数据融合，融合范围覆盖广西全域，完成省级节点与南宁、河池等市级节点的数据融合。利用国、省、市融合后的数据更新省级节点数据，利用高分辨率卫星影像数据不定期更新影像数据，9 月向国家测绘地理信息局提交了数据更新申请。拓展应用领域，推动“天地图”重点用于政府决策和公共服务。“天地图 · 广西”应用范围不断扩大，在应急、公安、水利等 20 多个部门和单位得到广泛应用，基于“天地图 · 广西”开发的应用系统不断增加。

【成果目录发布】

广西测绘地理信息局依托全国地理信息资源目录服务系统及时发布广西最新测绘成果目录。对广西基础地理信息数据资源分类目录进行整理编辑，研发了数字广西地理信息资源目录管理系统，实现数字广西地理空间框架地理数据库与全国地理信息资源目录服务系统广西壮族自治区子目录网站数据包同步更新。根据整理后的分类目录对资源目录管理系统中的数据节点、主要资源类型进行了相应配置，其中元数据成果内容包括矢量地图数据 6044 条、数字高程模型数据 8468 条、分幅正射影像数据 8263 条、数字栅格地图数据 8490 条、地名地址数据 8490 条，字段对照表 5 个 Excel 文件。

【测绘成果保密管理】

广西测绘地理信息局完善测绘成果安全保密监管机制，推进涉密测绘成果管理信息化建设，开展涉密测绘成果跟踪监管。与国家安全、保密等部门联合开展涉密成果检查，特别是全区统一航摄成果专项检查，对柳州、玉林、南宁、桂林 4 市开展涉密成果检查“双随机”抽查。落实测绘成果核心涉密人员管理制度，组织开展涉密测绘成果管理人员教育培训。举办 4 期涉密测绘成果管理人员岗位培训班，全区 964 人参加培训，在局测绘政务网上公布考核合格人员名单，考试合格人员领取了涉密测绘成果管理人员岗位培训证书。

【应急测绘保障服务】

广西测绘地理信息局按照国家应急测绘保障能力建设项目实施总体部署，建设国家航空应急测绘保障南宁基地。6 月，《国家应急测绘保障能力建设项目广西单项工程实施方案》通过评审，落实了项目实施单位、部署机场。11 月，编制完成广西应急测绘保障航空能力首批建设计划。多次赴贺州市、田东县、平果县、灵川县等地开展应急测绘保障服务演练；为广西壮族自治区党委、政府、人大、政协、军区等部门提供辅助决策用图约 850 幅。

地理信息产业

【地理信息产业政策】

广西测绘地理信息局组织完成《促进地理信息产业发展实施方案》贯彻落实情况调研工作，将相关调研报告作为第三季度专项综合调研信息报送广西壮族自治区政府办公厅。落实服务业运行监测分析制度。对北斗卫星及多模式兼容的移动导航信息系统进行实时监测，定期向广西壮族自治区服务业发展部门联系会议办公室报送有关情况。开展地理信息产业运行监测工作，按国家测绘地理信息局要求确定4家公司作为监测对象。

【地理信息产业发展】

截至年底，广西共有测绘资质单位648家，同比增加30家。民营测绘企业增长速度较快，成为广西地理信息产业发展最具活力的市场主体。中国—东盟广西地理信息产业园项目建设得到广西壮族自治区领导高度重视，年底正式开工建设。广西6家规模较大行业单位进入东盟市场。

科技、标准化与国际合作

【科技创新体系建设】

广西测绘地理信息局逐步建立并完善创新科技体制机制，每年对局属各单位投入科研经费，鼓励攻关北斗卫星导航系统、地理国情监测、智慧城市、应急测绘等领域的核心关键技术。为局属各单位和外省测绘地理信息主管部门、高校、企业合作交流搭建桥梁，并在引进高精尖人才方面给予优惠制度支持。开展信息化测绘技术体系建设，建设局级项目管理系统和直属单位业务管理系统。搭建科技创新平台，鼓励各局属单位成立研发部门，制定《广西测绘地理信息局科技项目管理办法》。投入科研经费25万元，补助局属单位5个科技项目，鼓励各局属单位开展生产性技术攻关和标准研究。

【科技项目与科技奖励】

广西测绘地理信息局向广西壮族自治区科技厅申报了“生态环境质量监测与评价技术及示范”“基于遥感大数据的广西林业资源可持续发展监测技术研发与应用”“尾矿库动态应力模拟计算及坝体稳定性安全评估技术及示范工程”3个科技项目。“广西现代测绘基准体系建立维持及服务的关键技术研究与应用”项目获2017年广西壮族自治区科学技术进步奖三等奖。“一种倾斜摄影测量五镜头阵列相机”“一种倾斜摄影测量五镜头线性相机”2项技术创新成果获国家知识产权局颁发的实用新型专利证书，并在多个无人机倾斜摄影项目中得到应用。“海洋生态文明展示平台V1.0”“海洋生态文明建设评估系统V1.0”“松峰法DEM转换等高线软件V1.0”“三维电子沙盘数控系统”“广西地名普查移动采集软件V1.0”5个软件获计算机软件著作权登记证书。

【标准化工作】

广西测绘地理信息局与广西壮族自治区计量检测研究院共同编制了地方标准《水准标尺检定装置——广西地方计量检定规程》；配合武汉大学、国家测绘地理信息局卫星测绘应用中心研究制定行业标准《高分辨率光学多光谱遥感影像解译能力等级》；联合开展《无人机航空摄影成果检查与验收》标准研制工作。

【对外合作与交流】

广西测绘地理信息局组团赴文莱参加第十四届东南亚测绘大会，广西代表作了3个会议报告；组织广西测绘学会会员单位到老挝考察交流等。第14届中国—东盟博览会期间，参与承办深化“一带一路”空间信息走廊建设应用与产业国际化发展研讨会。

地市级测绘地理信息工作

【南宁市】

2017年，南宁市测绘地理信息局率先在区内完成编制并实施市级基础测绘“十三五”规划。对某公司在非涉密计算机上存储涉密地形图、非法持有涉密地形图的违法行为进行立案查处。与文化新闻出版、广电、教育、工商、保密等部门组成联合检查组，开展“问题地图”全覆盖排查整治专项行动，抽查各类地图产品330件，并对部分单位进行了警示约谈。开展卫星导航定位基准站安全专项整治工作。成立自治区测绘地理信息产品质量检验站市级分站。充分利用地理信息数据，形成“互联网+不动产登记”新模式，《中国国土资源报》以《不动产登记“进化”的南宁样本》为标题进行报道。在马山县“11·26”山体滑坡事件中，通过无人机航拍提供测绘应急保障，制作最新灾害发生点三维实景地图。加大数字南宁地理空间框架建设项目建设成果推广应用力度，新增7个示范应用，示范应用总数达20个，项目建设成果获2017年中国地理信息产业优秀工程奖银奖。完成“天地图”市级节点建设，“天地图·南宁”获评五星级市级节点。五县一区全面启动数字县域地理空间框架建设工作，数字上林项目成为全区首个通过竣工验收的非试点数字县域地理空间框架项目。完成全市域数据2000国家大地坐标系转换工作。设立“资源三号”卫星影像云服务平台市级节点。筹建南宁市地理空间大数据工程技术研究中心。依托海量的国土空间数据和自主研发力量取得的科技成果获国家级、自治区级和市级科技进步奖达5项，其中自主研发的“南宁市不动产登记综合服务平台”“南宁市实景三维不动产地理信息系统”获2017年中国地理信息科技进步奖二等奖、“智慧城市三维动态测绘基准关键技术及应用”项目获2017年广西壮族自治区科技进步奖三等奖。获全区测绘地理信息系统二等功集体，获全区测绘地理信息行政管理工作考评优秀奖（位列全区第一）。南宁市测绘地理信息局局长赵志萍、上林县测绘地理信息局局长周伯逸获个人二等功。

【柳州市】

2017年，柳州市本级在云平台建设、基础测绘、2000国家大地坐标转换等测绘地理信息财政投入3856万元。开展测绘新技术应用尝试，采用无人机航测技术手段实现1∶500、1∶1000数字化地形图测绘。完成智慧柳州时空信息云平台（一期）项目建设并通过广西测绘地理信息局验收，中国地理信息产业协会组织专家对项目（一期）成果进行科技评价。持续推进智慧柳州时空信息云平台建设。与环保、公安、规划等25个政府部门利用共享平台搭建45个业务管理系统。与25个部门（单位）签订共建共享合作协议，建立长期稳定的数据交换和更新机制。完成面向领导综合决策分析的时空大数据分析系统、面向公众的“天地图·柳州”公众服务平台、2个区县节点建设。《柳州市基础测绘规划（2016—2030年）》经柳州市政府正式批复实施。开展新测绘法知识竞赛，9支队伍100多人参赛。在“8·29”测绘法宣传日，柳州市发放新测绘法宣传资料、《广西壮族自治区交通旅游图》等2500多份，发送宣传公益短信5万多条。柳州市测绘地理信息主管部门完成资质基本信息变更初审7件、数据补充修改5件、新申请测绘资质材料审核3件，审核各类信息500多条；初审工作按规定完成并及时上报上级部门；组织开展全市成果质量检查及抽查工作，重点抽查测绘资质单位近几年测绘成果；联合市国家保密局、市国家安全局，对全市涉密测绘成果生产、使用、保管单位进行检查，对存在问题的2家单位发出整改通知书；联合市工商、文化新闻出版广电等部门开展地图市场检查及“问题地图”专项整治工作，共发出12份整改通知书。柳州市全年完成测绘服务总值达1.8亿元。

【桂林市】

2017年，数字桂林地理空间框架建设项目完成建设并通过广西测绘地理信息局组织的验收，建立桂林市地理信息公共平台，建成“天地图·桂林”市级节点和国土、城管、旅游、民政、农业等部门的示范应用系统。印发《桂林市数字县域地理空间框架项目建设工作方案》，部署桂林市12县（区）数字县域建设工作。至年底，阳朔县、灵川县、临桂区3个县（区）数字城市建设获广西测绘地理信息局立项批复。全年受理测绘涉密数据提供使用审批16件，测绘成果复制、转让或转借审批20件，办结6家单位丙、丁级测绘资质初审工作。至年底，桂林市共有测绘资质单位64家，其中甲级2家、乙级14家、丙级27家、丁级21家；测绘地理信息行业从业人员1121人。全年测绘资质单位完成服务总值1.14亿元，同比增长9.8%。联合市国家安全局、市国家保密局对全市测绘成果生产、使用、保管单位进行检查，对存在问题的1家单位发出整改通知书；联合工商、文化新闻出版广电等部门开展全覆盖排查整治“问题地图”专项工作，重点清理排查政府门户网站使用地图情况，依法处置“问题地图”及“问题地图”线索4个；举办面向全市丙、丁级测绘资质单位的新测绘法及保密知识培训班；在市联达广场组织开展“8·29”测绘法宣传日活动，发放宣传资料7500多份，发送公益短信2.12万条。

【梧州市】

2017年，梧州市测绘地理信息局完成全市4个县（市）国土资源局增挂县级测绘地理信息局标牌。完成数字梧州地理信息空间框架建设并投入运行，与梧州市住房与城乡规划建设委员会、南宁市市政和园林管理局、南宁市地质灾害防治工作领导小组办公室3家单位签订地理信息资源共建共享协议。完成“天地图·梧州”市级节点建设，通过节点接入审核。完成藤县数字县域立项工作。分发市辖区的农村土地确权数字正射影像图到各级负责农村土地确权的农业部门单位，全市共分发数字正射影像图14180幅。梧州市全年受理审核行政审批事项59件。办理丙级测绘资质申请初审1件，对6家测绘资质单位的业务变更、法人信息变更和测绘资质注销等申请进行初审，审批发放测绘作业证32本。完成5家市外测绘资质企业在梧州设立分公司、办事处的报备。在全市34家丙、丁级测绘资质单位开展测绘资质巡查工作，共抽查8家单位，对2家单位发出整改通知书。联合开展全覆盖排查整治“问题地图”专项行动；联合市国家安全局开展2017年全市测绘地理信息保密检查工作，对1家单位发出整改通知书。配合广西测绘地理信息局加强辖区5个CORS站建设、运维和监管检查工作，联合南宁市国家安全局完成市卫星导航定位基准站安全专项整治工作；完成各县（市）基础测绘成果2000国家大地坐标系的转换工作。选派测绘技术人员参加“南方测绘杯”测绘技能比赛。开展测绘地理信息宣传活动，组织全市测绘资质单位开展新测绘法座谈学习，组织各县（市）级测绘地理信息主管部门做好“8・29”测绘法律法规宣传工作，8月29日当天在辖区各地主要地段设立宣传点，接待前来咨询群众500多人次，发放地图宣传资料1100多份。

【北海市】

2017年，北海市本级测绘地理信息财政投入2800万元。完成全覆盖排查整治“问题地图”、北海市2000国家大地坐标系推广应用工作。完成丙、丁级测绘资质初审事项进驻政务大厅工作，并向社会公布业务办理流程和操作规范。组织开展测绘资质巡查、地图市场、测绘质量、涉密成果保密专项检查，加强测绘地理信息市场事中事后监管，进一步规范测绘地理信息市场秩序。设立广西测绘地理信息产品质量检验站北海分站。与广西壮族自治区遥感信息测绘院签署了共同推进北海市测绘地理信息工作促进北海市经济社会发展的战略合作协议。主动为10家部门或单位提供数据服务10次。领取影像数据成果图4412幅，涉及面积4007平方千米，全部发放至各县区。北海市不断加强数字城市推广应用工作。截至年底，北海市测绘地理信息主管部门累计与51个部门签订共建共享合同，接入数字北海内网的单位达11家，完成共建共享应用系统6个。推进遥感技术在保障基础测绘、用地勘测定界、三维不动产登记、土地矿产动态监测、2000国家大地坐标系推广应用等应用。做好信用征集、测绘统计工作。结合“8・29”测绘法宣传日和全国法制宣传日活动，在北部湾广场设立宣传点，发放宣传材料，提供咨询服务等。全市共完成各类测绘项目40015项，其中勘测定界26项、宗地图测绘39989项。完成2.1196平方千米重点项目用地勘测定界测绘。运用无人机对8个拟出让地块进行航空摄影。

【防城港市】

2017年，防城港市本级测绘地理信息财政投入403万元。数字防城港地理空间框架建设通过广西测绘地理信息局组织的总体验收，同步完成2000国家大地坐标系成果转换工作。“天地图・防城港”节点完成建设并接入省级节点。数字东兴地理空间框架建设通过专家组预验收。农村土地承包经营权确权航空摄影成果已按要求分发，覆盖范围达100%。防城港市测绘地理信息主管部门全年完成测绘成果对外提供审批20件，丙丁级测绘资质初审3件。联合市国家安全局、市工商行政管理局、市文化体育新闻出版局等10家单位，对全市16家单位开展全覆盖排查整治“问题地图”专项工作，共自查地图资料44份，排查地图23份，抽查纸质地图资料59份，发现“问题地图”资料10份，对存在“问题地图”资料的单位下发整改通知书，通过“问题地图”专项行动“回头看”检查，相关单位完成全部落实整改。在全市19家丙、丁级测绘资质单位开展资质巡查及抽查工作；联合市国家安全局对2家领用涉密测绘成果的单位开展测绘成果保密检查，对检查中发现的问题下发整改通知书，并报市国家保密局、国家安全局备案。开展筹备普法宣传教育，“8・29”测绘法宣传日共设立了3个宣传点，分发宣传资料3500多份，发送公益短信5万条，结合“6・25”全国土地日和“文化、科技、卫生三下乡”活动宣传测绘地理信息法律法规。

【钦州市】

2017年，钦州市测绘地理信息局建立稳定的基础测绘财政投入机制，市财政投入基础测绘经费100万元，完成钦州市金窝江工业园区、鹿耳环江东面2个测区共23平方千米1∶500地形图测绘并通过验收。市县级测绘地理信息主管部门完成基础测绘成果2000国家大地坐标系转换工作，并向各部门推广使用2000国家大地坐标系。灵山、浦北2个县全面启动数字县域地理空间框架建设，钦州市在全区率先完成数字县域建设工作全覆盖。钦州市测绘地理信息局指导各县测绘地理信息局严格按照数字县域立项项目设计书的节点要求推进工作。建成数字城管，提档升级数字钦州，加大推广应用系统建设力度。开展全覆盖排查整治“问题地图”专项工作，共检查门户网站256个，展览馆、学校、公园和车站等公共场所展示的地图68幅，15家新华书店销售的地图207份、地球仪92个、教辅资料360本，45家中小学使用的教学用地图293幅、地球仪175个、教辅资料121本，下发整改通知书8份。实现资源共建共享和成果汇交，与多部门签订《钦州市地理信息公共平台共享合作协议》。研究制订测绘地理信息应急测绘保障制度，开启钦州市突发事件应急测绘工作。组织行政管理人员及从业人员参加新测绘法学习培训；举办“8·29”测绘法宣传日活动，在全市掀起学习宣传新测绘法热潮。推进测绘成果应用和服务，开展测绘地理信息保密检查、测绘资质巡查和测绘成果质量监督检查。组织参加第五届广西测绘地理信息行业职业技能竞赛活动，获工程测量项目团体三等奖，王明强和莫志棋获“广西测绘地理信息技术能手”称号。

【贵港市】

2017年，贵港市测绘地理信息局加大推广数字贵港应用，建立了覆盖全市域、多尺度、多类型的基础地理信息数据库和数字贵港地理信息公共平台。争取上级资金110多万元推进数字贵港地理空间框架应用示范项目建设，贵港市613管理系统建设项目已通过评审验收。市、县两级国土资源系统完成2000国家大地坐标系成果转换工作。贵港市测绘地理信息局分发覆盖全市的1:2000数字正射影像图11741幅，为贵港市农村土地承包经营权确权工作提供保障。在各级新闻媒体发表稿件90多篇。利用“8·29”测绘法宣传日，发放新测绘法和地图宣传资料2万多册。会同市国家安全局、市国家保密局等部门开展涉密测绘成果保密检查和测绘资质巡查工作，重点对10多家申领涉密测绘成果的单位进行跟踪检查。对15家测绘资质单位进行了测绘资质巡查，没有发现隐瞒，提供虚假材料的情况。抽检了4家测绘资质单位的测绘成果，被抽检的测绘成果质量基本符合要求。开展全覆盖排查整治“问题地图”专项行动，共排查86家单位的109幅地图、政府部门网站44个，对检查发现问题已全部督促整改到位。组织相关人员对9个市级卫星导航定位基准站的安全风险点进行专项整治。起草拟定《贵港市关于贯彻落实〈广西测绘地理信息“十三五”规划〉的实施方案》，经市政府审定后印发执行。根据市、县测绘地理信息主管部门职责的划分，推进权力清单和责任清单融合，及时编制行政权力运行流程，向社会公开涉及市、县测绘管理方面的权责事项共20项。配合完成使用国家基础测绘成果对外提供审批30件，丙、丁级测绘资质业务变更、信息变更8件，乙、丙、丁级测绘作业证申请3件。截至年底，全市共有测绘资质单位22家，其中乙级5家、丙级10家、丁级7家，全年完成测绘服务总值3523.8万元。贵港市测绘地理信息局获“2017年度全区测绘地理信息行政管理特色工作单位”称号，廖燕萍被广西壮族自治区人力资源和社会保障厅、广西测绘地理信息局记个人二等功。

【玉林市】

2017年，玉林市测绘地理信息局做好数字玉林地理空间框架建设及成果汇交工作，推进数字县域市县一体化建设，“天地图·玉林”接入自治区级节点，实现与“天地图·广西”的服务聚合与协同服务。拓展市县两级地理信息应用推广，认真督查测绘地理信息市场，严格测绘基础成果资料的领用制度，规范领用审批程序，强化监督管理。成立专项整治巡查小组，集中开展卫星导航定位基准站核查整改，共检查5个基准站点，对2家单位下发限期整改通知书。成立测绘资质巡查领导小组，检查5家测绘资质单位，对存在问题的单位下发整改通知书，推广信誉好、管理规范的工作经验。开展测绘地理信息保密检查工作，对6家涉密成果领用单位进行检查，下发3份限期整改通知书。面向社会提供地理信息数据或服务，签订保密协议、基础地理信息数据使用许可协议11份。充分利用数字玉林地理信息公共平台基础数据资源，与3个部门签订共建共享合作协议。承接丙、丁级测绘资质初审工作，办理3家单位的测绘资质单位信息变更审批事项。开展全覆盖排查整治“问题地图”专项行动，通知14家市直单位开展排查整治，抽查3家单位，排查政府部门网站260多个，清查网页10万多页，发现“问题地图”网站10个，下达限期整改通知书7份。开展“8·29”测绘法宣传日活动，共出动工作人员126人次，悬挂宣传横幅41幅，印发宣传资料近1万份，制作展板21块，向市民发放测绘地理信息公益短信1.6万多条，并通过微信公众平台、市局官网等推送活动及宣传信息，全市31家测绘资质单位参加了宣传活动。

【百色市】

2017年，百色市测绘地理信息局出台5项测绘地理信息工作管理决策文件。初步完成数字百色地理空间框架建设，并向社会提供服务。完成“天地图·百色”建设并申请接入“天地图·广西”。对百色市16个CORS站点进行巡查和维护，指导乐业、田林、右江区等县区办理测量标志迁移手续。全面完成市、县级2000国家大地坐标系转换工作，11个县（市、区）国土资源局的转换工作并通过验收。组织2个检查小组开展测绘资质巡查，抽查24家单位，实地核查12家单位，制止非法行为15起。开展全市地图市场检查28次，共检查41家单位，检查常规地图产品55种、网站219家。开展测绘成果保密检查工作，共检查11个县（市、区）农业局1:2000或1:5000航摄成果管理情况，7家测绘资质单位、8家领图单位成果管理情况。在全市范围组织开展全覆盖排查整治“问题地图”专项行动，共排查193个门户网站，通知有关单位进行整改。会同市国家安全局在全市范围组织开展卫星导航定位基准站安全专项整治行动，未发现异常。起草《百色市测绘地理信息市场管理办法》，征求县级及市直部门的意见，完成上报审核工作。举办新测绘法暨测绘地理信息工作业务培训会，110多人参加培训。开展“8·29”测绘法宣传日活动，设立宣传咨询台31个，印发宣传资料2.13万张（册），为群众答疑解惑3415次，188名工作人员、49家单位参与宣传。分两批开展国家版图意识宣传教育进社区、进学校、进媒体活动。为各县（市、区）有关部门提供涉密测绘成果3万多幅。

【贺州市】

2017年，贺州市测绘地理信息局推进数字城市建设，数字贺州地理空间框架建设项目投入使用。“天地图·贺州”接入“天地图”主节点。共受理审核法人或者其他组织利用属于国家秘密的基础测绘成果审批53件，开具市级涉密基础测绘成果资料领用证明函13件，按时办结率100%，无行政相对人投诉现象发生。与公安、市政、规划、教育、旅游发改5个政府职能部门签订共建共享协议，建立长期稳定的数据交换和更新机制。联合市国家安全局、市国家保密局分别于7月、10月对全市涉密测绘成果使用、保管单位进行联合检查，对存在问题的5家单位发出整改通知书；组织开展测绘资质巡查工作；联合市工商、文化新闻出版广电等部门开展测绘地理信息安全、地图市场等专项监督检查。组织开展“8·29”测绘法宣传活动，全市共展示宣传展板5块，发放《中华人民共和国测绘法》宣传资料2000多份，发送公益短信2.5万条。截至年底，贺州市共有测绘资质单位14家，其中乙级1家、丙级8家、丁级5家，测绘从业人员180人。

【河池市】

2017年，河池市政府与广西测绘地理信息局签订战略合作框架协议。河池市测绘地理信息局完成“天地图·河池”省市数据融合；广西首个数字县域地理空间框架建设项目——数字巴马通过验收；实现数字河池地理空间框架建设新增农业一张图、武警三维作战指挥系统2个应用示范系统。制定《2017年河池市测绘资质巡查实施方案》，开展测绘资质巡查工作，并实地进行巡查，未发现违法行为。10家单位完成申请丙、丁级测绘资质的初审并上报广西测绘地理信息局审核。开展测绘地理信息成果保密检查和质量监督检查工作，对全市1:2000农村土地承包经营权确权数字正射影像图进行了专项成果保密检查，对领用涉密成果的5家单位进行了检查，对5家测绘资质单位进行质量监督检查工作。会同多部门开展为期11天的“问题地图”专项整治工作，共检查网站273个，发现存在“问题地图”的网站14个，责令完成整改。继续推进测量标志保护工作，建立测量标志检查、维护、保管、奖励等制度，落实管护经费，开展测量标志普查维修，及时修复毁坏的测量标志，健全测量标志档案，完善标准管护责任制，加大对损害测量标志违法案件的处理力度。

【来宾市】

2017年，来宾市本级测绘地理信息财政投入160万元，同比增长300%。来宾市测绘地理信息主管部门推进地理信息共享平台的应用，与市地税局、市供电局、市城市管理局3家单位签订共建共享协议，与7家单位签订共享协议，建立长期稳定的数据交换和更新机制。与市水产畜牧兽医局、武宣县糖业办公室开展地理信息技术与成果应用工作。完成来宾市地下管线专项调查调研、“天地图·来宾”平台建设、来宾市全覆盖排查整治“问题地图”专项行动等工作。完成来宾市辖区自建CORS基准站安全检查和上报工作。完成来宾市辖区范围内农村土地经营承包权确权1:2000航摄影像数据分发工作。来宾市政府与广西测绘地理信息局签订测绘地理信息工作战略合作框架协议。来宾市测绘地理信息主管部门全年共受理审核行政审批事项27件，其中使用国家基础测绘成果对外提供审批11件，乙、丙、丁级测绘单位资质初审16件。加强测绘资质日常管理，审核批准4家测绘企业的业务变更、信息变更和注销申请。在全市17家乙、丙、丁级测绘资质单位开展资质巡查及抽查工作；联合市国家保密局、市国家安全局对全市涉密测绘成果使用、保管单位进行检查，对存在问题的3家单位发出整改通知书；联合工商、文化等部门开展测绘地理信息安全、地图市场及互联网地图服务等专项监督检查。开展测绘地理信息宣传活动，召开新测绘法与国家版图专题宣传贯彻培训会，500多人参加。结合“8·29”测绘法宣传日和全国法制宣传日活动，在来宾市区发放《广西交通旅游图》等宣传资料2500多份。

【崇左市】

2017年，崇左市政府与广西测绘地理信息局签订战略合作框架协议，涉及9个方面合作内容。崇左市测绘地理信息局投入298万元实施崇左市连续运行卫星定位服务系统建设，投资590万元实施崇左市基础测绘数据更新项目。凭祥市投入1200多万元实施210平方千米数字化测图项目。“天地图·崇左”与数字崇左同步建设并通过验收。崇左市扶贫攻坚指挥信息系统实现上线运行。开展全市卫星导航定位基准站安全整治，发现1起违规操作；开展县级测绘地理信息成果2000国家大地坐标系转换工作，多次到县级部门开展专项督查。开展年中督导检查，继续推行年度考评制度，开展县级考评工作，实行两级指标考核，其中一级指标15项、二级指标29项。形成测绘科、审批中心、国土执法监察支队分工明确、各司其职的市级测绘地理信息综合执法体制机制新格局；会同保密、安全、工商联合执法机制形成常态。在涉密地理信息成果保密检查中发现1起严重泄密隐患事件，及时向市保密委员会申请立案查处。做好测绘单位丙、丁级测绘资质初审工作，受理3家单位法人变更及地址变更事项。开展主题为“树立国家版图意识，维护国家主权安全；监测地理国情为国为家，发展地信产业利国利民”的“8·29”测绘法宣传日活动。提供地图服务12次、涉密成果服务11次，办理出具测绘成果领用证明函13件。借助数字崇左典型应用示范建设，与3个部门签订共建共享协议，进一步推进地理信息资源共享工作。

地方社团工作

【广西测绘学会】

广西测绘学会组织召开第十届五次常务理事会议、十届六次理事会议，审议2017年理事及团体会员变更事项，颁发2016年广西测绘地理信息科技奖、广西优质测绘地理信息产品（工程）奖。建立学会常务理事群、理事群，开通微信公众号、学会网站，拓宽学会团体会员间、学会与社会间的交流渠道；新发展团体会员27个。组织部分会员单位召开行业调研座谈会，对广西测绘地理信息产业的发展及政策应对进行调研和座谈。组织87人次参加国内外学术和技术交流活动，组织会员单位共25人参加2017年全国学生定向锦标赛暨“中国四维杯”全国测绘地理信息职工定向越野赛。完成广西壮族自治区科学技术协会收集广西籍科学家和技术专家信息的统计工作。全年举办8期培训和学术交流会，全区1300多人次参加。承办2017年南宁市职工职业技能大赛无人机应急航拍技能竞赛、广西定向挑战赛暨广西测绘地理信息职工定向赛。编发《广西测绘与遥感》2期，印发3600多册。

【广西遥感学会】

广西遥感学会召开1次会员代表大会、4次理事会，成立并选举产生学会党的工作小组，改选和优化了理事会领导机构，增加专家委员会成员，修改完善学会章程，进一步明确团体会员的权利和义务，加强管理团体会员；发展10名新会员，1个会员单位；召开2017年度学术研讨会，90多名会员代表参会，会议征集论文64篇，评选出一等奖论文3篇、二等奖论文5篇、三等奖论文13篇。组织40多名会员代表参加闽赣桂遥感科技论坛，选送论文32篇，其中11篇获奖；组织会员参加第七届广西青年学术年会，选送的《遥感技术和地理国情普查在尾矿库生态环境监测中的应用》获二等奖；组织会员参加国外学术交流，选送8篇论文参加第十四届东南亚测绘代表大会，6篇论文入选论文集。协助广西测绘地理信息局完成高分辨率对地观测系统广西中心的挂牌；组织会员到5家会员单位调研；了解各单位对高分辨率遥感数据的需求，推动高分辨率数据在测绘、林业、国土、地矿、环保等领域的应用；委派多名专家参加林业、地矿、农业等部门多个项目评估或评审；向广西壮族自治区科学技术协会推荐1人作为科普专家候选人。

海南省

概况

2017年，海南测绘地理信息局全面学习贯彻党的十八大和十八大历次全会及十九大精神，坚持加快发展、深化改革、提升能力，完成各项任务。完成海南省第一次全国地理国情普查验收，推广应用普查成果。按计划实施全国海岸带开发利用变化监测、地级以上城市监测、生态屏障区自然生态状况变化监测等专题性监测任务。完成全省1:1万基础地理信息数据整合处理生产等。开展应急测绘保障能力建设，对接应急管理部门，加快应急资源数据库共建共享。进一步推进“天地图·海南”影像数据更新和共享应用。深化“多规合一”信息数字化管理平台应用，为各级政府提供总体规划“一张蓝图”、遥感监测、空间规划审批、空间分析和辅助决策等服务；建设海南省电子政务地理空间信息“大数据”，为全省各部门、行业提供大量的测绘地理信息技术及数据支持。《海南省基础测绘管理办法》出台施行。海南测绘地理信息局贯彻落实“放、管、服”，把好测绘资质准入关。深入贯彻落实新修订的《中华人民共和国测绘法》。开展全省全覆盖排查整治“问题地图”专项行动，建立健全地图市场监管长效机制。组织学习习近平总书记系列讲话及十九大精神，深化党员干部理想信念。开展“深入学习贯彻习近平总书记视察海南时的重要讲话精神 建设美好新海南大研讨大行动”学习调研，引导广大党员干部深入领会习近平总书记系列讲话精神的丰富内涵和实践要求。落实两个责任，坚持不懈抓好全面从严治党。细化各级领导班子、领导干部和纪检监察部门党风廉政工作责任。开展廉政教育活动及各项主题教育活动，促进党员干部勤政廉政。

党的建设与人才队伍建设

【党的建设】

海南测绘地理信息局落实党建工作责任制，推进党建各项工作开展。出台《海南测绘地理信息局全面从严治党责任清单》《海南测绘地理信息局全面从严治党工作责任考核办法》《全面从严治党工作责任考核内容和标准》《加强党支部规范化建设实施意见》，进一步落实全面从严治党要求，提升基层党组织建设科学化、规范化水平。推进“两学一做”学习教育常态化制度化，开展“深入学习贯彻习近平总书记视察海南时的重要讲话精神 建设美好新海南大研讨大行动”活动，结合实际开展调研和讨论。围绕“严肃党内政治生活 净化党内政治生态”“推进两学一做学习教育常态化制度化”“学习贯彻十九大精神”等主题，举办党组理论中心组扩大学习会8次。开展整治党建“灯下黑”问题督查检查，从坚持从严治党、规范组织生活、转变工作作风、党员发挥作用等方面做好整改。

【党风廉政建设】

海南测绘地理信息局各部门、直属单位主要负责人与局党组签订党风廉政建设责任承诺书，做好责任分解和任务落实。通过组织参观反腐倡廉警示教育基地、观看弘扬社会主义核心价值观专题教育片、开展“以案释纪明纪，严守纪律规矩”廉政教育月活动、“守纪律、讲规矩、做表率”主题教育活动，党员干部重点对照《关于新形势下党内政治生活的若干准则》和《中国共产党党内监督条例》开展检查，严明党的各项纪律，严守法纪底线。加强纪检监察监督，传导责任压力。开展对贯彻执行中央八项规定情况的监督检查，各部门、单位从反面典型中汲取教训，做到知敬畏、明底线、受警醒。

【精神文明建设】

海南测绘地理信息局群团组织联合开展文化建设。局工会保障职工节日福利及各项工会经费规范支出，协调省总工会办理跨省劳模组织关系转接，为住院职工解决互助医疗补助费用，春节期间组织慰问老党员、生活困难党员和患病党员。组队参加全国测绘地理信息系统第五届“天润科技杯”乒乓球比赛，获“体育道德风尚奖”。组队参加海南省直机关第四届职工运动会。

【人才队伍建设】

海南测绘地理信息局举办政治理论、业务生产等各类培训160多次。培训党政人才、专业技术人员、经营管理人员和技能人员1600多人次。选派机关公务员及直属单位工作人员参加各类对口业务培训60多人次。全年培训行业从业人员2500多人次。8人通过测绘地理信息高级技术职务任职资格评审，16人通过中级技术职务任职资格评审，31人通过中级以下技术职务任职资格评审，31人通过审核认定取得中级及以下任职资格。5人被评为国家测绘地理信息局青年学术和技术带头人。组织举办了海南省第二届测绘地理信息行业职业技能竞赛暨第五届全国测绘地理信息行业职业技能竞赛选拔赛。

法制建设与市场监管

【法制建设】

8月14日，海南省政府审议通过《海南省基础测绘管理办法》，于2017年11月1日起施行。海南测绘地理信息局印发了《海南省测绘地理信息项目网络备案办法》《海南省测绘地理信息局立法规划（2018—2022）和2018年立法计划项目》。

【法制宣传】

8月11日，海南省政府办公厅组织召开了新测绘法学习宣传贯彻会议，部署全省学习宣传贯彻新测绘法，共260多人参加会议，举办了新测绘法学习培训班。8月29日，海南测绘地理信息局在全省统一部署，组织开展“8·29”测绘法宣传活动。在海口市设立宣传主会场，在三亚、儋州、昌江等7个市县设立了分会场，各会场均邀请当地政府、有关部门、主要媒体参加。宣传活动通过现场主题宣传、主流媒体宣传、公众参与版图拼图比赛等形式，宣传了新修订的《中华人民共和国测绘法》。

【依法行政】

海南测绘地理信息局按照职能梳理行政审批权力清单、全流程互联网不见面事项清单，完善和细化行政审批事项的有关制度、公开审批流程，根据审批流程变化更新服务指南，向社会公开。8月—11月，在全省开展测绘地理信息市场及资质巡查工作，巡查工作采取测绘资质单位自查、市县辖区测绘地理信息主管部门实地检查、省级测绘地理信息主管部门抽查相结合的方式进行。

【测绘资质管理】

截至2017年底，海南省共有测绘资质单位235家，其中甲级11家、乙级38家、丙级107家、丁级79家。完成外省验证备案测绘资质单位66家。按时完成到期测绘资质证书的续期换证工作。

基础测绘

【测绘基准建设与应用】

海南测绘地理信息局完成海南省全球导航卫星连续运行参考站综合服务系统（HiCORS）全部22个站点的维修与维护，开展综合服务系统的安全升级改造，保障HiCORS的安全正常运行。组织开展全省基准站备案工作，联合开展全省卫星导航定位基准站安全专项整治行动，进一步规范全省基准站建设。

【基本比例尺地形图测制与更新】

海南测绘地理信息局完成海南岛1∶1万基础地理信息数据整合处理生产，通过国家基础地理信息中心的成果评估，评估结论为“优良”。

【航空航天遥感影像获取与应用】

海南测绘地理信息局加强航空航天遥感影像的统筹应用，为海南省“多规合一”工作、生态保护红线区专项督察、农村土地承包经营权确权登记、打击违建、项目规划建设等提供影像支持。其中琼北地区机载激光雷达点云数据应用于海南省1∶1万数字高程模型更新项目，海口市、三亚市0.1米分辨率航空摄影数据应用于“多规合一”信息数字化管理平台建设和数字城市建设项目，影像资料使用率为100%。

【智慧城市、数字城市建设】

海南测绘地理信息局开展智慧三沙时空信息数据库建设试点项目，完成数据库建设和系统研发。与海南省工业和信息化厅共同建设海南省政务地理空间信息大数据，推进政务信息资源共享开放，提升政府治理能力和公共服务水平。完成数字海口、数字五指山、数字陵水、数字定安、数字澄迈等数字城市地理空间框架验收工作。

【质量管理】

海南测绘地理信息局组织实施2017年全省测绘地理信息质量监督抽查，成立了质量监督抽查工作领导小组，自主研发质量监督抽查随机抽样系统，依法实施质量监督抽查工作。

地理国情监测

【地理国情普查】

5月17日，海南省第一次全国地理国情普查验收会在海口召开。中国工程院院士、中国测绘科学研究院名誉院长刘先林担任验收委员会主任，验收委员会一致认为，海南省第一次全国地理国情普查工作管理科学、成果详实、技术先进、质量优良，高质量地全面完成了国务院和省政府布置的各项任务，达到了预期目标，一致同意通过验收。

【地理国情普查公报发布】

9月21日，海南省政府举行海南省第一次全国地理国情普查工作和普查公报新闻发布会，发布了《海南省第一次全国地理国情普查公报》，省测绘地理信息局、省统计局、省国土资源厅等海南省第一次全国地理国情普查领导小组副组长单位的相关领导出席。新华社海南分社、人民网、海南日报等省内外20多家主流媒体参加发布会。

【地理国情监测】

3月28日，全国地级以上城市及典型城市群空间格局变化监测海南省监测区项目成果通过验收。该项目自2016年5月起实施，是国家测绘地理信息局支持实施的“全国地级以上城市及典型城市群空间格局变化监测”的子项。海南测绘地理信息局组织开展了南方丘陵山地带自然生态状况变化，海南（不含三沙市）、广东、福建3省的海岸带开发利用变化，水网数据优化处理5级以下水网构建等地理国情监测项目。

【地理国情普查和监测成果应用】

海南测绘地理信息局主动将地理国情普查和监测成果应用到省委省政府重大决策和重点工作中。在海南省“多规合一”工作中，重点协助省规划部门开展生态保护红线区督察，以国情普查等影像数据为基础采集疑似图斑，供现场检查核查，加强生态红线管控。将成果应用到中央环保督察、存量国有建设用地专项清理处置、海南岛人口承载力研究、海南省资源环境承载能力监测预警、水稻生产功能区和天然橡胶生产保护区划定等工作，发挥重要基础性作用。在政府大数据和政务信息整合共享专项行动中，普查和监测成果成为空间地理数据库的重要组成。

地图管理与地图服务

【地图公共服务】

1月，海南省编制完成公益地图，通过海南测绘地理信息局门户网站正式发布标准地图服务，供社会公众免费浏览、下载使用。该系列地图共50幅，由海南省全图（竖版）、海南省卫星影像图、海南省地图（基础要素版、政区版、交通版、旅游版）及19幅市县地图等组成，地图幅面分为8开和16开。

【领导工作用图服务】

海南测绘地理信息局全年累计为省委、省政府、省政协、省人大、省厅局等部门及其有关领导免费提供世界地图、中国地图、海南省地图、市县地图、调研路线图、影像图等86批次，共698幅，为领导宏观决策、博鳌亚洲论坛会议、省“多规合一”项目建设等提供地图保障服务。

【国家版图意识宣传教育】

与省网络安全和信息化委员会办公室联合开展国家版图意识宣传教育“进媒体”活动，南海网、海南日报、海南广播电视总台、海南在线、中新网海南、天涯社区、新浪海南等23家主要媒体单位的负责人参加。通过专题讲座和座谈会，向媒体普及国家版图知识，提高媒体从业者辨别“问题地图”和正确使用地图的能力。在海口市英才小学、遵谭中心小学开展国家版图意识宣传教育“进校园”活动。向学校赠送了《中华人民共和国测绘法》宣传资料、南海诸岛标准图和海口市地图。向小学生们讲授了国家版图相关知识，阐述了国家版图意识的重要性，通过互动引导学生们争做版图小卫士，共同维护国家版图尊严。

【全覆盖排查整治“问题地图”专项行动】

海南省将全覆盖排查整治“问题地图”专项行动和地图市场大检查“回头看”行动结合起来，开展地图专项治理。经省政府同意，海南省成立全覆盖排查整治“问题地图”专项行动领导小组，领导小组组长由省政府副秘书长林涛担任，成员单位由14个部门组成，领导小组办公室设在省测绘地理信息局。海南测绘地理信息局与省网信、文体、国土4个部门联合制定了《海南省全覆盖排查整治“问题地图”专项行动工作方案》。组织召开全省全覆盖排查整治“问题地图”专项行动工作部署会共50多人参会。完成涉及482家单位的“问题地图”自查整改工作，其中政府网站181家、测绘资质单位220家、重点媒体及商业网站23家、出版社3家、博物馆3家、其他有关单位52家。共自查地图6562件，发现各类“问题地图”579件，主要涉及新闻媒体、互联网网站、测绘资质单位、出版行业、教育及进出口等领域。针对重点领域开展抽查和实地巡查，出动160多人次，抽查323家单位。通过互联网地图监管系统检查网站251家，现场抽查72家单位，抽查地图7263幅，整改“问题地图”90幅。查处“问题地图”网站54个，查封、收缴“问题地图”产品357件。

测绘地理信息成果管理与应用

【“天地图·海南”建设与应用】

海南测绘地理信息局利用国家主节点数据、最新导航数据、省级基础地理信息数据，对“天地图·海南”数据进行补充更新，更新交通数据12%、水系数据16%、居民地数据12%、地名地址数据17%，影像数据现势性达到2016年底。完成“天地图·海南”“天地图·昌江”和“天地图·定安”与国家主节点数据的融合工作。根据省政务信息整合共享专项行动要求，将“天地图·海南”数据资源纳入省政务信息资源目录体系，并编制数据目录，向省政务信息系统共享采集云开放授权，推动“天地图·海南”在政府部门的共享和应用。推进“天地图·海南”为应急信息资源“一张图”提供保障服务。“天地图·海南”为省生态红线督察等重点工作提供了地理信息数据在线服务支持。新增1个“天地图”县级节点——“天地图·定安”。

【成果汇交与分发】

海南测绘地理信息局组织完成200多家全省各级测绘资质单位及外省来琼资质单位汇交成果目录4100项。全年审核通过各类地图121件，共363幅。

【测绘成果保密管理】

海南测绘地理信息局组织开展地理信息保密检查工作，省、市县测绘地理信息局联合对2015年以来获取测绘资质的地理信息生产单位和在省测绘地理信息局领取纸质版和电子版1:1万、1:2.5万、1:5万、1:25万涉密地形图的涉密地理信息用户单位进行执法检查。检查采取自查和抽查相结合的方式，重点检查涉密地理信息生产、保管、复制、转借、销毁等重点环节管理情况和涉密地理信息电子数据的存储、传输和使用情况。2月12日，在海口市举办2017年海南省涉密测绘成果管理人员岗位培训班，240多人参加培训。

【应急测绘保障服务】

8月26日，海南测绘地理信息局组织开展了专项应急测绘保障演练。全年累计为省市“三防”工作有关部门无偿提供1:1万DLG数据363幅、1:1万DOM数据89幅、1:1万DEM数据274幅、1:5万DEM数据78幅及高分辨率卫星影像5景。为省2017年山洪灾害防治项目、万宁市水库及易涝区防汛抢险应急预案（一期）项目等提供地理信息成果保障和支持。

科技与国际合作

【科技项目】

海南测绘地理信息局承担“水下地形测绘关键技术研究与试验”“测绘地理信息标准研究与制修订”和“军民测绘标准采用分析与验证”3个国家基础测绘科技与标准项目和“基于地理信息的智慧城镇规划设计技术集成与示范”国家科技支撑计划课题。

【对外合作与交流】

海南测绘地理信息局全年共安排7人次赴美国、瑞典、芬兰、马来西亚、印度、尼泊尔进行学习交谈。

地市级测绘地理信息工作

【海口市】

“数字海口”地理空间框架建设项目通过验收。海口市网格地图更新、测绘基准升级改造等项目建设基本完成，并通过质量检查。2017年，海口市测绘地理信息局完成对新申请丙、丁级测绘资质和申请变更资质的单位的审查；强化省外测绘单位在海口市的测绘项目管理，对项目进行全面备案；贯彻落实2017年全省测绘资质巡查工作部署，对被抽选的海口市测绘单位的人员、社保、设备、办公场所、合同履行情况、保密设施等情况进行详细核查。完成12件国家秘密基础测绘成果使用申请审批工作；强化地图市场管理，联合市工商和文体部门对“问题地图”开展全覆盖排查整治，配合国家巡视组对海南出版社、新华书店等多家单位进行专项检查；

联合市国家安全局开展卫星定位基准站专项整治工作，对全市范围已建设备案的卫星定位基准站进行安全保密检查；以2017年海南省“8·29”测绘法宣传日主会场设在海口为契机，营造宣传测绘法律法规和国家版图知识的氛围，进一步加强社会公众依法测绘、依法用图的意识。

【三亚市】

三亚市测绘地理信息局制定了《摇号确定“招拍挂”出让的项目用地农用地转用勘测定界业务承担单位实施（暂行）办法》，建立土地勘测定界资质单位名录库，通过摇号委托52宗农转用及供地勘测定界业务，督促受托单位按时、保质、保量提交勘测定界成果。向市规划局等18家单位提供25批次基础测绘成果资料。委托省测绘产品质量监督检验站随机抽查12家测绘单位22宗地籍、勘测定界项目成果质量。开展全覆盖排查整治“问题地图”，联合市文体部门出动16人次，对新华书店、机场、车站、书报亭等公共场所销售、展示的8种常规地图产品开展跟踪检查，完成疑似“问题地图”的复查工作。联合市国家安全部门对辖区内8个卫星导航定位基准站进行安全隐患整治，并配合省卫星导航定位基准站安全专项整治行动办公室完成复查。做好三亚市连续运行参考站综合服务系统4个永久基准站的定期巡查、4套天线及接收机设备维护、观测数据备份、成果对外利用等维护工作，做好全市连续运行参考站的备案工作。持续做好政务版地理信息公共平台、公众版地理信息公共平台资讯更新、地图服务运行监测、地图服务安全防护等维护工作，为全市10多个部门20多个业务系统提供实时在线地理信息共享服务。完成三亚市全域约1919平方千米2017年度地名地址及兴趣点数据外业采集、内业整理、数据入库等工作，完成全市2017年度高分辨率卫星影像数据切片处理、服务数据共享发布等工作。为海洋大督查、环保大督查、光伏小镇规划、10分钟生活圈规划、三亚市总体城市设计及城市风貌修补规划、“创文拱卫”园林绿化遥感分析、农场土地情况调查、城市西部供水项目、各区美丽乡村建设规划等“城市双修升级版”等近20个重点项目，无偿提供地形图数据共享4850幅、卫星影像数据800平方千米；为全市27家测绘单位无偿提供三亚市连续运行参考站综合服务系统用户注册，并提供全天候卫星定位服务，出具统一基准使用证明2860个，提供坐标转换服务2860宗，涉及点位约6.2万个。持续做好地理信息公共平台应用推广工作，开展地理信息公共平台展示及解答技术咨询50多次。

地方社团工作

海南省测绘地理信息学会开展优秀论文评选活动，修订了《海南省测绘地理信息优秀科技论文评选与奖励办法（试行）》。全年组织召开企业代表座谈会3次，动员科技工作者深入调查研究。承担海南省测绘地理信息信用评价工作，完成海南省乙、丙、丁级测绘资质单位的信用评定工作。

重庆市

概况

2017年，重庆市规划局（重庆市测绘地理信息局）围绕综合市情系统建设、新型基础测绘资源覆盖、现代测绘基准建设和地理信息公共服务等市委市政府确定的重点工作，强化管理创新和技术创新，注重成果运用与服务，做好市场监管，突出测绘地理信息的基础性保障作用，在全国省级测绘地理信息主管部门2017年度测绘地理信息工作绩效考核中获优秀等次。

重庆市政府发布《重庆市第一次地理国情普查公报》，批准《时空信息大数据服务发展战略合作协议》工作方案，印发《重庆市地理国情数据动态更新管理办法》和《重庆市地下管线数据动态更新管理办法》。重庆市规划局（重庆市测绘地理信息局）完成智慧重庆时空信息云平台试点，深化完善综合市情系统，承建并上线重庆市社会公共信息资源共享交换平台。推进2000国家大地坐标系使用，推进卫星导航定位服务系统（CQGNSS）加密建设，开展省市区域和行业共享合作。推进1:2000、1:5000测绘资源覆盖，更新1:1万基础数据库，完成地理国情监测和地下管线年度更新。编制出版《重庆历史地图集·第二卷》，建成重庆测绘文化公园。开展全覆盖排查整治"问题地图"专项行动，完成卫星导航定位基准站安全专项整治。获国家和省部级科技奖励26项，国家专利授权19项。贾贞贞获中央电视台《绿水青山看中国》节目总决赛季军，李维平被评为测绘地理信息行业"大国工匠"。

党的建设与人才队伍建设

【党的建设】

重庆市规划局（重庆市测绘地理信息局）落实党建工作责任制，推进党建各项工作的开展。把意识形态工作纳入党建工作考核及领导班子、领导干部目标管理。推进"两学一做"学习教育常态化制度化。成立局直属机关党委，召开中共重庆市规划局直属机关委员会第一次代表大会，选举产生局第一届直属机关党委和纪律检查委员会。以增强"四个意识"为主题，举办3次专题辅导和党课报告会，1100人次参加。制定党组织10个方面、党员个人5个方面重点查找内容，开展3次全覆盖的现场调研督办，对36个基层党组织进行督导检查，督促各单位自查自纠问题327个。召开2次局系统推进"两学一做"学习教育常态化制度化工作座谈会。组织21批次90多人参加在职党支部书记培训，配发学习书籍5600多册。

【党风廉政建设】

重庆市规划局（重庆市测绘地理信息局）全面贯彻落实党的十九大精神，不断坚定"四个自信"，增强"四个意识"，严格执行重庆市党员干部政治纪律"八严禁"和生活作风"十二不准"，营造旗帜鲜明讲政治、从严从紧抓纪律的良好氛围。开设举报邮箱，公开举报电话。制定完善《落实党风廉政建设党委主体责任制度》《党风廉政建设监督检查制度》。层层签订党风廉政建设责任书，逐级落实主体责任。制订出台《反腐倡廉教育工作制度》，开展局党组中心组（扩大）理论学习15次、党风廉政专题辅导教育8次、交流发言70人次。查找出180多项规划测绘管理各流程廉政风险点，提出改进和完善措施，制订下发《廉政风险防控工作方案》。明确审批许可类行政权力12项、非审批许可类行政权力45项。建成阳光督察信息化系统，全程监控和预警风险点，增强规划系统依法行政意识。制订印发局2017年党风廉政建设工作要点，制定《2017年党风廉政建设和反腐败分工责任制》。开展集中明察暗访3次、诫勉谈话9人次，给予1人党内警告处分。

【精神文明建设】

重庆市规划局（重庆市测绘地理信息局）组织干部群众观看党的十九大开幕大会实况，大会闭幕后覆盖全员传达党的十九大报告。研究制定《重庆市规划局学习宣传贯彻党的十九大精神方案》，局党组、各基层党委组织28次党的十九大集中学习，宣讲辅导110多场。开展学习型党组织、学习型党员和优秀学习品牌创建活动。组织专题辅导9次，参会人员2600多人次。组织登山、篮球、足球、乒乓球等比赛6项次，参加市直机关工作委员会十九大知识竞赛。妇女职工参加"三八红旗手""巾帼建功"活动，开展青年项目负责人演说比赛。重庆市规划信息服务中心连续3年被住房和城乡建设部授予"青年文明号"称号。修订爱心基金使用管理办法，探望10名患病职工，帮助困难人员78人，落实各类慰问资金17万元。

【人才队伍建设】

重庆市规划局（重庆市测绘地理信息局）强化高层次、领军型、复合型人才引进和培养。在清华大学举办处级干部综合素质提升培训班。举办重庆市测绘地理信息生产单位负责人培训班。设立重点人才工作专项经费，对纳入部、市级重点的人才项目给予配套支持。选拔15名处级领导干部、5名调研员，处级领导干部轮岗交流11人次。举行第五届重庆市测绘地理信息行业职业技能竞赛，从全市257家测绘资质单位选拔100名选手参加竞赛。重庆代表队分获第五届全国测绘地理信息行业职业技能竞赛工程测量员赛项团体第三名和地图绘制员赛项团体第十名。测绘地理信息系统1人入选"重庆市百千万工程领军人才培养计划"，1人获"全国五一劳动奖章"，1人获评测绘地理信息行业"大国工匠"，2人获第一次全国地理国情普查先进个人。

法制建设与市场监管

【法制建设】

重庆市政府办公厅印发《重庆市地理国情数据动态更新管理办法》和《重庆市地下管线数据动态更新管理办法》，建立地理国情监测常态化工作机制。重庆市规划局（重庆市测绘地理信息局）出台《重庆市测绘资质管理办法》《重庆市基础测绘地理信息成果提供使用管理办法》《重庆市地下管线综合管理信息系统部署使用管理办法》和《重庆市规划局局内数据信息资源共享办法》等规范性文件。启动《重庆市测绘管理条例》修订工作，完成调研报告编写，该条例纳入重庆市政府2018年制定地方性法规草案和政府规章计划预备项目。增强测绘地理信息法治保障和执法能力，建立与重庆市政府法制办公室、律师事务所、政法院校的联动工作机制。

【法制宣传】

重庆市规划局（重庆市测绘地理信息局）开展新测绘法学习宣传工作，制定工作方案，印发《关于印发学习宣传贯彻新〈测绘法〉的通知》，举办新测绘法主题培训，约400人参加培训。举行“8·29”测绘法宣传日活动，开展测绘法宣传日主题口号、宣传口号、公益短信、宣传画有奖征集活动；开展专题宣传，发布《中华人民共和国测绘法》解读、新测绘法热点问答、国家版图知识普及等专题内容；举办主题展览，从测绘法律法规、测绘地理信息成果、版图和特色地图3个方面，集中反映当前测绘地理信息行业法制建设、事业成就和发展动态；赴7个区县开展测绘法宣传区县巡展活动，发放宣传材料3万多份。

【依法行政】

重庆市规划局（重庆市测绘地理信息局）印发《重庆市规划局关于报备卫星导航定位基准站信息的通知》，在重庆市主流媒体刊登《重庆市规划局关于报备卫星导航定位基准站信息的通告》。组织27家建设单位完成167个基准站的备案手续。采用“双随机”方式开展测绘地理信息执法，共检查60家市内测绘资质单位、15家卫星连续定位基准站账号使用单位。联合重庆市保密、安全部门开展执法行动。出台《行政执法过错责任追究办法》。实现所有测绘行政审批事项在重庆市政府网上行政审批平台办理。

【“放管服”改革】

重庆市规划局（重庆市测绘地理信息局）推进行政审批制度改革，编制权责清单。清理市级行政审批权力清单并向社会公开，指导区县行政审批权力清单清理工作。在重庆自贸试验区开展试点工作，公开行政审批事项目录和程序，明晰具体受理条件和办理标准，列明审查要求和时限，实现服务事项标准化，实现办理过程公开透明、办理结果有明确预期，最大限度减少自由裁量权，提高审批的透明度和可预期性，年内没有收到行政复议和行政诉讼事宜。

【测绘资质管理】

重庆市规划局（重庆市测绘地理信息局）完成1家甲级测绘资质单位初审、19家乙级单位续期换证工作。新增测绘单位35家，升级5家，变更业务范围58家。对60家测绘资质单位开展资质巡查工作。在重庆测绘地理信息网站公开重庆市测绘资质单位年度报告，接受公众监督。

【信用管理】

重庆市规划局（重庆市测绘地理信息局）举办全市测绘资质单位信用管理平台操作培训。完成5家甲级单位的存量信用信息征集、录入、审核工作，完成乙、丙、丁级测绘资质单位存量信用信息的征集、审核和发布工作。推进信用信息征集和发布工作常态化，为2家测绘资质单位出具信用报告，提供有效证明材料。

规划与计划

【规划的制定与执行】

重庆市规划局（重庆市测绘地理信息局）推动《时空信息大数据服务发展战略合作协议》实施，编制工作方案，细化推进落实协议相关工作。将专项规划任务纳入市政府重点项目、市级政府投资三年滚动规划和年度投资计划。将现代测绘基准体系完善等项目纳入《2017年度市级目标管理绩效考核责任单位工作目标任务分解》《2017年全市城乡规划工作要点》和《2017年全市测绘地理信息工作要点》。印发《重庆市测绘地理信息“十三五”专项规划任务分解》，将《重庆市测绘地理信息发展“十三五”规划》任务目标细化为10个专项规划任务、7个常态保障任务和2个市场投资任务，并全部拟定项目设计书及项目实施计划。

【计划的制定与执行】

重庆市规划局（重庆市测绘地理信息局）开展重庆市新型基础测绘生产基地建设，构建无人机倾斜摄影航摄系统，研发基础测绘图库一体化生产系统。统筹全市航空航天遥感影像获取，影像获取经费纳入市级财政预算。落实重庆市社会公共信息资源共享交换平台暨重庆市综合市情系统专项资金。重庆市“十三五”基础测绘数据资源建设被纳入到重庆市 2017 年市级重点项目名单，获重庆市发展和改革委员会立项许可及重庆市城乡建设委员会和重庆市财政局的许可。时空大数据服务平台及应用示范建设通过重庆市发展和改革委员会审核，报送国家发展和改革委员会申报 2018 年国家数字经济试点重大工程。向全市智能化应用发展行动计划申报 23 个重点工程项目。

基础测绘

【基础测绘经费投入】

重庆市规划局（重庆市测绘地理信息局）规范管理国家和市级重大专项项目经费，严格执行工程招投标制度，严格实行合同管理，严格管理项目资金使用。落实基础性地理国情监测经费 2329 万元，专题性地理国情监测经费 1188 万元，地下管线数据更新及管理信息系统更新维护经费 832 万元。建立地理国情监测和地下管线更新市区两级财政投入机制。重庆市 1∶2000 基础测绘数据资源建设项目取得重庆市发展和改革委员会立项许可，预算资金 4.18 亿元，重庆市发展和改革委员会、重庆市城乡建设委员会、重庆市财政局按照 1∶1∶1 配套，重庆市综合市情系统建设落实资金 1 亿元，均纳入市级财政三年滚动计划。

【测绘基准建设与应用】

重庆市规划局（重庆市测绘地理信息局）建立由 35 个基准站组成的重庆市卫星导航定位服务系统，完成对全部基准站的北斗卫星服务系统升级改造。完成 15 个加密站点踏勘、选点工作。重庆市卫星导航定位服务系统新增单位 76 家，新增账户 271 个，截至年底，共有在线单位 325 家、有效账户 1345 个。重庆市规划局（重庆市测绘地理信息局）全年提供 2400 多次咨询服务，提供现场网络 RTK 技术培训 25 次。与贵州省建立数据共享机制，与湖南、湖北探索基于国家基准站数据专线的省域基准站共享方法，开展数据接入测试。与重庆市地震局签订战略合作协议，完成 18 个卫星导航定位基准站数据实时共享工作。完成全市 2000 国家大地坐标系成果转换并通过国家测绘地理信息局组织的质量检验，完成 A、B、C 级控制点 2000 国家大地坐标系成果计算，全市各重点项目均采用 2000 国家大地坐标系完成。

【基本比例尺地形图测制与更新】

重庆市规划局（重庆市测绘地理信息局）实现全市 1∶1 万地形图全覆盖和数据更新，完成 12574 幅 1∶5000 数字地形图建库，更新 3263 幅 1∶1 万地形图，并完成数据成果 2000 国家大地坐标系转换。完成重庆市主城区及周边地区约 6000 平方千米亚厘米级精度似大地水准面确定。

【航空航天遥感影像获取与应用】

重庆市规划局（重庆市测绘地理信息局）完成全市域航天影像采集 8.24 万平方千米，无人机低空航摄影像采集 2300 平方千米，优于 0.5 米的高分辨率影像采集 1.8 万平方千米。在地理国情数据动态更新、地理国情监测等项目中广泛使用航空航天遥感影像，使用率 100%。建立全市影像资源数据库，对影像数据进行统筹管理。每月推送简报公布影像资源采集、处理及应用情况，向相关部门分发全市域航空遥感影像。全年共投入经费约 800 万元用于航空航天遥感影像获取与应用。

【智慧城市、数字城市建设】

重庆市规划局（重庆市测绘地理信息局）完成智慧城市时空信息云平台建设试点建设工作专家验收。开展数字万州、数字长寿、数字永川、数字潼南等数字区县地理空间框架更新维护。完成重庆市综合市情系统建设。建立两江新区市场监管应用平台，实现证照许可、市场行为、监督管理、投诉举报、行政执法“五位一体”信息空间整合和市场信用主体的分类监管。协助重庆市工商和公安部门开展多证合一改革工作。为重庆市水利局河长制推广运行、市政府办公厅网上行政审批数据可视化和精准扶贫等多个应用系统建设提供支撑。

【质量管理】

重庆市规划局（重庆市测绘地理信息局）组织全市甲级测绘资质单位报送质量监督抽检项目，做好检查准备工作，完成质量监督抽查。依法实施全市质量监督抽查工作，定期公布抽查结果，按时报送抽查结果和总结报告。印发《重庆市规划局关于开展2017年全市测绘地理信息成果质量监督抽查工作的通知》。确定包含30家单位18项工程测图成果、5项管线测量成果、7项变形测量成果的检查名单，完成全部检查工作。

【安全生产】

重庆市规划局（重庆市测绘地理信息局）建立安全生产管理机构，落实安全生产责任制。成立测绘生产安全领导小组，制定《重庆市规划局测绘安全生产办法》，明确安全生产有关责任。召开安全生产工作例会，强化重点生产任务安全生产措施。举办测绘资质单位负责人培训班，建立健全安全生产制度。组织开展安全年、安全月活动。全年开展3次定期监督检查，组织1次安全知识培训，不定期对测绘生产单位的安全生产情况进行检查和抽查，督促安全措施落实。2017年度重庆市无任何安全责任事故发生。

地理国情监测

【地理国情普查】

重庆市规划局（重庆市测绘地理信息局）完成全市地理国情普查后续工作。完成行业部门数据对比分析，召开1次重庆市普查领导小组联络员会议。完成《重庆市第一次地理国情普查公报》编制审核与发布工作。完成普查数据库及管理系统安装部署。编制印发《重庆市区县地理国情数据库及管理系统部署方案》，完成全市全部区县地理国情数据分发及管理信息系统安装部署。制作重庆市第一次地理国情普查纪实片和重庆市第一次地理国情普查成果推介片。在全国地理国情普查评比表彰工作中，重庆市1人获全国五一劳动奖章、1家单位单位获工人先锋号称号，2家单位获第一次全国地理国情普查先进集体、2人获先进个人称号。

【地理国情监测】

重庆市规划局（重庆市测绘地理信息局）召开1次重庆市第一次全国地理国情普查领导小组工作会议。编制并推动市政府印发《重庆市地理国情数据动态更新管理办法》，落实基础性地理国情监测经费2329万元，专题性地理国情监测经费1188万元。编制完成《重庆市2017年基础性地理国情监测实施方案》《重庆市区县地理国情数据动态更新工作实施方案》，开展地理国情数据动态更新技术培训，指导各区县、各部门开展实施基础性地理国情监测工作。召开工作例会19次，编制工作周报19期，印发补充技术规定4次。组织重庆市测绘产品质量检验测试中心集中开展质检培训1次，组织各作业单位开展内部培训累计10多次。不定期组织开展现场质量抽查和生产安全检查。与四川测绘地理信息局合作开展成渝经济区地理国情普查统计分析项目。开展7项专题性地理国情监测课题研究。开展市级监测项目17项，初步构建地理国情监测技术体系和工作体系。

不动产测绘

重庆市研制不动产测绘成果生产平台并启动上线试运行，提高不动产测绘工作效率和成果质量。完成房产测量8274万平方米。完成第三次土地调查试点工作，研究优化和提升适合重庆市情调查流程与方法、制定科学严密的调查技术体系。推进全市土地房屋专业数据库建设，基本完成数据库设计，为全市资源承载力评价计算和规划调整完善核查提供保障。建成全市建设用地、土地利用、危房和土地整治规划数据库等市级核心数据库并投入使用。

地图管理与地图服务

【地图公共服务】

重庆市规划局（重庆市测绘地理信息局）推进地图公共服务，编制、更新公益性地图并向公众、媒体和政府部门等提供标准地图服务。编制和更新17个区县共29种公益地图、标准地图。发布“每周一图”43期。出版《重庆历史地图集·第二卷》。出版《测绘方寸间——世界测绘地图邮票明信片集萃》。编制《重庆小面地图》《重庆农家乐地图》《重庆火锅地图》《重庆渝菜地图》《重庆旅游地图》《重庆避暑漂流地图》《重庆赏花温泉地图》《重庆体育场馆分布地图》等公益性地图，编制荣昌区、铜梁区等区县便民地图，编制重庆市主城九区、两江新区标准地图，更新重庆市和区县标准地图，实现重庆市域及区县标准地图全覆盖，启动标准地图网络服务平台上线运行。配合完成第四次辅助决策用图共享工作，上传重庆市行政区划、交通、水系、地势等各类地图共212幅。

【国家版图意识宣传教育】

重庆市规划局（重庆市测绘地理信息局）开展

地图市场大检查“回头看”工作，开展对导航电子地图制作单位和互联网地图服务单位地理信息安全保密隐患的排查。将全市621家政府网站全部纳入监管系统，检索出待检定网页31093个，反馈给各单位并督促整改完毕。以国家版图意识宣传教育“进媒体”为重点，深化国家版图意识宣传教育工作。在“8·29”全国测绘法宣传日展览中，专设“版图和特色地图”板块，设置法律咨询宣讲台。制作《穿越巴渝三千年》微视频并通过媒体进行宣传报道。主办重庆市“第四届地理科普活动暨六一儿童节地理科普讲座活动。开展“测绘地理进课堂”活动。

【全覆盖排查整治“问题地图”专项行动】

重庆市规划局（重庆市测绘地理信息局）联合重庆市委网络安全和信息化领导小组办公室、重庆市文化委员会印发《关于开展重庆市全覆盖排查整治“问题地图”专项行动的通知》，成立专项行动工作组。召开市级部门工作部署会、工作推进会、区县测绘地理信息主管部门专项业务培训会。制作以普及国家版图知识为主题的公益动画短片，创作原创宣传歌曲。对846家单位进行自查整改，抽查网站345个，各行业单位1454家，公开场所（含教育、商业、旅游、文化等）2000多处。对全市进行全覆盖巡查，共检查地图21687件，发现“问题地图”952例，整改网站61家，查处、收缴“问题地图”产品1560件，上报典型案例6例。

测绘地理信息成果管理与应用

【“天地图·重庆”建设与应用】

重庆市规划局（重庆市测绘地理信息局）完成“天地图”国家主节点与“天地图·重庆”节点数据融合工作。设计矢量融合数据3281224条、数据量共1260MB，遥感影像融合数据量共530MB。更新“天地图·重庆”节点年度数据量278GB，更新并发布矢量电子地图、影像电子地图等4类电子地图。完成节点数据更新，节点数据发布与注册、服务运行监测、“天地图”宣传及应用技术支撑工作。“天地图·重庆”支撑重庆市综合市情系统、重庆市城乡规划综合数据库、重庆市政府风险管理信息平台、重庆市地税局GIS税源监管平台、两江新区招商项目动态监测平台、两江新区经济运行信息发布平台建设。

【成果汇交与分发】

重庆市规划局（重庆市测绘地理信息局）办理测绘成果分发审批386次，提供各类控制点189个、地形图3876幅、影像数据面积115719平方千米。为全市各类规划项目提供测绘成果服务246次，其中为村域现状分析及村规划指引编制、村规划编制提供测绘成果服务182次，为全市地理国情普查数据更新提供测绘成果服务累计35次，为全市各类工程建设项目提供测绘成果服务105次。

【测绘成果保密管理】

重庆市规划局（重庆市测绘地理信息局）编制完成《重庆市基础测绘地理信息成果提供使用管理办法》《重庆市地下管线综合管理信息系统使用管理办法》，修改完善《涉密基础测绘地理信息成果使用申请表》《涉密基础测绘地理信息成果安全保密责任书》《重庆市测绘地理信息数据服务与保密协议》，完善测绘地理信息成果提供使用服务流程。升级维护《测绘成果分发服务系统维护及测绘成果保密监管移动GIS系统》，实现一体化保密管理。开展数字水印、加密等涉密测绘成果相关技术研究。检查主要测绘单位和成果使用单位50多家。联合市保密部门开展核心涉密人员的保密培训，累计培训260人次。

【测量标志管理】

重庆市各区县按期开展测量标志巡查，全部提交巡查报告，如实记录巡查时间、巡查人员、测量标志状况、现场拍照。重庆市规划局（重庆市测绘地理信息局）建立日常巡查和电话举报制度，有效遏制损害测量标志使用效能的行为。严格执行永久性测量标志拆迁审批制度，不得擅自批准拆迁永久性测量标志。充分利用网络、电视、广播、报纸等多种媒体，宣传测量标志保护的重要意义、相关法律法规知识。

【应急测绘保障服务】

重庆市规划局（重庆市测绘地理信息局）参加国家应急测绘保障能力建设项目推进会3次。成立国家应急测绘保障能力建设项目重庆节点建设领导小组和国家应急测绘保障能力建设项目重庆节点项目办公室。编制《国家应急测绘保障能力建设项目重庆单项工程实施方案》。完成应急测绘重庆市资源数据库设计及远程会议终端会议场地建设。向全市各单位提供应急技术支持260多次。为各级政府、行业部门提供专题地图服务保障110多次。开展专题演练训练100多次。完成巫溪大宁河滑坡地理应急救援工作。

地理信息产业

重庆市规划局（重庆市测绘地理信息局）成立重庆市城乡规划和测绘科学技术委员会，统筹测绘地理信息产业科技工作，制定产业科技创新政策。提出“弘扬测绘文化，培育地理文化，传承城市文化”的发展理念。中国地理信息产业协会地理信息文化工作委员会在重庆挂牌，举办首届地理信息文化论坛。与中国地理学会科普志愿者服务站和重庆市地理学会地理文化专委会在重庆挂牌。重庆市相关单位获批国家测绘地理信息局科普教育基地，重庆市级地理文化众创空间初步通过国家级众创空间审查。重庆市规划局（重庆市测绘地理信息局）支撑大渡口区“重庆卫星遥感军民融合产业基地”、沙坪坝区“北斗民用研究院”等产业示范基地建设。打造两江新区“中国科学院重庆地理文化创意产业基地”，培育“重庆地理文化众创空间”等创新基地。

科技、标准化与国际合作

【科技创新体系建设】

重庆市规划局（重庆市测绘地理信息局）开展测绘地理信息获取与处理、检验与测试、成果与服务等类型的标准规范编制。推动高分辨率对地观测系统重庆数据与应用中心建设，该中心获国家国防科技工业局、重庆市政府批准并挂牌。获批市级智慧城市时空大数据工程研究中心和时空大数据技术研究与应用工程实验室。开展信息化测绘生产基地建设。建立“陈翰新首席专家工作室”“李维平技能专家工作室”“李鹏工程测量员市级技能大师工作室”。研发基础测绘图库一体化生产系统，研发“ZXMap”空间大数据服务平台。成立智慧城市时空大数据重庆市工程研究中心、移动型智能测量装备重庆市工程实验室、时空大数据技术研究与应用重庆市工程实验室。设立重庆市规划和测绘科技进步奖。投入科研配套经费约700万元。开展70多项科技研发攻关。

【科技项目与科技奖励】

《3D SDI Promotion Actions in Chongqing，PR China》（重庆三维空间数据基础设施推广行动）课题获全球空间数据基础设施协会（GSDI）资助。“基于天空地一体化遥感技术辅助城乡规划督察信息化平台建设及应用研究”等3个项目获住房和城乡建设部立项。“重庆市山区公路灾情监测系统建设及应用”等7个项目获重庆市科学技术委员会立项。重庆市测绘地理信息系统获国家和省部级科技奖励26项，其中中国地理信息产业协会2017年中国地理信息科技进步奖一等奖1项、二等奖7项，中国地理信息优秀工程奖金奖3项、银奖3项；中国测绘地理信息学会测绘科技进步奖二等奖3项，全国优秀测绘工程铂金奖1项、金奖1项、银奖2项；全国优秀工程勘察设计行业奖工程勘察一等奖2项；重庆市科学技术奖二等奖1项、三等奖2项。发表论文60多篇。获国家专利授权19项，计算机软件著作权登记60项。

【标准化工作】

重庆市规划局（重庆市测绘地理信息局）开展标准宣贯与执行监督检查。制定《重庆市城乡规划测绘行业标准管理办法》，参与《城市基础地理信息系统技术规范》《车载移动测量技术规程》2项标准制修订工作。发布《室内导航数字地图概念模型》《城镇建筑物信息调查技术规程》2项地方标准。报批《重庆市地下管线探测技术标准》地方标准。开展《重庆市综合市情信息资源分类与编码》标准立项申报工作。

【对外合作与交流】

重庆市规划局（重庆市测绘地理信息局）组织参加2017年国际摄影测量与遥感学会专题学术研讨会及商务会议，2篇学术论文被会议接收并收录为EI检索。在测绘地理信息产业杂志GIM International首页发表专题文章《3D GIS in China：Chongqing Survey Institute Realized What Many Still Dream Of》（中国的三维地理信息——重庆市勘测院实现梦想）。选派1人赴联合国可持续发展司挂职。与欧洲空间局项目经理Beatrice Barresi、诺丁汉大学中英地理空间信息联合研究中心主任孟晓林教授、英国驻重庆总领事馆高级科技创新官员Rebecca Jiang等专家就城市基础设施监测、城市三维地理信息等领域的研究进展和相关成果进行交流。

地方社团工作

重庆市测绘地理信息学会党支部成立。学会开展第八届优秀测绘地理信息工程和优秀论文评选工作。开展各类学术交流20多次。与武汉大学开展点云数据复杂环境三维测图学术交流。与重庆邮电大学开展城市智能感知、城市地下管网安全监测合作交流。与全国各单位、机构同行开展交流20多次。合作开展地理信息共享与应用交流200人次，提供学生实习100人次。编辑的《重庆勘测》全年共出版4期。

四川省

概况

2017年，四川省测绘地理信息行业单位完成测绘服务总值120亿元。四川测绘地理信息局在全国省级测绘地理信息主管部门2017年度测绘地理信息工作绩效考核中名列第三。

四川测绘地理信息局联合四川省发展和改革委员会印发《四川省“十三五”基础测绘发展规划》《四川省“十三五”地理信息产业发展规划》，与省科技厅联合印发《四川省“十三五”测绘地理信息科技发展规划》。《四川省“十三五”生态建设规划》《四川省“十三五”防灾减灾规划》《四川省“十三五”战略性新兴产业发展规划》和《四川省“十三五”军民融合发展规划》等规划均加入测绘地理信息内容，形成完整的事业、产业、科技发展规划体系。

四川省第一次全国地理国情普查工作通过验收，四川省召开第一次全国地理国情普查新闻发布会、第一次全国地理国情普查工作总结表彰大会，发布《四川省第一次全国地理国情普查公报》。四川省地理信息公共平台建设项目通过验收，建成全省“一网一图一库”地理信息综合服务体系。四川测绘地理信息局报请省政府启动省“十三五”基础测绘三大先行项目，落实国家测绘地理信息局与省政府签署的推动高精度卫星影像资源高效利用战略合作框架协议，协商省财政厅联合印发《四川省遥感影像管理规定》和《四川省遥感影像经费管理办法》。推进城镇地下管网综合管理信息平台建设和智慧泸州时空大数据与云平台建设，协同开展国防动员“智慧云平台”、大熊猫国家公园建设、生态文明体制改革、自然资源资产离任审计、河长制工作、土地督察工作、成都地面信息港建设等重大测绘保障任务，服务美丽繁荣和谐四川建设。开展资源环境承载力监测、主体功能区建设等基础性、专题性地理国情监测，累计提供、发布、移交监测成果30多项。推进“军民融合西部方向卫星导航定位基准站数据中心”和“军民融合西部方向战场环境信息灾备中心”建设，深化测绘地理信息领域军民融合发展。

省、市测绘地理信息主管部门和行业单位组织干部职工集中收看党的十九大开幕会，收听国家测绘地理信息局局长库热西·买合苏提做客中央人民广播电台十九大特别节目《做客中央台》专题访谈，全行业掀起学习宣传贯彻党的十九大精神高潮。省人大组织召开全省新测绘法学习宣传贯彻会。省政府将新测绘法列入常务会学法计划，颁布实施《四川省地理信息交换共享管理办法》，推动建立全省航空航天遥感影像统筹获取与管理机制，启动修订《四川省测绘管理条例》。全省21个市（州）和183个县（市、区）全面开展全覆盖排查整治“问题地图”专项行动，并逐步建立起专项治理常态化机制。四川测绘地理信息局联合举办四川省第三届测绘地理信息行业职业技能竞赛暨第五届全国测绘地理信息行业职业技能竞赛选拔赛，联合主办首届中国空间大数据产业高峰论坛，联合评选出四川省测绘地理信息“十佳单位”。截至年底，全省共有测绘资质单位1208家，其中甲级单位54家，地理信息产业年增速超过25%。

四川测绘地理信息局及时为丹巴水灾、“6·24”茂县山体滑坡和“8·8”九寨沟地震等抢险救灾、灾情评估和灾后恢复重建提供测绘应急保障，省委省政府联名致信感谢。按照省地质灾害综合防治体系建设方案总体部署，落实年度测绘保障经费2000万元。开展国家应急测绘保障成都分队建设，引入运－12大型无人飞机并落实停靠机场，与部队联合建设军民融合西部方向战场环境信息灾备中心，参加2017年省级抗震救灾综合演练。省政府发布的《“8·8”九寨沟地震灾后恢复重建总体规划》明确四川测绘地理信息局承担灾区地质灾害防治“遥感测绘调查”项目，总经费7901万元。

四川测绘地理信息局为铁路、石油、地矿、水电、交通、林业等各行业提供测绘地理信息成果服务，共受理成果申请990人/次，提供各种比例尺地形图1265张、大地测量控制点1450点、“4D”产品77019幅，总数据量26TB。完成省级测绘地理信息行政权力事项、公共服务事项清理和一体化电子政务平台录入。围绕省委省政府重大决策和战略部署，编制《领导工作用图（2017版）》《成渝城市群发展图集》等图集、图册，制作完成四川省河长制系列专题图，为武警部队反恐维稳、应急处突提供系列指挥用图，通过门户网站向政府部门、行业单位和社会公众提供免费服务。“天地图·四川”迁移到省级政务云平台，在线注册的二次开发用户数达3100多个。

四川测绘地理信息局在以“重点实验室＋工程中心＋联盟”为主的创新平台和生产力布局体系基础上，进一步协调整合“产、学、研、用”各方资源力量，与省审计厅、德阳市中江县政府、61287部队、青海省测绘地理信息局签署战略合作协议。召开全省测绘地理信息科技大会，印发《四川省“十三五”测绘地理信息科技研发指南》，成立新一届四川省测绘地理信息科学技术委员会。筹建省级导航与位置服务工程技术研究中心和多源遥感影像处理与应用工程技术研究中心，推动长江经济带地理信息协同创新联盟和省地理信息产业技术研究院建设发展。全年投入科技研发经费1460万元，获各类省部级科技奖项15项，获中国测绘地理信息学会2017年科技进步奖特等奖1项、一等奖2项。完成省地理信息公共服务、北斗导航与定位服务2项国家级标准化试点建设，其中省地理信息公共服务标准化试点建设取得直接经济效益4100多万元。

党的建设与人才队伍建设

【党的建设】

四川测绘地理信息局党组把学习宣传贯彻党十九大精神作为首要政治任务，组织全局职工包括外业测区职工实时收看收听十九大开幕会、国家测绘地理信息局局长库热西·买合苏提做客中央人民广播电台十九大特别节目《做客中央台》专题访谈，召开党组中心组会议和党组中心组扩大会议进行学习部署，制定印发《中共四川测绘地理信息局党组关于学习宣传贯彻党的十九大精神的实施意见》。四川测绘地理信息局被省委宣传部、省直机关工作委员会评为2015—2016年度省直机关落实党建工作责任制先进单位和2016年度党组中心组理论学习先进单位，局党组被省直机关工委评为2015—2016年度开展“四好”活动先进班子。召开中共四川测绘地理信息局直属机关第四次代表大会，完成第四届直属机关党委、纪委改选。制定2017年度党组中心组学习计划，全年共组织学习15次，举办四川测绘大讲堂8期。开展“四项教育”和“四好班子”创建活动，以“三级书记讲党课”形式带动普通党员讲“微党课”。执行《党建工作规范化框图》和局党组成员基层联系点制度，修订党组中心组学习制度、发展党员工作实施细则等党建制度。开展局党组书记、机关党委书记和机关党支部书记、局属单位党组织书记党建工作述职评议。加强对党员领导干部参加“三会一课”督促检查，推行“一季度一主题”党支部活动。加强党员信息管理，完成党员基本信息采集入库和党员年度统计年报表工作。修订完善党员发展流程图，重视在生产一线、青年和高知识群体中发展党员，全年按计划发展党员11名。离退休党支部收缴党费返还比例由50%提高到100%。

【党风廉政建设】

四川测绘地理信息局强化党风廉政建设“两个责任”，落实局党组和直属各单位党委主体责任，局党组书记与党组成员签订党风廉政建设责任书，23名直属单位党委书记、局机关部门负责人签订党风廉政建设承诺书。印发局党组2017年党风廉政建设和反腐败工作要点和责任分工，明确党风廉政建设10项重点工作。在局机关全体公务员及局属单位领导班子和关键岗位开展廉政风险点排查和防控工作，局机关及9家局属单位共118个部门、459人纳入廉政风险防控范围，实行常态监控。按照规定向国家测绘地理信息局报送党风政风月报表，加强指导局属单位2016年度党员领导干部民主生活会。组织局属单位开展违规公款购买消费白酒问题自查并进行复查，完成全局处级干部廉政活页档案建立和上报工作，进一步规范出具党风廉政建设意见。开展“以案释纪明纪、严守纪律规矩”主题警示教育月活动，组织全局党员干部收看《推进全面从严治党巩固发展良好政治生态大宣讲》和《打铁还需自身硬》专题片。在节假日前夕，通过传播工具发布廉政信息提醒，坚决防止“四风”问题反弹回潮。组织开展纪检干部业务培训，局属各单位纪委书记、纪委委员、纪检监察室工作人员及局属单位财务管理人员共55人参加培训。完成局属单位年报审计工作。

【精神文明建设】

四川测绘地理信息局以培育“四有”职工队伍和践行社会主义核心价值观为重点，宣传第二届“感动测绘人物”、四川省道德模范、“四川省五一劳动奖章”获得者等先进典型事迹测绘地理信息系统。1人被授予“四川省直机关优秀党支部书记”称号，1人被授予“四川省8·8九寨沟地震抗震救灾先进个人”称号，1人、1个集体被授予“四川省6·24茂县特大山体滑坡灾害抢险救灾先进个人、先进集体”称号。开展党员示范岗、岗位学雷锋先进集体等创建活动，在全局营造学先进、赶先进、争当先进的良好氛围。举办登山、气排球、篮球等文化体育活动。开展义务心理知识科普教育讲座、“青春闪耀扶贫路”团员基层实践等活动。开展“不忘初心、继续前进”“测绘喜庆十九大，不忘初心跟党走”等主题党日活动，组织党员分期分批到资阳市陈毅故里、广安市邓小平故里和华蓥山游击队战斗遗址等地开展党性教育。开展党员互助爱心捐赠，全局551名党员共捐款5.9万元。

【人才队伍建设】

四川测绘地理信息局落实《测绘地理信息人才发展“十三五”规划》，建立测绘地理信息服务国家战略、保障基础测绘重大工程建设、应急测绘服务、地理信息产业发展“四大”科技和人才支撑体系。加强与武汉大学、西南交大、中国测绘科学研究院等院校、科研机构合作，加大博士生和研究生送培、引进力度。推荐上报各类专家18名，其中向国家测绘地理信息局推荐注册测绘师命题专家6名、向省人力资源和社会保障厅推荐有突出贡献的优秀专家人选8名、学术和技术带头人1名、学术和技术带头人后备人选3名。报送2017年测绘地理信息高级技术职务任职资格评审工作方案并获批实施，调整补充评审专家库，入库专家达92人。开展省测绘地理信息青年学术、技术带头人考评和增选，考评合格15人、增选18人。拥有全国技术能手2名、全国青年岗位能手1名、全国测绘地理信息技术能手8名、国家测绘地理信息局青年学术和技术带头人5名、四川省技术能手2名。全年开展测绘地理信息各工种鉴定17期，鉴定人数3991人、合格人数1758人。举办四川省第三届测绘地理信息行业职业技能竞赛暨第五届全国测绘地理信息行业职业技能竞赛选拔赛。省第三届测绘地理信息行业职业技能竞赛纳入首届“四川工匠杯”职业技能大赛，列为省级一类竞赛。四川代表队获“南方测绘杯”第五届全国测绘地理信息行业职业技能竞赛地图绘制员赛项团体二等奖。

法制建设与市场监管

【法制建设】

四川省政府以第318号省政府令发布《四川省地理信息交换共享管理办法》，于2月18日施行。《四川省测绘管理条例》修订工作启动。四川测绘地理信息局与省政府法制办公室联合召开《四川省地理信息交换共享办法》学习宣传贯彻会。

【法制宣传】

8月29日，四川测绘地理信息局以新修订的《中华人民共和国测绘法》为主题举行测绘法宣传日活动，将全覆盖排查整治“问题地图”作为贯彻落实测绘法重点任务，制作“国家版图知识”宣传展板。全省21个市州测绘地理信息主管部门、51家甲级测绘资质单位、部分县级测绘地理信息主管部门和测绘单位设置宣传点550个，出动宣传人员4600多人，邀请相关部门负责人到南充市参加宣传日主场活动。全省共发放宣传资料40多万份、发送公益短信30多万条。

【依法行政】

四川省人大组织召开全省新测绘法学习宣传贯彻会，省政府将新测绘法列入常务会学法计划，四川测绘地理信息局联合省市州有关部门、测绘地理信息主管部门、各测绘单位部署新测绘法宣传贯彻工作。举办全省乙级测绘资质单位参加的新测绘法培训班，350多人参加。组织全省甲级测绘资质单位参加国家测绘地理信息局组织的学习培训。遂宁、南充、广元、巴中、绵阳等地人大常委会组织召开新测绘法宣传贯彻会议。四川测绘地理信息局印发

《2017 年四川省测绘地理信息依法治理工作要点》。开展全省质量检查，检查测绘资质单位 80 多家。联合四川省国家保密局开展专项保密检查，抽查涉密测绘地理信息成果使用单位 46 家。开展互联网地图监控，实时监控地图网站 530 多个，检定静态地图图片 8.6 万多张，依法纠正恶意低价投标活动、违规设置招投标条件等违法违规行为 10 起。开展执法人员业务培训教育，全年办理测绘行政执法证 200 多件。

【“放管服”改革】

四川测绘地理信息局深化测绘资质审批改革，向成都、广元、眉山等 11 个测绘地理信息主管部门委托下放丙级测绘资质审批权限，向 21 个市州测绘地理信息主管部门全部下放丁级测绘资质审批权限，做好指导、监督与抽查，确保严格执法、标准统一。推进行政审批网上办理，承担的 9 项行政审批事项中除建立相对独立平面坐标系统审批（因资料涉密）外，其余 8 项行政审批事项都实现网上在线办理。四川测绘地理信息局全面清理行政权力，承担行政审批事项 9 项、行政检查事项 3 项、行政处罚事项 22 项、公共服务事项 23 项，全省测绘行政审批法律依据和执法主体明确，执法职权分解落实到相关部门。修订《四川省测绘行政处罚自由裁量实施标准》，对处罚依据进行清理，对行使行政处罚涉及的自由裁量权的运用范围、行使条件、裁决幅度、实施种类及时限等进行调整。实施《四川测绘地理信息局测绘地理信息行政执法内部监督管理办法和错案责任追究办法》《四川省测绘地理信息行政复议和行政应诉办法》。

【测绘资质管理】

四川测绘地理信息局印发《关于开展 2017 年测绘资质巡查工作的通知》，部署全省测绘资质巡查工作，对 50 多家测绘资质单位进行资质巡查，填写巡查记录表，对检查中发现问题的 20 多家单位反馈问题清单并责令限期整改，对攀枝花、绵阳、德阳、南充、巴中、广元等市的资质巡查工作进行随机抽查。

【信用管理】

四川测绘地理信息局通报 2016 年行业统计年报及测绘资质年度报告。2016 年测绘地理信息行业统计年报实际填报单位 1030 家、未填报单位 28 家；2016 年测绘资质年度报告实际填报单位 1012 家、未填报单位 45 家。对未填报行业统计年报和测绘资质年度报告的单位，按照《测绘地理信息行业信用管理办法》和《测绘地理信息行业信用指标体系》规定，作为轻微失信行为计入单位不良信用信息。

规划与计划

【规划的制定与执行】

四川测绘地理信息局与省发展改革委联合印发《四川省“十三五”基础测绘发展规划》《四川省“十三五”地理信息产业发展规划》，与省科学技术厅联合印发《四川省“十三五”测绘地理信息科技发展规划》。《四川省“十三五”生态保护与建设规划》《四川省“十三五”防灾减灾规划》《四川省“十三五”战略性新兴产业发展规划》和《四川省“十三五”军民融合发展规划》均明确测绘工作内容，全省测绘地理信息事业“十三五”规划体系全面建成。

四川测绘地理信息局开展“十三五”重大基础测绘项目立项，向省政府报请启动完善空间定位基准现代化建设、四川省 1:1 万无图区域测图工程、完善高精度地质灾害防治专用图测制与应急保障三大先行项目的请示，省政府组织相关部门召开三大项目协调会，对开展三大项目建设达成一致意见。四川测绘地理信息局完成三大项目可行性研究报告编写、评审等前期准备工作，会同省发展和改革委员会、财政厅、国土资源厅推进项目立项建设。四川省藏区基础测绘项目（二期）经省发展和改革委员会批复立项，项目资金 3000 万元。参与《8·8 九寨沟地震灾后恢复重建总体规划》编制。省政府印发《8·8 寨沟地震灾后恢复重建总体规划》，明确四川测绘地理信息局承担九寨沟地震灾区地质灾害防治“遥感测绘调查”项目，总投资 7901 万元。将新型基础测绘、地理国情监测、应急测绘、航空航天遥感测绘、全球地理信息资源开发等“五大业务”相关内容纳入《四川省“十三五”基础测绘发展规划》并推进实施。

【计划的制定与执行】

四川测绘地理信息局印发《2017 年四川省测绘地理信息工作要点》，明确 9 个方面 30 项具体工作，印发《四川测绘地理信息局机关 2017 年重点工作任务分解与运筹表》，全年编发《办公室通报》25 期。印发《2017 年四川省测绘地理信息依法治理工作要点》，明确 4 个方面 13 项具体任务。印发《2017 年测绘安全生产工作要点》，明确5个方面16项具体任务。印发《2017年四川省测绘地理信息宣传工作要点》，明确10个方面内容。印发《2017年驻村帮扶工作要点》，明确5个方面内容。印发《四川省国家版图意识宣传教育和地图市场监管2017年工作要点》，明确3个方面14项具体任务。印发《2017年离退休工作要点》，明确5个方面16项具体任务。印发《局应急测绘保障能力建设项目实施领导小组2017年工作要点》，明确5个方面15项具体任务。印发《2017年党风廉政建设和反腐败工作要点》，明确4个方面10项具体任务。印发《2017年保密工作要点》，明确7个方面17项具体任务。印发《工会工作委员会2017年工作要点》，明确5个方面11项具体任务。印发《中共四川测绘地理信息局直属机关委员会关于印发2017年党建工作要点》，明确7个方面22项具体任务。

基础测绘

【基础测绘项目】

四川测绘地理信息局承担完成国家基础地理信息数据库动态更新、新型基础测绘体系建设、“一带一路”重点区域地理信息资源建设与更新、智慧城市时空信息大数据与云平台建设、藏区基础测绘等多项国家、省级基础测绘项目。内陆水体水上水下一体化测绘生产性实验项目通过验收，编制完成内陆水体水上水下一体化测绘技术规程。四川测绘地理信息局组织完成伊朗南部全部区域DOM、DSM数据生产和成果汇交，非洲18个国家地表覆盖数据生产任务。

四川测绘地理信息局推动启动实施完善空间定位基准现代化建设、1∶1万无图区域测图工程、完善高精度地质灾害防治专用图测制与应急保障三大项目。完成四川省1∶1万无图区域测图工程、完善空间定位基准现代化建设等项目开工建设全部前期工作。四川省藏区基础测绘项目通过验收。四川测绘地理信息局开展藏区“十三五”基础测绘项目需求调查，征求阿坝、甘孜、凉山“十三五”基础测绘需求。《四川省藏区基础测绘项目（二期）可行性研究报告》通过省发展和改革委员会审批。联合省级相关部门和军事单位开展省自然资源资产审计、大熊猫国家公园建设、资源环境承载能力监测预警评价、省河长制建设、生态红线划定、全国土壤污染详查、国防动员智慧云平台建设等工作。

【基础测绘经费投入】

四川测绘地理信息局加强省级重大专项项目经费管理，制定出台《四川省第一次全国地理国情普查专项资金管理办法》《四川省地理信息公共平台建设项目专项资金管理办法》。落实地理国情监测专项经费2017年中央财政资金5307万元，落实国家地理国情监测、全球地理信息资源建设与维护更新等其他测绘地理信息经费中央财政资金6736万元，落实自然资源资产评价关键技术及应用示范等省财政2017年科技计划项目经费220万元。建立稳定的基础测绘省级财政投入机制，落实2017年省财政400万元基础测绘经费。市州基础测绘财政投入方面，通过省市战略合作方式推进市州基础测绘建设，加强对市州测绘事业发展规划工作和基础测绘业务指导，地方基础测绘财政投入逐渐增多。各市州根据当地经济社会发展实际需要，通过实施中等和大比例尺测图、数字城市和“天地图”建设及城市建设所需的测绘工程项目，落实基础测绘经费。

【测绘基准建设与应用】

四川省卫星导航与位置服务基础平台实现导航定位以北斗为主、兼容GPS/GLONASS，实现了成都平原、川东北、川南、攀西等地区高精度、实时、动态导航与位置服务全覆盖及四川省全域亚米级北斗差分数据播发。截至年底，实时动态服务注册单位超过300家，注册用户超过2400个，累计使用约160万次，服务时长近60万小时；数据分发累计利用基准站数据超过1200站/天；静态数据服务处理数据点超过1.2万点。

【基本比例尺地形图测制与更新】

四川测绘地理信息局联合省发展和改革委员会、省财政厅、省国土资源厅完成四川省地理信息公共平台建设项目成果验收，全面完成1∶1万地形图新测4802幅、1∶1万地形图更新7132幅，全省1∶1万地形图覆盖率由40%提升至65%，现势性整体达到2015年。按照国家测绘地理信息局工作安排和进度计划，完成《国家基础地理信息数据库更新项目2017年度项目设计书》等5项技术文档编制和报批，完成并汇交1∶5万地形图制图数据更新数据5722幅、1∶25万地形数据和地形图制图数据更新数据179幅、1∶100万地形数据和地形图制图数据更新数据12幅。推进新型城镇化测绘地理信息保障服务，完成宜宾县2.55平方千米1∶500幸福美丽新村规划专用图测制及入库，完成巴中市10平方千米航空影像获取、1平方千米1∶1000 DOM生产、1平方千米精细三维建模及建库，完成广元市10平方千米航空影像获取及1∶1000 DOM、DLG测制及建库。

【航空航天遥感影像获取与应用】

四川测绘地理信息局落实四川省政府和国家测绘地理信息局签署的推动高精度卫星影像资源高效利用战略合作框架协议，推动建立四川省航空摄影与卫星遥感影像统筹获取和统一管理机制体制。省政府办公厅印发《关于推动高精度卫星影像资源高效利用战略合作框架协议落实有关工作的通知》，明确了省级相关部门（单位）的主要任务、责任主体、时间节点和组织协调等要求。省政府办公厅和国家测绘地理信息局办公室联合建立遥感影像统筹与高效利用工作联席会议制度。四川测绘地理信息局与省财政厅联合编制《四川省遥感影像统筹管理办法》《四川省遥感影像统筹经费管理办法》，牵头建设全省高分辨率卫星影像服务体系和覆盖全省的遥感影像时空数据库，在攀枝花、广元开展遥感影像统筹试点。四川省全息影像通用服务平台累计向社会各界提供各类影像图2万多件、服务项目1000多个，涉及近20个行业。

四川测绘地理信息局开展国家基础航空摄影项目，完成天府新区0.5米分辨率航空影像约1500平方千米、龙门山0.5米分辨率航空影像约6500平方千米，自行组织开展4个摄区航空摄影，完成茂县“6·24”山体滑坡应急航空摄影129平方千米、九寨沟LiDAR航空摄影130平方千米、攀枝花0.1米分辨率倾斜摄影145平方千米、广元0.1米分辨率倾斜摄影100平方千米。开展国家基础航天摄影项目，完成“十三五”无图区优于1米分辨率卫星影像48420平方千米、金川测区立体卫星影像4676平方千米，自行组织开展河长制岷江流域卫星影像获取约3.5万平方千米。

【智慧城市、数字城市建设】

21个市州全部建立数字城市运行维护机制。推广数字县区建设，仁寿、彭山、丹棱等多个数字县区建设获批。四川测绘地理信息局与德阳市中江县政府签订战略合作框架协议，挂牌成立四川省基础地理信息中心中江分中心。泸州市政府印发《泸州市2017年智慧城市和信息化建设工作实施方案》，启动智慧泸州时空信息云平台建设项目，由泸州市城市建设投资集团成立的智慧科技子公司负责智慧泸州时空信息云平台建设。攀枝花智慧城市时空信息大数据与云平台建设申报国家测绘地理信息局试点。

四川省地理信息公共平台集成全省中高分辨率多时相遥感影像数据、市州中心城区航空影像7000平方千米、全省城市大比例尺基础地理信息数据1.5万平方千米、地名地址数据250多万条、交通路网数据46万千米、城市重点区域三维立体模型1200平方千米，建成“全省一张图”基础地理信息数据库，提供地图服务、地名搜索、路径分析、要素查询等基础地理信息服务，平台门户网站增加了三维地球、网上审批、交换共享、标准地图成果等栏目，集成交通专题、地理省情、旅游专题、天气专题、环境保护、教育分布、经济普查、人口普查、特色地图等30类专题地理信息服务。

【质量管理】

《四川省房产测绘实施细则》启动修订。四川省测绘质检专家库成员由89名调整为140名。至年底，四川省测绘产品质量监督检验站成立12家质检分站。四川测绘地理信息局将《测绘资质单位质量管理体系考核办法》修订为《四川省测绘单位质量管理规定》，印发《四川省测绘地理信息质量监督抽查实施细则》。全年组织验收国家、省级基础测绘项目68批次，其中国家基础地理信息数据库更新7批次，优良7批次；地理国情监测13批次，优良9批次、合格4批次；全球地理信息资源建设与维护更新项目2批次，优良2批次；地质灾害防治专用地形图测制15批次，优良13批次、合格2批次；地理信息公共平台建设5批次，优良5批次；省地理国情普查20批次，全部优良；四川省藏区基础测绘项目5批次，优良3批次、合格2批次；新型城镇化测绘地理信息保障示范项目1批次，质量优良。

印发《关于开展2017年全省测绘地理信息质量监督检查的通知》，编制《2017年四川省测绘地理信息质量监督检查实施方案》，对80家测绘资质单位开展监督检查，出具检验报告78份，其中技术质量管理体系合格单位69家、合格率86.2%，测绘成果质量合格单位65家、合格率81.2%。对2016年测绘质量监督检查中20家体系不合格、13家成果不合格的测绘资质单位进行复查，对1家复查不合格单位依法予以处罚。成都、广元、巴中、眉山、内江、乐山等市对各自行政区域内的测绘资质单位开展质量监督检查，其中测绘成果质量监督检查

143 家、测绘成果质量体系检查 294 家，落实质量监督检查经费 292 万元。举办全省测绘资质单位质检员培训。将四川测绘计量检定站第一、二、三分站整合为 1 个计量检定站，归属四川省测绘产品质量监督检验站统一管理。

【安全生产】

四川测绘地理信息局安全生产委员会与局属各单位签订 2017 年安全生产目标责任书，局属各单位与干部职工签订安全生产责任书，全年未发生安全事故。印发《2017 年测绘生产安全工作要点》，对节假日、暑期汛期进行专题部署和安全生产检查抽查，落实“一日一报”、代班值班、测区备案等制度。形成上下贯通、全员覆盖的安全生产信息发布体系，外业生产用车实时监控系统逐步投入使用。加强安全培训，在多个外业测区开展安全生产检查与抽查，定期对生产专用设备进行专业鉴定和维护保养。配置安全警示服、警示桶、警示线、应急药箱、防滑链等装备，每月检查维护消防器材，局属部分单位设置了微型消防站。

地理国情监测

【地理国情普查】

四川省第一次全国地理国情普查工作全面完成，四川省召开第一次全国地理国情普查领导小组全体会议，审议通过《四川省第一次全国地理国情普查公报》。省政府召开新闻发布会，四川测绘地理信息局、省国土资源厅、省统计局、省第一次全国地理国情普查领导小组办公室联合发布《四川省第一次全国地理国情普查公报》。四川测绘地理信息局 、省人力资源和社会保障厅、省总工会联合召开四川省第一次全国地理国情普查工作总结表彰大会，表彰先进集体 12 个、先进个人 111 名。四川测绘地理信息局深化普查成果共享和推广应用，向各全省市州测绘地理信息主管部门提供普查成果数据库，与省发展和改革委员会、审计厅、土地督察局、农业厅等部门深化合作，开展综合统计分析工作，推进普查数据成果在资源环境承载力、生态文明建设、多规合一、大熊猫国家公园建设、河长制建设、领导干部离任审计、土地督察、草原普查等方面的应用。

【地理国情监测】

四川测绘地理信息局开展省级专题性监测，完成 23 个地理国情监测项目，向省发展和改革委员会提供安岳县、郫都区、若尔盖县资源环境承载力监测报告。推进国家地理国情监测工作，完成四川、西藏、广西、江西 4 个省（区）基础性地理国情监测计划，完成国家级新区空间格局变化监测、全国海岸带开发利用变化监测、全国地级以上城市及典型城市群空间格局变化监测、生态屏障区自然生态状况变化监测、长江经济带绿色发展空间格局监测等项目。推进城市地理国情监测，召开城市地理国情监测工作部署会，指导成都和资阳市推进城市地理国情监测工作。成都市组建了由市主要领导担任组长的地理国情监测工作领导小组，将 10 家单位确定为小组成员单位，编制了成都市城市地理国情监测方案。四川测绘地理信息局联合开展资阳市地理市情监测试点项目，完成监测方案编写。推进地理国情常态化监测，组织编制地理国情监测可行性研究报告，牵头开展普查成果综合统计分析，向市州、省级部门提供报告类、数据类和平台类等专题普查成果，累计提供、发布、移交基础性与专题性地理国情监测成果 30 多个。

不动产测绘

【房产测绘】

四川测绘地理信息局与四川省住房和城乡建设厅联合修订《四川省房产测绘实施细则》，组织房产测绘专家不定期集中解答、处理房产测绘技术问题，全年处理质量纠纷 4 起，书面答复房产测绘技术问题 55 个。

【地下管线测绘】

四川测绘地理信息局组织推进城镇地下管网综合管理信息平台建设，编制印发《城镇地下管线普查技术规程》等系列地方标准，开展综合地下管线监测、地下空间灾情快速评估与灾害可靠预警技术、地下管线信息系统建设等研究，与省住房和城乡建设厅联合在德阳市召开地下管线信息系统建设现场推进会。

地图管理与地图服务

【地图公共服务】

四川测绘地理信息局完成四川省标准地图省级地图更新并公开发布，通过辅助决策用图定制与服务系统上传省、市、县三级标准地图465幅，其中四川省标准地图15幅，包括基本要素版、水系要素版等5个版本；21个市州标准地图84幅，包括基本要素版、政区简图版2个版本；183个县（市、区）标准地图366幅，包括基本要素版、自然地理版2个版本。为社会公众提供四川省标准地图PDF矢量数据465幅。编制《四川省领导工作用图（2017）》《眉山城市地图集》《成渝城市群发展图集》；围绕国家、省级重大项目编制《四川省地质灾害地图集》《长江经济带地图集》《四川省情监测成果地图集》《乡城县旅游地图》《江苏省第一次地理国情普查成果图集》《西宁市影像地图集》《西藏自治区地图》等图集。为省委编制《2017年四川省重点项目分布图》，为省发展和改革委员会编制四川省五大经济区规划图提供地图服务，全年累计为相关单位提供新版墙上装裱挂图、立体地图850多幅。截至年底，"图知四川""图说长江"微信地图服务累计发布46期，其中图知四川36期、图说长江10期；点击量超过2.5万人次，其中"图知四川"2万多人次、"图说长江"5000人多次。

【国家版图意识宣传教育】

四川测绘地理信息局印发《四川省2017年国家版图意识宣传教育与地图市场监管工作要点》，部署市州测绘地理信息主管部门开展国家版图意识宣传教育工作，以国家版图意识宣传教育"进媒体"为重点，指导广元、自贡、资阳等市开展国家版图意识宣传教育"进学校、进社区、进媒体"活动。利用测绘法宣传日活动宣传国家版图知识。通过互联网地理信息监管系统对省、市、县400多家媒体进行重点排查，发现存在问题的网站20多家并责令限期整改。

【全覆盖排查整治"问题地图"专项行动】

四川测绘地理信息局开展四川省全覆盖排查整治"问题地图"专项行动，联合13个部门成立四川省全覆盖排查整治"问题地图"专项行动领导小组，编制印发专项行动工作方案，召开动员部署会议。组织开展"问题地图"自查整改，范围覆盖全省重点行业、全部市县和测绘资质单位，会同省政府信息公开办公室对政府网站（包括政务微博、微信、移动客户端）"问题地图"进行了重点清理排查。巡查整治阶段，四川省专项行动领导小组组成6个巡查组到21个市州进行巡查，共抽查书店50多家、博物馆15家、规划馆6家、互联网单位18家。结合"问题地图"排查整治专项行动，利用互联网地图监管系统对530多家网站进行监管。四川省共开展全覆盖排查整治"问题地图"专项行动现场检查492次，发动宣传246次，覆盖人数157万人，查处查封"问题地图"网站3个，查封收缴"问题地图"产品160件；检查网站、微信公众号、博物馆、图书或其他地图产品11069个（种），检查地图156649幅（张、册），整改"问题地图"2867件。印发《关于开展全覆盖排查整治"问题地图"专项行动"回头看"工作的通知》，推动建立"问题地图"治理常态化机制。

测绘地理信息成果管理与应用

【"天地图·四川"建设与应用】

全省21个市州"天地图"节点全部接入"天地图·四川"。四川测绘地理信息局组织完成"天地图·眉山"与国家主节点融合及眉山市主城区DLG更新10平方千米、主城区POI更新62平方千米。完成遂宁、南充、资阳、眉山4个市级节点大比例尺数据成果及四川省藏区县城和新区大比例尺地形图测制成果（覆盖凉山州、阿坝州、甘孜州32个县城重点区域）与省级节点数据融合更新，在省级节点统一发布服务。开展数字仁寿地理信息公共平台建设，生成数字眉山地理空间框架电子地图成果。鼓励已建成的县级节点接入"天地图"省级节点。"天地图·四川"在全省100多个政府部门、企事业单位得到推广应用，在线注册的二次开发用户数达3100多个，人均访问量新增25万多次，日均访问量峰值达4000多次。

四川测绘地理信息局推进"天地图·四川"在政府决策和公共服务领域的应用，为四川省地质环境管理信息平台提供基础地理信息更新服务，与相关部门合作研发建设四川省国家安全地理信息系统、地震灾害损失快速评估系统、岷东新区公安警用地理信息系统、四川警用地理信息系统等。为全省地质灾害排查人员提供全省21个市州离线电子地图服务数据包，研发地质灾害手机排查软件。"6·24"茂县高位山体滑坡、"8·8"九寨沟地震发生后，"天地图·四川"及时对外发布灾前灾后地貌对比信息，为公众了解灾区地形情况提供了重要的参考资料。

【成果汇交与分发】

四川测绘地理信息局全年完成1220家测绘资质

单位测绘地理信息成果目录汇交审核发证。四川省测绘资料档案馆为铁路、石油、地矿、水电、交通、林业等各行业提供地形图、控制点、基础地理信息数据、公开版地图等测绘地理信息成果服务，全年共受理测绘地理信息成果申请990人次，对外提供各种比例尺地形图1265张、大地测量控制点1450点、“4D”产品77019幅，总数据量26TB。

【测绘成果保密管理】

四川测绘地理信息局共审批相关单位申请使用国家涉密基础测绘成果765项、跨省转函202项、SCGNSS服务开通申请186项。完成24家单位涉密测绘成果资料销毁审批。联合四川省国家保密局开展2017年全省测绘地理信息保密检查，督促18家存在问题的单位进行整改落实。对德阳、甘孜45家使用和保管国家涉密测绘地理信息的单位进行专项保密检查。对全省2009—2016年申请领取涉密测绘地理信息成果的单位信息资料进行收集、整理、分类统计并按市州和单位进行分发，协助市州开展保密检查相关工作。对四川省40个著名景点地理信息数据进行审查。7月—8月，四川测绘地理信息局与省国家保密局组成联合检查组，对德阳、甘孜州等20个县（市、区）46家使用和保管国家涉密测绘地理信息的单位进行专项保密检查，对存在问题的11家单位当场开具整改通知书，对涉密地形图缺失的9家单位当场下达督查通知书，对3家单位的7台有上网痕迹的存储、处理涉密测绘地理信息计算机进行现场登记封存，要求相关单位限期整改、查找并及时排除安全隐患。举办四川省测绘地理信息涉密测绘成果管理人员岗位培训班，全省市级测绘地理信息行政主管部门、测绘资质单位、涉密测绘成果保管和使用单位共464家1147人参加培训。

【测量标志管理】

眉山国家永久性测量标志拆迁和青川清溪镇唐家河GPS C级点迁建获四川测绘地理信息局审批同意。

【应急测绘保障服务】

四川测绘地理信息局为甘孜州丹巴县暴雨洪灾提供应急测绘保障，获取并向丹巴县“6·15”抗洪抢险指挥部移交丹巴县城及大小金川河等区域、岳扎乡灾区0.2米分辨率影像12平方千米。为阿坝州茂县叠溪镇新磨村突发高位山体滑坡应急抢险提供应急测绘保障，开展大飞机及无人机飞行8架次，获取核心灾区高分辨率航空及激光雷达影像数据约100多平方千米，制作完成救灾应急7类专题地图，获取并制作灾害体全景影像图，通过“天地图·四川”发布、共享灾情地理信息，联合编制完成《“6·24”茂县叠溪山体高位垮塌灾害灾情快速评估与防灾减灾建议》，省委、省政府对四川测绘地理信息局在抢险救灾中发挥的重要作用联名致信感谢。为阿坝州九寨沟县7.0级地震抢险救灾提供应急测绘保障，累计获取灾区震后高分辨率遥感卫星影像和航空影像约4800平方千米，制作各类专题地图30多种，提供给省抗震救灾指挥部、省政府应急指挥中心等多家部门和单位。开通测绘成果提供绿色通道，开展卫星定位基准位移检测分析，开展军地联合应急测绘保障，参与灾后重建规划编写。9月28日，四川省召开“8·8”九寨沟地震抗震救灾及“6·24”茂县特大山体滑坡灾害抢险救灾表彰大会，四川测绘地理信息局2人获抗震救灾先进个人，无人机应急测绘中队获先进集体称号。

四川测绘地理信息局承担国家航空应急测绘保障基地、国家应急测绘保障分队等建设任务，组织编写《国家应急测绘保障能力建设项目四川测绘地理信息局实施方案》，牵头编制国家应急测绘保障能力建设项目固定翼无人机航空应急测绘影像获取技术规程和野外安全生产管理规定，开展中航时固定翼无人机航空应急测绘建设试点建设。参加2017年省级抗震救灾综合演练。制作完成全省183个县（区、市）影像电子地图离线数据包，数据量600GB。编制全省地质灾害隐患分布地图6幅、重点区域地质灾害隐患分布地图200多幅，向相关县（区、市）提供分县底图178幅。

地理信息产业

【地理信息产业发展】

四川省测绘地理信息行业单位全年完成测绘服务总值120亿元。截至年底，全省共有测绘资质单位1208家，其中甲级单位54家。四川测绘地理信息局与成都市金牛区政府在成都联合主办首届中国空间大数据产业高峰论坛，举办特邀报告和主题报告13场，近500人参会。与四川省地理信息产业协会联合开展地理信息产业专项统计调查，推动局属单位所办公司组建集团公司，重组方案分获财政部和国家测绘地理信息局批准。开展四川省测绘地理信息“十佳单位”评选活动，10家甲级测绘单位、

10家乙丙级测绘单位获评2016四川省测绘地理信息“十佳单位”。印发《四川省测绘地理信息最具活力单位评选办法》，组织展开最具活力单位评选工作。“四川省地质灾害地图集及应急专题地图制作”等项目获中国地理信息产业协会2017中国地理信息产业优秀工程金奖，5家企业获评2017中国地理信息产业百强企业”，7家企业获评2017中国地理信息产业最具活力中小企业，5家企业获评2017年中国地理信息产业高成长TOP50企业。

【西部地理信息科技产业园建设】

四川测绘地理信息局持续推进西部地理信息科技产业园一期入园企业发展和二期工程建设，统筹开展大数据基地、产业发展基地、孵化基地和园区信息化基础设施建设。

科技、标准化与国际合作

【科技创新体系建设】

四川测绘地理信息局调整成立新一届四川省测绘地理信息科学技术委员会，印发《2017年四川省测绘地理信息科技项目申报指南》，与省科技厅联合印发《四川省“十三五”测绘地理信息科技发展规划》。召开首次青年科技工作者座谈会。召开2017年四川省测绘地理信息科技大会，表彰全省“十二五”测绘地理信息科技创新先进集体10个、先进个人32名、优秀论文27篇。

【科技项目与科技奖励】

四川测绘地理信息局承担的2项2016年度国家测绘地理信息局科技计划项目通过验收，向国家测绘地理信息局报送“地理信息安全保障技术及应用”“面向新型基础测绘的地理信息动态更新与监测技术研发”2项国家基础测绘科技计划项目2017年度实施方案。2项2017年国家基础测绘科技计划项目“面向国家重大战略的地理信息保障应用技术”“动态大地基准建立与服务关键技术研究”立项。省科技厅立项“自然资源资产评价关键技术研究及应用示范”省级重点研发项目和空间信息技术支持的军民融合精准动员研究、基于地理空间框架的国防动员潜力数据建库研究2项软科学研究，网上评审通过2项2018年重点研发项目“生态保护红线的遥感监测关键技术研究与应用示范”和“空－天－地－内一体化地质灾害探（观）测技术研究”。四川测绘地理信息局立项“跨区域GNSS连续运行基准站网数据整合与跨网服务”等8项科技项目，完成17项局级科技项目验收。组织开展2017年四川省测绘地理信息科技进步奖评审，16个科技项目获奖。

全年获各类省部级科技奖项15项，其中获中国测绘地理信息学会测绘科技进步奖9项（参与1项）、获中国地理信息产业协会地理信息科技进步奖5项（参与2项）、获中国卫星导航定位协会卫星导航定位科技进步奖1项。全年投入科技项目经费1800多万元，其中局级科技项目及相关标准研究经费639.52万元、4项国家基础测绘科技计划项目经费318万元、省级重点研发项目及软科学研究资助经费220万、成都市创新驱动试点示范区建设项目“西部地理信息科技产业园建设”经费600万元、国家测绘地理信息局支持标准化建设经费53万元。

【标准化工作】

四川测绘地理信息局新立标准4项，其中行业标准2项、地方标准2项。牵头编写地方标准4项，送审地方标准1项。参与《标准创新推进与保障（2019—2020年）》《测绘地理信息标准研究与制修订（2018—2020年）》编制。召开《房产测绘成果质量检验技术规程》地方标准宣贯会，14个市州测绘地理信息主管部门和80多家测绘单位100多名代表参加，全年400多人次参加标准宣传贯彻培训会。完成国家、行业标准意见征集16项。完成四川省地理信息公共服务、北斗导航与定位服务2项国家级标准化试点建设并通过验收。四川省北斗导航与定位公共服务标准化试点，建立了覆盖四川省导航与位置服务基础平台运维、管理、服务等全过程的标准体系，进一步规范了北斗导航与定位公共服务主体及市场行为。四川省地理信息公共服务标准化试点，建立了覆盖“天地图·四川”多个重要环节的标准体系及配套支撑软件，形成了辐射全省21个市州、100多家政府部门、企事业单位的地理信息应用及成果服务体系。

【对外合作与交流】

四川测绘地理信息局印发《关于加强外事管理工作的通知》，加强出国人员备案。全年经国家测绘地理信息局批准，共组团选派11名相关技术人员出访日本、德国和马来西亚等国进行业务技术交流和工程项目踏勘及商务洽谈等，共完成4个出访项目；选派19名相关技术人员随国家测绘地理信息局组团赴芬兰、墨西哥、秘鲁、厄瓜多尔、肯尼亚等国家参加有关地理国情普查监测技术与管理高级研讨班等国际合作交流、技术研讨交流与工程踏勘和业务访问，共完成12个出访项目；推荐1名副局长和1名处长分别参加巴基斯坦新一代国家测绘基准援建项目领导小组及领导小组办公室成员。

地市级测绘地理信息工作

【遂宁市】

遂宁市测绘地理信息局编制完成《遂宁市“十三五”基础测绘规划》，落实2018年计划项目“时空信息云平台”项目经费。对全市27家测绘资质单位开展测绘资质巡查和日常监督检查，全面推动使用测绘资质管理信息系统，资质申请、审批等均实现在线审批办理，该系统与四川测绘地理信息局相关系统实现互联互通。联合省测绘产品质量监督检验站遂宁质检部对全市测绘资质单位及外来开展测绘业务的测绘资质单位按30%的比例抽检，对7家单位开展了测绘成果质量监督检查工作。

【内江市】

内江市测绘地理信息局印发《内江市“十三五”基础测绘发展规划》，编制完成“2017年数字内江地理信息公共平台更新”项目实施方案。完成市区15平方千米1:500地形图更新及数据改造，完成1平方千米城市部件三维模型建模。开展数字内江、多规合一和数字城管等城市信息化建设工作，完成隆昌市数字县城建设前期调研工作。组织市域24家单位开展自查，对11家涉密成果使用和保管单位进行抽查，发出整改通知书2份。会同市国家安全局对3座卫星导航基准站进行全面检查。

【南充市】

南充市城乡规划和测绘地理信息局投入约200万元开展嘉陵工业区1:500地形图测绘，对近10年来开展的地形图测绘数据进行维护和整理。推动省市战略合作，与四川省第一测绘工程院、国家测绘地理信息局第六地形测量队签订战略合作协议。开展数字南充地理信息公共平台基础数据更新维护和南充市地下管线管理平台建设，改造和入库中心城区1:500地形图44平方千米。完成南充市地下管线（综合管廊）管廊平台建设工作，实现省、市、县三级地下管线综合管理业务数据协同共享。南充市作为全省测绘法宣传日活动主场，省人大、省测绘地理信息局、市政府领导参加现场活动。

【宜宾市】

宜宾市测绘地理信息局与市发展和改革委员会联合编制印发《宜宾市“十三五”基础测绘规划》。对因城市建设发生变化的“天地图·宜宾”数据进行更新、维护和改造，对全市1:1万影像图和部分区域1:2000影像图进行更新。在全市各区县统筹开展农村承包经营权成果汇交。完成2016年度测绘项目成果汇交，汇交测绘项目353个。与市国家保密局、市国家安全局组成联合检查组，对市、县（区）生产或使用涉密地理信息和图件的重点单位进行检查，约谈相关单位负责人9人次，查封电脑3台。牵头成立了宜宾市全覆盖排查整治“问题地图”专项行动领导小组，组织、协调、指导全覆盖排查整治“问题地图”专项行动工作。争取相关部门协作配合开展了卫星导航定位基准站安全专项整治行动。

【眉山市】

眉山市测绘地理信息局开展“十三五”测绘地理信息规划编制工作，规划文本通过眉山市政府批准，基础测绘项目被纳入眉山市2017年政府投资项目计划。开展全市测绘地理信息市场信用信息征集工作，完成测绘单位信息审核，全年完成测绘项目备案278项。开展眉山市二环路以南17平方千米1:500数字地形图测绘及入库工作及城市规划区0.1米高分辨率影像更新采购项目。眉山市委将“智慧眉山”行动计划列为“学习十九大·建设新眉山”专项工作，将岷东新区作为地理信息公共平台建设试点地区。市财政资金投资28.5万元开展全市测绘成果质量监督检查。联合市国家保密局对全市范围的涉密测绘成果使用和保管单位进行保密检查，联合市国家安全局开展卫星导航定位基准站安全专项整治行动。配合四川测绘地理信息局在眉山彭山区开展全省抗震救灾综合演练。

地方社团工作

【四川省测绘地理信息学会】

四川省测绘地理信息学会参与省民政厅社会团体等级评估活动，完成“5A”级学会评估的申报、内审和专家现场审核等工作。制定档案资料管理办法，对档案进行集中梳理。对学会资产进行核查、登记、专项审计与评估、清理。完成2016年度学会审计和年检登记工作。建立学会“发言人”制度，书面向省民政厅报告备案。推荐 1 名会员获评第十四届四川省青年科技奖，推选 2 名会员为四川省科学技术协会第九次代表大会代表。

承担“四川省青年学术和技术带头人”年度考核与遴选、四川省测绘地理信息青年学术和技术带头人高级研修班等工作。与四川测绘地理信息局联合评选 2015—2017 年四川省测绘地理信息优秀测绘工程奖和 2017 年四川省测绘地理信息科技进步奖评选工作。召开 2017 年学术年会，表彰四川省优秀测绘工程奖和四川省测绘地理信息科技进步奖。召开第十一届五次理事会，审议增补学会副理事长、常务理事、理事、监事。承办四川省第三届测绘地理信息行业职工技能竞赛。以购买服务方式承担四川省“十二五”地理信息公共平台建设项目绩效评估工作。开展四川省第三届高校在校大学生和四川省第四届高职院校在校学生 2 个测绘技能大赛活动。参加第二届西南片区“6 +1”（四川、重庆、云南、贵州、广西、西藏 6 个省市区 + 国家测绘地理信息局重庆测绘院）省级学会交流活动。《测绘》期刊通过四川省新闻出版广电局期刊年检，全年共出版 6 期，发行 1.5 万册。

【四川省地理信息产业协会】

四川省地理信息产业协会承担 2017 年测绘地理信息专业技术职称高、中、初级评审工作。承担 2017 年全省测绘地理信息行业信用管理初审工作，与四川测绘地理信息局联合开展地理信息产业专项统计调查。联合承办首届中国空间大数据产业高峰论坛。主办第四届轨道交通自动化变形监测技术交流会，协办“旭普杯”四川省第三届测绘地理信息行业职业技能竞赛。组织行业单位近 100 人参加 2017 中国地理信息产业大会，组织会员单位到湖北、湖南调研考察。召开一届三次常务理事会，审议通过《四川省测绘地理信息最具活力单位评选办法》，组织开展“最具活力单位”评选工作，评选出“最具活力单位”24 家。组织开展四川省测绘地理信息“十佳单位”评选活动。参与四川省藏区基础测绘项目验收工作，汇编近 200 万字竣工验收材料。承办全省测绘质检员培训班 2 期、省测绘地理信息专业技术人员继续教育培训班 1 期、涉密测绘成果管理人员岗位培训班 1 期。向省民政厅提交《全省性社会团体 2016 年度工作报告书》，年检合格。

贵州省

概况

2017 年，贵州省国土资源厅贯彻落实国家测绘地理信息局和省委省政府部署要求，主动适应经济发展新常态，扎实完成各项工作。全省地理信息产业健康快速发展，测绘资质单位全年完成测绘服务总值 20.92 亿元，实现稳步增长。贵州省第一次全国地理国情普查任务全面完成，7 月 27 日通过贵州省政府验收，10 月 31 日完成成果发布。发挥国土空间大数据优势，依托地理国情普查成果，建设完成国土资源云精准扶贫作战图管理系统，正式向各市（州）政府移交。用时 6 个月实现全省精品水果种植的精确空间定位和精准面积统计。

以地理信息应急监测车为指挥中心，建立鹞鹰无人机大面积巡查与小型无人机现场精细航拍相结合的航空遥感应急保障体系，通过卫星通信实现省、市、县三级应急测绘数据实时共享。实施建设全国首个航空遥感应急保障一类通用机场，军民融合开展复杂地形气候条件下的应急测绘装备应用试点，利用干涉雷达新技术辅助地质灾害防治工作。

编制和启用全省统一项目设计书模板，1:1 万基础测绘产品生产取得突破进展。完成全省范围 0.2 米高分辨率航摄影像任务的 80%。完成北斗卫星导航定位基准站网系统 89 个站点的土建、通电及通网工程，GZCORS 系统服务注册单位用户达 169 家，注册账号达 1027 个。推进 2000 国家大地坐标系使用，省级转换成果通过国家测绘地理信息局组织的质量检验，全省各级基础测绘成果全面完成 2000 大地坐标系转换工作。邀请国家测绘地理信息局有关负责人解读新测绘法，在全省范围举办新测绘法宣讲视频培训会。研究出台行业管理相关细则和方案，组织开展测绘资质巡查、地图市场检查、测绘成果质量抽查等专项行动，加强测绘市场事中事后监管，进一步规范测绘地理信息市场秩序。

党的建设与人才队伍建设

【党的建设】

贵州省国土资源厅深入学习宣传贯彻党的十九大精神和习近平总书记在贵州省代表团重要讲话精神。开展庆“七一”知识竞答、厅直属机关基层党建业务工作者到江西井冈山培训、扶贫驻村工作队队长作道德讲堂报告等活动。推进“两学一做”学习教育常态化，印发《省国土资源厅直属机关2017年党建工作要点》和《省国土资源厅直属机关理论学习计划》，严格落实党组中心组、处级干部读书班、党支部“三级联动”学习机制，党支部（处室）认真执行每周“双例会”制度。落实脱贫攻坚“五千行动”要求，厅领导、机关支部、事业单位支部均落实了为基层上党课、走访慰问贫困户、帮助解决存在问题、指导拟定脱贫措施等工作，共327人次参与行动。推选出贵州省国土资源厅先进党组织和学习型党组织，对先进基层党组织、优秀共产党员、优秀党务工作者进行表彰。

【党风廉政建设】

贵州省国土资源厅党组强化责任落实，印发《中共贵州省国土资源厅党组2017年党风廉政建设和反腐败工作实施意见》，明确工作任务及职责。厅党组与各市（州）国土资源局、厅党组书记与厅党组成员、厅党组成员与分管机关处室和直属事业单位层层签订党风廉政责任书。组织厅直属机关纪检干部业务培训会，开展到羊艾监狱进行警示教育和“学条例准则、讲廉洁故事、做合格党员”活动，把机关廉政文化与脱贫攻坚工作、道德讲堂等有机融合，推进机关廉政文化建设。参照中央和省委巡视模式，成立厅党组巡察工作领导小组和领导小组办公室，厅党组书记和厅长任巡察领导小组组长，重点对市（州）国土资源局、厅属事业单位和厅机关重点处室进行政治巡察和重点问题巡察。

【精神文明建设】

春节前夕，贵州省国土资源厅党组成员分别走访慰问离退休干部职工和特困职工共125人次。厅领导、厅属事业单位负责人深入贫困县慰问困难群众和困难党员。组织开展“迎新春·金鸡报春”全民健身活动、消防安全知识培训、义务植树、第48个世界地球日主题宣传讲座等活动。贵州省国土资源系统代表队参加“中国四维杯”第十三届全国测绘地理信息职工定向越野赛，取得青年组团体第19名、成年组团体第23名的成绩，获“优秀组织奖”；参加“幸福贵州·健美女性”2017年度“体育彩票杯”三八妇女健身操（舞）大赛并获二等奖。厅机关杨惠玲被评为“全省老干部工作先进个人”，贵州省第三测绘院蒙思维、李婷被评为“贵州省巾帼建功标兵”，贵州省第三测绘院地理信息分院被全国妇女联合会授予“全国巾帼文明岗”称号。

【人才队伍建设】

贵州省国土资源厅将人才队伍建设和人才兴测战略纳入《贵州省基础测绘“十三五”规划》和《贵州省“十三五”测绘地理信息事业发展总体规划》。拥有享受国务院特殊津贴专家1名、享受省政府特殊津贴专家3名，西部之光学者3名、国家测绘地理信息局青年学术和技术带头人2名。厅属测绘事业单位引进各类人才，其中贵州省第一测绘院引进直升机飞行员2名、机械师（特殊岗位）1名。6月18日，贵州省国土资源厅联合贵州省人力资源和社会保障厅、省总工会、省妇女联合会、共青团贵州省委员会共同举办“南方测绘杯”第五届全省测绘地理信息行业职业技能竞赛，全省9个市（州）43家行业单位200多名选手参加比赛。成绩优异的选手获“贵州省五一劳动奖章”“贵州省技术能手”“贵州省青年岗位能手”“贵州省巾帼建功标兵”等称号。选派参加第五届全国测绘地理信息行业职业技能竞赛的4名选手获“全国测绘地理信息优秀高技能人才”称号、贵州省国土资源厅获“优秀组织奖”。

法制建设与市场监管

【法制建设】

贵州省国土资源厅报请贵州省人民代表大会法制工作委员会，将《贵州省测绘管理条例》修订工作列入2016—2020年地方立法规划建议项目二类立法计划。配合开展《贵州省测绘管理条例》修订调研工作。

【法制宣传】

贵州省国土资源厅制定2017年法制宣传工作要

点，组织开展全省国土资源系统普法和依法治理检查，在“4·22”地球日、“6·25”土地日、“8·29”测绘法宣传日宣传测绘法律法规。印发《关于在全省开展8·29测绘法宣传日的通知》，省、市、县三级测绘地理信息主管部门通过布置展台、悬挂横幅、现场互动问答等形式开展宣传，发放国家版图意识宣传教育图册及新测绘法宣传画册1.5万多册。组织各市（州）开展2017年测绘法宣传日有奖征集活动，征集到主题口号136条、宣传口号364条、宣传画78幅，按时汇总并择优上报国家测绘地理信息局。

【依法行政】

贵州省国土资源厅落实《国家测绘地理信息局贯彻落实〈法治政府实施纲要〉（2015—2020年）实施意见》，规范权力运行，依法履行各项管理职能。将全厅32项行政审批事项全部转移至贵州省政府行政服务中心，成立行政审批处，具体负责全厅所有行政审批事项，测绘资质审批、地图审核、测量标志迁建审批、属于国家秘密的基础测绘成果资料提供使用审批4项行政审批事项转移至行政审批处办理。编制权力清单和责任清单，宣传该清单经贵州省政府96次常务会议审议通过后，由贵州省政府法制办公室于5月24日公布。全年无涉测行政复议、行政诉讼案件。

【“放管服”改革】

贵州省国土资源厅按照《省人民政府办公厅关于开展“放管服”改革涉及的规章、规范性文件清理的通知》要求，按时完成地方性法规、规章、规范性文件清理工作。

【测绘资质管理】

贵州省全年新增测绘资质单位（含资质等级升级）66家，其中乙级9家、丙级36家、丁级21家；审核完成125家资质单位续期换证。全年共完成126家资质单位测绘作业证申请，审核发放测绘作业证1229个。截至2017年底，贵州省共有测绘资质单位500家，其中甲级17家、乙级79家、丙级205家、丁级199家；民营测绘企业332家，占全省测绘资质单位总数的66.4%。

【信用管理】

贵州省国土资源厅推进测绘地理信息市场信用体系建设，组织学习《测绘地理信息行业管理办法》和《测绘地理信息行业信用指标体系》。全年甲级资质单位自主申报良好信用信息63条，乙级资质单位自主申报良好信息11条。2家测绘资质单位因测绘成果质量不合格被纳入严重失信单位，1家单位因伪造测绘成果检定报告异地转送其所属主管部门处理。

规划与计划

【规划的制定与执行】

贵州省国土资源厅按照《贵州省基础测绘“十三五”规划》和《贵州省测绘地理信息事业发展“十三五”总体规划》推进各项工作，现代测绘基准服务体系、地理国情常态化监测服务体系、应急测绘保障服务体系、贵州省航空遥感应急保障通用机场等建设取得阶段性成果。

【计划的制定与执行】

3月24日，在全省测绘地理信息工作会议上，省国土资源厅有关负责人向会议作全省测绘地理信息工作报告，指出2017年将重点做好《测绘地理信息保障能力提升行动》的实施，全面完成地理国情普查任务、推进地理国情监测常态化，加快智慧城市时空大数据与云平台的探索，加快推进现代测绘基准体系建设，进一步加强测绘地理信息公共服务能力建设，提升市场监管水平，完成省级空间性规划“多规合一”试点工作，提高行业技能水平。

基础测绘

【基础测绘经费投入】

贵州省国土资源厅编制了《“十三五”省级基础测绘经费预算及年度计划》，并通过贵州省财政厅投资评审，确定“十三五”投资总规模和年度拨付计划，地理国情监测、基础地理信息数据库更新、时空信息云平台建设及其他重大测绘地理信息工程专项经费得到保证，形成稳定的基础测绘财政投入机制。按照新的财政制度改革要求，以年度计划的形式上报下一年的经费计划，经贵州省财政厅评审后下达经费。2017年，投入基础测绘经费3963万元，其中中央下拨测绘项目资金563万元。

【测绘基准建设与应用】

贵州省国土资源厅继续加强对贵州省北斗卫星导航定位基准站建设和管理工作，成立贵州省北斗导航位置服务中心，履行基准站建设和运行维护管理职责。截至2017年底，完成89个基准站的建设，基本完成站点通电通网工程建设，项目控制中心大楼及数据处理机房已投入使用。6月，GZCORS系统服务全面试运行，GZCORS系统服务注册单位用户169家，注册账号达1027个。

【基本比例尺地形图测制与更新】

贵州省国土资源厅落实经费1500万元，部署了乌江流域650幅1:1万测绘产品生产，并针对生产、质检、入库标准规范不统一等突出问题，投入20万元经费开展全省项目设计书统一模板编制。协助国家测绘地理信息局重庆测绘院开展1:5万数据动态更新工作，及时提供所需的专题资源和省级基础测绘成果。按照国家测绘地理信息局要求，按时完成1:5万动态更新成果的外业抽检任务。

【航空航天遥感影像获取与应用】

贵州省国土资源厅按照全省遥感影像统筹获取需要，从贵州省财政厅争取到1.02亿元经费用于获取全省范围0.2米高分辨率航摄影像，完成80%的获取任务。按照国家测绘地理信息局要求，及时报送省内遥感影像获取计划及实施情况，汇交共享资料。市县级测绘地理信息主管部门结合基础测绘、数字城市地理空间框架等项目需求，获取城市建成区航摄影像。

【智慧城市、数字城市建设】

贵州省选取贵阳市和安顺市平坝区作为试点，启动智慧城市时空大数据与云平台建设，从中央边少基础测绘补助经费中拨付480万元用于试点建设，2个建设项目通过贵州省大数据管理局审查。加快智慧城市时空大数据与云平台的探索和建设。全省9个市（州）完成数字城市地理空间框架建设并投入运行。盘县、贞丰、瓮安、仁怀已启动数字县域地理空间框架建设。

【质量管理】

贵州省国土资源厅积极配合国家测绘地理信息局2017年质量监督抽查工作。制定贵州省随机抽查工作细则和随机抽查事项清单，印发《2017年贵州省测绘市场检查工作方案》，对市（州）监督抽查工作提出要求并作出部署。按照“双随机、一公开”工作要求，组织贵州省测绘质量产品监督检验站开展全省测绘地理信息成果质量监督检查工作，集中对40家测绘资质单位测绘成果进行抽查，对2家测绘成果不合格的单位下发整改通知并进行通报。探索建立省级测绘地理信息成果质量检验专家库，增强测绘单位质量管理意识。完成贵州省基础测绘1:1万“3D”成果2400幅、贵州省地理国情普查框架要素图6524幅检查验收。

【安全生产】

贵州省国土资源厅印发《贵州省国土资源厅2017年安全生产工作要点》，强化安全管理制度建设，完善安全生产管理机构，建立安全生产责任制，落实测绘单位安全生产主体作用。召开多次会议对安全生产工作进行部署，组织安全生产年、安全生产月主题活动，举办安全生产培训和安全生产警示教育，开展隐患排查，及时消除安全隐患。全年未发生安全生产事故。

地理国情监测

【地理国情普查】

贵州省国土资源厅建成覆盖全省的地理国情信息本底数据库，并于7月27日通过专家验收。完成基本统计、报告编制、基本图件制作等工作，组织编制了《贵州省第一次全国地理国情普查公报》，公报于10月27日正式发布。普查成果在大扶贫、大数据、大生态战略行动中提供保障，应用于9个市（州）、贵安新区和88个县（市、区）政府及相关部门。地理国情监测进入常态化监测阶段，在国家测绘地理信息局的统一部署下，开展基础性和专题性地理国情监测，成立贵州省地理国情监测中心，将监测项目列入年度项目计划，落实专项经费。

【地理国情监测】

贵州省部署了包括贵阳市、安顺市（含贵安新区）、遵义市、六盘水市、黔南布依族苗族自治州龙里县共约5.95万平方千米的基础性地理国情监测任务。专题性监测任务包括国家级新区空间格局变化监测——贵安新区空间格局变化监测、全国地级以上城市及典型城市群空间格局变化监测——九个市州空间格局变化监测、贵州省旅游开发利用现状专题监测、贵州省国土资源厅精准扶贫专题监测，共落实经费881.27万元。

海洋测绘与不动产测绘

【海洋测绘】

贵州省水利水电勘测设计研究院完成海洋测绘3平方千米。

【地籍测绘】

全省测绘资质单位完成地籍测绘 617883.9 平方千米。

【房产测绘】

全省测绘资质单位完成房产测绘约 88.6 平方千米。

【行政区域界线测绘】

全省测绘资质单位完成行政区域界线测绘 20100 千米，其中省级行政区域界线 4717.2 千米、地级行政区域界线 4024 千米、县级行政区域界线 11358.8 千米。

【地下管线测绘】

全省测绘资质单位完成贵阳市花溪、乌当、双龙、高新、观山湖、白云 6 个城区 11256 千米的管线普查工作。

地图管理与地图服务

【地图公共服务】

贵州省国土资源厅受理审核地图 4 件，全部通过审核。更新编制基本类型用图，编制完成《贵州省地理国情图集》《贵州省旅游普查图册》、贵州省旅游普查大挂图等，印刷出版《贵州贵安新区直管区地图》《安顺市地图》，厅门户网站公布 50 幅地图供社会免费使用。

【国家版图意识宣传教育】

贵州省国土资源厅继续强化国家版图意识，组织开展国家版图知识进校园等活动，邀请技术人员给小学生们普及测绘与地理信息相关知识，开展以“我心中的祖国”为主题的绘画比赛。

【全覆盖排查整治“问题地图”专项行动】

经贵州省政府同意，贵州省国土资源厅印发《贵州省全覆盖排查整治“问题地图”专项行动工作方案》，成立由省国土资源厅、省新闻出版广电局、省公安厅、省教育厅等 12 家单位组成的贵州省全覆盖排查整治“问题地图”专项行动领导小组，组织开展自查整改，组成检查组对市（州）开展督促检查。全年省、市、县三级测绘地理信息管理部门共出动执法人员 1260 多人次，重点检查各类公开出版和销售地图的单位 468 家，检查地图使用单位 402 家，利用互联网地图监管系统完成全省 322 个重点部门网站、2600 多个网页的筛查，检查情况总体较好，对发现登载使用“问题地图”的单位责令立即整改，全面完成贵州省全覆盖排查整治“问题地图”专项行动。专项行动领导小组重点对第五届亚太世界地质公园大会进行了排查整治，组织召开第五届亚太世界地质公园大会涉外地图专题会议，成立涉外地图专项检查组，贵州省国土资源厅提供技术支撑。地图专项检查组及时向大会组委会提交了审查情况报告，对不符合要求的地图进行了撤换、下架、删除。

测绘地理信息成果管理与应用

【“天地图·贵州”建设与应用】

贵州省财政厅投入 100 万元经费完善“天地图”建设工作，开展数据融合、适应大数据发展环境、顶层设计、拓展公共服务、运维评估等工作。结合全覆盖排查整治“问题地图”工作，明确政府部门及相关单位使用“天地图”作为电子地图。

【成果汇交与分发】

贵州省国土资源厅全年接收测绘成果资料汇交 114 批次，为 187 家行业单位 408 个项目提供资料 638 次，其中各类比例尺模拟地形图 713 幅、各类大地控制成果点 9781 个、“4D”产品 33362 幅、航空影像成果 12618 片。

【测绘成果保密管理】

贵州省国土资源厅继续完善测绘成果安全保密监管机制，加强与国家安全、保密、公安、工商等部门的业务联系，定期开展联合检查，形成工作协作合力。建成省级测绘档案信息化项目，实现省级测绘档案资料数字化存储和信息化管理。落实测绘地理信息行政管理“双随机一公开”工作，建立测绘资质、成果质量、成果保密联合检查工作机制，落实测绘成果核心涉密人员管理制度，实现全省测绘资质单位核心涉密人员全部持证上岗，定期组织对核心涉密人员进行培训，进一步完善各从业单位的安全保密制度体系建设。

【测量标志管理】

贵州省国土资源厅继续做好传统测量标志点保护工作，新增贵州北斗卫星导航定位基准站网安全保障维护工作。省、市、县三级测绘地理信息主管部门共同落实安全管护责任，做到责任到人、巡查到位，加大测量标志点保护经费投入，2017 年投入 100 万元经费。

【应急测绘保障服务】

贵州省国土资源厅按照《国土资源大数据战略行动方案》部署，开展全国首个航空遥感应急保障基地一类通用机场建设工作。与贵州省政府应急管理办公室就共同建设贵州省航空应急测绘保障基地达成合作意向，完成场址论证评审工作，评定安顺市平坝县王寨场址为首选场址，并于5月获南部战区和西南民航管理局对所选场址的同意批复。基本编制完成预可研报告，正开展预可研立项工作，并加强与地方政府沟通。组织编写了《国家应急测绘保障能力建设项目贵州单项工程实施方案》，并通过国家测绘地理信息局专家组评审。

地理信息产业

【地理信息产业政策】

贵州省国土资源厅全面贯彻落实《国务院办公厅关于促进地理信息产业发展的意见》，坚持政府引导、市场主导，充分发挥市场在资源配置中作用，最大限度地放宽市场准入条件，落实高新技术企业、小微企业优惠政策，引导和调整不合理的资质专业结构，支持遥感、地理信息系统、卫星导航、互联网地图、位置服务等高附加值产业的发展。

【地理信息产业发展】

截至年底，贵州省共有测绘资质单位500家，其中甲级17家、乙级79家、丙级205家、丁级199家；民营测绘企业332家，占全省测绘资质单位总数的66.4%。全省完成测绘服务总值20.92亿元。全省年末共有测绘从业人员9826人，获得注册测绘师资格279人，拥有注册测绘师216人。全省开展测绘地理信息科研项目41项，投入557万元经费，其中财政资金52万元。发表科技论文6篇，其中2篇被科学引文索引（SCI）收录。

科技、标准化与国际合作

【科技创新体系建设】

贵州省国土资源厅贯彻落实《关于加强测绘地理信息科技创新的意见》，将“十三五”测绘地理信息科技发展纳入《贵州省基础测绘“十三五”规划》和《贵州省测绘地理信息事业发展“十三五”总体规划》，将完善测绘地理信息科技支撑体系作为重要任务，提出提升科技创新对基础测绘发展的贡献率的奋斗目标。落实《信息化测绘体系建设技术大纲（试行）》，谋划贵州省测绘地理信息产业园建设；加快与贵州大学、西安城勘院等单位联合向国家测绘地理信息局申报成立“山地生态测绘应用研究中心”进度。协助中国测绘科学研究院成功开发WJ－Ⅲ地图自动化成图软件。将科技创新纳入对厅属事业单位年度目标考核，建立完善厅科技成果申报、评审、管理制度。各厅属测绘事业单位相继设立科研创新专项资金，促进测绘科技创新。贵州省第二测绘院成立测绘地理信息工程应用中心，贵州省测绘资料馆成立贵州省基础地理信息中心。

【科技项目与科技奖励】

贵州省国土资源厅申请国家和省部级科技计划项目，配合国家天文台承担“中国天眼”FAST选址工作，“FAST工程建设中心的测绘与监测保障系统”获中国测绘地理信息学会2017年测绘科技进步奖二等奖。响应贵州省政府大数据战略，与美国乔治梅森大学合作开展DC2云平台的搭建与应用测试，基本完成云平台建设。

【标准化工作】

贵州省国土资源厅落实测绘地理信息标准化“十三五”规划，参与《室内三维测图数据获取与处理技术规程》《城市轨道交通结构监测技术规范》《机载激光雷达测量成果质量检验技术规程》等16项标准制修订工作。测绘资质单位持续做好ISO9001:2015版质量管理体系改版工作。

【对外合作与交流】

贵州省国土资源厅实施“走出去”战略，鼓励省内测绘资质单位承担国外测绘项目和服务外包项目。选派5名业务骨干参加国家测绘地理信息局组织的国外学习交流活动。严格按照国家相关规定申报、审批、组织、管理出国（境）团组及人员，充分发挥学会、协会等社会组织作用，与瑞典、美国等国家和地区相关组织建立长效合作交流机制。

地市级测绘地理信息工作

【贵阳市】

2017年，贵阳市本级测绘地理信息财政投入1108.7万元。完成主城区83平方千米1:2000地形图测绘、规划区新增骨干路网26.6平方千米1:500地形图测绘，完成11256千米的管线普查工作。完成新版《贵阳市地图》和《贵阳市主城区图》编制出版工作，为各级党政机关、公众提供地图350多份。启动《贵阳市城市地图集》《贵阳市旅游资源地图集》编制出版工作。组织开展2000国家大地坐标系推广应用。在数字贵阳的基础上，完成自然资源和地理空间基础信息数据库建设，并启动智慧贵阳时空大数据与云平台建设，完成智慧贵阳时空信息云平台省级试点立项。10月28日，贵阳市机构编制委员会批准“贵阳市测绘局”更名为“贵阳市测绘地理信息局”并挂牌，同意全市各区、开发区国土资源分局加挂测绘地理信息办公室牌子。贵阳市测绘地理信息局完成38家测绘资质单位初审工作，完成72家丙级、39家丁级测绘资质单位续期换证工作，完成地图审核4件。完成2家外省资质单位来贵阳市开展测绘业务项目备案，征集4家测绘资质单位提交的良好信用信息。建立测绘资质“双随机”抽查机制，完成4家测绘资质单位测绘资质巡查抽查工作，完成11家测绘资质单位现场测绘成果质量监督检查，指导16家测绘资质单位汇交68项成果目录。开展全市卫星导航定位基准站安全专项整治行动，共核查数据中心3个、基准站5个。开展全覆盖排查整治“问题地图”专项行动，完成自查单位270家、地图485张，抽查单位35家、地图537张，共发现各类“问题地图”67张，均已责令相关单位整改到位。组织开展贵州省第四届少儿手绘地图竞赛，收到参赛作品100多份，共选出55幅优秀作品参加全省竞赛。推动贵阳市新测绘法宣传及贯彻落实，举办新测绘法培训会，全市100多人参加学习。

【遵义市】

遵义市测绘资质单位全年完成测绘服务总值1.25亿元。完成深化市县测绘地理信息行政管理改革试点工作，在全市开展市县测绘地理信息行政管理改革工作。进一步简化审批流程，做好乙、丙、丁级测绘资质初审。组织开展测绘资质巡查、地图市场、测绘质量、涉密测绘成果保密检查，为有关部门提供大量的测绘产品，出版了《遵义市中心城区地图》。2月，遵义市播州区国土资源局查处福建国佳测绘公司南白分公司无证测绘案件。5月，赤水市国土资源局查处四川省泸州三一国土测绘有限公司赤水分公司无证测绘案件。遵义市国土资源局转发《2017年贵州省测绘市场检查工作方案》，部署开展全市测绘市场检查。举办新测绘法学习培训班，对全市测绘管理人员和测绘资质单位负责人进行集中培训。“8·29”测绘法宣传日，开展宣传活动，发放宣传资料1000多份。组织参加贵州省第四届少儿手绘地图竞赛，遴选上报参赛作品50多幅。

【六盘水市】

2017年，六盘水市本级测绘地理信息财政投入1438.9万元，同比增长54.43%。六盘水市测绘地理信息主管部门开展钟山区五乡镇倾斜摄影1:500、1:2000数字化工作，完成钟山区三维建模项目建设。完善基础测绘管理体制和共享机制。完成数字六盘水机房改扩建及基础地理信息空间数据库，“天地图·六盘水”上线试运行，地理信息公共服务平台实现地理信息资源共享不间断“一站式”服务。完成测量标志巡查保护和北斗卫星导航定位基准站建设，建立委托保管制度，发放测量标志保管与维护经费。制作完成精准扶贫离线版移动APP。拟定《数字六盘水地理空间框架建设与使用管理办法》和《六盘水市“十三五”测绘地理信息发展规划》。完成测绘资质申请初审3家，测绘资质单位业务、信息变更、复审换证等审核上报18家；完成项目备案9家；完成测绘地理信息年度统计及年度报告工作，开展测绘资质单位信用体系建设。牵头建立与保密、公安等部门的联合监管机制，组织检查测绘市场，完成16家单位的测绘资质巡查工作。配合开展省级测绘地理信息随机抽查工作，被抽取3家资质单位的测绘成果资料全部合格。开展全覆盖排查整治“问题地图”专项行动检查工作，对存在“问题地图”单位责令限期完成整改。举办新测绘法学习培训班，开展新测绘法进机关、进学校、进企业、进社区活动，发放《中国凉都——六盘水》地图（册）等宣传资料7000多份。组织参加贵州省第四届少儿手绘地图竞赛，遴选上报参赛作品204份。

【安顺市】

2017年，安顺市加大对测绘地理信息工作的财政投入力度，经费投入同比增长15.3%。更新完成最新版的《安顺市地图》，编制完成《安顺市基础测绘及测绘地理信息发展“十三五”规划》并获安顺市政府批复同意实施。加快数字城市建设，建立完善基础地理信息数据库。启动智慧平坝时空大数据与云平台建设试点项目。8月，贵州省国土资源厅批复同意安顺市平坝区智慧城市时空大数据与云平台建设项目立项，将该项目列入2017年贵州省智慧城市时空大数据与云平台建设试点计划。全年初步审核测绘地理信息类行政审批事项9件，其中丙、丁级测绘资质初审认定7件，测量标志点迁建2件。审核批准5家测绘单位的业务变更、信息变更及数据补充完善，审核转报4家测绘单位资质注销申请。完成3家自建卫星导航基准站的申请备案工作，完成项目备案审查20件。组织开展全市测绘成果质量监督抽查和测绘资质巡查。联合安顺市保密部门对涉密测绘成果生产、使用、保管单位进行检查，督促存在问题的3家单位完成整改。开展测绘地理信息安全、地图市场及互联网地图服务等各类专项监督检查。开展测绘宣传教育活动，结合测绘法宣传日和全国法制宣传日活动，发放宣传资料3500多份。举办新测绘法培训。组织选手参加第五届贵州省测绘地理信息行业职业技能竞赛。组织参加贵州省第四届少儿手绘地图竞赛，2幅作品在省级比赛中获奖。

【铜仁市】

2017年，铜仁市本级测绘地理信息财政投入1000多万元。编制印发了《铜仁市测绘发展“十三五”规划》。开发国土资源管理典型示范应用系统、地理空间信息公众服务平台、铜仁市地理信息资源目录服务数据库系统，实现地理信息共享交换。数字铜仁地理空间框架建设通过省、市验收并推广应用。铜仁市国土资源局与贵州省第三测绘院联合开发的铜仁市精准扶贫作战图管理系统获2017年贵州省测绘地理信息科技进步奖二等奖。配合贵州省国土资源厅对辖区内乙、丙、丁级单位开展测绘成果质量抽查、测绘资质巡查、保密检查、测量标志和卫星导航定位基准站保护等工作，形成日常管理和长效监管、上下联动的工作机制。完成测绘成果汇交工作，汇交测绘成果目录304个、测绘成果副本38个。开展互联网“问题地图”监管和铜仁市全覆盖排查整治“问题地图”专项行动工作。举办“南方测绘杯”第五届全省测绘地理信息行业职业技能竞赛市级赛，铜仁市国土资源局获省级优秀组织奖。组织参见贵州省第四届少儿手绘地图竞赛，收到参赛作品1000多幅，遴选238幅参加省级比赛，35幅作品获省级奖励。开展国家版图意识宣传教育“进学校、进社区、进媒体”活动，结合“8·29”测绘法宣传日等活动，发放各种测绘法宣传资料2000多份。

【毕节市】

2017年，毕节市测绘地理信息主管部门编制印发《毕节市测绘地理信息发展“十三五”规划（2016—2020年）》。落实专项经费，完成安乐溪彝族苗族乡1:2000地形图测量项目，为贫困乡镇精准扶贫提供基础地理数据。完成全市精品水果种植情况精确调查工作。全面完成数字毕节地理空间框架建设项目。印发实施《毕节市数字城市地理空间框架建设管理使用办法（试行）》，规范全市地理空间框架的建设、管理、维护与应用服务。成立贵州省测绘行业协会毕节联络处，组建联络机构。联合11个部门开展全覆盖排查整治“问题地图”专项行动，做好“第五届亚太世界地质公园大会”重大外事活动涉外地图及各类使用地图的排查整改。开展15个卫星导航定位基准站安全专项整治行动及11个北斗卫星导航定位基准站网站点巡查，责成2家基准站建设单位进行整改。组织局机关和各县（区）测绘地理信息管理人员及辖区内乙、丙、丁级测绘资质单位参加新测绘法宣讲会。开展“8·29”测绘法宣传日活动，全市设立宣传咨询点10处，悬挂宣传横幅及条幅10条，制作各类展板11个，提供咨询500多人次，向市民发放宣传单2000多份。组织开展贵州省第四届少儿手绘地图毕节赛区工作，遴选上报参赛作品200多份。

【黔东南苗族侗族自治州】

2017年，黔东南苗族侗族自治州本级测绘地理信息财政投入290.7万元。黔东南苗族侗族自治州测绘地理信息主管部门编制完成《黔东南苗族侗族自治州“十三五”基础测绘规划》并正式印发。强化测绘地理信息监管，做好辖区内资质巡查和保密检查工作，对部分测绘资质单位进行测绘成果质量监督检查、测绘资质巡查20次。推进行政审批制度改革，全年共受理审核行政审批事项378件。加快推进数字城市地理空间框架推广应用，利用数字凯里基础地理空间框架成果功能服务接口建设黔东南苗族侗族自治州精准扶贫作战系统，召开精准扶贫作战图管理系统推广培训会，100多人参加培训。2人被中国测绘地理信息学会表彰为全国优秀测绘工作者。做好测量标志保护工作，对辖区内部分测量标志点进行核查登记，划拨11.05万元用于开展测量标志保护工作。做好卫星导航定位基准站保护工作，与安全部门联合印发《关于开展黔东南苗族侗族自治州卫星导航定位基准站安全专项整治行动的通知》，成立黔东南苗族侗族自治州卫星导航定位基准站安全专项整治行动办公室，及时开展各县市卫星导航基准站的清查工作。组织全州72家政府网站开展地图自查清理工作。开展检查21次，对书店、车站、文化用品商店、书摊等场所销售的49类地图、图书插附图进行检查。结合测绘法宣传日和全国法制宣传日活动，在凯里市区开展测绘法、国家版图知识宣传活动，发放宣传资料900册（幅）。组织参加贵州省第四届少儿手绘地图毕节赛区工作，遴选上报参赛作品11份。

【黔南布依族苗族自治州】

2017年，黔南布依族苗族自治州测绘地理信息主管部门共受理乙、丙、丁级测绘资质初审4件、地图审核1件、测量标志点迁建初审1件。分别对9家测绘资质单位的信息变更、补充和修改数据进行了初审。制定2017年黔南布依族苗族自治州测绘市场检查工作方案，组织各县（市、区）对地图销售市场及有关互联网地图服务网站进行检查，对全州10家测绘单位开展州级抽查，并对存在问题的测绘资质单位发出整改通知书。开展国家版图意识宣传教育活动，结合“8·29”测绘法宣传日等活动，通过悬挂横幅、发放宣传资料等形式深化国家版图意识宣传教育。开展行政区域内1:500、1:1 000、1:2 000地形图、影像图、数字化产品的测制或更新工作，完成1:500地形图更新约134.7平方千米、航摄影像图约1.1万平方千米。组织做好贵州省第四届少儿手绘地图毕节赛区工作，遴选上报参赛作品171份。对数字都匀地理信息公共平台数据进行保密技术处理，向公安等单位开放数字都匀平台影像使用权限。在数字都匀平台基础上，开展地质灾害监测地理信息系统建设，打造“多规合一”移动办公系统，在土地规划、土地整治等项目中进行了应用。

【黔西南布依族苗族自治州】

2017年，黔西南布依族苗族自治州测绘地理信息财政共投入1514万元，同比增长31%。黔西南布依族苗族自治州测绘地理信息主管部门编制完成《黔西南州基础测绘地理信息主管部门信该规划由州政府发布使用。完成中心城区45度倾斜摄影1:500地图增量更新200平方千米、地名地址外业数据采集约96平方千米、数字兴义公共服务平台数据更新和“天地图”数据融合，与14个相关部门签订空间信息共建共享合作协议。贞丰县、兴仁县、安龙县初步完成地理空间框架平台建设。启动数字兴义地理空间框架平台改造升级、大数据移动终端等项目建设，推进信息资源的共建共享，编制出版全州系列地图。完成权力清单和责任清单的清理，完成测绘资质初审5件、地图审批11件、永久性测量标志拆迁审批5件、矿权申报和土地征用范围内是否占用测量标志审查46件、使用属于国家秘密基础测绘成果审批12件。完成测绘项目备案32件，对全州153个测量标志进行全覆盖的巡查，发放2017年测量标志保管员津贴6.48万元。开展辖区内资质巡查和保密检查工作，对部分测绘资质单位进行测绘成果质量监督检查、测绘资质巡查11次。组织开展测绘法宣传教育活动，悬挂、张贴国家版图意识宣传标语和横幅200条，向公众发放资料1500多份，向民众讲解、提供咨询350多人次，有针对性地检查5家使用国家版图相关单位及2家网站，发出整改通知5份。

地方社团工作

【贵州省测绘行业协会】

2017年，贵州省测绘行业协会组织评选2013—2017年优秀测绘工程奖，评选出省级一等奖项目9个、二等奖项目15个、三等奖项目8个，推荐10个项目参加中国地理信息产业协会奖项评选。协办“南方测绘杯”第五届全省测绘地理信息职业技能竞赛。为2017年中国地理信息产业贵阳峰会提供志愿者服务工作。提供5万元资金用于贫困村扶贫工作。继续提升贵州测绘地理信息公共服务网服务质量，全年网站点击量超过120万人次。组织开展注册测绘师考前培训，测绘产品质量检查员培训，新设备、新装备、新软件应用技术培训，全年培训1000多人次。成立贵州省测绘行业协会毕节市联络处。

【贵州省测绘地理信息学会】

2017年，贵州省测绘学会正式更名为贵州省测绘地理信息学会，学会会刊《贵州测绘》更名为《贵州测绘地理信息》，成立《贵州测绘地理信息》编辑委员会及编辑部。贵州省测绘地理信息学会全年成立了不动产管理与地籍测量专业委员会、低空遥感与导航专业委员会、测绘工程专业委员会等8个专业委员会。组织开展全省不动产（自然资源）确权登记技术研讨、遥感与导航大数据、GNSS工程测量关键技术与方法等10场学术报告会。

云南省

概况

2017年，云南省测绘地理信息行业完成测绘服务总值24.28亿元，同比增长6.77%。

云南省第一次全国地理国情普查工作通过总体验收，10月20日，普查成果向社会公开发布。2017年云南基础性地理国情监测工作顺利完成，长江经济带国家投资基础设施建设监测和昆明市主城区及滇池流域地表覆盖与沉降监测等项目通过验收，迪庆州重点区域及矿区用地变化监测项目完成，云南省生态环境保护监测和云南滇中新区空间格局变化监测相继启动。云南省测绘地理信息局与红河州蒙自市政府签订“多规合一”信息平台搭建合作协议，与省环境保护厅、省审计厅、教育厅等部门签署地理信息数据资源共享与技术合作协议。

启动《云南省测绘条例》修订工作，联合13家单位开展云南全覆盖排查整治“问题地图”专项行动，配合国家巡查组对昆明、曲靖市开展巡查。组织开展“减证便民”专项行动，精简取消行政许可和公共服务过程中涉及的4项证明材料。新增资质单位50家，7家民营单位首次晋升甲级测绘资质。对16家资质单位开展“双随机”检查，强化测绘成果质量监管。持续开展全省测绘地理信息行业信用征集和发布工作。

完成昆明市、红河州、文山州CORS系统北斗导航定位更新升级，增补建设9个基准站，全省CORS基准站数量达220个。完成建水、滇中测区826幅1:1万“3D”数据资源更新；补测国界和省界空白区域1:1万“3D”数据122幅。开展云南省测绘地理信息业务管理系统及质检信息化体系建设。

全年审批测绘成果提供使用报件633件。组织局属单位及行业单位参与第二次全国地名普查、全省草地资源清查、土壤侵蚀调查、州市重点区域用地变化核查、机场建设、滇池流域环境监测等重点项目，为全省经济社会发展与生态文明建设提供优质高效的测绘地理信息保障。

积极推进测绘技术、服务“走出去”战略，协助国家测绘地理信息局成功举办联合国智慧城市与可持续发展国际研讨会。促成国家测绘地理信息局与云南省政府签署《加强测绘地理信息工作 服务云南开放发展战略合作协议书》，共建南亚东南亚测绘地理信息科技合作研究中心。出访老挝国家测绘局，推进“天地图·老挝”和老挝北斗导航技术的应用，为中老测绘地信企业牵线搭桥，合作共促老挝测绘地理信息产业发展。

党的建设与人才队伍建设

【党的建设】

云南省测绘地理信息局制定印发《云南省测绘地理信息局“党建推进年”实施方案》和《云南省测绘地理信息局直属机关党委2017年工作要点》。加强理想信念和形势政策教育，把学习宣传贯彻习近平总书记考察云南重要讲话和党的十九大精神作为思想政治建设的重要内容，组织开展中心组理论学习11次，选派27名党员干部分别到国家测绘地理信息局党校、云南省委党校和省级机关党校参加培训学习；推进“两学一做”学习教育常态化制度化，制定工作方案，开展集中学习讨论、召开民主生活会、民主评议党员，组织参加云南省委省直机关工作委员会举办的“学习党章党规”知识竞赛和“两学一做”学习教育网上竞答；加强舆论引导工作，党组书记带头讲党课，党组成员分别到工作联系单位讲党课，局领导和机关处室负责人分别深入测区宣讲党的十九大报告精神。严格落实“三会一课”制度，运用“互联网+党建”微信微博等新平台，开展以“三学三强”（即学先进理论，强信仰信念；学党章党规，强忠诚担当；学优秀文化，强道德修养）为主题的年度“三读书”活动，推进学习型党组织建设和“书香机关·书香支部”创建活动。完成2个基层党委、5个党支部换届和党支部委员增补工作，建立并实行“党费日制度”，完成党员党费的收缴、管理和使用清理，加强党员队伍教育管理，开展党员创先争优和选树先进典型活动，实行党员积分制管理，与扶贫挂钩点村支部开展一对一的党支部结对共建工作。

【党风廉政建设】

云南省测绘地理信息局组织召开年度党风廉政建设工作会议，落实“一岗双责”，制定局党组关于领导干部进一步贯彻落实中央八项规定精神的实施办法和2017年党风廉政建设工作实施意见及任务分工，层层签订党风廉政建设责任书，开展“小金库”清理、“吃空饷”清查、新一轮“六个严禁”专项整治活动和部门岗位廉政风险点排查工作，组织集体廉政谈话和提醒谈话，开展6次监督执纪抽查。加强廉政文化建设，组织开展反腐倡廉理论研讨活动，形成研究论文8篇等一批理论成果。组织观看廉政教育影片，参观警示教育基地，组织在职干部369人订阅“清风云南”公众号，局廉政短信平台在重要节点发送廉政短信280多条，。

【精神文明建设】

云南省测绘地理信息局深入践行社会主义核心价值观，助力昆明市创建全国文明城市活动，深入开展向杨善洲、高德荣、召存信及身边典型学习活动，加强对干部职工的社会公德、职业道德、家庭美德、个人品德和“六五”普法教育，开展“平安机关”“平安单位”创建，工会、群团工作深入开展，举办以“强体质 展风采 喜庆党的十九大”为主题的全局职工运动会，组队参加云南省直机关工作委员会片区运动会，1家局属单位的“职工之家”被云南省直机关工会授予“合格职工之家”称号，1家局属单位继续保持“昆明市文明单位”称号。开展扶贫挂钩工作，制定精准脱贫帮扶方案，结合“挂包帮、转走访”工作，全局处级以上领导干部分批深入牛街乡树密村11个村小组，召开现场扶贫办公会，走访困难群众122户，筹集并发放扶贫款55万元，支持开展脱贫项目，为挂钩的树密村修建卫生室和党员活动室等基础设施。做好离退休干部的管理与服务工作，组织春节慰问和敬老节集体座谈等活动。

【人才队伍建设】

云南省测绘地理信息局年内共评审通过测绘工程师147人、测绘助理工程师116人，16人通过高级工程师评审，其中1人破格通过正高级职称评审。配合人力资源和社会保障部门做好注册测绘师资格考试考务工作，审核注册测绘师资格76人次，发放注册证、执业印章52本（枚）。考察选配7名处级干部，招录机关工作人员3名，招考聘用9名事业单位工作人员。分批次选派干部参加各类培训、学习，举办测绘管理类培训班5个、测绘专业技术知识培训班13个，组织机关干部参加云南省干部在线学习活动。与云南省总工会、省人力资源和社会保障厅联合举办云岭职工测绘地理信息行业职业技能竞赛，选拔优秀选手参加“南方测绘杯”第五届全国测绘地理信息行业职业技能竞赛，获优秀组织奖。

法制建设与市场监管

【法制建设】

云南省测绘地理信息局启动《云南省测绘条例》修订工作，9月成立修订工作领导小组，编写完成《云南省测绘条例》初稿，征求10个部门、16个州（市）国土资源部门、20家甲级测绘资质单位意见，完善形成修订稿，报云南省政府法制办公室，被列入2018年云南省政府一档立法计划。

【法制宣传】

云南省测绘地理信息局邀请国家测绘地理信息局有关负责人宣讲新测绘法，在全省范围举办3期培训班，组织测绘管理、成果使用等人员学习培训，参训人数达900多人。

组织开展“8·29”测绘法宣传活动，全年投入测绘法宣传经费25.7万元，编制印刷测绘法宣传折页3万份，制作20分钟宣传片、30秒宣传视频、15块宣传展板，提供各州市宣传使用。8月29日，全省各地通过在繁华市区LED屏投放宣传片、布设宣传展板、发放宣传资料、发送手机短信等形式进行宣传，云南电视台、云南日报、春城晚报、新华网等多家媒体现场采访报道。

【依法行政】

云南省测绘地理信息局按照云南省政府统一部署，开展行政许可清理，进一步规范行政审批行为。按照“法定职责必须为，法无授权不可为”的原则，对局全部行政服务事项进行全面梳理，原有19项行政审批服务事项精简变更为18项，在局门户网站和云南省行政审批网上服务大厅全面公开。以行政服务事项为基础，制定了服务手册、办事指南、办事流程图等。开展行政职权清理工作，经清理，云南省测绘地理信息局共承担40项行政职权。对局直属8个事业单位及机关5个职能处室的公共服务事项进行梳理，共梳理出10项公共服务事项。完成对实施依据、服务对象、服务内容、服务地点、服务流程、相关资质及批文模板等内容的完善和收集并实时更新。组织开展“减证便民”专项行动，精简取消行政许可和公共服务过程中涉及的4项证明材料。

【“放管服”改革】

云南省测绘地理信息局深化“放管服”改革，建立完善“双随机”抽查检查机制，制定了《云南省测绘地理信息局随机抽查工作细则》和《云南省测绘地理信息局随机抽查事项清单》。9月—10月，开展“双随机”综合执法检查，共派出检查人员11人，随机抽取昆明、红河、文山等地区16家测绘资质单位开展检查，对检查问题及时进行反馈和通报。制定了《云南省测绘地理信息局“互联网+政务服务”工作实施方案》《云南省测绘地理信息局2017年政务公开工作实施方案》《云南省测绘地理信息局关于加快推进简政放权放管结合优化服务改革工作的通知》等，明确政务服务平台建设管理、政务公开、信息资源共享等一系列工作措施，并将“互联网+政务服务”工作纳入局“责任落实年”工作任务清单。实现云南省行政审批网上服务大厅在线受理全部审批事项，全年在线受理477件，办结率100%。推进实体政务窗口与网上服务平台融合发展，设立有实体行政许可事项审批办公室，坚持“线上线下”一体化的政务服务体系。配合云南省国土资源厅开展投资审批中介超市入驻审核工作，共审核通过649家行业单位入驻投资审批中介超市，测绘地理信息行业成为中介超市入驻率最高的行业之一。

【测绘资质管理】

云南省测绘地理信息局开展测绘资质单位书面调研111家，其中甲级20家、乙级20家、丙级43家、丁级28家。整理汇总主管部门调研表上报国家测绘地理信息局。新办测绘资质71家，续期换证175家，办理基本信息变更110件、补充修改数据154件、业务范围变更45件。注销资质11家，升级43家，其中7家民营单位首次成功晋升甲级测绘资质，办理测绘作业证1170本。截至年底，云南省共有测绘资质单位875家，其中甲级22家、乙级197家、丙级395家、丁级261家。

【信用管理】

云南省测绘地理信息局持续开展全省测绘地理信息行业信用征集和发布工作，征集和发布89条信用信息。

规划与计划

【规划的制定与执行】

曲靖市和玉溪市完成基础测绘“十三五”规划编制工作，德宏州、怒江州按计划开展基础测绘规划编制工作。按照国家测绘地理信息局统一安排，云南省测绘地理信息局协助完成《长江经济带地理信息保障协同发展规划》部分内容编制工作。组织编制完成云南省现代测绘基准体系基础设施建设、1:1万数字地图更新、航空航天遥感影像数据获取和数据库建设、智慧云南时空云平台建设、云南省系列地图编制、云南省基础测绘生产服务能力建设、云南省应急测绘保障能力建设7个基础测绘重点项目和地理国情基础信息资源建设、重要专题性地理国情监测、地理国情信息数据库更新与统计分析、地理国情监测能力建设4个地理国情监测重点项目可行性研究报告和实施方案，完成专家评审并陆续启动实施。

【计划的制定与执行】

云南省测绘地理信息局组织落实《云南省测绘地理信息事业发展“十三五”规划纲要》《云南省基础测绘“十三五”规划》《云南省地理国情监测“十三五”规划》《云南省地理信息产业发展“十三五”规划》的年度计划任务，建立局系统内预算执行进度周报制度，实现预算绩效实时化管理。加强内部控制建设，出台《云南省测绘地理信息局内部控制手册》和相关管理制度，对计划内重大项目中经济活动进行严密的防范和管控，完成年度计划中各项生产及经济指标。

基础测绘

【基础测绘经费投入】

2017年，云南省级财政公共预算安排经费522万元，落实基础测绘和地理国情专项经费6000万元，云南省发展和改革委员会安排基础测绘专项经费800万元，中央财政安排边少项目经费500万元。

【测绘基准建设与应用】

云南省测绘地理信息局完成云南省现代测绘基准体系基础设施建设年度任务，选埋C级平面控制点50点、二等基本水准点62点、普通二等水准点402点，观测二等水准路线3916千米，增加水准点整饰164点。云南省测绘地理信息局制定了《云南省综合卫星定位服务系统管理与使用暂行办法》，召开全省CORS系统管理培训会议，开展系统运行维护和服务工作。完成昆明市、红河州、文山州CORS系统北斗导航定位更新升级，增补建设9个基准站，至2017年末全省CORS基准站数量增至220个。全省CORS系统在测绘、国土、住建规划、农业、林业等10多个领域523家单位得到使用，拥有2239个注册用户，平均在线用户110多个。通过协商和签订共享合作协议，与广西CORS实现跨区域协同服务。完成全省大地控制成果和1:1万“3D”数据的2000国家大地坐标系转换工作。与省住房与城乡建设厅、省国土资源厅联合推广使用2000国家大地坐标系统，与环境保护厅、农业厅达成共识，明确住建规划、不动产测量、生态保护红线划定、农村承包经营权调查、第三次全国土地调查、信息平台建设等工作统一使用2000国家大地坐标系统。

【基本比例尺地形图测制与更新】

云南省测绘地理信息局完成建水测区576幅1:1万“3D”数据资源更新，补测国界和省界边境空白区域1:1万“3D”数据122幅，更新滇中区域1:1万“3D”数据250幅。

【航空航天遥感影像获取与应用】

云南省测绘地理信息局开展全省航空航天遥感影像使用和需求调研，编制完成云南省航空航天遥感影像统筹管理办法初稿，推动建立全省影像获取分发使用工作机制。获取全省部分区域优于1米分辨率的卫星多光谱遥感影像，进行处理后提供基础测绘和地理国情监测使用；统筹获取滇中约2000平方千米0.2米分辨率的航空激光雷达影像数据，开展DEM生产试验。影像使用率达100%。

【智慧城市、数字城市建设】

云南省测绘地理信息局向国家测绘地理信息局申请立项智慧玉溪时空信息大数据及云平台建设试点项目，投入360万元开展前期工作。完成数字德宏地理空间框架建设项目，搭建了德宏州基础地理信息数据库，在收集整合德宏州国土资源各类数据成果基础上，完成9个应用系统开发建设。建成保山地理信息公共服务平台。完成云南省时空信息云平台（二期）建设及框架数据更新。

【质量管理】

云南省测绘地理信息局配合国家测绘地理信息局在云南开展质量监督抽查工作，完成对甲级单位1项成果质量监督抽查和1家2016年成果质量监督抽查不合格单位的复查工作。开展年度测绘地理信息成果质量监督抽查，成立云南省测绘地理信息质量监督检查工作领导小组办公室，对25家测绘资质单位完成的25项测绘成果进行了成果质量检验，除1项测绘成果不具备检验条件外，20项测绘成果被判定为“批合格”，4项测绘成果被判定为“批不合格”。对15家测绘资质单位的技术质量管理体系进行检查，其中12家单位被判定为“完善”“基本完善”、3家单位被判定为“不完善”。

【安全生产】

3月，云南省测绘地理信息局召开生产工作专题会议，强调重视生产安全的管理、监督和检查，在确保安全和保密的前提下开展各项工作。与各直属事业单位签订安全生产责任书，层层压实责任。局机关及直属单位开展消防安全知识讲座。十九大期间建立网络安全保障值班值守制度，开展重要信息系统安全防护检查。在国庆假日期间，确保局门户网站在安全运行。国庆、春节假期前夕，分管领导率队到各生产基地开展安全生产大检查，现场督促整改发现的问题。

地理国情监测

【地理国情普查】

5月，云南省第一次全国地理国情普查工作通过总体验收，普查公报经国务院第一次地理国情普查领导小组办公室核准，云南省政府审定同意后，于10月20日由云南省政府新闻办公室主持发布，新华社、中央电视台、人民网、云南日报、云南广播电视台等39家媒体参加新闻发布会，23家媒体刊发26篇报道，宣传云南地理国情普查工作。

【地理国情监测】

云南省测绘地理信息局完成2017年云南基础性地理国情监测工作，整合最新的基础地理信息数据及相关部门专题数据，对上一期监测成果进行更新，形成云南全域现势性强、精度高的地理国情信息成果数据，12月28日，汇交监测成果至国家测绘地理信息局。组织完成长江经济带国家投资基础设施建设监测（云南监测任务区）、全国地级以上城市及典型城市群空间格局变化监测（云南省监测区）、昭通鲁甸震区恢复重建与国土监测、德钦县城周边地质灾害监测、昆明市主城区及滇池流域地表覆盖与沉降监测等项目的验收，启动迪庆州重点区域及矿区用地变化监测，云南省生态环境保护监测和云南滇中新区空间格局变化监测等项目。

地图管理与地图服务

【地图公共服务】

云南省测绘地理信息局全年审核《玉溪市地图集》《大理白族自治州卫星影像图》《1976—2016年昆明城市空间扩张图》等地图82件。制作16幅云南省标准地图，在局门户网站标准地图服务栏目公布，向社会公众提供免费下载服务。按时完成第四次辅助决策用图共享工作，8月向国家测绘地理信息局提交2017版云南省地图5幅，及时更新《云南省交通图》等地图。为省委省政府等部门提供各类地图服务44次1657幅（张），结合中央领导视察云南工作、省委主要领导办公室更换工作用图、省政府工作用图的需要，按时保质完成视察线路图、云南省工作用图保障工作。推进第三版云南省地图集2018卷的编制工作。

【国家版图意识宣传教育】

云南省测绘地理信息局以新测绘法宣讲培训、“8・29”测绘法宣传日活动为契机，广泛开展国家版图意识宣传教育和地图知识普及，利用“双随机”抽查、“问题地图”巡查，对地图编制出版单位重点开展版图意识教育，进行现场业务指导。

【全覆盖排查整治“问题地图”专项行动】

云南省测绘地理信息局组织全局处级以上干部参加国家测绘地理信息局召开的全覆盖排查整治“问题地图”专项行动电视电话会议。13家单位组成的专项行动领导小组，召开工作联席会议，制定专项行动工作方案，联合印发《关于开展全覆盖排查整治“问题地图”专项行动的通知》和专项行动自查工作指南，开展全省范围的排查整治工作。开展各级政府网站全覆盖自查，对发现的疑似“问题地图”进行逐一鉴定，要求使用违规地图的网站全部限期整改。通过互联网地图监管系统和人工调查等方式，开展互联网“问题地图”清查，排查网站涉嫌违规使用地图的图片8376幅，发现“问题地图”400多幅，要求相关单位进行限期整改。排查全省教材教辅使用地图情况，全省78所高校使用的3768本教材、中小学使用的5本地方教材（共15幅地图）未发现“问题地图”。9月25日—30日，云南省测绘地理信息局分管领导带队，组织有关人员对昆明、蒙自、个旧、文山、马关、丘北等地进行专项行动实地督导及重点巡查工作。

10月9日—11日，国家测绘地理信息局有关负责人带领全覆盖排查整治“问题地图”专项行动第六巡查组，对云南省全覆盖排查整治“问题地图”专项行动情况进行巡查指导，云南省测绘地理信息局配合巡查组到昆明市图书批发市场、新知图书城、昆明城市规划展览馆等场所开展实地巡查，在全面覆盖8种主要检查的地图种类的基础上，对公开出版的教材教辅资料、展览馆使用规划展示图等进行了深度检查，根据巡查发现的问题，对4家单位下发整改通知书，均在11月30日前完成整改。

测绘地理信息成果管理与应用

【“天地图・云南”建设与应用】

云南省测绘地理信息局利用最新获取的省级基础测绘和地理国情普查成果数据开展“天地图・云南”框架数据更新，完成13878幅1:1万地图更新，形成2017版矢量框架数据库，数据现势性至2017年7月；完成全省120万条地名地址数据库建设工作；完成7247幅省级节点数据与国家主节点的数据融合工作等；完成曲靖市、丽江市、西双版纳州及其相邻州市部分区域矢量、地名地址及影像数据的更新处理与整合。开展“天地图・云南”云平台的建设及“天地图・云南”门户网站的全新改版升级工作。完成保山市自然资源和空间基础地理信息数据库建设及保山市地理信息公共服务平台建设工作，基于“天地图・云南”平台，为云南省自然灾害应急救助指挥平台建设提供数据服务，参与建设云南省教育厅教育扶贫信息系统。

【成果汇交与分发】

云南省测绘地理信息局全年接收测绘成果电子数据和科技档案26批（次）。审批测绘成果提供使用报件633件，向各行业累计提供纸质地图4131幅、大地控制成果和航测档案8269个（份）、“4D”数据成果4.72万幅、各类遥感与专题数据35.9TB。负责云南省农村土地承包经营权确权登记颁证工作底图影像数据的接收及分发。分15批次接收云南北斗高分地理信息科技有限公司移交的云南省129个县（市）基础地理信息数据，其中1∶2000 DOM 476860幅、数据量36136.24GB；1∶5000 DOM 9094幅、数据量813.25GB。对外提供93个县（市）的农村土地承包经营权确权登记颁证工作底图影像数据，其中1∶2000 DOM 276340幅、数据量21163.26GB；1∶5000 DOM 8260幅、数据量722.4GB。

【测绘成果保密管理】

云南省测绘地理信息局落实测绘成果保密管理相关规定，联合执法力量到昆明市、文山州和红河州等地的16家测绘资质单位开展保密检查。组织6名涉密人员参加国家测绘地理信息局组织的涉密网络安全保密管理人员培训。9月，举办全局保密干部和涉密人员培训班。推进各直属单位的涉密生产信息系统分级保护改造工作。

【测量标志管理】

云南省测绘地理信息局安排下拨勐海县22万元、沧源佤族自治县16.5万元、泸水县5万元经费，开展测量标志普查和维护工作，对2016年开展的景洪市测量标志保护项目进行验收，建立玉溪市测量标志保护管理信息数据库。完善测量标志迁建审批程序，对审批所需的资料进行修改及补充，落实测量标志拆迁实地调查工作。完成4件测量标志拆迁审批。6月，对测量标志疑似受到破坏或影响效能的情况进行实地查看，找回国家一等水准点1座，由昆明市国土资源局纳入管理范围。

【应急测绘保障服务】

云南省测绘地理信息局推进国家应急测绘保障能力建设项目云南单项工程的实施，完成机场和中航时固定翼无人机航空应急测绘系统的考察，编制完成《国家应急测绘保障能力建设项目云南单项工程实施方案》，并于6月通过专家组评审，已上报至国家测绘地理信息局。开展国家应急测绘云南省资源共享节点机房和视频会议终端场所改造建设，协调准备数据传输网络。完善局级应急测绘保障预案，组织应急演练11次，加强应急专业人才培养，有效整合局系统内部的数据、设备、技术等资源，初步建立应急测绘保障体系，完成“3·27”大理自治州漾濞县地震灾区应急测绘保障工作。

地理信息产业

【地理信息产业政策】

云南省测绘地理信息局继续落实《云南省人民政府办公厅关于加强地理信息产业发展的意见》，启动编制《云南省地理信息产业发展“十三五”规划》。

【地理信息产业发展】

云南省测绘地理信息局配合国家测绘地理信息局开展地理信息产业专项调查。组织实施地理信息产业单位名录库中非测绘资质企业专项统计调查，完成云南507家非测绘资质企业的专项统计调查工作。11月，召开云南省甲级及部分乙级测绘资质单位座谈会，对产业发展提出指导性意见。

科技、标准化与国际合作

【科技创新体系建设】

云南省测绘地理信息局编制完成《云南省测绘地理信息局“十三五”科技发展规划》初稿。对科技创新体系建设予以经费保障，投入200多万元，开展云南省信息化测绘体系——生产管理信息系统的建设，编制《云南省测绘地理信息局信息化测绘体系建设总体方案》，分期推进，已初步形成较为成熟的信息化生产业务管理系统和生产基地。

【科技项目与科技奖励】

云南省测绘地理信息局深入实施创新驱动发展战略，组织完成“区域CORS实时发布地方坐标与高程的关键技术与应用”等科技项目的研究攻关，承担的省科技重大专项“基于北斗YNCORS+地理信息服务平台应用研究”进入二期研究阶段，“云南省第一次全国地理国情普查成果质量检验的研究与软件开发”项目实现了地理国情普查质检技术方法的重要创新。相关科技项目获中国测绘地理信息学会2017年测绘科技进步奖二等奖1项、三等奖2项，优秀测绘工程金奖1项、银奖3项、铜奖6项、全国测绘地理信息自主创新产品奖3项。

【标准化工作】

云南省测绘地理信息局组织20多人参加国家测绘地理信息局举办的标准管理与标准制定相关技术培训。完成《云南省地理国情监测技术规程（基础性监测）》《云南省1∶1万3D数据资源更新技术规程》《云南省1∶1万空间资源框架数据库技术标准》的修改完善工作。

【对外合作与交流】

云南省测绘地理信息局协助国家测绘地理信息局举办联合国智慧城市与可持续发展国际研讨会。

促成国家测绘地理信息局与云南省政府签署《加强测绘地理信息工作 服务云南开放发展战略合作协议书》，双方在共同推进国家应急测绘保障能力建设、南亚东南亚测绘地理信息科技合作与研究能力建设等8个方面达成协作共识。组团出访瑞士、瑞典、文莱。与老挝政府部门实现互访互信与合作共建，为国内优秀测绘地理信息企业进入老挝开展合作项目牵线搭桥，推广我国北斗导航卫星定位技术在东南亚国家的应用与普及，为“一带一路”倡议实施提供测绘地理信息先行服务。

地市级测绘地理信息工作

【曲靖市】

2017年，曲靖市综合卫星定位服务系统正式投入使用，曲靖市测绘地理信息主管部门举办了系统管理运用培训班，落实全市17个基准站的委托管理，印发《曲靖市综合卫星定位服务系统管理办法》。云南省地图院将承担的曲靖市辖区第一次全国地理国情普查州市县级成果数据库管理系统交付曲靖市、县国土资源局，对市、县国土资源局分管领导和普查办人员进行了业务培训。组织完成测绘地理信息专业初级技术职务评审工作，全市43人申报，37人通过评审。“8·29”测绘法宣传日，组织市、县国土资源局宣传贯彻新的《中华人民共和国测绘法》，利用LED电子屏多次滚动播放宣传片，全市共发送宣传信息1万多条，悬挂宣传主题横幅标语48条，各县（市、区）中心广场、公园和主要街道设立宣传咨询服务台7个，发放宣传资料6000多份，接受咨询1000多人次。编制双全开《曲靖市地图》100幅，对曲靖市国土资源立体模型进行维护、改造升级。组织开展测绘地理信息市场双随机抽查，对3家测绘资质单位的项目、资质、保密、质量情况进行了抽查检查；组队参加云岭职工第十四届技术技能大赛、“南方测绘杯”云南省测绘地理信息行业职业技能竞赛，曲靖市代表队获“最佳组织奖”、1人获“云南省地图制图技术能手”称号、4人获“优秀选手”称号。

【玉溪市】

2017年，玉溪市本级测绘地理信息财政投入161.9万元。玉溪市测绘地理信息主管部门编制完成《玉溪市基础测绘规划（2016—2020年）》并由市政府批复同意实施。完成2011玉溪市地方坐标系增设及数据处理项目，布设3个GNSS控制网点。完成玉溪市测量标志点普查工作，共普查测量标志点666个。编制完成《玉溪市综合地图集》及《玉溪市地图》。完成第一次地理国情普查，并组织开展玉溪市第一次地理国情普查成果数据移交及管理系统培训。配合云南省航测遥感院开展地理国情监测数据收集和整理工作。12月28日，国家测绘地理信息局批复同意将玉溪市列入智慧城市时空大数据与云平台建设试点。开展数字玉溪地理空间框架建设成果推广应用工作，完成玉溪市国土资源综合服务系统专题数据更新。做好玉溪市卫星定位服务系统（YXCORS）14个站点运行维护及成果提供使用。组织参加云岭职工第十四届技术技能大赛，获最佳组织奖。完成基础测绘成果资料提供使用审批事项361件，审核上报测绘资质单位业务变更、信息变更20家。对全市50家测绘资质单位开展“双随机”抽查工作，全面开展测绘资质单位日常监督检查。联合保密、公安、国家安全部门开展YX-CORS基准站安全检查；联合工商、广电、文化部门开展全覆盖排查整治“问题地图”专项行动。组织开展测绘法宣传日和全国法制宣传日活动，发送公益短信3000多条，发放纸质宣传资料4000多份、宣传环保袋2000多个；组织100多人参加测绘法培训。完成年度测绘统计数据上报工作。

【楚雄彝族自治州】

2017年，楚雄彝族自治州测绘地理信息主管部门制定出台楚雄CORS系统使用管理制度，落实系统运行维护管理经费和机房维护管理技术人员；与托管单位签订托管协议，明确托管责任人和职责。开展基准站巡查，加强系统日常运行维护工作，及时处理系统出现的问题。联合州国家安全局共同开展卫星导航定位基准站安全专项整治行动，对州内28个基准站和楚雄CORS系统中心机房设备、基站周边网络环境和观测数据传输渠道进行检测。完成第一次全国地理国情普查州县级成果数据库管理系统交接及管理应用培训，为“多规合一”、土地利用变更调查等工作提供应用服务。全年共审查变更信息单位7家，升级资质单位1家（丁级升为丙级），注销资质单位1家，完成6家乙级测绘资质证书续期换证工作。配合云南省测绘地理信息局对6家乙级和4家丙级资质单位的测绘地理信息质量进行监督检查。开展测绘地理信息市场“双随机”抽查工作，对州内5家丙、丁级测绘资质单位进行项目抽查、资质核查和保密检查。开展全覆盖排查整治“问题地图”专项行动，在各地、各单位自查、检查的基础上，楚雄州国土资源局联合州工商、文体部门，集中对书店、图书城、图书馆、博物馆等重点场所及乡镇流动摊点开展检查。8月29日，组织设立测绘宣传咨询点63个，悬挂宣传横幅26条，摆放宣传展板200多块，发放宣传资料3万多份，宣传《中华人民共和国测绘法》《地图管理条例》和《测量标志保护条例》等法律法规，耐心解答群众的问题，州电视台对宣传活动进行报道，播放了云南省测绘地理信息局制作的宣传视频10多场次。

【临沧市】

2017年，临沧市测绘地理信息主管部门加强基础测绘工作，累计投入约1100多万元，完成临沧市综合卫星定位服务系统建设、临沧边境经济合作区基础测绘建设（临沧市区域似大地水准面精化和临沧市三维影像制作），更新编制临沧市工作用图。在临沧市辖区新建临沧市综合卫星定位服务系统11个站点，共用1个国家站点，完成市级组网运行并接入省级网络。实现全市2.36万平方千米三维地形数据全覆盖。临沧市测绘地理信息主管部门为32家测绘资质单位发放LCCORS使用账号，在不动产测绘、工程测量、各类资源调查等项目中推广应用。为有关部门提供临沧市边境经济合作区基础测绘成果，基础测绘成果在边境维稳、农场土地使用权调查、城市规划中得到应用。临沧市委市政府领导对测绘地理信息工作给予肯定，批准成立临沧市测绘地理信息中心，并配套补助基础测绘经费220万元。组织开展全市丙、丁级测绘资质单位资质巡查及抽查工作，联合市国家安全局对市内CORS站点进行安全排查。开展全覆盖排查整治“问题地图”专项行动，对辖区内各大书店进行抽查，向从业人员讲解国家版图与地图知识，规范地图销售市场。开展“8·29”测绘法宣传日活动，全市共发放宣传资料4000多份，悬挂横幅28条，制作宣传展板24块，利用市内出租车流动屏幕宣传测绘法，临沧市电视台连续循环播放测绘法宣传片。

地方社团工作

【云南省测绘地理信息学会】

云南省测绘地理信息学会召开1次理事会、2次常务理事会议、4次专业委员会工作会议，规范各专业委员会的工作职责。新增27家成员单位，会员单位达157家。举办测绘地理信息应用及解决方案研讨会、地理信息技术创新研讨会、专家报告会等学术会议。编辑出版《云南测绘》6期，印发6000册，与50多家测绘期刊进行交流。组织专家科普队伍在云南大学、昆明理工大学、西南林业大学等8所院校开展测绘地理信息专业讲座。建立云南省测绘地理信息专家库，推荐35名技术专家进入云南省科学技术协会省级科技社团科普宣讲专家库。组团参加东南亚测绘协会第62～65次理事会会议、第10届东南亚测绘协会双年展会议、第14届东南亚测绘大会和东盟土地治理峰会。组队参加中国四维杯第十三届全国测绘地理信息职工定向越野赛，获优秀组织奖。组织代表团参加中国测绘地理信息学会2017年学术年会暨第十一次全国会员代表大会、第七届全国测绘地理信息技术装备展览会暨全国测绘地理信息博览会。被中国测绘地理信息学会评为“2014—2017年先进集体”，被云南省科学技术协会授予“2016年度优秀学会奖”。

【云南省地理信息协会】

云南省地理信息协会在云南省测绘地理信息局脱钩工作领导小组指导下，坚持社会化、市场化改革方向，主动查找、梳理脱钩内容，初步完成与原行政主管部门的机构分离、职能分离、资产财务分离、人员分离等脱钩任务。发展新申请入会单位6家，定期召开常务理事会议、秘书处会议。组织4家理事单位开展云南省农村土地承包经营权确权登记颁证工作底图制作项目质量监理服务，举办全国首届无人机航空摄影测量与遥感邀请赛。组织会员单位参与2017全国最具活力中小企业评选活动。

西藏自治区

概况

2017年，西藏自治区测绘局按照国家测绘地理信息局的总体要求，紧紧围绕推进西藏经济发展和社会长治久安战略目标，不断融入和服务当地经济社会发展大局，持续推进西藏测绘地理信息事业发展，不断提高测绘服务保障能力，在全国省级测绘地理信息主管部门2017年度测绘地理信息工作绩效考核中被评为“特色工作创新单位”。

开展涉密测绘成果保密检查和全区全覆盖排查整治“问题地图”专项行动，宣传新修订的《中华人民共和国测绘法》，开展国家版图意识宣传教育，维护国家地理信息安全。地理国情信息资源更加丰富，首次获取覆盖全区、无缝隙、高精度、多要素地理国情普查成果，全面查清了全区行政区域范围的自然与人文地理要素空间分布情况，绘制了西藏首张地理国情图，建成覆盖全区的地理国情数据库，发布《西藏自治区第一次全国地理国情普查成果公报》。进一步深化“放管服”改革，推动优质服务，简化审批手续，减轻企业和个人负担，促进实体经济发展。

截至2017年底，西藏自治区测绘局仍是全国省、自治区、直辖市测绘地理信息主管部门中唯一的县处级单位，拉萨市国土资源局设立了国土资源测绘管理科，其他地（市）均没有设立测绘地理信息管理机构。西藏自治区共有测绘资质单位47家（包含私营企业29家），其中甲级1家、乙级20家、丙级19家、丁级7家，主要分布在国土、地质、交通、水利、建筑等行业；共有测绘地理信息从业人员891人，其中党政管理人员23人、专业技术人员747人、技能人员105人、经营管理人员16人。

党的建设与人才队伍建设

【党的建设】

西藏自治区测绘局持续推进“两学一做”学习教育常态化制度化，制定并实施《西藏自治区测绘局持续推进“两学一做”常态化制度化工作实施方案》《西藏自治区测绘局党建学习工作方案》《西藏自治区测绘局学习宣传贯彻党的十九大精神实施方案》，通过采取“三会一课”“测绘大讲堂”“主题党日活动”、报告会、辅导讲座等学习形式，学习贯彻党的十九大精神、习近平新时代中国特色社会主义思想和习近平总书记给山南市隆子县玉麦乡牧民卓嘎、央宗姐妹的回信精神、中央及西藏自治区党委关于反分裂斗争的一系列部署要求等内容，教育引导党员干部牢固树立“四个意识”、坚定“四个自信”。全年组织党员干部开展理论学习40多次，编写并印发学习简报45期，党员干部撰写心得体会40多篇。全年对口帮扶拉萨市当雄县羊八井镇拉多村和桑巴萨居委会贫困群众17户60人，投入帮扶资金1.7万元。与拉萨市纳金村党支部结对子，组织在职党员进社区开展节假日慰问、“送温暖”“送服务”等活动，全年为纳金村5户贫困家庭发放慰问金6400元。为局困难干部职工捐款9000元。局机关党支部被自治区国土资源厅评为“2016年度先进党支部”，自治区测绘院获“2017年西藏自治区民族团结先进集体”称号。

【党风廉政建设】

西藏自治区测绘局召开2017年党风廉政工作专题部署会议，制定并印发《2017年党建工作要点和党建党廉任务分解表》，局主要领导与各科室、局属测绘院签订《党风廉政建设目标责任书》，并与新任职县、科级人员开展廉政谈话。根据西藏自治区政府公布的测绘地理信息行政权力和责任清单，动态更新党风廉政风险防控点和防控措施，制定并印发《西藏自治区测绘局权力行使廉政风险点和防控措施》《公务招待办法》等文件，确定廉政风险点34个，其中A级17个、B级17个。

【精神文明建设】

西藏自治区测绘局把6月确定为“文化建设月”，开展拍摄微视频等系列活动，持续弘扬“测绘精神”“老西藏精神”“两路精神”。选派5名干部职工参加全国测绘地理信息系统第五届“天润科技杯”乒乓球比赛。参加自治区国土资源厅组织的职工文体娱乐活动。开展以“西藏测绘人、健康徒步走”为主题的秋季徒步健身活动。

【人才队伍建设】

西藏自治区测绘局完成处级、科级干部选拔任用推荐工作，全年交流提拔副处级干部4人。选派6人参加“西藏自治区创先争优强基础惠民生活动”第七批驻村工作。招录2名测绘地理信息专业应届毕业生。选派9人参加国家测绘地理信息局党校和西藏自治区党校、国家测绘地理信息局举办的相关培训、培训天数合计103天。在拉萨市举办地图审核人员培训班，邀请国家测绘地理信息局和国家测绘地理信息局地图技术审查中心4名专家到自治区测绘局开展地图审核培训，自治区测绘局11人参加并通过地图审核上岗考试。举办全区第五期涉密测绘成果管理人员岗位培训班，邀请国家基础地理信息中心和西藏自治区保密、安全部门相关专家授课，全区涉密测绘成果使用单位保密工作负责人、各地（市）负责涉密测绘成果保管使用管理人员共84人参加，其中83人通过培训考试取得岗位证书。

法制建设与市场监管

【法制建设】

西藏自治区测绘局起草《西藏自治区测绘条例》修订稿，报送自治区人大和法制办公室，申请将该条例列入五年立法计划。起草《西藏自治区测绘地理信息市场管理办法》，上报自治区法制办公室，申请将该办法列入地方政府五年立法计划。

【法制宣传】

西藏自治区测绘局利用“4·22”地球日、“5·12”防灾减灾日、“6·25”土地日、“8·29”测绘法宣传日，开展测绘地理信息法律法规宣传活动，累计向社会公众提供地图册、旅游图等各类专题地图2180册（本、张）。5月11日，通过“测绘大讲堂”为干部职工宣讲新测绘法。8月8日，自治区国土资源厅在拉萨举办新测绘法专题辅导报告会，邀请国家测绘地理信息局有关负责人进行宣讲，自治区国土资源厅、自治区测绘局和有关厅局、全区测绘行业单位200多人参加。8月29日，西藏自治区测绘局联合拉萨市27家测绘资质单位，在拉萨市开展以认真学习贯彻新测绘法为主题的测绘法制宣传活动，现场展示无人飞行器系统、三维激光扫描仪等新型测绘仪器，向市民发放新测绘法宣传资料4000多份，西藏日报社、西藏商报社等新闻媒体进行了专题报道。

【依法行政】

西藏自治区测绘局在山南市、林芝市、日喀则市、阿里地区检查测绘单位在西藏从事测绘活动情况，制定并出台《西藏自治区测绘地理信息项目网络备案登记管理办法》，并在《西藏日报》《西藏商报》刊登《关于区外测绘单位在藏从事测绘项目办理网络备案登记的公告》。开通西藏自治区测绘地理信息市场监管与服务网络备案管理平台，实现区外测绘地理信息单位在线备案登记，截至年底，准予备案项目214个、备案登记122个。全年收到地图审核申请20件，受理20件，发放审图号17个。

【“放管服”改革】

西藏自治区测绘局开通门户网站，实行“互联网+政务服务”办公，在门户网站上公示5项测绘行政许可事项办理服务流程，通过测绘地理信息市场监管服务平台实现测绘资质网上审批、审批结果网上公布，测绘成果目录实现互联网发布。修改完善《西藏自治区涉密测绘成果审批管理办法》，涉密测绘成果申请审批材料由10项简化为6项，年内备案材料简化为4项。自5月16日起，停止测绘成果成图资料收费，全面实现无偿提供。

【测绘资质管理】

西藏自治区测绘局完成测绘资质续期换证单位13家，其中甲级单位1家、乙级单位12家。全年批准丙级升乙级测绘资质单位1家、新增乙级测绘资质单位3家（其中西藏飞龙航空科技有限公司为西藏自治区首家民营航测单位）、新增丙级测绘资质单位4家。召开西藏自治区测绘资质单位座谈会，学习《国家测绘地理信息局关于推进注册测绘师制度实施有关工作的通知》，明确自2020年1月1日起，西藏自治区乙级测绘资质单位全面实行注册测绘师与资质管理相挂钩的管理办法。

规划与计划

西藏自治区测绘局制定印发《2017年工作要点及思路》《2017年重点工作任务分解表》，确定加强法规与制度建设、推进重点测绘工程项目建设、不断提高服务能力建设、加强党的建设和人才队伍培养4个方面29项具体工作。

基础测绘

【基础测绘经费投入】

2017年，西藏自治区测绘局落实2014年和2015年边远地区、少数民族地区补贴结转经费600万元，支付“十二五”规划项目尾款738万元，落实2017年边远地区、少数民族地区补贴经费300万元。西藏自治区1:1万基础地理信息资源建设项目是《西藏自治区“十三五”时期基础测绘规划》的重点项目。2017年西藏自治区拨付1:1万基础地理信息资源建设项目（一期工程）经费3001.28万元，截至年底，共投入经费4451.89万元，占项目建设总经费的79.2%。2月28日，国家测绘地理信息局下达2017年国家基础测绘生产建设项目现代测绘基准维持与服务项目经费5万元、数字区域地理空间框架建设项目经费200万元。3月27日，国家测绘地理信息局下达2017年国家地理国情监测分析项目城市空间格局变化监测项目经费10万元，2017年全球地理信息资源建设与维护更新项目“一带一路”重点区域地理信息资源建设与维护更新项目经费30万元。

【测绘基准建设与应用】

西藏自治区测绘局和国家测绘地理信息局第一大地测量队共同完成区内30个卫星定位连续运行基准站（CORS）的踏勘、土地意向书、一书两证、征地、施工图设计、土建工程招标等前期工作。与自治区国家安全厅、西藏军区作战处成立安全整治行动办公室，制定并印发《西藏自治区导航定位安全专项整治行动方案》，对区内地震、气象、铁路部门建设和运行的10个基准站进行安全技术检测。

【基本比例尺地形图测制与更新】

西藏自治区测绘局从国家测绘地理信息局免费获取优于1米分辨率的立体遥感卫星影像1123幅、约29153平方千米，完成藏东南和藏北重点经济开发区域、重要国省道和重点城镇区域1:1万基础地理信息数据像控及外业调绘1902幅，制作DOM 1235幅、DEM 1137幅、DLG 655幅。

【航空航天遥感影像获取与应用】

西藏自治区测绘局从国家测绘地理信息局卫星测绘应用中心接收卫星影像18756景、数据量13904.4GB（其中高分一号卫星影像3242景1482.5GB、高分二号卫星影像8917景9259.8GB、资源三号卫星影像6597景3162.1GB）。全年为自治区国土、交通、水利、环保、农牧等部门的农村承包经营确权、农村集体土地确权登记发证、环保监察、生态红线划定、湿地保护治理工程等项目累计提供1.4万多景影像服务。

【智慧城市、数字城市建设】

西藏自治区测绘局会同国家测绘地理信息局第一航测遥感院（陕西省第五测绘工程院）共同完成2016年国家基础测绘生产项目计划智慧城市时空信息云平台建设任务中的数字西藏地理空间框架建设项目设计书编写与评审、73个县城和覆盖阿里地区国省道区域的数字正射影像图制作与外业核查调绘，建立了西藏地理空间框架数据库。编写完成2017年国家基础测绘生产项目计划数字区域地理空间框架建设任务中数字西藏地理空间框架建设国土行业服务专题应用示范设计方案。

【质量管理】

西藏自治区测绘局委托国家测绘产品质量检验测试中心、陕西省测绘产品质量监督检验站、黑龙江省测绘产品质量监督检验站、四川省测绘产品质量监督检验站开展西藏自治区1:1万基础地理信息资源建设项目（一期工程）外业质检，并完成部分工作。12月13日，国家测绘产品质量检验测试中心西藏分中心在西藏自治区测绘院挂牌。

【安全生产】

西藏自治区测绘局建立健全安全生产管理办法，层层签订目标责任书，建立“坚持三个一”管理制度（坚持每季度开展1次安全生产大检查、坚持每一个项目出测前召开1次安全生产教育动员会议、坚持野外生产项目小组每天报1次平安）。

地理国情监测

【地理国情普查】

9月20日，西藏自治区第一次全国地理国情普查工作通过西藏自治区第一次全国地理国情普查工作领导小组办公室组织的验收。11月8日，西藏自治区政府新闻办公室召开新闻发布会，自治区测绘局、自治区国土资源厅、自治区统计局、国家统计局西藏调查总队、自治区第一次全国地理国情普查领导小组办公室联合发布《西藏自治区第一次全国地理国情普查公报》。西藏自治区第一次全国地理国情普查全面查清了全区自然与人文地理要素空间分布情况，绘制了西藏首张地理国情图，建成覆盖全区地理国情数据库。获取10个一级类、51个二级类和93个三级类共4426657个地表覆盖图斑，5个一级类、16个二级类和53个三级类共1181829个地理国情要素。开展了全区74个县（区）、街道办事处、乡、镇、居委会、村委会驻地位置及海拔高程信息和74个县（区）寺庙的地理位置及海拔高程等信息的专题区情普查。

【地理国情监测】

西藏自治区测绘院完成2016年度全国地级以上城市及城市群空间格局变化监测项目——西藏自治区测区项目的设计书编写，7个地市城区内部结构和边界提取、统计分析、监测报告编写和专题图件制作；完成项目验收和成果汇交。承担2017年度全国地级以上城市及城市群空间格局变化监测项目——西藏自治区测区的监测工作，截至2017年底，完成项目设计书的编写、7个地市城区内部结构和边界提取工作。

地图管理与地图服务

【地图公共服务】

西藏自治区测绘局全年为301家单位提供地图公共服务，提供DOM 15706幅、DEM 7141幅、DLG 22868幅，涉密纸质地形图2895幅，各类公开版地图和专题地图10278幅，控制点10421个。

【国家版图意识宣传教育】

西藏自治区测绘局利用法制宣传日，将全覆盖排查整治“问题地图”作为贯彻落实新测绘法的重点任务，制作国家版图知识宣传展板，加强地图法律法规宣传，强化国家版图意识教育，引导社会公众正确绘图用图，提高辨别“问题地图”的能力。

【全覆盖排查整治“问题地图”专项行动】

西藏自治区政府成立西藏自治区全覆盖排查整治“问题地图”专项行动领导小组。领导小组制定并印发《西藏自治区全覆盖排查整治“问题地图”专项行动工作方案》，召开自治区专项行动领导小组联席会议。检查全区各测绘资质单位、互联网服务单位、出版单位、各级外事机构、教材编制和文博开放等单位，发现西藏人民出版社、拉萨市城市规划展览馆、牦牛博物馆、法制主题公园出版或展示“问题地图”，要求其限期进行整改。将自治区137家网站纳入动态监控，利用全国互联网地理信息监管系统发现“问题地图”19幅、存在问题的POI信息2条。

9月19日，全覆盖排查整治“问题地图”专项行动第六巡查组在自治区国土资源厅召开西藏自治区全覆盖排查整治“问题地图”专项行动巡查西藏工作启动会议；9月19日—20日，实地巡查了拉萨市城市规划展览馆、牦牛博物馆、法制主题公园等单位。

【地图编制与出版】

西藏自治区测绘局建立系列专题图动态更新机制，全年开展2次全面更新，完成246幅2017版自治区、市、县三级行政区划图、卫星影像图、地形地貌图数据更新，编制7个地市主城区卫星影像图。编制出版双全开铜版纸1:150万《西藏自治区地图》、全开无纺布1:200万《西藏自治区地图》，编制印刷《山南市行政区划图》。编制公众版西藏自治区标准地图9幅，并在西藏自治区测绘局门户网站发布。

测绘地理信息成果管理与应用

【“天地图·西藏”建设与应用】

西藏自治区测绘局完成“天地图·西藏”（政务版）建设和“天地图·西藏”（公众版）改版升级，与自治区人力资源和社会保障厅、工业与信息化厅、国土资源厅、交通运输厅、公安消防总队等单位初步建立地理信息资源共建共享合作意向，基于“天地图·西藏”（政务版）发布人口经济活动信息、建立自治区电子政务平台基础地理空间服务平台等。7月20日，“天地图·西藏”（公众版）与自治区政府门户网站实现链接。

【测绘成果保密管理】

西藏自治区测绘局联合自治区国家保密局调整充实西藏自治区涉密测绘成果保密检查领导小组。5月25日，西藏自治区涉密测绘成果保密检查领导小组印发《关于开展2017年度西藏自治区测绘地理信息保密检查工作的通知》，要求66家受检单位开展自查。6月26日—11月20日，西藏自治区涉密测绘成果保密检查领导小组到拉萨市、林芝市、阿里地区，随机抽取16家单位，其中拉萨市10家、林芝市4家、阿里地区2家，检查涉密地理信息成果生产、保管、使用等重点环节管理情况及涉密地理信息成果电子数据的存储、传输和使用情况。检查发现9家单位存在失泄密隐患，现场出具《限期整改通知书》，责令相关单位按期整改。

【应急测绘保障服务】

西藏自治区测绘局为林芝市米林县“11·18”地震抢险救灾工作提供保障，从国家测绘地理信息局卫星测绘应用中心获取灾后影像，并为武警黄金部队驻藏某部队提供30多幅灾前地震区域市县地形图、行政区划图和卫星影像图。

地方社团工作

11月，西藏自治区测绘学会组织拉萨市16家会员单位23名会员，参加在南京举办的2017年中国测绘地理信息学会学术年会，参观第七届全国测绘地理信息技术装备展。自治区测绘学会被授予“2017年西藏自治区民族团结先进集体”称号。

陕西省

概况

2017年，在国家测绘地理信息局和省委省政府的正确领导下，陕西测绘地理信息局认真学习贯彻党的十八大、十九大精神，以习近平新时代中国特色社会主义思想为指引，推进“五大业务”建设、“五种能力”提升，全局各方面工作稳定发展。

成立局党建和党风廉政建设领导小组，印发《局党组进一步加强党建工作的意见》。出台“两学一做”常态化制度化指导意见，依托局党校和管理干部学院加强教育培训。联合开展党建活动，在全省厅局推广特色做法。完成基础性和专题性地理国情监测、1∶5万基础地理信息数据更新、现代测绘基准、重力基本网、城乡一体化测绘保障服务等国家任务。发布全省地理国情普查成果，实现全省地理国情信息动态更新。推进省1∶1万基础地理信息更新项目，建设88座北斗导航定位基准站，落实省级测绘经费9896万元。与铜川、安康市政府，省移民、林业部门、广西壮族自治区测绘地理信息局签署合作协议，继续深化与20多个部门、政府及军方的合作。完成省“四库融合”，支撑全省政务信息资源整合共享。无偿提供测绘成果4958幅、普查成果50.56万平方千米，成果数据12TB。完成国家测绘成果档案存储与服务陕西备份馆建设和省地理空间大数据中心设施建设。

全局获省部级科技奖励特等奖2项、二等奖5项，新增专利1项、软件著作权登记7项。新增政府特殊津贴专家2人、省三秦人才津贴专家1人，评选首批省行业科技领军人才4人、局优秀专业技术人才10人，新增局青年学术和技术带头人13人。4名技术管理骨干到广西壮族自治区测绘地理信息局挂职。与美国、英国知名高校签订战略合作协议，选派22人次参加相关技术培训和学术交流。对测绘单位开展“双随机一公开”联合检查23家、成果质量检查60家、涉密成果使用单位监督检查21家。会同15个省级部门，动员省、市、县三级力量，实施全覆盖排查整治“问题地图”专项行动。

党的建设与人才队伍建设

【党的建设】

陕西测绘地理信息局印发局党组中心组2017年学习计划，组织党组中心组（扩大）学习12次。开展党组、党组中心组党的十九大精神专题学习4次，到延安“七大”会址重温入党誓词、接受现场教育。依托局党校和“测绘大讲堂”，举办十八届六中全会精神培训班2期、基层党务工作者培训班1期，举办测绘大讲堂3期。配发党建学习资料近3000册、党员学习笔记本1000本。推送“陕测基层党建”微信公众号学习信息432条。局属单位同步开展主题党日、微党课、参观交流等“两学一做”学习教育系列活动。陕西测绘地理信息局组织职工参加省直机关工作委员会学习活动，获优秀组织奖。成立局扶贫工作领导小组，选派3名干部组建驻村帮扶工作队，开展一对一帮扶，全局36个党支部结对帮扶42户贫困户。开展生活困难党员、建国前老党员走访慰问104人次，发放慰问金10.28万元。编制《基层党委（总支）工作手册》，量化细化基层党建工作；实施局院两级书记例会制度、“三会一课”提醒制度，开展“基层党支部建设”专题调研、党务干部轮岗锻炼，推广微党课、党课评比、政治生日、党员先锋岗试点经验等系列举措。在省直机关工作委员会“两学一做”督导检查中排名靠前，先进做法作为典型案例进行推广。开展书记讲党课和党课评比活动，开展党课教育100多次、主题党日活动40多次。

【党风廉政建设】

陕西测绘地理信息局成立局党风廉政建设领导小组，对局属单位考核实行党风廉政建设和反腐败工作“一票否决”。印发《局党组2017年党风廉政建设工作实施意见及责任分工》。调整补充专职纪委书记6人，各单位均配备专职纪委书记，主要生产单位均设立纪检工作机构。全面落实巡视“回头看”反馈意见，协调推进4个方面、14项具体整改措施落地，按时完成7项整改措施。梳理排查廉政风险点783项，明确责任部门、责任人。创新开展局属单位党组织负责人经济责任离任审计，完成干部经济责任审计3项、财务专项审计1项。开展各类廉政提醒谈话156人次，领导干部述职述廉44人次。处置问题线索4起，其中了结3起。开展廉政鉴定和征求党风廉政意见10人次。

【精神文明建设】

陕西测绘地理信息局职工书画协会组织“迎新春、送春联”活动；开展“三八”妇女节系列活动；承办全国测绘地理信息系统乒乓球比赛，全国测绘地理信息系统职业技能竞赛闭幕式演出；举办职工篮球裁判培训班、职工桥牌基础知识讲座；举办金秋文化月系列活动、职工专题摄影展；组织开展建局60周年职工书画摄影作品展及职工文艺汇演。

【人才队伍建设】

陕西测绘地理信息局制定实施《省测绘地理信息“十三五”人才发展规划》《地市测管部门人才支撑工程实施方案》《援派干部遴选工作方案》等。年内干部交流、轮岗16人，提拔干部19人，选派4名干部到地市测管部门挂职。开展事业单位招聘工作，录取人员94人。按要求选派4名局级干部分别参加中央党校、国家行政学院、北京大学脱产培训及2017年智慧城市建设专题研讨班。选派处级、科级干部14人次参加国家测绘地理信息局党校和人事司组织的培训；选送5人参加省委党校、省行政学院培训。举办学习十八届六中全会精神研讨班2期，参训74人；开展科级干部培训班1期，参训84人；举办党务业务学习班，参训60人；举办测绘专业技术、管理培训班12期，参训1500多人次。支持职工参加在职学历教育，4人完成在职教育学习。依托国家测绘地理信息局重点人才工程，建设局高层次人才队伍，新增享受政府特殊津贴专家2人、省三秦人才津贴专家1人。评选首批省测绘地理信息科技领军人才4人、局优秀专业人才10人。开展局青年学术和技术带头人考评工作，新增选13人。完成年度职称评审工作，75人取得高级工程师任职资格、235人取得工程师任职资格。完成2017年注册测绘师考试考务工作，1100多人参加考试。开展测绘师注册工作，审核通过并提交国家测绘地理信息局注册74人。

法制建设与市场监管

【法制建设】

《陕西省地图管理办法》通过省政府第17次常务会议审议，自2017年11月1日起正式施行。《陕西省测绘条例》《陕西省测绘成果管理条例》修订分别申报省人大2018—2022年五年立法规划、省人大财经委员会2018年立法计划。《陕西省基础测绘管理办法》修正申报省政府法制办公室2018年立法计划。完成规范性文件《陕西省测绘资质单位质量保证体系考核细则》合法性审查和备案，规范性文件《乙级以下测绘资质审批等六项行政审批程序规定》合法性审查。

【法制宣传】

陕西测绘地理信息局开展新修订的《中华人民共和国测绘法》宣贯工作，在全省10个设区市和杨凌示范区全面开展新测绘法培训，共1000多人参加培训，配发学习资料2200多本。向国家测绘地理信息局报送测绘法宣传日主题口号、宣传口号、公益短信、宣传画，陕西测绘地理信息局2人获奖。组织局机关、局属单位和地市测管部门参加陕西测绘地理信息局开展的新测绘法知识竞赛答题活动，局门户网站开设学习宣传贯彻新测绘法专栏，局官方微博微信开设新测绘法栏目。"8·29"测绘法宣传日活动走进安康市，全省200多家测绘资质单位设立宣传站点，发放宣传资料5万多份。在铜川、商洛开展"问题地图"专项检查培训。

【综合执法】

陕西测绘地理信息局制定《2017年"双随机、一公开"检查计划》，对全省23家甲、乙级测绘资质单位进行资质、标准、保密、地图联合检查，指导资质单位所在地测管部门开展联合检查，检查结果上报陕西省公共信用信息平台。与15个省级部门组成5个联合检查组，到11个地市开展全覆盖排查整治"问题地图"专项检查。对12家来陕的外省单位和2家到外省测绘的陕西单位进行项目备案审查和管理。

【依法行政】

陕西测绘地理信息局完成测绘规范性文件清理工作，宣布失效4件、继续有效1件。动态调整局权责清单和公共服务清单。建立局公平竞争自我审查工作机制，设立局公平竞争审查工作小组，下设办公室负责公平竞争日常审查工作。开展法律顾问咨询研究，为局立法项目研究、规范性文件合法性审查及各项行政行为决策提供法律依据。7人依法申领省政府行政执法监督证。出台《设区市测绘地理信息行政主管部门2017年度工作绩效考核指标》，加强市级测管部门年度绩效考核工作。在市级测管部门2017年度考核中，评定3个市级测管部门为优秀等次，8个市级测管部门为良好等次，汉中市测绘地理信息局获特别进步奖，安康市城乡建设规划局获特色工作奖。

【"放管服"改革】

陕西测绘地理信息局与省教育厅联系沟通，将编制中小学教学地图行政审批许可项目依法转交省教育部门负责，确定保留局行政许可事项6项。将4项省级管理事项中涉及自贸试验区范围的行政审批事项委托下放给自贸试验区的6个管理委员会。

【测绘资质管理】

陕西测绘地理信息局印发《关于〈部分测绘资质证书续期换证工作方案〉的通知》，按要求将25家甲级资质单位的续期换证申请转报国家测绘地理信息局。审核171家乙级资质单位的续期换证申请，对168家乙级资质单位进行换证，注销3家不符合换证要求单位。指导督促各地市测管机构开展测绘统计工作，完成10个设区市和杨凌示范区及全省近600家测绘资质单位的测绘统计工作，并向国家测绘地理信息局报送2017年季度和年度统计数据。至2017年底，全省共有测绘资质单位584家，其中甲级50家、乙级195家、丙级216家、丁级123家。

【信用管理】

陕西测绘地理信息局与省信用部门联系开通省信用平台接口。全年在省信用平台发布测绘地理信息行业信用信息23条，为各资质单位提供信用查询服务15次。

规划与计划

陕西测绘地理信息局统筹研究3年规划期内拟实施的支出项目，实行滚动调整，优化资金分配，按要求编制2018—2020年中期规划及2018年部门预算。完成2017年部门财务决算报告、固定资产投资决算报告、国有资产决算及"927"工程、基准项目、省地理国情专项等各项决算编报工作。完成2017年地理省国情项目承担单位的专项审计工作。依法有序推进基础测绘经费列入地方财政预算。落实地理国情监测、"一带一路"重点区域地理信息资源建设与维护更新等中央财政测绘专项经费7610万元。将省测绘工作经费300万元纳入省级部门一般预算。落实《陕西省"十三五"基础测绘规划》所列1:1万基础地理信息更新项目经费3613万元，陕西省北斗卫星导航定位基准站系统项目经费1000万元，老少边基础测绘中央财政专项补助经费400万元。与省国土资源厅启动全省地质灾害隐患点测图大比例尺测绘项目论证和实施工作。该项目已获省政府原则同意。

基础测绘

【基础测绘经费投入】

2017年，国家测绘地理信息局在陕西投入国家基础测绘项目经费4438万元。陕西省投入测绘任务经费5013万元，其中1:1万基础地理信息更新项目经费3613万元、陕西省北斗导航定位基准站建设项目经费1000万元、老少边基础测绘补助经费400万元。

【测绘基准建设与应用】

陕西测绘地理信息局组织实施88座北斗导航定位基准站建设工程。完成60座新建站的勘选、土地征（租）用、建筑施工、GPS接收机及其配套软硬件系统设备的采购和部分站点电力线接入等工作，完成陕西省境内2000千米二等水准复测任务。组织开展使用2000国家大地坐标系的调研工作，编制面向地质及国土资料的2000国家大地坐标系转换实施方案，完成地质资料坐标转换改正量计算及软件开发。安康市建设完成2000城市坐标系统。

【航空航天遥感影像获取与应用】

陕西省全面开展1∶1万基础地理信息更新数据生产，完成1∶1万控制测量1932幅、外业像片调绘1176幅、数字正射影像（DOM）生产1932幅、数字线划图（DLG）生产943幅。完成宝鸡—咸阳摄区航空摄影及验收工作，渭河区域摄区雷达数据获取，华州—黄龙摄区、耀州—富县摄区、镇安—洛南摄区约3.4万平方千米航摄任务，并同步用于1∶1万基础地理信息更新。落实年度省级航摄配套经费253.79万元，严格按规定履行审批程序，支付手续规范。

【智慧城市、数字城市建设】

陕西测绘地理信息局协调推进咸阳市智慧城市时空信息云平台建设试点工作，项目设计书通过评审并批准实施。咸阳市政务信息化办公室申请将地理空间框架数据获取、平台运行维护等经费列入市政府年度财政计划。至2017年底，全省10个设区市和杨凌示范区数字城市地理空间框架建设项目全部获国家测绘地理信息局批复立项成为全国试点或推广城市。西安、咸阳、汉中、安康、铜川完成数字城市地理空间框架建设项目验收，榆林待验收，渭南、延安、商洛、宝鸡结合2016年边少地区补助经费完成“一库一平台”的建设。

【质量管理】

陕西测绘地理信息局开展全省测绘地理信息成果质量监督检查，检查60家资质单位，其中甲级10家、乙级42家、丙级8家，质检机构出具59份检验报告，经复核，判定为“批合格”的测绘项目48个，其中7个样本质量达“优”；判定为“批不合格”的测绘项目11个。督促、指导地市测管部门实施丙、丁级测绘资质单位检查，并纳入年度绩效考核。监督检查结果作为测绘资质单位信用评价和资质审查管理的重要依据，并依法在国家测绘地理信息局行业信用管理平台和陕西省公共信用信息平台及有关媒体公布。汇总和报送全省甲级测绘资质单位2016年完成的变形测量、管线测量、工程测图3类项目信息。修订《测绘生产质量管理实施办法》《陕西省测绘技术质量保证体系考核内容及分值评定细则》，印发《陕西测绘地理信息局测绘生产质量管理规定》。全省1家被抽检单位质量管理体系建立完备，被检成果质量合格。

【安全生产】

陕西测绘地理信息局落实“一岗双责”，主要负责人是安全第一责任人，设有以分管局领导为主任，局相关处室、单位负责人为成员的安全生产委员会，统一指导协调全局安全生产工作，局属各单位安全生产管理机构、制度健全。局安全生产委员会与局属19家单位每年签署安全生产责任书、并要求各单位逐级逐岗签署责任书，每季度报送《安全自查报告》，将安全生产纳入年度考核，施行“一票否决制”和事故责任追究制。印发局2017年测绘安全生产工作要点。落实消防安全责任制，出台《安全生产和消防责任区管理办法》，明确划分安全生产和消防责任区。定期召开安全生产会议，针对安全工作印发专项文件，并结合国家和陕西省各类安全生产文件、会议精神提出工作要求。组织开展全局安全生产月活动，开展外业生产、交通、消防、职业病、防汛等安全知识培训。组织开展节前安全生产专项督查，多次进行现场全面检查及随机抽查，对各单位安全生产自查情况、重点区域、重要部门的安全生产状况实地核查，书面通知相关单位及时整改。全年无安全生产事故发生。

年内检测GPS接收机、全站仪、经纬仪、水准仪等仪器设备6100多台（套），检查维护服务器、磁盘阵列、图形工作站、打印机、便携式计算机等生产办公设备1040多台（套）。投入50多万元购置（升级）安全保密检查软件，投入35万元购置劳保防护用品、外业常备药品等，保障内外业生产安全。投入近600万元实施局大院生产办公区供电负荷增容改造项目、外业基地办公楼配电增容项目，做好水电暖等设施设备的日常检修工作。

地理国情监测

【地理国情普查】

陕西省第一次全国地理国情普查成果通过专家组验收。《陕西省第一次全国地理国情普查公报》经国务院第一次全国地理地理国情普查领导小组办公室审阅通过，于8月18日由陕西省政府正式发布。

【地理国情监测】

陕西测绘地理信息局组织完成2017年陕西省基础性地理国情监测任务，形成覆盖全省的基础性监测成果，包括864景高分辨率卫星遥感正射影像，20.56万平方千米地表覆盖和地理国情要素监测数据成果、元数据成果、遥感影像解译样本成果、外业调查成果，完成陕西省地理国情信息的动态更新。完成承担的新疆、青海、甘肃、宁夏、河南5个省（自治区）部分区域的国家级基础性地理国情监测任务及相关区域监测数据集成、成果质量验收和技术支持任务，成果总面积667万平方千米。完成国家级新区空间格局变化监测、全国海岸带开发利用变化监测等项目的实施工作。完成西安、汉中、安康、商洛市建成区停车资源总量、分布状况等基础信息数据采集，并制定《陕西省地级市建成区停车资源调查技术规定》。

地图管理与地图服务

【地图公共服务】

陕西测绘地理信息局共审核地图29件，批准28件，不予批准1件次，并及时向社会公布审核信息。利用地理国情普查和最新基础测绘成果数据，开展国家、省级间辅助决策用图共享与服务工作。为省委省政府主要领导提供《陕西自贸区图》《西咸新区图》《安康白河滑坡》等系列规划专题图件，向省委、省人大、省政府、省政协提供领导用图服务；向国家测绘地理信息局提供最新宝鸡城区图、咸阳城区图、杨凌示范区图、八水绕长安水系现状图、水系要素影像图、水系要素地势图、渭河河堤沿岸地表覆盖现状图等系列共享图件；向省民政厅提供关中区域小麦倒伏灾情状况影像图件及分析报告；为省住房和城乡建设厅定制《2017年全省目标任务分布图专题地图》；向西安市政府提供《大西安规划图》《扶贫专用地图》等专题图件；编制完成《陕西省领导用图（2017版）》。

【国家版图意识宣传教育】

陕西测绘地理信息局结合新测绘法学习宣贯、测绘法宣传日、全覆盖排查整治“问题地图”专项行动，利用新闻媒体、互联网、短信平台、微信公众号等方式深入开展国家版图意识宣传教育，全省10个设区市和杨凌示范区测绘地理信息主管部门开展形式多样的国家版图意识宣教活动，共发放各类国家版图宣传资料6万多份，发送公益短信1万多条。与省外事、教育、文物、新闻出版广电部门联合开展国家版图知识专题讲座。据不完全统计，全省国家版图意识宣传覆盖超过99.6万人次。

【全覆盖排查整治“问题地图”专项行动】

全省各级专项行动领导机构共组织开展检查153次，组织全省21009家单位进行自查，对2569家单位进行抽查，共检查各类地图58827件。共下架、查封、收缴681件“问题地图”产品，立案查处115个违法违规案件。清除互联网网站中“问题地图”328件，清除展览（展会）、博物馆等展示的“问题地图”253件，清除公开出版和销售的地图产品中“问题地图”35件。实现“问题地图”排查整治全覆盖、不留死角。与省文物局联合印发通知，规范文物、博物馆单位使用地图。

测绘地理信息成果管理与应用

【“天地图·陕西”建设与应用】

陕西测绘地理信息局持续推进“天地图·陕西”底层服务引擎研发、应用层接口开发、门户网站升级，开展陕西省地理信息公共服务平台服务管理系统升级改造。完成2017年“天地图”在线数据集更新。基于“天地图·陕西”平台，新增陕西省交通、民政、发改、安监、国税等政府部门用户，为省应急办、地震、水利、住建、环保、卫生、公安等部门持续提供地理信息数据及更新服务。完善了国防动员指挥决策信息系统、省移民（脱贫）搬迁信息管理平台、省级房地产信息管理系统。基于“天地图·西安”平台持续为西安市公安警用地理空间信息系统、地震应急指挥技术系统、120救援指挥系统、数字化城市管理信息系统 、水务信息服务中心系统、食品药品监督管理系统等应用提供地理信息服务。基于“天地图·咸阳”平台在城管移动数据采集、房地产税收管理、环境污染源监控、残联信息化、智慧党建、智慧水务、电梯运行管理（梯联网）地理空间信息三维浏览系统等方面持续提供应用服务。基于“天地图·汉中”平台为地下管线综合管理信息系统和基于iPad的规划一张图系统开展维护工作，为数字城管建设提供技术支持。与汉中市旅游局合作，开发“2017中国最美油菜花海汉中旅游文化节游览线路”专题地理信息应用。开发“天地图·汉中”三维展示平台。

【成果汇交与分发】

陕西测绘地理信息局承办涉密基础测绘成果提供使用和转函审批693项。其中受理省内涉密测绘成果提供使用申请469项，批准462项、不予批准7项；办理到外省申请涉密测绘成果转函审批224项。所有审批事项均严格执行受理、审查、决定、送达法定程序。停征测绘成果成图资料收费。制作《陕西省测绘成果目录指南（2017版）》，并提供省政府相关部门使用。

【测绘成果保密管理】

陕西测绘地理信息局实地检查涉密测绘成果申请、使用单位29家，检查、复查59批次，首次检查通过7家，整改22家。结合2017年“双随机、一公开”联合检查23家甲、乙级测绘资质单位的涉密测绘成果管理使用，对9家存在失泄密隐患的单位下达整改通知书。深入各地测绘地理信息企业和用图单位开展涉密测绘成果使用的保密教育15次，受众1200多人。

【测量标志管理】

陕西测绘地理信息局按照《陕西省测量标志保护管理规定》中规定的“测量标志按照统一管理、分级负责的原则进行保护”原则，指导市、县级测管部门申请同级财政经费进行保护。咸阳、铜川、延安等地落实部分测量标志保护经费。

【应急测绘保障服务】

《国家应急测绘保障能力建设项目陕西单项工程实施方案》通过国家测绘地理信息局评审。陕西测绘地理信息局落实项目装备承担单位及工作任务、装备安置选址等重要事项，增设审计监督组，加强纪律约束。陕西省应急数据库系统招标文件作为范本供首批建设单位参考。陕西省应急测绘保障队获批成立。《陕西省自然灾害救助应急预案》明确测绘地理信息具体职责。陕西测绘地理信息局修改完善局应急测绘保障预案。完成“4·17”安康白河山体滑塌、“7·26”榆林洪灾应急测绘保障任务，与省民政厅合作开展农作物受损灾情核查，获省委常委、宣传部长、时任副省长庄长兴给予的“积极主动，及时可靠，保障有力”评价。严格执行应急值守制度，定期向省应急部门提供地理信息应急平台技术保障服务。持续做好陕西省应急体系地理信息平台维护升级。完成应急三维地理信息指挥系统建设。与省应急、地震等14家单位联合开展测绘应急演练，受到省应急部门领导、省应急管理专家组充分肯定。完成2017版应急专用图件113张，覆盖全省区县。

地理信息产业

陕西测绘地理信息局发布《陕西省地理信息产业协会自律公约》。举行民营企业初级职称评审会议，共收到769份材料参评。举办2017年地理信息行业培训班。正式启用陕西省地理信息产业协会业务管理系统。

科技、标准化与国际合作

【科技创新体系建设】

陕西测绘地理信息局印发实施《局科技发展“十三五”规划》。编制《局科技成果转化管理办法（征求意见稿）》，局属各生产单位建立相应的测绘科技创新激励机制及相关制度，形成局、院两级测绘科技创新管理体系。

【科技项目与科技奖励】

陕西测绘地理信息局投入科技经费1990多万元，其中国家级科技项目经费300多万元、国家测绘地理信息局项目经费220多万元、测绘地理信息标准类项目经费450多万元、陕西测绘地理信息局投入科技经费150万元、局属单位自立项目和科技经费投入870多万元。新增立项“地理国情监测成果在资源环境承载能力监测预警中的应用研究”“陕西省地理空间大数据资源分类体系及数据规范研究与建立”等局级科技项目11个，在大数据中心建设、地理国情监测、应急测绘保障等局年度重点任务、航空重力测量、地质灾害隐患点测图等局属单位特色业务方面开展专题研究和关键技术攻关。

“陕西省地理信息公共服务平台”项目获2017年陕西省科学技术奖二等奖。参与的“第一次全国地理国情普查关键技术与应用”项目获中国测绘地理信息学会2017年测绘科技进步奖特等奖，“国家级重要地理国情监测与分析关键技术和应用”项目获中国地理信息产业协会2017年地理信息科技进步奖特等奖。牵头的“山东省陆海统一现代测绘基准体系建设研究”、参与的“管线测量系列标准”均获中国测绘地理信息学会2017年测绘科技进步奖二等奖，参与的“典型要素地理国情监测综合应用示范”获中国地理信息产业协会2017地理信息科技进步奖二等奖，参与的“区域动态三维大地基准数据集成与应用关键技术研究”获中国测绘地理信息学会2017年测绘科技进步奖三等奖。“新型大地测量误差处理的理论与方法研究”获陕西高等学校科学技术奖一等奖。新增软件著作权登记7项。

【标准化工作】

陕西测绘地理信息局完成《测绘标准体系》的修订工作。在研测绘地理信息标准共19项，完成《国家重力控制测量规范》《加密重力测量规范》等8项标准送审稿，完成《卫星导航定位应用术语》等3项标准评审稿，《陕西省1∶5 000 1∶1万基础地理信息数据库矢量数据基本规定》标准的意见征求，《地理信息标准一致性测试规范》《航空重力测量作业规程》等7项标准征求意见稿。完成《卫星导航定位应用术语》《卫星导航定位基准站数据传输和接口协议》《卫星导航定位基准站网动态实时测量规范》3项国家标准的编写。牵头起草的强制性国家标准《测绘作业人员安全规范》及推荐性国家标准《基础地理信息本体范例数据采集规范》进行立项公示。参与制定《倾斜摄影成果质量检验技术规程》《光栅立体地图生产技术规范》等10项行业标准。

承办全国测绘地理信息标准化工作会议、军民标准通用化项目启动会、公益性科研专项验收会等。编制《测绘标准化》3期、编译《国际测绘地理信息标准化动态》10期，举办车载移动测量系列标准培训班，完成标准咨询解答16次，配合国家测绘地理信息局完成多项标准意见征求工作，利用网站、微信、期刊等媒介开展标准日宣传活动。将标准执行情况纳入局“双随机”联合检查，对省内23家甲、乙级测绘资质单位进行检查。

【对外合作与交流】

陕西测绘地理信息局共24人次参加国家测绘地理信息局和其他单位组织的因公出国（境）团组，自行组团到国外交流学习9人次。选派2人随国家测绘地理信息局团组到芬兰参加国际测量师联合会（FIG）2017年大会，2人分别随国家测绘地理信息局团组到瑞典、新西兰参加国际标准化组织地理信息技术委员会（ISO/TC 211）第44、45次全体会议，2人随国家测绘地理信息局团组到美国参加第28届国际制图大会，4人随国家基础地理信息中心团组到肯尼亚、马来西亚、尼泊尔等国执行全球测图任务，4人随国家测绘地理信息局团组到国外交流学习。与美国乔治梅森签署合作框架协议，选派6人到美国乔治梅森大学参加大数据与云计算高级研讨班、3人到美国乔治梅森大学开展合作研究。

地市级测绘地理信息工作

【铜川市】

铜川市政府与陕西测绘地理信息局签订战略框架合作协议。铜川市地理空间框架建设项目通过验收，成果通过“天地图·铜川”、地理信息公共服务平台为政府、部门和社会公众提供综合地理信息服务。编制完成《铜川市领导决策用图》。制作铜川市中心城区重点地段、风景名胜区、县城和重点镇的四个季节720度全景影像。

【安康市】

安康市政府和陕西测绘地理信息局签订测绘地理信息合作框架协议。陕西省“8·29”测绘法宣传日活动主会场设在安康，活动累计发放各类地图、国家版图知识资料5000多份。安康市利用“地市测绘人才支撑工程”，首次实现陕西测绘地理信息局技术人员到市测管部门挂职。

【延安市】

经延安市机构编制部门批复同意，延安市测绘地理信息局正式挂牌。完成延安市城市（含城区、包括新区、东区和南泥湾）范围约70多平方千米地下管线测绘工程，召开延安市地下管线测绘成果移交和成果发布会。

地方社团工作

陕西省测绘地理信息学会召开十届二次常务理事会、十届二次理事会、十届三次常务理事会。举办许国昌教授学术报告会、李德仁院士学术报告会、沈嗣钧教授学术报告会、地理国情监测应用技术交流会、西北地区第十八届测绘学术与科技信息交流会、2017年测绘科技大讲堂、2017西部防灾减灾应急产业发展高峰论坛、2017测绘遥感与地理信息创新丝路高端论坛，承办大地测量与导航新技术研讨会、第十一次全国测绘科技信息交流会、国际土地复垦与生态修复研讨会。组织西安交通大学阳光中学30名学生走进“大地原点”参观学习，举办第二十五届“科技之春”GIS进校园活动，组织会员单位参加陕西省暨西安市2017年全国科普日主场示范活动，举办“南方测绘杯”第三届陕西省测绘地理信息行业定向越野赛。编辑出版《测绘技术装备》4 期，共发行 8000 多册。

甘肃省

概况

截至 2017 年底，甘肃省共有测绘资质单位 463 家，测绘从业人员 1.5 万多人，分布在国土、规划、城建等 20 个行业。甘肃省测绘地理信息局贯彻落实新测绘法，启动《甘肃省测绘管理条例》立法调研工作，基本完成《甘肃省地图管理办法》修订。取消和下放一批行政审批事项，推进“双随机一公开”执法检查，对 54 家资质单位开展综合执法检查，坚持“宽进严管”的原则，降低资质准入门槛，全省测绘资质单位数量比上一年增长 12%。省、市测绘地理信息主管部门会同 14 家有关部门开展全覆盖排查整治“问题地图”专项行动，抽查单位 294 家，抽查地图 1819 幅，对发现的 308 幅“问题地图”产品，依法采取下架、查封、收缴等处理。

主动对接全省重大发展战略，完成 1∶1 万数字地形图测绘与更新 4.5 万平方千米，入库 2016 年生产数据 4.8 万平方千米，为省级时空信息数据库建设奠定基础。全省 14 个市州全部完成市级数字城市地理空间框架建设，兰州、天水有序推进智慧城市时空大数据与云平台试点建设。甘肃省测绘地理信息局推进“天地图 · 甘肃”国家、省、市三级数据融合，完成国家、省级矢量、影像、地名数据融合，进一步提升运行稳定性和服务能力。甘肃省完成第一次全国地理国情普查，首次获取覆盖全省 42.58 万平方千米由 10 个一级类、58 个二级类和 138 个三级类构成的地理国情数据。实施的丝绸之路经济带重要地理国情监测等项目成果，对开展甘肃省地理国情综合评价、资源环境承载能力和发展潜力分析、生态文明建设、空间规划管理、精准扶贫及政府重大战略决策实施等提供了科学依据。

甘肃省测绘地理信息局推进测绘地理信息档案信息化建设及应用示范等国家公益性行业科研项目，取得阶段性成果。全省测绘地理信息行业引进科技人才，提升科技创新能力，开展科技攻关和自主创新，一批科技项目获得奖励。全系统瞄准重大战略，主动对接脱贫攻坚行动、“多规合一”、资源环境承载能力监测预警、祁连山生态环境修复等重大工程。为 700 多家企事业单位提供基础测绘成果 1.4 万幅，覆盖面积约 176 万平方千米；控制点成果 4093 点；航空航天影像资料 2.1 万平方千米。

党的建设与人才队伍建设

【学习贯彻党的十九大精神】

甘肃省测绘地理信息局制定《关于认真组织学习党的十九大会议精神的通知》《全局各级党组织深入学习贯彻党的十九大精神实施方案》等文件，征订发放《党的十九大报告辅导读本》《党的十九大报告学习辅导百问》等辅导材料，举办党的十九大报告知识测试，组织观看党的十九大开幕会实况直播、《巡视利剑》等电视专题片。举办题为“认真学习贯彻十九大精神，凝聚起迈向新时代的强大思想共识”的主题宣讲报告会，全局干部职工 200 多人参加。充分利用局大院宣传栏、手机、网站等平台，宣传解读重大理论观点、方针政策、工作部署。

【党的建设】

甘肃省测绘地理信息局统筹推进机关党的思想、组织、作风和制度建设，局党委与机关各处室、局属各单位签订《党建工作目标责任书》，制定和完善《甘肃省测绘地理信息局 2017 年党建工作要点》《甘肃省测绘地理信息局 2017 年党委中心组暨党员政治理论学习安排意见》。组织开展学习贯彻党的十九大精神、省第十三次党代会精神、十八届中纪委七次会议精神活动，并多次邀请专家开展专题讲座，深入开展向黄大年、廖俊波学习活动。针对测绘外业工作，采取送学习上门，通过短信、微信、邮箱等渠道发送学习内容、组织生活动态等信息。

【党组织建设】

甘肃省测绘地理信息局制定印发《2017 年度党支部组织生活会安排意见》《关于加强党支部建设若干事项的通知》等文件，对执行“三会一课”、组织生活会、民主评议党员等制度提出明确要求。制定《党建工作考核办法》，印发《2017 年党建督导方案》，督促检查基层党组织各项组织生活制度落实情况。深入开展党建工作调研和党建研究，上报 2 篇省直机关党建调研论文，1 篇论文获优秀奖。组织召开全局“七一”表彰大会，对全局 5 个先进党支部、5 名优秀党务工作者、16 名优秀共产党员进行表彰。

【整改落实省委巡视“回头看”反馈意见】

2 月 10 日—4 月 10 日，甘肃省委第一巡视组开展巡视“回头看”工作，5 月 4 日，巡视组召开大会反馈了巡视情况。甘肃省测绘地理信息局把整改落实作为一项重大政治任务，对巡视组反馈的问题真诚接受、照单全收、坚决整改，对省委巡视组提出的 5 个方面 13 个问题认真研究、逐项梳理，细化成 44 项具体措施，整改工作得到逐条逐项落实。通过整改工作，健全完善规章制度 19 项，印发规范性内部管理文件 12 件，开展专项整治工作 6 项。

【党风廉政建设】

甘肃省测绘地理信息局全面落实从严治党责任，召开党风廉政建设工作会议，部署党风廉政建设任务，组织局、院两级和院、部门两级层层签订责任书，严格落实各级党委（支部）“一岗双责”工作机制。制定《2017 年廉政教育培训计划》《局纪检干部教育培训计划》，加强反腐倡廉宣传教育，提高广大党员干部廉洁自律意识，筑牢拒腐防变的思想道德防线。制定印发《党风廉政建设约谈制度》，对涉及人、财、物等重要部门的干部进行有重点、针对性强的约谈，开展 1 次集体约谈。结合内控制度建设，组织修订廉政风险防控措施及权力事项运行流程图，重新梳理、逐项排查局机关处室、局属单位廉政风险点，各单位完善相应风险防控措施，全面排查存在廉政风险的岗位。制定印发《甘肃省测绘地理信息局党委巡察办法》，对局属各单位党委（支部）及班子成员（重点是党政主要负责人）进行巡察。

【精神文明建设】

甘肃省测绘地理信息局举办庆“三八”国际妇女节插花艺术知识讲座、“五一”国际劳动节拔河比赛，开展全局“喜迎十九大·建功十三五”职工羽毛球比赛。组织全局 140 多名团员青年开展“我的青春我的梦”主题团日活动，机关及局属单位开展参观省博物馆、登山比赛等活动。局团委组织全局 170 多名青年职工参加兰州国际马拉松赛。甘肃省基础地理信息中心、甘肃省测绘工程院第二测绘队郑三君分获甘肃省劳动竞赛先进集体和先进个人，参加了甘肃省庆祝“五一”国际劳动节暨表彰五一劳动奖大会。

【健全完善体制】

甘肃省测绘地理信息局在国土测绘处加挂地理国情监测处牌子，在甘肃省基础地理信息中心加挂甘肃省卫星测绘应用中心牌子。调整甘肃省测绘产品质量监督检验站的职责，从甘肃省测绘工程院划转 5 个事业编制到甘肃省测绘产品质量监督检验站，增加相关职责。

【人才队伍建设】

甘肃省测绘地理信息局坚持正确选人用人导向，加强干部轮岗交流。全年开展各类培训 20 场次，培训 2500 多人，鉴定测绘专业人员 2600 多人，全省 77 人通过注册测绘师考试。首次开展地理信息行业非公经济民营企业专业技术人员职称评审工作。测绘地理信息优秀技术人员获省级五一劳动奖章、技术能手、青年岗位能手等称号。加强市州和局属事业单位目标责任制考核，提拔调整 9 名处级领导干部。

【脱贫攻坚工作】

甘肃省测绘地理信息局贯彻落实中央和省委脱贫攻坚工作部署，为省领导和省委组织部、省扶贫部门等省直单位提供扶贫工作用图。采取配强干部、结好对子、进村入户、走访调研、建设基地、精准帮扶等措施，推进扶贫工作。开展新农村测绘服务保障试点项目，建成甘谷县地理信息公共平台，探索测绘地理信息行业创新开展扶贫工作的新经验，成为全省以行业优势助力精准扶贫的典范。

法制建设与市场监管

【法制建设】

《甘肃省测绘管理条例》修订列入甘肃省人大常委会 2017 年立法调研计划。《甘肃省地图管理办法》列入甘肃省政府 2017 年立法出台计划，省政府法制办公室形成《甘肃省地图管理办法（草案）》，上报省政府常务会议审议。甘肃省测绘地理信息局按照省国土资源厅的要求，对2012年—2017年的规范性文件进行了清理，未发现与国家法律法规不适应、不一致、不协调或者相抵触的内容。推进行政执法法制审核试点工作，制定《重大行政执法决定法制审核办法》，成立重大行政执法决定法制审核小组、工作协调小组，聘任法律顾问，全面落实重大执法决定法制审核制度，规范测绘地理信息行政执法。

【法制宣传】

甘肃省测绘地理信息局制定“七五”普法规划，严格按照规划推进普法工作，宣传贯彻《中华人民共和国测绘法》《法治政府建设实施纲要(2015—2010)》。召开学习宣传测绘法电视电话会议，在14个市州同步设立分会场，将测绘法宣贯精神传达到市、县测绘地理信息主管部门和基层行业单位。制定印发新测绘法宣传方案，分4批举办面向全省测绘行业的法制教育培训班，共培训500多人。将法制宣传纳入国家版图意识宣传教育、全省测绘地理信息行业职业技能竞赛省级决赛暨全国竞赛甘肃选拔赛及2017年测绘地理信息综合监督检查全过程，开展新测绘法学习宣传贯彻专项督察，督导市、县测绘地理信息主管部门做好宣传培训工作。深入开展“8・29”测绘法宣传日活动，在省、市、县主要街道、繁华路段设立宣传点30多个，向广大民众散发宣传资料20多万份，悬挂宣传标语条幅200多条，制作宣传展板200多块，向市民发送公益性短信20万条。

【依法行政】

甘肃省测绘地理信息局全面推进依法行政，规范行政许可事项，更新“三张清单”中的权力事项库，新增卫星导航定位基准站建设备案事项1项，承接国家测绘地理信息局下放高等级永久性测量标志迁建审批事项1项，删除市、县基础测绘规划备案事项1项。编制行政许可事项业务手册、办事指南，细化明确测绘资质行政审批事项的审批要素和审批流程，编写了测绘资质证书核发事项标准。

【“放管服”改革】

甘肃省测绘地理信息局规范下放行政审批事项，通过省政府常务会议将丁级测绘资质审批权限下放至各市州测绘地理信息主管部门，对省发展和改革委员会发布的《市场准入负面清单草案》中涉及测绘地理信息市场准入的内容进行了规范。推进“负面清单+政务服务”，修订涉密测绘成果审批申请流程，改进甘肃省卫星定位连续运行基准站网数据提供流程，简化审批环节，优化审批流程，缩短办理时间，全部行政审批事项实行数据提供流程，简化市场准入网上受理和审查。截至2017年底，办理行政许可项目853件，其中测绘成果审批760件、资质审批54件、地图审核39件。

【综合执法】

甘肃省测绘地理信息局制定“一单两库一细则”(即随机抽查事项清单、随机抽查对象名录库、执法检查人员名录库和随机抽查工作细则)，推行“双随机”抽查工作机制，首次将测绘资质巡查、涉密测绘成果保密检查和测绘成果质量监督检查相结合，开展综合监督检查工作，采取“量化考评”的方式，对专业技术人员、仪器设备、成果质量、保密、档案条件等10个方面进行实地检查，随机抽取的项目覆盖基础测绘、勘测定界、工程测图、管线测量和其他重点工程测绘项目。全年共检查测绘资质单位50家，其中甲级2家、乙级31家、丙级5家、丁级12家，非测绘资质涉密单位4家，对不合格单位进行了依法处理。

【测绘资质管理】

甘肃省测绘地理信息局全年初审转报国家测绘地理信息局审批的甲级测绘资质单位27家，其中资质升级3家、业务范围变更9家、补充和修改数据10家、基本信息变更5家。审批测绘资质单位135家，其中新申请测绘资质26家、测绘资质升级16家、业务范围变更18家、基本信息变更44家、补充和修改数据30家、注销1家。截至年底，全省共有测绘资质单位463家。甘肃省测绘地理信息局采取“新老单位区别对待”的办法和“注册测绘师的数量和资质业务范围挂钩”的措施，按期完成续期换证工作，全部完成全省16家甲级测绘资质单位换证工作，完成91家(含甲、乙双证)乙级测绘资质单位中90家单位换证工作，注销1家乙级测绘资质单位。

【项目备案】

甘肃省测绘地理信息局严格执行《甘肃省实施测绘地理信息项目活动监督管理暂行规定》，在测绘资质管理系统接入测绘地理信息项目备案管理系统，实行项目备案网上办理，方便省内外测绘资质单位办理测绘地理信息项目备案。全年受理备案登记测绘地理信息项目149项，涉及省内测绘资质单位94家、省外测绘资质单位55家。

【信用管理】

甘肃省测绘地理信息局开展信用管理平台应用及测绘资质单位信用信息征集、信用信息异议处理、发布和信用报告查询服务等工作。年初安排部署测绘资质年度报告公示工作，要求各市州测绘地理信息主管部门组织辖区内测绘资质单位按时上报年度报告。至年底，全省甲级测绘资质单位直接报送国家测绘地理信息局，417 家乙、丙、丁级测绘资质单位中 400 家单位报送了测绘资质年度报告，对未报送年度报告的 17 家单位计入其不良信用记录。

基础测绘

【基础测绘生产】

甘肃省测绘地理信息局推进基础测绘联动更新，在酒泉南部、临夏、兰州、礼县等测区开展 1∶1 万数字地形图测绘，新测 1∶1 万数字地形图 881 幅，更新 1∶1 万数字地形图 860 幅，更新测制 1∶5000 地形图 188 幅，更新省级 1∶1 万基础地理信息数据库。完成甘肃省“十二五”藏区基础测绘项目（省级部分）并通过验收，将甘谷县新农村建设测绘保障服务试点项目系列成果移交甘谷县。开展全省地理信息大数据共享交换平台建设项目前期试点工作，完成影像数据资源的整合处理、影像时空数据库建设、云服务系统及基础设施建设。省市联动开展全省卫星定位连续运行基准站安全风险排查和专项整治，巡查维护基准站 99 个，整改 11 个、关停 11 个，处理各类故障 34 次，完成基准站备案 97 个和省级基准站网安全升级改造。

【卫星遥感影像获取与应用】

国家测绘地理信息局卫星测绘应用中心甘肃分中心成立，提升了甘肃省获取、处理、提供卫星影像数据的能力，实现全省国产卫星影像数据全天候不间断持续稳定推送。

【智慧城市、数字城市建设】

甘肃省测绘地理信息局推进智慧城市建设，在经费落实、项目设计、技术攻关、业务培训等方面支持列入国家试点的兰州市、天水市智慧城市时空大数据与云平台建设。推进数字城市地理空间框架建设，完成数字平凉、数字定西地理信息公共平台建设，项目成果通过省级质检，并向平凉、定西市移交了建设成果。

【质量管理】

甘肃省测绘地理信息局召开 3 次基础测绘生产专题会议，加强省级基础测绘成果质量管理工作。开展基础测绘成果质量检验，重点加强对不动产登记、城市地下管网普查、农村集体土地三权发证等国家及省级重大项目的测绘质量监管，完成国家下达的基础测绘检验项目 1 项、省级基础测绘检验项目 4 项、委托检验项目 7 项。配合国家测绘产品质量检验测试中心完成对瓜州、敦煌省级基础测绘成果质量监督抽查工作，被检单位甘肃省地图院基于信息化测绘生产体系的质量管理体系完备，被检成果质量良好。

【安全生产】

甘肃省测绘地理信息局对局属事业单位的外业安全生产管理制度、组织机构及人员、落实安全生产教育情况、主体责任落实和监督情况等进行了 2 次集中检查和督导。通过检查发现，各单位外业作业区安全防范工作和外业安全预案基本满足要求，外业生产人员严格遵守各项规章制度，无重大安全隐患，全局安全生产总体形势良好。

地理国情监测

【地理国情普查】

6 月，甘肃省第一次全国地理国情普查通过验收。10 月 10 日，省第一次全国地理国情普查领导小组会议审议通过普查公报。11 月 3 日，甘肃省发布《甘肃省第一次地理国情普查公报》，向全社会公布了地理国情普查主要数据，标志着地理国情普查工作全面完成。地理国情普查首次获取了覆盖全省 42.58 万平方千米由 10 个一级类、58 个二级类和 138 个三级类构成的全覆盖、无缝隙、高精度、多要素的海量地理国情数据，建立包括全省高分辨率遥感影像、地表覆盖与地理国情要素、多尺度精细化数字高程模型等成果的数据库，搭建了数据库云平台和数据库管理系统，摸清全省山水林田湖等自然地理要素和人工设施现状及空间分布。

【地理国情监测】

甘肃省测绘地理信息局开展地理国情监测，完成并验收冰川与常年积雪基础性地理国情监测、国家级新区兰州新区建设变化监测 2 个国家试点项目。开展丝绸之路经济带重要地理国情监测、地理国情监测服务生态文明建设试点示范项目、兰州新区建设变化监测、甘肃省地级以上城市空间格局变化监测4个国家级项目，完成资料收集、影像数据整合等工作。按期完成兰州市基础性地理国情监测任务，通过国家和省级过程质量监督检查。甘肃省测绘地理信息局基本完成自主开展的兰州北山区域削山造地地理国情监测等项目，监测成果为主体功能区规划、高效利用国土空间提供科学支撑。

地图管理与地图服务

【地图审核】

甘肃省测绘地理信息局全年受理、审核地图行政审核批件39件，核发审图号72个。

【地图编制与出版】

甘肃省测绘地理信息局印发《关于组织开展地图编制和互联网地图服务等自查的通知》，组织省级地图编制、出版单位对2015年以来的地图编制和互联网地图服务工作进行自查，对未送交地图样本的单位进行了整改。围绕“一带一路”“双联扶贫”及全省重大项目、部门工作需求，开展辅助决策用图和公益性地图编制工作，为省委省政府及省直各部门编制地图16幅（册）。

【地图市场监管】

甘肃省测绘地理信息局会同14家有关部门，开展全覆盖排查整治“问题地图”专项行动，开展专项检查1000多次，抽查单位294家，抽查地图1819幅，对发现的308幅“问题地图”产品，依法做出下架、查封、收缴等处理。对2017年兰州国际马拉松赛、天水公祭伏羲大典等重大节会用图进行前期检查和全面规范，查处兰州某高校出版的高考辅导教材登载“问题地图”事件。

【互联网地图监管】

根据甘肃省政府办公厅《关于规范政府网站登载使用地图的通知》，甘肃省测绘地理信息局对政府网站和互联网网站登载地图情况进行专项检查，全省监管和排查互联网地图网站786家（其中政府部门网站661家、注册新闻媒体网站45家、企业网站80家），通过互联网地图监管系统完成扫描疑似地图图片61191张，共检定静态图片30422张，其中判定为非地图图片28970张、无问题的地图图片1054张、存在问题的地图图片398张，涉及登载“问题地图”图片的网站120个。完成内容检定的地图图片1452张，处置“问题地图”图片632张。共检定POI信息61条，未发现问题。处置中的“问题地图”网站41个，79个网站完成整改，41个“问题地图”的网站正在整改。

【地图公共服务】

甘肃省测绘地理信息局启动《甘肃省地图集》编制工作。开展第4次辅助决策用图共享工作，利用辅助决策用图定制服务平台共享《甘肃省地图》《甘肃省旅游图》《兰州街区图》等现势性较强的政务地图和公益性地图，为国家、省级重大战略部署和应急救灾提供地图保障。利用最新测绘地理信息成果和统计数据，为省第十三次党代会编制专题地图，为省政府精准扶贫编制工作用图，为省发展和改革委员会解读《甘肃省国民经济和社会发展第十三个五年规划纲要》编制图说“十三五”图册，为省环保、国土部门和张掖市政府等编制《甘肃省自然保护区分布图》《祁连山地形图》《祁连山影像图》等专题地图，全年累计向省委省政府、各委办局提供领导工作用图服务80多次，提供世界地图、中国全图、中国分省图、专题图、定制类地图36种384幅，提供各类地图集（册）160多册。

【国家版图意识宣传教育】

甘肃省测绘地理信息局联合省国家版图意识宣传教育和地图市场监管协调指导小组成员单位，印发《甘肃省国家版图意识宣传教育和地图市场监管2017年工作要点》，安排部署全省国家版图意识宣传教育工作。开展国家版图知识“三进”活动，免费向15个社区赠送和发放国家版图意识宣传材料1000份，以“进媒体”为重点和抓手，联合组织全省各级新闻媒体从业人员开展“问题地图”自查，向全省45家主要新闻媒体发放了《国家版图知识读本》。

测绘地理信息成果管理与应用

【“天地图·甘肃”建设与应用】

甘肃省测绘地理信息局推进“天地图”国家、省、市级数据更新融合，采购14个市州主城区现势性为2017年5月—6月的0.5米分辨率影像，对2016年省级基础测绘任务（酒泉南部、兰州测区）进行国、省级数据融合，完成国、省级矢量、影像、地名数据融合和11个市州的省、市级数据融合。拓展“天地图”专题应用领域，各级政府和部门门户网站使用的互联网地图服务全部替换为“天地图·甘肃”，在省发展和改革委员会门户网站设置“天地图·甘肃”简介和链接栏目，为省政府应急部门制作应急专题应用系统，向环保、安监、林业、民政、地震、气象等主要政府部门宣传“天地图”并提供在线服务和前置服务等。完善“天地图”系统建设，启动“天地图”软件版本更新，更新完善综合服务和专题应用栏目，开发数据更新、数据融合辅助工具，在电子地图栏目增加影像数据现势性查询功能，推进“天地图”向政府云移植。

【成果分发服务】

甘肃省测绘地理信息局为全省167家单位提供620批次业务咨询和数据查询服务，为全省各行业提供各类基础地理信息成果20263幅（点），覆盖面积约189万平方千米。包括各种比例尺纸质地形图6478张、各类型成果数据9622幅，其中公益性服务13363张（幅），占总数的83%；各类控制点成果4163点，其中公益性服务3497点，占总数的84%；各类航空航天影像资料334460平方千米。提供现代测绘基准站（GSCORS）服务，累计面向全省提供卫星定位连续运行基准站网服务的注册单位277家、注册用户（仪器）1480个，新增注册单位33家、注册用户（仪器）119个。

【测绘成果保密管理】

甘肃省测绘地理信息局对国家测绘地理信息局随机抽取的3家甲级资质单位开展涉密测绘成果管理情况预检查，下发涉密测绘成果管理情况检查结果通知书，3家单位按要求进行了整改，并销毁了涉密测绘成果。按照“双随机、一公开”要求，抽取全省50家测绘资质单位、4家成果使用单位（非测绘资质单位），开展涉密测绘成果管理情况监督检查，组织对25家单位的涉密测绘成果管理情况进行检查。加强涉密测绘成果、设备、保密方面管理，督促成果使用单位按照国家测绘地理信息局有关文件要求及时销毁涉密测绘成果，减少涉密测绘成果存量，降低成果泄密风险。加强涉密测绘成果管理，向各市州测绘地理信息主管部门、全省各成果使用单位印发《关于加强全省涉密测绘成果管理工作的通知》，规范涉密测绘成果的行政审批、汇交、使用、保管和销毁行为，提高相关人员的保密意识。

【测量标志管理】

甘肃省测绘地理信息局组织开展测量标志巡查工作，现场维护基准站99个，处理各类故障170次，完成东乡、华池、正宁、平山湖4个站点的迁建工作。完成甘肃省内6个国家基准站建设项目验收材料汇编，向国家现代测绘基准工程项目部报送国家基准站验收报告。完成甘肃省卫星导航定位基准站安全风险点的排查工作，向国家测绘地理信息局上报基准站安全风险点排查工作情况的报告。

【应急测绘保障服务】

甘肃省测绘地理信息局编制《甘肃省信息化应急测绘保障体系建设总体方案》和《甘肃省应急测绘保障服务体系建设专项实施方案》，并完成省级专家评审，组建了应急测绘中心，配备了多套无人机航测系统，形成专业的应急测绘队伍。组织实施国家应急测绘保障能力建设项目，研究制定项目实施方案，成立国家应急测绘保障能力建设项目省级领导小组，确定项目承建单位，明确人员分工和相应的职责，完成国家应急测绘保障能力建设项目甘肃单项工程实施方案的编制、评审和报批。主动做好应急协调和信息共享工作，参与《中共甘肃省委甘肃省人民政府关于推进防灾减灾救灾体制机制改革的实施意见》《贯彻落实〈甘肃省综合防灾减灾规划（2016—2020年）〉任务分工方案》的制定和修订。加强与省政府应急、减灾等部门联系，服务保障“8·7”文县暴洪泥石流灾害救灾工作，及时制印灾前灾后图件并送达相关部门和单位。

地理信息产业

【地理信息产业发展】

甘肃省测绘地理信息局落实国家、省级扶持地理信息产业发展相关政策，引导地理信息产业深度融入经济发展新常态。全省共有测绘资质单位463家，测绘从业人员1.5万多人，全年完成测绘服务总值13.8亿元。天水三和数码测绘院连续两年被评为中国地理信息产业百强企业，兰州天瑞测绘工程有限公司被评为2017中国地理信息产业最具活力中小企业。甘肃省测绘地理信息职业教育集团秉承集团化办学原则，通过订单式教育等方式，推进高等职业教育创新发展。全省13所大中专院校开设了地理信息专业，4169人拥有测绘专业技术职称，293人取得注册测绘师资格。金昌市依托科技孵化园和紫金云大数据产业中心建设，支持地理信息小微企业创业创新。

【产业宏观监测和专项调查】

甘肃省测绘地理信息局组织开展地理信息产业

宏观监测和专项调查工作，确定5家测绘地理信息企业作为监测对象，汇总各企业上半年、前三季度地理信息运行监测表，统一录入全国地理信息产业单位名录库管理系统。核定并更新全省地理信息产业单位名录，对300多家非资质单位信息逐一核实，收集整理企业报表后，统一录入地理信息产业名录库管理系统。

科技、标准化与交流合作

【科技创新体系建设】

甘肃省测绘地理信息局编制《甘肃省“十三五”测绘地理信息科技发展规划》，修订《测绘地理信息科技创新管理办法》，组织完成2017—2018测绘科技“以奖代补”项目征集工作。

【科技项目与科技奖励】

甘肃省测绘地理信息局推进“测绘地理信息档案信息化建设及应用示范”等国家公益性行业科研项目。全省测绘地理信息科技项目获科技奖励，“甘肃省似大地水准面精化技术实现与应用”等3个项目获中国测绘地理信息学会2017年测绘科技进步奖三等奖，“信息化测绘生产基地构建技术研究与应用示范”等4个项目获2017年甘肃省职工技术成果奖。开展科学技术奖评选工作，全行业127个项目申报2017年甘肃省测绘地理信息学会科学技术奖励，51个项目获科技进步奖或优秀工程奖。

【标准化工作】

甘肃省测绘地理信息局对15项国家标准和行业标准的制修订及标准提案征集意见进行了反馈，修订完善《甘肃省基础地理信息数据生产与建库1∶5000 1∶1万DLG要素分类、分层与编码规定》内部标准，并推动局属事业单位和测绘资质单位学习最新标准。完成信息化测绘技术体系建设情况调查、10多项标准规范类的意见反馈等工作，并做好最新标准规范应用管理工作。

【合作与交流】

甘肃省测绘地理信息局实施“走出去、引进来”战略，与西部6个省级测绘地理信息局签署合作协议，建立测绘地理信息服务“丝绸之路经济带”建设西部合作联盟。落实与青海省测绘地理信息局签订的战略合作框架协议，实现甘肃、青海省卫星导航基准数据交换共享，提升双方高精度导航与位置服务能力。联合省发展和改革委员会推进地理空间规划试点，编制《甘肃省空间规划研究工作方案》，完成临泽县试点工作。协助省农牧部门开展全省农村土地承包经营权确权登记工作，完成高分辨率影像质量检查。围绕领导干部自然资源资产离任审计，与省审计厅签订厅局战略合作框架协议，建立战略合作伙伴关系。

地方社团工作

【甘肃省测绘地理信息学会】

甘肃省测绘地理信息学会组织召开八届四次理事会议和八届七次常务理事会议，通过学会换届方案和理事候选人名单以及理事选举办法等文件，召开第九次会员代表大会，审议通过八届工作报告、财务报告，修改学会章程，形成新一届学会领导和理事会，完成学会换届工作。新一届理事会共有学会会员1300多名、团体会员单位110多家、理事112人。组织开展中国测绘地理信息学会科学技术奖申报和推荐工作，完成甘肃省测绘科学技术奖评选工作。甘肃省测绘地理信息学会共评出科学技术进步一等奖5项、二等奖5项、三等奖7项，优秀工程金奖7项、银奖14项、铜奖13项。组团参加中国测绘地理信息学会换届会议。邀请中国科学院院士、中国工程院院士李德仁和武汉大学教授朱宜萱分别作专题报告。在嘉峪关市举办航天测绘院士专家学术报告会，邀请院士、专家作学术报告。

【甘肃省地理信息产业协会】

12月1日，经甘肃省省民政厅批准，由省测绘工程院牵头、省基础地理信息中心、省地图院等9家单位共同发起的甘肃省地理信息产业协会在兰州成立。甘肃省地理信息产业协会拥有70家会员单位，涵盖甘肃省内测绘地理信息企事业单位、科研机构、高等院校等。举办测绘地理信息高新技术论坛，有关专家围绕“多元航空遥感数据获取与应用”“高新技术助力测绘4.0产业升级”“多平台激光雷达在测绘项目中的应用”等课题进行讲解。

【甘肃省测绘志编纂委员会】

甘肃省测绘志编纂委员会制定《甘肃省测绘志实施方案》，召开全省《甘肃省志·测绘志（1991—2015年）》编纂资料征集工作暨业务培训会，印发《关于做好〈甘肃省志·测绘志（1991—2015年）〉编纂资料征集的通知》，向全省测绘地理信息行业征集测绘志编纂资料。全年收集《甘肃国土资源史话》测绘编纂资料、《甘肃省志·国土资源志》《甘肃国土资源人物志》及历年大事记、统计报表、照片等材料。

青海省

概况

2017年，青海省测绘地理信息局稳步推进省级基础测绘工作，开展地理国情普查成果细化工作，发布《青海省第一次全国地理国情普查公报》，建成省级测绘基准数据中心和测绘基准管理服务系统，完成高分辨率对地观测系统青海数据与应用中心机构组建工作。建成海西蒙古族藏族自治州、玉树市、乌兰县、湟源县地理信息公共服务平台，启动省级地理信息公共服务平台（政务版）试运行。启动智慧格尔木时空大数据与云平台建设项目，持续推进数字德令哈地理空间框架项目。

持续加强测绘地理信息行政统一监管，建立《法治政府建设工作要点和任务台账》，制定《行政执法工作规则》。将国家基础测绘成果资料提供、使用审批和测绘成果汇交2项事项转移至青海省行政服务和公共资源交易中心窗口集中办理，实现所有行政审批事项由大厅窗口受理、统一答复。联合召开《青海省测绘地理信息市场管理办法（草案）》省市专家评审研讨会、新测绘法宣传贯彻座谈会。建立各市州市场主体名录库、执法检查人员名录库、“双随机”抽查事项清单，采取“双随机一公开”方式，统筹开展测绘资质巡查、跨区域测绘地理信息项目巡查、测绘成果质量监督抽查、测绘成果保密检查、“问题地图”查处等专项执法检查工作，进一步规范测绘地理信息市场秩序。

加强合作交流与共建共享，与海西蒙古族藏族自治州政府、省审计厅签订合作协议。向社会各界提供地形图1523张、控制点成果1096点、数字化地图45165幅、航空航天遥感影像数据201.54万平方千米，数据量41.73TB。完成省级地理信息公共平台政务版云架构，初步建成青海省地理空间大数据中心，为省气象局、省生态环境遥感监测中心等30多家单位提供服务内容130多项。青海省测绘地理信息局提出组建青海地理信息产业发展有限公司的建议得到省政府领导的肯定和批示。11月22日，省政府批复同意组建青海地理信息产业发展有限公司。

党的建设与人才队伍建设

【党的建设】

青海省测绘地理信息局召开党建工作专题会议，层层签订《基层党建工作目标责任书》《意识形态工作目标责任书》。制定《党建工作督导制度》《党员领导干部联系指导基层党建工作制度》，形成对上负责和对下负责有机统一、党建责任层层分解落实和党建工作压力层层传导下移的党建工作责任体系。贯彻落实局党委中心组学习制度，学习贯彻党的十八届系列全会精神、党的十九大精神和省第十三次党代会精神，全年组织集体学习12次。制定《学习贯彻十九大精神实施方案》《局党委理论中心组学习宣传贯彻十九大精神安排》《党员领导干部进基层党支部宣讲十九大精神安排》，对学习宣传贯彻党的十九大精神进行安排部署。印发《关于加强党员教育培训工作的实施意见》，全年举办党员培训2期，100多人次参加。举办党委成员、支部书记、普通党员“三级”党课19场。全局300多名党员接受党课、教育培训。按要求召开党委专题民主生活会和党支部组织生活会。发展新党员6名。制定《推进“两学一做”学习教育常态化制度化实施方案》《推进“两学一做”学习教育常态化制度化任务清单》，开展不担当不作为问题专项整治工作，解决“为官不为、不愿担当，作风漂浮、落实不力，工作不实、弄虚作假，为政不廉、以权谋私”等问题。总结推广“支部主题党日+”等做法，搭建“一个党员一面旗帜”平台，在局系统党员中开展“亮身份、亮承诺”活动，各基层党支部认真落实“三会一课”制度，推进全面从严治党向纵深发展。

【党风廉政建设】

青海省测绘地理信息局组织召开全局党风廉政建设工作会议和半年工作总结专题会议，逐级签订党风廉政建设目标责任书。制定《关于落实党风廉政建设主体责任的实施意见》《2017年党风廉政建设和反腐败工作实施意见》，对党风廉政建设和反腐败工作主要任务、党风廉政建设主体责任经常性工作进行量化，形成党委主体责任第一责任人对重要工作亲自部署、重大问题亲自过问、重点环节亲自协调的党风廉政建设责任制。印发《关于进一步加强作风建设严明工作纪律专项整治工作实施方案的通知》《关于开展“责任落实年”活动实施方案的通知》《关于开展全面从严治党警示谈话活动的通知》，制定《以落实“710”工作制度推进转作风提效能抓落实工作方案》，开展全面从严治党“千人警示谈话”活动、“一季一讲一看”警示教育活动，完成警示教育谈话167人次。开展《中国共产党廉洁自律准则》《中国共产党纪律处分条例》《纪律检查机关监督执纪工作规则（试行）》测试答题活动。组织开展廉政文化墙建设评比活动，营造“倡廉、助廉、守廉”的廉政文化环境。组织局系统200多名党员干部参观西宁市廉政教育基地，进一步增强党员干部廉政勤政意识。

【精神文明建设】

青海省测绘地理信息局制定《2017年培育和践行社会主义核心价值观实施方案》《参与西宁市创建全国文明城市行动方案》，开展首届“感动青海测绘人物”评选活动、第三届“书香测绘·悦读人生”主题读书季活动，参与“兴海路河湟文化”“扶贫帮困”“学雷锋志愿服务”等活动。青海省测绘产品质量监督检验站被授予“第一次全国地理国情普查先进集体”称号，青海省测绘地理信息局被中共青海省委、青海省政府联合授予“全国同行业工作领先奖（示范县创建）”称号。

【人才队伍建设】

青海省测绘地理信息局制定《后备干部选拔培养实施方案》，建立由23人组成的处级后备干部库。制定《干部挂职锻炼管理暂行办法》，选拔1名干部到联合国、6名干部到国家测绘地理信息局及直属单位挂职，9名干部到黄南、海西、海南州基层一线实践锻炼。选派4名处级干部分别参加国家测绘地理信息局和省国土资源厅举办的处级干部培训班，7名专业技术人员分别参加国家测绘地理信息局和省国土资源厅组织的出国（境）考察学习培训班，举办2期财务管理培训班和1期加强党风廉政建设强化“两个责任”干部培训班。年内共1966人次参加各级各类培训，73人通过测绘行业特有工种职业技能鉴定，其中2人取得技师职业资格、4人取得高级职业资格证书、32人取得中级职业资格证书、35人取得初级职业资格证书。举办首届全省测绘地理信息行业技能大赛，2人获“青海省技术状元”称号，4人获“青海省优秀选手”称号，6人获“青海省技术能手”称号，6人被共青团青海省委表彰为青年岗位能手，1人被省妇女联合会表彰为巾帼建功标兵。全局共有国家测绘地理信息局青年学术和技术带头人3人，全国测绘技术能手3人，青海省自然科学和工程学科带头人3人，青海省优秀专业技术人才1人。

【宣传工作】

青海省测绘地理信息局召开全省测绘地理信息宣传工作座谈会，制定《2017年青海测绘地理信息宣传工作要点》《青海省测绘地理信息宣传工作奖惩办法》《中国测绘宣传中心青海工作站管理办法》，与中国测绘宣传中心、青海日报、新华网青海频道、中国新闻社青海分社签订宣传工作协议。邀请省主流新闻媒体记者前往海西、果洛、海东、西宁等地开展“走转改·走进一线”采访活动。局门户网站全年发布、更新信息600多篇，局官方微信发布信息300多篇。在各类媒体发表稿件200多篇，各类网络媒体刊发、转载稿件1000多篇。编辑《青海测绘地理信息》杂志6期，发行6000多册。

【测绘扶贫】

青海省测绘地理信息局投入帮扶资金57.48万元，协调相关厅局和市、县通过各类项目投入资金2331.58万元。组织开展结对帮扶干部职工节前慰问贫困户活动、学前教育扶持活动。协调省国土资源厅、项目设计单位，拨付帮扶村“高标准土地整治项目”土地测量工作经费。结合帮扶村生产生活实际，提出“一村一品”扶贫项目，编制完成产业扶持实施方案，协调省农牧厅申请并落实相关扶持项目资金。完成化隆回族自治县德恒隆乡西后加村通往群科新区道路建设约13千米。协调完成大通回族土族自治县青山乡沙岱村、化隆回族自治县德恒隆乡西后加村“高原美丽乡村”项目建设，2个村生产生活条件基本达到脱贫摘帽的标准要求，项目建设已通过省级验收。

法制建设与市场监管

【法制建设】

青海省测绘地理信息局做好《青海省测绘地理信息市场管理办法》与新测绘法的对接、修改工作，与省政府法制办公室联合召开《青海省测绘地理信息市场管理办法（草案）》省市专家评审研讨会。会同省政府法制办公室到辽宁、天津进行立法调研，借鉴先进经验，补充完善《青海省测绘地理信息市场管理办法》并提交省政府常务会议审议。

【法制宣传】

青海省测绘地理信息局联合省人大环境资源保护委员会召开新测绘法宣传贯彻座谈会，印发《青海省测绘地理信息法制宣传教育第七个五年规划（2016—2020年）的通知》《关于做好新修订〈中华人民共和国测绘法〉学习宣传贯彻工作的通知》《学习宣传贯彻〈中华人民共和国测绘法〉工作方案》，通过组织新测绘法培训宣讲、开设《每月一法》专栏、在局官方微博和微信等平台刊发《测绘法学习60问》《测绘法释义》、举办新测绘法及国家版图知识电视大赛、悬挂横幅等形式宣传新测绘法。围绕“宣传贯彻新测绘法，更好服务国计民生”宣传主题，组织省内38家甲、乙级测绘资质单位在西宁中心广场举办“8·29”测绘法宣传日活动，通过摆设宣传展板、现场观摩、地图赠送等方式，向群众宣传测绘相关法律法规、国家版图知识、测绘地理信息服务、青海省现代测绘基准体系等内容。全省共制作展板200多块、横幅80多条，发放便民地图1.5万多份。

【综合执法】

青海省测绘地理信息局举办全省测绘地理信息综合执法检查培训班，制定《2017年全省测绘地理信息综合执法检查工作方案》《“双随机一公开”工作实施方案》，建立各市州市场主体名录库、执法检查人员名录库、双随机抽查事项清单，采取“双随机一公开”方式，统筹开展测绘资质巡查、跨区域测绘地理信息项目巡查、测绘成果质量监督抽查、测绘成果保密检查、“问题地图”查处等专项执法检查工作，联合各市州、县执法人员检查测绘资质单位46家，检查比例35%，开具整改通知书26份，整改单位26家。联合大型展会和赛事主办方对参加活动单位使用地图情况进行检查，共检查单位103家，检查地图及地图制品300多件，发现涉嫌违法单位24家，责令现场整改。联合省农牧厅对海北藏族自治州农村土地经营权确权项目开展情况进行监督检查。查处青海航测地理信息中心涉嫌违法借用青海省测绘地理信息局名义收取地图标注费用案，依法责令其停止违法行为并限期退还违法所得，向社会发布公告澄清事实。

【依法行政】

青海省测绘地理信息局建立《法治政府建设工作要点和任务台账》，明确25项任务的责任处室或单位。制定《行政执法工作规则》，规范测绘行政执法人员行为。将国家基础测绘成果资料提供、使用审批和测绘成果汇交2项事项转移至青海省行政服务和公共资源交易中心窗口集中办理，实现所有行政审批事项由大厅窗口受理、统一答复。全年受理测绘资质认定、测绘资质单位内容变更、永久性测量标志拆迁审批、地图审核等审批事项46件，全部办结。

【“放管服”改革】

青海省测绘地理信息局有效整合资质巡查、质量抽查、保密检查、“问题地图”查处等专项测绘地理信息执法检查工作，采取“分级负责，重点实施”的工作方法，下移执法重心，提高各州、市测绘地理信息主管部门执法效率和规范化水平。

【测绘资质管理】

青海省测绘地理信息局完成7家甲级资质单位补充修改数据的初审工作，完成乙、丙、丁级资质申请14件、基本信息变更16件、补充修改数据43件、资质业务范围变更2件、测绘资质注销5件，乙级测绘资质续期换证30件、补领证书1件，外省来青作业单位项目资质交验14家。完成测绘作业证申请25件、注销5件、延期189件。开展2016年测绘资质单位资质年度报告工作，122家单位按要求报送年度报告，2家单位未报送，依法对各单位报送的年度报告进行审查、公示，对2家未报送的单位依据《测绘地理信息行业信用管理办法》计入单位不良信用信息。依法注销测绘资质单位5家。截至年底，全省共有测绘资质单位137家，其中甲级11家、乙级32家、丙级76家、丁级18家。

【信用管理】

青海省测绘地理信息局指导青海省测绘地理信

息行业协会完成124家测绘资质单位信用信息采集工作，并在测绘地理信息行业信用管理平台和青海省测绘地理信息局门户网站公布信用信息异议处理和信用报告查询服务途径。协助省发展和改革委员会建设社会信用体系“一站一网”数据共享平台，做好全省信用信息数据共享对接工作。

【测绘地理信息示范县创建】

青海省测绘地理信息局印发《2017年全省测绘地理信息示范县创建工作要点的通知》，从加强测绘地理信息法制建设、推动测绘地理信息成果应用、推动县级测绘地理信息机构建设等方面提出加快示范县创建工作的指导意见。完成河南蒙古族自治县、乌兰县、兴海县、玉树市、湟源县、称多县等地的地理信息数据生产，部署完成海西蒙古族藏族自治州、玉树市、乌兰县、湟源县地理信息公共服务平台。召开全省测绘地理信息示范县创建活动经验交流会，总结示范县创建活动取得的成绩和存在的问题，安排部署下一步创建工作重点。共和、贵德、冷湖3个县（行委）相继申请成为示范县。

规划与计划

【规划的制定与执行】

青海省测绘地理信息局按照《青海省“十三五”基础测绘规划》设置的重大项目，在国家测绘地理信息局、青海省发展和改革委员会的帮助支持下，向国家发展和改革委员会报送青海省“十三五”藏区基础测绘项目并获准实施。按照《青海省“十三五”基础测绘规划》和“十三五”藏区基础测绘项目建议，科学拟定项目3年滚动计划，该计划已纳入省发展和改革委员会项目库。

【计划的制定与执行】

青海省测绘地理信息局分别向国家测绘地理信息局、青海省发展和改革委员会、省财政厅报送年度计划，投入经费1亿元，主要开展基础地理信息数据生产、青海省基础地理信息数据库建设、青海省藏区基础地理信息公共服务平台建设、地理国（省）情监测、青海省地理国情数据细化等工作。完成都兰测区694幅和玛沁测区547幅1:1万地形图与地理国情监测相结合的新型基础测绘试生产、西宁市任务区2017年基础性地理国情监测、2017年地理国情数据更新及数据库建设、地理国情发布平台建设、8个市（州）城市空间格局监测、省高分辨率卫星综合应用服务平台（高分辨率数据查询及分发）建设等项目。启动青海省藏区现代测绘基准体系基础设施建设（二期工程）、青海省藏区基本比例尺地形图生产与更新（一期）、青海省藏区基础地理信息公共服务平台建设工作。

基础测绘

【基础测绘经费投入】

中央预算内资金已拨付7000万元用于青海省藏区现代测绘基准体系基础设施建设（二期工程）、青海省藏区基本比例尺地形图生产与更新（一期）、青海省藏区地理信息公共服务平台3个青海重大专项项目建设。青海省地方财政每年投入基础测绘经费2600万元，边远地区、少数民族地区基础测绘补助通过转移支付方式每年拨付400万元。地理国（省）情监测投入专项经费45万元。

【测绘基准建设与应用】

青海省测绘地理信息局建成省级测绘基准数据中心和测绘基准管理服务系统，建成覆盖全省的卫星定位连续运行参考站网，为78家政府、企事业单位提供测绘基准服务。新增基于北斗卫星的全球卫星导航定位系统参考站14座、升级41座、改造临时参考站9座。建设省级北斗高精度位置服务中心1个。与甘肃省测绘地理信息局、四川省测绘地理信息局签订合作协议，开展跨区域基准站网共享合作。汇交观测数据，保障全国卫星导航定位基准站服务系统正常运行。对全省范围的基准站建设情况进行调查并开展基准站备案工作，联合省国家安全厅印发《关于开展全省卫星导航定位基准站安全专项整治行动的通知》，在全省120多家部门、单位开展卫星导航定位基准站安全专项整治行动。

【基本比例尺地形图测制与更新】

青海省测绘地理信息局完成都兰、玛沁测区1:1万数字高程模型、数字正射影像图1241幅，数字线划图201幅。完成全省藏区建制镇1:1000数字线划图、正射影像图、数字高程模型、实景三维模型的测绘工作。组织实施1:1万地形图与地理国情监测相结合的新型基础测绘试生产，联动更新1:1万地形图。协助陕西测绘地理信息局开展青海省范围1:5万数据库动态更新所需的专业资料和省级测绘成果的收集和提供工作，完成1:5万动态更新成果的外业抽检工作。

【航空航天遥感影像获取与应用】

青海省测绘地理信息局完成高分辨率对地观测系统青海数据与应用中心机构组建工作，该中心组建工作已纳入青海省贯彻落实“中国制造2025”重要工程。报送2017—2019年航空、卫星遥感影像获取计划，主要用于丰富14个测绘地理信息示范县和44个市县城区地理信息公共服务平台数据资源。申请采用POS辅助优于0.5米分辨率的航空航天遥感影像和优于0.2米高程分辨率的lidar数据为三江源国家公园提供服务保障。完成都兰摄区、玛沁摄区影像1:1万基础测绘生产。获取海西州航摄优于0.5米分辨率的影像4.3万平方千米，lidar数据1.6万平方千米。报送青海行政区域内影像获取计划，主要用于青海省地理信息公共服务平台建设、地理国情监测及国土资源执法等项目建设，青海省地理信息公共服务平台为各部门统一提供测绘地理信息数据服务，影像数据与国家基础测绘项目共享。

【智慧城市、数字城市建设】

青海省测绘地理信息局启动智慧格尔木时空大数据与云平台建设项目。完成《智慧格尔木时空大数据与云平台建设试点项目设计书》编写，格尔木中心城区2套影像电子地图数据和18～20级2016年地理实体数据更新，2017年度地名地址数据采集与建库。启动时空数据建库、城市三维模型数据制作等工作，初步建成时空信息云平台。为格尔木市公安局提供数据前置服务，完成格尔木市住房和城乡建设局的地下管线数据坐标转换工作等。数字德令哈地理空间框架项目完成德令哈市18～20级地理实体数据更新，完成大比例尺地形图修测任务15平方千米。

【质量管理】

青海省测绘地理信息局完成2017年青海省1:1万基础测绘项目、西宁市任务区2017年基础地理国情监测、第一次全国地理国情普查数据细化、青海省黄南机场1:1万地形图测量等项目成果质量检验，出具成果质量合格质检报告69项。开展测绘成果质量监督检查工作，检查测绘资质单位46家，出具成果质量合格质检报告2项。

【安全生产】

青海省测绘地理信息局成立安全生产委员会，在局属各单位成立安全生产管理机构。制定安全生产大检查实施方案，定期对安全生产进行检查，按时报送安全生产周总结、月总结及安全生产检查表。开展行业领域专项整治，组织开展全行业领域安全生产座谈会，排查治理行业领域隐患。与省国土资源厅安全生产委员会、局属各单位分别签订安全生产目标责任书。组织局属单位人员观看安全教育警示片、学习《安全生产管理规定》，聘请专业人员对全局职工进行安全生产培训。

地理国情监测

【地理国情普查】

2月21日，青海省第一次全国地理国情普查成果通过专家组验收。10月17日，青海省第一次全国地理国情普查领导小组全体会议审议通过《青海省第一次全国地理国情普查公报》。10月27日，青海省政府新闻办公室举行《青海省第一次全国地理国情普查公报》新闻发布会，向社会公布青海省各类地形地貌的面积和空间分布，种植土地、林草覆盖的面积及空间分布，河流、水渠、湖泊、水库、坑塘、冰川与常年积雪等的基础信息，荒漠与裸露地的面积及空间分布，铁路与公路的路面面积、长度、构成及空间分布，居民地与设施的面积、位置和空间分布情况等。

【地理国情监测】

青海省测绘地理信息局完成全国地级以上城市及典型城市群空间格局变化监测青海省监测区8个市州2000—2016年空间格局变化监测、2017年基础性地理国情监测西宁市任务区项目、青海湖综合生态监测、三江源区黑土滩退化型草地监测、青海省自然生态状况评价、青海省草原遥感监测及评估、兰西城市群（青海部分）空间格局及协调发展监测与评估等专项监测。组织开展青海省16年间城市空间格局变化分析，掌握全省地级以上城市的城镇发展历程、空间结构和布局演变过程。

不动产测绘

【不动产测绘】

青海省测绘地理信息局完成果洛藏族自治州3个县、玉树藏族自治州1个市和5个县、海东市4个县、黄南藏族自治州同仁县的不动产数据整合工作。完成贵德县、兴海县、共和县不动产测绘174宗。完成建设用地使用权住宅数据入库78071宗，地籍和房产测绘9806宗，房地一体数据成果

20993宗，农村宅基地及土地历史资料数据扫描录入66609宗。发放不动产登记证书1728本、办理不动产证明1592份。完成玛多县优秀矿泉水产业化示范项目勘测定界任务。为多地风力发电项目提供勘测定界服务。

【地下管线测绘】

青海省测绘地理信息局完成花土沟、大武镇地下综合管网普查项目及地下管网管理信息系统搭建工作。完成海东市核心区地下综合管廊试点建设项目。

地图管理与地图服务

【地图公共服务】

青海省测绘地理信息局为省委省政府、省国土资源厅、省三江源国家公园管理局等单位编制兰西城市群系列专题图、《川、藏、青国家包虫病综合防治区分布图》《青海省包虫病流行分布图》《青海省地图册（2017年版）》等专题地图和图册20多项，开发地图台历、大美青海地图雨伞等地图文化产品。全年受理地图审核13件，审核地图108幅，核发审图号13个。

组织编制完成《三江源国家公园分布图》《三江源国家公园设施站分布图》《三江源国家公园巡查路线图》《三江源国家公园和自然保护区“绿水行动”部署图》《三江源国家公园保护站设施项目位置示意图》，为三江源国家公园建设提供决策依据。组织编制完成《兰西城市群（青海部分）重大基础设施示意图》《兰西城市群（青海部分）国家级产业园区布局图》《青海省新型城镇化发展布局示意图》《青海省重要生态板块图》《中国西部地区“西三角”城市群新增长极示意图》《青海湖流域行政区划图》《青海湖流域卫星影像图》《青海湖流域交通图》《青海湖流域水系分布图》《青海湖流域旅游资源示意图》，为政府决策提供服务。组织编制完成《青海省非金属建材分布图》《青海省非金属冶金、化工分布图》《青海省贵金属及三稀矿产分布图》《青海省黑色金属分布图》《青海省水汽矿产分布图》《青海省有色金属分布图》，服务于地质勘查工作部署。

【国家版图意识宣传教育】

青海省测绘地理信息局举办新修订的《中华人民共和国测绘法》暨国家版图知识电视竞赛及青海省2017年测绘法律法规及国家版图知识有奖竞答活动，与省委宣传部共同组织召开全覆盖排查整治“问题地图”专项行动暨国家版图意识宣传教育“进媒体”座谈会，在《青海日报》《西宁晚报》《西海都市报》刊登省测绘地理信息局负责人就新测绘法答记者问，利用“8·29”测绘法宣传日宣传国家版图知识。

【全覆盖排查整治“问题地图”专项行动】

青海省测绘地理信息局组织召开全覆盖排查整治“问题地图”专项行动15个部门协商会议，成立专项行动领导小组，明确各成员单位工作职责，印发《青海省全覆盖排查整治“问题地图”专项行动实施方案》，组织4137家单位开展“问题地图”自查，发现“问题地图”279幅。专项行动督查组重点对35家单位进行实地抽查，发现“问题地图”400多幅，对抽查发现的“问题地图”和国家全覆盖排查整治“问题地图”专项行动巡查组提供的14条“问题地图”线索，要求各有关责任单位进行撤换和整改，并对存在“问题地图”的单位进行国家版图知识教育。

青海省测绘地理信息局建设完成青海省测绘地理信息市场监管与服务平台地图审核系统并启动在线试运行。印发《青海省国家版图意识宣传教育和法制宣传及地图市场监管2017年工作要点》，开展地图市场大检查。启动互联网地图安全监管委托机制，利用互联网地图监管系统对1149个网站进行排查，发现“问题地图”76幅。集中检查“青海绿色发展投资贸易洽谈会”“中国（青海）国际清真食品及民族用品展览会”“环青海湖国际公路自行车赛”等大型公开活动地图使用情况，对涉嫌违法单位进行警示教育并责令现场整改。

测绘地理信息成果管理与应用

【“天地图·青海”建设与应用】

青海省测绘地理信息局完成“天地图·青海”与“天地图”国家主节点914幅1:1万基础测绘数据融合工作。“天地图·青海”2017全新测试版上线运行，新增三维展示功能。“天地图·青海”电子地图移动端新增路径分析、公交换乘。青海省测绘地理信息局组织完成“天地图·青海”平台公众版电子地图升级，地理国情发布系统、第十六届青海湖国际公路自行车赛地理信息系统等示范应用建设，在线智能制图示例20个，构建模版程序12个、示例程序6个。

青海省地理信息公共服务平台政务版已具备云架构特性，基本建成青海省地理空间大数据中心，启动向青海省政府政务云的迁移工作。完成10个任务区三维街景、17个县区地名地址数据、20个省内2A级以上景区航拍数据及青海贵德梨花节、民和桃花节、门源百里油菜花景区等街景和360°全景数据采集工作，25个县政府驻地城区18～20级影像电子地图和27个城区矢量电子地图数据更新。完成草原确权平板调绘系统研发、使用和大美青海地图网上线工作。为青海省气象局、青海省生态环境遥感监测中心等30多家单位提供服务内容130多项。

【成果汇交与分发】

青海省测绘地理信息局印发《关于汇交2016年度测绘成果副本和目录的通知》。全年99家测绘地理信息行业单位汇交成果副本25个、目录706个。青海省测绘地理信息局门户网站发布成果目录706个。全年为社会各界提供各种比例尺地形图1523张、挂图1170张、图册1056册、控制点成果1096点、数字化地图45165幅、航空航天遥感影像数据201.54万平方千米，数据量为41.73TB。

【测绘成果保密管理】

青海省测绘地理信息局与省国家安全厅共同利用青海省涉密测绘成果网上审批系统对网上涉密测绘成果进行审查、审批与跟踪，并报省国家保密局备案。邀请省国家保密局专家对全局涉密人员进行安全保密培训，组织人员参加国家测绘地理信息局举办的涉密信息系统培训班。将涉密信息系统分级保护工作转入日常管理，及时处理各单位涉密信息系统的网络问题，按月对各涉密部门进行安全保密检查。

【应急测绘保障服务】

青海省测绘地理信息局成立应急保障能力建设项目领导机构，开展西宁国家航空应急保障服务基地建设，编制完成实施方案，落实应急测绘视频会议及会商指挥中心的建设地点和建设方案，联合西宁市政府推进西宁市通用航空机场建设选址工作。修订《青海省应急测绘预案》，编制《2017年度一、二类地震危险区测绘应急工作方案》，联合青海省政府应急部门开展青海省测绘应急演练。

【服务国土资源】

青海省测绘地理信息局服务青海省国土资源管理工作，为不动产数据整合、农村宅基地使用权及房屋所有权登记发证工作提供技术支撑。依托各市州测绘分院，在海东市、黄南藏族自治州、玉树藏族自治州地理信息示范县建设中开展“国土一张图”、数字示范区、城市三维建设等地理信息应用服务及“多规合一”、地理信息资源整合工作。

地理信息产业

青海省测绘地理信息局贯彻落实《青海省人民政府办公厅贯彻落实〈国务院办公厅关于促进地理信息产业发展的意见〉的实施意见》精神，从促进全省地理信息产业发展、促进全省测绘科技创新水平、妥善安置事业单位编外聘用人员3个方面提出组建青海地理信息产业发展有限公司的建议，省政府领导对建议给予肯定并作出批示。11月22日，省政府批复同意组建青海地理信息产业发展有限公司。

科技与国际合作

【科技创新体系建设】

青海省测绘地理信息局修订科技创新管理办法，加强与高校、科研机构、优秀企业及军队测绘部门的交流合作。部署完成青海省信息化测绘管理体系、信息化测绘生产体系、信息化质量管理体系、信息化测绘服务体系。将科研项目列入年度基础测绘预算，开展1:1万地形图与地理国情监测相结合的新型基础测绘生产试验、1:1万地形图联动更新、无线电信号站（塔）对卫星导航定位基准站影响测试、全省连续运行基准站网商业化可行性研究等研究攻关。

【对外合作与交流】

青海省测绘地理信息局全年组织7人次到美国、芬兰、瑞典等国家，参加地理国情监测与分析技术、智慧城市建设与地理信息应用技术、矿产资源绿色勘探与环保矿区建设等培训。1人到联合国相关机构挂职。

地市级测绘地理信息工作

【西宁市】

2017年，西宁市测绘地理信息局开展《西宁市地理空间数据交换和共享管理办法》前期调研，制定《西宁市“双随机一公开”工作实施方案》，确定执法检查人员名录库、市场主体名录库及“双随机”检查事项清单。抽调工作人员，对23家丙级、3家丁级测绘资质单位进行测绘项目、测绘成果质量、测绘成果保密等内容检查。印发《西宁市开展全覆盖排查整治“问题地图”专项行动的通知》，对西宁市车站、机场、博物馆、图书市场等公共场所14家使用地图单位进行检查，对存在“问题地图”的单位下发整改通知书，下架教辅书121本、地图制品3本、示意展示图15幅。

【海东市】

2017年，海东市测绘地理信息局起草完成《海东市地理空间数据交换和共享管理办法》，配合青海省测绘地理信息局开展“问题地图”检查工作，对全市11家测绘资质单位进行测绘资质巡查、保密检查。“8·29”测绘法宣传日，组织平安区国土资源局及测绘资质单位悬挂宣传横幅、发放宣传资料、摆放宣传展板，宣传新修订的《中华人民共和国测绘法》。协助推进平安区测绘地理信息示范县创建工作。

【海西蒙古族藏族自治州】

2017年，海西蒙古族藏族自治州国土资源局完成数字德令哈项目成果验收、移交工作，完成智慧格尔木时空信息框架建设项目核心区、重点区航空摄影420平方千米。对海西蒙古族藏族自治州文化旅游艺术节、2017柴达木汽车摩托车拉力赛等大型活动使用地图情况进行检查。成立全覆盖排查整治“问题地图”专项行动领导小组，开展“问题地图”专项整治行动。要求各县国土资源局将测绘资质备案手续作为验收测绘成果资料的必要条件。

【海南藏族自治州】

2017年，海南藏族自治州测绘地理信息局完成测绘资质单位检查15家，测绘资质备案10项，测绘项目备案32项。在“4·22”地球日、“6·25”土地日、“8·29”测绘法宣传日进行测绘法宣传，发放宣传资料6000多份、悬挂横幅6条、制作展板50块，接受测绘法律法规咨询1000多人次。

【海北藏族自治州】

2017年，海北藏族自治州测绘地理信息局开展全覆盖排查整治“问题地图”专项行动，对无证编制地图、超越测绘资质等级和范围违法从事地图采集、加工、处理、提供、登载等行为进行查处，对州域内新华书店出售的地图进行检查，对检查发现的“问题地图”的单位要求限期整改。协助推进海晏县测绘地理信息示范县创建活动。

【玉树藏族自治州】

2017年，玉树藏族自治州测绘地理信息局协调推进各市、县地理信息公共服务平台建设工作。曲麻莱县、囊谦县落实经费100万元，启动曲麻莱县、囊谦县国土综合监管平台建设。玉树藏族自治州测绘地理信息局与州政府相关部门签订测绘成果保密协议，向各市、县移交相关重要测绘成果时签订保密协议，严防失泄密事件发生。组织开展各市、县全覆盖排查整治“问题地图”专项行动，对检查发现问题的单位要求限期整改。

【果洛藏族自治州】

2017年，果洛藏族自治州测绘地理信息局编制完成权力清单和责任清单，开展全州测绘地理信息综合执法检查，重点对住建、环保、农牧等单位涉密测绘地理信息成果使用情况进行检查。各县国土资源局与涉密测绘成果使用单位签订保密协议，严防失泄密事件发生。果洛藏族自治州测绘地理信息局联合州文体广电、教育、公安等单位，按照职责分工开展全覆盖排查整治“问题地图”专项行动。“8·29”测绘法宣传日，通过板报、横幅、工作人员进村等形式向群众宣传测量标志保护知识，协同开展各县行政区域内测量标志巡查保护，派出工作组对州域内6座永久连续运行站、4座临时参考站、8座B级控制点及州本级测量标志进行巡护检查。配合开展地理国情及国家1:5万基础地理信息数据库动态更新工作。

【黄南藏族自治州】

2017年，黄南藏族自治州测绘地理信息局编制完成《黄南州基础测绘“十三五”发展规划》《黄南州地理信息公共服务平台建设项目可行性研究报告》。在全覆盖排查整治“问题地图”专项行动中，发现黄南藏族自治州新华书店出售“问题地图”，要求对查出的“问题地图”予以下架、不允许出售。对在黄南藏族自治州实际参与测绘的单位开展资质审查和备案工作。在“8·29”测绘法宣传日活动中，组织辖区内各测绘行业单位、各县级测绘地理信息主管部门悬挂宣传横幅4幅、张贴宣传画2张、发放宣传材料100多份。

地方社团工作

【青海省测绘地理信息学会】

4月28日，青海省测绘地理信息学会召开第十二届六次常务理事会，部署年度工作及活动安排。5月19日，举办青藏高原大地基准建设相关技术培训讲座，约120人参加。6月16日，举办青藏高原地区无人机测绘技术观摩交流会，100多人参加。8月21日，举办地理空间大数据应用发展论坛。组织会员单位参加西北地区测绘装备展览会、第十一次全国测绘科技信息交流会、西北地区第十八届测绘学术与科技信息交流会等交流活动。评选出测绘科技进步奖一等奖2名、二等奖3名，优秀测绘工程奖特等奖1名、一等奖1名、二等奖2名。选送的项目获中国测绘地理信息学会2017年全国优秀测绘工程奖白金奖1项、金奖1项、银奖2项、铜奖1项，测绘科技进步奖三等奖4项。

【青海省测绘与地理信息行业协会】

青海省测绘与地理信息行业协会完成全省测绘资质单位的信用信息征集、整理、建档等工作。组织开展民营企业专业技术人员职称评审及地理信息产业调研、统计工作。举办2017年中国技能大赛—“南方测绘杯”首届全省测绘地理信息行业职业技能竞赛。协助举办“2017大数据与时空信息云平台高峰论坛”“2017测绘地理信息前沿技术论坛（无人机测绘技术及应用专场）”。推荐的项目获中国地理信息产业协会2017年中国地理信息优秀工程奖铜奖1项，地理信息科技进步奖二等奖1项。

宁夏回族自治区

概况

2017年，宁夏回族自治区国土资源厅（测绘地理信息局）（以下简称宁夏国土资源厅）按照国家测绘地理信息局的部署，紧紧围绕宁夏回族自治区党委、政府中心工作，进一步提升测绘地理信息保障服务水平。

全年投入基础测绘经费4450万元，完成银川市、石嘴山市等11个市、县（区）数字城市地理空间框架建设项目；完成宁夏卫星导航连续运行基准站网（NXCORS）“北斗”升级工作，建成由28个基准站和1个数控中心组成的宁夏北斗CORS系统，推动国产卫星的应用。更新“天地图·宁夏”和宁夏地理空间基础信息共享库数据内容。为自治区经济和信息化委员会、自治区卫生和计划生育委员会、自治区民政厅等21个部门和单位提供地理信息共享服务。“天地图·宁夏”被国家测绘地理信息局评定为5星级省级节点。完成宁夏第一次地理国（区）情普查的验收工作。9月22日，自治区政府新闻办公室召开宁夏第一次地理国（区）情普查公报新闻发布会，向社会正式发布历时3年完成的宁夏第一次地理国（区）情普查成果。完成银川市、石嘴山市及吴忠市部分区域11个市、县（区）基础性地理国情监测任务。开展5个地级市地理国情动态监测工作，将宁东能源化工基地和银川市滨河新区纳入城市边界监测专题，实现动态监测。

印发《宁夏回族自治区国土资源厅测绘业务随机抽查工作细则》和《宁夏回族自治区国土资源厅测绘业务随机抽查事项清单》，部署开展“双随机”抽查工作。对30多家乙级及以下测绘单位开展以测绘资质巡查、测绘质量检查、地图管理监督检查为主要内容的“双随机”抽查工作。全年共受理办结测绘单位新申请、升级资质23家，增加专业范围5家，降级资质1家，注销资质1家。截至年底，全区共有测绘资质单位149家，其中甲级3家、乙级27家、丙级65家、丁级54家。

党的建设与精神文明建设

【党的建设】

按照宁夏回族自治区党委全面从严治党的各项重大决策部署，宁夏国土资源厅党组及时召开党建工作会议，安排部署各项重点工作，把推进“两学一做”学习教育常态化制度化作为深化全面从严治党的重要举措。厅党组理论学习中心组充分发挥示范表率作用，围绕“两学一做”学习教育常态化制度化4个专题开展学习讨论、交流发言、调查研究，撰写调研报告。各党支部（总支）严格落实“三会一课”制度，深入学习宣传贯彻党的十九大、自治区第十二次党代会精神等，严格落实九项基本制度。厅机关党委组织厅直机关党章党纪党规知识竞赛和理论测试，举办“我的初心我的成长——做政治合格共产党员”集中展示活动、“喜迎党的十九大·共筑国土新辉煌”文艺演出活动、优秀共产党员先进事迹报告等主题实践活动，开展“下基层”活动32次、结对共建等活动40多次。

【党风廉政建设】

2月，宁夏国土资源厅组织召开全区国土资源系统党风廉政建设工作会议，安排部署党风廉政建设工作，层层签订责任书，建立厅机关各处（室）和事业单位科级干部廉政档案，召开5次新任干部集体廉政谈话会，对20多名新任领导干部和交流任职干部进行任前廉政谈话。通过厅门户网站等平台宣传廉政文化，营造廉洁从政良好氛围。组织140多名党员干部到自治区女子监狱警示教育基地接受警示教育，组织观看《永远在路上》等多部廉政警示教育片，邀请专家讲授廉政警示教育课。深入开展自查自纠工作，聚焦工程项目、业务协作、各类津补贴、公共采购等重点领域，对事业单位进行全面自查自纠和内部巡察、审计，共查摆出存在的问题65个，对相关人员给予党政纪处分，清退全部违规资金，所有问题全部得到整改。按照自治区纪委统一部署，推进国土资源领域涉农扶贫领域腐败问题专项行动。坚持逢节必禁，紧盯元旦、春节、端午、中秋等重要节点，实行廉政提醒、明察暗访和公开曝光，有效防范“四风”问题。

【精神文明建设】

宁夏国土资源厅被自治区精神文明建设指导委员会命名为第十七批“自治区文明单位”。组织开展老党员、困难党员、困难职工慰问，迎新春文艺演出，第六届职工乒乓球比赛，第四届羽毛球单项比赛等活动。组队参加全国测绘地理信息系统第五届乒乓球比赛，取得团体第五名、男子双打第二名、男子单打第五名的成绩。组队参加自治区直属机关球类运动会，获优秀组织奖。1人获2017年自治区“五一劳动奖章”。厅直属机关团委获自治区直属机关2017年“五四红旗团委”称号。

法制建设与市场监管

【法制宣传】

8月29日，宁夏国土资源厅在银川市光明广场设立“8·29”测绘法宣传日主会场，全区20多家测绘资质单位及北京百度网讯科技有限公司参加宣传活动，通过发放各类地图和宣传手册、测绘装备展示、摆放展板等宣传形式，向银川市民宣传新修订的测绘法相关内容。宁夏国土资源厅有关负责人参加宣传活动并接受媒体采访。全区各市、县（区）通过广播、电视、报纸、网络等媒体普及正确使用地图有关知识，提高测绘安全意识。

【测绘资质管理】

6月，宁夏国土资源厅印发《关于做好部分测绘资质证书续期换证工作的通知》，按时完成全区3家甲级、17家乙级单位的测绘资质证书续期换证工作。全年共受理办结测绘单位新申请、升级资质23家，增加专业范围5家，资质降级1家，注销资质1家。完成全区19人的注册测绘师申请材料初审工作，申请材料通过国家测绘地理信息局审批。共核发和注册核准测绘作业证251本。共办理外省区测绘地理信息单位来宁登记备案11家。

【信用管理】

3月，5家测绘资质单位因未提交年度注册报告被记入测绘地理信息市场信用不良信息。12月，宁夏国土资源厅完成测绘资质单位存量信用信息发布工作。

【日常监管】

4月，宁夏国土资源厅组织开展全区测绘地理信息领域的随机抽查工作，制定印发《宁夏回族自治区国土资源厅测绘业务随机抽查工作细则》和《宁夏回族自治区国土资源厅测绘业务随机抽查事项清单》，部署开展“双随机”抽查工作。

8月，印发《2017年全区测绘资质和测量标志巡查工作方案》，成立由分管厅领导任组长的全区测绘资质和测量标志巡查工作小组，明确巡查工作的具体要求及内容。对30多家乙级及以下测绘单位开展以测绘资质巡查、测绘质量检查、地图管理监督检查为主要内容的“双随机”抽查工作，重点对测绘资质单位资质条件的符合性、测绘项目合同履约情况、遵守测绘法律法规、履行法定义务情况和测绘项目成果质量情况进行检查，对具有地图编制资质的单位进行地图管理监督检查，对技术人员数量不符合要求的4家单位下达限期整改通知书。

基础测绘

【基础测绘经费投入】

2017年，全区基础测绘经费投入4450万元，其中政府采购资金2456万元、下达资金1994万元。

【测绘基准建设与应用】

宁夏国土资源厅对宁夏卫星导航连续运行基准站网（NXCORS）进行了“北斗”升级，建成由28个基准站和1个数控中心组成的“宁夏北斗CORS系统”，推动国产导航卫星的应用。宁夏卫星导航连续运行基准站网（NXCORS）系统用户数达200多家，网络RTK使用终端数量超过1000个，平均每天在线RTK终端约60个。为宁夏电力公司银川供电分公司电表更新改造工程提供约8万个新式电表坐标信息，为自治区文物考古工作提供有关明长城、秦长城260幅地图资料数据格式转换服务。

【航空航天遥感影像获取与应用】

宁夏回族自治区政府办公厅印发《宁夏回族自治区遥感影像资料管理规定（试行）》，对全区遥感影像的采购、加工处理、保管、提供、使用、公开出版、登载、展示等作出具体规定。宁夏遥感影像数据中心梳理、入库宁夏境内各时期影像近20种、数据量近40TB。分布式数据查询平台和分发系统实现全区遥感影像的集中统一管理和高效分发。

【智慧城市、数字城市建设】

宁夏国土资源厅组织完成银川市、石嘴山市等11个市、县（区）数字城市地理空间框架建设项目，组织实施泾源、彭阳2个县数字城市地理空间框架建设。

【质量管理】

宁夏国土资源厅组织对全区30家乙级及以下资质单位测绘地理信息成果质量开展监督抽查工作。组织编制新型基础测绘质检技术方案。完成11个县（区）2017年基础性地理国情监测和5个地级市、贺兰山东麓葡萄产业区地理国情动态监测质量检验；2016年7个地理国情专题监测项目复查检验；数字银川、数字泾源基础地理信息数据成果质量检验。实施各类基础测绘成果检验4项，全年共出具质量检验报告72份。全年共检定GPS接收机、全站仪、经纬仪、水准仪、钢卷尺等各类测绘仪器1937台（件）。

【安全生产】

按照国家测绘地理信息局工作部署和具体要求，宁夏国土资源厅联合宁夏回族自治区国家安全厅，成立了自治区卫星导航定位基准站安全专项整治工作领导小组，制定并印发《2017年全区卫星导航定位基准站安全专项整治方案》，排查全区51个基准站，并对存在问题的站点发出整改通知。

地理国情监测

【地理国情普查】

宁夏国土资源厅组织召开宁夏第一次地理国（区）情普查领导小组成员联络员会议，确定地理国情普查公报发布内容，并向自治区政府报送情况专报。4月12日，邀请国家测绘地理信息局有关专家和宁夏第一次地理国（区）情普查领导小组成员共同完成宁夏第一次地理国（区）情普查验收。9月22日，自治区政府新闻办公室召开宁夏第一次地理国（区）情普查公报新闻发布会，向社会正式发布历时3年完成的宁夏第一次地理国（区）情普查成果。利用地理国情普查数据服务“多规合一”试点工作。

【地理国情监测】

宁夏国土资源厅组织开展银川市、石嘴山市及吴忠市部分区域11个市、县（区）约2万平方千米的基础性地理国情监测工作，完成方案编制、技术设计和培训及正射影像的生产和基础性地理国情监测任务。开展5个地级市地理国情动态监测工作，将宁东能源化工基地和银川市滨河新区纳入城市边界监测专题，实现动态监测。与自治区葡萄产业发展局合作开展贺兰山东麓葡萄产业区动态监测。为党政领导干部自然资源资产离任审计工作提供地理国情普查、监测成果服务。

地图管理与地图服务

【地图公共服务】

宁夏国土资源厅为自治区党委、政府提供应急图件3000多幅，其中为2017年中国—阿拉伯国家博览会编制、提供工作用图图册2000多份。为自治区水利、交通等部门拼接宁夏水系图，编制全区交通图等图件。

【国家版图意识宣传教育】

宁夏国土资源厅联合自治区新闻出版广电局及

银川新闻网等新闻媒体单位开展版图意识宣传教育“进媒体”活动及“问题地图”专项行动培训。组织部分事业单位到银川市第八中学、红寺堡区柳泉乡羊坊滩村小学开展了国家版图意识宣传教育“进校园”活动。利用互联网地图监管系统开展全国联动监管工作，依法及时查处各类地图违法违规行为。

【全覆盖排查整治“问题地图”专项行动】

8月，宁夏国土资源厅邀请自治区政府办公厅、自治区新闻出版广电局、自治区国家保密局等相关单位领导与银川市国土资源局（测绘地理信息局）等单位相关人员共80多人集中收看全国全覆盖排查整治“问题地图”专项行动电视电话会议。组织召开动员部署会，明确各部门职责，成立宁夏全覆盖排查整治“问题地图”专项行动领导小组。印发《关于开展全覆盖排查整治“问题地图”专项行动的通知》。领导小组各成员单位和各市、县（区）国土资源局均成立相应工作机构，制定具体工作方案，抽调专人开展专项行动。

自治区政府办公厅印发文件至各市、县（区）政府及自治区政府各部门，要求对政府网站进行全面排查，全面覆盖了全区274家政府网站。自治区新闻出版广电局邀请国土资源厅专业人员进行专门培训，对所属各出版社登载使用地图情况进行全面排查。自治区工商行政管理局印发《关于开展全覆盖排查整治“问题地图”专项行动的工作通知》，全区工商和市场监管部门组织人员对书店、报刊亭、文具用品商店、影像图书市场、复印印刷企业、旅游景区和网络经销商进行全面排查，共检查相关实体经营户539户、网站网店61户、旅游景区8个，检查各类地图28种共1940多册（本）。宁夏国土资源厅对厅直属事业单位近年来制作、提供、保管、分发的各类地图进行全面清查；宁夏测绘产品质量监督检验站开展“问题地图”网上排查及政府网站排查；宁夏国土资源执法监察局全程参与全区专项行动巡查，对在排查中发现的“问题地图”当场予以处置。9月，国家全履盖排查整治“问题地图”专项行动领导小组第八巡查组对银川、吴忠等市、县（区）的书店、商场、展馆、酒店、网站、旅游公司、传媒公司等地图应用集中区域进行巡查。自治区专项行动领导小组组织2个巡查小组到全区5个地市22个县区进行全覆盖巡查督导。

【地图审核】

宁夏国土资源厅全年共审核各类公开版地图、电子地图、书刊插图等地图230多幅，发放审图号20个。

测绘地理信息成果管理与应用

【“天地图·宁夏”建设与应用】

宁夏国土资源厅利用卫星遥感影像、基础测绘数据、地理国情监测数据、数字城市地理空间框架成果数据及各相关部门的专题数据，及时更新宁夏地理空间框架数据。优化更新“天地图·宁夏”和宁夏地理空间基础信息共享库数据内容，为自治区经济和信息化委员会、自治区卫生和计划生育委员会、自治区民政厅等21个部门和单位提供地理信息共享服务，并在2017年第十五届ESRI中国用户大会上作为优秀案例向全国用户进行展示。“天地图·宁夏”被国家测绘地理信息局评定为5星级省级节点。

【成果汇交与分发】

宁夏国土资源厅共接收合格的测绘、土地、地质各类资料322件，数据量5.4TB。为自治区内外规划、交通、水利、国土、环保、农业等部门和单位提供各类纸质地形图1061幅、控制点成果411个、遥感影像数据9.38TB、地理信息数据5.31TB。

【测量标志管理】

宁夏国土资源厅排查处理泾源县测量标志保护隐患1起，完成银川市大连路2个GPS C级点和NXCORS泾源站的迁建工作。完成全区测量标志保护情况摸底调查工作，建立全区测量标志保护现状台账，为编制2018年全区测量标志普查维护项目预算提供相关依据。按时向22个市、县（区）核拨2017年测量标志保护经费51万元。完成2017年全区测量标志巡查工作，对各市、县（区）测量标志巡查情况、委托保管费发放情况进行检查，对测量标志保护系统录入进行现场培训。

【应急测绘保障服务】

宁夏国土资源厅编制完成兼顾应急测绘、地质灾害应急和应急会商功能的总体实施方案。完成应急指挥中心场地建设和设备采购公开招标工作。

地方社团工作

4月，宁夏测绘学会向中国测绘地理信息学会学术年会提交论文21篇。5月，征集20多幅作品参加自治区科学技术协会首届“全国科技工作者日”

书画摄影展，银川市勘察测绘院何谦获摄影组优秀奖。联合宁夏大学资环学院、武汉海达数云科技有限公司举办宁夏首届三维激光应用培训班。7 月，宁夏测绘学会第七次会员（代表）大会在银川召开，会议听取并审议第六届理事会工作及财务报告，审议通过《宁夏测绘学会章程》，并选举产生新一届理事会理事、监事会监事。承办西北地区第十八届测绘地理信息学术与科技信息交流会。参加中国测绘地理信息学会 2017 年工作安排部署会议、测绘科技信息交流会、2017 年学术年会暨第十一次全国会员代表大会。

新疆维吾尔自治区

概况

2017 年，新疆维吾尔自治区测绘地理信息局（以下简称新疆测绘地理信息局）树立“围绕总目标，应用为导向，转型促发展”理念，推动新疆测绘地理信息工作呈现发展新局面。印发实施新疆维吾尔自治区测绘地理信息事业、人才、科技等方面“十三五”规划，启动实施新疆“北斗”卫星地基增强系统（一期）、基础地理信息时空云平台、重点地区精化大地水准面、塔里木河流域水土流失变化监测等“十三五”中央支持新疆经济社会发展规划重大测绘项目。继续实施年度地理国情监测、1:1 万基础测绘等重大测绘项目。

《新疆维吾尔自治区第一次全国地理国情普查公报》经自治区第十二届政府第 55 次常务会议研究通过并向社会发布。2016 年自治区绿洲区域地理区情监测成果和新疆地理国情遥感监测系统建设项目通过验收，2017 年自治区绿洲区域地理区情监测按计划开展。地理国情普查和监测成果服务部门和领域不断扩大。新疆测绘地理信息局坚持按需测绘和增强有效供给，在阿勒泰、塔城、阿克苏、喀什、克州、和田、石河子等地实施 1:1 万基础测绘，协助国家测绘地理信息局开展新疆 1:5 万基础地理信息数据更新，加密新疆卫星导航定位基准站网。新疆测绘地理信息局系统全年完成测绘服务总值 1.9 亿元。新疆财政投入基础测绘经费 4000 万元。落实“十三五”中央支持新疆经济社会发展规划项目 2017 年中央预算内资金 7094 万元。争取国家边远地区少数民族地区基础测绘专项补助 500 万元。落实自治区测量标志维护保护经费 300 万元。自治区财政安排自治区绿洲区域地理区情监测项目及 CORS 站运行维护经费 1800 万元。

《新疆维吾尔自治区地图管理办法》列入自治区政府法制办公室 2018 年调研项目。新疆测绘地理信息局修订出台《利用属于国家秘密的测绘成果的审批程序（试行）》。取消测绘资质核准 3 项中介服务，在乌鲁木齐市 40 家测绘资质单位开展“双随机”综合执法检查。联合开展自治区和生产建设兵团全覆盖排查整治“问题地图”专项行动。完成 2017 年（中国）亚欧商品贸易博览会地图市场检查。联合自治区国家安全厅开展卫星导航定位基准站安全专项整治行动。联合自治区国家安全厅指导博尔塔拉蒙古自治州测绘主管部门开展日本籍、法国籍公民涉嫌非法测绘案件调查。开展涉密测绘成果跟踪监管、测绘产品质量监督抽查、测绘成果目录汇交等工作，依法加强测量标志保护，深化测绘行业信用体系建设。推进数字（智慧）城市建设与应用，加强自治区地理信息公共服务平台（天地图·新疆）建设与应用。参与领导干部自然资源资产审计试点工作，推动基础测绘成果管理应用及服务保障能力建设，服务边境管控、社会治安网格化管控、“访惠聚”驻村和“民族团结一家亲”活动。

应急测绘被纳入《新疆维吾尔自治区突发事件应急体系建设“十三五”规划》。新疆测绘地理信息局修订《新疆维吾尔自治区应急测绘地理信息保障预案》，紧急服务塔什库尔干县、精河县地震救灾。参与“天山行动—2017”辐射事故应急综合演习，组织开展综合应急测绘保障演练。召开新疆首届丝绸之路测绘科技成果应用大会。自治区地理国情监测、卫星导航定位服务2个工程技术研究中心项目通过自治区科技厅初审。国家测绘地理信息局持续在自治区地理信息公共服务平台等项目和人才智力、“访民情 惠民生 聚民心”美丽乡村建设等方面给予支持，丝绸之路经济带核心区测绘地理信息发展策略研究援疆课题通过验收。新疆测绘地理信息局与中国地图出版集团合作推进新疆地图文化建设。浙江、上海、福建、湖北、河南、黑龙江、辽宁等省市测绘地理信息主管部门持续推进对口援疆，河北、江苏、湖南等省测绘地理信息主管部门移交前期援疆成果。

党的建设与人才队伍建设

【党的建设】

新疆测绘地理信息局党组深入学习贯彻党的十九大精神，组织开展局党组理论学习中心组学习12次，研究制定《局党组理论学习中心组党的十九大精神学习研讨计划》，下发《深入学习贯彻党的十九大精神的通知》。局党组理论学习中心组专题学习党的十九精神3次，43人次参加，全局各级党组织组织党员干部学习73次；局机关各党支部、局属事业单位党委（党支部）书记讲党课12场次；各级党组织开展参观爱国主义教育基地、重温入党誓词等主题活动7次。开展向“三股势力”发声亮剑活动，召开宣誓承诺会、推进会3场次，17名党员干部职工进行大会发言，县处级领导干部撰写发声亮剑文章56篇，在“访惠聚”驻村工作队所在村组织开展“我与亲戚共亮剑”“同升旗共亮剑”活动3场次。开展同干部队伍中的“两面人”作斗争干部专项考核工作，完成机关7个党支部、局属5个事业单位和2个“访惠聚”驻村工作队干部专项考核工作，未收到问题线索。完成第四届机关党委换届工作。组织慰问抗战老红军、基层老党员、全国及自治区劳动模范、先进工作者及困难党员。选派5人参加区直机关党员发展对象培训班，吸收5人为预备党员。开展以爱党爱国、增进民族团结为主题的党日活动，参加喜迎“党的十九大”主题演讲比赛、知识竞赛，定期举办“道德讲堂”、乒乓球比赛等活动。建立和完善党组织书记负责党建工作述职评议考核制度，全年开展党建工作督导3次。表彰奖励10个先进基层党组织、29名优秀党员、12名优秀党务工作者。

【党风廉政建设】

新疆测绘地理信息局召开局系统2017年党风廉政建设工作会议。层层签订责任承诺书，落实党风廉政建设责任。加强与派驻纪检组工作沟通，主动接受监督。选举产生第一届机关纪委，明确机关纪委工作规则，逐级配齐配强纪检干部。开展党风廉政教育月活动，组织参观廉政教育基地、聆听廉政报告、举办家庭助廉座谈会。定期在局门户网站公布“三公”经费使用开支情况、刊发党风廉政建设动态信息，在局OA办公系统每周发送廉政警示语，强化重要节假日“四风”问题警示教育。及时做好科级及以下干部信访举报和问题线索初核工作，开展苗头性问题监督谈话。对新提拔的8名处级干部进行廉政谈话和廉政知识测试，组织开展事业单位5名科级干部任前廉政考试。加强监督“三重一大”事项，在政府招投标和采购、第五届全区测绘地理信息行业职业技能竞赛、公务员招录和局属事业单位工作人员招聘工作中，强化纪检监察部门监督责任。

【“学讲话、转作风、促落实”专项活动】

新疆测绘地理信息局召开“学讲话、转作风、促落实”专项活动动员大会，制定下发《开展“学讲话、转作风、促落实”专项活动实施方案》。将“学讲话”内容纳入党组（党委）中心组理论学习计划、党支部经常性教育。举办作风建设研讨会、发声亮剑推进会，局系统17名党员干部进行集中交流发言。新疆测绘地理信息局及时上报专项活动阶段性工作进展情况和月报表，开展2次督导工作。

【民族团结工作】

新疆测绘地理信息局召开“民族团结一家亲”活动动员会，制定印发《“民族团结一家亲”活动实施方案》《结对认亲工作安排》《民族团结“结亲周”手册》，定期开展“民族团结一家亲”活动。全局所有参加干部职工结亲活动。建立“民族团结一家亲”活动管理制度，制作“民族团结一家亲”工作手册、结对认亲卡、“民族团结一家亲”纪念卡。全局539名干部职工人均开展“民族团结一家亲”走亲戚活动6.6次，480名干部职工参加民族团结“结亲周”活动。围绕民族团结主题，开展“民族团结 从我做起”大宣讲活动，举办3期道德讲堂，召开7次集中研讨交流会。深入推进“去极端化”工作，举办“民族团结一家亲”迎新春联谊、篮球友谊赛、演讲比赛等活动317场次，参与干部职工1.8万多人次。注重选拔、使用少数民族干部和培养少数民族技术骨干。

【“访民情 惠民生 聚民心”驻村工作】

新疆测绘地理信息局党组高度重视“访民情 惠民生 聚民心”（以下简称访惠聚）驻村工作，专门成立“访惠聚”工作领导小组，局党组专题研究“访惠聚”驻村工作7次以上。增派1组工作队到喀什地区疏附县塔什米里克乡艾斯开村开展“访惠聚”驻村工作，局党组副书记、局长担任局“访惠聚”驻村工作总领队和艾斯开村第一书记。重点围绕帮助建强村基层党组织、“去极端化”、改善民生、发展特色庭院经济、解决群众实际困难开展深入细致入户走访、民族团结大宣讲、扶贫帮困、教育转化等工作。宣传贯彻《关于对受“三股势力”毒害人员鼓励自首从宽处理及奖励举报的通告》，组织发放、张贴通告650多张，动员宣讲20多次，参加人数达1万多人次。举办运动会、联欢晚会等文体宣传活动66次。选派3名新考录公务员参加南疆学前双语教育干部支教工作，全局共有6名干部在塔什米里克乡支教。

【精神文明建设】

新疆测绘地理信息局开展自治区第16个公民道德建设月活动。创建1个自治区级青年文明号、2个区直机关级青年文明号、保持2个国家级青年文明号、3个自治区级青年文明号、2个区直机关级青年文明号。局团委换届选举产生第四届委员会。

印发《2017年局机关各处室和事业单位信息稿件考评标准》《2017年宣传工作要点》，完成2016年度测绘地理信息宣传评选工作。加强学习贯彻十九大精神宣传，完成重点工作、重大活动、重要会议的宣传。协调新疆日报社刊发《充分发挥地理国情信息在新疆绿色发展中的作用》。加强对外发布信息保密审查管理。连续9年与新疆人民广播电台929频道举办《测绘之声》栏目，连续6年与天山网开展合作，全区测绘地理信息系统踊跃投稿700多篇。

【扶贫工作】

新疆测绘地理信息局党组成立扶贫工作领导小组，研究制定《2017年度包村定点扶贫工作计划》。结合“访惠聚”驻村工作，做好喀什地区疏附县塔什米里克乡艾斯开村、塔什艾日克村扶贫工作。对所有贫困户进行登记造册，做到“一户一档”，完成建档立卡复核工作，自筹355万元资金和物资用于改善民生、扶贫济困、加强村委会建设、开展教育培训等，争取2000多万元安居富民房建设、土地整理、基础设施建设等惠民项目。争取国家测绘地理信息局支持，为村道路安装384盏太阳能路灯。争取爱心企业为村捐款10万元。投入130多万元修建、硬化4000米农村道路。投入10万多元完成村文化广场建设。为琼巴格小学捐助价值2万元的课桌椅等设备，投入21万元修建塑胶跑道。制定村第一书记帮带计划，严格落实“三会一课”“两会两票”制度，发展8名预备党员，按期转正8名预备党员，培养入党积极分子34名，培养后备干部40名。选派4名优秀妇女干部分别到乌鲁木齐和伊宁市考察学习，组织95名群众参加实用技能培训，帮助450名群众就业、113名群众转移就业，实现就近就地就业60多人、跨地州就业15人，组织350多名群众外出务工增加收入。发展特色林果业，开展特色养殖和促进家庭手工业，集体经济收入逐年稳步增长。举办农民夜校520多次，参加人员3万多人次。

【人才队伍建设】

新疆测绘地理信息局选拔任用县处级干部13名，其中提拔9名、试用期满正式任职4名，轮岗交流8名处级干部；指导事业单位完成科级干部选拔任用工作。注重在基层一线和困难艰苦条件下培养锻炼干部，特别提拔重用积极参加“访惠聚”驻村工作和期间表现突出的干部。组织处级及以上干部完成新疆干部网络学院学习任务人均110课时。招录招聘选调机关、事业单位干部16人。选派9人参加国家测绘地理信息局党校干部调训和中央党校、新疆各级党校（行政学院）脱产培训，选派2人到外省国土资源系统和南疆地州国土资源局挂职锻炼，依托援疆机制接收5名专业技术干部来疆挂职、5名专家来疆开展技术指导，选派3名干部到国家测绘地理信息局直属单位挂职学习、7名专业技术人员到国家测绘地理信息局直属单位短期学习。出台《全国测绘地理信息行业职业技能竞赛新疆代表队选拔奖励工作办法》，在全国工程测量员赛项总决赛中，新疆参赛队取得团体第5名及个人第10名、第14名历史最好成绩。完成新疆注册测绘师考试资格审查及测绘系列中、初级职称评审工作。举办继续教育、文秘信息、涉密测绘成果管理等培训班，培训各类人员700多人次。

法制建设与市场监管

【法制建设】

《新疆维吾尔自治区地图管理办法》列入自治区政府法制办公室2018年调研项目。新疆测绘地理信息局全部授予兵团测绘地理信息主管部门负责本辖区测绘地理信息工作的监督管理行政职能。修订出台《利用属于国家秘密的测绘成果的审批程序(试行)》。对现行规章、规范性文件及新疆测绘地理信息局成立至2016年12月30日期间的文件进行全面清理，清理文件4919件，失效文件917件。

【法制宣传】

新疆测绘地理信息局印发《自治区测绘地理信息局系统2017年普法依法治理工作实施方案》，开展第十四个“宪法法律宣传月”活动，组织局系统干部90多人参加全区“全民国家安全教育日”知识答题活动。开展学习宣传贯彻新测绘法系列活动，印发《自治区学习宣传贯彻新修订〈中华人民共和国测绘法〉工作方案》；利用自治区依法治区领导小组办公室“法宣在线”网络平台及其手机APP平台做好新测绘法宣传工作。联合自治区依法治区领导小组、自治区国土资源厅共同举办新测绘法“学法达人”月月赛活动，10672人参加竞赛答题。举办新测绘法大讲堂，邀请国家测绘地理信息局有关负责人到新疆宣讲新测绘法，自治区国家版图意识宣传教育和地图市场监管工作领导小组成员单位、新疆生产建设兵团国土资源局及各地州市测绘地理信息主管部门和乌鲁木齐市测绘单位等300人参加。开展“8·29”测绘法宣传日活动，组织订购测绘法律资料4000多册，设立集中宣传点80多处，悬挂宣传横幅700多条，张贴宣传画3000多张，摆放宣传展板600多块，发放宣传资料4.2万多份，利用60多处电子屏滚动播放新测绘法，发送公益短信约510万条，制作新测绘法宣传视频3部，提供测绘地理信息咨询1万多人次。在民族团结“结亲周”活动期间，与驻村工作队所在村委会共同举办1600多名干部职工和亲戚参加的“与法同行万人行”活动。

【综合执法】

新疆测绘地理信息局制定测绘业务随机抽查工作细则和事项清单，采取“质量管理、安全生产、成果汇交、资质管理”四位一体监管模式，开展全区测绘“双随机”综合执法检查，随机抽取乌鲁木齐市40家测绘资质单位进行综合执法检查。联合自治区国家安全厅开展卫星导航定位基准站安全专项整治行动，按要求向国家测绘地理信息局备案365个基准站。联合自治区国家安全厅，指导博尔塔拉蒙古自治州测绘地理信息主管部门调查日本籍公民、法国籍公民涉嫌非法测绘案件。组织博尔塔拉蒙古自治州测绘地理信息主管部门对网民举报的阿拉山口展厅“问题地图”进行实地调查并处理。组织8名市县测绘管理人员参加国家测绘地理信息局举办的测绘执法人员培训班。

【“放管服”改革】

新疆测绘地理信息局取消测绘资质核准提供ISO9000系列质量保证体系认证，晋升乙、丙级测绘资质须取得测绘工程项目质量检验合格证明，提供测绘仪器检定单位出具的检定证书3项中介服务。

【测绘资质管理】

新疆测绘地理信息局完成6家甲级测绘单位初审工作，按时完成12家甲级测绘资质单位续期换证工作。在局门户网站公开资质审批结果和全区测绘资质年度报告，接受公众监督。全年办理完成测绘单位新申请资质26家、升级13家、增加业务范围35家。

【信用管理】

新疆测绘地理信息局组织开展测绘地理信息综合监管，将14家单位不良信用信息计入国家测绘地理信息行业信用管理平台。深化测绘地理信息行业信用体系建设，与自治区工商行政管理局签订《自治区政府部门涉企信息归集共享合作协议》，对作出行政处罚和不良信息的企业实施联合惩戒。

【日常监管】

新疆测绘地理信息局按照《测绘资质管理规定》在局门户网站公示全区测绘资质单位年度报告，其中乙级79家、丙级116家、丁级199家。开展全区测绘地理信息单位市场信用信息征集工作和测绘地理信息“双随机”综合检查，全年依法注销测绘资质单位6家、停业整顿7家、通报批评20家。

规划与计划

【规划的制定与执行】

新疆测绘地理信息局完成《新疆维吾尔自治区测绘地理信息事业“十三五”规划》《新疆维吾尔

自治区测绘地理信息人才发展“十三五”规划》《新疆维吾尔自治区测绘地理信息科技发展“十三五”规划》的编制和印发工作。获批启动实施新疆北斗卫星地基增强系统（一期）、基础地理信息时空云平台、重点地区精化大地水准面、塔里木河流域水土流失变化监测等重大项目，继续实施自治区绿洲区域地理国情监测、1∶1 万基础测绘等项目。

【计划的制定与执行】

新疆测绘地理信息局围绕新疆维吾尔自治区重大战略部署和经济社会发展重点，编制 2017 年 1∶1 万基础测绘计划。在阿勒泰、塔城、阿克苏、喀什、克州、和田、石河子等地实施 1∶1 万基础测绘，测制 1∶1 万地形图 1300 幅（约 3.25 万平方千米），截至 2017 年底，完成总任务约 60%。制定自治区应急测绘保障体系建设计划，开展机房分级保护建设、应急演练，完善应急测绘指挥车功能，建设应急维稳地理信息应用系统，向 14 个地州市移交基础地理信息数据库，截至 2017 年底，完成各项任务约 90%。制定自治区绿洲区域地理区情监测计划，制作正射影像图约 20 万平方千米，采集监测数据约 26 万平方千米，基本完成正射影像图制作、监测数据采集。按照国家“十三五”支持重点地区（新疆）基础测绘工程项目实施方案，制定 2017 年度生产计划，开展新疆重点地区精化大地水准面建设、新疆北斗卫星地基增强系统建设、新疆基础地理信息时空云平台建设、塔里木河流域水土流失变化监测等 4 个项目，截至 2017 年底，推进项目进展约 45%。制定边远地区少数民族地区项目 2017 年生产计划，完成“访惠聚”地理信息服务保障、城市地图集编制、自治区地理空间数据资源共享交换平台、领导工作用图、自治区“两会”工作用图等项目。制定并完成测量标志保护 2017 年工作计划、“天地图”2017 年建设计划。

基础测绘

【基础测绘经费投入】

新疆测绘地理信息局加强与国家测绘地理信息局及自治区发展和改革委员会、财政厅沟通，实现 2017 年基础测绘经费总投入 12174 万元，其中“十三五”中央支持新疆经济社会发展规划项目 7094 万元、边远地区少数民族地区基础测绘专项补助 500 万元、全球地理信息资源建设与维护更新项目 50 万元、“一带一路”重点区域地理信息资源建设与维护更新项目 50 万元、自治区 1∶1 万基础测绘 4000 万元、自治区 CORS 站运维费 180 万元、自治区测量标志维护保护 300 万元。

【测绘基准建设与应用】

新疆测绘地理信息局完成 40 个以北斗卫星导航系统为主的基准站点基础建设。完成现代大地控制网建设项目 250 个 B 级 GPS 控制点平差计算、75 个 CORS 站一等重力平差计算、45 个 CORS 站加密重力平差计算、914 个二等水准点加密重力平差计算、1000 个二等水准点（路线长度约 7931 千米）平差计算，计算结果均验收合格。完成新疆重点区域高精度似大地水准面精化建设勘选埋石，实际埋设 C 级 GPS 控制点、一等水准点、二等水准点标石共 1481 个。

【基本比例尺地形图测制与更新】

新疆测绘地理信息局安排 1∶1 万地形图测绘 1300 幅，其中新测 1204 幅、更新 96 幅。安排 2133 幅 1∶1 万地形图入库工作。截至年底，完成 6 个测区、643 幅 1∶1 万地形图外业生产工作及 1 个测区、168 幅 1∶1 万地形图内业生产工作。

【航空航天遥感影像获取与应用】

新疆测绘地理信息局获取 0.5 米地面分辨率航空航天遥感影像约 38.27 万平方千米，其中航空遥感影像约 6.16 万平方千米、航天遥感影像约 32.11 万平方千米。国家测绘地理信息局向新疆测绘地理信息局提供航空影像约 5.03 万平方千米、航天影像 12.11 万平方千米。新疆测绘地理信息局自筹资金获取航空影像约 1.13 万平方千米，采购航天影像 20 万平方千米。

【智慧城市、数字城市建设】

新疆测绘地理信息局指导乌鲁木齐市编写智慧城市时空大数据与云平台建设项目设计书，完成项目设计书初审并提交国家测绘地理信息局评审。批准巴里坤哈萨克自治县、伊吾县数字城市地理空间框架建设项目。

【质量管理】

新疆测绘地理信息局完成 40 家测绘资质单位 2017 年监督抽查工作，其中乙级资质单位 21 家、丙级资质单位 15 家、丁级资质单位 4 家，测绘成果质量合格 32 批次、不合格 8 批次，合格率为 80%；质量体系检查合格 40 批次，合格率为 100%。完成新疆大比例尺地形图基础测绘项目质检 21 批次；

2016 年自治区绿洲区域地理区情监测项目基本统计成果验收 2 批次、数字正射影像制作成果验收 1 批次；2017 年自治区绿洲区域地理区情监测项目界线数据成果验收 1 批次、数据采集成果验收 1 批次；新疆维吾尔自治区 2017 年基础性地理国情监测（数字正射影像图）成果验收 1 批次、数据采集成果验收 4 批次、补充影像监测数据更新成果验收 2 批次；自治区地理信息公共服务平台建设 1∶1 万地形图“3D”数据入库检验 1 批次；新疆“北斗”卫星地基增强系统建设项目（一期）基准站踏勘选址检验 1 批次；新疆现代大地控制网建设项目 B 级 GPS 测量检验 1 批次；市场委托检验共 74 批次。完成与黑龙江测绘产品质量监督检验站比对检验 1 批次。完成各类测绘仪器检定校准 1248 台，其中 GPS 接收机 656 台、全站仪 251 台、水准仪 205 台、手持激光测距仪 109 台、铟瓦条码水准标尺 27 付，同比增长 24%。

【安全生产】

新疆测绘地理信息局制定 2017 年安全生产工作计划和安全生产应急救援演练计划，与局属事业单位签订年度安全生产目标管理责任书。定期召开安全生产领导小组专题会议，安排部署安全生产工作，开展 2 次局系统安全生产大检查。印发自治区测绘地理信息行业安全生产大检查工作方案，成立各级安全生产大检查领导小组，对各地州（市）进行专项检查，并按规定汇总、梳理、分析、报告隐患排查及整改情况。在重要节日和敏感节点，实行 24 小时值班制，做好应急预案启动准备。在极端天气来临前、特殊时期，及时向在新疆执行外业测绘任务的单位通报情况。与自治区国家安全厅联合印发《关于开展新疆卫星导航定位基准站安全专项整治行动的通知》，成立新疆卫星导航定位基准站安全专项整治行动办公室，联合开展基准站安全专项整治行动，对存在安全隐患的基准站进行全面整治。

【测绘援疆】

国家测绘地理信息局持续在自治区地理信息公共服务平台等项目和人才智力等方面给予支持，援助“天地图”年度建设资金 100 万元，援助新疆测绘地理信息局“访惠聚”驻疏附县塔什米里克乡艾斯开村、塔什艾日克村美丽乡村建设 384 盏太阳能路灯。“丝绸之路经济带核心区测绘地理信息发展策略研究”援疆课题通过验收。新疆测绘地理信息局配合国家测绘地理信息局在乌鲁木齐召开援疆干部人才座谈会。与中国地图出版集团合作推进新疆地图文化建设。督促各受援地州市加强与对口支援省、市测绘地理信息主管部门联系，并做好援疆项目成果推广应用工作。陕西测绘地理信息局援助完成新疆重点区域约 10 万平方千米优于 5 厘米的精化大地水准面建设项目。上海市测绘地理信息主管部门投入 100 万元测制叶城县东城区 1∶500 地形图，福建省测绘地理信息局援疆大比例尺地形图测制工作加紧开展，湖北省测绘地理信息局援助测制赛里木湖 1∶500 地形图、改造博尔塔拉蒙古自治州连续运行卫星定位系统，河南省测绘地理信息局开展“中原测绘援疆行”活动，黑龙江测绘地理信息局完成青河县阿格达拉镇外业测量全部项目生产任务，浙江省测绘与地理信息局对库车县 2015 年航摄的区块开展 1∶1000 航测成图工作，辽宁省测绘地理信息局开展系列智力援疆活动，河北、江苏、福建、河南、湖南省测绘地理信息主管部门移交前期援疆成果。

地理国情监测

【地理国情普查】

6 月 7 日，新疆维吾尔自治区第一次全国地理国情普查项目通过验收。新疆测绘地理信息局组织编制了《新疆维吾尔自治区第一次全国地理国情普查公报》。

9 月 15 日，自治区政府召开新疆维吾尔自治区第一次全国地理国情普查工作会议，全面总结自治区第一次全国地理国情普查工作，审议普查工作报告和《新疆维吾尔自治区第一次全国地理国情普查公报》，安排部署普查成果发布、推广应用及常态化地理国情监测等重点工作。9 月 29 日，自治区第十二届政府第 55 次常务会议研究通过《新疆维吾尔自治区第一次全国地理国情普查公报》，批准发布。10 月 11 日，自治区政府新闻办公室召开新闻发布会，新疆测绘地理信息局、自治区国土资源厅、自治区统计局和自治区第一次全国地理国情普查领导小组办公室联合发布《新疆维吾尔自治区第一次全国地理国情普查公报》。

【地理国情监测】

新疆测绘地理信息局承担乌鲁木齐市、昌吉州、五家渠市约 8.8 万平方千米基础性地理国情监测任务，向国家测绘地理信息局申请获取卫星遥感影像约11.95万平方千米，实现全区地理国情信息年度动态更新。贯彻落实全国城市地理国情监测工作交流会精神，指导乌鲁木齐市制定《乌鲁木齐市开展城市地理国情监测工作措施》。6月7日，组织召开2016年新疆维吾尔自治区绿洲区域地理区情监测项目验收会，监测成果通过验收。组织开展绿洲区域地理区情监测顶层设计工作，进一步谋划好绿洲区域地理区情监测方向、内容和指标，形成有效的监测体系。编制完成《2016年自治区绿洲区域地理区情监测成果图册》。完成约20万平方千米的影像获取、数字正射影像制作。贯彻落实《新疆维吾尔自治区国民经济和社会发展第十三个五年规划纲要》，开展并完成新疆重要湖泊变化、常年积雪区域变化、塔里木河流域胡杨林变化等专题性监测。

地图管理与地图服务

【地图公共服务】

新疆测绘地理信息局全年受理审核地图68件559幅，完成送审地图备案工作。为自治区党委、政府、人大、政协及有关部门编制提供《2017版自治区工作用图》445套、《2017版新疆维吾尔自治区地图册》175本，为自治区“两会”编制完成汉、维吾尔2种语言文字版《两会代表用图》1660套，为自治区政府办公厅编制提供《新疆维吾尔自治区地图》，为自治区党委组织部提供《世界地图》《中国全图》《新疆地貌图》《新疆政区图》。为自治区81个政府部门“访惠聚”驻村工作队编制提供《“访惠聚”驻村工作用图》408幅，为疏附县10个乡镇编制《“访惠聚”驻村工作用图》118幅。完成《丝绸之路地图文化产品》《新疆维吾尔自治区地貌交通图》编制出版工作，启动13个地州市城市地图集编制工作，发布昌吉市、哈密市城市地图集。全年为政府部门、各行业单位、社会团体无偿提供各类地图726幅，为边境管控等国防安全应用提供基础地理信息服务。更新并发布自治区基础地理信息标准地图，无偿向社会各界提供。

【地图市场监管】

新疆测绘地理信息局组织开展地图市场大检查“回头看”行动和全覆盖排查整治“问题地图”专项行动。组织测绘执法检查组，对2017年（中国）亚欧商品贸易博览会附有地图和地图图形的宣传品进行检查，将使用标准地图的通知写入招商参展指南，检查12个展馆、1500多家参展商，要求12家参展商进行整改。配合自治区工商行政管理局开展乌鲁木齐市“喜迎党的十九大 营造良好市场环境”市场大检查工作，查处5起含有“问题地图”的宣传册、书籍。组织开展互联网全国联动监管工作，及时排查国家测绘地理信息局及各个省份推送的信息，排除互联网地图图片35150幅，检定1553幅；检定POI信息286条。对全区105个政府网站、大型商业网站、新闻媒体网站登载的地图进行全面检查和日常监管。组织4名专业技术人员参加国家测绘地理信息局举办的地图审校员培训班。

【国家版图意识宣传教育】

新疆测绘地理信息局组织自治区国家版图意识宣传教育和地图市场监管工作领导小组17家成员单位召开工作联席会议，制定《自治区国家版图意识宣传教育和地图市场监管2017年工作要点》，安排部署2017年国家版图意识宣传教育进媒体、进农村活动及《中华人民共和国测绘法》《地图管理条例》宣传学习等工作。编制双语版国家版图宣传展板并发放至全区相关部门、单位和“访惠聚”驻村工作队。开展覆盖城乡的“爱祖国、识版图、用正确地图”集中宣传活动，举办“爱国爱疆国家版图意识宣传教育宣讲”活动。与自治区教育厅联合表彰“美丽中国”第三届全国少儿手绘地图大赛获奖人员。

【全覆盖排查整治“问题地图”专项行动】

新疆测绘地理信息局开展自治区全覆盖排查整治“问题地图”专项行动，成立由自治区国土资源厅、新疆测绘地理信息局牵头，23家单位组成的专项行动领导机构，制定专项行动工作方案，召开专项行动工作电视电话会议，动员部署专项行动。配合国家测绘地理信息局第四巡查组开展巡查，协调23家成员单位，组成6个巡查组，到全疆14个地州市进行“问题地图”巡查。联合新疆生产建设兵团国土资源局对兵团14个师“问题地图”排查整治工作进行巡查。自治区各厅局、各地州市对公开登载的地图进行自查，共发现231幅“问题地图”，全部予以销毁或撤换。自治区专项行动共检查网站、微信公众号、博物馆、新华书店等载体和场所10513个，检查地图5958幅（件），发现并查处“问题地图”920幅（件）。

测绘地理信息成果管理与应用

【“天地图·新疆”建设与应用】

新疆测绘地理信息局开展“天地图·新疆”建设与应用工作，完成自治区20万平方千米绿洲区数据生产、专题数据的制作与更新，升级“天地图·新疆”平台门户网站和运行维护系统，建设并上线运行“天地图·新疆”移动端。开展“天地图”数据融合工作，完成全疆界线数据融合及新源县、哈密市伊州区县级节点与自治区级节点数据融合，整合全区污染源、生态保护区、94个产业园（工业园区）、749个“访惠聚”驻村工作队所在村等相关数据。开展应用推广工作，将“天地图·新疆”平台以前置服务方式接入自治区国家安全厅、林业厅、公安边防总队、喀什地区国土资源局（测绘地理信息局）等单位，为突发事件处置、边境管控、反恐维稳、林业资源调查提供地理信息服务。

【成果管理与提供】

新疆测绘地理信息局制定实施《提供涉密测绘成果审批工作规则（试行）》。按照自治区行政审批“双公示”要求，修订《利用属于国家秘密的测绘成果的审批程序》（试行）并报自治区政府法制办公室备案。进一步加强事前监管，完善监管机制。按时在新疆测绘地理信息局门户网站公布受理领取涉密测绘成果信息，接受社会监督。全年提供成果资料650批次，提供控制成果18472点、各比例尺地形图8166张、各比例尺地形图数据5219幅、航空影像数据2357片19.8 TB、卫星影像数据10.6 TB。

【成果汇交与分发】

新疆测绘地理信息局全年接收17个测区1816幅基础测绘1:1万地形图资料，向2个县国土资源局（测绘地理信息局）移交4个测区398幅基础测绘1:1万地形图资料。组织完成最新测绘成果目录上报工作，向国家测绘地理信息局报送“4D”产品252条、卫星影像数据79条、图集图册成果11条。组织完成年度测绘成果目录汇交，收到387家单位2690条成果目录，依法在新疆测绘地理信息局门户网站发布。

【测绘成果保密管理】

新疆测绘地理信息局进一步规范涉密测绘成果领用程序，审批涉密测绘地理信息成果领用手续650批次。组织各地州市测绘地理信息主管部门开展年度涉密测绘成果保密检查，发放《涉密测绘地理信息成果保密自查情况表》712份，抽查单位124家，对16家单位下达限期整改通知书。执行核心涉密人员备案制度，全区已登记备案核心涉密人员808人。举办第十期涉密人员岗位培训班，298人通过考试并获得上岗资格。

【测量标志管理】

新疆财政拨付测量标志保护专项补助经费300万元，新疆测绘地理信息局印发开展2017年测量标志保护工作的通知，重点对全区设置警示标志的3829个测量标志进行巡查，启动乌鲁木齐市5处景观测量标志建设工作，建成乌鲁木齐市植物园内1处景观标志。受理巴音郭楞蒙古自治州、昌吉回族自治州、阿勒泰地区、克拉玛依市6个测量标志点拆迁申请，办理6个测量标志点拆迁手续。

【应急测绘保障服务】

应急测绘纳入《自治区突发事件应急体系建设“十三五”规划》。新疆测绘地理信息局将应急测绘纳入常态化工作，做好应急测绘保障设备升级、资料储备、日常演练等工作。修订《自治区应急测绘地理信息保障预案》。建成集多种无人机、车载地面视频采集系统、应急遥感影像快速处理系统、应急测绘指挥中心为一体的应急测绘保障体系。开展1:5万应急维稳地图数据库建设。推进国家应急测绘保障能力建设新疆项目。参与新疆地质灾害信息系统及群测群防体系基础地理信息数据库建设项目。为塔什库尔干塔吉克自治县“5·11”地震紧急编制地震区域专题图、震前震后对比图，提供给自治区有关部门。为精河县“8·9”地震紧急编制精河县地震震中50千米区域地貌图、影像图、震中10千米区域影像图、震中亚米级卫星影像图并提供给自治区应急管理办公室。为自治区“天山行动—2017”辐射事故应急综合演习提供克拉玛依市地理信息数据。在吐鲁番市托克逊县组织开展测绘应急保障演练。

【共建共享】

新疆测绘地理信息局继续巩固和加强与自治区国家安全、军区、边防、应急管理、地震、公安、林业、扶贫等部门协作机制，保持联络员制度，畅通信息渠道，推进应急协作和信息共享。与中国地图出版集团签订长期战略合作框架协议。

【军地测绘融合发展】

新疆测绘地理信息局贯彻落实《关于印发〈关

于推进军地测绘融合发展的意见〉的通知》，及时向驻疆部队、新疆军区所属部队提供最新高分辨率影像、地形图、CORS 站应用。为部队提供自治区测绘资质单位专家队伍、装备力量、成果信息，支持其获取测绘地理信息国防定制服务。编制提供自治区 105 个市县地形图和影像图。军队为新疆测绘地理信息局进行应急测绘保障时给予支持。

地理信息产业

【地理信息产业政策】

新疆测绘地理信息局组织全区各级测绘地理信息主管部门开展示范性测绘企业扶持工作，以测绘地理信息成果应用项目为重点，通过业务指导、技术帮扶、数据支撑等方式，引导自治区地理信息企业向地理信息系统研发、大数据整合应用的地理信息产业中高端转型发展。

【地理信息产业发展】

新疆测绘地理信息局开展地理信息产业运行监测工作，筛选出 3 家新疆重点地理信息企业作为国家测绘地理信息局地理信息监测试点。完成新疆地理信息产业专项统计调查工作，摸清非资质测绘地理信息行业单位从业人数、营业收入、地理信息业务收入占比等情况。组成调研组，到克拉玛依市调研地理信息产业园基础设施、发展现状及优惠政策等情况。

科技与标准化工作

【科技创新体系建设】

新疆测绘地理信息局印发实施《新疆维吾尔自治区测绘地理信息科技发展“十三五”规划》。持续发挥中国测绘科学研究院新疆分院、中亚地理信息开发利用国家测绘地理信息局工程技术研究中心等科技创新与应用平台在带动科研立项、基础应用研究、人才培养方面的作用。组织召开 2017 年局科技工作座谈会，举办 3 期测绘科技大讲堂，联合中国测绘科学研究院共同主办 2017 年“丝绸之路”测绘地理信息科技成果应用大会。聘请中国科学院院士、中国科学院地理科学与资源研究所研究员周成虎为新疆地理信息系统与遥感应用领域首席专家。获批组建自治区卫星导航定位应用工程技术研究中心。

【科技项目与科技奖励】

新疆测绘地理信息局组织实施以需求为导向的教育服务设施布局合理性评价指标研究、新疆民族团结一家亲信息系统应用示范、中巴经济走廊重要地理要素监测技术研究等 9 项科技项目。自治区卫星导航定位基准服务系统建设项目科技成果通过中国测绘地理信息学会鉴定。“‘多规合一’空间规划管控与服务共享平台 V1.0”“‘访惠聚’驻村工作组移动办公系统”获计算机软件著作权证书。新疆维吾尔自治区第二测绘院承担的“数字哈密（伊州区）地理空间框架建设项目”、新疆维吾尔自治区测绘科学研究院承担的“塔里木河流域地表覆盖变化监测以及信息系统和数据库建设项目”获中国地理信息产业协会 2017 年中国地理信息产业优秀工程奖金奖，新疆维吾尔自治区基础地理信息中心承担的“新疆维吾尔自治区绿洲区域地理区情监测正射影像”项目获银奖，新疆维吾尔自治区基础地理信息中心承担的“塔城市棚户区三维地理信息检测系统”项目和“塔城边境处突维稳地理信息指挥平台”项目获铜奖。新疆维吾尔自治区第二测绘院承担的“基础测绘在边境测图及维稳中的应用”项目获中国测绘地理信息学会 2017 年全国优秀测绘工程银奖，新疆维吾尔自治区第一测绘院承担的“新疆喀什地区高分辨率航空遥感数据获取与处理”项目获铜奖。

【标准化工作】

新疆测绘地理信息局参与国家测绘地理信息局 2017 年标准提案征集工作，向行业单位广泛征求标准制（修）订项目提案建议，并严格筛选出《崩塌滑坡泥石流地质灾害遥感监测技术规范》标准制订提案，报送国家测绘地理信息局。贯彻国家标准化工作的法律法规及方针政策，及时转发和公布国家测绘地理信息局发布的测绘地理信息行业标准。参加国家测绘地理信息局标准化工作会议。各级测绘地理信息生产部门执行标准化情况良好。

地市级测绘地理信息工作

【乌鲁木齐市】

2017 年，乌鲁木齐市测绘地理信息局完成辖区 36 家单位测绘资质申请、升级、业务范围变更核查初审工作。受理测绘作业证申请 188 人次。审核报送 181 家测绘单位年度报告。针对性开展测绘资质批后监管，配合上级部门开展“双随机”执法检查。严格涉密测绘成果领用审批。开展测绘地理信息保密检查，在全市测绘单位自查自纠基础上，现场抽检单位60多家，对检查发现的问题督促整改。完成全市196家测绘单位统计年报工作。汇交并转报174家测绘单位测绘成果1091项。协助上级部门开展测绘地理信息项目监督检验，审核汇总全市170家乙、丙、丁级测绘资质单位测绘地理信息抽检项目685项。组织75家涉密测绘成果领用单位114人参加涉密测绘成果管理人员岗位培训班。完成注册测绘师报名考试初审工作。组织全市100多人参加国家测绘地理信息局学习宣传贯彻新测绘法电视电话会议。《乌鲁木齐城市地图集》编制申报工作获新疆测绘地理信息局批准，乌鲁木齐市测绘地理信息局成立城市地图集编纂委员会，编制完成图集专业技术设计书并通过专家评审。开展测绘地理信息行业安全生产专项检查、安全生产大检查和安全生产专项整治工作。推进全覆盖排查整治“问题地图”专项行动，成立市排查整治领导小组，制定下发排查整治方案，组织行业单位开展自查自纠，领导小组各成员单位开展系统内和职责范围内的排查整治，清查全市互联网公开服务平台3318个，检查辖区单位1180多家。乌鲁木齐市测绘地理信息局联合市工商、文化等部门对市5家重点图书批发市场和工艺性地图产品销售场所进行联合执法检查。

配合市国家安全部门开展全市卫星导航定位基准站安全专项整治行动。组织全市测绘单位200多人参加新测绘法大讲堂。组织开展“8·29”测绘法宣传日活动，制作横幅、展板80多条（块），发送公益短信500万条。协调市属相关部门在全市6个规模较大公园建立测量标志景观标志，建成1个景观标志并通过验收。

完成86幅中心城区1∶1万基本比例尺更新测图项目。为相关部门提供全市1∶1万基础测绘成果和1∶2000数字正射影像图、数字高程模型1445幅，并协助做好相关数据的脱密工作。2017年市政府工作报告明确写入“促进城市空间坐标协调一致”。会同市规划部门联合编制完成《乌鲁木齐2000城市坐标系建立工作方案》，该方案经国家测绘地理信息局审核通过。制定上报《乌鲁木齐市开展城市地理国情监测工作措施》，总体确定乌鲁木齐市城市地理国情监测工作目标、重点内容和开展步骤。

【吐鲁番市】

吐鲁番市测绘地理信息主管部门全面检查10家测绘资质单位测绘质量管理制度。制定吐鲁番新测绘法宣传方案，并开展“8·29”测绘法宣传日活动，共设置活动场地8个，发放宣传资料1000多份。对6家涉密测绘地理信息成果生产单位和使用单位开展保密检查，没有发现泄密、涉密成果转借等情况。完成188个测量标志巡查工作。对辖区21家单位和场所进行地图市场检查及“问题地图”专项检查，查出“问题地图”产品6个并全部予以没收，存在问题的单位全面整改到位。开展吐鲁番市城市地图集编纂工作，完成城市地图集技术设计书评审工作。开展测绘地理信息行业安全生产大检查，制定检查方案并成立领导小组，对辖区9家测绘单位进行检查和排查。主动对接湖南援助测绘地理信息工作，安排1名湖南省国土资源系统干部到吐鲁番市测绘地理信息局挂职；接收141.4平方千米数字正射影像图；湖南省国土资源厅抽调90多名技术人员到吐鲁番市开展1∶500数字地形图航空摄影测量任务。编制完成2018—2019年吐鲁番市对口援疆基础测绘需求。

【塔城地区】

2017年，经塔城地区行署同意，塔城地区测绘地理信息主管部门印发实施《塔城地区“十三五”基础测绘规划》。率先实现地区边境区域1∶1万基础测绘全覆盖。完成7个县（市）城镇范围350平方千米航空摄影和维稳工作用图（便民警务站分布图）制作。完成463个重点测量标志巡查、普查、建档工作，并通过新疆测绘地理信息局验收。完成历年测绘地理信息成果资料目录收集、整理、移交，并将相关成果纳入塔城地区国土资源规划研究院“一库一平台一应用”管理。编制印刷《塔城地区历年测绘地理信息成果目录手册》，提供给地直部门、各县（市）政府及辖区测绘资质单位。累计提供各种比例尺测绘成果资料300幅（册）、测量标志服务100次。为地委、各县（市）政府及相关部门编制、发放《塔城地区“四道防线”建设用图》《各县市边境防控工作用图》等工作用图。组织完成49幅“六位一体”边境防控用图加工制作并交付使用，8个边境警务站沙盘投入使用。完成边境区域处突维稳应急指挥平台升级工作。塔城地区国土资源规划研究院被评为“地区边境管控工作先进集体”，地区测绘地理信息局2人被评为“地区边境管控工作先进个人”。开展“问题地图”检查，检查30家单位、100幅测绘成果，查处并督促整改“问题地图”30多幅。查处非法测绘案件，联合安全部门开展CORS基站安全检查工作。

组织9名技术人员参加辽宁省测绘地理信息局举办的技术培训班。辽宁省测绘地理信息局12名专家组成援疆工作组，精准援助提供塔城地区测绘地理信息先进技术。

地方社团工作

2月20日—3月3日，新疆维吾尔自治区测绘地理信息学会（以下简称新疆测绘地理信息学会）举办测绘地理信息行业专业技术人员继续教育培训班，340多人参加。3月22日—24日，举办第十、十一期涉密测绘成果管理人员岗位培训班，300多人参加。6月20日，举办2017年“丝绸之路”测绘地理信息科技成果发布与应用大会，近200人参加。11月8日—10日，组织20人参加中国测绘地理信息学会2017年学术年会及会员代表大会。印发《关于表彰“美丽中国”第三届全国国家版图知识竞赛和少儿手绘地图大赛新疆赛区获奖人员的通报》，对获奖人员进行表彰通报和奖励。参加新疆维吾尔自治区科协举办的新疆生态与生态文明报告会、“全国科普日”和“双创”活动周启动仪式。组织评选自治区测绘行业2015—2016年度优秀地图作品奖，评出一等奖3名、二等奖4名、三等奖5名。与新疆维吾尔自治区科学技术协会联合评选2014—2015年度优秀测绘工程（项目）奖，评出一等奖3项、二等奖6项、三等奖9项。被新疆维吾尔自治区科学技术协会评估为2016年A类（好）学会，并被评为先进集体，1人被评为先进个人。7月20日，印发《关于开展第四届新疆测绘行业科学技术进步奖评选工作的通知》和《关于开展优秀论文评选工作的通知》。7月28日，推荐12名新疆测绘地理信息领域专家进入新疆自然科学专家库名单。9月7日，向西北测绘信息分网推荐优秀论文20篇，其中8篇论文获优秀论文奖。新疆测绘地理信息学会获“2014—2017年度中国测绘地理信息学会先进集体”称号，2人获先进个人称号。

新疆生产建设兵团

概况

2017年，新疆生产建设兵团（以下简称兵团）国土资源局主导完成测绘任务42项，实施新疆兵团地理空间框架建设、不动产权籍调查、无人机航拍、农村土地经营权调查、地形图测绘、地下管线普查等项目，为兵团在屯垦戍边新型团场建设和重大工程建设提供测绘地理信息保障和支撑。

党的建设与精神文明建设

【党的建设】

兵团国土资源局持续推进“两学一做”学习教育常态化制度化，深入开展“学讲话、转作风、促落实”和“责任落实年”活动。开展“发挥兵团特殊作用大学习大讨论”活动，制定印发《兵团国土资源系统关于开展“发挥兵团特殊作用大学习大讨论活动”实施方案》和《兵团国土资源局党组理论中心组“大学习大讨论活动”学习研讨方案》，设置6个研讨专题。组织全局干部职工收看党的十九大开幕式，认真学习十九大报告和《中国共产党党章》，深入学习习近平新时代中国特色社会主义思想。全年全局共组织集中理论学习21次、党组理论中心组学习11次、开展研讨交流10次，召开党总支大会8次。

【党风廉政建设】

兵团国土资源局印发《兵团国土资源局党组2017年党风廉政建设和反腐败工作要点》，召开全系统党风廉政建设和反腐败视频工作会，对2017年系统党风廉政工作进行全面安排部署。与各师（市）局党组、机关处室、事业单位主要责任人和支部书记层层签订《党风廉政建设责任书》。举办

《中国共产党廉洁自律准则》《中国共产党纪律处分条例》等专题辅导，组织观看作风建设专题片，发送廉政短信、警示信息，采取多种措施给党员干部立规矩、划红线。按照监督执纪“四种形态”要求，做好约谈提醒及谈话函询工作，坚持做到“四谈”，对17名新调整和提拔的领导干部进行任前廉政谈话。对群众反映的问题线索及时办理，全年共收到群众来信来访14件，转办9件，办结（答复）3件。

【精神文明建设】

1月，兵团国土资源局与新疆生产建设兵团勘测规划设计研究院开展联谊活动，举办5000米徒步和篮球友谊赛等活动。结合第48个“世界地球日”、第27个全国“土地日”和建党96周年，联合组织开展宣传纪念活动。7月，组织全体党员到第六师五家渠市参观将军纪念馆。组织开展道德讲堂活动，组织全体干部学习全国道德模范、国土资源系统先进党员黄大年，全国道德模范、兵团先进党员魏德友和全国优秀县委书记廖俊波的先进事迹。

【扶贫工作】

兵团国土资源局贯彻落实《兵团党委 兵团贯彻落实〈中共中央 国务院关于打赢脱贫攻坚战的决定〉的意见》，开展对第三师东风农场的挂钩扶贫工作。领导班子成员带头与东风农场贫困户结对，填写兵团国土资源局结对4户贫困户情况登记表，至年底，4户贫困户全部脱贫。印发《兵团国土资源局降低实体经济企业土地取得成本意见指南》和《关于进一步做好边建设边报批政策服务兵团重大项目建设的通知》，帮助东风农场实现年初既定的国内生产总值增长目标及人均纯收入高于兵团平均水平2个百分点的目标。

【“访民情　惠民生　聚民心”驻村工作】

兵团国土资源局持续开展“访惠聚”工作，选派4名干部进驻巴楚县阿克萨克马热勒乡库木库勒村，在突出做好群众工作、强化基层基础、去极端化方面开展工作。52名在编干部职工定期到南疆开展活动6次。参加兵团党委组织的民族团结“结亲周”活动，自带行李与结亲对象同吃同住同劳动同学习，做到入户住户、宣传教育、帮扶解困、群众工作全覆盖，走访42户基层职工群众，送去价值1万元的慰问物品，为职工群众做实事好事200多件，开展各类联谊活动6次，举办党的十九大精神集中宣讲2次，参与人数近150人次。

法制建设与市场监管

【法制宣传】

兵团及各师（市）国土资源局协调相关部门，组织开展测绘法宣传日活动，共设立宣传站14处，悬挂宣传横幅140多条，摆放宣传展板200多块，发放宣传材料1.1万多份，接受咨询近500多人。

【行政授权】

参照国家、自治区和相关省（市）测绘地理信息权力清单基础上，按照兵团统一安排，兵团国土资源局全面厘清兵团、师（市）测绘地理信息行政职能，完成兵团测绘地理信息行政权力授权清单并报兵团审核，经自治区人大、政府批准后，全面履行兵团测绘地理信息行政职能。2017年，兵团第一师阿拉尔市、兵团第二师铁门关市和兵团第四师可克达拉市完成测绘地理信息管理局挂牌工作，兵团第十四师昆玉市向师（市）机构编制部门递交了挂牌请示。截至年底，兵团9个城市中8个完成测绘地理信息局挂牌工作。

【测绘资质管理】

兵团国土资源局按期完成2017年测绘统计年报、2017年测绘资质年度报告、测绘成果目录汇交、测绘地理信息行业信用的填报审核工作。

规划与计划

兵团国土资源局与兵团发展和改革委员会配合，协调相关测绘单位制定上报兵团2018年基础测绘计划。申报的兵团地理空间框架建设项目、兵团50个团场城镇化建设1:1000地形图测绘项目通过批准，获中央预算内投资资金4000万元、地方配套资金1022.5万元，2个项目均进入建设阶段。组织申报的兵团城市1:500地形图测绘及三维城市建模项目，列入2018年新疆专项中央预算内投资计划，已开展项目前期准备工作。

落实兵团2017年基础测绘计划，完成第十四师辖区和第三师部分区域600个C、D级GPS控制点平面控制测量，6000千米四等水准高程控制测量。完成兵团50个团场地形图航空摄影200平方千米，地形图测绘125平方千米、1:1000地形图基础地理信息数据库建库及部分团场三维建模工作。

基础测绘

【基础测绘项目】

新疆生产建设兵团勘测规划设计研究院利用无人机航空摄影测量技术完成伽师县、疏勒县、哈密市伊州区等地航空摄影测量任务6400平方千米，编制真彩色数字正射影像图1.14万幅。利用无人机倾斜摄影技术完成第九师师部及11个团场部的三维立体数字城市管理系统建设。完成北屯市城市三维辅助规划决策系统0.05米分辨率影像处理面积110平方千米，实景建模面积103.9平方千米；建立民丰县尼雅河水库20厘米实景三维模型30平方千米。完成乌鲁木齐市燃气管网17.5千米燃气管线放线测量，56.2千米待建燃气管线线路测量，9.73千米燃气竣工测量。完成“基于多平台精准探测技术的兵团主要农作物种植云服务体系研究”课题、永德县河长制信息管理平台建设、永德县河长制“一河一策”方案编制等项目。

【测绘援疆】

兵团国土资源局督促指导各师（市）加强与对口援疆省（市）测绘管理部门对接，每月上报援疆工作进展情况，援疆工作由实施阶段转向成果应用阶段。新疆生产兵团第一师阿拉尔市提前3年完成“十三五”测绘援疆规划；新疆生产兵团第二师铁门关市基本完成2016年测绘援疆成果验收工作；新疆生产兵团第三师图木舒克市落实1100万元测绘援疆资金；新疆生产兵团第五师双河市开展1:20万全域挂图制作项目；新疆生产兵团第六师五家渠市将2000万元测绘援疆经费纳入师（市）“十三五”援疆计划，建成并投入使用3个卫星连续运行基站；新疆生产兵团第七师胡杨河市完成测绘地理信息相关成果，并提出2018年任务需求；新疆生产兵团第八师石河子市选派人员参加辽宁省测绘援疆专业技术人员培训班，并邀请辽宁省测绘地理信息局专业人员授课。各师（市）受援成果应用于师（市）不动产统一登记、数字城管建设、智慧城市建设及城市规划等方面。

【安全生产】

兵团国土资源局研究制定2017年“安全生产月”活动方案，成立“安全生产月”活动领导小组。做好国务院安全生产巡视组巡查工作，按照要求对兵团国土资源系统安全生产工作进行梳理并汇报相关工作，对巡视组提出的问题进行整改。制定《兵团国土局关于开展安全生产大检查工作实施方案》，对兵团国土资源系统落实安全生产情况进行检查，向兵团安全生产委员会办公室上报工作报告。

地图管理

兵团国土资源局印发《关于开展兵团全覆盖排查整治“问题地图”专项行动的通知》，制定兵团全覆盖排查整治“问题地图”专项行动工作方案，会同兵团相关部门和各师（市）开展全覆盖排查整治“问题地图”专项行动，与自治区测绘地理信息局共同开展排查整治“问题地图”检查督导，完成阶段性排查整治工作，并将全覆盖排查整治“问题地图”专项行动情况上报兵团。

测绘地理信息成果管理与应用

8月，兵团国土资源局组织驻乌鲁木齐市兵团单位对测绘成果保密管理进行自查，内容涉及管理机构、制度建设、测绘成果管理登记、涉密计算机管理、重要涉密人员资格、保密责任书的签订和重要岗位人员保密培训等方面，检查中未发现违规、违法行为。兵团国土资源局全年受理涉密测绘地理信息成果申领使用23项，全部按时办结。

科技奖励

新疆生产建设兵团勘测规划设计研究院完成的云南省永德县水利基础设施数据库管理系统获新疆维吾尔自治区第十三届优秀工程勘察奖二等奖；兵团第六师五家渠市分布图获新疆维吾尔自治区测绘地理信息学会优秀地图作品奖二等奖，北屯市旅游交通图获三等奖。3个系统获计算机软件著作权证书。

青岛市

概况

2017年，青岛市国土资源和房屋管理局统筹发展，夯实基础测绘地理信息成果保障力度，加强测绘地理信息市场监管，引领测绘地理信息产业发展。全市共有测绘资质单位120家、测绘从业人员2759人，全年共投入测绘类财政资金2829.95万元，其中市本级基础测绘经费1476.65万元。开展大比例尺基础地理信息数据年度更新，完成测绘地理信息数据成果坐标系向2000国家大地坐标系转换，启动青岛市国土资源数据2000国家大地坐标系转换工作。建设完成全市范围内数字地理信息公共平台，改版升级“天地图·青岛”数字地理信息平台，启动智慧青岛时空信息云平台建设工作。制定《青岛市地理市情监测工作技术方案》，启动青岛市地理市情监测工作，落实地理市情监测专项资金2000多万元。开展测绘资质巡查和地图市场、测绘成果质量、“问题地图”等专项检查。加强新测绘法宣传和贯彻落实，在全市开展新测绘法普法活动和国家版图意识宣传教育活动，测绘地理信息工作影响力进一步提升。

党的建设与精神文明建设

【党的建设】

青岛市国土资源和房屋管理局制定印发《2017年党建工作实施意见》《关于推进全局“两学一做”学习教育常态化制度化工作实施方案》，制定基层党建工作责任清单、党建工作任务清单、党建工作问题清单、重点项目突破清单等，深入学习贯彻党的十九大精神，组织全局领导干部参加十九大精神辅导讲座。全面落实从严治党工作，定期开展理论学习，严肃党内政治生活，强化“四个意识”，严格落实领导班子民主集中制，全年组织召开党委会13次，研究管党治党、事业单位改革、干部调整、精准脱贫和援藏工作等“三重一大”事项30个，形成集体研究、民主决策、统筹谋划、逐级落实的责任体系。

【党风廉政建设】

青岛市国土资源和房屋管理局制定印发《关于2017年加强党风廉政建设和反腐败工作推进全面从严治党的实施意见》《党风廉政建设责任制纪实制度》，强化领导班子全面责任、主要领导第一责任、班子成员“一岗双责”制度。9月，局主要领导参加青岛市统一组织的述责述廉会议，向青岛市纪委全体委员报告“责”“廉”工作情况、现场接受质询并接受民主评议。局领导与基层负责人开展“一对一”廉政谈话，与处级以上干部集体廉政谈话，与基层单位35名负责人签订责任书，推动责任落实工作持续深入。完成全局副处级以上、各区市国土局（分局）领导班子成员和相应职级228名干部及配偶、子女、亲属经商办企业专项排查整治工作。全年组织4批次全局党员干部、基层站所和窗口单位负责人等780多人次集中进行警示教育，观看《永远在路上》《永不停歇的征程》等警示片，参观青岛市廉政教育基地。

【精神文明建设】

青岛市国土资源和房屋管理局组织开展争当“职业道德标兵”、争创“为民服务示范岗”为主题的双争活动，组织开展“国土资源大课堂”“黄大年先进事迹报告会”“民法总则专题学习”等视频教育。全年局领导和基层单位负责人通过青岛政务网、青岛新闻网“在线问政”44次，听取意见建议、解答问题咨询1961件，参加青岛广播电台“行风在线”5次、答复解决各类问题建议210件。“七一”期间，青岛市国土资源和房屋管理局举办全局“爱国守土颂党恩”朗读比赛。

法制建设与市场监管

【法制宣传】

青岛市国土资源和房屋管理局开展《中华人民

共和国测绘法》学习宣传工作，在测绘地理信息企业较为集中的市南区、黄岛区、高新区等产业园区，开辟新测绘法宣传专栏、悬挂大型横幅标语。组织2次新测绘法进社区活动，向社区居民宣传新测绘法中地图管理及版图知识相关条款，在全国第二届青少年海洋测绘地理信息科技周活动宣传新测绘法，普及测绘科普知识。“8·29”测绘法宣传日，制作新测绘法宣传展板和宣传彩页，出动测绘应急保障车和无人机等设备，向群众普及测绘知识。全市7个区3个市国土资源（分）局和100多家测绘单位共450多人参加宣传活动，悬挂横幅200多幅，发放宣传材料3500多份。

【依法行政】

青岛市国土资源和房屋管理局按照《2017年青岛市测绘地理信息随机抽查工作实施方案》，根据随机抽查事项清单，随机抽取执法人员，完成全市测绘资质单位巡查、测绘成果质量监督检查和测绘成果保密检查，加大房产测绘单位和新批准（含升级）测绘资质单位检查比例，对24家单位进行测绘资质巡查。

【测绘资质管理】

截至年底，青岛市共有120家测绘资质单位，其中甲级4家、乙级25家、丙级45家、丁级46家。新增测绘资质单位5家，升级资质单位3家，变更业务范围单位9家，全年办理测绘作业证125个，延期注册107人，实施测绘项目登记27项。开展2016年测绘资质单位年度报告审查、公示工作。

规划与计划

【规划的制定与执行】

截至年底，青岛市县级“十三五”基础测绘规划除即墨市未完成编制外，其他区市均以政府或政府办公室名义印发，县级基础测绘规划以省、市规划为编制依据，结合本地区实际，统筹谋划本地区“十三五”期间基础测绘发展重大任务和项目，并按规划要求有效落实。

【计划的制定与执行】

青岛市国土资源和房屋管理局以《青岛市“十三五”基础测绘规划》为依据，会同青岛市发展和改革委员会编报《青岛市2018年度基础测绘年度计划》，主要任务是开展青岛市地理市情监测、更新大比例尺基础地理信息数据库和获取卫星影像数据，基础测绘年度计划已列入青岛市国民经济和社会发展年度计划。

基础测绘

【基础测绘经费投入】

2017年，青岛市基础测绘经费投入2829.95万元，其中市本级投入1476.65万元，已列入本级财政年度预算，主要开展大比例尺基础地理信息数据年度更新、智慧青岛时空信息云平台建设及卫星影像数据购买等工作；县级投入1353.3万元，主要开展大比例尺基础地理信息数据年度更新工作。

【测绘基准建设与应用】

青岛市国土资源和房屋管理局完成青岛市2000国家大地坐标基准建设项目，完成13个青岛市连续运行卫星定位系统（CORS）、131个青岛市GNSS C级网点、269个青岛市GNSS D级网点由1980西安坐标系、青岛城市坐标系向2000国家大地坐标系转换，完成市内3个区1∶500、1∶2000和全市1∶5000数字地形图2000国家大地坐标系转换，市级基础测绘成果全部使用2000国家大地坐标系，研制开发青岛市基础地理信息坐标转换软件。启动青岛市国土资源数据2000国家大地坐标系转换工作。

【基本比例尺地形图测制与更新】

青岛市国土资源和房屋管理局按照年度更新机制，完成11787.5平方千米1∶5000数字线划图、数字正射影像图各2023幅的更新工作，同步完成数据成果在数字青岛地理信息公共平台的入库工作。

【航空航天遥感影像获取与应用】

青岛市国土资源和房屋管理局完成青岛市域11787.5平方千米0.24米高分辨率数码航空影像获取工作。

【智慧城市、数字城市建设】

青岛市国土资源和房屋管理局继续做好数字城市建设工作，扩大服务应用领域，全部建设完成县级数字城市地理信息公共平台，其中即墨区平台建设在全省首创性采用政务云和阿里云。青岛市国土资源和房屋管理局依托数字青岛地理信息公共平台项目完成的“搭建数字桥梁，全面实现地理信息服务网络化支撑”工作获2017年青岛市政府系统创新工作案例。青岛市地理信息公共服务平台被评为2017智慧青岛市十佳（智慧信息基础类）典型案例。全面启动智慧青岛时空信息云平台项目建设，完成项目技术方案专家评审，落实专项资金 993.16 万元，完成项目绩效目标核定和招投标工作。

【质量管理】

青岛市国土资源和房屋管理局完成丙、丁级测绘单位测绘成果质量监督专项检查，委托山东省测绘产品质量监督检查站青岛分站对全市 18 家丙、丁级单位 2016 年期间完成的测绘地理信息工程项目进行内外业检查，对存在问题的 2 家单位提出整改要求，在局门户网站公示检查结果。

地理国情监测

青岛市国土资源和房屋管理局组织完成《青岛市地理市情监测工作技术方案》。落实项目资金 2000 多万元。

地图管理与地图服务

【地图公共服务】

青岛市国土资源和房屋管理局全年为政府部门、相关单位无偿提供青岛市行政挂图、领导工作用图 30 多幅。支持基础测绘、交通、规划、电力等项目建设，无偿提供各种比例尺地形图 205 幅、0.5 米分辨率卫星影像图 4710MB。

【国家版图意识宣传教育】

12 月，青岛市国土资源和房屋管理局组建宣讲团，到青岛大学、中国海洋大学、驻青某部队和大崂路社区讲解地图相关知识，累计外出授课 6 场次，解答咨询 100 多人次，赠送各类宣传资料 700 多份、地图 500 多幅。

【全覆盖排查整治“问题地图”专项行动】

9 月—12 月，青岛市国土资源和房屋管理局组织开展排查整治“问题地图”专项行动，与全市 19 个部门组成专项行动领导小组，对青岛市“问题地图”进行大检查，共检查网站、微信公众号、图书馆等 200 多个，检查各类图书 1000 多册，发现存在问题的图书 7 种。

测绘地理信息成果管理与应用

【“天地图·青岛”建设与应用】

青岛市国土资源和房屋管理局申请财政资金 130 万元，对“天地图·青岛”进行改版升级及数据更新，加强平台数据共享，增强“天地图”在线服务能力。

【成果汇交与分发】

青岛市国土资源和房屋管理局组织完成年度测绘成果汇交工作，其中财政投资测绘地理信息项目 31 项、企业投资项目 86 项，汇交成果副本 31 项、成果目录 86 项，在局门户网站发布汇交目录。

【测量标志管理】

青岛市国土资源和房屋管理局进一步落实测量标志巡查制度，实现全部测量标志巡查网上办理，在山东省国土资源厅组织的测量标志督导检查中，青岛市测量标志抽查完好率达 100%。完成 1 座二等水准点、1 座二等三角点和 1 座三等三角点的报批迁建工作。对青岛市连续运行基准点系统（QD-CORS）进行站点检查、数据更新、设备保养等日常维护，确保现代测绘基准体系正常运行。

【应急测绘保障服务】

青岛市国土资源和房屋管理局将应急测绘纳入常态工作，做好应急测绘保障资料储备工作。青岛市测绘应急保障预案通过专家评审，参与国家环保督察、全国海洋经济调查、多规合一、上合组织青岛峰会举办地——青岛奥帆基地项目改造工程、“美丽青岛三年行动”等重大项目测绘应急保障工作。

地理信息产业

5 月 18 日，青岛市政府办公厅印发《关于促进地理信息产业发展的实施意见》，提出青岛市地理信息产业发展的基本思路，规划青岛市地理信息产业发展的格局和六大重点任务，强调要加大地理信息产业保障措施。

科技奖励

青岛市国土资源和房屋管理局完成的青岛市地理信息公共服务平台被中国电子商会、中国智慧城市产业联盟和青岛市智慧城市建设领导小组办公室评为 2017 智慧青岛十佳（智慧信息基础类）典型案例。

大连市

概况

2017 年，大连市规划局（大连市测绘地理信息局）不断加强测绘地理信息保障服务能力和公共服务水平建设，为全市“多规合一”“规划一张图”、环境保护等政府重大项目提供基础数据、专题要素，持续对大连市地理信息公共平台及现代化测绘基准体系进行维护，继续为政府部门提供各类影像图、地图服务。组织开展全覆盖排查整治“问题地图”专项行动、卫星导航定位基准站安全专项整治行动、查处取缔无证无照测绘经营专项行动等。全年受理测绘地理信息各类文件、报件 859 件，全部按时办结，对外发文 69 件。

党的建设与人才队伍建设

【党的建设】

大连市规划局（大连市测绘地理信息局）落实国家测绘地理信息局、辽宁省测绘地理信息局、大连市委市政府部署，深入开展“两学一做”学习教育活动。按照《关于推进“两学一做”学习教育常态化制度化的实施方案》和“大学习大讨论方案”，开展中心组学习、支部学习、干部自学。全年党委中心组集中学习 15 次，组织全局党员干部收看党的十九大开幕式，观看学习专题片 7 场。召开局党委会 27 次，集中讨论规划、测绘工作创新等重要事项。全面查找制约规划测绘发展的根本问题，列出问题清单，制定整改措施，细化工作方案。

【党风廉政建设】

大连市规划局（大连市测绘地理信息局）认真落实反腐倡廉任务，1 月 17 日，组织 40 多人在大连分会场参加全国测绘地理信息系统党风廉政建设工作电视电话会议，将会议明确的 2017 年党风廉政建设重点任务和国家测绘地理信息局局长库热西・买合苏提讲话纳入党委中心组和全市测绘地理信息系统学习重要内容，要求所有党员干部严格落实全面从严治党要求。全年全市测绘地理信息系统没有出现违反党风廉政建设的问题。

【精神文明建设】

大连市规划局（大连市测绘地理信息局）组织测绘地理信息系统职工在《中国国土资源报》《中国测绘》杂志、《中国测绘报》、国家测绘地理信息局门户网站、《鞍山日报》《鸭绿江晚报》《大连开放先导区报》等发表反映测绘地理信息系统职工文化生活的小说、散文、新闻报道、信息 20 多篇。

【人才队伍建设】

大连市规划局（大连市测绘地理信息局）配合实施各级人才培养计划，促进测绘地理信息行业人员能力水平提升。选派 5 支代表队参加辽宁省测绘地理信息局组织的辽宁省测绘地理信息行业职业技能竞赛，大连市勘察测绘研究院有限公司、国家海洋环境监测中心获工程测量项目优秀奖，4 名选手获优秀奖。鼓励和支持技术人员参加注册测绘师培训和考试，全市共有注册测绘师 150 人。

法制建设与市场监管

【法制建设】

大连市规划局（大连市测绘地理信息局）全面清理全市测绘行政管理规范性文件，重新规范审批程序，并协助国家测绘地理信息局和辽宁省测绘地理信息局做好新出台法规规章、规范性文件的调研、论证工作，及时反馈意见，提供相关数据和参考资料。配合辽宁省测绘地理信息局完成政务服务工作调研。

【法制宣传】

8 月 28 日—9 月 3 日，大连市规划局（大连市测绘地理信息局）在全市范围组织开展测绘法宣传周活动。据不完全统计，全市各级测绘地理信息主管部门和各测绘资质单位发布测绘法宣传周活动信息 7 篇，设置宣传点、咨询站 20 个，摆设宣传拱门 15 个，悬挂大型主题宣传条幅 100 多幅，为群众提供咨询200多人次，免费发放测绘法规宣传画和宣传地图500多张，利用大连政务短信平台发布宣传短信上千条。

【法规培训】

5月，大连市规划局（大连市测绘地理信息局）组织全市测绘地理信息主管部门和测绘资质单位在大连分会场参加由国家测绘地理信息局组织的学习宣传贯彻新修订的《中华人民共和国测绘法》电视电话会议。6月，组织88人参加辽宁省测绘地理信息局举办的新测绘法培训班。8月，组织209人参加辽宁省测绘保密人员法制培训班，75人通过涉密培训考试并取得证书。

【测绘资质管理】

大连市规划局（大连市测绘地理信息局）完成测绘单位资质初审27家，其中新申请乙级资质2家、丙级1家，变更法人、地址、业务范围信息22家，升级资质1家，降级资质1家。完成28家测绘单位补充和修改数据。组织全市78家乙、丙、丁级测绘资质单位完成测绘资质年度报告工作，按要求对26家测绘单位年报情况进行抽查，及时上报抽查结果。

5月—6月，配合辽宁省测绘地理信息局对大连84家测绘资质单位开展测绘资质巡查。7月，协助国家测绘地理信息局对大连市勘察测绘研究院有限公司进行现场检查。8月—10月，协助辽宁省测绘地理信息局对6家测绘资质单位审批事项进行实地核查。10月，落实辽宁省测绘地理信息局要求，在全市范围组织开展查处取缔无证无照测绘经营专项行动。完成4家外省单位在大连测绘项目备案登记，并出具《大连市测绘项目备案登记通知书》。

【信用管理】

大连市规划局（大连市测绘地理信息局）组织测绘资质单位填报信用信息。整理、更新大连市83家测绘资质单位基本信息，并在局门户网站发布。

基础测绘

【基础测绘经费投入】

2017年，大连市规划局（大连市测绘地理信息局）与市发改、财政等部门协调，将基础测绘纳入大连市年度财政预算，按要求向市政府上报基础地理信息数据、测绘基准体系及地理信息公共平台维护等基础测绘项目并获批复。

【测绘基准体系维护】

大连市规划局（大连市测绘地理信息局）继续对大连市一、二等水准网、B级GPS框架网和大连市连续运行基准站综合服务系统（DLCORS）进行测量标志普查、站点检测、数据更新、网络防护、设备保养及耗材替换等日常维护工作，研究、测试基于CORS的北斗系统服务功能。

【地理信息公共平台维护】

大连市规划局（大连市测绘地理信息局）对大连市地理信息公共平台进行维护，更新、完善基础地理空间信息数据，扩充、优化地理信息公共平台功能，运维管理大连市地理信息公共平台日常软、硬件。推动各部门业务系统应用和共享，新增3个应用系统。基于大连市地理信息公共平台已建、在建应用系统达31个。

【智慧城市建设】

大连市规划局（大连市测绘地理信息局）结合大连市智慧城市建设实际，扩充基础地理信息数据库矢量、影像、三维、地名地址等数据，建立时空信息数据库和时空信息云平台。

【真正射影像图制作及应用】

大连市规划局（大连市测绘地理信息局）开展大连市主城区300平方千米真正射影像图研究、编制，为大连市主城区提供高分辨率数字影像图，并应用于影像专题图制作、城市部件信息采集及城市实景三维建模等。

【城市基础设施测绘统计】

大连市规划局（大连市测绘地理信息局）实现基础设施信息共享及可持续利用，组织开展并完成市内4个区600平方千米基础设施精细化测绘，并开发建设城市基础设施地理信息系统。

【测绘地理信息服务】

大连市规划局（大连市测绘地理信息局）组织开展城市地图、影像图整理、编辑、建库等工作，为“规划一张图”“多规合一”提供统一的空间定位基准，实现全市各部门之间空间信息共享，改善全市投资环境，提高行政运行效率和公共服务水平。

【饮用水水源保护区地理信息采集】

大连市规划局（大连市测绘地理信息局）开展饮用水水源保护区基础信息采集、调查，制作饮用水水源保护区0.6米分辨率卫星影像正射影像图，获取饮用水水源保护区地理信息要素及指标，解析、调查饮用水水源保护区内基础信息。

【质量管理】

大连市规划局（大连市测绘地理信息局）组织全市乙、丙、丁级测绘资质单位完成测绘地理信息成果质量监督抽查项目统计上报。协助辽宁省测绘产品质量监督检验站完成4个项目质量检查工作。

地图管理

大连市规划局（大连市测绘地理信息局）牵头，协调12个政府部门成立领导小组，联合开展全覆盖排查整治“问题地图”专项行动。领导小组制定印发《大连市全覆盖排查整治“问题地图”专项行动工作方案》，召开专题会议，组织政府网站、测绘地理信息行业、领导小组成员单位及各区市县、先导区政府和相关部门开展排查，并深入旅顺口区、金普新区、普兰店区、瓦房店市、庄河市进行检查督查，开展“回头看”工作，完成专项行动各项任务。专项行动领导小组共印发文件9个，召开专题会议7次；295家单位参与自查，自查地图95494幅，发现“问题地图”177幅；专项行动领导小组抽查157家单位，发现“问题地图”32幅；重点检查72家政府网站，发现地图类图片1301个，链接地图服务38个，发现“问题地图”127幅；检查和抽查新华书店、文化市场9家，发现“问题地图”3种近100幅，上述问题均得到及时有效整改。

测绘地理信息成果管理与应用

【“天地图·大连”建设与应用】

大连市规划局（大连市测绘地理信息局）对大连重点发展区域进行局部更新，并向食品药品监督、城建、环保、民政、文体5个部门推广“天地图·大连”应用示范。

【成果汇交】

大连市规划局（大连市测绘地理信息局）落实辽宁省测绘地理信息局要求，组织全市74家乙、丙、丁级测绘资质单位完成937项测绘成果汇交工作。

【测绘成果保密管理】

大连市规划局（大连市测绘地理信息局）组织开展并完成全市丙、丁级测绘单位2017年档案和保密管理复核工作。鼓励支持测绘成果依法、合理利用，全年为申领使用国家秘密基础测绘成果的10个项目出具证明函，提供使用大连市基础测绘成果2件。深入部分企业开展测绘成果保密检查、督查。

【测量标志管理】

大连市规划局（大连市测绘地理信息局）为大连市现代测绘基准体系提供空间定位与基准服务，对大连市B级GPS控制网点和一、二等水准点进行普查、维护，对大连市连续运行基准站综合服务系统（DLCORS）进行日常维护，确保大连市现代测绘基准体系正常运行。

【卫星导航定位基准站安全专项整治行动】

大连市规划局（大连市测绘地理信息局）与市国家安全局在全市范围联合组织开展卫星导航定位基准站安全专项整治行动，深入金普新区、旅顺口区、普兰店区、瓦房店市和庄河市进行工作督导，并在安全风险排查基础上，对大连市连续运行基准站网的中山站、金州站、皮口站和大连市勘察测绘研究院有限公司自建的基准站进行联合检查。经核查，全市14个基准站不存在安全隐患问题。

【应急测绘保障服务】

大连市规划局（大连市测绘地理信息局）落实国家和省级应急测绘保障能力建设总体部署，开展大连地区应急测绘保障能力建设，配置三维激光扫描系统、车载移动测量系统等现代化测量设备，并按要求开展日常应急测绘保障服务工作。

科技工作

【科技奖励】

大连市测绘研究院参与完成的“大范围陆海垂直基准转换理论方法及应用”获中国测绘地理信息学会2017年测绘科技进步奖二等奖，“辽宁省第一次全国地理国情普查数据生产项目”获中国测绘地理信息学会2017年全国优秀测绘工程奖金奖、“大连市主城区机载三维激光雷达（LiDAR）测量和倾斜摄影测量”获银奖，“基于倾斜摄影和机载LiDAR的大连市单体化实景真三维建模研究”项目获2017年辽宁省测绘科技进步奖一等奖。

【科技交流】

大连市规划局（大连市测绘地理信息局）组织测绘技术骨干参加中国测绘地理信息学会2017年学术年会、第七届全国测绘地理信息技术装备展览会暨全国测绘地理信息博览会、2017GIS软件技术大会、第十四届东北三省测绘学术与信息交流会、国内测绘地理信息学术会议等，组织注册测绘师、技术人员参加不同层次、类型的继续教育学习及技术培训。

宁波市

概况

2017 年，宁波市测绘与地理信息局坚持测绘地理信息工作“基础性、公益性、战略性”基本定位，聚焦重点工作，全面推进测绘地理信息各项工作。推进“最多跑一次”改革，做好测绘类涉“跑”事项梳理、确认工作。推进宁波市基本建设项目联合测绘试行工作，配合浙江省测绘与地理信息局做好全省联合测绘改革工作。深化行政审批制度改革，推进多项政府职能工作转移至宁波市测绘与地理信息学会。强化测绘市场动态监管，完成全市测绘与地理信息行政执法“双随机”抽查和“问题地图”专项排查整治工作。

宁波市基础测绘经费投入 7853 万元，专项资金投入 1750 万元。宁波市连续运行参考站（NB-CORS）新增北斗系统，实现双系统服务和陆海统一的测绘基准。启用宁波市 2000 坐标系，完成基础测绘数据转换工作；完成 1∶500 、1∶2000 地形图测制与更新 2.9 万幅，实现全市 1∶2000 地形图全覆盖；建立三维数字地图分级体系，完成全市 1 万平方千米 2.5 维数字地图更新；完成市区 3.2 万千米地下管线三维建模，建立一体化全覆盖的空间数据；实现政务电子地图联动更新；获取 0.5 米分辨率卫星遥感影像 1 万平方千米，0.2 米分辨率航空摄影影像 4618 平方千米；完成全市高程控制网复测，施测一、二等水准 2410 千米；利用 InSAR 技术完成全市 1 万平方千米地面沉降监测工作。完成智慧城市时空信息云平台建设。

党的建设与人才队伍建设

【党的建设】

宁波市测绘与地理信息局推进“两学一做”学习教育常态化制度化，开展“不忘初心、牢记使命”主题教育。制定《关于推进“两学一做”学习教育常态化制度化的实施方案》，学习贯彻党的十九大、全国“两会”和省市党代会精神，以中心组带头学、党组织集中学、党员个人学、网络在线学和竞赛促进学方式组织学习宣传教育活动。开展专题党课辅导、重温入党誓言、慰问困难党员活动，强化党员政治意识，提升党员干部党性修养。组织参加市直机关工作委员会“千名支书轮训班”，举办基层党支部书记、委员培训班。做好党员信息收集工作，规范党员组织管理。

【党风廉政建设】

宁波市测绘与地理信息局制定年度党风廉政建设工作要点，召开党风廉政建设工作会议。健全责任体系，签订党风廉政责任书。建立局党委巡察机制，成立巡察工作领导小组，开展巡察工作。组织党员干部参加市直机关的党内法规测试活动，召开领导班子廉情分析会，排查薄弱环节和主要风险点，邀请宁波市纪律检查委员会领导作党风廉政建设专题讲座。严防“四风”反弹，召开动员大会，印发实施方案，推进“打通中梗阻、提升执行力”专项行动。开展文明机关创建活动和民主评议机关整改工作。联合宁波市驻局纪检组开展作风效能督查。

【精神文明建设】

宁波市测绘与地理信息局优化星级评定考核，出台年度星级评定实施细则，实现基层党组织星级评定工作规范化、制度化和科学化。开展“一支部一特色”党建品牌创建活动。完成党建示范阵地建设，落实阵地宣传片拍摄工作。深化结对共建活动，探索测绘地理信息部门与民主党派结对共建活动新模式，局直属机关党委与九三学社宁波市委员会卫生与健康工作委员会结为共建单位，组织开展“医疗卫生、科普教育、规划测绘”三下乡活动。局属事业单位宁波市测绘设计研究院获中共浙江省委、浙江省政府“浙江省文明单位”称号；局团委 1 人获共青团宁波市委员会组织的演讲比赛一等奖；局妇女委员会1人获宁波市总工会组织的演讲比赛一等奖。

【人才队伍建设】

宁波市测绘与地理信息局贯彻执行《宁波市市直单位中层干部选拔任用工作实施细则》，建立人事基础信息数据库。严格选人用人工作程序，做好干部选拔任用工作。坚持实践育人，通过干部轮岗交流，强化干部多岗位锻炼，形成干部使用的良性互动。做好干部的“上派下挂”，选派优秀干部参加“三重三跨”挂职。强化干部教育培训，做好年度培训计划，注重依托培训平台，培养多元、复合型人才。探索专业队伍管理举措，推动事业单位科研创新和成果运用。局2人晋升为副局级干部；1人入选中共中央组织部、共青团中央主管的第18批博士服务团成员，到西部地区挂职锻炼；4位测绘地理信息技术人员晋升为教授级高级工程师。

法制建设与市场监管

【法制建设】

宁波市测绘与地理信息局组织《宁波市地理信息资源管理条例》编制工作，征集相关部门和专家学者意见2次，召开专题座谈会5次，与宁波市人大、政府进行多次沟通。《宁波市地理信息资源管理条例》草案已通过宁波市政府审议和市人大第一次审议。

【法制宣传】

宁波市测绘与地理信息局围绕测绘法和国家版图知识“三进”活动开展宣贯工作，印发实施方案，向社会公众征集宣传口号，邀请专家对县级测绘管理人员和丙、丁级测绘单位负责人进行辅导，利用微信等媒体进行系列宣传，开展巡回宣讲和知识竞赛活动。8月29日，在镇海区开展测绘法主会场宣传活动，其他区县（市）开展分会场活动，发放宣传品2万多份，解答市民关心的测绘地理信息方面问题60多个。

【依法行政】

宁波市测绘与地理信息局完成测绘与地理信息行政执法“双随机”抽查工作，包括测绘资质巡查、测绘成果质量监督检查、涉密地理信息保密检查、地图市场检查。随机抽取20家单位，发出整改告知单11份，作出行政处罚2起。开展“问题地图”专项排查整治工作。开展卫星导航定位基准站安全专项整治行动，检查卫星导航定位基准站21座，下发整改通知书2份，责令停止使用并限期拆除1座，责令限期办理相关备案手续1座。印发《测绘地理信息保密工作实施方案》，制定《宁波市国家秘密基础测绘成果提供使用管理规定》。

【“放管服”改革】

宁波市测绘与地理信息局根据浙江省政府“最多跑一次”改革要求，做好测绘类涉“跑”事项梳理、确认工作，制定《审批事项申报服务温馨告知》手册，对审批事项提供网上申办预审、快递送达的服务。开展基本建设项目联合测绘试行工作，发布宁波市综合联测联合机构示范名录库，配合浙江省测绘与地理信息局做好全省联合测绘改革工作，参与制定《建筑工程建筑面积计算规则和竣工综合测量技术规程》。制定《测绘地理信息行政权力事项事权划分与操作办法》，将事项下放到区县（市）办理，实现全市管理事权无缝对接。将测绘职称评审、优秀测绘工程评选、测绘行业技能竞赛、地理信息产业名录库更新和测绘信用信息采集5项职能转移至宁波市测绘与地理信息学会。

【测绘资质管理】

截至年底，宁波市共有测绘资质单位90家，其中甲级6家、乙级19家、丙级32家、丁级33家。宁波市测绘与地理信息局完成65家丙、丁级测绘单位资质年度报告工作，审批完成8家丙、丁级测绘资质单位和6家测绘资质升级单位，吊销2家测绘资质单位。开展测绘资质巡查和涉密地理信息保密检查工作，完成20家测绘资质单位监督检查工作。

规划与计划

【规划的制定与执行】

宁波市出台《宁波市人民政府办公厅关于促进地理信息产业发展的实施意见》，宁波市测绘与地理信息局制定《宁波市基础测绘“十三五”规划》，起草《宁波市人民政府办公厅关于加强地理国情监测促进监测成果应用的实施意见》。

【计划的制定与执行】

宁波市测绘与地理信息局制定年度计划，按照《宁波市规划局测绘地理信息行政权力事项事权划分与操作办法》落实区县（市）计划，全年开展计划执行情况检查和调研2次。

基础测绘

【基础测绘经费投入】

2017年，宁波市测绘与地理信息局依据《宁波市基础测绘“十三五”规划》，制定年度基础测绘计划，落实基础测绘经费7853万元，专项资金1750万元。

【测绘基准建设与应用】

宁波市测绘与地理信息局完成宁波市连续运行参考站建设与维护工作，新增北斗系统，实现双系统服务和陆海统一的测绘基准，服务面积2万平方千米（含海域1万平方千米）。启用2000国家大地坐标系和宁波市2000坐标系，制定《宁波市2000坐标系启用实施方案》，完成基础测绘数据转换工作。完成700个高等级重力、平面和高程控制点维护工作，建立GPS C级平面控制网和二等高程控制网，实施一、二等水准测量2410千米。NBCORS实现注册用户120家，同比增加12家；注册仪器数423台，增加51台；在线时间528.1万分钟，使用数据流量9.8GB，坐标转换83.7万个。

【基本比例尺地形图测制与更新】

宁波市测绘与地理信息局完成1∶500、1∶2000地形图测制与更新2.9万幅，实现全市1∶2000地形图全覆盖。建立三维数字地图分级体系，更新全市1万平方千米2.5维数字地图，完成绕城高速范围800平方千米实景三维数字地图。完成政务电子地图联动更新。

【航空航天遥感影像获取与应用】

宁波市测绘与地理信息局获取全市范围0.5米分辨率卫星遥感影像1万平方千米，服务地理国情监测、城市规划和城市建设；获取0.2米分辨率航空摄影影像4618平方千米，用于1∶2000“3D”测绘成果动态更新。

【智慧城市、数字城市建设】

宁波市测绘与地理信息局完成智慧城市时空信息云平台建设，项目成果包括云基础设施、时空大数据中心、智能服务平台、系列保障体系和示范应用。完成时空大数据中心建设，实现1800万人口、180万企业法人和200多个图层的动态汇聚和164个应用。完成宁海县时空云平台试点建设工作。

【质量管理】

宁波市测绘与地理信息局完成全市测绘资质单位质量监督检查工作。结合测绘与地理信息行政执法“双随机”抽查工作，随机抽取20家测绘资质单位，开展测绘成果质量监督检查，委托浙江省测绘质量监督检验站监督检验10家单位测绘项目。

地理国情监测

【地理国情普查】

宁波市测绘与地理信息局完成宁波市第一次地理国情普查工作。编制地理国情普查公报、图集、图册，筹备成果发布会，定期发布地面沉降、低洼地段、道路易积水区信息，为宁波市灾害预警和防治提供基础数据。地理国情普查成果在城市总体规划编制、海绵城市和“五水共治”工作中得到应用。

【地理国情监测】

宁波市测绘与地理信息局完成年度地理国情监测工作。起草《宁波市人民政府办公厅关于加强地理国情监测促进监测成果应用的实施意见（送审稿）》，制定宁波市地理国情监测年度计划。完成城市建成区范围、城市建成区绿化率和绿地率、城市低洼地段和道路易积水区、城市建筑高度、全市围填海、城市消防设施和城市避难场所监测工作。完成新增的中心城区城镇化格局演变、宁波市不透水面及热环境、宁波市开山采石遥感专题监测工作。

海洋测绘与不动产测绘

【海洋测绘】

宁波市完成海洋测绘2337.7平方千米。

【地籍测绘】

宁波市完成地籍测绘1474.6平方千米。

【房产测绘】

宁波市完成房产测绘6118.6万平方米。

【行政区域界线测绘】

宁波市完成行政区划界线测绘250千米。

【地下管线测绘】

宁波市测绘与地理信息局完成全市地下管线排查工作，查清市区313家权属单位3.2万千米管线现状，校核原有管线2.5万千米，排查新增管线6603千米；完成县（市）管线普查工作，排查管线1.3万千米。完成综合管线信息平台建设，实现二三维一体化、智慧化管理。建立综合监管信息系统。发布《管线探测技术规程》《管线要素分类代码与符号细则》地方标准，推进管线交换共享。提请宁波市政府印发《关于进一步加强管线规划建设管理的通知》，理顺管线规划、建设、安全监管流程。

地图管理与地图服务

【地图公共服务】

宁波市测绘与地理信息局完成地图编制 9616 幅。编制出版《阿拉半月图系列地图》24 幅，面向公众提供专题地图服务。向局系统提供地图成果 80 批次，其中地形图 11.1 万幅、地下管线图 4.6 万幅，影像成果 19 批次面积 9.5 万平方千米；向系统外提供地图成果 36 批次，其中地形图 1.6 万幅、地下管线图 9928 幅，影像成果 8 批次面积 2.4 万平方千米。服务窗口提供成果 205 批次，提供地形图和管线图 3198 幅。接待地形图查询 35 人次，提供历史地形图 147 幅。实现互联网地图点击量 50 万次，API 接口调用量 120 万次，下载数据量 2GB。

【全覆盖排查整治“问题地图”专项行动】

宁波市测绘与地理信息局按照“市级统筹、条块结合、地方负责”的总体原则，统筹全市“问题地图”专项排查整治工作。成立市专项行动领导小组，开展“问题地图”专项整治工作，完成 289 家政府网站、90 家测绘资质单位和 1500 多家互联网服务单位的自查和抽查，检查重点场所 68 家，发出整改告知单 6 份。

测绘地理信息成果管理与应用

【“天地图·宁波”建设与应用】

宁波市测绘与地理信息局完成宁波市地理信息共享服务平台运维管理、数据运维、天地图评测、天地图成果汇交、区县（市）平台支持服务、平台推广应用服务。“天地图”在线应用服务达 15 个，“天地图”网站访问量达 11.3 万次。为区县（市）提供技术支持 98 次。完成 5 个平台应用推广和 44 个应用系统。

【成果汇交】

宁波市测绘与地理信息局接收基础测绘成果 18 批次、影像数据 3 批次、自然资源数据 5 批次、框架数据 1 批次。向国家测绘地理信息局汇交成果数据 5 次，向浙江省测绘与地理信息局汇交测绘成果目录和数字成果 3 次。集中更新基础测绘项目目录 2 次。

【测绘成果保密管理】

宁波市测绘与地理信息局印发《测绘地理信息保密工作实施方案》，完成《宁波市地理空间框架数据规范》《宁波市综合管线信息数据非公开处理方案》编制，起草《宁波市国家秘密基础测绘成果提供使用管理规定》。联合宁波市保密部门完成测绘成果保密检查工作。

【测量标志管理】

宁波市测绘与地理信息局投入经费 111 万元，完成宁波市景观型测量标志建设工作。制定年度测量标志保护管理工作计划，确定市域测量标志保护重点，更新测量标志数据，落实保护津贴发放。委托区县（市）落实专人保护，负责测量标志巡查，填写巡查记录。全年保护测量标志 700 座，发放测量标志保护津贴 10.9 万元。

【应急测绘保障服务】

宁波市应急测绘保障管理纳入宁波市政府应急管理体系，建立市、县联动应急测绘保障机制。宁波市政府制定《宁波市测绘与地理信息应急保障预案》，区县（市）政府成立相应组织协调机构并制定预案。宁波市测绘与地理信息局制定《测绘与地理信息应急数据快速提供管理手册》《重要应急装备日常维护管理手册》。4 月 26 日，宁波市应急测绘保障队在丽水市青田县参加浙江省应急测绘保障实战演练；12 月 13 日，在宁波市海曙区、奉化区开展应急测绘保障演练。

地理信息产业

【地理信息产业政策】

宁波市印发《宁波市人民政府办公厅关于促进地理信息产业发展的实施意见》，落实责任部门，推进北斗产业园和地理信息产业园落地工作。

【地理信息产业发展】

宁波市成立国家北斗卫星导航位置服务浙江（宁波）中心和宁波市遥感应用中心。

科技与标准化工作

【科技项目与科技奖励】

宁波市测绘与地理信息局完成国家测绘地理信息局青年学术与技术带头人基金项目 1 项、宁波市科学技术协会基金资助项目6项、局系统研究课题3项。宁波市测绘地理信息行业39项成果获科技奖励，其中获中国测绘地理信息学会和中国地理信息产业协会奖励7项、浙江省测绘与地理信息学会和行业协会奖励15项、宁波市测绘与地理信息局奖励17项。

【标准化工作】

宁波市测绘与地理信息局完成宁波市地方标准规范的制定和修订工作。2月8日，发布《管线探测技术规程（DB3302/T 1079—2017）》和《管线要素分类代码与符号细则（DB3302/T 1080—2017）》。组织实施《宁波市1∶500 1∶1 000 1∶2 000基础地理信息数字产品测量技术规程（DB3302/T 1004—2010）》和《宁波市1∶500 1∶1 000 1∶2 000基础地理信息数据规程（DB3302/T 1005—2010）》的修订工作。

地方社团工作

宁波市测绘与地理信息学会承接测绘与地理信息职称评审、优秀测绘地理信息工程评选、行业职业技能竞赛、地理信息产业名录库更新、测绘单位信用信息采集、注册测绘师资格审查、继续教育培训、综合联测联核和监督检验宁波市政府转移职能。完成全市测绘地理信息专业73人中级职称和31人高级职称的评审和推荐工作。开展全市优秀测绘地理信息工程评审工作，评选优秀测绘地理信息工程17项。举办“南方测绘杯”第五届宁波市测绘地理信息行业职业技能竞赛，比赛项目设工程测量、地图制图和不动产测绘，1人获“宁波市首席个人”称号，5人获“宁波市技术能手”称号。开展9次继续教育培训，累计培训917人次。完成25家综合联测联核机构示范目录审核、15人注册测绘师资格审查、地理信息产业名录库更新和测绘单位信用信息采集工作。完成宁波市科学技术协会研究课题6项。组织开展“院士宁波行”活动。举办2017年综合性测绘学术研讨会，收到论文55篇，评选出优秀论文17篇，编制出版《综合性测绘学术研讨会论文集》。出版《宁波测绘》学术期刊2期。举办第六届测绘杯定向越野比赛；组织参加医疗卫生、科普教育、规划测绘“三下乡”活动。

深圳市

概况

2017年，深圳市投入测绘类财政资金共5451万元。深圳市规划和国土资源委员会完成6个北斗CORS基准站建设，建立深圳市高精度三维空间控制网和高程控制网，建立SZCORS在线坐标转换系统。完成全市域（禁飞区除外）0.2米分辨率航空摄影测量，24期政务版和公开版影像地图。制作数字深圳空间基础信息平台用户数达91家，支撑全市测绘地理信息成果应用。更新“天地图·深圳”节点数据，升级“天地图·深圳”门户网站。完成智慧深圳时空信息云平台前期研究工作。对地理国情普查成果进行年度更新，开展重要民生设施监测评估。受理地图审核事项70多项，在全市范围开展全覆盖排查整治“问题地图”专项行动。截至2017年底，全市共有69家测绘资质单位，开展地理信息产业调研，深化“放管服”改革要求，推进深圳市房产测绘管理改革。多渠道开展新测绘法学习宣传活动。深圳市测绘地理信息学会完成换届改选及更名工作。

党的建设与党风廉政建设

【党的建设】

深圳市规划和国土资源委员会把学习宣传贯彻党的十九大精神作为首要政治任务，自觉以习近平新时代中国特色社会主义思想武装头脑。深入开展“抓学习、抓调研、抓落实”工作，印发学习宣传贯彻工作方案，举办“一把手”讲党课、“支部书记论坛”“规土文化公开课”等系列学习培训活动。

深入推进“两学一做”学习教育常态化制度化，健全完善各级党组织，认真落实“三会一课”等组织生活制度，培训党支部书记、党务干部150多人次。

【党风廉政建设】

深圳市规划和国土资源委员会严格落实党风廉政建设责任制和“一岗双责”，健全廉政风险防控制度，完善廉政预警机制，进一步拓宽廉政文化传播平台，基本实现廉政教育全员覆盖，实名举报核查率达100%。

法制建设与市场监管

【法制宣传】

深圳市规划和国土资源委员会组织全市有关单位和人员参加国家测绘地理信息局、广东省国土资源厅开展的新测绘法专题辅导报告和培训，邀请国家测绘地理信息局“七五”普法讲师团宣讲新测绘法。撰写测绘地理信息工作宣传稿并在新闻媒体、政府门户网站上发表。“8·29”测绘法宣传日，围绕新测绘法贯彻实施举办测绘法宣传日主题活动，现场开展多种形式的宣传活动。

【依法行政】

深圳市规划和国土资源委员会完成行政审批标准化工作，梳理编制深圳市测绘类4个行政许可、4个其他服务、47个行政处罚和1个行政检查事项的办事指南、业务手册，完成广东省、深圳市权责清单系统的录入工作。

【“放管服”改革】

深圳市规划和国土资源委员会印发《深圳市房产测绘管理改革工作方案》，在市场全面放开的环境下，探索建立依法定职能开展业务的事业单位运行模式，事前、事中、事后监管相衔接的质量控制模式及政府管理与行业自律相结合的市场监管模式。

【测绘资质管理】

截至2017年底，深圳市共有69家测绘资质单位，其中甲级19家、乙级34家、丙级15家、丁级1家。2017年，全市新增乙、丙级测绘资质单位10家，增加业务范围单位6家，升级测绘资质单位3家。深圳市规划和国土资源委员会按要求开展测绘资质初审，组织完成全市测绘单位的年度报告公示工作。

【信用管理】

深圳市规划和国土资源委员会修订了《深圳市测绘地理信息诚信评价标准（试行）》，进一步优化市级信用管理系统；组织全市测绘资质单位开展信用信息征集和录入，按时完成53家单位的测绘地理信息信用评价与考核工作，评定A级单位7家、B级单位44家、C级单位2家。

规划与计划

深圳市规划和国土资源委员会依据《深圳市测绘地理信息发展“十三五”规划》明确的任务和相关项目，编制2017年测绘地籍工程计划和2018—2019年测绘地籍工程规划。健全绩效评估考核制度，增强规划刚性指导作用。在保证基础测绘常规项目的基础上，结合工作需求，适当安排部分科技研究项目。

基础测绘

【基础测绘经费投入】

2017年，深圳市基础测绘项目总投资5451万元，新建项目27项，其中年度常规项目23项，预计总投资4808万元；年度新增项目4项，预计总投资643万元，新增内容主要为SZCORS与北斗地基增强系统的融合、基于倾斜摄影技术建立城市真三维模型试点等。

【测绘基准建设与应用】

深圳市规划和国土资源委员会完成深圳市北斗地基增强系统的建设，建立6个北斗CORS基准站，并将6个基准站融入2000国家大地坐标系框架。完成深圳市高精度似大地水准面建设，建立深圳市高精度三维空间控制网和高程控制网，确定1985黄海高程系统下深圳市1厘米精度的似大地水准面数值模型。定期对SZCORS基准站和数据中心硬软件的运行状况进行现场检查，检查情况良好，基准站位移符合规范要求。建立SZCORS在线坐标转换系统。

【基本比例尺地形图测制与更新】

深圳市规划和国土资源委员会完成深圳市约300幅1∶1000地形图年度动态修补测，总面积约106.5平方米。

【航空航天遥感影像获取与应用】

深圳市规划和国土资源委员会完成全市域（禁飞区除外）0.2米分辨率航空摄影测量及相应的DOM、DEM数据内业处理，深圳市24期政务版和公开版影像地图制作。

【智慧城市、数字城市建设】

深圳市规划和国土资源委员会强化数字深圳空间基础信息平台服务提升，研究开发二三维地图框架，实现数据加载和应用服务轻量化转型，完成城市三维仿真系统功能升级；与全市91个职能部门开展地理信息技术合作，重点支持深圳市三防决策支持平台、深圳市安全管理综合信息系统、深圳市资产信息管理系统等系统建设；与深圳市公安局、福田区信息中心、宝安区信息中心、龙华新区信息中心、坪山区信息中心等单位合作，促进区级空间信息分平台建设；开展时空信息云平台前期研究，明确智慧深圳时空信息云平台建设重点内容，完成智慧深圳时空信息云平台技术方案和智慧深圳时空信息云平台可行性研究报告编写。

【质量管理】

深圳市规划和国土资源委员会开展2017年测绘质量监督检查工作，成立测绘质量监督检查工作领导小组，对8家承担深圳市数字化地形图动态修补测单位的基础测绘成果质量进行成果类监督检查；全程协助配合广东省测绘产品质量监督检验中心对全市甲、乙级测绘资质单位的测绘产品质量进行监督检查；组织开展全市丙、丁级测绘资质单位质量监督检查工作，对从业单位的资质、人员、成果等方面的自查表逐一审核对比评分，对其测绘产品随机抽样进行外业检测，形成最终的测绘产品质量监督检查报告和总结。

【安全生产】

深圳市规划和国土资源委员会按照《广东省国土资源厅关于印发〈广东省测绘地理信息领域安全生产专项整治方案〉的通知》要求，组织开展相关工作。9月，组织全市63家测绘资质单位对照测绘地理信息安全生产重点整治内容进行自查。10月，按10%比例抽取6家单位开展现场检查，重点检查安全生产管理相关情况。11月，总结专项整治工作，形成工作总结报告。

地理国情监测

【地理国情普查】

深圳市规划和国土资源委员会对地理国情成果进行年度更新，完成1997平方千米范围的地理国情及市情监测数据生产工作，通过深圳市地理国情信息数据库管理系统，批量接收、检查、入库普查数据成果。建设地理国情信息发布和服务系统，实现国情普查成果查询和统计分析成果展示。开展地理国情普查数据应用试点，完成“深圳市第一次全国地理国情普查大鹏半岛自然生态环境及评价”和“深圳市第一次全国地理国情普查土地利用变化与覆盖变化监测”项目。

【地理国情监测】

深圳市规划和国土资源委员会推进地理国情监测多部门协作，调研养老、文体、保障房、消防站等重要民生设施的特征和现状，开展重要民生设施监测评估数据生产和初步分析工作；探索城市尺度地理国情监测成果应用，并在全国第三次土地调查、自然资源资产离任审计、生态保护红线划定、不动产统一登记、打击违法用地违法建设专项行动等工作中发挥作用。

海洋测绘与不动产测绘

【海洋测绘】

深圳市规划和国土资源委员会开展陆海统一的测绘基准框架顶层设计，推进海洋似大地水准面、深度基准体系完善工作，建设陆海统一的空间定位基准体系。

【地籍测绘】

深圳市地籍测绘大队开展地界测点、宗地图制作、地籍核查等日常地籍测绘工作，完成全市9323宗（312.21平方千米）地的地籍调查数据成果检查，完成全国第三次土地调查试点工作任务。

【房产测绘】

深圳市地籍测绘大队完成房产测绘6235万平方米，其中施工图测算794万平方米、竣工测量3558万平方米、预售测量1680万平方米、现状测量179万平方米、分割测量24万平方米。制定房产测绘成果审核配套相关文件，成立房屋征收专家委员会。

地图管理与地图服务

【地图公共服务】

深圳市规划和国土资源委员会受理地图审核事项70多项，核发审图号60多个；编写并发布《深圳市地图审核业务手册》《深圳市地图审核办事指南》《深圳市地图审核工作规范》；完成《深圳市政务工作系列地图》《深圳市大挂图》《深圳市影像地图》编制工作，制定地图产品分发方案。

【全覆盖排查整治“问题地图”专项行动】

深圳市规划和国土资源委员会会同深圳市政府办公厅、深圳市互联网信息办公室等11个部门联合制定《深圳市全覆盖排查整治“问题地图”专项行动工作方案》，成立工作领导小组，对重点企业进行现场检查，约谈“问题地图”情况严重的网站；行动期间，全市共检查地图5506张（幅、册），发现“问题地图”360张（幅、册），已全部按要求完成整改；进一步优化地图服务，推进地理信息资源开放共享，无偿为社会公众提供互联网标准地图服务，提升公共服务地图产品的有效供给。

测绘地理信息成果管理与应用

【“天地图·深圳”建设与应用】

深圳市规划和国土资源委员会开展“天地图·深圳”节点数据更新，完成系统维护、应用服务建设以及门户网站运维工作，更新满足市级节点对接要求的二维矢量电子地图数据、影像数据和60多万条地理实体和地名地址数据；升级“天地图·深圳”门户网站。

【成果汇交与分发】

深圳市规划和国土资源委员会为全市各部门和企业提供测绘地理信息成果应用服务，全年共提供384批次数据服务，包括1:1000地形图50432幅、1:2000地形图1562幅、1:1万影像数据20848平方千米和地下管线数据83012千米，主要服务测绘地理信息、城乡规划建设、通讯等领域。

【测绘成果保密管理】

在2017年全市测绘成果质量监督检查中，深圳市规划和国土资源委员会安排检查人员同时开展涉密测绘成果保密检查，检查内容包括涉密地理信息成果使用情况、处理或存储涉密地理信息成果设备管理情况、涉密地理信息成果保密管理情况等。按广东省基础地理信息数据政务版、公众版保密处理要求，对深圳市历史地形图进行保密技术处理，包括全市域5期地形图数据成果和34期影像数据成果。

【测量标志管理】

深圳市规划和国土资源委员会组织完成2016—2018年测量标志普查第一阶段工作，对155个水准点、455个GPS点、14个重力点进行现场踏勘、拍照、维护，观测288个高等级控制点。

【应急测绘保障服务】

深圳市规划和国土资源委员会完成《深圳市测绘应急保障预案》修订，明确测绘应急保障的领导机构、办事机构、工作机构和各单位职责，对应急启动、分级响应要求、应急终止等作出相应规定。

地理信息产业

深圳市规划和国土资源委员会开展全市测绘地理信息产业发展调查及政策研究，对重点测绘资质企业及典型地理信息相关企业进行走访座谈，调研企业发展中存在的问题和对行业管理、产业发展的意见建议。

科技、标准化与交流合作

【科技项目与科技奖励】

深圳市规划和国土资源委员会研发智慧城市大数据平台，实现规划国土审批业务、社会经济、地质环境等数据与三维基础地理数据的集成融合等功能。探索虚拟城市环境构建，开展技术探索与研究工作。

【标准化工作】

深圳市规划和国土资源委员会组织编制《深圳市地理空间数据库系列标准》，完善标准体系。

【合作与交流】

8月，深圳市规划和国土资源委员会举办以测绘地理信息和不动产籍管理为主题的专题赴香港培训班，了解香港的测绘地理信息工作体系。

地方社团工作

3月16日，深圳市测绘地理信息学会召开深圳市测绘地理信息学会第五届会员大会，现场选举产生理事会领导机构和常务理事，将深圳市测绘学会更名为深圳市测绘地理信息学会，现场举行学会新网站上线启动仪式。

厦门市

概况

2017年，厦门市测绘地理信息财政投入资金1501.12万元。厦门市国土资源与房产管理局加强事中事后监管，对测绘资质单位进行新测绘法与保密知识培训，开展测绘资质、质量、成果“双随机”抽查，对10家测绘资质单位开展检查，通报检查结果。推行统一的测绘行业信用管理平台，守信激励和失信惩戒机制初步建立。50家部门、单位申请使用涉密测绘成果，用于保障轨道交通线路前期调研、机场片区改造整治等工程与项目。持续提升“天地图·厦门”平台功能，实现新版电子地图、微信地图页面、安卓和苹果手机版APP同步上线，综合技术评估获福建省市级节点总分第一和五星级评定。常态化开展城市地理国情监测，完成2017年全市数码航摄外业、内业“两违”疑似图斑比对和外业核查工作，有效服务城市“两违”整治。探索1:500和1:1000地形图测绘新模式，大幅增加年度成片测绘和修补测面积。完成XMCORS和测量标志等测绘基准运行维护项目。为相关部门及领导在“厦漳泉龙”区域一体化工作调研中提供用图服务保障。

党的建设与人才队伍建设

【党的建设】

厦门市国土资源与房产管理局党组修订全面从严治党主体责任清单，将党建工作列入重要内容，提出党建工作要点和工作清单，制订出台《局党组主要负责人落实全面从严治党主体责任项目清单》《局党组班子成员落实全面从严治党主体责任项目清单》，明确党组书记为党建工作第一责任人，明确其他党组成员“一岗双责”要求，履行分管处室、单位基层党建职责。学习宣传贯彻党的十九大精神，局党组中心组开展2次专题学习，对局系统学习宣传贯彻党的十九大精神进行动员部署，制订详细的实施方案。党组成员分别到9个基层国土资源与房屋管理所宣讲党的十九大精神并开展党建工作调研，与基层党员干部面对面交流。局系统各基层党支部通过集中学习、座谈讨论、共建互学等方式，开展学习贯彻党的十九大精神主题党日活动，组织558名党员开展党的十九大精神知识测试。

厦门市国土资源与房产管理局出台《局党组理论学习中心组学习规定》，制订详细的年度学习计划，专门印发600本《党风廉政建设学习资料》《全面从严治党主体责任测试汇编手册》，订阅《习近平用典》《新时期的好干部——廖俊波》《八闽党旗红》等学习读物；专门印制1200本《党员学习记录本》，发放到每位党员。各党支部安排相对固定的学习时间，做到每周至少1次集中学习或自学。组织理论测试和征文竞赛。

【党风廉政建设】

厦门市国土资源与房产管理局党组制订《局系统落实全面从严治党主体责任工作项目清单（基层党组织版）》，进一步细化各级党组织书记、班子成员抓基层党建主体责任。制订《局党组2017党风廉政建设和反腐败工作意见》，组织全体党员召开局系统党风廉政建设大会。2月10日，召开局党组中心组（扩大）会议，局党组成员在会议上述责述廉，与会的机关处室负责人、分局局长及事业单位主要领导进行现场评议，提出具体评议意见。

【精神文明建设】

厦门市国土资源与房产管理局对照《福建省文明单位测评体系操作手册（2017年版）》要求，整理完成省级文明单位总评材料台账。根据厦门市委精神文明建设办公室实地考察的意见，整改局机关环境布置，营造文明风尚氛围。

【人才队伍建设】

厦门市国土资源与房产管理局开展行政事业单位处、科级干部的选拔任用，完成人事任免338人次。提拔24人，其中副厅级1人（市政府任命）、副局级2人（市委组织部任命）、正处级6人、副处级4人、正科级6人、副科级5人。完成20名军转干部接收安置工作。

法制建设与市场监管

【法制建设】

厦门市国土资源与房产管理局研究制定土地使用许可行政决定法制审核制度，梳理形成《重大行政执法决定法制审核目录清单》，拟定《厦门市自贸试验区土地使用许可重大行政决定法制审核实施细则》。推进法律顾问和公职律师公司律师制度，印发《重大行政决策专家咨询管理办法》《关于聘任重大行政决策咨询专家的通知》《关于聘任政府法律顾问的通知》，聘请22名法律专业人士担任局法律顾问，与2家律师事务所签订合作协议，协助解决相关涉法涉诉案件200多件。

【法制宣传】

8月29日，厦门市国土资源与房产管理局在《厦门日报》刊发新闻专版，着重介绍厦门市在推进地图服务管理、助力经济社会发展等方面的应用成果。制作主题宣传短片并在城市中心区域LED显示屏滚动播放。在局政务信息网站、微信平台发布测绘法宣传日主题、口号和宣传文章。联合市保密部门对全市测绘资质单位130多人进行新测绘法及保密知识培训。组织测绘资质单位参加新测绘法知识竞赛。

【依法行政】

厦门市国土资源与房产管理局印发《关于2017年推进依法行政建设法治政府工作的意见》，对深入推进全局依法行政、加快法治建设工作提出明确的目标、任务和要求。配合国家测绘地理信息局、福建省测绘地理信息局完成9家甲、乙级资质单位“双随机”检查。按照厦门市统一部署，制定“双随机”检查工作方案，开展2次测绘“双随机”检查，在厦门市“双随机”工作平台共抽取、检查10家单位，形成并上报工作总结。

【“放管服”改革】

厦门市国土资源与房产管理局制定厦门市区域内的地方性地图审核办事指南，完善6项省级下放事项的审查工作细则。取消“测绘航空摄影项目”审批事项，完成自贸区“三单一措施”审改工作。将4个审批事项列入厦门市“一趟不用跑”事项清单、1个审批事项列入“最多跑一趟”事项清单。

【测绘资质管理】

厦门市国土资源与房产管理局全年完成测绘资质单位复审换证、资质申请、资质升级、基本信息变更等初审90多批次，对厦门大学等8家单位测绘资质申请、升级进行现场考核。截至年底，厦门市共有测绘资质单位64家，其中甲级9家、乙级17家、丙级30家、丁级8家。组织完成2016年厦门市测绘地理信息综合统计年报工作和2017年季度统计工作，组织完成辖区测绘资质单位2016年度报告公示和测绘行业信用信息审核报送工作。

【信用管理】

厦门市国土资源与房产管理局制定《厦门市测绘单位红黑名单管理办法》与《厦门市测绘资质单位信用承诺制度》，推动全行业诚实守信经营。按照国家、省测绘地理信息局的统一部署，引导辖区内具有资质的测绘企业登录测绘地理信息行业信用管理系统填报基本信息。

规划与计划

厦门市国土资源与房产管理局制定《厦门市测绘地理信息“十三五”发展规划》2017年工作计划，从地理国情监测、基础测绘、公共服务、产业监管、测绘信息安全等方面推进厦门市测绘地理信息事业发展。

基础测绘

【基础测绘经费投入】

厦门市国土资源与房产管理局投入767.99万元用于1∶500、1∶1000地形图测绘；投入68.43万元用于全市高分辨率卫星遥感影像采购；投入390万元用于全市航空摄影测量与“两违”图斑内业比对及外业核实项目。

【测绘基准建设与应用】

厦门市国土资源与房产管理局推动实现XMCORS系统移动站配套托管模式的转换，XMCORS广泛用于33个省市重点建设项目的测绘服务保障任务。按照福建省统一部署，协助省测绘地理信息局和省安全部门对XMCORS及1家公司进行现场核查；联合市国家安全局对全市导航基准站进行安全隐患排查；组织全市测绘资质单位开展自查；对厦门理工学院等单位建设管理的3个导航基准站进行实地检查，督促各管理单位安全使用基准站，维护国家地理信息安全。

【基本比例尺地形图测制与更新】

厦门市国土资源与房产管理局探索 1∶500、1∶1000 大比例尺地形图测绘新模式。完成成片测绘岛外翔安区 60 多平方千米，修补测厦门岛 1∶1000 数字地形图 20.13 平方千米。推进历史地形图资料扫描入库工作，解决 19 世纪 50 年代至 90 年代测制的纸质和聚酯薄膜材质地形图查档困难、调阅时易损坏的问题，累计完成 19392 张历史地形图的数字化扫描和入库工作。

【航空航天遥感影像获取与应用】

厦门市国土资源与房产管理局简化常规项目采购流程。按照市财政部门有关文件精神，简化 2017 年卫星影像采购和处理等项目的采购流程，节省采购招标时间，减少行政成本。完成厦门市及周边区域 3200 平方千米卫星影像采购，及时向全市提供最新的卫星影像数据。联合厦门市行政执法局完成全市航空摄影测量与“两违”图斑内业比对及外业核实项目。

【安全生产】

厦门市国土资源与房产管理局出台《厦门市房屋安全管理规定》及实施意见等规范性文件，推动成立市、区级房屋安全管理领导小组，组织房屋安全管理工作培训，进一步规范房屋安全管理工作。全年完成房屋安全鉴定 507 幢、建筑面积 27.92 万平方米，其中危险房屋 473 幢、建筑面积 9.47 万平方米。

地理国情监测

厦门市国土资源与房产管理局贯彻落实城市地理国情监测工作会议精神，及时向市分管领导呈报《关于开展城市地理国情监测工作的报告》。推动开展常态化专题性地理国情监测，确认厦门岛内宗地 10 平方米以上、岛外宗地 20 平方米以上违法占地、非法建设图斑数据，服务城市“两违”整治工作。协调民航空管部门妥善安排航摄的航时航线，加强对航摄作业实施单位的技术设备、人员投入情况的监管，完成 2017 年全市数码航摄外业、内业疑似图斑比对和“两违”图斑外业核实工作。

不动产测绘

【地籍测绘】

厦门市国土资源与房产管理局基本完成自土地使用权和房屋所有权登记以来的全市旧地籍宗地图整理工作，充实完善全市地籍宗地系统中宗地信息图件。开展业务流程再造，全面提升地籍宗地系统功能，为地籍调查新业务开展提供平台。制定《关于进一步优化厦门市城镇土地地籍调查业务规范的实施意见》《关于地籍调查宗地内违章建筑的处理意见》及相关表格文书。制定并上传《厦门市城镇土地地籍权属调查成果确认书》。

【房产测绘】

厦门市国土资源与房产管理局结合不动产统一登记要求，实施厦门市房产测算软件（BMF 软件）优化升级。开展房产楼盘数据与测绘成果数据比对，为土地房屋属性信息数据匹配统一和推进联网配图做好准备。组织编制土地房产不动产单元号，开展测绘业务培训和从业人员考核。制定《房产测绘成果质检手册》《房产预测作业规范》《房产预测成果汇交审查指导书》。全年累计完成房产测绘成果审核 445 件，总建筑面积 13633942.96 平方米；房产预测测绘成果审核 110 件，总建筑面积 8614827.72 平方米；土地房屋权证配图案件 51570 宗，增容建筑面积确认 121 件。

地图管理与地图服务

【地图公共服务】

厦门市国土资源与房产管理局全力保障金砖国家领导人第九次会晤地图服务工作。向厦门市公安局等 49 家单位提供 98 幅电子地图、532 张纸质地图和影像图，用于保障会晤筹备期间的街区立面改造、街区绿化景观提升等工作，配合市旅游发展委员会编制会晤专用地图。按照要求制作完成定制版厦门市、厦门岛及环东海域专题图，共印制 250 份提供厦门市委办公厅使用。向局系统和各委办局发放 939 幅 2017 版地图挂图。全年受理 50 家单位涉密测绘成果使用申请，提供各类比例尺纸质地形图 1909 幅、数字地形图和影像图 53523 幅。厦门市测绘与基础地理信息中心为 1239 家政府部门与企业提供地形图 3596 幅、影像图 621 幅，基础地理信息数据 53310 幅、专题图数据 34 幅；出具用地红线图 486

幅，蓝线图、用地范围示意图、选址图 174 幅，勘测定界资料 2139 件（“多规合一”定界勘测报告 798 份）。

【国家版图意识宣传教育】

9 月，厦门市国土资源与房产管理局参与 2017 年厦门国际投资贸易洽谈会联合执法工作，主要负责展商布展及宣传材料中使用中国版图的督查工作，现场发放 60 多份《国家版图小知识》。督促 8 个展位整改不规范使用的示意性地图。

【全覆盖排查整治“问题地图”专项行动】

厦门市国土资源与房产管理局根据国家、省测绘地理信息局统一部署，制定全覆盖排查整治“问题地图”专项行动工作方案，联合全市有关单位对各类地图使用情况进行检查，对厦门市政府机关各网站所登载的地图进行全面排查，深入游客集散地、新华书店等场所对出售的各类地图资料进行检查，地图市场整体秩序良好。根据国家测绘地理信息局通报要求，现场检查鼓浪屿历史文化陈列馆、郑成功纪念馆，督促撤除所展示的“问题地图”。

测绘地理信息成果管理与应用

【“天地图·厦门”建设与应用】

厦门市国土资源与房产管理局持续提升“天地图·厦门”平台功能。“天地图·厦门”综合技术评估获福建省 2017 年五星级评定。“天地图·厦门”新版电子地图、微信地图页面、安卓和苹果手机版 APP 同步上线，手机 APP 实现离线地图包下载和加载功能。制作发布 2017 年厦门国际马拉松赛路线专题图，并在马拉松赛应急指挥部提供现场地图支持。持续更新最新卫星影像图、商品房楼盘分布图、地质灾害点分布图（应急测绘专题图），制作并发布厦门站、厦门北站周边交通示意图。与厦门边检总站、厦门市公安消防支队签订共建共享协议，推进“天地图·厦门”在边检、消防等领域的深层次应用。

【测量标志管理】

厦门市国土资源与房产管理局做好测绘地理信息基础设施维护，确保 XMCORS 安全稳定运行，跟踪督促各管理单位安全使用基准站，维护国家地理信息安全。截至 2017 年底，全市共有 6 座 CORS 基准站、71 个 B 级 GPS 点、188 个 C 级 GPS 点、196 个二等水准点、188 个三等水准点。

【应急测绘保障服务】

厦门市国土资源与房产管理局根据鼓浪屿申遗工作需要，启动应急测绘工作，紧急组织外聘测绘队伍，完成鼓浪屿全岛 1.98 平方千米 1∶500 地形图 39.6 幅修补测工作。

测绘资质单位工作

北京市

概况

截至2017年底，北京市共有测绘资质单位432家，其中甲级127家、乙级181家、丙级68家、丁级56家。测绘资质单位按单位性质分，事业单位39家、企业393家。年末测绘从业人员超过3万人。全市测绘资质单位全年完成测绘服务总值150亿元，其中甲级单位完成120亿元、乙级单位完成18亿元。甲级单位完成的测绘服务总值占80%，直接影响测绘地理信息行业整体测绘服务总值情况。全年完成科技成果235项，其中通过鉴定28项；科技成果登记30项，其中在国家科技成果管理机构登记10项、在地方政府科技成果管理机构登记20项；科技成果获省部级及以上奖项81项，其中国家科技奖9项；获软件著作权1015项。

北京城建勘测设计研究院有限责任公司

2017年，北京城建勘测设计研究院有限责任公司承担北京、广州、南宁、合肥、武汉、昆明、厦门、乌鲁木齐等40多个大中城市的轨道交通第三方测量及监测工作。率先将高铁CPIII控制网测量方法和轨道精调技术、三维激光扫描技术应用于轨道交通测量工程，完成北京中低速磁悬浮S1线、德令哈有轨电车、武汉有轨电车T1线等测量工作；推广三维激光数据采集技术在文物保护、监测领域的应用。公司聚焦智慧企业、智慧地铁、智慧工地、智慧管廊建设，以BIM三维可视化为基础，以物联网、大数据、云计算为支撑，研发城市轨道全生命周期大数据智能管理平台，致力于打造轨道交通建设全生命周期管理新模式。全年获软件著作权6项，发明专利3项，实用新型专利8项，省部级优秀工程奖5项。主编《跨座式单轨交通工程测量标准》《建设工程第三方监测技术规程》，参编《建筑基坑工程监测技术规范》《地下管线信息管理技术规程》等多项国家及地方标准。

北京帝测科技股份有限公司

2017年，北京帝测科技股份有限公司业务发展涵盖航天、航空、地面、地下全方位空间地理信息的数据采集和应用服务，并在内蒙古、甘肃、新疆、四川、广西等地成立分公司。全年完成测绘服务总值2亿元，承担2017年北京市测绘航空摄影项目、西藏布达拉宫古建筑群精准测绘与数字化项目、北京市泥石流沟精细调查与评价项目、山东聊城空间地理信息数据库更新项目、贵阳高铁工务段2017年贵广客运专线基础变形监测项目、延崇高速公路（北京段）征地拆迁项目测绘服务项目、2022年冬奥会及冬残奥会延庆赛区场馆设施建设项目拆迁测绘服务项目、广东信宜市三维城市数字模型建设项目以及全国各地农村土地承包经营权确权颁证登记等重点工程项目。公司注重研发团队建设，于12月成立帝测科技研究院，引进高端人才，以自身的市场优势对接国内外一流科研院所及高校，建立科技转换平台，合作开展科研工作；在无人机产品开发上，对组合旋翼机的机臂结构做出技术性突破，获得2项实用新型专利。在文化遗产、智慧农业方面的重点、难点领域取得技术突破。

北京国遥新天地信息技术有限公司

2017年，北京国遥新天地信息技术有限公司完成各类测绘地理信息项目200多项，其中地理信息软件开发项目82项，主要包括吉林省水土保持信息化、产业新城规划建设精细化管理云平台、输电线路三维全景运行管理平台、山东省海洋保护区信息系统、锦州海洋生态环境监测能力建设等项目。完成地下管线探测1200千米，农村土地承包经营权确权登记颁证20万亩，摄影测量与遥感数据处理2万平方千米，地形图测绘40平方千米。

北京合众思壮科技股份有限公司

2017年，北京合众思壮科技股份有限公司专注于精准与专业的导航、定位、授时、控制等时空信息技术研发与应用，深耕北斗高精度核心技术、板卡部件、终端设备、解决方案到服务平台的全产业链产品与服务，不断推动北斗GNSS高精度、时空大数据、移动互联及信息化系统集成技术产品在测量测绘、精准农业、机械控制、公共安全、智能航空、智慧电力等领域的应用。公司全年销售收入超过23亿元，净利润2.6亿元。在全国农用地土壤污染状况详查中，95%的省份采用了合众思壮北斗移动终端测量设备。与中国一拖集团有限公司、东风汽车有限公司达成战略合作，成为国际农机品牌凯斯纽荷兰公司的供货商。无线通信自组网项目全年签约订单金额累计19.23亿元，中标标值10亿元的新疆和田地区“雪亮工程”建设PPP项目和北京市公安局警务信息综合应用平台项目。承接由国家电网系统基于北斗的国网输变电线路地质灾害预警试点项目一期试点，该项目是我国电力行业首个高精度监测网。

北京恒华伟业科技股份有限公司

2017年，北京恒华伟业科技股份有限公司运用云计算、大数据、地理信息、物联网等创新技术在智能电网信息化、能源互联网建设等方面取得显著成效。以恒华云服务平台为基础架构，基于电网GIS平台，开发涵盖规划设计、施工现场管理、运维监测管理、售电运营管理等面向电力企业的SaaS系列产品线，将“电力BIM”的理念贯穿项目全过程，同时构建面向产业链上下游的电力互联网社区，打造“产品+服务+数据”的恒华“互联网+智慧能源”新模式，用科技创新和服务创新为电力行业注入全新动力。相关技术和软件产品在山西、内蒙古、贵州等多个省区市进行推广应用。海外业务拓展也取得重大突破，先后中标卢旺达、马来西亚电网GIS项目并开始实施，将在电网信息化领域的先进技术和经验应用到“一带一路”沿线的国家，服务“一带一路”建设。

北京新兴华安智慧科技有限公司

2017年，北京新兴华安智慧科技有限公司积极拓展国土资源、农业大数据、智慧水利、智慧园区等相应产业领域并完善战略布局。全年完成营业收入1.72亿元，合同额超4亿元，在“1个总部+N种公司管理机制”的模式下，业务体系覆盖不动产登记、土地调查、地质信息、国土执法、矿产资源、国土一张图“六”大国土全系列，产品涉及空间规划、自然资源、地理国情等范围，并积极探索新技术，试点新项目，相继承担多个国家级、省市级的自然资源统一确权登记试点项目。将地理信息产业与互联网、国土大数据等新兴产业相互融合，为用户提供先进的技术支持。

苍穹数码技术股份有限公司

2017年，苍穹数码技术股份有限公司自主研发的地理信息系统平台（KQGIS）体系已经建设完善，包含桌面GIS平台、服务GIS平台、三维GIS平台和移动GIS平台，在空间大数据管理、移动应用、二三维一体化方面的技术取得明显突破。业务范围涉及国土、林业、农业多行业，尤其在不动产登记信息化建设方面，承担了4项省级项目、60项地市级项目和超过400项区县级项目。在不动产控税、不动产增值服务、房产信息化管理等方面的业务拓展也初具成效，并有成功建设案例。不断开拓新业务领域，已在安监信息化、地质灾害信息化、海洋信息化方面取得建设成果。全年获得4项发明专利，完成新软件新产品研发20多项，通过国家组织的2000国家大地坐标系转换测评，在时空大数据、云端一体化GIS、数据安全加密、倾斜摄影测量等方面的技术储备和研究取得新突破。

北京超图软件股份有限公司

2017年，北京超图软件股份有限公司持续推进GIS基础软件、GIS应用软件、GIS云服务、国际业务。GIS基础软件方面，举办2017 GIS软件技术大会，参会人员达6000人，2万人次在线观看，在会上发布了SuperMap GIS 9D系列产品，该版本全面拥抱空间大数据技术，在跨平台、云端一体化、新一代三维GIS和空间大数据等关键技术上取得全新突破，满足更广阔空间的应用需求。实现众多大数据应用案例的落地，包括四川测绘大数据、内蒙古农业大数据、云南地质大数据等。GIS应用方面，在智慧城市、国土、不动产管理、资源环境和国防军工等多个领域取得显著成效。其中在软件不动产业务中，进一步加深不动产业务与客户的深度结合，累积支撑1000多个发证点。3月，收购上海数慧系统技术有限公司，全面进军城市规划信息化服务领域，完善行业战略布局。GIS云服务和国际业务方面，云服务的在线合同额增长一倍，新增印度尼西亚和马来西亚两个本地化团队。

北京东方道迩信息技术股份有限公司

2017年，北京东方道迩信息技术股份有限公司将业务拓展至空间信息领域的上、中、下游，数据处理业务增长迅猛，全年累计完成超过6000千米的高速公路高精度地图制作。广西研发中心完成第一代便携超算设备和三维重建超级计算矩阵分布式软件核心设计开发工作，获得1项发明专利和6项软件著作权，并于9月18日参展第三届军民融合发展高技术装备成果展览暨论坛，该项技术的三维重建效果，获得军队领导的赞许和肯定。四川研发中心的物联网大数据平台成功落地消防领域，卫星影像自动提取建筑物技术在济南生产基地开始应用，卫星及航空影像深度学习技术已与海外公司对接，未来拟共同推进国际合作。

高德软件有限公司

2017年，高德软件有限公司研发的易行平台正式上线，该平台涵盖驾车、网约车、公交地铁、骑行、步行、火车、客车、货车等众多出行方式，是一个具备云+端能力的公共出行服务平台，通过统一调度，实现全局道路资源配置和用户体验的最优。高德地图新增“骑行”“货车导航”“组队”等新功能，上线共享单车服务，发布了首个无障碍地图。首次举办“十一全民出行节”，在黄金周全民出行高峰期为用户提供从出行服务到游玩目的地推荐的一站式服务。发布“四驱战略”，将向汽车行业提供全方位的互联网解决方案。发布高德地图车机版2.0，为用户提供更加便捷、安全的服务。截至年底，合作建设的智慧交通城市已达150个，成为交管标配。先后与交通运输部规划研究院和公安部交通管理科学研究所签署战略合作协议，在多个方面开展深入合作。与中国公路学会成立未来交通与城市计算联合实验室。

北京四维空间数码科技有限公司

2017年，北京四维空间数码科技有限公司为用户提供航空航天遥感数据获取、处理与应用的智能化产品研发、智能化数据处理和智慧化应用服务。全年完成合同额8030万元，完成产值8640万元，资产总额达到1.78亿元。在哈尔滨、西安、兰州、宁夏、武汉、重庆新设立6家分公司，达到12家分公司的规模。在硬件产品研发方面，形成天空地全流程硬件装备解决方案；在软件产品方面，增加对专题性地理国情监测、公开地图审查与监管平台、2000国家大地坐标系转换的产品推广。在国家基础航摄、海洋勘测、国土规划、地理国情监测、公安反恐等方面，开展近10万平方千米的航空摄影；在基础测绘、不动产登记、地理国情监测、土地确权、环保监测、农村建设用地调查、智慧交通等方面，开展53个项目的智能化数据处理。自主研发基于大数据的时空智慧云平台和第三次国家土地利用调查外业调绘软件，强化信息化测绘生产管理平台iS-Manager、不动产登记平台、实景三维地理信息应用服务平台等自主知识产权的产品品牌。获8项软件著作权。

易图通科技（北京）有限公司

2017年，易图通科技（北京）有限公司重点拓展国际品牌车厂市场，布局自动驾驶和车联网。在中国前装车载导航市场的累计出货量为400多万台，准前装和后装车载导航750多万台，成功服务于马自达、吉利、众泰、长城等众多国内外知名车厂。与法国欧创集团达成战略协议，实现自动驾驶仿真测试项目落地；与厦门大学成立高精度地图联合实验室，高精度地图已正式应用于小鹏汽车自动驾驶预研项目，实现高精度地图样本数据落地；与ESRI合作为数十个国家部委提供地图数据平台服务。与东软集团、极豆车联网、搜狗公司等合作伙伴达成战略协议，打造极具竞争力的车联网方案。发布的世界地图成功亮相，覆盖全球200多个国家，为诸多国际知名网站（Booking. com、Hotels. com等）、手机应用程序以及具有海外业务的中国企业提供世界地图服务，积极参与"一带一路"建设。

正元地理信息有限责任公司

2017年，正元地理信息有限责任公司累计签订合同额26亿元，同比增长28.57%，实现产值16.5亿元。在建项目784个，完成项目641个，其中452个通过验收，完成的航测遥感、不动产测绘、农村土地承包经营权确权及地理信息工程项目遍及全国各地。探索形成"1+3+N+2"的新型智慧城市建设解决方案，明确打造地上地下全空间智慧城市建设及运营服务商的目标。宿州智慧管网、鱼台智慧城市、株洲智慧石峰、阜阳一期等智慧城市类项目落地并有序实施。先后与山东建筑大学、首都师范大学等签订产学研战略合作协议，与福建长汀县、重庆大足区、黑龙江讷河市、江西宜春市等签订战略合作协议。公司全年累计投入科技研发费用3100多万元。自主研发的正元地球三维地理信息平台、三维地质模块、智慧城市地理信息时空云平台等功能性和稳定性不断提升；智慧管网云、城市地质等组合性研发结合落地项目不断丰富智慧城市解决方案；城市地上地下全空间数据管理和地下空间综合应用取得初步整合性研发成果。

中测新图（北京）遥感技术有限责任公司

2017年，中测新图（北京）遥感技术有限责任公司承担一批国家重点科研课题研究任务，自主研制系列数字航摄遥感系统、无人机遥感系统、国家地理信息应急监测系统等高端测绘技术装备，实现工程化产业化推广应用。对接"一带一路"倡议，成立中国—坦桑尼亚地理信息联合研究中心，12月启动无人机遥感在老挝的市场推广工作，完成巴基斯坦示范应用区域数据采购项目。牵头"十三五"国家重点研发计划，与科技部正式签署任务书，承办的首届无人机翱翔论坛于9月在京津新城开幕并取得圆满成功，9月被命名为"第一批全国测绘地理信息科普教育基地"。取得授权发明专利证书7项，获中国测绘地理信息学会2017年全国测绘优秀工程奖7项。全年完成各类测绘项目65项，其中摄影测量与遥感专业27项、测绘航空摄影专业21项、地理信息系统工程专业8项、不动产测绘专业4项、工程测量专业3项、地图编制专业2项。

北京中农信达信息技术有限公司

2017年，北京中农信达信息技术有限公司在农村土地确权、不动产登记、房地一体化、两区划定、高标准农田建设等领域均有业务布局。全年承接测绘地理信息相关项目254个，其中国家级平台项目3个、省级平台项目7个，承接的5个不动产数据整合项目首批通过国土资源部质量检查。投入测绘地理信息相关研发及技术人员1269人，涉农领域的多项测绘地理信息技术应用成果斐然。开发基于多源异构数据快速检查框架技术应用于国家级农村土地承包经营权质检平台项目，成功解决不同数据源业务类型和内容的差异问题，实现数据快速读写；基于农村土地承包经营权确权数据开发三农大数据指挥仓产品。

天津市

概况

截至2017年底，天津市共有测绘资质单位186家，其中甲级21家、乙级62家、丙级88家、丁级15家。事业单位36家、国有企业64家、私营企业86家。全年测绘资质单位完成测绘服务总值19.7亿元，比2016年增加0.4亿元。

北海航海保障中心天津海事测绘中心

2017年，北海航海保障中心天津海事测绘中心组织开展营口港、唐山港、天津港、黄骅港、烟台港、青岛港、日照港及成山角附近水域等12个港区和区域共计42幅港口航道图的改版复测任务，其中基测图10幅、检测图32幅，测量面积8764.34换算平方千米。组织开展成山角至老铁山航路（部分）测量任务，扫测面积3660换算平方千米；青海湖海图测绘工程，扫测面积2430换算平方千米，制作完成标准海图2幅、专题图1幅及电子海图3幅，填补了青海湖无海图的空白。完成《天津大沽沙航道附近水域“南洞庭6”洞轮沉船附近水域扫测》《京唐港锚地外侧水域“宁波5”波轮沉船附近水域扫测》等6项应急抢险探测任务，测量面积525换算平方千米。销售发行海图28282幅，发布52期中英文改正通告；服务津、冀港口利益共享合作机制，编制完成《京津冀协同发展航运地图集》。

组织完成“海底底质分析方法现状研究”“基于ArcGIS的电子海图和专题图生产方法研究”“基于无人机航摄影像的海岸线提取技术研究”“海上丝绸之路沿线主要国家海道测量、航标、通信能力的研究”“水文气象信息采集集成系统工程技术应用研究”“海事测绘产品质量评定系统开发”6项北海航海保障中心科技项目和交通运输部海事局航测软课题项目——“航路扫测控制方法研究”。“‘一带一路’航海图书专题系列产品目录构建与典型应用工程”“北方海区潮流预报及相关应用研究”获中国测绘地理信息学会2017年测绘科技进步奖三等奖；渤海“碧海行动”沉船清除打捞工程获2017年度水运交通优秀勘察一等奖；烟台港至大连港航路扫海测量和北方海区亿吨大港系列专题海图分获中国测绘地理信息学会2017年全国优秀测绘工程奖银奖和铜奖；“测绘工作项目精细化管理系统软件”和“海事测绘产品评定系统软件”获得软件著作权；“用于验潮设备的智能电源供电系统”获得实用新型专利。

天津市测绘院

2017年，天津市测绘院按照基础测绘“01234”更新维护方案，继续保持中心城区1∶500、1∶2000地形图的实时更新；完成中心城市1∶500、全市域1∶2000地形图更新维护工作；完成全市域航空摄影、正射影像图制作；天津市现代基准升级改造工程顺利推进；开展全市域Ⅰ等、Ⅱ等水准复测和测绘标志管理系统的更新升级工作。承接内蒙古呼伦湖部分湖区的水下地形测量任务，是近年来承接的面积最大的水下测绘项目。编制完成《京津冀行政区划图集》《西青区安全监管图集》《天津市滨海新区勘界地图集》《北辰区民政地图册》《武清区行政地图系列》《宁河区行政地图系列》等，完成国家城市地图集——天津市分册制图工作。为天津市测绘管理办公室制作发布天津市初步标准地图产品；为天津市全运会组委会编制系列路线图、场馆图等工作用图。积极推广数字社区产品，建设北辰区“1+16”全覆盖数字社区服务平台，建立河东区智慧党建管理平台，开展静海区沿庄镇智慧村镇试点工作。进一步深化城市建设管理监管系统建设，积极推进数据的深入挖掘、融合和应用工作。深入挖掘地理国情普查数据应用潜力，为市规划局修编城市总体规划、核查违法建筑提供基础信息数据支撑。与市发展和改革委员会开展资源环境承载力监测预警分析工作，全面评估全市陆域和海域资源开发利用程度。利用InSAR技术与滨海新区水务局实施滨海新区地面沉降“十三五”规划项目，与市国土资源和房屋管理局开展2030年土地耕地保有量核减、土地节约集约利用研究工作。在2016年为市审计局领导干部离任资源审计提供良好服务的基础上，开展对宁河区和海洋资源的测绘和统计。以A3影像数据为基础，成功开展了河西房管二期、西青高新经济开发区系统、物业管理二期、北辰土地整理中心、市水务局数字海堤等项目。公开发表科技论文41篇，其中在核心期刊发表5篇，获得发明专利授权2项、软件著作权15项。

天津港湾水运工程有限公司

2017年，天津港湾水运工程有限公司完成地理信息服务产值2473万元，同比增长6.6%，涉及海上导航定位、海上勘测与陆地测量三大主营业务。完成东方13—2气田群开发200千米海管铺设和茂名石化海底管道安全隐患治理项目使用LBL精准完成膨胀弯测量、安装2个大型海洋测绘项目，均满足甲方水下建造物对接平面精度达20厘米、高程精度达10厘米的高标准。将专利《一种用于水下定位综合系统》和《一种深水跨接管的测量方法》相融合，使定位精度更加精准。

中铁隧道勘测设计院有限公司

2017年，中铁隧道勘测设计院有限公司新开辟洛阳、南通、温州3个工点。签订2个下穿国铁自动化监测项目，推动自动化监测工作迈上了一个新台阶，也开辟了城市轨道交通下穿国铁、高铁自动化监测新市场。新中标的西安市地下综合管廊建设PPP项目Ⅰ标段科技路管廊安全影响预评估项目，主要提供建设过程中与地铁结构保护相关的技术咨询服务，也为今后的多元化发展奠定基础。“铁轨检测仪”被授予实用新型专利；“隧道防坍塌预报预警监测系统V1.2”取得计算机软件著作权；“基于CPⅢ技术的城市轨道交通工程测量系统开发及应用”和“隧道防坍塌预报预警监测系统”2个科研项目获得天津市科学技术成果鉴定证书。

星际空间(天津)科技发展有限公司

2017年，星际空间（天津）科技发展有限公司完成测绘地理信息工程项目70多项，业务范围涉及工程测量、航空摄影测量、摄影测量与遥感、地理信息系统工程等方面，包括海南省白沙快速出口路1:2000机载激光雷达航飞测图及施工控制网埋测等测量项目、长春至太平川高速公路建设项目初步勘察设计阶段工程测绘、天津市国土资源和房地产执法监察总队升级卫片执法检查系统、宝坻恒大花溪小镇项目日照分析、双峰道地块日照测量等项目。开展室内定位技术研究，自主研发基于室内定位技术的信息服务系统。继续升级完善自主研发的三维GIS平台，在规划、市政管线等领域进行科技成果转化与推广，满足客户自主开发的需要。参编完成《城市测绘基本技术要求》《地理位置网格编码规则》《地理信息 地下空间数据要求》3项国家标准的报审稿；主编完成行业标准《实景三维地理信息数据激光雷达测量技术规程》的报审稿；主持编制《建设工程（建筑部分）规划放线测量技术报告编制通则》《建筑工程选址意见书和规划条件申请书编制通则》《建设项目空间分析模型绘制技术规范》3项地方标准；成功申报国网科技项目“基于LiDAR电力勘测技术的特高压工程辅助选线设计关键技术研究及应用”，并按照计划开展工作。取得1项发明专利授权，新申报10项发明专利，申报7项软件著作权，获得3项软件产品评估证书，完成质量管理体系、信息安全管理体系、环境管理体系、职业健康安全管理体系再认证/监督审查，CMMI三级体系正常运行，完成企业信息系统集成及服务资质三级资质年度审查和国家高新技术企业再认证。

中国铁路设计集团有限公司

2017年4月，铁道第三勘察设计院集团有限公司更名为中国铁路设计集团有限公司。全年累计完成新建铁路初测3184千米、新建铁路定测3407千米、既有铁路测量635千米、铁路精密控制测量5215千米、铁路运营监测1183千米。承担的重大项目包括沈阳至白河铁路初测447千米、雄安至商丘铁路定测580千米、包头至银川铁路定测420千米、京沈客运专线精密工程控制网复测706千米等。取得软件著作权10项、专利7项，发表测绘地理信息科技论文23篇。

河北省

概况

截至2017年底，河北省共有测绘资质单位941家，同比增长8.8%，其中甲级56家、乙级163家、丙级370家、丁级352家。全省测绘资质单位全年完成测绘服务总值37.4亿万元，同比增长11.4%。年末测绘从业人员21282人，同比增长7.3%。

中国石油集团东方地球物理勘探有限责任公司

2017年，中国石油集团东方地球物理勘探有限责任公司在国内完成物探测量、无人飞行器航摄、管道勘测等测绘项目116个。完成二维勘探54422千米，三维勘探187525千米。开展多项应用于陆上、海上的测量地理信息技术研究。自主研发的GeoSNAP—Dolphin海底电缆（OBC）海上勘探综合导航系统，作为海上地震勘探OBC作业队伍的中央控制和指挥系统，满足海上石油勘探对多船分布式作业和远程控制的需要。自主研发的VNS2000震源导航、推土机导航软件，在国内外石油勘探项目获得推广应用。参与国家“十三五”重大项目多分量海洋节点宽频地震采集技术研究；承担印尼OBN海洋节点三维勘探项目海上导航技术支持；完成山西永宁1站至永宁2站联络线输气管线勘测项目。自主研发的“地震勘探GIS系统”“地震勘探GIS移动应用软件（Android版）”“物探GIS数据采集系统（Android版）”“物探工区地理信息应用平台系统”“野外导航定位助手软件（Android版）”获得软件著作权，“用于海上地震勘探的控制设备”获得国家实用新型专利。

河北天元地理信息科技工程有限公司

2017年，河北天元地理信息科技工程有限公司完成地下管线探测1.5万千米，农村宅基地及房屋调查、土地承包经营权调查2750平方千米，房产测量100万平方米，航测成图1200平方千米。年度测绘服务项目分布全国20多个省（市），涉及70多个项目。承接福州市四城区排水（雨、污）管道排查项目，铜陵市首创排水管道普查、CCTV检测、清淤工程，秦皇岛智能化井盖预警系统采购项目。获得中国测绘地理信息学会2017年全国优秀测绘工程奖金奖1项、银奖1项、铜奖2项，中国地理信息产业协会2017年中国地理信息产业优秀工程奖铜奖1项，河北省优秀地理信息工程奖一等奖1项、二等奖2项。获取得软件著作权6项，通过信息安全管理体系认证，获河北省科学技术厅授予的“科技小巨人”称号，通过“河北省科技型中小企业”复评，创建“河北天元地理信息科技工程有限公司院士工作站”，牵头成立“燕郊高新区地理信息科技创新联盟”并获批为廊坊市级“战略联盟”。

河北九华勘查测绘有限责任公司（华北地质勘查局五一九大队）

2017年，河北九华勘查测绘有限责任公司（华北地质勘查局五一九大队）完成30多个城市的地下管线信息化建设工作，30多个土地承包经营权项目及天津、河北地区的三权发证项目，10多个数字城市项目。开发多个地理信息应用系统软件，完成多个航摄项目，力促河北省高分辨率对地观测保定中心落户。自主研发综合管廊智慧管理一体化系统，实现管廊实时监控、安防管理、应急管理、资产管理等功能，并取得软件著作权。全年申请专利2项，参与编写《管线测量工程监理规程》，获选“中国地理信息产业百强”和“河北省地理信息产业二十强”企业。

河北恒华信息技术有限公司

2017年，河北恒华信息技术有限公司积极与政府、高校、企业进行合作，依托自身的技术实力以及项目资金扶持，建立地理信息大数据服务平台、基于云计算和数据挖掘的公共信息服务平台。全年签订合同额近1亿元，承揽河间市不动产登记系统建设和数据整合建库、隆尧县国土资源局不动产登记信息系统建设、河北省地矿局地质项目管理分系统、中国石化鄂尔多斯—安平—沧州输气管道工程一期（河北段）征地报批技术咨询服务等项目共100多项，涵盖不动产登记数据库建设、土地变更调查、土地规划、承包经营权数据整合、房地一体确权等方面。承担的辛集市国土资源局、石家庄市藁城区集体土地确权登记（宅基地、集体建设用地房屋测绘），黄骅市农村土地承包经营权确权登记颁证等多个项目通过省级验收。购置无人机航摄系统，准备拓展在航测领域的发展空间。联合举办2017地理信息空间应用高端研讨会，来自国土、住建、发改、测绘、地矿、市政、通信等部门的300多名相关专家、业内人士就时空大数据、GIS新技术、空间规划（多规合一）、智慧城市建设等话题进行交流。

保定金迪地下管线探测工程有限公司

2017年，保定金迪地下管线探测工程有限公司签订工程合同138个，合同额2.549亿元。完成地下管线探测72430千米，完成地理信息管理系统开发项目33个，输出地下管线图87767幅。研发具有增强天线的管线探测仪接收机，开发基于Skyline三维管线信息管理系统、智能井盖管理系统、GDInfo工程管理系统、园区综合管理信息系统等多个系统。获“2017中国地理信息产业百强企业”和“2015—2016年河北省地理信息产业二十强企业”称号。

秦皇岛市测绘大队

2017年，秦皇岛市测绘大队完成测绘项目63项，主要包括秦皇岛市市区的控制测量、城市规划、道路工程、管网工程、河道治理、绿化工程、城区改造、房地产开发、保障房建设、开发区建设、工程施工放线、日照分析测量、变形测量、竣工图测绘等城市工程测量和市区内所有地籍测绘、建设项目征地、土地流转、土地储备及开发利用、土地执法检查、土地勘测定界等土地测量等项目。布设城市一级GPS控制点127点；测绘全野外数字地形图56.85平方千米，其中城区1:500基本地形图修测30平方千米，各类1:500工程地形图（含竣工图）26.85平方千米。完成日照分析用房屋立面图57件，地籍、宗地图448宗20.91平方千米，房屋基底占地面积宗地图1724件。建设项目征地用图20宗0.52平方千米，规划用地图47项1.8平方千米，土地勘测定界图66宗2.58平方千米。

中国建筑材料工业地质勘查中心河北总队

2017年，中国建筑材料工业地质勘查中心河北总队完成山西浮山县农村集体建设用地使用权/宅基地使用权确权登记发证项目（一标段），山西浮山县农村集体建设用地使用权/宅基地使用权确权登记发证项目（二标段），山西榆次区农村集体土地使用权地籍调查、宗地编码、数据库建库项目。承担亭湖区河道和水利工程管理范围划定项目工程，敖汉旗农业局农村土地承包经营权确权登记颁证测绘服务项目，阜平县农村集体土地确权发证“房地一体”调查测绘项目（龙泉关、天生桥），新乐市农村建设用地使用权、农村宅基地使用权确权登记发证项目（补充开展农房调查等项目）（第一标段）以及数字定兴地理空间框架建设项目。

石家庄市勘察测绘设计研究院

2017年，石家庄市勘察测绘设计研究院完成石家庄市国土资源局委托的“石家庄市2017年1:1000数字地形图修补测及新测”项目，测绘范围为高新区和西南区域，测绘面积91.5平方千米；石家庄市国土资源局委托的《石家庄市地图》及《石家庄城市地图集》编制项目。完成各类规划定线任务多项，包括拨地定线450份、建筑定线60份、管线定线380份、建筑竣工150份、管线竣工测量30份、管线探测40份、临时测绘230份、地形图测绘15份、正负零及槽底测量160份、管线槽底测量75份。不断开发各类地图新产品，多次为省委、市委提供办公用图，为石家庄市地铁开通制作2版专题对开图，为市道桥处、汇融银行、搜房网等企事业单位编制专题地图。

中国二十二冶集团有限公司

2017 年，中国二十二冶集团有限公司主要完成工业、民用建筑控制测量、施工测量类项目 20 多项，道路、桥梁管廊项目施工、控制测量近 20 千米，工业与民用建筑施工测量 31 项，变形测量项目近 10 项，共完成产值 633.7 万元。全年完成的重大工程有长春管廊工程施工测量、承德高铁商圈工程施工测量、四平管廊工程施工测量。获得河北省工程测量技能大赛团体第三名；中冶系统（国家二类竞赛）工程测量技能大赛团体第五名，1 名选手获得个人第三名。

河北省地矿局秦皇岛资源环境勘查院

2017 年，河北省地矿局秦皇岛资源环境勘查院完成各类测绘项目 68 项，其中海洋测绘项目 19 项、工程测量项目 28 项、不动产测绘项目 1 项、地理信息系统工程项目 1 项、无人飞行器航摄项目 5 项、其他测量 14 项。完成 2016 年度秦皇岛市海域动态监测节点业务，秦皇岛海域基础数据体系建设项目，秦皇岛市海岸线调查统计项目，秦皇岛港公用航道日常维护工程浚后测量，迁安市农村集体土地建设用地、宅基地确权登记发证项目，秦皇岛地区电力线路与变电站勘测，秦皇岛经济技术开发区规划建设测量，北戴河区三镇基础设施改造 1∶500 地形图测绘 9.49 平方千米，秦皇岛葛园 110kV 输变电工程无人机航摄以及青龙满族自治县城关站 110kV 输变电工程无人机航摄。承担牛头崖镇基础地理信息系统建设。

河北省地矿局第三地质队

2017 年，河北省地矿局第三地质队中标对怀安县南山产业园区 23 平方千米地形图测绘、张家口市洋河新区土地征迁 2 个项目。对怀安县和万全县共 14 个中大型村落进行了实地测绘。对蔚县 2 个大型煤矿进行井下超程越界测绘，井下巷道测绘长度超 30 千米。对张家口市怀来县、下花园区、宣化区迎宾廊道绿化工程进行第三方施工验收。对康保县康巴诺尔湖国家级湿地公园周边约 4 平方千米的地形进行测绘，并绘制了 1∶1000 地形图。全年完成项目 10 多项测绘年产值超过 900 万元。

河北地矿建设工程集团邯郸公司

2017 年，河北地矿建设工程集团邯郸公司完成 20 个项测绘项目，完成不动产测绘 6 项，涉及 230 个村，主要完成邯郸、邢台地区农村土地经营权确权颁证项目和农村宅基地、建设用地使用权确权登记发证项目。完成河北省赤城县马道口银多金属矿预查，河北省涉县索堡镇 1∶20 万化探异常 AS40、AS41 查证设计，磁县黄沙镇水池村一带耐火黏土群采矿矿山环境恢复治理，河北省涉县申家庄建筑石料灰岩矿储量核实国家控制测量、地形测量，完成国家地下水监测工程（河北省部分）地下水监测点工程，河北省官厅水库、密云水库上游土壤污染状况调查评价项目放样工作等。在南铭河铁矿和峰峰矿区北响堂寺一带沉降测量中，使用了 0.5 秒高精度全站仪，通过实施该项目，验证了 0.5 秒全站仪代替水准仪快捷高效进行四等水准测量的可能性。

河北卓尔地理信息技术股份有限公司

2017 年，河北卓尔地理信息技术股份有限公司主要承担秦皇岛卢龙县下寨乡刘各庄、刘家营乡峰山村、双望镇 3 个勘测项目；北戴河 1∶500 地形图测绘、抚宁县 1∶500 地形图测绘、涿州市 1∶500 地形图测绘、天津武清区 1∶2000 地形图修测 4 个地形图测绘项目；卢龙县农村土地承包经营权确权登记颁证成果验收、昌黎县农村工作委员会聘请第三方进行土地确权验收、沧州市农村承包地确权登记颁证成果市级核查、定州市农村土地承包经营权确权登记颁证成果检查验收 4 个检查验收项目。

中国冶金地质总局一局五二〇队

2017 年，中国冶金地质总局一局五二〇队承担并完成邢台县崔路村地形图测绘，巨鹿县河道划界确权项目，巨鹿县农村集体土地确权登记发证房地一体补充调查项目（二标段），邢台市临西县泰山路丽景新城小区竣工测量，邢台碧桂园一期货量区301#—322#楼沉降观测工程，邢台市桥西区、桥东区、大曹庄管理区农村集体确权登记发证工作（续作），南和县农村土地确权登记颁证档案管理项目，南宫市房地一体化补充调查项目，隆尧县永久基本农田划定项目，邢台市地下水超采综合治理农业项目第三方验收等一系列测绘项目，完成产值 1352 万元。

河北博翔地理信息技术有限责任公司

2017 年，河北博翔地理信息技术有限责任公司完成各类测绘项目 105 项，主要包括不动产统一登记数据整合 3 项、农村集体土地确权 2 项、数字城市建设 3 项、土地变更调查与遥感监测 3 项、农村土地承包经营权确权登记颁证 3 项、水深测量和扫海测量 5 项、勘测定界测量 15 项、沉降观测 10 项以及数据库建设、大比例尺地形图测量等项目。测绘和编制各类图件数千件，包括测绘 1∶500 地形图及数据入库 88.6 平方千米，测绘 1∶1000 地形图 48 平方千米，测绘 1∶2000 地形图 193.2 平方千米；完成农村集体土地确权登记使用的宗地图 39067 宗，地籍图 3015 幅；1∶1000 DEM 和 DOM 生产 95.63 平方千米，1∶2000 DEM 和 DOM 生产 31 平方千米，1∶5000 DOM 生产 3131.25 平方千米；完成数字城市倾斜摄影实景三维模型生产 44.4 平方千米；完成 2 个区县的耕地分等更新项目和 3 个区县 2017 年度土地变更调查项目；基本完成 3 个市、县不动产统一登记数据整合项目；完成多个水深测量、扫海测量以及沉降观测工程项目。公司开发的“湖南国情普查辅助系统 V1.0”取得软件著作权。

河北省地矿局第四地质大队

2017 年，河北省地矿局第四地质大队完成各类测绘项目 45 项，其中地形图测绘 5 项、房产测绘 1 项、数据库建设 1 项、地籍测绘 2 项、工程测量 21 项、其他测量 15 项。完成滦平百草洼项目 1∶500 地形图测绘 75.3 平方千米，测量标志点普查、维护迁建项目，承德市鹰手营子矿区永久基本农田划定项目，迁安市农村集体建设用地、宅基地确权登记发证项目房产补充调查，滦平高速口地形图测绘 15 平方千米，河北省滦平县伟源矿业有限责任公司伟源铁矿樱桃沟采区详查测绘项目 1∶2000 地形测量 4.93 平方千米；完成滦平县邓厂乡杨树下硅石矿详查测绘项目 1∶2000 地形测量 3 平方千米、工程点测量 46 个、剖面布设 10 千米；开采及无证开采矿产资源储量核实项目 49 个。开展的赤峰市敖汉旗农村牧区土地承包经营权确权登记颁证第三标段测绘服务项目完成入户调查 9000 户，实测土地面积 30 万亩。开展的赤峰市翁牛特旗农村牧区土地承包经营权确权登记颁证第十四标段测绘服务项目完成入户调查 2711 户。

核工业航测遥感中心

2017 年，核工业航测遥感中心完成的测绘项目主要涉及地形图测绘、不动产测绘、地下管线测量、变形（沉降）观测、地理信息系统工程测量、测绘航空摄影无人机飞行器航摄等。主要完成 10 个县的农村土地承包经营权确权专项验收项目，9 个县的农村土地承包经营权确权登记颁证工作，100% 通过省级验收；完成田湾核电站智慧厂区地理信息管理系统开发项目，中核核电运行管理有限公司生产区域建构筑物沉降及水平位移观测服务项目，湖南省汝城县中山地区 1∶2000 地形图测绘项目，石家庄市岗黄水库监督监测站岗黄饮用水源地围挡建设测绘、勘察项目。实施北京市泥石流沟精细调查与评价项目（房山区），漳州核电一期工程地下管网综合管理系统开发项目等。完成的“漳州核电一期工程地下管网综合管理系统开发项目”取得计算机软件著作权。

河北省地球物理勘查院

2017 年，河北省地球物理勘查院完成大厂县住宅小区土地权属调查项目第三标段，固安县国土资源局不动产统一登记数据整合项目第二标段的测绘任务，为县级不动产数据库建立提供基础信息资料。承担并完成赵王新河流域 1∶1000 数字地形图测绘，为雄安周边流域规划、建设提供详实的基础资料。完成廊坊市 4 个小区高层建筑的变形监测工作。引进 upx5 无人机航测系统，掌握了航空摄影、正射影像图制作、航测成图等技术，并在此基础上利用无人机点云数据进行模拟建模。

化学工业第一勘察设计院有限公司

2017年，化学工业第一勘察设计院有限公司实现主营业务收入1.38亿万元，利润总额551万元，其中测绘业务实现产值760万元。完成各类测绘项目35项，涉及地形测绘、地籍测绘、城市地下管线测量、沉降观测、基坑监测、道路改造和土方计量等多个方面。主要包括天津渤化化工发展有限公司“两化”搬迁改造项目用地软土地基处理工程监测、河北海兴核电厂1#检修工程竣工后沉降观测技术服务、LG化学（惠州）化工有限公司CHZ二期ABS项目岩土工程勘察及测绘服务、巨鹿农村土地承包经营权确权登记颁证等项目。

河北建设勘察研究院有限公司

2017年，河北建设勘察研究院有限公司完成的测绘项目主要涉及变形（沉降）监测、地下管线测量、地形图测量、地理信息系统工程、测绘航空摄影无人机飞行器航摄、不动产地籍测绘、海洋测绘、城市轨道交通第三方监测和施工监测等。完成的主要项目有张家口市城乡规划局地下管线普查项目，邯郸市地下管线普查项目，神华宁煤400万吨/年煤炭间接液化项目第三方测量，江苏大唐国际吕四港发电有限责任公司厂区沉降观测项目。完成石家庄市城市轨道交通3号线一期二中站至新石家庄站第三方监测服务，石家庄市城市轨道交通1号线一期工程第三方监测服务项目1510标段。公司连续三年被石家庄轨道公司评为“优秀单位”，并获2017年石家庄市轨道交通1、3号线首开工试运营“优秀供货服务单位”称号。

河北省地质工程勘查院

2017年，河北省地质工程勘查院承担各类测绘项目100多个，主要包括保定市满城区宏昌大街南延（复兴路西延至107国道）等4条道路工程测绘项目，阜平县土地整治规划修改调整工作，阜平县农村集体土地使用权确权登记颁证测绘项目，河北大唐蔚县电厂上大压下新建工程厂区和灰厂的勘测定界，和林格尔农村土地承包经营权确权登记颁证测绘项目，宣化区土地整治规划实施评估与修改方案项目，保定市满城区野生动物园地形测绘项目，阳原县农村集体土地使用权确权登记颁证测绘项目，宣化县农村集体土地使用权确权登记颁证测绘项目，雄县农村集体土地使用权确权登记颁证测绘项目。完成地籍测绘260平方千米，房产测绘20平方千米。新增1套无人飞行器系统和多种技术装备，努力为国土、交通、规划等部门提供高质服务。

河北省水利水电第二勘测设计研究院

2017年，河北省水利水电第二勘测设计研究院完成的主要工作有白洋淀蓄滞洪区安全建设测量，白洋淀周边河道综合整治实施方案测量，黄壁庄水库库容曲线修测及特征值修正，保定市安格庄水库库容曲线修测及特征值复核，保定市龙门水库库容曲线修测及特征值复核，渤海新区新石碑河、廖家洼排水渠、沧浪渠综合整治工程测量，赤城县白河河道综合治理二期、三期工程测量，香河县潮白河河道治理工程测量，滹沱河河道（石家庄市段）横断面复核等河道治理工程测量，南宫市、饶阳县、肃宁县2017年地下水超采综合治理工程测量，引黄入冀补淀工程施工图阶段补充测量，南水北调总干渠后续服务测量等。

河北中色测绘有限公司（北京中色测绘院有限公司）

2017年，河北中色测绘有限公司（北京中色测绘院有限公司）完成的测绘项目包括摄影测量与遥感9项、地理信息系统工程32项、工程测量75项、不动产测绘78项。完成摄影测量与遥感内业53.4万平方千米、外业3756平方千米，房产测绘6010万平方米，地籍测绘338.2平方千米。完成2017年度卫星遥感影像执法监察监管项目贵州省高分一号、高分二号、资源一号卫星影像生产工作，第三次全国农业普查农作物面积遥感测量工作，2017年全国土地利用变更调查监测与核查遥感监测任务，数字魏县地理空间框架建设项目，浙江理工大学地下管线三维信息系统项目，北京市昌平区新城地区地下管线基础信息普查项目，乐安县国土资源局不动产登记数据整合建库项目，绥满高速公路铁力至科右中旗联络线榆树至松原高速公路扶余境内征地拆迁前期永久征地测绘服务等重点工程。

承担第三次全国土地调查试点工作，自主开发中色土地调查数据库管理系统平台，通过应用“互联网+”和“3S”一体化新技术，实现“互联网+”举证和外业在线监管，开创国土资源监管工作新模式。

山西省

概况

截至2017年底，山西省共有测绘资质单位666家，同比增加53家，增长8.65%。其中甲级28家、乙级80家、丙级230家、丁级328家；私营测绘企业405家，同比增加50家，占全省测绘资质单位总数的60.81%。年末测绘从业人员13178人，同比增加369人，增长2.88%。全省测绘地理信息行业全年完成测绘服务总值15.87亿元，同比增加1.62亿元，增长11.37%。承担的重点测绘项目主要包括基础地理信息数据更新、地理国情监测、农村土地承包经营权确权登记颁证、不动产登记颁证、农村集体建设用地及宅基地使用权地籍调查、山西重点地区地面沉降地裂缝灾害监测等。

山西省第二地质工程勘察院

2017年，山西省第二地质工程勘察院签订测量项目合同151份，合同额2787万元，其中工程测量项目396万元，农村土地承包经营权确权和数据库整合项目2191万元、不动产登记项目200万元。完成朔州、忻州、运城、临汾等市26县（区）776.18平方千米农村集体建设用地使用权、宅基地使用权确权项目，朔州、忻州、运城、临汾、晋城等市38县（区）2491村3991平方千米农村土地承包经营权确权登记颁证项目。全年完成产值6474万元。

山西天 D测绘工程有限公司

2017年，山西天昇测绘工程有限公司完成测绘服务产值5000多万元。完成中铁三局黔张常铁路站前工程QZCZQ—10标、中铁三局商合杭铁路站前工程SHZQ—15标、杭州地铁5号线下穿杭州南站监控量测，南昌铁路局杭深铁路福厦段控制网复测、南宁地铁5号线沉降变形监测、京沪高铁济南局范围轨道数据采集及线型拟合等数十条线路测量。完成“集北斗网络RTK、三维一体测量及现场实时监控于一体的测量新技术的研究与应用”课题研发。完成“工程CORS数据网络服务器软件V1.0”“工程CORS数据网络客户端软件V1.0”和“工程CORS移动监控软件V1.0”3项软件著作权登记。

山西金瓯土地矿产咨询服务有限公司

2017年，山西金瓯土地矿产咨询服务有限公司完成全省6个地市11个县（市、区）400多平方千米农村集体建设用地和宅基地使用权地籍调查，合同额6500多万元。完成全省6个地市11个县（市、区）1000多平方千米农村土地承包经营权确权登记颁证项目，合同额2600多万元。完成全省3个市级26个县级不动产存量数据整合，合同额3000多万元。完成风电场地形测绘、线路工程（铁路、公路等）勘测定界及专题图测绘等测绘类项目500多个，合同额3000多万元。

太原市勘察测绘研究院

2017年，太原市勘察测绘研究院完成山西转型综改示范区潇河现代产业区1:2000地形图测绘474.3平方千米，1:500地形图测绘87.64平方千米；完成山西省重点工程火工区选址1:1万地形图数据服务189平方千米；配合太原市“五规合一”项目建设，完成1:2000地形图测绘2581.7平方千米；配合太原市地下管线普查项目负责项目全过程的监理；配合太原市西山城郊森林公园建设开展全过程绿化考核服务。开展城市三维模型制作、历史建筑测绘、GIS数据生产、太原市城市街景影像采集等非常规项目的生产全过程管理孵化，形成完整的产品标准、生产规范和质量标准。

山西省水利水电勘测设计研究院

2017 年，山西省水利水电勘测设计研究院承担各类项目 62 项，包括汾河流域生态修复工程、山西省晋中东山供水工程、山西省中部引黄工程、山西省辛安泉供水工程、山西省小浪底引黄工程四大工程大水网延续工程及桑干河综合治理与生态修复项目泥河生态修复湿地工程、永定河综合治理与生态修复工程等。完成控制点 1797 个，水准测量 24.6 千米，1:200 地形图测绘 0.455 平方千米，1:500 地形图测绘 11.487 平方千米，1:1000 地形图测绘 69 平方千米，1:2000 地形图测绘 159.65 平方千米，断面测量 2028.8 千米。完成正射影像图制作 614.2 平方千米，数字线划图测绘 373.3 平方千米。

山西省基础地理信息院

2017 年，山西省基础地理信息院组织实施 1:1 万基础地理信息数据更新生产，完成晋北、晋西测区 74 幅数字正射影像图制作，310 幅外业调绘、数字线划图数据采集及编辑；晋西测区 1238 幅外业像控点测量、数字正射影像图制作。完成晋城市 100 平方千米 1:2000 基础测绘工作，完成吕梁、临汾、运城 3 市 2017 年基础性地理国情监测任务，承揽阳泉市现代化测绘基准体系建设项目。完成数字永和地理空间框架建设项目，开展数字侯马地理空间框架建设项目航空摄影、基础地理信息更新数据生产、示范应用系统调研及开发等工作，数字汾阳地理空间框架建设项目设计书通过评审。完成城市时空地理信息数据库更新管理技术和系统开发研究项目，开展倾斜三维模型制作及利用三维模型和真正射影像图数据生产数字线划图的生产科研试验。完成 17 个县区农村集体建设用地及宅基地使用权地籍调查示范项目，高平市永久性基本农田划定及整改，高平市农村房地一体化试点项目。完成省文物局全省 766 处国保、省保建控地带划定和 1310 多千米长城、2800 多处长城附属设施等保护范围及建控地带划定收尾。完成省古建筑保护研究所山西省长城保护规划数据库建设。

山西省测绘工程院

2017 年，山西省测绘工程院完成山西省北斗导航地基增强系统（SXBDCORS）建设，升级山西省连续运行基准网及综合服务系统软件。完成五家渠市 GNSS 卫星导航连续运行参考站建设和数字宁武地理空间框架建设项目。完成晋北测区 210 幅 1:1 万基础地理信息 DLG 更新；大同、忻州、阳泉、太原 4 市 40 个县（市、区）5.07 万平方千米 1:2.5 万正射影像图制作，大同、忻州、太原 3 市 33 县（市、区）4.64 万平方千米基础性地理国情监测；2017 年忻州市基础测绘更新；山西重点地区地面沉降地裂缝灾害监测等。承担太原市现代测量控制基础建设及似大地水准面精化、数字灵石地理空间框架建设、山西省农村集体建设用地和宅基地使用权地籍调查省级数据库建设等项目。开展三维不动产权籍测绘生产体系研究，实现不动产权籍二三维一体化管理和可视化表达，研制三维模型影像系统（Imaging 3D Modeling System）和三维不动产权籍管理系统 2 套软件。

阳泉新宇岩土工程有限责任公司

2017 年，阳泉新宇岩土工程有限责任公司完成阳煤集团新景煤矿 35KV 高压黄北线高压线塔沉降监测工程，阳煤集团华泓煤矿侯月铁路保护煤柱设计及监测测量工程，阳煤寺家庄煤矿运煤专线采陷监测测量工程，阳煤集团平舒煤矿井下贯通测量及陀螺定向测量工程。完成阳煤集团西上庄电厂烟囱，阳煤集团二矿小区 A 组团 1—18 号楼，阳泉御康山庄三期 7—8 号住宅楼、四期土工布挡墙，阳煤集团兆丰铝电公司自备电厂护坡等沉降观测工程，阳煤集团华鼎机械公司高端液压支架油缸升级项目北侧挡墙位移观测工程。

山西省地质测绘院（山西省地质勘查局测绘队）

2017 年，山西省地质测绘院（山西省地质勘查局测绘队）完成运城、临汾、长治、晋城、晋中等市 30 多县 46 个标段 3266 平方千米农村土地承包经营权确权登记颁证项目；完成介休市基础测绘 744 平方千米 DEM、DOM、DLG 数据更新；完成 800 多平方千米无人机航测1:500、1:1000、1:2000 DOM、DLG生产。在城市规划、旧城区改造、地籍测量、工程测绘中引进应用无人机倾斜摄影技术，完成三维建模与地形图采集23平方千米。参与高分专项山西省重点矿区生态环境产业化项目建设，推广高分遥感技术应用；开发研究无控无人机航测技术，在1:500、1:1000航测地形图项目中应用。开发农村土地经营权数据处理软件，提高内业工作效率。

山西省第六地质工程勘察院（山西省地球物理化学勘查院）

2017年，山西省第六地质工程勘察院（山西省地球物理化学勘查院）完成临猗、河津、夏县农村集体建设用地使用权、宅基地使用权确权发证项目，忻州、运城、临汾、晋中等市28县35个标段1533平方千米农村土地承包经营权确权登记颁证项目。完成300多平方千米1:1000、1:2000公路、城市规划地形图无人机航测。完成芮城县光伏发电1:2000地形测绘项目。引进无人机倾斜摄影系统，完成运城市交通县级公路改造测量工作。

山西家豪测绘集团有限公司

2017年，山西家豪测绘集团有限公司完成晋城市沁水、泽州、陵川、高平4县（市）58个乡镇农村土地承包经营权确权登记颁证工作；宁武县14个乡（镇）444个行政村286.67平方千米土地及2255幅0.2米分辨率影像的数据库成果汇交入库工作；襄垣、壶关、平顺、临县4县农村宅基地使用权确权发证项目。承担宁武县农村土地经营权确权县级检查验收工作。开展沉降变形观测项目7112点次，埋设沉降观测标志1343个。完成司法鉴定项目振动测量11项，日照测量及补偿15项，不动产测量9项，房屋损坏补偿255户。

大同市勘察测绘院

2017年，大同市勘察测绘院完成大同市城市建成区242平方千米1:500基础地理信息测绘，制作完成242平方千米地面分辨率优于0.05米正射影像图和770平方千米地面分辨率优于0.2米正射影像图。完成大同市城乡规划局规划历史档案数据整理入库、大同市8000多米地下管线普查项目监理、易地扶贫规划73个安置点地形图测绘和施工控制测量等工作。实施卫星影像辅助违法监察项目，利用遥感卫片辅助监测大同市规划区域内970平方千米的违建情况；利用无人机完成大同古城历史街区0.05米分辨率影像生产制作；利用三维激光扫描技术完成大同古城327个院落外业采集以及内业整理，并制作相应图册成果。实施大同市科技基础条件平台建设计划项目博物馆真三维虚拟展示平台建设项目。

山西华冶勘测工程技术有限公司

2017年，山西华冶勘测工程技术有限公司承担各类测绘项目80项，涉及工程测量、不动产测绘、地理信息系统建设等业务。承担山西省第二期农村土地承包经营权确权，万荣、乡宁、侯马等县市地名普查项目以及孝义和霍州2市地下管线普查，忻州市、代县等多个项目权籍测量，承揽金港国际商务中心（二期）基坑支护工程变形监测等项目。

山西省地图院

2017年，山西省地图院完成晋北测区灵丘、繁峙104幅1:1万基础地理信息DLG更新项目；晋中、朔州地理国情正射影像图制作，以及该任务区域2017年度基础性地理国情监测项目；长治县、沁源县第二次全国地名普查项目；山西省地震重点危险区应急基础图件制作和晋城市行政区划图修编项目。承担《中国城市地图集》第二批全国编制试点之一《晋城城市地图集》编制项目。编制完成《山西省天然气（煤层气）管网图》《临汾市政区图》《晋中市城区地名图》《吕梁市地图册》《吕梁市宗教活动场所分布图》《长治市县系列图》《泽州县领导工作图》《迎泽区水务防汛图》《山西共青团助力脱贫攻坚图》《玩转大同古都手绘地图》《太原市六一亲子游园图》等地图产品。完成城区水务防汛地理信息服务关键技术研究项目。

内蒙古自治区

内蒙古自治区测绘院

2017年，内蒙古自治区测绘院获取室韦、乌力吉对外开放口岸范围的基础地理信息数据，完成二连浩特市经济合作区约10平方千米的1:1000地形图测绘任务。完成新埋设的100个大地基准平面控制GPS C级点的观测与计算，施测高程控制三等水准测量约4000千米。完善“数字鄂尔多斯”建设项目中康巴什区行政区划变更后的数据、矢量及影像配图、切图等地图服务发布工作，建立3个示范应用系统。助力呼伦潮流域国家级自然保护区生态环境监管体制改革，完成呼伦湖2083平方千米水下1:1万地形图及水深图数据获取任务，掌握呼伦湖水下空间自然地理环境现状，填补呼伦湖水下地形与水深等空间地理信息数据方面的空白。为自治区多家机场提供各类航空保障测绘服务。为鄂尔多斯市地震局开发地震应急辅助决策系统开发服务。为呼和浩特市、巴彦淖尔市、赤峰市、兴安盟等盟市提供测绘服务。

内蒙古自治区航空遥感测绘院

2017年，内蒙古自治区航空遥感测绘院为和林格尔新区服务，提前安排新区整体影像图制作工作，创新地提出使用移动端平台装载新区影像图，15套平台及时交付和林格尔新区管委会使用。为推进数字巴彦淖尔地理空间框架应用服务功能升级提供实景三维模型数据支撑，为二连浩特市“多规合一”平台建设项目编制科学的评价体系，建立展示及辅助决策平台获取尼尔基镇及周边504平方千米0.05米分辨率真彩色影像并制作正射影像图，建设乌兰察布市察右中旗科布尔镇地下综合管廊信息平台。完成包头市土右旗实景三维精细建模项目。

实施了“丝绸之路经济带”多源遥感影像数据获取、阿拉善左旗激光雷达（LiDAR）航空摄影、元宝山区平庄镇和喀喇沁旗锦山镇等新型城镇化建设、喀喇沁旗智慧城市时空信息基础设施建设、呼伦潮流域生态与环境综合治理建设、航空摄影获取等10个测绘地理信息保障服务项目。实施的榆林市倾斜航空摄影和银川市中卫（二）机载激光LiDAR航空摄影和呼伦潮流域国家级自然保护区航空摄影项目，成果质量综合评定为“优”。

内蒙古自治区地图院

2017年，内蒙古自治区地图院完成50平方千米和林格尔新区三维建筑模型及三维系统建设、27.22平方千米1:1000地形图航测内外业工作、翁牛特旗乌丹镇68平方千米1:1000地形图测绘及基础地理信息数据处理、扎赉特旗音德尔镇400千米地下管线探测以及三维管线信息数据库和信息管理系统建设。完成赤峰市部分地区大比例尺测图、“呼察线”和“呼和线”燃气管道工程测量、“气化赤峰”南线输气管道工程测量、巴林左旗和林西县城区地下管网普查、蒙辽省界界桩更换测量等工作。编制《内蒙古自治区区情地图册》《内蒙古自治区手绘地势图》《草原丝绸之路》等图集，并为内蒙古自治区发展研究（经济信息）中心编制的《内蒙古发展与评价图鉴》制作地图插页。

内蒙古自治区基础地理信息中心

2017年，内蒙古自治区基础地理信息中心接收呼伦贝尔测区、自治区联通俄蒙开放口岸测绘保障服务各口岸、地理国情监测、锡林郭勒测区、自治区城镇化建设测绘保障服务内外业资料及1:1万、1:1000地形图。为自治区70周年大庆制作呼和浩特市2米分辨率影像数据和呼和塔拉主会场1米分辨率影像数据。在大兴安岭发生的森林火灾中，利用资源三号卫星第一时间为抢险救灾提供高清晰影像，有效发挥应急保障作用。提供1:1000、1:1万、

1:5 万、1:25 万 DLG 9667 幅 36.6GB；1:1 万、1:25 万 DEM 1437 幅 6.8GB；1:1 万、1:5 万 DOM 2556 幅 1.12TB；1:1 万、1:2.5 万、1:5 万、1:10 万、1:25 万、1:50 万等比例尺地形图 6415 张，为呼和浩特市新机场建设、和林格尔新区规划、土地矿产勘查、土地确权等 2017 年重大民生工程提供保障服务。提供 GPS 点 1403 个、三角点 17182 个、水准点 4141 个。提供鄂尔多斯市、乌兰察布市地理国情普查连片影像数据 973GB，阿拉善盟、兴安盟、呼伦贝尔市地理国情普查连片影像数据 1.8TB，地理国情普查时点核准影像数据 10.5TB。提供遥感卫星影像数据 12.6TB，覆盖 118.3 万平方千米。提供地理国情普查成果遥感影像数据 2.34TB，地表覆盖数据 512 MB，地理国情要素数据 37MB。完成 158 幅航测内业工作。

辽宁省

概况

2017 年，辽宁省测绘地理信息局大力推动测绘资质单位发展工作。认真做好资质审批管理、信用管理，通过测绘资质年度报告、地理信息市场整顿、“双随机、一公开”专项执法检查等方式，对违法违规、不符合测绘资质条件的单位进行依法注销或降级、缓期注册、核减业务范围等处理。截至年底，全省共有 612 家测绘资质单位，其中甲级 41 家、乙级 164 家、丙级 225 家、丁级 182 家。全年承揽测绘项目 26792 项，完成测绘服务总值 4.96 亿万元，涉及测绘地理信息、城市建设与规划、国土资源、海洋、水利、电力、冶金等 16 个行业。年末测绘从业人员 14066 人，其中 6922 人持有测绘作业证，测绘专业技术人员 7705 人。

辽宁省基础测绘院

2017 年，辽宁省基础测绘院完成 1591 幅 1:1 万地形图测绘与数据更新工作；完成地理国情基础性监测任务和 1 项国家级、2 项省级地理国情监测项目；完成 92.14 平方千米大型水库测量任务；制作 6 套近百幅领导用图和特色乡镇用图。坚持科技创新与生产项目相融合，加强科技成果申报，全年荣获 11 个专业奖项，自主研发的 4 项专利获得国家实用新型专利授权。

辽宁省地理信息院

2017 年，辽宁省地理信息院完成 1:1 万地形图更新与建库 810 幅，省基础性地理国情监测 12798 平方千米，以及抚顺市地理国情监测应用示范项目、辽阳市城市建成区 104.2 平方千米倾斜摄影与实景三维模型制作、辽宁省北斗地基增强系统运行测试项目，承接辽宁省国家级、省级文物保护区勘界测量项目。

辽宁省地理信息院在省测绘地理信息行业职业技能竞赛中，获得地图制图团体二等奖、工程测量团体三等奖，地理信息室获得省直机关工委“三八集体”和省直青工委“青年文明号”称号。

辽宁省摄影测量与遥感院

2017 年，辽宁省摄影测量与遥感院主要完成 1:1 万地形图更新与建库 315 幅；全省高分辨率卫星影像获取 14.81 万平方千米；机载雷达数据获取和数字高程模型生产 6651 平方千米；辽宁省沿海潮间带滩涂地形图数据获取与制作 240 平方千米；辽宁省地理国情监测 4755 平方千米；辽宁监测区全国地级以上城市空间格局变化监测项目覆盖全省 14 个地级市城区；开展多次应急演练，并针对岫岩县和海城市的部分区域开展地质灾害专题数据采集，作业面积约 230 平方千米，制作 1:2000 应急专题 DLG 235 幅。加强科技创新，坚持把创新发展作为引导发展的第一动力，全面推动科技创新，整体技术水平不断提升全年获得科技进步奖10多项。

辽宁省基础地理信息中心

2017年，辽宁省基础地理信息中心完成180幅1:1万地形图更新与建库项目，配合辽宁省电子政务办公室完成“天地图”互联网和政务外网环境下10个信息系统迁移工作，开发2个基于“天地图·辽宁”地理信息公共服务平台的应用项目。为辽宁省住房与城乡建设厅提供1000张打印图纸，完成50个省级特色乡镇影像图制作。完成国家测绘地理信息局1:1万基础地理信息数据库整合升级的1703幅数据整理工作，以及辽宁省基础地理信息数据库平台和存储模型的升级。完成辽阳市4700平方千米基础性监测工作，编写辽宁省地理国情普查公报，向辽宁省环境保护厅、省地震局、省畜牧兽医局、省教育厅、沈阳农业大学等多家单位介绍地理国情普查数据的基本内容和技术指标。完成辽宁省1:120万、1:230万、1:320万和1:400万4种比例尺公益性地图的编制工作，为《辽宁省测绘志》编制19幅地图插图，编制辽宁省旅游交通图、沈阳市区图。

辽宁宏图创展测绘勘察有限公司

2017年，辽宁宏图创展测绘勘察有限公司营业总收入同比增长7.21%，净利润同比增加22.02%。主要完成各比例尺基础地形图测绘21030平方千米；承担农村土地承包经营权确权登记颁证项目205项，涉及23个省区，累计面积4971万亩；累计完成国家环境监测网生态遥感监测304万平方千米；开发并运行沈阳市浑南区综合政务监督管理平台，平台业务涉及66家执法主体单位的监管信息。自主研发宏图三维激光点云成图系统——LiDAR Feature，用于多平台激光扫描设备。

全年获得8项软件著作权，取得高新技术企业认证、软件企业认证以及土地整理复垦开发规划设计、土地复垦方案编制和涉密档案数字化加工3项资质，获2项国家级、2项省级和1项市级科技进步奖。

沈阳美行科技有限公司

2017年，沈阳美行科技有限公司的美行网联导航、车联网服务、惯导模块、互联方案、终端软硬方案、新能源车服务、商用车服务等一系列产品与服务逐步形成整体方案。美行地理信息系统、云服务系统的研发为美行在线导航业务提供互联网POI数据，确保POI数据更新及时有效。美行历时3年研发、基于位置服务与“互联网+”的智能停车场管理系统上线部署，致力于整合停车场大数据，创新发展城市级停车解决方案，构建新型城市智能交通系统方案，得到沈阳市政府认可并大力推广，促进国家智慧城市发展落地。

大连市勘察测绘研究院有限公司

2017年，大连市勘察测绘研究院有限公司完成产值2.85亿元，收入1.52亿元。其中测绘地理信息产业产值1.35亿元，收入1.08亿元。承担多项大型基础设施建设和重大测绘工程，包括大连地铁5号线工程第三方监测项目、大连市不动产数据整合、全国10多个省农村土地确权测绘颁证工作等。配备多套国际领先的AMC5100航摄系统，并辅助于高精度无人飞行器系统，可协同获取多角度高清地理影像，完成多源地理信息数据融合。利用多源数据开发的大连市三维基础地理信息平台、市政工程、消防应急管理、资源动态巡查等一系列地理信息系统已应用于公安应急指挥、国土矿山整治、古建筑保护、棚户区改造、城乡规划方案编制、环保生态红线划定、环境监测以及精准农业等领域。

中煤科工集团沈阳设计研究院有限公司

2017年，中煤科工集团沈阳设计研究院有限公司在完成煤炭行业测绘项目的基础上，积极拓展测绘市场项目，重点开拓工程测量、地籍测绘及航空摄影测量市场，注重测绘产业创新及新兴技术的使用。完成各类测绘项目30多项，主要包括地形图测绘项目、农村土地承包经营权确权登记颁证项目、农业综合开发土地治理核查验收项目、沉降及变形观测项目等。完成巴基斯坦国信德省塔尔煤田一区块5.17平方千米疏干水外排系统工程地形图测量，塔尔煤田一区块33.042平方千米地形图测绘。采用无人机航空摄影测量技术完成江西省彭泽县矿山物料运输专用线46.25千米测量和辽宁省朝阳市喀左县东哨镇43373亩农村土地承包经营权确权登记颁证项目。完成镇赉县460平方千米基本草原拟定。完成沈阳市19.28万亩农业综合开发土地治理核查验收。1:1000地形图388幅，1:2000地形图24幅，制作地籍图、宗地图3.2万多宗。

吉林省

概况

截至2017年底，吉林省共有测绘资质单位554家，同比增加41家。其中甲级26家，增加4家；乙级107家，增加10家；丙级140家，增加3家；丁级281家，增加24家。年末测绘从业人员9847人，其中专业技术人员8782人，民营企业测绘从业人员5388人。测绘服务主要以国土资源、测绘、农业、环保、城乡建设、水利工程、电力工程及旅游规划等经济投资领域为主，全省测绘资质单位全年完成测绘服务总值16.3亿元，同比增加1.21亿元；其中民营测绘企业完成服务总值11.95亿元，占全省总额的73.3%。完成的重点测绘地理信息工程项目包括数字（智慧）城市建设、民生工程建设、吉林省专题地图编制、基础地理信息数据重要要素更新、“天地图·吉林”建设、地理信息成果公共服务、吉林省地理国情监测、吉林省智慧城市CGCS2000坐标系统建设、农村土地承包经营权确权登记颁证项目、高标准基本农田建设项目、农村集体建设用地及房屋调查发证项目。交通、电力、国土、水利行业单位主要完成测绘地理信息工程项目包括本溪至集安高速公路桓仁（省界）至集安段控制测量68.3平方千米；四平至伊通公路控制测量50.6平方千米等交通测绘工程项目；华电新疆哈密四期2×350MW供热空冷电厂勘测、中国南方电网有限责任公司乌东德电站送电广西、迪拜HASSYAN 4×600MW燃煤电厂勘测、广东±800kV特高压线路等电力测绘工程项目；长春市城区南溪湿地征地、百里伊通河征地等国土测绘工程项目；大藤峡水利枢纽工程、吉林省松原灌区工程、吉林省西部供水工程、两江雪山湖大坝变形观测、吉林省中部城市引松供水二期工程等水利测绘工程项目。1家企业入选2017中国地理信息产业百强企业，6家企业荣获2017中国地理信息产业最具活力中小企业称号。

吉林省地理信息院

2017年，吉林省地理信息院承担吉林省1:1万基础地理信息数据重要要素更新工作和地理国情监测任务，完成长春、松原、白城、通化、延边朝鲜族自治州等地县（市）、区基础地理信息数据重点要素更新和基础性地理国情监测7.5万平方千米。开展吉林省智慧城市CGCS2000坐标系统建设，完成榆树市、德惠市、农安县、扶余市、乾安县51点三等水准测量及平差往返测800千米。地理国情普查方面，完成吉林省地理国情普查成果图制作、图表数据更新，编制8幅挂图、11本图集。针对移动设备的外业调绘作业流程，自主研发的基于IPad的数字化外业调绘系统，通过省测绘地理信息局验收。申报的地理国情监测内业智能处理系统科技项目，通过省测绘地理信息局立项评审。

吉林省航测遥感院

2017年，吉林省航测遥感院完成各类测绘项目50多项，主要包括基础地理信息数据重要要素更新、吉林省地理国情监测、吉林省智慧城市CGCS2000坐标系统建设、吉林省专题地图编制、机载激光雷达数据处理、科技创新与应用、地理信息成果公共服务、测绘应急保障服务等。完成吉林地区、白山地区1:1万DLG基础地理信息数据重要要素更新和地理国情监测各45141平方千米；九台区、大安市、镇赉县、通榆县等智慧城市CGCS2000坐标系统三等水准测量及平差32点500千米；吉林省机载激光雷达数据DEM及生成地貌数据（白城测区）工作。科技创新与应用方面，完成基于无人机EBee的快速获取应急性地理信息的解决方案和具体流程等3个科技创新项目。地理信息成果公共服务方面，为各级政府、省直委办厅局和其他社会部门提供公共服务成果图件3000多件，完成吉林省专题图数据库建设及管理平台建设、吉林省领导工作用图更新。地图编印出版方面，编制完成国家审计署驻长春办事处审计专题地图、吉林省政协提案专题地图、吉林省生态保护区专题地图等项目；出版《吉林省环境保护专题地图集》《吉林省交通专题地图集》等专题地图集。开展无人机应急演练，为吉林省抗洪救灾工作提供专题地图、电子数据和全省防洪影像。

吉林省基础测绘院

2017年，吉林省基础测绘院完成吉林省1:1万基础地理信息数据重要要素更新和基础性地理国情监测各70719平方千米，吉林省智慧城市CGCS2000坐标系统建设44点三等水准测量及平差往返测658千米，影像资源获取（边境遥感影像立体像对获取）8000平方千米，长春新区建设变化监测1044平方千米，吉林省地级以上城市及典型城市群空间格局变化监测143858平方千米。开展民生工程建设，支持图们市和帮扶村经济发展，完成延边州图们市月晴镇杰满村建筑区3.3平方千米83幅全野外1:500数字化测图；村域范围44.53平方千米81幅数字正射影像测图；延边州图们市月晴镇杰满村专题挂图制作。

吉林省基础地理信息中心

2017年，吉林省基础地理信息中心主要完成测绘地理信息档案数字化1:1万DRG数据技术1代图6007幅；测绘地理信息成果资源目录管理平台系统开发；2017年度1:1万基础地理信息数据库、影像数据库及档案库更新维护；榆树市、德惠市等13县市的智慧城市CGCS2000坐标系统建设，主要包括133个GPS控制点野外联测及平差解算，城市大地水准面计算、模型建立及大地高至正常高转换软件编制工作；为吉林市、延边朝鲜族自治州政府提供应急服务保障1:1万地形图数据符号化成果等。开展2017年吉林省连续运行卫星定位参考站综合服务系统（JLCORS）运行维护，至年底注册单位245家，系统接入用户1032个；为省气象局推送数据8760次，总数据量超过12TB；配合省气象局完成珲春、二道白河站迁移，长岭站、双辽站、乾安站选址和建设，梨树站、梅河口站、长白山天池站的改造。为省直有关厅局编制公主岭市和梅河口市领导工作用图2幅，向“长白山先锋”党员远程教育服务云平台提供全省行政区划地理信息数据。完成“天地图·吉林”的数据融合及影像电子地图编制与发布，公共版更新维护，专题图数据编制，天地图母库建设总体设计及市县节点建设综合技术评估、前置服务等工作。“基于非关系型数据库的海量测绘地理信息档案数据高效存储与快速检索技术的研究”等2个科技创新项目通过省测绘地理信息局验收。

吉林省交通规划设计院

2017年，吉林省交通规划设计院完成舒兰市天德乡155平方千米农村土地承包经营权确权登记颁证；公主岭市25.5平方千米农村集体建设用地及房屋调查发证；本溪至集安高速公路桓仁（省界）至集安段控制测量68.3平方千米；四平至伊通公路控制测量50.6平方千米。

长春五度空间数据有限公司

2017年，长春五度空间数据有限公司完成涉及工程测量、权属测绘、航空摄影测量、摄影测量与遥感、地图制图、地理信息系统等业务的50多个测绘项目，主要包括长春市地铁监测、吉林省和内蒙古自治区农村土地承包经营权确权登记颁证、吉林省基础地理信息数据重要要素更新、吉林省地理国情监测、正射影像图制作、吉林省重大科技成果转化、长春市城市二次供水改造工程地下管线测绘、呼伦贝尔市采矿权超层越界开采排查、地形图测绘、房产测绘、建设工程监理、高标准基本农田建设等项目。完成地籍、宗地图2万多宗；监理项目2个；1:1万地理国情监测图300张；1:1万基础测绘更新图300张；1:1000航测成图7000多张；测绘地形图10多项；农村土地承包经营权确权登记颁证400万多亩、登记档案超过12万份；研发WebGIS平台1个、APP软件2个。通过吉林省高新科技企业认定，获得长春市“小巨人企业”称号。

吉林省水利水电勘测设计研究院

2017年，吉林省水利水电勘测设计研究院完成各类测绘工程项目80多项。承担吉林省松原灌区工程、吉林市丰满区前二道乡兴家甸河道治理工程、龙井市海兰河生态水利治理工程、和龙市平岗平原农村集中供水工程、吉林省中部城市引松供水二期工程、吉林省松花江干流治理工程、吉林省西部供水工程等多项重点工程的测绘任务。完成断面测量756千米，各种比例尺地形图160平方千米，各类等级控制点175个。

吉林市测绘院

2017年，吉林市测绘院建成覆盖吉林市规划区3000平方千米的现代测绘基准体系，普查、维护各类测量标志点50多座，联测三等水准300千米。完成吉林市中心城区内400平方千米1:1000地形图覆盖，实现建成区内200平方千米1:500地形图年度更新，完成200千米城市地下管网数据年度更新工作。完善吉林市基础地理信息数据库，为城乡规划工作提供建设工程放线测量、验线测量、规划核实测量、日照测量等服务300多项。为市政府重点工程土地征收工作提供航测服务90多项。与东北师范大学地理信息学院联合建立GIS应用与开发实习基地。拓展不动产测绘、无人机测绘、三维激光扫描等新兴测绘地理信息领域，完善吉林市地下管网信息平台建设、吉林市测绘信息管理系统建设、吉林市基础地理信息平台建设，为公安、执法、市政、房产等应用平台建设提供地理信息数据支持。

长春市测绘院

2017年，长春市测绘院完成中心城区1:500及基础地形图动态更新189平方千米，新测1:500及基础地形图191平方千米，规划测量360项，编制各种图件810件，完善长春市市域基础地理信息数据。完成长春新区543平方千米航空摄影测量，航测成图200平方千米，保障长春新区总体建设的需求。接收长春市域2.2万平方千米遥感影像数据，为长春新区总体规划提供地理信息数据支持。支持市政民生工程建设，完成长春轨道交通2号线、3号线东延线、北湖线等线路56千米基础控制测量；服务长春市旧城改造、伊通河黑臭水体治理、伊通河棚户区改造工程项目，完成240平方千米1:500地形图测绘。长春市空间规划（多规合一）综合信息平台项目通过验收。通过与市政府“一门式、一张网”对接，开发空间规划共享发布、空间规划综合台账、建设项目全程管理等子系统，满足全市基本建设项目从立项、用地、工程、施工到竣工验收各阶段审批信息的全程监督管理，为建设项目并联行政审批提供空间辅助决策支持。建立长春新区地理信息数据库，实现影像到矢量到三维、多尺度、多维度、二三维全覆盖的地理信息服务战略，为服务新区多规合一项目管理、规划管理、区情区貌等提供数据支持。满足政府基础应用要求的空间地理大数据公共服务平台，智慧净月地理大数据与地下管网项目已经组织实施并提交中期成果。

吉林省金佰汇测绘有限公司

2017年，吉林省金佰汇测绘有限公司承接不动产测绘、地形图测绘、农村集体建设用地和房屋确权登记发证、农村土地承包经营权确权登记颁证、高速公路测量、农垦国有土地使用权确权等测绘工程项目及吉林市公安局警用PGIS平台地图软件升级更新项目，申报知识产权专利5项。完成地形图测绘800多平方千米，包括长春空港区东部1:1000地形图测绘、长春市城区局部区域地形图测绘等项目。完成柳河县、洮南市、四平辽河农垦管理区等农村土地承包经营权确权登记颁证200多万亩。完成其他测绘项目50多项，主要包括农村集体建设用地和房屋确权登记发证项目、无人机航摄监测、1:1万基础地理信息数据重要要素更新、北京至哈尔滨高速公路测量、长春至拉林河段改扩建工程勘察占地界和土地测绘项目、吉林敦化抽水蓄能电厂500kV送出工程外控与调绘技术服务工作、四平市红嘴经济技术开发区规划局地形图测量、长春至太平川新建高速测量、烟筒山至大蒲柴河新建高速测量、松江河至长白新建高速公路测量等工程项目。共测绘和编制各种图件10万多件，涉及1:500工程地形图（含竣工图）100多项，地籍宗地图20多万宗，规划用地图 90 项。

长春市国土测绘院

2017 年，长春市国土测绘院制作宗地图、地籍图、勘测定界图 3.85 万幅，向用户提供 8000 多宗地测绘成果。完成长春市中心城区 20 平方千米三维地籍数据采集、图形编辑、建构筑物模型制作、纹理添加和三维数据入库项目；长春城区南溪湿地征地、百里伊通河征地、永久基本农田划定、环保督察组测绘等重点工程项目；长春市城区土地与房屋数据整合，包括登记宗地 1.4 万宗、颁发土地登记卡 57 万件、梳理和关联房产档案 300 万卷，形成 3 个整合数据库，土地与房屋整合成果汇交国土资源部。

四平市地勘测绘院

2017 年，四平市地勘测绘院承担各类测绘项目 80 多项，主要完成长春、吉林、四平、松原、白城、内蒙古呼和浩特等地辖区（县）市的 134 个行政村 120 多万亩农村土地承包经营权确权登记颁证项目；吉林、四平等地区 134 平方千米 12 万多宗地农村集体建设用地和房屋调查确权登记发证项目。完成四平市 1500 千米地下管网普查、121 平方千米地形图修补测；沈阳市 200 平方千米航测数字化测图。完成其他测绘工程项目包括土地勘测定界，风能发电、光伏发电等企业建设工程测量，高等级公路建设工程大比例尺带状图测绘，政府收储土地地块核查勘测项目及城市规划地形图测绘等项目，面积约 80 平方千米。

中国建筑材料工业地质勘查中心吉林总队

2017 年，中国建筑材料工业地质勘查中心吉林总队完成不动产及地籍测绘、矿山测量、地形测量、地理信息系统及数据库建设等 20 多项测绘工作。主要包括珲春市农村集体建设用地与房屋调查确权登记测绘 52.3 平方千米、抚松县农村集体建设用地与房屋调查确权登记测绘 25.35 平方千米；不动产调查数据入库 3 万宗、榆树市不动产数据库整合 31.52 平方千米；矿山储量检测 7 项；地质灾害治理工程勘测约 2 平方千米；龙井市高标准农田建设现状图制图 1 张；临江市、汪清县高标准基本农田建设项目工程复核图制图 2 张；敦化采石场矿区用地勘测定界图制图 2 张。

中水东北勘测设计研究有限责任公司

2017 年，中水东北勘测设计研究有限责任公司完成测绘工程项目 10 项，主要有山西垣曲抽水蓄能电站工程可研阶段测量，包括 2.7 平方千米 1:1000 地形图测绘、0.8 平方千米 1:500 地形图测绘、87 千米断面测量；引绰济辽工程文得根水利枢纽及乌兰浩特输水段初设阶段补充测量，包括建立 D 级 GPS 点 30 个、14.24 平方千米 1:2000 地形图测绘、5.1 平方千米 1:500 地形图测绘；吉林蛟河抽水蓄能电站工程可研设计阶段测量，包括 5.12 平方千米 1:1000 地形图测绘、2.22 平方千米 1:500 地形图测绘、263 千米断面测绘；长春市九台区小南河生态综合整治工程可行性研究阶段测量，包括建立 D 级 GPS 点 30 个、15.6 平方千米 1:1000 地形图测绘、4.5 平方千米 1:2000 地形图测绘。完成的其他测绘工程项目包括望江楼水电站施工控制网复测、吉林西部供水工程（土地分类地籍测绘项目一标段）测量、吉林西部供水工程（土地分类地籍测绘项目二标段）测量、黑龙江荒沟抽水蓄能电站施工控制网复测、两江雪山湖大坝变形观测、大藤峡水利枢纽工程测量等项目。

中国电力工程顾问集团东北电力设计院有限公司

2017 年，中国电力工程顾问集团东北电力设计院有限公司承担国内外发电、变电、输电线路等工程测量 45 项。完成华电新疆哈密四期 2×350MW 供热空冷电厂、迪拜 HASSYAN 4×600MW 燃煤电厂等发电工程测量 17 项，其中国内工程 11 项、国外工程 6 项。完成锡盟 ±800kV 换流站沉降观测、湘潭 ±800kV 换流站第二水源方案勘察工程、中国能源建设集团锡林郭勒盟阿旗风电项目等变电工程测量 13 项。完成中国南方电网有限责任公司乌东德电站送电广西、广东 ±800kV 特高压线路等输电线路工程测量 15 项，线路总长约 1534 千米。

吉林省昊远农林规划设计有限公司

2017 年，吉林省昊远农林规划设计有限公司、建立智慧地理信息技术联合工程实验室和地理空间信息工程联合实验室等科研平台，与多家单位达成多项战略合作。专注智慧城市建设，为客户提供行业智慧化整体解决方案与服务。完成不动产地籍建库系统、三维信息系统平台、第三次全国土地调查平台和省级河长制系统等开发建设。承担的各类项目主要包括地形图测绘、管网工程测绘、旧城改造测量、地籍测绘、土地整治项目勘测测绘和市政测量等。完成长春市城区局部区域 27.13 平方千米 1:500 地形图测绘；一汽大众汽车有限公司长春厂区 2 平方千米地下管线测绘；长春市城区 965 平方千米城镇补充地籍调查，调查房屋 14227 栋，补测房屋 6145 栋；长春市朝阳区旧城改造立面及亮化项目 1.5 平方千米测绘；吉林省德惠市 2017 年农村土地承包经营权确权登记颁证项目 83.3 平方千米集体承包土地测绘；高标准农田建设和土地占补项目 500 平方千米 1:2000 地形图测绘。

吉林威和航空科技有限公司

2017 年，吉林威和航空科技有限公司完成松原市城区 273 幅 1:500 地形图测绘，其中截污管网测绘约 10 平方千米，松原市海绵城市建设临时引水河道测量约 3.8 千米，完成长春市城区道路工程、管网工程、旧城改造、竣工测量等城市工程测量和城区内地籍测绘、土地勘测定界等土地测量项目 20 多项，总面积约 40 平方千米。完成吉林、河北、广西、黑龙江、内蒙古自治区等地农村土地承包经营权确权登记颁证项目 220 万亩。

长春中科测绘地理信息有限公司

2017 年，长春中科测绘地理信息有限公司主要完成的测绘项目有科尔沁科左后旗 13.08 万亩农村土地承包经营权确权登记颁证项目；乾安县 126 平方千米 1:1 万基础地理信息数据重要要素更新；乾安县 126 平方千米地理国情监测遥感影像处理；南部新城华庆路、乙三路及汽经区丙四十三路 9 万平方米地形图测绘；长春中医药大学 4 栋建筑物规划测绘（日照分析测量）。

长春建工工程勘测有限公司

2017 年，长春建工工程勘测有限公司完成长春市市区测绘项目 150 多项，主要涉及长春市城市规划、管网工程、旧城改造、房地产开发等工程测量项目，以及工程项目征地、土地勘测定界等土地测量项目。完成工程测量 80 多项，总面积 60.6 平方千米；立面测量 200 栋；规划用地制图 52 项，总面积 2.9 平方千米；土地勘测定界制图 20 项，总面积 3.2 平方千米。

吉林四维航遥信息技术有限公司

2017 年，吉林四维航遥信息技术有限公司完成公主岭、梨树、双辽等 6 个县市区 300 多万亩 1:2000 农村土地承包经营权确权登记颁证项目，编制图件 40 多万件，其中公主岭、双辽地区项目通过检查验收，其余项目均已完成实地测绘。承担梅河口、扶余、乾安等 5 个县市区 200 多平方千米 1:500 农村建设用地及宅基地地籍调查项目，编制图件 10 多万件，完成实地测绘及数据库建设。完成其他各类测绘及规划项目 20 多项，包括长春、白城、松原等地基本草原划定、规划修编、永久基本农田划定、道路工程、旧城改造、房地产开发等城市工程测量、地籍测绘、征地、土地勘测定界等项目，共测绘和编制各种图件 2000 多件。在地理信息产品研制与开发方面，采用 3S、移动互联、图形处理等先进技术，自主研发移动数据中心管理系统，应用于国土、规划、林业、草原、市政、商务等行业。

中铁津桥工程检测有限公司

2017 年，中铁津桥工程检测有限公司完成怀邵衡铁路、福厦铁路、张吉怀铁路、赣深铁路等 10 多个国家重点铁路工程项目精密控制网测量及部分项目控制点埋设、补埋工作，累计 500 多千米。包括安六铁路、商合杭铁路长大隧道导线独立控制网测量 30 千米；福平铁路、京沈客专、鲁南高铁等线路施工期间的沉降、变形监测等，一次性通过中国铁路总公司的验收和评估审核。完成其他包括长春地铁控制测量、铁路竣工测量、高速公路施工测量、施工监测、轨道精调等测绘工程项目。

黑龙江省

概况

截至2017年底，黑龙江省共有测绘资质单位700家，同比增加34家。其中甲级36家，增加1家；乙级137家，增加12家；丙级248家，增加30家；丁级279家，减少9家。年末测绘从业人员13052人，其中专业技术人员11431人，民营企业测绘从业人员6914人。全省测绘资质单位全年完成测绘服务总值20.3亿元，同比增加1.62亿元；其中民营测绘企业完成13.36亿元，占全省总额的65.8%。

黑龙江佳和测绘有限公司

2017年，黑龙江佳和测绘有限公司主要承担饶河县饶河镇不动产登记宅基地测量，农转用第一、二批次勘测定界，饶河县公安局派出所、饶河县公安局毒品检查站、民政局救灾物资储备库、民政局纪念设施、中国铁塔股份有限公司双鸭山市分公司塔基建设工程及饶河县住建局市政道路建设等项目。录入房产信息约1.5万条，土地登记信息5000多条。承担饶河县土地资源调查、征拨用地勘测定界、不动产测绘、地籍测绘、土地变更调查等外业调查任务，共完成土地预审、规划调整测绘15宗，土地勘测定界测绘、地籍测量165宗。

黑龙江全兴农业科技有限公司

2017年，黑龙江全兴农业科技有限公司主要承担集贤县、饶河县土地确权测绘及数据库软件管理系统建设，包括统计摸底情况数据，制作工作底图，对农户承包地进行GPS定位测量勘界，核实地块面积，确定地块四至界限和空间位置，以及地籍测量调查、测量、确认等工作，建立农村土地承包经营确权登记数据库及管理信息系统。

黑龙江三羊测绘有限公司

2017年，黑龙江三羊测绘有限公司承担黑龙江建龙钢铁有限公司、黑龙江建龙化工有限公司、黑龙江建龙矿业有限公司以及集贤县东部地区的不动产测绘工作；牡佳客专集贤段放线测绘工作；双鸭山市、佳木斯市部分地区棚户区改造不动产测绘；双鸭山市安邦河治理、北环路征地拆迁、四方台区春江路改造、马蹄河治理等测绘项目。

黑龙江省地星测绘科技股份有限公司

2017年，黑龙江省地星测绘科技股份有限公司完成勘测定界112项、规划设计23项、土地整理项目设计78项、人防测量67项、房产测量10042宗、其他测量3315项。完成天津市地籍调查、房产测绘34平方千米及数据库建设；完成内蒙古自治区阿荣旗，黑龙江省讷河市、龙江县、泰来县、海伦市、庆安县246万亩农村集体土地确权颁证测量及数据库建设；完成大庆市30万亩农药消杀无人机植保工程；开展三维实景航空摄影测量工作；完成15平方千米航摄、数据解算及建库工作。

黑龙江省地质测绘院

2017年，黑龙江省地质测绘院完成测绘地理信息项目50项，其中矿山测绘17项、工程测量13项、不动产测绘11项、矿产资源规划5项、科研项目1项、其他测绘3项。重点完成安达市主城区44.02平方千米1:1000数字采集及成图；大庆市让胡路区地下管网普查63千米；大庆油田管线探测采油十厂、庆新油田等区块地下管线测绘790.2千米。承担哈尔滨市道外区、讷河市、龙江县、克山县、科左中旗农牧业局等地农村集体土地承包经营权确权登记颁证测绘项目；哈尔滨市、绥芬河市、阿城区、龙江县、鸡东县矿产资源规划；鸡东县矿产资源产业经济战略分析；黑龙江省地质资料档案馆模糊成果地质资料修复与保护；哈尔滨市兴利村、靠山村农村土地整治；呼玛县基本农田划定等项目。

黑龙江省航道局

2017年，黑龙江省航道局完成松花江下游哈尔滨—同江区段70座控制点的埋设工作；嫩江160千米至48千米区段123.69平方千米河航道养护工程测量；黑龙江、乌苏里江中俄界河流域中方102座浮标区域100平方千米的水深平面图测量；黑龙江中游黑河—抚远界河航道养护工程测量项目。利用最新的影像资料以及外业采集数据，编制《中俄界河中方浮标区域水深平面图图册（内部使用）》，并根据中俄例会达成的有关协议，对图册部分航标、航线、标号以及浮标投放位置进行调整和改动。与黑龙江省航海学会共同编制中俄界河黑龙江、乌苏里江航行图集（内部使用）。完成黑龙江中游黑河至哈巴罗夫斯克航行图集编制及黑龙江上游额尔古纳河口至黑河航行图集编制。对2010年版《黑龙江省航道图（内部使用）》进行升级，形成EPS格式图形文件。

黑龙江省煤田地质物测队

2017年，黑龙江省煤田地质物测队完成吉林省前郭灌区农垦国有土地确权、新疆伽师县农村土地调查项目，完成孙吴四季屯2A区块煤炭资源普查等4个省基金地勘项目和2个地勘市场项目的工程测量工作，承担辽宁、四川等多项地下管线探测和高铁勘察项目。其中吉林省前郭灌区600平方千米农垦国有土地确权工作作为重大项目，全部采用无人机航摄成图。

黑龙江文图测绘地理信息有限责任公司

2017年，黑龙江文图测绘地理信息有限责任公司完成黑龙江、吉林、内蒙古等地290多万亩农村集体土地确权登记测绘及数据库软件系统建设，新疆、吉林等地3500多平方千米航空摄影及DOM制作，利用倾斜摄影技术实现30多平方千米实景三维立体模型制作，山东、安徽、湖南等地不动产测量，水库大坝监测系统测量，黑龙江省执法监察数据整合，鲜丰隧道摩崖石刻流动台网爆破震动试验与监测，富锦市锦西灌区工程可行性研究补充工程测量等项目。承担肥西不动产，黑龙江虎林市、嫩江县、桦南县，重庆姜津区农村土地经营权项目；杜尔伯特蒙古族自治县农村土地确权登记测绘及数据库软件管理系统建设；大庆油田1∶5000地形图更新；南京明城墙体安全监测；延寿县城市周边基本农田划定；黑龙江中小河流水文监测系统建设工程；吉林市1∶1000航空摄影测量项目；新疆阿勒泰地区水利工程1∶1万地形图测绘及无人机航飞；新疆阿勒泰地区水利坝址及清河县公安局三维实景地图技术服务、哈巴河三维模型制作等项目。

哈尔滨市大地勘察测绘有限公司

2017年，哈尔滨市大地勘察测绘有限公司承担的农村土地经营承包权确权登记颁证项目覆盖30多个市县，黑龙江土地整治项目及农业开发项目覆盖20多个县区。完成不动产登记存量数据整合3项，城区地下管网普查2项，草原资源清查、基本草原划定5项，城市房产测绘29项，建筑物沉降监测、基坑监测5项。入选中国地理信息产业百强企业、中国地理信息产业高增长TOP50企业。长春、成都、哈尔滨全资子公司成立并运营，成立30多人的无人机植保团队，申请并获得软件著作权8项。2名职工分别获得哈尔滨高新区“技术领军人”和“十大工匠”称号。

哈尔滨市国土资源勘测规划院

2017年，哈尔滨市国土资源勘测规划院完成土地勘测图件2422件，其中宗地图1400件、勘测成果图350件、土地执法图672件，涉及哈亚公路土地勘测、哈尔滨市机场周边改造、临空经济区建设、道里区群力外滩项目、铁路工程测量等省市重点项目；完成不动产登记成果40多万件。完成哈尔滨市6个区及木兰县、通河县永久基本农田划定工作；完成哈尔滨市级及阿城区、宾县、双城市、巴彦县、通河县、依兰县、五常市、延寿县8个县（区、市）第三轮矿产资源规划编制，并通过专家论证。完成2017年度农村土地变更调查工作；新增阿城站、松峰山站等6个CORS基站；完成管理部门网络连接及调试工作；完成哈尔滨市农用地转用和土地征收实施工作20期，总面积4.45平方千米；完成单独选址项目10项，总面积1.36平方千米；完成哈尔滨市城镇批次组卷工作6期，总面积0.82平方千米。完成2017年度不动产权籍调查及数据库更新技术服务经费预算、市本级集体土地确权登记发证工作经费结算等项目评审工作。

哈尔滨市勘察测绘研究院

2017年，哈尔滨市勘察测绘研究院完成勘测工程任务1700多项。完成太平国际机场T2航站楼、哈尔滨火车站南、北广场平面控制及哈市地标性建筑——哈尔滨奥体中心等市重点工程测量任务。完成哈南新城、呼兰区、阿城区、哈东地区4个区域405.2平方千米1:1000地形图更新，哈尔滨市建成区1096平方千米地理信息数据生产，哈尔滨地铁1号线、3号线地铁管廊三维模型20多千米，新增地名地址15万多条，实现遥感影像全市域同时相覆盖。完成新版街区图、遥感系列专题图、市长电子地图等专题制图。承担“智慧哈尔滨”督办、哈尔滨市“多规合一”信息平台、哈尔滨市平房区经济发展局省空间规划试点规划、“天地图·哈尔滨”节点建设、哈尔滨市重点项目三维规划审批建模、遥感影像专题制作等项目。研发集地形图、GIS数据、电子报批、地下管线等多种矢量数据生产为一体的综合性EPS平台。

齐齐哈尔市国土资源勘测规划设计院有限公司

2017年，齐齐哈尔市国土资源勘测规划设计院有限公司完成齐齐哈尔市辖7区及甘南县农村房屋调查工作，调查宗地15.5万宗，总面积281平方千米。完成市辖7区不动产统一登记的房、地存量数据汇交，成果达B1级标准。完成齐齐哈尔市792.74万亩农村土地承包经营权数据建库工作；齐齐哈尔市级和7区8县的规划调整工作；齐齐哈尔市辖7区7县及海伦市城镇周边基本农田划定工作。完成地形图测绘218.72平方千米，制作正射影像图1620.92平方千米。承担齐齐哈尔市自然资源统一确权登记国家级试点工作，划定登记单元136个，总面积7794平方千米。承担黑龙江扎龙国家级自然保护区界线划定工作，界线总长617.53千米。与中国环境科学研究院合作，共同承担齐齐哈尔市生态红线划定工作。承担齐齐哈尔市辖7区8县的第三轮矿产资源规划编制工作及齐齐哈尔市辖7区6县的矿山地质环境恢复与综合治理规划编制的外业详查工作。

齐齐哈尔市勘察测绘研究院

2017年，齐齐哈尔市勘察测绘研究院完成测图34.9平方千米、建筑定位149项、线路定位263点、竣工测量95件；地下管线普查240千米；立面测量23件、验线45件；土地确权45.82万亩；岩土勘察52项，钻孔2065个。完成榆树屯镇总体规划修改测绘工程12平方千米，齐齐哈尔市铁路“三供一业”分离移交工作测绘服务采购项目7平方千米，昂昂溪埠丰项目给排水2.35平方千米，齐齐哈尔市1:1000控详规划测绘工程30平方千米，齐齐哈尔市总体规划1:2000地形图306幅，昂昂溪地下管线普查117千米，齐齐哈尔市中心城区地下管线动态管理123千米，阿荣旗、扎莱特旗等县市农村土地确权登记45.8万亩。

牡丹江市勘察测绘研究院

2017年，牡丹江市勘察测绘研究院完成牡丹江市西十一条路改造、江南A公园、首控石油厂区、开发区污水处理厂及污水管线规划测绘4项政府项目。完成牡丹江市14条新建、翻建道路测绘；牡丹江万达广场A、B、C地块规划监督测量及地下管线探测等10项地下管线探测项目；希望家园一期工程等放线规划监督测量20项；牡丹江北方水泥有限公司厂区规划测绘等一般性测绘项目23项。申请为资源三号卫星影像云服务平台市级节点单位。

佳木斯市勘察测绘研究院

2017年，佳木斯市勘察测绘研究院完成市区规划、建设测绘261项，其中道路建设测绘64项、牡佳客运专线建设测绘7项、市政基础设施建设测绘40项、控详规划测绘33项、规划监督测绘17项、机场备案净空测量4项、建筑挡光日照测量7项、市区交通组织方案用图测绘1项、市区停车设施规划测绘 2 项、棚户区改造测绘 27 项、哈佳客运专线佳木斯西站建设测绘 3 项。共测绘 1:500 地形图 63 平方千米，拨地放线 5445 点，施工验线 132 栋。

双鸭山市国土资源勘测规划院

2017 年，双鸭山市国土资源勘测规划院完成依饶公路、七一跨线桥、大岗平安家园等 66 个项目的土地勘测定界及土地征收测绘，总面积 45 公顷。完成岭东区、宝山区、四方台区和开发区农村土地承包经营权项目 29 个行政村 13256.2 公顷外业实测及 7933 户入户调查；双矿集团非经营性用地资产测量 120 宗地，面积 7.8 公顷；粮食生产功能区和重要农产品生产保护区划定项目的调查核实测量及数据库建设，面积 8000.14 公顷。开展双鸭山市 1.38 万亩永久性基本农田划定和 46 个标志牌设立，编写《双鸭山市基本农田划定方案》《双鸭山市中心城区集约节约用地潜力分析报告评价》；完成用地测绘 38 宗，面积 1.5 万平方米，为收缴土地出让金和租赁金提供依据。完成矿山、石场、沙场扩储和新设采矿权测量 23 家，编制调查报告 20 份、图纸 30 张；进行矿山地质勘查 20 多次，编制矿山现场地质情况调查报告 15 份、图纸 15 张；编制矿山延续、变更图纸 10 张；编制矿产储量核实报告 2 份、环境恢复治理方案 8 份、土地复垦和开发利用方案 31 份；完成 28 宗 12 公顷的违法用地现状勘测、现状图制作及 103 宗疑问图斑的内外业测绘工作，面积 50.7 公顷，为依法办案提供了基础资料。

大庆油田工程有限公司

2017 年，大庆油田工程有限公司完成大庆油田产能建设工程线路勘测、建筑施工测量等项目 551 项，油田规划设计航测项目 1 项，外部市场大型航测项目 2 项；编写并发布中国石油企标标准 1 项、行业标准 1 项、国家标准 2 项，审查各类标准 8 项。以增强自主创新为核心，持续开展测绘高新技术——机载激光雷达测量技术和无人机摄影测量技术的应用研究和生产实践，发表测绘地理信息方面科技论文 4 篇。杏南开发区 35kV 变电站无人值班改造工程（一期）航空摄影测量项目获得中国石油天然气工程优秀勘察一等奖，获得黑龙江省优秀测绘地理信息工程奖银奖。

宝清县国土资源勘测规划院

2017 年，宝清县国土资源勘测规划院主要承担宝清县各乡镇内及各所辖范围宅基地测量，农转用第一、二批次勘测定界，范围涉及三道林子变电所、梨树林场梨花山庄圣洁摇篮山公园、梨花谷接待中心、梨树山庄宾馆游泳馆、朝阳乡灯塔村福悦湾硒。完成泉生态园、泉水厂、东兴村大合粮贸、工业园区污水处理厂、消防站、宝清镇亨利村城中村棚户区改造供热工程、庄园村奥拓体育扩展训练营、夹信子镇合作村人合加油站、方胜村方胜加油站现场勘测定界等。完成宝清县粮食生产功能区和重要农产品保护区划定项目规划的测绘工作，其中宝清万里润达粮食储备区规划测绘 286.4 公顷。完成全县土地资源调查、征拨用地勘测定界、矿山测量、地形测量、不动产测绘、房产测绘、地籍测绘、土地变更调查。完成土地预审测绘 29 项，土地勘测定界测绘、地籍测量 438 项。

国家测绘地理信息局第二大地测量队（黑龙江第一测绘工程院）

2017 年，国家测绘地理信息局第二大地测量队（黑龙江第一测绘工程院）完成 4 项国家计划性生产任务，包括国家 1:5 万基础地理信息数据库动态更新项目 1342 幅；基础性地理国情监测项目 48 万平方千米；逊克县奇克镇 1:1000 地形图测绘 9.7 平方千米；现代测绘基准维持与服务工作。承接地方调节性任务 80 多项，在基准建设和形变监测服务领域，承接沪杭、合福、九景衢等高铁测量项目 1600 多千米，北京市、上海市、山东省鲁西鲁北地区常态化地面沉降监测，上海市、长春市轨道交通沉降监测 10 万多点次，黑龙江省、长春市、浙江省、大连市各等级水准 1.2 万多千米；在其他服务领域，承接北京市、上海市、天津市、沈阳市、杜蒙县等土地权籍调查和城市基础测绘服务项目。应用黑龙江省卫星定位连续运行综合服务系统，为 6 类大型测绘项目建设、10 多个行业领域的 1503 个注册账户提供基准服务；为黑龙江省、山东省、辽宁省 10 多家单位提供 6 万多点数据解算服务；与深圳思凯微公司联合开展基于中国数字音频广播（CDRadio）技术的黑龙江省卫星定位连续运行综合服务系统应用测试，测试成果获得国内知名专家一致认可。应用基于 InSAR 技术与精密水准、卫星定位连续运行综合服务系统相结合的综合地面沉降监测技术服务体系，结合地理国情监测成果，为黑龙江省发改委制作沉降情况专题图；完成地理国情监测服务生态文明建设试点示范黑龙江省采煤沉陷区综合性监测试点项目；完成大庆油田地面沉降数据获取工作；完成山东省总面积87%的基于InSAR技术的地面沉降监测工作。参与实施的华北平原德州三维流固耦合地面沉降监测预警与防治对策研究项目获得国土资源科学技术奖二等奖。应用三维激光扫描技术，完成哈尔滨地铁隧道一段隧道断面生成和三维建模工作，开展该技术在地铁工程验收中的应用示范。累计开展黑龙江省科技厅及黑龙江测绘地理信息局科研项目或课题研究6项。

国家测绘地理信息局第三地形测量队（黑龙江第二测绘工程院）

2017年，国家测绘地理信息局第三地形测量队（黑龙江第二测绘工程院）完成测绘服务总值7309.99万元。完成4项基础测绘生产任务，包括国家1:5万基础地理信息数据库动态更新吉林、内蒙古、江苏测区4168幅；基础性地理国情监测内蒙古测区73.9万平方千米；边少补助任务宁安测区1:500地形图测绘212幅，宁安市范家工业园区1:1000航测地形图测绘49幅；黑龙江省农村土地承包经营权确权登记影像底图制作项目宾县、宁安北等测区像控点建库工作。承接市场调节性任务200多项，包括北京通州区不动产登记，凉水河湿地保护测绘，上海市地下空间调查，新疆莎车县、洛浦县农村地籍调查和不动产登记，青岛1:5000地形图更新测绘，宁安市时空信息云平台建设等。在倾斜摄影、无人机、生态红线划定、云平台、河长制方面调研探索，积极与国土、规划、环保、农业等部门对接交流，利用地理国情监测成果服务国家生态保护战略。“一种可佩戴地理信息处理工作站及信息采集方法”获得国家发明专利；“龙江地信不动产统一登记生产管理信息系统”取得计算机软件著作权，在喀什地区莎车等8个县投入使用。

国家测绘地理信息局第四地形测量队（黑龙江第三测绘工程院）

2017年，国家测绘地理信息局第四地形测量队（黑龙江第三测绘工程院）完成测绘服务总值6131万元。完成4项国家指令性生产任务，包括国家1:5万基础地理信息数据库动态更新黑龙江、河北测区2000幅，基础性地理国情监测黑龙江测区45.4万平方千米，2016年结转数字龙江地理空间框架建设一期工程绥化测区127幅，2016年结转黑龙江省农村土地承包经营权确权登记影像底图制作控制点库生产29个分摄区。完成4项边远地区、少数民族地区基础测绘专项任务，包括通河县主城区基础地理信息数据采集与制作8平方千米，“天地图·五大连池”智慧景区服务平台建设（四期）6平方千米，2016年结转漠河县北极村、石林景区基础测绘工程15平方千米，“天地图·五大连池”智慧景区服务平台建设（三期）6.25平方千米。承接地方测绘服务40多项，涉及北京、黑龙江、新疆、西藏、吉林、广西、广东、云南、贵州等地。遥感影像处理与地下管线探测2项特色工作平稳运行，全年遥感影像产品生产700万平方千米，管线探测里程3000多千米，初步建立地上地下地理信息空间一体化业务链。

黑龙江地理信息工程院

2017年，黑龙江地理信息工程院完成测绘服务总值4386万元。完成基础性地理国情监测项目黑龙江省全域及内蒙古、辽宁、河北等部分区域180万平方千米（6575景）正射影像制作；全球地理信息资源建设与维护更新项目伊朗中部区域29.5万平方千米DSM、DOM、核心矢量要素生产，中亚5国和南亚8国850万平方千米30米地表覆盖数据更新；国家基础测绘1:25万地形图制图数据更新105幅，1:5万地形图制图数据更新7211幅；大庆油田1:5000地形图更新698幅；黑龙江省第三次全国农业普查农作物面积遥感测量工作二类测量47万平方千米图斑更新；黑龙江省林业监测规划院林斑、湿地监测项目。升级“易途慧”外业调绘核查系统（含地理国情监测版、基础测绘版、质检版和行业巡查版），并在黑龙江、辽宁推广应用；升级测绘成果坐标系转换系统并完成西藏自治区国土、环保坐标转换任务；升级Umap图库一体化系统、测绘地理信息数据质量检查系统；承担国家级项目“全球典型要素提取技术集成与应用示范”“信息化测绘生产基地建设方案设计与论证”和“面向新型基础测绘的地理信息更新与监测技术研发”；测绘地理信息数据质量检查系统和测绘成果坐标系转换系统通过国家测绘产品质量检验测试中心测评。获计算机软件著作权2项。

国家测绘地理信息局第二地理信息制图院（黑龙江省第五测绘地理信息工程院）

2017年，国家测绘地理信息局第二地理信息制图院（黑龙江省第五测绘地理信息工程院）完成测绘服务总值4059.18万元。完成5项国家指令性生产任务，包括国家基础地理信息数据库动态更新141幅1:25万、23幅1:100万地形数据和地形图制图数据更新与入库；基础性地理国情监测数据生产河北测区12.7万平方千米，“一带一路”地理信息资源建设与维护更新24.5万平方千米，鹤岗市大比例尺测绘及数字三维城市模型制作25平方千米，地理信息产业单位名录更新维护与产业运行监测。承接市场调节性任务38项，主要有黑龙江省逊克县、宝清县农村土地经营权确权颁证，桦川县测绘地理信息综合服务保障建设，依兰县土地供应数据库建设和土地利用总体规划调整，大庆市1:5000地形图更新工程，农垦牡丹江管理局2015年土地整治建设航摄验收，新疆维吾尔自治区绿洲区域地理区情监测，《吉林省环境保护地图集》编制等项目。研发的国土一张图测绘移动终端系统应用到农垦国土监管工作中。获得软件著作权2项。

国家测绘地理信息局经济管理科学研究所（黑龙江省测绘科学研究所）

2017年，国家测绘地理信息局经济管理科学研究所（黑龙江省测绘科学研究所）承担各类科研生产项目45项，完成测绘服务总值1832万元。数字阿勒泰地区地理空间框架建设一期、数字创业农场地理空间框架建设、数字二道河农场地理空间框架建设、2016年全国地级以上城市及典型城市群空间格局变化监测——黑龙江省监测区、2016年地理国情监测服务生态文明建设试点示范（三江平原4县市农产品主产区变化监测）项目通过验收。完成市县经济社会发展总体规划技术规范与编制导则（试行）完善和推广应用项目。辅助编制完成《宁夏回族自治区空间规划（2016—2035)》，形成可复制可推广的一本规划、一张蓝图、一个平台、一套体制机制、一套技术规程的“五个一”成果。通过倾斜摄影测量方式完成实景三维模型生产62平方千米，并成功应用于数字城市建设、全球测图、南极中山站和新站区选址以及边远地区、少数民族地区基础测绘专项补助经费项目。成功申报院士工作站项目——全地形大数据的洪涝灾害监测平台建设。自主研发的“科思地图倾斜摄影数据应用平台1.0版”和“市县空间规划平台1.0版”获得计算机软件著作权。

黑龙江龙飞航空摄影有限公司

2017年，黑龙江龙飞航空摄影有限公司完成测绘航空摄影项目25项。其中国家航空航天遥感影像获取项目3项，航空摄影面积3.75万平方千米，包括安徽省铜陵—安庆摄区、湖北省长江（二）摄区、黑龙江省伊春摄区；市场航空摄影项目22项，航空摄影面积5.66万平方千米，主要包括新疆维吾尔自治区叶城县、阿克苏市航空摄影等项目8项，内蒙古自治区毕拉河水利枢纽工程可研阶段航空摄影等项目2项，广西壮族自治区农村土地承包经营权确权统一航空摄影等项目2项，河南省鹿邑县、永城市农村土地承包经营权确权登记航空摄影项目2项，吉林省长春市龙嘉镇农村土地承包经营权确权登记颁证航空摄影等项目4项，辽宁省沈阳市浑南区、营口市鲅鱼圈区航空摄影等项目2项，黑龙江省鹤岗市推扫式航空遥感影像获取项目以及哈尔滨铁路局密东线、福前线、嫩林线铁路选线航空摄影项目2项，业务涉及国家及地方基础测绘、农村土地确权、铁路选线、智慧城市建设、水利规划设计、城市规划等。全年累计完成航空摄影面积9.41万平方千米，其中一般航空摄影9.32万平方千米，倾斜航空摄影0.09万平方千米。

哈尔滨地图出版社

2017年，哈尔滨地图出版社共出版图书232种，其中地图地理类图书51种。编制出版《中国三维地貌图（3D眼镜版)》《世界三维地貌图（3D眼镜版)》《黑龙江省第一次地理国情普查成果地图集》《黑龙江省基础地理信息要素识别与表达》等新版图书20种；再版《长三角城市群地图》《中国地图（丝绸版)》《哈尔滨城市地图》《黑龙江省地图册》

《东北三省交通图》《黑龙江省地图》《中国地图册》《东北三省行政区划图》等地图册以及系列单张地图102种。教辅类图书《中学地理复习考试地图册》（完全版、综合版）在同类图书中发行量一直保持良好势头。承揽《青冈猛犸象动物群迁徙路线、栖息地演示沙盘》《哈尔滨海事局辖区图》（大型幕布）、《饶河县防洪指挥图》（沙盘模型）、《中国农业银行黑龙江省分行服务“三农”口袋书》《北方海区图》（3D版）等多项地图编制合作项目。自主研发的“黑龙江省政务用图服务平台（Pad版）”获得计算机软件著作权。承担的省精品图书出版工程数字出版项目——“基于天地图平台的哈尔滨市医疗与公共卫生服务管理系统”通过省新闻出版广电局验收。

上海市

概况

截至2017年底，上海市共有测绘资质单位209家，同比增加4家，其中甲级28家、乙级74家、丙级67家、丁级40家。年末测绘从业人员7576人，其中专业技术人员6488人，民营企业测绘从业人员4250人。全市测绘资质单位全年完成测绘服务总值32.69亿元，其中民营测绘企业完成服务总值18.04亿元，占全市总额的55.2%。

上海东海海洋工程勘察设计研究院

2017年，上海东海海洋工程勘察设计研究院完成各类测绘项目44项，其中海底管线路由桌面研究及路由勘测19项、海洋环境调查地形测量和水文测验15项、海域论证宗海图绘制10项。完成中海油宁波19—6构造评价测试项目海管、上海LNG海底管道复线工程、2017年度平湖油气田海底管道121千米、台州玉环披山岛10kV海缆14千米、中广核岱山4#海上风电场海缆、徐圩新区排海工程海管、江苏蒋家沙300MW海上风电场工程等重点路由桌面研究及路由勘测项目所处海域的地形、水深测量工程；承担上海市海岸线调查与统计、上海市海洋工程基本情况调查、上海市海洋灾害风险评估与区划（金山区）、上海杭州湾北岸龙泉港西侧围填海工程3条断面6个站位的水文动力调查、浙江临海头门港区相关项目用海报批12个站位的海洋水文调查等项目；完成上海金汇港南闸船舶避风区工程、福建漳州双鱼岛旅游码头等海域使用论证宗海图绘制，对项目海域权属范围进行界定测绘。

上海东亚地球物理勘查有限公司

2017年，上海东亚地球物理勘查有限公司完成海洋测绘项目20多项，涉及海岸地形测量、水深测量、海洋工程测量等，其中主要项目有西二线求大线海底管道及海床地貌检测、香港支线大陆段海底管道及海床地貌检测、2016年上海市无居民海岛基础调查项目（地形地貌测绘）、德清县2016年河道污（淤）泥抽查等。完成其他各类工程测量项目近百项，涉及控制地形测量、市政与建筑工程测量、变形与精密测量、水利工程测量、线路与桥隧测量、地下管线探测等，其中主要项目有嘉定新城2016年度土方及围墙等测量项目、宁波市城市道路工程（二期）地下工程江澄路、宁穿路地下立交隧道沉降及收敛变形测量、漕河泾南桥园区“先租后售”公共租赁住房一期项目监测、黄浦区779号街坊旧区地块商品住宅项目监测、上海富士康大厦项目基坑监测、森兰商都三期（D4—3）项目和启帆路（纬五路）地下连通道新建工程监测、紫竹半岛B区江川河样板段河道整治项目（虹梅南路越江隧道）测量等。

中国电力工程顾问集团华东电力设计院有限公司

2017年，中国电力工程顾问集团华东电力设计院有限公司完成各类测绘项目110多项。完成GPS

控制测量近600点，四等以上水准测量716千米，测绘1:2000及以上比例尺地形图近70平方千米，测量输电线路近1000千米，地下管线探测达50千米，海域地形图测量110平方千米，海域侧扫、浅剖与磁探15平方千米。完成沉降观测、基坑监测等变形监测项目15项，航空摄影内业测图近15平方千米，外业调绘100平方千米，地理信息项目1项。完成项目涉及国家重点大中型电力建设项目，包括淮南—南京—上海1000kV特高压交流苏通GIL管廊工程、雅中—江西±800kV特高压直流输电工程、北京西—石家庄1000kV特高压交流输变电工程、济南—枣庄—临沂—潍坊1000kV特高压交流输变电工程等一大批国家重点输变电项目，中电投滨海南区H3#300MW海上风电工程、国家电投大丰H3#300MW海上风电工程、中电工程广东梅花风电场等风电示范项目，以及中电国际巴基斯坦燃煤电站项目塔尔煤矿坑口电厂、巴基斯坦BQPS—III燃机电厂及配套—KPC电厂等涉外项目。

上海市不动产登记事务中心（上海市地籍事务中心）

2017年，上海市不动产登记事务中心（上海市地籍事务中心）完成权属调查项目1123项，调查面积约63.18平方千米，涉及勘测定界项目628项，调查面积约45.68平方千米，其中重大工程81项，面积约1.82平方千米。完成土地利用现状调查项目6202项，调查面积131.86平方千米；土地执法案件现场勘测项目139项，调查面积5.78平方千米；土地整理复垦外业调查项目1916项，地块4084项，调查面积29.21平方千米；土地招拍挂净地调查项目168项，调查面积6.32平方千米。承担G228公路、S7公路、G320公路、S26公路、武宁路快速化改建工程，泰和污水处理厂工程，轨道交通15号线、18号线等重大建设项目勘测定界工作。开展集体建设用地使用情况和权属信息调查工作，选择金山廊下镇为试点建立集体建设用地“一地一档”数据成果。承担地籍册建设试点工作，完成1万多宗土地的初始建册和分析。承担上海市年度土地变更调查工作和农村地籍更新调查市检工作。与上海华测导航技术股份有限公司开展“土地利用调查数据采集系统”项目合作，实现土地调查的数字化、实时化、智能化与规范化。参与完成中国土地勘测规划院外协项目“上海市闵行区城乡一体化地籍数据整合及数据库建设示范”并形成一系列可复制可推广的经验成果。

上海市地质调查研究院

2017年，上海市地质调查研究院完成各类测绘项目20多项，包括申字型高架沉降观测、中环路变形监测、黄浦江桥梁变形观测、越江隧道变形监测（10条穿越黄浦江隧道、长江隧道）、国家海洋局潮位站高程联测、绿化面积复核与土地调查等。完成地面沉降一、二等水准测量2265千米，上海轨道交通高程控制网二等水准测量2109千米，海堤沉降观测二等水准测量810千米，单波束4910千米，多波束47平方千米，潮滩剖面测量213千米，底质取样67站位。测绘和编制各种图件1600多件，编制测绘技术报告90多套，其中地面沉降等值线图10件，总面积9000平方千米；单波束水下地形图23项，总面积9000平方千米。完成奉贤区柘林镇、金山区山阳镇、浦东新区唐镇等4镇宅基地和集体建设用地调查，按照1:500精度要求，完成约240平方千米范围内宅基地建构筑物地籍测绘和权属调查约4.5万户，集体建设用地2000宗。完成地下空间初始地籍调查年度任务，实地测绘闵行、静安等区内500个地下空间。研发自移式三维激光扫描健康监测系统。

上海市岩土工程检测中心

2017年，上海市岩土工程检测中心完成各类测绘项目67项，其中工程测量51项、基坑信息化施工监测16项，出具报告156份。完成2017年度上海市地质灾害隐患预防监测，松江区新浜镇、奉贤区奉城镇和闵行区浦江郊野公园一期工程土地整治复核项目3个。推进浦东新区农村地籍更新调查，完成13个村约19.14平方千米调查与测绘工作。参与地铁维保监护测量工作，承担监护项目21个，其中6个竣工。完成上海区域4个大型风电场变形监测、前滩城市副中心地表沉降监测、上海国际博览中心变形监测等项目。完成“上海地区地面塌陷地质灾害应急探测关键技术研究”“三维激光扫描在地质灾害体应急测绘中的应用研究2项科研课题。编制《高密度城市工程性地质灾害前兆特征识别与信息挖掘技术研究和应用》报告。完成岩土工程监测预警信息系统研发工作。

上海市政工程设计研究总院（集团）有限公司

2017 年，上海市政工程设计研究总院（集团）有限公司承接各类测量项目 197 项，其中工程测量 119 项、工程物探 61 项、监测 17 项，主要包括宁波市西洪大桥及接线工程（环镇北路—北环快速路）、眉山市仁简快速通道（省道 307 线仁寿县城至简阳界）项目、湛江市东海岛自来水厂一期配套供水管网工程、上海市军工路快速路新建工程、上海南汇新城镇道路海绵化改造工程、大理市洱海主要入湖河道综合治理工程、上海九亭家园二期 01—04 地块项目基坑围护信息化监测、上海张江中区 C—7—3 项目新建项目施工监测项目、南京地铁 1 号线南京南站—双龙大道站区间南京 NO. 2012G84 地块 E 地块基坑工程地铁安全保护区施工作业监测等多项重大工程的测量、物探及监测工作。累计完成线路工程测量 580 千米，管线探测 1300 万平方米。科研项目“无人机倾斜摄影测量立体建模研究”“三维激光扫描技术在桥梁施工模拟预拼装工程中的应用”通过验收。

上海铁新地理信息有限公司

2017 年，上海铁新地理信息有限公司完成各类测绘项目 335 项，主要包括航道浚后测量 3 项、航道水深及地形常规测量 16 项、房产测绘 13 项、停车库测量 3 项、码头维护疏浚测量 3 项、新建桥梁桥底障碍物浅剖测量 4 项、地理信息系统 4 项、各类地下管线测绘等 274 项、其他测量 15 项。完成长江口支航道水深监测与跟踪分析、2018 年航道疏浚整治前期研究项目、苏州河桥梁通航净高标尺设置测量项目、黄浦江过江管线调查勘察测量、吴淞江航道疏浚整治工程苏申内港线航道疏浚整治工程浚后第三方测量、2017 年航道及航道设施检测、崇明区 220kV 电力走廊范围内民房测绘项目等重点工程。完成杨浦区市区防汛仓库辅助系统、上海电信浦东局 2017 至 2018 年第一批通信配套管道跟测、电力管线三维跟踪测量、电网设备紧急抢修和消缺处理、同济大学生命科学与创新创业大楼项目日照分析测量、浦卫公路跨上横泾航道处平均流速测量项目等。

上海岩土工程勘察设计研究院有限公司

2017 年，上海岩土工程勘察设计研究院有限公司完成测绘地理信息类项目 140 多项，主要涉及变形形变与精密测量、控制测量、工程测量监理、规划测量、不动产测绘等领域。变形测量类项目主要包括上海市轨道交通 2、5、6、10、12、16 号线（总长约 236 千米）长期健康监测，外滩通道等 12 条跨黄浦江桥隧和市政隧道结构长期健康监测，10 多项特级保护区施工项目段的轨道交通结构安全监测，上海地铁、厦门地铁、长沙地铁、青岛地铁、兰州地铁、天津地铁、杭州地铁等近 30 项建设期工程监测项目。控制测量与工程测量监理类项目主要包括南通地铁 1 号线控制测量、合肥轨道交通 4 号线工程测量等。规划测量类项目主要包括建设项目前期日照测绘、建设项目规划检测等近 30 多项。完成闵行区华漕村等农村土地确权项目。完成上海张江国家自主创新示范区专项发展资金资助重点项目“轨道交通结构病害激光扫描检测专业技术服务平台”课题研究并通过验收。完成上海市信息化发展专项资金项目“运营轨道交通结构安全立体感知信息服务平台”研究建设。完成测绘地理信息行业标准《城市轨道交通结构形变监测技术规范》的编制和送审稿评审。

中船勘察设计研究院有限公司

2017 年，中船勘察设计研究院有限公司完成各类测绘项目 66 项，其中地形测量 8 项、控制测量 1 项、变形测量 18 项、海洋测绘 27 项、其他测量 12 项。主要包括上海市南桥新城西渡街道奉城镇及区级行政区域地下管线普查（包件一），普查范围内管线长度约 3000 千米；2017 年洋山深水港区航道水深监测与跟踪分析项目，实测进港航道人工维护段及港内水域面积 107 平方千米；上海市横沙东滩圈围七期工程滩地测量项目，实测 1:2000 地形图 13.6 平方千米；孟加拉 BSB 保障基地项目工程地形测量及水文测验项目，实测 1:1000 地形图 7.8 平方千米、1:5000 地形图 42.9 平方千米，流速流向观测点 9 个。完成渤船重工 GPS 控制网复测、外高桥造船厂厂区沉降观测、中船三井全厂稳定性监测及码头前沿水域测量、中船龙穴造修船基地码头及支航道水深测量工程、广船国际有限公司南沙厂区内港池及港池口水深测量等船舶基地测绘项目。

交通运输部东海航海保障中心上海海事测绘中心

2017 年，交通运输部东海航海保障中心上海海事测绘中心完成东海辖区各类海洋测绘项目 318 项，其中交通运输部下达的港口航道图和定线制测量任务 71 项、应急扫测项目 15 项、通航尺度核定测量项目 73 项、临时指令性测量项目 29 项、沿海航路测量项目 1 项、其他一般测绘工程 129 项，全年累计测量面积达 2.28 万换算平方千米。完成江苏连云港港区及航道锚地，上海长江口深水航道、南槽航道、临港新城港区、大洋山附近、黄浦江航道，浙江马迹山附近，福建泉州港围头湾、福州港闽江口、罗源湾等港口航道图更新测量；完成吴淞口“5·10”顺港 19 轮落江集装箱应急扫测，成功定位疑点 34 处，为航道排险提供及时准确的点位数据；完成长江太仓水域“重庆 J3010 轮”集装箱落江等应急扫测任务；完成宁波梅山港进港航道等重要航道的通航尺度核定测量工作；完成长江口、洋山港、舟山港、南通港等重要航道的水深监测工作；维护管理 53 个长期潮位站，年度水文资料完整率 100%，完成 2018 年上海港、杭州湾潮汐表编制，做好马迹山潮汐表定制以及上海港部分水文站点短期预报服务；加快推进东海海区北斗地基增强系统建设项目，完成北麂岛等 10 个北斗 CORS 基准站附属工程建设。

上海达华测绘有限公司

2017 年，上海达华测绘有限公司完成 188 项测绘项目，主要包括施工测量、水深测量、扫海测量、海岸滩涂地形测量、港口与航道工程测量、水文测验等工程和海洋测绘项目。其中工程测量相关项目 136 项，包括大小嶝造地工程（约 7.58 平方千米）陆域形成及地基处理标段 1，温州市龙湾二期（瓯飞起步区）3#围区涂面整理二阶段施工测量及监测等项目。海洋测绘相关项目 31 项，主要包括珠海港高栏港区航道、港池水深测量，2017 年黄浦江航道水深监测与跟踪分析项目等。完成海洋测绘 6000 多平方千米，测制各种图件 2500 多件。承担唐山乐亭菩提岛海上风电场 300MW 示范工程海缆路由勘测、华能如东海上风电风机安装工程等勘探类项目。承接上海市重大工程横沙东滩圈围（八期）工程施工测量。参与远海域定位导航与通信融合关键技术、沿海远距离潮位实时推算关键技术研究、沿海远距离潮位实时推算关键技术研究等课题研究。

上海新地海洋工程技术有限公司

2017 年，上海新地海洋工程技术有限公司完成各类测绘项目 54 个，新承接测量项目 120 个，主要包括上海市区道路配套工程、各种管网工程、大型污水输送干线、黄浦江原水管渠、地铁第三方监测、地铁施工监测、地铁后期运营维护监测、房地产开发等城市工程测量项目，其中重大工程有云岭西排水系统工程第三方监测项目、白龙港污水处理厂提标改造工程南部地块第三方监测项目、虹桥污水处理厂工程进厂管道第三方监测项目、杨浦区民星南排水系统工程第三方监测项目、上海轨道交通 18 号线工程一期工程抚顺路站、江浦路站基坑施工监测项目。

中交上海航道勘察设计研究院有限公司

2017 年，中交上海航道勘察设计研究院有限公司完成各类测绘项目 13 项，其中工程测量 4 项、海洋测绘 9 项。完成长江南京以下 12.5 米深水航道二期工程动态监测 C 标段 1:1 万河段地形全测 1854 平方千米，长江口航道养护河势监测（17—18）1:1 万固定断面水深测量 4600 平方千米，南通港吕四港区进港航道上延二期工程前期测量及研究 1:5000 水深测量 128 平方千米，横沙东滩圈围（八期）工程对航道影响的动态监测及后评估项目固定断面水深测量 352 平方千米，长江口南槽航道治理一期工程勘察及工程可行性研究 1:5000 水深测量 93 平方千米，以及其他航道整治工程、圈围工程、码头工程等测量工作。与中海达合作承担长江航道一体化测绘关键技术研究项目，探索利用无人机低空摄影测量、多波束扫测、三维激光扫描等高新测绘技术进行协同采集与多源数据融合处理的新方法。制定交通运输部《长江南京以下 12.5 米深水航道建设工程整治建筑物质量检验专项标准》，主编《中国沿海航道开发与治理》。

中华地图学社

2017 年，中华地图学社编制出版图书 141 种，总印数 425.96 万册，造货总码洋 3926.79 万元。其中地图类 100 种，印数 341.18 万幅（册），造货码洋 2353.3 万元，总发货实洋 1411.95 万元，销售收入 1176.45 万元。编制出版大型专题地图集《中国文物地图集 上海分册》。为上海出版行业提供地图编制服务。

东海航海保障中心上海海图中心

2017 年，东海航海保障中心上海海图中心完成纸质海图 206 幅，电子海图 190 幅。编制完成南中国海水域小比例尺（1:75 万、1:30 万）海图 9 幅，实现海图数据中国近海海域全覆盖。完成年度中英文改正通告及其模板 45 期。完成《中国沿海助航标志表》2017/2018 资料收集、汇编和对外出版发行。完成《中国沿海港口航道图规划目录》（2016 版）编制工作等。服务金砖五国峰会，编制厦门港及附近专题海图；参与高分专项长三角军民融合应用示范项目；为上海海事局等单位编制多幅示意图、专题图；制作专题海图、工程图 174 幅；为雪龙号北极科考提供航保支持。推进服务平台建设，打造海 e 行系统升级版；推进全球航海安全情报系统建设，2017 年重点开发完成基础应用管理、数据标识系统、数据采集系统、数据加工系统、数据交换系统、改正通告系统、图书借阅系统以及全球航海安全情报系统。

江苏省

概况

截至 2017 年底，江苏省共有测绘资质单位 1064 家，同比增加 115 家，其中甲级 62 家，增加 1 家；乙级 200 家，增加 31 家；丙级 538 家，增加 74 家；丁级 264 家，增加 9 家。年末测绘从业人员 23162 人，其中专业技术人员 19843 人（高级 2906 人、中级 6789 人、初级 8183 人）；民营测绘企业从业人员 14863 人，同比增加 2016 人；国有或集体所有单位测绘从业人员 8299 人，同比增加 211 人。全省测绘资质单位全年完成测绘服务总值 53.48 亿元，同比增加 13.3 亿元，增长 33.1%，其中民营测绘企业完成服务总值 31.38 亿元，占全省总额的 58.68%。

长江下游水文水资源勘测局

2017 年，长江下游水文水资源勘测局签订项目合同 110 多份。完成长江下游河道险工护岸监测项目，对南京河段和镇扬河段 10 段险工护岸 47 平方千米范围进行 1:2000 局部地形测量。完成三峡后续工作长江中下游河势及岸坡影响处理九江—江阴段河道观测项目，进行 1:2000 水下地形和陆上地形测量、1:1000 水下断面和陆上断面测量，测量面积约 63 平方千米。完成 2017 年长江下游固定断面观测项目，进行 1:5000 固定断面观测，共观测 665 个断面，总长度 1414 千米。完成长江南京以下 12.5 米深水航道二期工程动态监测项目，在长江新生圩—江阴河段洪、枯季进行 28 个断面大、小潮全潮水文测验，17 个断面稳定时段水文测验工作。对已建的南京长江大桥，南京长江第二、三、四桥，京沪高铁南京大胜关大桥等跨江大桥附近河床进行动态监测。组织实施长江南京河段和燕路、建宁西路、仙新路、七乡河、汉中西路、锦文路、龙潭、梅子洲、南京地铁 4 号线等 9 个过江通道的地形测量、水文测验、航迹线观测、河势分析、水文计算、防洪评价等工作。运用单波束测深仪、多波束测深系统、侧扫声呐、浅地层剖面仪、水下探摸等仪器设备及手段，完成 2017 年杭州湾海底管道、册子岛—镇海海底管道路由探测项目。完成河势分析、防洪评价、水资源专项等技术咨询报告 40 多篇。

中国能源建设集团江苏省电力设计院有限公司

2017 年，中国能源建设集团江苏省电力设计院有限公司完成线路测量、地形测量等各类测绘项目，实现测绘服务总值 660.4 万元，市场份额主要集中在电力行业内的工程测绘任务。完成张北可再生能源柔性直流电网示范工程（丰宁换流站—赤城县曹家村）线路测量 104 千米、蒙西—晋中 1000kV 特高压交流输变电工程（古交市、娄烦县）73 千米；大唐溧水 2×120MW 级燃机热电联产项目地形测量、江苏大唐国际金坛 2×400MW 级燃机热电联产工程、南京禄口国际机场 T1 航站楼改扩建工程地形测量、汉能邳州燕子埠风电场项目地形测量、泗洪协合风电场二期项目地形测量等重点测绘工程。参与编制电力行业标准《电力工程电缆勘测技术规程》，完成“国际电力工程测量基准的获取与处理”科技项目。

江苏省测绘工程院

2017 年，江苏省测绘工程院完成“十三五”第一轮基础航空摄影资料更新，包括 4139 幅 0.3 米数字正射影像图、2017 年基础地理国情监测卫星影像生产及更新、覆盖全省的卫星影像生产（航摄面积约 6.9 万平方千米）、控制点片提取及数据整理、元数据制作等工作。开展数字扬州运维工作，完成张家港、扬中，丹阳、赣榆、太仓等数字城市建设工作，数字江阴、数字射阳、数字高邮、数字靖江、数字邳州、“天地图·常熟”“天地图·昆山”按计划实施或完成。“天地图·江苏”与国家、市县节点一体化建设，盐城市、镇江市“天地图”数据融合建设完成技术攻关，项目基本完成。完成江苏省海事局 VTS 系统更新维护，洪泽湖渔业管理信息系统开发，江苏省 SAR 控制点影像库建设，水利厅项目影像精确配准、影像分割分类、变化监测算法研究、水资源要素变化监测规则集研制。开展昆山市园林信息管理系统、江苏省油气输送管道地理信息系统建设方案编写及江阴试点段建设。开展 2017 年度江苏省海岸线调查统计工作和《江苏省海岸线保护和利用规划》《连云港市保护和利用规划》编制工作；继续开展全省建设用海核查，持续推进领海基点保护工作。完成 69 个区县 6.92 万平方千米基础性地理国情数据成果年度更新维护。积极探索新技术、新产品和新工艺，在陆海基准统一、北斗升级改造、遥感影像自动分类和变化提取、地理国情综合统计与成果应用（领导干部自然资源离任审计）、集群遥感影像数据处理、机载 LiDAR、倾斜摄影测量、“全景江苏”混合三维平台、智慧城市时空信息云平台等方面获得技术突破。

南京国图信息产业有限公司

2017 年，南京国图信息产业有限公司完成各类测绘项目 500 多项，其中农村建设用地调查 33 项、土地利用变更调查 25 项、不动产权籍调查 6 项、特色田园不动产权籍调查 5 项、不动产统一登记平台建设及数据整理 300 项、高标准基本农田建设 30 项、税源核查 10 项、农村集体资产清产核资 20 项等。参与黑龙江省东宁市、扬州市广陵区土地调查新技术试点项目，为第三次全国土地调查项目做好准备。参与智慧城市时空信息云平台、智慧小镇云平台、智慧特色田园项目建设。

江苏煤炭地质物测队

2017 年，江苏煤炭地质物测队完成各类测绘项目 54 项，其中不动产权籍调查项目 21 项、河道水利测量项目 6 项、工程测量项目 12 项、地理信息系统工程项目 3 项、其他测量项目 12 项。完成新疆塔城市农村地籍调查测绘及数据库建设 3.02 万宗；完成江苏省农村建设用地调查项目 15 项，调查面积 420 平方千米，权籍调查测绘及数据库建设 90 万宗；完成河道和水利工程管理范围划界项目 6 项，河道长度 240 千米；完成潮州、上海、商丘等地城市地下管线普查及数据库建设项目 4 项，管线总长 1.12 万千米；完成 132 个村农村村级集体资产清产核资测绘。

镇江市勘察测绘研究院

2017 年，镇江市勘察测绘研究院完成各类测绘项目 1000 多项，覆盖规划、工程等各个方面。完成镇江市规划行政区 1∶500、1∶1000 基础地形图，中心城区三维场景，城乡规划工程地质勘查数据等基础数据库的动态更新与维护。完成高资、大学城片区地下管线普查，实现镇江主城区地下管线普查数据全覆盖。完成500多项规划跟踪核实及三维辅助规划决策项目。配合高校园区、高创区、海绵城市等城建重点工程以及城建、文旅、交通产业等投资平台重大项目建设，完成新河街文保建筑详细测绘、长山南路道路工程等各类工程测量项目400多项。做好各类基础地理信息数据和专题数据的开发和应用，不断充实和完善“1+3+N”数据服务，动态更新镇江市电子地图并为专题应用提供在线服务；做好镇江市房屋安全管理动态信息系统的升级维护；开发建设园林绿化管理系统（含移动端）；开展环保生态红线区域监管 iPad 管理系统及数据库建设；制作句容城区三维仿真数据；开发建设句容、扬中智慧规划、镇江新区、丹徒区、高新区、宝华镇 iPad 移动展示系统。

江苏智途科技股份有限公司

2017年，江苏智途科技股份有限公司完成各类测绘项目56项，其中工程测量9项、地理信息系统开发3项、其他测量44项。完成瑶海区老合钢区域淮南线以南空地土石方测量勘察测绘项目，完成井研县地下管线普查和信息系统建设项目，对井研县地下供排水、燃气、强弱电等分类普查。完成天津蓟州区地籍数据、宗地编码数据入库项目，完成1:500、1:1000和1:2000地籍测绘825平方千米。与武汉大学合作建立空间大数据技术研发基地，重点开展空间大数据等关键技术研究和相关产品开发。

江苏省东图城乡规划设计有限公司

2017年，江苏省东图城乡规划设计有限公司完成各类测绘项目217项，其中勘测定界99项、不动产测绘79项、土地挂牌测量31项、其他测绘项目8项。完成淮安市城乡建设用地增减挂钩建新区2017年度第4、5批次勘测定界，淮安市第16批次村镇建设用地勘测定界，淮安市白马湖大道洪泽境内勘测定界，洪泽县仁东线（X304）仁和至247省道连接线工程勘测定界，2017年度洪泽区占补前期勘测定界测量，淮安嘉鸿机械加工产业园有限公司、黄集街道良河村综合服务站、高良涧街道办事处砚台村等勘测定界。完成淮安市国土局洪泽分局31个地块挂牌测量，洪泽区企事业单位及个人不动产测绘。江苏省岗埠农场王沟岗埠土地整治项目竣工测绘13.68平方千米，扬州市仪征市陈集镇大房村土地整治项目1:1000地形图测量1.35平方千米，扬州市仪征市大仪镇大巷村土地整治项目竣工测绘4.65平方千米，宿迁市宿豫区保安乡五魁村基本农田保护区土地整治项目竣工测绘4.41平方千米，盐城市大丰区3.78万户农村建设用地现状调查、权籍调查项目监理。

江苏省基础地理信息中心

2017年，江苏省基础地理信息中心完成各类项目26项，实现科研、生产、服务总值5110万元，签订各类生产、科研项目合同总值2719万元。完成“十二五”省级1:1万地形图第二轮更新数据建库和“十三五”省级1:1万地形图南京测区第一轮更新工作。完成全省26县区约3.66万平方千米的基础性地理国情监测及相关专题监测，编制完成的《江苏省第一次地理国情普查成果图集》通过验收。主动为省委、省政府、省两会提供《江苏省地图册》《江苏政务地图》《江苏省县级政区图》《苏北地区系列专题地图》。在全省建立辅助决策地图省市县三级联动、按月更新、共建共享的运行机制。完成《江苏省政区系列图》更新和《南京市交通旅游图》等改版印刷；完成新版《江苏省地图集》《省重大工程分布地图》《宁杭生态经济产业带地图》《扬子江城市群地图》《“1+3”战略图》等编制工作。制作完成《南京大屠杀死难同胞丛葬地纪念碑地图(2017)》，被南京民间抗日战争博物馆官网收录。完成“天地图·江苏”云架构升级改造以及数据更新工作并部署到省电子政务外网，积极推进国、省、市“天地图”数据融合。主动为多个厅局、部门和行业提供测绘地理信息服务，完成泰州市第二次全国地名普查、省水利地理信息公共服务平台、数字南通地理空间框架更新维护等服务项目；完成省交通地理信息服务平台升级工程、地震应急基础数据库更新等数据加工工作；推进新沂市“智慧国土”综合动态智能监管平台建设、省干线公路地形测量以及新沂市、海安县农村建设用地调查等项目。

苏州盛景信息科技股份有限公司

2017年，苏州盛景信息科技股份有限公司完成各类测绘地理信息项目269项，其中地理信息系统72项、测绘类47项、三维类39项。完成苏州气象局机房室内模型制作服务、镇江市燃气安全管理信息系统建设、常州市武进区城市照明自动监控系统信息采集、昆山市燃气安全综合管理系统采购项目、昆山市属绿地测绘项目、苏州市基础数据处理服务、2017年昆山电子地图更新项目、常州市武进区2017年人防工程普查数据采集录入、苏州姑苏区人防工程建设管理系统升级、2017年苏州城市交通调查、昆山经济开发区三维规划方案模型制作服务、宁波市燃气热力行业综合监管信息系统建设、上海科学技术职业学院校园机房三维可视化管理平台建设、包头稀土高新区片长制网格化管理服务平台建设、南通市节水管理信息系统建设、湘潭市路灯控制柜三维模型制作、上海良友东沟粮食仓库三维场景项目、呼和浩特市房屋安全监管系统建设等项目。

中建材岩土工程江苏有限公司

2017年，中建材岩土工程江苏有限公司完成测绘项目151项，其中地理国情监测项目4项、沉降观测基坑监测27项、矿山测量35项、工程测量58项、其他测量27项。完成地理国情监测（徐州新沂测区）1590平方千米，江苏“十三五”基础测绘（启东）测区试点200平方千米，太仓市农村建设用地调查与不动产全籍调查21平方千米。海外项目中，完成缅甸曼德勒3—6号线地形测量，尼泊尔Dhobighat、Kodku、Sallaghari地形测量，塞内加尔AESA 3×135MW洁净高效电站项目测量，莫桑比克Macomia水泥用灰岩详查测量，巴基斯坦KPK省JANGEIR ABAD5000t/d水泥熟料生产线矿区勘查测量及厂区控制、地形图测量，尼日利亚高岭土矿测量，尼日利亚卡拉巴尔水泥灰岩矿预查测绘。承担江苏省基础测绘项目部分工作。与中国中材国际工程股份有限公司、安徽外经建设（集团）有限公司、中建材矿业投资江苏有限公司等进行深度合作，提供测绘技术支持，在非洲、东南亚进行行业发展布局。完成卫星影像数字化成图在地质勘查中的应用研究等相关论文。

浙江省

概况

截至2017年底，浙江省共有测绘资质单位722家，其中甲级42家、乙级157家、丙级231家、丁级292家；民营企业499家，占全省测绘资质单位总数的69.11%，同比增加55家。全省测绘资质单位全年完成测绘服务总值54.13亿元，年末测绘从业人员20011人。主要完成1∶1万基础地理信息数据增量更新、地理国情监测、1∶2000基础地理信息数据必要覆盖和数据库建设、海洋测绘、地籍测绘、农村土地承包经营权确权登记颁证等重大测绘项目，并为国土资源、城乡建设与规划、水利电力、交通、城市管理等行业提供测绘成果服务和地理信息技术支撑。

宁波上航测绘有限公司

2017年，宁波上航测绘有限公司完成变形观测、水深测量、水文测验、房产登记测量等测绘项目140多项，涉及海洋测绘、工程测量、不动产测绘、地理信息工程等专业。主要完成在亚洲、非洲、美洲等国外的各类施工测量和监测任务；完成浙江、天津、福建、海南、广西等中国沿海地区水深扫测和海岛岸线调查等90多项海洋测绘工作；承接浙江周边地区地形测量、竣工测量、变形观测等工程测量项目；完成规划墨线复核、规划竣工、房产总体登记、围墙测绘等20项房产测绘项目；完成用海宗海图、海域宗海图的编制工作；完成3次浙江宁波周边海域应急海底航行障碍物扫测和高精度打捞定位工作。完成5项实用新型专利发明成果申报和多波束测量工程QC小组申报工作；浅剖数据三维建模及成果输出系统的设计与研发获得有效进展。

宁波市测绘设计研究院（宁波市遥感应用中心）

2017年，宁波市测绘设计研究院（宁波市遥感应用中心）完成1:500基础测绘地理信息数据更新、地理国情普查监测、1:500地形图测绘、海洋测绘、规划测绘、管线普查、专题地理信息系统开发建设、房产测绘、专题地图制作等测绘项目785项，完成测绘服务总值1.37亿万元。主要涉及大地测量、海洋测绘、摄影测量与遥感、测绘航空摄影、地理信息工程、工程测量、不动产测绘、地图编制、互联网地图服务等专业。其中无人飞行器航摄160平方千米、倾斜航摄150平方千米，摄影测量与遥感10平方千米，房产测绘300万平方米，海洋测绘330平方千米，1:500地形图测绘379.3平方千米，建设专题地理信息系统6个、电子地图1种、其他地图30种。获得计算机软件著作权7项。

核工业湖州工程勘察院

2017年，核工业湖州工程勘察院完成国土、核电、水利、交通、农业、林业等领域的测绘项目346项，测绘总产值6000多万元，主要包括1:500地形图测绘、村庄数字地籍调查、农房不动产权籍调查和确权登记发证、地下管线探测、沉降及变形监测、矿山测量、土地勘测、测绘航空摄影等项目。其中完成省内1:500地形图测绘125.4平方千米，地籍测量48平方千米，房产测量78万平方米，农房不动产权籍调查和确权登记发证30.2万户，地下管线探测550.6千米。完成福清核电3、4号机组主厂区建（构）筑物沉降变形监测、江苏田湾核电监测等项目，完成柬埔寨磅通省吉内河灌溉工程二期361平方千米测绘航空摄影项目。

浙江华东测绘地理信息有限公司

2017年，浙江华东测绘地理信息有限公司完成测绘项目330项。主要包括柬埔寨公路测量，圣多美普林西比航空港测量，乌干达卡鲁玛项目库区断面测量等国外测绘项目。完成白鹤滩水电站移民调查、施工进度航拍及地形测量，深圳市茅洲河水环境综合整治工程的地形测量和管线测量，南水北调绿化工程测量，郑州贾鲁河河道整治工程，北京城市副中心水环境治理地形测量和地下管线测量，浦沿生态环境保护工程等国内指令性测绘项目。完成农村土地承包经营权确权登记颁证、不动产测绘、地形测量、公路测量、地下管线测量、轨道交通监测、电站监测、航空摄影和倾斜摄影、海洋测绘等国内市场项目，主要分布在贵州、四川、广东、海南、广西、浙江、云南和福建等地，具体项目包括398.7万亩农村土地承包经营权确权登记颁证，105平方千米地籍调查，78平方千米房产测绘，3000多千米地下管线测量，1220千米公路地形测量、控制测量及断面测量，80多项无人机摄影测量项目。

浙江省测绘大队

2017年，浙江省测绘大队完成测绘项目600多项。完成450万亩农村土地承包经营权确权登记颁证项目，7个县（市、区）农经权项目全部通过专项验收；完成温岭市、舟山市定海区海岛岸线调查项目中150平方千米海洋测绘工作；完成3600千米地下综合管网普查、城市排水管网普查、剿灭劣五类水（污染源调查和截污纳管）、“库塘”淤积监测、燃气管线探测等项目；完成涉及变化监测、“三改一拆”类综合管理系统、土地监察管理和安监安全类的42项研发项目；完成50多个无人机航摄项目，航摄面积3980平方千米。承接单个标段金额为3565万元的临海农房一体项目；承接1.08亿万元农村不动产权籍调查和1.27亿万元不动产项目；承接勘测定界、竣工测量、地形测量、宗地测量、土方测量、断面测量等400多个工程测量项目。参与非洲厄立特里亚“一带一路”基础设施建设援建测量工作。

浙江省第二测绘院

2017年，浙江省第二测绘院完成1:1万基础测绘“3613”更新、1:2000数字城市“3D”产品生产、基础性地理国情监测及“一区两率”监测、海底地形测绘、农村土地承包经营权确权登记颁证、不动产权籍调查、1:500地形图测绘、地籍测绘、专题地理信息系统开发建设、土地资源遥感监测、农村土地整治规划等测绘项目。完成DLG 1.5万多件，总面积 11.5 万多平方千米；DEM 0.6 万多件，总面积 2.7 万多平方千米；DOM 1.5 万多件，总面积约 3.8 万平方千米；无人机航空摄影 3000 平方千米；完成舟山海域海底地形测绘 2122 平方千米；湖州、绍兴、温州、宁波、丽水、舟山 6 地市基础性地理国情监测工作。承担 14 个县市的“一区两率”监测、14 个县市区的农村土地承包经营权确权登记颁证工作及 13 个县市的项目监理、1∶5 万地形数据全要素更新生产试点、全省山区 1∶2000 测图和地表精细模型建设、全国第三次土地调查浙江省试点、国家航空应急测绘杭州基地建设、“五水共治”河道督查系统建设、省农村土地承包管理信息系统建设、新昌县“三改一拆”地理信息监测系统建设、瑞安市海岛信息管理系统建设等工作。

浙江省第一测绘院

2017 年，浙江省第一测绘院完成基础测绘、海洋测绘、地理国情监测、现代测绘基准运维及服务、山区 1∶2000 测图和地表精细模型、1∶5 万基础地理信息数据更新与入库等测绘项目 162 项，测绘服务总值 1.5 亿元。主要包括海岛海岸线调查、1∶2000 航测成图、1∶500 地形图测绘、似大地水准面精化、“一区两率”监测、宁波舟山港集团信息化等测量项目及导航电子地图服务、互联网地图服务和其他形式地图服务。其中大地测量 63 点，水准观测 2437 千米；一般航摄 2288 平方千米、无人飞行器航摄 40 平方千米、倾斜航摄 143 平方千米；摄影测量与遥感 5.39 万平方千米；房产测绘 38.49 万平方米；海洋测绘 850 平方千米；1∶500 地形图测绘 585.7 平方千米、1∶2000 航测成图 4188 平方千米、1∶1 万基础测绘更新 142 件；制作专题地图 12 种、地图集 11 种、电子地图 15 种、其他地图 40 种。科技研究项目共投入 1545.6 万元。主要包括基于规则的倾斜摄影三维建模技术研究、基于异构数据源的基础测绘与地理国情融合更新关键技术研究、浙江省重力布格异常电子数据库建设关键技术与重力布格异常成果应用平台建设研究、浙江海域无缝垂直基准模型及转换关系构建项目预研究、基于基站式激光扫描技术的地上地下空间一体化测量研究等 27 个项目。

杭州市勘测设计研究院

2017 年，杭州市勘测设计研究院主要完成杭州市 1∶500 地形图动态更新 690 平方千米，修测量 80 多平方千米，共涉及 5100 多件基础地理信息数据更新；完成杭州市平均密度为 0.26 点/平方千米，517 个监测点，2000 平方千米的地面沉降监测二期项目；完成杭州市主城区 100 多平方千米地下空间地形图生产；完成杭州市主城区 705 平方千米的市情监测；完成 2017 年杭州市市区（不含富阳、临安）1652 平方千米建成区绿化覆盖率及绿地率监测；完成杭州市卫星定位综合服务系统的运营维护，注册单位逾百家，用户数 300 多个，提供服务 40 多万次，累计使用时间达 8 万小时；完成第一次地理国情普查项目验收工作。

浙江省地理信息中心

2017 年，浙江省地理信息中心完成基础测绘、地理国情普查和监测、数字城市（智慧城市）建设和公共服务等工作。主要包括完成增量更新应用技术研究和面向地理实体的资源库关键技术研究 2 项省级课题；完成 2016、2017 年度浙江省 2 米分辨率中分航天影像纠正、融合处理；完成 2016 年基础性监测成果建库和统计分析工作；完成浙江省“一区两率”监测技术支撑工作；协助浙江省测绘与地理信息局完成《浙江省地理国情监测管理办法》修改工作；完成《浙江地理国情分析》《浙江地理国情普查监测》《图说浙江》等材料编写；完成数字城市（智慧城市）自动化运维监控平台的系统建设和关键技术研究；完成地理信息公共服务平台软件体系升级完善工作；完成星云地理智慧云平台软件体系建设优化工作；完成自然资源资产审计信息化平台审计方法模型建设；完成构建资源环境承载能力监测预警技术支撑平台工作。开展地理信息服务运维一体化研究、历史航空影像处理技术路线试验、2017 年基础性地理国情监测、城市群监测和舟山群岛新区监测、空间性规划“多规合一”编制等工作。

温州市勘察测绘研究院

2017 年，温州市勘察测绘研究院完成温州市 1∶500 基础地形图动态更新、大地测量、规划测绘、不动产测绘、地下管线探测、工程测量、房屋年份鉴定、地理信息系统建设、地图编制、互联网地图服务、无人机航摄、农村土地承包经营权确权登记颁证等测绘项目2400多项，测绘服务总值5335.9万元。其中完成乐清市基础控制框架网建设、1∶500地形图测绘更新72平方千米；完成温州市域铁路S1线一期工程第三方复测和温州瓯江北口大桥工程控制测量；完成违章建筑调查入库、房屋年份鉴定和地名普查工作；完成环保专题图集、政务工作系列图、古今地图集、地理国情成果图集和“瓯越·每周一图”等地图编制工程；完成危旧房动态监测平台、暴雨精细化工程数据平台等市重点信息化项目建设；完成基于3DGIS和BIM技术工程质量场景化管理平台的研究和开发、智慧工地审批监管一体化平台研究与建设、“三改一拆”房屋征收工作全生命周期信息化监管平台研究与实现等科研项目。

浙江国遥地理信息技术有限公司

2017年，浙江国遥地理信息技术有限公司完成测绘项目65项，主要包括一般航摄、倾斜摄影、激光LiDAR摄影、无人机航摄、不动产测绘及数据整合、农村土地承包经营权确权登记、三维空间数据采集、地名普查、卫星遥感数据处理等。完成浙江、福建、陕西、甘肃、山西、河北、广东、广西、云南等地1100平方千米不动产调查及数据整合项目；完成福建省1∶500地形测绘52平方千米；完成江苏省兴化市1949平方千米9858条地名普查；完成云南、上海、江苏、山东、新疆、湖北、陕西等地7.67万平方千米航空摄影测量及DOM生产。采用Radarsat 2卫星实现对我国90%国土面积的高分辨率数据覆盖，其中省会城市及中东部发达地区覆盖达到10次以上。

浙江华东建设工程有限公司

2017年，浙江华东建设工程有限公司完成测绘项目100多项，主要包括杭州市市区河道清淤勘测、山下湖镇2017年度测绘、放样服务单位年度服务、余杭水务运河以西区块2017年度新建管网工程测绘服务、浙江浙能绍兴滨海热电曹娥江航道年度扫测（2017年）、杭州市小和山单元（XH1404—B1/B2/R22—03）地块屏峰村土地勘测定界测绘、绍兴水处理发展有限公司厂区建构筑物沉降观测、杭州市西湖区2017年全区河道设施量勘测（之江片）等项目。完成杭州地铁1号线三期、4号线二期、8号线一期、苏州地铁S1线以及320国道提升改造工程的地下管线探测，总长度1800多千米；完成台州灵江扩排挡潮工程、临海东部平原排涝工程、临金高速测量等项目；完成测绘航空摄影500多平方千米。

浙江中海达空间信息技术有限公司

2017年，浙江中海达空间信息技术有限公司完成地理信息系统软件开发、不动产测绘、倾斜摄影单体化精细三维建模、测绘无人机航空摄影、测绘地理信息装备销售等30个项目，其中测绘项目21个、地理信息系统工程项目7个、无人机航空摄影项目2个。完成房产测绘1261平方米、地籍测绘65平方千米，无人机航摄73平方千米，倾斜摄影单体化精细三维建模40平方千米，完成测绘服务总值5072万元。

浙江海源地理信息技术有限公司

2017年，浙江海源地理信息技术有限公司完成海洋测绘与海洋信息化、智慧城市（时空信息云平台）建设、地理信息数据采集融合等工作。完成超级海洋工程实时动态测控云处理集成平台建设，该平台采用自主创新的多维动态海洋数据采集、实时多源数据处理分析技术，解决了超级海洋工程特大部件水下安装施工中精准对接极慢、错误风险极大的问题，已应用于港珠澳超长桥隧及人工岛建设项目。完成全国首个海岸线（台州海岸线）三维可视化数据库建设项目，采用天、地、海一体化数据采集方式，对台州市900多千米海岸线进行多源数据采集和融合，形成海岸带多源空间地理数据库，为浙江省海洋渔业多个监管系统提供空间数据支撑。参与完成《浙江省1∶500 1∶1 000 1∶2 000地理实体数据库建库标准》的起草与制定；参与浙江省首个国家县级示范“智慧城市时空信息云平台”项目的共建，取得阶段性成果。

浙江中测新图地理信息技术有限公司

2017年，浙江中测新图地理信息技术有限公司完成测绘类项目40项、研发类项目16项。测绘类项目主要包括无人机航摄、1∶2000航测成图、地名普查、农村土地承包经营权确权登记颁证、农房不动产权籍调查和确权登记、林权不动产权籍调查等。完成浙江德清、嘉兴等地航摄约300平方千米，海南保亭、浙江余姚及金华等地航测成图约550平方千米，浙江德清、安吉、长兴及诸暨4个农经权项目的初步验收。完成国土三维系统、登山软件、生态监测与信息服务技术集成示范及VR智慧旅游等研发项目。

浙江臻善科技股份有限公司

2017年，浙江臻善科技股份有限公司完成地理信息系统建设、工程测量、不动产测绘、大地测量、地图编制和互联网服务等测绘项目150多项，销售收入2.4亿元。主要完成100万亩农村土地承包经营权确权登记颁证、25个县2万多平方千米土地利用现状变更调查、80平方千米1:500村庄数字地籍调查数据检查入库、6个行政村73.87平方千米农村不动产权籍调查建库、16个基本农田整治、21个农村存量建设用地、10个规划修改及数据更新等项目。开展2个林权发证试点项目，建成不动产登记系统及其不动产登记数据整合综合项目68个和一张图及建库综合性项目27个。开展房地大数据综合运用分析试验科技项目研究。

安徽省

概况

截至2017年底，安徽省共有测绘资质单位633家，其中甲级28家、乙级98家、丙级204家、丁级303家。安徽省国土资源厅全年受理85家单位测绘资质申请，审查批准67家；初审并上报甲级测绘资质申请、变更、补充修改数据材料25家，为68家乙、丙、丁测绘资质单位办理法人代表、单位名称和单位地址变更等业务。

安徽省第一测绘院

2017年，安徽省第一测绘院完成芜湖、安庆、黄山、亳州4市3.78万平方千米1624幅1:1万基础测绘更新任务；完成“天地图·安徽”矢量数据更新任务；完成芜湖、安庆、黄山、亳州4市3.78万平方千米基础性地理国情监测任务；完成全国地级以上城市及典型城市群空间格局变化监测项目矢量数据和表格数据的生产、质检以及成果分析报告编写；完成长江经济带国家投资基础设施建设监测项目；完成数字亳州项目；完成繁昌、凤阳、明光、南陵、无为5县数字县域项目评审，其中数字凤阳项目已完成，数字南陵、数字繁昌项目（共1847平方千米）全县域航飞及外业像控工作已完成；完成数字岳西、潜山、太湖、霍山航飞招投标；完成巢湖流域区域城市空间布局与扩展监测项目；完成合肥市地名普查项目；完成亳州市1:500地籍项目内业数据编辑与建库项目。开发与生产作业相适应的平台软件，提升整体作业水平。完成数字城市公共服务平台JS版的开发项目；完成数字亳州三维数据信息服务发布；完成地名普查数据转换及入库程序编写，实现了基于GDB数据、XLS数据与地名普查系统数据格式转换批量赋值等；完成流行病管理系统研发项目；完成砀山县精准扶贫管理信息系统开发及精准扶贫专题数据库建设。

安徽省第二测绘院

2017年，安徽省第二测绘院完成皖北测区乡村1:1万基础测绘更新286幅；皖中南测区县城1:1万基础测绘更新136幅、乡村更新529幅；淮南、淮北、阜阳、六安、合肥市蜀山区1:1万基础测绘更新DLG 1474幅，面积34496平方千米；合肥市蜀山区、淮南市、淮北市、阜阳市、六安市基础性地理国情监测任务；巢湖流域生态地理国情监测项目47.1千米重污染河流（十五里河、派河河段）监测；“天地图·安徽”淮南、淮北、阜阳、六安、合肥市蜀山区范围矢量数据生产；凤台、怀远、无为、潜山、全椒等13个乡镇农村土地承包经营权登记颁证回头看修改完善工作；庐江县同大镇、含山县城南区1:1000航测数字地形图测绘70平方千米。完成基础测绘扶贫项目安庆测区乡村1:1万基础测绘更新85幅；六安市金寨县3919平方千米0.2米分辨率彩色航空摄影及1:2000数字正射影像图生产。投入20万元，与安徽省测绘产品质量监督检验站共同开展安徽省1:1万基础地理信息数据更新工程DLG数据采集、编辑、整合建库作业演示视频增项研究。

安徽省第三测绘院

2017年，安徽省第三测绘院完成安徽省宿州市、蚌埠市、马鞍山市、宣城市及合肥市瑶海区共3.25万平方千米1:1万基础测绘地理信息数据更新、地理国情监测及“天地图·安徽”工作；安徽省地级以上城市及典型性城市群、瑶海老工业区专题性地理国情监测项目；安徽省宿州市下辖4县7032平方千米测绘扶贫生产任务；数字县域建设绩溪县60多平方千米数据生产工作；江苏省常熟市不动产测绘5.21万亩；上海市1:500、1:1000地形图修测234.2平方千米，上海市1:500、1:1000、1:2000基础测绘数据库更新检查验收3772.45平方千米；安徽省六安市霍山县、蚌埠市怀远县、芜湖市南陵县集体土地所有权项目3165.6平方千米；安徽省白湖监狱管理分局“3D”数据生产及数据库建设项目160平方千米；安徽省亳州市利辛县，六安市金安区、叶集区等350多平方千米1:1000数字化地形图数据生产。完成基于DEM生成等高线综合取舍系统、不动产测绘及成果转化一体化2项科研项目。

安徽省第四测绘院

2017年，安徽省第四测绘院完成1537幅基础测绘更新、34969平方千米基础性地理国情监测、全国地级以上城市及典型城市群空间格局变化监测等专题性国情监测、领导决策辅助用图、测绘应急保障、35407平方千米“天地图”更新、2市3县的数字城市地理空间框架建设、巢湖流域生态地理国情监测等基础性任务。承接并完成金寨县智慧城市时空信息基础数据库建设，金寨县农村综合发证和村庄地形图测绘，界首市等7个区域的农村地籍和房屋调查，宣州区不动产确权登记发证，利辛县农村集体土地所有权确权登记发证，天长市等2市2县1:1000地形图航空测绘，安徽省土地资源全天候遥感监测，芜湖市、广德县等新增建设用地航空遥感动态监测，安徽省8市3县第二次全国地名普查等项目。编印《安徽省地图集》《安徽省电网图集》《安徽省水利工程位置图集》《临泉县行政区划图简册》等；编制《安徽年鉴》《走进安徽》等书籍插图4幅；编印中德文、中英文《安徽省地图》，中德文版《下萨克森州地图》《安徽省公路图》《安徽省水利工程位置图》《安徽省十三五脱贫攻坚分布图》《安庆市行政区划图》《淮南市地震构造图》《合肥市城区图》等地图百余幅。同时，改革创新成立院级研发部门，完成基于DEM数据自动获取水系流向研究、基础性地理国情监测数据生产辅助工具、巢湖流域生态地理国情监测生产辅助工具、不动产权籍调查确权登记发证应用系统、集体土地所有权确权登记发证应用系统、滁州市交通基础设施信息管理系统等一系列研究成果和应用系统研发工作。

安徽省基础测绘信息中心（安徽省测绘档案资料馆）

2017年，安徽省基础测绘信息中心（安徽省测绘档案资料馆）完成基础测绘、地理国情监测、“天地图·安徽”建设、数字城市建设、卫星定位综合服务系统建设、地图编制等多项测绘项目。主要包括制作1:1万DOM 5473幅；全省基础性地理国情监测成果建库检查、预处理和汇交；“天地图·安徽”影像数据全面更新，113万多条兴趣点POI数据更新与融合；60座AHCORS基准站兼容北斗升级改造，为260多家单位、2700多个流动站用户提供兼容北斗高精度实时定位服务；12.09万个大地成果点、6500多幅地图坐标转换；18个县区土地变更调查数据库更新，安徽省105个县区以及省级土地变更调查数据库质检、成果核查、汇总上报；安徽省农村集体土地所有权确权登记发证1:5000外业调查工作底图制图11228幅；安徽省农村土地承包经营权确权登记颁证数据库成果监理及数据库上报；安徽省地质灾害隐患点二三维数据采集与管理项目，对安徽省4680个地质灾害隐患点进行全景照片拍摄，制作高分辨率数字正射影像，对5个重点地质灾害隐患点进行精细化三维建模；220平方千米大比例尺测图及地图编制。

福建省

概况

截至2017年底，福建省共有测绘资质单位585家，同比增加60家。其中甲级36家，同比增加4家；乙级95家，同比增加10家；丙级263家，同比增加45家；丁级191家，同比增加1家。高分辨率对地观测系统福建数据与应用中心正式挂牌。福建省地理信息产业技术公共服务平台通过福建省科技厅验收。厦门极美众创空间获得省级众创空间认定，主办第二届中国地理信息技术创新创业大赛。

伟志股份公司

2017年，伟志股份公司完成各类测绘项目353项，其中不动产测绘273项、工程测量68项、地理信息系统工程9项、测绘航空摄影2项、摄影测量与遥感1项。完成晋江市农村地籍与房屋调查工程第二批采购项目2.86平方千米，五里工业园区英塘水库区域地形测绘项目，农村土地确权测绘成果第三方专项验收服务项目，晋江市金井镇拆迁安置房（碧海人家）项目，晋江市英林镇钞井村地形测绘，龙湖嘉天下项目三期竣工测绘以及龙湖嘉天下项目三期房产实测。与中国科学院大地测量与地球物理学家许厚泽院士合作设立院士工作站，合作研究大地测量新技术研发及其在减灾防灾中的应用。

福建省制图院

2017年，福建省制图院完成各类测绘项目260项，其中地图制图221项、地理信息工程35项、系统开发4项。为福建省委省政府及相关省直部门提供公务用图2.78万册（幅）；为社会公众编制或修编地图产品27种，总发行量8.62万册（幅）。联合福建省水利水电勘测设计研究院完成连城县等4个试点县防汛指挥图编制工作，参与56个县（市、区）防汛指挥图编制及底图数据服务工作。开展《平潭城市地图集》《漳州城市地图集》编制。完成顺昌县等9个县（市、区）第二次全国地名普查项目；实景三维建设外业采集2109千米，内业生产2995千米；公开版地图服务系统、福州城区涉密单位管理系统、防汛指挥移动平台（试点）等应用系统开发。

福建省地质测绘院

2017年，福建省地质测绘院完成各类测绘项目846项，其中航摄与遥感类28项、地理信息系统与软件研发类41项、测量类763项、数据库建设及图件编制类14项。完成东部沿海地区自然资源遥感综合调查（福建区），南平市国土资源“一张图”及综合管理信息平台建设，福建省级国土“一张图”核心数据库（一期）建设，武夷山市土地调查新技术试点，武夷山国家公园体制试点区自然资源统一确权登记等一批重点项目。完成数字寿宁县域地理空间框架建设、厦门市地铁6号线测量、厦门鼓浪屿申遗1:500应急测绘、城中村房屋大排查测量等为政府管理提供技术支撑的服务项目。

福建省地质工程研究院

2017年，福建省地质工程研究院完成各类测绘项目225项，其中基坑及边坡等监测57项、房产测量26项、土地开发及耕地整理32项、地形测量31项、规划条件核实3项、其他测量76项。完成广东省东莞市入河排污口调查探测工程，永春县东平镇冷水村桐枳林滑坡应急深部位移监测，永安市燕西街道原林保厂地块棚户区项目房屋及附属物测量、征收与补偿业务，神华福能发电有限责任公司规划指标核实及竣工确权等测量技术服务，南平市九峰路改造工程边坡监测，罗源湾碧里海域藻类、贝类（浅海藻类）测算及建库等测绘项目。开展的“滑坡自动化实时位移监测技术研究”作为省科技厅重点项目通过结题验收。

福建省交通规划设计院

2017 年，福建省交通规划设计院主要完成宁德至古田疏港高速公路 130 平方千米 1∶2000 地形图测量，福建高速公路网漳武线永定至南靖高速公路南靖段 50.2 千米施工图定测，福州东部快速通道路二期工程 34.26 平方千米 1∶2000 地形图及控制测量，普通国省干线公路横六线尤溪县象山至坂面段公路工程 25.4 平方千米 1∶2000 地形图及控制测量任务。完成其他各类测绘项目 150 多项，主要包括高速公路及各等级道路与桥梁工程、港口与航道工程、海底地形（扫海）测量、水下地形测量、地籍测量、工程项目征地土地勘测定等。

福建省硕威工程咨询有限公司

2017 年，福建省硕威工程咨询有限公司完成各类测绘项目 785 项，其中控制测量 153 项、土地规划设计 113 项、房产测绘 121 项、航测遥感 107 项、地理信息 123 项、其他测量 168 项。完成上海市（宝山区）农村地籍更新调查 90 平方千米，宁德市“环三”规划区范围港区后方用地调查 203 平方千米，霞浦县储备土地数据库建设及政务版软件平台开发建设，闽东苏区防洪防潮工程（环三都澳）水下 1∶1000 地形图测量 22 平方千米，蕉城区贵岐至金蛇头村以东海域养殖监察航拍测量 38 平方千米，宁德市上白石水利枢纽工程用地预审项目勘测定界 35 平方千米，海西高速公路网福安至寿宁（闽浙界）高速公路主线宗地测绘 53 平方千米。

福建所思达勘测设计院有限公司

2017 年，福建所思达勘测设计院有限公司完成各类测绘项目 369 项，其中土地开发、整理、复垦项目勘测 169 项、农村道路测量 18 项、其他测量 182 项。完成 6 个县（区）年度土地利用变更调查与遥感监测 1.03 万平方千米；6 个市（县、区）农村地籍调查测量（第一批试点）18.37 平方千米以及建库工作。

福建省水利水电勘测设计研究院

2017 年，福建省水利水电勘测设计研究院完成 228 国道长乐外文武围垦堤至下沙段路堤结合工程（定测），1∶500 数字地形图测绘 60 平方千米，1∶1000 数字地形图测绘 120 平方千米，水下 1∶500 数字地形图测绘 8 平方千米，水下 1∶1000 数字地形图测绘 25 平方千米，水下 1∶2000 数字地形图测绘 5 平方千米，1∶500 河道断面测量 1200 千米，1∶500 数字地籍图测绘 3.5 平方千米，水库淹没线测设量约 200 多千米，征地红线测量约 100 千米，埋设界桩 1200 点。完成福建省溪源水库大坝外部变形观测工程、马尾区白眉水库大坝外部变形观测工程、连江山仔水库大坝外部变形观测工程以及连江塘坂水库大坝外部变形观测工程。

福州开睿动力通信科技有限公司

2017 年，福州开睿动力通信科技有限公司新增互联网地图服务用户 5.47 万户，实现互联网地图服务收入 852 万元。其中重点项目东莞公安内网可视化调度系统用户累积新上线超过 1 万户；可视化调度平台推广应用到三明沙县“河长制”项目，广西来宾市精准扶贫挂图作战管理系统通过初验。在互联网地图服务平台上自主开发增加实时视频功能。

厦门银据空间地理信息有限公司

2017 年，厦门银据空间地理信息有限公司完成测绘类项目约 100 项。完成德化县盖德镇 2016 年县级耕地开发项目设计及德化县盖德镇 2016 年县级耕地开发项目现状测量。推出以城市管廊综合监控及运维管理系统软件平台为核心的监控管理解决方案，“城市管廊综合监控及运维系统”“地下综合管廊管理平台”“地下综合管廊监控平台”“管廊运维信息管理平台”等获得计算机软件著作权。

龙岩市勘察测绘大队

2017 年，龙岩市勘察测绘大队完成各类测绘项目 400 项，其中放样 87 项、规划条件核实 71 项、计容面积暂测及房产测量 61 项、其他测量 181 项。完成龙岩市规划区 10 平方千米地形图测绘，龙岩市规划区 750 平方千米正射影像图制作及绿地提取。2 人获得“全国测绘地理信息技术能手”称号。

福建省测绘院

2017 年，福建省测绘院完成国家级、省级基础测绘及服务地方测绘项目 48 项。完成机载激光雷达数据（含数码影像）获取 3.5 万平方千米，1∶1 万数字高程模型制作 3.73 万平方千米，1∶1 万 DLG 全要素更新 0.98 万平方千米，福建省基础性地理国情监测 2.46 万平方千米，福建省非粮化耕地变化监测，1∶1 万水下地形测量 500 平方千米，新疆昌吉高新区大比例尺地形图测制更新 45 平方千米、明溪县城区及周边 1∶500 数字地形图修补测 39.1 平方千米等基础测绘项目。福建省连续运行卫星定位服务系统运行维护及北斗化改造。

莆田市城乡勘测设计研究院

2017 年，莆田市城乡勘测设计研究院完成莆田市市域 1∶500 及 1∶1000 数字地形图更新维护 14 平方千米。完成其他测绘项目 600 多宗，主要包括莆田市城乡规划建筑物放样 131 宗、建筑物验线 84 宗、各种地下管网探测 119 宗、规划建设工程竣工测量 128 宗 476 幢、日照测量 111 宗约 5 平方千米、市政道路及燃气管道放样 20 千米。

泉州市房地产测绘队

2017 年，泉州市房地产测绘队完成房产测绘 2072 宗，其中商品房面积预测项目 339 宗，建筑面积 385 万平方米；不动产产权面积实测项目 1217 宗，建筑面积 499 万平方米；其他房产测绘项目 516 宗，建筑面积 184 万平方米。完成不动产权籍调查入库 3980 个宗地及 7483 幢房屋关联；拆迁测绘房屋面积 63 万平方米、土地面积 24 万平方米；控制测量、地形测量、道路纵横断面测量等工程测量 6 宗。

厦门亿力吉奥信息科技有限公司

2017 年，厦门亿力吉奥信息科技有限公司完成各类 GIS 平台及其应用项目 39 项，地理数据服务产值超 1 亿元，其中 GIS 基础平台 1 项、GIS 核心算法 1 项、基于 GIS 的应用 37 项。完成基于云架构的电网地理信息服务平台研制，在 28 家单位推广应用，取得发明专利 7 项，发表论文 15 篇，获得 3 项省部级科技进步奖一等奖，获得中国电力创新一等奖和厦门市科技进步奖一等奖。完成地理数据几何精度脱密算法研究，申请发明专利 2 项，发表国家电网公司认可的研究报告 3 篇，获得国网信通产业集团创新种子基金。累计提供约 39 万平方千米亚米级影像数据和 8 万平方千米矢量数据，数据覆盖各省（市）公司县级以上市中心城区及部分重点乡镇。

漳州通正勘测设计院有限公司

2017 年，漳州通正勘测设计院有限公司完成各类测绘项目 59 项。主要完成漳州地区国省干线及县乡各级道路工程测量，地籍、房产测绘及海洋水深测量，土地勘测定界 2.4 平方千米，1∶500 地形图测量 26.8 平方千米，1∶1000 地形图测量 8.5 平方千米，1∶2000 地形图测量 13.2 平方千米，道路工程定界放样 52.6 千米，道路及桥梁工程施工图定测 179 千米，水深测量 7.8 平方千米，地籍测绘 2.62 平方千米，房产测绘 72.7 平方千米。

福建省基础地理信息中心

2017 年，福建省基础地理信息中心开展地理国情普查数据库与应用服务系统建设和成果应用，做好福州新区空间格局变化监测、全国地级以上城市及典型城市群空间格局变化监测等 3 个国家级专题性地理国情监测项目。完成福建省地理信息公共服务平台建设，智慧南平时空信息云平台建设，数字县域通用平台研发、中、高分辨率卫星影像购置与处理，基础地理信息数据库维护升级，库存航空摄影底片扫描等 6 项基础测绘任务。开展测绘信息化体系建设，数字城市地理空间框架与不动产登记“一张图”建设试点，数字城市项目建设、维护更新与技术支持。推进国家测绘成果档案存储与服务设施、高分辨率卫星影像福建数据与应用中心、省级空间规划以及自然资源资产离任审计技术支持及大数据平台建设 4 个重大专项建设。

福建科图勘测规划有限公司

2017 年，福建科图勘测规划有限公司主要完成福建省 15 个县（市、区）2016 年度土地变更调查与遥感监测工作，10个县（市、区）2016年度卫片执法监督检查，8个县（市、区）2017年卫星影片执法监督检查中期监测和预警核查。完成5个县（市、区）永久基本农田划定1016.41平方千米，2个县（市、区）土地利用总体规划调整与完善4560平方千米，1∶500地形图测图53平方千米、房产测绘40万平方米、农村宅基地确权调查50平方千米。完成福州高新区建设用地管理系统开发、上杭县2017年度烟基项目设计。

中国电建集团福建省电力勘测设计院有限公司

2017年，中国电建集团福建省电力勘测设计院有限公司完成测绘项目67项，其中线路测量36项、地形测量23项、其他测量8项。完成准东—华东±1100千伏特高压直流线路（包16：中咀西—李沟湾）工程施工图阶段85.5千米、上海庙—山东±800千伏特高压直流输电线路（包7：南庄—襄垣县韩家庄北）工程施工图阶段71.5千米、德州贝州（武城）—高唐500kV线路工程施工图阶段52千米的线路测量及施工阶段的工代服务。科技项目成果“地下电缆管线平断面图自动生成方法”获得发明专利授权，研制的“输电线路塔基测量成图软件”获得计算机软件著作权。

中化地质矿山总局福建地质勘查院

2017年，中化地质矿山总局福建地质勘查院完成工程测量65项、地籍测绘6平方千米、房产测绘300平方千米。完成长汀县河田镇12个行政村农村地籍调查与房屋调查工作和入库；国土部门高标准农田建设（土地开发整理）项目地形图测绘190.69亩，旧村复垦项目测量、放样及耕评土样采集1567亩，农业综合开发项目地形图测绘及路沟渠线性测量69.28亩，县级土地开发项目前期、竣工测量及耕评土样采集1830.12亩；建阳经济开发区1∶1000地形测绘项目；莆田市上塘银饰小镇景观综合整治工程（一期）地形测量建筑立面测量项目。

泉州市规划勘测研究院

2017年，泉州市规划勘测研究院完成测绘项目778项，其中基础工程验线275项、竣工测量132项、面积测算172项、管线测量51项、其他测量148项。完成泉州山线绿道二期工程地形修测及断面测量，泉州市现代有轨电车1、2号线地形测量及断面测量，泉州火车站综合交通枢纽项目地形测量，泉州城东至北峰快速通道控制测量，泉州部分老建筑的测绘摸底建档及部分区域保护规划立面测绘及地下管线普查，泉州龙头山片区改造规划指标核算、控制测量及工程基础验线。

福建省海陆勘测有限公司

2017年，福建省海陆勘测有限公司完成测绘地理信息项目126项。完成三等以上高等级控制点320座，测绘航空摄影3500平方千米，各种大比例数字地形图测绘1630平方千米，不动产测绘56平方千米，海洋工程水下地形测绘360平方千米。编制各种专用地图33幅，完成大型地理信息系统工程1项。研发注册无人机测绘及应用等专业软件10项。

江西省

概况

截至2017年底，江西省共有测绘资质单位639家，同比增加35家。其中甲级31家，新增1家，为江西省第一家民营甲级测绘资质单位；乙级76家，减少1家；丙级199家，增加29家；丁级333家，增加6家；民营测绘企业364家，占全省测绘资质单位总数的56.96%。测绘从业人员11121人，同比增加572人，增长5.42%。全省测绘地理信息行业全年完成测绘服务总值17.32亿元，同比增加

3.66 亿元，增长 26.79%，其中企业性质测绘单位完成 10.58 亿元，占总产值的 61.08%。承担的重点测绘项目主要包括基础测绘地理信息数据更新、地理国情监测、全国第二次地名普查、农房一体调查登记、数字城市建设、农村土地承包经营权确权登记颁证、高速公路等。

江西省天久地矿建设工程院

2017 年，江西省天久地矿建设工程院主要承担不动产测绘项目和工程测量项目。不动产测绘项目主要包括余江县农村房屋调查、龙虎山风景名胜区农村房屋调查、贵溪市农村房屋调查、铅山县国土资源局农村房地一体确权登记发证。工程测量项目主要有贵溪市新农村建设示范乡村和园区配套测量项目，包括白鹤湖国家级农业生态科技园配套测量、周坊长塘精准扶贫片配套测量、流口横路乡村旅游片配套测量等，以及鹰潭市部分房屋沉降监测项目和规划验收项目。

江西省地矿测绘院

2017 年，江西省地矿测绘院承接测绘地理信息项目 140 多项，完成测绘服务总值 7300 多万元，项目主要分布在江西、浙江、福建、广西、湖北、新疆、西藏等地。业务涵盖不动产测绘、地形测量、工程测量、地理信息工程、地图制图、航测遥感、软件研发、互联网地图服务等。完成农村土地承包经营权确权登记发证调查 600 多平方千米，地籍测绘 130 多平方千米，数字化地形图测绘 40 多平方千米，城市管线普查探测约 2500 多千米。制作完成各项专题地图近 10 项。

江西有色地质测绘院

2017 年，江西有色地质测绘院完成各类测绘项目 109 项，其中地形测量 21 项、旧城改造测量 15 项、房产测量 14 项、沉降观测 13 项、土地整理测量 7 项、土方测量 6 项、其他测量 33 项。完成“智慧新余”D 级、E 级 GPS 控制网修补测，新余市渝水区罗坊镇南英垦区土地确权登记，新余市仙女湖区、高新区村庄修补测，吉安市万安县土地规划测量，丰城市棚改房屋征收测绘，上饶市御景新苑 7 号、8 号、9 号、10 号地块工程沉降观测，上饶市妇幼保健院监测检测等重点测绘工程。承担江西省新余市渝水区农村房地一体确权调查、高新区农村房地一体确权登记发证、仙女湖区农村房屋调查确权登记发证，九江市瑞昌市房地一体宅基地和集体建设用地使用权确权登记发证，鹰潭市余江县农村房屋调查。

江西省水利规划设计研究院

2017 年，江西省水利规划设计研究院完成永新天龙山水库工程 1:2000 地形图测绘 5 平方千米，各类圩堤河道航摄测量 500 多千米，廖坊罐区二期支、斗渠 1:2000 带状地形图测绘 200 千米，湖口县、余干县等高标准农田建设项目近 100 平方千米，鄱阳湖区 1 ~5 万亩圩堤除险加固工程、单退圩堤除险加固工程项目圩堤 5 座以及景德镇市、彭泽县不动产数据整合项目。

南昌市测绘勘察研究院

2017 年，南昌市测绘勘察研究院完成各类测绘项目 2759 项，其中常规工程测量 353 项、管线（验线及测量）242 项、建筑物放验线 686 项、数字线划图（纸质和电子版）940 项、坐标校对 244 项。业务范围覆盖南昌市城市规划测量、道路工程测量、建（构）筑物验线、地铁监测、各种管线工程测量、三维模型制作、航空摄影测量等。主要承担的项目有安义县南山新区 1:1000 数字线划图测量、九龙湖四期路网南宫路等 16 条路工程测量、南昌市绕城高速公路南外环项目 1:1000 地形图测绘、2017 年测量标志普查维护与管理采购、南昌轨道交通 2 号线及南延线工程街区信息图和线网图编制、2017 版南昌市建成区图和南昌市交通旅游图编制、2017 年度南昌市基础性公共地图编制、赣江新区临空组团部分区域土地利用现状航空摄影采购、海昏侯国遗址及周边地区地形图测绘及倾斜摄影和三维建模、南昌轨道交通 2 号线结构长期监测及 1、2 号线专项监测、莱蒙都会商业中心（B8 地块）沉降监测工程施工、象山北路（阳明路—中山路）地下综合管线测量、民德路（八一广场—沿江中大道）地下综合管线测量、龙潭水系管线探测等。

核工业赣州工程勘察院

2017 年，核工业赣州工程勘察院完成江西省内地籍测绘 110 平方千米，房产测绘 5000 万平方米，无人飞行器航摄 1200 平方米。完成其他测绘项目 23 项，主要包括赣州市城市规划、市区道路工程、各种管网工程、旧城改造、房地产开发等城市工程测量，赣州南康区新能源汽车城所有地籍测绘、工程项目征地、土地勘测定界等土地测量，以及浙江省南浔开发区和浙江省太湖旅游区农村土地承包经营权项目。开展赣县区、蓉江新区、上犹县等地农村房屋一体调查项目。完成项目金额 20 万元以下项目 15 个，20 万～50 万元项目 1 个，50 万～200 万元项目 1 个，200 万～500 万元项目 2 个，500 万～1000 万元项目 1 个，1000 万（含）元以上 3 个。地理信息系统工程资质升级为甲级，开发的“农房一体调查软件”和“第三次土地调查信息管理系统”获得软件著作权。

江西核工业测绘院

2017 年，江西核工业测绘院测绘服务领域涵盖国土、房产测绘、农业、水利、规划设计、城市管理等。完成各类测绘项目 77 项，主要包括江西省泰和县、安福县、贵溪市、余江县、龙虎山风景名胜区，浙江省北仑区、江东区等地土地利用现状变更调查项目；江西省瑞金市、信丰县、全南县等农村土地承包经营权确权登记发证 70.3 万亩；江西省莲花县、全南县、上饶市城区，贵州省剑河县等地数字航空摄影测量 1326.1 平方千米；广东省韶关市曲江区、佛山市禅城区农村地籍调查 561.3 平方千米；江西省瑞昌市、新疆维吾尔自治区温泉县、海南省洋浦经济开发区地下管线普查测绘 766.9 平方千米；江西省余江县、信丰县、永丰县高标准农田建设测量 8.17 万亩；江西省乐安县城镇周边、安福县全域永久基本农田划定 70.19 万亩；江西省新建区、永新县、宜黄县等地土地开发整理 7195.24 亩；贵州省黄果树旅游区白水镇、龙宫镇，江西省寻乌县等地房产测绘 96.08 万平方米；江西省南昌经济技术开发区、新建区、贵溪市、宜黄县、寻乌县，广西柳州市等地形图测量 75.6 平方千米。全年累计完成测绘项目产值 6761.2 万元。

山东省

概况

截至 2017 年底，山东省共有测绘资质单位 1029 家，其中甲级 43 家、乙级 157 家、丙级 332 家、丁级 497 家。测绘从业人员数量从 2016 年末的 21322 人增加到 22776 人。全年实现测绘服务总值 48.78 亿元，同比增长 18.26%。全省测绘地理信息单位参与完成玻利维亚、柬埔寨等国“一带一路”勘测地理信息任务、山东省地理省情监测、山东智慧地矿、南水北调工程山东段外部变形观测、济青高速北线扩容改造、山东省征地信息公开系统建设等重大测绘地理信息项目，为国土资源、城乡建设与规划、交通、城市管理等提供测绘地理信息服务和技术支撑。

山东明嘉勘察测绘有限公司

2017 年，山东明嘉勘察测绘有限公司完成各类测绘、勘察、土地整理设计项目 500 多项，其中工程测量 123 项、工程勘察服务 159 项、土地整理设计 39 项。完成 2017 年山东省基础性地理省情监测数据采集项目、临淄区地下管线三维信息管理系统建设及临淄区中心城区以外主要道路地下管线普查项目、潍坊新机场净空障碍物限制图编制、2016 年度宜耕土地后备资源详查试点项目（标段一、标段四）、济南市历下区不动产权籍调查采购项目（第二标段）等重点测绘工程。承担济南市轨道交通 R2 线一期工程第三方监测项目（二标段）、青岛市地铁 4 号线和 8 号线第三方测量项目、邹平县“十三五”基础测绘规划服务采购项目、滨州市主城区1∶500地形图新测与更新项目、烟台市科技管矿建设项目、淄博市国土资源局智慧淄博时空信息云平台建设项目、烟台市中心城区不动产登记数据整合建库项目。开展国土资源信息网络化监管技术探究、地下综合管廊基坑变形与环境安全监测技术研究、“十三五”基础测绘关键技术研究、省情监测数据更新与分析应用系统研究。

济南市勘察测绘研究院

2017年，济南市勘察测绘研究院完成各类测绘地理信息项目2211项，其中工程测量2062项、不动产测量39项、地理信息系统工程50项、地图编制14项、摄影测量与遥感46项。开展济南市2017年度1∶500数字线划图（DLG）动态更新；济南市2017年度测量标志点巡查维护；山东省基础性地理省情监测数据采集（济南标段）；济南市第二次全国地名普查；济南市中心城区排水设施普查；济南市历史建筑测量；商河县1∶500地形图新测；济南市轨道交通R3线控制测量、第三方测量、第三方监测等重点测绘工程。承担山东省征地信息公开系统建设；济南市城市总体规划建设用地普查与建库；资源三号卫星济南节点部署并成功接收数据；济南市3县1∶2000数字正射影像图、数字高程模型制作；济南市章丘区规划局多规合一及三维数字城市决策系统建设；济南市永久基本农田划定与数据库建设等重点地理信息系统工程项目。在全院推广基于倾斜摄影测量测绘大比例尺地形图技术；探索利用多源数据开展高精度实景三维模型制作；研究无人机视频直播和管理系统为应急事件和监测服务；拓展实景三维产品在相关行业中的应用。

海天地信科技有限公司

2017年，海天地信科技有限公司完成各类测绘项目376项，其中不动产测绘58项、地理信息系统工程43项、摄影测量与遥感36项、工程测量156项、房产测绘23项、互联网地图服务2项、地理信息系统软件开发3项。完成滨州市主城区1∶500地形图新测与更新服务（三个标段）1A包，烟台市莱山区、高新区大比例尺修测更新建库及数据处理项目，招远市1∶500地形图更新；济南市国土资源局不动产登记信息系统项目，滨州市沾化区不动产登记平台和数据库建设，敖汉旗农业局、蓬莱市国土资源局不动产登记数据整合项目；2017年度聊城市土地变更调查与遥感监测项目市级汇总、东昌府区（含经开区、高新区、度假区）土地变更调查与遥感监测项目；云阳县农业委员会农村土地承包经营权确权登记航空摄影服务、实测作业服务、颁证项目监理服务政府采购B包；烟台市国土资源局科技管矿建设项目。自主研发城市空间数据信息管理及更新系统、矿政信息管理系统和国土资源网络化监管系统等。

山东省地质测绘院

2017年，山东省地质测绘院签订各类测绘合同338个，涉及合同额约1.35亿元。完成山东省基础性地理省情监测2.8万平方千米；航空摄影测量5万多平方千米；管线测量1400多千米；数字城市建设1500多平方千米。承担山东省地矿局智慧地矿工程建设；南水北调工程山东段外部变形观测；临清市古建筑临清塔实时监测。承担不动产登记项目国家试点——山东淄博周村区和福建龙岩武平县的农村不动产权籍调查及登记发证项目。承担基于D-InSAR技术的地面沉降监测研究、地质三维建模技术应用及开发、超深地下管道精确定位技术的研究3项财政资金科研项目。获优秀工程奖、科技奖（包括国家级、省级、厅局级）14项，各级QC优秀成果奖10项，先进集体、先进个人奖8项，国家实用新型专利3项，软件著作权4项；公开发表科技论文38篇；联合出版专著4部；参加山东省“技能兴鲁”职业技能大赛并获团队三等奖。

山东省地图院

2017年，山东省地图院完成各类地图项目近110项，公开出版地图近90种。为省委省政府和省直部门做好地图服务，全年为各单位提供地图挂图140多幅。为省政府外事办公室编制完成2017版中、英、俄、日等9种语言的《山东省地图》；为省军区政治工作局提供区域底图资料20幅；与威海、东营等5个地市民政、旅游等部门合作，完成8个地图服务项目。组织实施省国土资源厅下达的3166幅1∶1万DLG数据的公开版处理及现势性更新、全省范围6462幅专题数据资料的收集整理和入库等基础测绘工作任务。编制完成《山东省第一次全国地理国情普查图集》《山东省政务工作用图》（电子版）、《山东省旅游地质资源遥感调查与评价》等。完成《山东国土资源年鉴（2016）》排版印刷和出版发行工作。参与全省“问题地图”排查工作；协助省国土资源厅举办山东省第三届“技能兴鲁”职业技能大赛暨“地图院杯”全省测绘地理信息行业职业技能竞赛。推进《山东省智慧地图及应用系统》项目建设，完成第一阶段项目招标工作。开展辅助决策用图共享工作，提供共享地图7幅，组织编制标准地图23幅。

青岛市勘察测绘研究院

2017年，青岛市勘察测绘研究院完成各类测绘地理信息项目4000多项。完成全市1∶5000地形图更新工作，实现市中比例尺基础图的全覆盖更新；维护并开展QDCORS基准站网北斗升级改造，完成青岛市2000国家大地坐标基准建立。参与中国测绘科学研究院组织的《城市地理国情监测内容与指标》标准编写，制定青岛市地理市情内容指标。完成山东省基础性地理省情监测青岛测区任务及青岛西海岸国家级新区空间格局变化监测。加大地理信息大数据推广应用和信息化服务，“以地控税”项目在省内外多地推广，承担内蒙古、新疆“以地控税”项目，逐步向全国推广“税图”模式。地理大数据支撑社会综合治理网格化管理，在青岛西海岸新区、市南区、市北区、李沧区推广应用。响应国家“一带一路”倡议，完成玻利维亚、柬埔寨勘测地理信息项目，打造“一带一路”勘测地理信息一体化服务模式。充分发挥市级测绘应急保障职能，在国家环保督查、上合峰会等重要工作中提供应急测绘与制图保障服务。全年获52项国家级、省、市成果奖；获全国测绘地理信息行业职业技能竞赛团体三等奖、山东省团体一等奖；1人被授予全国测绘地理信息行业首批“大国工匠”，2人获“山东省富民兴鲁劳动奖章”称号。承办全国首批测绘地理信息科普教育基地授牌仪式和“人人享有地理信息”活动，举办中国测绘地理信息学会年会“数据文化和地图文化”分论坛。

济南市房产测绘研究院

2017年，济南市房产测绘研究院完成地理信息项目4800多项。发挥技术优势，运用新引入的移动测量车、无人机等先进的地空测量设备参与“城市更新+”工作，在城市更新数据采集、处理、应用技术领域开创了先河。完成济南市街道更新提升试点项目最新电子版地形图、街景影像图制作，完成2017年城市更新各地块现状影像采集及数据分析工作。自主研发的“房测之光”测绘软件及成果管理系统正式上线投入生产，在提高作业效率和作业成果质量等方面显现出相当优势。充实房屋安全鉴定基础数据库，研发房屋安全管理信息平台，为《济南市房屋安全鉴定管理办法》落地工作提供信息化支持。与山东科技大学合作开发国内首套点云与影像多功能测图软件，为进一步拓宽移动测量系统应用领域提供技术支撑。

山东省国土测绘院

2017年，山东省国土测绘院完成全省陆域15.8万平方千米优于0.5米分辨率航空影像的年度获取和生产，依托国家测绘地理信息局卫星测绘应用中心获取国产卫星影像覆盖全省陆域4次。加快推进新型基础测绘更新体系建设，开展了12个县市的地形要素更新二期生产试验。完成全省陆域及33座近海有人居住岛屿、覆盖137个县级任务区的地理省情监测数据采集等任务。建成全省北斗CORS试验网，实现厘米级试验网41个、亚米级全省覆盖。开展潮间带地形测量，完成年度潮间带水下地形测量和机载LiDAR滩涂测量工作任务，开展基于水陆两用八轮车装载红外激光系统沙滩地形测量试验，取得阶段性成果。全年共获取和接收地理信息数据达81TB。拓展省级地理信息公共服务平台应用服务，已在48个省直部门的140多个业务系统开展应用，平台连年荣获国家测绘地理信息局技术考评的最高级别五星级。全年完成甲、乙级测绘资质单位监督检验项目56个，检测测绘仪器4369台次，鉴定全省测量员、技师资格675人，向社会提供测绘成果4.7万件，数据量达到900GB。设立国家测绘地理信息局卫星测绘应用中心山东分中心、国家测绘工程技术研究中心山东中心、龚健雅院士工作站等科技创新平台，山东省国土测绘院6大科技创新平台实现了业务工作全覆盖。全院获科技创新奖 21 项、软件著作权 10 项、专利 5 项，3 个地方标准获得正式颁布。在全国率先完成信息化测绘体系示范基地建设测评工作。

山东省地质矿产勘查开发局第五地质大队

2017 年，山东省地质矿产勘查开发局第五地质大队完成各类测绘项目 160 项，其中沉降观测 26 项、房产面积测绘 3 项、矿山测量 31 项、勘测定界测量 10 项。完成东明县农村集体土地确权登记发证项目 1∶500 地籍图 40 平方千米；济宁市河道局“引汶入济”1∶2000 地形测绘及横断面测绘项目，总长度为 91 千米；东平铁路勘测定界 40 千米；莱芜市高新区市政普查管线测量 290 千米，道路测量 160 千米。承担曲阜市第二次全国地名普查项目、莱芜市测量标志维护、智慧地矿建设、平邑县旅游片区 1∶1000 地形图测绘、莱城区苗山镇建筑用砂岩矿开采情况测绘、山东省平邑县持证矿山现状图实测、山东省宁阳县采煤塌陷地治理设计项目地形图测绘、新泰市青云街办黄山沟村灰岩矿区矿山复绿第三方测绘、莱芜市里辛街道办事处村庄整体规划设计地形图测绘、2017 莱芜市测量标志管理维护、莱芜高新技术产业开发区市政设施普查测绘、莱芜市万祥矿业有限公司潘西煤矿 6198 工作面巷道调查及测绘、岱岳区夏张镇等露天矿山开采现状测量、引汶入济工程地形图测量、新泰市天宝镇 2016 年度高标准基本农田建设、雲湖观邸项目 1#—8#住宅楼及商业楼房屋建筑面积测绘等项目。

山东省地质矿产勘查开发局第三水文地质工程地质大队（山东省鲁南地质工程勘察院）

2017 年，山东省地质矿产勘查开发局第三水文地质工程地质大队（山东省鲁南地质工程勘察院）完成各类测绘项目 130 多项，主要涉及土地勘测定界、工程测量、摄影测量与遥感、地理信息系统工程、土地规划设计等多个专业。完成枣菏高速（定陶段）勘测定界测量；S319 临鄄线嘉祥城区至嘉祥郓城界段改建工程平面图测绘；济宁市曲阜至邹城“云轨”孔孟旅游连接线工程地形图测绘，线路长度 40 千米；陵城镇采煤塌陷区 1∶1000 地形图测绘等重点测绘项目。完成鄂尔多斯市伊金霍洛旗乌兰哈拉嘎社、淖尔壕村七社和淖尔壕村十社 46 平方千米 1∶500 正射影像图制作；济宁市兖州区和汶上县 2016 年度土地变更调查。完成济宁市兖州区和曲阜市采煤塌陷地治理规划设计；济宁市市级、微山县和曲阜市“十三五”土地整治规划编制；济宁市市级和曲阜市土地利用总体规划调整完善及数据库建设。承担济宁市测绘地理信息服务监管系统建设；济宁市科技管矿采煤塌陷地动态监测监管系统建设，建立起一套采煤塌陷地治理、管理、监测、预测的高效信息管理系统，实现对采煤塌陷区动态监测、分析、预警，合理规划土地用途，提前采取预防治理措施。

黄河水利委员会山东水文水资源局

2017 年，黄河水利委员会山东水文水资源局完成各类测绘项目 11 项，其中上级下达的指令性测绘任务 3 项、市场测绘项目 8 项（包括工程测量 7 项、地籍测绘 1 项）。完成 2016 年黄河下游山东河段汛前、汛后 218 个测验断面水下地形测量；2016 年刁口河备用流路监测；西藏山南地区、林芝地区国家电网 GIS 地理信息平台数据采集；山东黄河河务局阳谷、章丘、邹平河道和水利工程划界测绘；黄水东调纵横断面和四等水准测量工程；淄博马尚水文站水准及地形测量。

山东省遥感中心

2017 年，山东省遥感中心开展 4 项专题性地理省情监测。一是开展山东省省级以上开发区变化监测。对全省省级以上开发区 1562 平方千米已开发范围内 2015—2017 年建设范围、用地结构、土地开发利用程度等变化指标进行监测，开展专题性统计分析，形成面向开发区的国土空间开发格局的监测方法体系。二是开展山东省省级以上自然保护区与重要湿地专题监测。完成 5297.68 平方千米的省级以上自然保护区及 2563.15 平方千米的重要湿地（2017 年度湿地面积为 2573.87 平方千米）2016—2017 年的人类活动采集编辑，形成自然保护区和重要湿地年度变化监测、分析评价技术方法体系。三是开展山东省高尔夫球场监测。通过内业提取疑似高尔夫球场并通过外业核查验证确认高尔夫球场相关属性，全面摸清全省高尔夫球场数量、位置、面积、类型、利用情况等现状信息。四是开展山东省冬小麦种植面积监测前期准备工作。利用国产高分辨率遥感影像，结合基础性地理省情监测成果等相关专题数据和资料，获取2017年秋冬至2018年春夏耕作轮次全省73个粮食产能任务县和12个产能后备县冬小麦种植面积数据，采用内业解译与外业核查相结合的方式，开展遥感监测。2017年完成资料分析、技术试验、野外踏勘、技术设计书编写、冬季遥感影像试生产等工作。

河南省

概况

截至2017年底，河南省共有测绘资质单位1013家，其中甲级39家，同比增加2家；乙级315家，同比增加13家；丙级336家，同比增加25家；丁级323家，同比减少7家。测绘从业人员24789人，其中专业技术人员20546人。专业技术人员中测绘专业技术人员14405人，其中高级职称1361人、中级职称4285人、初级职称5589人。全省测绘资质单位全年完成测绘服务总值7.18亿万元。

黄河勘测规划设计有限公司

2017年，黄河勘测规划设计有限公司利用自建的黄河地理信息公共服务平台更新黄河流域及周边240万平方千米范围内乡镇级以上居民地、高速公路、国道、铁路、高速铁路等要素；更新黄河流域1:100万水系网、建成黄河流域1:25万水系网；补充建立黄河下游、小北干流等重点河道1:1万数据库；完善河流、水库、湖泊、灌区、重要水利枢纽等属性信息；收集资料补充黄河流域15米DEM数据，黄河下游河道、小北干流0.5米分辨率DOM数据，更新黄河流域30米分辨率DOM数据，建立黄河流域多尺度、多种类、现势性强的地理信息数据库。完成西藏桑德水利枢纽及灌区工程、郑州市贾鲁河综合治理工程测绘，甘肃马莲河水库工程1:2000地形图测绘、庆阳市张铁沟1:500地形图测绘、黄河古贤水利枢纽1:2000地形图测绘，黑河黄藏寺水利枢纽工程施工控制网第一次复测、黄河古贤水利枢纽库区河道断面测量、黄河下游“十三五”防洪工程初设阶段堤顶道路控制测量、几内亚BOMI水利枢纽工程测绘，安徽省防汛抗旱指挥部办公室公开招标项目防汛决策与山洪灾害预警地理信息系统建设，黑河干流河道地形图复测、黄河下游综合治理工程可行性研究测绘、农村土地承包经营权确权登记颁证、黄河水利委员会2017年度直管河道和水利工程划界等项目。

河南省中纬测绘规划信息工程有限公司

2017年，河南省中纬测绘规划信息工程有限公司完成沁阳市城市地下综合管线普查649千米，编制1:500地下综合管线图192幅；完成博爱县人民路、发展大道等8条道路地下管线普查，综合管线长度约437千米，编制1:500地下综合管线图163幅；完成博爱县中心城区1:1000地形图补充测绘项目，无人机航空摄影60平方千米，成图45平方千米，制作地形图180幅。完成沁阳市中心城区1:1000现状地形图测绘项目，无人机航空摄影85平方千米。入选2017中国地理信息产业百强企业。

河南中煤测绘公司

2017年，河南中煤测绘公司完成武陟县华夏幸福产业新城区1:1000数字化地形图测绘418幅、24个控制测量D级GPS点、1400个一级GPS点选埋、观测、计算。完成汝州市环保违规企业定界测绘234宗，汝州市产业聚禁区储备地形图测绘6.95平方千米，登封市6个煤矿矿区矿山测量工作，开封祥符区38平方千米农村土地承包经营权确权登记发证项目，以及洛阳市新安县、孟津县农村集体土地所有权确权登记发证项目监理工作。完成叶县地热水源井等位瞬变电磁勘探、义马耿村煤矿瞬变电磁勘探、安阳县许家沟乡瞬变电磁勘探、新疆潘津工业煤矿老窑采空区破坏范围和水情况地球物理勘探等地质勘探区内的地质工程测量任务。完成珠海智慧城市地下管线探测135千米。

方宇勘测有限公司

2017年，方宇勘测有限公司完成各类测绘项目158项，其中土方测量45项、沉降观测23项、不动产测绘25项、地形图测绘8项、航空摄影测量1项、其他测量56项。完成城市农村土地承包经营权确权登记颁证、陇海快速路—G107辅道互通立交南延下穿京广高铁道路施工高铁桥墩沉降观测工程、温县农村土地承包经营权确权登记颁证监理、郑州市惠济区黄河滩区生态保护规划项目测绘任务、郑州市不动产权籍调查、新郑市不动产统一系统平台建设、清水河县农村土地承包经营权确权登记颁证等项目。入选2017中国地理信息产业百强企业、2017中国地理信息产业最具活力中小企业、2017中国地理信息产业高成长TOP50企业。

河南省焦作地质勘察设计有限公司

2017年，河南省焦作地质勘察设计有限公司承担测量项目17项。完成焦作地名普查监理项目；完成郑州市城区107个地面沉降监测点（其中包括7个GNSS连续运行参考站）点位制作、选埋和观测，共观测一等水准路线371千米、二等水准路线317千米；完成武陟县土地利用总体规划中期评估调整完善项目并提交数据库；完成5497.35平方千米耕地的土地承包经营权确权登记项目颁证任务和7个宅基地656.4平方千米的确权登记发证任务。

中铁大桥局集团第一工程有限公司

2017年，中铁大桥局集团第一工程有限公司完成郑东新区综合交通枢纽区地下道路工程第一标段、郑东新区前程路大桥等15个工程项目的控制测量，郑西高速公路尧山至栾川段YLTJ—6标、郑济铁路站前ZPZQ—Ⅶ标段等项目的地形测量，郑济铁路站前ZPZQ—Ⅶ标段、赤壁长江大桥项目的规划测量，郑东新区综合交通枢纽区地下道路工程第一标段、郑东新区前程路大桥等16个建筑工程项目的工程测量，成贵铁路客运专线工程CGZQSG—5标、杭州湾跨海大桥等12座桥共6个项目的变形监测，成贵铁路客运专线工程CGZQSG—5标的高铁精密测量，郑东新区综合交通枢纽区地下道路工程第一标段、郑东新区前程路大桥共4个项目的市政工程测量，新建武汉至十堰铁路孝感至十堰段HSSG—8标、蒙西华中铁路洞庭湖特大桥项目的水下地形测量，郑州市农业路快速通道工程NYLDJSG—1标、郑西高速公路尧山至栾川段YLTJ—6标等12个项目的线路与桥隧测量，三门湾大桥及接线工程测量控制项目、宁波余慈高速公路工程测量咨询项目的监理工作。

小浪底水利水电工程有限公司

2017年，小浪底水利水电工程有限公司完成小浪底水利枢纽外部变形监测、小浪底水利枢纽库岸边坡滑坡体变形监测和西霞院反调节外部变形监测3个监测项目696个频次的监测任务。改造完成阳门坡滑坡体自动化监测系统，建有监测点17个。配合小浪底库区管理完成测绘技术服务工作，为小浪底水库科学调度、黄河下游防洪减淤以及河道生态治理提供技术支持。

郑州中核岩土工程有限公司

2017年，郑州中核岩土工程有限公司承担郑州市新郑综合保税区规划核实、地下管廊施工监测、地铁第三方监测和施工监测以及其他监测项目。承担河南省长葛市、长垣县、延津县、伊川县、扶沟县、陕县等农村土地承包经营权确权登记颁证项目，其中长葛、陕县项目通过省国土资源厅验收。承担唐河、方城、南召、桐柏等10个县的第二次全国地名普查监理实施项目。承担并完成多个军工与核电厂的控制测量、地形测量、测量放样和变形监测工作，完成封丘县国土资源局不动产登记中心数据整合建库监理工作。完成郑州市轨道交通4号线多个站点和湖北鄂城新区文塘路的地下综合管线探测技术咨询工作。完成无人机航空摄影测量3000平方千米，制作各比例尺正射影像图400多幅。

河南省地图院

2017年，河南省地图院完成省第一次地理国情普查成果汇交，省地理国情普查成果、公报与省发展和改革委员会等单位的对接。编制完成省国土资源数据2000国家大地坐标系转换项目技术方案大纲和实施方案。完成开封市、焦作市基础性地理国情年度监测项目。完成数字温县全县域481.3平方千米DLG成果和0.1米高分辨率影像成果；建设完成“天地图·温县”、温县国土资源一张图和综合监管框架平台系统、温县综合政务辅助决策系统、实景三维地图应用示范系统。完成数字开封全市域6266平方千米DLG成果和0.1米高分辨率影像成果；建设完成“天地图·开封”、数字化城市管理系统、警用地理信息系统、旅游系统、城市规划、空间数据处理、辅助决策系统、国土储备系统等应用示范系统。为省民政厅编制13个市、县政区图；为省国土资源厅编制《河南省空间规划图集》；为南水北调中线办公室编制《南水北调叶县段防汛工程图》；为省科技厅编制《河南省知识产权地理信息图》《河南科技地理信息图》《河南省姓氏寻根地图》；为省军区编制《河南省军区干休所分布图》《郑州市、洛阳市军区干休所分布图》；为省扶贫办公室编制《河南省太行山、大别山、伏牛山脱贫工作区域规划示意图》；为郑州市铁路局编制《郑州铁路局用地管理工作用图》《河南省铁路概况图》《郑州市铁路概况图》等。为水利部门提供黄河流域水土流失动态监测、长江流域水土流失动态监测技术服务；为首届时空大数据产业技术发展高峰论坛制作空间规划成果展板24块，印装河南省第二次全省土地调查各类验收报告及图件成果。完成河南省地理信息应用成果和地图网上展览馆的更新与维护。国务院总理李克强到河南省开封、新乡、郑州等市考察，提供测绘应急保障服务所需地图27幅，为省委省政府精准扶贫工作紧急制作领导调研扶贫工作用图20多幅，为河南省第一次全国地理国情普查验收会制作丝绸版《河南省政区图》《河南省交通图》《河南省地势图》《郑州大城区图》《郑州市地图》《中原经济区地图》。开发坐标转换程序，完成洛阳坐标转换项目。

河南省煤田地质局物探测量队

2017年，河南省煤田地质局物探测量队完成河南省第一次全国地理国情普查工作中标区域内的地理国情普查，参与完成的叶县、淮滨县、舞钢市地理国情数据库与地图集等成果资料通过验收。完成测绘援疆任务。承担南阳、信阳市、襄城县、扶沟县及潢川县等7个市县的不动产权籍调查项目。完成全国第三次土地调查国家级试点（河南省唯一试点区域）林州市项目。完成新疆沙漠公路测量项目、浙江省淳安县农村土地经营权确权登记项目、淳安县房地一体不动产登记试点项目。中标台州市黄岩区1:500地形图测绘项目。开展河南省土地登记升级项目、河南省不动产统一登记技术服务、鹤壁市城区卫片执法和土地年度变更调查等业务。

河南省啄木鸟地下管线检测有限公司

2017年，河南省啄木鸟地下管线检测有限公司完成上蔡县农村土地承包经营权确权登记颁证项目（4标段）858.05平方千米。完成中俄原油管道二线工程管道焊口坐标复测抽检技术服务项目，管道长度约380千米，数据3万多条，录入中国石油天然气股份有限公司管道分公司PIS系统。完成中俄东线天然气管道工程（黑河—长岭段）线路航飞数据野外采集工程测量约740千米，带宽1000米，DOM成图700多幅。研发完成管线数字化信息展示系统、基于ArcGIS的高后果区识别系统、基于ERDAS Imagine的区域变化监测系统、原油商业储备库信息系统等。立项研发管道施工进度展示系统、三维石油储备库信息管理系统项目。

洛阳市规划建筑设计研究院有限公司

2017年，洛阳市规划建筑设计研究院有限公司完成洛阳市地铁1号线第三方测量01标段工作，包括控制测量、地形图测量和航空摄影测量，全长31.4千米，其中控制测量任务约27千米，内容包括GPS首级控制网、精密导线、二等水准测量，以及沿线带状图测绘8.8平方千米。完成地铁2号线18.2千米的控制测量，包括GPS首级控制网、精密导线、轨道一、二等水准测量，沿线带状地形图测绘5.86平方千米。完成宜阳县地下管线普查约113千米，等外水准联测26.7千米，带状图测绘约7.8平方千米。完成宜阳县石陵村和盐镇乡局部6.6平方千米地形图测量，洛阳市建筑垃圾资源化利用产业园区 6.8 平方千米 1∶1000 地形图。完成孟津县、嵩县 2 个乡镇及汝阳县 2 个乡镇农村土地承包经营权确权登记颁证服务项目。完成洛阳市市政管线测量 4 条 2.3 千米，全部为新建管线。完成洛阳市各区用地测量 23 项、宗地测量 15 项、竣工测量 12 项。开展变形形变与精密水准测量标尺稳定性技术与应用的项目研究。全年完成测绘服务总值 817.99 万元。

河南中化地质测绘院有限公司

2017 年，河南中化地质测绘院有限公司承担地籍测绘、变形形变与精密测量、地下管线测量、不动产测绘监理、工程测量监理项目 96 项。完成嵩县、洛宁县、西华县、淮阳县等 9 个县（市、区）部分乡镇农村土地承包经营权确权登记颁证项目地籍测绘 485 平方千米；郑万铁路线下构筑物沉降变形观测、开封恒大地产 2017—2018 年度主体沉降观测及基坑变形监测等变形形变测量 6.36 万点（次）；渠南新城项目地下中水管线探测等地下管线测量（单向）586 千米。

北京华星勘查新技术公司信阳测绘院

2017 年，北京华星勘查新技术公司信阳测绘院完成息县 104.9 平方千米、光山县 124 平方千米、社旗县 64.5 平方千米、卢氏县 52.7 平方千米农村土地承包经营权确权登记颁证工作；光山县 1884 平方千米、潢川县 1635 平方千米 2017 年度土地变更调查项目；河南省鲁山县晶质石墨矿资源调查项目 1∶1 万矿山测量 10.9 平方千米、河南省济源市克井镇西部矿区水泥灰岩矿 1∶2000 矿山测量 1.9 平方千米。

河南省电力勘测设计院

2017 年，河南省电力勘测设计院完成发电项目 59 项、变电项目 19 项、架空送电线路项目 51 项。主要项目有淮东—华东 ±1100kV 特高压直流输电线路工程、张北可再生能源柔性直流电网示范工程、新乡市南 500kV 变电站工程、济南—枣庄—临沂—潍坊特高压交流输变电工程、郑州新力异地迁建 2×660MW 机组送出工程、焦作丹河电厂异地扩建 2×1000MW 机组上大压小工程等。参与新能源工程建设，完成华电新乡发电厂延津 40MW 风电场工程、豫能新能源浚县 15 万千瓦风电工程、华润电力河南舞钢二期 5 万千瓦风电工程等。作为数字化设计重点单位参加国家电网数字化工程移交，完成浙江—福州特高压交流输变电工程数字化移交工作。

郑州市市政工程勘测设计研究院

2017 年，郑州市市政工程勘测设计研究院完成郑州市区、郑州航空经济综合实验区等区域及郑州市外道路测量 800 千米，雨水、污水、给水、电力、通讯、热力及燃气管线测量 1430 千米，地形图测量及土方测量 11 平方千米，桥隧测量 25 座，建筑规划核实项目 20 项。为城乡建设基础设施道路、桥隧及各类管网提供施工测量控制点 475 个、水准控制点 190 个。

河南省基础地理信息中心

2017 年，河南省基础地理信息中心协助省测绘地理信息局完成河南省第一次地理国情普查项目验收工作。编写的《河南省第一次地理国情普查综合统计分析设计方案》《河南省第一次地理国情省级基本统计公报》《河南省时空信息云平台建设方案》《省级空间规划信息平台总体方案》通过专家审核。编制《河南省黄淮平原粮食生产区地表自然资源综合统计分析》《河南省生态区生态格局综合统计分析》专题报告。编制完成《河南省省级地理国情分类图册》。承担的新乡市地理国情监测任务通过省测绘产品质量检验站验收。开展的郑州市湿地资源遥感监测与演化分析项目通过专家评价。组织验收 2016 年全国地级以上城市及典型城市群空间格局变化监测河南省监测区项目，开展 2017 年全国地级以上城市及典型城市群空间格局变化监测河南省监测区设计工作，专业技术设计书通过国家测绘地理信息局组织的专家评审。完成“天地图·河南”建设，“天地图·新乡”接入国家主节点。完成数字驻马店、数字新乡和数字漯河地理空间框架建设工作。参与省测绘地理信息局测绘援疆项目，完成伊吾县主城区 6.91 平方千米 1∶500 地形图外业测量和内业建库任务。完成濮阳市、驻马店市、漯河市 DOM 制作 877 幅和 1∶1 万基础地理信息数据更新测绘任务。为河南省扶贫开发办公室编制提供扶贫图件 1700 多幅。向国家测绘地理信息局上传成果目录数据2.93万多条。为省内10个行业提供纸质地形图861张，成果点128个，“4D”成果3522幅、数据量153GB，卫星影像438景、数据量4647GB。编制《河南省测绘成果目录》第24册。

河南省遥感测绘院

2017年，河南省遥感测绘院完成郑州市、洛阳市、济源市1:1万基础地理信息数据快速更新的像控测量、DOM制作。利用LiDAR数据开展三门峡、驻马店测区1:1万DSM、DEM生产及地貌（等高线）生产。参与完成河南省级空间规划信息平台建设，负责数据处理、专题评价、省级平台研发。开展全省遥感影像快速处理像控点库建设，实现河南省16.7万平方千米卫星影像100%覆盖。完成平顶山市、洛阳市、三门峡市、济源市测绘地理信息发展“十三五”规划编制。承担的商丘市、汝州市、叶县、汤阴县地理空间框架建设项目通过验收；完成郑州市、鹤壁市、济源市数字城市基础地理信息数据更新，启动洛阳市、郑州市数字城市年度更新；开展数字舞钢、数字石龙、数字郏县、数字中牟建设，启动数字光山、数字栾川、鲁山县数字乡镇、平顶山高新区数字乡镇地理空间框架建设。完成智慧郑州时空信息云平台基础地理信息数据建设，启动智慧宝丰时空大数据与云平台建设省级试点等智慧城市建设项目，中标郑州航空港区智慧城市地理信息云平台一期工程、智慧平顶山时空信息云平台建设国家级试点项目。完成数字巴里坤8.3平方千米169幅1:500测图任务，完成数字伊吾建设。完成国家应急测绘保障能力建设河南节点建设项目方案编制审定。将河南省地理国情普查成果推广应用于河南省审计厅组织的河南省领导干部自然资源资产离任审计（安阳、洛阳）、济源及商丘领导移动端辅助决策系统、平顶山耕地后备资源清查与核算、河南省农业保险绩效监管等工作。开展厅局合作，以地理信息与行业应用深度融合为目标，利用物联网、云计算、大数据等技术，创新地理信息服务。承接郑州联合大宗商品现货交易中心建设项目、中原农业保险股份有限公司农业保险项目、中国人民财产保险股份有限公司河南省分公司农业保险项目、河南省农业大数据产业技术研究院项目、“地理信息+生物科技”等行业应用项目。为河南省防汛抗旱指挥办公室建立高精度防汛抗旱预测模型提供地理信息空间数据支撑服务；联合河南省水利厅开展智慧水利平台建设和河长制管理服务。全年检验完成洛阳、商丘、济源、鹤壁1:1万基础地理信息数据更新1189幅；完成基础性地理国情监测项目相关成果质量控制及检查，参与地理国情监测监督抽查、成果验收及验收核实；完成数字中牟、数字郏县、数字石龙、数字鹤壁、数字济源的内外业、数据库及平台的检查和验收。完成智慧郑州时空信息云平台建设项目，郑州市基础地理信息数据更新维护项目内外业、数据库及平台检查，并配合完成验收工作。完成农村集体土地使用权确权登记项目平顶山市新华区、卫东区、湛河区的监理，平顶山市宝丰县、叶县、郏县、鲁山县、舞钢市、石龙区、新华区等市级核查，睢县孙聚寨等3个村1378宗地质检，濮阳市范县的资料审查。完成哈密巴里坤数字化地形图测图的立测及编辑，航空港经济综合实验区外扩1:1000地形图制作及416平方千米DEM检查，平顶山挂图、河南省域卫星影像图挂图等多地区不同比例尺挂图检查，灵宝市城乡总体规划测绘项目，平顶山北部山体1:1000测图项目，平顶山像控点创新布设方案精度检测等工作。研发优图地名地址核查系统、优图政务工作用图系统、优图土地储备移动办公系统等多个基于智能移动终端的地理信息系统，并申请著作权登记。完成天空地多源多平台全息信息采集与智能应用体系建设方案编制，引进全新一代SSW机载激光三维建模系统，并应用在许昌智慧城管、新野数字城管、滑县数字城管等项目建设中。

黄河水文勘察测绘局

2017年，黄河水文勘察测绘局完成小浪底水库坝下至高村之间的151个河道断面测验工作，全长约310千米，施测点次约9000个，承担该段河势查勘任务，河床质取样130多个。采取无人机航测、激光三维扫描、地面摄影补测技术，提升航测“3D”产品质量。建立基础空间数据框架，搜集下载全球地形地貌数据、DEM数据等公共基础数据63GB。实现全流域水文测站的上图、展示和基本信息查询，包括水文站、水位站、雨量站、蒸发站共2945处的地理信息数据。完成24个水文站航测任务。完成河道执法巡查、世界水日、中国水周的宣传工作，对河道内部分危险断面钢标进行维护和登记造册。

河南省水利勘测有限公司

2017年，河南省水利勘测有限公司完成南阳市汉山水库工程测量，河南省信阳市浉河、小黄河、潢河、白露河系统治理工程测量，引江济淮河南省受水区供水配套工程测量，淮河流域张湾水库工程测量，河南省袁湾水库工程测量，登封市河道综合治理工程测量项目，共完成各类比例尺地形图710平方千米、水准测量240千米、断面测量2650千米、移民安置边线调查测量1400千米、正射影像图制作300平方千米。

郑州市规划勘测设计研究院

2017年，郑州市规划勘测设计研究院完成规划用地测量拨地定桩111项、规划监督测量49项、工程测量898项、地理信息修编145项。完成郑州市轨道交通10号线首级工程控制网测量、郑州市轨道交通10号线精密导线网和轨道二等水准网测量、郑州市民文化服务区地下交通工程控制网测量、郑州市城乡规划“一张图”数据动态维护等项目。完成郑州市公交站选址坐标转换与数据处理、郑州市通讯基站数据处理与查询工具开发、郑州市基础地理数据库标准体系等项目。完成航空港区规划信息数据库平台建设。完成党员党费管理系统、经营管理系统日常维护、日常数据更新与维护等。

河南大地地理信息测绘院

2017年，河南大地地理信息测绘院完成正阳县、遂平县永久基本农田划定工作。完成的辉县市、沁阳市、浚县、许昌县、许昌经济技术开发区、商城县、确山县、汝阳县、新蔡县、正阳县、夏邑县、禹州市等地农村集体土地使用权确权登记颁证项目通过省级验收。完成正阳县、固始县、罗山县、舞阳县、长垣县、临颍县、栾川县、睢阳区、郏县、嵩县等地农村集体土地承包经营权确权登记颁证项目。完成许昌市文峰塔形变监测项目。

河南省测绘工程院

2017年，河南省测绘工程院完成更新1.56万平方千米601幅1:1万地形图的地理国情监测任务。完成数字信阳地理空间建设项目1:500、1:2000线化图采集及航测调绘编辑，西峡县1:1000数字地形图测绘及正射影像图制作，驻马店公路带状图1:5000数字地形图编绘，固始县、郸城县1:500、1:1000、1:5000地形图缩编及县城1:5000数字地形图编绘。完成数字内黄地理空间框架建设；数字息县1:1000地形图测绘、潢川县1:500地形图修测；郑州市轨道交通2号线、3号线二期、7号线、8号线、10号线、11号线1:500地形图测图任务，2号线、11号线管线测量任务；驻马店1:2000公路带状图测绘；平舆县机场测量；港许城郊铁路郑州段1:500地形图测绘；驻马店市城区综合管网普查及综合管网信息系统建设（二期）；安阳市地形图数据库数据转换；新蔡县土地利用动态遥感影像采购项目监测。

河南省金地遥感测绘技术有限公司

2017年，河南省金地遥感测绘技术有限公司完成数字郏县1:1000地形图外业调绘、编辑入库53.6平方千米，平台配图737平方千米；数字济源1:1000地形图外业调绘、编辑入库75.3平方千米；数字鹤壁1:1000地形图外业调绘、编辑入库69.6平方千米，平台配图2182平方千米；数字舞钢平台配图646平方千米；数字上街内业编辑入库48.1平方千米；数字惠济内业编辑入库20.5平方千米；平顶山市区外围1:1000地形图外业调绘、编辑入库38平方千米；电力DOM矢量化项目285平方千米；郏县农经权项目335平方千米土地确权及颁证任务；方城县数字化城市管理系统建设项目地理普查30平方千米。完成土方测量849.3万平方米。

郑州麦普空间规划勘测设计有限公司

2017年，郑州麦普空间规划勘测设计有限公司承担农村集体土地使用权确权登记发证项目13项，包括32个乡镇、810个行政村48.66万宗地，全部完成建库工作。承担农村集体土地承包经营权确权登记发证项目5个标段，农户数6.38万，全部完成建库工作。

河南省有色金属地质矿产局第一地质大队

2017年，河南省有色金属地质矿产局第一地质大队测绘院完成安阳县九华山—王家窑及下庄矿区1:2000地形图测绘5.28平方千米，林州市东下洹、新安石寺、南召县铁佛寺及陕县申家窑等矿区46个E级GPS点的标石制作、选埋、观测、解算，剖面测量45.5千米，钻孔测量137个。完成新安县石寺镇地质灾害治理项目10个E级GPS点的标石制作、选埋、观测、解算，1:2000地形图测绘6幅。完成林州市6个石料厂的外业测绘、动态监测及储量计算工作。完成襄城县、息县、卫辉市、内乡县等集体土地使用权权属资料整理、制作12.3万宗，面积148平方千米建设农村集体土地使用权数据库。完成河南安阳豫东北机场ADS—B台、HF台等7个台址测量及地形地物遮蔽角测绘工作。

中铁隧道勘察设计研究院有限公司

2017年，中铁隧道勘察设计研究院有限公司完成广州铁路枢纽东北货车外绕线站前广场WRSG2标工程测量，广州220kV浔峰输变电工程测量，成都地铁3号线二、三期工程测量，新建玉溪至磨憨铁路站前工程YMZQ—3标工程测量，汕头苏埃通道工程测量，深圳市城市轨道交通9号线西沿线9112—4标科红区间工程测量，青岛市地铁1号线瓦屋庄停车场项目工程测量，佛山市城市轨道交通三号线工程3203—4标工程测量，郑万铁路重庆段土建3标工程测量工作。研发的水准即时传输系统已应用于北京地铁3、12、19号线等工程建设项目的变形形变和精密测量工作。

湖北省

概况

截至2017年底，湖北省共有测绘资质单位912家，其中甲级69家、乙级297家、丙级402家、丁级144家。

长江空间信息技术工程有限公司（武汉）

2017年，长江空间信息技术工程有限公司（武汉）完成长江流域蓄滞洪区（洞庭湖、鄱阳湖、洪湖）基础信息测量与复核、长江中下游高清遥感数据采集、汉江流域统一高程系统测量等项目。完成滇中引水工程首级施工控制网建设、南水北调中线干线工程安全监测基准网建设等项目，为重大工程建设和运行管理提供高精度的测绘基准。继续开展三峡工程、溪洛渡水电站、向家坝水电站、乌东德水电站、白鹤滩水电站、南水北调中线工程、引汉济渭等工程的安全监测项目。参与各地开展的农村土地承包经营权确权登记颁证、农村宅基地及集体建设用地确权登记颁证等项目，业务范围涉及湖北、贵州、广西、安徽、广东等地。成功申报成立湖北省水利信息感知与大数据工程技术研究中心。全年申报知识产权22项，获取14项，其中发明专利2项、实用新型专利2项、软件著作权10项。

武汉中地数码科技有限公司

2017年，武汉中地数码科技有限公司将大数据、云计算等IT技术与MapGIS的发展相融合，突破了云平台技术，自主研发并发布了MapGIS10.2全品类GIS产品，完成公司所有的软件平台功能的插件化、部件化，通过技术升级构建MapGIS“生态圈”，将代表下一代GIS平台的发展模式的smaryun上线运营。采用MapGIS10.2新平台，开展智慧城市时空大数据与云平台的研发、工程实践和多领域智慧应用。完成宁夏回族自治区空间规划（多规合一）信息系统（一期）建设，取得可复制可推广的经验做法，形成空间规划（多规合一）解决方案，为建设项目一站式协同审批提供支撑，为政府决策提供科学依据。协助完成地质云1.0上线，地质云1.0整合“异主、异地、异构”数据，解决了数据孤岛、无法进行数据共享的问题。

武大吉奥信息技术有限公司

2017 年，武大吉奥信息技术有限公司营业收入达 2.72 亿元，利润总额达 3245 万元，营业收入同比增长 23.64%。业务主要涉及不动产、智慧城市、国土规划、电力、城市管理、社会管理等领域。建设完成湖北、广东、宁夏等省级和 40 多个市、区、县级不动产登记平台项目；建设完成宁波时空大数据管理平台、孝感智慧城市大数据应用平台、智慧无锡时空信息云平台、深圳福田街道工作平台等项目；参与全国多个地区的土地确权项目、国土规划相关数据库及管理平台建设项目、电网营配采集项目等。参与承担 3 项国家重点研发计划项目课题，牵头承担 2017 年度湖北省技术创新专项重大项目——时空信息云平台开发与应用示范。设立院士专家工作站、湖北省级工程研究中心。获得软件著作权 14 项，申请发明专利 11 项，获得发明专利授权 5 项。

武汉光谷信息技术股份有限公司

2017 年，武汉光谷信息技术股份有限公司研发了农房权籍调查外业采集系统，利用平板电脑将权属数据与获取的空间数据挂接，能连接全站仪、GPS 等测量仪器，支持离线、在线两种工作方式，主要技术包括移动端表单自动生成的技术、智能化任务分配管理技术、数据交换系统和数据质量检查和处理技术。将三维激光扫描技术应用于泰顺县不动产权籍调查（一期）项目，能快速获取空间信息数据，与农房权籍调查外业采集系统结合使用，简化工序，提升效率，降低对一般作业员的专业技能要求，便于项目管理。

中冶集团武汉勘察研究院有限公司

2017 年，中冶集团武汉勘察研究院有限公司完成政府财政投资及市场测绘地理信息项目 100 多项。完成包括宝山钢铁、梅山钢铁、宁波钢铁、宝钢德盛、广东韶钢、湛江钢铁、防城港钢铁等地的各类控制测量、变形测量、地形图测绘、二三维地理信息系统建设项目，以及基于“中冶数码”平台开展的智慧工厂建设。完成襄阳市城区二期和东莞第一批中心镇 G 包城市地下管线普查项目、竹山县农村集体土地使用权确权登记发证项目一标段。完成珠海高栏港经济区地下管线普查及排水管道病害检测和地下管线信息管理系统建设工程。完成湖北省土壤环境监测网络与信息发布系统项目。智慧水电和时空信息云平台等技术的研发与应用取得突破性进展，新签清远抽水蓄能电站三维建模与可视化项目补充技术服务合同和水电厂沉浸式虚拟检修仿真平台建设合同。获得 1 项发明专利、5 项软件著作权。

武汉珞珈德毅科技股份有限公司

2017 年，武汉珞珈德毅科技股份有限公司自主研发的德毅智慧® DEU2000® 坐标转换软件，在广西、湖南、深圳、福建、河南、天津、湖北、浙江、安徽等地数据坐标转换工程和国土、测绘、电力、水利等行业应用，有效促进城市规划、建设、发展等方面测绘基准数据的统一，满足社会对地理信息的多元化需求。围绕地理信息在各领域的应用，持续追加研发资金投入，保持企业的技术创新优势。参加第十九届中国国际高新技术成果交易会，重点展示新型智慧城市、北斗高精度人车物精益化管理等行业解决方案，以及北斗高精度软硬件产品。

湖北辉宏地理信息有限公司

2017 年，湖北辉宏地理信息有限公司承接各类测绘项目 76 项，完成测绘服务总值约 5300 万元，主营业务为一般航摄、无人飞行器航摄、摄影测量与遥感。利用固定翼有人机完成西藏那曲地区聂荣县公路工程，西藏林芝市贝空拉、布宗拉巡逻道改建工程，西藏日喀则吉隆县 G216 线岔口至贡当乡康北村通畅公路工程地形图测绘约 463 平方千米，包括中桩放样、纵断面测量、横断面测量、河床断面测量、改河改沟改路测量、桥涵测量、挡土墙测量、散点测量、特殊不良地质测量等。完成李市镇规划区 1∶1000 地形图测量、马口镇规划区 1∶1000 地形图测量、孝昌县规划区 1∶1000 地形图测量、曾都经济开发区 1∶2000 规划地形图测量、汉川市汈汊湖湿地公园地形图测量、安徽休宁县马金岭风电场测绘、安徽蚌埠禹会区 50MW 风电场地形图测量等项目约 662 平方千米。完成韶关市翁源至新丰高速公路低空航摄、荆门至荆州铁路无人机航飞、新郑机场至许昌轨道交通测绘、广东肇庆至高明高速公路地形图测量低空航摄、327 省道京山三阳至钟祥客店公路钟祥段低空航摄、丹江口市官山至盐池河段公路改扩工程测量、郧西县夹河至六郎段公路新建工程测量、郧阳区太阳破至红岩背林场公路测量约 1369 千米。申报航摄计划设计软件 V1.0、空中三角测量系统 V1.0、数据质检软件 V1.0、立体采集软件 V1.0、DEM 编辑工具软件 V1.0、多源地理数据处理系统 V1.0、基于 DOM 技术的智能拉花自动化检查软件 V1.0 七项软件著作权。完成的武穴市匡山旅游风景区 1:2000 地形图航测项目获湖北省优秀测绘地理信息工程奖二等奖。

湖南省

概况

截至 2017 年底，湖南省共有测绘资质单位 628 家，其中民营企业 144 家；甲级 42 家、乙级 112 家、丙级 220 家、丁级 254 家。全省测绘从业人员 14171 人，年内录用应届毕业生人数 523 人。全省测绘资质单位完成测绘服务总值 32.56 亿元，同比增长 8.3%。开展湖南省不动产统一登记基础数据建设、长沙市轨道交通 5 号线一期工程第三方监测、永兴县智慧城市二期工程 PPP 项目、益阳市数字化城市管理平台建设、数字湘潭地理信息基础工程二期数据更新与整合、株洲天元区房地一体化调查等一批合同额超千万元的重大测绘项目。

常德市国土资源规划测绘院

2017 年，常德市国土资源规划测绘院完成测绘项目 812 项。完成地籍测绘 2143.3 万平方米，拨地定桩 8169 个，放样界桩 1790 个，绘制不动产宗地图 21543 宗。承担常德市地理空间框架升级数据生产项目、数字鼎城地理信息基础工程数据生产项目，完成 1:1000 航空摄影像控测量及 400 平方千米正射影像图，1:2000 航空摄影像控测量及 800 平方千米正射影像图，220 平方千米 1:1000 DLG 数据生产，168 平方千米 1:2000 DLG 数据生产。初步建成常德市国土资源局档案信息化项目中的单位发证红线数据库。完成桃花源旅游度假区及桃源县郑家驿乡农村集体土地经营权调查项目。完成桃花源旅游度假区、贺家山农场、西湖农场、涔澹农场永久基本农田划定项目的数据库建设。完成常德市海绵城市建设城市热岛监测项目数据分析 12 期。完成市县农村土地整治规划设计项目 16 个。

湘潭市勘测设计院

2017 年，湘潭市勘测设计院完成精美湘潭项目中小区与道路提质改造工程测量 260 项，城市建（构）筑物规划放线、规划竣工验收测绘 500 多处，湘潭市域 2743 平方千米 0.5 米分辨率卫星遥感正射影像，累计完成 1:500 地形图 100 多平方千米，地下管线探测 15 万多米，变形监测项目 27 项。完成 200 多平方千米 0.2 米分辨率正射影像图及 1:2000 地形图制作。将三维激光扫描仪投入立面测量中，共完成建（构）筑物立面测量 60 多万平方米。承担湘潭市地下管线普查项目的监理。与湘潭大学签订本科及研究生的联合共建实习基地协议，并为其提供校外实习场地。

湖南省国土资源规划院

2017 年，湖南省国土资源规划院完成各类测绘地理信息项目 31 项。承担的国家级、省市级监测项目包括 2017 年全国土地利用变更调查监测与核查遥感监测；2017 年土地资源全天候遥感监测数据处理与分析项目以及湖南省重点区县加频监测；湖南省基础性地理国情监测（怀化市、常德市、张家界市、娄底市）；湖南省影像采集与数据处理服务；2017 年度湖南省水稻种植面积遥感监测；2017 年度长株潭城市群生态绿心地区总体规划实施监控系统技术服务；湖南省领导干部自然资源资产离任审计国情监测；2017年度湘江新区空间格局变化监测；湖南省风景名胜资源动态监测；张家界、邵阳、永州、怀化、娄底等市州地理国情监测；常德、湘西自治州多频次动态遥感监测。完成2016年度全国土地变更调查成果国家级内业核查和变更调查数据国家级更新入库工作。完成7038.81平方千米湖南省不动产统一登记基础数据建设。开发高标准农田数据库监管系统。利用D-InSAR技术监测地表沉降情况，为城市沉降控制政策及城市发展格局提供技术服务。为湖南省国土资源卫星综合服务平台V1.0申请软件著作权。

湖南省交通规划勘察设计院有限公司

2017年，湖南省交通规划勘察设计院有限公司完成各类测绘地理信息项目55项，实现产值3586万元，其中高速公路项目32项、确权项目2项、海洋测量1项、航道项目5项、市政项目12项、监测项目3项。全年所有项目均按时保质保量完成，未发生业主投诉事件，未发生质量、安全责任事故。

中国水利水电第八工程局有限公司

2017年，中国水利水电第八工程局有限公司承接各类测绘项目100多项，完成测绘产值4800万元，业务涉及各类控制网测量、工程施工测量、地形图测绘、业主工程测量中心运行管理、施工期及运营期的安全监测以及无人机航测等。主要完成白鹤滩水电站、大藤峡水电站、大华桥水电站、橄榄坝水电站等大型水利工程，武汉地铁、长沙地铁、深圳地铁、福州地铁、深圳茅洲河水环境综合整治工程等基础设施工程，青连铁路、福州绕城公路、贵龙纵线干道等线路工程的各类控制网测量、工程测量、地形图测绘工作；完成金沙江乌东德水电站、安徽省池州市长九（神山）灰岩矿项目工程、古瓦水电站等项目工程测量中心运行管理；完成三峡枢纽工程、白鹤滩、大华桥、大朝山、黄登等电站的安全监测工程。启动无人机航测工作，完成乌东德建基面影像图摄制，安徽省池州市长九（神山）灰岩矿项目工程勘察设计阶段地形图测绘，桃源沅江风光带、新邵风光带等航测任务。

岳阳市国土资源规划勘测院

2017年，岳阳市国土资源规划勘测院完成土地勘测定界63宗，不动产测绘及落宗11845宗，数据建库项目12项，大比例尺地形图测图项目29项。完成岳阳市市本级、君山区、云溪区农村集体土地所有权数据建库项目；完成临港产业新区储备土地、出让土地、报批土地及地籍权属数据库建设。完成28.3平方千米1:500地形图测绘及入库；完成数字岳阳地理空间框架年度更新，新测21.1平方千米1:500地形图；完成数字华容、数字临湘基础地理信息工程20平方千米1:500 DLG航测工作；完成2017年度岳阳市岳阳楼区、南湖新区旧城及棚户区改造项目土地勘测定界测绘；完成岳阳市交通大会战项目十多条城市道路的土地勘测定界测绘等重大工程。承担岳阳市市本级、君山区的不动产登记落宗任务。应用三维激光点云技术开展高精度三维道路数据采集、大比例尺地形图、三维建模等方面的试验工作。

长沙市国土资源测绘院

2017年，长沙市国土资源测绘院完成地籍测绘和勘测定界3065宗，竣工测量175宗，房产测量144宗，不动产权籍调查489宗。完成地籍数据库地形变更测量与入库23.58平方千米，暮云、跳马地籍测绘及数据建库项目35.02平方千米，农村宅基地调查测绘和建库16.66平方千米；完成长沙市轨道交通1号线北延一期、5号线、6号线地籍测绘，南北横线的土地勘测界定测绘，长韶娄高速公路的勘测定界测绘，湘府路快速化改造工程地籍测绘，12个城中村改造测量，长沙市违法用地测量。完成长沙市农村集体土地确权登记发证工作；承担长沙市地理信息公共服务平台日常运维工作，保障各应用部门和公众正常使用地理信息服务，并新增4个应用，与天心区统计局、天心区林业农业水利局、高新区岳麓区林业农业畜牧局、长沙市林业局签订共建共享协议；协助长沙市国土资源局完成长沙市区域1230平方千米优于0.07米倾斜航空摄影测量和优于0.1米的航空摄影测量，形成高精度全景真三维影像成果。

湖南省第三测绘院

2017年，湖南省第三测绘院积极推进“天地图・湖南”平台的数据建设、云服务平台升级优化及运维、应用与推广工作，完成省级与国家节点实体数据、地名地址数据融合；完成4个市级与省级节点数据融合；完成“天地图・湖南”2015年母库建设任务、公众版电子地图生产（7~19级）、移动端电子地图生产（7~17级）、影像数据更新，全省高分辨率影像覆盖70%。对“天地图・湖南”门户界面、功能再次升级，改造“天地图・湖南”政务版、移动端。优化升级地理信息应用网上展馆，优化湖南省政务工作移动用图系统、岳阳政务工作移动用图系统，开展“天地图・湖南”微信公众号平台建设，编制湘西“半月一图”主题系列地图。完成数字汨罗的数据处理、平台搭建、示范应用对接工作。完成数字华容、数字临湘、数字新晃的数据生产。完成全省地级城市2017年度空间格局变化监测工作，益阳、永州两市的基础性地理国情监测工作。完成2016年全国地级以上城市及典型城市群空间格局变化监测——湖南省监测区项目评审。牵头编制完成省级地理国情监测技术设计书和实施方案。完成2016、2017年度1:1万基础图件全要素和快速更新数据生产工作，累计完成1:1万基础图件全要素更新345幅DLG、DEM、DOM、DRG数据成果，快速更新2740幅DLG、DOM、DRG数据成果。开展湖南省测绘地理信息3年滚动项目库建设工作，收录65个入选项目的基本信息。完成湖南省地理国情普查成果地图集、湖南省政务工作用图、48个市县区地理国情普查成果地图集编制。为省委书记调研考察湖南精准扶贫工作提供湖南省交通、罗霄山脉片区及6县政区工作用图，优化面向公众的标准地图服务。完成湖南省最新一轮行政区划调整后的50多个县市区行政区划图编制。完成吐鲁番市高昌区45平方千米1:500数字线划图援疆测绘地理信息工作及西藏山南市桑日县、隆子县首级控制网和5平方千米1:500数字线划图的援藏测绘地理信息工作。配合省国土资源厅地质灾害防治，利用无人机在湘江长沙段选取橘子洲头、滨江文化园、捞刀河口、靳江河畔等地标区域拍摄，通过“天地图・湖南”平台推送湘江洪峰过境全景。完成岳阳华容空地一体航拍项目，全景展现华容13个美丽乡村共59个拍摄点位的美丽风貌。完成清水村扶贫成果航拍，完成沔渡镇、屈子祠共15.19平方千米的正射影像图以及岳阳临湘约5.2平方千米倾斜摄影项目。完成岳阳市连续3年控规治违监测项目的航空摄影、DEM、DOM、DLG数据生产、监测数据库建设等工作。完成邵阳市、岳阳市第二次地名普查建设项目，广铁集团在湘铁路用地图的数据建库项目。完成张家界磁悬浮专线、伍市至益阳等高速公路1:2000航测带状图测绘项目。完成大量土地利用变更调查、后备资源调查与评价、高标准农田建设、土地综合整治项目的测量和设计工作。实施浏阳市不动产统一登记试点工作的自然资源确权、房地一体的权籍调查的试点工作。完成不动产统一登记基础数据建设DOM制作约5000平方千米、DLG生产约1万平方千米。完成“传统测绘行业转型升级研究”软课题项目及“基于矢量技术的‘天地图・湖南’移动端技术研究”“‘天地图・湖南’省级地名地址库用于快速匹配不动产登记1:2000基础线划图的技术方法”科研项目研究报告。

湖南省国土资源信息中心

2017年，湖南省国土资源信息中心接收各类地理信息数据44TB，录入测绘成果分发服务系统地理信息元数据98328条，向全省各行业、各部门提供地理信息数据527批次、519988幅、数据量253.27TB。建设的湖南省地理信息公共交换共享平台通过验收。全年新增发布2016年标准时点遥感影像、2016年土地利用变更调查数据、永久基本农田数据等12个数据库。省级国土资源“一张图”数据库已整合入库30类、58个数据库，图形数据量约3.8TB。全面推进数据成果向2000国家大地坐标系转换。编制完成湖南省第一次地理国情普查公报、专报、统计数据汇编、统计分析报告等成果，实现地理国情普查与监测成果的集成管理。

湖南省测绘科技研究所

2017年，湖南省测绘科技研究所完成HNCORS综合管理服务系统等4个科研项目验收；基本完成基于HNCORS分米级北斗定位导航服务关键技术研究与应用等2个项目。编制基于HNCORS的移动终端位置修正、服务及大数据分析研究等3个项目的方案设计。成功申请建立长沙市北斗高精度导航定位工程技术研究中心。成功申请计算机软件著作权3项。完成湖南省现代测绘基准精化、“问北位置”位置服务云平台建设工作。完成金洞等7个国家基准站的修缮与永州小圩等10个省基准站的搬迁工作，全年累计巡站6.8万千米。举办年度HNCORS应用技术培训与学术研讨会。完成不动产统一登记基础数据建设项目11918平方千米1:2000 DOM、61152平方千米1:2000 DLG成果质量检查。承担的益阳市和怀化市等12个县市区地理县情地图集通过验收，4个县农村集体土地所有权调查发证工作和3个县区的永久性基本农田划定工作通过验收，华容县第二次全国地名普查项目通过验收。完成土地整治项目17.33平方千米现状测量和15.4平方千米竣工测量。

湖南省第一测绘院

2017年，湖南省第一测绘院完成928幅1:1万DOM、171幅1:1万DEM及DLG全面更新，757幅DLG快速更新，2833幅DRG更新任务。开展湖南省重点区域街景数据库长沙市沿江风光带数据采集。利用不动产基础数据开展1:1万DEM更新试生产。完成新疆托克逊县城区45平方千米1:500数字线划图测制、西藏贡嘎县18个一级点控制测量和4.5平方千米1:500数字地形图制作工作。完成衡阳、郴州地区23个区县基础性地理国情监测工作。完成湘南新型城镇化建设监测、郴州市国有存量土地监测、株洲市工业园区用地变化动态监测、湘潭市城区范围经济开发区规划实施监测等专题性国情监测项目。完成长沙、株洲、衡阳、郴州地区19个区县地理国情图集编制项目。完成数字湘潭县、数字南岳、数字祁阳、数字桂东项目数据生产。完成数字长沙县的数据生产验收，开展平台的融合及试运行。完成数字湘潭二期、数字东安地形图修补测工作。开展数字城市示范应用系统的研发，完成数字湘潭县天易示范区地下管网管理系统、土地动态执法监察系统、地质灾害预警预报系统和湘潭县不动产查询系统，以及数字湘潭地理信息城管部件数据普查项目。完成《智慧城市市县一体化时空大数据与云平台建设技术大纲》编制工作，完成数字衡阳市县一体化地理信息公共服务云平台评审。开展1:2000不动产基础数据的等高线试生产。完成全省首个房地一体化试点株洲市石峰区房地一体调查项目，完成郴州市及各县市区农村宅基地及集体建设用地调查发证试点。开展衡阳市农村不动产统一登记试点，涵盖辖区内山水林田湖等内容的登记发证。开展长沙县林权、水域滩涂、水利工程划界确权登记发证试点。利用SSW系统在铁路上进行移动测量技术的试点，完成新建衡茶吉铁路（湖南段）沿线测绘256千米。承担株洲、衡阳、郴州、永州4个市及辖区内县市区域国土资源数据的2000国家大地坐标转换工作，完成郴州市的数据转换。完成16个区县的农村集体土地所有权确权登记发证项目建库及成果验收。完成13个农垦国有土地登记发证底图制作并通过验收。完成衡阳市、郴州市2016年度土地利用变更调查建库工作并通过成果验收。完成8个县市区域永久基本农田划定数据建库工作。完成国家测绘地理信息局新农村建设测绘保障服务示范试点项目，在郴州市永兴县便江镇锦里村、堡口村等开展基础数据获取与三维景观再现、“一村一图”编制、新农村建设专题信息获取与数据库建设、新农村建设综合地理信息浏览服务系统开发工作。完成3个市本级和11个县市全国地名普查项目并通过省级验收。完成科研项目基于地理空间大数据的应急保障与指挥调度决策系统研究的立项及开题。在应急测绘能力建设方面，配备1台车载激光采集车、2架弹射无人机、2架多旋翼倾斜摄影无人机、1艘无人水上测绘船、1台大幅面相片快速输出系统，为6月湖南特大山洪地质灾害提供应急测绘保障；为宁远县提供无人机航测技术并制作影像图和三维地形图；为长沙榔梨镇灾损评估提供资料。完成郴州不动产项目管理系统、郴州市测绘成果管理系统等13项科研项目，其中6项获计算机软件著作权。11名职工通过全国注册测绘师考试，全院注册测绘师人数增加到54名。在广东等地开展工程测量、不动产测绘、管线测量等项目。

株洲市规划设计院

2017年，株洲市规划设计院完成各类测绘项目760项，其中竣工规划核实测量91项、规划定位72项、市政道路测量61项、绿化测量53项、管线测量20项。完成株洲市规划核心区11.7平方千米规划基础数据维护更新；航空城7平方千米1:2000数字地形图测绘；中国航发湖南动力机械研究所生活区“三供一业”移交改造测量；株洲县老城区及湾塘工业园片区控制性详细规划数字地形图测绘；株洲市930平方千米规划基础地理信息数据从1954北京坐标系到2000国家大地坐标系转换和系列比例尺的缩编工作，做好启用2000国家大地坐标的各项准备工作。承担田心大道、铁东路（核心段）、株洲市环线贯通、湘江流域株洲县段东岸综合治理等重点建设项目地形图测量、线路测量、纵横断面测量、水下地形测量、特殊构建筑物测量。承担株洲市2016—2017年地下管线修补测监理工作和攸县地下管线普查监理项目。引进多旋翼无人机、倾斜摄影、实时图传等装备平台和配套软件，在基础测绘、规划监督测绘以及市政道路勘测等领域进行高分辨率遥感数据快速获取、信息自动化处理、可视化表达等示范应用。

湖南省水工环地质工程勘察院

2017年，湖南省水工环地质工程勘察院完成各类测绘项目150项，其中工程测量96项（含工程测量监理1项）、不动产测量49项、地理信息数据库建设5项。工程测量项目以管线探测为主，完成并通过验收的项目有浙江省嘉兴市海绵城市示范区建设工程竣工测量、广州市地下管线普查及数据升级（二期）项目26子包、湖南省益阳市中心城区地下管线普查，其他重大工程测量项目主要有桂阳县2017年度28个矿山测量、邵阳宝庆产业集中区土石方测量、长沙市南湖佳苑基坑及边坡支护工程变形监测、城步苗族自治县丹口片区地形测绘以及攸县地下综合管线普查项目和沅江市城市地下管线普查监理项目。不动产测量有土地调查与房地产测量，祁东县和衡山县农村集体土地所有权确权登记发证项目通过验收，湘乡市和沅江市农村土地承包经营权确权登记颁证项目如期完工。完成湖南省桂东县和安仁县40个房地产测绘项目。承担的衡山县国土资源局不动产登记数据整合项目、邵东县及城步苗族自治县永久基本农田划定项目的数据入库工作均通过验收。

中国电建集团中南勘测设计研究院有限公司

2017年，中国电建集团中南勘测设计研究院有限公司完成各类测绘项目157项，其中风力发电工程项目55项、光伏发电工程项目8项、抽水蓄能电站工程项目16项、水电站工程项目45项、市政工程测绘项目8项。开发完成激光扫描成图及三维展示软件平台。开展无人机航测系统应用和基于无人机倾斜摄影测量的三维建模技术研究。

湖南省第二测绘院

2017年，湖南省第二测绘院完成各类测绘项目400多项。完成省国土资源厅下达的297幅地图全面更新和658幅地图快速更新任务、洞庭湖机载激光雷达航飞任务、长沙市和湘西自治州2.73万平方千米基础性地理国情监测任务以及3个专题性地理国情监测项目、数字湘西州地理信息公共服务云平台升级改造项目以及多个数字县域建设项目、不动产统一登记基础数据建设项目第一期扫尾工作、不动产测绘试点工作、支援新疆吐鲁番市测绘地理信息项目和支援西藏山南测绘地理信息项目。承担应急测绘保障服务、芷江不动产统一登记深入试点、河湖管理范围划界试点、19个县农村集体土地承包经营权确权登记发证、城镇地籍数据库变更试点、2016年度土地利用年度变更调查工作、第二次全国地名普查、长沙市国土资源局基础地理信息数据更新项目、湘西州和长沙市地理国情普查地图集编制工作、长沙市和湘西州2016年度土地卫片执法检查工作、长沙市和湘潭市2016年度矿产卫片执法检查工作、25个高标准基本农田建设项目和省市投资土地综合整治项目的可研和设计工作、4个县的基本农田划定建库工作、湖南省历史遗留和自然灾害损毁土地数据库2017年度更新工作、3个国土资源所标准化建设的技术帮扶工作，以及大量的土地规划和土地评估任务。

核工业衡阳第二地质工程勘察院

2017年，核工业衡阳第二地质工程勘察院完成各类测绘项目105项，其中农村土地承包经营权确权颁证16项、勘测定界3项、地下管网第三方检测4项、规划测量11项、土地整治7项、房产测量24项、控制测量1项。完成湖南潇水涔天河水库扩建工程灌区控制点埋设和观测；深圳市新安街道翻身、上合片区雨污分流管网工程测量；揭阳潮汕机场跑道延长及站坪扩建工程征地勘测定界测量；平益高速勘测第一合同段；衡阳市白沙洲工业园园区控制性详细规划编制工程测量；衡阳铁路供水设施分离移交改造测量；衡阳市湘江南路、酃白路工程测量；

永州零陵机场障碍物限制面范围数据测量；深圳市宝安47区自由路以南旧屋村片区城市更新测量；深圳市凤凰山国家公园二期工程变形监测；常德市江北区、深圳市宝安区地下管线第三方抽查复测检验项目。完成三亚市城区道路规划测量6项，湖南、广西等地市级土地整治项目7项。承担的16个县区（或标段）农村土地承包经营权确权登记颁证项目全部通过预检。

湖南博通信息股份有限公司

2017年，湖南博通信息股份有限公司在新三板挂牌。全年完成各类测绘项目78项，其中农村土地承包经营权确权14项、农村集体土地所有权确权10项、工程测量39项。完成永州江永6.8平方千米1:2000无人机数字地形图测绘；长沙市700千米供水管线测量；嘉禾县数字嘉禾地理空间框架建设项目基础地理信息数据库管理系统、公共服务平台（天地图·嘉禾）、政务门户系统和其他应用系统接口（应急指挥、智慧交通、平安城市）建设。设立无人机研发中心，拥有垂直起降无人机、固定翼无人机和多旋翼无人机，搭载高清像素的倾斜摄影云平台，为各行业提供空地一体化无人机系统全面解决方案，应用领域主要涵盖国土、环保、农业、电力、规划等。

广东省

概况

截至2017年底，广东省共有测绘资质单位838家，同比增加69家，增长9%。其中甲级72家、乙级170家、丙级294家、丁级302家；私营测绘资质单位448家，同比增加46家，占全省测绘资质单位总数的53.46%。年末测绘从业人员2.32人，同比增加2564人，增长12.42%。全省测绘地理信息行业完成服务总值83.37亿元，同比增加7.67亿元，增长10.13%。承担的重点测绘项目主要包括基础地理信息数据更新、地理国情监测、全国第二次地名普查、“三旧”改造、数字城市建设、农村土地承包经营权确权登记颁证、高标准基本农田测量及高铁线路、高速公路等重点建设项目勘测定界测量。

广东精一规划信息科技股份有限公司

2017年，广东精一规划信息科技股份有限公司承担各类测绘项目86项，其中GIS系统开发项目35项、GIS数据采集整理建库项目27项、地名普查项目13项、GIS大数据服务项目8项、GIS大数据科研项目3项。完成广东省公安厅、北海市公安局、黄石市公安局、湖北省基础地理信息中心等单位云空间大数据服务平台、基于PGIS的指挥云平台、安保指挥“一张图”等基于公安各警种应用需求的GIS平台建设。完成广东省城市风险点、危险源排查管控信息系统建设；广东省疾病预防控制中心急性传染病防控及动态监测GIS系统、禽流感数据地理空间展示系统开发；揭阳市、阳江市、云浮市、韶关市等地的13个县（区）民政局地名普查；东莞市多个镇门楼牌规范编制、道路名称现状梳理；阳江市376平方千米房屋建筑标准地址数据采集整理建库；广州供电局营销客户地址结构化及地名库建设；佛山电信网络末梢信息智能优化。承担2017年度广东省重大科技发展专项资金项目“基于时空大数据智能分析技术应用与云服务平台”。

广东省地图院

2017年，广东省地图院完成广东省1:25万实体数据和“天地图·广东”7—17级公众版电子地图数据更新、广东省系列工作用图和地理国情普查图件编制工作。完成郁南县、新会区、台山市、开平市、海丰县、陆丰市、陆河县、四会市、丰顺县、五华县、怀集县、广宁县等数字县区地理空间框架建设，翁源县、汕尾市城区“一村一镇一地图”建设，汕头市第二次全国地名普查数据建库。完成韶关市区、吴川市、廉江市不动产数据整合，开展乐昌、五华等县（区）不动产数据整合。承担五华县、四会市、新会区、开平市、台山市、江门市江城区等县（市、区）农村地籍调查。编制完成《广东省省情图集》，为20多个地方志或年鉴编制地图插图。全年为各级政府部门提供地图公共服务7400多册（幅）。“ArcMap地图注记编辑技术研究”项目通过验收，“基于GIS的地图编制知识动态构建与一体化管理技术研究”项目获省国土资源厅批准。

广州欧科信息技术股份有限公司

2017年，广州欧科信息技术股份有限公司承担广州市、佛山市、江门市等地的农村地籍调查；东莞、肇庆等地的不动产测绘、不动产存量数据整合和建库；东莞市第二次全国地名普查补查服务；东莞市民政局地名词条编纂；汕尾城区、海丰、陆丰等地名普查；肇庆市西区涝区整治工程（西区泵站重建工程）1∶500地形测量；和平县城区地下管线普查及信息系统建设等测绘项目。承担广东省博物馆文物三维数据采集；广州市不可移动文物宣传导览展示；佛山市数字梁园建设；东莞市历史建筑数字化保护；珠海市历史文化保护“一张图”制作；广西非物质文化遗产“一张图”制作；全国范围内考古遗址数字化保护、博物馆馆藏珍贵文物三维数字化等项目。完成1∶500地形地籍图、宗地图200多件，总面积约150平方千米；不动产测绘项目300多个，总建筑面积约1000万平方米。

广东省测绘技术公司

2017年，广东省测绘技术公司承担各类测绘项目52项，其中工程测量项目24项、不动产测绘项目25项、测绘航空摄影项目3项。完成广州市黄埔区、汕尾市海丰县、阳春市、韶关市浈江区和武江区等县（市、区）农村地籍调查约2380平方千米；韶关市南雄市、曲江区、浈江区高标准农田项目上图入库和信息统计约296平方千米；中山至阳春高速公路开平至阳春段、玉林（省界）至湛江高速公路勘测定界测量约180千米；广州开发区房产测绘约926万平方米。

广东省地质测绘院

2017年，广东省地质测绘院完成广州市花都区1∶500地形地籍修补测；佛山市顺德区2015、2016年度基本地形图动态更新修测服务；惠东县1∶500数字化地形测量；信宜、罗定、封开数字县区地理空间框架建设；广州白云地理信息数据管理中心土地业务数据整理及标图建库；佛山市高明区西江新城土地业务历史数据整理建库；广州市花都区土地业务数据整理与变更登记；广州市2016年度土地变更调查项目数据建库与汇总；广州市白云区、肇庆市端州区等6个县（区）2016年度土地变更调查；广州市花都区、南沙区房产测绘211万平方米；三亚市、汕头南澳大桥、阳江港等地扫海和水下测量项目28项；佛山市高明区数据缩编与数据高程模型、佛山市南海区影像地图编制、广州市花都区交通图更新、广州市白云区历史留用地图册编制；广州市花都区汽车城、广州市红棉大道勘测定界测量；2016年阳春市退耕还林摸底调查等项目。承担10个县（区）农村地籍调查、19个县（区）农村土地承包经营权确权登记发证、阳江市不动产增量数据补测及入库等项目。全年完成测绘服务总值约1.2亿元。

国家海洋局南海调查技术中心

2017年，国家海洋局南海调查技术中心承担海底地形测量、海岛（礁）调查、岸线测量、海底光（电）缆路由勘测及登陆点地形测量、海域使用宗海图绘制及竣工验收测量、海洋督察、海域使用权属核查等多类型海洋测绘项目。完成中国第34次南极科学考察水下地形测量6.4平方千米。完成其他各类测绘项目20多项，主要包括南海区重点区域权属核查、南海岛礁调查、南海区海域使用论证宗海图绘制及竣工验收测量、海底光（电）缆路由勘测、区域地形调查等项目。测制各类海底地形图（含光缆路由综合图）36幅，面积42平方千米；海岛专题图200多幅，范围涵盖香港、澳门全部海岛；海域使用宗海图（含宗海位置图和宗海界址图）17宗；海底管道、光（电）缆路由登陆点地形图62幅，面积4平方千米。

广东省水利电力勘测设计研究院

2017年，广东省水利电力勘测设计研究院完成

GPS D 级点 32 个、GPS E 级点 394 个、二等水准约 81 千米、三等水准约 566 千米、四等水准约 1.18 万千米、1∶500 地形测量 13 平方千米、1∶1000 地形测量 117 平方千米、1∶1000 航空摄影测量 88 平方千米、1∶2000 地形测量 36 平方千米、1∶2000 航空摄影测量 45 平方千米、横断面测量 1246 千米。完成工程项目 60 多项，主要包括珠江三角洲水资源配置、东莞市运河综合整治石马河干流整治工程、广东省各中小河流治理工程、茅洲河界河段综合整治工程、林芝市水利系统三等平高控制网测量、景福围江滨堤路（二塔路—羚山段）升级改造工程、增城区派潭镇高滩河流域河湖连通规划方案工程、西藏林芝航空摄影测量、韩江粤东灌区续建配套与节水改造工程、漠阳江流域综合整治规划、广州南沙新区明珠湾区起步区二期（横沥岛尖）海岸及滨海景观带建设工程、英德市石门台水库工程、汕头市潮阳区潮水溪综合治理、安徽桐城抽水蓄能电站工程等，业务范围覆盖广东、安徽及西藏等地。全年完成测绘服务总值约 3700 万元。

交通运输部南海航海保障中心广州海事测绘中心

2017 年，交通运输部南海航海保障中心广州海事测绘中心主要承担海域权属测绘、水深测量、海岸地形测量、航行障碍物探测、通航尺度核定测量、定线制和航路测量、海事专题图绘制、水文观测等各类海洋测绘项目。完成南海海区水深、碍航物、岸线地形、海底底质等海图测量 74 幅，通航尺度核定测量项目 87 项，定线制和航路扫海测量项目 1 项。承担粤港澳大湾区水域、中国—东盟国家海上联合搜救演练区域、2017 年全球财富论坛海上安保水域水深及障碍物扫测任务。启动应急反应预案 8 次，扫获沉船 2 艘、集装箱 1 个，测量总面积 5482.9 平方千米。向珠江口水域的港航用户和水运工程等单位提供水位、能见度、风速风向等水文信息服务 208 次。绘制海事专题图 17 幅，制作内河电子航道图 58 幅，编制出版《北部湾广西水域船舶航行指南》。全年销售航海图书资料 2.23 万册。

中水珠江规划勘测设计有限公司

2017 年，中水珠江规划勘测设计有限公司承担红河流域统一高程系统、新干航电枢纽施工图阶段、江西信江八字嘴航电枢纽初设、云南勐甸水库管线、梧州河东堤除险加固、湾仔水道挡潮闸工程、广州南沙龙穴岛岸线规划、大藤峡水利枢纽、北江航道监测服务等 30 多项测绘项目，涉及各类比例尺地形测绘、首级施工控制网测绘、工程安全监测、水深测量、土地勘测定界、无人飞行器航摄等。珠江流域重要河道地形测量（三期）项目通过水利部验收。完成四等 GPS 点测量 818 点、四等水准测量 1534 千米。测绘西江、北江、东江及珠江三角洲 1:5000 河道地形图 1209 平方千米，河道横断面 1003 千米。完成琼海双沟溪、海口鸭尾溪、东坡湖等 10 个黑臭水体整治工程管网摸查。研发的“船载激光三维扫描系统”通过水利部验收。

珠海市测绘院

2017 年，珠海市测绘院完成各类测绘项目 6014 项，其中土地预审及勘测定界业务 1535 项、规划检验 1153 项、规划条件核实及人防测量 537 项、房产测量 382 项。完成测绘成果档案整理 2.3 万册，接收入库 1∶500 地形图 310 幅，对外提供地形图 523 幅，为中电投珠海横琴岛多联供燃气能源项目、双湖路跨鸡啼门特大桥、珠海通用机场、港珠澳大桥珠海口岸工程等重大项目建设提供测绘保障服务。完成珠海市北斗连续运行卫星导航与位置服务系统（ZHBDCORS）和珠海市地理空间框架运行维护、升级更新。建成珠海市不动产测绘生产服务信息系统、珠海市不动产登记测绘地理信息共享服务平台。完成“城乡规划监督测绘全过程智能服务关键技术研究与应用”项目。

深圳市规划国土房产信息中心（深圳市空间地理信息中心）

2017 年，深圳市规划国土房产信息中心（深圳市空间地理信息中心）开展空间平台数据更新，更新发布 2 个版本全市电子地图、影像地图，4 个版本重点片区电子地图；完成 4 万千米地下管线成果数据建库，开发二三维地图框架（CIMAP Lite）、城市三维仿真平台（CIMAP Pro），支持市公安局三维地理信息系统升级，建立前海三维辅助审批系统。截至年底，空间平台总用户 92 个，年访问量 3000

万多次。完成深圳龙岗区、坪山区、福田区、宝安区、市公安局空间平台分节点建设。开展深圳市地理国情监测数据建库与基本统计分析工作，构建地理国情信息时空数据库。完成2016年度卫片执法暨共同责任正式考核技术支持，2017年住房和城乡建设部遥感督察图斑检查，国土资源部及深圳市正式卫片执法检查、卫片自查整改等8个批次的违法建设遥感监测工作，处理卫片图斑3.52万宗，自行勾绘图斑2.9万宗。完成深圳市第二次全国地名普查，建立覆盖全市11大类、34小类的地理实体和人文实体的地名数据库，采集现状地名信息近2500条、历史地名564条，完成补充设立路牌、规范道路命名工作。建成地质灾害防治系统并投入运行。承担深圳市规划土地数字监察平台“天地网”建设、建筑信息更新调查。编制《2017年深圳市卫片执法技术支持工作规范》，修订《深圳市地籍调查数据库标准》。完成地图审核57件，检查政府网站“问题地图”4000多幅，为全市提供基础测绘数据服务500多批次。

深圳市勘察测绘院有限公司

2017年，深圳市勘察测绘院有限公司承担各类测量项目400多项。主要包括深圳河水下地形定期测量项目（2017—2019年）；2015—2017年部、省土地卫片执法检查及2016—2018年市级遥感监测外业核查技术服务；深圳市城市轨道交通8号线一期工程第三方监测；深圳市龙岗区黄阁坑片区雨污分流管网工程项目；深圳市城市轨道交通10号线工程第三方监测；武汉市轨道交通8号线二期工程测量监理及监测；深圳市龙华区和坪山区区界测绘及制埋桩项目；深圳市盐田区2017年排水小区管网改造工程；深圳市南山区新建路网CCTV检测；深圳市坪山新区2017年地质灾害隐患点专业监测；深圳市龙岗区南约社区炳坑村片区城市更新改造测绘；深圳国际会展中心配套市政工程控制测量检测；深圳市罗湖“二线插花地”棚户改造项目房屋测绘监理；深圳市宝安区控制点普查、广州开发区储备土地摸查专项服务；2016—2017年度深圳市1:1000地形图动态修补测；揭西县中心城区地下管线普查及管线信息系统平台建设；南澳河综合整治工程；深圳市深水光明水务有限公司第二轮供水管网普查；深圳市东部沿海高速公路莲塘至盐田段工程规划验收测量服务；深圳轨道交通15号线1:500地形图测绘；广佛肇庆大旺段（广州段）项周边西江引水管等结构物安全监测服务；汕尾市现代测绘基准建设第一阶段汕尾CGCS2000坐标系建立；深圳市大鹏新区重点片区重大项目数字影像数据采集；深圳市地籍调查；揭西县农村土地地籍调查等。

中国能源建设集团广东省电力设计研究院有限公司

2017年，中国能源建设集团广东省电力设计研究院有限公司完成各类测绘项目257项，主要包括乌东德电站送电广东广西（昆柳龙直流）输电线路工程测量278千米，雅中—江西±800kV特高压直流输电线路工程测量117千米，三峡新能源阳西沙扒300MW海上风电场工程1:5000海域地形测量56平方千米，国核廉江核电项目地形补充测量1:1万海域地形测量约110平方千米、1:1000海域地形测量约22平方千米。承担香港地区400kV和132kV架空输电线路巡检和植被管理信息系统建设项目；肇庆供电局、佛山供电局、韶关供电局无人机电力线路通道巡视、树障巡视、输电线路图纸电子化日常维护等系列机巡业务。

广州奥格智能科技有限公司

2017年，广州奥格智能科技有限公司完成各类测绘地理信息项目160多项，其中地理信息系统类57项、工程测量类64项、不动产测绘类22项、其他17项。开发管线内外业一体化成图软件2.0、农村地籍调查成图软件1.0、奥格多规合一信息系统软件2.0、奥格城市排水防涝系统软件2.0等。承担深圳市龙岗区、沈阳市、枞阳县、安庆市、惠州市、南昌市等地“多规合一”信息平台建设14项，以及东莞市、湛江市排水防涝数字信息化建设项目。承担广州市白云区、南沙区、从化区，佛山市顺德区、阳西县等地农村地籍调查。承担公安县县管水利工程用地划界确权测绘、番禺亚运城宗地图等地籍测绘837平方千米。完成南大干线（新造段）航空摄影，肇庆市土地储备中心储备土地无人机影像采集，番禺区万博商务区、思科智慧城等更新地块无人机飞行器航摄数据更新等项目。

广州市四维城科信息工程有限公司

2017年，广州市四维城科信息工程有限公司完成各类测绘项目53项，主要包括惠州市惠城区不动产登记数据整合建库、清远市清城区农村地籍调查及数据库建设服务、深圳市地籍测绘大队测绘协作服务、广州市南沙区测绘项目监理质检及成果扫描入库、珠海市斗门区农村集体建设用地和宅基地地籍调查测量、四会市农村地籍调查、广州市从化区宗地房产测量、东莞市碧桂园房屋面积测算等不动产测绘项目；大亚湾马鞭洲岛储油罐区变形监测、宁波—舟山港中转码头工程建构筑物使用期沉降位移监测、桂畔海水系（伦敦大涌水系）综合整治工程项目竣工测量、番禺区石楼镇地下管线竣工测量等工程测量项目；珠海航道局香洲航标与测绘所航道测量、华能国际海门电厂10万吨级港池及航道扫海复测、珠海港高栏港区15万吨级主航道工程中间验收水深测量、汕头市LPG气库码头泊位水深测量等海洋测绘项目。完成广州市2017年度城市基本地形图更新项目测绘工程监理305平方千米；各类1:500地形地籍图、宗地图1700多件，总面积约1051.3平方千米；房产测绘12项，总建筑面积135万平方米；变形监测测量2项，总工作量18179点；水深测量10项，总面积176.9平方千米；1:2000 DLG数据生产10项，总面积4777平方千米。

广东省惠州七五六地质测绘工程公司

2017年，广东省惠州七五六地质测绘工程公司承担各类工程测量项目50多项、地理信息项目1项、地籍测绘25.6平方千米、房产测绘1470万平方米。完成全野外数字地形测绘约36.6平方千米；建（构）筑物竣工测量及变形监测项目15项。完成惠东县不动产权籍测绘及数据建库工作，为惠东县不动产登记发证、数字惠东地理空间框架建设提供技术支撑。开展征地及土地上附着物测绘工作，为广州、惠州、肇庆等地土地征收、房屋拆迁补偿、项目评估及开发建设提供基础数据。承担惠州市、河源市和汕尾市地质灾害应急抢险测绘工作，出动测绘作业人员210人次，施测受灾点区域面积约11.2平方千米，绘制各类灾区地形图50多幅。承担广东省地质局第七地质大队矿山测量及储量核查等地质测绘工作。

广州城市信息研究所有限公司

2017年，广州城市信息研究所有限公司承担各类测绘项目120多项，主要包括广州市自然资源统一确权登记系统建设、广州市不动产登记信息系统建设、智慧广州时空大数据与云平台建设、广州市科技管矿建设、广州市“多规合一”信息系统建设等17项重大工程建设项目。开发暴雨排水及低影响开发模拟系统、“多规合一”（融合）平台、空间规划实施评价与辅助决策系统等信息系统。参与广东等地不动产数据整合及数据库建设、智慧城市时空大数据与云平台建设。

广州市市政工程设计研究总院

2017年，广州市市政工程设计研究总院承担各类测绘地理信息项目230多项。完成广州市亭角大桥—凤凰大道升级改造工程勘察，广州市花城新区渡仁片区（一期）整体城镇化建设项目（巴阳路），广州市知识城新南路市政道路及配套工程，广州市镇龙片区成片储备土地土方平整工程，广州市车陂路—新滘东路隧道工程（黄埔大道至新港东路），韶关生态路建设工程项目规划、勘察、设计，广州市从化区高湖路市政工程，广州市花都区十三条河涌水环境治理黑臭河涌污染源摸查及黑臭水体治理方案编制，仁化县农村土地承包经营权确权登记颁证，广州市南沙图书馆建设工程基坑监测等项目，其中市政工程测量以及地下管线测量126项、不动产测绘2项、变形监测2项，业务涉及控制测量、地形测量、水深测量、地籍测绘、房产测绘、地下管线测量、变形形变测量、地理信息系统建设等。全年完成测绘服务总值3400多万元。

深圳市凯立德科技股份有限公司

2017年，深圳市凯立德科技股份有限公司发布2017年春、夏、秋、冬季4个版本导航地图，升级货车导航APP。与深圳市交警部门合作，升级深圳市交警APP，提升深圳市智能交通服务能力。参加第十四届深圳国际汽车改装服务业展览会、第六届中国卫星导航与位置服务年会暨首届卫星应用博览会。“沿引导路径检索兴趣点的方法及使用了此方法的导航系统”获2017年中国专利优秀奖。

深圳市长勘勘察设计有限公司

2017年，深圳市长勘勘察设计有限公司承担基础测绘、地下管线探测、工程测量、控制测量、变形测量、房产测绘、地籍测绘、竣工测量、违法建筑普查、地籍调查等项目350多项，主要包括2017年度深圳市1:1000地形图动态修补测、深圳市储备土地地籍调查（二期）、深圳市宝安A片区地籍调查、深圳市土地利用变更调查外业项目、深圳市中投证券大厦基坑及相邻地铁监测、深圳市洲石路改造工程地下管线探测、深圳市南山热电厂土地整备测绘工程、深圳市光明新区基层供水管网改造工程（四期）勘察、深圳市盐田区东顺项目房屋建筑面积测算、深圳市龙华新区交通安全设施整体提升工程、深圳市盐田港区中东作业区一期工程控制网布设等测绘项目。全年完成测绘服务总值4065万元。获2个专利、5个软件著作权。

中交广州航道局有限公司

2017年，中交广州航道局有限公司勘察测量分公司完成营口鞍钢码头港池航道维护性疏浚工程、厦门港主航道四期工程、大小嶝造地项目陆域形成及地基处理工程、港珠澳大桥主体工程岛隧工程、龙穴南水道航道整治工程疏浚及航标工程、防城港渔澫港区第五作业区进港航道工程、广西沿海港口公共航道维护性疏浚工程、钦州港东航道扩建工程一期工程、深圳至中山跨江通道水下障碍物扫测、深圳至中山跨江通道K6+530~K22+784段多波束水深测量、广州南沙港区近洋码头工程水深测量、广西防城港人工鱼礁现状侧扫声呐调查及多波束水深测量、中远船务黄埔跨江电缆探测勘察等境内项目27项；完成沙特达曼纳西姆疏浚回填工程、科威特KNPC LNG疏浚回填项目、以色列阿什杜德港南部建设工程项目、加纳特马新港及集装箱码头海事项目疏浚吹填工程、斯里兰卡科伦坡港口城发展项目、孟加拉Payra港疏浚工程、纳米比亚鲸湾港油码头疏浚工程等境外项目13项。共完成测量约1.53万平方千米，侧扫声呐、浅剖及磁力探测3753千米。

广东省测绘工程公司

2017年，广东省测绘工程公司承担测绘地理信息项目45项，其中农村地籍调查项目11项、不动产存量数据整合项目9项、高速公路（铁路）勘测定界测量项目4项、高标准基本农田上图入库和信息统计项目4项、中国传统村落数字博物馆项目2项、其他测绘地理信息项目15项。完成龙川县、梅县区、蓬江区、和平县等县（区）农村地籍外业调查，德庆县、封开县等县（区）不动产存量数据整合，河惠莞高速公路河源紫金至惠州惠阳段工程勘测定界测量，广州至连州高速公路项目勘测定界测量KCDJ01段地形测量。为不动产登记、地籍管理、省重点建设工程项目和传统村落保护提供测绘地理信息服务。

广东省核工业地质局测绘院

2017年，广东省核工业地质局测绘院完成平远县多金属测量控制网建设，清远市连州市美丽乡村建设1:500地形地籍测量和生态文明村建设测量，连南瑶族自治县新农村、美丽乡村示范村地形图测绘，连山壮族瑶族自治县高标准基本农田测量，广州市花都区勘测定界项目6项，以及海域使用测量项目3项。完成连山壮族瑶族自治县农村地籍调查和控制网建设，郁南县、茂名市滨海新区和高新区地籍调查，仁化县、始兴县1:2000高标准农田航拍，翁源县高标准农田建设项目上图入库，郁南县不动产登记存量数据整合，郁南县、德庆县2016年度土地变更调查。配合完成广东省新丰县、郁南县，湖北省仙桃市，河北生涿州市，海南省乐东黎族自治县，湖南省13个县（区）农村土地承包经营权确权登记颁证；郁南县、阳山县、连山壮族瑶族自治县、肇庆市鼎湖区4个县（区）2016年农村集体土地所有权登记发证数据库更新备案。

深圳市勘察研究院有限公司

2017年，深圳市勘察研究院有限公司承担各类测绘项目608项。完成2016—2017年度深圳市1:1000地形图动态修补测、韶关市大南华地区核心地区1:500和研究范围1:2000地形图测量、天津市引滦沿线水准点校测、2017年度龙岗区地籍调查、开平市农村地籍调查服务、深圳市无人机航空摄影补充年度卫星遥感监测、深圳市北斗地基增强系统测试、深圳市龙华污水处理厂民治片区污水支管网二期工程竣工测量、深圳市盐田区旧村排水管网改造工程、深圳国际会展中心配套市政项目第三方监测、杭州至富阳城际铁路工程土建施工 SGHF—7 标段基坑监测、深圳市龙岗区“区、街道、社区”影像地图编制服务、2016—2018 年度数字深圳空间基础信息平台三维数据库信息更新、2017 年肇庆市地下管线建库、深圳市龙岗区土地整备管理信息系统开发等项目。

广东省国土资源技术中心

2017 年，广东省国土资源技术中心通过卫星影像云服务平台接收来自国家测绘地理信息局卫星测绘应用中心和其他部门推送的卫星影像数据 1889 景。开展 8 个地市“天地图”影像矢量融合，更新“天地图·广东”省级节点地图，为 13 个省直单位提供在线地理信息服务，全年平台服务访问 8000 多万次。完成广东省地理信息公共服务平台数据共享交换体系建设，实现地理信息数据的上传下载、服务共享以及应用推广。完成广东省测绘地理信息统一监管与服务平台（二期）建设，全省 1:2000 高分辨率航空影像数据保密处理以及土地规划调整、土地利用现状、高标准基本农田建设、耕地质量等级成果等专题省级国土资源空间数据保密技术处理工作等。

广东明源勘测设计有限公司

2017 年，广东明源勘测设计有限公司承担各类测绘项目 463 项。完成 2017 年河源市基础测绘项目 1:500 地形测量 32 平方千米；河源市江东新区古竹特色小镇建设项目以及龙川县义都镇等 5 个镇污水管网 1:500 地形测量 6.3 平方千米；紫金县中坝河水墩水、王告水、洋头河治理 1:1000 地形及断面测量 52 千米；东源县新港镇、黄村镇，龙川县通衢镇、铁场镇、鹤市镇、四都镇、龙母镇，紫金县黄塘镇车前村、赤坑村等 6 个村镇高标准基本农田建设项目地形测量约 9 万亩；河源市源城区土地承包经营权调查及入库 3.84 万亩；河源市 2015 年度五县一区高标准基本农田建设项目工程复核 10.32 万亩。完成河源市区建筑工程变形监测 3 项、华南城四期（36～39 栋、50～59 栋）主体沉降观测基准点 118 个、河源市江东新区市政道路 B 路与建设大道交汇处路堑边坡监测 12 点次、河源市中医院二期内部大楼基坑支护工程变形监测 95 点。开发 GIS 地理测绘定位系统和基于 VBA 实现 KPI 关键绩效指标在测绘生产管理系统，并取得软件著作权。

深圳市地籍测绘大队

2017 年，深圳市地籍测绘大队完成深圳市北斗地基增强系统建设，建立 6 个北斗 CORS 基准站，建成系统控制中心和用户数据中心，并将 6 个基准站融入 2000 国家大地坐标系框架。完成深圳市似大地水准面建设，建立深圳市高精度三维空间控制网和高程控制网，确定 1985 黄海高程系统下深圳市 1 厘米精度似大地水准面数值模型。承担 2016—2017 年度深圳市 1:1000 地形图动态修补测监理，完成约 300 幅地形图内外业监理检查工作。完成深圳全市 1997 平方千米地理国情普查和市情监测数据生产工作，包括地表覆盖分类图斑 29.12 万个、地理国情点要素 1.05 万个、地理国情线要素 2.76 万个、地理国情面要素 2.36 万个。完成地籍调查核查复查 9323 宗 312.21 平方千米、土地变更调查图斑 1.18 万个 115.87 平方千米。完成第三次土地调查试点。修改《深圳市地籍调查规程》《深圳市地籍调查底图编制规则》《深圳市测绘应急保障预案》，制定《申请房产测绘成果审核应提交的材料清单》《房产测绘成果审核业务办理记录表》《房产测绘成果审核意见书》。

广东邦鑫勘测科技股份有限公司

2017 年，广东邦鑫勘测科技股份有限公司承担阳西电厂配套码头港池航道及取水口扫海测量、惠州市亚婆角海茂 2000 吨级综合码头测量、金海码头港池及金海航道水深测量、茂名港水东港区航道维护（炸礁）工程多波束水深测量、佛山市南海区 2017 年全区历史险段监测服务、中国石化海南炼油化工有限公司码头扫海测量、海南洋浦港洋浦港区深水航道扫海测量、东莞市港航管理信息系统建设、茂名港口危险货物重大危险源管理体系续建，以及阳江、珠海、广州、深圳涉嫌违法围填海测量项目 22 项。

广东南方数码科技股份有限公司

2017 年，广东南方数码科技股份有限公司承担的测绘项目涉及工程测量、不动产测绘、地理信息系统工程、测绘航空摄影、地下管线探测、摄影测量与遥感等业务。承担广州番禺区、黄埔区、开发区、白云区，佛山三水区，江门蓬江区等农村地籍调查。承担黎平县、从江县、龙海市、永福县、龙胜县等农村土地承包经营权确权登记颁证，佛山南海区等地不动产登记存量数据整合。完成永兴县智慧城市二期工程（智慧政务和智慧国土）PPP 项目、广州市地下管线普查、2017 年土地资源全天候遥感监测数据处理与分析等项目。开发南方数码 CASS 农村地籍与房屋调查软件 V1.0、iData_3D 南方三维立体数据采集软件 V1.0、南方数码地理信息数据处理软件 V1.3、南方数码数字化地形地籍成图软件 V10.0 等软件产品。

深圳市水务规划设计院有限公司

2017 年，深圳市水务规划设计院有限公司承担控制测量、工程测量、地下管线探测等项目 100 多项，主要包括深圳市石岩河综合整治工程（二期）初设测量、深圳市下涌综合整治工程测量、深圳市大空港新城区截流河综合治理工程测量、深圳市沙福河综合整治工程初设测量、深圳市三棵松水黑臭整治工程初设测量、深圳市白泥坑排水渠综合整治工程测量、深圳市北线引水工程安全隐患整改测量、深圳市横岭污水处理厂一期提标改造工程测量、深圳市沙井污水处理厂一期提标改造工程测量、深圳市松岗水质净化厂二期工程初设测量、深圳市福永街道福海工业区周边环境整治工程测量、深圳市清林径水库巡防管理设施工程测量、深圳国际生物谷坝光核心启动区江屋山郊野公园工程测量、深圳市布吉河（龙岗段）综合整治工程第三方监测、深圳市东部过境高速公路工程与东江水源供水网络干线共线路段施工变形监测、深圳湾创新科技中心基坑及地铁第三方监测等项目。

深圳市爱华勘测工程有限公司

2017 年，深圳市爱华勘测工程有限公司通过知识产权管理体系认证、CMA 计量认证、软件企业年审、“三合一”体系复审等体系认证工作，新增测绘甲级资质 5 项。完成天津、郑州、牡佳等地铁、客专测量服务，承担广东、湖北、新疆等地 10 多个县农村土地承包经营权确权、宅基地测量；惠州、呼和浩特等地地名普查；深圳、湖北、新疆等地变形监测、管线探测、房产测绘、旧改规划、不动产测绘等项目。

中交第四航务工程勘察设计院有限公司

2017 年，中交第四航务工程勘察设计院有限公司承担海口南国明珠生态岛项目、海口湾南海明珠人工岛三期项目、广州南沙国际邮轮码头工程水深测量、珠海港万山港区外伶仃石涌湾货运码头防波堤工程、南澳大桥连接线改线改造工程项目、三亚市地下综合管廊 PPP 项目、广州南沙国际邮轮码头工程水深测量、湛江市调顺跨海大桥段习惯性航路调整工程、广州南沙港区物流园区二期工程（物流产业园区项目）工可阶段工程、广州南沙科技兴海产业示范项目工可阶段勘察、华信洋浦石油储备基地项目（二期）配套码头工程可行性研究、深圳液化天然气应急调峰站项目码头工程、洋浦港神头港区神北三港池北防波堤工程、广州港三牙排南危险品船锚地新建工程、四会市地下排水工程勘察、宝钢湛江钢铁有限公司原料场扩建填海工程、茂名港博贺新港区 30 万吨级航道工程、中化泉州 100 万吨/年乙烯及炼油改扩建项目配套码头工程、阳江港进港航道改造工程、广佛肇轻轨四会站配套基础设施工程勘察（四会市荔枝湾上游段堤整治工程）等境内项目。承担缅甸仰光引航站项目、孟加拉液化天然气终端接收站工程、苏丹萨瓦金浮船坞项目钻孔勘探及详细设计、科伦坡港口城贝拉湖口南滩监测工程、坦桑尼亚达港新建滚装码头及 1 ~ 7 号泊位浚深及改造工程、帕劳海天半岛项目工可阶段测绘、巴布亚新几内亚西高地省凯尔特格路口至芒特哈根机场四车道高速公路升级改造项目、安哥拉 cabinda 港发展项目疏浚工程、巴基斯坦瓜达尔自由区北区测量项目、巴基斯坦瓜达尔港口二期工程航道勘察测量项目、巴基斯坦瓜达尔 300MW 燃煤电站项目勘察测量、巴基斯坦瓜达尔港口项目二期工程等境外项目。完成工程测量项目约 50 项，面积 610 多平方千米。

广东省国土资源测绘院

2017 年，广东省国土资源测绘院承担省级平面控制网复测和三等水准复测、基准站加密和改善、北斗地基增强服务平台建设、GDCORS 服务增强等项目。组织编制的2000 国家大地坐标系转换技术方案通过评审。完善珠江三角洲区域高程基准框架，布设二等水准路线 18 条、二等水准点 410 个，施测二等水准路线 2600.2 千米，检测路线 59.9 千米、跨河水准 3 处。完成全省 1:1 万 DLG 核心要素更新、1:1 万正射影像图生产。完成和平县、阳西县、越秀区等 21 个县（区）数字城市建设工作。开展机载水陆激光潮间带地形测量关键技术研究项目外业航摄和验证水深测量、船载多传感器水上水下一体化测量应用技术研究，为珠海市珠海电厂、中化珠海格力码头和珠海市万山镇东澳岛客运码头等项目提供水深测量服务。承担广州白云区、连州市、龙川县等 35 个县（区）农村地籍调查，组织编制农村地籍调查工作细则技术说明和检查验收办法，开发数据检查软件。完成广州白云区、海珠区、天河区、荔湾区、越秀区，佛山市、清远市、江门市行政区域界线联合测绘工作。与广东省突发事件预警信息发布中心合作，推进遥感数据获取平台资源共享；与省海洋与渔业厅、国家海洋局南海分局合作，推进航空遥感技术在海岸线修测、海岸线类型调查及利用现状调查中的应用；与国家无线电监测中心深圳监测站合作，推进倾斜三维摄影测量、室内三维建模技术在通信保障、无线电安全监测及干扰源排查等方面的应用。组织编制国家应急测绘保障能力建设广东省单项工程实施方案，为恩平市“6·22”特大暴雨引发地质灾害监测提供应急测绘保障服务。承担的北斗地质灾害监测预警关键技术研发与示范应用、移动 CORS 基站软硬件系统研究与开发 2 项省级科技计划项目通过验收；完成基于 GDCORS 的 PPK 服务关键技术研究、机载水陆激光潮间带地形测量关键技术研究 2 项省国土资源厅科技专项。编写的《基础地理信息 数字水深模型》标准通过评审并报国家测绘地理信息局。

广州市城市规划勘测设计研究院

2017 年，广州市城市规划勘测设计研究院承担各类测绘项目 6877 项，其中地形图测绘 2130 项、建筑物放线 1417 项、规划监督测量 1138 项、国土测量业务 816 项、违章测量 474 项、管线验收 432 项、管线探测 184 项、道路放线 144 项、道路验收 102 项、人防测量 40 项。完成广州市城市基本地形图更新 928.63 平方千米、广州市中心城区城市规划地下空间设施普查及测绘 210 平方千米、广州市地下管线普查、广州 2000 坐标系建立及数据转换、智慧广州时空信息云平台基础设施部分建设、广州市连续运行卫星定位服务系统（GZCORS）维护、广州市测绘应急保障体系建设、广州市自然资源统一确权登记工作（一期）、广州市低空遥感动态监测违法建设服务、广州市不动产权属登记实地查验技术审查和成果上图、广州市轨道交通线路带状 1:500 地形图测量、广州市土地开发中心规划测绘服务等重点测绘项目。承担广州市 2015—2017 年度高分辨率航空摄影测量 7434 平方千米、广州市农村地籍调查监理子项目、2017 年度土地变更调查等重点测绘项目。

广州建通测绘地理信息技术股份有限公司

2017 年，广州建通测绘地理信息技术股份有限公司承担测绘工程项目 300 多项，其中 1000 万元以上项目 2 项、500 万～1000 万元项目 12 项。主要业务包括国土规划、数字城市建设、公路建设、电力建设、不动产测绘、土地承包经营权确权调查、地名普查、地籍测绘、高标准基本农田测绘、海洋测绘等，范围涉及广东、广西、河南、贵州、江西、新疆、浙江、重庆等地。完成测绘航空摄影测量 7000 多平方千米、农村地籍调查 620 多平方千米、房产测绘 290 多万平方米、海洋测绘 20 平方千米，测绘 1:1 万工程地形图约 940 平方千米、1:2000 工程地形图约 110 平方千米。

广州市房地产测绘院

2017 年，广州市房地产测绘院受理房屋、土地测绘案件约 1.5 万宗。完成 2017 年度广州市用于权属登记的房地产测绘成果审核、广州市地下管线普查成果第三方检测、广州市地下管线普查及数据升级（二期）监理。完成广州市中心城区约 250 万宗存量、56 万宗增量不动产数据整理及汇交，研发航测遥感核心技术组件倾斜航摄仪。协助完成 2017 年度广州市测绘质量监督检查，检查丙、丁级测绘资质单位 42 家。起草《广州市房屋测绘管理实施细则》，开展《房屋面积测算规范》修订工作。承担广州市农村地籍调查成果和广州市第一次全国地理国情普查项目检查验收工作。

广东绘宇智能勘测科技有限公司

2017年，广东绘宇智能勘测科技有限公司承担工程测量、地籍调绘、不动产测绘、地理信息系统研发和项目监理等各类工程项目220多项。完成地籍调绘65平方千米、房产测绘16.23万平方米、地下管线验收项目29项，范围涉及广州、湛江、汕尾、惠州、江门、阳江、茂名、东莞、茂名以及贵州、湖南、江西等多个省市。开发完成丰城市“多规合一”空间信息平台建设以及测绘档案管理软件、综合管理线野外移动数据采集软件。

深圳市工勘岩土集团有限公司

2017年，深圳市工勘岩土集团有限公司承担各类测绘项目145项，完成测绘服务总值1952万元。完成深圳市沿一线快速路工程（第二标段），福海街道新和、桥头片区雨污分流管网工程和龙岗区60个小区排水管网清源改造工程控制测量、地形测量、地下管线探测等项目。承担2017年度地籍调查工程（罗湖片区）、深圳机场卫星厅区域、原T3航站楼南片区等控制测量。承担深圳中学（泥岗校区）建设工程项目第三方监测、龙岗区2016年地质灾害隐患点和危险边坡建筑边坡急监测、深圳市龙岗区平湖街道鹅公岭片区（鹅公岭河以南、以北）雨污分流管网工程第三方监测、深圳大学后海校区校园整治（地下停车场建设）工程结构沉降、基坑及地铁隧道第三方监测等测绘项目。

广州港工程管理有限公司

2017年，广州港工程管理有限公司完成海洋测绘项目200多项，面积135平方千米。主要包括东莞倒运海水道航道19千米；广州港内港航道、广州南沙港区、广州黄埔港、新沙港等码头水域，广州港沙角、大虎及大濠洲等水域锚地，广州港南沙港区三期工程码头及辅助建筑物、南沙一期码头、粮食码头、新沙码头等沉降及位移监测项目。承担广州港南沙港区四期工程1:1000地形测量、广州港南沙港区国际通用码头工程1:1000地形测量、肇庆紫云大道（南引道）升级改造工程隧道施工第三方监测等工程测量、琼中黎族苗族自治县农场土地承包经营权确权登记颁证、白沙县农村土地承包经营权确权登记、深圳南油土地整备测绘工程、肇庆鼎湖农村地籍调查等项目。

广东省地质物探工程勘察院

2017年，广东省地质物探工程勘察院完成各类测绘项目150项，主要涉及工程测量、不动产测绘、地理信息系统工程等领域。承担广州市花都区迎宾大道工程地下管线探测、揭阳市市区原规划建成区58平方千米地下管线探测、佛山南海区地下管线普查狮山镇地下管线专项调查等30个地下管线测量项目。承担珠江三角洲水资源配置工程可行性研究阶段广州市南沙段实物调查测量；广州广汕路沿线企业地籍调查测量；花都汽车产业基地勘测定界及土地套图服务；广州铁路集装箱中心站项目土地及房屋测量；顺德区北滘镇西南工业区A—7—3号地块、东莞市石碣镇鹤田厦村大王洲桥西侧达鑫江滨新城（三）18~64号商业、住宅楼及幼儿园等不动产测绘项目，面积约300平方千米。承担广州市番禺区嘉兴商业办公楼项目基坑支护工程基坑监测；2017年、2018年顺德区基本地形图动态更新修测服务采购（B标段）；广州江高镇中心城区政府储备项目测量服务；广州北站东广场征地拆迁项目测量；肇庆高要南岸项目地形图测绘和大坳围雁沙尾至九比大桥整治工程测绘；罗定市国土资源局农村地籍调查地理信息系统建设等项目。

广东中冶地理信息股份有限公司

2017年，广东中冶地理信息股份有限公司承担遂溪县农村土地承包经营权确权登记颁证项目（包一）、广州电力设计院2017—2018年度输变电工程测绘项目、广州市从化区农村地籍调查项目、乐昌市农村地籍调查采购项目（第二标段）、华能东莞燃机热电一期（2×400MW级）工程热网工程物探服务、广州市轨道交通18号线初步设计阶段地下管线探测、东莞市厚街镇农村数字化地籍调查项目（二期）、湖南衡阳松木经济开发区金源路地下管网疏通检测、2017年度地下管线后续数据更新项目、东莞110kV龙盘输变电工程（线路部分）地下管线测量、遂溪经营部加油站土地面积红线图测绘及建筑物面积结构图测绘项目、南城县房地一体农村宅基地和集体建设用地使用权确权登记发证项目等测绘项目近300项，其中500万元以上项目4项、100万～500万元项目12项。全年完成测绘服务总值近6000万元。

广州科测测绘技术有限公司

2017年，广州科测测绘技术有限公司完成广州市地下管线普查及数据升级（一期）、广州市南沙区南沙街北片区污水管网完善及雨污分流改造工程（二期）、广州北站综合交通枢纽PPP项目勘测定界工程、佛莞城际铁路广州南至望洪段项目（番禺区东环街蔡边三村临时用地）等40多个测绘项目。承担广州市从化区江埔街凤院村三旧改造测量项目、华南理工大学广州国际校区项目工程、广州市白云区钟落潭项目房屋摸查及勘测定界测绘、广州市从化区农村地籍调查（温泉江埔片区）、广州市南村支管工程网项目工程罗边村段、武广专线项目工程、广州市从化区良口镇良平片区航测成图项目工程抽样检查等项目。

东莞市测绘院

2017年，东莞市测绘院完成各类测绘项目285项，其中农村土地确权5项、房产地籍测绘16项、地形测绘22项、控制测量10项、工程测量17项、无人机航摄14项、不动产数据整合3项、调查20项、数字城市及信息化17项、其他项目161项。完成莞番高速桥头至厚街段航拍测绘、东莞市水乡新城无人机航摄、东莞市滨海湾新区无人机航摄、东莞火车站报批地籍测绘、东莞市中堂拓展投资公司项目地籍测绘、东莞市轨道交通站点周边土地摸查相关工作技术服务项目（土地摸底调查阶段）数据入库及3个站点补充调查、东莞市梨川大桥竣工测量、东莞市轨道交通1号线南延线控制测量、东莞市虎门镇农村集体土地所有权登记发证成果核查及数据库更新备案、东莞市高标准农田上图入库和信息统计服务、东莞市2016年土地变更调查、2017年东莞市国土核心业务供地及批后监管数据整理入库、东莞市城乡一体化土地利用现状调查技术路线试点研究、东莞市智网工程基础数据服务及应用接口定制开发等项目。承担东莞市农村土地承包经营权确权登记发证，东莞市1∶500地形图修补测及数据入库，东莞市茶山镇、道滘镇、石排镇、桥头镇不动产登记数据整合，东莞市寮步镇农村集体土地所有权登记发证成果核查及数据库更新备案，东莞市地理国情监测（二期），2016年东莞市国土核心数据库建设。

广东省工程勘察院

2017年，广东省工程勘察院完成南海区大沥镇九龙涌流域水生态环境综合治理项目水域面积测量，广州市从化区低丘缓坡土地综合开发利用太平工业园南片区地形测绘服务采购项目，广州白云国际机场扩建空管工程综合楼业务主体沉降观测，广州市友好老年公寓边坡应急监测，佛山市南海区美景大桥加固改造及运营期间监测，佛山国际体育文化演艺中心地铁内部监测，广州黄沙铁路南站A区地块（车道出入口）基坑监测，中国南方航空大厦工程（二期）基坑变形监测，广州市、佛山市、珠海市、揭阳市、东莞市、惠州市、湛江市、梅州市等建筑基坑支护工程变形监测、建筑物沉降观测、工程施工高支模监测，2014年、2015年揭西县高标准基本农田建设工程质量核查，广东省内部分高速公路工程项目征地、土地勘测定界等土地测量，广州市旧城改造、地下管网、市区道路工程、人防面积测量等测绘项目239项。其中各类建筑基坑支护工程监测、建筑物沉降观测项目147项、地质灾害边坡监测项目11项、其他项目81项。完成1∶500工程地形图（含竣工图）测绘22.8平方千米，1∶1000工程地形图测绘4.2平方千米，房产测绘7宗0.12平方千米。

广州全成多维信息技术有限公司

2017年，广州全成多维信息技术有限公司完成测绘服务总值3829万元，承担各类测绘项目265项。主要包括2017年从化区政府储备用地测绘、中洲滨海商业中心项目房屋建筑面积测算咨询服务、佛山市三水区农村地籍调查项目、广州市番禺区国土资源和规划局番禺区农村地籍调查服务采购项目、广花一级公路地下综合管廊及道路快捷化改造配套工程、揭阳市区农村地籍调查服务项目、广州市番禺区南村镇南村村城中村改造项目、广州市番禺区南村镇南村村股份合作经济社城中村改造范围勘测定界工程等。为广东、河南、湖北、湖南、内蒙古、宁夏、安徽等地提供测绘技术支持。

佛山市测绘地理信息研究院

2017 年，佛山市测绘地理信息研究院完成佛山市南海区不动产权籍调查与 1∶500 地形图测量服务、佛山市城市轨道交通 4 号线一期工程地面控制测量及地形图测绘、佛山市重点基础设施项目预选址范围 1∶500 数字化地形测绘、佛山市时空信息云平台基础数据建设、佛山市控规全流程信息化管理平台建设、佛山市国土规划综合决策展示平台建设。建成佛山市风险源管理、佛山市城市升级行动计划档案管理（五期）、佛山市禅城区教育分片网格化管理等地理信息系统。完成佛山市测绘地理信息管理办法体系文件编制及国土规划数据标准体系建设、佛山市南海区主干内河涌监测断面分布图专题图制作。承担佛山市绿地规划入库、佛山市 2017 年度控制性详细规划编制成果入库等数据入库项目。利用无人机航测技术开展佛山市禅城区违法建设筛查工作，利用 CCTV 管道爬行机器人和 QV 内窥镜技术开展佛山市禅城区排水管线内健康检测工作，利用“BIM + GIS”技术和“5DBIM 技术”开展佛山市东方新天地 BIM 全生命周期规划管理项目等。

广东省有色地质测绘院

2017 年，广东省有色地质测绘院完成封开县农村集体土地所有权确权登记发证数据库例行更新备案和农村地籍调查项目外业宗地调查约 5.5 万宗、1∶500 地籍测量 12 平方千米。完成韶关市曲江区华南先进装备产业园项目 1∶500 地形图测绘、惠州市龙门县龙华镇功武村知青场 1∶500 数字化地形图测绘、广州市南沙区土地勘测定界图 13 宗 2.24 平方千米、佛山市南海区大沥镇穗盐路—盐步大道跨线桥工程（含人行天桥）工程测量及地下管线探测，以及潮州市建筑基坑变形及主体沉降变形监测项目 11 项，其中建筑基坑变形项目 3 项、主体沉降项目 8 项。

广州中科雅图信息技术有限公司

2017 年，广州中科雅图信息技术有限公司完成云浮市云安区六都镇 1∶2000 航空摄影测量 57 平方千米，广州市黄埔区解决道路（街巷）历史遗留问题服务，广州市天河区、白云区行政区域界线联合检查，湛江市辖区范围内地名地址外业数据采集，北江（清远段）数字（电子）航道图与航道动态信息服务系统建设。承担数字惠来地理空间框架建设、贺州钟山回龙土地复耕测量、漳浦县农村地籍调查与房屋调查及地籍图编绘、福建省三明地籍测量试点等项目。承担广东省 43 个县（区）、广西壮族自治区 37 个县（区）、辽宁省 6 个县（区）、云南省 11 个县（区）、新疆维吾尔自治区 1 个县（区）、福建省 1 个县（区）农村土地承包经营权确权登记权属调查服务。

中山市测绘工程有限公司

2017 年，中山市测绘工程有限公司承担各类测量项目 3139 项。完成 1∶500 地形图修补测及外业权属调查 165.5 平方千米。承担中山市农村集体土地承包经营权确权登记颁证（子包一区域三）3.8 万本。新增摄影测量与遥感内业、地理位置定位、地理信息上传标注乙级资质，通过 ISO/IEC 27001∶2013 信息安全管理体系要求。

广州南方测绘科技股份有限公司

2017 年，广州南方测绘科技股份有限公司承担各类测绘项目 180 多项，主要包括 2017 年度咸丰县城及各乡镇（区）规划区地形图坐标系统转换、江西省都昌县老爷庙矿区硅砂矿 1∶2000 航测、宝山铁矿下告矿区尾矿库在线安全监测系统建设、湛江市鉴江供水枢纽闸坝变形监测系统建设、七台河市桃山区农村土地承包经营权确权登记测绘、御河带状地形测量及断面测量、登封市煤矿超层越界开采专项检查测绘、龙门县 50 个省市贫困村整治创建规划编制和 1∶1000 地形图测绘、韶关武江区局部地区倾斜三维建模等项目。全年签订测绘项目合同额 6500 多万元。

广东置信勘测规划信息工程有限公司

2017年，广东置信勘测规划信息工程有限公司签订测绘类项目合同总额约4500万元。承担肥西县农村集体土地权属调查与确权登记（4标段），湘桥区行政区划图编制，雷州市农村土地承包经营权确权登记颁证工作技术服务（包组三），华发观山水花园B2～4、B2～5区房地产测绘工程，云南银信金融服务有限责任公司档案管理系统开发项目，中山火炬高技术产业开发区内道路及公共地块测量服务项目，梅县区不动产登记存量数据入库利用上传项目，中山市民政局行政界线界桩2017年管理单位采购项目，阳春市不动产存量数据整合项目，梅州市不动产登记信息平台功能扩展项目，2017年度云浮市新兴县现有耕地提质改造项目，2017年度云浮市新兴县稔村镇岑村村开发补充水田项目，增城区不动产数据整理项目，阳西县高标准农田建设项目上图入库和信息统计项目，阳东区不动产存量数据整合项目（一期），警用地理信息数据及房屋建筑地址信息采集等项目。

广东广量测绘信息技术有限公司

2017年，广东广量测绘信息技术有限公司承担雷州市中心城区地下管线普查和建立地下管线信息系统项目、雷州市农村土地承包经营权确权登记颁证工作技术服务项目、韶关市原曲仁矿棚区改造田螺冲安置区不动产权籍调查服务项目、佛冈县农村地籍调查及数据库建设服务采购项目、高州市农村宅基地不动产登记发证测绘服务项目、梅州市1:500全野外地形数据采集与编辑和1:500地形图修补测项目、阳江市江城区农村地籍调查项目、廉江市“十二五”期间高标准基本农田建设项目上图入库和信息统计工作项目、东莞市内多个镇街农村地籍调查项目及已建未批准用地地籍调查及数据入库项目、东莞市内多个镇街不动产登记数据整合建库项目、第三次全国土地调查东莞试点工作等。数据智能采集、数据批处理、地理信息数据库管理、地质灾害自动监测、数字航测等领域成果获计算机著作权20项。

广州博瑞信息技术股份有限公司

2017年，广州博瑞信息技术股份有限公司承担澄海区农村地籍调查、东莞市城乡规划局东莞市第二批中心镇地下管线普查、松滋市农村房地一体确权登记项目权籍调查、广州市番禺区和惠州市博罗县农村地籍调查、博罗县地籍数据库汇交、广州市花都区现有耕地提质改造地形测量和规划设计、湖北潜江至广东韶关新气一期全线测绘1:2000地形图项目外业调绘、广州市花都区更新策划阶段基础数据调查、恩施市集体建设用地和宅基地使用权及地上房屋所有权确权登记发证、虎门港泊位港池水深年度测量等测绘项目60多项，业务涉及摄影测量与遥感、工程测量、不动产测绘、海洋测绘、地理信息系统工程等。

广东孛特勘测设计有限公司

2017年，广东孛特勘测设计有限公司承担地下管线探测、工程测量、航空摄影测量、海洋测绘、房产测绘、地籍测绘、农村土地承包经营权确权颁证及第三方检验验收等测绘项目300多项，主要包括广州电力设计院输变电工程、中山市水产技术推广中心站国家海域动态监视监测数据能力建设、宁晋县土地确权、福海县农村土地承包经营权确权登记、雷州高标准基本农田建设等项目。完成新丰县桐木山1:500航空摄影测量和数字化地形测量、惠东县高潭革命老区潮惠高速连接线工程征地、惠州海湾大桥延长线征地等项目。全年完成测绘服务总值3570多万元。

广州蓝图地理信息技术有限公司

2017年，广州蓝图地理信息技术有限公司承担各类测绘地理信息项目38项，涉及工程测绘、不动产测绘、地图编绘、地理信息系统工程等。完成1:500、1:1000、1:2000等比例尺地形图测绘550平方千米。完成云浮市云城区安塘街道及腰古镇农村宅基地地籍调查、云浮市云安区都杨镇农村宅基地调查、东莞市清溪镇全国第三次土地调查等项目。完成惠州电信电子地图及服务、珠海电信电子地图及服务、佛山电信光亮图五期、江门电信楼栋两达图、江门电信电子地图及服务等电子地图数据更新约1.6万平方千米。完成4个土地管理系统研发、5个地理信息数据软件开发。承担乳源、平远、汕尾、南雄等地不动产数据整合清理建库，完成20多万条不动产数据整理。

建材广州工程勘测院有限公司

2017 年，建材广州工程勘测院有限公司承担各类测绘项目 110 项，实现测绘服务总值 1785.69 万元。完成海南省琼海市农村土地共有宗地分割确权登记发证工作 C 标段、英德市中医院业务用房改扩建工程连廊及地下室工程基坑监测、德庆县九市镇大车岭矿区建筑用花岗岩矿 1:2000 地形图测量、广州天河区 101 工程高支模实时监测、深圳盐田区外国语小学综合楼（勘察）项目现状地形测量、广东宏升建材骨料项目 1:1000 地形测量、仁化县灵溪水桥变形监测、中材罗定水泥有限公司萍塘镇石梯石灰岩矿区地形补测等项目。

广州国测规划信息技术有限公司

2017 年，广州国测规划信息技术有限公司承担饶平县、南澳县、惠来县、陆丰市、乐昌市等地农村地籍调查和潮州市潮安区不动产登记信息管理基础平台建设。完成大埔县 2016 年度高标准基本农田建设项目可研勘测规划设计、连南瑶族自治县高标准基本农田建后上图入库和信息统计、海丰县 2015 年高标准基本农田建设（农业部分）工程竣工验收等。全年完成测绘服务总值约 5000 万元。

广州市天驰测绘技术有限公司

2017 年，广州市天驰测绘技术有限公司承担广州市白云区供水管线事故隐患排查，广州市天河区车陂涌、棠下涌污水管网排查，广州南沙新区明珠湾区起步区二期（横沥岛尖）海岸及滨海景观带建设工程，深圳市坪山区新型高架中运量公交旅游示范线一期工程地下管线探测，第四条对澳供水管道工程十字门水道现状 DN400 天然气管道高精度探测等 270 多项地下管线探测项目。承担广州市长湴村、南村控制测量，海军广州军职以上退休干部休养所房屋面积测量，黄埔“长洲要塞”史迹点测绘等 100 多项工程测量项目。承担广州市永和河（增城段）黑臭河涌整治工程 3 条暗渠溯源调查，珠海市供水与排水治污中心 2017 年市政排水设施检测，中山市三角镇高平工业区 500 毫米以下雨污分流管网 CCTV 检测工程等 50 多项排水检测项目。承担广州市车陂涌片区二期工程—杨梅河截污工程 YW49—YW50 顶管路径孤石探测及岩土勘察，广州市车陂涌截污工程大观厂片区 DW12—DW13、DW13—DW14 顶管路径孤石探测，广州市车陂涌截污工程工作井周边地质脱空雷达检测等 50 多项工程勘察项目。承担广州市增城区水务局深化平安有序规范城市管理专项行动数据入库、广州市增城区新塘镇“洗楼”行动调查技术服务、广州市增城区荔城街“洗楼”行动调查技术服务、河莞惠高速公路风险源管控平台系统开发等 30 多项 GIS 服务项目。全年完成测绘服务总值 9500 多万元。

广州都市圈网络科技有限公司

2017 年，广州都市圈网络科技有限公司承担各类测绘项目 26 项，其中 200 万元～500 万元项目 11 项、200 万元以下项目 15 项。完成数字徐闻空间数据采集、广州市越秀街景数据建设、智慧昭山数据采集与仿真三维地图制作、广州地铁 7 号线三维街区数据生产、南沙智慧社区三维仿真信息平台建设、佛山禅城区 2017 年度全域仿真三维数据更新、潍坊市国土资源局 2016 年地理信息数据采集等基础测绘项目。承担广州市车陂街网格化智能综合指挥中心软件平台、广东省 CDC 安全管理信息平台、东莞市寮步网格化社会治理信息平台、广州白云湖网格化社会治理平台、昆山大联动平台、陕西渭滨民政网格化系统、东莞规划局空间信息建库与业务管理平台、烟台规划局空间信息建库与业务管理平台、镇江规划局空间信息建库与业务管理平台建设，张家港规划局、宜兴规划局、江阴规划局等地方基础地形建库，咸阳精准治霾信息平台等地理信息建库与应用软件开发。

广州鸿鑫勘测技术有限公司

2017 年，广州鸿鑫勘测技术有限公司承担基础测绘、地下管线探测、工程测量、控制测量、不动产测绘、地形测量、竣工测量、地籍调查等项目 260 多项。完成沈海国家高速公路改扩建工程测量项目，鹤港高速公路一期勘测定界 1:500 地形图测绘，广州、汕头、肇庆等地下管线探测，广州市从化区农村地籍调查项目；广州市白云区农村地籍调查项目，广州市番禺区及南沙区不动产测绘、征地详查、工程测量等项目。为广州市番禺区及南沙区不动产统一登记发证项目提供技术支持。

广西壮族自治区

概况

截至2017年底，广西壮族自治区共有测绘资质单位648家，其中甲级20家、乙级136家、丙级311家、丁级181家；民营企业424家，占全省测绘资质单位总数的65.43%。年末测绘从业人员12524人，全区测绘资质单位全年完成测绘服务总值19.8亿元。完成的重点项目（工程）包括广西省级空间规划试点建设、地理国情监测、广西农村土地确权统一航空摄影和数字正射影像图制作、数字广西和数字城市地理空间框架建设、“天地图·广西”省市节点建设、国家航空应急测绘保障南宁基地建设等。

柳州市国土规划测绘院

2017年，柳州市国土规划测绘院完成常规测绘项目3450项，其中土地用地预审331项、建设用地报批勘测定界312项、不动产测绘2450项、违法用地测量100项、规划条件核实16项。完成柳州市2017年1:500、1:1000数字化地形图测绘服务采购—002分标，全野外1:500、1:1000数字化地形图测绘—001分标，柳州市柳东新区至鹿寨6条道路选线设计、数字地形图测绘和入库项目，面积83.2平方千米。完成柳州市北进路、双沙路、东外环路、西鹅铁路货运中心等重点工程征地分户测量工作，面积12.62平方千米。承担柳州市不动产房地数据融合梳理优化项目，对57万条不动产数据进行整合优化。利用无人机航空摄影测量与三维建模技术开展柳州市农村地上建筑物基础信息普查、土地执法监察、矿山监测、征地拆迁前期调查等工作，共完成航飞项目59项、制作正射影像图约600平方千米、建立倾斜三维模型约120平方千米。完成土地规划项目38项，其中完成评估报告2项、临时用地复垦方案8项、数据更新3项、局部调整项目6项、土地整治规划设计类项目3项。

钦州市测绘院

2017年，钦州市测绘院完成测绘服务总值995.2万元，同比增长52.5%，年末测绘从业人员62人。完成钦州市林湖公园无人机低空航测2.56平方千米；不动产登记1.5万宗；征地拆迁、建设用地报批等日常测绘任务8.57平方千米；南宁至钦州公路（南间至黎合江段）改扩建工程征地搬迁勘测定界测绘1.42平方千米。

中国能源建设集团广西电力设计研究院有限公司

2017年，中国能源建设集团广西电力设计研究院有限公司完成各类工程测绘项目303项，其中水利水电工程测量71项、火力发电厂工程测量29项、架空输电线路测量91项、变电站工程测量23项、风电场工程测量36项、变形监测16项。完成菲律宾South Pulangi水电站1:1000陆上地形测绘2.68平方千米、1:1000水下地形测绘1.26平方千米、1:2000地形测绘2.6平方千米、1:5000陆上地形测绘50.63平方千米、1:1000断面测量6.43千米、1:1万断面测量46.61千米。完成广西合浦县南流江采砂管理规划（修编）勘测，承担广西郁江老口航运枢纽工程库区岸坡失稳监测，承担广西防城港核电厂二期工程3#、4#机组次级测量控制网建设与维护服务项目。承担百矿集团德保马隘铝产业园煤电铝一体化项目配套自备发电机组项目，完成1:1000地形测绘1.1平方千米。完成平果—金陵500kV线路测量78千米、金陵—邕州500kV线路测量55千米、老挝Ban Hat—Ban Lak25—Xekong输变电工程Ban

Lak25—Xekong 500kV 输电线路测量 58 千米、张南—昌平Ⅲ回 500kV 输变电工程架空输电线路测量 69.58 千米、雅中—江西 ±800kV 特高压直流线路测量 86 千米。完成老挝 Ban Hat—Ban Lak25—Xekong 输变电工程 Ban lak25 变电站 1:500 地形测绘 0.86 平方千米、广西 500kV 金陵变电站1:500 地形测绘 1.06 平方千米。完成博白马子岭风电场二期工程 1:500 地形测绘 1.16 平方千米、1:2000 地形测绘 3.09 平方千米，大唐射广嶂一期 50MW 风电场工程 1:500 地形测绘 1.3 平方千米、1:2000 地形测绘 6.63 平方千米。承担广西鹿寨上大压小热电联产 2×300MW 级机组工程变形监测、广西钦州电厂二期扩建工程（2×1000MW 机组）建构筑物沉降观测。

广西壮族自治区地理国情监测院

2017 年，广西壮族自治区地理国情监测院完成测绘服务总值 9800 万元，市场份额同比增长 2.5%。承担广西壮族自治区测绘地理信息局下达的基础测绘任务，完成数字广西 DLG6 个分区 6.2 万平方千米（占全区 26%）地物生产、422.52 平方千米建成区地物数据及地名地址数据生产；完成 3.4 万平方千米 DOM、DEM 生产；编写广西 2017 年基础性地理国情监测实施方案和技术设计书，完成基础性地理国情监测任务 11 万平方千米（占全区 47%），开展广西海岸带开发利用变化监测等 4 项专题性监测；编写的《国家应急测绘保障能力建设项目广西单项工程实施方案》通过国家测绘地理信息局评审；完成崇左 9 个基准站新建工作。参与编制《空间规划总图编制技术规程》等十几项技术规程，完成省级空间规划试点——柳州市“一区五县”的“双评价”工作，全程参与“三区三线”划定工作；开发广西贫困户坐标采集系统，崇左市扶贫系统交付使用；数字桂林地理空间框架建设项目通过验收，与田东县、田阳县签署数字县域项目合作协议；首次承担农经权确权登记监理工作，拓展畜禽养殖区规划、不动产登记数据整合与建库等新项目；开发桂林市地名信息管理系统等 10 多个应用系统。

广西壮族自治区国土测绘院

2017 年，广西壮族自治区国土测绘院完成测绘地理信息项目 60 多项。完成凭祥市 1:500 地形图测绘 210 平方千米；南宁市五象新区、青秀区伶俐镇 1:500 地形图测绘 18.2 平方千米；南宁市 1:500 地形数据整理及 1:1000、1:2000 数据缩编 280 平方千米；崇左市 25 个土地开垦项目 1:1000 地形图测绘 70 平方千米；扶绥县和宁明县“双高”糖料蔗基地土地整治 1:1000 地形图测绘 58 平方千米；广西第三期整县推进高标准基本农田土地整治重大工程靖西市、融安县、凤山县和昭平县共 6 个子项目 1:1000 地形图测绘 30 多平方千米；北海市和贺州市农村土地承包经营权确权登记颁证 93 平方千米；贺州至巴马高速公路、陆川清湖至浦北石埇公路和田林县旧州镇那腊公路项目建设用地，以及藤县等 6 个县市年度批次建设用地勘测定界工作，总面积 10 平方千米。完成贺州至巴马高速公路（昭平至蒙山、都安至巴马段）、大塘至浦北高速公路、融水至河池高速公路无人机航摄及正射影像图制作 387 平方千米，宁明县花山景区航摄及正射影像图制作 134 平方千米。承担湘桂铁路及广西 4 条沿海铁路不动产登记代理工作。承担灵山县、苍梧县和融水苗族自治县测绘地理信息成果数据向 2000 国家大地坐标系转换工作。更新升级贺巴高速公路建设信息管理系统，新增视频点、全景点、项目信息管理等功能。

广西壮族自治区基础地理信息中心

2017 年，广西壮族自治区基础地理信息中心完成各类测绘项目 21 项，实现测绘服务总值 3112 万元。完成广西第一次全国地理国情普查公报、广西 14 个地市地理国情普查基本统计报告，利用地理国情普查数据完成广西低丘缓坡土地资源调查、广西非煤矿山尾矿库监测、广西糖料蔗种植面积监测与遥感估产等专题监测。完成“天地图·广西”建设与运行维护，年度地图服务访问量 8000 多万次，数据流量最高峰值达 100GB，累计向林业、糖业等 30 个部门或单位提供“天地图”服务，为全区精准脱贫工作提供精准辨识、高并发在线数据采集等服务，日均在线采集贫困户 6 万户，最高峰值达到 10 万户。负责 GXCORS 基准站运行维护管理及应用服务，完成全区 102 座北斗地基增强系统基准站升级改造任务，实现广西全区厘米级实时动态高精度定位能力，部署广西北斗短报文应急系统平台，实现北斗卫星导航 RNSS 定位服务、RDSS 差分定位服务、网络差分定位服务等。负责高分辨率对地观测系统广西数据与应用中心建设与运行维护，接收优于 2 米等各类影像 4800 景，第一次统筹获取覆盖广西 23.67 万平方千米的国产高分卫星遥感影像，服务于广西壮族自治区统筹推进的 15 项重大项目。

柳州市勘察测绘研究院

2017 年，柳州市勘察测绘研究院完成工程测量项目 1200 多项。完成柳州市柳江区 1∶500 地形图修补测量 35.5 平方千米，柳城县河东片区及凤山镇 1∶500 地形图测量 21 平方千米，柳州市轨道交通 1、2 号线地形图补充测量，沙塘新城三合大道、古灵大道工程测量，柳州市城中区为民服务中心工程测量，西鹅公交停保场工程测量，柳州市北部生态区湿地公园 1∶500 地形图测量，柳州市北部生态新区工业设计城项目 1∶500 地形图测量等项目。完成东外环南段道路勘测、柳州市沙塘工业园基础设施工程（三期）勘测等项目。完成柳南万达、翡翠龙庭、恒大城、华润凯旋门、温馨花园、冠亚·御景湾、荣和甲地块等规划条件核实项目。完成柳州市永前雅苑（一期）深基坑边坡及周边建筑变形监测及柳州市永前雅苑（一期）基坑边高速铁路路基变形监测、柳州市官塘大桥深基坑监测、柳州市东环路与文昌路交叉口改造工程——下穿通道深基坑支护变形监测、五岔路口改造工程——泵房深基坑支护变形监测等项目。

南宁市勘察测绘地理信息院

2017 年，南宁市勘察测绘地理信息院完成测绘项目 3057 项。完成南宁市建成区周边范围 668 平方千米，包含 580 座水准点的二等水准网建设；基于高分辨率影像和 InSAR 技术，获取南宁市全域地面沉降趋势、范围和梯度等信息；基于低空遥感技术，完成 1∶1000 数字化地形图 46 平方千米、正射影像图约 700 平方千米、实景三维建模约 600 平方千米、全景影像图 1400 幅。完成 100 平方千米南宁市中心城区地理信息数据采集；完成 129 幅专题地图制作，包括南宁 50 景区 AR 和全景地图、第十二届南宁国际马拉松比赛专题地图、南宁轨道交通二号线站牌地图、中英文版手绘南宁 AR 地图等。完成第十二届中国（南宁）国际园林博览会建设工程，南宁快速公交（BRT）2 号线，南宁轨道交通 2 号线东延线、3 号线、4 号线等工程测量项目。完成南宁市 13 条内河及邕江两岸约 57 千米、沿岸 49 平方千米各类直排口普查，完成轨道交通 2 号线、吴圩机场第二高速公路、火车东站综合交通枢纽二期工程、快速公交专用道（BRT）、华南城江南华府二期工程、青秀万达广场等大型建筑规划核实工作。研发城市地下空间三维可视化应用系统等 8 个软件并获得计算机软件著作权。

北海市国土资源信息中心

2017 年，北海市国土资源信息中心完成勘测定界 26 宗、宗地图测绘 39989 宗。完成冠头岭国防工程项目、滨海农场七队 220kV 久隆—铁山路线路基塔，嘉年华项目储备用地，北海银滩东区大冠沙部分市政基础设施路网，上海路以东、江苏路以南 19.47 万平方米储备地块，北海市涠洲岛供水工程（一期），湖北路（北海大道至北部湾路），小小岭村改造三段市政道路（重庆路、河南路、湖北路），美景路（规划四路至云南路段）等 17 宗 2.12 平方千米重点项目用地勘测定界测绘。承担“天地图·北海”数据融合项目、北海市不动产登记系统数据共享互通、微信公众平台建设、三级联审系统管理工作。运用大疆 4 无人机对北海市南珠大道交北海大道东北角等 8 个拟出让地块进行高空航拍。

广西壮族自治区有色勘察设计研究院

2017 年，广西壮族自治区有色勘察设计研究院完成各类测绘项目 62 项，主要包括变形监测、农村土地承包经营权确权发证、土地规划设计与整治、航空摄影测量、航道测量等项目。完成各类大比例尺工程地形图测绘约 138 平方千米。全年完成测绘服务总值 3891.79 万元，其中合同额超过 100 万元的项目有那坡县城厢镇、龙合乡土地确权登记颁证测绘技术服务项目 B 标段、武鸣中心城区控制性详细规划范围内野外地形数据采集及成图 1∶1000 数字线划地形图（DLG）测绘项目、扶绥县优质高产高糖糖料蔗基地土地整治以奖代补（工程测量、质量检测、工程复核报告、竣工图、耕地质量等级评定和审定结算书等工作）工程等。承接一大批重点工程项目和重要民生工程，其中农村土地承包经营权确权登记颁证项目涉及承包土地约169.3平方千米；利用无人机开展临桂区会仙镇会仙湿地范围数字航空摄影测量。

桂林市测绘研究院

2017年，桂林市测绘研究院承接市场委托测绘任务1222项、指令性测绘任务11项。完成1∶500数字地形图测绘32.29平方千米，建筑过程检查84栋，建筑竣工测量0.92平方千米、综合管线竣工测量343.44千米，建筑、综合管线放线5506点。完成桂林市“云轨”项目、桂林市排水工程管理处漓江截污工程雨污水管线竣工测量、桂林市市政建设有限公司委托的14座人行天桥建设项目、桂林市交通投资控股集团有限公司桂阳公路绿道（九美桥至园博园）1∶500数字地形图修测、市规划局委托的中心城区保护性建筑等45处地形图测绘、城市生态修复和城市修补规划1∶500数字地形图测绘等多项重点工程测绘项目。对原有的GLCORS连续运行参考站进行改造和扩建，由1个单站扩建为5个基准站、1个系统控制、数据中心及数据通信网络组成的全天候连续运行参考站，覆盖范围超过2000平方千米，全面支持中国北斗、美国GPS和俄罗斯GLONASS卫星定位系统。完成的桂林市现代测绘基准体系建设项目通过验收，建立的桂林市C级GNSS控制网、二等水准网、似大地水准面模型、坐标转换等成果优于国家有关规范及项目设计要求，实现与省级测绘基准之间的统一与无缝衔接。承担的“中心城区范围内地形图修测”项目获2017年度广西优秀工程勘察三等奖、“桂林市现代测绘基准体系建设”项目获2017年广西测绘地理信息科学技术奖一等奖。

广西壮族自治区遥感信息测绘院

2017年，广西壮族自治区遥感信息测绘院完成全区统一航空摄影DOM生产6560平方千米、DEM生产2.83万平方千米，中越边境高分辨率卫星遥感影像生产1500平方千米。完成数字广西地物数据397幅、地貌数据2203幅生产；防城港市、东兴市等5个国家级任务区8700平方千米基础性监测数据生产；基本覆盖全区的1700景遥感影像生产；贺州至巴马高速公路等700平方千米交通水利项目测绘；贺州、都安、合浦规划及国土资源数据2000坐标转换。承担天等县精准脱贫监测系统建设及合浦县沿海采矿环境年度监测、桂平市土地变更调查与遥感监测等专项性监测任务。完成防城港市、东兴市数字城市地理空间框架建设。承担广西壮族自治区测绘地理信息局立项的“基于高分辨率遥感影像的南宁市香蕉寒冻害研究”等3项科研项目。获得4项软件著作权，广西测绘科技进步三等奖1项，广西优质测绘工程银奖2项、铜奖1项。派代表参加全国测绘职业技能竞赛并获团体三等奖；在全区测绘职业技能竞赛中获团体一、二等奖。

广西壮族自治区地图院

2017年，广西壮族自治区地图院制作各种公益地图3959幅，地图服务工作受到广西壮族自治区党委办公厅、政府办公厅表扬。制作反映广西区位区情现状专题地图15项，全力服务习近平总书记到广西考察调研；主动服务“一带一路”建设，为自治区政府制作广西建设“一带一路”有机衔接的重要门户系列工作用图；全面服务广西开放发展战略，制作中国—东盟国际大通道示意图等；服务中国—东盟博览会，提供展会用图128幅；关爱骑行返乡农民工，赶制全区工会暖流行动服务站点分布图；助力广西精准扶贫，编制广西壮族自治区扶贫办、南宁市精准扶贫精准脱贫攻坚作战挂图，完成桂平、天峨等市县扶贫沙盘系统。全年完成各类测绘项目522项。完成广西农村土地承包经营权确权统一航摄2285平方千米1∶2000 DOM生产，1.35万平方千米458幅1∶1万DEM生产；完成数字广西地理空间框架1∶1万DLG地貌版生产1382幅；完成上林县、隆安县、武鸣区基础性地理国情监测2.5万平方千米；完成《广西第一次全国地理国情普查成果图集》等分要素专题图；数字崇左地理空间框架建设项目通过验收，“天地图·崇左”上线运行。完成广西工作用图服务平台（移动端版）一期研发。主办广西标准地图服务平台，向社会免费提供多种规格标准地图下载服务。与桂平市政府合作，打造桂平市“全域旅游”智慧化建设平台。研发的三维电子沙盘数控系统获计算机软件著作权。

广西壮族自治区水利电力勘测设计研究院

2017年，广西壮族自治区水利电力勘测设计研究院完成广西桂中治旱乐滩水库引水灌区二期工程、广西左江治旱工程驮英水库及灌区工程、广西百色水库灌区工程、洋溪水利枢纽、梅林航运枢纽工程等工程测量项目100多项，制作图件1000多幅，编写技术总结、整编资料200多份，配合各专业完成各项水利枢纽、水库灌区、河湖连通、河长制等国家及省级重点水利工程建设。完成广西贵港市郁江右岸宋屋至台岭泵站段防洪工程测量、广西巴马县盘阳河甲篆乡松吉至百马桥河段河道整治工程测量等项目。采用低空无人机航测技术生产正射影像图等"3D"产品，开展三维建模，为规划、设计等专业提供更加丰富的测绘产品。

广西壮族自治区地理信息测绘院

2017年，广西壮族自治区地理信息测绘院组织实施各类测绘项目20多项。完成数字广西地理空间框架1:1万DLG地貌版1913幅，面积5.62万平方千米数据生产，以及3.18万平方千米统一航空摄影正射影像图制作等基础性任务及重大项目。完成基础性地理国情监测，包括国家级任务1.45万平方千米、自治区级任务7.98万平方千米，以及钦州、贺州、百色、合浦等18个市县森林、矿产、土地、水资源等33个专项领导干部自然资产资源审计等。完成河池至百色高速公路金东兰段临时用地复垦方案编制；宜州市第二次全国地名普查、河池市跨界地名普查；柳州市、平南县等测区大比例尺数字化地形图测量117.269平方千米，其中采用航测法成图43.25平方千米；武宣县不动产登记发证档案整理；柳州玉林两市、容县等12县基础测绘成果2000国家大地坐标系转换；贺州市平桂区行政区域界线测绘及区划地名图制作；柳州市融安县长安镇祥多村等10个土地整治重大工程项目测量与规划设计等。研发的轻型倾斜摄影测量五镜头线性相机等3项实用技术获得新型专利授权，三维矿山监测管理分析系统等3项系统获得软件著作权。

广西壮族自治区交通规划勘察设计研究院有限公司

2017年，广西壮族自治区交通规划勘察设计研究院有限公司完成各类测绘项目97项。完成贺州至巴马高速公路（昭平至蒙山段）1:2000地形图测绘31.7平方千米，贺州至巴马高速公路（象州至来宾段）1:2000地形图测绘108.23平方千米，贺州至巴马高速公路（都安至巴马段）1:2000地形图测绘268.675平方千米，北流至宝圩一级公路改扩建工程1:2000地形图测绘40.93平方千米，柳州经合山至南宁高速公路1:2000地形图测绘358平方千米，荔浦至玉林高速公路平南连接线1:2000地形图测绘11.7平方千米，浦北至北流高速公路1:2000地形图测绘49.6平方千米，松旺至铁山港高速公路1:2000地形图测绘32平方千米，大新德天至宁明天西一级公路1:2000地形图测绘76.2平方千米。与星际空间（天津）科技发展有限公司合作，采用机载激光雷达航测技术对贺州至巴马高速公路（蒙山至象州段）进行测量，并制作完成该段地形的DEM和DOM。利用无人机航拍技术，结合V8、高密度电法等物探手段，创新推进隧道、特殊桥梁、航道等结构物勘察。

南宁市国土测绘地理信息中心

2017年，南宁市国土测绘地理信息中心深化数字城市建设及应用，完成"天地图"市级节点建设工作，数字南宁地理空间框架建设项目新增7个示范应用，全面启动上林、横县、宾阳、马山、隆安、武鸣6个数字县域地理空间框架建设，数字上林地理空间框架建设项目通过竣工验收。加快"国土资源云"建设，基本完成电子政务平台向云平台升级。全力助推不动产登记服务提质增效，自主研发南宁市不动产登记综合服务平台、实景三维不动产地理信息系统和不动产登记信息智能自助查档系统。完成全市基础地理信息数据向2000国家大地坐标系转换工作，推动全区首个自治区测绘地理信息产品质量检验站分站成立在南宁，推进全区首个"资源三号"卫星影像云服务平台市级节点在南宁市设立。北斗位置综合服务系统项目通过验收，研发覆盖南宁市全市域的北斗高精度导航定位与实时空间环境监测等功能的公共在线服务系统。编制完成

《南宁市市区基础测绘“十三五”规划》和《南宁市国土资源信息化“十三五”规划》。承担地铁轨道交通、城市内河黑臭水体治理等重点项目测量工作，共完成征地内分测量约17.33平方千米，房产测量约120万平方米。

广西壮族自治区北斗星测绘科技有限公司

2017年，广西壮族自治区北斗星测绘科技有限公司完成测绘服务总值2130.5万元。完成测绘项目1539项，其中不动产类测绘项目1415项、工程类测绘项目91项。完成“双高”基地工程复核测量、质量检测、编制“以奖代补”工程复核报告及耕地质量等级评定8平方千米；陆军特种作战学院象山营区地块1:500地形图测绘0.94平方千米；钦州龙武农场国有土地使用证颁证测绘5平方千米；桂林恭城低风速试验风电场航空摄影及矢量化测量项目3920放点数；桂林恭城高铁经济产业园土地测绘1.2平方千米；桂林平乐县，柳州柳城县太平镇，百色那坡县城厢镇、龙合乡农村土地承包经营权确权登记颁证项目；柳州柳江县农村土地承包经营权确权登记项目；第三期整县推进高标准基本农田土地整治重大工程测量和规划设计，南丹县2个村、百色市2个村、凤山县15个村土地整治28.45平方千米。承担测量标志更新与维护项目（广西CORS系统播发服务软件）；与北海市政府采购中心签订测绘服务合同，承担北海市2016—2018年度集体土地征收项目的房屋及地上附着物等现状测绘；与南宁经济技术开发区建设发展局签订测绘服务合同，承担2017—2018年财政性投资项目定点测绘服务。拥有15项计算机软件著作权。

广西壮族自治区国土资源规划院

2017年，广西壮族自治区国土资源规划院负责并完成测绘地理信息类项目100多项，完成服务总值1180万元，年内主要从事测绘地理信息等相关工作人员92人。完成道路交通基础设施勘测定界项目20项，其中高速铁路3项、高速公路5项、二级公路12项，勘测定界总里程1600多千米，面积约35平方千米。完成水利能源设施勘测定界项目10项，其中水电站项目2项、风力发电场8项，勘测定界面积为5平方千米。完成城市批次和乡镇批次用地勘测定界项目50多项，总面积约3平方千米。完成铁路、高速公路土地确权登记项目地籍测量6.71平方千米；整县推进土地整治工程、城乡建设用地增减挂钩项目1:2000地形地籍测量16平方千米；广西区内110个县（市、区）2016年度变更调查数据库成果制作和自治区级内、外业核查项目；2016年全国土地变更调查成果国家级外业核查任务，对陕西省6个县（市、区）变更调查成果开展外业核查；承担2017年全国土地变更调查监测与核查遥感监测项目，对云南、内蒙古、甘肃、安徽和河北的128个县开展遥感监测；完成广西110个县（市、区）易地扶贫搬迁可复垦宅基地及城乡建设用地增减挂钩潜力调查及数据汇总工作。

南宁天脉测绘有限责任公司

2017年，南宁天脉测绘有限责任公司完成各类测绘项目444项、测绘服务总值1981万元，其中农村土地承包经营权确权21项、土地勘测定界34项、征地测量37项、地形图测绘4项、房屋报建及不动产测绘318项、航拍及倾斜摄影三维实景建模18项、其他测量及地理信息平台建设12项。完成富川县、德保县的21个乡镇农村土地承包经营权测绘调查入库，桂平市大藤峡片区1:1000地形图测绘，G355苍梧梨埠至昭平马江征地测绘，崇左至水口高速公路界桩放样，昭平县市政设施提升改造工程地下管线探测，昭平县公安局实景三维指挥调度中心信息化系统平台建设等项目。

广西壮族自治区测绘地理信息档案资料馆

2017年，广西壮族自治区测绘地理信息档案资料馆完成测绘服务总值1108.7万元，同比增长66.7%。与广西大学合作开展全国测绘地理信息应用成果和地图展览更新工作。完成2017年全球地理信息资源建设与维护更新项目。完成《广西通志·测绘志（1986—2006）》初稿编写及内部审查工作。完成国家测绘成果档案存储与服务设施广西档案馆建设工程项目并申请验收。与广西壮族自治区环境监测总站合作完成“广西壮族年广西生态遥感野外核查项目”。完成全国第二次地名普查影像数据制作工作。为贵港市2017广西测绘普法活动制作不同历史时期影像图。研发三月三手绘文化地图。开展虚拟三维库房管理系统应用研发项目。完善快速出图系统工作流程及符号库。全年接待成果领用和业务查询1352人次，解答用户咨询968条，受理行政办结通知书701份，签订协议517份。为广西第二次全国地名普查提供54个市县瓦片数据。为广西大学和环江县提供历史卫星影像73景、历史航片2144片。整理分发历史影像、生产成果等数据102TB。协助四川测绘地理信息局收集广西13个部门1:5万动态数据库专题数据。扫描综合类测绘历史档案并数字化3.16万页。

广西壮族自治区测绘地理信息产品质量检验站

2017年，广西壮族自治区测绘地理信息产品质量检验站完成数字广西地理空间框架建设1:1万DLG成果质量控制和验收、地理国情监测项目质量控制和验收、全区统一航摄成果验收及广西北部湾北斗地基增强系统建设等13项基础测绘项目验收工作。完成全区50家甲、乙级测绘资质单位测绘地理信息成果质量监督检查。完成2000国家大地坐标系成果转换、海洋承灾体调查等135项市场委托项目检验验收工作。完成6100台测绘仪器检定，通过计量授权认证复审考核。配合开展广西全覆盖排查整治“问题地图”专项行动；为广西壮族自治区重大项目、重大活动、行政许可提供地图技术审查服务，参与“两会”场馆地图内容审查，审核完成“天地图”节点数据5个、数字城市市级节点数据3个、电子地图服务网站2个，全年审核纸质地图94件，折合16开共4198幅。与四川省测绘产品质量监督检验站联合研发广西版信息化质检软件。参与的《“水准标尺检定装置”地方检定规程JJG（桂）47—2017》正式发布；申请的数字水准仪检定采集处理系统的研究与开发项目、《无人机航空摄影成果质量检查与验收》国家标准获批立项。

海南省

概况

截至2017年底，海南省共有测绘资质单位235家，同比增加33家，其中甲级11家、乙级38家、丙级107家、丁级79家；事业单位40家、国有企业20家、私营企业175家。全省测绘资质单位全年完成测绘服务总值6.6亿元，同比增长15%。年末测绘从业人员3924人，同比增长12%。其中注册测绘师51人；高、中、初级专业技术人员3217人，占从业人员总数的81.98%。

国家测绘地理信息局第七地形测量队

2017年，国家测绘地理信息局第七地形测量队完成各类项目29项，其中国家重点项目5项、市场测绘项目17项、科研项目7项。完成广东省、福建省1:5万地形数据库更新，广东、福建省基础性地理国情监测，全国地级以上城市及典型城市群空间格局变化监测（海口市、三亚市、儋州市、三沙市），HiCORS基准站维持与服务，国家应急测绘保障能力建设项目实施方案（海南）编制工作等国家重点测绘任务。完成三亚市、东方市、儋州市等14个市县46个乡镇农村土地承包经营权确权登记颁证省级验收，海口地区地形形变和地面不均匀沉降监测，儋州市那大城区、澄迈县、屯昌县和洋浦经济开发区地下管线普查，儋州市市区、热带两院、白马井镇、琼海市嘉积镇、官塘旅游景区和博鳌镇、昌江县县城和红林农场、保亭县等1:1000航飞、琼中县红岭水库1:2000航飞。完成保亭县保城镇七仙岭三维街景数据采集，数字昌江大比例尺地形图数据更新，三沙市永兴岛GPS控制点测量，洋浦小铲滩填海造地工程用海海域竣工验收测绘，三亚市南繁科研育种保护区土地确权数据处理，中交水运规划设计院有限公司等多家单位静态观测数据解算，湖南省公路管理局普通公路基础数据核查技术支持项目，湖南省“十三五”交通项目重大课题及交通规划（第二批）项目，乐东莺歌海站、琼海博鳌站、永兴岛西沙站、昌江昌化过河园测点水准点选埋及连测，湖南省国道网数据及电子地图采集，东方市土地承包经营权确权登记项目地图集编绘与印刷，海南省海洋灾害预警应急体系建设——海洋站验潮室建设项目二等水准选埋与观测，一级 GPS 控制点测绘等项目。完成测绘地理信息公益性行业科研专项项目“南海重点区域基础地理数据精细化处理及三维表达”项目验收，国家测绘地理信息局基础测绘科技项目“基于北斗卫星的海南连续运行卫星定位综合服务系统升级改造应用研究”验收，国家科技支撑计划课题“基于地理信息的智慧城镇规划设计集成与示范”8 篇论文发表等工作，国家基础测绘科技计划课题“水下地形测绘关键技术试验”项目验收，国家测绘地理信息局重点实验室开放研究基金资助项目“海岛礁地理信息变化分析及影响评估研究”验收报告编写等科技项目。为海南省“多规合一”、海岸带保护与开发专项检查、山体保护清查和存量土地清查、生态保护红线区专项督察、省国营农场土地规范化管理、应急测绘等政府重点工作提供测绘保障。

国家测绘地理信息局第四航测遥感院

2017 年，国家测绘地理信息局第四航测遥感院承担各类测绘项目共 7 项，其中国家基础测绘项目 1 项、国家重大测绘专项 2 项、海南省边远地区少数民族地区基础测绘项目 1 项、其他项目 3 项。国家基础测绘项目为国家基础地理信息数据库更新项目，共完成海南（不含三沙市）、台湾、广东、福建省 1042 幅 1:5 万地形图制图数据更新，海南（不含三沙市）、台湾省 280 幅 1:5 万地形数据更新，海南、台湾、广东、福建省 85 幅 1:25 万和 17 幅 1:100 万地形数据与制图数据更新。国家重大测绘专项为国家地理国情监测项目和全球地理信息资源建设与维护更新项目。国家地理国情监测项目完成基础性地理国情监测子项的海南及福建任务区（不含福州市和宁德市）共 13.4 万平方千米（1077 景）正射影像生产、海南任务区 3.4 万平方千米基础性地理国情监测数据生产，地理国情监测分析子项的东南沿海诸河片区及珠江片区 5 级以下水网数据优化处理、南方丘陵带生态屏障区自然生态状况变化监测；全球地理信息资源建设与维护更新项目完成孟加拉国、不丹共 19 万平方千米数据生产，其中数字表面模型 1:5 万 512 幅、数字正射影像 1:5 万 512 幅（整景数据 259 景）、核心矢量要素数据 19 万平方千米。承担的海南省边远地区少数民族地区基础测绘项目主要是海南省影像统筹工作，包含全岛高分辨率卫星遥感影像获取与制作，部分区域 0.2 米、0.1 米航空影像获取及制作。完成琼北地区 LiDAR 数据生产 5000 平方千米，海口石山火山群国家地质公园及外围地区控制性详细规划航拍、地形图测量 117.26 平方千米，海口南渡江流域 1:2000、1:5000 测图 130 平方千米，以及文昌市园林绿化遥感调查。

国家测绘地理信息局海南基础地理信息中心

2017 年，国家测绘地理信息局海南基础地理信息中心完成各类测绘项目 28 项，其中地理国情监测项目 7 项、数字城市建设项目 3 项、测绘服务保障项目 4 项、系统研发项目 6 项、科技项目 4 项、其他项目 4 项。完成海南岛海岸带开发利用变化监测、海南中部生态功能区综合统计分析试点、海南省第一次全国地理国情普查成果统计分析、海南省第一次地理国情普查成果图集编制等地理国情监测项目。完成数字五指山、数字海口和数字定安项目的最终验收。为省、市县政府部门提供测绘保障，完成市县“多规合一”数据成果审查，协助省环保厅进行自然保护区人类活动遥感监测及生态保护红线人类活动专项督查，为审计部门开展三亚、儋州、海口秀英区自然资源审计工作提供技术支持。完成昌江核应急电子沙盘系统、三沙市三维规划信息管理系统、海南省生态红线保护区专项督察台账管理系统、海南省 1:1 万基础地理信息数据库管理系统、海南省地理国情普查成果数据库管理系统及成果发布系统的研发工作。完成测绘地理信息标准研究与制修订、海岛（礁）“一张图”管理信息系统、分布式存储和计算环境下的大数据量激光点云数据处理技术研究等科技项目。承担海南省“多规合一”信息数字化管理平台、海南省“多规合一”公众信息平台的研发和建设，并将成功经验和建设成果复制推广到河南，为河南省提供技术支持，共同合作完成河南省“多规合一”项目。参与海南省政务信息化共享项目，承担政务地理空间信息大数据建设，项目成果成为政务信息共享大环境中权威的空间数据源、唯一的地图服务源。

国家测绘地理信息局海南测绘资料信息中心

2017年，国家测绘地理信息局海南测绘资料信息中心完成领导工作用图编制与提供86批次、670张，为党政机关、公安、规划、国土、测绘等部门提供领导工作用图服务。完成测绘成果提供与服务237批次，涉及“4D”产品14 TB、控制点成果312个、模拟图304张，成果提供对象涉及规划、环保、国土、海洋等15个部门。完成海南测绘地理信息局网管中心和地理信息中心机房建设与验收工作，出台《海南测绘地理信息局机房管理制度（试行）》，并通过党政内网测评检查。开展海南测绘地理信息局信息化基础设施建设工作，包括办公楼大厅大屏幕系统、办公网络建设、各单位测绘生产网络改造、中国测绘网海南节点分级保护、办公自动化系统、文书档案数字化等工作。编制完成《昌江县地图集》《海南省本岛周边海域遥感图集》《智慧城镇专题地图集》《海口市工作用图》《海南省交通与生态环境信息专题图》《海南省生态保护红线专题图》等。配合省安全部门，对查获的大批量测绘成果成图进行密级鉴定，为安全部门执法提供可靠依据。

海口市城市规划设计研究院

2017年，海口市城市规划设计研究院完成各类测绘项目102项，其中工程测量93项、城乡用地测量4项、地形测量2项、竣工测量1项、地籍测绘2项。完成海口峨铁房地产开发有限公司华府蓝湾（二期）地下管网测量、海南成燕房地产开发有限公司地下管线测绘共25项。完成海口市琼山区2016年农村公路建设自然村硬化路工程第1标段73.76千米等测绘工程。承担琼海市农村土地承包经营权确权登记测绘项目（第3标段）约7.97万亩，儋州市农村土地承包经营权确权登记测绘第（16）包约5.38万亩；海口桑德美沙环保工程有限公司五源河河道1:1000地形测绘。完成海南国康投资有限公司、海南方兴房地产有限公司、中国人民武装警察部队海口支队的用地放线、定线测量和海南国康投资有限公司竣工测量任务。完成海口秀英万达广场基坑监测、中国邮政集团公司海南省分公司培训楼基坑监测。与博慧检测技术（厦门）有限公司完成桂林洋开发区工业区企业污水及市政管道污水调查，与海口北林清泓水环境治理有限公司完成红城湖片区、道客沟河道两岸污水来源调查，为海口市河道环境治理提供原始调查及测绘数据。

海南图语地理信息技术有限公司

2017年，海南图语地理信息技术有限公司完成各类测绘项目167项，其中摄影测量与遥感36项、地理信息系统工程18项、地图编制46项、工程测量53项、不动产测量9项、其他测量5项。完成海南万宁祥源旅游度假区倾斜摄影测量65平方千米，三亚崖州区倾斜摄影测量30平方千米，东方—乐东（天新线）二级公路改造地形测绘90千米，东方市大田镇、东和镇1:2000地形图航摄100平方千米，保亭城镇规划9个乡镇1:1000地形图航测50平方千米，三亚海棠区倾斜摄影测量30平方千米，海南生态智慧新城园区三维1:500测绘15平方千米等重点测绘工程。完成海南省18市县水库分布地图集、昌江县农村公路地图集等重点地图编制项目。完成保亭县建成区绿化覆盖分析、海口市农村公路数据分析、2017年度海南省公路数据库维护更新等重点地理信息工程项目。完成公路专业调查约4300千米。承担智慧奥园三维建模客流监控系统、昌江县公路通电子地图系统、海口市棚改房屋征收光学数据解译档案系统建设。自主研发“图语看看”三维实景地图移动APP产品，实现数据云存储。研发先进的倾斜摄影测量“6D”产品（3Dmesh、DSM、TDOM、DEM、DLG、3Dshp）生产工艺流程。与海南师范大学、海南省交通厅合作，开展基于农村公路大数据的海南乡村旅游发展潜力与时空格局分析，从微观尺度测算海南省18市县可达腹地旅游交通时间性，并对18市县交通可达因素影响下的乡村旅游潜力进行时空对比分析，为海南乡村旅游发展提供理论依据。

海南地质综合勘察设计院

2017年，海南地质综合勘察设计院实施的项目包括琼中东五指山热带雨林国际生态旅游度假区项目1∶1000地形图测量项目、海口市滨海大道（海港路至龙华路）管线测量项目、2016年三亚市国有土地使用权挂牌出让项目、文昌市东郊镇椰林风情小镇码头大道道路改造等工程测量项目；琼海市农村土地承包经营权确权登记测绘项目，定安县新竹镇、龙门镇农村土地承包经营权确权登记颁证项目，儋州市农村土地承包经营权确权登记测绘项目，临高县波莲镇农村土地承包经营权确权登记耕地测绘项目等地籍测绘项目。海口市美兰区公共文化馆、图书馆、档案馆基坑支护工程变形监测项目、文昌顺义小区主体沉降监测项目、海口“五源·海上日出”建筑主体沉降监测项目、葛洲坝·福湾项目（南区公寓式酒店）沉降观测等监测项目。

海南天琦测绘信息工程有限公司

2017年，海南天琦测绘信息工程有限公司完成各类测绘项目90项。完成海南省军区经济适用房房产测绘20.63万平方米；三亚市科技工业发展委员会公开招标的三亚荔枝沟教育产业项目1∶500数字化地形图测绘10平方千米；海南省白沙快速出口路1∶2000机载激光雷达航飞测图及施工控制网埋测项目1∶2000地形图地物调绘52.51平方千米，地形分幅图94幅；琼海市嘉积镇礼都村、龙寿村、田头村美丽乡村建设项目；中国海监第十支队执法艇浮动码头设备用海1∶500地形图测绘；海南省文昌市铺前镇街道改造项目临街建筑立面三维测绘、临高县皇桐镇立面测量、临高县美台镇立面测量。

海口市土地测绘院

2017年，海口市土地测绘院主要承担全市国土环境资源管理业务所需的各类测绘工作。完成地籍调查993宗，常态性宗地测量、放桩及图件制作1870宗，疑似违法用地测量1122宗，不动产权籍测绘（包括楼幢测绘、地下空间测绘）527宗，农村宅基地报建（含危房改造）测量1930宗。完成观澜湖、万达、长影环球100等项目农转用报批图件制作，海口市存量国有建设用地清理处置和疑似闲置地外业核查、数据成果分析汇总及图件制作，海口市海岸线整治工作图件制作，海口市2016年度土地变更调查与遥感监测4369个图斑和2017年度全天候遥感监测（一期）519个图斑外业核查及内业制图，海口市2016年度土地卫片执法检查工作2551个图斑外业测量、内业制图及数据分析等专项测绘工作。完成永久性基本农田保护工作、南渡江引水工程、水体水环境综合治理项目、棚户区（城中村）改造项目、旱地改水田项目等海口市重点项目测绘工作。完成红旗中心镇建设项目（一期）1∶500地形图测绘0.31平方千米。完成海口市建成区绿化覆盖普查140.59平方千米并对数据进行汇总分析。完成海口市大比例尺基础地理信息数据更新项目前期准备工作，推进数字海口地理信息更新、海口市网格地图更新、海口市测绘基准升级改造和海口市连续运行卫星定位综合服务系统（HKCORS）维护等海口市基础测绘地理信息数据更新维护工作。

海南省农垦设计院

2017年，海南省农垦设计院完成各类测绘项目122项，主要包括海南农垦20个国有农场490万亩农业用地调查测量，海南农垦天然橡胶生产基地195千米胶园道路测量，桂林洋国家热带农业公园项目用地1∶500地形图测量、项目区5米×5米或10米×10米方格网高程测量及界桩放样测量，万宁兴隆咖啡农庄项目5000亩1∶1000地形图测绘，草畜集团新盈项目2000亩用地1∶500地形图测绘，五指山至保亭至海棠湾高速公路项目2500亩土地测绘，海南农垦宏达实业有限公司房屋建筑面积测绘。完成东方市存量建设用地调查，东方市国营广坝农场15万亩遗留问题土地确权登记调查测量，海南农垦20个国有农场1∶1000正射影像图，陵水黎族自治县水稻生产功能区划定、天然橡胶生产保护区划定。

重庆市

概况

截至2017年底，重庆市共有测绘资质单位277家，同比增加37家，增长13.4%。其中甲级6家、乙级59家、丙级193家、丁级19家；事业单位48家、企业229家。年末测绘从业人员7835人，其中测绘专业技术人员3563人、测绘相关专业技术人员2226人，分布在测绘、规划建设、国土资源、水利电力等13个系统。全年开展地理国情普查、城市地下管线普查、数字城市建设、智慧城市建设、地形图测绘、地籍测绘、市政工程测量、规划竣工核实、三维仿真模型制作、地籍变更和土地复垦测量等项目3万项，全年完成测绘服务总值18.2亿元。

重庆市地理信息中心

2017年，重庆市地理信息中心开展2000基准网、CQGNSS网络升级建设，推动智慧城市时空大数据重庆市工程研究中心、高分重庆中心落户重庆。完成1000多个村（社区）影像图制作与地形分析服务，121个村现状分析与规划指引、70个村规划任务，30个远郊区县违法建筑遥感监测和城乡规划督察，18个深度贫困乡镇信息采集和规划编制。开发完成多种新型地图，发布“每周一图”周一期，开设地理探索栏目，打造重庆轨道站名文化专栏，推动“地理文化众创空间”成为国家级众创空间。完成国家应急测绘保障能力重庆单项工程建设，组织开展100多次应急救援训练、2次演练和1次应急救援实战。完成502项工程项目委托检验。接收纸质档案6500多件，接收各类电子档案343项，数据容量约21TB，累计分发测绘成果386次。全球卫星定位系统新增用户单位91家，较2016年增长33.7%。在研科技项目10项，发布实施地方标准2项。公开发表科技论文56篇，其中SCI 3篇、EI 5篇。获国家发明专利授权3项、软件著作权37项。获各类科技奖40项，其他奖25项。

重庆市国土资源和房屋勘测规划院

2017年，重庆市国土资源和房屋勘测规划院完成各类测绘项目100多项。完成重庆市主城区范围外业勘测200多平方千米，地籍测绘198平方千米、房产测绘8000多万平方米。全年举办15期院级培训、58期部门培训，累计选派80多人次参加对外科技交流活动。与西南大学、重庆理工大学、重庆工商大学融智学院签订战略合作协议，14人次被聘为客座教授。在研科技项目45项，其中国家级项目1项、省部级项目2项。深化“三平台、一基地”建设，大足、渝北、巫山3个区县级国土房屋政策监测实证基地顺利挂牌，实现监测体系向基层延伸。获得国家级学会奖5项、市级科技奖1项、国家发明专利授权2项、软件著作权3项。发布实施地方标准1项，发布论文20多篇。

重庆数字城市科技有限公司

2017年，重庆数字城市科技有限公司承接软件、数据和展览展示服务类项目60多项。参与行业普查成果的应用转换，拓展轨道交通地下隧道数据采集、带状地形快速测量等新业务。加大数字规划馆跟进力度，完成云南省师宗县规划展览馆项目。建设的“重庆市企业技术中心”和“重庆市移动型智能测量装备工程实验室”获认定。获省部级科技进步奖、优秀工程奖9项、高新技术产品认定3项，入选测绘地理信息创新产品目录1项，获国家发明专利授权2项、软件著作权9项。自主研发的高新技术产品“吉信移动测量系统”绝对精度达厘米级别，已广泛应用于道路竣工测量、带状地形测量、轨道交通地下隧道数据采集、城市道路两侧可量测实景影像采集等多个领域。

重庆市勘测院（重庆市地图编制中心）

2017年，重庆市勘测院（重庆市地图编制中心）构建完成覆盖全市域、三维化、地上地下一体化、室内室外一体化、高现势性的时空大数据资源体系，参与重庆市轨道交通、跨江桥梁、公租房、道路、标志性建筑等重点工程及基础设施建设，完成包括勘察、测绘、地理信息、三维仿真系统建设、检测、安全性评估、设计及咨询等相关专业项目。出版《重庆历史地图集·第二卷》。开展地形图数据、地下管线数据库、地下空间数据库更新维护。全年获奖50多项，出版专著2部，发表论文30多篇，主编标准规范7项，发布实施地方标准2项。获国家发明专利授权12项、软件著作权11项。6个项目通过科技成果评价，5项成果通过成果转化批准登记，3项产品被认定为测绘地理信息创新产品。自主技术品牌“集景”在安徽省、陕西省等10多个省市推广应用。移动测量系统在广东省、贵州省、重庆市重大民生工程中得到广泛使用。城市基础设施安全监测大数据平台纳入高校教学实验示范平台。

四川省

概况

截至2017年底，四川省共有测绘资质单位1208家，同比增加122家。其中甲级54家，增加9家；乙级249家，增加38家；丙级611家，增加69家；丁级294家，增加6家。年末测绘地理信息从业人员4万多人，分布在测绘、国土、建设、规划、水电、铁路、地矿、煤田等20多个行业。全省测绘资质全年完成测绘服务总值120亿元，保持稳定增长。

四川省地质测绘院

2017年，四川省地质测绘院完成各类测绘项目145项，其中工程测量21项、勘测定界16项、土地规划33项、不动产测量30项、土地变更调查10项、土地整理7项、其他测量28项。完成德阳国际健康谷起步区1:500和1:2000地形图测绘，国道317线德格至昌都段公路改建工程测量，成都崇州经济开发区基础地形测绘项目，西藏曲松县乡（镇）规划1:1000地形图测绘项目，成都轨道交通11号线一期工程项目测绘（A标段），四川华星蜀都分公司地下管线探测项目。承担绵竹市各乡镇地籍控制测量（含地籍修测、补测）及外业调查，德阳市区城镇、农村数据库更新及数据录入服务，西藏扎囊集体土地确权登记，西藏曲松县城规划区不动产确权登记，罗江县国土资源局不动产数据库建设，广汉市不动产登记信息系统建设及数据整合，乐至县国土资源局不动产登记基础数据采集及数据整合服务，甘洛县国土资源局国有建设用地不动产数据建库服务项目，广州市从化区农村地籍调查项目，西藏沙嘎县农村集体土地所有权确权登记发证项目，绵阳市市本级不动产统一登记数据整合及数据采集项目，道孚县农牧和科技局农村土地承包经营权确权登记颁证，越西县农村土地承包经营权确权登记。完成乐至县通旅镇、龙门乡、凉水乡、佛星镇、双河乡、劳动镇、全胜乡等8个土地整理项目勘测、设计等。自主研发的不动产管理软件，在不动产工作中绩效显著。

成都市武测地理信息工程有限公司

2017年，成都市武测地理信息工程有限公司完成成都市新都区国土资源局城镇地籍数据库建设58.38平方千米，涉及宗地9467宗；新都区新都镇拆迁测量1.01平方千米，涉及构筑物面积调查44.4万平方米；1:500地形图测量13.5平方千米，四等水准测量46.5千米。完成蒲江县增减挂钩项目安置小区房产测量10个小区，涉及农户2315户，房产面积测算29.59万平方米；完成不动产登记测量468宗，面积5.9平方千米，完成土石方测量4.5平方千米。完成其他各类测绘项目85项，主要包括成都市部分区县城市规划，成都市部分区县土地规划、整治与保护、旧城改造、不动产调查登记、房产测绘、农用地调查，以及新都区地籍测绘、工程项目征地、土地勘测定界等土地测量项目。测绘和编制各种图件1万多件，其中1∶500工程地形图60多件，总面积15平方千米；地籍、宗地图9000多件，总面积54平方千米；征地用图90多件，总面积18平方千米；规划用地图28件，总面积0.85平方千米；土地勘测定界图100多件，总面积5.8平方千米。

四川省地质工程勘察院

2017年，四川省地质工程勘察院完成测绘项目267项，其中地籍测绘14项、管线探测18项、变形监测57项、地理信息系统6项、房产测量12项、其他测绘项目160项。完成的典型项目有长宁页岩气田集输干线工程技术服务，泸州市江北片区供气工程技术服务，隆昌县小型水利设施测绘确权，芦邛路公路、灵关经双石至宝盛（玉溪）公路灾后恢复重建工程（芦山境），芦山县县城至龙门生态文化旅游融合发展先行区连片新村环线公路工程建设项目新增用地勘测定界测绘技术及组卷上报服务，安岳县小型水利工程确权颁证，加查县、琼结县、曲松县县农村土地（耕地）承包经营权确权登记颁证耕地测绘，宝兴县陇东镇先锋村滑坡汛期专业监测，温江老城区给水管道新（改）建工程管网探测等。

四川省煤田地质局一三七队

2017年，四川省煤田地质局一三七队完成各类测绘项目65项。完成呼图壁县约90万亩农村土地承包经营权确权登记颁证及数据库建设项目，贵州省镇宁县农村土地承包经营权确权项目（A包），贵州省纳雍县、达州市、万源市农村土地承包经营权确权项目。完成2016年宜攀高速沿江段初步勘察测绘项目、渝昆高铁盐津隧道工程地质勘察测绘项目、乐西高速公路整装勘察测绘项目。完成达州市大寨子公园二期地形图测绘，宣汉县巴山大峡谷农村公路工程1∶1000地形图测量，达川区雷音铺郊野公园地形测绘、石桥片区地形测绘，中核建中核燃料元件有限公司棚户区改造（一、二期）配套工程测绘。完成通川区磐石镇、复兴镇规划建设用地地质灾害危险性评估咨询及地形图修编。完成渠县2015—2016抗旱应急水源工程第一标段管线探测、渠县2015—2017抗旱应急水源工程第二标段管线探测。完成渠县城市相对独立平面坐标系统建设、渠县集体土地所有权宗地编码、宣汉县生态保护红线调整意见图制作。承担《达州市“十三五”基础测绘发展规划》编制。运用卫星遥感航拍技术完成全省960个地质灾害隐患点巡排查工作。

四川省地震局测绘工程院

2017年，四川省地震局测绘工程院承担四川地区跨鲜水河、安宁河、则木河、龙门山等断裂带28处形变观测场地12期流动形变监测；完成四川地区292个测段两周期相对重力观测；完成中国大陆综合地球物理场流动地磁矢量观测100个测点观测任务；完成综合地球物理场增项、中国大陆构造环境监测网络、四川九寨沟7.0级地震震后应急GNSS观测等国家重大科学工程项目和国家自然基金课题总计98个GNSS A级点联测；完成龙门山断裂带、川滇交界、“973计划”等国家重大科学工程项目和国家自然基金课题总计35个GNSS连续站的运维；完成中国大陆构造环境监测网络泸州GNSS核心连续站运维；实施甘孜州、阿坝州2个地震台站跨断层短水准每日复测。完成雅安市芦山县龙门乡、飞仙关镇、大川镇、思延乡建设用地1∶2000地形图测绘，富顺县长滩镇土地整理测绘，雅安城市建设投资开发有限公司2017年7月—12月资产评估测绘，嘉陵江金银台、新政、桐子壕、苍溪、金溪、沙溪航电枢纽2017年度形变监测等项目。

中铁八局集团有限公司

2017年，中铁八局集团有限公司测绘分公司完成成都新天府国际机场控制网复测和加密工作，新建川南城际铁路和叙毕铁路控制网测量工作，成都地铁3、7、8和9号线第三方测量工作，大理到瑞丽铁路宝山段秀岭隧道和大坡岭隧道洞内导线控制网测量工作，成都至蒲江铁路CPIII控制网建网和复测工作，水曹铁路精密工程控制网测量、连霍高速公路和南昌洪都大道等公路控制网测量工作。

四川省水利水电勘测设计研究院

2017年，四川省水利水电勘测设计研究院完成测绘项目进出场100多次、外业出工1万多工日。完成亭子口灌区6座囤水水库测量、72条支渠近千千米GPS控制测量、部分支渠定线测量及所有支渠1∶2000矢量化图制作；完成毗河二期总干渠及比较线约200千米渠道和8座水库航测内外业、干渠和支渠近千千米GPS控制测量工作。完成水库与灌溉工程、电站和水库变形测量、地形测量等其他各类测绘项目70多项，主要包括亭子口灌区工程，大桥灌区二期工程，毗河引水二期工程，向家坝灌区一期工程，崇州李家岩水库、巴中黄石盘水库、宣汉土溪口水库、固军水库、南江红鱼洞水库、江油沉水水库、西梓干蓬船灌区、古蔺县关口水库、叙永倒流河水库、泸州双河水库等测量工作。

中国建筑西南勘察设计研究院有限公司

2017年，中国建筑西南勘察设计研究院有限公司完成各类测绘项目200多项。完成四川、重庆、贵州、云南、西藏等地20多项枢纽机场、支线机场、通用机场测量任务。承接上海、杭州、徐州、郑州、重庆、成都、乌鲁木齐等多个城市轨道交通施工或第三方监测。承担深圳国际会展中心主体第三方监测，国家综合管廊试点城市六盘水地下综合管廊安全监测工程，西安小寨海绵城市测量。参与编写国家标准《城乡测量技术规范》《建筑基坑监测技术规范》，主编地方标准《四川省建筑岩土施工测量规范》。

四川省交通运输厅公路规划勘察设计研究院

2017年，四川省交通运输厅公路规划勘察设计研究院完成各类勘测设计项目41项。完成大型公路勘测项目包括叙威高速（泸州段）A标、天府大道北沿线、乐西高速马昭段A4标、S438泸县合江至牛滩公路牛滩至太伏段、G549线雅安石棉界至甘孜九龙段公路白水河至锅底凼段、诺水河光雾山公路KS1段和成乐扩容A3段7项初设阶段测绘工作；成乐扩容试验段和广平高速B1段2项施设阶段测绘工作；成都新机场快速通道、川九路恢复重建、G318折多山隧道、G347线茂县两河口至红原壤口段4项初施设两阶段测绘工作。完成G318交旅融合项目卧龙寺路段、眉山金象工业园区、川九路新二拐和神仙池路段、凉山悬崖村5项倾斜摄影和实景三维建模项目；九寨沟县城至弓杠岭90千米航空视频采集项目；巴万路太平互通、汶马高速理县通化区、攀田高速官坝子隧道3项无人机航摄及航测生产地形图、数字高程模型和数字正射影像工作；“6·24”茂县重大山体滑坡和“8·8”九寨沟地震垮塌应急保障工作。

中冶成都勘察研究总院有限公司

2017年，中冶成都勘察研究总院有限公司完成各类测绘地理信息项目110多项，业务涉及冶金、石油、水利、交通、市政等工程测绘、不动产测绘、地理信息系统建设等。完成G318线康定折多山隧道公路工程1∶2000全野外地形图测量；国道347线两河口至壤口段公路改建初设项目、G0512线成乐高速扩容初设A3合同段控制测量。承担云南文山段天然气管线工程1∶500数字化带状地形测绘；成都市SM广场、天府新区第一污水处理厂、天府国际等项目基坑变形监测及建筑物沉降观测；炉霍县规划区内地籍修补及不动产登记数据整合建库项目、昭觉县国土资源局不动产数据整合建库项目、贵州省铜仁市玉屏县不动产统一登记信息管理平台建设项目等不动产数据整合项目；成都银隆新能源汽车、天府新区路网、三环路改造工程等重大市政工程项目施工测量。

成都市勘察测绘研究院

2017年，成都市勘察测绘研究院完成测绘项目11731项，主要包括工程测量、摄影测量与遥感、地理信息系统工程、大地测量、房产测绘、互联网地图服务、地图编绘等。完成数字成都地理信息公共平台数据库更新20.63平方千米，更新电子地图、地理实体1.32万平方千米。完成成都市中心城区实景三维模型数据成果250.7平方千米、倾斜航空摄影数据340平方千米、1∶500数字线划图191平方千米，2017年成都市域卫星影像加工1.33万平方千米。完成2017年成都市域控制网更新维护，包括C级GNSS点209个、二等水准点139个、E级GNSS点580个的选点和埋石工作，263个C级GNSS点观测、800个E级GNSS点观测，二等水准观测往返程

4680千米。完成蒲江县791平方千米1:2000数字线划图生产工作（含99平方千米更新）。完成成都市域地图、成都市中心城区专题地图编绘更新，中心城区地图（“11+2”范围）和22个区（市）县系列地图编绘。完成成都国际空港产业新城1:500地形图测绘192.14平方千米，天府新区科学城片区及各街道（镇）建成区域1:500地形图测绘66.2平方千米，天府绿道南片区地形图测绘38平方千米、东西片区地形图测绘87平方千米。

四川省冶金地质勘查测绘工程大队

2017年，四川省冶金地质勘查测绘工程大队签订测绘项目合同517份，合同金额约7000万元。完成双流区、高新区、天府新区、新津县、广元市、资阳市、康定市等地地形测绘、地籍测绘、房产测绘、竣工测量、土地总体规划调整完善及永久性基本农田划定、矿权核实、建筑物变形监测等测绘项目。承担青海东部黄河谷地百万亩土地开发整理重大项目1:2000竣工图低空摄影测量服务，平武县不动产登记数据库整合，成都市温江区国土资源局温江区地籍测量及城镇地籍数据库建设，数字内江地理信息公共平台年度更新服务，盐亭县国土资源2015年度土地变更调查、城镇地籍数据库更新与卫片执法，重庆各区燃气管线工程应急抢险、竣工、防腐蚀检测，成都市双流区雨污排水管网数据库管理平台建设，云南省新平县城至易门十街公路提升改造工程基础控制测量及1:2000地形图测绘，营山县地质灾害专项监测施工等。与南方数码科技有限公司合作，建立双流、彭山、新津CORS站。

成都市国土规划地籍事务中心

2017年，成都市国土规划地籍事务中心完成各类测绘项目2953项，其中不动产测绘2572项、新征地勘测定界及面积量算37项、违法用地测量及土地面积勘测37项、房产测绘3项、低空无人机航空摄影测量50项、地形测量3项、建设用地整理项目审查251项。完成金牛区凤凰山公园1:500不动产测绘1.13平方千米；中车成都机车车辆有限公司1:2000面积量算0.46平方千米；成都轨道交通集团有限公司地铁1、3、5号线，新建绵阳至成都至乐山铁路客运专线及中心城区城市建设用地等勘测定界测绘15.37平方千米；成都盛乐农业旅游开发有限公司（童话森林公园）违法用地测量0.15平方千米；中国科学院成都分院、成都彩禾彩印厂房产测绘0.02平方千米；简阳市空天产业园1:1000低空无人机航空摄影测量29平方千米、彭州市龙门山镇1:2000低空无人机航空摄影测量52平方千米；某部队专用铁路、公路、营区土地情况调查，机场高速公路现状用地测绘及权属调查0.44平方千米。

四川省冶金地质勘查局六〇一大队

2017年，四川省冶金地质勘查局六〇一大队完成各类测绘项目239项，其中土地勘测定界45项、工程测量35项、控制测量15项、地形测量50项、变形监测59项。完成通江县文峰村乡村旅游地形测量25平方千米，盐边县永兴镇规划测量1:500地形图测绘，仁和区太平乡花山村土地整理项目1:500地形图测绘，攀枝花恒大城变形监测，攀枝花市三线博物馆变形监测，川投电冶堆渣场生态恢复治理工程1:500地形图测绘，攀枝花市花城新区医院高档墙变形监测，攀煤集团格里坪佳苑15、16号楼变形监测，米易县白马镇小街村石墨矿控制测量，仁和区基本农田划定。

四川省煤田测绘工程院

2017年，四川省煤田测绘工程院完成各类测绘项目45项，其中土地变更调查5项、不动产登记1项、地籍测绘3项、地形图测绘2项、房产测绘8项、耕地后备资源调查1项、耕地质量等别更新和监测8项、管线测绘2项、航空摄影测量4项、竣工测绘3项、勘测定界5项、控制测量1项、农村土地承包经营权确权颁证1项、农村宅基地和集体建设用地使用权确权颁证1项。完成威远县集体土地所有权成果汇总和地籍（子）区界线调整完善，其中土地变更调查5069平方千米、耕地质量等别更新和监测8117平方千米、耕地后备资源调查418平方千米、勘测定界120.48平方千米、地籍测绘54.67平方千米、房产测绘572万平方米、竣工测绘2.5万平方米、管线测绘291.18千米、1:500地形图测绘13.56平方千米、1:2000航空摄影测量130.2平方千米、不动产登记13.42万宗、农村土地承包经营权确权颁证8.1万亩、农村宅基地和集体建设用地使用权确权颁证3.23万宗，制作1:2000 DOM137平方千米、DLG41.2平方千米，制作1:500 DLG47平方千米，测量GNSS控制点C级6点、D级144点、E级21点。研发农村土地承包经营权确权登记数据管理系统和国土调查管理信息系统。

四川鱼鳞图信息技术股份有限公司

2017年，四川鱼鳞图信息技术股份有限公司完成各类测绘项目249项。完成四川省名山县、广东省陆丰市、河北省石家庄市鹿泉区等地农村土地承包经营权确权登记颁证项目35项，总面积820万亩。四川省兴文县、筠连县等县市不动产统一登记数据整合与权籍调绘项目6项，整合数据30万条，权籍调绘面积35平方千米。完成简阳市产权制度改革项目；成都市青白江区粮食生产功能区与重要农产品生产保护区划定项目；广西防城港、贵州威宁地1:2000航空摄影与数字正射影像制作1310平方千米，摄影测量与遥感内业处理数据5000平方千米，1:500倾斜摄影DLG采集4千米。

中铁二院工程集团有限责任公司

2017年，中铁二院工程集团有限责任公司完成测绘项目225项，业务涉及铁路、城市轨道交通、公路等领域，内容涵盖航空摄影、摄影测量、控制测量、勘测、精密工程测量、变形监测、无人机航测等。完成铁路初测4500千米、定测1500千米、补定测200千米，航空摄影（含无人机摄影、倾斜摄影）12055千米，1:2000航测外控8704千米、1:1万航测外控5885千米，1:500航测制图187千米、1:2000航测制图7111千米、1:1万航测制图32931千米、1:5万航测制图12586千米、1:2000无人机制图290千米，铁路线路精密测量CP0 300千米、CPI 2736千米、CPII（含洞内）3239千米、CPIII 1874千米、水准3036千米。完成渝贵、西成、昆明枢纽联络线、铜玉、成兰、盘兴、渝昆、成都至自贡、弥勒至蒙自、日照至临沂、渝湘、渝西、宁怀、成贵铁路、川藏铁路等铁路工程测量项目；成都地铁、贵阳地铁、合肥地铁、深圳地铁、佛山地铁、泸州有轨4号、大邑空轨等城市轨道交通项目；太原公路、云阳公路等公路测量项目。完成达成线云顶山沉降监测、成昆线城门洞特大桥及垭口隧道监测、沪昆线光照及岗乌隧道监测、渝黔老周岩变形监测、内六线变形监测。完成孟加拉帕德玛连接线、巴基斯坦ML—1线、伊朗高铁等测量项目。

中铁二局集团有限公司

2017年，中铁二局集团有限公司完成新建铁路珠三角城际轨道交通广佛环线广州南站至白云机场段GFHD—1标、新建郑州至万州铁路重庆段站前工程ZWCQZQ—1标、玉磨铁路YMZQ—22标、磨万铁路1标、重庆东环线DHZQ—4标、郑济铁路河南段站前工程ZPZQ—VI标、浦梅铁路PM—5标、杭州至临安城际铁路工程SGHL—7标、兴泉铁路兴国至宁化段XQXN—2标等16项铁路工程项目控制测量工作。完成云屯堡隧道（23千米）、紫高尖隧道（9.77千米）、尼泊尔巴瑞巴贝引水隧道（12.2千米）等5座长大隧道工程地面控制测量、洞内控制测量和变形监测等测量任务。完成成都地铁3号线、广州地铁11号线、深圳市城市轨道交通6号线、厦门地铁2号线、乌鲁木齐地铁1号线、青岛地铁8号线、无锡地铁4号线、北京地铁12号线等18项地铁工程测量。完成贵阳吉利大道、新疆伊犁外环、连福一安吉立交一期工程、广州南沙道路提升改造项目、成都市双流国际机场扩能升级改造项目等9项市政工程测量。完成国道遵余高速TJ—Ⅲ标、普安县城至东城区旅游快速通道、国道317线、国道318线、国道528项目、绥延高速公路土建4标等14项公路工程控制测量工作。

四川旭普信息产业发展有限公司

2017年，四川旭普信息产业发展有限公司完成贵州省福泉市马场坪等4个镇退耕还林测绘调查工作，四川省成都市青白江等11个县（区）城乡建设用地增减挂钩项目测量及资料编制工作，贵州省务川县等4个县农村土地承包地经营权确权检查验收项目，四川省成都市高新区东区483平方千米农村房屋所有权、林权、土地承包经营权、小型水利工程所有权确权、集体土地所有权、集体建设用地使用权和集体农用地使用权测绘调查工作。完成四川省自贡市2个区县林业调查及可行性报告工作，四川省中江县等4个县（区）基本农田调整完善项目，重庆市江津区农村土地承包经营权确权调查工作，四川省成都市100万亩菜粮基地高标准农田建设项目（简阳片区）地形图测绘1500平方千米。

四川空间信息产业发展有限公司

2017年，四川空间信息产业发展有限公司完成各类测绘项目43项。完成自贡市沿滩区农牧林业局农村土地承包经营权确权登记航空摄影测绘及内外作业工程采购项目，遵义县三岔镇农村土地承包经营权确权登记颁证，江安县江安镇航空摄影测绘和DLG采集工作，宜宾县土地利用总体规划调整完善项目，普格县2016年度土地利用现状变更调查项目，布拖县2016年度土地利用现状变更调查项目，高县嘉乐镇云鹤村土地整理项目，梓潼县国土资源局2016年度土地变更调查与卫片执法服务项目，乐山市市中区2014年耕地质量等别年度更新与监测评价技术服务项目，汉源县永久基本农田划定项目，凉山州喜德县永久基本农田划定项目，凉山昭觉县永久基本农田划定项目，宁南县永久基本农田划定及数据库建设项目，凉山州普格县重点地区、重点部位永久基本农田划定项目，凉山州德昌县永久基本农田划定项目，凉山州德昌县乡镇基本农田布局调整工作，江阳区永久基本农田划定工作，邻水县永久基本农田划定编制和保护碑建设项目。完成时空信息应急大数据平台、智慧农业综合服务平台、智慧粮库平台、空间内外一体化平台、快速交付平台5大系统软件产品研发工作。

四川省交通运输厅交通勘察设计研究院

2017年，四川省交通运输厅交通勘察设计研究院开展渠江达州段航运配套工程可行性研究、乐山至西昌高速公路马边至昭觉段初步勘察设计A3标段等30多项测绘项目。完成工程控制测量约1500千米、无人机航摄约50平方千米、机载激光雷达扫描约540平方千米、水下地形测绘约370平方千米、江道带状地形图测绘约1000千米。承担G544线九寨沟县城至龙康大桥段公路灾后恢复复建工程初步勘察设计，渠江达州段航运配套工程可行性研究、渠江风洞子航电枢纽工程可行性研究，嘉陵江川境段航运配套工程二期工程施工图设计（全江段563千米）。

中国水利水电第七工程局有限公司

2017年，中国水利水电第七工程局有限公司承担测绘项目97项，主要涉及水电站工程、铁路工程、公路工程、市政工程、城市轨道交通工程及工程外部变形监测等。完成深茂铁路五标段、成贵铁路三标段、新建蒙西至华中地区铁路煤运通道土建工程MHTJ—18标段、京张铁路八标段CPI、CPII及加密网的控制网复测等。完成16个水电站运行期外部变形监测，3个水电站库区泥沙监测，成都地铁（4号线、18号线）、深圳地铁（7号线、5号线二期、9号线）外部变形监测。

中节能建设工程设计院有限公司

2017年，中节能建设工程设计院有限公司开展的测绘业务涉及地形测量及方格网测量19项、建筑变形测量63项、地下管线测量3项。完成百花亮采项目地形测绘、龙光·君悦华庭项目二期建设工程沉降观测及基坑变形观测、泰业·城中城基坑变形观测等项目。承担成都市第七人民医院天府医院二期工程基坑及周边环境变形观测与主楼沉降观测，成都市成华区二环路东二段3号新建商业用房、商品住宅、绿化工程及附属设施项目沉降观测及基坑变形监测，新川143项目1、2、4号地块基坑变形监测。承建贵达项目工程1号地块主体沉降及基坑变形观测，合作承建三圣乡项目主体沉降观测、基坑变形监测、一里塘项目基坑变形及主体沉降观测等项目。

中国建筑材料工业地质勘查中心四川总队

2017年，中国建筑材料工业地质勘查中心四川总队在成都市、遂宁市、眉山市、简阳市等地开展地形测绘、土地整理等项目约156.88平方千米。完成成德南高速公路、峨眉至汉源高速公路等土地勘测定界309千米，资阳雁江区、峨边县、犍为县等小型水利工程确权登记颁证1.93万本，崇州市、蓬溪县、喜德县城区不动产数据整合约17.8万户。完成其他各类变形监测、房产测量、征地放线、地籍测量、控制测量、监理项目、卫片执法、土地变更调查、建设用地报征、国土档案整理等项目共62项。

中国电力工程顾问集团西南电力设计院有限公司

2017 年，中国电力工程顾问集团西南电力设计院有限公司测绘业务涵盖火力发电厂、新能源发电、高压输电线路、变电站等工程可研设计、初步设计及施工图设计阶段，共 29 项。完成 1:500 工程地形图测绘 7 项，面积 15.5 平方千米；1:1000 工程地形图测绘 5 项，面积 18.3 平方千米；1:2000 工程地形图测绘 4 项，面积 34.9 平方千米；1:1 万工程地形图 4 项，面积 1644 平方千米；输电线路测量 9 项，测绘路径平断面图 1030 千米。完成主要测量工程有印尼芝拉杂电厂三期（含水下地形测量）、华电木里光伏扶贫项目、中电工程叶县保安 48MW 风电场项目、四川省布托县补洛乡 50MW 光伏扶贫电站项目、神华国能集团有限公司重庆发电厂 2×660MW 环保迁建新建工程、安龙煤电化一体化产业基地热电联产动力车间项目工程（含水下地形测量）、张北可再生能源柔性直流电网示范工程丰宁换流站工程、华能海口电厂灰场智能光伏发电项目（含水下地形测量）、成都高新西区分布式能源站工程、印尼 KALTIM 2 2×125MW 燃煤电站项目（含水下地形测量）、印尼 SULBAGUT—1（2×50MW）燃煤电站工程、枣庄田陈福源 2×35 万千瓦煤矸石综合利用项目 EPC 总承包工程、泸州临港产业园分布式能源工程等。

四川金土地实业有限公司

2017 年，四川金土地实业有限公司完成的主要测绘项目有崇州市农村土地承包经营权确权颁证图斑入库采购项目、郫都区不动产统一登记数据整合建库项目、屏山县等地宅基地和集体建设用地及房屋确权登记项目、东坡区等地粮食生产功能区和重要农产品生产保护区划定项目等。与国有平台公司联合成立四川蜀府金土地实业有限公司、四川商投金土地建设有限公司。

中国水利水电第五工程局有限公司

2017 年，中国水利水电第五工程局有限公司完成各类测绘项目 7 项，其中水利电力工程 3 项、铁路工程 1 项、市政工程 1 项、公路工程 2 项。主要完成安徽金寨项目下水库导流泄放洞工程（含闸门井、斜井）王湾沟沟水处理工程、自流排水洞工程，向家坝水电站灌区工程南、北总干渠首部取水隧洞工程，郑州市 107 辅道快速化工程，重庆江习高速公路工程，重庆蟠龙项目；路桥工程等。

四川电力设计咨询有限责任公司

2017 年，四川电力设计咨询有限责任公司完成工程测绘项目 67 项，其中输电线路勘测 31 项、变电站勘测 31 项、新能源（风电场、光伏电站）勘测 5 项。完成雅中—江西 ±800kV 直流特高压输电线路新建工程跑马坪（雅中换流站）—海口梁子东北 120.5 千米施工图勘测，雅中 ±800kV 换流站接地极线路工程施工图勘测 202 千米，成兰铁路松潘牵引站 220kV 供电工程 186 千米输电线路和一座 220kV 变电站施工图勘测，左右江革命老区电力扶贫项目兴义至百色输变电工程（三期）可行性研究勘测，成都西 500kV 变电站新建工程可行性研究勘测等重点测绘项目。承担“差分 GNSS 无人机在新能源工程测量中的应用”“输电线路工程测量自动化系统 V1.0”“高海拔、高寒、高地震烈度地区输变电工程勘测设计技术研究”“国际工程火电/输变电设计技术标准应用研究”四项测绘相关科研课题研究。参与 GB/T 50548《330kV～750kV 架空输电线路勘测标准》改版编制工作，参与《电网地理信息服务平台（GIS）总则》等 5 项 CSEE 团体标准编写工作。与北京洛斯达公司合作，搭建输变电三维数字化设计平台，在可视化三维场景中进行输变电工程项目三维设计。

四川德阳中地测绘规划有限公司

2017 年，四川德阳中地测绘规划有限公司完成各类项目 45 项，其中测绘类项目 18 项、规划类项目 8 项、土地调查类项目 9 项、档案数字化项目 10 项。完成织金县房地一体权籍测绘，汶川县威州镇、映秀镇、水磨镇城镇范围内地下综合管线现状普查探测，西藏自治区那曲尼玛县文布乡锂矿项目区域 1:1000 地形数字化测绘，华蓥市国土资源局 2017 年征地报件编制，广安市广门乡应家村、石谷村土地整理项目竣工勘测定界测绘。承担冕宁县不动产统一登记城镇地籍修补测绘及数据整合建库，华蓥市国土资源局第四批工矿废弃地复垦利用试点项目实施方案编制，岳池县“十三五”基础测绘发展规划编制，筠连县“十三五”整治规划编制，南充市重点地区、重点部位永久基本农田划定，绵竹土门镇城乡建设用地增减挂钩项目施工设计及预算，国道348线凉山州盐源卡坝桥至云南宁蒗界公路土地复垦专项规划编制。分别与成都理工大学和成都大学合作建立校外教学测绘类实习基地和产学研基地。

四川省德阳地质工程勘察院

2017年，四川省德阳地质工程勘察院完成各类测绘项目27项，其中土地勘测定界1项、不动产测绘5项、地形图测量4项、其他测量17项。主要完成成都经济区环线高速公路德阳至简阳段项目（中江县境）1:1000工程勘测定界及征地放线测量51千米、中江县凯江河河道整治1:500应急测绘7.5平方千米、西藏丁青县华鑫公司三宗矿权勘查1:2000地形测量8.18平方千米、九龙县朵布牛场铅锌多金属矿1:2000地形测绘及地质工程测绘10.38平方千米、安县高川乡黄洞子沟泥石流治理工程效果监测、林芝市巴宜区农村土地（耕地）承包经营权确权登记颁证7.5万亩、青海省兴海县2016年农村土地承包经营权确权登记颁证整县推进建设项目7.89万亩、西藏隆子县农村集体土地所有权确权登记发证工作项目88平方千米、云南省峨山县农村土地承包经营权确权登记颁证工作测绘业务质量监理35.95万亩等。

四川省天府容大信息科技有限公司

2017年，四川省天府容大信息科技有限公司完成各类测绘地理信息27项，其中土地整理测绘和规划设计5项、勘测定界5项、土地规划2项、地形测绘2项、不动产测绘2项、耕地质量等别评价3项、其他项目8项。主要完成青神县1:500城镇地籍测绘24平方千米、新龙县城区不动产登记、苍溪县小型水利工程确权、苍溪县彭店乡土地整治等项目。

贵州省

概况

截至2017年底，贵州省共有测绘资质单位500家，其中甲级17家、乙级79家、丙级205家、丁级199家；民营测绘企业332家，占全省测绘资质单位总数的66.4%。全省测绘行业全年完成测绘服务总值20.92亿元，同比增长26%。年末测绘从业人员9826人，同比增长8.8%，其中注册测绘师216人，279人获得注册测绘师资格，录用应届毕业生780人。完成的重点测绘项目包括地理国情监测、精品水果精确调查、旅游资源大普查、精准扶贫作战图管理系统建设等。

贵州天地通科技有限公司

2017年，贵州天地通科技有限公司完成各类测绘项目277项，其中土地确权项目及质检49项、工程测量108项、不动产测绘25项、正射影像生产10项、水库移民测绘32项。完成广西来宾市三江口港产城新区1:500地形图测绘1100平方千米、中天金融集团团结村精准扶贫项目1:2000地形图测绘40平方千米、黔西南州义龙新区楼纳村美丽乡村建设项目1:500地形图测绘15平方千米、贵阳市测绘院金阳新区办公楼沉降监测、龙里三维电子沙盘制作、2017年度卫星遥感影像执法监察监管项目正射影像制作1000平方千米、贵阳市电子沙盘制作、龙里湾滩河园区倾斜摄影、贵阳市精品旅游环线农业产业结构调整项目、贵州省农村土地确权省级验收、碧江区农村土地确权数据库建设、册亨县农村土地确权数据库合库、开阳县和修文县农村土地确权数据库转换。完成TDT精密单点定位软件、城市雨污管理信息系统、地下管网管理信息系统、蔬菜基地红线档案系统、水库移民管理信息系统、天地通农村土地承包经营权管理信息系统、一张图管理信息系统7项软件设计。

贵州有色地质工程勘察公司

2017年，贵州有色地质工程勘察公司完成各类测绘项目110项。完成施秉县杉木河云台山景区航空摄影测量100平方千米、中国传统村落峰会永久会址暨世界苗族文化展示中心项目地形图测绘、贵安新区华为投资有限公司云数据中心项目地形测绘、贵州瓮福蓝天氟化工股份有限公司主要建（构）筑物变形监测、瓮福化工公司主要建筑物变形监测、贵州铝厂场坝监测、贵阳市煤矿超层越界专项检查整治行动井下抽查项目行动测量、息烽县煤矿超层越界专项检查整治行动测量、贵安新区“十三五”土地整治规划基础信息调整及数据库建设、华润电力贵州煤电一体化毕节项目一期新建工程测绘等。

贵州省第一测绘院

2017年，贵州省第一测绘院完成各类测绘项目400多项，涵盖土地规划、智慧城市建设及应用、勘测定界、地籍调查、自然资源确权、地质灾害监测、多规合一、倾斜摄影、不动产调查等领域。贵州北斗卫星导航定位基准站网全面建成运行，服务于省内外201家专业测绘单位，注册用户数1353个，探索基于北斗卫星导航定位基准站网并综合多种传感器的地面形变监测技术，建立6个监测示范点；开展多源遥感影像快速获取在地质灾害监测预警中的应用研究，对4个市（州）地质灾害进行监测，识别出378个形变点；结合星载雷达与地基雷达的地质灾害应急监测技术成功应用到“纳雍8·28”崩塌事故救援抢险；完成24个县（市）127万亩精品水果调查；完成2.11万平方千米0.2米高分辨率航空影像数据获取任务；开展倾斜航空摄影并应用到贵阳市社会治理大数据云平台；开展专题性地理国情监测贵安新区空间格局变化监测；完成全国第三次土地调查新技术凤冈县省级试点生产；承担思南县、钟山区自然资源统一确权调查国家级试点和三都县、雷山县“多规合一”省级试点工作，开发建设六盘水市“多规合一”管控平台；承担智慧贵阳时空大数据与云平台、数字仁怀地理空间框架、数字瓮安地理空间框架建设等。

贵州省第三测绘院（贵州省国土资源遥感监测中心）

2017年，贵州省第三测绘院（贵州省国土资源遥感监测中心）完成省委省政府重点任务贵州省国土资源精准扶贫作战图管理系统建设、21个县（区）精品水果精确调查、贵州省1:1万基础测绘乌江流域沿线210幅“4D”产品生产。开展雷达干涉测量地表形变监测技术辅助地质灾害防治研究，总监测面积2.9万多平方千米，提交监测报告12期，监测到形变区域近200处。利用大型无人机多源遥感系统执行0.2米航摄任务，完成航拍2.4万平方千米。开展应急测绘演练16次，参加2017年贵州省地质灾害应急处置演练。牵头筹备全国首个航空遥感应急保障基地一类通用机场建设。更新编制领导工作用图《贵州省地图》、贵州省旅游资源大普查系列图。开展草海生态保护与综合治理“草海云”项目建设、贵州省九个市州的城市空间格局变化监测、“精准扶贫视角下的贵州省移民搬迁战略研究——基于地理国情普查成果”研究。开发贵州省地质灾害卫星雷达监测平台、基于多系统移动端APP模式及互联网端的地图浏览查询系统、贵州省手绘及AR电子地图。牵头承担自然资源统一确权登记国家级试点、低效用地再开发调查工作、12个县级永久性基本农田划定工作和11个县级2016年度土地利用变更调查；4个城市区域建设用地节约集约利用状况评价工作。

贵州地矿测绘院

2017年，贵州地矿测绘院完成各类测绘项目368项。完成金沙县、水城县、毕节市、纳雍县、印江县、绥阳县、威宁县、赫章县、黔西县、大方县、七星关区等地农村土地承包经营权确权登记项目；开展威宁县、大方县、余庆县、湄潭县、凤冈县、新蒲新区、雷山县、石阡县等地不动产测绘项目；完成云岩区、乌当区、观山湖区、道真县、大方县、威宁县等地土地利用总体规划调整完善项目；完成乌当区、观山湖区、大方县、威宁县、七星关区等17个县（区）永久性基本农田划定工作；完成基于UAV低空摄影测量的城乡虚拟现实技术研究项目结题工作；完成贵阳市观山湖区大数据地块、重庆市渝北空港椿萱大道等多个地下管线测量项目；开展地理信息新技术重大项目“贵阳市中心城区抗震防灾规划项目（第五期）”；完成威宁、赫章等6个县区1252平方千米DOM生产工作。

贵州千景土地科技有限公司

2017年，贵州千景土地科技有限公司完成各类测绘项目971项，其中监理项目112项、规划检验项目86项、房产测量项目131项、地形测量项目220项、航空摄影测量项目15项、农村土地承包经营权项目184项、土地利用调查项目10项、其他项目213项。完成贵州省息烽县、册亨县、独山县、镇远县、道真县、惠水县、石阡县、毕节金海湖新区农村土地承包经营权确权的数据库建设和入库。完成锦屏县1:500地形图测绘40平方千米、1:2000地形图测绘800平方千米。制作正射影像图9811平方千米，其中1:2000正射影像图7511平方千米、1:1000正射影像图1500平方千米、1:500正射影像图800平方千米。完成贵州省榕江县新老城区地下管线测量100千米。被聘为贵州省农村土地承包经营权确权登记颁证省级验收单位。

贵州黔美测绘工程院

2017年，贵州黔美测绘工程院完成各类测绘项目107项，其中公路征地测量10项、土地预审及勘测定界12项、房产测量10个、煤电项目10项、宗地测量20项、丘块测量10项、规划核实测量2项。完成镇远农村改造、安顺轿子山世界花都、余庆飞龙湖公园、凤冈新建镇六湾五寨1:500、1:2000地形图测量52.12平方千米，西秀区土地勘测定界8038亩，息烽县、凤冈县人畜饮水提升工程线路测量453.5千米，六盘水地区25对矿山储量动态监测，盘县境内养殖基地二期宗地测量500宗，镇远三施高速、纳雍公路征地测量52千米，西藏自治区聂拉木县20处地质灾害滑坡监测前期工作，两河新区土地征收、勘测定界、放点、土石方测量15万亩，双龙经济开发区勘测定界测量4000亩，盘县鸡场坪镇、乐民镇农村土地确权14.03万亩等。

贵州省地质矿产勘查开发局一〇六地质大队

2017年，贵州省地质矿产勘查开发局一〇六地质大队完成各类项目107项，其中变形监测8项、不动产测绘5项、勘测定界32项、人防工程3项、地理信息系统工程4项、地图编制5项、其他测量项目50项。完成了毕节市七星关区放珠镇农村土地承包经营权确权调查和入库、纳雍县城区棚户区改造调查与测绘、镇远县老文溪重晶石矿区1:2000地形图测绘14平方千米、余庆县大乌江镇地质灾害治理1:1000地形测图3平方千米、红花岗区老鸦山至红花岗山战斗遗址1:500地形测图8平方千米、遵义市第三轮矿产资源总体规划数据库建设。与成都理工大学合作，完成湄潭县、余庆县、桐梓县、正安县、道真县地质灾害监测平台建设选点工作。

贵州省地质矿产勘查开发局一〇一地质大队

2017年，贵州省地质矿产勘查开发局一〇一地质大队完成各类测绘项目65项，其中地理信息系统工程13项、工程测量38项、不动产测绘7项、测绘航空摄影5项、土地规划及土地整理2项。完成1:500地形图测绘15平方千米，勘测定界测量0.5平方千米，房产测绘20万平方米，地籍宗地测量4000宗，测绘航空摄影测量1:2000地形图10平方千米、1:1000地形图68平方千米、1:2000正射影像图74平方千米。完成贵州省贵安新区建设房屋征收房产测绘17万平方米，贵州电网有限责任公司凯里供电局2017年35kV及以上变电站和供电业务楼不动产权证（房产）办理业务项目房产测绘3万平方米、宗地图测绘26宗、办结54本不动产权证书，黔东南州黎平县德顺乡农村集体土地确权及数据库建设项目宗地测量及数据库建设3700宗，黔东南州雷山、天柱县基本农田划定数据库建设及土地利用变更调查数据库更新面积共3382平方千米，黔东南州从江县泥石流地灾区测绘航空摄影测量1:2000地形图5平方千米，从江县加榜梯田旅游核心区测绘航空摄影测量1:1000地形图及1:2000正射影像图68平方千米，黎平县肇兴镇1561宗地、32.9万平方米农村集体建设用地（宅基地）房地产一体确权登记发证权籍调查、土地房屋一体测绘及数据库建设等项目。

贵州省第二测绘院

2017年，贵州省第二测绘院完成各类测绘地理信息项目116项，其中基础测绘阶段性任务1项、地理国情监测1项、用地预审3项、小比例尺测绘37项、不动产测量4项、土地规划17项。完成的长江经济带国家投资基础设施建设监测项目（贵州监测任务区）通过国家测绘地理信息局验收。完成贵州省农业产业结构调整遥感监测项目的总体方案、实施方案等9个方案（报告）编写。完成贵阳市10个区（市、县）、黔东南州5个县（市）地名普查工作和贵州省3个地州精品水果调查工作。开展贵州省地州市三维城市街景应用服务平台建设，已完成遵义市、安顺市数据采集与部分数据编辑处理工作。结合地理信息大数据及云服务完成贵州省地质灾害群测群防APP及管理系统、贵州省重安江河长制APP等多个项目，均已在全省推广使用。开展贵州省“时、空”信息大数据产业链构建项目，加强与实施大数据产业、信息化产业、地理信息产业的各类核心企业交流合作。

云南省

概况

截至2017年底，云南省共有测绘资质单位875家，同比增加60家，增长7.36%。其中甲级21家、乙级196家、丙级395家，丁级263家；私营企业675家，事业单位195家。年末测绘从业人员18998人，同比增加2045人，增长12.06%。全省测绘地理信息行业全年完成测绘服务总值24.28亿元，同比增加1.54亿元，增长6.77%。

国家林业局昆明勘察设计院

2017年，国家林业局昆明勘察设计院开发完成广东省森林资源外业数据采集系统、云南省森林资源外业数据采集系统以及基于ArcEngine开发包的昆明市森林资源档案管理系统、昭通市森林资源档案管理信息系统。主要完成测绘项目13项，包括各类道路地形图测绘，重点项目有G7611都匀至香格里拉高速公路守望（滇黔界）至红山（滇川界）段1∶2000地形图测绘24.35平方千米；拉萨市东城区环线（北岸）、大东环线道路建设项目1∶500地形图测绘25.52平方千米、1∶2000地形图测绘4.07平方千米；香格里拉至维西（益松至仓觉段）二级公路工程1∶2000带状地形图测绘73.6千米；G0613线滇藏高速路芒康至红拉山段1∶2000带状地形图测绘50千米；苗尾电站库岸沿江公路1∶1000带状地形图测绘34千米；芒瑞大道局部工点1∶500地形图测绘0.2平方千米；西藏阿里地区2017年农村公路工程建设项目工程测绘，共32条公路，总里程549.9千米；西藏拉萨、林芝地区、那曲及山南地区农村公路工程建设项目工程测绘，共6条公路总里程475.1千米。

云南省水利水电勘测设计研究院

2017年，云南省水利水电勘测设计研究院空间信息分院完成不同阶段不同类型水利水电项目测量37项，其中重点督办水利工程项目9项、中型水利工程13项、引水工程6项、补勘项目5项、施工控制网项目4项。完成各等级控制点测量1453点，1∶500、1∶1000、1∶2000地形图测绘145平方千米，无人机航测DOM面积659平方千米，倾斜三维建模37.6平方千米。完成滇中引水工程昆明、玉溪、红河段二等施工控制点测量305点，曲靖车马碧水库二等施工控制点10个、三等施工控制点60个。完成宾川海稍水库、澜沧县肯半水库、宣威扯卓河水库、梁河县湾中河水库、石屏县马鞍山水库、西畴县大堡水库、保山市阿贡田水库、临沧市临翔区调水工程、宾川县鲁地拉电站调水工程、凤庆县江北三乡调水工程等不同阶段的测绘工作。基于三维实景模型，搭建实景 + BIM 融合场景，并利用 GIS 平台对其管理，实现多专业多源数据统一协同管理。

中国电建集团昆明勘测设计研究院有限公司

2017 年，中国电建集团昆明勘测设计研究院有限公司测绘地理信息研究院完成测绘服务总值 1.03 亿元。主要完成建水（个旧）至元阳高速公路控制及 1:500 ~ 1:2000 地形测量 355.88 平方千米，鲁甸县红石岩堰塞湖整治工程专业项目改复建测量，滇中引水工程（万家—新庄段）地形测量 424.2 平方千米、临时界桩 2450 座，大理洱海农业面源污染综合治理工程地形测量 47.6 平方千米，西藏芒康滇金丝猴国家自然保护区功能区划图制作 67.3 平方千米。承接云南省澜沧、西盟、禄丰、永胜等农村土地承包经营确权项目 492.6 万多亩；继续开展昆明长水机场、马鹿塘、凤凰谷、金安桥电站等工程安全监测 10 多项；完成大理、丘北、易门等不动产权籍调查。国际测绘业务涉及老挝、柬埔寨、缅甸、印尼、尼日利亚、喀麦隆等国的 32 个项目，面积统计 778.3 平方千米。编制《中国电建集团昆明勘测设计研究院有限公司地理大数据共享云平台建设》《智慧横琴》《智慧城市顶层设计》《智慧城市公用事业信息平台建设》《智慧城市数字化城市管理平台建设》《花垣县倾斜航飞方案》等方案。2 个项目获发明专利授权，13 个项目获计算机软件著作权，16 个项目获电力、测绘优秀工程奖。“空间 QC 小组”和“经纬 QC 小组”分别荣获 2017 年度国家工程建设（勘察设计）优秀 QC 小组一、二等奖。

云南省地图院

2017 年，云南省地图院完成测绘服务总值 4000 多万元，开展了地图编制、模型制作、工程测量、不动产测绘、摄影测量与遥感、数据采集、地理信息系统工程等各类测绘地理信息服务项目 100 多项。更新制作网上地图成果展览展厅，编制印刷万象城市地图、全省主体功能区分布图、口岸分布图、特色小镇分布图、山脉水系图、政区图、森林分布图、矿产资源分布图、云南与周边国家图、应急大幅面特种挂图、云南省地理国情普查公报插图等 900 多幅。开展怒江流域河长制地图、云南省土壤侵蚀挂图、部分州市交通图、卫星影像图以及城区图等 20 多项地图编制工作。

完成 5 个州市 43 个县 2017 年基础性地理国情监测任务。继续开展“天地图 · 云南”建设工作，完成 6 万多平方千米矢量数据、地名地址数据及影像数据更新处理与整合，完成“天地图 · 云南”云平台搭建和门户网站升级改造，开展云平台市级节点应用示范系统和行业相关专题应用系统建设，研发保山市自然资源和空间地理基础数据库。开展 2016 年度云南省级及部分州市土地矿产卫片执法监督检查技术服务，云龙县、弥渡县不动产数据整合与不动产测绘，全国地级以上城市及典型城市群空间格局变化监测，弥勒市、麒麟区、祥云县矿产资源“打非治违”动态执法监察系统平台建，保山市、玉溪市、红河州、蒙自市、澄江县国土资源综合监管系统建设，德宏州地理国情监测管理系统建设，矿产资源管理和执法监察系统建设等一系列服务国土行业的项目。完成临沧市 6 县 1 市以及临翔区民政局第二次全国地名普查成果转化服务，云南省华宁、西畴、思茅等地 35 个县农村土地承包经营权确权登记颁证工作底图检测点采集，滇池流域环境监测倾斜摄影数据采集，晋宁县晋城镇及周边地形航空摄影、正射影像图制作等测绘服务。

研发领导干部自然资源资产离任审计综合分析业务平台和审计眼实地核查取证系统；为云南省审计厅开展的昭通市、德宏州、曲靖市、丽江市、玉溪市领导干部离任审计工作提供技术支持服务；为省公路局提供卫片、航拍数据，制作导航路网、电子地图、三维场景数据，搭建公路三维 GIS 系统，完成云南省可持续发展公路养护项目文山州公路三维 GIS 系统建设；与武警部队建立共建共享机制，在基础数据、影像数据和地理信息系统建设等方面开展合作、提供服务。

云南省遥感中心

2017 年，云南省遥感中心完成全省遥感影像统筹获取、接收和正射影像生产保障服务工作。全年累计接收云南省域卫星遥感影像数据 5796 景，覆盖率 99.6%，其中 2 米级影像 1701 景，覆盖率 98.7%；亚米级影像 4095 景，覆盖率 98.5%。制作完成并提交了 2016 年、2017 年两期全省优于 1 米卫星遥感正射影像，建水测区优于 0.5 米航摄正射影像图576幅。完成丽江、楚雄、昭通、玉溪4个州市35个县（市、区）基础性地理国情监测任务。组织实施景东、滇中、建水3个测区1:1万DLG更新项目。组织实施云南周边省界无图区立体遥感影像获取与1:1万“3D”数字地图补测（涉及1:1万分幅126幅）项目，成果填补云南省1:1万DLG、DEM数据空白区，实现1:1万“3D”数据全覆盖。利用卫星遥感影像数据制作完成怒江云南省流域3.35万平方米正射影像图，为云南省测绘地理信息局怒江流域河长制工作用图制作提供数据保障服务。配合云南省矿山地质环境调查和矿山生态环境防治规划编制工作，采集获取全省近2.4万个矿山图斑地理信息数据，编制全省129个县（市、区）矿山地质环境调查影像图，项目成果为国土部门下阶段矿山信息实地核查提供直观详实的基础资料。完成德宏、怒江、昭通3个州市20个县226个乡镇地名普查工作，调查各类地名数据近6.2万条。完成凤庆县2013年、2016年和2017年三期自然资源资产信息采集和数据库建设，并搭建凤庆县审计信息管理系统。承担昆明、楚雄、迪庆、怒江4个州市31个县草地资源清查任务，拓展测绘地理信息成果在全省农业领域的应用服务。

云南省测绘工程院

2017年，云南省测绘工程院完成各类测绘项目21项。完成云南省现代测绘基准体系基础设施建设项目昆明等8个州（市）C级点选埋211点、水准点标石选埋409点、二等水准联测24条线路4030.3千米；国家边少项目临沧市、西双版纳州水准点标石选埋409点、二等水准观测1295千米。完成昆明市、曲靖市、普洱市、文山州等地基础性地理国情监测地表覆盖数据、地理国情要素更新12.91万平方千米。完成云南省综合卫星定位服务系统（YNCORS）地方坐标系发布系统在玉溪市等7个州（市）的部署，并对相关单位进行培训和现场作业指导。完成滇中区域250幅和建水测区192幅1:1万“3D”地图数据资源更新。完成全省似大地水准面精化项目临沧市、曲靖市、迪庆州、昭通市区域验收，丽江市精化外业工作。完成地理国情普查应用服务长江经济带国家投资基础设施建设云南监测任务区、昆明市主城区及滇池流域地表覆盖与沉降监测、迪庆州重点区域及矿区用地变化核查、云南滇中新区空间格局变化监测工作。完成云南机场建设和航空安全测绘保障服务，研发部分机场净空管理系统，编制各类管理应用图件。完成大理省级旅游度假区1:500数字化地形图测绘21平方千米、瑞丽市1:500地形图建库工作约90平方千米、大理经济开发区和凤仪片区1:500数字化地形图测绘20平方千米、昭通市靖安片区易地扶贫搬迁项目1:500地形图测绘20平方千米和1:2000地形图测绘7平方千米。

昆明市国土规划勘察测绘研究院

2017年，昆明市国土规划勘察测绘研究院完成各类测绘项目2584项，其中土地勘测定界86项、权籍调查和不动产测绘96项、不动产权籍调查及成果材料审核1000项、耕地破坏程度鉴定测绘36项、土地整治工程量复核25项、矿山储量动态测量20项、土地变更调查与遥感监测14项、土地变更调查成果国家级外业核查2项、年度土地卫片执法检查工作技术保障服务14项、永久基本农田划定4项、农村土地承包经营权确权登记颁证2项、土地利用总体规划调整完善5项、土地集约水源利用评价2项、其他项目1278项。完成滇中引水工程昆明市境内临时用地勘测定界和土地复垦方案报告编制及相关服务、昆明市晋宁县晋城镇关岭村老君山土地整治项目工程量复核、昆明市2016年度矿山储量动态测量、寻甸县农村土地承包经营权确权登记颁证、云南省全域永久基本农田划定工作（盘龙区）、滇池时代广场（地块一）不动产土地测量及权籍调查、中国邮政储蓄银行股份有限公司云南省分行不动产测量及权籍调查、2017年度昆明市建设用地节约集约利用更新评价、五华区土地利用总体规划（2006—2020年）调整完善工作、昆明市主城区7个饮水水源保护和牛栏江（昆明段）水源保护红线划定项目地理信息技术服务。

云南省地震局形变测量中心

2017年，云南省地震局形变测量中心负责云南境内55个GNSS基准站、重力站通讯运维及25个GNSS基准站综合保障工作，西南片区35个GNSS基准站设备运维保障。完成11处跨断层短水准、短基线场地12期观测，滇西地震预报实验场98个地磁测点2期磁场总强度观测，滇西地震预报实验场及南华—昆明—曲靖测线共110个测段2期重力观测。完成中国大陆综合地球物理场观测项目232点1期地磁三分量观测、216点2期地磁总强度观测、55点2期流动重力观测，80个GNSS区域点每点96小时观测。完成省政府“政府项重点工程”重点处形变跨断层场地2期测距观测，50点2期重力观测。完成川滇交界重点地震危险区跨断层加密观测昭通场地6期观测，滇东北9个、滇西16个GNSS临时基准站运维。完成红河断裂与小江断裂交汇区深部构造与蕴震环境滇南6个、滇中16个GNSS临时连续站勘选及建设。完成小江与红河断裂交汇区地壳形变场观测与研究16个GNSS临时连续站勘选。完成怒江断裂带现今构造形变与地质地震灾害危险研究勘选站点35个。新建德钦、禄劝2个GNSS基准站。川滇实验场龙朋、马街2个GNSS连续站，开远、易门等5个GNSS临时连续站投入运行。北斗地基增强系统地震行业分系统云南区域加密网基准站18个GNSS连续站投入使用。

西南有色昆明勘测设计（院）股份有限公司

2017年，西南有色昆明勘测设计（院）股份有限公司中标57项项目，其中工程测量42项、不动产测量8项、农村土地承包经营权确权颁证2项、农村土地承包经营权确权颁证监理5项。实施的重要项目有云南省未成年犯管教所场地建（构）筑物监测评估项目、方旺片区规划18条市政道路工程地下管线跟踪测量成果入库检查、云南省昭通市昭阳区农村土地承包经营权确权登记颁证（第五标段）、云南省绿春县（大黑山乡、半坡乡、骑马坝乡、平河乡）农村土地承包经营权确权登记颁证，鲁甸县水磨镇农村土地确权、师宗县农村土地承包经营权确权登记颁证（技术牵头单位）、华宁县、普洱市思茅区、西盟县、江城县、镇沅县农村土地承包经营权确权登记颁证监理项目、昆明市滇池东岸关停矿区矿山地质环境恢复治理示范工程（2014年中央资金部分）治理成效监测、嵩明县农村建房用地选址报件勘测定界、临沧矿业天生桥尾矿扩容项目1:1000地形测量等。完成的玉溪市中心城区地下管线普查项目通过现场监督检验。

昆明云金地科技有限公司

2017年，昆明云金地科技有限公司完成各类测绘项目100多项，其中土地勘测定界项目75项、预审及报件工作19项、大中型地形测量10项、地籍和房产测量项目20多项。完成国土规划类项目60多项，其中土地利用总体规划调整完善13项，城乡建设用地增减挂钩项目实施方案编制项目近20项，土地开发整理、土地整治规划、临时用地复垦方案编制等20项。完成永久基本农田划定13个县，持续服务30多个县土地变更调查与遥感监测、土地卫片执法等工作，承担20多个县不动产存量数据整合、不动产测绘及登记代理工作，开展3个县农村房地一体确权登记发证试点项目。完成软件研发类项目20多项，包括不动产权籍调查与测绘系统、第三次全国土地调查数据采集与建库系统、国土资源综合管理系统、土地利用规划管理系统、金地地质灾害预警预报信息系统等，取得国家软件著作权10项。承担云南省重大科技专项“基于北斗卫星技术的国土资源管理综合服务平台建设及应用示范”项目，获得云南省院士专家工作站认定，金地2000国家大地坐标系转换软件通过国家测绘地理信息局审核，承建的云南省永久基本农田管理系统及数据库质检软件通过云南省国土资源厅验收。完成金地不动产权籍调查与测绘系统、金地不动产存量数据整合系统以及金地不动产数据质量检查软件等不动产新品软件发布会等。

云南省测绘地理信息科技发展公司

2017年，云南省测绘地理信息科技发展公司完成各类测绘项目32项，其中土地勘测定界2项、不动产登记代理6项、房产测量7项、地形测量5项、其他测绘项目12项。完成大理市剑川县农村土地承包经营权确权登记颁证工作，大理市、勐腊县不动产登记数据整合试点工作，云南省农村土地承包经营权确权登记颁证工作底图制作二期项目2.9万平方千米。参与云南农村土地承包经营权确权登记颁证工作底图质检，完成374组样本外业数据采集工作。编制中国地图、云南省行政交通区域图12幅。完成保山市隆阳区、腾冲市卫星数据矢量获取1469平方千米。开展怒江州泸水县三标段，曲靖市师宗县五标段、会泽县七标段，昭通市镇雄县三标段，普洱市景谷县、景东县东部标段，楚雄市牟定县二标段、大姚县三标段农村土地承包经营权确权登记颁证工作。为昆明市富民县、呈贡区，昭通市昭阳区鲁甸县、巧家县、威信县，怒江州贡山县开展农村土地承包经营权确权登记颁证工作提供技术把控和质检监督检查，并向全省免费提供测绘技术咨询服务。

云南英华地信科技有限公司

2017年，云南英华地信科技有限公司完成各类测绘项目201项，其中土地规划86项、勘测定界及其他测量69项、数据库建设10项、不动产登记中心相关项目36项。完成昭通市11个县2017年度变更外业调查及数据库建设，昭通市镇雄县叙毕铁路、宜毕高速公路、昭泸高速公路征地拆迁调查约1.5万亩，昭通市昭阳区及镇雄县增减挂钩勘测定界及方案编制约5平方千米，昭通市（2010—2020年）土地利用总体规划调整完善编制，贡山县（2010—2020年）土地利用总体规划调整完善编制，云南省华坪至丽江公路建设勘测定界约8平方千米，白鹤滩水电站勘测定界及报件约100平方千米，滇西北至广东±800kV特高压直流工程送端（新松）换流站建设项目报件，昭通市镇雄县、水富县、绥江县、永善县城镇部分不动产数据整合，7个县永久基本农田划定约63平方千米。

西藏自治区

概况

截至2017年底，西藏自治区共有测绘资质单位47家，同比增加7家，增长17.5%。其中甲级1家、乙级20家、丙级19家、丁级7家；私营企业29家，占全区测绘资质单位总数的61.7%。年末测绘从业人员891人，同比增加116人。全区测绘地理信息行业全年完成测绘服务总值1.54亿万元，同比增加1877万元，增长13.9%。承担的重点测绘项目主要包括1:1万基础测绘、国家应急测绘保障能力建设、2016年度数字西藏地理空间框架建设、西藏自治区地级以上城市空间格局变化监测、2017年度西藏自治区突发事件应急处置平台（二期）建设、农村耕地承包经营权确权、农村集体土地确权项目等。

西藏自治区测绘院

2017年，西藏自治区测绘院完成测绘项目5项，其中1:1万基础测绘项目1项、其他测绘项目4项。完成康马—亚东测区、日喀则—萨迦测区（东）1:1万基础地理信息资源建设项目（一期工程）147幅外业调绘和内业编辑“3D”数字化成图工作；完成数字西藏地理空间框架项目阿里地区国、省道沿线及政府驻地数字正射影像、城市框架数据更新与城市市区地名地址和POI数据核查、城区以外实体数据核查；完成《2017年度西藏自治区地级以上城市及城市群空间格局变化监测项目设计书》编写、7地市城区内部结构和边界提取及统计分析工作；完成西藏自治区突发事件应急处置平台（二期）建设项目资料收集、实施方案初稿编写、招投标、全区二维和三维基础数据制作、平台功能开发等；完成地理国情普查数据库安装调试、宣传片制作、财务审计，并与自治区民政、交通、水利、林业、农牧、住建、国土等部门完成数据对接分析工作。

陕西省

概况

截至2017年底，陕西省共有测绘资质单位584家，其中甲级50家、乙级195家、丙级216家、丁级123家。同比增加33家，其中甲级增加7家、乙级增加15家、丙级增加15家、丁级减少4家。

西安中勘工程有限公司

2017年，西安中勘工程有限公司新签测绘项目合同82项，合同额1800万元。全年累计完成67项，完成合同额1244万元。承担三原县住房和城乡建设局、三原县气象局、三原县国土资源局等单位地籍调查、河道治理、土地规划等一批民生基础工程相关测绘工作，承担户县中医院、陕西国防工业职业技术学院等省内公共建设项目工程测量和基坑变形监测工作。完成新建郑州至万州铁路河南段（ZWZQ—9标）站前工程、大唐定边双山风电场50WM工程项目勘测定界，西安市江村沟垃圾渗滤处理应急工程（东西厂区）1:500地形图测量工程等项目。完成陕西国防工业职业技术学院第一、第二餐饮楼基坑变形及周边建筑物沉降观测等项目。参与华能铜川电厂、国网陕西省电力公司渭南供电公司、陕西延长石油集团有限公司、大唐定边风电有限公司等能源项目测量工程。完成西安市城市规划编制和市级重点项目7项，提供测量报告67份，制作专题图188幅、影像图198件。山西永济土地确权工作获得山西省永济市国土资源局专项办公室通报表扬并获“功臣”奖牌。

西北综合勘察设计研究院

2017年，西北综合勘察设计研究院完成甘泉县城市规划区1:1000地形图测绘、安塞县城市规划1:500地形图测绘等城镇规划测绘项目。完成澄城县农村集体建设用地和宅基地使用权地籍调查、西安市灞桥区污染源调查等地籍调查项目。完成大唐陕西发电有限公司韩城发电厂厂区及灰坝变形观测、金堆城钼业集团有限公司马家砭水库变形监测、大唐延安发电厂2×350MW“上大压小”热电联产工程全厂建（构）筑物沉降观测等变形监测项目。完成户县城区集中供热工程东城路、友谊路、兆丰西路地坪和地下管线勘测，西安市临潼区新丰街道办事处地下管网普查等地下管线探查项目。完成灞桥区水利设施测绘制图工程、山阳县土地开发复垦整理中心（牛耳川镇竹沟村）高标准农田项目。

中交第一公路勘察设计研究院有限公司

2017年，中交第一公路勘察设计研究院有限公司承担的主要测绘生产项目有G109高速格尔木至那曲段公路、G4218邦达兵站至林芝公路1标段、G218那拉提至巴伦台公路第NBSJ—2标段等公路项目工程测量。完成《公路勘测规范》JTG C10—2007、《公路勘测细则》（JTG/T C10—2007）修编工作。换发（GB/T19001—2016）新版质量体系证书新版“全国工程勘察与岩土行业诚信单位”证书、新版“陕西省工程勘察与岩土行业诚信单位”证书。

国家测绘地理信息局第一地形测量队（陕西省第二测绘工程院）

2017年，国家测绘地理信息局第一地形测量队（陕西省第二测绘工程院）完成新疆、湖北1:5万地形数据库更新任务，新疆（南）109.3万平方千米54个单元地理国情监测任务。承担陕西省1:1万基础地理信息数据更新控制测量任务，工作内容包括控制测量947幅、像片调绘600幅、DLG数据600幅、DEM数据527幅、DOM影像244幅、DSM数据224幅。承担延安市城市地下管线普查及三维管理信息系统建设项目，地下综合管线普查总长度约

3100千米。承担新疆、西藏、江苏1:1万基础测绘项目，上海、兴化、广州、青岛、武汉大比例尺测图任务。承担“引汉济渭”三河口水利枢纽工程测量、西安—法门寺城际铁路勘测定界测量、南京市跨江水准测量、引汉济渭永久用地勘测定界测量、东莞市农村数字化地籍调查作业成果验收、宝鸡和咸阳市基本农田划定省级外业核查、宝鸡多县区年度土地变更调查及遥感监测、宝鸡市高新区企业安全风险等级管控分布图制作、武功县小麦倒伏灾后评估等项目。

国家测绘地理信息局陕西基础地理信息中心（国家测绘地理信息局陕西测绘资料档案馆）

2017年，国家测绘地理信息局陕西基础地理信息中心（国家测绘地理信息局陕西测绘资料档案馆）完成测绘服务总值4140万元。完成的国家基础测绘项目包括基础性地理国情监测、国家级新区空间格局变化监测、地理国情普查监测成果深化应用、全国地级以上城市及典型城市群空间格局变化监测、生态屏障区自然生态状况变化监测、丝绸之路经济带重要地理国情监测、地理国情监测服务生态文明建设试点示范、测绘新技术系统开发与示范应用、面向新型基础测绘的地理信息动态更新与监测技术研发、测绘地理信息成果应用推广支撑体系建设与运行维护、国家基础地理信息数据库更新、“一带一路”重点区域地理信息资源建设与维护更新、测绘保障能力建设。完成的省级项目包括陕西省应急三维地理信息指挥系统、陕西省1:10000基础地理信息更新、富平县多规合一信息系统、地理库运维及应用服务、陕西省基础信息资源“一张图”建设。完成的市场项目包括省级房地产信息管理系统升级、富平县淡村镇1:2000地形图测量、2017年宁夏“天地图”数据融合、“天地图·广西”制图技术服务、北京市测绘设计研究院异地备份、2017年宁夏地理空间框架数据更新、陕西省乡级界线变更勘定项目、数字库尔勒地理信息公共服务平台建设、杨凌示范区地理信息公共服务平台建设等29项。为地理国情监测、国家基础地理信息数据库动态更新、全球测图等重大项目提供资料62TB；完成项目成果汇交15次，数据量366.7TB。接收整理省级基础测绘及专项项目17项，纸质文档141件，数据量22TB，完成实体入库检查、建账及归档工作。

中煤西安设计工程有限责任公司

2017年，中煤西安设计工程有限责任公司完成各类测绘项目166项，其中控制测量16项、地形测量24项、变形监测4项、市政工程测量103项、地下管线测量3项、航空摄影测量6项、地籍测量2项、其他测量8项。完成西安市城市管理局建筑垃圾处置计量遴选入库项目103项、中天合创矿井水深度处理原水供水管线测量13千米、中煤平朔公司930E设备维修中心变形监测、陕西双龙煤业开发有限公司双龙煤矿采空区地表沉陷监测、陕西彬长集团大佛寺煤矿木盘川风井场地及进场道路1:1000地形图测绘10平方千米、尧柏水泥有限公司尧山1:1000地形图测绘7平方千米、凤翔县农村土地承包经营权确权登记颁证35万亩、西安地铁6号线二期公园南路站地下综合管线详查33千米。

咸阳市勘察测绘院

2017年，咸阳市勘察测绘院完成咸阳市土地储备中心、华星厂等单位征地测量项目425项。完成秦宝中学、陕西亨星等单位建筑物放线测量402栋，咸阳市天然气公司、咸阳亨通电力公司等单位管线放线测量51条，郑国路、联盟五路等道路测量35条，鑫苑、金域咸阳等单位建筑物验线70栋，一级动态GPS控制点测量395个、四等水准测量236千米、断面测量280千米，茂陵机械装备工业园、沣西新城等地形图测量332幅，完成建筑物变形观测89处；道路管线普查调查井测量605个，高科公司等土方测量3处。完成咸阳市主城区及新兴纺织工业园区、大西安（咸阳）文化体育功能区等6处正射影像图制作，西北一棉纺织股份有限公司厂区及中华路三维模型精细化制作，咸阳市住房和城乡建设规划局2项专题图审核。承担资源三号卫星影像云服务平台市级（咸阳）节点建设并接收处理国产卫星影像数据。协助山东正元地球物理信息技术有限公司、西安翔迅科技有限责任公司完成咸阳市城市地下管线普查及综合信息管理系统建设项目。

国家测绘地理信息局第一大地测量队（陕西省第一测绘工程院、国家测绘地理信息局精密工程测量院）

2017年，国家测绘地理信息局第一大地测量队

（陕西省第一测绘工程院、国家测绘地理信息局精密工程测量院）完成现代测绘基准维持与服务、国家重力基本网补测及加密重力测量、测绘科学综合试验场建设、陕西省北斗导航定位基准站建设、陕西省1:1万基础地理信息更新等多项国家及省级基础测绘项目。完成数十项市场测绘项目，在高铁运行监测、城市沉降监测、大型工程控制测量等方面为政府决策和地方经济建设提供有力测绘服务保障。实施水上水下一体化测绘、航空重力测量、天文测量、地基 InSAR 监测等工作。参与完成“4・17”安康白河县山体滑坡应急测绘服务保障，参加陕西测绘地理信息局组织实施的“8・18”应急测绘保障演练。完成2017年卫星大地控制点观测与处理、2017年绝对重力设备维护与比对、比长基线场复测国家基础测绘生产项目设计书编写与初评工作。高级工程师何志堂被全国能源化学地质工会评为能源化学地质行业“大国工匠”。

国家测绘地理信息局第一航测遥感院（陕西省第五测绘工程院）

2017 年，国家测绘地理信息局第一航测遥感院（陕西省第五测绘工程院）完成基础地理信息数据更新、地理国情监测、全球地理信息资源建设与维护更新、陕西省 1:1 万基础地理信息更新等重点项目 23 项。开展铜川、渭南、榆林等多个城市地理空间框架建设工作，数字铜川地理空间框架建设项目通过验收；与国家土地督察局西安局合作开展督查业务系统建设工作；榆林市空间规划试点取得阶段成果；与陕西省环境科学研究院签署战略合作协议，合作开展生态红线划定等工作；编制系列水利专题图服务关中水系规划和河长制工作。地理国情监测国家测绘地理信息局工程技术研究中心通过建设期满专家验收；完成《信息化测绘生产基地构建技术指南》编制工作，信息化测绘体系建设试点工作通过国家测绘地理信息局组织的专家测评；主持多项科技创新、行业标准项目，自主研发基础性监测生产及质检软件。2 项成果获得计算机软件著作权，3 个项目进行国家科技成果登记。

国家测绘地理信息局大地测量数据处理中心（陕西省第四测绘工程院）

2017 年，国家测绘地理信息局大地测量数据处理中心（陕西省第四测绘工程院）完成2426个基准站观测数据、283 个卫星大地控制点数据、16.7 万千米二等水准数据处理，编写全国垂直形变图、分析报告、全国二等水准网更新与维护工作方案。完成陕西省北斗卫星定位基准站系统60座新建站点站址勘选、勘测定界，土建工程设计、招标及造价，并全部开工建设；完成1110千米二等水准观测，建设通讯子系统，确定进口 GNSS 设备及配套控制中心软件供应商，推进国产设备采购及数控中心建设等工作。完成陕西省 1:1 万基础地理信息更新榆阳西测区30 幅像片调绘、矢量地形要素数据更新生产。完成富平县“多规合一”信息管理平台富平县独立坐标系设计和坐标转换软件开发。完成天津蓟州区、青岛市等地区测绘基准体系现代化建设及地调基础地理信息坐标转换。在测绘地理信息核心期刊发表论文 6 篇。

中铁一局集团宝鸡精密测绘工程有限公司

2017 年，中铁一局集团宝鸡精密测绘工程有限公司完成成贵、京沈、郑万、蒙华、成兰、渝怀、沪通、商合杭、靖神、韩龙铁路的精测网复测；完成了商合杭及京沈客专 CPIII 建网及复测；洛阳地铁、郑州地铁 2 号线和 5 号线、石家庄地铁 2 号线、太原地铁、成都博览城、成都天府机场等项目的控制网及施工测量；呼和浩特市地铁复测、广茂铁路桥项目安全监测、空港新城沉降观测等项目。全年完成产值 1060 万元。

中国水利水电第三工程局有限公司

2017 年，中国水利水电第三工程局有限公司完成测绘项目 85 项，涉及铁路、公路、水利水电、变形监测、风电、市政道路、管网、矿山、TBM 隧洞及房屋建筑等工程。主要项目有福建南平至龙岩线Ⅱ级铁路扩能改造项目、京沈京冀高速铁路 V 标段项目、河北承德丰宁抽水蓄能水电站项目、中老磨万铁路 IV 标段项目、苏洼龙水电项目、107PPP 项目、几内亚苏阿皮蒂水电项目、西安市昆明路高架桥市政项目、临潼 310 国道西安过境公路特大桥项目、老挝南欧江水电项目、广东佛清从高速公路项目、云南石泸高速公路项目、新疆 ABH 湖水电项目、东北 PCCP 管道项目、兰州水源地隧道引水项目、河南兰考房建项目、山东沂源房建项目等。新建及复测一等平面控制点 18 个，二等 GPS 平面控制网点 52 个，高速铁路 CPI、CPII 平面控制点 98 个；复测及施测二等水准路线 634 千米；布测 TBM 隧道三等平面控制导线 24 千米；完成 1:1000 地形图测绘 25 平方千米；完成市政规划道路 50 千米施工测量；完成 21 座大桥、桥梁及高速铁路共 42 千米沉降监测。完成双曲拱坝专业测量放样软件的开发。

中陕核工业集团测绘院有限公司

2017 年，中陕核工业集团测绘院有限公司完成航空摄影测量、土地确权、地名普查、不动产登记等 94 个项目，承揽业务合同额近 6000 万元。完成关中环线眉县至岐山公路（一、二期）项目、赫章县安乐溪乡 1:2000 地形图规划测量项目。完成省内外 5 个县 20 多个乡镇农村土地承包经营权确权登记颁证工作。完成临沂市第二次全国地名普查购买技术服务项目。完成金沙县平坝镇八一社区赤水河流域污水治理项目 1:500 地形图测量。承担 G85 陕西境宝鸡凤州至太白连线工程测量项目、太白至凤县段高速公路工程测量项目等。完成空港新城空港花园 D 地块商业项目 1 期房产测量等 25 个房产测量项目。完成地籍测量约 695 平方千米、地名普查约 4.4 万个词条、无人机航飞 1035 平方千米、摄影测量与遥感内业 338 平方千米、房产测量 246 万平方米、1:500 地形图测绘 3.08 平方千米、1:1000 地形图测绘约 29 平方千米、1:2000 地形图测绘约 95 平方千米。完成多项矿山工程测量、公路工程测量、勘界测量任务。

陕西天润科技股份有限公司

2017 年，陕西天润科技股份有限公司在全国农村地籍调查（房地一体化）项目方面完成陕西、新疆、广州等地 10 多个区县测绘调查任务；在航测成图方面承担陕西省、上海市 6 个区县大比例尺航测成图工作；在不动产测绘方面完成正宁县农村土地确权登记颁证第三方质检服务采购项目；参与实施西安市区县第二次全国地名普查成果数据汇总整理、数据库建设等工作；在基础测绘方面完成上海市、长春市、余姚市等地 1:2000 航测成图 1500 多平方千米。完成祋祤宫遗址 1:1000 地形图测绘工作、三峡库区 2017 年度地面控制点测量及空三作业、2017 年余杭区基础测绘 1:500 数字地形图动态更新项目。

西安建材地质工程勘察院

2017 年，西安建材地质工程勘察院完成安康市 10 县（区）2016 年度土地利用现状变更调查与遥感监测，西安市建筑垃圾处置量测量评估，安康市汉滨区光伏扶贫项目测绘，陕西省韩城市、洛南县、旬阳县多个矿山测量及工程测量，安康市汉滨区城东新区航空摄影数字正射影像图、数字线划图生产，陕南地区土地整治规划编制及建库、土地利用总体规划调整完善及永久基本农田划定调整完善及数据库建设，商洛、安康、宝鸡的多个区县 2017 年度土地整理开发、高标准基本农田建设、治沟造地项目规划设计、移民搬迁旧宅腾退复垦等项目。承接白河县 2017 年度批次用地勘测定界等项目，安徽省阜南县、颍上县土地复垦项目外业测绘和相关材料申报编制、城乡增减挂钩拆旧地块、工矿废弃地、新增耕地项目定点服务等工作。

西安大地测绘股份有限公司

2017 年，西安大地测绘股份有限公司完成各类测绘项目 410 项，其中工程测量 329 项，地理信息系统开发 28 项，不动产测绘、测绘航空摄影、摄影测量与遥感、地图编制等项目 53 项。完成管线测量 931 千米，公路测量 8.6 千米，测绘航空摄影 1039 平方千米，摄影测量与遥感外业 755 平方千米、内业 1067 平方千米，地籍测绘 2511 平方千米，房产测绘 220 平方千米，倾斜摄影及三维立体影像制作 657 平方千米，编制各种比例尺地形图 568 幅。完成西安市高陵区不动产登记数据整合建库、西咸新区地下管网综合信息管理系统建设、沣西新城实景三维地图项目数据采集与制作、云南红河州蒙自市农村土地承包经营权确权登记颁证测绘监理、稷山县集体建设用地使用权和宅基地使用权确权登记发证（一标段）及数据建库等。

西安西北有色金属测绘院有限公司

2017 年，西安西北有色金属测绘院有限公司承担嵊州市农村土地承包经营权确权登记颁证项目、镇安钨矿 1∶500 地形图测量、镇安县滑坡治理带状地形图测量、渭河电厂供热管道工程图 2.6 千米带状地形图测量、临潼陕鼓大道 1.3 千米带状地形图测量、临潼何寨 9.4 千米带状地形图测量、华源矿业滑坡治理 1∶1000 地形图 0.13 平方千米测量。承担宝鸡麟游县陕能麟游低热值煤发电工程集中供热管网工程勘测项目热力管线约 25 千米，威宁城管部件普查项目。完成中铁十七局集团有限公司平凉至天水段高速公路控制点复测项目 GPS 控制点 14 个、三等水准测量 21 千米，陕西山阳王家坪金矿数字化地形图测绘项目 1∶2000 数字化地形图 0.34 平方千米，西安市西至太白南路、东至雁塔南路、北至电子二路、南至丈八东路城市地下管线探测项目，榆林市榆横工业园区盐水管线带状图测绘项目 1∶1000 数字化地形图 9.5 千米，陕西省商南县三官庙金矿测绘项目 E 级 GPS 点 6 个、测量巷道近井点约 9 个，东方园林清凉峰山地公园旅游公路及沿线景区测绘项目 1∶1000 地形图外业调绘及编辑，江苏溧阳市 150 平方千米 1∶1000 数字化地形图更新测绘项目，江苏溧阳埭头、南渡等 170.9 平方千米 1∶1000 数字化地形图更新测绘项目，江苏常州市轨道交通 1、2 号线二等水准网复测项目，大唐渭河热电厂供热改造工程测量项目。

中国地震局第二监测中心

2017 年，中国地震局第二监测中心完成经常性地震监测、陆态网络、中国大陆综合地球物理场观测、重大应用基础研究项目中国综合地球物理场观测（大华北地区）、科技部基础性工作专项中国大陆现代垂直形变图集的编制与资料整编等项目。共完成 3303.5 千米区域精密（一等）水准测量、64 处跨断层场地水准测量、1136 点次流动重力测量、434 个站点 GNSS 区域站观测、16 个站点连续 GPS 与精密水准网间水准联测。获批国家自然基金项目 6 项，星火计划项目 7 项（均为青年项目），三结合课题 2 项，2017 年度震情跟踪项目获准资助 11 项（重点项目 1 项、青年项目 10 项），中国地震局行业网专项 2 项；2017 年度中心资助课题 16 项（重点项目 1 项、一般项目 15 项）。被期刊收录论文 59 篇，其中 SCI 6 篇、EI 4 篇，中文核心期刊收录 24 篇。协助中国地震局开展中国大陆综合地球物理场优化整合项目管理工作。

中国电力工程顾问集团西北电力设计院有限公司

2017 年，中国电力工程顾问集团西北电力设计院有限公司完成测绘完成服务总值 5100 万元。承担并完成新疆准东五彩湾北一、北二、北三电厂 750kV 送出工程，韩城矿务局 2×350MW 低热值煤综合利用热电项目工程，神华国华锦界电厂三期 2×660MW 机组工程，陕西能源麟北发电有限公司麟游 2×350MW 低热值煤发电项目工程，中广核宝鸡 2×350MW 热电联产项目，青海果洛网外三县与青海主网联网工程，巴基斯坦默蒂亚里—拉合尔 ±660kV 直流输电线路，埃及 EETC500kV 输电线路，西成客专 330kV 供电工程，准东—华东 ±1100kV 特高压直流输电线路工程，马来西亚 UiTM 50MW 光伏总承包项目，Solar Reserve 澳大利亚 Aurora 150MW 塔式光热电站 EPC 项目，大唐延安热电控制网项目，华能渑池沉降观测项目，甘肃崇信沉降观测项目等多项测绘工程。

国家测绘地理信息局第二地形测量队（陕西省第三测绘工程院）

2017 年，国家测绘地理信息局第二地形测量队（陕西省第三测绘工程院）完成宁夏、新疆部分区域 38 个生产单元、50 万平方千米的基础性地理国情监测任务；承担 1∶5 万地形数据库重点要素更新项目；完成上海、宁夏、安徽、浙江 35 万平方千米室内变化发现、外业调绘、内业数据整理工作；开展全国海岸带开发利用变化监测项目；承担浙江、上海沿海的全国海岸带开发利用变化监测任务。完成西安、横山东、神木等测区 1∶1 万外业调绘、像片控制、制图数据生产、数字高程模型约 1757 幅；完成延安市城市地下管线普查及综合管理信息系统建设项目生产任务；完成西安市停车资源调查，成果包括西安市三环内 360 平方千米停车资源专题信息管理系统、停车资源专题地图册及停车资源数据统计分析等；完成汉中、安康、商洛市建成区停车资源信息调查；开展多领域测绘保障服务及新技术应用；持续与陕西省文物局、省考古研究院开展科研合作，探索制定文物领域测绘行业标准，开展对接陕西省文物保护单位保护管理规划信息系统建设项目；开展农产品地域保护分布图编制工作；开展公安系统“一标三实”测绘服务；开展美丽乡村影像图制作，为户县三镇编制高分辨率影像图和沙盘；利用移动终端为陕西洋县、西乡、榆阳国土部门提供国土管理与移动执法测绘保障；实施神木新区发展规划测绘保障服务。应用天狼星无人机系统为南泥湾红色旅游景区提供1:1000地形图测绘服务；开展绥德航空摄影，为水利与生态研究提供基础测量数据及地质灾害点航飞等；开展神木市滨河新区1:500地形图测绘。应用车载移动测量车完成省应急三维地理信息指挥系统建设高速公路隧道全景信息采集任务、武汉市大比例尺地形图更新及数据入库等项目。

国家测绘地理信息局第一地理信息制图院（陕西省第六测绘地理信息工程院）

2017年，国家测绘地理信息局第一地理信息制图院（陕西省第六测绘地理信息工程院）完成青海（除西宁）、甘肃（除兰州）121个任务单元约112.9万平方千米基础性地理国情监测工作，青海、甘肃约118万平方千米1:5万地形数据更新工作，新疆、甘肃、湖北、青海、宁夏、陕西、河南、安徽、浙江和上海10个省（区、市）9177幅地形图制图数据更新任务，150幅地形数据和制图数据更新工作，乾县、榆林西测区181幅陕西省1:1万基础地理信息更新项目，绥德测区233幅1:1万更新外业调绘，西藏测区155幅1:1万数据生产。参与省地名普查成果转化、陕北治沟造地工程复核等项目。

全年制图业务量增加1.6倍，完成《丝路交流与合作地图集》《省区丝路开放态势地图集（陕西）》《陕西省领导用图》《铜川市领导决策用图》《红色记忆——走进延安系列图集》《青海省林业地图集》《盐城城市地图集》《西安老城区手绘地图》《西安硬科技分布图》等图集图册编制工作。在面向政府服务和应用系统开发方面以及科技创新方面先后完成测绘资质查询系统、自贸区地址查询系统、陕西省地市标准地图系统、陕西省界桩界线查询系统、西部测绘联盟信息共享专栏的建设和开发，针对院管理工作开发职工技能数据库平台。完成地理国情DOM和元数据辅助生产软件、地理国情监测辅助生产工具、陕西一万地形图更新工具箱、无人机在大比例尺测图中的应用和创意地图编制等多项创新成果。

陕西省水利电力勘测设计研究院

2017年，陕西省水利电力勘测设计研究院承接项目67项，完成产值3666万元。完成各种等级导线控制测量及定线1863千米、各类比例尺地形图测绘965平方千米、控制点和监测点2644点。完成的大中型项目包括陕西省咸阳市彬长矿区输配水工程初步设计修改阶段测量，陕西省榆林市靖边县蒋家窑水库工程测量，延安市龙安水利枢纽工程测量，绥德、米脂、子洲3县供水工程测量，榆林市黄河东线引水测量，引汉济渭黄金峡水利枢纽工程测量，延安黄河引水工程子长段线路测量等。

中国水电建设集团十五工程局有限公司

2017年，中国水电建设集团十五工程局有限公司完成各类测绘项目72项，其中建筑工程测量7项、变形形变与精密测量2项、市政工程测量8项、水利工程测量52项、线路与桥隧测量3项。完成宝鸡九龙山索桥工程精密测量任务、梅汕客专MSSG—1标段高速铁路测量任务。承建的老挝南俄5水利水电工程及马里费鲁水利水电工程荣获2016年中国建设工程鲁班奖（境外工程）。

西安中策资讯科技有限责任公司

2017年，西安中策资讯科技有限责任公司完成各类测绘项目2493项，其中土地预审及勘测定界323项、规划验收42项，土地开发整理50项，房产测量2004项，无人机航摄11项，其他测量63项。完成1:500、1:1000、1:2000地形图测绘1205幅，其他测绘相关图件测制2000多幅。完成青藏线西格段应急工程475.36平方千米安全保护区平面图绘制项目航测工作，石泉县国土资源局2017年1~3批次报批用地项目，萨尔布拉克—635水利枢纽—阔克阿尕什—3324岔口道路项目地形测绘。与延安市甘泉县、黄龙县，安康市平利县、镇坪县、石泉县、紫阳县6县国土资源局合作，搭建CORS系统中海达—卫星导航定位基准站。

陕西丽达测绘有限公司

2017 年，陕西丽达测绘有限公司参与完成房地一体化项目（汉中市佛坪县、勉县）、室内三维标准化试生产项目、新疆乌苏及和田地区农业确权发证项目、浙江 1∶2000 山地测图项目（包括部分 DEM、DOM 及线划图）。开发海量地理信息数据坐标系统转化平台（MapSea Convert）V3.0、三维城市和智慧城市平台系统、综合管网信息平台、室内三维信息数据处理软件、摄影遥感影像信息集成处理系统、网络 RTK 外业监控系统。

陕西省一八五煤田地质有限公司

2017 年，陕西省一八五煤田地质有限公司完成测绘项目 38 项。其中大比例尺测图项目 8 项，测绘地形图 41.2 平方千米、1∶500 航空正射影像图 31 平方千米。煤矿测量服务 9 项，完成金鸡滩、榆树湾、曹家滩、小保当、袁大滩、冯家塔、巴拉素等煤矿的井上下控制测量、贯通测量、中腰线标定等工作；完成国土资源厅关于神木市、府谷县、横山县共 25 个煤矿的超层越界专项检查；完成白水县大雷公煤业、龙泉煤业、城关镇北关煤业、烽源煤业等 8 个煤矿的年度检测工作。完成榆阳区 4 个乡镇 18 多万亩土地承包经营权确权、20 个乡镇的确权区级验收工作以及榆阳区全区确权数据入库汇交工作。完成地质勘查类测量项目 5 个。开展了金鸡滩煤矿西翼开采地表移动规律研究、金鸡滩主副斜井涌水涌沙及井筒变形监测、柳巷煤矿 30105 工作面地表移动监测、榆树湾煤矿地面测绘巡查、延长石油大保当集装站储煤方量测量、米脂祥凤景苑小区高层建筑群基坑开挖对周边建筑物影响分析报告等多个项目。成立了矿山地质环境监测技术研究创新团队，申报的研究课题“矿山地表沉陷测绘技术研究”通过陕西省煤田地质集团有限公司审批，获得 50.945 万元的科研资助资金。

西安必特思维软件有限公司

2017 年，西安必特思维软件有限公司完成的工程项目主要包括南京市房产交易及不动产登记互联网服务平台建设、北京市不动产登记档案管理系统建设。正在实施的工程项目包括合肥市城镇土地变更调查与地理空间框架更新之合肥市房屋管理系统维护与升级项目、太原市不动产登记交易系统开发，白银市会宁县、靖远县、景泰县等地区不动产登记数据整合项目。自主研发不动产登记数据清理系统。

中煤航测遥感集团有限公司

2017 年，中煤航测遥感集团有限公司承揽乌鲁木齐市 2017 年数码航空拍摄采购项目技术服务、上海金山区地下管线普查、兰州市道路地下病害体探测协作（02 包段）、团柏煤矿岩溶水害区域高效超前治理项目三采区变电所区域出水点综合治理工程（标段二）、顺德区农村地籍项目、重庆市万州区农村土地承包经营权确权登记颁证服务项目等 424 项测绘、地质勘查项目。承揽国际项目 33 个，主要包括加拿大 challenger 公司、法国 SIRADEL 公司、澳大利亚 SG 公司的航片卫片数据采集、编辑及影像挂图制作、数据更新、房屋数字化项目等。

西安天穹勘测信息有限公司

2017 年，西安天穹勘测信息有限公司实现产值 2800 万元。完成各类测绘项目 543 项，其中工程测量 399 项、沉降观测 23 项、房产测量 45 项、地下管线探测 26 项、土地规划 21 项、不动产登记 19 项、其他测量 10 项。完成西咸新区沣西新城地下管网普查 74.22 千米、陕西省 12 地市国家地下水监测站高程引测及坐标测量。承担杨凌示范区渭河水域、岸线等水生态空间确权登记采购项目试点工作。使用三维激光扫描仪以及测量机器人，对神木市龙眼山高危地质灾害风化、变形进行定期监测，达到预期监测效果。将倾斜摄影测量技术应用于陕西省渭河水流自然资源统一确权登记中，对渭河杨凌示范区段进行三维建模并叠加权属、用途管制等图层进行综合展示分析，用于部门辅助决策使用。

青海省

概况

截至2017年底，青海省共有测绘资质单位137家，同比增加11家，增长8.73%。其中甲级11家、乙级32家、丙级76家、丁级18家；私营测绘企业84家，同比增加12家，占全省测绘资质单位总数的61.31%。年末测绘从业人员3515人，同比增加127人，增长3.75%。全省测绘资质单位全年完成测绘服务总值5.1亿元。开展和完成的主要项目（工程）包括国家地理国情监测全国地级以上城市空间格局变化监测青海监测区、青海省藏区基本公共服务均等化、三江源综合试验区黑土滩退化草地变化监测、青海省自然生态状况评价、农村集体土地建设用地和宅基地使用权确权登记、不动产确权登记发证、农村土地承包经营权确权登记颁证项目等工程测绘服务；金沙江白鹤滩、向家坝、溪洛渡水电站，长江三峡水利枢纽、北京至沈阳客运专线铁路、江苏徐盐铁路、湖北武汉地铁、哈尔滨市轨道交通工程，广东江门、云南晋红、河北太行山高速公路等测量工作；中国数字传统村落青海省试点系统、青海省国土执法巡查系统等典型应用建设；《川、藏、青国家包虫病综合防治区分布图》《三江源国家公园和自然保护区“绿水行动”部署图》《青海省重要生态板块图》等各类图册编制。

青海省第二测绘院

2017年，青海省第二测绘院完成1:1万基础测绘（都兰测区）694幅DEM、DOM及58幅DLG数据生产项目；完成玉树市、称多县、囊谦县作业区140幅1:5万图幅生产任务以及三江源国家公园范围内杂多、玛多县7万平方千米数据细化工作验收；为海东市核心区地下综合管廊试点建设项目提供相应的1:500地形图测绘、放样定位、土方开挖工程量计算及竣工验收测量等测绘服务；协助开展同仁县农村宅基地使用权及房屋所有权确权登记发证工作；开展玉树州1市5县、海东市4县、黄南州同仁县等10个市县不动产数据整合工作。完成建设用地使用权住宅数据入库78071宗，地籍和房产测绘9806宗，房地一体数据成果20993宗，农村宅基地及土地历史资料数据扫描录入约66609宗，发放不动产登记证书1728本，办理不动产证明1592份。完成果洛州、黄南州和玉树州农村土地承包经营权确权登记颁证项目2625平方千米0.15米分辨率无人机航空摄影工作。

青海省基础地理信息中心

2017年，青海省基础地理信息中心完成2016年国家地理国情监测全国地级以上城市空间格局变化监测（青海省监测区项目）、西宁市任务区2017基础性地理国情监测和治多县地理国情普查成果细化工作。建设大美青海地图网和大美青海720移动端。开展青海省藏区基本公共服务均等化、三江源综合试验区黑土滩退化草地变化监测和青海省自然生态状况评价工作等专题性监测项目。联合开展第十六届环青海湖国际公路自行车赛地理信息系统建设、兰西城市群（青海部分）空间格局及协调发展监测与评估项目、藏区基本公共服务均等项目。自主开发青海省电子地图浏览系统（政务版）、青海省国土执法巡查系统、青海省草原遥感监测信息管理系统、青海省草原外业调绘系统、中国数字传统村落青海省试点系统、大通县扶贫信息服务平台等。开展青海省自然生态状况评价、基于三维激光扫描技术实现路网数据更新、增强现实和混合地图研究等关键技术研究。为公众生活及宣传服务提供图件2362幅、地图册956册、地图文化产品1048件，为全省生态文明建设提供图件72幅，为政府决策服务提供图件1746幅，为精准扶贫服务提供图件86幅。

青海省第一测绘院

2017年，青海省第一测绘院完成测绘项目474

项，其中基础测绘 4 项、土地预审及勘测定界 35 项、地下管线普查 2 项、房产测量 219 项、人防测量 193 项、无人机采集 2 项、其他测绘 19 项。完成 1∶1 万基础测绘（玛沁测区）143 幅“3D”、404 幅“2D”数据生产项目；青海省测绘基准站网 51 座基准站巡检和维护，针对 QHCORS 用户开发三项管理系统，实现省基准站网静态数据信息的自动化提取、管理、转换、下载和推送功能；大通县、湟中县基础性地理国情监测约 5.61 万平方千米，玉树州曲麻莱县和果洛州玛沁县、甘德县、久治县、斑玛县、达日县约 9.66 万平方千米地理国情数据细化工作；贵德县城乡供水水源工程二期 1∶1000 带状地形图测绘 20 千米；海东市平安区农村宅基地及集体建设用地使用确权数据入库；格尔木、西宁、尖扎机场等 1∶1 万地形图测量 126.7 平方千米；宁缠垭口至克图公路、国道 G214 共和至玉树公路和 S308 线玉树至不冻泉公路等勘测定界 1450 千米；上海市 1∶500、1∶1000 数字地形图修测 107.2 平方千米；茫崖行委花土沟镇、茫崖镇和玛沁县大武镇、拉加镇地下综合管线普查 425 千米，建立地下管线管理信息系统平台。与天津市测绘院合作，开发完成青海人防工程信息查询管理系统。

青海省水利水电勘测设计研究院

2017 年，青海省水利水电勘测设计研究院完成各类测绘项目 50 项，其中水库工程测绘 5 项、灌区工程测绘 8 项、河道治理工程测绘 11 项、土地勘测定界 5 项、其他工程测量 21 项。完成东部城市群供水工程测绘、民和县积石峡二期工程测绘、引大济湟北干渠以及西干渠工程田间配套地形图测绘、玉树州通天河流域防洪工程测绘、海西州茫崖行委城镇供水工程测绘等。完成德令哈市克鲁克镇光热产业园区防洪工程 1∶2000 地形图测绘 202 平方千米；柴达木盆地水资源配置一期工程四等 GPS 控制点 190 个，1∶500 地形图测绘 98 平方千米，1∶2000 地形图测绘 308 平方千米，输水管线测量 260 千米；湟水南岸扶贫灌溉工程四等 GPS 控制点 175 个，渠道定线测量 162 千米，1∶1000 地形图测绘 10.2 平方千米；引大济湟西干渠、北干渠工程四等 GPS 施工控制点 557 个，渠道施工放样 1130 千米，四等水准测量 210 千米。

中国水利水电四局第四工程局有限公司

2017 年，中国水利水电第四工程局有限公司勘测设计研究院完成金沙江白鹤滩工程测量、向家坝工程测量、溪洛渡水电站工程测量、长江三峡水利枢纽等工程测量、澜沧江黄登水电站工程测量、哈尔滨市轨道交通工程控制测量、云南晋红高速公路测量、蒙华铁路工程测量、北京至沈阳客运专线铁路工程测量、广东江门高速公路测量、河北太行山高速公路测量、江苏徐盐铁路测量、湖北武汉地铁测量、兴泉铁路工程测量等项目。

青海省地矿测绘院

2017 年，青海省地矿测绘院承担项目 106 项，主要包括不动产测绘、无人机航空摄影测量、土地利用规划、工程测量、控制测量、地理信息系统建设等。完成黄南州、玉树州、果洛州 8 个县约 424 平方千米农村土地承包经营权耕地航测，民和县、共和县、G310 尖扎至共和公路、S306 官亭至哈城公路 1∶1000 航空摄影测量，湟源—西海一级公路扩能改造项目 88 千米，巴勒根河综合治理项目。完成的民和县、互助县约 150 万亩农村土地承包经营权确权登记颁证项目通过市级核查及省级验收。完成同德县工业园区不动产测绘，广州市花都区农村地籍调查项目，果洛州、玛沁县、班玛县、甘德县、久治县、玛多县土地利用总体规划（2006—2020 年）调整完善项目。

西宁市测绘院

2017 年，西宁市测绘院完成各类测绘项目 5958 项。完成西宁市市域 56 平方千米 1∶500 地形图、736 平方千米 1∶2000 地形图测绘工作；完成 480 平方千米正射影像图数据采集及 132 千米地下管线数据探测任务；完成西宁市不动产登记数据整合项目，整合宗地 4328 宗、房屋 1.04 万幢，52.96 万户，建设完成西宁市不动产基础数据库和共享交换数据库；利用无人机航摄技术为西宁市应急测绘、高原美丽乡村建设、“美丽夏都·清洁西宁”建设、“畅通西宁”建设、国道 227 线建设工程等提供约 480 平方千米影像数据资料；应用激光三维扫描技术完成 83 栋楼三维立体扫描和立面图绘制工作；建设完成包含电子地图、遥感影像、三维模型、地下管线等多源地理信息数据的西宁市三维城市共享平台系统；完成西宁市中心城区及三县永久基本农田划定工作和2017年度西宁市区域建设用地节约集约利用更新评价工作。

青海煤炭地质局测绘工程院

2017年，青海煤炭地质局测绘工程院完成各类测绘项目12项，其中地形测绘7项、矿山测量2项、土地勘测定界2项、城乡一体化数字调查1项。完成海西州、海北州煤矿超层越界24个，湟源县高标准农田1∶2000地形测绘8平方千米。完成青海省投资集团有限公司西海煤炭柴达尔矿综合治理区域部分施工1∶1000工程测量600.51平方千米，德肃公路踏勘、江仓四井田采坑、都兰县哈莉哈德、循化大青高速1∶2000地形测量124.23平方千米，海西大头羊一矿、二矿及祁连县阿力克铁矿补充勘查项目1∶5000地形测量13.4平方千米。承担大通县6个乡镇城乡一体化数字调查、鱼卡二号井勘测定界、大柴旦行委绿草沟煤矿土地勘测定界工作。

青海省柴达木综合地质矿产勘查院

2017年，青海省柴达木综合地质矿产勘查院完成各类测绘项目14项，其中航空摄影测量1项、地形测绘8项、勘测定界5项。完成格尔木庆华矿业尕林格污染调查地区1∶1000航空摄影测量28平方千米，地形测绘17.5平方千米；天峻县历史遗留矿山恢复治理地形测绘2.5平方千米；茫崖镇西5000米沙场1∶2000地形测绘；玛多县1∶5万地质灾害调查地形测绘；夏日哈木镍钴金属矿地形测绘、大格勒沟脑地形测绘、茫崖行委黑北凹地液体钾矿工程测量、格尔木市大灶火—黑刺沟多金属矿普查地形测绘、马海钾矿区外围卤水钾矿详查工程测量；格尔木光伏产业园道路及工业园东海南路、纬二路、经十一路、科创大厦用地勘测定界等。

青海省核工业地质局

2017年，青海省核工业地质局完成测绘项目40多项，主要包括地形图测绘、土地复垦测绘、市政道路工程测绘、地籍测绘、土地勘测定界、变形监测、地质灾害治理测绘等项目。完成乌兰县城镇建设规划和旅游规划地形图测量、乌兰县夏日乌塔多金属矿详查、德令哈蓄积乡土地占补平衡项目、祁连—刚察—海晏山水农田湖测绘、贵德德源旅游公司地形图测绘、玉树沙坑治理测绘、城东王家庄拆迁安置项目基坑监测和沉降观测、海南藏族自治州海汇新能源有限公司共和50MW风电项目勘测定界、海南藏族自治州鑫源新能源有限公司共和50MW风电项目勘测定界、中电建青海共和50MW光热发电项目勘测定界、青海中电投吉电新能源有限公司乌兰风电项目勘测定界、青海庆华煤业有限公司不动产测绘等项目。完成1∶500地形图测绘4项，面积8.28平方千米；1∶1000地形图测绘3项，面积4.04平方千米；1∶2000地形图测绘4项，面积93.49平方千米；1∶5000地形图测绘5项，面积93.22平方千米；土地勘测定界图14宗，面积62.28平方千米；不动产测绘2项，面积5.1平方千米。

青海天域北斗数码测绘科技有限公司

2017年，青海天域北斗数码测绘科技有限公司完成《高中地理高效笔记》《新课标新考纲新教程区域地理训练版》《新课程中学历史图文详解》《新课标中学地理学习地图册》《透过地图看中国历史》《新课标高中地理考试图册（升级版）》《新课标中学区域地理（教程版）》《新课标中学区域地理配套练习》等教辅类产品编制工作。为人民教育出版社、人民出版社、人民邮电出版社、山西教育出版社、广东人民出版社、二十一世纪出版社、志鸿教育、曲一线、湘教出版、天利文化等出版机构绘制教学用地图作品4000多幅，墙图、挂图20多幅，工艺品地图2幅。

宁夏回族自治区

概况

截至2017年底，宁夏回族自治区共有测绘资质单位149家，同比增加15家，其中甲级3家、乙级27家、丙级65家、丁级54家。分布在测绘、规划、建设、国土资源、水利、电力、煤矿、农业等多个行业。全年完成的主要项目包括盐池县等4个县（区）基础地理国情监测、银川至西安铁路项目宁夏境内181.8千米线路建设用地征地拆迁测量、贺兰山国家级自然保护区环境治理和生态恢复矿区无人机航摄、全区及市县挂图更新编绘、陕甘宁地区自然资源更新调查、宁东煤炭基地生态地质环境动态调查与评价等。

宁夏回族自治区遥感测绘勘查院（宁夏回族自治区遥感中心）

2017年，宁夏回族自治区遥感测绘勘查院（宁夏回族自治区遥感中心）全年完成总收入1490万元。购置高分中心影像数据处理工作站、无人机航空摄影测量系统、无人机倾斜摄影测量系统以及计算机等仪器设备。组织和选派110多人次进行大数据认知及应用、遥感图像处理等知识培训，举办为期15天的无人机和测绘基础知识专题培训。完成陕甘宁地区自然资源更新调查和宁东煤炭基地生态地质环境动态调查与评价项目。编制完成宁夏地质大数据支撑与共享服务平台建设立项建议及宁夏国土空间基础信息平台地质分中心建设方案。签署《关于尼罗河洪水淹没遥感监测服务合作谅解备忘录》，完成阿拉伯地区遥感地质图编制与解译项目，完成“多源遥感数据在尼罗河地区洪水淹没监测中的示范研究”项目申报工作。

宁夏回族自治区基础测绘院

2017年，宁夏回族自治区基础测绘院完成宁夏卫星导航连续运行基准站（NXCORS）网络服务系统28个站巡检运维工作和北斗卫星导航系统升级改造项目。完成盐池片区、宁东片区1:1万像控点测量，三种外业像控布点方案空三加密试验，25平方千米1:2000地理信息数据“3D”产品生产和精度验证；完成银川市西夏区、金凤区、永宁县和吴忠市盐池县4个县（区）基础地理国情监测工作；完成银川市2018年城市地理国情监测可研报告编制及5个地级市监测专题报告、宁东能源化工基地监测专题报告、银川市滨河新区监测专题报告。完成盐池县三调试点影像数据处理、矢量数据坐标转换工作；完成全区铁路地籍228宗地权属界线核查、铁路安保区测绘和授权经营换证工作；完成泾源县7.3平方千米1:500、7.5平方千米1:2000地形图测绘，2平方千米三维模型制作以及地名地址外业调查及数据入库；完成银川至西安高速铁路项目宁夏境内181.8千米线路建设用地征地拆迁测量工作；完成“西马银”项目400宗宅基地权籍调查、农村土地经营承包权2.35万亩确权登记调查；完成贺兰山国家级自然保护区环境治理和生态恢复矿区90平方千米无人机航摄，制作DOM影像图40多幅、图册5本。

宁夏回族自治区国土测绘院

2017年，宁夏回族自治区国土测绘院完成数字银川地理空间框架建设项目400平方千米1:500地形图更新修测、市域范围内1:1万DOM、DEM、DLG数据整理入库、政务版及公众版框架数据的制作、地理信息公共平台建设工作；完成数字彭阳地理空间框架建设项目技术设计书编制、基础控制测量和地形图测量工作；完成2017年地理国情监测任务全区卫星影像数据纠正、4个县（区）基础性地理国情监测和3个地理国情专题性监测工作；完成100幅激光雷达数据更新基础测绘工作；完成1:2000新型基础测绘试验区试生产和4个专项方案编制工作；完成全区及市、县挂图的更新编绘和验收出版，《宁夏回族自治区丝路开放态势地图集》编绘工作设计书评审，《宁夏工作用图》更新；完成全区交通图、宁夏土地利用规划图、石嘴山市公路交通图册、贺兰山东麓葡萄酒业产业发展空间图、彭阳县和泾源县交通图、固原市旅游交通图、宁夏统计年鉴插图、宁夏水系图编绘等工作。

新疆维吾尔自治区

概况

截至2017年底，新疆维吾尔自治区共有测绘资质单位436家，同比增加12家。其中甲级18家、乙级83家、丙级122家、丁级213家。年末测绘从业人员7781人，同比增加384人。全区测绘资质单位全年完成测绘服务总值15.62亿元。

库尔勒天拓勘察测绘院

2017年，库尔勒天拓勘察测绘院完成各类测绘项目120多项，主要包括完成库尔勒城区1:500数字地形图更新维护27.5平方千米；库尔勒市城市规划、市区道路工程、各种管网工程、房地产开发等工程测量；若羌河水库水准网观测项目、若羌县铁干里克镇地理信息平台建设项目、库尔勒开发区1:1000数字化地形图成图项目、乌鲁木齐104团数字化地形图成图项目、库尔勒开发区内土地勘测定界等项目；库尔勒地区48家单位及个人房产测绘项目。完成各类1:500、1:1000地形图（含竣工图）2700多张，土地勘测定界图20多宗2.34平方千米，房产测绘37.76万平方米，摄影测量与遥感外业30平方千米、内业70平方千米。

塔城地区国土资源规划研究院

2017年，塔城地区国土资源规划研究院完成各类测绘项目14项，涵盖摄影测量与遥感监测、地理信息系统建设、工程测量、地籍测量等，实现测绘产值736万多元。制作塔城地区边境管控维稳工作用图”及各类专题图250多份。完成塔城地区边境管控规划专题图编制及前期设计。参与自治区全覆盖排查整治“问题地图”工作。完成新疆油田2016年滚动开发新建产能勘界工作，确定勘测面积74.28公顷。完成连霍国家高速公路联络线新疆克拉玛依至塔城段工程建设实地勘界工作，制作带状勘界图35幅、点之记1477个，面积1408.72公顷。完成克塔铁路二期额敏县4个乡场净面积量算工作。完成G335线塔岔口—托里—巴克图口岸段公路建设用地勘测定界316.12千米。完成托里县1:1万地形图测绘内业调绘片10幅、外业检查调绘片13幅。完成新疆库鲁斯台草原生态修复引水工程前期施工放样及220个界址点工作。完成塔城市、额敏县克塔铁路沿线施工占基本农田情况调查，实测克塔铁路二期塔城至玛依塔斯卫片检查复测130千米路基工作已形成情况说明，报地区国土资源局及各县（市）局。完成塔城市、额敏县、裕民县境内10个团场兵地界线测绘工作。完成塔城市、裕民县、和布克赛尔蒙古自治县全域及城市周边永久基本农田划定工作。完成裕民县县乡两级土地利用总体规划调整完善工作。编制《塔城地区“十三五”土地整治规划》，建立地区土地整治规划数据库。完成塔城地区本级土地利用总体规划调整修编工作。完成额敏、托里、裕民3个县及塔城地区本级2016年遥感影像监测和地区变更汇总工作。与新疆维吾尔自治区第一测绘院合作完成农村土地承包经营权确权登记颁证工作。完成和丰县、裕民县、托里县和塔城地区2016年度城镇地籍调查数据更新汇总和报告编写工作。开展塔城地区农村地籍全程质量检查工作，对5县2市此项目进行成果质量过程检查。

新疆维吾尔自治区第一测绘院

2017年，新疆维吾尔自治区第一测绘院完成自治区第一次全国地理国情普查项目标准时点核准基本统计分析成果汇交工作。完成自治区绿洲区域地理区情监测项目2016年区情监测数据内外业生产，41个县（市）、7个地州普查图件等工作。完成1:1万基础测绘项目2015年塔什库尔干测区215幅内外业生产任务、2016年812幅DLG成果生产任务、920幅DOM成果生产任务及2017年656幅外业、350幅内业生产任务。完成喀什市、阿克苏市、阜康市268.72平方千米1:500地形图基础测绘内、外业生产任务。完成和硕—轮台、和静北、拜城—乌什、伊州区北4个测区1.73万平方千米航空摄影影像获取工作。完成自治区现代大地控制网建设项目B级GPS点、重力点、二等水准测量验收工作。完成40个CORS站勘选、全疆重点地区精化大地水准面建设项目1483个高程异常点埋石工作。完成哈密市伊州区农村宅基地确权项目外业调查工作、新源地质灾害1:2000测图任务、东天山隧道独立控制网测绘任务。提供乌昌两地争议地段界线确认测绘服务及昌吉市街道界线确认测绘服务。编制37幅地理标志保护图、卡拉麦里山自然保护区动物迁徙路线图、昌吉市旅游景区示意图、吉木萨尔县行政区划图等地图，设计制作《游玩昌吉》手绘地图，设计编制桌面地图台历《油画新疆》等特色地图产品。采购无人机影像数据处理软件及机载雷达（LiDAR）获取系统。利用全疆连续运行参考站系统数据开展速度场推算、空间坐标框架和历元转换研究并开发转换软件，并形成全球导航卫星系统数据处理作业技术方案，开展快速恢复灾区大地基准实验。在生产项目中应用大范围航空影像匹配点云数据后处理技术自动生成等高线，提高工作效率。完成基础测绘生产管理系统前期调研工作，并编制建设方案。完成海量地理空间数据管理系统建设与部署并上线运行。开展昌吉市城市发展动态监测项目。利用车载三维激光扫描系统完成近百千米三维带状数字地表模型数据采集、处理及应用工作。立项临时基准站技术在快速恢复灾区大地基准中的应用探索等8个院级科技创新项目，完成5个项目院级验收。2016年1:1万基础测绘更新技术方案研制通过新疆维吾尔自治区测绘地理信息局复验。

乌鲁木齐市国土资源勘测规划院

2017年，乌鲁木齐市国土资源勘测规划院完成乌鲁木齐市不动产测绘64394件、建设用地供地测绘686件、建设用地预审测绘288件，测绘面积115.3平方千米。开展乌鲁木齐市农村地籍调查及集体建设用地使用权确权登记工作，完成乌鲁木齐县6个乡镇42个村45.9平方千米1.5万多户地籍测量和权属、房屋调查工作。配合完成乌鲁木齐2000城市坐标系建设项目可行性研究报告、技术设计工作。完成乌鲁木齐地窝堡国际机场扩建，新疆大学、新疆医科大学新校区建设，京新高速（G7）S114线改建工程，G216线（白杨沟—后峡沟口）改建工程，S105线（西山立交—绕城高速西线）改建工程，国网新疆电力公司750kV输变电工程，铁路枢纽乌西乌北联络线，地铁轨道交通3、4号线等乌鲁木齐市域内重点大型项目测量工作。完成乌鲁木齐市2016年度土地变更调查项目，图斑2684个、面积26.3平方千米；土地矿产卫片执法检查项目，图斑1710个、面积14.5平方千米；2017年全天候遥感监测卫片执法检查项目，图斑1042个、面积32.1平方千米。完成乌鲁木齐市全域永久基本农田划定、土地利用总体规划调整完善、“十三五”土地整治规划、中心城区建设用地集约利用潜力评价、耕地质量等别更新评价、区域建设用地更新评价等工作。为进一步提升国土资源信息化服务，对国土资源“一张图”和机房及服务器虚拟化进行升级改造。

乌鲁木齐市城市勘察测绘院（乌鲁木齐市基础地理信息中心）

2017年，乌鲁木齐市城市勘察测绘院（乌鲁木齐市基础地理信息中心）完成乌鲁木齐市市区1:500、1:1000基础地形图测绘436平方千米，1:2000地形图测绘100多平方千米；完成规划用图修补测、放线、验线和竣工测量等规划测量业务1828件；为市委市政府、各区县政府及相关职能部门制作专题图1000多幅。与市国土局联合建立2000乌鲁木齐城市坐标系，并报国家测绘地理信息局批准；完成智慧城市时空大数据与云平台项目可研及初设的批复和设计方案，其中数据资源体系已完成3900平方千米高分辨率数码航摄工作；完成乌鲁木齐市高新区公安局视频图像解析智能分析平台电子地图及数据库建设；完成乌鲁木齐市三维地理信息共享平台库、乌鲁木齐市城市交通综合平台GIS—T项目、乌鲁木齐市环保信息化地理信息项目、乌鲁木齐市快速路设施项目数据库更新；完成乌鲁木齐市地理信息共享平台正射影像服务更新等项目。

新疆维吾尔自治区交通规划勘察设计研究院

2017 年，新疆维吾尔自治区交通规划勘察设计研究院完成公路勘测 2929 千米，其中布设一级 GPS 点 3606 个、四等水准 4293 千米、1∶2000 数字化地形图 2190 平方千米。完成 G579 线库车—拜城—玉儿滚高速公路项目、民丰至洛浦高速公路项目、京新高速（G7）巴里坤—木垒公路建设项目、阿克苏至乌什公路建设项目、G315 线若羌至民丰 RMSJ—3 段建设项目、哈密至罗中公路建设项目、罗中至若羌公路建设项目、乌鲁木齐绕城高速公路（西线）第 3 合同段公路建设项目、S18 线岔口至青河公路建设项目、尉犁至 35 团公路建设项目、昌吉至五家渠—准东公路建设项目、米泉至五家渠公路建设项目、S101 昌吉至玛纳斯段公路建设项目、S308 柯坪至阿恰勒公路建设项目、布尔津至机场公路建设项目、G217 线布尔津至乌图布拉克公路建设项目、乌苏市—托里庙尔沟镇公路建设项目、S101 玛纳斯至独山子段公路建设项目、奇台半截沟公路建设项目、五家渠—北屯公路建设项目、乌鲁木齐至尉犁公路建设项目和托克逊至沙尔湖公路建设等测绘项目。

新疆维吾尔自治区煤田地质局综合地质勘查队

2017 年，新疆维吾尔自治区煤田地质局综合地质勘查队开展各类测绘项目 32 项，涉及农村土地确权、地籍测量、地质勘探测量、公路测量、工程测量以及房产测绘。共完成 D、E 级控制点 526 个、四等水准测量 558.2 千米、三角高程测量 41.5 千米、地籍调查及集体建设用地使用权确权登记 2.1 万宗、农村土地确权 43 万亩、各类比例尺地形图测绘 317.7 平方千米、无人机航摄 427.2 平方千米、像控点测设 252 个、正射影像制作 734.2 平方千米、公路测量 747.2 千米。完成二维地震定点定线测量 60 千米、三维地震定点定线测量 7857 千米、电磁法定点定线测量 36 千米。完成地质勘探工程剖面测量 120 千米、房产测绘 5.4 万平方米、巷道测量 12 千米。

新疆维吾尔自治区国土资源规划研究院

2017 年，新疆维吾尔自治区国土资源规划研究院完成 2016 年度土地变更调查、土地矿产卫片执法监督检查、全国土地变更调查成果国家级外业核查等工作，完成 2017 年自治区重点区域动态巡查监测预警实地核实工作，中标并开展 2017 年全国土地利用变更调查监测与核查遥感监测项目第 14 包任务，开展自治区耕地精准核查试点工作。完成自治区农村地籍调查及集体建设用地使用权确权登记发证工作；制定下发自治区农村地籍调查实施细则，指导全疆农村地籍调查工作有序开展；完成乌鲁木齐市等 12 个地籍数据库国家级检查；编制自治区不动产单元设定与代码编制实施细则，派出专家指导参与农业厅的自治区农村土地承包经营权确权登记颁证整县推进试点工作验收工作；完成 19 项建设用地项目预审工作，编制土地利用总体规划、土地利用现状图件 379 幅；完成 8 项建设用地勘测定界项目报批工作；完成新建兰新铁路第二双线（新疆段）工程土地使用权勘测定界、G3013 线阿克苏—喀什段高速公路土地使用权勘测定界等 7 项土地使用权勘测定界工作。

新疆石油工程设计有限公司

2017 年，新疆石油工程设计有限公司完成各类测绘项目 125 项，涵盖摄影测量与遥感、地理信息系统、工程测量、地籍测量等，实现测绘产值 3000 多万元。完成 1∶1 万地形图 125 幅、1∶500 地形图 950 幅，摄影测量与遥感内外业约 3300 平方千米；承接 2016 年度油气田产能建设地面工程数字化数据采集工作，完成新疆油田公司 2015 年新建产能数字化工作。承接各类工程测量项目 118 项，主要涉及克拉玛依市以及新疆油田、塔里木油田、西部管道等规划、道路工程、管网工程、防洪工程、土建等相关测绘工作，以及风城高库至三坪水库输水管线工程、广州市天然气利用工程四期石滩门站—火村调压站管线工程、达坂城旅游公路项目等。

新疆维吾尔自治区基础地理信息中心

2017 年，新疆维吾尔自治区基础地理信息中心对外提供各类测绘成果数据约78TB。接收22个测区基础测绘成果资料并完成组卷110卷，向各地（州、市）国土资源局移交398幅1:1万基础测绘地形图资料。完成2014年、2015年基础测绘数据质检入库。开展自治区地理信息公共服务平台建设与应用，实现自治区地理信息公共服务平台与公安、边防、安全、林业、环保等业务平台对接，并提供在线地图服务。完成喀什地区基础地理信息数据库、地理信息公共服务平台、应急维稳地理信息应用系统安装部署和新疆山脉、环境、政区等系列专题地图，编制《图解丝绸之路经济带核心区——新疆》地图。编制边境管控工作系列地图260幅，搭建应急维稳地理信息应用系统。建立并完善自治区测绘应急保障体系，搭建新疆应急测绘保障决策系统和指挥调度系统。为自治区81个驻村工作队及疏附县编制工作用图408幅，通过PC端和移动终端实现“访惠聚”区域村民信息采集、可视化管理、统计分析和辅助决策。完成“天地图·新疆”平台建设与应用项目。完成2017年自治区应急测绘保障体系建设项目，完善应急测绘指挥车功能，开展无人机设备采购，完成机房分级保护建设工作。完成2017年自治区地理空间数据资源共享交换平台建设项目，实现基于自治区政务版地理信息公共服务平台的地理信息资源共享交换，并将空间化后的共享交换数据通过自治区政务地理信息公共服务平台进行共享发布。开展2017年新疆基础地理信息时空云平台建设。研发自治区级公众版和政务版地理信息公共服务平台、测绘地理信息局网络化综合业务管理平台、测绘成果分发服务系统、原始影像数据管理系统。数字塔城地理空间框架建设项目通过验收。接收国家测绘地理信息局卫星测绘应用中心推送影像2.42万景、12.3TB，完成推送影像数据备份及元数据整理。完成自治区绿洲区域约20万平方千米高分辨率卫星影像数据获取。完成应急测绘指挥车中央控制系统建设研究项目、基于倾斜摄影数据进行大比例尺测图研究项目2项自治区测绘地理信息局科技立项。

中国能源建设集团新疆电力设计院有限公司

2017年，中国能源建设集团新疆电力设计院有限公司主要开展输电线路、变电站等工程各阶段的测绘项目，共完成新能源（风力、光伏）发电项目3项、变电工程10多项，线路工程10多项，施工控制网测量及沉降观测3项。完成的重点线路工程包括台远—塔河220kV线路工程、和田750kV变220kV送出工程、昌吉五彩湾北（榆树沟）220kV输变电工程、三塘湖—淖毛湖220kV线路工程、昌吉协鑫新材料项目220kV线路工程等，线路总长度约500千米。积极开拓非电业务市场，承揽70多千米高速公路测绘项目并首次参与乌鲁木齐轨道交通施工监测工作。

新疆地矿测绘院

2017年，新疆地矿测绘院完成测绘项目56项。主要完成鄯善县农村土地承包地籍测绘4.12万亩；托克逊县2017年交通基础设施建设95.5千米；布尔津至吉木乃口岸、G331线布尔津至哈巴河段高速公路项目测绘技术服务1:1000、1:2000带状地形图测绘100平方千米；新建乌鲁木齐铁路集装箱中心站建设用地勘界测绘项目埋设权属勘界普通标石、水泥标石、界址点149点；可可托海北测区1:1万基础测绘地形图168幅；民丰县城市规划区综合地下管网测绘147.7千米；伽师县特色乡镇地形图测量项目1:500地形图测绘43平方千米；泽普特色乡镇地形图测绘项目1:500地形图测绘46.32平方千米；沙雅县南疆农业高效节水增收试点项目1:2000地形图测绘65平方千米、渠道纵横断测量63千米；S228线硅化木园至土园仓公路改扩建项目土地勘测定界196千米。研发新疆地矿局访惠聚平台，实现业务办公与地理信息数据相结合，通过地图实现对“访惠聚”各项工作的辅助决策。

新疆兵团勘测设计院（集团）有限责任公司

2017年，新疆兵团勘测设计院（集团）有限责任公司完成测绘项目42项。承担兵团地理空间框架建设工作，完成兵团城镇化建设50个团场1:1000地形图测绘E级点70个、四等水准测量600千米、航摄像片连测75平方千米、DEM生产6.25平方千米；利用无人机航空摄影测量技术完成伽师县、疏勒县、哈密市伊州区等航空摄影测量6400平方千米，编制DOM真彩色数字正射影像图1.14万幅；

利用五镜头倾斜摄影技术完成第九师师部及11个团场部的三维立体数字城市管理系统建设；完成S21线乌鲁木齐—五家渠—阿勒泰公路测绘230千米，G219线和布克塞尔—塔城—阿拉山口公路建设长带状线路航摄影像数据采集71千米，一级GPS控制点62点，四等GPS控制点25点；喀什地区施测四等水准1636千米。完成北屯市城市三维辅助规划决策系统建设0.05米分辨率影像覆盖110平方千米，实景建模103.9平方千米。完成乌鲁木齐市燃气管网17.5千米燃气管线放线测量、56.2千米待建燃气管线高程测量、9.73千米燃气竣工测量。完成基于多平台精准探测技术的兵团主要农作物种植云服务体系研究课题、永德县河长制信息管理平台建设、永德县河长制“一河一策”方案编制等项目。兵团基础地理信息数据库管理系统、兵团水利信息基础数据库管理系统、永德县水利基础设施数据库管理系统获得计算机软件著作权。

水利部新疆维吾尔自治区水利水电勘测设计研究院

2017年，水利部新疆维吾尔自治区水利水电勘测设计研究院测绘工程院完成测绘项目36项，包括一期二步改扩建10kV输变电线路测量、奥依阿额孜水利枢纽移民测量、托尕依水电站工程补充勘测、阿尔塔什水利枢纽移民安置区小亚斯墩灌区工程勘测、皮山县芒沙水库工程测量、玉龙喀什水利枢纽工程测量、引额供水二期输水工程库木苏水库1:2000地形图及压力管线1:2000地形图测量、引额供水二期双三段控制网复测、引额供水二期西二段控制网复测、克拉玛依六座水库大坝变形监测等项目。共完成二等GPS测量412点、三等27点、四等92点、五等576点；高程二等水准测量1411千米、三等124.7千米、四等66.4千米；1:500地形图测量4.9平方千米、1:1000地形图测量50.54平方千米、1:2000地形图测量94.2平方千米、1:5000地形图测量76.6平方千米；1:1万地形图测量62平方千米；河道断面测量85千米；1:500断面测量16.3千米、1:1000断面测量219.6千米、1:2000断面测量462.96千米、1:5000断面测量222.8千米。出版技术总结、资料整编36份，出图420幅。

巴音郭楞蒙古自治州国土资源勘测规划设计院

2017年，巴音郭楞蒙古自治州国土资源勘测规划设计院完成勘测定界项目555项，勘测定界面积24.5平方千米；完成且末、若羌、尉犁3个县4.08万个宗地农村地籍外业权属调查和地籍测绘，和静、轮台、焉耆、若羌、且末5个县9.73万宗农村地籍内业工作；完成博湖、焉耆、和静3个县土地承包经营权确权发证项目外业权属调查与实地测量工作，涉及调查农户3.06万户，农用地面积481.53平方千米；完成5385平方千米无人机航测航片及数据处理工作，测设像控点3506个，制作影像专题图258幅；完成741.1平方千米机载LiDAR三维点云获取及处理；完成中石油塔里木油田指挥部生活基地等倾斜摄影测量内外业工作；完成且末县84平方千米无人机交叉航线测量地形图测试工作，对无人机稀疏像控1:1000地形图进行测试；运用高分辨率航空影像定量评估普惠乡孔雀河床胡杨生长状况，评估面积59平方千米；对无人机进行组装及升级改造，增加差分GPS模块；完成2016年度8个县土地利用变更调查及遥感监测和全州汇总工作，其中变更图斑5992个；完成自治州智慧国土核心数据库更新和县市移动一张图数据更新；完成自治州国土资源局协同OA办公自动化（一期）建设；完成自治州8个县基本农田划定、自治州及7个县土地利用总体规划调整完善、州及7个县“十三五”土地整治规划、2017年度7个县耕地质量更新评价数据库建设；完成且末县公安一张图系统、博湖县本布图村维稳一张图系统、办公APP系统局务通1.0研发。

新疆维吾尔自治区第二测绘院

2017年，新疆维吾尔自治区第二测绘院完成《新疆维吾尔自治区第一次全国地理国情普查成果地图集》设计、编制及审核，《新疆维吾尔自治区地理国情普查成果图》验收及电子数据汇交，地理国情普查公报用图编制工作。完成乌鲁木齐市、昌吉回族自治州、五家渠市等16个县市约8.8万平方千米2017年基础性地理国情监测任务。完成2017年自治区绿洲区域地理区情监测项目104个县（市）数据采集和外业核查工作。完成2017年新疆测绘地理信息应用成果和地图展览网上展馆续建项目。完成自治区测绘地理信息局科技项目“多规合一”技术体系研制。完成新疆试点市县（昌吉市、特克斯县）经济社会发展总体规划编制项目。完成2016年新疆现代大地控制网建设项目B级GPS点测量和3453平方千米二等水准测量。完成并汇交1:1万地形图基础测绘项目DLG、DEM产品803幅，DOM产品1492幅。完成并汇交2016年新疆大比例尺地形图基础测绘项目哈密市测区64.98平方千米、阿勒泰市测区36.22平方千米、阿图什市测区39.36平方千米、和田市测区32.47平方千米成果。完成615平方千米航摄任务，开展无人机应急测绘演练1次。完成新疆地质灾害信息系统及群测群防体系基础地理信息数据库建设项目（新源县）、伊犁哈萨克自治州奎屯市住房和城乡建设局地下管网综合管理系统及地上部件普查三维建模项目、基于高分二号影像数据的典型地理国情应用示范项目、卫星测绘云服务平台高分二号影像正射纠正项目、自治区影像控制点库建设项目。编制完成各类地图产品70多项，制作沙盘模型17个。无偿为新疆维吾尔自治区党政机关、各厅局和企事业单位提供各类地图产品1700多集（册、张）。

新疆疆海测绘院

2017年，新疆疆海测绘院完成测绘项目60多项，其中大、中型测绘项目18项，主要包括和田地区皮山县中型灌区节水配套改造项目、吐哈供水工程测量、新疆特克斯县科桑水库工程测量、托里县农村土地承包经营权确权登记颁证项目测绘航空摄影、吉林省机载激光雷达航空摄影项目、广西森林资源调查机载激光雷达航空摄影项目、尼勒克县地质灾害信息系统及群测群防体系基础地理信息数据库建设项目、新疆基础地理信息时空云平台建设——全疆时空信息数据库建设项目（哈密地区）。完成二等GPS点测量140点、三等78点、四等323点、五等207点；二等水准测量1051千米、三等700千米、四等585千米、五等86.2千米；纵断面测量832千米、横断面测量1027千米。完成测绘航空摄影和机载雷达数据采集2.89万平方千米，飞行航线总长1.43万千米。完成1:500地形图测绘68.64平方千米、1:2000地形图测绘412平方千米、1:1万地形图测绘1520平方千米。完成新疆基础地理信息时空云平台建设——全疆时空信息数据库建设（哈密地区）21.2万平方千米。

巴州新矿测绘中心

2017年，巴州新矿测绘中心完成各类测绘项目504项，其中大中型测绘项目24项。完成C级GPS点测量40点、D级200点、E级2500点，三等水准测量300千米、四等水准测量4000千米，1:500地形图测绘4.2平方千米、1:1000地形图测绘22平方千米、1:2000地形图测绘1200平方千米、1:5000地形图测绘29.6平方千米、1:1万地形图测绘25.7平方千米，1:1000地籍测绘130平方千米，房产测绘30万平方米，输油气管线测量311千米，输变电线路测量100千米，高速公路测量324千米、二级公路测量1600千米、三级及以下公路测量400千米。完成航空摄影测量5200平方千米。

国家应急测绘保障能力建设

科学救灾，测绘先行。我国应急测绘保障工作是国家突发事件应急体系和综合防灾减灾工作体系的重要组成部分。“十二五”以来，全国应急测绘工作者不畏艰难、奋发进取，为突发事件应急处置提供了及时有力的测绘地理信息保障服务，被誉为“灾区上空的眼睛”。为进一步提升应急测绘装备水平，全面构建反应快速、协调有序、资源整合、保障有力的全国应急测绘保障能力，国家基础地理信息中心在国务院应急管理办公室、国家发展和改革委员会等有关部门的指导与支持下，牵头组织实施“国家应急测绘保障能力建设项目”。

项目领导小组工作会议

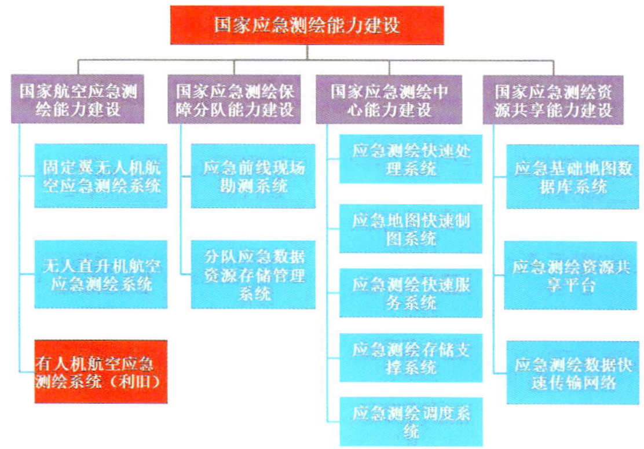

国家应急测绘保障能力建设项目系统组成

国家应急测绘保障能力建设项目启动会

国家应急测绘保障能力建设项目目标

项目建成后，将形成起飞后 4 小时可抵达我国 80% 陆地及沿海重点区域的现场影像获取能力，以及 2 小时提供应急分析指挥用图、12 小时提供第一批现场应急测绘成果、全天候不间断在线应急测绘服务的处理与分发服务能力，实现突发事件“第一时间”现场信息快速获取、分析、处理与高效服务，将应急测绘保障的整体响应效率提高 3～4 倍。

国家应急测绘保障能力建设内容

建设内容包括国家航空应急测绘能力建设、国家应急测绘保障分队能力建设、国家应急测绘中心能力建设和国家应急测绘资源共享能力建设。

项目办公室调研

超站仪应用

单项工程实施方案交流会

中国测绘科学研究院

努力建设一流大地测量综合观测台站

2017 年 5 月 4 日，国家测绘地理信息局局长库热西·买合苏提到中国测绘科学研究院房山人卫观测站调研，要求努力建设一流大地测量综合观测台站。

库热西 · 买合苏提表示，国家测绘地理信息局高度重视人卫站建设，并将给予相应支持。他希望，中国测绘科学研究院和人卫站在大力加强硬件建设的同时积极强化软件建设，振奋精神、真抓实干，立足长远、找准定位，理清思路、科学规划，努力把人卫站建成国际一流的大地测量综合观测台站，建成国内与国际学术交流、科普教育和人才培养基地，并积极探索建设具有先进的测量数据采集、传输、集成分析能力的数据资源管理与服务中心的新路子，努力打造国内权威、国际一流的大地观测科研平台，为测绘地理信息事业发展作出更大的贡献。

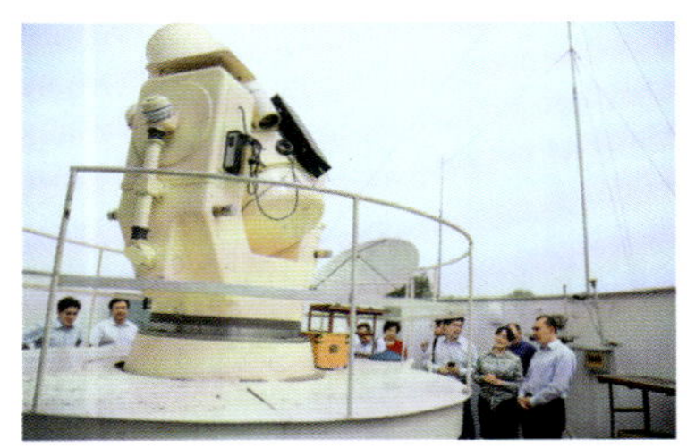

国家海岛礁测绘重大关键技术与应用项目

2017 年，中国测绘科学研究院牵头完成的“国家海岛礁测绘重大关键技术与应用”项目获国家科技进步奖二等奖。

近年来，中国测绘科学研究院联合国家基础地理信息中心、国家海洋局第一海洋研究所、中国人民解放军海军海洋测绘研究所、武汉大学等单位，突破一系列国家海岛礁测绘重大关键技术，构建“空天地海”一体化海岛礁测绘技术体系，革新传统低效海岛礁地面测绘模式，提高海岛礁测绘作业效率，降低作业成本。项目成果实现我国地理信息陆海全覆盖的历史性跨越，在国家及沿海省市 100 多家单位得到广泛应用，在维护国家主权和海洋权益、国家海洋经济和海上交通运输等方面产生了良好社会经济效益。

国家科学技术进步奖

证　书

为表彰国家科学技术进步奖获得者，特颁发此证书。

项目名称：国家海岛礁测绘重大关键技术与应用

奖励等级：二等

获 奖 者：中国测绘科学研究院

2017 年 12 月 6 日

证书号：2017-J-25201-2-01-D01

获奖证书

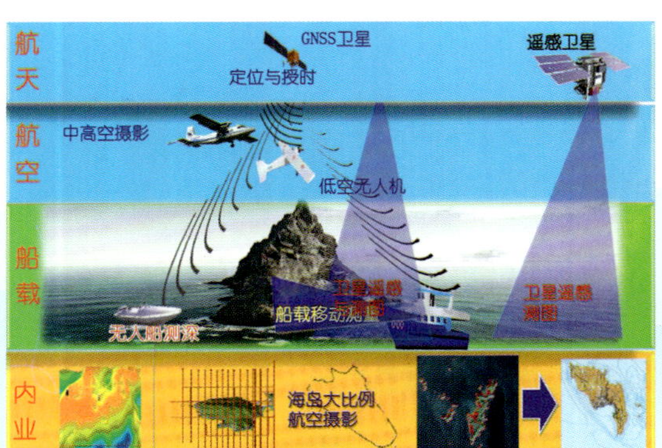

空天地海一体化海岛礁测绘技术体系

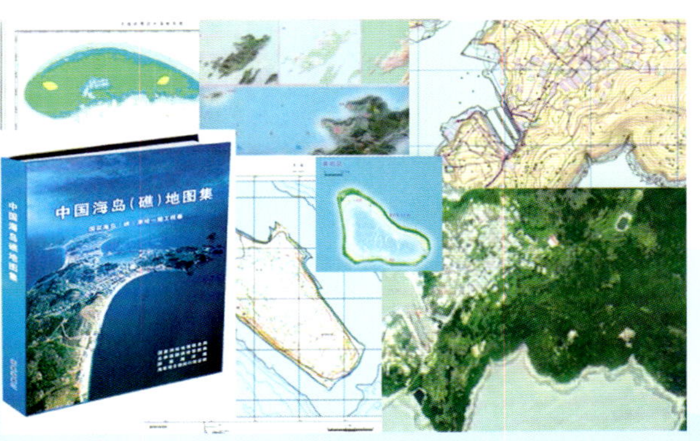

海岛礁测绘地理信息成果

成立国家测绘地理信息计量站

2017 年 11 月，国家质量监督检验检疫总局授权中国测绘科学研究院成立“国家测绘地理信息计量站”。

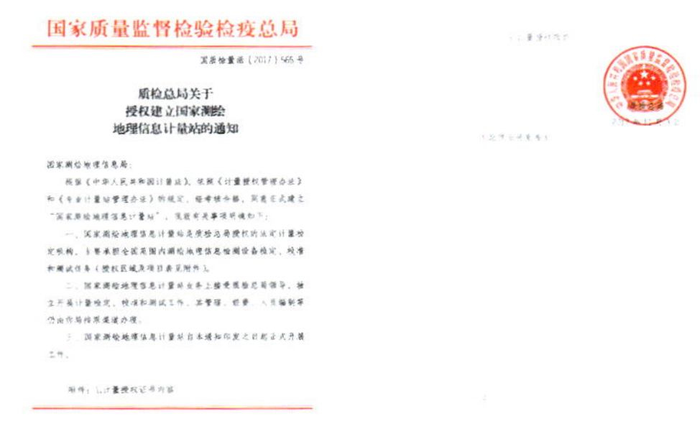

国家质量监督检验检疫总局

质检总局关于
授权建立国家测绘
地理信息计量站的通知

中华人民共和国
法定计量检定机构
计量授权证书
Certificate of Metrological Authorization

国家测绘地理信息计量站的成立是整个测绘地理信息行业发展的需要，对全国测绘计量起着重大的引领和支撑作用，特别是在行业计量（基）标准建设、维护、型式评价，仪器装备选型验收、市场准入，建标考核，监督检查，计量比对和技术培训等方面，对促进国家测绘地理信息计量站乃至整个行业计量的完善和发展有着重要的现实意义。

全面推进卫星导航定位基准站数据安全升级改造工作

2015 年底，中共中央办公厅、国务院办公厅和中央军委办公厅联合发文，就加强和规范卫星导航定位基准站的建设管理作出全面部署，明确提出：国家测绘地理信息局作为国家测绘行业的行政主管部门，应肩负起对全国卫星导航定位基准站的安全管理职责。2016 年，国家测绘地理信息局以“一号文件”的形式对卫星导航定位数据秘密等级划分和保密管理提出要求。

2017 年，中国测绘科学研究院在多方调研的基础上对涉及国家秘密事项的省级卫星导航定位基准站坐标、基准站网观测数据制定了针对性的解决方案，开展了基准站数据安全升级改造理论技术研究，突破了基准站坐标和数据脱密等关键技术，并研发了相应 DataKeeper 软件系统。中国测绘科学研究院已经与河北、四川等 10 家测绘地理信息主管部门签订了省级基准站网安全升级改造合作协议，并初步完成了河北、四川、江苏等省级基准站安全升级改造工作。中国测绘科学研究院与中海达技术股份有限公司签订了战略合作协议，委托对方完成全国范围的单基准站安全升级改造工作。

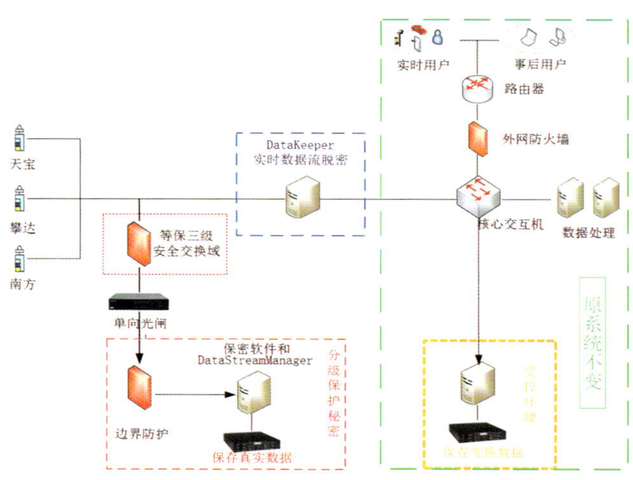

基准站数据安全改造示意图

DataKeeper 软件系统

国家测绘地理信息局管理信息中心

国家测绘地理信息局管理信息中心（以下简称中心）为国家测绘地理信息局在京直属事业单位，拥有一支高素质的专业技术人才队伍，职工均为本科以上学历，其中硕士研究生及以上4人、在职取得硕士学位5人；职工中具有副高以上任职资格3人、中级任职资格8人，为推动中心事业可持续发展提供了强有力的人才保障。

2017年，中心围绕“互联网+政务服务”要求建成国家局网上政务服务平台，集成卫星导航定位基准站建设备案管理等7个系统，设立智能搜索，实现政务服务的导航、认证、办理、查询、评价五个统一。围绕政务信息系统整合与共享要求建成国家局政务信息资源中心，实现国家局重要信息资源从数据采集、整合、质量监控与数据治理，到形成标准数据提供共享交换的全流程管理。打通事前事中事后数据，建成测绘地理信息行业综合监管平台并开展终试，为国家局深入推进“放管服”改革、提升综合监管能力打下坚实基础，圆满完成了国家局落实“放管服”改革三步走的既定任务。

建设国家局门户网站手机版，2017年底上线运行。召开网站建设座谈会，提升测绘地理信息系统网站整体建设水平。修订《测绘地理信息统计工作考核细则》。协助完成地理信息产业专项统计调查制度的编写。编制出版《中国测绘地理信息年鉴2017》，积极扩展年鉴服务范围，提升年鉴的社会影响力。

中心始终以开发信息资源、服务科学决策为使命，利用自身优势，不断提升服务能力，充分发挥在政务信息化建设方面的决策支持和技术支撑作用。

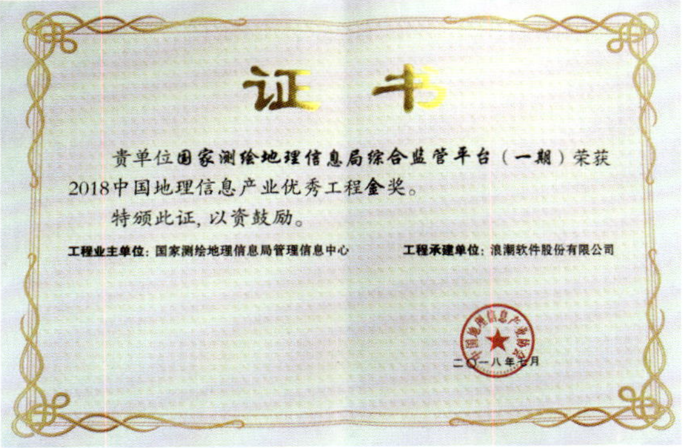

测绘地理信息系统网站建设座谈会在深圳召开

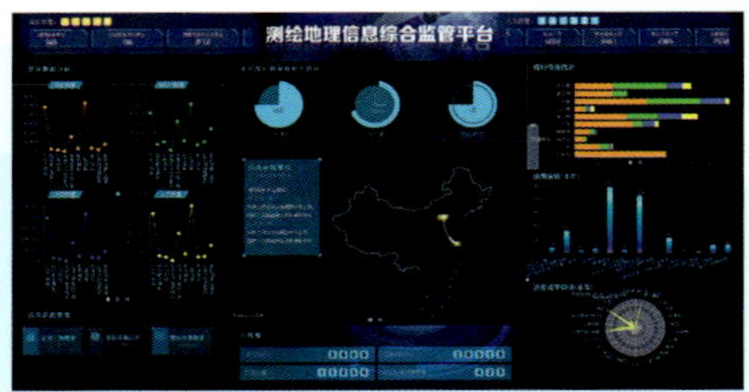

国家测绘地理信息局综合监管平台（一期）建设应用

网上政务服务平台与政务资源中心建设应用

网站手机版

国家测绘产品质量检验测试中心

国家测绘产品质量检验测试中心（以下简称国检中心）是国家测绘地理信息局（以下简称国家局）直属正厅级事业单位，2010 年 9 月 25 日挂牌成立。内设 7 个处（室），在编人员 60 人，硕士以上学历的占 63%（其中博士 8 人），研究员和高级工程师 17 人。

历年来，在国家局统一部署下，国检中心先后完成西部测图的成果检验，针对数字测绘成果的全国质量监督检查，“927”一期工程成果质量检查验收，国家现代测绘基准体系基础设施建设一期工程成果质量检查验收，2000 国家大地坐标系转换成果监督检验，全国第一次地理国情普查管理与监督检验，大地测量、海岛 CORS 站、水准测量成果和沿岸地区 1:5000、1:1 万、1:5 万测绘成果的验收以及 DEM、DLG 制图成果等的验收等重大国家任务。主动适应新形势、新任务、新要求，围绕国家重大战略、重大工程，扎实开展质量提升活动，认真做好行业质量监督检查，积极构建质检服务体系，大力推进质检信息化建设和协同发展，有效促进了成果质量稳步提升。

2017 年，国检中心加大全国测绘地理信息质量监督抽查工作力度，全面完成 15 项变形测量成果、10 项工程测图成果和 15 项管线测量成果的全国监督抽查任务，促进测绘地理信息质量水平不断提升；扎实推进基础性地理国情监测质量控制工作，组织开展国家局直属生产单位承担任务区成果的交叉验收工作，确保成果质量持续改进；组织全面完成 2017 年基础性地理国情监测，全部省级任务承担单位及其 95 家作业单位的过程质量监督抽查工作；完成 2017 年度计划任务全部 206 万平方千米区域网平差、数字正射影像、数字表面模型和核心矢量要素数据过程抽查和验后成果质量抽查工作，支撑全球地理信息资源建设工程，为打造优质工程保驾护航。

协办召开全国测绘地理信息质量工作会议

为全面落实质量强化工作部署，深入开展质量提升活动，充分发挥在全国质检机构中的引领作用，着力补齐质检发展短板，集聚和融合发展力量，以强化业务协同为重点，以提升技术服务能力为核心，国检中心组织召开了全国测绘地理信息质检站长会议。国检中心不断探索质检工作协同创新发展新机制，分别与四川局、重庆院、北京院、西藏局签署战略合作协议，并成立了西南中心、重庆分中心、北京分中心、西藏分中心，开创了国家级、省级测绘质检机构交流合作新局面。以国检中心为引领、省级质检机构为支撑，在资源、信息、业务、人才、科研等方面实现共享和协同创新，构建形成“1+31”模式的协同发展联盟质检服务新体系，促进形成全国测绘地理信息质检“一盘棋”新格局。服务国家重大战略、重大工程，积极开展社会化技术服务，为国家经济社会发展提供了测绘地理信息质量保障。

国检中心以国家局“加强基础测绘，监测地理国情，强化公共服务，壮大地信产业，维护国家安全，建设测绘强国”的发展战略为宗旨，围绕政策研究、标准制定、技术引领和质量把关等核心任务，坚持“创新、协同、品质、效能”新发展理念，不断优化质检外部环境，创新质检技术手段，提升质检服务能力，切实履行“当质量的坚守者，做消费的保护者”的重要职责，有效推动了测绘地理信息产品、工程、服务与质量发展。

全国测绘地理信息质检协同发展联盟揭牌仪式

西藏分中心授牌仪式

中心人员在新疆开展外业巡图工作

中心人员获第一次全国地理国情普查先进集体（左四）、先进个人（右四）称号

北京帝测科技股份有限公司

北京帝测科技股份有限公司（简称：帝测科技，股票代码：831016）——国家高新技术企业、中国地理信息产业百强企业（2016、2017、2018），2004年创立，2014年成功挂牌新三板（知名品牌、公众公司、管理规范、融资渠道多样）；拥有甲级测绘资质（包含8个子项）、工程勘察资质、土地规划资质、武器装备科研生产保密资质，公司下设子公司1个、分公司12个，业务遍布全国各地。

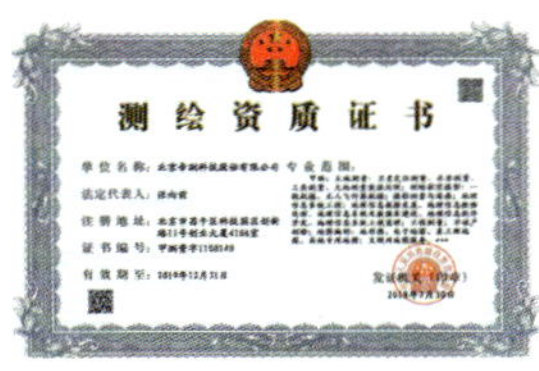

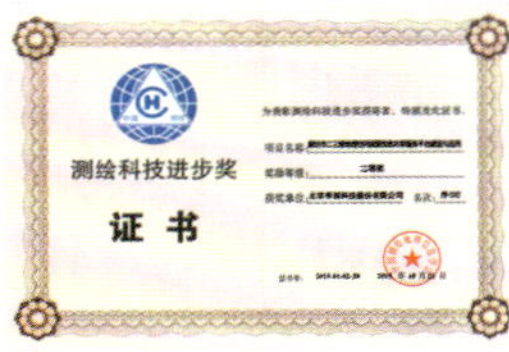

公司综合应用卫星遥感、测绘航空摄影、地表精密测绘、地下地质勘探、物联网、大数据等技术，致力于城市建设、自然资源、文化遗产的全生命周期空间信息采集、动态监测、应用管理等业务，并提供基础设施信息化、智慧农业、飞行程序设计等信息集成和系统研发技术服务。

帝测科技立足测绘地理信息全产业链，打造共创共赢大平台，以团队建设吸纳事业合伙人，以创新应用占领技术竞争制高点，力争2020年成为中国测绘地理信息产业龙头企业。自新三板挂牌以来，完成了2次定向增发、1次核心员工股权激励，募集资金约5000万元，截至2018年8月，公司注册资本约7260万元。

帝测科技现有专业技术人员近500名，其中博士5名、硕士22名。近年来公司主持完成了北京市2016年和2017年测绘航空摄影项目、2015年国家航空摄影三亚项目、北京市地铁昌平线桥梁专项普查监测项目、北京市规划委轨道交通三维虚拟现实建模与展示项目、布达拉宫古建筑群精准测绘与数字化项目、大足千手观音三维扫描和虚拟修复项目、郓城地下管线探测项目等重大工程。

帝测科技秉持以创新促发展的理念，曾荣获测绘地理信息行业奖20多项，其中获中国测绘地理信息学会测绘科技进步一等奖2项（2018、2016）、二等奖2项（2018、2015），中国地理信息产业协会科技进步一等奖1项（2018）、全国十佳文博技术产品奖1项（2015），获实用新型专利证书5项、软件著作权15项。

布达拉宫古建筑群
精确测绘与数字化

北京市泥石流
精细调查评价

阿斯塔纳轻轨
工程测量

时空信息一张图
智能支撑平台

公司地址： 北京市朝阳区汤立路216号东方郁金香二层

业务咨询： 李经理 15810252175

合伙人吸纳： 梁总 18903366625

邮箱： digsur@163.com

唐山经纬测绘工程有限公司

唐山经纬测绘工程有限公司成立于 2011 年 4 月，是国家甲级测绘资质单位。主要开展测绘航空摄影、摄影测量与遥感、地理信息系统工程、工程测量、不动产测绘、海洋测绘等业务。

公司的管理及技术人员均有丰富的从业经验，拥有职工总数 80 多人，其中高级工程师 10 人、中级工程师 21 人、初级专业技术人员 28 人。

公司拥有高精度 GPS 接收机、数字智能全站仪、高等级水准仪、测深仪、地下管线探测仪等精密测绘仪器和无人飞行器系统。近年来承接多个国家项目，完成唐山市 5 个区县的农村经营权确权项目、3 个区县的农村宅基地确权和国有农垦确权项目，唐山市北部山区矿产普查测量项目，累计完成近千个矿山的测绘工作，公司每年还承接地籍测绘、工程测绘项目上百个，为地方建设作出了贡献。公司严格按照有关法律、法规和政策的要求，建立起了良好的质量管理体系和档案管理制度。秉承以人为本、精益求精的经营理念，愿与社会各界团结合作，共同推进测绘地理信息行业发展。

省市领导指导工作

野外作业

员工活动

无人机航测

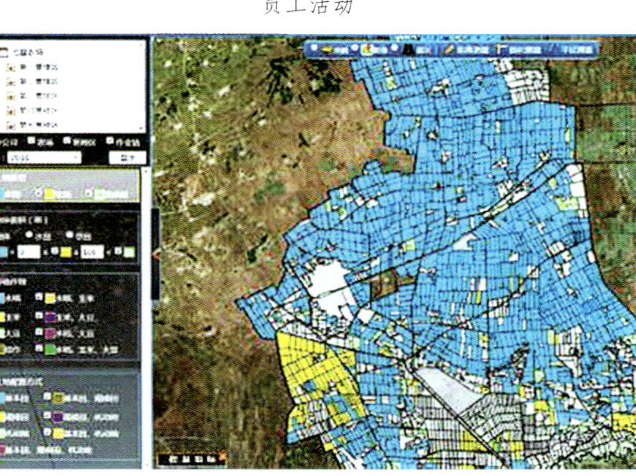

地理信息系统开发

山西紫峰科技有限公司

山西紫峰科技有限公司成立于 2008 年 3 月 19 日，注册资金 1000 万元，是国家高新技术企业，属于北京佰信蓝图科技股份公司的全资子公司（股票代码：836513）。公司拥有测绘甲级资质、土地规划机构乙级资质、环保（甲级）固废设计资质、环保（甲级）污染修复设计资质，建立了质量、环境、职业健康安全综合管理体系。

佰信蓝图工作会议

公司拥有一支经验丰富的管理和技术团队，汇聚测绘、地理信息、规划、水保、评估等专业人才 100 多人，其中具有中级及以上职称人员 30 多人、初级职称人员 30 多人。拥有 GPS RTK 设备 15 台、全站仪 9 台、大型绘图仪 3 台、计算机 100 多台、各种车辆 10 多辆，具有承担大中型测绘、规划、调查、登记、预审报批、数据生产等项目的实力。2017 年，公司引进航空摄影技术，开展航空摄影测量工作，利用先进的航空摄影技术减少工作量，提高工作效率。

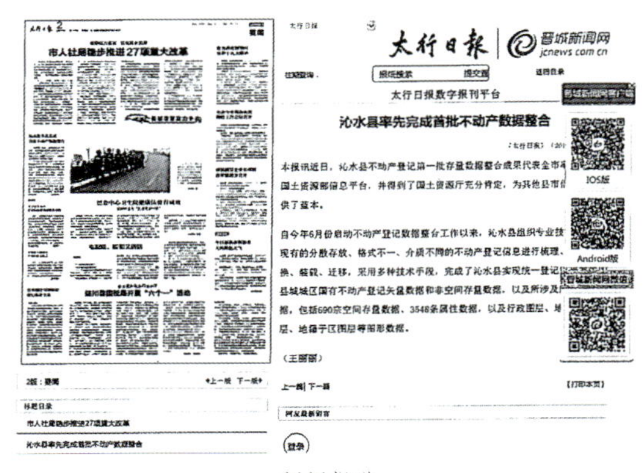

市人社局稳步推进27项重大改革

太行日报 | 晋城新闻网 jcnews.com.cn

太行日报数字报刊平台

沁水县率先完成首批不动产数据整合

本报讯近日，沁水县不动产登记第一批存量数据整合成果代表全市…国土资源部信息平台，并得到了国土资源厅充分肯定，为其他县市…供了蓝本。

自今年6月份启动不动产登记数据整合工作以来，沁水县组织专业技…现有的分散存放、格式不一、介质不同的不动产登记信息进行梳理、…换、转载、迁移，采用多种技术手段，完成了沁水县实现统一登记…县城城区国有不动产登记矢量数据和非空间存量数据，以及所涉及…据，包括690宗空间存量数据、3548条属性数据，以及行政图层、…层、地籍子区图层等图形数据。

（王丽丽）

新闻报道

多年来，公司在交通、国土、水利、规划、农业方面承揽多项国家和地方测绘项目。完成 16 个国家（省）级土地整治类测绘项目，总投资额 5 亿元，项目所在地有太原市阳曲县、晋城市泽州县、朔州市怀仁县等。开展了临汾市翼城县、忻州市忻府区、大同市天镇县等 10 个县（区）农村土地承包经营权确权登记测绘项目和晋城市沁水县、运城市平陆县、大同市阳高县等 8 个县不动产登记数据库整合项目。

公司始终本着“诚信为本，质量为先；品质卓越，技术创新；诚信服务，客户至上”的服务理念，凭借先进的企业管理、专业的技术及丰富的项目实施经验，获得国土、农业、规划、水利、环保、林业、市政建设等行业众多客户的一致好评。

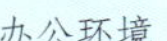

办公环境

测量工作现场

无人机操作

吉林省国土资源调查规划研究院

院领导班子

吉林省国土资源调查规划研究院是隶属于吉林省国土资源厅的直属事业单位，前身为 1978 年成立的吉林省土地勘测队。经过近 40 年的发展，已成为集传统测绘、无人机航测、地理信息产业于一体的且产学研相结合的科研型事业单位。承担着省国土资源厅赋予的各项工作任务，业务范围涵盖国土资源调查与评价、土地规划、土地勘测定界、地质矿产勘查、土地资源利用评价与监测保护等领域。拥有甲级测绘资质、土地规划甲级资质、固体矿产勘查丙级资质、地质灾害危险性评估丙级资质等专业资质。

吉林省国土资源调查规划研究院拥有职工 71 名，其中注册测绘师 5 名、研究员 12 名、高级工程师 19 名、工程师 28 名。拥有 Topcon 天狼星测绘无人机、瑞格 RigelVZ-1000 地面移动测量系统、GNSS 卫星定位系统、全站仪等测绘仪器装备。采用一体化成图、外业调绘、内业处理等多种测绘技术手段，保证各个项目及时进入下一个流程。制定《勘测定界成果质量检查验收制度》，并通过 ISO9001:2015 国际质量管理体系认证。建设内业制作的虚拟机系统，通过院中央机房数据库阵列保证数据安全。

吉林省国土资源调查规划研究院核心测绘业务是勘测定界，主要为建设项目用地审批提供用地权属、地类、面积等重要的基础数据，成立至今，累计完成全省建设项目用地审批勘测定界项目 1 万多项，均满足国土资源的审批要求。近年来，完成哈达山水利枢纽工程、鹤大高速公路通化段、鹤大高速公路白山段、龙浦高速公路敦化至二道白河段、长春至白城铁路、西巴彦花铁路长岭段、吉林舒兰公路舒兰段、通让铁路吉林省段等建设项目用地前期勘测定界任务，得到当地政府、用地单位和有关领导的一致好评，获得五一劳动奖、测绘科技进步奖等奖励。将继续秉承“创新、提升、合作、发展”理念，担起新时代使命，竭诚为自然资源事业贡献力量！

专家咨询会

测绘队外出作业

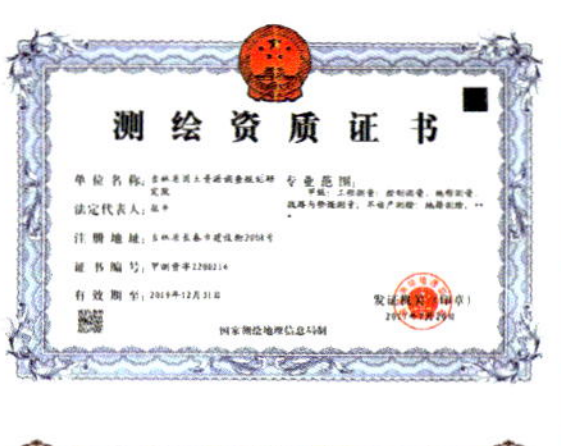

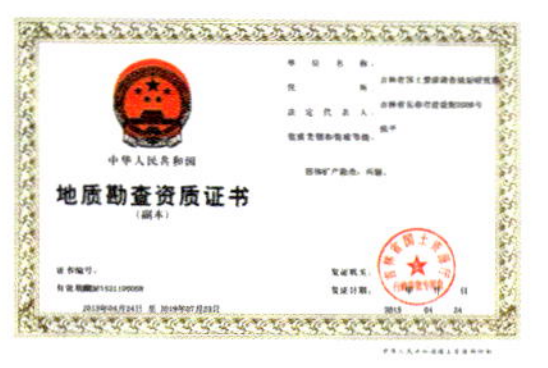

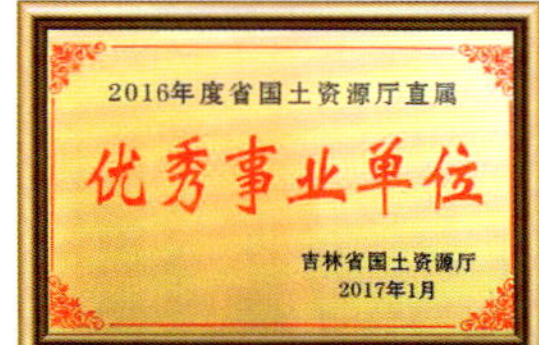

安徽美图信息科技有限公司

安徽美图信息科技有限公司成立于2008年，坐落于合肥高新技术产业开发区，是以遥感技术应用为方向，以地理信息数据采集、规划、设计为核心业务，以“3S”技术为支撑的高新技术企业、双软企业、合肥市科技小巨人企业，通过了ISO“三标一体”认证。

公司是甲级测绘资质单位，业务涉及公安、交通、农业、林业、水利、通信、电力、数字城市、国土资源、环保等诸多领域，是高德地图金牌供应商。公司近3年共开展研究开发项目23项，实现成果转化28项，获软件著作权17项、发明专利1项。公司完成的五河县沱湖自然保护区地理信息系统建设项目、铜陵淡水豚国家级自然保护区地理信息系统（二期）建设项目获得安徽省国土资源厅科学技术奖。

2017年，安徽美图信息科技有限公司承担的项目包括基础测绘和地理信息平台研发。基础测绘项目主要有：金寨县宅基地腾退项目、安徽省林地变更调查一张图项目、“天地图·安徽”数据更新与融合、安徽省生态遥感监测与评价、安徽省电力防火防灾系统监测与土地利用遥感影像解译等；地理信息平台研发项目主要有：西安市警用地理信息基础平台、贵州梵净山国家级自然保护区GIS系统平台、光缆资源管理及故障定位系统、工投科技智慧园区等 。

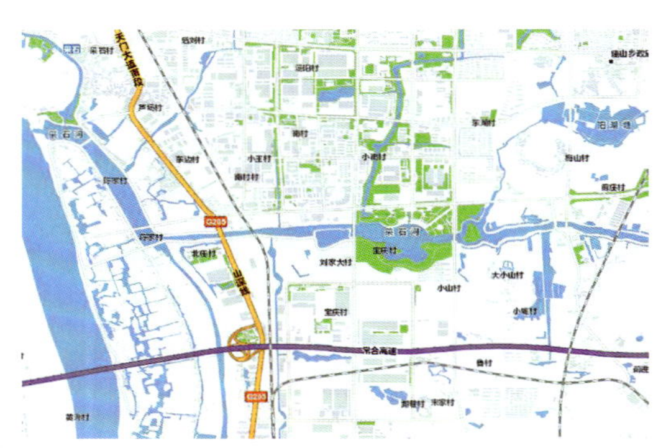

“天地图·安徽”数据更新与融合

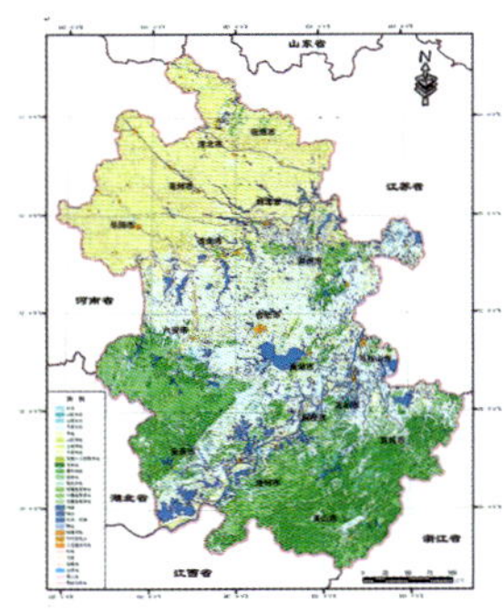

安徽省生态遥感监测与评价

安徽省电力防火防灾系统监测与土地利用遥感影像解译

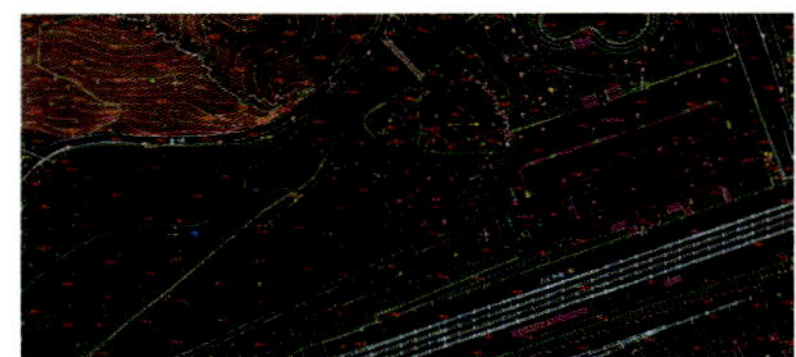

金寨县宅基地腾退项目

西安市警用地理信息基础平台

贵州梵净山国家级自然保护区GIS系统平台

光缆资源管理及故障定位系统

工投科技智慧园区

福建科图勘测规划有限公司

福建科图勘测规划有限公司成立于 2004 年，是集 GIS 服务、GIS 软件开发、遥感影像数据服务为一体，为适应国家空间信息产业发展应运而生的专业型高科技企业。具有甲级测绘资质、乙级土地规划资质、乙级工程设计资质，通过 ISO9001 质量管理体系认证、ISO14001 环境管理体系认证、OHSAS18001 职业健康安全管理体系认证，是全国“重合同、守信用”AAA 级企业、中国质量信用 AAA 级企业、福建省质量品牌推荐单位、“天地图 · 福建”应用推广合作伙伴。

公司十几年专注从事国土资源部门技术服务和咨询业务，客户覆盖福建省多个县市国土资源部门，业务涉及土地调查、土地规划、土地评价、遥感监测、不动产信息平台及调查、国土信息化、软件代理、基础测绘等方面。在不动产信息平台建设及调查、全国第二次土地调查、宅基地调查、土地所有权调查、卫片执法、耕地后备资源调查、永久基本农田划定、耕地质量等别评价等项目中发挥重要作用，作业水平和能力在实践中得到提升，项目成果获得客户普遍好评。

公司秉承“科技创新，图绘天地”的核心理念，致力于为客户提供高效、优质的服务。推行制度化、规范化内部管理，增强企业竞争力，提倡“团结、严谨、务实、创新”的企业精神，关注员工团队建设、人才建设，广泛引进和培养人才。公司将致力于利用 GIS 技术和最前沿的计算机技术为各行业提供信息化解决方案，为广大用户提供最佳的产品和服务！

地址： 福建省福州市鼓楼区软件大道 89 号福州软件园 F 区 7 号楼 22 层

电话： 0591-87333077

邮箱： market@geos-s.com

网址： www.geos-s.com

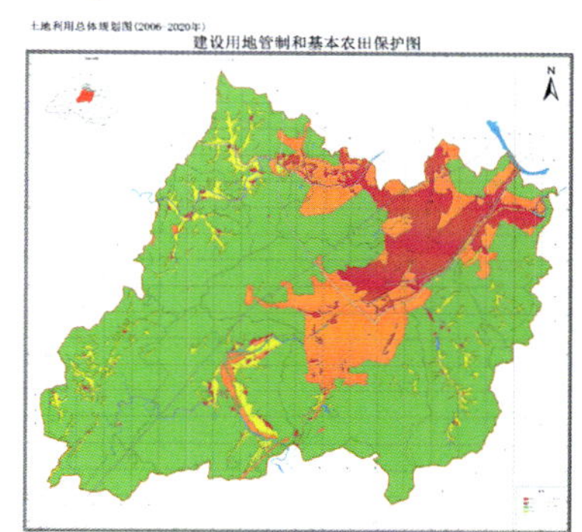

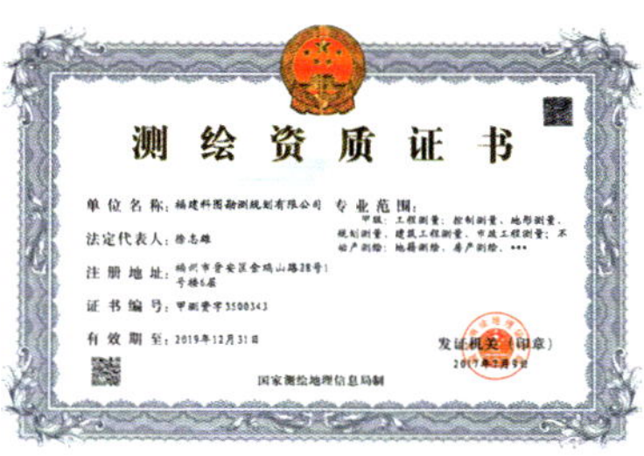

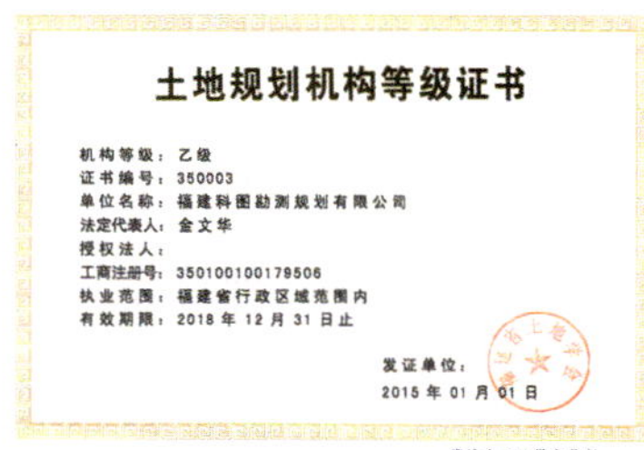

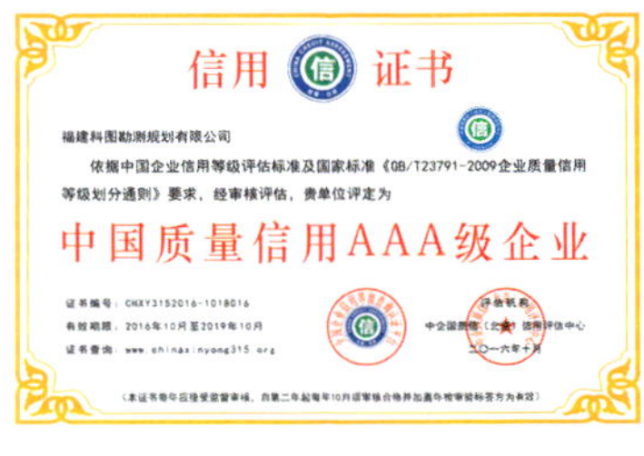

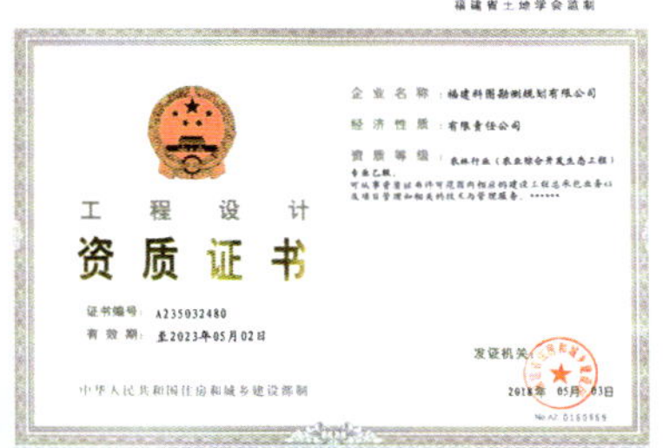

江西世恒信息产业有限公司

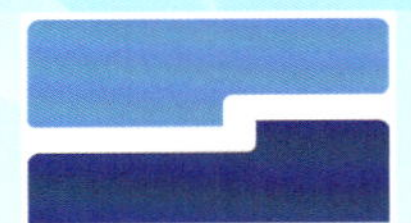

江西世恒信息产业有限公司创立于 1999 年，总部设在南昌，已发展成为“3S”技术软硬件研发、测绘服务于一体的中国地理信息高科技数据处理技术企业。具有乙级测绘、乙级国家涉密、乙级土地规划、计算机系统集成、一级安防信用等资质及 ISO9001 质量体系认证。获中国地理信息产业百强企业、国家高新技术企业、江西省科技创新示范企业、南昌市科技小巨人培育企业等称号。

拥有在职员工 450 多人，其中 82% 的员工具有本科以上学历，23% 的员工具有硕士研究生及以上学历。拥有注册测绘师 6 名、高级职称人员 15 名、GIS 工程师 130 名、高级项目经理 6 名、项目经理 30 名、软件开发工程师 20 名，构建经验丰富的市场开拓、技术研发、项目实施、运行维护、培训服务五大精英团队，完全实现“3S”技术本地化服务，锻造培养出一批优秀的团队管理人才。

参与完成 21 个县市不动产登记系统建设，14 个县市不动产数据整合建库，多个市县农村房屋确权调查建库，252 个县市的土地利用变更调查监测与核查、地理信息数据库建设、国土资源“一张图”数据中心管理系统建设及全国地理国情普查项目，获各项目主管单位的充分肯定和广大用户的一致好评。

紧跟市场和行业发展节奏，秉承“世纪变幻，恒久追求”的企业精神，将继续加强内部管理，夯实重点项目，开拓空白领域，为取得更优异的成绩砥砺前行！

坚持以地理信息产业发展为契机，数据技术服务为引领，软件研发、系统集成为双翼，加大国土行业的深化服务，开创农业、人防、地灾、民政、环保等行业领域的大数据增值服务，推动地理价值分享应用。本着以人为本、技术为先的经营理念，立足江西，面向全国，实现公司与优秀员工二次创业的共同梦想，致力于成为以高科技产品为核心竞争力的大数据平台级企业，为中国智慧城市信息化建设不懈奋斗！

企业总机：0791-88866999

公司网址：www.seehence.com.cn

期 · 待全国优秀 GIS 企业合作江西、共谋发展

诚 · 邀全国优秀 GIS 人才加盟世恒、共同成长

广州市市政工程设计研究总院有限公司

广州市市政工程设计研究总院有限公司始建于1949年，是一家大型综合性甲级工程咨询勘察设计研究院，在国内市政工程勘察设计领域享有较高的知名度。具有市政工程、公路工程、建筑工程、勘察、测绘等甲级资质，从事规划、设计和咨询、工程总承包及项目管理全过程服务，覆盖城市基础设施建设行业各领域。测绘专业技术力量雄厚，人才配备齐全，业务范围覆盖工程测量、地理信息系统工程、不动产测绘、管线探测、检测监测、海洋测绘、摄影测量与遥感等领域。

拥有员工1000多名和专业领军人才，其中博士后7名、博士15名、硕士300多名，广东省工程勘察设计大师1名，教授级高级工程师27名，研究员1名，具有高级职称的260多名，持有国家各类注册师资格的技术人员150多名，专职测量技术人员60多名。

2008年以来，获国家高新技术企业认定，累计获国家、部、市级优秀勘察设计和科技进步奖500多项，专利70多项。近年来，年均完成工程测量（市政、公路、水利、建筑、管线探测、变形监测等）、不动产测绘（房产测绘、地籍测绘等）、地理信息系统建库及软件开发等项目200多项，获国家、省、市优秀测绘工程奖多项，主编测绘行业地方标准规程1部。

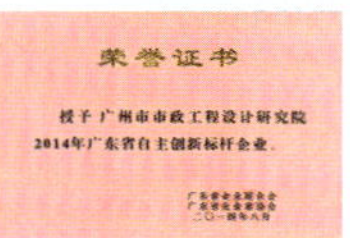

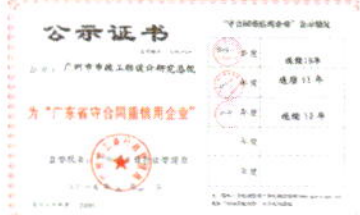

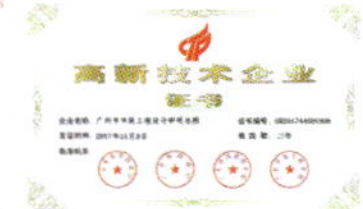

公司以“建设优美生活环境”为使命，坚持“立足华南、辐射全国、走向国际”的发展战略，积极开拓市场，精心锻造市政测绘品牌，提供优质测绘及地理信息服务，力争成为拥有自主知识产权、系列知名品牌、国内领先的综合测绘及地理信息服务供应商。

办公大楼

地铁自动化监测

地下管线三维可视化系统

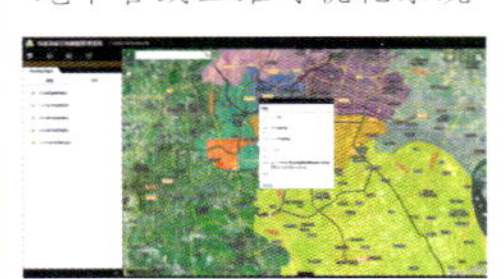

市政基础空间数据管理系统

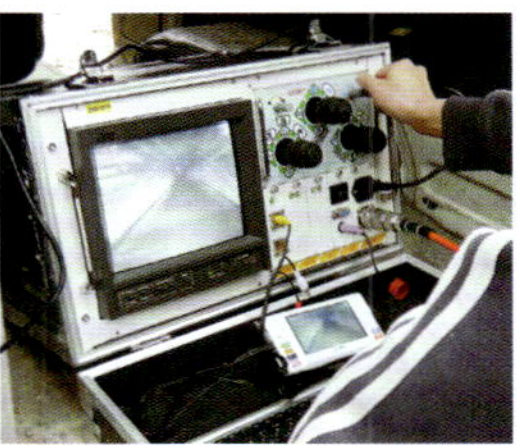

CCTV管道检测

无人船水下地形测量

管线数据移动采集系统

雷达探测地下空洞

广州市天驰测绘技术有限公司

广州市天驰测绘技术有限公司创建于2004年，是一家专业从事管线技术的科技服务型企业。具有甲级测绘资质、市政公用工程施工总承包资质、安全生产许可证、工程勘察资质、CMA计量认证等资信，被评为2017—2018年度广州优秀企业、高新技术企业、2016年广州市创新标杆百家企业、全国中小企业诚信示范单位、2017年中国诚信经营与服务示范单位等。已发展成为商业模式明晰、组织架构稳定、管理模式先进、人才结构合理、创新能力强大、引领管线业务一揽子服务的标志性企业。

公司主营管线技术及其相关业务，致力于为市政、水务、通信、能源等管线业主和管理单位提供管网问题一揽子解决方案，自成立以来，成功解决了多项管线技术难题。承接管道（线）技术咨询、管道（线）工程设计、管线探测（普查、详查）、管道（线）检测、测绘、工程物探、GIS开发、工程勘察、管道非开挖修复和管道养护等业务。

2017年，公司承担测绘及相关业务500多项，各项经济指标稳步增长，并创建了天驰管道学院和天驰党支部。天驰管道学院以“尊崇知识、敬畏自然”为办学宗旨，以“培育管线人才、提升管线技术、助推行业发展”为己任；在街道和区委的关怀支持下，天驰党支部迅速成长为天河区的非公企业明星党支部。

天驰管道学院肖院长为王复明院士、马保松教授等颁发聘书

天驰家人学习十九大精神专题讲座

天驰精英参加香港管线探测技能比赛现场

浙江宁波海底光缆高精度探测

地形控制测量

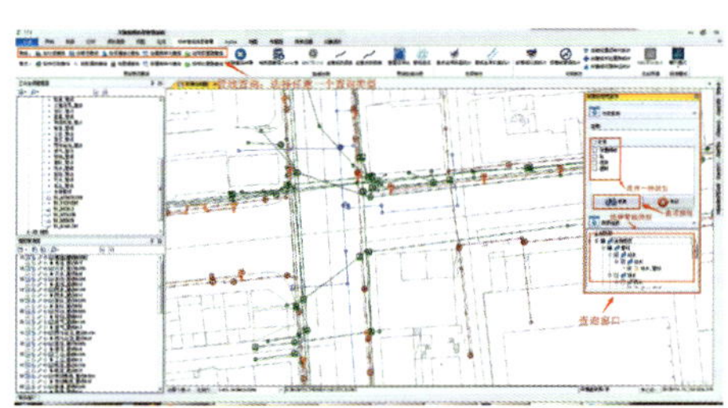
自主研发的综合管线信息管理系统

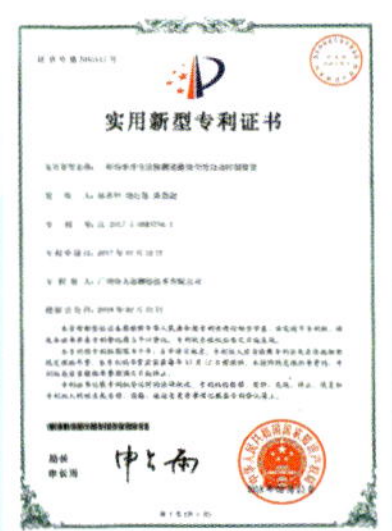
实用新型专利证书

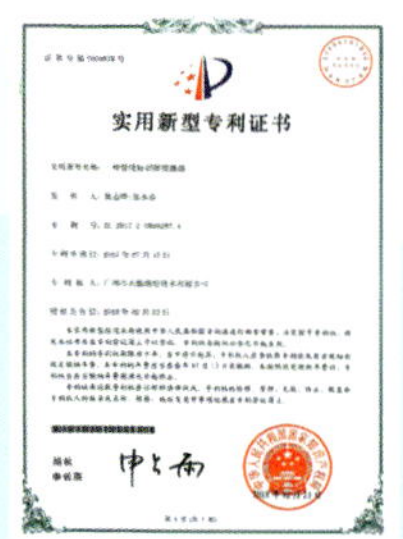
实用新型专利证书

实用新型专利证书

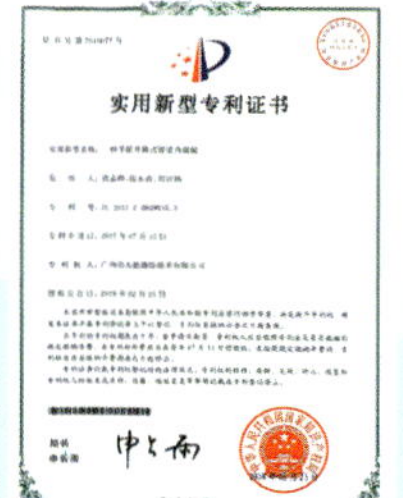
实用新型专利证书

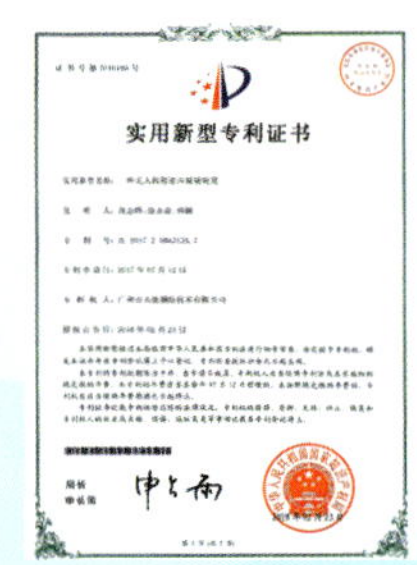
实用新型专利证书

广东孛特勘测设计有限公司

广东孛特勘测设计有限公司（原名广州市孛特勘测技术科技有限公司）成立于 2003 年，拥有甲、乙级测绘资质及水利施工监理和水土保持施工监理资质，2006 年通过 ISO9001 质量管理体系认证。在安徽、河北、江西、新疆、广西、云南等地设有分公司。拥有在职注册测绘师 5 名，具有高级职称人员 12 名、中级职称人员 25 名、初级职称人员 40 多名。

2017 年，公司升级为甲级测绘资质单位。从事服务范围包括：工程测量、不动产测绘、地理信息系统、大地测量、海洋测绘、地图编制、测绘航空摄影（无人机）、摄影测量与遥感、水利工程施工监理及水土保持监理。拥有7项软件著作权和3项专利，发表工程论文40多篇。

近年来，公司参与全国多个建设项目的现场测绘，包括宁晋县、福海县、吉尔穆萨县农村土地承包经营权确权登记项目，雷州市高标准基本农田建设项目，惠东县高潭革命老区潮惠高速连接线及惠州海湾大桥延长线工程征地工程测量项目，番禺大桥水下地形测量工程等项目，并以高质量的测绘成果及优质的服务受到广大客户的肯定。

公司的宗旨是严格按照国家及行业部门颁发的相关标准、规定进行作业，将制度化、规范化、标准化作为企业生存的法宝。追求的目标是做到以最快速、最优质的服务，最先进的工艺为用户提供最优异的测绘成果。

控制测量

公司地址：广州市天河区岑村樟木山 8 巷一号热点创意园 A201－202 室

联系电话：020－38813477

实用新型专利证书

实用新型专利证书

中华人民共和国国家版权局
计算机软件著作权登记证书

中华人民共和国国家版权局
计算机软件著作权登记证书

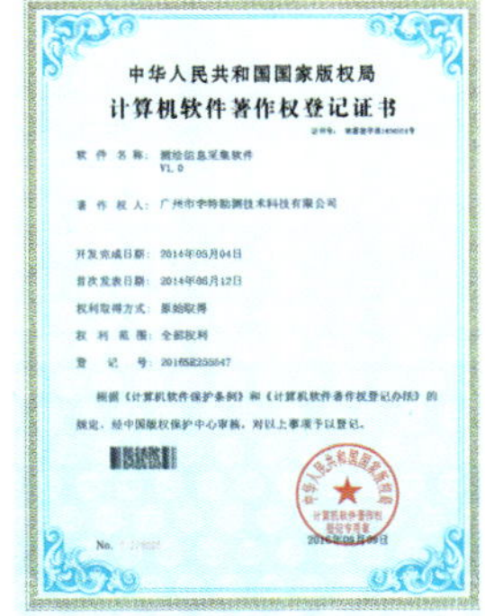

中华人民共和国国家版权局
计算机软件著作权登记证书

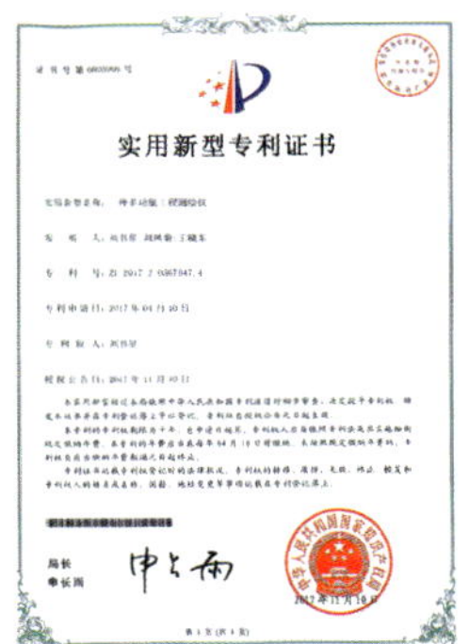

实用新型专利证书

测绘仪器（旧）收藏

水库控制测量

地形测量

广东绘宇智能勘测科技有限公司

广东绘宇智能勘测科技有限公司成立于2006年，是一家具有测绘甲级资质、城乡规划编制乙级资质、市政公用工程施工总承包资质、CMA和双软认证的高新技术企业。主要从事于大地测量、测绘航空摄影、摄影测量与遥感、地理信息系统工程、工程测量、不动产测绘、海洋测绘、地图编制、规划设计、环保调查等领域。拥有国家专利8项、科技进步奖10多项、国家级获奖30项，自主知识产权软件100多项等多项荣誉，获得了委托单位和业界的一致好评。

公司成立12年来，注重人才积累，积极培养和引进高级技术人才和管理人才，专业技术人员占比达90%以上。在广西、云南、浙江、陕西、江西、湖南、湖北、海南等地设有分支机构。具有丰富的软件研发经验，形成具有自主知识产权的多项软件系统，得到了全国相关行业的认可。

2016年10月，公司与珠海欧比特宇航科技股份有限公司（股票代码300053）进行资产重组，成为其全资子公司。欧比特作为"珠海一号"卫星星座的研制运营单位，是国内首家具有自主运营微纳卫星的民营企业。秉承着"芯科技、兴中国，小卫星、大数据"的经营理念，经过多年的高速发展，广东绘宇智能勘测科技有限公司坚持技术创新与行业应用相结合，践行"把项目做成技术，把技术做成艺术"的业务发展模式，专注于打造地理信息行业的绘宇共享经济平台，致力于建设成为国内领先的"智慧城市"专业地理信息服务提供商。

通讯地址： 广州市天河区棠下涌西路69号天辉商业大厦501
电话/传真： 020－85169080
公司网址： http://www.huiyugz.com.cn
电子邮箱： market@huiyugz.com.cn

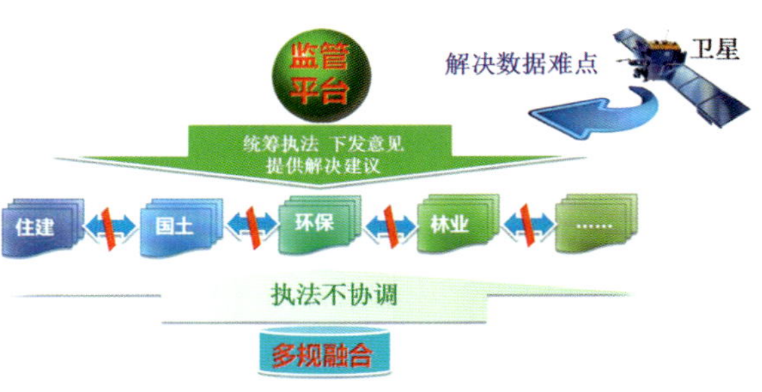

多规融合平台

绘宇智能精英训练营

地上地下空间一体化

深圳市水务规划设计院有限公司

深圳市水务规划设计院有限公司创建于1985年，是一家与深圳经济特区共同成长的大型综合性水务勘察设计咨询机构，拥有水利行业、市政给排水、工程勘察综合、测绘、水资源论证、工程咨询（水利工程、市政给排水）、水土保持7项甲级资质和风景园林设计专项、建筑设计、电力工程（水力发电）、水文水资源调查评价4项乙级资质，是深圳首批同时含勘察和设计资质通过ISO9000系列认证单位。2009年1月，通过质量/环境/职业健康安全三合一管理体系认证注册，是国家高新技术企业和水利部AAA级信用企业。

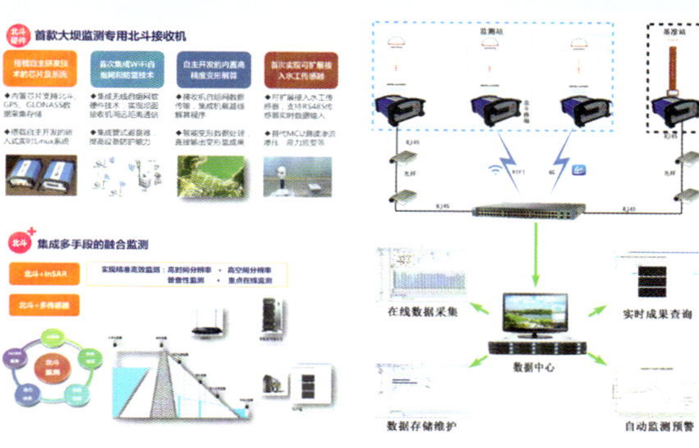

北斗自动化变形监测系统

公司专业服务于现代城市水务，秉承“持续创新、卓越服务”的专业精神，由多名享受政府特殊津贴专家、专业领军人才、学科带头人和600多名技术精英组成的复合型人才和专业团队，依托博士后创新实践基地和水生态研究中心的科研支撑，凭借先进的设计理念、多年的服务经验，保证优质设计作品与高效技术服务，成为政府部门的思想库和企业客户的点金石。

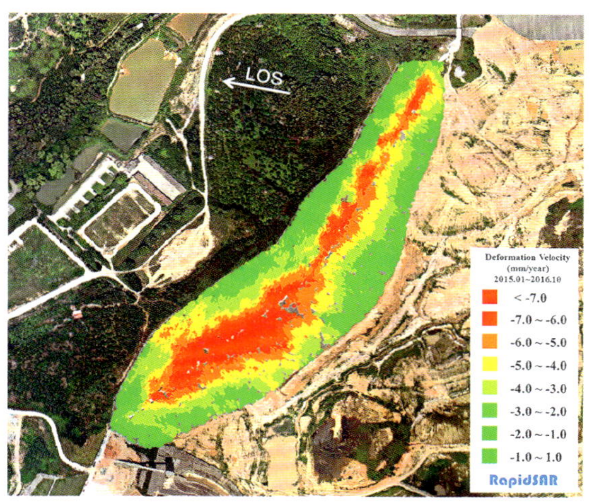

基于InSAR技术的土石坝表面变形监测

公司配备天宝UX5HP无人机、徕卡GS15 GPS、索佳Net05智能全站仪、德国HS4300双频测深仪等先进的测量设备，与武汉大学联合开发了首款大坝监测专用北斗接收机，并成功应用于深圳市水库的大坝安全监测，被认定为水利先进实用技术。采用“北斗+InSAR”及“北斗+多传感器”技术进行了多项变形监测的研究与应用，积极推动北斗应用。

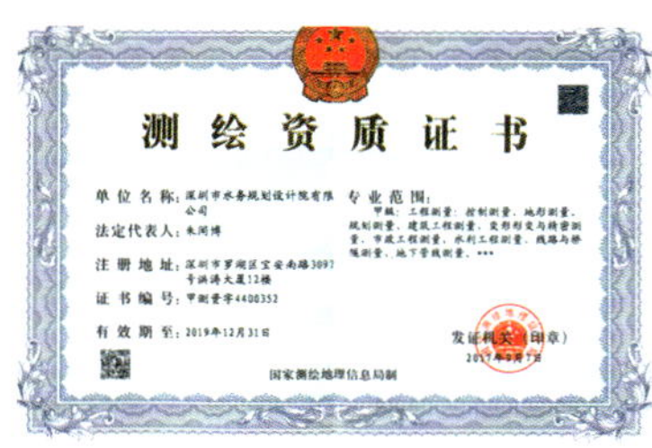

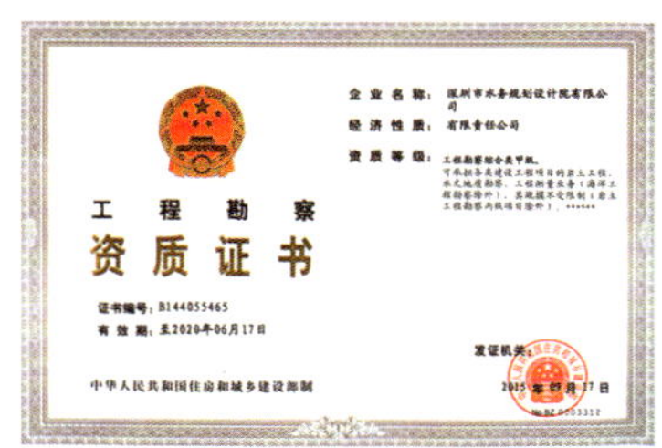

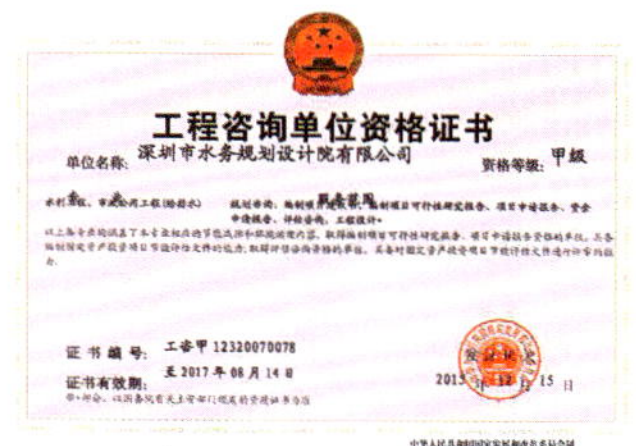

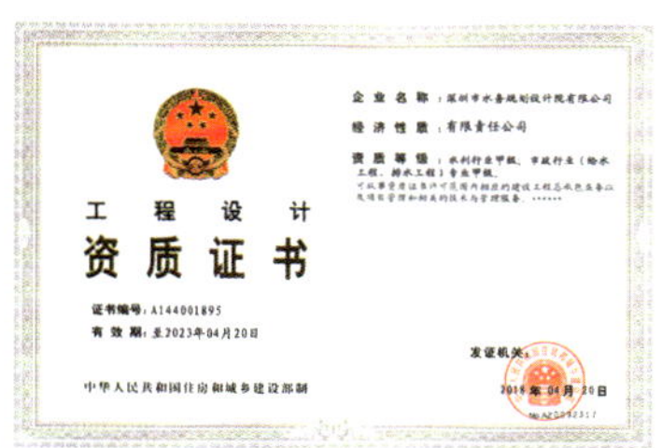

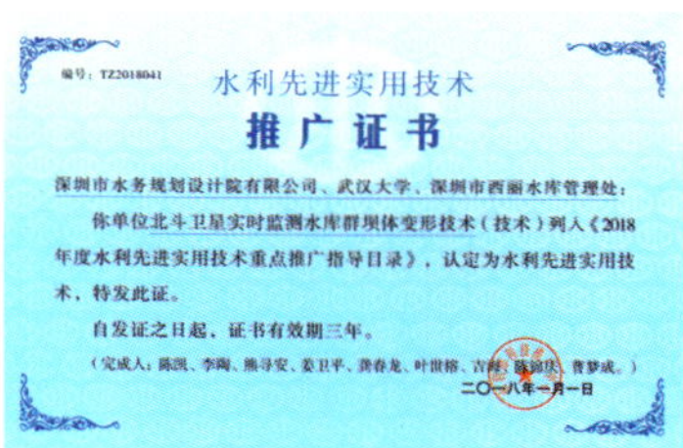

深圳市建设综合勘察设计院有限公司

千景空间科技有限公司

千景空间科技有限公司原名贵州千景土地科技有限公司，简称千景技术（Changing technology），于2005年正式成立，是贵州千景企业集团核心成员企业，注册资金5100万元整，固定资产3000万元，是贵州省第一家专业从事国土资源规划设计、测绘地理信息的民营科技企业。

千景技术为中国土地学会会员单位，贵州省土地学会、贵州省测绘行业协会及贵州省测绘学会常务理事单位，是全省第一家建有党支部和工会的国土资源规划设计类民营企业。具备土地规划、测绘、农田工程勘测设计甲级资质和信息系统集成及服务资质、土地登记代理全国执业资格。是贵州省土地整治测绘、可研及规划设计首批备案单位。

经营范围包括数字城市、智慧农村，航测、倾斜摄影，地下管网测绘及信息系统建设，工程测绘，不动产测绘（地籍测绘与房产测绘），地理信息系统工程；计算机系统集成，软件开发；土地整治（开发、整理、复垦、增减挂钩、烟田等）项目可行性研究，规划设计，工程施工及竣工测绘；农业综合开发可研及实施方案设计；国土规划、土地利用总体规划、土地整治规划、矿产资源规划、基础测绘规划，土地石漠化规划、基本农田划定等国土资源相关规划、规划调整及专项规划；用地报件，建设项目对规划实施影响评估；低丘缓坡专项规划及实施规划；不动产确权登记、不动产管理信息系统、地名普查；土地利用现状建库，土地利用规划建库，地理信息数据处理等国土资源方面GIS科技服务，国土资源电子政务建设；建设用地报批，土地复垦方案编制，基准地价咨询；耕地质量等级评定；地灾评估，水土保持方案，环境影响评价。

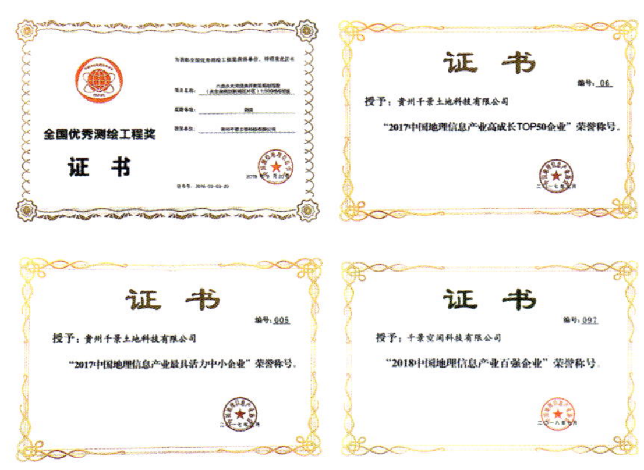
全国优秀测绘工程奖

证　书

证　书

编号：06

授予：贵州千景土地科技有限公司

“2017中国地理信息产业高成长TOP50企业”荣誉称号。

证　书

编号：005

授予：贵州千景土地科技有限公司

“2017中国地理信息产业最具活力中小企业”荣誉称号。

证　书

编号：097

授予：千景空间科技有限公司

“2018中国地理信息产业百强企业”荣誉称号。

千景企业集团董事局主席谭伟华

千景集团中高层

拥有员工260名，其中高级职称人员15名、中级职称人员43名、注册测绘师5人。员工具备承担课题研究和项目运作的综合能力。与国内多所重点大学建立长期的合作关系，长期协作人员近300人。

千景技术以“诚信、和谐、务实、创新、感恩”的经营理念服务国土、测绘相关行业，以业主需求为最高指导，以超越自我、追求卓越为前进动力，想业主之所想，急业主之所急，挖掘自身潜力，不断培养和引进优秀人才，提高科技水平，以实现GIS技术与国土资源的无缝融合、土地资源管理与现代艺术的完美结合为目标，努力将千景打造成国内一流的国土资源科技企业。

公司地址：贵州省贵阳市观山湖区金阳北路金北大厦F9

电话：0851-87990186　传真：0851-84702538

网址：www.gzchanging.com.cn

为华中农业大学颁发企业奖学金

贵阳市碧海社区第七次非公党组织圆桌会议在公司举行

贵州省土地确权推进会在公司息烽项目部举行

新疆维吾尔自治区交通规划勘察设计研究院

新疆维吾尔自治区交通规划勘察设计研究院成立于1961年，是业务领域广泛、综合实力雄厚的自治区级专业勘察设计院。新疆维吾尔自治区交通规划勘察设计研究院测绘中心是一支立足于交通领域、多元化发展、创新发展的综合性测绘队伍，技术实力雄厚、专业技术人员素质高、科技创新能力强。

测绘中心具备ISO9001质量管理认证和甲级测绘资质，全面完成从传统测绘生产体系向数字测绘服务体系的转换，并积极向信息化测绘技术体系迈进。作为自治区测绘地理信息学会常务理事单位，深入研究测绘新技术，在“3S”技术应用和“4D”产品生产方面处于全疆领先。

测绘中心拥有专业技术人员60名，研究生及以上学历人员占50%，高级职称人员17名，注册测绘师2人。配置全站仪、GPS接收设备、固定翼和多旋翼无人机、机载激光雷达及专业数据处理软件，可进行工程测量、航空摄影测量、摄影测量与遥感、地理信息系统工程等工作。

办公大楼

近年来，测绘中心处服务“一带一路”倡议，注重人才队伍建设，紧跟科技创新步伐，重视质量细节把控，完成近3000千米的高速公路勘测任务，获省级科技进步奖2项、全国优秀测绘工程奖15项、省级优秀测绘工程奖7项。

测绘中心将以高精度、高质量、高效率的服务，积极投身于边疆的发展，以“行走山河、丈量天地”为理念，服务于新疆维吾尔自治区高速发展。

联系人： 丁献龙（中心主任）
昝锋（总工程师）
联系电话： 0991-5281078
0991-5281079

多旋翼无人机作业

固定翼无人机抛射

机载激光雷达作业

奖状墙

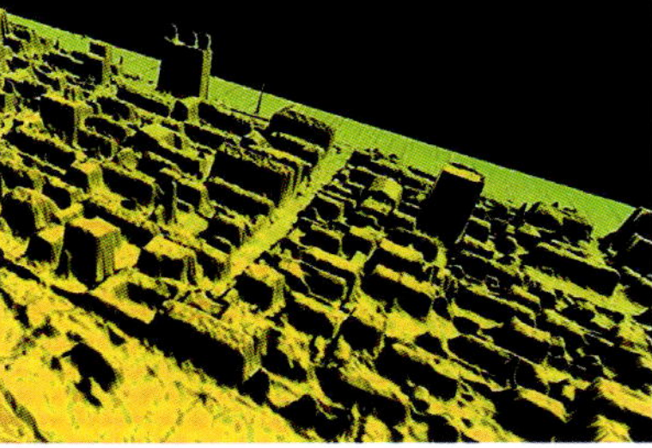

三维模型

倾斜摄影测量

正射影像

法 律 法 规

法 律

中华人民共和国测绘法

（1992 年 12 月 28 日第七届全国人民代表大会常务委员会第二十九次会议通过。2002 年 8 月 29 日第九届全国人民代表大会常务委员会第二十九次会议第一次修订。2017 年 4 月 27 日第十二届全国人民代表大会常务委员会第二十七次会议第二次修订）

第一章 总 则

第一条 为了加强测绘管理，促进测绘事业发展，保障测绘事业为经济建设、国防建设、社会发展和生态保护服务，维护国家地理信息安全，制定本法。

第二条 在中华人民共和国领域和中华人民共和国管辖的其他海域从事测绘活动，应当遵守本法。

本法所称测绘，是指对自然地理要素或者地表人工设施的形状、大小、空间位置及其属性等进行测定、采集、表述，以及对获取的数据、信息、成果进行处理和提供的活动。

第三条 测绘事业是经济建设、国防建设、社会发展的基础性事业。各级人民政府应当加强对测绘工作的领导。

第四条 国务院测绘地理信息主管部门负责全国测绘工作的统一监督管理。国务院其他有关部门按照国务院规定的职责分工，负责本部门有关的测绘工作。

县级以上地方人民政府测绘地理信息主管部门负责本行政区域测绘工作的统一监督管理。县级以上地方人民政府其他有关部门按照本级人民政府规定的职责分工，负责本部门有关的测绘工作。

军队测绘部门负责管理军事部门的测绘工作，并按照国务院、中央军事委员会规定的职责分工负责管理海洋基础测绘工作。

第五条 从事测绘活动，应当使用国家规定的测绘基准和测绘系统，执行国家规定的测绘技术规范和标准。

第六条 国家鼓励测绘科学技术的创新和进步，采用先进的技术和设备，提高测绘水平，推动军民融合，促进测绘成果的应用。国家加强测绘科学技术的国际交流与合作。

对在测绘科学技术的创新和进步中做出重要贡献的单位和个人，按照国家有关规定给予奖励。

第七条 各级人民政府和有关部门应当加强对国家版图意识的宣传教育，增强公民的国家版图意识。新闻媒体应当开展国家版图意识的宣传。教育行政部门、学校应当将国家版图意识教育纳入中小学教学内容，加强爱国主义教育。

第八条 外国的组织或者个人在中华人民共和国领域和中华人民共和国管辖的其他海域从事测绘活动，应当经国务院测绘地理信息主管部门会同军队测绘部门批准，并遵守中华人民共和国有关法律、行政法规的规定。

外国的组织或者个人在中华人民共和国领域从事测绘活动，应当与中华人民共和国有关部门或者单位合作进行，并不得涉及国家秘密和危害国家安全。

第二章 测绘基准和测绘系统

第九条 国家设立和采用全国统一的大地基准、高程基准、深度基准和重力基准，其数据由国务院测绘地理信息主管部门审核，并与国务院其他有关部门、军队测绘部门会商后，报国务院批准。

第十条 国家建立全国统一的大地坐标系统、平面坐标系统、高程系统、地心坐标系统和重力测量系统，确定国家大地测量等级和精度以及国家基本比例尺地图的系列和基本精度。具体规范和要求由国务院测绘地理信息主管部门会同国务院其他有关部门、军队测绘部门制定。

第十一条 因建设、城市规划和科学研究的需要，国家重大工程项目和国务院确定的大城市确需建立相对独立的平面坐标系统的，由国务院测绘地理信息主管部门批准；其他确需建立相对独立的平面坐标系统的，由省、自治区、直辖市人民政府测绘地理信息主管部门批准。

建立相对独立的平面坐标系统，应当与国家坐标系统相联系。

第十二条 国务院测绘地理信息主管部门和省、自治区、直辖市人民政府测绘地理信息主管部门应当会同本级人民政府其他有关部门，按照统筹建设、资源共享的原则，建立统一的卫星导航定位基准服务系统，提供导航定位基准信息公共服务。

第十三条 建设卫星导航定位基准站的，建设单位应当按照国家有关规定报国务院测绘地理信息主管部门或者省、自治区、直辖市人民政府测绘地理信息主管部门备案。国务院测绘地理信息主管部门应当汇总全国卫星导航定位基准站建设备案情况，并定期向军队测绘部门通报。

本法所称卫星导航定位基准站，是指对卫星导航信号进行长期连续观测，并通过通信设施将观测数据实时或者定时传送至数据中心的地面固定观测站。

第十四条 卫星导航定位基准站的建设和运行维护应当符合国家标准和要求，不得危害国家安全。

卫星导航定位基准站的建设和运行维护单位应当建立数据安全保障制度，并遵守保密法律、行政法规的规定。

县级以上人民政府测绘地理信息主管部门应当会同本级人民政府其他有关部门，加强对卫星导航定位基准站建设和运行维护的规范和指导。

第三章 基础测绘

第十五条 基础测绘是公益性事业。国家对基础测绘实行分级管理。

本法所称基础测绘，是指建立全国统一的测绘基准和测绘系统，进行基础航空摄影，获取基础地理信息的遥感资料，测制和更新国家基本比例尺地图、影像图和数字化产品，建立、更新基础地理信息系统。

第十六条 国务院测绘地理信息主管部门会同国务院其他有关部门、军队测绘部门组织编制全国基础测绘规划，报国务院批准后组织实施。

县级以上地方人民政府测绘地理信息主管部门会同本级人民政府其他有关部门，根据国家和上一级人民政府的基础测绘规划及本行政区域的实际情况，组织编制本行政区域的基础测绘规划，报本级人民政府批准后组织实施。

第十七条 军队测绘部门负责编制军事测绘规划，按照国务院、中央军事委员会规定的职责分工负责编制海洋基础测绘规划，并组织实施。

第十八条 县级以上人民政府应当将基础测绘纳入本级国民经济和社会发展年度计划，将基础测绘工作所需经费列入本级政府预算。

国务院发展改革部门会同国务院测绘地理信息主管部门，根据全国基础测绘规划编制全国基础测绘年度计划。

县级以上地方人民政府发展改革部门会同本级人民政府测绘地理信息主管部门，根据本行政区域的基础测绘规划编制本行政区域的基础测绘年度计划，并分别报上一级部门备案。

第十九条 基础测绘成果应当定期更新，经济建设、国防建设、社会发展和生态保护急需的基础测绘成果应当及时更新。

基础测绘成果的更新周期根据不同地区国民经济和社会发展的需要确定。

第四章 界线测绘和其他测绘

第二十条 中华人民共和国国界线的测绘，按照中华人民共和国与相邻国家缔结的边界条约或者协定执行，由外交部组织实施。中华人民共和国地图的国界线标准样图，由外交部和国务院测绘地理信息主管部门拟定，报国务院批准后公布。

第二十一条 行政区域界线的测绘，按照国务院有关规定执行。省、自治区、直辖市和自治州、县、自治县、市行政区域界线的标准画法图，由国务院民政部门和国务院测绘地理信息主管部门拟定，报国务院批准后公布。

第二十二条 县级以上人民政府测绘地理信息主管部门应当会同本级人民政府不动产登记主管部门，加强对不动产测绘的管理。

测量土地、建筑物、构筑物和地面其他附着物的权属界址线，应当按照县级以上人民政府确定的权属界线的界址点、界址线或者提供的有关登记资料和附图进行。权属界址线发生变化的，有关当事人应当及时进行变更测绘。

第二十三条 城乡建设领域的工程测量活动，与房屋产权、产籍相关的房屋面积的测量，应当执行由国务院住房城乡建设主管部门、国务院测绘地理信息主管部门组织编制的测量技术规范。

水利、能源、交通、通信、资源开发和其他领域的工程测量活动，应当执行国家有关的工程测量技术规范。

第二十四条 建立地理信息系统，应当采用符合国家标准的基础地理信息数据。

第二十五条 县级以上人民政府测绘地理信息主管部门应当根据突发事件应对工作需要，及时提供地图、基础地理信息数据等测绘成果，做好遥感监测、导航定位等应急测绘保障工作。

第二十六条 县级以上人民政府测绘地理信息主管部门应当会同本级人民政府其他有关部门依法开展地理国情监测，并按照国家有关规定严格管理、规范使用地理国情监测成果。

各级人民政府应当采取有效措施，发挥地理国情监测成果在政府决策、经济社会发展和社会公众服务中的作用。

第五章 测绘资质资格

第二十七条 国家对从事测绘活动的单位实行测绘资质管理制度。

从事测绘活动的单位应当具备下列条件，并依法取得相应等级的测绘资质证书，方可从事测绘活动：

（一）有法人资格；

（二）有与从事的测绘活动相适应的专业技术人员；

（三）有与从事的测绘活动相适应的技术装备和设施；

（四）有健全的技术和质量保证体系、安全保障措施、信息安全保密管理制度以及测绘成果和资料档案管理制度。

第二十八条 国务院测绘地理信息主管部门和省、自治区、直辖市人民政府测绘地理信息主管部门按照各自的职责负责测绘资质审查、发放测绘资质证书。具体办法由国务院测绘地理信息主管部门商国务院其他有关部门规定。

军队测绘部门负责军事测绘单位的测绘资质审查。

第二十九条 测绘单位不得超越资质等级许可的范围从事测绘活动，不得以其他测绘单位的名义从事测绘活动，不得允许其他单位以本单位的名义从事测绘活动。

测绘项目实行招投标的，测绘项目的招标单位应当依法在招标公告或者投标邀请书中对测绘单位资质等级作出要求，不得让不具有相应测绘资质等级的单位中标，不得让测绘单位低于测绘成本中标。

中标的测绘单位不得向他人转让测绘项目。

第三十条 从事测绘活动的专业技术人员应当具备相应的执业资格条件。具体办法由国务院测绘地理信息主管部门会同国务院人力资源社会保障主管部门规定。

第三十一条 测绘人员进行测绘活动时，应当持有测绘作业证件。

任何单位和个人不得阻碍测绘人员依法进行测绘活动。

第三十二条 测绘单位的测绘资质证书、测绘专业技术人员的执业证书和测绘人员的测绘作业证件的式样，由国务院测绘地理信息主管部门统一规定。

第六章 测绘成果

第三十三条 国家实行测绘成果汇交制度。国家依法保护测绘成果的知识产权。

测绘项目完成后，测绘项目出资人或者承担国家投资的测绘项目的单位，应当向国务院测绘地理信息主管部门或者省、自治区、直辖市人民政府测绘地理信息主管部门汇交测绘成果资料。属于基础测绘项目的，应当汇交测绘成果副本；属于非基础测绘项目的，应当汇交测绘成果目录。负责接收测绘成果副本和目录的测绘地理信息主管部门应当出具测绘成果汇交凭证，并及时将测绘成果副本和目录移交给保管单位。测绘成果汇交的具体办法由国务院规定。

国务院测绘地理信息主管部门和省、自治区、直辖市人民政府测绘地理信息主管部门应当及时编制测绘成果目录，并向社会公布。

第三十四条 县级以上人民政府测绘地理信息主管部门应当积极推进公众版测绘成果的加工和编制工作，通过提供公众版测绘成果、保密技术处理等方式，促进测绘成果的社会化应用。

测绘成果保管单位应当采取措施保障测绘成果的完整和安全，并按照国家有关规定向社会公开和提供利用。

测绘成果属于国家秘密的，适用保密法律、行政法规的规定；需要对外提供的，按照国务院和中央军事委员会规定的审批程序执行。

测绘成果的秘密范围和秘密等级，应当依照保密法律、行政法规的规定，按照保障国家秘密安全、促进地理信息共享和应用的原则确定并及时调整、公布。

第三十五条 使用财政资金的测绘项目和涉及测绘的其他使用财政资金的项目，有关部门在批准立项前应当征求本级人民政府测绘地理信息主管部门的意见；有适宜测绘成果的，应当充分利用已有的测绘成果，避免重复测绘。

第三十六条 基础测绘成果和国家投资完成的其他测绘成果，用于政府决策、国防建设和公共服务的，应当无偿提供。

除前款规定情形外，测绘成果依法实行有偿使用制度。但是，各级人民政府及有关部门和军队因防灾减灾、应对突发事件、维护国家安全等公共利益的需要，可以无偿使用。

测绘成果使用的具体办法由国务院规定。

第三十七条 中华人民共和国领域和中华人民共和国管辖的其他海域的位置、高程、深度、面积、长度等重要地理信息数据，由国务院测绘地理信息主管部门审核，并与国务院其他有关部门、军队测绘部门会商后，报国务院批准，由国务院或者国务院授权的部门公布。

第三十八条 地图的编制、出版、展示、登载及更新应当遵守国家有关地图编制标准、地图内容表示、地图审核的规定。

互联网地图服务提供者应当使用经依法审核批准的地图，建立地图数据安全管理制度，采取安全保障措施，加强对互联网地图新增内容的核校，提高服务质量。

县级以上人民政府和测绘地理信息主管部门、网信部门等有关部门应当加强对地图编制、出版、展示、登载和互联网地图服务的监督管理，保证地图质量，维护国家主权、安全和利益。

地图管理的具体办法由国务院规定。

第三十九条 测绘单位应当对完成的测绘成果质量负责。县级以上人民政府测绘地理信息主管部门应当加强对测绘成果质量的监督管理。

第四十条 国家鼓励发展地理信息产业，推动地理信息产业结构调整和优化升级，支持开发各类地理信息产品，提高产品质量，推广使用安全可信的地理信息技术和设备。

县级以上人民政府应当建立健全政府部门间地理信息资源共建共享机制，引导和支持企业提供地理信息社会化服务，促进地理信息广泛应用。

县级以上人民政府测绘地理信息主管部门应当及时获取、处理、更新基础地理信息数据，通过地理信息公共服务平台向社会提供地理信息公共服务，实现地理信息数据开放共享。

第七章 测量标志保护

第四十一条 任何单位和个人不得损毁或者擅自移动永久性测量标志和正在使用中的临时性测量标志，不得侵占永久性测量标志用地，不得在永久性测量标志安全控制范围内从事危害测量标志安全和使用效能的活动。

本法所称永久性测量标志，是指各等级的三角点、基线点、导线点、军用控制点、重力点、天文点、水准点和卫星定位点的觇标和标石标志，以及用于地形测图、工程测量和形变测量的固定标志和海底大地点设施。

第四十二条 永久性测量标志的建设单位应当对永久性测量标志设立明显标记，并委托当地有关单位指派专人负责保管。

第四十三条 进行工程建设，应当避开永久性测量标志；确实无法避开，需要拆迁永久性测量标志或者使永久性测量标志失去使用效能的，应当经省、自治区、直辖市人民政府测绘地理信息主管部门批准；涉及军用控制点的，应当征得军队测绘部门的同意。所需迁建费用由工程建设单位承担。

第四十四条 测绘人员使用永久性测量标志，应当持有测绘作业证件，并保证测量标志的完好。

保管测量标志的人员应当查验测量标志使用后的完好状况。

第四十五条 县级以上人民政府应当采取有效措施加强测量标志的保护工作。

县级以上人民政府测绘地理信息主管部门应当按照规定检查、维护永久性测量标志。

乡级人民政府应当做好本行政区域内的测量标志保护工作。

第八章 监督管理

第四十六条 县级以上人民政府测绘地理信息主管部门应当会同本级人民政府其他有关部门建立地理信息安全管理制度和技术防控体系，并加强对地理信息安全的监督管理。

第四十七条 地理信息生产、保管、利用单位应当对属于国家秘密的地理信息的获取、持有、提供、利用情况进行登记并长期保存，实行可追溯管理。

从事测绘活动涉及获取、持有、提供、利用属于国家秘密的地理信息，应当遵守保密法律、行政法规和国家有关规定。

地理信息生产、利用单位和互联网地图服务提供者收集、使用用户个人信息的，应当遵守法律、行政法规关于个人信息保护的规定。

第四十八条 县级以上人民政府测绘地理信息主管部门应当对测绘单位实行信用管理，并依法将其信用信息予以公示。

第四十九条 县级以上人民政府测绘地理信息主管部门应当建立健全随机抽查机制，依法履行监督检查职责，发现涉嫌违反本法规定行为的，可以依法采取下列措施：

（一）查阅、复制有关合同、票据、账簿、登记台账以及其他有关文件、资料；

（二）查封、扣押与涉嫌违法测绘行为直接相关的设备、工具、原材料、测绘成果资料等。

被检查的单位和个人应当配合，如实提供有关文件、资料，不得隐瞒、拒绝和阻碍。

任何单位和个人对违反本法规定的行为，有权向县级以上人民政府测绘地理信息主管部门举报。接到举报的测绘地理信息主管部门应当及时依法处理。

第九章 法律责任

第五十条 违反本法规定，县级以上人民政府测绘地理信息主管部门或者其他有关部门工作人员利用职务上的便利收受他人财物、其他好处或者玩忽职守，对不符合法定条件的单位核发测绘资质证书，不依法履行监督管理职责，或者发现违法行为不予查处的，对负有责任的领导人员和直接责任人员，依法给予处分；构成犯罪的，依法追究刑事责任。

第五十一条 违反本法规定，外国的组织或者个人未经批准，或者未与中华人民共和国有关部门、单位合作，擅自从事测绘活动的，责令停止违法行为，没收违法所得、测绘成果和测绘工具，并处十万元以上五十万元以下的罚款；情节严重的，并处五十万元以上一百万元以下的罚款，限期出境或者驱逐出境；构成犯罪的，依法追究刑事责任。

第五十二条 违反本法规定，未经批准擅自建立相对独立的平面坐标系统，或者采用不符合国家标准的基础地理信息数据建立地理信息系统的，给予警告，责令改正，可以并处五十万元以下的罚款；对直接负责的主管人员和其他直接责任人员，依法给予处分。

第五十三条 违反本法规定，卫星导航定位基准站建设单位未报备案的，给予警告，责令限期改正；逾期不改正的，处十万元以上三十万元以下的罚款；对直接负责的主管人员和其他直接责任人员，依法给予处分。

第五十四条 违反本法规定，卫星导航定位基准站的建设和运行维护不符合国家标准、要求的，给予警告，责令限期改正，没收违法所得和测绘成果，并处三十万元以上五十万元以下的罚款；逾期不改正的，没收相关设备；对直接负责的主管人员和其他直接责任人员，依法给予处分；构成犯罪的，依法追究刑事责任。

第五十五条 违反本法规定，未取得测绘资质证书，擅自从事测绘活动的，责令停止违法行为，没收违法所得和测绘成果，并处测绘约定报酬一倍以上二倍以下的罚款；情节严重的，没收测绘工具。

以欺骗手段取得测绘资质证书从事测绘活动的，吊销测绘资质证书，没收违法所得和测绘成果，并处测绘约定报酬一倍以上二倍以下的罚款；情节严重的，没收测绘工具。

第五十六条 违反本法规定，测绘单位有下列行为之一的，责令停止违法行为，没收违法所得和测绘成果，处测绘约定报酬一倍以上二倍以下的罚款，并可以责令停业整顿或者降低测绘资质等级；情节严重的，吊销测绘资质证书：

（一）超越资质等级许可的范围从事测绘活动；

（二）以其他测绘单位的名义从事测绘活动；

（三）允许其他单位以本单位的名义从事测绘活动。

第五十七条 违反本法规定，测绘项目的招标单位让不具有相应资质等级的测绘单位中标，或者让测绘单位低于测绘成本中标的，责令改正，可以处测绘约定报酬二倍以下的罚款。招标单位的工作人员利用职务上的便利，索取他人财物，或者非法收受他人财物为他人谋取利益的，依法给予处分；构成犯罪的，依法追究刑事责任。

第五十八条 违反本法规定，中标的测绘单位向他人转让测绘项目的，责令改正，没收违法所得，处测绘约定报酬一倍以上二倍以下的罚款，并可以责令停业整顿或者降低测绘资质等级；情节严重的，吊销测绘资质证书。

第五十九条 违反本法规定，未取得测绘执业资格，擅自从事测绘活动的，责令停止违法行为，没收违法所得和测绘成果，对其所在单位可以处违法所得二倍以下的罚款；情节严重的，没收测绘工具；造成损失的，依法承担赔偿责任。

第六十条 违反本法规定，不汇交测绘成果资料的，责令限期汇交；测绘项目出资人逾期不汇交的，处重测所需费用一倍以上二倍以下的罚款；承担国家投资的测绘项目的单位逾期不汇交的，处五万元以上二十万元以下的罚款，并处暂扣测绘资质证书，自暂扣测绘资质证书之日起六个月内仍不汇交的，吊销测绘资质证书；对直接负责的主管人员和其他直接责任人员，依法给予处分。

第六十一条 违反本法规定，擅自发布中华人民共和国领域和中华人民共和国管辖的其他海域的重要地理信息数据的，给予警告，责令改正，可以并处五十万元以下的罚款；对直接负责的主管人员和其他直接责任人员，依法给予处分；构成犯罪的，依法追究刑事责任。

第六十二条 违反本法规定，编制、出版、展示、登载、更新的地图或者互联网地图服务不符合国家有关地图管理规定的，依法给予行政处罚、处分；构成犯罪的，依法追究刑事责任。

第六十三条 违反本法规定，测绘成果质量不合格的，责令测绘单位补测或者重测；情节严重的，责令停业整顿，并处降低测绘资质等级或者吊销测绘资质证书；造成损失的，依法承担赔偿责任。

第六十四条 违反本法规定，有下列行为之一的，给予警告，责令改正，可以并处二十万元以下的罚款；对直接负责的主管人员和其他直接责任人员，依法给予处分；造成损失的，依法承担赔偿责任；构成犯罪的，依法追究刑事责任：

（一）损毁、擅自移动永久性测量标志或者正在使用中的临时性测量标志；

（二）侵占永久性测量标志用地；

（三）在永久性测量标志安全控制范围内从事危害测量标志安全和使用效能的活动；

（四）擅自拆迁永久性测量标志或者使永久性测量标志失去使用效能，或者拒绝支付迁建费用；

（五）违反操作规程使用永久性测量标志，造成永久性测量标志毁损。

第六十五条 违反本法规定，地理信息生产、保管、利用单位未对属于国家秘密的地理信息的获取、持有、提供、利用情况进行登记、长期保存的，给予警告，责令改正，可以并处二十万元以下的罚款；泄露国家秘密的，责令停业整顿，并处降低测绘资质等级或者吊销测绘资质证书；构成犯罪的，依法追究刑事责任。

违反本法规定，获取、持有、提供、利用属于国家秘密的地理信息的，给予警告，责令停止违法行为，没收违法所得，可以并处违法所得二倍以下的罚款；对直接负责的主管人员和其他直接责任人员，依法给予处分；造成损失的，依法承担赔偿责任；构成犯罪的，依法追究刑事责任。

第六十六条 本法规定的降低测绘资质等级、暂扣测绘资质证书、吊销测绘资质证书的行政处罚，由颁发测绘资质证书的部门决定；其他行政处罚，由县级以上人民政府测绘地理信息主管部门决定。

本法第五十一条规定的限期出境和驱逐出境由公安机关依法决定并执行。

第十章 附 则

第六十七条 军事测绘管理办法由中央军事委员会根据本法规定。

第六十八条 本法自2017年7月1日起施行。

部门规章

地图审核管理规定

《地图审核管理规定》已经2017年11月20日国土资源部第3次部务会议审议通过，现予公布，自2018年1月1日起施行

中华人民共和国国土资源部令第77号 2017年11月28日

第一条 为了加强地图审核管理，维护国家主权、安全和利益，根据《中华人民共和国测绘法》《地图管理条例》等法律、法规，制定本规定。

第二条 地图审核工作应当遵循维护国家主权、保守国家秘密、高效规范实施、提供优质服务的原则。

第三条 国务院测绘地理信息主管部门负责全国地图审核工作的监督管理。

省、自治区、直辖市人民政府测绘地理信息主管部门以及设区的市级人民政府测绘地理信息主管部门负责本行政区域地图审核工作的监督管理。

第四条 实施地图审核所需经费列入相应测绘地理信息主管部门的年度预算。

第五条 有下列情形之一的，申请人应当依照本规定向有审核权的测绘地理信息主管部门提出地图审核申请：

（一）出版、展示、登载、生产、进口、出口地图或者附着地图图形的产品的；

（二）已审核批准的地图或者附着地图图形的产品，再次出版、展示、登载、生产、进口、出口且地图内容发生变化的；

（三）拟在境外出版、展示、登载的地图或者附着地图图形的产品的。

第六条 下列地图不需要审核：

（一）直接使用测绘地理信息主管部门提供的具有审图号的公益性地图；

（二）景区地图、街区地图、公共交通线路图等内容简单的地图；

（三）法律法规明确应予公开且不涉及国界、边界、历史疆界、行政区域界线或者范围的地图。

第七条 国务院测绘地理信息主管部门负责下列地图的审核：

（一）全国地图；

（二）主要表现地为两个以上省、自治区、直辖市行政区域的地图；

（三）香港特别行政区地图、澳门特别行政区地图以及台湾地区地图；

（四）世界地图以及主要表现地为国外的地图；

（五）历史地图。

第八条　省、自治区、直辖市人民政府测绘地理信息主管部门负责审核主要表现地在本行政区域范围内的地图。其中，主要表现地在设区的市行政区域范围内不涉及国界线的地图，由设区的市级人民政府测绘地理信息主管部门负责审核。

第九条　属于出版物的地图产品或者附着地图图形的产品，应当根据产品中地图主要表现地，依照本规定第七条、第八条的规定，由相应测绘地理信息主管部门审核。

第十条　申请地图审核，应当提交下列材料：

（一）地图审核申请表；

（二）需要审核的地图最终样图或者样品。用于互联网服务等方面的地图产品，还应当提供地图内容审核软硬件条件；

（三）地图编制单位的测绘资质证书。

有下列情形之一的，可以不提供前款第三项规定的测绘资质证书：

（一）进口不属于出版物的地图和附着地图图形的产品；

（二）直接引用古地图；

（三）使用示意性世界地图、中国地图和地方地图；

（四）利用测绘地理信息主管部门具有审图号的公益性地图且未对国界、行政区域界线或者范围、重要地理信息数据等进行编辑调整。

第十一条　利用涉及国家秘密的测绘成果编制的地图，应当提供省级以上测绘地理信息主管部门进行保密技术处理的证明文件。

地图上表达的其他专业内容、信息、数据等，国家对其公开另有规定的，从其规定，并提供有关主管部门可以公开的相关文件。

第十二条　申请人应当如实提交有关材料，反映真实情况，并对申请材料的真实性负责。

第十三条　测绘地理信息主管部门应当将地图审核的依据、程序、期限以及需要提交的全部材料的目录和地图审核申请表等示范文本，在办公场所、门户网站上公示。

申请人要求测绘地理信息主管部门对公示内容予以说明、解释的，有关测绘地理信息主管部门应当说明、解释，提供准确、可靠的信息。

第十四条　国务院测绘地理信息主管部门可以在其法定职责范围内，委托省、自治区、直辖市人民政府测绘地理信息主管部门实施部分地图审核职责。

国务院测绘地理信息主管部门对省级测绘地理信息主管部门实施的受委托地图审核负责监督管理和业务指导培训。

第十五条　有审核权的测绘地理信息主管部门受理的地图审核申请，认为需要其他测绘地理信息主管部门协助审核的，应当商有关测绘地理信息主管部门进行协助审核。负责协助审核的测绘地理信息主管部门应当自收到协助审核材料之日起7个工作日内，完成审核工作。协商不一致的，报请共同的上一级测绘地理信息主管部门决定。

第十六条　中小学教学地图的审核，依照《地图管理条例》第二十三条规定执行。

第十七条　测绘地理信息主管部门对申请人提出的地图审核申请，应当根据下列情况分别作出处理：

（一）申请材料齐全并符合法定形式的，应当决定受理并发放受理通知书；

（二）申请材料不齐全或者不符合法定形式的，应当当场或者在5个工作日内一次告知申请人需要补正的全部内容，逾期不告知的，自收到申请材料之日起即为受理；经补正材料后申请材料仍不齐全或者不符合法定形式的，应当作出不予受理的决定；

（三）申请事项依法不需要进行地图审核的，应当即时告知申请人不予受理；申请事项依法不属于本测绘地理信息主管部门职责范围的，应当即时作出不予受理的决定，并告知申请人向有关测绘地理信息主管部门申请。

第十八条　测绘地理信息主管部门受理地图审核申请后，应当对下列内容进行审查：

（一）地图表示内容中是否含有《地图管理条例》第八条规定的不得表示的内容；

（二）中华人民共和国国界、行政区域界线或者范围以及世界各国间边界、历史疆界在地图上的表示是否符合国家有关规定；

（三）重要地理信息数据、地名等在地图上的表示是否符合国家有关规定；

（四）主要表现地包含中华人民共和国疆域的地图，中华人民共和国疆域是否完整表示；

（五）地图内容表示是否符合地图使用目的和国家地图编制有关标准；

（六）法律、法规规定需要审查的其他内容。

第十九条 中华人民共和国国界、中国历史疆界、世界各国间边界、世界各国间历史疆界依照《地图管理条例》第十条有关规定进行审查。

县级以上行政区域界线或者范围，按照由国务院民政部门和国务院测绘地理信息主管部门拟订并经国务院批准公布的行政区域界线标准画法图进行审查。

特别行政区界线或者范围，按照国务院批准公布的特别行政区行政区域图和国家其他有关规定进行审查。

第二十条 重要地理信息数据、地名以及有关专业内容在地图上的表示，按照测绘地理信息主管部门制定的有关规定进行审查。

下级测绘地理信息主管部门制定的具体审查内容和标准，应当报上一级测绘地理信息主管部门备案并依法及时公开。

第二十一条 地图涉及专业内容且没有明确审核依据的，由有审核权的测绘地理信息主管部门征求有关部门的意见。

第二十二条 有审核权的测绘地理信息主管部门应当健全完善地图内容审查工作机构，配备地图内容审查专业人员。地图内容审查专业人员应当经省级以上测绘地理信息主管部门培训并考核合格，方能从事地图内容审查工作。

第二十三条 测绘地理信息主管部门应当依据地图内容审查工作机构提出的审查意见及相关申请材料，作出批准或者不予批准的书面决定并及时送达申请人。

予以批准的，核发地图审核批准文件和审图号。

不予批准的，核发地图审核不予批准文件并书面说明理由，告知申请人享有依法申请行政复议或者提起行政诉讼的权利。

第二十四条 测绘地理信息主管部门应当自受理地图审核申请之日起 20 个工作日内作出审核决定。

时事宣传地图、发行频率高于一个月的图书和报刊等插附地图的，应当自受理地图审核申请之日起 7 个工作日内作出审核决定。

应急保障等特殊情况需要使用地图的，应当即送即审。

涉及专业内容且没有明确审核依据的地图，向有关部门征求意见时，征求意见时间不计算在地图审核的期限内。

第二十五条 测绘地理信息主管部门应当在其门户网站等媒体上及时公布获得审核批准的地图名称、审图号等信息。

第二十六条 审图号由审图机构代号、通过审核的年份、地图类型简称、序号等组成。审图号编制的具体内容，由国务院测绘地理信息主管部门另行规定。

第二十七条 经审核批准的地图，申请人应当在地图或者附着地图图形的产品的适当位置显著标注审图号，并向作出审核批准的测绘地理信息主管部门免费送交样本一式两份。属于出版物的，应当在版权页标注审图号；没有版权页的，应当在适当位置标注审图号。属于互联网地图服务的，应当在地图页面左下角标注审图号。

第二十八条 互联网地图服务审图号有效期为两年。审图号到期，应当重新送审。

审核通过的互联网地图服务，申请人应当每六个月将新增标注内容及核查校对情况向作出审核批准的测绘地理信息主管部门备案。

第二十九条 上级测绘地理信息主管部门应当加强对下级测绘地理信息主管部门实施地图审核行为的监督检查，建立健全监督管理制度，及时纠正违反本规定的行为。

第三十条 测绘地理信息主管部门应当建立和完善地图审核管理和监督系统，提升地图审核效率和监管能力，方便公众申请与查询。

第三十一条 互联网地图服务单位应当配备符合相关要求的地图安全审校人员，并强化内部安全审校核查工作。

第三十二条 最终向社会公开的地图与审核通过的地图内容及表现形式不一致，或者互联网地图服务审图号有效期届满未重新送审的，测绘地理信息主管部门应当责令改正、给予警告，可以处 3 万元以下的罚款。

第三十三条 测绘地理信息主管部门及其工作人员在地图审核工作中滥用职权、玩忽职守、徇私舞弊的，依法给予处分；涉嫌构成犯罪的，移送有关机关依法追究刑事责任。

第三十四条 本规定自 2018 年 1 月 1 日起施行。

国家测绘地理信息局规范性文件

关于印发《测绘地理信息科技出版资金管理办法》的通知

测办〔2017〕8号　2017年2月8日

各有关单位：

为推动测绘地理信息科技知识传播，繁荣测绘地理信息科技出版事业，支持优秀测绘地理信息科普作品、辞书和重大工程、热点方向及管理方面著作的创作，我局修订了《测绘地理信息科技出版资金管理办法》，现予印发，请遵照执行。

测绘地理信息科技出版资金管理办法

第一章　总　则

第一条　为促进测绘地理信息科学技术进步，推动测绘地理信息科技知识的传播，普及测绘地理信息知识，繁荣测绘地理信息科技出版事业，特设立测绘地理信息科技出版资金（以下简称“出版资金”），并制定本办法。

第二条　出版资金主要来源于专项补助、中国地图出版集团配套资金、出版资助及其他赞助资金。

第三条　出版资金主要用于资助测绘地理信息领域学术类、技术应用类、综合类和科普类著作的出版。

第四条　出版资金的使用以我国测绘地理信息科技发展政策为导向，与测绘地理信息科学研究和人才培养计划相结合，实行“自愿申请、公平竞争、同行评议、择优支持”的办法。

第五条　由出版资金资助的出版物（行业标准类除外），须在封面上使用测绘地理信息科技出版资金的徽标，并在扉页上显著位置标注“测绘地理信息科技出版资金资助”字样。

第二章　机构与职责

第六条　设立出版资金管理委员会（以下简称“资金委”），在国家测绘地理信息局科技主管部门的指导下开展工作。资金委设立出版资金办公室（以下简称“资金办”），挂靠在中国地图出版集团所属测绘出版社。

第七条　资金委设主任委员1名，副主任委员2名，委员若干名。经国家测绘地理信息局批准、聘任，每届任期四年。

第八条　资金委负责项目的审定及资助额度，决定与资金管理有关的其他重大事项，对资金出版管理工作提出意见和建议等。

第九条　资金办工作人员由挂靠单位指定，资金办承担出版资金的经费预算和决算，项目申请的受理、形式审查，以及出版资金的宣传等日常管理工作。

第十条　资金办挂靠单位负责受资助项目合同的签订、出版工作及相关财务管理等。

第三章　资金使用和资助范围

第十一条　出版资金用于支付受资助的著作在出版过程中所发生的成本费用（含审稿费和管理费）。出版资金不得挪作他用。

第十二条　出版资金资助范围包括：

1. 学术类著作，即在理论上有所创新或在实验上有重大发现、具有独到见解或新颖观点的测绘地理信息领域的著作。

2. 技术应用类著作，即在技术上的创新、已有科学理论的应用、生产实践中的先进技术和经验总结的著作。

3. 综合类著作，即测绘地理信息领域软科学研究、优秀博士论文、行业标准、辞书、专业教材，以及测绘地理信息重大工程、热点方向及管理方面的著作。

4. 科普类著作，即将测绘地理信息科技知识以浅显的、让大众易于理解、接受和参与的方式向普通大众介绍的著作。

第十三条 下列类型的作品不属于资助范围：

1. 译文集。

2. 期刊。

3. 地图集（册、幅）。

第四章 申 请

第十四条 申请者必须具备下列条件和要求：

1. 申请者必须是著作权的所有者。受委托申请者须持有著作权所有者的委托书或法律证据；著作权属多人时，须全体人员签署申请意见。

2. 申请者在提出申请时必须完成全部书稿。

3. 申请者应保证所提交的著作符合国家有关图书出版和保密规定。

4. 申请者应同意受资助的出版物由测绘出版社出版。

第十五条 申请者须按要求准备材料并填写有关信息（见附件1）。

第五章 评 审

第十六条 资金委对申请的著作于每年年中进行一次会议评审。必要时，经资金委主任同意，可聘请同行专家参加评审工作。

第十七条 对申请著作采用“形式审查—函审—会议评审”程序评审。

1. 形式审查：资金办负责形式审查工作，包括审查材料完整性、规范性、合理性。优秀博士论文、资金委委员参与撰写或推荐的著作、院士推荐的著作，通过形式审查后可直接进入“会议评审”程序。

2. 函审：通过形式审查的著作，资金办提请资金委相关委员对著作进行函审（见附件2）。

3. 会议评审：对优秀博士论文，由资金委评审并投票决定；对资金委委员参与撰写或推荐的著作，由该委员做内容介绍，资金委评审并投票决定；对其他著作，由承担函审的委员做主要评审发言，资金委投票决定。超过参会总人数半数以上通过有效。

第十八条 资金委批准资助的著作，通过媒体向社会公示。公示无异议后，将资助的著作通过媒体予以公告。

第六章 监督与管理

第十九条 资金办负责受资助著作或作品实施情况的监督检查，将资金使用情况和项目执行情况上报资金委。

第二十条 如遇特殊情况致使著作不能按期出版时，资金办应向资金委提出延期出版或撤销资助的书面建议，提请资金委审议决定。

第七章 附 则

第二十一条 本办法由国家测绘地理信息局科技主管部门负责解释，自发布之日起实施。原《测绘地理信息科技出版资金管理办法》（测办〔2012〕50号）同时废止。

附件：1. 测绘地理信息科技出版资金申请书（略）

2. 专家函审表（略）

关于全面开展地理国情监测的指导意见

国测国发〔2017〕8号 2017年5月8日

各省、自治区、直辖市、计划单列市、新疆生产建设兵团测绘地理信息主管部门，局所属各单位，机关各司室：

为贯彻落实新修订的《中华人民共和国测绘法》，按照国务院关于开展地理国情监测的总体部署，依据《国民经济和社会发展第十三个五年规划纲要》《全国基础测绘中长期规划纲要（2015—2030年）》《测绘地理信息事业“十三五”规划》任务要求，现就开展地理国情监测提出以下指导意见。

一、总体要求

（一）重大意义

地理国情是重要的基本国情，是制定和实施国家发展战略与规划，优化国土空间开发格局的重要依据；是推进自然生态系统和环境保护，合理配置各类资源，实现绿色发展的重要支撑；是做好防灾减灾和应急保障服务，开展相关领域调查、普查的重要数据基础。2013年，国务院部署了第一次全国地理国情普查。在张高丽副总理为组长的普查领导小组正确领导下，在有关部门、各级政府的共同努力下，国家测绘地理信息局牵头组织完成了这次规模宏大、任务艰巨的普查工作，获取了全覆盖、无缝隙、高精度的海量地理国情数据，全面准确地摸清了我国地理国情家底，为了解国情、把握国势、制定国策提供基础数据支撑和科学手段保障。经国务院批准，普查成果已由国家测绘地理信息局、国土资源部、国家统计局、国务院第一次全国地理国情普查领导小组办公室联合向社会发布。在圆满完成地理国情普查和监测试点的基础上，全面开展地理国情监测，对于履行新时期测绘地理信息主管部门的新职责新使命、更好地服务经济社会发展和生态文明建设，具有重要的现实意义和深远的历史意义。

新修订的《测绘法》将测绘事业为生态保护服务写入立法宗旨，并要求各级人民政府应当采取有效措施，发挥地理国情监测成果在政府决策、经济社会发展和社会公众服务中的作用。国民经济和社会发展“十三五”规划和测绘地理信息事业“十三五”规划都对开展地理国情监测作出了明确部署。近年来，地理国情普查和监测试点在服务经济社会发展和生态文明建设中的重要作用日益凸显，已成为测绘地理信息服务国家改革发展大局的新模式和新品牌、测绘地理信息领域供给侧结构性改革的关键点和突破口。开展地理国情监测，及时、准确、全面地掌握地理国情动态，深入揭示经济社会发展与资源、生态、环境等内在关系、演变规律和发展趋势，是贯彻落实党中央国务院重要决策部署的必然要求，是《测绘法》赋予测绘地理信息主管部门的法定职责，是政府部门、社会公众的迫切需求，是提升测绘地理信息供给水平、加快事业转型升级的重要途径。

（二）指导思想

全面贯彻党的十八大和十八届三中、四中、五中、六中全会精神，深入贯彻习近平总书记系列重要讲话精神和治国理政新理念新思想新战略，认真贯彻落实党中央、国务院决策部署和《测绘法》职能职责，紧紧围绕统筹推进“五位一体”总体布局和协调推进“四个全面”战略布局，坚持稳中求进工作总基调，牢固树立和贯彻新发展理念，以深化供给侧结构性改革为主线，丰富地理国情信息资源，健全地理国情监测体制机制，拓展服务内容和服务领域，创新服务产品和服务方式，全面开展地理国情监测，促进测绘地理信息事业改革创新发展，为全面建成小康社会作出新贡献。

（三）基本原则

——需求牵引、服务大局。紧紧围绕党和国家中心工作，准确把握国家安全、生态保护、应急抢险等领域的新趋势和新特征，针对国家重大决策部署、重大战略实施和重点工作推进，主动了解政府决策需要和部门管理需求，加强沟通协调和业务对接，找准服务大局的切入点和着力点。

——统筹协调、全面推进。着眼全局做好顶层设计，强化国家与地方地理国情监测的统筹协调，健全体制机制，完善业务体系，加强计划管理，统一技术规范。同时，要根据各地区的实际情况，加强分类指导，鼓励大胆实践，突出区域特点，体现应用成效，不断提升地理国情监测工作水平。

——改革创新、优质高效。大力推进地理国情监测关键技术和装备自主创新，加强产品体系和服务模式创新，打造专业技术队伍，客观准确、优质高效地开展地理国情监测。

——协作共享、融合发展。加快建立部门间业务协作机制、各级政府间分工协作机制、军地间融合发展机制、企事业单位共同参与机制，促进成果共享应用和协同发展。

（四）主要目标

“十三五”期间，加快制订地理国情监测法规制度，健全地理国情监测体制机制，完善地理国情监测业务体系，逐步实现地理国情监测工作法治化、制度化、规范化。以基础性和专题性地理国情监测为重点，对我国陆地国土范围内地理国情信息的变化情况开展监测，进行地理国情综合评价，提供普遍适用的公共产品和个性化定制产品，全面提升测绘地理信息保障能力，在服务国家重大战略和重大工程、生态文明建设、国土空间开发、社会治理、民生保障、国家安全等方面取得显著成效。

二、重点任务

（五）健全监测体制机制。依据新修订的《测绘法》，加强地理国情监测法制建设，拟订《地理国情监测条例》和地方性法规、政府规章和规范性文件，明确地理国情监测管理体制，规范地理国情监测活动。建立地理国情监测联席会议工作机制，会同有关部门依法开展地理国情监测。落实地理国情监测职责，明确专门的职能机构，并落实人员编制。落实国民经济和社会发展规划、事业发展规划，推动地理国情监测纳入本级年度经济社会发展计划，建立稳定的财政投入机制。严格管理、规范使用监测成果，健全监测成果发布、信息共享与开发应用、信息安全等相关制度，提高监测成果共享应用水平，建立监测绩效评价和反馈机制。

（六）完善监测业务体系。优化资源配置，建立国家与地方分工明确、上下联动、多方参与的监测组织体系。构建遥感影像获取实时化、数据处理自动化、信息管理网络化、统计分析智能化的技术体系。加强与行业标准和用户需求衔接，完善监测技术规范，及时向行业标准、国家标准提升和转化，健全监测标准体系。提高质量检查自动化水平，推行多层级、全过程、精细化质量管理，优化监测质量控制体系。丰富地理国情产品形式，构建地理国情指标指数，建设地理国情信息在线服务平台，完善监测产品服务体系。

（七）全面开展基础性地理国情监测。以地理国情普查数据为基础，每年对我国陆地国土范围内地表覆盖和地理国情要素的变化情况进行更新。

国家负责统一制定全国基础性监测实施方案及相关技术规范，统筹获取并提供遥感影像，开展整体质量控制和监督抽查，完成全国监测数据库建设、统计分析以及报告编制等工作，帮助西部欠发达省份完成部分困难区域的监测数据生产。

地方按照统一要求，组织开展本区域内的基础性监测。设区市（地、州、盟）结合普惠化公共服务体系构建、精细化社会管理体系建立、宜居化生活环境建设、现代化产业发展体系建立、智能化基础设施建设等城市建设和管理需求，增加监测内容、细化采集指标，开展市辖区的基础性监测。

（八）围绕重点开展专题性地理国情监测。利用基础性监测成果，针对政府和社会公众关心关注的重点、热点、难点问题，开展专题性监测。

国家负责制定专题性监测技术指南及相关技术规范，为地方开展专题性监测提供参考，主要围绕“一带一路”建设、京津冀协同发展、长江经济带建设国家重大战略和雄安新区建设等重大部署以及相关部门业务管理需求，组织开展跨区域、多省区联动的专题性监测，通过业务指导、项目带动、资金配套等方式，引导所涉及省份共同开展监测工作。

地方围绕本地区国土空间开发利用、资源环境及生态管理、空间规划编制与实施、区域协调发展战略、重大自然灾害防治、生产力优化布局等方面的需求，因地制宜、注重实效，自主开展专题性监测。设区市（地、州、盟）重点围绕城镇化宏观布局、基本公共服务均等化、城乡规划违法建设集中整治、城镇棚户区城中村和危房改造、生态环境保护、水体整治、地质灾害预防等城市管理和治理需要，积极开展市辖区的专题性监测。

（九）加强地理国情分析研究。加强对地理国情信息的深度开发，融合经济社会和人文等信息，创造性地开展综合统计分析，揭示资源、生态、环境、人口、经济、社会等要素在地理空间和时间上相互作用、相互影响的内在联系，多层次、多维度分析提炼综合反映国土空间布局、生态环境协调程度、城镇化进程、区域协调发展等方面的规律性特征，预测发展变化趋势，提出扎实有据的判断和政策建议，形成地理国情蓝皮书、专题分析评价报告等成果，服务政府决策和管理。

（十）深化地理国情信息应用。通过地理国情信息在线服务平台，为国土资源、水利、农业、林业、统计等部门开展国家重大国情国力调查、普查提供统一的地理空间公共基底。主动对接各部门的业务需求，积极参与空间规划编制、生态保护红线划定、自然资源统一确权登记、自然资源环境承载力评价、自然资源资产负债表编制、领导干部自然资源资产离任审计、国土空间用途管制、新型城镇化建设、资源枯竭型城市治理与转型等工作，做好监测大数据的深度开发，形成地理国情监测品牌。及时发布可以公开的地理国情信息，让社会公众和市场主体充分地了解和使用监测成果，引导鼓励全社会对地理国情信息的开发应用。

三、保障措施

（十一）强化组织领导。各级测绘地理信息主管部门要站在事业发展全局的高度，切实加强组织领导，严密做好工作计划和任务分工，明确责任要求和具体措施，大力推进地理国情监测，确保本指导意见的全面落实。

（十二）加强统筹协调。要积极推动各级政府相关责任的落实，加大投入力度，强化政策和资金保障，促进地理国情监测成果的广泛应用。加强沟通协调，建立全国统筹、资源共享、协同高效的组织管理方式。做好地理国情监测与新型基础测绘、应急测绘、航空航天遥感测绘、全球地理信息资源开发的有机衔接和协调推进。

（十三）深化科技创新。搭建地理国情监测创新平台，强化企事业单位、高等院校和科研院所的产学研协同。围绕要素快速自动解译、地理国情时空大数据云平台、数据融合和挖掘、统计分析评价体系等重点环节，深入开展基础理论和关键技术研究。推动科技成果的工程化应用，不断提升监测效率和品质。

（十四）优化队伍结构。依托地理国情监测重大科研和生产项目，培养一批地理国情监测高层次人才。有计划地引进跨学科、跨专业的复合型人才，增强统计分析能力。优化调整生产事业单位布局，打造与地理国情监测相适应的专业人才队伍。鼓励引导社会力量参与地理国情监测。

（十五）做好舆论宣传。创新宣传形式、加大宣传力度，为地理国情监测开展营造良好的舆论环境。做好地理国情信息的准确解读，及时回应社会关切。开展形式多样的国情教育、爱国主义教育，引导社会公众对我国基本地理国情的正确认知。

（十六）加强督促检查。国家测绘地理信息局将对各地开展地理国情监测加强指导，并对本指导意见落实情况进行监督检查和年度考核，及时发现解决实施中遇到的问题。各省（自治区、直辖市）测绘地理信息主管部门贯彻落实情况要及时向国家测绘地理信息局报告。

国家测绘地理信息局 国家档案局关于印发《测绘地理信息档案管理规定》的通知

国测发〔2017〕6号　2017年7月24日

各省、自治区、直辖市及计划单列市、新疆生产建设兵团测绘地理信息主管部门、档案局，局所属各单位、机关各司室：

为加强和规范测绘地理信息档案管理工作，更好地为测绘地理信息事业服务，依据《中华人民共和国档案法》及其实施办法、《中华人民共和国测绘法》等相关法律法规，结合测绘地理信息工作实际，国家测绘地理信息局、国家档案局共同制定了《测绘地理信息档案管理规定》。现印发你们，请认真遵照执行。

测绘地理信息档案管理规定

第一章 总则

第一条 为加强国家测绘地理信息档案工作，提高档案工作服务测绘地理信息事业发展水平，根据《中华人民共和国档案法》及其实施办法、《中华人民共和国测绘法》等相关法律法规，结合测绘地理信息工作实际，制定本规定。

第二条 测绘地理信息档案是指测绘地理信息系统各单位在履行管理职能和开展各项业务活动中直接形成的，对国家、社会和本单位具有保存价值的各种文字、图表、音像、电子数据等形式和载体的历史记录。

测绘地理信息档案是测绘地理信息事业的重要信息资源，是各单位履行职责、开展业务的信息支持和保障，是国家档案资源建设的组成部分。

测绘地理信息档案属于测绘成果的，同时按照国家有关测绘成果管理的法律法规执行。

第三条 测绘地理信息档案工作是测绘地理信息工作的组成部分。测绘地理信息档案工作实行统一领导、分级管理的原则。

国家测绘地理信息局对全国测绘地理信息档案工作实行监督和指导，在业务上接受国家档案行政管理部门的监督和指导。

地方各级测绘地理信息主管部门对本行政区域内测绘地理信息档案工作实行监督和指导，在业务上接受同级档案行政管理部门和上级测绘地理信息行政主管部门的监督和指导。

第四条 各级测绘地理信息主管部门及其所属单位（以下统称各单位）应当依法开展档案工作，把档案工作列入本单位发展规划和工作计划，建立、健全档案管理制度，统筹安排档案工作所需经费，依法维护档案的完整与安全，为档案的科学管理和档案信息的开发利用提供保障。

第五条 各单位应当加强档案法规和档案知识宣传教育，提高档案管理水平和服务意识。

第二章 档案工作机构及职责

第六条 国家测绘地理信息局办公室归口负责测绘地理信息档案工作。国家测绘地理信息局办公室、测绘成果管理司按照分工履行以下职责：

（一）贯彻执行档案工作的法律、法规和规定，建立健全测绘地理信息档案工作规章制度；

（二）监督和指导测绘地理信息业务档案工作；

（三）监督和指导测绘地理信息系统及国家测绘地理信息局所属单位文书等门类档案工作；

（四）统一管理国家测绘地理信息局机关档案，对局机关各司室文件材料的形成、积累和归档工作进行业务监督和指导；

（五）负责国家测绘地理信息局机关档案信息化工作，开发机关档案信息资源，参与机关电子文件全程管理，负责局机关电子文件归档和电子档案管理；

（六）按照国家有关规定向中央档案馆移交档案。

国家测绘档案资料馆是国家测绘地理信息业务档案保管机构，承担测绘地理信息业务档案管理。

第七条 各单位应当按照国家规定设立与本单位档案工作相适应的档案工作机构，并履行以下职责：

（一）贯彻落实上级主管部门有关档案工作规定和工作部署，承担本单位档案管理职能，制定本单位档案工作管理办法并组织实施；

（二）具有行政管理职能的单位在业务上受上级行政主管部门和同级档案行政主管部门的监督和指导，对所属单位档案工作进行监督和指导，并对系统内下级单位的档案工作进行业务指导；

（三）统一管理本单位的档案，监督和指导本单位所属部门做好各门类档案的形成、积累和归档工作；

（四）负责本单位档案信息化工作，参与本单位电子文件全程管理工作，负责本单位电子文件归档和电子档案管理；

（五）按照国家有关规定向同级国家综合档案馆移交档案。

国家测绘地理信息局所属各单位负责本单位档案管理的具体工作，应当明确档案工作分管领导，设立专门档案工作机构或者指定负责档案工作的综合机构，并向国家测绘地理信息局办公室备案。

第八条　各单位所属部门在本单位档案工作机构指导下，履行以下职责：

（一）负责本部门应当归档的各种门类、形式和载体的文件材料的收集工作，保证归档文件材料的齐全完整；

（二）对归档的文件按照各门类档案管理办法的相关规定进行整理，做到分类清楚、鉴定准确、排列有序，并按规定向本单位档案部门归档；

（三）接受本单位档案工作机构的指导与检查。

第九条　各单位应当为档案部门配备与本单位档案数量、门类和发展要求相适应的档案工作人员，并保持相对稳定。

各单位所属部门应当根据档案工作要求，明确档案工作承办人，并向本单位档案工作机构备案。

第三章　档案的接收

第十条　各单位应当按要求编制本单位的文件材料归档范围和档案保管期限表。归档范围、保管期限应当划分科学、准确。

国家测绘地理信息局制定和完善机关文书档案、测绘地理信息业务档案及其他门类档案的文件材料归档范围和档案保管期限表，并经批准后执行。

国家测绘地理信息局所属各单位制定和完善本单位文件材料归档范围和档案保管期限表，报国家测绘地理信息局档案工作机构批准后执行。

第十一条　各单位应当加大档案收集整理力度，加强对档案收集整理工作的监督和指导，确保档案应收尽收、应归尽归。

对重点工作、重大活动、重大建设项目、重大科研项目等活动中形成的档案，实行档案工作与专项活动工作进程同步管理。

第十二条　各单位应当按照相关档案管理规定，确定档案的具体接收范围，并接收本单位在工作中直接形成的各种门类、形式和载体的档案。

应当归档的文件材料由各单位有关部门按照职责分工负责收集齐全并按相关规定进行整理，定期向本单位档案部门归档。与纸质或其他载体形式的文件相对应的电子文件应当一并归档。

任何单位、部门或个人不得将应当归档文件材料据为己有或拒绝归档。

第十三条　各单位对接收范围内的档案应当按规定实行集中统一管理。不得由各承办部门和个人分散保存。

各单位所属部门应当按照规定时限向本单位档案部门归档，并办理归档手续。档案部门接收的档案应当符合归档质量要求。

第四章　档案的管理

第十四条　各单位应当依据国家相关规定，结合工作需要建立健全本单位各门类档案管理制度，并进行具体管理。

第十五条　各单位对保管期限已满的档案，应当及时进行鉴定。鉴定工作结束后，应由档案工作机构提出档案鉴定报告。

国家测绘地理信息局机关的档案鉴定工作在办公室负责人主持下，由档案工作机构和有关业务部门组成鉴定小组共同进行。

各单位的档案鉴定工作在分管档案工作的单位负责人主持下，由办公室、档案工作机构和有关业务部门组成鉴定小组共同进行。

第十六条　销毁档案必须按照规定履行相关手续。未经批准，不得销毁任何档案。

第十七条　各单位档案工作机构对接收的各种门类、形式和载体的档案，应当按照国家有关档案分类的标准规范要求进行分类、整理编目和保管。

档案工作机构应当分别建立接收、移出档案登记台账，及时对接收和移出的档案进行登记。

第十八条　各单位应当按照国家档案移交的有关规定，定期移交档案。

第十九条　单位撤销或合并的，应当将本单位的全部档案认真整理，妥善保管，不得分散，并按国家有关规定保管、移交。

临时机构撤销时，其档案向设立该机构的单位移交。

第二十条　各单位档案工作机构应当对档案的接收、整理、保管、利用、移交、销毁等情况进行统计，并按照规定报送本单位档案工作基本情况统计表。

第二十一条　各单位应当加强档案信息化建设，将档案信息化纳入本单位信息化建设整体规划，统一部署、同步实施。

第二十二条　各单位应当为开展档案工作提供必要的条件，做到档案工作人员办公室、档案库房、档案阅览室三室分开。档案安全保管条件应当符合国家相关要求。

第二十三条 各单位应当建立健全档案安全保密管理制度，为档案保管保密提供条件保障，确保档案信息系统、档案实体、电子档案安全有效，严防档案损毁和失泄密事件发生。

第二十四条 各单位应当建立档案安全管理责任制，根据档案实体与信息管理实际，制定应急预案，将档案安全责任明确到人。

各单位档案工作机构应当建立库存档案和设备定期检查制度，并做好检查记录。对库存档案发现可疑情况或者发生意外事故的，应当立即向本单位领导报告。

第二十五条 重要测绘地理信息档案应当实行异地备份保管，重要电子档案应当实行异质备份保管。

第五章 档案信息资源开发与利用

第二十六条 各单位档案部门应当主动开发、挖掘档案信息资源，不断创新服务形式，强化服务功能，积极提供档案信息服务，满足各方面对测绘地理信息档案的利用需求。

第二十七条 各单位应当加快推进传统载体档案数字化和利用网络化，运用信息化手段对档案信息资源进行管理开发，以方便检索利用，实现资源共享。

第二十八条 各单位应当加强电子档案利用基础设施建设，保证电子档案得到方便快捷的利用。对已完成数字化的档案，其原件一般不再提供利用。

网络利用档案应当采取有效的安全保护措施，对上网文件、档案进行严格审查，禁止把涉密文件和档案传输到非涉密或密级不符的网络。

第六章 附 则

第二十九条 测绘地理信息专业档案的管理应按照依据本规定制定的具体办法执行。规定施行前制定的有关专业档案管理的具体办法，与本规定相一致的继续执行。

人事、会计等档案的管理按照国家有关规定执行。

第三十条 各单位可以依据本规定制定档案管理实施细则。

第三十一条 本规定自印发之日起施行。

关于印发《国家测绘地理信息局测绘地理信息成果定密管理办法》的通知

国测办发〔2017〕152 号 2017 年 9 月 29 日

各省、自治区、直辖市测绘地理信息主管部门，局所属各单位、机关各司室：

为规范国家测绘地理信息局测绘地理信息成果定密工作，在确保安全保密的前提下促进测绘地理信息成果的广泛高效利用，根据测绘、保密有关法律法规，结合工作实际，国家测绘地理信息局制定了《国家测绘地理信息局测绘地理信息成果定密管理办法》。现印发你们，请认真遵照执行。

国家测绘地理信息局测绘地理信息成果定密管理办法

第一条 进一步规范国家测绘地理信息局测绘地理信息成果定密工作，加强测绘地理信息成果保密管理，在确保安全保密的前提下促进测绘地理信息成果的广泛高效利用，根据测绘、保密有关法律法规，制定本规定。

第二条 国家测绘地理信息局及所属单位组织生产的测绘地理信息成果（以下简称“测绘成果”）的定密适用本办法。

本办法所称定密，是指依法确定、变更和解除测绘成果密级、保密期限、知悉范围等。

第三条　国家测绘地理信息局保密委员会负责测绘成果定密工作的管理和指导。

局保密办负责测绘成果定密的组织实施，国家基础地理信息中心受局保密办委托承担有关的密级鉴定工作。机关有关司（室）和局所属其他单位配合做好测绘成果定密有关工作。

第四条　测绘成果定密工作应当遵循“全流程、全覆盖”的原则，确保定密工作贯穿项目设计、生产组织、保管提供全流程，覆盖所涉及的全部测绘成果种类。

第五条　测绘成果的定密应当以《测绘管理工作国家秘密范围的规定》为依据。

第六条　生产过程中，属于《测绘管理工作国家秘密范围的规定》中已明确密级的，生产单位应按照相应密级对过程成果进行标识和管理；不能确定密级的，应从严从密进行管理。

第七条　测绘成果在密级确定后方可验收、归档和提供。

第八条　对不能确定密级的测绘成果，在项目验收前或过程成果需要提供（生产工序间成果的流转与相互使用除外）时，由项目承担单位（设牵头承担单位的由牵头承担单位）或测绘成果提供单位向局保密办提出密级确定申请。

第九条　申请确定测绘成果密级时应当提交需鉴定测绘成果的名称、种类、范围、空间精度、涉及的要素以及密级、保密期限、知悉范围建议和依据等材料。

第十条　局保密办收到测绘成果密级确定申请后，送国家基础地理信息中心进行密级鉴定。

“密级鉴定”指对测绘成果是否属于国家秘密、属于何种密级及保密期限进行技术鉴定。

第十一条　国家基础地理信息中心应当自收到密级鉴定材料后20个工作日内提出密级鉴定意见，并反馈局保密办。如鉴定材料较多所需时间确需延长的，经局保密办同意可适当延长鉴定时间。

国家基础地理信息中心应制定测绘成果密级鉴定程序规定，报局保密办备案。

第十二条　测绘成果密级鉴定涉及有关部门、单位的，由局保密办征求有关部门、单位意见。

第十三条　拟确定为机密级及以下的，由局保密委审核批准；拟确定为绝密级的，或者局保密委认为属于测绘成果重大定密事项的，提交局党组审核批准。

第十四条　测绘成果定密依据的法律法规或者保密事项范围发生变化的，应当及时根据变化对测绘成果密级进行相应的变更或者解除。变更、解除程序参照密级确定程序执行。

第十五条　对确定密级的测绘成果应当按照保密管理要求作出国家秘密标志。国家秘密标志形式为“密级★保密期限”“密级★解密时间”或者“密级★解密条件”。

国家秘密标志应当与载体不可分离，明显并易于识别。无法做出或者不宜作出国家秘密标志的，应当书面通知知悉范围内的机关、单位或者人员。

第十六条　纸质测绘成果国家秘密标志的标识应当符合国家有关标准。没有国家标准的，应当标注在载体封面左上角或者标题下方的显著位置。

第十七条　存储在光介质、电磁介质等载体的涉密测绘成果应当在载体壳体及封面、外包装的显著位置标识国家秘密标志。

在线运行的涉密测绘成果应在其管理应用系统的显示窗口显著位置标识国家秘密标志。

第十八条　参与和协助密级鉴定工作的人员应当保守在密级鉴定工作中知悉的国家秘密。

第十九条　局所属各单位应当按照保密法律法规要求，建立本单位测绘成果定密工作制度，明确定密责任人，并定期对本单位测绘成果定密工作开展自查。

第二十条　国家安全机关、保密行政管理部门及单位提请的测绘成果密级鉴定，以及对外提供涉密测绘成果的密级鉴定，参照本办法规定的程序执行。

第二十一条　省级测绘地理信息主管部门可以参照本办法制定所管理的测绘成果定密办法。

第二十二条　本规定自公布之日起施行。

关于印发《国家测绘地理信息局工程技术研究中心管理办法》的通知

国测办发〔2017〕205 号 2017 年 11 月 1 日

各省、自治区、直辖市、计划单列市、新疆生产建设兵团测绘地理信息主管部门，局所属有关单位，局所属重点实验室及工程技术研究中心：

为规范和加强国家测绘地理信息局工程技术研究中心的建设与运行管理，推动测绘地理信息科技创新体系建设，提升测绘地理信息科技自主创新能力，结合测绘地理信息工作发展实际，我局对《国家测绘局工程技术研究中心建设与管理办法（试行）》（国测国字〔2009〕16 号）进行了修订，并经局务会议审议通过，现将修订后的《国家测绘地理信息局工程技术研究中心管理办法》印发给你们，请遵照执行。

国家测绘地理信息局工程技术研究中心管理办法

第一章 总 则

第一条 为规范和加强国家测绘地理信息局工程技术研究中心（以下简称“工程中心”）的建设和运行管理，发挥其在工程化研究开发、科技成果转化推广等方面的作用，依据《中华人民共和国促进科技成果转化法》和国家科技创新平台管理的相关规定，制定本办法。

第二条 工程中心是测绘地理信息科技创新体系的重要组成部分，是开展测绘地理信息工程化研究开发、产品试验和测试、优秀工程科技人才聚集和培养、高水平技术交流与合作的重要平台，是促进科技成果转化、提升产业化能力的重要基地。

第三条 工程中心以提高自主创新能力、增强产业核心竞争力为目标，遵照布局平衡、特色突出、规模适度、产学研用相结合的原则，依托测绘地理信息相关科研、生产、教学单位或高新技术企业建立，鼓励部门共建、省部共建、军地共建或与港澳台地区共建等形式建设工程中心。

第四条 工程中心实行开放、激励、协同、竞争的运行机制和人财物相对独立的管理机制。

第二章 职 责

第五条 国家测绘地理信息局是工程中心的主管部门，主要职责是：

（一）贯彻国家有关科技创新体系建设的方针政策，编制工程中心发展规划，制定工程中心管理办法；

（二）批准工程中心的建立与调整，聘任工程中心主任和技术委员会成员，组织对工程中心的评估和检查；

（三）组织推荐申报国家科技创新平台，并指导其建设。

第六条 依托单位是工程中心建设与运行管理的具体实施负责单位，与共建单位共同形成管理团队。其主要职责是：

（一）负责工程中心的建设与发展，保障工程中心运行经费，落实工程中心建设相关支撑条件；

（二）组织推荐工程中心主任和技术委员会组成人选，报主管部门审批；

（三）依据本办法制定工程中心管理细则，对工程中心进行年度检查，协助主管部门开展对工程中心组建期满验收和运行评估；

（四）根据工程中心技术委员会建议，提出工程中心名称、主要任务、发展方向、组织结构等重大调整意见报主管部门审批。

第三章 建 设

第七条 工程中心建设可采用择优认定和申请

新建两种方式。

第八条 择优认定的工程中心须是运行一年（含）以上的省部级工程中心。由依托单位牵头组织编制工程中心认定申请书（见附件1）并提出认定申请，主管部门进行形式审查并公示无异议后，组织专家现场考察和论证，根据专家论证意见，符合条件的择优批准后正式运行。

第九条 申请新建的工程中心须满足下列条件：

（一）有明确的建设规划和发展目标，工程化研发方向符合测绘地理信息科技发展方向和事业发展需求；

（二）具有在测绘地理信息行业内领先的技术优势，拥有一定数量的专有技术和重要的科技成果，以及较丰富的成果转化背景及经验；拥有工艺研究、工程设计、产品开发的基本设备和条件，能够对测绘地理信息相关领域科技成果转化进行经济技术分析和工程评估，有产业化推广能力和组织产品中试能力；

（三）具有技术水平高、工程化实践经验丰富的工程技术专家，拥有一定数量较高水平的测绘工程技术研究和工程设计人员；

（四）具有良好的管理与运行机制，能密切联系企业，并与之有良好的合作关系，有向企业辐射测绘工程技术成果的成功经验。

第十条 申请新建的工程中心由依托单位牵头组织编制工程中心建设申请书（见附件1），通过主管部门形式审查并公示无异议后进行建设可行性论证。建设可行性论证通过后，依托单位牵头组织编制工程中心建设计划任务书（见附件2）并经技术委员会审议后，报主管部门批准建设，组建期满验收通过后正式运行。

第十一条 申请新建的工程中心组建期限一般为一年。依托单位须在组建期满前一个月提出验收申请，主管部门组织专家对工程中心进行验收，验收结果分通过、限期整改后验收、未通过三类。

第十二条 不能按期完成建设任务的，须在组建期满前三个月提交延期申请或中止申请并说明原因，报主管部门审批。申请延期不得超过半年。

第四章 运 行

第十三条 工程中心实行依托单位领导、技术委员会指导的主任负责制。工程中心主任须具备以下条件：

（1）本领域高水平的工程技术研发专家或技术专家，原则上不超过六十周岁。

（2）具有较强的创新能力、组织协调能力和团队凝聚力。

（3）具备较丰富的科技成果转化的经验和能力。

第十四条 工程中心主任任期为四年，每年在工程中心工作时间不少于六个月，因工作变动等原因需要调整的，须上报主管部门批准。

第十五条 技术委员会是工程中心的技术咨询机构，职责是审议工程中心的发展目标、研发方向、建设规划、成果推广、重大交流活动和年度工作计划等，参与工程中心的年度检查等工作。

技术委员会原则上每年至少召开一次全体会议，每次实到人数不少于三分之二。

第十六条 技术委员会由国内相关科技界、产业界知名专家组成，人数不超过15人，其中依托单位人员不超过三分之一，主任一般由非依托单位人员担任。同一位专家原则上不得同时担任两个以上工程中心的技术委员会委员。

委员每届任期四年，每次换届须更换三分之一以上。委员因工作变动等原因需要调整的，须报主管部门批准。

第十七条 工程中心应面向社会，加强适应测绘地理信息生产和社会需求的应用技术开发，采取多种形式连接研发和生产环节，做好科技成果和应用技术的转化推广工作，促进新技术应用，积极开展多种形式的国内外技术交流与合作。

第十八条 工程中心应加强运行管理，建立健全内部规章制度和网站等，加强科技成果宣传。要加强信息公开，重大事项决策要公开透明。加强科研诚信，严格遵守国家有关保密规定。

第十九条 工程中心应积极创造条件，吸收和接纳国内外相关研究人员携带科研成果开展成果转化，进行工程化研究开发和试验。同时，要注重吸收和培养青年科技人员，积极吸收有成就的留学、进修回国人员到工程中心参加研究开发工作。

第二十条 工程中心应以技术交流会、研讨会、成果展示会、技术培训等不同形式开展学术或技术交流活动。

第二十一条 工程中心更名、发展方向与组织结构调整等重大事项需由依托单位提出书面申请，经技术委员会审议通过后由依托单位报主管部门审批。

第五章　检查与评估

第二十二条　工程中心实行年度检查和抽查评估制度（见附件3）。检查与评估工作主要对工程中心的整体运行状况进行综合评价，包括研究开发能力与水平、队伍建设与人才培养、工程试验条件、成果转化、效益与影响和对外开放与运行管理等。

第二十三条　依托单位牵头组织完成工程中心的年度检查，并将结果报主管部门备案。

第二十四条　主管部门每两年对工程中心建设与运行情况进行一次评估，评估工作按照自评估、抽查评估、结果公布的程序进行。

第二十五条　主管部门根据工程中心抽查评估成绩，结合年度检查情况，确定工程中心评估结果，评估结果分为优秀、合格、不合格三类。

第二十六条　主管部门对评估结果为“优秀”的工程中心给予科技项目、推荐国家科技创新平台等优先支持；对评估结果处于末位或“不合格”的工程中心给予警告并限期一年整改，经复评仍“不合格”的，取消工程中心资格。

第六章　附　则

第二十七条　工程中心统一命名为“×××国家测绘地理信息局工程技术研究中心”。英文名称为“Engineering Research Center of ×××, NASG”。

第二十八条　本办法自发布之日起施行。《国家测绘局工程中心技术研究中心建设与管理办法（试行）》（国测国字〔2009〕16号）同时废止。

第二十九条　本办法由国家测绘地理信息局负责解释。

附件：1. 国家测绘地理信息局工程技术研究中心认定、申报材料（略）

2. 国家测绘地理信息局工程技术研究中心组建相关材料（略）

3.《国家测绘地理信息局工程技术研究中心评估大纲》（略）

关于印发《国家测绘地理信息局科技领军人才管理办法》和《国家测绘地理信息局青年学术和技术带头人管理办法》的通知

国测办发〔2017〕221号　2017年11月23日

各省、自治区、直辖市及计划单列市、新疆生产建设兵团测绘地理信息主管部门，局所属各单位、机关各司室：

现将修订后的《国家测绘地理信息局科技领军人才管理办法》和《国家测绘地理信息局青年学术和技术带头人管理办法》印发给你们，请遵照执行。

国家测绘地理信息局科技领军人才管理办法

第一章　总　则

第一条　为深入实施人才强测战略，培养造就测绘地理信息高层次科技人才，根据《关于深化人才发展体制机制改革的意见》和《全国基础测绘中长期规划纲要（2015—2030年）》，制定本办法。

第二条　国家测绘地理信息局科技领军人才（以下简称“领军人才”）管理遵循以下原则：

（一）党管人才，统筹实施；

（二）德才兼备，以德为先；

（三）高端引领，重点支持；

（四）科学规范，公平公正；

（五）分类管理，动态调整。

第三条　领军人才面向国内外测绘地理信息行业企事业单位选拔，分为科研类和技术类领军人才两类。

第四条　领军人才的选拔、培养、考核、管理等工作由国家测绘地理信息局人才工作领导小组（以下简称“局领导小组”）负责组织实施，国家测绘地理信息局人才工作领导小组办公室（以下简称“局人才办”）承担具体工作。国家测绘地理信息局有关部门和领军人才所在单位配合做好相关工作。

第五条 国家测绘地理信息局成立领军人才评审委员会（以下简称“局评委会”），成员由测绘地理信息领域相关领导和专家组成，依照本办法规定，负责领军人才评审工作。

第二章 资格条件

第六条 领军人才应当具备下列基本条件：

（一）热爱祖国，遵纪守法，作风正派，品行端正，具有严谨、科学、求实、团结、协作的精神。

（二）年龄不超过55周岁，身体健康。具有博士学位或高级专业技术职称。

（三）从事测绘地理信息科学技术工作，具有战略眼光和创新思维，具有较强的领军才能和团队组织管理能力，学术技术水平高、引领作用强、发展潜力大、贡献突出，在本行业、本领域享有良好声誉并得到广泛认同。

第七条 科研类领军人才还应具备下列条件之一：

（一）近5年内主持过国家或省部级重大科研任务，取得的科研成果有开创性和重大科学价值，达到国际先进或国内领先水平；

（二）近5年内获得过国家自然科学奖、技术发明奖、科学技术进步奖、中国青年科技奖或省部级科学技术一等奖（国家级一等奖排名前五，国家级二等奖、省部级一等奖排名前三）；

（三）近5年内作为主要作者在国内外重要核心刊物上发表过有影响的学术论文，并被科学引文索引（SCI）、工程索引（EI）、科技会议录索引（ISTP）收录，或有重要理论创新的专著。

第八条 技术类领军人才还应具备下列条件之一：

（一）近5年内主持过国家或省部级重大工程项目，取得行业领先的创新性技术成果；

（二）近5年内在技术研究与开发中有重大发明、技术创新或解决关键性技术难题，对提升测绘地理信息技术水平、促进地理信息产业发展具有显著作用；

（三）近5年内在促进科技成果转化、推广应用或在新技术、新工艺、新方法推广等方面业绩突出，取得显著的经济效益和社会效益。

第九条 长期在国外工作的申报对象，按照与上述资格条件相当的原则掌握。同时，一般应有在国外知名高校、科研机构等单位相关工作经历，并取得同行公认的成就。

第三章 推荐选拔

第十条 领军人才每两年选拔一次。

第十一条 领军人才推荐选拔按以下程序进行：

（一）个人申报。符合领军人才资格条件的人员可通过所在单位推荐、社会团体推荐、同行专家举荐等方式申报科研类或技术类领军人才。参加选拔的人员对申报材料的真实性负责。

（二）组织推荐。各省级测绘地理信息主管部门对所属单位申报对象进行初审选拔后向局人才办推荐。其他单位、社会团体或同行专家对申报人选初审后报局人才办。

（三）专家评审。局评委会对经局人才办审查的申报对象材料进行分类评审，提出科研类和技术类领军人才候选人建议人选名单。

（四）确定入选名单。根据局评委会评审意见，经局领导小组审核并报国家测绘地理信息局党组审定，经公示无异议后，公布当选领军人才人选名单并颁发证书。

第十二条 已入选院士、千人计划、万人计划等国家重大人才工程的人员不纳入申报范围。

第四章 培养措施

第十三条 建立高级研修和实践锻炼相结合、国内培养和国际进修相衔接的开放式培养体系。鼓励和支持领军人才参加国际学术会议、出国（境）进修考察等，有计划、有重点地选派领军人才到国内外著名研究机构、高等院校、企事业单位研修深造，开展深层次合作与交流。鼓励和支持领军人才在国内外学术技术团体和产业组织中发挥作用。

第十四条 坚持以用为本，大胆使用领军人才，鼓励和支持领军人才参与重大政策咨询、重大项目论证、重大科研计划和国家标准制定、重点工程建设等。国家测绘地理信息局重大科研和工程项目优先向领军人才倾斜。

第十五条 依托国家测绘地理信息局所属重点

科研机构、重点生产单位、重点实验室、工程研究中心和博士后科研工作站等，为领军人才的科技活动创造条件，搭建平台。新成立的重点实验室、工程中心等负责人可优先从领军人才中选拔。鼓励领军人才自主组建团队，在选题立项、科研管理、人才配置等方面给予更多自主权。

第十六条 领军人才优先纳入国家万人计划等重大人才工程和全国杰出专业技术人才等国家科学技术和人才奖励选拔推荐范围。

第十七条 收入分配向做出突出贡献的领军人才倾斜，对部分紧缺或者急需引进的高层次人才，按国家有关规定可实行灵活多样的分配办法。

第五章 资助计划

第十八条 国家测绘地理信息局设立领军人才资助专项资金，对领军人才从事创新创造活动进行资助，鼓励依托单位进行经费匹配。

第十九条 资助经费主要用于：

（一）开展创新性自主研究；

（二）重大科研或工程项目、关键技术选题研究；

（三）重大科研或工程项目产学研对接；

（四）组织申报国家级重大（重点）科研或工程项目；

（五）科技成果推广应用；

（六）收集文献资料、发表学术论文、出版学术专著、申请知识产权等；

（七）组织或参加国内外学术交流、研讨、培训等形式的主题活动；

（八）其他与发挥领军作用有关的事宜。

第二十条 科技资助专项资金的资助以选拔周期为单位，资助经费原则上由领军人才所在单位管理，并按照相关规定严格经费管理使用，领军人才在规定范围内对资助经费自主支配。

第六章 考 核

第二十一条 每两年对现有领军人才实行分类考核。考核根据科研类和技术类领军人才的资格条件进行，重点考核项目完成情况、科技创新能力、业绩贡献、领衔作用发挥、人才培养和团队建设等方面。考核结果分为合格、不合格等次。

第二十二条 领军人才考核按以下程序进行：

（一）提交考核材料。领军人才所在单位组织本单位领军人才参加考核并提交相关材料。参加考核的领军人才对考核材料的真实性负责。

（二）部门审核。省级测绘地理信息主管部门对所属单位领军人才考核材料进行初审后报局人才办。其他领军人才由所在单位对考核材料初审后报局人才办。

（三）专家评审。局评委会对经局人才办审查的领军人才考核材料进行分类评审，提出考核等次建议。

（四）公布结果。根据局评委会评审意见，经局领导小组审核并报国家测绘地理信息局党组审定后公布考核结果。

第二十三条 有下列情况之一的，考评结果确定为不合格，不再按照领军人才进行管理：

（一）不参加领军人才考核的；

（二）违反国家法律法规或学术道德规范的；

（三）对重大生产事故或技术失误负有直接责任的；

（四）因个人原因不能发挥作用的；

（五）存在其他不适宜继续担任领军人才的情形。

第二十四条 对领军人才实行动态管理。领军人才管理期最长不超过10年。

对考核合格但已当选中国科学院、工程院院士或国家千人计划、万人计划等国家重大人才工程的，不再纳入领军人才管理；

对考核合格但连续两次考核末位的，不再纳入领军人才管理。末位淘汰按照10%左右的比例掌握。

第七章 管理服务

第二十五条 建立领军人才联系沟通机制和信息更新机制，建立信息档案，加强动态跟踪，及时了解领军人才思想状况、工作情况和发展需求，及时协调解决工作、学习和生活等方面的困难。

第二十六条 加强联系与服务，将领军人才纳入国家局党组重点联系专家范围，组织开展多种形式的交流等活动。

第二十七条 加强对领军人才的宣传。大力宣传领军人才的先进事迹，弘扬领军人才的创业创新精神，推广领军人才的优秀成果。

第八章 附 则

第二十八条 本办法由局人才办负责解释。

第二十九条 各部门、各单位可结合实际情况，制定本部门、本单位领军人才相关管理办法。

第三十条 本办法自发布之日起施行。原《国家测绘局科技领军人才管理暂行办法》《国家测绘局科技领军人才科技资助专项资金管理暂行办法》同时废止。

国家测绘地理信息局青年学术和技术带头人管理办法

第一章 总 则

第一条 为深入实施人才强测战略，加强测绘地理信息青年学术和技术带头人队伍建设，根据《关于深化人才发展体制机制改革的意见》和《全国基础测绘中长期规划纲要（2015—2030年）》，制定本办法。

第二条 国家测绘地理信息局青年学术和技术带头人（以下简称“带头人”）管理遵循以下原则：

（一）党管人才；

（二）德才兼备，以德为先；

（三）公开、平等、竞争、择优；

（四）分类选拔管理。

第三条 带头人面向全国测绘地理信息系统选拔，分为学术类和技术类带头人。带头人队伍保持适当规模。

第四条 带头人的选拔、培养、考评等工作由国家测绘地理信息局人才工作领导小组（以下简称“局领导小组”）负责，国家测绘地理信息局人才工作领导小组办公室（以下简称“局人才办”）承担具体工作。局有关部门和带头人所在单位按照各自职责做好相关工作。

第五条 国家测绘地理信息局成立带头人评审委员会（以下简称“局评委会”），成员由测绘地理信息领域相关专家组成，依照本办法规定，负责带头人评审工作。

第二章 选 拔

第六条 带头人选拔每两年进行一次。

第七条 带头人应当具备以下条件：

（一）热爱祖国，遵纪守法，坚持科学精神，恪守职业道德；

（二）年龄不超过40周岁，具有中级以上专业技术职称；

（三）从事测绘地理信息专业技术工作，工作业绩突出，具有较强的创新意识和较高的学术技术水平。

（四）学术类带头人还应具备下列条件之一：

1. 近3年内参加国家或省部级科研项目并取得突出成绩；

2. 近3年内获得过省部级以上科研奖项或荣誉称号；

3. 近3年内公开发表、出版有较高水准和较大影响的学术专著或论文；

4. 近3年内取得的研究成果有开创性和重大科学价值，得到国内同行专家公认。

（五）技术类带头人还应具备下列条件之一：

1. 近3年内主持或参与重大测绘项目或工程，并在技术方面做出较大贡献；

2. 近3年内创造性地解决生产中的技术难题，或完成科技创新与科技成果转化，取得较好的经济效益或社会效益；

3. 近3年内在技术革新改造上有较大贡献，在行业中具有领先的技术水平或总结出的先进操作技术方法被同行业公认。

第八条 已入选国家重大人才工程或国家测绘地理信息局科技领军人才的人员不纳入申报范围。

第九条 带头人选拔工作按以下程序进行：

（一）个人申报。申报对象所在单位组织开展分类申报推荐工作，并向上级测绘地理信息主管部门报送有关材料，申报对象必须对申报材料的真实性负责。

（二）组织推荐。省级测绘地理信息主管部门负责所属单位申报对象的初审选拔工作，提出推荐人选，报局人才办。

（三）专家评审。局评委会对经局人才办审查的申报材料进行分类评审，提出学术类和技术类带头人建议人选名单。

（四）确定带头人名单。带头人建议人选名单经局领导小组审核并报国家测绘地理信息局党组审定。公示无异议后，公布当选带头人名单并颁发证书。

第三章　管理与培养

第十条　带头人权利：

（一）在学术、生产、科研等活动中使用“国家测绘地理信息局青年学术和技术带头人”称号；

（二）优先承担或参与国家、省级重大政策咨询、重大课题研究和国家标准制定、重点工程建设等；

（三）优先推荐参加重大人才工程申报和奖项评选；

（四）优先参加培训、进修、国际交流合作等；

（五）同等条件下优先聘任专业技术岗位；

（六）优先支持带头人到国际组织任职。

第十一条　带头人义务：

（一）围绕测绘地理信息事业发展需求，把握学科和业务领域发展方向，开展科技创新活动；

（二）开展学术或技术研究，平均每年至少在公开出版发行的刊物上发表学术论文 1 篇或取得 1 项专利成果；

（三）推广、应用先进技术，促进科技成果转化；

（四）参加各种形式的继续教育学习，进行知识更新；

（五）发挥技术引领和骨干作用，加强团队建设和人才培养。

第十二条　完善收入分配激励机制，带头人所在单位在收入分配中要向带头人予以倾斜。

第十三条　实行定期研修。国家测绘地理信息局定期举办面向带头人的学术交流活动，有计划选派带头人参加境外培训。带头人所在单位对其参加学术会议、境内外培训、学习深造等提供必要的支持。

第十四条　加强联系与服务。将带头人纳入党组（党委）联系专家范围，组织开展多种形式的座谈、交流等活动。建立带头人信息档案，及时掌握思想动态、工作生活状况，听取意见和建议。

第十五条　开展科技资助。国家测绘地理信息局和所在单位对带头人从事科学研究、技术开发、标准制修订和成果转化等活动以课题资助的方式进行资助，每年国家测绘地理信息局按照一定额度设立带头人科技活动资助专项资金。

第十六条　局人才办组织对带头人资助课题进行考核评估，评估结果作为带头人考评的参考依据。

第四章　考　评

第十七条　每两年对现有带头人开展分类考评。

第十八条　重点考评带头人项目完成情况、创新能力、业绩贡献、带头作用发挥、人才培养和团队建设等内容。考评结果分为合格、不合格等次。

第十九条　有下列情况之一的，考评结果确定为不合格，不再按照带头人进行管理：

（一）不参加带头人考评的；

（二）未参加所在单位年度考核或年度考核不合格的；

（三）不能完成规定的工作任务的；

（四）违反国家法律法规或学术道德规范的；

（五）对重大生产事故或技术失误负有直接责任的；

（六）不重视新技术、新知识的学习和应用，起不到带头人作用的；

（七）未按规定完成专业技术人员应参加的继续教育的；

（八）未按要求发表学术论文或取得专利成果的；

（九）资助课题评估不合格的；

（十）存在其他不适宜继续担任带头人的情形。

第二十条　考评合格的带头人，有下列情况之一者，不再按照带头人进行管理：

（一）年龄超过 45 周岁；

（二）担任省级测绘地理信息主管部门负责人或国家局直属单位领导班子成员；

（三）脱离专业技术岗位；

（四）调出测绘地理信息系统；

（五）入选更高层次人才工程。

第二十一条　带头人考评按以下程序进行：

（一）提交考评材料。带头人所在单位组织本单位带头人参加考评并提交相关材料，参加考评的带头人对考评材料的真实性负责。

（二）部门审核。省级测绘地理信息主管部门对所属单位和本地区行业单位带头人考评材料进行初审后报局人才办。

（三）专家评审。局评委会对经局人才办审查的考评材料进行分类评审，并提出带头人考评等次建议。

（四）公布结果。根据局评委会评审意见，经局领导小组审核并报国家测绘地理信息局党组审定后公布考评结果。

第五章 附 则

第二十二条 省级测绘地理信息主管部门参照本办法开展本地区带头人选拔培养等工作。

第二十三条 本办法由局人才办负责解释。

第二十四条 本办法自发布之日起实施。原《国家测绘局青年学术和技术带头人管理办法》《国家测绘局青年学术和技术的带头人科研计划管理办法（试行）》同时废止。

地方政府规章及规范性文件

河北省地图管理办法

《河北省地图管理办法》已经2017年12月13日省政府第125次常务会议讨论通过，现予公布，自2018年2月1日起施行

河北省人民政府令（2017）第5号 2017年12月30日

第一条 为加强地图管理，保证地图质量，维护国家主权、安全和利益，促进地理信息产业发展，根据《中华人民共和国测绘法》《地图管理条例》等有关法律、法规，结合本省实际，制定本办法。

第二条 在本省行政区域内从事向社会公开的地图的编制、审核、出版和互联网地图服务以及监督检查活动，适用本办法。

本办法所称地图包括模拟地图（纸、布等介质地图）、电子地图（三维地图、实景地图、影像地图等）、互联网地图以及各类产品附着的地图图形等。

第三条 省人民政府测绘地理信息主管部门负责全省地图工作的统一监督管理。

设区的市、县（市）人民政府测绘地理信息主管部门负责本行政区域内地图工作的统一监督管理。

县级以上人民政府其他有关部门按照本级人民政府规定的职责分工，负责有关的地图工作。

第四条 各级人民政府及其有关部门、新闻媒体应当加强对国家版图意识的宣传，普及国家版图知识，增强公民的国家版图意识。教育行政部门、学校应当将国家版图意识教育纳入中小学教学内容，加强爱国主义教育。

自然人、法人和非法人组织应当使用正确表示国家版图的地图。

第五条 县级以上人民政府应当支持各类地图产品的开发，推广使用安全可信的地理信息技术和设备，促进地理信息产业发展。

县级以上人民政府应当建立健全政府部门间地理信息资源共建共享机制，推进地理信息数据开放共享。

测绘地理信息主管部门应当采取有效措施，及时获取、处理、更新基础地理信息数据，通过地理信息公共服务平台向社会提供地理信息公共服务，培育、拓展大众地理信息消费市场。

第六条 从事地图编制活动的单位应当依法取得相应的测绘资质证书，并在资质等级许可的范围

内开展地图编制工作。

从事地图编制活动的专业技术人员应当具备相应的执业资格条件。

在地图编制活动中从事外业地理信息数据采集的人员应当依法持有测绘作业证件。

第七条 编制本省行政区域全图、跨设区的市行政区域范围内地图的，在编制前应当向省人民政府测绘地理信息主管部门备案。编制设区的市行政区域范围内地图的，在编制前应当向所在地设区的市人民政府测绘地理信息主管部门备案。

第八条 编制地图，应当遵守国家有关地图内容表示的规定。

地图上不得表示下列内容：

（一）危害国家统一、主权和领土完整的；

（二）危害国家安全、损害国家荣誉和利益的；

（三）属于国家秘密的；

（四）影响民族团结、侵害民族风俗习惯的；

（五）法律、法规规定不得表示的其他内容。

第九条 编制地图应当执行国家有关地图编制标准，选用最新的地图资料作为编制基础并及时补充或者更新，正确反映各要素的地理位置、形态、名称以及相互关系，且专业内容和有关数据符合地图使用目的。

第十条 在地图上表示自然地理实体名称，行政区划名称，区域性群众自治组织辖区名称，专业区名称，居民地名称，专业设施名称，纪念地和旅游胜地名称，大型建筑物名称以及其他具有地名意义的名称的，应当按照依法确定并公布的最新标准名称表示。

第十一条 在地图上表示县级以上行政区域界线或者范围，应当按照国家公布的行政区域界线标准画法图绘制。行政区划调整后的行政区域界线或者范围，应当按照行政区划调整后的行政区域界线勘界测绘成果绘制。

在地图上表示乡（镇）行政区域界线或者范围，应当按照省人民政府民政部门和省人民政府测绘地理信息主管部门拟订、省人民政府批准公布的行政区域界线标准画法图绘制。乡（镇）行政区域界线或者范围未勘定的，按照乡（镇）行政区域界线习惯画法图编制。

第十二条 编制公开使用的遥感影像地图，空间位置精度不得高于50米；影像地面分辨率不得优于0.5米；不得标注涉密地理信息，不得处理建筑物、构筑物等固定设施。

编制公开使用的实景地图的单位，应当对实景地图中不得公开表示的内容进行处理并详细记录处理方法、工作流程和处理内容。

涉及国家秘密的遥感影像地图、实景地图，在公开使用前应当依法送国务院测绘地理信息主管部门或者省人民政府测绘地理信息主管部门进行保密技术处理。

第十三条 绘制中国示意性地图，应当完整、准确地反映中国领土范围，保持国界线的形状特征，正确表示台湾岛、南海诸岛、钓鱼岛、赤尾屿等重要岛屿和中印边界线走向，不得随意删减或者用其他图形遮盖。

第十四条 县级以上人民政府应当鼓励和支持公益性地图网站建设。

测绘地理信息主管部门应当通过公益性地图网站向社会提供公益性地图服务，供无偿使用。

测绘地理信息主管部门应当及时组织收集与地图内容相关的行政区划、地名、交通、水系、植被、公共设施、居民点等的变更情况，用于定期更新公益性地图。有关部门和单位应当及时提供相关更新资料。

第十五条 除景区图、街区图、公共交通线路图等内容简单的地图外，向社会公开的地图应当按照《地图管理条例》和其他有关规定报送测绘地理信息主管部门审核。直接使用测绘地理信息主管部门提供的公益性地图，未对其内容进行编辑改动的，可以不送审。

第十六条 地图送审时应当提交下列材料：

（一）地图审核申请表；

（二）需要审核的地图样图或者样品；

（三）地图编制单位的测绘资质证书。

进口不属于出版物的地图和附着地图图形的产品的，仅需提交前款第一项、第二项规定的材料。利用涉及国家秘密的测绘成果编制地图的，还应当提交保密技术处理证明。

第十七条 省人民政府测绘地理信息主管部门负责审核本省行政区域全图和主要表现地为两个以上设区的市行政区域范围内的地图。

设区的市人民政府测绘地理信息主管部门负责审核主要表现地为本行政区域范围内的地图。

对于应当由省人民政府测绘地理信息主管部门审核的各种展会宣传品、户外广告牌（条幅）等附着的地图图形，省人民政府测绘地理信息主管部门可以委托设区的市人民政府测绘地理信息主管部门审核。

第十八条 测绘地理信息主管部门应当自受理地图审核申请之日起 20 个工作日内，作出审核决定。

时事宣传地图、时效性要求较高的图书和报刊等插附地图的，应当自受理地图审核申请之日起 7 个工作日内，作出审核决定。

应急保障等特殊情况需要使用地图的，应当即送即审。

涉及专业内容且没有明确审核依据的地图，由负责审核的测绘地理信息主管部门征求有关部门的意见。征求意见时间不计算在地图审核的期限内。

第十九条 地图内容技术审查工作由地图内容审查工作机构承担。地图内容审查工作机构应当按照公开地图内容表示的规定和国家有关地图编制标准对送审地图进行审查，并在规定的时限内将审查意见报测绘地理信息主管部门。

地图内容审查工作机构应当配备地图内容审查专业人员。地图内容审查专业人员应当依法经培训并考核合格，方能从事地图内容审查工作。

第二十条 测绘地理信息主管部门根据地图内容审查工作机构提出的审查意见，作出批准或者不予批准的决定。作出批准决定的，应当核发地图审核批准文件并注明审图号。作出不予批准决定的，应当说明理由。

测绘地理信息主管部门应当在其网站或者其他新闻媒体上及时公布地图审核批准文件和审图号。

任何单位和个人不得伪造、冒用地图审核批准文件和审图号。

第二十一条 经审核批准的地图，应当在地图或者附着地图图形的产品的适当位置显著标注审图号，送审者应当按照有关规定向负责审核的测绘地理信息主管部门免费送交样本。

改变经审核批准的地图内容的，应当按照规定重新送审。

第二十二条 省人民政府教育行政部门会同省人民政府测绘地理信息主管部门组织审定本省地方性中小学教学地图。

任何单位不得出版未经审定的本省地方性中小学教学地图。

第二十三条 在地图上登载广告，不得影响地图表示的完整性，广告幅面应当不超过地图版面的四分之一。

第二十四条 地图应当由具有地图出版业务范围的单位出版。

地图出版单位不得向任何单位和个人出售或者以其他形式转让地图出版物的版号、版面。

在网络上出版其他地图出版单位已在中华人民共和国境内合法出版的地图且不改变原地图内容的，应当在网络地图的相应页面显著标明原地图出版单位名称、审图号以及书号、刊号、网络出版物号或者网址等信息。

第二十五条 互联网地图服务单位向公众提供地理位置定位、地理信息上传标注和地图数据库开发等服务的，应当依法取得相应的测绘资质证书。

互联网地图服务单位应当将存放地图数据的服务器设在中华人民共和国境内，并制定互联网地图数据安全管理制度和保障措施。

第二十六条 互联网地图服务单位收集、使用个人位置信息的，应当征得被收集者同意，并建立健全个人位置信息保护制度，采取技术措施和其他必要措施，确保其收集的个人位置信息安全。

互联网地图服务单位需要收集、使用被收集者个人位置信息的，应当公开收集、使用规则，不得泄露、篡改、出售或者非法向他人提供被收集者的个人位置信息。

互联网地图服务单位提供地图 APP 服务的，应当及时更新平台软件和地图数据库，丰富地图数据内容和服务功能，并遵守前款关于个人位置信息保护的规定。

第二十七条 互联网地图服务单位用于提供服务的地图数据库以及其他数据库不得存储、记录含有按照国家有关规定在地图上不得表示的内容。

任何单位和个人不得通过互联网上传标注含有按照国家有关规定在地图上不得表示的内容。

测绘地理信息主管部门应当通过互联网地图监管系统定期监控互联网地图服务行为，发现互联网地图信息含有不得表示内容的，及时会同新闻出版、网络安全和信息化等部门进行处理。

第二十八条 互联网地图服务单位应当使用经依法审核批准的地图，加强对互联网地图新增内容的核查校对，并按照国家有关规定每 6 个月将新增内容以及核查校对情况送交负责审核的测绘地理信息主管部门备案。

第二十九条 县级以上人民政府及其有关部门应当依法加强对地图编制、出版、展示、登载、生产、销售、进口、出口等活动的监督检查。

第三十条 县级以上人民政府应当建立健全测绘地理信息、工商、新闻出版、海关和通信管理等多部门参与的地图市场联合执法工作机制。

测绘地理信息主管部门应当根据国家有关标准和技术规范，加强地图质量监督管理；工商行政管理部门应当加强对地图生产经营企业登记注册、流通领域的地图产品以及利用地图发布广告等的监督管理；新闻出版行政部门应当加强对地图出版单位资质审核和地图出版行为的监督管理，严格执行地图出版管理的相关规定；海关应当凭测绘地理信息主管部门出具的地图审核批准文件和审图号对进口、出口的地图和地图产品通关；通信管理部门应当配合有关部门依法处理危害国家主权、安全和利益的互联网地图服务网站。

第三十一条 任何单位和个人对地图违法行为有权进行举报。

接到举报的人民政府或者有关部门应当及时依法调查处理，并为举报人保密。

第三十二条 县级以上人民政府及其有关部门违反本办法规定，有下列行为之一的，由主管机关或者监察机关责令改正；情节严重的，对直接负责的主管人员和其他直接责任人员依法给予处分；直接负责的主管人员和其他直接责任人员的行为构成犯罪的，依法追究刑事责任：

（一）不依法作出行政许可决定或者办理批准文件的；

（二）发现违法行为或者接到对违法行为的举报不予查处的；

（三）其他未依照本办法规定履行职责的行为。

第三十三条 违反本办法规定，应当送审而未送审的，由测绘地理信息主管部门责令改正，给予警告，没收违法地图或者附着地图图形的产品，可以处10万元以下的罚款；有违法所得的，没收违法所得；构成犯罪的，依法追究刑事责任。

第三十四条 违反本办法规定，通过互联网上传标注了含有按照国家有关规定在地图上不得表示的内容的，由测绘地理信息主管部门责令改正，给予警告，可以处10万元以下的罚款；构成犯罪的，依法追究刑事责任。

第三十五条 违反本办法规定，互联网地图服务单位使用未经依法审核批准的地图提供服务，或者未对互联网地图新增内容进行核查校对的，由测绘地理信息主管部门责令改正，给予警告，可以处20万元以下的罚款；有违法所得的，没收违法所得；情节严重的，责令停业整顿，降低资质等级或者吊销测绘资质证书；构成犯罪的，依法追究刑事责任。

第三十六条 本办法自2018年2月1日起施行。河北省人民政府1997年2月12日公布的《河北省地图编制出版管理办法》同时废止。

浙江省地理国情监测管理办法

《浙江省地理国情监测管理办法》已经省人民政府第92次常务会议审议通过，现予公布，自2018年2月1日起施行

浙江省人民政府令第361号 2017年12月4日

第一章 总 则

第一条 为了加强地理国情监测管理，规范地理国情监测活动，促进地理国情监测成果为经济建设、社会发展和生态保护服务，根据《中华人民共和国测绘法》等有关法律、法规规定，结合本省实际，制定本办法。

第二条 在本省行政区域内从事地理国情监测活动及其监督管理，适用本办法。

第三条 本办法所称的地理国情，是指地形地貌、地表覆盖、水域、交通、建筑物（构筑物）等

自然和人文地理要素的空间分布、位置、面积、特征及其相互关系。

本办法所称的地理国情监测，是指运用测绘、遥感等空间信息技术和其他相关技术，对地理国情进行动态监控、观测和统计分析，反映和评价自然资源、生态环境、经济社会发展的现状及其变化情况的活动。

第四条 地理国情监测遵循依法、科学、客观、规范的原则，实行政府统一领导、部门分工协作、地方分级负责的工作机制。

第五条 县级以上人民政府统筹协调本行政区域内地理国情监测工作，建立健全政府部门间地理国情监测工作协作与信息交换共享机制，采取有效措施，发挥地理国情监测成果在政府管理决策、经济建设、社会发展、生态保护和社会公共服务中的作用，并将地理国情监测工作纳入本行政区域国民经济和社会发展规划，所需经费纳入本级财政预算。

第六条 测绘与地理信息行政主管部门负责本行政区域内地理国情监测工作的统一组织实施和监督管理，主要履行下列职责：

（一）会同同级有关部门制定本行政区域地理国情监测规划和年度工作计划并组织实施；

（二）建立地理国情监测组织、技术、标准、质量控制和应用服务体系；

（三）依法开展地理国情监测信息的获取、处理、统计、分析，编制地理国情监测报告；

（四）发布地理国情监测成果，推动地理国情监测成果共享和应用；

（五）组织开展地理国情监测科学技术研究、交流与培训；

（六）有关法律、法规和规章以及本级人民政府赋予的其他职责。

第七条 发展和改革、国土资源、建设（规划）、交通运输、环境保护、水利、农业、林业、海洋与渔业、人民防空、统计、旅游等有关部门（以下统称地理国情监测有关部门），依据《中华人民共和国测绘法》等有关法律、法规和本办法的规定，做好地理国情监测相关工作。

第二章 组织实施

第八条 省和设区的市、县（市）测绘与地理信息行政主管部门会同同级地理国情监测有关部门，根据上一级地理国情监测规划和本行政区域经济社会发展需要，组织编制地理国情监测规划，报本级人民政府批准后组织实施。

市辖区人民政府认为有必要单独编制地理国情监测规划的，依照前款规定执行。

第九条 省和设区的市、县（市）测绘与地理信息行政主管部门会同同级地理国情监测有关部门，根据本行政区域地理国情监测规划、经济社会发展需要，编制地理国情监测工作年度计划并组织实施。

市辖区人民政府认为有必要单独编制地理国情监测工作年度计划的，依照前款规定执行。

第十条 省测绘与地理信息行政主管部门组织实施下列地理国情监测：

（一）全省地形地貌、地表覆盖等基础性地理国情现状及变化情况；

（二）全省自然资源资产和资源环境的变化情况；

（三）省空间性规划和重大区域发展规划涉及地理国情要素的变化情况；

（四）国家和省与空间位置有关的重大战略决策、重大工程涉及地理国情要素的变化情况；

（五）纳入省管理目标考核的空间性指标变化情况；

（六）国家和省人民政府要求监测的其他情况。

第十一条 设区的市、县（市、区）测绘与地理信息行政主管部门组织实施下列地理国情监测：

（一）本行政区域空间性规划和区域发展规划涉及地理国情要素的变化情况；

（二）本行政区域自然资源资产和资源环境的变化情况；

（三）本行政区域永久性基本农田范围、城镇开发边界和生态保护红线的变化情况；

（四）工业园区、开发区等经济社会发展区域涉及地理国情要素的变化情况；

（五）纳入本级人民政府管理目标考核的空间性指标变化情况；

（六）地下空间、地下廊道、地下管线和其他城乡基础设施的变化情况；

（七）文化教育、医疗卫生、体育健身和社区服务等公共服务设施的变化情况；

（八）国家、省和本级人民政府要求监测的其他情况。

第十二条 地理国情监测周期由测绘与地理信

息行政主管部门根据本行政区域经济社会发展、政府管理决策和社会公共服务需要确定。

本办法第十条第（一）项和第十一条第（一）项、第（三）项至第（七）项规定的地理国情监测每年至少1次；第十条第（二）项至第（六）项和第十一条第（二）项、第（八）项规定的地理国情监测根据需要不定期开展。

《中华人民共和国测绘法》等有关法律、法规和国家对地理国情监测周期另有规定的，从其规定。

第十三条 测绘与地理信息行政主管部门应当根据《中华人民共和国测绘法》《中华人民共和国政府采购法》《中华人民共和国招标投标法》等有关法律、法规的规定，遵循公开、透明、公平竞争的原则确定地理国情监测单位。涉及测绘活动的地理国情监测，地理国情监测单位应当具有《中华人民共和国测绘法》规定的相应测绘资质。

测绘与地理信息行政主管部门应当与地理国情监测单位签订监测项目合同，明确双方的权利与义务。监测项目合同应当载明项目内容、技术标准、时间进度、成果要求、经费支付、质量验收、成果归属、保密安全、违约责任等内容。

地理国情监测单位工作人员应当按照地理国情监测项目合同的约定，开展地理国情监测核查、统计分析和报告编制工作。有关单位和个人应当按照要求提供相关资料。

第十四条 地理国情监测数据应当客观、真实、准确、完整。

任何单位和个人不得有下列行为：

（一）虚报、瞒报、拒报地理国情监测数据；

（二）伪造、篡改或者强令、授意他人伪造、篡改地理国情监测数据；

（三）擅自对外发布地理国情监测数据。

第十五条 测绘与地理信息行政主管部门组织开展地理国情监测工作，有关单位和个人应当配合，不得拒绝、妨碍或者阻挠。

第三章 质量管理与成果应用

第十六条 地理国情监测应当采用统一的地理国情监测标准。

地理国情监测标准与地理国情监测有关部门的行业调查或者统计标准有差异的，测绘与地理信息行政主管部门应当在比对分析有关标准和听取有关部门意见的基础上，设计地理国情监测技术方案。

第十七条 地理国情监测没有国家标准或者行业标准，需要制定本省统一的地理国情监测技术标准和管理要求的，依照《中华人民共和国标准化法》等有关法律、法规和规章的规定制定地理国情监测地方标准。

第十八条 测绘与地理信息行政主管部门应当建立地理国情监测质量管理制度，组织开展质量监督检查。

地理国情监测单位应当对其完成的监测成果质量负责。

第十九条 地理国情监测成果包括空间数据、统计数据、图件图集和分析评价报告、公报、专报等。

地理国情监测成果验收按照国家和省有关规定执行。国家和省未作规定的，由组织实施地理国情监测项目的测绘与地理信息行政主管部门负责制定成果验收办法并组织验收。

第二十条 测绘与地理信息行政主管部门对地理国情监测内容和要素定期进行汇总和统计，开展分析评价，形成地理国情分析评价报告。

第二十一条 地理国情监测成果实行统一汇交制度。设区的市、县（市、区）测绘与地理信息行政主管部门应当在地理国情监测成果验收合格之日起30日内向省测绘与地理信息行政主管部门汇交地理国情监测成果目录和副本。

第二十二条 测绘与地理信息行政主管部门应当在地理国情监测成果验收合格之日起30日内公布地理国情监测成果目录。

第二十三条 地理国情监测成果的秘密范围和秘密等级，按照保障国家秘密安全、促进地理国情监测成果共享和应用的原则依法确定并及时调整、公布。

地理国情监测成果属于国家秘密的，适用保密管理有关法律、法规的规定；需要向社会提供的，按照国家和省规定的审批程序执行。

地理国情监测成果保管单位应当采取措施，保障地理国情监测成果的完整和安全，并按照国家和省有关规定向社会公开和提供利用。

第二十四条 地理国情监测成果实行统一审核与发布制度。省测绘与地理信息行政主管部门组织实施的地理国情监测成果，应当会商同级地理国情监测有关部门，并报省人民政府批准后发布。设区的市、县（市、区）测绘与地理信息行政主管部门组织实施的地理国情监测成果，应当会商同级地理国情监测有关部门，经省测绘与地理信息行政主管部门审核，并报本级人民政府批准后发布。

国家和省对地理国情监测成果发布的审核、批准程序和审核、批准、发布机关另有规定的，从其规定。

第二十五条　地理国情监测成果和地理国情监测有关部门的行业调查、统计资料应当纳入本级人民政府公共信息资源管理，实现开放共享。具体办法按照《浙江省公共数据和电子政务管理办法》和国家有关规定执行。

第二十六条　县级以上人民政府及其有关部门实施下列活动，应当使用已有的地理国情监测成果：

（一）制定和实施各类发展战略与规划；

（二）优化国土空间开发利用格局，保护生态环境，防灾减灾；

（三）自然环境与资源资产相关审计；

（四）行业调查和统计；

（五）涉及空间的分布、数量等指标的评价考核；

（六）有关法律、法规和规章规定应当使用地理国情监测成果的其他活动。

新闻传播、对外交流等活动，需要使用地理国情监测成果的，应当采用依法发布的地理国情监测成果。

测绘与地理信息行政主管部门应当做好地理国情监测成果提供和相关技术服务工作。

第四章　法律责任

第二十七条　违反本办法规定的行为，《中华人民共和国测绘法》等有关法律、法规已有法律责任规定的，从其规定。

第二十八条　测绘与地理信息行政主管部门及其工作人员违反本办法规定，有下列行为之一的，由本级人民政府或者其他有权机关责令限期改正，通报批评；情节严重的，对负有直接责任的主管人员和其他直接责任人员依法给予处分：

（一）虚报、瞒报、拒报地理国情监测数据；

（二）伪造、篡改地理国情监测数据；

（三）擅自对外发布地理国情监测数据或者成果；

（四）未按规定汇交地理国情监测成果目录和副本，或者未按规定公布地理国情监测成果目录；

（五）其他滥用职权、徇私舞弊、玩忽职守行为。

第二十九条　除测绘与地理信息行政主管部门外的有关部门及其工作人员违反本办法规定，有下列行为之一的，由本级人民政府或者其他有权机关责令限期改正，通报批评；情节严重的，对负有直接责任的主管人员和其他直接责任人员依法给予处分：

（一）拒绝提供或者提供虚假地理国情监测所需资料；

（二）无正当理由，不使用已有地理国情监测成果，重复监测、浪费财政资金的行为；

（三）其他滥用职权、徇私舞弊、玩忽职守行为。

第三十条　有关单位和个人违反本办法规定，妨碍或者阻挠地理国情监测工作人员依法开展地理国情监测，构成违反治安管理行为的，由公安机关依法予以治安管理处罚。

测绘与地理信息行政主管部门、地理国情监测单位违反地理国情监测合同约定的，应当承担违约责任。

第五章　附　则

第三十一条　本办法自 2018 年 2 月 1 日起施行。

江西省地理信息数据管理办法

《江西省地理信息数据管理办法》已经2017年12月21日省人民政府
第93次常务会议审议通过，现予公布，自2018年3月1日起施行
江西省人民政府令第231号　2017年12月26日

第一条　为了加强地理信息数据管理，规范地理信息数据获取、处理、更新和汇集行为，促进地理信息数据共享利用，保障地理信息数据为经济建设、社会发展和生态保护服务，根据《中华人民共和国测绘法》等法律、法规的规定，结合本省实际，制定本办法。

第二条　在本省行政区域内开展基础地理信息数据、专题地理信息数据、航空航天遥感影像资料等地理信息的获取、处理、更新、汇集和共享，地理信息公共服务平台建设和应用等活动，适用本办法。

第三条　县级以上人民政府应当加强对地理信息数据管理工作的领导，建立地理信息资源共建共享机制，促进地理信息广泛应用。

第四条　县级以上人民政府测绘地理信息主管部门主管本行政区域内地理信息数据的汇集、共享工作，负责获取、处理、更新基础地理信息数据。

行政机关、事业单位、国有企业负责组织获取、处理、更新和管理本部门、本单位专题地理信息数据，汇集其履行公共管理和公共服务职责或者义务时产生的地理信息数据。

第五条　省人民政府测绘地理信息主管部门负责建设和管理省地理信息公共服务平台，指导市、县地理信息公共服务平台建设。

市、县人民政府测绘地理信息主管部门根据本地区经济社会发展需要，建设和管理本级地理信息公共服务平台。

省、市、县三级地理信息公共服务平台应当互联互通。

第六条　行政机关、事业单位、国有企业根据应用需求，建设和管理专题地理信息系统。新建专题地理信息系统，应当充分利用本级地理信息公共服务平台提供的数据服务和功能服务；已建成的和正在建设的专题地理信息系统，应当做好与本级地理信息公共服务平台的无缝对接。

第七条　县级以上人民政府应当按照财政事权划分，将地理信息数据汇集共享、航空航天遥感影像资料统一管理、地理信息公共服务平台建设和应用等所需经费列入本级政府预算。

第八条　地理信息数据汇集共享实行目录管理。

省人民政府测绘地理信息主管部门按照《江西省政务信息资源目录编制规范》，编制并且适时修订江西省地理信息数据汇集共享目录，报省人民政府批准后，在江西省政务信息共享网站发布。

第九条　行政机关、事业单位、国有企业应当按照江西省地理信息数据汇集共享目录，于每年三月底前，依托江西省电子政务共享数据统一交换平台，向江西省政务信息共享网站汇集专题地理信息数据。因特殊情况不能在规定期限内完成地理信息数据汇集工作的，可以适当延期，最长不超过二十日。

第十条　行政机关、事业单位、国有企业对汇集的专题地理信息数据的真实性、时效性负责，汇集、更新的专题地理信息数据应当合法、完整、准确、规范。

县级以上人民政府测绘地理信息主管部门通过江西省电子政务共享数据统一交换平台，以联机等方式获取行政机关、事业单位、国有企业汇集的专题地理信息数据，并负责对汇集的专题地理信息数据进行质量核查，不符合质量要求的，应当退回修改。

第十一条　县级以上人民政府测绘地理信息主管部门应当在每年五月底前，完成地理信息数据的集成工作，将集成后的地理信息数据在地理信息公共服务平台发布，并将其目录及时更新至江西省政务信息共享网站。

第十二条 县级以上人民政府测绘地理信息主管部门应当保证基础地理信息数据年度更新。

行政机关、事业单位、国有企业汇集的专题地理信息数据的内容因建设、管理或者自然作用等发生变化的，应当及时更新。

第十三条 县级以上人民政府测绘地理信息主管部门应当在地理信息公共服务平台上公布可共享的地理信息数据目录、用户权限、获取途径等事项，提供浏览、查询、链接、下载等服务。

第十四条 县级以上人民政府测绘地理信息主管部门应当通过地理信息公共服务平台，在互联网上向公众无偿提供公益性地理信息服务。

县级以上人民政府测绘地理信息主管部门应当通过地理信息公共服务平台在政务外网上，以联机方式实现与有关部门和单位的地理信息数据共享和业务协同。

县级以上人民政府测绘地理信息主管部门应当通过地理信息公共服务平台在政务内网上，依据用户权限，针对用户提出的涉密地理信息数据共享需求，按规定提供涉密地理信息服务。使用涉密地理信息数据的部门和单位，应当建立保密制度并具备相应的保密条件，按照网络安全和数据保密规定使用地理信息数据。

第十五条 省人民政府测绘地理信息主管部门负责全省航空航天遥感影像资料获取、处理、提供等的统一管理。

有关部门和单位需要使用航空航天遥感影像资料的，应当向省人民政府测绘地理信息主管部门提出需求，有适宜遥感影像资料的，省人民政府测绘地理信息主管部门按规定提供；无适宜遥感影像资料的，有关部门和单位可自行组织获取。自行组织获取的航空航天遥感影像资料应当向省人民政府测绘地理信息主管部门汇集，纳入全省航空航天遥感影像数据库进行统一管理。

省人民政府国防科技工业主管部门负责组织开展全省高分专项卫星遥感影像资料的获取、分发共享、应用推广等工作并进行管理。

第十六条 县级以上人民政府测绘地理信息主管部门应当会同有关部门，建立地理信息数据安全审查机制，定期开展安全保密检查。

依法应当予以保密的地理信息数据的获取、传输、处理、提供、利用和管理，按照有关法律、法规的规定执行。

第十七条 县级以上人民政府测绘地理信息主管部门应当加强对地理信息数据的存储管理和档案建设，保障数据资料安全。

第十八条 地理信息知识产权依法受到保护。通过共享获取地理信息数据的单位，应当尊重权属单位的知识产权，注明地理信息数据来源，不得损害地理信息数据权属单位的合法权益。

未经权属单位同意，不得利用获取的地理信息数据从事经营性、盈利性活动。

第十九条 县级以上人民政府测绘地理信息主管部门应当建立地理信息公共服务平台安全技术体系，定期开展安全风险评估和安全隐患排查，建立灾备恢复机制，确保地理信息数据安全使用。

县级以上人民政府测绘地理信息主管部门应当会同有关部门，对地理信息数据汇集、共享工作的实施情况进行监督检查，并定期通报检查结果。

第二十条 县级以上人民政府测绘地理信息主管部门违反本办法规定，有下列情形之一的，由本级人民政府责令改正，通报批评；情节严重的，由任免机关或者监察机关对负有直接责任的主管人员和其他直接责任人员依法给予处分；构成犯罪的，依法追究刑事责任：

（一）未组织获取、处理和更新基础地理信息数据的；

（二）未及时集成专题地理信息数据，并将集成后的地理信息数据在地理信息公共服务平台上发布的；

（三）未按时提供地理信息数据共享服务的；

（四）未采取有效的安全和保密措施，致使地理信息数据丢失、损坏或者泄密的；

（五）未经权属单位同意，擅自将获取的地理信息数据从事经营性、盈利性活动的；

（六）其他依法应当给予处分的情形。

第二十一条 行政机关、事业单位和国有企业及其工作人员违反本办法规定，有下列情形之一的，由县级以上人民政府测绘地理信息主管部门责令改正；情节严重的，由任免机关或者监察机关对负有直接责任的主管人员和其他直接责任人员依法给予处分：

（一）未按规定的时间和范围汇集、更新专题地理信息数据的；

（二）未采取有效的安全和保密措施，致使地理信息数据丢失、损坏或者泄密的；

（三）未经权属单位同意，擅自将获取的地理信息数据从事经营性、盈利性活动的；

（四）其他依法应当给予处分的情形。

第二十二条 本办法下列用语的含义：

基础地理信息数据，是指为国民经济和社会发展提供基础底图服务和空间基准服务的数据，包括：栅格地图、数字线划图、数字高程模型、正射影像图等各类基本比例尺地图以及空间基准数据等，涵盖地形、地貌、水系、植被、居民地、交通、境界、特殊地物、控制点、地名等各类自然、经济和社会要素。

专题地理信息数据，是指为满足农业、林业、交通、水利、规划等特定行业需求，形成和产生的与地理空间位置和范围密切相关的数据。通常以基础地理信息数据为基础产生，着重表示一种或者数种自然、经济和社会要素。

航空航天遥感影像资料，是指通过光学、雷达、红外、多光谱等各种类型传感器获取的对地观测影像资料。其中，以飞机、飞艇、气球等航空飞行器为传感器搭载平台获取的影像资料，称为航空遥感影像资料；以卫星、飞船、航天飞机等航天飞行器为传感器搭载平台获取的影像资料，称为航天遥感影像资料。

地理信息公共服务平台，是指以地理空间框架数据为基础，以地理信息系统为主要管理工具，整合与空间信息有关的非空间信息，以宽带网络为载体，以各种信息终端为媒介，面向政府、公众、行业提供地理信息的服务平台。

灾备恢复，是指一个数据中心发生故障或者灾难时，其他数据中心可以正常运行并对关键业务或者全部业务进行接管，实现互为备份，将故障或者瘫痪状态的系统恢复到可正常运行状态。

第二十三条 本办法自 2018 年 3 月 1 日起施行。

海南省基础测绘管理办法

《海南省基础测绘管理办法》已经 2017 年 8 月 14 日六届海南省人民政府第 90 次常务会议审议通过，现予以公布，自 2017 年 11 月 1 日起施行

海南省人民政府令第 267 号 2017 年 9 月 14 日

第一条 为加强基础测绘管理，规范基础测绘活动，维护国家安全，根据《中华人民共和国测绘法》《基础测绘条例》等法律、法规，结合本省实际，制定本办法。

第二条 在本省行政区域内从事基础测绘活动，适用本办法。

第三条 本办法所称的基础测绘，是指建立和维护全国统一的测绘基准和测绘系统，进行基础航空摄影，获取基础地理信息的遥感资料，测制和更新国家基本比例尺地图、影像图和数字化产品，建立、更新基础地理信息系统。

第四条 基础测绘是公益性事业。

县级以上人民政府应当将基础测绘纳入国民经济和社会发展规划以及年度计划，列入本级年度财政预算。

第五条 省人民政府测绘地理信息主管部门会同有关部门，根据全国基础测绘规划，结合本省实际，组织编制本省基础测绘规划，报省人民政府批准后实施。

市、县、自治县人民政府测绘地理信息主管部门会同有关部门，根据海南省基础测绘规划和本市、县、自治县行政区域的实际情况，组织编制本市、县、自治县行政区域的基础测绘规划，经本级人民政府批准后实施。

第六条 县级以上人民政府发展改革部门会同同级测绘地理信息主管部门，根据本行政区域的基础测绘规划，编制基础测绘年度计划，并分别报上一级主管部门备案。

市、县、自治县基础测绘年度计划应当与省基础测绘年度计划相衔接，省基础测绘年度计划成果能够满足本市、县、自治县行政区域工作需求的，不得重复测绘。

县级以上人民政府测绘地理信息主管部门负责基础测绘年度计划的组织实施，并定期向上一级人民政府测绘地理信息主管部门报送、向同级发展改革部门抄送基础测绘年度计划的执行情况。

第七条 县级以上人民政府测绘地理信息主管部门应当加强基础测绘应急保障能力建设，建立基础测绘应急保障体系，制定基础测绘应急保障预案。

自然灾害等突发事件发生后，县级以上人民政府测绘地理信息主管部门应当立即启动基础测绘应急保障预案，采取有效措施，开展基础地理信息数据的应急测制和更新，及时提供地图、基础地理信息数据等测绘成果，做好遥感监测、导航定位等应急测绘保障工作。

县级以上人民政府有关部门和单位应当对测绘地理信息主管部门的信息收集工作予以支持和配合。

第八条 基础测绘设施属于公共基础设施，任何单位和个人不得擅自移动、损毁、拆除、侵占。

基础测绘设施遭受毁坏的，县级以上人民政府测绘地理信息主管部门应当组织力量修复，确保基础测绘活动正常进行。

第九条 县级以上人民政府测绘地理信息等相关部门、基础测绘项目承担单位应当建立健全保密制度，严格执行有关保守国家秘密法律、法规的规定，确保属于国家秘密的基础地理信息的安全。

第十条 基础测绘项目按照分级管理的原则，由县级以上人民政府测绘地理信息主管部门负责组织实施。

县级以上人民政府测绘地理信息主管部门应当依据基础测绘规划和基础测绘年度计划，组织实施基础测绘项目，依法确定项目承担单位。

第十一条 省人民政府测绘地理信息主管部门负责组织实施下列基础测绘项目：

（一）建立、维护与国家测绘基准相统一的全省现代测绘基准；

（二）建立、维护全省卫星导航定位基准服务系统，并提供导航定位基准信息公共服务；

（三）统筹获取全省基础地理信息遥感资料，组织实施全省基础航空摄影，提供航空航天遥感影像分发服务；

（四）测制和更新全省 1:10000 至 1:5000 国家基本比例尺地形图、影像图和数字化产品；

（五）组织实施全省地理国情监测；

（六）建立、维护与更新省地理信息公共服务平台；

（七）建立、维护与更新省基础地理信息数据库及其分发服务系统；

（八）组织实施省域内大比例尺海岸带测绘、重要港湾水下地形测绘和海岛（礁）测绘，建立、维护与更新省海洋基础地理信息系统；

（九）编制全省综合地图（集）和普通地图（集）；

（十）组织实施省级基础测绘应急保障；

（十一）国家和本省规定的其他基础测绘项目。

第十二条 市、县、自治县人民政府测绘地理信息主管部门负责组织实施下列基础测绘项目：

（一）本市、县、自治县行政区域内平面控制网和高程控制网的加密、更新和维护；

（二）测制和更新 1:2000 至 1:500 国家基本比例尺地形图、影像图和数字化产品；

（三）建立、维护与更新市、县、自治县地理信息公共服务平台；

（四）建立、维护与更新市、县、自治县基础地理信息数据库及其分发服务系统；

（五）测绘城市地下管线，建立和更新地下管线信息系统；

（六）市、县、自治县人民政府确定的其他基础测绘项目。

设区的市人民政府测绘地理信息主管部门除组织实施上述基础测绘项目外，还应当统筹获取本市行政区域内的基础地理信息遥感资料，开展地理国情监测和基础航空摄影，提供航空航天遥感影像分发服务。

第十三条 县级以上人民政府发展改革等部门在审核使用财政资金的测绘地理信息项目、卫星影像采购项目时，应当书面征求同级测绘地理信息主管部门的意见；测绘地理信息主管部门应在收到有关材料之日起 10 个工作日内反馈。测绘地理信息主管部门认为可能造成重复测绘的，应当书面向有关部门提出充分利用已有的基础测绘成果的意见，避免重复测绘。

使用财政资金建设的基于地理位置的信息系统，应当采用测绘地理信息主管部门提供的地理信息公共服务平台。

第十四条 基础测绘项目承担单位，应当具有与所承担基础测绘项目相应等级的测绘资质，具有良好的市场信用记录，并不得超越其资质等级许可的范围从事基础测绘活动。

第十五条 基础测绘项目承担单位应当建立健全测绘成果质量管理制度，对其完成的基础测绘成果质量负责。

基础测绘成果应当由项目批准部门组织验收，或者由批准部门委托法定的测绘产品质量监督检验机构检查验收，验收合格方可提供使用。

第十六条 基础测绘成果更新周期应当按照下列要求执行：

（一）平面控制网和高程控制网改造或者复测周期不得超过5年；

（二）1:10000至1:500国家基本比例尺地形图、影像图和数字化产品更新周期不得超过5年；

（三）优于1米分辨率影像图1年更新1次，重点地区的优于0.2米分辨率航空影像图5年内应当至少更新2次。

重点开发区域、自然灾害多发地区以及国民经济、国防建设和社会发展急需的基础测绘成果，应当根据实际需要及时更新。

第十七条 县级以上人民政府测绘地理信息主管部门应当按照法律、法规以及有关规定，推动全省基础地理信息资源整合，促进地理信息与行业信息融合，依托省信息共享交换平台，实现地理信息资源共享。

第十八条 县级以上人民政府国土资源、住房和城乡建设、民政、交通运输、水务、林业、农业等有关部门以及电力、铁路等国有企业事业单位，在履行公共管理和公共服务职责过程中产生的专题地理信息数据，应当按照有关规定实行交换和共享。

第十九条 建设单位敷设和更新城市地下管线，应当进行地下管线测量，并将地下管线测绘数据汇交至市、县、自治县人民政府测绘地理信息主管部门，纳入地理信息公共服务平台。

第二十条 省人民政府测绘地理信息主管部门应及时更新、维护省“多规合一”信息数字化管理平台，统一全省各类规划空间参照体系、数据格式和标准规范，提供规划服务保障。

第二十一条 卫星导航定位基准站建设单位应当按照国家有关规定向省人民政府测绘地理信息主管部门进行备案。

省人民政府测绘地理信息主管部门应当会同军队有关部门对卫星导航定位基准站建设进行安全风险评估，并及时反馈备案人。

第二十二条 卫星导航定位基准站建设和运行维护单位应当建立符合要求的数据接收、处理、存储、传输、使用安全保障制度，并遵守国家保密法律、法规的规定。

卫星导航定位基准站的建设和运行维护不得危害国家安全。

第二十三条 县级以上人民政府测绘地理信息主管部门应当会同有关部门，加强对卫星导航定位基准站建设和运行维护的规范和指导。

市、县、自治县人民政府以及相关部门已建成符合国家标准和要求的卫星导航定位基准站，应纳入全省卫星导航定位基准服务系统。

第二十四条 县级以上人民政府测绘地理信息主管部门应当加强对测绘成果质量的监督管理。

县级以上人民政府财政、测绘地理信息等部门应当按照各自职责，加强基础测绘经费管理和使用情况的监督检查，开展基础测绘项目绩效评价。

第二十五条 违反本办法第八条规定，擅自移动、损毁、拆除、侵占基础测绘设施的，责令限期改正，给予警告，可以并处5万元以下罚款；造成损失的，依法承担赔偿责任；构成犯罪的，依法追究刑事责任；尚不构成犯罪的，对负有直接责任的主管人员和其他直接责任人员，依法给予处分。

第二十六条 违反本办法第十三条规定，县级以上人民政府有关部门在审核使用财政资金的测绘地理信息项目、卫星影像采购项目时，未征求同级测绘地理信息主管部门意见，造成重复测绘或者财政资金浪费的，由其上级行政机关给予行政处分。

第二十七条 违反本办法第十八条规定，地下管线建设单位不进行地下管线测量，不汇交地下管线数据的，由县级以上人民政府测绘地理信息主管部门给予警告，责令限期改正；逾期不改正的，处1万元以上3万元以下罚款。

第二十八条 违反本办法规定的行为，本办法未设定处罚，但相关法律、法规已设立处罚的，从其规定。

第二十九条 本办法自2017年11月1日起施行。

四川省地理信息交换共享管理办法

《四川省地理信息交换共享管理办法》已经2017年1月9日省政府第140次常务会议审议通过，现予公布，自2017年2月18日起施行

四川省人民政府令第318号　2017年1月18日

第一条　为规范地理信息交换共享活动，促进地理信息资源开发利用，发挥地理信息为经济建设和社会发展提供服务的作用，根据国家有关法律法规，结合四川省实际，制定本办法。

第二条　在四川省行政区域内开展地理信息资源开发利用和交换共享，航空航天遥感影像统筹，卫星导航定位基准站和地理信息公共服务平台的建设、运行维护等活动，适用本办法。

第三条　县级以上地方人民政府应当组织有关部门建立跨部门、跨区域的地理信息资源采集、交换共享与应用机制，加强数据交换、地理信息公共服务平台、应急保障等相关基础设施建设，促进地理信息资源的开发和应用，发展地理信息产业。

第四条　省测绘地理信息行政主管部门主管全省地理信息交换共享工作，指导市（州）、县（市、区）开展地理信息交换共享工作，会同有关部门制定全省地理信息交换共享的范围、内容、周期、技术标准、使用程序等，报四川省人民政府同意后实施。

市（州）、县（市、区）测绘地理信息行政主管部门负责本行政区域内地理信息交换共享工作。

第五条　县级以上测绘地理信息行政主管部门组织采集、更新基础地理信息。其他有关部门组织采集、更新专题地理信息，并定期做好交换共享相关工作。

有关部门提供交换共享的地理信息数据应当符合国家和省规定的相关标准和要求。

第六条　政府投入资金获取的地理信息，应当交换共享。鼓励和引导社会资金投入获取的地理信息参与交换共享。

交换共享的地理信息涉及知识产权保护的，应当按照有关法律法规的规定执行。

第七条　卫星导航定位基准站实行统一管理并提供服务，提供的相关数据信息纳入地理信息交换共享范围。

第八条　省测绘地理信息行政主管部门负责制定卫星导航定位基准站相关技术标准，提供空间基准与高精度导航定位信息服务；会同省发展改革、经济信息化等部门规划、建设卫星导航定位基准站。

第九条　卫星导航定位基准站建设应当符合有关法律法规、发展规划、标准规范和保密规定，避免重复建设。

第十条　省测绘地理信息行政主管部门负责全省卫星导航定位基准站建设的备案管理，按照国家有关规定对卫星导航定位基准站建设备案信息进行核查，并做好说明和指导工作。

卫星导航定位基准站建设单位应当按照国家有关规定报省测绘地理信息行政主管部门备案。

第十一条　全省航空航天遥感影像资料实行统筹管理制度。

县级以上测绘地理信息行政主管部门负责本行政区域内用于测绘航空航天遥感影像资料的获取、加工处理和应用服务。

省国防科技工业工作机构负责全省高分专项航天遥感影像原始数据的获取分发。

第十二条　市（州）、县（市、区）测绘地理信息行政主管部门在统筹本行政区域内用于测绘的航空航天遥感影像资料前，应当征求上一级测绘地理信息行政主管部门意见，充分利用已有资料，避免重复投资。

有关单位因工作特殊需要、自行组织获取的用于测绘的航空航天遥感影像资料，应当依法向同级测绘地理信息行政主管部门汇交，纳入全省航空航天遥感影像数据库统一管理。

第十三条　省测绘地理信息行政主管部门负责会同有关部门制定全省地理信息公共服务平台建设

标准和规范。

县级以上测绘地理信息行政主管部门负责本级地理信息公共服务平台建设、更新、运行和维护，提供标准规范的地理信息服务。

第十四条 省、市、县三级地理信息公共服务平台应当联通。县级以上地方人民政府有关部门和单位的基于地理位置的信息系统应当联通本级地理信息公共服务平台，实现地理信息交换共享。

第十五条 县级以上测绘地理信息行政主管部门应当定期依法公布地理信息目录、空间分布图等地理信息数据，按规定提供服务。

第十六条 县级以上测绘地理信息行政主管部门应当建立突发事件应急处置地理信息保障机制，并制定相关应急预案，根据需要及时组织提供空间基准与高精度导航定位、航空航天遥感影像、地理信息数据等服务。

第十七条 参与地理信息交换共享的有关单位可以无偿共享地理信息公共服务平台提供的相关地理信息。

用于国家机关决策和社会公益性事业的地理信息服务，应当无偿提供。

第十八条 政府投入资金建设的基于地理位置的信息系统，应当采用地理信息公共服务平台提供的数据。

第十九条 县级以上地方人民政府应当按照事权划分，将应当由本级政府承担的卫星导航定位基准站、地理信息公共服务平台建设与运行维护、航空航天遥感影像获取与处理、地理信息数据交换处理等地理信息交换共享工作所必需的相关经费纳入本级财政预算。

第二十条 从事地理信息交换共享、航空航天遥感影像、公共服务平台以及卫星导航定位基准站等工作，涉及国家秘密的，按照国家保密法律法规执行。

第二十一条 县级以上测绘地理信息行政主管部门应当建立卫星导航定位基准站动态监管机制，会同公安、国家安全、保密等部门（单位）对卫星导航定位基准站数据获取、传输、提供、使用和存储等环节进行监督管理，对卫星导航定位基准站系统建设、数据传输、应用服务、运营情况等开展抽查、巡查。

第二十二条 县级以上测绘地理信息行政主管部门应当会同有关部门和单位，开展地理信息历史资料的收集、整理、加工、保护和开发利用工作。

第二十三条 县级以上测绘地理信息行政主管部门确定的地理信息交换共享工作机构，应当建立地理信息交换共享工作规范、服务标准和管理制度，做好数据处理、集成、整合、管理以及地理信息公共服务平台相关应用服务工作。

第二十四条 测绘地理信息行政主管部门工作人员违反本办法规定，不依法履行地理信息交换共享工作职责，造成严重后果的，给予通报批评；对负有直接责任的主管人员和其他直接责任人员依法给予处分。

第二十五条 县级以上人民政府有关部门和单位及其工作人员违反本办法规定，有下列情形之一的，由测绘地理信息行政主管部门提请本级人民政府予以通报，由有权机关对负有直接责任的主管人员和其他直接责任人员依法给予处分：

（一）违反本办法第六条规定，未交换地理信息数据，影响数据共享的；

（二）违反本办法第十八条规定，政府投入资金建设的基于地理位置的信息系统未采用地理信息公共服务平台提供的数据的；

（三）其他依法应当给予处分的情形。

第二十六条 本办法所称地理信息是指与地理空间位置及其时态有关的自然、经济、社会等信息。

本办法所称卫星导航定位基准站是指对卫星导航信号进行长期连续观测，获取观测数据，并通过通讯设施将观测数据实时或者定时传送至数据中心的地面固定观测站。

本办法所称地理信息公共服务平台是指实现地理信息服务所需的信息数据、地理信息交换共享和应用服务功能及其运行支撑环境的总称。

第二十七条 市（州）、县（市、区）人民政府可以根据本行政区域地理信息交换共享实际，制定实施细则。

第二十八条 本办法自 2017 年 2 月 18 日起施行。

陕西省地图管理办法

《陕西省地图管理办法》已经省政府2017年第17次
常务会议通过，现予公布，自2017年11月1日起施行
陕西省人民政府令第204号 2017年9月22日

第一条 为了加强地图管理，维护国家主权、安全和利益，规范地图市场秩序，根据《中华人民共和国测绘法》《地图管理条例》《陕西省测绘条例》等有关法律、法规，结合本省实际，制定本办法。

第二条 本办法所称地图是指下列向社会公开的地图：

（一）纸质、布质等介质地图，电子地图和互联网地图；

（二）图书、报刊、音像制品、电子出版物和标牌、广告、影视等插附的地图；

（三）各类产品附有的地图图形及其他形式的地图。

第三条 省测绘地理信息主管部门负责全省地图工作的统一监督管理；设区的市、县（市、区）测绘地理信息主管部门负责本行政区域内地图工作的监督管理。

县级以上地方人民政府其他有关部门按照本级人民政府规定的职责分工，负责有关的地图工作。

第四条 地图的编制、出版、展示、登载、更新和互联网地图服务等活动应当遵守国家有关地图编制标准、地图内容表示、地图审核的规定。

县级以上地方人民政府和测绘地理信息主管部门、网信部门等有关部门应当加强对地图编制、出版、展示、登载和互联网地图服务的监督管理，保证地图质量，维护国家主权、安全和利益。

第五条 县级以上地方人民政府及其教育、新闻出版广电、旅游、测绘等有关部门应当加强国家版图的宣传教育，增强公民的国家版图意识。

县级以上地方人民政府教育行政部门、学校应当依法将国家版图意识宣传教育纳入中小学教学内容，加强爱国主义教育。

新闻媒体应当配合相关部门开展国家版图知识的公益宣传，加强对危害国家主权、安全和利益的地图违法行为舆论监督。

县级以上地方人民政府测绘地理信息主管部门应向社会提供标准地图，并定期更新。

公民、法人和其他组织应当使用正确表示国家版图的地图。

第六条 地图的编制、生产、出版和互联网地图服务应当符合国家、省有关标准和规定，保证地图质量。

第七条 县级以上地方人民政府应当加强对地理信息交换和共享工作的领导，建立健全政府部门间地理信息资源共建共享机制，促进地理信息广泛应用。

县级以上地方人民政府测绘地理信息主管部门应当采取有效措施，及时获取、处理、更新基础地理信息数据，通过地理信息公共服务平台向社会无偿提供地理信息公共服务，实现地理信息数据开放共享。

有关部门和单位应当对测绘地理信息主管部门的信息收集工作予以支持和配合，及时向测绘地理信息主管部门提供用于基础地理信息更新的数据、信息。

第八条 从事地图编制活动的单位应当依法取得相应的测绘资质证书，并在资质等级许可的范围内开展地图编制工作。

第九条 编制地图，应当执行国家有关地图编制标准，遵守国家有关地图内容表示的规定。

地图上不得表示下列内容：

（一）危害国家统一、主权和领土完整的；

（二）危害国家安全、损害国家荣誉和利益的；

（三）属于国家秘密的；

（四）影响民族团结、侵害民族风俗习惯的；

（五）法律、法规规定不得表示的其他内容。

第十条 地图编制应符合下列要求：

（一）编制的地图内容应当完整、规范，所表示的地理信息应当准确，地图图名应当与内容相符；

（二）编制地图，应当选用最新的地图资料，保证地图内容的现势性；

（三）地图的数学基础、综合原则、符号系统等内容的表示，应当符合国家和行业的有关标准和规定；

（四）编制地图应当正确反映各要素的地理位置、形态、名称及相互关系，并且内容符合地图使用目的；

（五）地名和重要地理信息数据按照国务院或者省人民政府最新公布的信息标注。

第十一条 在地图产品上刊载广告，应当遵守广告和地图有关规定，不得影响地图表示的正确性和主体性，其广告不得超过地图版面的百分之三十。

第十二条 利用涉及国家秘密的测绘成果编制地图的，应当依法使用经国务院测绘地理信息主管部门或者省测绘地理信息主管部门进行保密技术处理的测绘成果。

第十三条 公益性地图是指测绘地理信息主管部门及其他有关部门组织编制的适合大众公开使用的，不以盈利为目的的标准化地图。

县级以上地方人民政府测绘地理信息主管部门应当统一规划、协调并组织依法编制本行政区域内的公益性地图，通过其网站向社会公开发布，并及时更新。

第十四条 向社会公开的地图，应当报送省或者设区的市测绘地理信息主管部门审核。景区图、街区图、地铁线路图等内容简单的地图除外。

地图审核不得收取费用。

第十五条 需要报送审核的地图，由下列申请人报送审核：

（一）出版地图的，由出版单位送审；

（二）展示或者登载不属于出版物的地图的，由展示者或者登载者送审；

（三）生产附着地图图形的产品的，由生产者送审；

（四）进口不属于出版物的地图或者附着地图图形的产品的，由进口者送审，进口属于出版物的地图，依照《出版管理条例》的有关规定执行；

（五）出口不属于出版物的地图或者附着地图图形的产品的，由出口者送审。

第十六条 送审应当提交以下材料：

（一）地图审核申请表；

（二）需要审核的地图样图或者样品；

（三）地图编制单位的测绘资质证书。

进口不属于出版物的地图和附着地图图形的产品的，仅提交前款第一项、第二项规定的材料。利用涉及国家秘密的测绘成果编制地图的，还应当提交保密技术处理证明。

第十七条 省测绘地理信息主管部门负责下列地图的审核：

（一）全省地图；

（二）主要表现地为两个以上设区的市行政区域的地图；

（三）国务院测绘地理信息主管部门委托的由省测绘地理信息主管部门审核的地图。

本省地方性中小学教学地图由省教育行政主管部门会同省测绘地理信息主管部门组织审定。

第十八条 设区的市测绘地理信息主管部门负责下列地图的审核：

（一）主要表现地在本行政区域范围内的地图；

（二）省测绘地理信息主管部门委托由设区的市测绘地理信息主管部门审核的地图。

第十九条 测绘地理信息主管部门收到地图审核申请后，应当对送审材料进行审查，符合规定要求的，决定受理；对不属于审核范围的，决定不予受理，并书面告知申请人。

第二十条 有审核权的测绘地理信息主管部门应当自受理地图审核申请之日起20个工作日内，作出审核决定。

时事宣传地图、时效性要求较高的图书和报刊等插附地图的，应当自受理地图审核申请之日起7个工作日内，作出审核决定。

应急保障等特殊情况需要使用地图的，应当即送即审。

第二十一条 涉及专业内容的地图，应当依照国务院测绘地理信息主管部门会同有关部门制定的审核依据进行审核。没有明确审核依据的，由具有审核权的测绘地理信息主管部门征求有关部门的意见，有关部门应当自收到征求意见材料之日起20个工作日内提出书面意见。征求意见时间不计算在地图审核的期限内。

有关部门未在规定时限内提出书面意见的，视为无异议。

第二十二条 送审地图应当符合下列规定：

（一）符合国家有关地图编制的标准，涉及中国全图的，应当完整正确表示中华人民共和国疆域；

（二）国界、边界、历史疆界、省内行政区域界线或者范围、地名和重要地理信息数据等符合国家和省有关地图内容表示的规定；

（三）不含本办法第九条规定地图上不得表示的内容。

地图审核批准文件和地图审图号应当在有审核权的测绘地理信息主管部门网站或者其他新闻媒体上及时公告。

第二十三条 经审核批准的地图，应当根据有关规定核发地图审图号，并制作地图审核批准通知书。

任何单位和个人不得转让、出租、出借、伪造地图审核批准通知书和地图审图号。

第二十四条 经批准出版、展示、登载的地图，修订地图内容或者改变地图形式的，应当重新送审。

第二十五条 任何单位和个人不得出版、展示、登载、销售、进口、出口不符合国家有关标准和规定的地图，不得携带、寄递不符合国家有关标准和规定的地图进出境。

进口、出口地图的，应当向海关提交地图审核批准文件和地图审图号。

第二十六条 经审核批准的地图，应当在地图或者附着地图图形的产品的适当位置显著标注审图号。其中属于出版物的，应当在版权页标注审图号。

直接使用国务院或者省测绘地理信息主管部门提供的标准样图，未对其内容进行编辑的，可以不送审，但应当标注原地图审图号并且注明出处。

第二十七条 经审核批准的地图，送审者应当按照有关规定向有审核权的测绘地理信息主管部门免费送交样本。

第二十八条 县级以上地方人民政府出版行政主管部门应当加强对地图出版活动的监督管理，依法对地图出版违法行为进行查处。

第二十九条 出版单位从事地图出版活动的，应当具有国务院出版行政主管部门审核批准的地图出版业务范围，并依照《出版管理条例》的有关规定办理审批手续。

第三十条 地图著作权的保护，依照有关著作权法律、法规的规定执行。

第三十一条 县级以上地方人民政府应当加强对互联网地图服务行业的政策扶持和监督管理，鼓励和支持互联网地图服务单位开展地理信息开发利用和增值服务。

第三十二条 互联网地图服务单位向公众提供地理位置定位、地理信息上传标注和地图数据库开发等服务的，应当依法取得相应的测绘资质证书。

第三十三条 公开登载的互联网地图应当由互联网地图服务单位按照本办法地图审核有关管理规定送审。未经依法审核批准的互联网地图，不得公开登载。

互联网地图审图号有效期按有关规定执行。审图号有效期内地图表示内容发生变化或者审图号到期前，应当重新送审，取得新的审图号。

第三十四条 互联网地图服务单位应当将存放地图数据的服务器设在中华人民共和国境内，并且制定互联网地图数据安全管理制度和保障措施。

县级以上地方人民政府测绘地理信息主管部门应当会同网信、公安、安全、通信管理、保密等部门加强对互联网地图数据安全的监督管理。

第三十五条 互联网地图服务单位用于提供服务的地图数据库及其他数据库不得存储、记录含有按照国家有关规定在地图上不得表示的内容。互联网地图服务单位发现其网站传输的地图信息含有不得表示的内容的，应当立即停止传输，保存有关记录，并且向县级以上地方人民政府测绘地理信息主管部门、出版行政主管部门、网络安全和信息化主管部门等有关部门报告。

第三十六条 县级以上地方人民政府及其测绘地理信息、宣传、网信、保密、教育、公安、民政、商务、外事、工商、新闻出版广电、通信管理、海关等主管部门应当依法按照各自职责加强对地图编制、出版、展示、登载、生产、销售、进口、出口及互联网地图服务等活动的监督检查。

第三十七条 省测绘地理信息主管部门会同有关部门建立健全地图监督管理机制，推进行业信用体系建设，提高服务水平。

第三十八条 县级以上地方人民政府测绘地理信息主管部门、出版行政主管部门和其他有关部门依法进行监督检查时，有权采取下列措施：

（一）进入涉嫌地图违法行为的场所实施现场检查；

（二）查阅、复制有关合同、票据、账簿等

资料；

（三）查封、扣押涉嫌违法的地图、附着地图图形的产品以及用于实施地图违法行为的设备、工具、原材料等。

第三十九条 县级以上地方人民政府测绘地理信息主管部门会同工商行政主管部门对地图产品及利用地图发布广告等进行监督管理。

县级以上地方人民政府测绘地理信息主管部门应当根据国家有关法规、标准和技术规范，加强地图质量监督管理。

地图编制、出版、展示、登载、生产、销售、进口、出口单位及提供互联网地图服务单位应当建立健全地图质量责任制度，采取有效措施，保证地图质量。

县级以上地方人民政府测绘地理信息主管部门应当会同新闻出版广电行政主管部门对公开出版物中涉及的地图以及新闻媒体网站登载的地图进行监督管理。

第四十条 任何单位和个人对地图违法行为有权进行举报。

接到举报的人民政府或者有关部门应当及时依法调查处理，并且为举报人保密。

第四十一条 违反本办法规定的行为，法律、法规已有规定的，从其规定。

第四十二条 违反本办法规定，在地图产品上刊载广告影响地图表示的正确性和主体性或者地图上登载广告超过地图版面的30%的，由县级以上地方人民政府测绘地理信息主管部门责令整改，给予警告，并处5000元以上2万元以下罚款。

第四十三条 违反本办法规定，转让、出租、出借地图审核批准通知书和地图审图号的，县级以上地方人民政府测绘地理信息主管部门责令停止违法行为，给予警告，并处5000元以上2万元以下罚款。

第四十四条 违反本办法规定，测绘地理信息主管部门工作人员利用职务上的便利收受他人财物、玩忽职守，对不符合法定条件的单位核发测绘资质证书，不依法履行监督管理职责，或者发现违法行为不予查处的，对负有责任的领导人员和直接责任人员，依法给予处分；构成犯罪的，依法追究刑事责任。

第四十五条 本办法自2017年11月1日起施行。

重庆市地下管线数据动态更新管理办法

渝府办发〔2017〕107号 2017年7月21日

第一条 为保证地下管线普查数据的完整性和现势性，满足城市规划、建设、管理和应急的需要，保障城市安全运行，按照重庆市地下管线普查与更新工作要求，根据《中华人民共和国城乡规划法》《重庆市城乡规划条例》《重庆市城市管线条例》等相关法律法规，结合本市实际，制定本办法。

第二条 地下管线数据动态更新范围为城市建成区内市政管线和跨区县、跨乡镇长输管线，包括给水、排水、燃气、工业、热力、电力、通信（含广播电视）、综合管沟、综合管廊等管道（沟、廊）和线缆及其附属设施，以及管线涉及的铁路工程、轨道交通、道路工程等要素信息。

第三条 市规划局负责全市地下管线数据动态更新工作的统筹、指导与监督；负责市级地下管线数据库及综合管理信息系统的更新维护与成果分发；负责主城区市政管线和跨区县长输管线的数据动态更新。

主城区外其他区县（自治县）城乡规划主管部门负责本行政区域内市政管线和跨乡镇长输管线的数据动态更新；负责本行政区域内地下管线数据库及综合管理信息系统的更新维护。

市政府有关部门、有关单位，区县（自治县）有关部门、有关单位和管线建设单位应当对全市地下管线数据动态更新工作予以配合。

第四条 地下管线数据动态更新主要通过对道路、桥梁、管线等线型工程的竣工测量和跟踪测量进行。

建设单位应当委托有资质的测绘单位进行跟踪

测量和竣工测绘；测绘单位应当按照城乡规划主管部门核发的建设工程规划许可证及附件、附图进行同比例尺跟踪测量和竣工测绘，并形成工程跟踪测量信息记录和竣工测量报告。

第五条 主城区的市政管线和全市范围内跨区县的长输管线、铁路工程、轨道交通、道路工程等建设项目工程竣工后，建设单位应当持工程跟踪测量信息记录和竣工测量报告，依法向市规划局申请竣工规划核实。

主城区外其他区县（自治县）范围内的市政管线和跨乡镇的长输管线、铁路工程、轨道交通、道路工程等建设项目工程竣工后，建设单位应当持工程跟踪测量信息记录和竣工测量报告，依法向所在区县（自治县）城乡规划主管部门申请竣工规划核实。

第六条 分期建设的大型市政交通（含地下管线）项目，在分期工程竣工后，建设单位应当按照本办法第五条规定，依法向城乡规划主管部门按照分期工程申请竣工规划核实。

第七条 市规划局根据竣工规划核实资料同步更新市级和主城区地下管线数据库及综合管理信息系统。主城区外其他区县（自治县）城乡规划主管部门根据竣工规划核实资料同步更新本区县（自治县）地下管线数据库及综合管理信息系统。

第八条 主城区外其他区县（自治县）城乡规划主管部门应分别于每年6月30日前和12月31日前，将地下管线更新数据上报市规划局汇总。

市规划局应对收集的全市地下管线更新数据进行整合、处理，更新市级地下管线数据库及综合管理信息系统，于次年3月31日前将地下管线更新数据按照区域、专题反馈给主城区外其他区县（自治县）城乡规划主管部门。

第九条 建设单位应当严格执行建设工程放线、验线、竣工规划核实制度。对未取得建设工程规划许可证、擅自改变建设工程规划许可证及附件、附图的许可内容进行建设，以及未进行竣工规划核实即投入使用的道路、桥梁、管线等线型工程，城乡规划主管部门应当依法进行查处；需要进行核实测绘的，可由城乡规划主管部门按照程序委托有资质的测绘单位进行竣工测绘，所需费用由建设单位承担。

第十条 对拒不服从规划管理的建设单位，城乡规划主管部门可对其予以通报，并纳入规划、测绘诚信记录，将其列为重点监控和监督检查对象。

第十一条 地下管线数据的汇交、保管、使用应当遵守有关保密法律、法规，采取必要的保密措施，保障地下管线数据的完整和安全。违规使用涉及国家秘密的地下管线数据信息，或者造成国家秘密泄露的，按照国家有关法律法规处理；构成犯罪的，依法追究刑事责任。

第十二条 地下管线数据库及综合管理信息系统更新与运行维护等费用纳入市、区县（自治县）财政年度经费预算。

第十三条 未按照要求完成地下管线数据动态更新工作的，由市政府督查室进行督查督办。

第十四条 本办法自印发之日起施行。

重庆市地理国情数据动态更新管理办法

渝府办发〔2017〕108号 2017年7月21日

第一条 为保证地理国情数据的现势性，规范地理国情监测工作，满足统筹城乡经济社会发展需要，按照重庆市第一次地理国情普查的工作要求，根据相关法律法规，结合本市实际，制定本办法。

第二条 本办法所称地理国情更新数据主要包括地表覆盖、地理国情要素、地理单元等三大类数据。

第三条 全市地理国情数据动态更新工作按照“统一领导、分工协作、分级负责、共建共享”以及“谁负责普查、谁负责更新”的原则组织实施。

第四条 市规划局负责全市地理国情数据动态更新工作的统筹、指导和监督；负责牵头制定地理国情数据更新目录和技术标准；负责全市地理国情数据库和信息系统的更新维护，以及数据的统计发布；负责全市遥感影像采集、处理和统筹等工作；在符合数据保密安全的条件下，通过各类地理信息公共服务平台提供社会服务。

市政府有关部门、有关单位负责收集、处理和提供本行业更新变化的专题数据。

第五条 各区县（自治县）人民政府负责本行政区域内地理国情数据动态更新工作的统筹、领导与协调。

各区县（自治县）城乡规划主管部门牵头组织，按照地理国情数据更新目录和标准要求采集、处理、更新和提供本行政区域内地理国情数据。

各区县（自治县）有关部门、有关单位负责收集、处理和提供本行政区域内本行业更新变化的专题数据。

第六条 地理国情数据动态更新工作流程及要求。

（一）影像采集。市规划局应当于每年 8 月 31 日前完成全市遥感影像采集、数据处理和更新工作，并将采集与处理的全市遥感影像分发至各区县（自治县）人民政府和市政府有关部门、有关单位。其中，主城区以及区县（自治县）城市规划区范围应采集分辨率优于 1 米的航空航天影像，其他区域应采集分辨率优于 2.5 米的卫星影像。

（二）数据更新。市政府有关部门、有关单位应于每年 9 月 30 日前将更新变化的行业专题数据提供至市规划局，作为地理国情数据属性更新使用。

各区县（自治县）城乡规划主管部门应于每年 9 月 30 日前将更新数据报市规划局汇总。

（三）入库分发。市规划局对各区县（自治县）城乡规划主管部门和市政府有关部门、有关单位更新的各类数据进行整合、处理、校核和入库，更新全市地理国情数据库，并于次年 3 月 31 日前按专题分发给市政府有关部门、有关单位，按区域分发给各区县（自治县）人民政府。

第七条 对涉及国家秘密的地理国情资料，市政府有关部门、有关单位，各区县（自治县）人民政府应按照有关法律法规的规定进行保管。

任何单位或个人违规使用涉及国家秘密地理国情信息，造成国家秘密丢失、泄露的，按照国家有关法律法规处理；构成犯罪的，依法追究其刑事责任。

第八条 全市地理国情数据动态更新工作（包括全市遥感影像采集与处理、市级地理国情数据库和市级信息系统的更新维护等）所需费用纳入市级财政专项经费预算；市政府有关部门、有关单位承担的行业部门专题数据动态更新工作所需费用纳入部门或单位预算。

各区县（自治县）人民政府承担的地理国情数据动态更新采集、区县数据库建设与维护、区县信息系统建设与维护等所需费用纳入区县财政专项经费预算；各区县（自治县）有关部门、有关单位承担的行业部门专题数据更新工作所需费用纳入区县部门或单位预算。

第九条 未按照要求完成地理国情数据动态更新工作的，由市政府督查室进行督查督办。

第十条 本办法自印发之日起施行。

附件：1. 地理国情数据动态更新内容（略）
2. 地理国情数据动态更新工作责任分工（略）

青岛市人民政府办公厅关于促进地理信息产业发展的实施意见

青政办发〔2017〕25 号 2017 年 5 月 18 日

各区、市人民政府，市政府各部门，市直各单位：

为贯彻落实《国务院办公厅关于促进地理信息产业发展的意见》（国办发〔2014〕2 号）、《山东省人民政府办公厅关于贯彻落实国办发〔2014〕2 号文件促进地理信息产业发展的实施意见》（鲁政办发〔2015〕12 号），促进我市地理信息产业快速发展，经市政府同意，提出以下实施意见。

一、总体要求

（一）指导思想。全面贯彻党的十八大和十八届三中、四中、五中、六中全会精神和习近平总书记系列重要讲话精神，坚持世界眼光、国际标准，发挥本土优势，以满足经济社会发展和市场需求为导向，不断创新体制机制，全面提高我市地理信息获取和处理能力，促进地理信息产业化进程，加快地理信息广泛应用，努力提升我市地理信息产业的整体实力，为建设宜居幸福创新型国际化城市提供支撑保障。

（二）基本原则。

政府引导，市场为主。政府引导推动与市场配置资源相结合，发挥政府的规划引导、政策激励和组织协调作用，充分调动企业主体的积极性，切实发挥市场在资源配置中的决定性作用。

融合互动，开放协作。推动地理信息产业与各行业领域深度融合，实现信息、人才、技术、资本等要素流动，增强产业协同创新能力，扩大不同领域企业交流合作，加快构筑产业和资源配置新格局。

科技创新，加强合作。研究建立地理信息科技创新体系，研发地理信息北斗卫星导航、卫星遥感应用、无人机制造等关键技术，充分发挥云计算、大数据等信息技术促进科技创新，在合作中提升自主创新能力。

规范管理，促进应用。加强地理信息产业统一监管，理顺体制机制，增强测绘地理信息支撑单位力量，加强协作和共享，促进地理信息高效、广泛利用。

重点发展，整体推进。结合地理信息优势，规划地理信息产业布局，明确重点领域和关键环节，分步实施、完善机制、循序渐进，做大做强优势产业，促进产业集聚发展、整体推进和全面提升。

二、重点目标

（三）打造老城区地理信息产业集聚区。利用老城区地理信息技术力量雄厚、人才储备丰富、市场竞争力强的优势，推进陆地测绘地理信息产业向海洋辐射、延伸；大力发展面向政府、企业、公众的地理信息增值服务；支持信息网络、质量检测、仪器检定、软件测评、技术培训等公共服务平台创建；重点发展地理信息文化、地理信息中介服务、地理信息培训、地理信息科技等产业，使老城区成为具有较强竞争力和影响力的产业集聚区。

（四）构筑东西岸城区地理信息产业发展带。发挥东岸城区地理信息资源丰富的优势，突出服务特色，以拓展和深化“天地图·青岛”公益性应用为目标，在政务建设、社会服务等领域的广泛应用，为政府、企业、公众提供地理信息获取、处理和测绘、地图等公共服务；利用西海岸新区政策和地理国情监测示范区的优势，探索开发近海岛屿地理信息增值服务项目；加强与西海岸高校、科研院所、产业园区的产学研用合作，推动科技进步，形成地理信息软硬件开发产业链，带动产业发展。

（五）形成南北城区的区域产业链。宣传普及地理信息科普知识，增强地理信息科普产品的趣味性和参与性；加强国家版图意识宣传教育，提升公众版图知识水平和使用地图、辨别问题地图的能力，自觉使用合法地图；发展以北斗卫星导航地理信息数据处理、加工为一体的北斗地理信息产业；开发北斗卫星导航产品监测、技术服务、应用改装、云计算、大数据挖掘等特色产品，形成上游为卫星定位系统、地图数据及其相关测绘行业，中游为地理信息系统（GIS）基础软件，下游为各领域行业应用的产业链条。夯实测绘地理信息装备制造业基础，发展无人机、测绘装备生产，支持重大地理信息制造业项目发展，发展具有特色的地理信息装备制造体系，形成地理信息附属用品制造业集聚区。

到2020年，培育5～8个地理信息产业龙头企业和一批充满活力的中小型企业，形成涵盖软件研发、系统集成、装备制造和地理信息获取、处理、服务、应用的完整产业链；争取建成一个市级地理信息产业园；拓展地理信息产品、服务应用和消费领域，大力发展面向政府管理决策、企业信息化建设和社会大众生活的地理信息应用。地理信息产业产值力争达到35亿元，产业体系进一步完善，应用领域更为广泛，共享能力进一步提升，市场竞争力进一步增强。

三、重点任务

（六）卫星导航与位置服务。构建导航与位置服务数据资源融合共享平台，为国家北斗数据中心提供体系支撑；结合北斗卫星导航系统加快建设陆海统一空间基准框架和连续运行基准站系统；围绕导航与地理信息位置服务关键环节，发展核心芯片和应用，带动元器件、终端、基础软件、导航地图、运营平台等环节，形成新的经济增长点。

（七）基础测绘数据获取。加快陆海一体化地理信息数据获取，建立统一的陆海基准，构建陆海一体化测绘地理信息数据获取和分发服务机制；以地理市情普查、专题监测和影像获取、地形图更新等重大基础测绘项目为引领，带动关联产业提升和发展；研究建立测绘地理信息大数据中心，加快建设时空信息云平台，推动地理信息数据在政府部门领域的共享和应用，发挥基础测绘的公益性作用。

（八）“互联网＋地理信息”服务。发挥地理信息大数据优势，发展具有测绘地理信息位置服务的应用；加快“天地图·青岛”更新升级，促进地理信息在智慧城市、智能交通、智能家居、卫生医疗、物流监控、电子商务、智慧农业、新型城镇化等方面的广泛应用。

（九）地理信息装备制造。培育测绘地理信息技术装备制造企业，构建“产、学、研、用”四位一体研发模式，打造一批具有制造实力的地理信息实体企业，带动相关测绘配套零部件生产企业向“专、精、特”方向发展；针对北方地区航空影像获取困难的问题，建立无人机采集地理信息和地表影像的机制，重点发展低空数码影像获取、测量型卫星接收器、低空无人机制造、机载激光雷达等技术装备，形成一批具有自主知识产权的先进测绘技术装备，促进测绘地理信息技术装备升级换代。

（十）地理信息文化发展。发展地理信息文化创意产业，加快地图产品的深度研发，鼓励制作和出版多样化地图产品，开发以地图为媒介的动漫、科普、教育等新型文化产品，培育大众地图文化消费市场，形成独特的地图文化产业；依托国家测绘科普教育基地，积极筹建青岛市地理信息科技馆，加强地理信息科普宣传，提高公众对地理信息的认知度。

（十一）地理信息中介服务。适应地理信息产业分工细化的趋势，支持开办地理信息中介机构，以地理信息劳务、展会组织、信息咨询、技术培训等为重点，多渠道、多形式培养地理信息产业经营管理人才；积极培育地理信息中介服务市场，提高中介服务质量和竞争力，为企业与高校科研机构搭建沟通交流平台，加快地理信息科学技术推广和应用。

四、保障措施

（十二）加强地理信息产业组织领导。各级要进一步加强统筹协调，建立权责清晰、运转协调、办事高效的地理信息产业管理体系，对地理信息产业发展重大政策、规划、方案等统筹研究推进，为政府决策提供参考和支撑；加快地理信息产业改革，建立地理信息产业联盟，按照“资源共享，组团发展，平等互利，合作共赢”的原则，促进成员单位间的协作，充分发挥联盟在服务、自律、协调、维权等方面的作用，促进产业技术进步，规范市场行为，维护成员合法权益，推进我市地理信息产业健康发展。

（十三）优化地理信息产业发展政策环境。研究制定和完善促进地理信息产业发展的法规、规章和政策，修订《青岛市测绘地理信息管理办法》；研究制定地理空间信息数据交换和共享等政策；建立健全地理信息产业市场信用体系；建立地理信息产业单位名录库和发布机制；完善地理信息安全保密政策，维护国家安全，强化知识产权保护，营造良好发展环境；优化产业发展服务措施，定时发布地理信息发展计划和相关政策；对利用基础地理信息开展数字（智慧）城市地理空间框架社会化应用和增值服务的，按国家有关要求减免收费。

（十四）强化地理信息发展税收资金保障。加大财政和融资支持力度，充分发挥各类支持产业发展专项资金和股权投资引导基金的作用，促进地理信息产业发展；支持地理信息获取、处理、应用、出版等产业发展重点环节，促进产业创新能力提升；引导和鼓励社会资金进入地理信息产业，鼓励民间资本投资地理信息产业，支持创新型中小企业发展；鼓励金融机构对地理信息企业拓宽抵质押品范围，加大对融资性担保机构的扶持力度；落实税收激励政策，指导地理信息企业申报认定高新技术企业和软件企业，按规定申请有关税收优惠政策。企业为开发新技术、新产品、新工艺发生的研发费用，符合规定条件的，在计算应纳税所得额时按规定实行加计扣除。符合国家、省有关战略新兴产业、中小企业、软件企业等条件的地理信息企业和产品，享受相关税收配套优惠政策和待遇。

（十五）实施地理信息人才保障政策。积极开展人才交流，注重地理信息人才引进，将测绘地理信息领域人才（团队）引进作为全市人才重点工作；支持企业建立健全地理信息科技人才培养、引进和使用机制；鼓励地理信息企业与高校等相关科研机构通过联合共建等方式进行人才交流；鼓励有条件的地理信息企业和高等院校建立地理信息实习基地；支持各类教育培训机构加大地理信息及相关专业人才培养力度；支持地理信息科研人员参与和领衔承担国家级测绘地理信息相关科技项目，在突破关键技术的同时，培养一批学术和技术带头人、技术能手；支持地理信息高级人才申报百人计划等人才工程。

（十六）加强监管服务规范市场秩序。健全测绘地理信息市场监管机制，强化事中事后监管，加强部门间合作，提高市场监管力度，依法查处违法违规行为，营造公平、开放、有序的地理信息市场环境；加强地理信息安全监管能力建设，强化地理信息安全意识，进一步提高涉密地理信息保密安全监管水平，妥善处理好地理信息保密和社会化应用的关系；完善测绘地理信息市场服务机制，研究建立反映产业发展情况的统计制度、指标体系和分类标准，完善政策、行业信息发布机制，提供法律指导服务；鼓励地理信息公共服务、地理信息技术服务等项目服务外包，加快推进地理信息服务业模式创新，推进地理信息数据对社会开放。

关于贯彻落实“最多跑一次”改革决策部署 全面推进建筑工程“竣工测验合一”改革的实施意见

浙建〔2017〕10号 2017年8月17日

各市建委（建设局）、规划局、发改委、档案局、公安局、财政局、国土资源局、人防办、公共数据管理机构、测绘与地理信息局、物价局、气象局、审改（管）办，杭州市房管局：

为深入贯彻落实省委、省政府“最多跑一次”改革决策部署，全面推进建筑工程“竣工测验合一”改革，方便群众和企业办事，保障工程质量安全，根据《浙江省人民政府办公厅关于加快推进企业投资项目“最多跑一次”改革的实施意见》（浙政办发〔2017〕74号），提出以下实施意见：

一、总体要求

（一）指导思想。认真贯彻以人民为中心的发展思想，坚持企业投资项目全流程、多层级、多部门“最多跑一次”的理念和目标，按照“统一标准、联合测绘，以测带核、核审分离，多验整合、依法监管”的思路，进一步改进建筑工程竣工环节监管方式，由测绘、检测评估等中介机构对竣工核实验收必要的数据进行联合测绘和专业检测评估，有关部门依据中介服务技术成果办理竣工阶段规划核实、用地复核验收、消防验收和防雷装置验收等行政核实验收手续（以下简称竣工核实验收），充分发挥竣工中介服务的闭合把关功能，提升建筑工程竣工核实验收监管效率，显著增强群众和企业对改革的获得感，不断激发企业投资热情和经济社会发展活力。

（二）工作目标。全面梳理各部门竣工核实验收需求，建立协调统一的建筑工程竣工联测联核标准体系；按照“一专多能”要求培育一支建筑工程竣工综合联测联核队伍，打破部门垄断，避免重复测绘；改进建筑工程竣工核实验收监管方式，全面建立由一个或多个机构联测联核、各部门依据职权分工监管的竣工核实验收监管体制；全面推行基于全省政务云建筑工程竣工测绘电子图数据库的网上办理和数据共享，进一步提升建筑工程竣工核实验收监管效率和质量。到2017年底，基本实现群众和企业办理建筑工程竣工核实验收事项“最多跑一次是原则、跑多次是例外”的要求。

（三）基本原则。一要坚持质量第一。建筑工程“竣工测验合一”改革，必须把保障竣工核实验收监管效果放在突出位置，充分发挥竣工测绘、专业检测评估等中介服务的闭合把关功能，防止各方建设主体擅自改变工程设计等违法行为，确保人民群众生命财产安全和公共利益的实现。二要坚持高效服务。要通过一网受理、整合服务、数据共享、部门联办的机制，实现多部门竣工环节核实要素的联测联核联办，不断提升建筑工程竣工核实验收监管工作效率。三要坚持有序竞争。要按照“公开、公平、公正”的原则，健全守信激励与失信惩戒机制，利用各地“中介超市”等平台，积极培育和发展诚信优质的综合联测联核机构，强化正向激励，确保“竣工测验合一”机制有效实施。四要坚持规范管理。承接竣工测绘和检测评估的机构应符合国家有关规定。鼓励建设单位委托具有竣工综合联测联核能力的机构进行统一测绘。测绘机构和检测评估机构对其出具的技术报告承担相应技术责任。各有关部门要各司其职，依法履行专业监管职责。

二、主要工作

（一）健全竣工联测联核综合技术标准。省建设、国土资源、测绘与地理信息等部门要按照建筑工程“竣工测验合一”改革要求，组织制定与建筑工程竣工联测联核工作相配套的竣工测绘综合技术标准，统一建筑工程行政监管全过程建筑面积计算规则和土地量算规则，明确竣工联测联核坐标系统和测绘内容、精度、成果样式等要求。其他有关部门要根据法定职责提出本部门建筑工程竣工核实验收监管需要测绘和核实的内容清单及技术要求，纳入综合技术标准。省测绘与地理信息、物价会同建设、国土等部门共同研究制定竣工联合测绘计费指导意见，进一步完善和规范全省测绘中介服务计费方式。

（二）提升竣工综合联测联核机构能力。竣工综合联测联核机构应持有测绘与地理信息部门依法颁发的测绘资质证书，同时具备规划测量、地下管线测量、地籍测绘和房产测绘专业资质。对于各地现有规划测绘机构、土地测绘机构或房产测绘机构，鼓励其充实人员力量或者按照自愿原则整合其他测绘机构后，依法取得其他专业测绘资质，转变为竣工综合联测联核机构。竣工综合联测联核机构接受建设单位竣工测绘委托后，应当依据建筑工程竣工联测联核综合技术标准进行测绘，并分专业出具竣工测绘及核实技术成果。设区市市区范围内建筑工程竣工测绘报告应当由注册测绘师签字并加盖执业印章后生效（过渡期一年），鼓励有条件的县（市）实施注册测绘师制度。鼓励现有消防、气象等专业检测评估机构跨行业发展，积极培育具有多方面检测评估能力的综合机构。各有关部门要按各自职能加强对竣工中介服务机构的竣工测绘及核实、专业检测评估能力的培训，使其尽快适应“竣工测验合一”改革的需要。

（三）改革行政核实验收管理方式。要充分利用竣工综合联测联核机构和专业检测评估机构的技术成果，进一步深化建筑工程竣工核实验收监管方式改革。对于依法需要进行竣工核实验收的建筑工程，规划、国土资源、消防和气象等有关部门可以依据竣工联测联核机构出具的竣工测绘报告、专业检测评估机构出具的检测评估报告等技术资料和其他必要的材料，核发规划核实确认书、用地复核意见书、消防验收意见书、防雷装置验收意见书等竣工核实认可文件。一般情况下，有关部门不再进行实体工程现场核实验收。

鉴于我省目前尚无取得正式资质的消防检测评估机构，各地公安机关消防机构要加快培育具有相应技术能力的消防检测评估机构，积极推动改革落实。

（四）研发推广电子图档管理信息系统。各级公共数据管理机构、建设、国土资源等有关部门要依托全省政务云平台，进一步拓展全省施工图电子图联审系统功能，向包括竣工核实验收等环节在内的项目审批全流程延伸，加快建立投资项目建设全过程的电子图档管理信息系统，实现施工图电子图和竣工测绘电子图一网归集、传输和存储，统一联入浙江省政务服务网投资项目在线审批监管平台，与发展改革、规划、房管、国土资源、消防、人防、测绘与地理信息、气象、档案等各有关部门互联互通、共享共用。竣工测绘报告、专业检测评估报告等技术资料应通过在线平台报送各有关部门。要组织专业力量研发竣工测绘核实成果数据可靠传输、结构化存储系统，保障竣工测绘核实成果数据安全。

（五）强化竣工联测联核事中事后监管。各地要健全守信激励与失信惩戒机制，建立竣工联测联核机构信用评价机制和示范机构名录制度，并纳入全省网上中介超市和公共信用信息服务平台。积极推广信用分类差别化管理机制，择优选择机构承担竣工联测联核业务，对低信用联测联核机构承担的或者低信用注册测绘师签字盖章的项目增加抽查频次，加大监管力度，使守信者受益、失信者受限。对于联测联核机构在服务中存在测绘成果质量差、核实结果不准确和服务质量低下等问题的，各地测绘与地理信息等有关部门应当责令整改、依法处理。省测绘与地理信息部门要会同有关部门抓紧建立和完善我省注册测绘师和其他持证作业人员执业质量、信用监管制度。各地要积极探索创新联测联核质量监管方式，开展“双随机、一公开”抽查监管，形成“部门联合、随机抽查、按标监管”的“一次到位”机制。在改革起步阶段，各地应加大抽查比例，保障推进建筑工程“竣工测验合一”改革中监管质量稳步上升。

三、保障措施

（一）加强组织领导。全面推进建筑工程“竣工测验合一”是深化企业投资项目“最多跑一次”改革，优化投资项目审批监管服务，提升企业获得感的一项重要改革举措。各地各部门要充分认识全面推进这项改革的重要意义，在当地政府的统一领导下建立协同工作机制，强化本地区本系统推进这项改革工作的组织领导和统筹协调，及时解决改革中出现的问题，加强经费和人员等方面的保障工作。省级有关部门要加强对本部门改革工作的督导。

（二）明确职责分工。省审改办（省发展改革委）负责做好组织协调工作，及时协调解决推进建筑工程“竣工测验合一”改革中的疑难复杂问题；省建设、国土资源、人防、消防和气象等各有关部门负责加强对本系统有关工作的督促指导和业务培训；省测绘与地理信息部门负责牵头做好竣工测绘机构和测绘质量的监督管理工作，加强测绘业务培训，并指导各设区市于 10 月 31 日前择优公布综合联测联核示范机构名录；省档案部门负责指导做好竣工电子图纸及其审批文件和建筑工程归档管理工作；省财政、物价等其他有关部门根据部门职能积极配合做好相关工作。对于竣工核实验收中发现存在违法行为的，由有关部门依法处理。

（三）强化督查考核。各有关部门要将建筑工程“竣工测验合一”改革作为本部门“最多跑一次”改革的重要内容，列入本系统目标责任制考核。依托“最多跑一次”改革的专项督查制度，对于不认真履行职责、工作明显滞后的地区，要启动追责机制。各地、各部门也要建立相应的考核督查机制，强化制度刚性，确保这项改革顺利推进。

（四）加强舆论宣传。各地、各有关部门要充分利用报纸、广播、电视、网络等媒体加强对推进建筑工程“竣工测验合一”改革工作的宣传，引导企业和社会公众充分知晓改革内容、准确把握改革政策、自觉应用改革成果。各地在改革推进过程中遇到的新情况、新问题，要及时协调解决，将处理结果报送省级有关部门；需要省级部门帮助解决的，及时向省级有关部门提出。

本意见自 2017 年 9 月 20 日起实施。

公　告

国家测绘地理信息局公告

国家测绘地理信息局公告

（第 1 号　2017 年 1 月 19 日）

根据《注册测绘师制度暂行规定》和《注册测绘师执业管理办法（试行）》，经审核，李国峰等 89 人符合初始注册条件，准予初始注册；程进明等 7 人符合变更注册条件，准予变更注册。

特此公告。

附件：1. 准予初始注册人员名单（2017 年第一批）（略）

2. 准予变更注册人员名单（2017 年第一批）（略）

国家测绘地理信息局公告

（第 2 号　2017 年 2 月 8 日）

依据《中华人民共和国测绘法》《测绘资质管理规定》和《测绘资质分级标准》，2016 年 1 月至 12 月，国家测绘地理信息局共审核批准了中国公路工程咨询集团有限公司等 91 家单位为甲级测绘资质单位。

特此公告。

2016 年审核批准的甲级测绘资质单位名单

序号	单位名称	省份	资质证号	法定代表人	甲级专业范围
1	中国公路工程咨询集团有限公司	北京	甲测资字 1100107	王国锋	摄影测量与遥感：摄影测量与遥感外业、摄影测量与遥感内业；工程测量：控制测量、地形测量、建筑工程测量、市政工程测量、线路与桥隧测量

序号	单位名称	省份	资质证号	法定代表人	甲级专业范围
2	北京中勘迈普科技有限公司	北京	甲测资字1101106	邸志众	摄影测量与遥感：摄影测量与遥感外业、摄影测量与遥感内业；地理信息系统工程：地理信息数据处理、地理信息系统及数据库建设、地理信息软件开发；工程测量：控制测量、地形测量、建筑工程测量、市政工程测量、线路与桥隧测量、矿山测量；不动产测绘：地籍测绘、房产测绘
3	北京瀚博林遥感测图信息工程研究院	北京	甲测资字1101130	梁长秀	地理信息系统工程：地理信息数据采集、地理信息数据处理、地理信息系统及数据库建设；工程测量：控制测量、地形测量、规划测量、建筑工程测量、变形形变与精密测量、市政工程测量、水利工程测量、线路与桥隧测量、地下管线测量；不动产测绘：地籍测绘、房产测绘
4	北京天目创新科技有限公司	北京	甲测资字1101149	韩杭生	互联网地图服务
5	北京国政恒信测绘技术服务有限公司	北京	甲测资字1101158	侯凯	工程测量：控制测量、地形测量、规划测量、建筑工程测量、变形形变与精密测量、市政工程测量、线路与桥隧测量、矿山测量；不动产测绘：地籍测绘、房产测绘、不动产测绘监理
6	北京北斗星地科技发展有限公司	北京	甲测资字1101167	赵云鹏	不动产测绘：地籍测绘、房产测绘
7	中铁第五勘察设计院集团有限公司	北京	甲测资字1101176	汤友富	工程测量：控制测量、地形测量、建筑工程测量、变形形变与精密测量、市政工程测量、线路与桥隧测量
8	北京舜土国源信息技术有限公司	北京	甲测资字1101245	王连生	摄影测量与遥感：摄影测量与遥感外业、摄影测量与遥感内业；地理信息系统工程：地理信息数据采集、地理信息数据处理、地理信息系统及数据库建设、地理信息软件开发；工程测量：控制测量、地形测量、市政工程测量、线路与桥隧测量、矿山测量；不动产测绘：地籍测绘、房产测绘
9	北京中农信达信息技术有限公司	北京	甲测资字1101185	冯健刚	摄影测量与遥感：摄影测量与遥感外业、摄影测量与遥感内业；地理信息系统工程：地理信息数据采集、地理信息数据处理、地理信息系统及数据库建设、地理信息软件开发；工程测量：控制测量、地形测量；不动产测绘：地籍测绘、不动产测绘监理

序号	单位名称	省份	资质证号	法定代表人	甲级专业范围
10	中勘天成（北京）科技有限公司	北京	甲测资字1101194	岳文朝	大地测量：卫星定位测量、水准测量、三角测量、重力测量、大地测量数据处理；摄影测量与遥感：摄影测量与遥感外业、摄影测量与遥感内业；地理信息系统工程：地理信息数据采集、地理信息数据处理、地理信息系统及数据库建设、地理信息软件开发；工程测量：控制测量、地形测量、规划测量、建筑工程测量、变形形变与精密测量、市政工程测量、线路与桥隧测量、地下管线测量、矿山测量；不动产测绘：地籍测绘、房产测绘
11	北京吉威数源信息技术有限公司		甲测资字1101211	张扬	地理信息系统工程：地理信息数据处理、地理信息系统及数据库建设、地理信息软件开发；地图编制：地形图、电子地图、真三维地图、其他专用地图
12	二十一世纪空间技术应用股份有限公司		甲测资字1101227	吴双	地理信息系统工程：地理信息数据采集、地理信息数据处理、地理信息系统及数据库建设、地理信息软件开发
13	国核电力规划设计研究院		甲测资字1101236	徐潜	工程测量：控制测量、地形测量、建筑工程测量、变形形变与精密测量、市政工程测量、线路与桥隧测量
14	天津市津典工程勘测有限公司	天津	甲测资字1200218	曹宏彬	大地测量：卫星定位测量、水准测量、大地测量数据处理；摄影测量与遥感：摄影测量与遥感外业、摄影测量与遥感内业；地理信息系统工程：地理信息数据采集、地理信息数据处理、地理信息系统及数据库建设、地理信息软件开发；工程测量：控制测量、地形测量、规划测量、建筑工程测量、市政工程测量、水利工程测量、线路与桥隧测量、地下管线测量、矿山测量；不动产测绘：地籍测绘、房产测绘、行政区域界线测绘
15	河北省地矿局第三水文工程地质大队（河北地矿建设工程集团衡水公司）	河北	甲测资字1300520	王志刚	地理信息系统工程：地理信息数据采集、地理信息数据处理、地理信息系统及数据库建设；工程测量：控制测量、地形测量、规划测量、建筑工程测量、变形形变与精密测量、线路与桥隧测量、矿山测量、工程测量监理；不动产测绘：地籍测绘
16	河北省地矿局第四水文工程地质大队（沧州市海洋环境监测站）		甲测资字1300539	王长城	地理信息系统工程：地理信息数据采集、地理信息数据处理、地理信息系统及数据库建设；工程测量：控制测量、地形测量、规划测量、建筑工程测量、变形形变与精密测量、市政工程测量、水利工程测量、线路与桥隧测量、地下管线测量、矿山测量；不动产测绘：地籍测绘、房产测绘

序号	单位名称	省份	资质证号	法定代表人	甲级专业范围
17	中铁十七局集团第三工程有限公司	河北	甲测资字1300548	刘新福	工程测量：控制测量、地形测量、规划测量、建筑工程测量、变形形变与精密测量、市政工程测量、线路与桥隧测量、矿山测量
18	山西迪奥普科技有限公司	山西	甲测资字1400259	马宏兵	测绘航空摄影：无人飞行器航摄；摄影测量与遥感；地理信息系统工程：地理信息数据采集、地理信息数据处理、地理信息系统及数据库建设、地理信息软件开发、地理信息系统工程监理；工程测量：控制测量、地形测量、规划测量、建筑工程测量、市政工程测量、线路与桥隧测量、地下管线测量、矿山测量、工程测量监理；不动产测绘
19	中铁十七局集团第一工程有限公司	山西	甲测资字1400268	张耀军	工程测量：控制测量、规划测量、建筑工程测量、变形形变与精密测量、市政工程测量、水利工程测量、线路与桥隧测量、地下管线测量、矿山测量
20	内蒙古兰德瑞规划测绘有限公司	内蒙古	甲测资字1500198	王建忠	地理信息系统工程：地理信息数据采集、地理信息数据处理、地理信息系统及数据库建设；工程测量：控制测量、地形测量、规划测量、建筑工程测量、市政工程测量、线路与桥隧测量；不动产测绘：地籍测绘
21	内蒙古精功测绘科技发展有限责任公司	内蒙古	甲测资字1500206	张翠英	大地测量：卫星定位测量、水准测量、三角测量、大地测量数据处理；摄影测量与遥感：摄影测量与遥感外业、摄影测量与遥感内业；地理信息系统工程：地理信息数据采集、地理信息数据处理、地理信息系统及数据库建设；工程测量：控制测量、地形测量、规划测量、建筑工程测量、变形形变与精密测量、市政工程测量、水利工程测量、线路与桥隧测量、地下管线测量、矿山测量；不动产测绘：地籍测绘、行政区域界线测绘
22	包头市绘宇测绘服务有限责任公司	内蒙古	甲测资字1500215	杨育林	工程测量：控制测量、地形测量、规划测量、建筑工程测量、变形形变与精密测量、市政工程测量、水利工程测量、线路与桥隧测量、地下管线测量、矿山测量；不动产测绘：地籍测绘
23	辽宁国源土地矿业测绘有限公司	辽宁	甲测资字2100378	鞠泽浩	地理信息系统工程：地理信息数据采集；工程测量：控制测量、地形测量、规划测量、建筑工程测量、市政工程测量、线路与桥隧测量、地下管线测量、矿山测量；不动产测绘：地籍测绘、房产测绘、行政区域界线测绘

序号	单位名称	省份	资质证号	法定代表人	甲级专业范围
24	吉林省巡遥地理信息有限公司	吉林	甲测资字2200197	安辛克	测绘航空摄影：无人飞行器航摄；摄影测量与遥感；地理信息系统工程：地理信息数据采集、地理信息数据处理、地理信息系统及数据库建设、地理信息系统工程监理；工程测量；不动产测绘
25	吉林省国土资源调查规划研究院	吉林	甲测资字2200214	张平	工程测量：控制测量、地形测量、线路与桥隧测量；不动产测绘：地籍测绘
26	吉林威和航空科技有限公司	吉林	甲测资字2200220	贾元鹏	测绘航空摄影：无人飞行器航摄；摄影测量与遥感：摄影测量与遥感外业、摄影测量与遥感内业；地理信息系统工程：地理信息数据采集、地理信息数据处理、地理信息系统及数据库建设；工程测量：控制测量、地形测量、规划测量、建筑工程测量、市政工程测量、线路与桥隧测量、地下管线测量；不动产测绘：地籍测绘、房产测绘
27	长春中科测绘地理信息有限公司	吉林	甲测资字2200239	李昊	摄影测量与遥感：摄影测量与遥感外业、摄影测量与遥感内业；地理信息系统工程：地理信息数据采集、地理信息数据处理、地理信息系统及数据库建设；工程测量：控制测量、地形测量、规划测量、建筑工程测量、变形形变与精密测量、市政工程测量、水利工程测量、线路与桥隧测量、地下管线测量、矿山测量；不动产测绘：地籍测绘、房产测绘
28	哈尔滨公众地理信息研究所	黑龙江	甲测资字2300303	李振胜	地理信息系统工程：地理信息数据采集、地理信息数据处理、地理信息系统及数据库建设；工程测量：控制测量、地形测量、规划测量、建筑工程测量、市政工程测量、水利工程测量、线路与桥隧测量、地下管线测量；不动产测绘：地籍测绘
29	黑龙江源泉国土资源勘查设计有限公司	黑龙江	甲测资字2300346	史景林	摄影测量与遥感：摄影测量与遥感外业、摄影测量与遥感内业；地理信息系统工程：地理信息数据采集、地理信息数据处理、地理信息系统及数据库建设、地理信息软件开发；工程测量：控制测量、地形测量、规划测量、建筑工程测量、市政工程测量、线路与桥隧测量、矿山测量；不动产测绘：地籍测绘、房产测绘
30	黑龙江华睿智慧国土科技开发股份有限公司	黑龙江	甲测资字2300355	孙义	地理信息系统工程：地理信息数据采集、地理信息数据处理、地理信息系统及数据库建设、地理信息软件开发；工程测量：控制测量、地形测量、规划测量、建筑工程测量、市政工程测量、水利工程测量、线路与桥隧测量、矿山测量；不动产测绘：地籍测绘、房产测绘

序号	单位名称	省份	资质证号	法定代表人	甲级专业范围
31	江苏智途科技股份有限公司	江苏	甲测资字3200303	何小军	摄影测量与遥感：摄影测量与遥感外业、摄影测量与遥感内业；地理信息系统工程：地理信息数据采集、地理信息数据处理、地理信息系统及数据库建设、地面移动测量、地理信息软件开发；工程测量：控制测量、地形测量、规划测量、建筑工程测量、市政工程测量、线路与桥隧测量、矿山测量；不动产测绘：地籍测绘、房产测绘；地图编制：地形图、电子地图、真三维地图；互联网地图服务
32	江苏建材地质工程勘察院		甲测资字3200600	杨小君	工程测量：控制测量、地形测量、规划测量、建筑工程测量、变形形变与精密测量、市政工程测量、线路与桥隧测量、地下管线测量、矿山测量；不动产测绘：地籍测绘、行政区域界线测绘
33	中设设计集团股份有限公司		甲测资字3200619	明图章	工程测量：控制测量、地形测量、规划测量、建筑工程测量、变形形变与精密测量、市政工程测量、水利工程测量、线路与桥隧测量、地下管线测量、矿山测量
34	江苏省地质矿产局第五地质大队		甲测资字3200625	王善丰	地理信息系统工程：地理信息数据采集、地理信息数据处理、地理信息系统及数据库建设、地理信息软件开发、地理信息系统工程监理；工程测量：控制测量、地形测量、规划测量、建筑工程测量、市政工程测量、水利工程测量、线路与桥隧测量、地下管线测量、矿山测量、工程测量监理；不动产测绘：地籍测绘、房产测绘、行政区域界线测绘
35	浙江中海达空间信息技术有限公司	浙江	甲测资字3300345	吴文荣	地理信息系统工程：地理信息数据采集、地理信息数据处理、地理信息系统及数据库建设、地面移动测量、地理信息软件开发；工程测量：控制测量、地形测量、规划测量、建筑工程测量、市政工程测量、水利工程测量、线路与桥隧测量、地下管线测量、矿山测量；不动产测绘：地籍测绘、房产测绘、行政区域界线测绘
36	浙江省国土勘测规划有限公司		甲测资字3300354	张巧英	地理信息系统工程：地理信息数据处理、地理信息系统及数据库建设、地理信息软件开发；工程测量：控制测量、地形测量、规划测量、建筑工程测量、变形形变与精密测量、市政工程测量、水利工程测量、线路与桥隧测量、地下管线测量、矿山测量；不动产测绘：地籍测绘、房产测绘、行政区域界线测绘；地图编制：地形图、电子地图、真三维地图、其他专用地图

序号	单位名称	省份	资质证号	法定代表人	甲级专业范围
37	杭州经纬信息技术股份有限公司	浙江	甲测资字3300363	叶肖华	地理信息系统工程：地理信息数据采集、地理信息数据处理、地理信息系统及数据库建设、地理信息软件开发
38	华东冶金地质勘查局物探队	安徽	甲测资字3400167	汪双林	工程测量：控制测量、地形测量、规划测量、建筑工程测量、变形形变与精密测量、市政工程测量、线路与桥隧测量、地下管线测量、矿山测量；不动产测绘：地籍测绘
39	合肥九华测绘技术院	安徽	甲测资字3400211	聂泽栋	工程测量：控制测量、地形测量、建筑工程测量、变形形变与精密测量、市政工程测量、线路与桥隧测量、地下管线测量、矿山测量；不动产测绘：地籍测绘、房产测绘
40	安徽同绘家园土地信息技术有限公司	安徽	甲测资字3400227	徐天锋	地理信息系统工程：地理信息数据采集、地理信息数据处理、地理信息系统及数据库建设、地理信息软件开发；工程测量：控制测量、地形测量、规划测量、建筑工程测量、市政工程测量、水利工程测量、线路与桥隧测量；不动产测绘：地籍测绘、房产测绘、行政区域界线测绘
41	安徽中汇规划勘测设计研究院股份有限公司	安徽	甲测资字3400236	胡长江	工程测量：控制测量、地形测量、规划测量、建筑工程测量、变形形变与精密测量、市政工程测量、线路与桥隧测量、地下管线测量；不动产测绘：地籍测绘
42	安徽省城建设计研究总院有限公司	安徽	甲测资字3400245	艾红卫	摄影测量与遥感：摄影测量与遥感外业、摄影测量与遥感内业；地理信息系统工程：地理信息数据采集、地理信息数据处理、地理信息系统及数据库建设；工程测量：控制测量、地形测量、规划测量、建筑工程测量、变形形变与精密测量、市政工程测量、水利工程测量、线路与桥隧测量、地下管线测量；不动产测绘：地籍测绘、房产测绘
43	福建省海陆勘测有限公司	福建	甲测资字3500235	魏善增	测绘航空摄影：无人飞行器航摄；地理信息系统工程：地理信息数据采集、地理信息数据处理、地理信息系统及数据库建设、地理信息软件开发；工程测量：控制测量、地形测量、规划测量、建筑工程测量、市政工程测量、水利工程测量、线路与桥隧测量、地下管线测量、矿山测量；不动产测绘：地籍测绘、房产测绘、行政区域界线测绘

序号	单位名称	省份	资质证号	法定代表人	甲级专业范围
44	福建伟志工程勘测股份有限公司	福建	甲测资字3500299	陈志谋	摄影测量与遥感：摄影测量与遥感外业、摄影测量与遥感内业；地理信息系统工程：地理信息数据采集、地理信息数据处理、地理信息系统及数据库建设、地理信息软件开发；工程测量：控制测量、地形测量、规划测量、建筑工程测量、变形形变与精密测量、市政工程测量、水利工程测量、线路与桥隧测量、地下管线测量、矿山测量；不动产测绘：地籍测绘、房产测绘、行政区域界线测绘
45	中化地质矿山总局福建地质勘查院	福建	甲测资字3500300	韦传燕	工程测量：控制测量、地形测量、规划测量、建筑工程测量、市政工程测量、水利工程测量、线路与桥隧测量、地下管线测量、矿山测量；不动产测绘：地籍测绘、房产测绘
46	福建经纬测绘信息有限公司	福建	甲测资字3500319	郑志煌	工程测量：控制测量、地形测量、规划测量、建筑工程测量、变形形变与精密测量、市政工程测量、水利工程测量、线路与桥隧测量、矿山测量；不动产测绘：地籍测绘、房产测绘、行政区域界线测绘
47	福建特力惠信息科技股份有限公司	福建	甲测资字3500325	陈曙光	地理信息系统工程：地理信息数据处理、地理信息系统及数据库建设、地理信息软件开发
48	山东鲁迪测绘有限公司	山东	甲测资字3700155	李宗宝	地理信息系统工程：地理信息数据采集、地理信息数据处理、地理信息软件开发；工程测量：控制测量、地形测量、建筑工程测量、线路与桥隧测量、地下管线测量；不动产测绘：地籍测绘、房产测绘
49	山东省第八地质矿产勘查院	山东	甲测资字3700369	吉孟瑞	工程测量：控制测量、地形测量、规划测量、建筑工程测量、市政工程测量、线路与桥隧测量、矿山测量
50	山东建材勘察测绘研究院	山东	甲测资字3700378	杜长征	地理信息系统工程：地理信息数据采集、地理信息数据处理、地理信息系统及数据库建设、地理信息软件开发；工程测量；不动产测绘：地籍测绘、房产测绘、行政区域界线测绘
51	河南省有色金属地质矿产局第一地质大队	河南	甲测资字4100376	秦跃海	地理信息系统工程：地理信息数据采集、地理信息数据处理、地理信息系统及数据库建设、地理信息系统工程监理；工程测量：控制测量、地形测量、规划测量、建筑工程测量、市政工程测量、线路与桥隧测量、工程测量监理；不动产测绘：地籍测绘、行政区域界线测绘、不动产测绘监理

序号	单位名称	省份	资质证号	法定代表人	甲级专业范围
52	武汉瑞得信息工程有限责任公司	湖北	甲测资字4200041	胡正茂	地理信息系统工程：地理信息数据采集、地理信息数据处理、地理信息系统及数据库建设、地理信息软件开发、地理信息系统工程监理；工程测量：控制测量、地形测量、规划测量、建筑工程测量、市政工程测量、线路与桥隧测量、矿山测量；不动产测绘：地籍测绘、房产测绘
53	湖北地信科技集团股份有限公司	湖北	甲测资字4200525	王波	大地测量：卫星定位测量、全球导航卫星系统连续运行基准站网位置数据服务；摄影测量与遥感；地理信息系统工程：地理信息数据采集、地理信息数据处理、地理信息系统及数据库建设、地理信息软件开发、地理信息系统工程监理；工程测量：控制测量、地形测量、规划测量、建筑工程测量、市政工程测量、线路与桥隧测量、矿山测量、工程测量监理；不动产测绘
54	武汉光谷信息技术股份有限公司	湖北	甲测资字4200534	姜益民	地理信息系统工程：地理信息数据采集、地理信息数据处理、地理信息系统及数据库建设、地理信息软件开发；工程测量：控制测量、地形测量、规划测量、建筑工程测量、市政工程测量、线路与桥隧测量、矿山测量；不动产测绘：地籍测绘
55	葛洲坝测绘地理信息技术有限公司	湖北	甲测资字4200543	唐亿阶	工程测量；不动产测绘：地籍测绘
56	中交第二航务工程局有限公司	湖北	甲测资字4200552	王世峰	工程测量
57	宜昌市测绘大队	湖北	甲测资字4200561	李平	大地测量：卫星定位测量、水准测量、大地测量数据处理；工程测量：控制测量、地形测量、规划测量、建筑工程测量、变形形变与精密测量、市政工程测量、线路与桥隧测量；不动产测绘：地籍测绘、房产测绘、行政区域界线测绘
58	武汉永业赛博能规划勘测有限公司	湖北	甲测资字4200570	方国成	地理信息系统工程：地理信息数据采集、地理信息数据处理、地理信息系统及数据库建设、地理信息软件开发；工程测量：控制测量、规划测量、建筑工程测量、市政工程测量、线路与桥隧测量、矿山测量；不动产测绘：地籍测绘、房产测绘、行政区域界线测绘
59	随州市城市规划勘测设计研究院	湖北	甲测资字4200589	孙龙	工程测量：控制测量、地形测量、规划测量、建筑工程测量、变形形变与精密测量、市政工程测量、地下管线测量；不动产测绘：地籍测绘

序号	单位名称	省份	资质证号	法定代表人	甲级专业范围
60	武汉珞珈德毅科技股份有限公司	湖北	甲测资字4200598	杨治国	摄影测量与遥感：摄影测量与遥感外业、摄影测量与遥感内业；地理信息系统工程：地理信息数据采集、地理信息数据处理、地理信息系统及数据库建设、地理信息软件开发；工程测量：控制测量、地形测量、规划测量、建筑工程测量、市政工程测量、线路与桥隧测量、矿山测量；不动产测绘：地籍测绘
61	武汉市勘察设计有限公司	湖北	甲测资字4200609	廖建生	摄影测量与遥感：摄影测量与遥感外业、摄影测量与遥感内业；地理信息系统工程：地理信息数据采集、地理信息数据处理、地理信息系统及数据库建设、地理信息软件开发；工程测量：控制测量、地形测量、规划测量、建筑工程测量、变形形变与精密测量、市政工程测量、线路与桥隧测量、地下管线测量、矿山测量；不动产测绘：地籍测绘、房产测绘、行政区域界线测绘
62	湖南省有色地质勘查局二一七队	湖南	甲测资字4300380	邹长安	地理信息系统工程：地理信息数据采集、地理信息数据处理、地理信息系统及数据库建设；工程测量：控制测量、地形测量、规划测量、建筑工程测量、市政工程测量、线路与桥隧测量、地下管线测量、矿山测量
63	湖南博通信息股份有限公司	湖南	甲测资字4300399	张建国	地理信息系统工程：地理信息数据采集、地理信息数据处理、地理信息系统及数据库建设、地理信息软件开发；工程测量：控制测量、地形测量、规划测量、建筑工程测量；不动产测绘：地籍测绘、房产测绘
64	湖南省煤炭地质勘查院	湖南	甲测资字4300400	何红生	地理信息系统工程：地理信息数据采集、地理信息数据处理、地理信息系统及数据库建设；工程测量：控制测量、地形测量、建筑工程测量、市政工程测量、线路与桥隧测量、地下管线测量、矿山测量；不动产测绘：地籍测绘、行政区域界线测绘
65	广州城市信息研究所有限公司	广东	甲测资字4400201	何征	摄影测量与遥感：摄影测量与遥感外业、摄影测量与遥感内业；地理信息系统工程：地理信息数据采集、地理信息数据处理、地理信息系统及数据库建设、地理信息软件开发；工程测量：控制测量、地形测量、规划测量、建筑工程测量、市政工程测量、线路与桥隧测量、地下管线测量、矿山测量；不动产测绘：地籍测绘、行政区域界线测绘；地图编制：地形图、电子地图、真三维地图、其他专用地图；互联网地图服务：地理位置定位、地理信息上传标注

序号	单位名称	省份	资质证号	法定代表人	甲级专业范围
66	广东省有色地质测绘院	广东	甲测资字4400569	虞列沛	工程测量：控制测量、地形测量、规划测量、建筑工程测量、变形形变与精密测量、市政工程测量、线路与桥隧测量、矿山测量；不动产测绘：地籍测绘、房产测绘
67	广州中科雅图信息技术有限公司		甲测资字4400578	靳荣伟	地理信息系统工程：地理信息数据采集、地理信息数据处理、地理信息系统及数据库建设、地理信息软件开发；工程测量：控制测量、地形测量、规划测量、建筑工程测量、市政工程测量、线路与桥隧测量、矿山测量
68	中山市测绘工程有限公司		甲测资字4400587	陈清华	大地测量：卫星定位测量、水准测量；摄影测量与遥感：摄影测量与遥感外业；地理信息系统工程：地理信息数据采集、地理信息数据处理、地理信息系统及数据库建设、地理信息软件开发、地理信息系统工程监理；工程测量；不动产测绘
69	广州南方测绘科技股份有限公司		甲测资字4400596	缪小林	大地测量：卫星定位测量、全球导航卫星系统连续运行基准站网位置数据服务、水准测量、三角测量、大地测量数据处理；摄影测量与遥感：摄影测量与遥感外业；地理信息系统工程：地理信息数据采集、地理信息数据处理、地理信息系统及数据库建设、地理信息软件开发；工程测量：控制测量、地形测量、规划测量、建筑工程测量、变形形变与精密测量、市政工程测量、水利工程测量、线路与桥隧测量、地下管线测量、矿山测量
70	广东置信勘测规划信息工程有限公司		甲测资字4400607	黄萌	摄影测量与遥感：摄影测量与遥感外业、摄影测量与遥感内业；地理信息系统工程：地理信息数据采集、地理信息数据处理、地理信息系统及数据库建设；工程测量：控制测量、地形测量、规划测量、建筑工程测量、变形形变与精密测量、市政工程测量、水利工程测量、线路与桥隧测量、地下管线测量；不动产测绘：地籍测绘、房产测绘、行政区域界线测绘
71	广东广量测绘信息技术有限公司		甲测资字4400616	肖伟峰	地理信息系统工程：地理信息数据采集、地理信息数据处理、地理信息系统及数据库建设、地理信息软件开发；工程测量：控制测量、地形测量、规划测量、建筑工程测量、变形形变与精密测量、市政工程测量、线路与桥隧测量、地下管线测量、矿山测量、工程测量监理；不动产测绘：地籍测绘、房产测绘、行政区域界线测绘

序号	单位名称	省份	资质证号	法定代表人	甲级专业范围
72	增城市城乡规划测绘院	广东	甲测资字4400622	曹凯滨	地理信息系统工程：地理信息数据采集、地理信息数据处理、地理信息系统及数据库建设、地理信息软件开发、地理信息系统工程监理；工程测量：控制测量、地形测量、规划测量、建筑工程测量、市政工程测量、水利工程测量、线路与桥隧测量、地下管线测量、矿山测量、工程测量监理
73	广州博瑞信息技术股份有限公司	广东	甲测资字4400631	李爱民	摄影测量与遥感：摄影测量与遥感外业；地理信息系统工程：地理信息数据采集、地理信息数据处理、地理信息系统及数据库建设、地理信息软件开发；工程测量；不动产测绘：地籍测绘、行政区域界线测绘
74	广西北斗星测绘科技有限公司	广西	甲测资字4500192	张维裕	地理信息系统工程：地理信息数据采集、地理信息数据处理、地理信息系统及数据库建设；工程测量：控制测量、地形测量、规划测量、建筑工程测量、市政工程测量、线路与桥隧测量；不动产测绘：地籍测绘、房产测绘、行政区域界线测绘
75	四川省川核测绘地理信息有限公司	四川	甲测资字5100161	王晓刚	测绘航空摄影：无人飞行器航摄；摄影测量与遥感：摄影测量与遥感外业、摄影测量与遥感内业；地理信息系统工程：地理信息数据采集、地理信息数据处理、地理信息系统及数据库建设；工程测量：控制测量、地形测量、规划测量、建筑工程测量、变形形变与精密测量、市政工程测量、地下管线测量、工程测量监理；不动产测绘：地籍测绘、房产测绘、行政区域界线测绘
76	四川省地质矿产勘查开发局四〇五地质队	四川	甲测资字5100438	许向宁	工程测量：控制测量、地形测量、规划测量、建筑工程测量、变形形变与精密测量、市政工程测量、水利工程测量、线路与桥隧测量、矿山测量；不动产测绘：地籍测绘
77	中国水利水电第五工程局有限公司	四川	甲测资字5100447	贺鹏程	工程测量
78	四川西南交大铁路发展股份有限公司	四川	甲测资字5100456	王鹏翔	工程测量：控制测量、地形测量、规划测量、建筑工程测量、变形形变与精密测量、市政工程测量、线路与桥隧测量、地下管线测量、工程测量监理

序号	单位名称	省份	资质证号	法定代表人	甲级专业范围
79	四川电力设计咨询有限责任公司	四川	甲测资字5100465	侯磊	摄影测量与遥感：摄影测量与遥感外业、摄影测量与遥感内业；地理信息系统工程：地理信息数据采集、地理信息数据处理、地理信息系统及数据库建设；工程测量：控制测量、地形测量、规划测量、建筑工程测量、市政工程测量、水利工程测量、线路与桥隧测量、矿山测量
80	四川煤田一四一建设投资有限公司		甲测资字5100474	陈明述	摄影测量与遥感：摄影测量与遥感外业；地理信息系统工程：地理信息数据采集、地理信息数据处理、地理信息系统及数据库建设；工程测量：控制测量、地形测量、规划测量、建筑工程测量、变形形变与精密测量、市政工程测量、线路与桥隧测量、矿山测量、工程测量监理；不动产测绘：地籍测绘
81	贵州千景土地科技有限公司	贵州	甲测资字5200106	谭伟华	测绘航空摄影：无人飞行器航摄；地理信息系统工程：地理信息数据采集、地理信息数据处理、地理信息系统及数据库建设；工程测量：控制测量、地形测量、规划测量、建筑工程测量、市政工程测量、线路与桥隧测量、矿山测量；不动产测绘：地籍测绘
82	贵州电力设计研究院		甲测资字5200176	李康忠	地理信息系统工程：地理信息数据采集、地理信息数据处理、地理信息系统及数据库建设、地理信息软件开发；工程测量：控制测量、地形测量、规划测量、建筑工程测量、变形形变与精密测量、市政工程测量、线路与桥隧测量
83	中国水电建设集团十五工程局有限公司	陕西	甲测资字6100383	梁向峰	工程测量：控制测量、地形测量、规划测量、建筑工程测量、变形形变与精密测量、市政工程测量、水利工程测量、线路与桥隧测量、矿山测量、工程测量监理
84	西安中策资讯科技有限责任公司		甲测资字6100392	强焱	测绘航空摄影：无人飞行器航摄；摄影测量与遥感：摄影测量与遥感外业、摄影测量与遥感内业；地理信息系统工程：地理信息数据采集、地理信息系统及数据库建设、地理信息软件开发；不动产测绘：地籍测绘、房产测绘、行政区域界线测绘；地图编制：地形图、电子地图、真三维地图、其他专用地图

序号	单位名称	省份	资质证号	法定代表人	甲级专业范围
85	陕西区域地质矿产研究院	陕西	甲测资字6100403	邢宪龙	地理信息系统工程：地理信息数据采集、地理信息数据处理、地理信息系统及数据库建设；工程测量：控制测量、地形测量、规划测量、建筑工程测量、市政工程测量、线路与桥隧测量、地下管线测量、矿山测量；不动产测绘：地籍测绘、房产测绘、行政区域界线测绘；地图编制：地形图、其他专用地图
86	中铁十七局集团第二工程有限公司		甲测资字6100412	毕永清	工程测量：控制测量、地形测量、规划测量、变形形变与精密测量、市政工程测量、水利工程测量、线路与桥隧测量、矿山测量
87	陕西秦泰工程勘察设计有限公司		甲测资字6100428	吕敬	摄影测量与遥感：摄影测量与遥感外业；地理信息系统工程：地理信息数据采集；工程测量：控制测量、地形测量、规划测量、建筑工程测量、变形形变与精密测量、市政工程测量、线路与桥隧测量；不动产测绘：地籍测绘、行政区域界线测绘
88	陕西丽达测绘有限公司		甲测资字6100437	方伯伟	测绘航空摄影：无人飞行器航摄；摄影测量与遥感：摄影测量与遥感外业、摄影测量与遥感内业；地理信息系统工程：地理信息数据采集、地理信息数据处理、地理信息系统及数据库建设；工程测量：控制测量、地形测量、规划测量、建筑工程测量、变形形变与精密测量、市政工程测量、水利工程测量、线路与桥隧测量、地下管线测量、矿山测量；不动产测绘：地籍测绘、房产测绘、行政区域界线测绘
89	甘肃省核地质二一二大队	甘肃	甲测资字6200157	魏炳安	工程测量：控制测量、地形测量、规划测量、建筑工程测量、市政工程测量、线路与桥隧测量、地下管线测量、矿山测量；不动产测绘：地籍测绘
90	甘肃省水利水电工程局有限责任公司		甲测资字6200166	巩正玺	工程测量：控制测量、地形测量、规划测量、建筑工程测量、水利工程测量；不动产测绘：地籍测绘
91	巴州新矿测绘中心	新疆	甲测资字6500181	吴承兵	工程测量：控制测量、地形测量、规划测量、建筑工程测量、变形形变与精密测量、市政工程测量、线路与桥隧测量、地下管线测量

国家测绘地理信息局公告

（第3号　2017年2月17日）

根据《注册测绘师制度暂行规定》和《注册测绘师执业管理办法（试行）》，经审核，陈磊等60人符合初始注册条件，准予初始注册；刘春祥等11人符合变更注册条件，准予变更注册；宋德友符合注销注册条件，准予注销注册。

特此公告。

附件：1. 准予初始注册人员名单（2017年第二批）（略）

2. 准予变更注册人员名单（2017年第二批）（略）

3. 准予注销注册人员名单（2017年第二批）（略）

国家测绘地理信息局公告

（第4号　2017年2月21日）

为切实履行统一监管职能，全面提高测绘地理信息成果质量水平，根据《中华人民共和国测绘法》，国家测绘地理信息局于2016年3月至12月组织开展了2016年全国测绘地理信息质量监督抽查工作。抽查对象：一是2015年测绘资质单位完成的1∶500～1∶10000基本比例尺地形图测绘项目；二是2015年测绘资质单位完成的变形监测测绘项目；三是甲级测绘资质单位质量管理体系。监督抽查分为国家监督抽查和省级监督抽查。国家监督抽查中，1∶500～1∶10000基本比例尺地形图成果抽查了20个项目，成果质量全部批合格，批合格率为100%；变形监测成果抽查了10个项目，成果质量批合格7个，批不合格2个，不满足检查条件未进行抽查的1个，批合格率为77.8%。甲级测绘资质单位质量管理体系建设及运行情况抽查了31家，质量管理体系完善或基本完善的单位27家，不完善的单位4家，完善和基本完善率为87.1%（具体抽查结果见附件）。

根据《测绘地理信息质量管理办法》的有关规定，此次监督抽查依据为：《2016年全国测绘地理信息质量监督抽查实施方案》，《数字测绘成果质量检查与验收》（GB/T 18316—2008）等有关国家标准和行业标准，被检项目所依据的标准规程、设计书、任务书、合同书等。

抽查结果表明，经过近年来各级测绘地理信息行政主管部门持续不断加强质量监督管理，测绘资质单位对测绘成果质量重视程度进一步提高，全国测绘成果质量总体形势较好，资质单位质量管理体系建立及运行总体情况良好。

检查中发现了以下主要问题：一是技术设计不严格。部分项目无设计或设计中作业要求不明确。二是生产作业不规范。部分单位不按设计、规程要求作业，部分测量工作没有原始观测记录、观测记录不完整或精度超限，导致成果不合格。三是组织保障不完善。部分单位未设立质量管理部门，无专职质检人员，管理制度不完善。四是个别行业单位重视程度不够。测绘工作在部分行业单位中处于非业务主体地位，没有得到足够重视，质量控制不严格，没有落实“两级检查、一级验收”要求，质量工作不到位。

针对抽查中发现的主要问题，我局将按照有关法律法规的规定，对成果质量不合格项目，要求受检单位进行整改，并告知项目委托方，记入全国测绘地理信息行业信用管理的不良信息。对报送信息不准确的四川省冶金地质勘查局测绘工程大队，责成上报近三年完成的所有测绘项目，从中抽取一个项目进行检查。

我局将继续加大测绘地理信息成果质量监督检查力度，不断提升测绘资质单位质量意识，进一步提高测绘地理信息成果质量水平，为国家经济建设和社会发展提供更加优质的测绘地理信息产品。

特此公告。

附件：2016 年国家测绘地理信息质量监督抽查结果（略）

国家测绘地理信息局公告

（第 5 号 2017 年 3 月 7 日）

根据《注册测绘师制度暂行规定》和《注册测绘师执业管理办法（试行）》，经审核，翟高鹏等 63 人符合初始注册条件，准予初始注册；李树海等 13 人符合变更注册条件，准予变更注册。

特此公告。

附件：1. 准予初始注册人员名单（2017 年第三批）（略）

2. 准予变更注册人员名单（2017 年第三批）（略）

国家测绘地理信息局公告

（第 6 号 2017 年 3 月 15 日）

根据《注册测绘师制度暂行规定》和《注册测绘师执业管理办法（试行）》，经审核，南旭等 93 人符合初始注册条件，准予初始注册；刘彦斌等 20 人符合变更注册条件，准予变更注册；冯永生符合注销注册条件，准予注销注册。

特此公告。

附件：1. 准予初始注册人员名单（2017 年第四批）（略）

2. 准予变更注册人员名单（2017 年第四批）（略）

3. 准予注销注册人员名单（2017 年第四批）（略）

国家测绘地理信息局公告

（第 7 号 2017 年 3 月 30 日）

根据《注册测绘师制度暂行规定》和《注册测绘师执业管理办法（试行）》，经审核，张彦江等 88 人符合初始注册条件，准予初始注册；耿立明等 24 人符合变更注册条件，准予变更注册；陈敦云等 4 人符合注销注册条件，准予注销注册。

特此公告。

附件：1. 准予初始注册人员名单（略）

2. 准予变更注册人员名单（略）

3. 准予注销注册人员名单（略）

国家测绘地理信息局公告

（第8号 2017年4月7日）

截止2016年底，全国共有甲级测绘资质单位983家，其中978家依照《测绘资质管理规定》的要求报送了本单位2016年度的测绘资质年度报告并在我局网站公示，现予公告，接受公众查询监督。对未报送年度报告的5家单位，以及日常监督检查中发现年度报告隐瞒真实情况、弄虚作假的单位，将依据《测绘地理信息行业信用指标体系》，计入不良信用信息。

2016年度全国甲级测绘资质单位年度报告查询网址：http：//chzz. nasg. gov. cn/GjjAnnual. aspx。

国家测绘地理信息局公告

（第9号 2017年4月26日）

根据《注册测绘师制度暂行规定》和《注册测绘师执业管理办法（试行）》，经审核，都鹏远等132人符合初始注册条件，准予初始注册；揭志强等24人符合变更注册条件，准予变更注册；谭兆伟等2人符合注销注册条件，准予注销注册。

特此公告。

附件：1. 准予初始注册人员名单（略）

2. 准予变更注册人员名单（略）

3. 准予注销注册人员名单（略）

国家测绘地理信息局公告

（第10号 2017年5月2日）

根据国家测绘地理信息局《科技领军人才管理暂行办法》，经选拔推荐、专家评审、局人才工作领导小组审议、局党组审定，武汉大学艾廷华、海军工程大学边少锋、西南交通大学朱庆、武汉大学姜卫平、中国测绘科学研究院黄国满（按姓氏笔画排序）5人当选为第四批国家测绘地理信息局科技领军人才。希望当选的同志珍惜荣誉，再接再厉，努力在新的起点上取得新的更大成绩。

希望广大测绘地理信息科技工作者以国家测绘地理信息局科技领军人才为榜样，树立科学精神，培养创新思维，挖掘创新潜能，提高创新能力，在“全力做好测绘地理信息服务保障，大力促进地理信息产业发展，尽责维护国家地理信息安全”中贡献自己的智慧和力量。

国家测绘地理信息局公告

（第11号 2017年5月2日）

根据国家测绘地理信息局《科技领军人才管理暂行办法》有关规定，国家测绘地理信息局对现有科技领军人才进行了考核，经专家评议、局人才工作领导小组审议、局党组审定，现将考核结果公布如下：

一、国家基础地理信息中心王东华、香港理工大学史文中、中国测绘科学研究院刘纪平、武汉大学刘耀林、国家基础地理信息中心刘若梅、武汉大学许才军、武汉大学闫利、国家测绘产品质量检验测试中心张继贤、中国测绘科学研究院张力、中国测绘科学研究院李成名、南京大学李满春、武汉大学李霖、国家基础地理信息中心陈军、中国测绘科学研究院党亚民、国家测绘地理信息局卫星测绘应用中心唐新明、国家测绘地理信息局大地测量数据处理中心郭春喜、中国科学院遥感应用研究所顾行发、国家基础地理信息中心蒋捷、中国测绘科学研究院程鹏飞、同济大学童小华（按姓氏笔画排序）20 人考核合格。

二、按照动态培养与管理的原则，对已入选国家千人计划、万人计划等国家重大人才工程的王东华、史文中、刘纪平、刘耀林、张继贤、李成名、唐新明、蒋捷、童小华 9 人不再纳入国家测绘地理信息局科技领军人才管理。

国家测绘地理信息局公告

（第 12 号　2017 年 5 月 5 日）

根据《注册测绘师制度暂行规定》和《注册测绘师执业管理办法（试行）》，经审核，李劲峰等 212 人符合初始注册条件，准予初始注册；江明等 27 人符合变更注册条件，准予变更注册。

特此公告。

附件：1. 准予初始注册人员名单（略）

2. 准予变更注册人员名单（略）

国家测绘地理信息局公告

（第 13 号　2017 年 5 月 17 日）

根据《注册测绘师制度暂行规定》和《注册测绘师执业管理办法（试行）》，经审核，张少杰等 169 人符合初始注册条件，准予初始注册；余启兴等 14 人符合变更注册条件，准予变更注册；张亮等 7 人符合注销注册条件，准予注销注册。

特此公告。

附件：1. 准予初始注册人员名单（略）

2. 准予变更注册人员名单（略）

3. 准予注销注册人员名单（略）

国家测绘地理信息局公告

（第 14 号　2017 年 6 月 7 日）

根据《注册测绘师制度暂行规定》和《注册测绘师执业管理办法（试行）》，经审核，李娜等 141 人符合初始注册条件，准予初始注册；严慧君等 16 人符合变更注册条件，准予变更注册；苏怀坡等 2 人符合注销注册条件，准予注销注册。

特此公告。

附件：1. 准予初始注册人员名单（略）

2. 准予变更注册人员名单（略）

3. 准予注销注册人员名单（略）

国家测绘地理信息局公告

（第 15 号　2017 年 6 月 22 日）

根据《注册测绘师制度暂行规定》和《注册测绘师执业管理办法（试行）》，经审核，吴志刚等 245 人符合初始注册条件，准予初始注册；景彩宁等 33 人符合变更注册条件，准予变更注册。

特此公告。

附件：1. 准予初始注册人员名单（略）

2. 准予变更注册人员名单（略）

国家测绘地理信息局公告

（第 16 号　2017 年 7 月 4 日）

根据《注册测绘师制度暂行规定》和《注册测绘师执业管理办法（试行）》，经审核，魏征军等 130 人符合初始注册条件，准予初始注册；吕锋等 11 人符合变更注册条件，准予变更注册。

特此公告。

附件：1. 准予初始注册人员名单（略）

2. 准予变更注册人员名单（略）

国家测绘地理信息局公告

（第 17 号　2017 年 7 月 14 日）

根据《注册测绘师制度暂行规定》和《注册测绘师执业管理办法（试行）》，经审核，夏敏等 217 人符合初始注册条件，准予初始注册；邱春霞等 20 人符合变更注册条件，准予变更注册；成秀凤等 4 人符合注销注册条件，准予注销注册。

特此公告。

附件：1. 准予初始注册人员名单（略）

2. 准予变更注册人员名单（略）

3. 准予注销注册人员名单（略）

国家测绘地理信息局公告

（第 18 号 2017 年 7 月 21 日）

根据《注册测绘师制度暂行规定》和《注册测绘师执业管理办法（试行）》，经审核，段志彬等 126 人符合初始注册条件，准予初始注册；鲍成义等 13 人符合变更注册条件，准予变更注册。

特此公告。

附件：1. 准予初始注册人员名单（略）

2. 准予变更注册人员名单（略）

国家测绘地理信息局公告

（第 19 号 2017 年 8 月 21 日）

根据《注册测绘师制度暂行规定》和《注册测绘师执业管理办法（试行）》，经审核，王东晓等 68 人符合初始注册条件，准予初始注册；羌树华等 4 人符合变更注册条件，准予变更注册；王占宏等 1 人符合注销注册条件，准予注销注册。

特此公告。

附件：1. 准予初始注册人员名单（略）

2. 准予变更注册人员名单（略）

3. 准予注销注册人员名单（略）

国家测绘地理信息局公告

（第 20 号 2017 年 9 月 1 日）

根据《注册测绘师制度暂行规定》和《注册测绘师执业管理办法（试行）》，经审核，叶洪剑等 178 人符合初始注册条件，准予初始注册；高智方等 18 人符合变更注册条件，准予变更注册。

特此公告。

附件：1. 准予初始注册人员名单（略）

2. 准予变更注册人员名单（略）

国家测绘地理信息局公告

（第 21 号 2017 年 9 月 25 日）

根据《注册测绘师制度暂行规定》和《注册测绘师执业管理办法（试行）》，经审核，马伶等 114 人符合初始注册条件，准予初始注册；李松等 14 人符合变更注册条件，准予变更注册；孙中豪等 3 人符合注销注册条件，准予注销注册。

特此公告。

附件：1. 准予初始注册人员名单（略）

2. 准予变更注册人员名单（略）

3. 准予注销注册人员名单（略）

国家测绘地理信息局公告

（第 22 号　2017 年 9 月 29 日）

根据《注册测绘师制度暂行规定》和《注册测绘师执业管理办法（试行）》，经审核，高用竹等 50 人符合初始注册条件，准予初始注册；王涛等 13 人符合变更注册条件，准予变更注册；刘世利等 2 人符合注销注册条件，准予注销注册。

特此公告。

附件：1. 准予初始注册人员名单（略）

2. 准予变更注册人员名单（略）

3. 准予注销注册人员名单（略）

国家测绘地理信息局公告

（第 23 号　2017 年 10 月 13 日）

根据《注册测绘师制度暂行规定》和《注册测绘师执业管理办法（试行）》，经审核，张艳良等 55 人符合初始注册条件，准予初始注册；刘明娴等 18 人符合变更注册条件，准予变更注册；杨小伟等 3 人符合注销注册条件，准予注销注册。

特此公告。

附件：1. 准予初始注册人员名单（略）

2. 准予变更注册人员名单（略）

3. 准予注销注册人员名单（略）

国家测绘地理信息局公告

（第 24 号　2017 年 10 月 31 日）

根据《注册测绘师制度暂行规定》和《注册测绘师执业管理办法（试行）》，经审核，邵永生等 66 人符合初始注册条件，准予初始注册；王荣保等 13 人符合变更注册条件，准予变更注册；秦永宽等 2 人符合注销注册条件，准予注销注册。

特此公告。

附件：1. 准予初始注册人员名单（略）

2. 准予变更注册人员名单（略）

3. 准予注销注册人员名单（略）

国家测绘地理信息局公告

（第 25 号 2017 年 11 月 2 日）

2017 年 9 月 13 日至 14 日，国家测绘地理信息局在江西省南昌市举办了 2017 年全国测绘地理信息行政执法人员培训班，对参训的 103 名学员进行了统一考试，现将考试合格名单予以公告。

附件：2017 年度全国测绘地理信息行政执法人员资格考试合格名单（略）

国家测绘地理信息局公告

（第 26 号 2017 年 11 月 2 日）

根据《中华人民共和国标准化法》《行业标准管理办法》和《测绘标准化管理办法》有关规定，按照国务院《深化标准化改革工作方案》和国家标准化管理委员会《推荐性标准集中复审工作方案》的有关要求，经对推荐性测绘行业标准进行集中复审，我局决定废止《地理信息元数据服务接口规范》等 21 项测绘行业标准（目录见附件）。此 21 项标准自本公告发布之日起停止实施。

特此公告。

附件：测绘行业标准废止目录

测绘行业标准废止目录

序号	标准名称	标准号	备注
一、标准内容不适应当前技术发展需要的标准			
1	0.8－7.0 倍纠正仪	CH/T 8005—1991	
2	模拟测图仪系列及其基本参数	CH 8006—1991	
3	HMT 10 模拟测图仪	CH/T 8007—1991	
4	立体判读仪	CH/T 8010—1992	
5	正射投影仪	CH/T 8011—1992	
6	HJT 05 解析测图仪	CH 8012—1992	
7	标准玻璃网格板	CH/T 8013—1993	
8	数控绘图机系列及其基本参数	CH/T 8014—1994	
9	CHS90－B/120－B 数控绘图机	CH/T 8015—1994	
10	地理信息网络分发服务元数据内容规范	CH/Z 9018—2012	
11	地理信息元数据服务接口规范	CH/Z 9019—2012	

序号	标准名称	标准号	备注
二、已被其他国家标准所代替的标准			
12	光电测距仪检定规范	CH 8001—1991	代替标准 JJG 703—2003《光电测距仪检定规程》
13	因瓦水准标尺检定技术规程	CH 8008—1992	代替标准 JJG 8—1991《水准标尺》
14	DSZ05、DSZ1 自动安平水准仪磁致误差检定技术规程	CH 8009—1992	代替标准 JJG 425—2003《水准仪》
15	1:5 000 1:10 000 比例尺地形图航摄像片室内外综合判调法作业规程（试行）	CH/T 3001—1999	代替标准 GB/T 13990—2012《1:5 000 1:10 000 地形图航空摄影测量内业规范》
16	全球导航卫星系统连续运行参考站网建设规范	CH/T 2008—2005	代替标准 GB/T 28588—2012《全球导航卫星系统连续运行基准站网技术规范》
17	测绘成果质量检验报告编写基本规定 .	CH/Z 1001—2007	代替标准 GB/T 18316—2008《数字测绘成果质量检查与验收》
18	数字城市地理空间信息公共平台技术规范	CH/Z 9001—2007	代替标准 GB/T 30318—2013《地理信息公共平台基本规定》
19	地理空间框架基本规定	CH/T 9003—2009	代替标准 GB/T 30317—2013《地理空间框架基本规定》
20	地理信息公共平台基本规定	CH/T 9004—2009	代替标准 GB/T 30318—2013《地理信息公共平台基本规定》
21	基础地理信息数据库基本规定	CH/T 9005—2009	代替标准 GB/T 30319—2013《基础地理信息数据库基本规定》

国家测绘地理信息局公告

（第 27 号 2017 年 11 月 7 日）

启用国家地理信息公共服务平台“天地图”2017 版公告

根据《中华人民共和国测绘法》第四十条和《地图管理条例》第六条的规定，国家测绘地理信息局组织对国家地理信息公共服务平台“天地图”进行了升级改造，全面更新了地理信息数据，优化了服务功能，丰富了二次开发接口，提高了平台的稳定性和可扩展性。目前，“天地图”2017 版已具备对外提供服务的条件，即日起正式启用，欢迎社会各界使用（互联网访问地址：www. tianditu. gov. cn，国家电子政务外网访问地址：tianditu. cegn. cn）。

国家测绘地理信息局公告

（第 28 号 2017 年 11 月 9 日）

国家测绘地理信息局 2017 版基础测绘成果发布公告

2017 版国家 1:5 万、1:25 万、1:100 万地形要素数据（DLG）及国家测绘基准成果已经过验收，即日起向社会提供。现公告如下：

一、2017 版地形要素数据（DLG）包括：

（一）1:5 万地形要素数据（DLG）（2017 版）

采用基准：2000 国家大地坐标系、1985 国家高程基准

覆盖范围：全国陆地和部分岛屿

图幅：24185 幅

现势性：2016 年

（二）1:25 万地形要素数据（DLG）（2017 版）

采用基准：2000 国家大地坐标系、1985 国家高程基准

覆盖范围：全国陆地和部分岛屿

图幅：816 幅

现势性：2015 年

（三）1:100 万地形要素数据（DLG）（2017 版）

采用基准：2000 国家大地坐标系、1985 国家高程基准

覆盖范围：全国陆地

图幅：77 幅

现势性：2015 年

二、2017 版国家测绘基准成果包括：

（一）国家卫星导航定位基准站

采用基准：2000 国家大地坐标系、ITRF2008

覆盖范围：全国

规模：360 座

建设时间：2012—2016 年

（二）国家大地控制网

等级：B 级

采用基准：2000 国家大地坐标系、ITRF2008

覆盖范围：全国

规模：4508 点

建设时间：2014—2016 年

（三）国家高程控制网

等级：一等

采用基准：1985 国家高程基准

覆盖范围：全国

规模：12.56 万千米

建设时间：2012—2015 年

（四）国家重力基准点

等级：基准点

采用基准：2000 国家重力基准

覆盖范围：全国

规模：50 座

建设时间：2014—2015 年

三、2017 版国家 1:5 万、1:25 万、1:100 万地形要素数据（DLG）及国家测绘基准成果的提供和使用按照基础测绘成果管理有关规定办理。用于国家机关决策和社会公益性事业的，无偿提供。

特此公告。

国家测绘地理信息局公告

（第 29 号　2017 年 11 月 20 日）

关于测绘地理信息标准化服务平台上线的公告

为提升标准化服务公众的能力水平，促进测绘地理信息标准的有效实施和监督，国家测绘地理信息局“测绘地理信息标准化服务平台”即日起正式上线试运行。

该平台收录了由国家测绘地理信息局归口的共 288 项已发布测绘地理信息标准，包括国家标准 136 项、测绘行业标准 146 项、测绘计量检定规程 6 项。全文公开其中 118 项国家标准、139 项测绘行业标准、5 项测绘计量检定规程。其他属于受国际标准化组织知识产权保护的国际采标标准或正在出版印刷过程中的标准暂未公开。今后，新批准发布的测绘地理信息标准也将在发布出版后及时公开。

该平台所提供的电子文本仅供学习、研究之用，未经国家测绘地理信息局标准化管理部门授权，禁止复制、发行、汇编、翻译、网络传播等，侵权必究。

互联网访问地址：bzgk. nasg. gov. cn

国家测绘地理信息局门户网站访问路径：国家测绘地理信息局门户网站左下角点击进入“政务服务平台”。

特此公告。

国家测绘地理信息局公告

（第 30 号 2017 年 11 月 22 日）

根据《注册测绘师制度暂行规定》和《注册测绘师执业管理办法（试行）》，经审核，刘云广等 60 人符合初始注册条件，准予初始注册；毕朋峰等 8 人符合变更注册条件，准予变更注册；李广锋符合注销注册条件，准予注销注册。

特此公告。

附件：1. 准予初始注册人员名单（略）

2. 准予变更注册人员名单（略）

3. 准予注销注册人员名单（略）

国家测绘地理信息局公告

（第 31 号 2017 年 11 月 23 日）

国家测绘地理信息局关于撤销欧阳志明注册测绘师注册的公告

根据《注册测绘师制度暂行规定》，经研究决定，撤销欧阳志明注册测绘师注册，收回注册证和印章（编号 163600170（00）），3 年内不得再次申请注册。

特此公告。

国家测绘地理信息局公告

（第 32 号 2017 年 12 月 4 日）

根据《注册测绘师制度暂行规定》和《注册测绘师执业管理办法（试行）》，经审核，宋久伟等 85 人符合初始注册条件，准予初始注册；杜道龙等 20 人符合变更注册条件，准予变更注册；滕艳敏等 4 人符合注销注册条件，准予注销注册。

特此公告。

附件：1. 准予初始注册人员名单（略）

2. 准予变更注册人员名单（略）

3. 准予注销注册人员名单（略）

国家测绘地理信息局公告

（第 33 号 2017 年 12 月 8 日）

根据《注册测绘师制度暂行规定》和《注册测绘师执业管理办法（试行）》，经审核，林荣宝等 76 人符合初始注册条件，准予初始注册；叶东辉等 16 人符合变更注册条件，准予变更注册；张占海等 3 人符合注销注册条件，准予注销注册。

特此公告。

附件：1. 准予初始注册人员名单（略）

2. 准予变更注册人员名单（略）

3. 准予注销注册人员名单（略）

国家测绘地理信息局公告

（第 34 号 2017 年 12 月 11 日）

为保障国务院“放管服”改革措施落实，根据《国务院办公厅关于进一步做好“放管服”改革涉及的规章、规范性文件清理工作的通知》（国办发〔2017〕40 号）精神，国家测绘地理信息局对 2017 年 6 月 30 日前制定发布的规范性文件进行了全面清理。现将清理结果公告如下：

一、《关于测绘野外队老干部离休后是否继续发给野外工作津贴的复函》等 236 件规范性文件继续有效（目录见附件 1）。

二、《关于颁发〈测绘成图、成果资料实行部分收费的试行办法〉的通知》等 13 件规范性文件废止（目录见附件 2）。

继续有效的规范性文件，有效期与本公告发布前连续计算。凡我局于 2017 年 6 月 30 日以前制定的规范性文件，未列入上述继续有效规范性文件目录的，原则上不再作为测绘地理信息管理的依据。

各级测绘地理信息主管部门要严格依法履行职责，认真执行继续有效的规范性文件，并对照有关规范性文件废止的情况，做好本部门规范性文件清理的衔接工作。

特此公告。

附件：1. 继续有效的规范性文件目录

2. 废止的规范性文件目录

附件 1

继续有效的规范性文件目录

序号	名称及文号	备注
1	关于测绘野外队老干部离休后是否继续发给野外工作津贴的复函（（85）测人字第 134 号）	
2	关于将野外测绘工人列为提前退休工种的通知（国测发〔1986〕251 号）	
3	关于对保密地形图进行统一编号的规定（国测发〔1986〕298 号）	
4	关于印发《测量标志维修规程（试行）》的通知（国测发〔1988〕139 号）	
5	关于广东、海南两省间行政区域界线在地图上画法的通知（测办发〔1989〕23 号）	
6	关于编制台湾省地图注意事项的通知（国测函〔1991〕304 号）	

序号	名称及文号	备注
7	关于转发外交部《关于原苏联境内各独立国家在地图上表示方法的通知》的通知（国测函〔1992〕046 号）	
8	《国家测绘局职工个人防护用品标准及管理规定（试行）》（国测发〔1992〕第 106 号）	
9	关于测绘野外艰苦岗位职工实行浮动一级工资的通知（国测发〔1992〕197 号 ）	
10	关于汇交测绘成果目录和副本的实施办法（国测发〔1993〕077 号）	
11	关于发布《测绘市场管理暂行办法》的通知（国测体字〔1995〕15 号）	已经国测法发〔2010〕7 号修订
12	关于印发《国家基础航空摄影资料管理暂行办法》的通知（国测国字〔1996〕6 号）	
13	关于印发《航空摄影管理暂行办法》的通知（国测国字〔1996〕7 号）	已经国测法发〔2010〕7 号修订
14	国家测绘局关于贯彻实施《行政处罚法》的通知（国测法字〔1996〕11 号）	
15	《测绘计量管理暂行办法》（国测国字〔1996〕24 号）	
16	《国家测绘局专业技术人员继续教育规定》（国测人字〔1996〕28 号）	
17	关于绘制《香港特别行政区区域图》有关问题及处理意见的函（测生〔1997〕6 号）	
18	《测绘安全生产管理暂行规定》（国测人字〔1997〕8 号）	
19	《测绘行业特有工种职业技能鉴定实施办法（试行）》（国测人字〔1997〕12 号）	
20	《国家测绘局继续教育培训班管理办法》（测教〔1997〕12 号）	
21	《国家测绘局继续教育登记证书管理办法》（测教〔1997〕13 号）	
22	《测绘生产质量管理规定》（国测国字〔1997〕20 号）	
23	关于印发《国家基础航空摄影资料管理暂行办法》的补充规定的通知（国测国字〔1997〕44 号）	
24	关于核定测绘事业单位专用基金提取比例的通知（国测计字〔1998〕61 号）	
25	对陕西测绘局《关于受原国家测绘总局表彰的社会主义建设积极分子退休后可否相应提高退休费比例的请示》的批复（测人〔1998〕108 号）	
26	关于进一步做好测绘系统维护稳定和安全保卫工作的通知（国测办字〔1999〕3 号）	

序号	名称及文号	备注
27	《测绘行业特有工种职业技能鉴定站管理办法》（国测人字〔1999〕13 号）	
28	《测绘行业特有工种职业技能鉴定考评人员管理办法》（国测人字〔1999〕14 号）	
29	关于对宁夏回族自治区测绘局有关测量标志管理工作关系请示的函（测法〔1999〕27 号）	
30	关于加强国家基础航空摄影测量底片安全保管工作的通知（测业〔1999〕96 号）	
31	关于编制澳门特别行政区行政区域图意见的函（测业〔1999〕128 号）	
32	关于测绘主管部门在商品房面积管理工作中职能分工的通知（国测法字〔2000〕1 号）	
33	关于重新发布测绘合同示范文本的通知（国测法字〔2000〕2 号）	
34	关于城市测绘管理问题的批复（国测法字〔2000〕7 号）	
35	《国家测绘局青年学术和技术带头人管理办法》（国测人字〔2000〕24 号）	已经国测办发〔2017〕221 号修订
36	《测绘行业特有工种职业技能鉴定考务管理办法》（测人〔2000〕41 号）	
37	《测绘行业特有工种职业资格证书管理办法》（测人〔2000〕42 号）	
38	我国分米级精度大地水准面 CQG2000（公告〔2001〕1 号）	
39	国家第二期一等水准复测成果（公告〔2001〕2 号）	
40	国家高精度水准网动态平差成果（公告〔2001〕3 号）	
41	关于印发《国家基础测绘项目管理办法（试行）》的通知（国测国字〔2001〕7 号）	
42	关于加强测绘系统会计电算化工作的通知（测办〔2001〕94 号）	
43	关于印发《中国测绘网广域连网普通密码管理规定》的通知（国测密字〔2002〕2 号）	
44	关于在国家测绘局网站上公布地图审核结果的通知（国测法字〔2002〕2 号）	
45	关于工程测量管理问题的批复（测管函〔2002〕39 号）	
46	关于印发《公开地图内容表示若干规定》的通知（国测法字〔2003〕1 号）	
47	关于实施《中华人民共和国测绘法》的意见（国测法字〔2003〕3 号）	
48	关于城市测量有关问题请示的批复（国测法字〔2003〕4 号）	
49	关于对房产测绘与房产测量称谓请示的批复（国测法字〔2003〕8 号）	
50	《测绘管理工作国家秘密范围的规定》（国测办字〔2003〕17 号）	

序号	名称及文号	备注
51	关于印发《测绘事业单位会计电算化内部管理制度》的通知（测办〔2003〕38 号）	
52	关于做好市县测绘行政管理职责落实工作的通知（测办〔2003〕65 号）	
53	关于印发《测绘作业证管理规定》的通知（国测法字〔2004〕5 号）	
54	关于贯彻实施《中华人民共和国行政许可法》的通知（国测法字〔2004〕6 号）	
55	关于贯彻落实《全面推进依法行政实施纲要》的通知（国测法字〔2004〕7 号）	
56	关于海域使用测量资质管理工作的通知（国测管字〔2004〕13 号）	
57	关于对私营测绘企业测绘资质管理有关问题的批复（国测管字〔2004〕14 号）	
58	关于《测绘管理工作国家秘密范围的规定》有关问题的复函（国测办〔2004〕61 号）	
59	关于印发《国家测绘局项目支出预算管理办法（试行）》的通知（国测财字〔2004〕65 号）	
60	关于配发测绘作业证工作的通知（测办〔2004〕76 号）	
61	关于对工程建设中有关测绘资质问题的批复（测办〔2004〕119 号）	
62	国家测绘局关于启用珠穆朗玛峰高程新数据的公告（公告〔2005〕2 号）	
63	关于使用成都市平面坐标系统的批复（国测国字〔2005〕4 号）	
64	关于加强网上地图管理的通知（国测办字〔2005〕5 号）	
65	关于全面推进依法行政 进一步加强测绘行政管理工作的意见（国测法字〔2005〕8 号）	
66	关于测绘资质申请材料有关问题的批复（测管函〔2005〕12 号）	
67	关于加强测绘航空摄影监督管理工作的通知（国测管字〔2005〕56 号）	
68	关于测绘资质管理有关问题的批复（测办〔2005〕61 号）	
69	关于长江航道局和长江水利委员会水文局下属分支机构申请增加测绘资质证书副本有关问题的通知（测办〔2005〕94 号）	
70	关于对提供独立坐标系与世界大地坐标系之间转换参数事的复函（国测函〔2005〕113 号）	
71	关于测绘资质业务范围审批有关问题的批复（国测管字〔2005〕116 号）	
72	关于进一步加强重要地理信息数据审核公布管理工作的通知（国测成字〔2006〕1 号）	

序号	名称及文号	备注
73	关于塞尔维亚和黑山共和国在地图上表示方法的通知（国测图字〔2006〕1号）	
74	关于委托管理和提供使用1:50000基础地理信息数据的通知（国测成字〔2006〕2号）	
75	《建立相对独立的平面坐标系统管理办法》（国测法字〔2006〕5号）	
76	国家测绘局关于做好社会主义新农村建设测绘保障服务的意见（国测办字〔2006〕10号）	
77	关于测绘资质业务范围涵盖内容请示的批复（测管函〔2006〕11号）	
78	《基础测绘成果提供使用管理暂行办法》（国测法字〔2006〕13号）	
79	关于进一步做好行政执法责任制有关工作的通知（测办〔2006〕31号）	
80	关于加强外国的组织或者个人来华测绘管理工作的通知（国测管字〔2006〕36号）	
81	关于测绘持证单位的分支机构独立从事测绘活动请示的批复（测管函〔2006〕42号）	
82	关于印发《测绘信访规定》的通知（测办〔2006〕53号）	
83	关于印发《测绘项目中标准制修订管理工作程序（试行）》的通知（测国土函〔2006〕142号）	
84	关于导航地图产品中增加部分民用机场设施的复函（成果函〔2006〕156号）	
85	关于做好外国的组织或者个人来华测绘有关工作的通知（国测法字〔2007〕2号）	
86	关于实行地图审核委托工作的通知（国测图字〔2007〕5号）	
87	关于民用航空采用WGS84坐标系统的批复（国测国字〔2007〕7号）	
88	关于导航电子地图管理有关规定的通知（国测图字〔2007〕7号）	
89	《基础测绘成果应急提供办法》（国测法字〔2007〕13号）	
90	关于导航测试活动性质认定问题的批复（测办〔2007〕19号）	
91	关于界定测绘活动及测量用GPS问题的复函（国测函〔2007〕23号）	
92	《测绘行业技师考评管理办法（试行）》（国测人字〔2007〕30号）	
93	《测绘行业职业技能鉴定质量督导管理办法》（国测人字〔2007〕31号）	
94	关于外籍华人到中资测绘单位工作有关问题的批复（测管函〔2007〕34号）	
95	关于对使用太原市平面坐标系统的批复（国测国字〔2007〕41号）	
96	关于加强互联网地图和地理信息服务网站监管的意见（国测图字〔2008〕1号）	

序号	名称及文号	备注
97	关于我国启用2000国家大地坐标系的公告（公告〔2008〕2号）	
98	国家测绘局关于加强涉密测绘成果管理工作的通知（国测成字〔2008〕2号）	
99	关于印发《地图内容审查上岗证管理暂行办法》的通知（国测图字〔2008〕4号）	
100	关于印发《测绘标准化工作管理办法》的通知（国测国字〔2008〕6号）	
101	关于测绘成果管理有关问题的批复（国测法字〔2008〕11号）	
102	关于做好强制性国家标准《基础地理信息标准数据基本规定》实施工作的通知（国测国字〔2008〕14号）	
103	关于向港资企业提供国家秘密基础测绘成果有关问题的批复（测办函〔2008〕14号）	
104	关于采用2000国家大地坐标系相关保密问题的批复（国测保字〔2008〕15号）	
105	关于进一步加强测绘航空摄影监督管理工作的通知（国测国字〔2008〕16号）	
106	关于导航电子地图有关问题的批复（测办〔2008〕47号）	
107	关于对新疆维吾尔自治区测绘局有关人才援疆有关问题的批复（测办〔2008〕50号）	
108	关于中外合资（合作）企业使用保密测绘成果有关问题的批复（成果函〔2008〕87号）	
109	关于加强涉军测绘管理工作的紧急通知（测办〔2008〕94号）	
110	关于印发测绘行政执法文书格式文本的通知（测办〔2008〕110号）	
111	关于进一步做好测绘应急保障工作的通知（国测信发〔2009〕1号）	
112	关于加强涉密地理信息数据应用安全监管的通知（国测信发〔2009〕2号）	
113	关于印发《公开地图内容表示补充规定（试行）》的通知（国测图字〔2009〕2号）	
114	关于进一步加强涉密测绘成果管理工作的通知（国测成字〔2009〕3号）	
115	《国家测绘应急保障预案》（国测成字〔2009〕4号）	
116	关于委托浙江省测绘局代行部分地图审核职能的通知（国测图发〔2009〕4号）	
117	关于委托广东省国土资源厅代行部分地图审核职能的通知（国测图发〔2009〕5号）	
118	关于加强互联网地图管理工作的通知（国测图发〔2009〕6号）	

序号	名称及文号	备注
119	关于印发《关于加强现代化测绘技术装备建设促进信息化测绘发展的指导意见》的通知（国测财字〔2009〕8 号）	
120	关于印发测绘新闻宣传工作管理办法的通知（国测办字〔2009〕11 号）	
121	《国家测绘局工程技术研究中心建设与管理办法（试行）》（国测国字〔2009〕16 号）	已经国测办发〔2017〕205 号修订
122	关于土地调查是否属于地籍测绘的批复（测办〔2009〕18 号）	
123	关于加强地形图保密处理技术使用管理工作的通知（国测成字〔2009〕19 号）	
124	关于加强测量标志保护管理工作的通知（国测成发〔2009〕20 号）	
125	关于加强展会、户外展示地图监管的通知（测办〔2009〕24 号）	
126	关于测绘资质专业范围有关问题的批复（测办〔2009〕45 号）	
127	《国家测绘局科技领军人才管理暂行办法》（国测党发〔2009〕53 号）	已经国测办发〔2017〕221 号修订
128	关于测绘资质审查中有关中方控股问题的批复（测办〔2009〕91 号）	
129	关于土地勘测性质认定问题的批复（测办〔2009〕108 号）	
130	关于进一步加强国家基础测绘项目和测绘专项中标准制修订管理工作的通知（测办〔2009〕117 号）	
131	关于印发《测绘行政执法文书制作规范》的通知（测办〔2009〕125 号）	
132	关于启用 1:25 万公众版地图成果的公告（公告〔2010〕1 号）	
133	关于加强地图备案工作的通知（国测图发〔2010〕2 号）	
134	关于加强基础测绘和重大测绘工程标准化管理工作的通知（国测科发〔2010〕4 号）	
135	关于转发财政部《国家海岛（礁）测绘工程专项资金管理办法》的通知（国测海工办〔2010〕5 号）	
136	关于切实做好国家基础测绘项目成果档案归档工作的通知（国测成发〔2010〕5 号）	
137	关于印发《测绘统计管理办法》的通知（国测规发〔2010〕6 号）	
138	国家测绘局关于进一步加强涉密测绘成果行政审批与使用管理工作的通知（国测成发〔2010〕6 号）	
139	《国家测绘应急保障工作流程》（国测信发〔2010〕6 号）	
140	关于进一步做好应急测绘保障服务工作的通知（国测办发〔2010〕7 号）	
141	关于印发《国家测绘局行政复议和行政应诉办法》的通知（国测法发〔2010〕8 号）	

序号	名称及文号	备注
142	关于印发《基础地理信息公开表示内容的规定》的通知（国测成发〔2010〕8 号）	
143	《测绘成果质量监督抽查管理办法》（国测国发〔2010〕9 号）	
144	关于加强地理信息市场监管工作的意见（国测管发〔2010〕15 号）	
145	关于日照测量专业有关问题的批复（测办〔2010〕79 号）	
146	关于印发甲级测绘资质审批程序规定等 10 项行政审批程序规定的通知（测办〔2010〕108 号 ）	
147	关于印发《关于推进军地测绘融合发展的意见》的通知（国测办发〔2011〕3 号）	
148	关于印发《全国测绘地理信息行政执法依据》和《全国测绘地理信息行政执法职权分解》的通知（国测法发〔2011〕4 号）	
149	关于印发《测绘地理信息行政处罚案卷评查暂行办法》和《测绘地理信息行政处罚案卷评查标准》的通知（国测法发〔2011〕5 号）	
150	关于印发《全国测绘地理信息优秀行政执法案件评选办法》的通知（国测法发〔2011〕6 号）	
151	关于印发《遥感影像公开使用管理规定（试行）》的通知（国测成发〔2011〕9 号）	
152	关于进一步加强地形图数据保密处理系统使用管理的通知（国测成发〔2011〕10 号）	
153	关于进一步贯彻落实测绘成果核心涉密人员保密管理制度的通知（国测成发〔2011〕11 号）	
154	关于印发《国家测绘局科技领军人才科技资助专项资金管理暂行办法》的通知（国测人发〔2011〕15 号）	
155	关于印发《政府采购代理机构管理使用（暂行）规定》的通知（国测财发〔2011〕18 号）	
156	关于停止测绘自主创新产品认定工作的通知（测科函〔2011〕27 号）	
157	关于城市轨道交通工程监测活动测绘属性的批复（测办函〔2011〕29 号）	
158	关于工程勘察资质中包含测绘业务有关问题的函（国测函〔2011〕55 号）	
159	关于进一步加强互联网地图服务资质管理工作的通知（国测管发〔2011〕60 号）	
160	关于加强地图导航定位产品统一监管工作的通知（国测图发〔2012〕1 号）	

序号	名称及文号	备注
161	关于在公开地图上调整匈牙利国名表示的通知（测办〔2012〕2号）	
162	关于进一步加强地图审核管理工作的通知（国测图发〔2012〕2号）	
163	关于做好地图上地级三沙市表示有关工作的通知（国测图发〔2012〕3号）	
164	关于印发《关于加强测绘地理信息行政执法工作的意见》的通知（国测法发〔2012〕4号）	
165	关于印发《国家版图意识宣传教育“进学校、进社区、进媒体”活动工作方案》的通知（国测图发〔2012〕4号）	
166	关于印发《测绘地理信息部门财政预算执行进度管理规定》的通知（国测财发〔2012〕7号）	
167	关于印发《测绘地理信息市场监管合作工作机制》的通知（国测法发〔2012〕9号）	
168	关于加强涉密测绘地理信息安全管理的通知（国测成发〔2012〕11号）	
169	关于进一步加强导航电子地图数据保密管理工作的通知（测办〔2012〕26号）	
170	关于互联网地图服务测绘资质有关业务范围的批复（测办〔2012〕31号）	
171	关于印发《国家测绘地理信息局政府采购实施办法》的通知（国测财发〔2012〕33号）	
172	关于对测绘资质有关申报材料规定的批复（测管函〔2012〕40号）	
173	关于印发《测绘地理信息科技出版资金管理办法》的通知（测办〔2012〕50号）	
174	关于工程测量专业标准有关业务范围的复函（测管函〔2012〕80号）	
175	关于公布可在公开地图上表示的机场的通知（国测图发〔2013〕1号）	
176	关于做好地图出版社转制后测绘资质管理工作的通知（测办〔2013〕2号）	
177	关于进一步规范重要地理信息在公开地图上表示的通知（国测图发〔2013〕2号）	
178	关于印发《国家测绘地理信息局外事和香港澳门台湾事务管理规定》的通知（国测外发〔2013〕2号）	
179	关于开展领导工作用图共享工作的通知（国测图发〔2013〕3号）	
180	关于调整房产测绘资质审批程序的通知（测办〔2013〕6号）	
181	关于印发《关于规范和加强测绘地理信息部门业务项目支出管理的意见》的通知（国测财发〔2013〕6号）	
182	关于印发《联合国基金项目配套经费管理暂行办法》的通知（国测财发〔2013〕7号）	

序号	名称及文号	备注
183	关于印发《国家现代测绘基准体系基础设施建设一期工程财务管理办法》的通知（国测财发〔2013〕8 号）	
184	关于印发《测绘地理信息公益性行业科研专项经费管理暂行办法》的通知（国测财发〔2013〕22 号）	
185	关于测绘单位兼并重组有关资质管理问题的批复（测办〔2013〕29 号）	
186	关于《测绘资质管理规定》第七条适用问题的批复（测办〔2013〕34 号）	
187	关于测绘单位委托无测绘资质单位开展地名要素征集有关问题的批复（测办〔2013〕49 号）	
188	关于印发《测绘地理信息公益性行业科研专项项目预算编制指南》的通知（测财函〔2013〕61 号）	
189	关于印发《2014 年测绘地理信息公益性行业科研专项项目预算评审指南》的通知（测财函〔2013〕70 号）	
190	关于做好测绘资质管理信息系统运行维护经费保障工作的通知（测办〔2013〕77 号）	
191	关于街景影像地图采集制作活动有关政策问题的批复（测办〔2013〕83 号）	
192	关于在公开地图上表示有关国家和地区的通知（国测图发〔2014〕1 号）	
193	关于印发《国家测绘地理信息局重点实验室管理办法》的通知（国测科发〔2014〕1 号）	
194	关于进一步加强互联网地图安全监管工作的通知（国测图发〔2014〕2 号）	
195	关于在公开地图上表示横琴岛澳门大学校区的通知（国测图发〔2014〕3 号）	
196	关于进一步加强实景地图管理工作的通知（国测图发〔2014〕4 号）	
197	关于印发《国家测绘地理信息局因公临时出国经费管理规定》的通知（国测财发〔2014〕8 号）	
198	关于印发《注册测绘师执业管理办法管理办法（试行）》的通知（国测人发〔2014〕8 号）	
199	关于印发《测绘地理信息部门项目支出预算编制及评审指南》的通知（国测财发〔2014〕9 号）	
200	关于印发《国家测绘地理信息局英文网站管理规定（试行）》的通知（国测办发〔2014〕11 号）	
201	关于印发《国家测绘地理信息局事业单位国有资产管理实施办法》的通知（国测财发〔2014〕11 号）	

序号	名称及文号	备注
202	关于印发《国家测绘地理信息局培训费管理办法》的通知（国测财发〔2014〕12 号）	
203	关于贯彻实施《测绘地理信息行政执法证管理办法》的通知（测办〔2014〕28 号）	
204	关于印发测绘资质管理规定和测绘资质分级标准的通知（国测管发〔2014〕31 号）	
205	关于印发《测绘地理信息公益性行业科研专项项目中期财务检查暂行办法》的通知（国测财发〔2014〕38 号）	
206	关于开展测绘资质复审换证工作的通知（测办〔2014〕45 号）	
207	关于下放测绘资质审批管理事权的批复（测办〔2014〕50 号）	
208	关于印发《国家测绘地理信息局因公短期出国培训费用管理办法》的通知（测办〔2014〕60 号）	
209	关于调整测绘航空摄影专业标准乙级作业限额的批复（测办〔2014〕72 号）	
210	关于委托下放测绘行政审批事项的批复（测办〔2014〕73 号）	
211	关于印发《国家测绘地理信息局机关行政执法工作规定》的通知（国测法发〔2015〕1 号）	
212	关于印发《测绘地理信息业务档案管理规定》的通知（国测成发〔2015〕1 号）	
213	关于进一步加强互联网地图监管工作的意见（国测图发〔2015〕3 号）	
214	关于进一步加强测绘地理信息成果安全保密管理的意见（国测成发〔2015〕8 号）	
215	关于印发《国家测绘地理信息局政府信息公开规定》的通知（国测办发〔2015〕15 号）	
216	关于印发《国家测绘地理信息局门户网站管理办法》的通知（国测办发〔2015〕16 号）	
217	关于印发《测绘地理信息质量管理办法》的通知（国测国发〔2015〕17 号）	
218	关于印发《国家测绘地理信息局财政支出绩效评价管理暂行办法》的通知（国测财发〔2015〕35 号）	
219	关于做好国务院取消测绘资质审批中介服务事项后续工作的通知（国测管发〔2015〕51 号）	
220	关于印发《注册测绘师继续教育学时认定和登记办法（试行）》的通知（测人函〔2015〕52 号）	

序号	名称及文号	备注
221	关于加强测绘作业证管理工作的通知（测办〔2015〕56 号）	
222	关于印发《测绘地理信息行业信用管理办法》和《测绘地理信息行业信用指标体系》的通知（国测管发〔2015〕57 号）	
223	关于就台湾籍人来华从事测绘活动适用法律问题的复函（测办函〔2015〕160 号）	
224	关于印发《生产过程成果提供使用管理规定》的通知（国测法发〔2016〕1 号）	
225	关于规范卫星导航定位基准站数据密级划分和管理的通知（国测成发〔2016〕1 号）	
226	关于加强自动驾驶地图生产测试与应用管理的通知（国测成发〔2016〕2 号）	
227	关于规范互联网服务单位使用地图的通知（国测图发〔2016〕2 号）	
228	关于印发《全国测绘地理信息科普教育基地管理办法（实行）》的通知（国测科发〔2016〕2 号）	
229	关于印发《卫星导航定位基准站建设备案办法（试行）》的通知（国测法发〔2016〕4 号）	
230	关于印发《全国测绘地理信息应用成果和地图网上展览运行维护管理办法》的通知（国测图发〔2016〕4 号）	
231	关于在测绘资质审批中将测绘技能人员视同为测绘专业技术人员的批复（测办〔2016〕5 号）	
232	关于进一步加强应急测绘保障服务能力建设的意见（国测成发〔2016〕7 号）	
233	关于进一步加强涉外测绘管理工作的通知（测办〔2016〕87 号）	
234	关于印发《测绘地理信息档案管理规定》的通知（国测发〔2017〕6 号）	
235	关于印发《测绘地理信息科技出版资金管理办法》的通知（测办〔2017〕8 号）	
236	关于全面开展地理国情监测的指导意见（国测国发〔2017〕8 号）	

附件 2

废止的规范性文件目录

序号	名称及文号	备注
1	关于颁发《测绘成图、成果资料实行部分收费的试行办法》的通知（测发字第 76 号〔1980〕）	

序号	名称及文号	备注
2	关于颁发《测绘产品收费标准》的通知（国测发〔1987〕473号）	
3	关于颁布《测绘产品质量监督检验收费标准》的通知（国测发〔1988〕382号）	
4	关于加强地图产品管理工作的通知（国测法字〔2000〕5号）	
5	关于印发《测绘工程产品价格》和《测绘工程产品困难类别细则》的通知（国测财字〔2002〕3号）	
6	关于对工艺性宝石地球仪进行地图审核意见的函（测管函〔2002〕40号）	
7	关于进一步加强地图市场监督管理工作的意见（国测办字〔2003〕12号）	
8	关于对永久性测量标志拆迁审批权限问题的批复（测办〔2005〕73号）	
9	关于在公开地图上表示民用机场的通知（国测成字〔2006〕5号）	
10	关于正确使用中国示意性地图的通知（国测图字〔2007〕3号）	
11	关于转发《国家西部1:5万地形图空白区测图工程专项经费管理办法》的通知（国测财字〔2007〕12号）	
12	关于印发《国家测绘局政府网站内容保障暂行办法》的通知（国测办字〔2008〕4号）	
13	关于在公开地图上表示新增民用机场的通知（国测图发〔2010〕1号）	

省级测绘地理信息公告

山西省第一次全国地理国情普查公报发布公告

山西省测绘地理信息局

（2017年10月31日）

《山西省第一次全国地理国情普查公报》已经山西省人民政府批准，现予发布。

附件：山西省第一次地理国情普查公报（略）

关于继续有效实施规范性文件的公告

山西省测绘地理信息局

（2017 年 11 月 24 日）

根据《山西省人民政府办公厅关于做好“放管服效”改革涉及的规章、规范性文件清理工作的通知》（晋政办发电〔2017〕56 号）和《山西省人民政府办公厅关于进一步做好深化改革涉及的法规、规章、规范性文件清理工作的补充通知》（晋政办发电〔2017〕62 号）的要求，我局对建局以来印发或者联合印发的测绘地理信息行政管理方面的规范性文件进行了全面清理，现将继续有效实施的规范性文件目录予以公布。凡未纳入有效实施目录的规范性文件，今后一律不得再作为行政管理的依据。

附件：山西省测绘地理信息局继续有效实施的规范性文件目录（略）

关于测绘地理信息行政执法依据的公告

山西省测绘地理信息局

（2017 年 11 月 24 日）

为了贯彻落实党的十九大会议精神和《党政主要负责人履行推进法治建设第一责任人职责规定》《关于实行国家机关“谁执法谁普法”普法责任制的意见》要求，依据《山西省行政执法条例》的有关规定，我局对我省有效实施的测绘地理信息行政执法依据进行了全面梳理，本次梳理主要涉及测绘地理信息法律、行政法规、地方性法规、部门规章、地方政府规章及法律法规授权性规范性文件。现将我省有效实施的测绘地理信息行政执法依据予以公布，请各市、县国土资源局和机关各处、室严格依据公布的测绘地理信息行政执法依据进行测绘地理信息行政执法，保证测绘地理信息法律法规的正确、有效实施和测绘地理信息行政执法的公平、公正、公开。

附件：山西省有效实施的测绘地理信息行政执法依据（略）

吉林省第一次地理国情普查公告

（2017 年 9 月 22 日）

按照《国务院关于开展第一次全国地理国情普查的通知》（国发〔2013〕9 号）要求，吉林省政府组织实施了吉林省第一次地理国情普查，普查历时三年，对象为我省陆地国土范围内的地表自然和人文地理要素，采用覆盖全省优于 1 米分辨率遥感影像，收集多行业专题数据，按照“所见即所得”的数据采集原则，获取了由 10 个一级类、58 个二级类和 145 个三级类共 548 万图斑构成的全覆盖、无缝隙、高精度的海量地理国情数据。普查的标准时点为 2015 年 6 月 30 日。经省政府同意，吉林省第一次地理国情普查领导小组办公室和吉林省测绘地理信息局现对外发布《吉林省第一次地理国情普查公报》，自发布之日起向政府各部门和社会各界提供地理国情普查成果应用服务。

附件：吉林省第一次地理国情普查公报（略）

2016 年江苏省测绘地理信息质量监督检查结果公告

江苏省测绘地理信息局

（第 1 号　2017 年 5 月 4 日）

为进一步加强全省测绘地理信息质量监督管理，提高我省测绘地理信息成果质量整体水平，更好地为国民经济建设和社会发展提供准确、可靠的测绘保障，根据国家测绘地理信息局《关于开展 2016 年全国测绘地理信息质量监督抽查工作的通知》（国测国发〔2016〕9 号）要求，结合我省测绘地理信息质量管理实际，我局组织开展了 2016 年全省测绘地理信息质量监督检查。

本次共检查了 60 家本省测绘单位 2014 年—2016 年间承担完成的 60 个测绘项目成果质量和单位的质量管理体系建设运行情况。成果质量抽查结果为“批合格”57 项、“批不合格”3 项，批合格率为 95%；质量管理体系抽查结果为“合格”59 项、“不合格”1 项，合格率为 98.3%。（抽查结果详见附表）

此次监督检查依据《2016 年江苏省测绘地理信息质量监督检查技术方案》，以及 GB/T 24356—2009《测绘成果质量检查与验收》、GB/T 18316—2008《数字测绘成果质量检查与验收》、CH/T 1018—2009《测绘成果质量监督抽查与数据认定规定》和被检项目所引用的其他国家标准、行业标准。

检查结果表明，我省测绘质量总体较好，呈现了稳中趋升的良好态势。主要表现在：测绘单位普遍建立了符合单位实际的质量管理体系，体系运转基本正常。测绘项目执行了国家相关标准规范，做到了先设计、后生产；所使用的仪器经过法定计量部门检定合格，并在检定有效期内；项目生产各工序质量控制基本到位；生产过程中普遍采用了先进的测量方法与手段；项目资料齐全；成果质量基本符合要求。

检查中发现了以下主要质量问题：

（一）项目成果质量方面

1. 技术文件编写不规范。有的技术设计内容简单，可操作性不强，设计审批不规范；技术总结、检查报告内容不全，不能真实反映项目实际情况，缺少主要技术指标的精度统计。

2. 标准规范执行不力。少数单位标准意识不强，引用标准错误，不能合理应用标准。

3. 过程成果保存不当。少数项目观测手簿、检查记录等原始成果保存不完整，项目的可溯源性较差。

4. 项目成果精度不高。个别项目数学精度差，绝对位置中误差和相对位置中误差超限；地理要素表示错、漏较多，要素间的关系表示不准确；个别项目符号线型不符合图式规定，图廓外整饰不符合图式规定。

5. 测量仪器未计量检定。个别项目使用的测绘仪器未全部按规定进行周期检校。

（二）质量管理体系方面

1. 人员配置不足。少数单位领导缺乏质量意识，专职技术、质量管理人员不足，技术质量管理薄弱。

2. 体系文件不全面。少数单位人员岗位责任不明确，成果管理范围不清晰，质量奖惩制度缺失，体系不能覆盖本单位的全部测绘业务范围。

3. 缺乏持续改进。个别单位体系文件长期未更新，部分章节内容不符合现行要求，引用的标准规范存在过期现象。

4. 体系执行不够。少数单位在项目生产中不认真执行体系文件规定，技术设计不审批，两级检查不到位，质量评定不认真，成果质量检查关键环节控制不当，质量奖惩不落实。

针对抽查中发现的主要质量问题，我局将按照有关法律法规，对不合格项目的承担单位下达整改通知，于 2017 年对其进行监督复查。

我局将进一步加大测绘地理信息质量监督管理力度，强化对质量管理体系建设的指导与考核，扩大对成果质量监督检查的深度和广度，促进测绘单位切实增强质量意识，规范测绘生产全过程质量控制，提高测绘地理信息成果质量水平，为国民经济建设和社会发展提供可靠的测绘地理信息保障服务。

附表：2016 年江苏省测绘地理信息质量监督检查结果（略）

关于 2016 年度测绘资质年度报告情况的公告

江苏省测绘地理信息局

（第 2 号 2017 年 5 月 17 日）

截至 2016 年底，全省有乙、丙、丁级测绘资质单位 881 家，其中 859 家依照《测绘资质管理规定》的要求报送了本单位 2016 年度的测绘资质年度报告并在我局网站公示，现予公告，接受公众查询监督。对未报送年度报告的 22 家单位，以及日常监督检查中发现年度报告隐瞒真实情况、弄虚作假的单位，将依据《测绘地理信息行业信用指标体系》，计入不良信用信息。

2016 年度全省乙、丙、丁级测绘资质单位年度报告查询网址：http：//www. cehuizizhi. com/JS/Query/1/1

附件：2016 年度未报送测绘资质年度报告单位名单（略）

陕西省测绘地理信息局公告

（第 1 号 2017 年 12 月 25 日）

依据《中华人民共和国测绘法》《陕西省测绘成果管理条例》和《陕西省测绘地理信息成果质量监督检查管理办法》，2017 年，我局对本省 60 家测绘资质单位的测绘地理信息成果质量进行了监督检查。经质检机构检验、省质检专家复核，判定 48 家单位成果质量合格，11 家单位成果质量不合格。1 家单位无成果。

特此公告。

附件：2017 年陕西省测绘地理信息成果质量监督检查结果（略）

大事记

一月

【6 日】国家测绘地理信息局举行首次国家工作人员宪法宣誓仪式。

【6 日】浙江省委书记夏宝龙在浙江省测绘与地理信息局关于在全国测绘地理信息系统年度综合考评中喜获“七连冠”的报告中批示：“祝贺省测绘与地理信息局在全国地理信息系统年度综合考评中荣获‘七连冠’。希望大家按照习近平总书记提出的‘秉持浙江精神，干在实处、走在前列、勇立潮头’的指示要求，再接再厉，继续努力，力争在新的一年取得更大成绩。”

【7 日】国家地理信息公共服务平台“天地图”接入国务院应急指挥中心。

【9 日】国家科学技术奖励大会在北京召开，测绘地理信息行业有 6 个项目获奖。其中，“航天重大工程的遥感空间信息可信度理论与关键技术”获国家科技进步奖一等奖，“国家电子政务协同式空间决策服务关键技术与应用”“国家地理信息公共服务平台（天地图）研究与系统建设”“国产高分陆地卫星定量化遥感技术体系及应用”均获国家科技进步奖二等奖，“基于移动位置数据的城市出行信息服务关键技术与应用”“复杂岛礁水域无人自主测量关键技术及装备”均获国家发明奖二等奖。

【10 日】国家测绘地理信息局与住房和城乡建设部签署战略合作框架协议。

【11 日】国家测绘地理信息局党组召开 2016 年度民主生活会。

【11 日】河北省常务副省长袁桐利对《河北省国土资源厅关于全国测绘地理信息工作会议精神及我省贯彻落实意见的报告》作出批示：“同意省国土厅贯彻落实意见。请省国土厅（省地理信息局）认真组织落实，切实把各项工作抓实、抓到位。”

【17 日】国家测绘地理信息局在北京召开全国测绘地理信息系统党风廉政建设工作电视电话会议。

【17 日】江苏省省长石泰峰、副省长陈震宁对全省测绘地理信息工作作出批示。石泰峰批示指出：“2016 年，全省测绘地理信息系统认真落实中央和省委、省政府决策部署，充分发挥技术和信息优势，创新地理信息公共产品和服务，促进地理信息产业发展，各项工作取得了新的成绩，为服务科学决策、保障重大工程建设、方便群众生产生活提供了基础支撑。2017 年，全系统要深入贯彻习近平总书记系列重要讲话精神，按照省第十三次党代会和全省经济工作会议要求，进一步完善测绘公共服务体系，加强新型基础测绘和地理国情常态化监测工作，大力推进‘互联网 + 地理信息’，不断提升地理信息产业发展水平，为推进‘两聚一高’、建设‘强富美高’新江苏作出新的贡献。”陈震宁批示指出：“2016 年，全省测绘地理信息工作围绕服务大局、服务社会、服务民生宗旨，在地理国情监测、基础测绘、数字城市建设和“天地图・江苏”、测绘应急保障、信息产业发展等方面取得了积极进展，连续 7 年被评为全国测绘地理信息系统优秀单位。谨向广大干部职工表示衷心感谢！在新的一年里，希望全系统认真贯彻落实省第十三次党代会和全国测绘地理信息工作会议精神，按照石泰峰省长批示要求，准确把握我省经济社会发展对测绘地理信息工作的新需求，开拓创新，扎实工作，全面提升测绘地理信息事业发展水平，为建设‘强富美高’新江苏提供更加坚实的基础保障。”

【18 日】国家测绘地理信息局党组书记、局长库热西・买合苏提参加局办公室党支部民主生活会、党建述职会，并以一名普通党员身份参加组织生活会。

【18 日】四川省以第 318 号省政府令发布《四川省地理信息交换共享管理办法》，自 2017 年 2 月 18 日起施行。

【19日】新疆维吾尔自治区党委常委、常务副主席彭家瑞对全区测绘地理信息工作作出批示："2016年，全区测绘系统按照自治区党委、人民政府安排部署，紧紧围绕社会稳定和长治久安总目标，全力做好测绘地理信息服务保障，不断强化测绘地理信息统一监管，持续加强基础测绘资源建设，积极开展常态化地理国情监测，大力推动地理信息开发利用，以事业单位转型发展为动力，不断提升测绘地理信息公共服务水平，各项工作取得新成绩。请转达对同志们的亲切问候！希望在新的一年里继续努力，加快改革创新，激发发展活力，全面加强测绘地理信息各项工作，不断提升供给质量和效率，发挥好测绘地理信息基础支撑作用，为服务社会稳定和长治久安总目标作出新的更大贡献！"

【20日】甘肃省副省长黄强对全省测绘地理信息工作作出重要批示："2016年，全省测绘系统认真贯彻落实省委、省政府决策部署，凝心聚力，奋发有为，持续加强测绘市场统一监管，圆满完成第一次全国地理国情普查，科学谋划'十三五'发展战略，测绘服务保障有力，各项工作取得了显著成绩，应当给予充分肯定。2017年是全面实施'十三五'规划的重要一年，也是供给侧结构性改革的深化之年。希望全省测绘系统深入学习领会习近平总书记系列重要讲话精神和李克强总理、张高丽副总理重要批示精神，按照省委、省政府对测绘地理信息工作的部署要求，扎实开展常态化地理国情监测，大力推进普查成果应用，着力丰富测绘地理信息公共产品，不断提升服务保障水平，为全省经济社会发展作出新的更大贡献。"

【22日】国家测绘地理信息局局长库热西·买合苏提向广大测绘地理信息专家发慰问信。

【23日】国家测绘地理信息局安全生产电视电话会议暨局安全生产委员会全体会议召开。

二月

【7日】国家测绘地理信息局党组书记、局长库热西·买合苏提到中国地图出版集团调研指导企业党建工作。

【10日】国家测绘地理信息局局长库热西·买合苏提在北京会见黑龙江省绥化市委书记、人大常委会主任曲敏，就定点扶贫工作开展座谈，并听取海伦市地理信息精准扶贫服务平台建设与定点扶贫工作开展情况汇报。

【16日】青海省副省长田锦尘对全省测绘地理信息工作提出要求："2016年，全省测绘地理信息系统按照国家要求，围绕省委、省政府决策部署，认真开展全国地理国情普查，扎实推进基础测绘等重点项目建设，创新测绘地理信息示范形式，不断提升测绘地理信息服务保障水平和科技创新能力，依法行政和市场监管工作不断深入，服务全省经济社会发展力度持续加大，各项工作取得显著成绩。2017年是实施'十三五'规划的重要一年，是供给侧结构性改革的深化之年。全省测绘地理信息系统要牢固树立和贯彻新发展理念，围绕经济社会和生态文明建设目标任务，认真执行测绘地理信息法律法规，总结应用地理国情普查成果，全面开展地理国情常态化监测，推进重大测绘项目建设，加强行业监管能力，稳步实现事业升级转型，全面提升测绘地理信息供给能力和水平，为建设富裕文明和谐美丽新青海作出新的贡献。"

【18日】四川省政府发布《四川省"十三五"战略性新兴产业发展规划》，地理信息服务等被列为"十三五"战略性新兴产业发展范畴。

【22日】吉林省委常委、常务副省长高广滨对全省测绘地理信息工作作出批示："过去一年，全省测绘系统认真贯彻省委、省政府决策部署，开拓进取，扎实工作，在服务保障全省发展大局中发挥积极作用。在此向同志们表示慰问。新的一年，要认真落实省委十届七次、八次全会、全省经济工作会和全省'两会'精神，扎实做好常态化地理国情监测，积极推进测绘地理信息领域改革创新，进一步加强信息安全监管，努力在服务发展、服务民生、服务社会方面取得新突破、作出新贡献。"

【27日—3月10日】国家测绘地理信息局在北京举办十八届六中全会精神专题培训班。

【27日】广东省政府批准印发《广东省基础测绘"十三五规划"(2016—2020年)》。

【28日】全国应急测绘保障工作暨国家应急测绘保障能力建设项目实施启动会在北京召开。

【28日】湖南省省长许达哲签发第281号省政府令，发布《湖南省地理空间数据管理办法》，自2017年4月1日起施行。

三月

【1日】全国地理信息与地图（测绘成果管理）

工作会议在北京召开。

【8日】吉林省测绘地理信息局与省发展和改革委员会联合印发《吉林省测绘地理信息事业发展“十三五”规划》和《吉林省省级基础测绘“十三五”规划》。

【8日】陕西省政府印发《关于2016年度科学技术奖励的决定》，陕西测绘地理信息局推荐的“秦岭测图工程关键技术研究与集成应用”项目获2016年陕西省科学技术奖二等奖。

【12日—22日】国家测绘地理信息局副局长李维森率团访问墨西哥、秘鲁、厄瓜多尔三国测绘地理信息主管部门。

【17日】国家测绘地理信息局召开传达学习贯彻2017年全国“两会”精神会议。

【20日】吉林省测绘地理信息局与省财政厅联合印发《省级测绘地理信息项目资金管理暂行办法》。

【23日】全国测绘地理信息行业职业技能鉴定站工作会议在江苏省南京市召开。

【25日】国家测绘地理信息局印发《地理信息产业统计分类（2017）》。

【27日】国家测绘地理信息局党建工作领导小组召开2017年第一次会议，审议通过《国家测绘地理信息局党建工作领导小组工作规则》和《国家测绘地理信息局党建工作领导小组2017年工作要点》。

【27日】国家测绘地理信息局在北京召开2017年地理国情监测部署动员会，安排地理国情监测各项工作。

【27日】福建省政府办公厅印发《2017年数字福建工作要点》，要求启动北斗数据福建分中心建设，推进遥感平台应用，推广高分辨率遥感影像示范应用。

四月

【10日】宁波市政府印发《宁波市人民政府关于启用宁波市2000坐标系的通知》。

【20日】首届中国空间大数据产业高峰论坛在四川省成都市举办。

【24日】国务院新闻办公室举行新闻发布会，国家测绘地理信息局、国土资源部、国家统计局、国务院第一次全国地理国情普查领导小组办公室联合发布第一次全国地理国情普查工作情况和普查公报。这是我国首次全面准确摸清地理国情家底。

【24日】国家测绘地理信息局党组书记、局长库热西·买合苏提主持召开党组会议，传达学习习近平总书记关于推进“两学一做”学习教育常态化制度化重要指示精神和中央推进学习教育常态化制度化座谈会精神，审议通过局党组关于推进“两学一做”学习教育常态化制度化的实施方案。

【27日】国家主席习近平签发第六十七号主席令，公布新修订的《中华人民共和国测绘法》，自2017年7月1日起施行。

【27日】宁波市政府办公厅印发《宁波市人民政府办公厅关于促进地理信息产业发展的实施意见》。

▲《河南省测绘地理信息发展“十三五”规划》由河南省国土资源厅、省发展和改革委员会及省测绘地理信息局联合印发实施。

五月

【2日】国家测绘地理信息局评选出第四批科技领军人才。

【9日】国家测绘地理信息局召开电视电话会议，在全系统对学习宣传贯彻新修订的《中华人民共和国测绘法》进行部署。

【10日】国家测绘地理信息局与云南省政府签署《加强测绘地理信息工作 服务云南开放发展战略合作协议》。

【10日—12日】国家测绘地理信息局、联合国全球地理信息管理专家委员会在云南省昆明市联合举办联合国智慧城市与可持续发展国际研讨会。

【11日—14日】新疆喀什地区塔什库尔干县发生5.5级地震，新疆维吾尔自治区测绘地理信息局启动应急测绘保障预案，为灾害评估、灾后重建等提供有效的地理信息支撑。

【15日】经国家测绘地理信息局批准，京津冀地理信息科技创新联盟成立。

【16日—25日】国家测绘地理信息局局长库热西·买合苏提率团访问英国、瑞典、挪威三国测绘地理信息主管部门，并分别举行双边会谈，交流测绘地理信息事业发展情况，探讨双边合作领域与合作形式，签署相关合作文件。

【17日】吉林省副省长隋忠诚对测绘地理信息工作作出批示：“要围绕全省经济工作，创新体制

机制，在经济发展和老工业基地振兴发展方面多谋划，找到工作切入点、创新点；围绕民生工作，要在重大民生、环境改善、管理水平提高、贫困人口总体脱贫等方面设计谋划，发挥更好的作用；要围绕全省中心工作和重点工作，工作要有立体性，在抓常规工作的同时也要注意抓重点、抓标志、抓高度；要提高保密意识，测绘地理信息涉及国家重大战略，必须守住底线，做好保密工作；把握宣传工作，要通过宣传彰显测绘地理信息工作的地位和作用，提高测绘地理信息工作的知名度和影响力。”

【18 日】青岛市政府印发《关于促进地理信息产业发展的实施意见》。

【20 日—26 日】中共中央组织部主办、国家测绘地理信息局承办的智慧城市时空信息建设与城市管理专题研究班在浙江省宁波市举办。来自全国 26 个省、自治区、直辖市和新疆生产建设兵团分管测绘地理信息工作的地市级或县区级党政领导及相应省份或地市测绘地理信息主管部门负责人共 58 名学员参加研究班。

【25 日】人力资源和社会保障部、中国科学技术协会、科技部、国务院国有资产监督管理委员会公布首届“全国创新争先奖”名单，测绘地理信息科技工作者陈军、唐新明、李英成获“全国创新争先奖状”。

【25 日】中国测绘科学研究院中测新图（北京）遥感技术有限责任公司起草的国家标准《IMU/GPS 辅助航空摄影技术规范（GB/T 27919—2011）》入选“2016 年中关村十大创新标准”。

【27 日】国家测绘地理信息局召开新闻发布会，宣布全国卫星导航定位基准服务系统建成启用，国家现代测绘基准体系基础设施建设一期工程竣工。

六月

【3 日—6 日】教育部、国家测绘地理信息局联合主办的 2017 年全国职业院校技能大赛高职组测绘赛项竞赛活动在云南省昆明市举办。全国 31 个省、自治区、直辖市教育行政主管部门选派的 82 支代表队参赛，竞赛分为二等水准测量和 1:500 数字测图 2 个赛项。

【7 日—9 日】国家测绘地理信息局党组书记、局长库热西 · 买合苏提，党组成员、副局长宋超智到陕西调研，分别会见陕西省政协主席韩勇，省委常委、常务副省长梁桂，省委常委、宣传部长庄长兴，省总工会主席白阿莹，就更好地推进测绘地理信息工作交换意见。

【8 日】国家测绘地理信息局党组书记、局长库热西 · 买合苏提到国家测绘地理信息局第一大地测量队，以普通党员身份参加新技术应用部党支部“不忘初心，砥砺奋进”主题党日活动。

【8 日—10 日】全国测绘地理信息系统第五届“天润科技杯”乒乓球比赛在陕西省西安市举办。

【10 日】福建省委办公厅与省政府办公厅联合印发《福建省党政领导干部自然资源资产离任审计实施方案（试行）》，明确福建省测绘地理信息局负责构建福建省自然资源资产大数据平台和研发相关配套软件系统，协助省审计厅开展党政领导干部自然资源资产离任审计工作；承担推广“天地图 · 福建”在全省各级审计机关信息化建设中的应用等职责。

【13 日】全国测绘地理信息系统省局负责人学习贯彻新修订的《中华人民共和国测绘法》培训班在北京举办。

【13 日】全国测绘地理信息系统厅局级干部培训班（第 4 期）在江西井冈山举办。来自全国各省、自治区、直辖市、计划单列市测绘地理信息主管部门，国家测绘地理信息局机关司室及局所属有关单位负责人近 40 人参加培训。

【14 日】国土资源部党组书记孙绍骋到国家测绘地理信息局调研，召开调研座谈会，与国家测绘地理信息局领导班子见面并听取汇报。

【15 日】全国城市地理国情监测工作交流会在上海召开。

【15 日】受持续强降雨影响，四川省大渡河流域部分河段超警戒水位，省防汛抗旱指挥部启动 IV 级防汛应急响应。四川测绘地理信息局紧急组织应急队伍赶赴甘孜州丹巴县执行应急测绘保障任务。

【15 日—25 日】国家测绘地理信息局副局长宋超智率团访问津巴布韦、纳米比亚测绘地理信息主管部门，并出席第三次中非测绘地理信息合作圆桌会议。

【20 日】2016 年国家基础性地理国情监测数据生产及数据库建设项目通过验收。

【21 日—22 日】以“西北发展，地信先行”为主题的 2017 年中国地理信息技术装备西北地区（兰州）高端论坛在甘肃省兰州市举办。

【22 日】江西省政府新闻办公室举行新闻发布会，省测绘地理信息局、省国土资源厅、省统计局、省第一次地理国情普查领导小组办公室联合发布《江西省第一次地理国情普查公报》。

【30 日】国家测绘地理信息局在北京召开庆祝中国共产党成立 96 周年暨“七一”表彰大会，对 54 名优秀共产党员、25 名优秀党务工作者、19 个先进党支部进行表彰。

▲6 月中下旬，河北省地理信息局组织开展全省范围秸秆禁烧大气环境实时监测工作，累计监测面积 12230 平方千米，发现着火点 242 处，形成监测报告 127 份。

七月

【2 日—9 日】国家测绘地理信息局副局长王春峰率团赴美国，参加第 28 届国际地图制图大会及随会举行的国际测绘地理信息技术展、国际地图制图展和国际儿童地图作品大赛。我国参展地图作品郑和航海图（中国航海出版社出版）获得专家评审一等奖，运河全图（中国地图出版社出版）获地图作品其他类专家评审二等奖和公众投票奖，梦幻青花——青花瓷地图（山东青岛市勘察测绘研究院制作）获得挂图类公众投票奖。

【4 日】广西壮族自治区党委办公厅、政府办公厅联合印发《广西壮族自治区空间规划试点工作方案》，成立广西推进自治区空间规划试点工作领导小组，广西壮族自治区测绘地理信息局是成员单位之一。

【13 日】2017 年全国测绘地理信息工作半年情况交流会在北京召开。

【13 日】湖南省湘江发生特大洪水灾害，中国测绘科学研究院中测新图（北京）遥感技术有限责任公司紧急提供洪水灾情监测应急服务。

【17 日】国家测绘地理信息局局长库热西・买合苏提在北京会见新任联合国经济和社会事务副秘书长、外交部副部长刘振民，就中国国家测绘地理信息局与联合国进一步开展合作交换了意见。

【17 日】吉林省测绘地理信息局应吉林市政府请求，为抗洪和灾后重建免费提供永吉县全县域 153 幅 1∶1 万 DLG 数据及相关控制点数据。

【18 日—22 日】中国测绘地理信息学会在广东省韶关市举办“中国四维杯”第十三届全国测绘地理信息职工定向越野赛，来自全国 52 家测绘地理信息单位的 760 多名选手参加比赛。

【25 日】国家测绘地理信息局党组书记、局长库热西・买合苏提以一名普通党员身份，参加局办公室党支部“支部书记讲党课”活动。

【25 日—28 日】“南方测绘杯”第五届全国测绘地理信息行业职业技能竞赛地图绘制员赛项总决赛在浙江省杭州市举办。

【31 日—8 月 4 日】联合国全球地理信息管理专家委员会（UN－GGIM）第 7 次会议在纽约联合国总部举行。国家测绘地理信息局副局长李朋德率中国代表团出席会议，并再次当选为联合国全球地理信息管理专家委员会共同主席。

八月

【2 日—5 日】国家测绘地理信息局局长库热西・买合苏提到四川调研测绘地理信息保障服务经济社会发展情况，在四川测绘地理信息局工作汇报会上带头领学习近平总书记在省部级主要领导干部专题研讨班开班式上的重要讲话精神。调研期间，四川省委常委、秘书长、副省长王铭晖会见库热西・买合苏提。

【2 日—5 日】受台风“海棠”影响，大连、鞍山、丹东等地发生严重洪涝灾害。应辽宁省政府应急管理办公室要求，省测绘地理信息局多次提供重灾乡镇的地理坐标、政区图、地形图及影像图，为省领导全面指挥抗洪工作提供保障。

【2 日—13 日】国家测绘地理信息局副局长闵宜仁率团赴土耳其、约旦、阿联酋访问，交流测绘地理信息领域最新技术发展情况，探讨双边合作领域和方式，达成广泛共识。

【4 日】国家测绘地理信息局、中央网络安全和信息化领导小组办公室、国家新闻出版广电总局联合印发《关于开展“问题地图”专项治理的通知》。

【7 日】山东省委书记刘家义在省政府研究室、省国土资源厅（省测绘地理信息局）联合调研组提报的《关于加快我省地理信息产业发展的调研报告》上作出批示：“地理信息产业前景广阔，作用效能巨大，请有关部门研究具体推进办法。”

【8 日】四川省阿坝藏族羌族自治州九寨沟县发生 7.0 级地震，测绘地理信息部门紧急启动测绘应急保障预案开展应急测绘保障工作。

【9 日】新疆博尔塔拉蒙古自治州精河县发生 6.6 级地震。新疆维吾尔自治区测绘地理信息局立即启动应急测绘保障预案，安排新疆维吾尔自治区基础地理信息中心紧急编制地震应急专题图并提供相关部门。

【15 日—16 日】第二届全国测绘地理信息职业院校青年教师讲课（说课）竞赛在甘肃省天水市举办。

【18 日】陕西省政府新闻办公室举行新闻发布会，陕西测绘地理信息局、省国土资源厅、省统计局联合发布陕西省第一次全国地理国情普查工作情况和普查公报。

【21 日】经国务院批准，首届联合国世界地理信息大会确定 2018 年 11 月在浙江省湖州市德清县召开。

【21 日】国土资源部、国家测绘地理信息局联合印发《关于开展全覆盖排查整治“问题地图”专项行动的通知》。

【21 日】全覆盖排查整治“问题地图”专项行动启动电视电话会议在北京召开，启动并部署专项行动工作。

【22 日】安徽省组织召开第一次地理国情普查领导小组全体会议，审议通过《安徽省第一次地理国情普查公报》。

【29 日】新修订的《中华人民共和国测绘法》颁布施行后的首个全国测绘法宣传日主场活动在黑龙江省哈尔滨市举行。

【30 日】黑龙江省委书记、省人大常委会主任张庆伟，省委副书记、省长陆昊在哈尔滨市会见国家测绘地理信息局局长库热西·买合苏提，并出席国家测绘地理信息局、黑龙江省政府战略合作协议签约仪式。

【31 日—9 月 1 日】2017 年面向西部地区测绘地理信息专业技术人员新技术培训班在青海省西宁市举办。

九月

【1 日】国家测绘地理信息局局长库热西·买合苏提、副局长宋超智到国家级贫困县黑龙江省海伦市，走访调研定点扶贫工作，并召开座谈会。

【1 日】江苏省省长吴政隆主持召开省政府第 114 次常务会议，审议通过《江苏省测绘地理信息条例（草案）》。

【5 日】浙江省信息化测绘创新基地（国家测绘地理信息局东海测绘基地）正式启用。

【6 日】国土资源部党组成员、中央纪委原驻国土资源部纪检组组长赵凤桐和新任中央纪委驻国土资源部纪检组组长、国土资源部党组成员冯志礼到国家测绘地理信息局调研指导党风廉政建设和反腐败工作，并与国家测绘地理信息局领导班子座谈。

【9 日】联合国统计司司长、联合国全球信息管理专家委员会秘书处负责人 Stefan Schweinfest 到浙江省德清县，就首届联合国世界地理信息大会筹备工作进行考察调研。

【11 日】国家测绘地理信息局与中国气象局签署协同发展合作协议。

【11 日】第十四届中国—东盟博览会重要活动——深化“一带一路”空间信息走廊建设应用与产业国际化发展研讨会在广西壮族自治区南宁市举行。

【11 日】高分辨率对地观测系统广西数据与应用中心、广西数据服务中心揭牌仪式在广西壮族自治区南宁市举行。

【13 日】河南省政府新闻办公室举行新闻发布会，正式对外发布《河南省第一次全国地理国情普查公报》。

【15 日】国家测绘地理信息局与浙江省政府签署《关于提升服务保障能力 开展测绘地理信息示范省建设的合作协议书》。

【15 日】云南省第一次全国地理国情普查领导小组召开全体会议，审议通过《云南省第一次全国地理国情普查公报》。

【19 日】河北省政府召开全省第一次地理国情普查第二次领导小组会议，审议通过河北省第一次全国地理国情普查工作情况报告和第一次全国地理国情普查公报。

【22 日】国家测绘地理信息局办公室与中国能源化学地质工会联合印发《关于进一步开展“身边的大国工匠·测绘地理信息篇”学习活动的通知》，向全行业推出 10 名测绘地理信息行业“大国工匠”。

【22 日】吉林省政府发布《吉林省第一次地理国情普查公报》。

【22 日】《陕西省地图管理办法》经省政府 2017 年第 17 次常务会议通过，自 2017 年 11 月 1 日起施行。

【22 日—26 日】“南方测绘杯”第五届全国测绘地理信息行业职业技能竞赛工程测量员赛项总决赛在陕西省西安市举办。

【24 日】江苏省人大常委会第三十二次会议一审通过《江苏省测绘地理信息条例（草案）》。

【25 日】国家测绘地理信息局在北京召开第一次全国地理国情普查总结表彰会，对普查工作进行全面总结，对 52 个先进集体和 64 名先进个人进行表彰。

【26 日】陕西省委书记娄勤俭在西安市会见国家测绘地理信息局局长库热西·买合苏提，双方就进一步发挥测绘地理信息服务保障作用、助推地方经济社会发展进行深入交谈。

【26 日】广西壮族自治区政府召开第一次全区地理国情普查领导小组全体会议，审议通过《广西第一次全国地理国情普查公报》。

【27 日】全国测绘地理信息标准化工作会议在陕西省西安市召开。

【29 日】河北省政府新闻办公室举行新闻发布会，正式对外发布全省第一次全国地理国情普查成果。

【29 日】新疆维吾尔自治区党委副书记、主席雪克来提·扎克尔主持召开自治区第十二届人民政府第 55 次常务会议，研究《新疆维吾尔自治区第一次全国地理国情普查公报》。

▲《中国测绘地理信息年鉴 2017》出版发行。

十月

【10 日】甘肃省第一次全国地理国情普查领导小组会议召开，审议通过《甘肃省第一次全国地理国情普查公报》。

【11 日】国家测绘地理信息局、中国测绘地理信息学会在山东省青岛市举行授牌仪式，中国测绘科技馆等 16 家单位获评首批全国测绘地理信息科普教育基地，仪式上还宣布科普中国——让人人享有地理信息活动启动。

【11 日】新疆维吾尔自治区政府新闻办公室召开新闻发布会，新疆维吾尔自治区测绘地理信息局、自治区国土资源厅、自治区统计局和自治区第一次全国地理国情普查领导小组办公室联合发布《新疆维吾尔自治区第一次全国地理国情普查公报》。

【11 日—21 日】全国测绘地理信息系统中青年人才培训班在山东省青岛市举办。

【13 日】《中国国家人文地理》丛书海外发布会暨中国城市海外推介活动启动仪式在香港举行。

【17 日】江苏省政府召开新闻发布会，江苏省测绘地理信息局、省国土资源厅、省统计局、省第一次地理国情普查领导小组办公室联合发布《江苏省第一次地理国情普查公报》。

【17 日】广西壮族自治区政府召开新闻发布会，发布广西第一次全国地理国情普查成果。

【17 日】青海省副省长田锦尘在省国土资源厅上报的《关于组建青海地理信息产业发展有限公司的报告》上作出批示：“地理信息产业发展潜力很大，是经济社会发展的重要支撑，采取措施加快发展十分必要。拟同意所提方案，请按正常程序履行报批和组建手续。”

【17 日】青海省第一次全国地理国情普查领导小组全体会议召开，审议通过《青海省第一次全国地理国情普查公报》。

【17 日—21 日】国家测绘地理信息局机关处级干部能力提升培训班首次在武汉大学举办。

【19 日】党的十九大代表，国土资源部党组成员、副部长，国家测绘地理信息局党组书记、局长库热西·买合苏提接受中央人民广播电台党的十九大特别报道《做客中央台》专访，畅谈参加党的十九大学习体会和测绘地理信息事业发展情况。

【19 日】地图与地理信息新技术应用联合研究中心在贵州省贵阳市挂牌成立。

【20 日】云南省第一次全国地理国情普查领导小组办公室、省测绘地理信息局、省国土资源厅、省统计局联合发布云南省第一次全国地理国情普查工作和公报。

【26 日】国家测绘地理信息局召开传达学习党的十九大精神干部大会。

【27 日】青海省政府新闻办公室举行新闻发布会，省测绘地理信息局、省国土资源厅、省统计局、省第一次地理国情普查领导小组办公室联合发布《青海省第一次全国地理国情普查公报》。

【29 日】《吉林省基础测绘中长期规划纲要（2016—2030 年）》获省政府批复。

【30 日】安徽省政府新闻办公室举行新闻发布会，正式发布《安徽省第一次地理国情普查公报》。

【31 日】山西省测绘地理信息局、省国土资源厅、省统计局和省第一次地理国情普查领导小组办

公室联合发布《山西省第一次全国地理国情普查公报》。

【31日】广东省国土资源厅、省统计局、省第一次全国地理国情普查领导小组办公室联合发布《广东省第一次全国地理国情普查公报》。

十一月

【3日—5日】首届全国大学生无人机测绘技能竞赛在河南省南阳市举办。

【4日】国家基础地理信息数据库更新（2016年）项目通过验收。

【7日】国家测绘地理信息局党组印发《中共国家测绘地理信息局党组关于学习宣传贯彻党的十九大精神的意见》。

【7日】北京市副市长隋振江主持召开市普查领导小组会议，审议通过《北京市第一次地理国情普查公报》。

【7日—9日】国家测绘地理信息局与联合国全球地理信息管理专家委员会在天津联合举办联合国全球地理信息管理法规政策框架国际研讨班，来自19个国家的测绘地理信息部门和单位的40多位代表参加。

【8日】国家测绘地理信息局局长库热西·买合苏提到中国地图出版集团调研，围绕学习宣传贯彻党的十九大精神进行宣讲，并与集团领导班子成员座谈。

【8日】西藏自治区政府新闻办公室举行新闻发布会，西藏自治区测绘局、自治区国土资源厅、自治区统计局、国家统计局西藏调查总队、自治区第一次全国地理国情普查领导小组办公室联合发布《西藏自治区第一次全国地理国情普查公报》。

【8日—10日】以“创新驱动 跨越发展”为主题的中国测绘地理信息学会2017年学术年会及第七届全国测绘地理信息技术装备展览会暨全国测绘地理信息博览会在江苏省南京市召开。

【9日】国家测绘地理信息局发布国家地理信息公共服务平台“天地图”2017版和新版全国地理信息资源目录服务系统。

【9日】“天地图”及基础测绘成果用户座谈会在北京召开。

【9日】国家测绘地理信息局发布2017版基础测绘成果公告。

【15日】国家测绘地理信息局印发《关于开展质量提升行动的实施方案》，部署测绘地理信息质量提升行动。

【15日—17日】国家测绘地理信息局在重庆举办2017年国家测绘地理信息局青年学术和技术带头人培训班。来自全国各省、自治区、直辖市的100多名青年学术和技术带头人参加了为期3天的学术培训与交流。

【16日】全国测绘地理信息质量工作会议在北京召开。

【16日】山东省副省长王书坚在省国土资源厅提报的《关于全覆盖排查整治“问题地图”专项行动工作开展情况的总结报告》上作出批示：“全覆盖排查整治‘问题地图’是一项严肃的政治任务，各级、各部门、各单位都应积极支持，彻底整改。同意下一步工作3条建议，逐步建立长效机制。”

【20日】国家测绘地理信息局、国家文物局联合印发《关于规范文物博物馆单位使用地图的通知》。

【20日】辽宁省测绘地理信息局和省第一次地理国情普查领导小组办公室联合对外发布《辽宁省第一次全国地理国情普查公报》。

【22日】陕西测绘地理信息局以“新时代再出发——以十九大精神指引陕西测绘地理信息事业新征程”为主题召开陕西测绘地理信息局建局60周年座谈会。

【22日】青海省政府批复同意组建青海地理信息产业发展有限公司。

【24日】国家测绘地理信息局局长库热西·买合苏提在北京会见中国雄安建设投资集团有限公司总经理刘春成。

【28日】国土资源部部长姜大明签发第77号国土资源部令，发布新修订的《地图审核管理规定》，自2018年1月1日起施行。

十二月

【4日】浙江省政府印发《浙江省地理国情监测管理办法》。

【5日】高分辨率对地观测系统福建数据与应用中心在福建省基础地理信息中心揭牌。

【6日】测绘地理信息系统网站建设座谈会在广东省深圳市召开。

【6 日】吉林省副省长侯淅珉对测绘地理信息工作提出要求："抓好工作落实。2018 年，吉林省测绘地理信息工作要按照省经济工作会、省两会的要求，主动对焦，主动融入，将重点工作列入省政府工作目标，进一步细化，制定实施方案，明确时间表，路线图，抓好组织实施。推动能力建设。测绘地理信息工作是国民经济发展的技术保障，要提高服务能力、支撑能力，不断引进人才，提高技术水平，常态化推进地理国情监测，抓好空间地理信息大数据建设。做好应用支撑。测绘地理信息部门数据量大，与多部门紧密相连，建设数字中国、智慧社会、空间规划、动态管理等都与测绘地理信息密切相关，测绘地理信息成果推广应用尤为重要，各部门要用起来，测绘部门也要推广出去。确保信息安全。测绘地理信息部门承担市场监管的职责，要进一步加强测绘地理信息成果安全保密管理，切实做好地理信息安全监管工作。"

【6 日】山东省委书记刘家义对全覆盖排查整治"问题地图"专项行动工作作出批示："要坚决贯彻落实总书记的重要批示和张高丽等中央领导同志的要求，关键是主管部门、出版单位、监管机构要切实履职尽责，牢固国家版图意识，在绘制、审核、出版、印制、发行等各环节严格把关，发现漏洞迅即依法处置，对非法出版印制等，要坚决依法打击。"

【7 日—8 日】2017 年全国地图审核人员培训班在湖北省武汉市举办。

【12 日】福建省对外发布《福建省第一次全国地理国情普查公报》。

【14 日—15 日】测绘地理信息法治工作座谈会在云南省昆明市召开。

【15 日】国家测绘地理信息局举办党员重温入党誓词仪式，局党组书记、局长库热西・买合苏提为重温入党誓词领誓并讲话。

【16 日】吉林省地理信息科技产业孵化基地（吉林省导航定位数据中心、吉林省空间地理信息大数据基地）启动仪式在长春北湖科技园举行。

【25 日】联合国世界地理信息大会指导委员会第一次会议在北京召开。

【26 日】浙江省政府办公厅印发《关于加强测绘与地理信息工作的意见》。

【26 日】江西省政府颁布《江西省地理信息数据管理办法》，自 2018 年 3 月 1 日起施行。

【26 日—27 日】全国测绘地理信息工作会议在北京召开。会前，国务院领导同志对会议作了重要批示。

【28 日—29 日】全国测绘地理信息系统桥牌比赛在河南省郑州市举办，来自全国测绘地理信息系统的 12 支代表队参加比赛。

【30 日】河北省省长许勤签署 2017 年第 5 号省政府令，公布《河北省地图管理办法》，自 2018 年 2 月 1 日起施行。

统 计 资 料

一、综 合

表1 2017年测绘服务总值

计量单位：万元

地 区	合 计	测绘资质单位①	#测绘地理信息系统内②	测绘地理信息系统其他非资质单位③
	测绘服务总值			
合 计	**10524414.8**	**10382132.0**	**1005615.8**	**142282.8**
北 京	1694678.1	1663588.6	150919.7	31089.5
天 津	196572.2	196572.2	40823.4	
河 北	378391.9	374249.2	54955.8	4142.7
山 西	161666.8	158848.4	15101.8	2818.4
内蒙古	175440.3	173244.0	19839.1	2196.3
辽 宁	244020.1	240976.8	14734.1	3043.3
吉 林	167054.6	162962.2	14205.2	4092.4
黑龙江	210940.8	203097.5	43784.9	7843.2
上 海	329049.4	326870.8	29832.3	2178.5
江 苏	543034.6	534691.7	41113.5	8342.9
浙 江	545847.2	541299.2	53054.3	4548.0
安 徽	217355.1	212602.6	28544.9	4752.5
福 建	343505.1	340330.3	16726.7	3174.8
江 西	176185.8	173187.9	14792.2	2997.8
山 东	487759.6	487759.6	30477.1	
河 南	369900.3	367573.2	17773.6	2327.1
湖 北	779725.3	773397.5	16315.8	6327.8
湖 南	326602.5	325472.5	46879.8	1130.0
广 东	836730.2	833692.1	51242.6	3038.1
广 西	205876.3	197661.4	27832.3	8214.8
海 南	71269.6	66012.1	10838.6	5257.5
重 庆	181991.9	181991.9	33519.5	
四 川	669617.0	659495.7	72235.9	10121.3
贵 州	205321.3	203664.1	31089.5	1657.2
云 南	238261.1	236123.2	23122.5	2138.0
西 藏	17281.0	15433.4	573.4	1847.6
陕 西	387262.4	373831.8	52283.9	13430.6
甘 肃	127070.4	125461.0	14218.7	1609.5
青 海	54336.3	52567.1	14507.8	1769.1
宁 夏	33458.6	33044.2	7102.6	414.4
新 疆	148209.3	146429.7	17174.7	1779.6

①指全国具有测绘资质的单位，下同。

②指测绘地理信息系统内具有测绘资质的单位，测绘地理信息系统指各省、自治区、直辖市、计划单列市测绘地理信息主管部门及其所属单位和原国家测绘地理信息局及其所属单位，下同。

③指测绘地理信息系统内不具有测绘资质的所有单位，下同。

表 2 2017 年年末从业人员

计量单位：人

地 区	年末从业人员			
	合 计	测绘资质单位		测绘地理信息系统其他非资质单位
			#测绘地理信息系统内	
合 计	**460278**	**457049**	**24064**	**3229**
北 京	33376	32925	1713	451
天 津	7068	7062	641	6
河 北	21385	21282	577	103
山 西	13304	13178	572	126
内蒙古	12612	12548	659	64
辽 宁	14261	14140	627	121
吉 林	9965	9847	481	118
黑龙江	13256	13052	1621	204
上 海	7616	7576	423	40
江 苏	23287	23162	479	125
浙 江	20064	20011	1083	53
安 徽	12705	12640	699	65
福 建	12302	12224	522	78
江 西	11222	11121	533	101
山 东	22794	22776	718	18
河 南	24869	24789	442	80
湖 北	28824	28705	398	119
湖 南	14249	14171	736	78
广 东	23405	23181	1366	224
广 西	12638	12524	1120	114
海 南	3965	3924	252	41
重 庆	7850	7835	1386	15
四 川	34292	34187	2003	105
贵 州	9899	9846	761	53
云 南	19132	19073	673	59
西 藏	916	891	28	25
陕 西	21330	20866	1731	464
甘 肃	9790	9740	405	50
青 海	3568	3519	580	49
宁 夏	2517	2483	203	34
新 疆	7817	7771	632	46

表 3 2010—2017 年测绘资质单位数量、从业人员和服务总值

地 区	2010 年			2011 年			2012 年			2013 年		
	测绘服务总值（万元）	年末单位数量（个）	年末从业人员（人）	测绘服务总值（万元）	年末单位数量（个）	年末从业人员（人）	测绘服务总值（万元）	年末单位数量（个）	年末从业人员（人）	测绘服务总值（万元）	年末单位数量（个）	年末从业人员（人）
合 计	**3286429**	**11595**	**267188**	**4773424**	**12512**	**290648**	**5302259**	**13261**	**304899**	**6064551**	**14040**	**328631**
北 京	452150	261	18839	656556	299	21456	667731	311	21667	786993	318	23838
天 津	135295	96	4002	93628	100	4113	95191	104	4259	136878	111	4629
河 北	129337	615	12622	176574	637	13122	174848	682	14917	214721	722	16030
山 西	62884	419	8062	98567	457	9043	112475	498	9854	123630	540	10853
内蒙古	60378	486	7511	100444	499	9400	124471	530	10003	130522	569	10557
辽 宁	163549	585	9631	184395	574	12259	208021	620	13220	188683	618	13897
吉 林	55514	385	6953	84098	415	7036	94357	418	7085	100478	430	7568
黑龙江	90449	499	10228	110824	490	10001	124985	527	10711	134671	541	10460
上 海	103811	124	4911	194267	161	6300	190479	174	6889	192904	182	6632
江 苏	130776	555	10915	224972	594	11558	232556	656	12776	271553	703	13639
浙 江	151316	455	10295	252689	464	10744	279731	487	11800	323910	513	12488
安 徽	79126	412	8386	108267	447	8847	124041	458	9525	143393	487	9820
福 建	80408	355	5761	116397	376	7369	142262	404	7923	192821	426	8234
江 西	48387	332	5645	64966	384	6273	78231	422	6558	97934	453	7640
山 东	136921	669	12937	215049	710	13978	246153	735	15291	288712	772	16608
河 南	109540	606	14257	156020	692	15636	177476	749	17000	206718	788	18275
湖 北	234468	537	17771	351976	536	17771	338840	571	14094	429953	612	17398
湖 南	131092	554	11422	157878	574	11641	169881	569	11673	213571	578	11980
广 东	178219	519	13163	285563	586	14852	356210	591	15555	379138	610	16725
广 西	68747	427	9124	107242	427	8909	102610	465	9271	119468	514	9587
海 南	15099	95	1563	46937	116	2134	32618	130	2441	37583	142	2566
重 庆	67969	117	4321	89023	133	4744	114661	148	5247	109307	162	5840
四 川	171909	606	14575	234323	658	17122	442458	744	18964	521376	808	21684
贵 州	55219	339	6787	77627	371	6696	89049	380	6849	99742	401	7104
云 南	84510	559	12870	172314	672	12370	157293	651	13305	171115	698	14404
西 藏	2789	29	730	6197	28	490	4778	31	529	7269	31	521
陕 西	168130	263	9505	238218	339	11393	194026	387	11681	195135	433	12569
甘 肃	45681	273	5222	48557	292	5930	69963	304	5820	79604	320	6419
青 海	17847	85	2778	28181	88	2781	49150	95	2848	47239	104	3069
宁 夏	10505	68	1303	19699	76	1305	20210	85	1472	23516	89	1533
新 疆	44405	270	5099	71977	317	5375	87506	335	5672	96016	365	6064

表3 2010—2017年测绘资质单位数量、从业人员和服务总值（续）

地区	2014年			2015年			2016年			2017年		
	测绘服务总值（万元）	年末单位数量（个）	年末从业人员（人）	测绘服务总值（万元）	年末单位数量（个）	年末从业人员（人）	测绘服务总值（万元）	年末单位数量（个）	年末从业人员（人）	测绘服务总值（万元）	年末单位数量（个）	年末从业人员（人）
合计	**6799094**	**14510**	**345511**	**8370476**	**15931**	**390146**	**9290390**	**17292**	**424451**	**10382132**	**18636**	**457049**
北京	844949	287	24074	1358333	354	24938	1496712	381	28209	1663589	431	32925
天津	178793	117	6148	178629	136	6259	193057	163	6818	196572	186	7062
河北	261304	748	16583	311753	808	18559	335924	865	19828	374249	941	21282
山西	135426	517	11038	154773	578	12357	142497	620	12809	158848	666	13178
内蒙古	156961	598	10917	161829	596	10925	163040	633	11723	173244	669	12548
辽宁	227715	590	13710	224717	603	14348	253136	607	14212	240977	607	14140
吉林	128698	465	7973	152656	484	8932	150894	513	9385	162962	554	9847
黑龙江	152188	563	10401	170216	599	11479	186680	666	12205	203098	700	13052
上海	225845	169	6655	307904	189	6962	305141	205	7373	326871	209	7576
江苏	292589	742	15054	321281	842	17842	401827	949	20935	534692	1064	23162
浙江	336449	546	14587	374269	615	16061	503966	674	18576	541299	723	20011
安徽	152539	493	9896	160195	556	11033	180634	585	11925	212603	633	12640
福建	220906	441	8514	259106	493	10140	292106	532	11041	340330	592	12224
江西	112854	501	8675	114039	536	9720	136627	604	10549	173188	652	11121
山东	299278	774	17311	353279	870	19620	412432	970	21315	487760	1029	22776
河南	257340	849	19360	336284	925	22847	330190	980	24163	367573	1013	24789
湖北	522612	641	18941	641713	735	24644	663056	825	26390	773398	910	28705
湖南	217376	558	11549	260647	574	13113	300747	600	13394	325472	628	14171
广东	423055	622	16982	584381	684	18018	754425	769	20637	833692	839	23181
广西	130571	539	10166	154515	586	11640	165109	621	12480	197661	648	12524
海南	42870	164	2795	51863	182	3272	56785	202	3522	66012	235	3924
重庆	136210	173	6181	135764	198	6915	176208	240	7597	181992	274	7835
四川	525202	882	24215	669166	1012	27058	648529	1097	30939	659496	1210	34187
贵州	117807	431	7428	142735	447	8232	165560	489	9031	203664	531	9846
云南	171129	709	13962	193180	760	15943	229848	815	16953	236123	875	19073
西藏	5329	33	578	9357	39	693	13556	40	775	15433	47	891
陕西	240064	438	13476	291273	512	18617	297977	551	19484	373832	584	20866
甘肃	89558	330	7136	104611	380	8004	101366	412	9014	125461	463	9740
青海	51069	106	2815	45186	118	2939	51921	126	3388	52567	137	3519
宁夏	34229	99	1943	37435	111	2168	36210	134	2384	33044	149	2483
新疆	108178	385	6448	109385	409	6868	144231	424	7397	146430	437	7771

表 4 2010—2017 年测绘地理信息系统服务总值和从业人员

地 区	2010 年		2011 年		2012 年		2013 年	
	测绘服务总值（万元）	年末从业人员（人）	测绘服务总值（万元）	年末从业人员（人）	测绘服务总值（万元）	年末从业人员（人）	测绘服务总值（万元）	年末从业人员（人）
合 计	**507412**	**25076**	**647882**	**26069**	**749174**	**25839**	**835158**	**26155**
北 京	25200	919	28540	947	28236	897	27556	854
天 津	17470	647	14766	664	17030	682	22752	672
河 北	12975	651	18423	650	28745	635	39921	657
山 西	15853	704	13900	718	22157	741	22577	744
内蒙古	9031	704	12083	712	18350	741	22594	724
辽 宁	3331	695	9304	692	14383	686	23509	680
吉 林	17300	633	11436	604	8574	594	13163	604
黑龙江	26447	2235	32325	2103	33754	2046	36963	2050
上 海	15060	376	18543	372	21454	361	19341	358
江 苏	11904	562	21463	566	26774	563	31780	588
浙 江	16305	771	19430	799	23905	871	29162	967
安 徽	9427	590	13086	682	16343	658	20709	654
福 建	10351	417	12408	414	15431	435	17306	437
江 西	7781	570	12314	577	20449	535	19079	546
山 东	14173	778	21076	768	22915	764	25742	777
河 南	9022	708	15464	696	14460	689	18344	714
湖 北	12270	516	14409	487	20171	484	23465	502
湖 南	13400	768	19909	748	29182	741	33947	773
广 东	9179	1039	19415	1002	24028	1021	22364	1025
广 西	16986	1112	23313	1120	20560	1090	24645	1099
海 南	4548	317	7876	342	10023	384	10955	401
重 庆	20700	810	14906	899	26190	974	15987	1003
重庆测绘院	6710	400	8516	435	9727	474	11139	465
四 川	25700	1577	36679	1532	39506	1504	51327	1461
贵 州	12047	811	18755	801	16078	723	22857	700
云 南	8915	525	12633	553	17989	572	20184	594
西 藏	199	49	576	52	626	56	757	60
陕 西	25443	2031	39072	2018	42531	1914	47795	2042
甘 肃	7839	463	8477	446	13655	433	10641	435
青 海	9533	451	13961	395	11568	379	14128	441
宁 夏	2599	262	4212	237	5824	254	8540	250
新 疆	9412	579	14788	587	13559	534	13208	529
青 岛				6		5		5
大 连			935	62	960	59	800	68
宁 波			9079	342	8677	349	9531	183
深 圳			17215	439	9901	435	8436	463
厦 门			2512	142	2886	139	2898	147
中国地图出版集团	63083	548	44464	528	43674	447	48028	450
测绘研究院	21003	383	17962	382	15393	384	13691	373
地理信息中心	6961	144	10978	142	13979	149	11437	150
卫星应用中心	1473	42	2823	66	5271	81	5472	88
质量检验中心			584	33	1470	47	1330	50
国家局及其其他直属单位		289	9274	309	12788	309	11099	372

表 4　2010—2017 年测绘地理信息系统服务总值和从业人员（续）

地　区	2014 年		2015 年		2016 年		2017 年	
	测绘服务总值（万元）	年末从业人员（人）	测绘服务总值（万元）	年末从业人员（人）	测绘服务总值（万元）	年末从业人员（人）	测绘服务总值（万元）	年末从业人员（人）
合　计	**1062585**	**26429**	**1164167**	**27446**	**1120009**	**27487**	**1147899**	**27293**
北　京	31297	843	37792	833	43149	839	55392	831
天　津	34706	665	33882	654	32093	649	40823	647
河　北	61383	662	59198	699	54641	713	59098	680
山　西	25194	729	24004	719	16413	717	17920	698
内蒙古	26279	722	26510	739	22338	730	22035	723
辽　宁	34897	679	23026	676	18976	680	15690	663
吉　林	16249	606	22727	595	22133	602	18298	599
黑龙江	51671	2020	58397	1933	58300	1958	51628	1825
上　海	21796	352	40453	332	29479	312	29971	400
江　苏	28688	594	34234	589	29533	588	49456	604
浙　江	40978	967	41505	902	36482	908	43859	913
安　徽	29354	710	26941	748	25351	770	33297	764
福　建	16481	440	24191	435	20280	453	16830	457
江　西	21770	562	21205	682	16996	603	17790	634
山　东	37268	753	36399	783	22852	761	30477	731
河　南	22826	689	21786	586	20326	559	20101	522
湖　北	29076	503	34164	502	29323	515	22644	517
湖　南	37220	819	39979	842	47095	789	48010	814
广　东	34326	1125	48778	1121	43236	1088	41231	1212
广　西	45492	1230	49582	1224	48045	1278	36047	1234
海　南	12471	426	11993	394	12662	359	15100	274
重　庆	17056	1025	13453	1059	25582	1072	23364	1088
重庆测绘院	10650	306	11933	305	9690	299	10155	313
四　川	73228	1296	100066	2106	103511	2200	82357	2108
贵　州	28005	816	26917	799	27962	808	32747	814
云　南	26170	589	26684	727	30953	718	25260	732
西　藏	1004	64	1156	56	1021	56	2421	53
陕　西	54982	2143	55509	2205	58350	2177	65715	2195
甘　肃	12962	434	17617	412	13956	490	15828	455
青　海	16662	598	17946	619	13462	598	16277	629
宁　夏	9458	241	9275	248	10006	246	7517	237
新　疆	22669	520	19047	647	20075	680	18954	678
青　岛		5		5		5		5
大　连	900	79	1117	82	1524	91	2087	85
宁　波	13113	192	15614	189	13960	193	13744	223
深　圳	8924	436	15432	419	12489	404	13049	378
厦　门	2889	144	2485	146	2925	142	3071	143
中国地图出版集团	53119	462	54247	476	59835	473	61779	474
测绘研究院	17403	333	19207	281	20127	270	21879	257
地理信息中心	12340	145	15004	179	15245	174	16827	174
卫星应用中心	5489	77	6447	78	10896	80	8344	79
质量检验中心	2304	60	2725	64	2694	65	3023	64
国家局及其其他直属单位	13838	368	15544	356	16042	375	17802	367

表5 1974—2017年测绘地理信息系统测绘成果提供

年 份	地形图（万张）	数字成果（GB）	测绘基准成果（万点）	航摄成果（万片）	航摄成果（平方千米）
1974	33.0		4.6	2.0	
1975	71.7		10.4	5.9	
1976	109.5		14.5	23.1	
1977	108.3		35.4	47.1	
1978	207.8		29.4	68.1	
1979	349.4		35.8	122.8	
1980	215.1		58.6	172.7	
1981	189.6		73.2	142.7	
1982	284.8		56.0	150.1	
1983	238.7		86.6	134.4	
1984	211.8		46.1	149.9	
1985	165.9		32.1	84.4	
1986	291.2		17.5	71.9	
1987	131.7		15.6	71.6	
1988	132.3		27.0	72.0	
1989	120.2		10.2	59.4	
1990	122.3		9.2	40.8	
1991	118.1		9.0	40.7	
1992	160.2		9.0	25.7	
1993	130.1		5.4	6.8	
1994	58.1		4.1	5.2	
1995	58.3		3.9	6.9	
1996	62.4		3.6	6.3	
1997	62.4		4.5	10.1	
1998	43.1		5.6	15.6	
1999	69.2		4.7	10.1	
2000	102.4		5.4	12.8	
2001	80.7		5.4	37.2	
2002	69.6		6.6	30.3	
2003	69.4		14.8	44.7	
2004	79.6		10.1	37.8	
2005	65.9		7.1	35.2	
2006	61.4	10404.0	15.2	52.5	
2007	62.9	10252.6	15.3	36.2	
2008	52.3	48357.8	17.8	46.1	
2009	46.5	17082.5	28.3	70.4	
2010	39.5	47969.6	26.0	63.2	
2011	45.2	38147.5	17.8	51.4	
2012	34.3	63900.0	26.1		3727403
2013	30.3	81005.3	25.8		2588035
2014	29.0	158353.0	14.1		2054585
2015	141.5	289408.9	11.5		1230861
2016	24.8	254719.2	20.5		904223
2017	25.2	387521.2	26.7		770525

注：1997、1998年航摄成果含像片图。2012年起航摄成果计量单位改为“平方千米”。

表6 1974—2017年测绘地理信息系统地图图书出版

年 份	品种（种）	总印数（万幅/万册）	总定价（万元）
1974	47	3242	563
1975	65	4753	599
1976	76	2690	633
1977	75	2829	818
1978	80	5553	894
1979	117	5171	1566
1980	178	4373	1277
1981	256	4073	1748
1982	211	4069	1692
1983	189	4625	1946
1984	254	5957	3028
1985	262	7895	5274
1986	257	6450	3294
1987	269	8180	4143
1988	364	7877	5305
1989	369	7844	7038
1990	426	10655	9938
1991	611	12543	11119
1992	699	18340	19778
1993	936	16969	23209
1994	970	16712	26992
1995	1027	19793	41708
1996	1264	28718	62149
1997	1429	27602	66819
1998	1584	27914	84501
1999	1847	28604	87377
2000	1621	14800	62453
2001	1586	10818	57996
2002	1947	18432	68063
2003	2040	12587	70093
2004	2297	16241	84872
2005	2266	17657	93139
2006	2433	14963	79591
2007	2331	13199	67724
2008	2291	14297	70730
2009	2519	14626	85427
2010	2917	13762	84090
2011	3912	18356	230803
2012	3685	12156	132878
2013	4337	15863	147953
2014	4195	14866	143765
2015	4380	14919	162418
2016	3631	12745	160642
2017	3846	13137	155734

二、测绘地理信息管理机构

表 7 2017 年末测绘地理信息管理机构设置

地 区	地级行政区						
	行政区划总数（个）	设置测绘地理信息管理机构的区划数（个）					从事测绘地理信息管理工作人员数（人）
			按机构隶属关系分		按机构性质分		
			国土资源部门	建设规划部门	行政编制	事业编制	
合 计	**334**	**326**	**247**	**79**	**272**	**54**	**1347**
北 京							
天 津							
河 北	11	11	11		11		77
山 西	11	11	11		8	3	61
内蒙古	12	12	12		12		27
辽 宁	14	14	5	9	7	7	96
吉 林	9	9		9	3	6	34
黑龙江	13	13		13	7	6	46
上 海							
江 苏	13	13	12	1	12	1	45
浙 江	11	11		11	10	1	88
安 徽	16	16	16		16		54
福 建	9	9	9		3	6	35
江 西	11	11	11		10	1	47
山 东	17	17	16	1	17		96
河 南	17	17	17		16	1	70
湖 北	13	13	1	12	11	2	47
湖 南	14	14	14		14		42
广 东	21	21	21		21		88
广 西	14	14	14		14		70
海 南	4	3	3		3		6
重 庆							
四 川	21	21	7	14	18	3	81
贵 州	9	9	9		7	2	29
云 南	16	16	16		16		54
西 藏	7						
陕 西	10	10	1	9	9	1	35
甘 肃	14	14	14		9	5	54
青 海	8	8	8		3	5	21
宁 夏	5	5	5		5		10
新 疆	14	14	14		10	4	34

注：表中行政区划总数摘自《2018 中国统计摘要》。

表7　2017年末测绘地理信息管理机构设置（续）

地　区	县级行政区						
	行政区划总数（个）	设置测绘地理信息管理机构的区划数（个）					从事测绘地理信息管理工作人员数（人）
			按机构隶属关系分		按机构性质分		
			国土资源部门	建设规划部门	行政编制	事业编制	
合　计	**2851**	**2132**	**1703**	**429**	**1538**	**594**	**5893**
北　京	16						
天　津	16	16		16	16		50
河　北	168	148	148		110	38	602
山　西	119	119	119		116	3	334
内蒙古	103	101	101		74	27	212
辽　宁	100	39	16	23	5	34	122
吉　林	60	44		44	26	18	115
黑龙江	128	66		66	10	56	146
上　海	16						
江　苏	96	82	76	6	66	16	239
浙　江	89	70		70	67	3	329
安　徽	105	72	72		71	1	230
福　建	85	62	62		30	32	155
江　西	100	92	92		62	30	231
山　东	137	122	118	4	90	32	434
河　南	158	121	121		62	59	361
湖　北	103	66		66	15	51	165
湖　南	122	96	96		65	31	247
广　东	121	118	118		114	4	290
广　西	111	81	81		52	29	229
海　南	23	15	15		15		17
重　庆	38	29		29	22	7	107
四　川	183	123	37	86	82	41	320
贵　州	88	88	88		84	4	174
云　南	129	129	129		129		268
西　藏	74						
陕　西	107	19		19	18	1	44
甘　肃	86	75	75		56	19	235
青　海	43	14	14		2	12	32
宁　夏	22	20	20		15	5	45
新　疆	105	105	105		64	41	160

表 8　2017 年末测绘法规

中央法规

计量单位：件

法律	行政法规	部门规章
1	**4**	**6**

地方法规

计量单位：件

地　区	地方性法规	地方政府规章		
			#本年新制定	#本年修订
合　计	**35**	**95**	**7**	
北　京	1			
天　津	1	1		
河　北	1	9	1	
山　西	1	2		
内蒙古	2			
辽　宁	1	5		
吉　林	1	6		
黑龙江	1	5		
上　海	1	3		
江　苏	2	7	1	
浙　江	1	8	1	
安　徽	1	1		
福　建	1	3		
江　西	1	1		
山　东	1	4		
河　南	1	1		
湖　北	2	6		
湖　南	1	2	1	
广　东	1	1		
广　西	1			
海　南	1	2	1	
重　庆	1	1		
四　川	1	6	1	
贵　州	1	2		
云　南	1	3		
西　藏	1			
陕　西	2	3	1	
甘　肃	1	4		
青　海	1	3		
宁　夏	1	3		
新　疆	1	3		

表 9 2017 年按类别分行政执法

计量单位：次

指标名称	数量
各级测绘地理信息主管部门组织开展执法检查次数	11587
#双随机方式	4192
1. 测绘资质巡查	3590
#双随机方式	1603
2. 测绘质量监督检查	3710
#双随机方式	1650
3. 涉密测绘成果使用管理检查	3147
#双随机方式	1165
4. 其他执法检查	2956
#双随机方式	757

计量单位：件

类别	各级测绘地理信息主管部门立案调查涉嫌违法案件	各级测绘地理信息主管部门做出行政处罚案件
合　计	**420**	**220**
1. 市场准入类	66	41
2. 测绘项目类	51	23
3. 地图类	155	63
#纸质地图	121	46
#导航电子地图	3	
#互联网地图	26	8
4. 测绘成果类	82	67
#测绘成果质量	40	35
#测绘成果安全	41	32
5. 涉外测绘	5	2
6. 涉军测绘	1	
7. 测量标志	46	19
8. 其他	14	5

注：表中数据为省级、地级和县级测绘地理信息主管部门汇总数据。

表 10 2017 年按地区分行政执法

地 区	各级测绘地理信息主管部门组织开展执法检查次数（次）	#双随机方式	测绘资质巡查（次）	#双随机方式	测绘质量监督检查（次）	#双随机方式	涉密成果使用管理检查（次）	#双随机方式	其他执法检查（次）	#双随机方式	各级测绘地理信息主管部门立案调查涉嫌违法案件（件）	各级测绘地理信息主管部门做出行政处罚案件（件）
合 计	**11587**	**4192**	**3590**	**1603**	**3710**	**1650**	**3147**	**1165**	**2956**	**757**	**420**	**220**
北 京	20	15	12	9	1		6	6	2		10	5
天 津	3				1				2		1	1
河 北	541	163	151	67	143	55	130	44	193	44	25	7
山 西	340	106	102	39	79	35	115	31	126	24	5	3
内蒙古	235	79	141	46	52	21	39	7	47	13	7	2
辽 宁	271	155	65	51	57	21	72	37	102	68	10	8
吉 林	142	51	50	17	58	25	53	17	22	3		
黑龙江	90	43	39	22	25	20	34	18	20	12		
上 海	100	81	20	14	65	65	10	2	5			
江 苏	502	220	118	63	231	107	125	54	102	31	2	2
浙 江	241	135	64	44	40	27	63	46	97	37	16	24
安 徽	162	64	40	22	51	27	59	15	19	4	2	1
福 建	211	147	98	74	73	54	46	33	31	21		6
江 西	444	254	175	126	135	80	126	66	61	21	4	5
山 东	930	469	306	184	276	155	233	115	227	80	4	4
河 南	536	146	159	70	134	40	136	40	178	44	9	5
湖 北	378	199	122	104	157	140	87	59	129	33	4	3
湖 南	734	240	215	76	310	127	195	59	173	36	118	38
广 东	874	133	274	22	505	40	76	32	140	47	3	2
广 西	619	245	176	69	138	78	290	81	96	37	1	
海 南	11	5	3	3	6	4	2	1	3	1	5	2
重 庆	228	88	35	17	90	48	45	18	102	22	35	3
四 川	1155	344	381	124	290	162	308	81	179	25	68	43
贵 州	974	216	254	81	279	109	273	75	401	45	33	27
云 南	365	111	106	51	137	43	123	41	76	22	3	2
西 藏	14				10				4			
陕 西	246	49	103	40	104	40	99	35	9	2	3	3
甘 肃	469	135	144	49	99	35	147	41	191	47	24	3
青 海	85	47	58	43	16	5	55	43	23	3	10	8
宁 夏	180	89	46	20	63	37	45	16	55	25	1	
新 疆	487	163	133	56	85	50	155	52	141	10	17	13

注：表中各地区数据为省级、地级和县级测绘地理信息主管部门汇总数据。

表 11　2017 年随机抽查单位数量

计量单位：家

地区/单位	抽查对象名录库单位数量	#实际抽查单位数量	#发现问题单位数量
合　计	**10960**	**1526**	**382**
北　京	402	20	1
天　津			
河　北	202	73	21
山　西	666	18	
内蒙古			
辽　宁	604	96	28
吉　林	39	39	
黑龙江	703	70	12
上　海	82	82	3
江　苏	1064	192	20
浙　江	684	181	76
安　徽	20	20	
福　建	117	23	23
江　西	114	24	2
山　东	1027	70	2
河　南	1013	60	31
湖　北	306	80	
湖　南	170	36	10
广　东			
广　西	831	12	3
海　南	232	69	
重　庆			
四　川	219	47	8
贵　州	481	40	2
云　南	196	16	1
西　藏			
陕　西	227	52	9
甘　肃	54	54	18
青　海	46	46	26
宁　夏	14	14	4
新　疆	436	41	35
国家测绘地理信息局	1011	51	47

表 12 2017 年法制宣传教育活动开展

地区/单位	举办活动次数（次）	设立宣传点（个）	宣传材料发放（份）	经费投入（万元）	宣传覆盖面（万人次）
合 计	**3554**	**6937**	**5639945**	**2610.4**	**7781**
北 京	1	2	20000	2.0	50
天 津	9	27	11085	3.3	8
河 北	180	303	264129	100.6	234
山 西	190	308	360773	64.0	249
内蒙古	93	129	130243	51.3	84
辽 宁	36	87	38651	25.5	129
吉 林	49	156	50300	23.8	66
黑龙江	36	133	136750	34.7	106
上 海	44	159	62500	48.0	48
江 苏	169	424	234580	263.6	2394
浙 江	228	238	256540	218.3	294
安 徽	118	278	123690	68.9	130
福 建	87	93	131640	77.7	114
江 西	152	262	101058	80.1	208
山 东	285	677	513833	188.8	443
河 南	174	475	255438	106.1	237
湖 北	70	126	80900	65.9	157
湖 南	202	383	351475	321.1	837
广 东	107	220	195767	132.2	188
广 西	172	204	281536	85.4	298
海 南	5	22	18100	15.5	24
重 庆	69	92	130600	55.3	156
四 川	160	856	641740	139.1	200
贵 州	229	323	146178	70.7	284
云 南	183	315	290366	120.1	372
西 藏	5	4	5000	1.8	2
陕 西	31	28	87980	50.4	26
甘 肃	221	337	398316	63.5	217
青 海	34	33	25050	29.8	73
宁 夏	65	78	130000	20.3	48
新 疆	143	164	128227	39.7	82
国家测绘地理信息局	7	1	37500	43.3	23

注：表中各地区数据为省级、地级和县级测绘地理信息主管部门汇总数据。

表 13　2017 年测绘地理信息质量监督检查

地区/单位	投入资金（万元）	检查测绘单位数（家）		检查项目数（项）	
			#批合格单位数		#批合格项目数
合　计	**4259.0**	**7363**	**6929**	**17141**	**16571**
北　京	17.0	73	58	60	57
天　津	6.0	2	2	6	6
河　北	267.2	382	355	552	525
山　西	47.9	369	367	625	623
内蒙古	103.4	167	167	319	319
辽　宁	10.1	140	140	421	421
吉　林	24.9	199	191	260	260
黑龙江	35.8	221	158	291	226
上　海	313.8	65	63	65	63
江　苏	239.9	548	535	928	912
浙　江	274.8	314	293	390	368
安　徽	151.0	168	154	217	199
福　建	195.5	166	153	525	516
江　西	111.0	218	205	409	388
山　东	197.7	540	529	1199	1183
河　南	57.1	238	230	550	547
湖　北	102.8	210	204	476	470
湖　南	194.0	369	354	980	967
广　东	471.0	891	844	1524	1499
广　西	79.3	142	135	619	612
海　南	107.4	100	92	114	107
重　庆	34.3	69	69	338	338
四　川	376.7	458	428	2825	2760
贵　州	81.8	303	297	1433	1427
云　南	103.8	258	212	1182	1002
西　藏	1.3	10	10	10	10
陕　西	140.6	259	230	209	180
甘　肃	107.1	199	186	299	288
青　海	6.6	45	45	61	61
宁　夏	65.0	69	67	84	82
新　疆	34.3	131	123	130	122
国家测绘地理信息局	300.0	40	33	40	33

注：表中数据包括各级（国家、省级、地级、县级）测绘地理信息主管部门数据，国家测绘地理信息局数据来源于国家测绘产品质量检验测试中心。

三、测绘资质单位

表 14 2017 年按类别分单位数量和服务总值

类 别	年末资质单位数量（个）							测绘服务总值（万元）
	合计	按资质等级分				按单位性质分		
		甲级	乙级	丙级	丁级	事业单位	企业单位	
合 计	**18636**	**1075**	**4029**	**7247**	**6285**	**3938**	**14698**	**10382132.0**
测绘地理信息[①]	196	139	51	3	3	153	43	1105649.9
国土资源	2215	172	473	775	795	1477	738	1213937.0
城乡建设与规划	2495	102	338	767	1288	1316	1179	1232761.4
铁 道	99	29	57	12	1		99	306321.0
交通运输	282	46	101	97	38	106	176	229776.6
水利水电	649	80	177	247	145	363	286	562421.4
电 力	72	14	20	22	16	1	71	81652.2
通 信	16	5	8	2	1		16	10144.4
石 油	60	9	22	19	10	1	59	61416.9
石 化	15	4	6	3	2	1	14	15467.1
煤 炭	278	27	98	81	72	115	163	148026.9
有 色	145	20	67	36	22	58	87	121146.8
农 业	28	2	15	8	3	17	11	12754.2
林 业	44	3	18	12	11	32	12	13579.1
地 震	14	6	7	1		10	4	24560.7
海 洋	69	6	10	20	33	62	7	15683.9
环 保	5	1	2	1	1	2	3	3737.7
公安武警	2		1	1		1	1	884.0
科教文卫	81	8	39	31	3	45	36	28679.7
航空航天	20	9	10	1		3	17	109016.5
冶 金	114	19	40	33	22	23	91	322817.8
其他系统	1079	88	299	341	351	152	927	670206.7
私营企业	10656	284	2170	4734	3468		10656	4083687.5
合资合作企业	2	2					2	7802.8

① 包含测绘地理信息系统单位开办的测绘企业，下同。

表 15 2017 年按地区分单位数量和服务总值

地区	年末资质单位数量（个）							测绘服务总值（万元）
	合计	按资质等级分				按单位性质分		
		甲级	乙级	丙级	丁级	事业单位	企业单位	
合　计	**18636**	**1075**	**4029**	**7247**	**6285**	**3938**	**14698**	**10382132. 0**
北　京	431	126	182	68	55	41	390	1663588. 6
天　津	186	21	62	88	15	35	151	196572. 2
河　北	941	56	163	370	352	146	795	374249. 2
山　西	666	28	80	230	328	139	527	158848. 4
内蒙古	669	21	175	282	191	114	555	173244. 0
辽　宁	607	41	164	222	180	158	449	240976. 8
#大　连	85	7	35	35	8	9	76	61081. 7
吉　林	554	26	107	140	281	107	447	162962. 2
黑龙江	700	36	137	248	279	123	577	203097. 5
上　海	209	28	74	67	40	17	192	326870. 8
江　苏	1064	62	200	538	264	152	912	534691. 7
浙　江	723	42	157	231	293	114	609	541299. 2
#宁　波	89	6	19	31	33	19	70	66898. 0
安　徽	633	28	98	204	303	147	486	212602. 6
福　建	592	36	95	262	199	108	484	340330. 3
#厦　门	64	9	17	30	8	12	52	137885. 2
江　西	652	30	82	200	340	168	484	173187. 9
山　东	1029	43	157	332	497	151	878	487759. 6
#青　岛	121	4	25	46	46	14	107	72294. 2
河　南	1013	39	315	335	324	178	835	367573. 2
湖　北	910	69	293	402	146	274	636	773397. 5
湖　南	628	42	112	220	254	361	267	325472. 5
广　东	839	72	170	294	303	259	580	833692. 1
#深　圳	69	18	36	14	1	3	66	121640. 6
广　西	648	20	135	312	181	147	501	197661. 4
海　南	235	11	38	107	79	43	192	66012. 1
重　庆	274	5	60	190	19	46	228	181991. 9
四　川	1210	54	250	612	294	193	1017	659495. 7
贵　州	531	17	80	236	198	123	408	203664. 1
云　南	875	21	196	395	263	200	675	236123. 2
西　藏	47	1	20	19	7	16	31	15433. 4
陕　西	584	50	195	216	123	94	490	373831. 8
甘　肃	463	18	90	164	191	120	343	125461. 0
青　海	137	11	32	76	18	32	105	52567. 1
宁　夏	149	3	27	65	54	28	121	33044. 2
新　疆	437	18	83	122	214	104	333	146429. 7

表 16 2017 年按类别分测绘从业人员

计量单位：人

类别	合计	测绘从业人员年末人数								测绘从业人员年平均人数
		按资质等级分				#测绘作业证持证人数	#年内录用应届毕业生	#获得注册测绘师资格		
		甲级	乙级	丙级	丁级				#注册测绘师	
合 计	**457049**	**145614**	**158445**	**103963**	**49027**	**195395**	**26561**	**13364**	**11628**	**440287**
测绘地理信息	25259	23427	1730	35	67	13131	859	1734	1515	25029
国土资源	54027	18936	17846	11220	6025	24409	1425	1704	1517	51957
城乡建设与规划	47787	13525	12546	11399	10317	24010	1259	2210	1972	46347
铁 道	9616	4351	4713	524	28	3620	533	287	259	9367
交通运输	13381	5013	6065	1874	429	5156	753	361	314	12922
水利水电	22158	9064	7468	4111	1515	11143	558	911	794	21413
电 力	2341	1122	585	389	245	903	52	138	129	2277
通 信	410	123	225	34	28	65	6			396
石 油	3041	1660	850	426	105	1950	28	131	120	3020
石 化	836	589	199	27	21	504	10	45	40	841
煤 炭	10232	3439	4816	1238	739	4379	218	260	217	9849
有 色	5495	2085	2466	619	325	2725	143	199	174	5189
农 业	709	126	468	94	21	276	13	18	18	682
林 业	1740	212	1139	239	150	577	26	23	21	1677
地 震	1101	879	213	9		611	41	57	47	992
海 洋	1263	452	373	250	188	690	24	54	48	1229
环 保	168	95	52	13	8	42	3	7	7	166
公安武警	58		42	16		48	1			46
科教文卫	2501	659	1380	441	21	1116	111	78	70	2429
航空航天	2658	1666	981	11		1160	90	37	36	2583
冶 金	6257	3750	1779	565	163	2890	358	187	171	6076
其他系统	29754	9725	12340	4817	2872	11970	1804	806	678	28479
私营企业	216208	44667	80169	65612	25760	84013	18246	4117	3481	207272
合资合作企业	49	49				7				49

表16 2017年按类别分测绘从业人员（续）

计量单位：人

类别	专业技术人员年末人数									技能人才
	合计	#测绘专业技术人员				#测绘相关专业技术人员				
		小计	#高级	#中级	#初级	小计	#高级	#中级	#初级	
合计	**374852**	**239748**	**29028**	**75409**	**83662**	**120118**	**17855**	**33752**	**33946**	**35256**
测绘地理信息	20576	17377	3436	5419	5598	2101	335	548	651	2547
国土资源	45409	30226	4214	10661	10720	13406	2543	4537	3828	4441
城乡建设与规划	39131	24884	3245	8540	9015	12710	1818	4256	4030	4259
铁道	7769	4765	716	1597	1713	2037	471	804	596	3136
交通运输	10429	6487	1398	2215	1854	3769	1192	1225	833	1203
水利水电	19110	9539	2047	3280	2873	8743	2500	2934	2304	2389
电力	1943	1090	255	415	289	763	286	245	145	228
通信	363	122	8	58	53	239	37	121	43	
石油	2152	1559	244	701	491	578	131	263	114	750
石化	625	353	82	146	98	267	84	118	53	184
煤炭	7924	4945	757	1651	1800	2778	652	1092	771	1492
有色	4890	3047	429	1137	1086	1674	412	652	463	234
农业	685	336	81	140	86	332	137	108	54	21
林业	1586	823	248	305	186	665	321	189	27	134
地震	946	735	183	264	220	196	62	66	23	66
海洋	1159	629	178	239	155	519	166	179	94	12
环保	154	120	24	44	40	34	2	10	16	12
公安武警	46	40	2	24	14	2		2		12
科教文卫	2193	1548	597	527	223	602	192	205	97	73
航空航天	1578	890	102	238	434	686	28	232	319	44
冶金	4959	3268	330	1059	1403	1619	193	534	620	556
其他系统	23576	14279	1858	4497	4872	8437	1409	2429	2175	1721
私营企业	177600	112685	8594	32252	40439	57913	4882	13003	16690	11742
合资合作企业	49	1				48	2			

表 17 2017 年按地区分测绘从业人员

计量单位：人

地 区	测绘从业人员年末人数									测绘从业人员年平均人数
	合计	按资质等级分				#测绘作业证持证人数	#年内录用应届毕业生	#获得注册测绘师资格		
		甲级	乙级	丙级	丁级				#注册测绘师	
合 计	**457049**	**145614**	**158445**	**103963**	**49027**	**195395**	**26561**	**13364**	**11628**	**440287**
北 京	32925	22715	8148	1361	701	5889	2462	787	713	31781
天 津	7062	2966	2716	1260	120	3036	215	394	265	6836
河 北	21282	6756	6468	5213	2845	7894	889	639	561	20539
山 西	13178	3285	3815	3523	2555	5926	605	274	247	12862
内蒙古	12548	2240	5478	3586	1244	4475	589	210	178	11887
辽 宁	14140	5131	5292	2638	1079	7001	502	348	306	13779
#大 连	2787	1409	980	356	42	1579	100	105	89	2804
吉 林	9847	2757	3399	1682	2009	3961	371	184	153	9551
黑龙江	13052	4402	4383	2683	1584	5256	482	214	170	12526
上 海	7576	2595	2913	1525	543	2597	287	392	351	7409
江 苏	23162	7969	6659	6717	1817	10139	1407	960	849	21329
浙 江	20011	5487	7072	4568	2884	9092	1108	775	709	19184
#宁 波	2284	513	899	548	324	1323	121	134	124	2241
安 徽	12640	3048	3899	3243	2450	6181	676	463	395	12088
福 建	12224	3812	3544	3513	1355	5531	717	333	271	11807
#厦 门	2275	1014	783	421	57	914	130	57	57	2257
江 西	11121	2976	3293	2577	2275	4575	839	323	267	10577
山 东	22776	6740	6037	5496	4503	10452	1240	832	729	22022
#青 岛	2834	641	1062	693	438	1680	118	169	143	2759
河 南	24789	4236	12894	4907	2752	12391	1418	588	502	24158
湖 北	28705	10474	11997	5174	1060	10488	1500	804	722	27794
湖 南	14171	4557	4478	3165	1971	6746	523	507	463	13483
广 东	23181	10733	6224	4120	2104	8661	1861	1108	1017	22336
#深 圳	3972	2408	1339	221	4	1454	429	214	189	3737
广 西	12524	2895	4369	3930	1330	6083	585	306	283	12033
海 南	3924	661	1192	1418	653	1763	246	61	51	3724
重 庆	7835	1243	2984	3390	218	3977	458	408	348	7238
四 川	34187	9618	11923	10015	2631	18196	2455	673	594	32535
贵 州	9846	2284	2799	3299	1464	5025	780	275	212	9223
云 南	19073	2452	8140	6058	2423	10340	1458	366	291	20272
西 藏	891	29	567	251	44	346	58	16	5	839
陕 西	20866	7532	9307	3009	1018	9135	1486	554	472	19878
甘 肃	9740	2572	3386	2312	1470	4630	664	282	251	9250
青 海	3519	1348	1249	791	131	1556	136	60	53	3424
宁 夏	2483	247	1086	799	351	1272	147	79	63	2475
新 疆	7771	1854	2734	1740	1443	2781	397	149	137	7448

表 17 2017 年按地区分测绘从业人员（续）

计量单位：人

地区	专业技术人员年末人数									技能人才
	合计	#测绘专业技术人员				#测绘相关专业技术人员				
		小计	#高级	#中级	#初级	小计	#高级	#中级	#初级	
合计	**374852**	**239748**	**29028**	**75409**	**83662**	**120118**	**17855**	**33752**	**33946**	**35256**
北京	21187	12033	1591	3064	2901	8086	922	1414	1319	1330
天津	5820	3827	828	1306	1237	1270	293	397	330	1057
河北	17102	10607	1324	3532	3678	5958	901	1858	1589	2269
山西	9629	6568	525	2373	2509	2759	373	872	759	1564
内蒙古	10799	6952	860	2340	2258	3517	669	999	949	1015
辽宁	12065	7783	1085	3018	2608	4034	768	1379	1136	507
#大连	2649	1755	218	580	609	832	164	253	309	31
吉林	8782	5930	1010	1943	2152	2543	638	698	799	601
黑龙江	11431	7446	1141	2513	2519	3655	709	1116	996	658
上海	6488	3465	540	1071	1197	2662	549	692	814	814
江苏	19843	12680	1484	3852	4162	6406	986	1698	1915	1348
浙江	15547	9969	1194	3055	3463	5015	514	1270	1683	1001
#宁波	1988	1272	178	420	435	662	73	211	223	128
安徽	10643	7005	780	2248	2373	3409	447	968	985	888
福建	10436	6900	728	2281	2660	3148	397	874	1034	735
#厦门	1939	1135	133	368	353	670	87	148	177	68
江西	9094	5901	649	1698	2186	2855	411	916	938	1179
山东	19262	12048	1374	3828	4163	6592	818	1788	2077	1120
#青岛	2472	1469	293	458	395	959	146	306	242	92
河南	20546	14405	1361	4285	5589	5406	808	1753	1447	2171
湖北	24248	14768	2053	4959	4749	8052	1130	2335	2415	2392
湖南	11941	7375	900	2461	2372	3984	699	1364	947	1511
广东	18310	11062	1367	3031	2817	6735	945	1444	1249	1131
#深圳	3185	1618	257	382	350	1504	199	284	258	305
广西	10847	7070	704	2410	2628	3405	443	1046	998	644
海南	3217	2122	210	626	871	969	148	295	315	359
重庆	6094	3563	476	1192	1207	2226	295	692	656	882
四川	29121	18650	1569	5232	8160	9449	1047	2496	3448	3375
贵州	8434	5491	677	1714	1866	2537	378	826	662	705
云南	15682	10664	1265	3443	3683	4195	756	1257	992	1871
西藏	774	481	63	149	152	266	36	61	72	105
陕西	17013	11734	1473	3398	4774	4613	667	1446	1434	2193
甘肃	8274	5124	690	1621	1867	2695	433	709	963	978
青海	3122	2091	225	727	868	928	176	288	281	204
宁夏	2225	1331	166	424	425	756	122	160	211	211
新疆	6876	4703	716	1615	1568	1993	377	641	533	438

表 18　2017 年主要设备数量

计量单位：台/套

设备名称	合计	年末数量							本年增加数量	本年减少数量
		按质量状况分			按存在状态分		按设备原产地分			
		完好	待修	待废	在用	闲置	国产	进口		
全球导航卫星系统接收机	**100481**	98819	669	993	95823	4658	78479	22002	9730	2216
全站仪	**85754**	84683	495	576	82141	3613	56248	29506	6712	2055
水准仪	**56353**	55847	237	269	53690	2663	43239	13114	4019	1174
天文测量设备	**105**	104		1	98	7	59	46	7	11
重力仪	**459**	452	5	2	437	22	219	240	29	22
基线测量设备	**695**	688	6	1	674	21	593	102	56	114
航摄仪	**1404**	1393	8	3	1318	86	878	526	259	99
无人飞行器系统	**3404**	3376	13	15	3278	126	2998	406	1057	65
多镜头多角度倾斜摄影测量系统	**307**	306		1	300	7	248	59	91	26
多角度倾斜摄影真三维处理系统	**955**	955			952	3	800	155	79	19
全数字摄影测量系统	**17738**	17670	12	56	17331	407	16203	1535	1719	163
遥感图像处理系统	**9038**	9038			8930	108	7887	1151	1083	93
地理信息处理软件	**43099**	42993	59	47	42779	320	39835	3264	4180	357
地理信息系统平台软件	**28002**	27991	3	8	27792	210	24984	3018	3365	299
地面移动测量系统	**1201**	1181	18	2	1032	169	1025	176	176	156
测深仪	**9251**	9187	38	26	8755	496	8143	1108	912	148
地下管线探测仪	**11597**	11522	30	45	11139	458	6361	5236	1224	153
手持测距仪	**92272**	91637	307	328	88415	3857	70401	21871	10813	1252
声速仪	**1555**	1551	1	3	1489	66	969	586	170	28
水位计	**5296**	5261	5	30	5131	165	3802	1494	877	79
验流计	**1271**	1236	18	17	1204	67	739	532	118	46
浅地层剖面仪	**404**	399	2	3	385	19	174	230	25	3
多波束测深系统	**532**	526	6		514	18	178	354	32	4
侧扫声呐	**361**	357	3	1	342	19	114	247	29	5
海洋磁力仪	**259**	257	1	1	244	15	89	170	13	6
图形扫面议	**9715**	9645	24	46	9570	145	6971	2744	557	148
绘图仪	**16724**	16485	105	134	16292	432	10547	6177	808	245
外业数据采集设备	**19484**	19134	122	228	18586	898	16582	2902	2058	329
导航地图编辑系统	**3578**	3550	22	6	2621	957	2888	690	395	107
高性能图形编辑计算机	**111209**	110691	162	356	108994	2215	101980	9229	16145	1907
服务器	**43639**	43509	68	62	43272	367	39537	4102	2393	1904
地理信息应急监测车	**89**	88	1		88	1	80	9	12	35

表 19　2017 年末按类别分主要设备（一）

计量单位：台/套

类　别	全球导航卫星系统接收机	全站仪	水准仪	天文测量设备	重力仪	基线测量设备	航摄仪	无人飞行器系统	多镜头多角度倾斜摄影测量系统	多角度倾斜摄影真三维处理系统
合　计	**100481**	**85754**	**56353**	**105**	**459**	**695**	**1404**	**3404**	**307**	**955**
测绘地理信息	7331	4557	1862	14	29	9	135	296	40	143
国土资源	13180	10356	5846	2	142	56	95	440	23	14
城乡建设与规划	8233	9200	5869	7	9	29	45	281	31	36
铁　道	2935	3184	3582		7	76	16	6		4
交通运输	3078	2088	1909			9	3	44		
水利水电	6070	4570	3177	4	1	32	43	146	11	10
电　力	635	528	368				14	19	1	2
通　信	13	10	7							
石　油	3097	677	249		5		6	11	1	1
石　化	1115	482	131		5			5	1	
煤　炭	1902	1662	1043	1	9	7	19	47	1	1
有　色	1401	1177	636	3	15	31	15	45	3	5
农　业	179	110	69					13		
林　业	792	164	150				3	9		
地　震	278	139	241	17	84	18		3		
海　洋	330	138	167		7	3	12	41	8	11
环　保	36	34	39							
公安武警	20	7	6					2		
科教文卫	682	992	949	1	7	10	14	44	1	3
航空航天	166	117	94			2	36	24	5	23
冶　金	1423	1515	781	4	6	44	20	42	8	3
其他系统	5415	4879	3280	1	38	39	113	292	13	11
私营企业	42170	39168	25898	51	95	330	815	1594	160	688
合资合作企业										

表 19　2017 年末按类别分主要设备（二）

计量单位：台/套

类 别	全数字摄影测量系统	遥感图像处理系统	地理信息处理软件	地理信息系统平台软件	地面移动测量系统	测深仪	地下管线探测仪	手持测距仪	声速仪	水位计	验流计
合　计	**17738**	**9038**	**43099**	**28002**	**1201**	**9251**	**11597**	**92272**	**1555**	**5296**	**1271**
测绘地理信息	4142	1311	5249	2295	53	179	766	3111	35	116	25
国土资源	1541	859	5630	3279	50	776	1147	10480	140	273	82
城乡建设与规划	1095	298	3730	1684	30	372	1113	10556	55	202	35
铁　道	185	18	131	50	3	115	97	243	2	18	1
交通运输	125	23	226	200	6	856	119	560	254	561	207
水利水电	597	170	928	486	17	1168	328	1424	127	1472	251
电　力	91	51	169	141	3	52	62	238	10	38	18
通　信		8	24	8			1	10			
石　油	83	39	172	241		114	101	110	26	66	11
石　化	29	16	38	26		25	152	122	2	6	1
煤　炭	342	169	782	447	22	105	324	1206	14	45	8
有　色	176	43	483	313	3	125	270	1067	23	68	16
农　业	19	44	66	41		22	3	46	3	6	4
林　业	10	47	184	64	1	4	9	285			
地　震			16	18		8	10	119	1	34	
海　洋	8	51	109	70	6	228	10	35	66	206	178
环　保			10	4		5	5	29	2	5	4
公安武警			4					9			
科教文卫	493	198	697	992	7	91	40	439	29	57	25
航空航天	135	89	79	71	10	7	21	83			
冶　金	256	19	564	223		62	624	728	11	41	8
其他系统	1127	495	2449	1903	25	617	729	5979	101	355	71
私营企业	7284	5090	21359	15446	965	4320	5666	55393	654	1727	326
合资合作企业											

表 19 2017 年末按类别分主要设备（三）

计量单位：台/套

类 别	浅地层剖面仪	多波束测深系统	侧扫声呐	海洋磁力仪	图形扫描仪	绘图仪	外业数据采集设备	导航地图编辑系统	高性能图形编辑计算机	服务器	地理信息应急监测车
合 计	**404**	**532**	**361**	**259**	**9715**	**16724**	**19484**	**3578**	**111209**	**43639**	**89**
测绘地理信息	8	19	14	11	660	1009	2989	21	14884	4788	27
国土资源	72	42	36	29	1549	2876	1984	11	11704	2336	22
城乡建设与规划	13	13	4	5	841	1922	636	25	8470	1783	9
铁 道	1	4	2	1	119	222	60		319	243	
交通运输	45	109	53	36	165	390	122	9	1544	483	
水利水电	43	68	30	16	492	739	420	1	2986	650	4
电 力	4	4	3	3	79	115	53	1	210	154	
通 信					32	3		1	38	88	
石 油	12	11	11	6	82	136	457		295	76	
石 化	1	1	1		27	24	6		98	24	
煤 炭	4	4	3	3	238	456	130	7	1380	166	
有 色	10	10	6	6	149	261	265		1387	108	2
农 业					31	32	22		186	38	1
林 业					92	93	668	2	903	113	
地 震				4	30	12			60	77	1
海 洋	27	34	31	16	56	56	84	8	258	110	5
环 保	1	1	1	1	2	3					
公安武警					2	3	2				
科教文卫	9	9	7	4	124	91	215	3	1423	747	1
航空航天					19	10	65	10	523	70	
冶 金	5	5	5	5	97	310	274		1277	158	
其他系统	25	27	23	14	610	820	656	216	6172	2046	
私营企业	124	171	131	99	4219	7141	10376	3263	57092	29021	17
合资合作企业										360	

表 20 2017 年末按地区分主要设备（一）

计量单位：台/套

地 区	全球导航卫星系统接收机	全站仪	水准仪	天文测量设备	重力仪	基线测量设备	航摄仪	无人飞行器系统	多镜头多角度倾斜摄影测量系统	多角度倾斜摄影真三维处理系统
合 计	**100481**	**85754**	**56353**	**105**	**459**	**695**	**1404**	**3404**	**307**	**955**
北 京	4876	3145	2052	12	23	24	206	222	47	113
天 津	1702	1600	1810	7	16	1	22	34	3	7
河 北	5888	4435	2599	2	18	11	39	131	5	4
山 西	2868	2439	1685		6	4	44	73	3	2
内蒙古	3392	2430	1946	2	16	43	17	63	5	3
辽 宁	3739	2393	1726	1	5	33	40	67	5	10
#大 连	809	416	265				11	11	2	7
吉 林	3015	2127	1347	11	8	11	20	51	1	2
黑龙江	3245	2546	1693	3	7	11	26	44	5	7
上 海	1307	1297	1236		3		7	26	4	
江 苏	4271	4446	3068		17	14	54	128	18	11
浙 江	3545	3582	2046	1	10	55	60	190	25	48
#宁 波	475	432	261			3	2	28	3	4
安 徽	2814	2673	1758		8	22	10	56	3	4
福 建	2642	2631	1753		10	38	30	104	6	27
#厦 门	546	460	433		6		4	10		
江 西	1915	2343	1397		4	34	26	68	3	3
山 东	4627	4145	2519	1	5	23	58	138	27	16
#青 岛	645	539	387		2	8	8	29	10	3
河 南	5065	5433	3529	5	14	10	99	200	9	6
湖 北	5963	5120	3436	5	83	112	109	223	17	519
湖 南	3445	2966	1574	2	23	26	22	87	8	5
广 东	3821	3891	2324	5	15	12	71	226	20	47
#深 圳	388	481	314		2	1	15	42	7	10
广 西	3024	2664	1644	10	8	19	39	167	17	15
海 南	1175	787	497		2	6	14	34	1	2
重 庆	1690	1814	900	1	6	9	56	95	4	7
四 川	7346	6306	3601	10	10	10	24	238	4	2
贵 州	2632	2052	1280	3	9	20	61	87	11	10
云 南	4769	3607	2479	11	18	52	49	173	18	11
西 藏	333	203	148		4	2	2	2		
陕 西	4846	4247	3171	5	49	33	118	176	15	29
甘 肃	2374	1735	1228	3	20	32	31	133	10	6
青 海	1022	737	467	1	20	11	10	50	5	31
宁 夏	701	461	354	1	7	3	6	27		
新 疆	2429	1499	1086	3	15	14	34	91	8	8

表 20 2017 年末按地区分主要设备（二）

计量单位：台/套

地 区	全数字摄影测量系统	遥感图像处理系统	地理信息处理软件	地理信息系统平台软件	地面移动测量系统	测深仪	地下管线探测仪	手持测距仪	声速仪	水位计	验流计
合 计	**17738**	**9038**	**43099**	**28002**	**1201**	**9251**	**11597**	**92272**	**1555**	**5296**	**1271**
北 京	1223	753	2813	2426	482	213	613	2761	23	113	12
天 津	188	32	229	171	6	292	312	918	92	255	91
河 北	830	282	1697	986	7	399	835	4318	63	162	47
山 西	472	159	778	453	4	90	199	2653		3	
内蒙古	269	134	1071	626	15	170	261	2480	2	29	1
辽 宁	1031	306	1202	823	19	392	418	2703	91	217	66
#大 连	156	100	229	136	8	150	112	580	41	111	39
吉 林	351	56	720	578	10	135	199	2143	5	3	1
黑龙江	762	135	966	573	12	204	234	3199	15	43	12
上 海	66	28	196	199	7	331	241	670	86	397	122
江 苏	845	326	1901	1716	49	819	917	6090	151	670	161
浙 江	587	252	1962	949	37	645	664	4380	130	493	111
#宁 波	61	42	192	115	6	128	80	563	43	93	52
安 徽	427	157	1508	761	10	270	296	3323	43	60	12
福 建	479	185	1062	653	24	447	359	3767	136	266	98
#厦 门	92	18	193	90		96	56	472	25	55	43
江 西	379	177	961	599	42	177	183	2769	12	31	5
山 东	667	220	1854	1351	22	562	808	4796	136	384	107
#青 岛	48	23	172	104	6	141	76	558	46	115	62
河 南	1230	430	2666	1519	28	338	658	5593	12	37	8
湖 北	991	1711	4925	4298	166	604	539	4822	80	610	86
湖 南	458	315	1813	955	8	223	286	2882	35	70	24
广 东	718	397	3121	1967	18	899	773	5156	236	806	178
#深 圳	130	92	722	518	6	136	170	745	33	113	24
广 西	632	428	1529	677	21	280	146	3569	68	122	42
海 南	90	18	216	81	4	159	92	1008	39	79	42
重 庆	348	130	863	435	21	175	333	1312	12	170	14
四 川	1304	657	2948	1314		400	822	5047	34	69	12
贵 州	378	199	655	506	31	163	147	2432	10	15	3
云 南	503	381	1619	991	73	265	291	4563	26	46	5
西 藏	15		89	10		20	22	189	3	4	1
陕 西	1373	640	1778	1429	32	277	439	3866	9	105	
甘 肃	592	220	611	390	27	103	187	1896	3	16	2
青 海	127	87	584	205	9	39	80	637	2	5	7
宁 夏	55	34	144	85	3	52	61	570		1	
新 疆	348	189	618	276	14	108	182	1760	1	15	1

表 20 2017 年末按地区分主要设备（三）

计量单位：台/套

地 区	浅地层剖面仪	多波束测深系统	侧扫声呐	海洋磁力仪	图形扫描仪	绘图仪	外业数据采集设备	导航地图编辑系统	高性能图形编辑计算机	服务器	地理信息应急监测车
合 计	**404**	**532**	**361**	**259**	**9715**	**16724**	**19484**	**3578**	**111209**	**43639**	**89**
北 京	8	9	6	6	421	472	2106	2628	14358	26436	2
天 津	25	37	27	16	106	237	70		1370	391	2
河 北	19	21	22	11	412	889	233		2984	841	1
山 西	1				264	572	407	1	2185	238	2
内蒙古	1	2			343	603	379	8	2553	485	2
辽 宁	31	33	28	18	311	602	341	4	3320	443	2
#大 连	26	24	23	13	60	130	25		532	74	
吉 林	1		1		158	333	392	18	1761	420	16
黑龙江	3	5	3	2	220	448	715	2	3122	401	2
上 海	20	36	27	21	134	203	61	5	1331	465	
江 苏	33	52	35	21	430	741	549	19	6688	1158	1
浙 江	26	44	31	20	374	761	582	13	5620	974	7
#宁 波	6	12	7	6	40	95	14		765	111	1
安 徽	1	9		3	368	579	372	1	3474	540	
福 建	22	28	23	21	203	428	637	8	1901	525	1
#厦 门	6	7	7	5	38	60	80		522	88	
江 西	2	2	1	1	218	348	384	9	2010	222	1
山 东	47	49	50	37	431	1081	1208	25	5065	1006	2
#青 岛	21	20	19	14	80	154	159	11	689	276	1
河 南	4	13	3	4	675	1018	673	16	5695	679	
湖 北	35	36	27	18	654	881	747	57	7167	1346	19
湖 南	5	6	2	3	426	633	623	61	3187	655	1
广 东	52	88	52	35	451	907	1199	424	7448	1205	2
#深 圳	11	14	11	9	56	83	125	405	1735	446	
广 西	12	14	10	8	316	582	439	54	3158	458	2
海 南	9	8	4	4	51	101	204		602	193	1
重 庆	31	6	1		163	315	469	1	1423	337	2
四 川	6	4	3	1	806	1051	3103	10	5722	997	5
贵 州	1	3			233	431	748	7	2564	349	6
云 南	2	9	1	7	522	802	1063	144	4923	898	1
西 藏	1	3			18	30	23		91	14	
陕 西	4	4		1	423	654	724	37	5701	865	1
甘 肃	1	4	3	1	242	382	439	10	3082	429	4
青 海		5			92	133	79		583	84	2
宁 夏		1			59	103	82	11	633	148	
新 疆	1	1	1		191	404	433	5	1488	437	2

四、测绘地理信息系统单位

（一）测绘服务总值

表21 2017年测绘服务总值和劳动生产率

单 位	测绘服务总值（万元）	全员劳动生产率（元/人）
合计/平均值	**1147898.5**	**416388**
北 京	55392.0	666570
天 津	40823.4	629020
河 北	59098.5	862751
山 西	17920.1	256368
内蒙古	22035.4	304777
辽 宁	15690.3	235591
吉 林	18297.6	305469
黑龙江	51628.1	279979
上 海	29970.8	732782
江 苏	49456.3	836825
浙 江	43858.6	480906
安 徽	33297.4	433560
福 建	16830.5	371534
江 西	17790.1	279279
山 东	30477.1	416924
河 南	20100.7	385070
湖 北	22643.6	443123
湖 南	48009.8	589077
广 东	41231.3	350011
广 西	36047.1	290001
海 南	15100.1	522494
重 庆	23364.4	215142
重庆测绘院	10155.1	328644
四 川	82357.2	384308
贵 州	32746.7	324224
云 南	25260.4	342282
西 藏	2421.0	361339
陕 西	65714.6	298974
甘 肃	15828.1	339659
青 海	16276.9	261686
宁 夏	7517.0	315838
新 疆	18954.3	282478
青 岛		
大 连	2087.0	237159
宁 波	13743.7	642228
深 圳	13049.4	344312
厦 门	3070.9	216263
中国地图出版集团	61779.2	1276429
测绘研究院	21879.3	822528
地理信息中心	16826.7	961526
卫星应用中心	8343.8	1056178
质量检验中心	3022.5	472267
国家局及其其他直属单位	17801.8	482434

（二）生产

表22　2017年测绘基准建设

单位	本年卫星定位连续运行基准站建设（座）	#自建（座）	GNSS大地控制点测量（点）	水准测量 点数（点）	水准测量 水准观测长度（千米）	重力测量（点）	本地似大地水准面精化（平方千米）
合计	**146**	**81**	**2153**	**9167**	**37924**	**65**	**495349**
北京				1131	2126		
天津	9						1000
河北							
山西							
内蒙古							
辽宁							
吉林			127	127	1985		
黑龙江							473000
上海				2940			
江苏	4	4			1300	65	
浙江							
安徽							
福建			175		3730		20528
江西							
山东	1				21		
河南	31		40	505	591		
湖北							
湖南							
广东	5	4	599	171	3222		
广西	4						
海南							
重庆	2	2	138	330	320		400
四川			857	3812	14186		
贵州							
云南	9	9					421
西藏							
陕西	66	47			7565		
甘肃							
青海							
宁夏					2484		
新疆	10	10	122		100		
青岛							
大连							
宁波			16	151	294		
深圳	5	5	79				
厦门							

表23 2017年航空摄影

计量单位：平方千米

单 位	合计	按分辨率分		
		0.2米以内（含）	0.2米－0.5米（含）	0.5米以上
合 计	**1247746.2**	**454010.4**	**534849.8**	**258886.0**
北 京				
天 津	8.0	8.0		
河 北	30387.2	30387.2		
山 西	12.0	4.0	8.0	
内蒙古	13204.0	440.0	12764.0	
辽 宁	13750.4	7099.4	6651.0	
吉 林	95000.0		50000.0	45000.0
黑龙江	93866.0	62112.0	31754.0	
上 海	6340.5	6340.5		
江 苏	3036.0		3036.0	
浙 江	33960.0	33960.0		
安 徽	55523.9	55523.9		
福 建	6626.5	684.5	5942.0	
江 西	391.5	391.5		
山 东	158000.0			158000.0
河 南	7934.8	4814.8	3120.0	
湖 北	100.0	100.0		
湖 南	25982.4	25923.4	59.0	
广 东	3250.0	3235.0	15.0	
广 西	141.0	141.0		
海 南	3980.0	3980.0		
重 庆	5813.0	15.0	5798.0	
重庆测绘院	208.0	208.0		
四 川	2670.8	2670.8		
贵 州	47887.0	47675.0	212.0	
云 南	2327.3	2327.3		
西 藏				
陕 西	68496.1	40604.1	27892.0	
甘 肃	1696.0	296.0	1400.0	
青 海	194.0	194.0		
宁 夏	21390.0	90.0	21300.0	
新 疆	82318.8	6575.5	75743.3	
青 岛				
大 连				
宁 波	2500.0	2500.0		
深 圳				
厦 门	1800.0	1800.0		
测绘研究院	83981.0	48147.8	35833.2	
地理信息中心	374970.0	65761.7	253322.3	55886.0

表 24 2017 年卫星影像获取

计量单位：平方千米

单 位	合计	按分辨率分				
		0.5 米以内(含)	0.5 米－1 米(含)	1 米－2.5 米(含)	2.5 米－10 米(含)	10 米以上
合 计	**1860356926.3**	**628021.0**	**1599525.0**	**488943074.1**	**1369083206.2**	**103100.0**
北 京						
天 津	12000.0		12000.0			
河 北						
山 西	25565.0		25565.0			
内蒙古						
辽 宁	194600.0		46500.0	148100.0		
吉 林	354600.0	8000.0	168600.0	178000.0		
黑龙江						
上 海	6340.5		6340.5			
江 苏						
浙 江	101800.0	101800.0				
安 徽	280278.0	140139.0		140139.0		
福 建	79037.0		26500.0	52537.0		
江 西	334000.0		167000.0	167000.0		
山 东	315900.0			158000.0	157900.0	
河 南						
湖 北	50000.0	50000.0				
湖 南	854349.5		220652.4	268799.7	364897.4	
广 东	48.5		10.9	26.4	11.2	
广 西						
海 南	47000.0	13000.0	34000.0			
重 庆	84200.0	5473.0	32727.0	46000.0		
四 川						
贵 州						
云 南						
西 藏	3348.0	1674.0		1674.0		
陕 西	1169.0	1169.0				
甘 肃	58700.0		39300.0	19400.0		
青 海	575.0		575.0			
宁 夏						
新 疆	447596.0	209198.0	15000.0	208398.0	15000.0	
青 岛						
大 连						
宁 波	20000.0	10000.0				10000.0
深 圳						
厦 门	3000.0	3000.0				
地理信息中心	985319.8	84568.0	804754.2		2897.6	93100.0
卫星应用中心	1856097500.0			487555000.0	1368542500.0	

表 25 2017 年地理信息数据生产（一）

计量单位：平方千米，幅

单位	数字线划地图（DLG）													
	合计		#1:5 万		#1:1 万		#1:5000		#1:2000		#1:1000		#1:500	
	面积	图幅数	面积	图幅数	面积	图幅数	面积	图幅数	面积	图幅数	面积	图幅数	面积	图幅数
合 计	**50596054**	**529296**	**11944784**	**30605**	**3228417**	**85407**	**20173**	**51447**	**153069**	**171593**	**44082**	**87039**	**5698**	**100532**
北 京	16695	17825			9140	459			7132	8916			423	8450
天 津	5674	12365							5393	6741			281	5624
河 北	255860	38896			251720	10998			245	250	2872	9540	1022	18108
山 西	15600	624			15600	624								
内蒙古	13143	5171			12658	3202					485	1969		
辽 宁	72819	4953			71680	2896	240	960	879	1017	20	80		
吉 林	191109	8695			191109	8695								
黑龙江	18868449	33905	2853525	7864	217839	8901	12454	2155	1379	1519	1387	5591	440	7478
上 海	15967	34930			6341	374			6341	9880	2736	13680	550	10996
江 苏	29692	10591			27297	1011					2395	9580		
浙 江	140558	20271	16596	36	108625	3882			15283	15283			54	1070
安 徽	115857	10436			114235	4612	12	4	629	629	903	3943	78	1248
福 建	20434	717			20434	717								
江 西	414	3927							27	27	263	1300	124	2600
山 东	157900	6432			157900	6432								
河 南	101226	17151			95889	3729	2213	372	194	268	2221	9584	200	3193
湖 北	4740	5690							4470	4470	270	1220		
湖 南	181269	119375			81103	2870			97740	98632	1752	7097	674	10776
广 东	180000	9823			179800	6599							200	3224
广 西	150832	6555			127463	4469			646	1291	22722	783	1	12
海 南	1622564	3365	565000	1562	35128	1308					40	374		
重 庆	305	4893											305	4893
重庆测绘院	480340	4285	472000	1033	5300	247			520	505	2410	600	110	1900
四 川	8327956	35000	4500006	11120	124066	4706			6063	6363	535	2140	521	8823
贵 州	8795	1026			8517	290			245	244	3	12	30	480
云 南	38465	3834			35554	1226	92	15	2539	2539	12	52		
西 藏														
陕 西	19477243	21832	3535657	8972	1237250	3244	2946	538	2060	2853	692	2910	173	3015
甘 肃	45625	1825			45625	1825								
青 海	5482	3426			5025	201					371	1855	86	1370
宁 夏	8295	907			7842	419			451	462			2	26
新 疆	33499	5259			33099	1338			205	327			195	3594
青 岛														
大 连	3	30							1	1			2	29
宁 波	537	4925							226	850	86	463	226	3612
深 圳	8024	7946	2000	18	2000	127	2000	403	300	300	1724	7098		
厦 门														
中国地图出版集团														
测绘研究院	684	62411			179	6	217	47000	103	8226	182	7168	3	11
地理信息中心														
卫星应用中心														

表25　2017年地理信息数据生产（二）

计量单位：平方千米，幅

单　位	数字高程模型（DEM）													
	合计		#1:5万		#1:1万		#1:5000		#1:2000		#1:1000		#1:500	
	面积	图幅数	面积	图幅数	面积	图幅数	面积	图幅数	面积	图幅数	面积	图幅数	面积	图幅数
合　计	**2066916**	**88134**	**1328353**	**3333**	**680580**	**28930**	**7875**	**1366**	**33205**	**35401**	**16445**	**13577**	**345**	**5526**
北　京														
天　津														
河　北	5804	7969							5510	6793	294	1176		
山　西														
内蒙古	13143	5171			12658	3202					485	1969		
辽　宁	14211	592			14211	592								
吉　林	7150	325			7150	325								
黑龙江	45831	2224	12000	30	29274	1242	4451	740	81	81	25	131		
上　海														
江　苏	27297	1011			27297	1011								
浙　江	46451	17260			30278	1087			16173	16173				
安　徽														
福　建	23606	828			23606	828								
江　西	27	27							27	27				
山　东	157900	6432			157900	6432								
河　南	18218	10065			15626	601	799	123	194	268	1420	6204	179	2869
湖　北	4670	4670							4670	4670				
湖　南	24870	3524			22120	774			2750	2750				
广　东														
广　西	131996	4531			118603	4077					13393	454		
海　南	225128	1819	190000	512	35128	1307								
重　庆														
重庆测绘院	320	13			320	13								
四　川	1160315	5044	1124353	2790	35302	1336			574	574	86	344		
贵　州	6247	210			6247	210								
云　南	15262	715			15138	522							12	192
西　藏														
陕　西	55344	5085			54715	2346			200	201	361	1443	68	1095
甘　肃														
青　海	31482	4466			31025	1241					371	1855	86	1370
宁　夏	1151	157			500	20	625	100	26	37				
新　疆	33228	1589			33099	1338			129	251				
青　岛														
大　连														
宁　波														
深　圳	6000	531	2000	1	2000	127	2000	403						
厦　门														
中国地图出版集团														
测绘研究院	11267	3876			8384	299			2872	3576	11	1		
地理信息中心														
卫星应用中心														

表 25　2017 年地理信息数据生产（三）

计量单位：平方千米，幅

单位	数字栅格地图（DRG）													
	合计		#1:5 万		#1:1 万		#1:5000		#1:2000		#1:1000		#1:500	
	面积	图幅数	面积	图幅数	面积	图幅数	面积	图幅数	面积	图幅数	面积	图幅数	面积	图幅数
合　计	**1083101**	**56804**	**664353**	**1685**	**383712**	**14980**	**799**	**123**	**33432**	**33884**	**625**	**3263**	**179**	**2869**
北　京														
天　津														
河　北	1008	3198							658	1035	350	2163		
山　西														
内蒙古														
辽　宁														
吉　林	132154	6007			132154	6007								
黑龙江	8200	328			8200	328								
上　海														
江　苏														
浙　江														
安　徽														
福　建														
江　西														
山　东														
河　南	17058	4901			15626	601	799	123	194	268	260	1040	179	2869
湖　北														
湖　南	222285	8634			221485	7834			800	800				
广　东														
广　西	31781	31781							31781	31781				
海　南														
重　庆														
重庆测绘院														
四　川	664353	1685	664353	1685										
贵　州	6247	210			6247	210								
云　南														
西　藏														
陕　西	15	60									15	60		
甘　肃														
青　海														
宁　夏														
新　疆														
青　岛														
大　连														
宁　波														
深　圳														
厦　门														
中国地图出版集团														
测绘研究院														
地理信息中心														
卫星应用中心														

表 25　2017 年地理信息数据生产（四）

计量单位：平方千米，幅

单 位	数字正射影像（DOM）													
	合计		#1:5 万		#1:1 万		#1:5000		#1:2000		#1:1000		#1:500	
	面积	图幅数	面积	图幅数	面积	图幅数	面积	图幅数	面积	图幅数	面积	图幅数	面积	图幅数
合 计	**29552500**	**822558**	**6473940**	**15692**	**7767619**	**281573**	**462054**	**60876**	**292848**	**246287**	**35074**	**110791**	**5985**	**95907**
北 京														
天 津	11900	15643							11900	15643				
河 北	332487	37527			318000	13677			10903	9514	3584	14336		
山 西	176147	8574			115032	4602	4406	705	1003	1003			102	1632
内蒙古	15716	2503			15250	610					466	1893		
辽 宁	71680	2896			71680	2896								
吉 林	382218	17390			382218	17390								
黑龙江	386231	12717	360400	901	21203	9755	4188	698	3	3	112	480	55	879
上 海	6341	9860							6341	9860				
江 苏	2395	9580									2395	9580		
浙 江	307440	33272	104300	331	177227	7028			25913	25913				
安 徽	174334	23541			140139	5474	16814	2491	11184	11677	6197	3899		
福 建														
江 西	27	27							27	27				
山 东	315800	12864			315800	12864								
河 南	77188	21863			72516	2790	535	83	194	268	3765	15853	179	2869
湖 北	181670	10990			177000	6320			3670	3670	1000	1000		
湖 南	101850	20432			85204	3022			14852	14852	1756	1950	38	608
广 东	189024	9409			179800	6599	7434	1005	1790	1805				
广 西	305638	106238					230000	30600	75638	75638				
海 南	429848	20847	191128	518	69128	6107	37022	4853	604	1424	1925	6704	41	164
重 庆														
重庆测绘院	1670000	3630	1670000	3630										
四 川	2577705	118297	906965	2222	24390	919			318	318	8085	32339	4870	77560
贵 州	66121	10217			6247	210			58876	3399	700	1840	298	4768
云 南	526624	9846			31842	1098	9655	1288	2171	2355	144	602	12	192
西 藏														
陕 西	4312700	13815	3200147	8000	1111295	1826			753	1200	434	1654	71	1135
甘 肃	567830	22027			544605	21785								
青 海	31482	4466			31025	1241					371	1855	86	1370
宁 夏	55657	3206			54831	2369			826	837				
新 疆	1730235	20862			64187	2564			2989	3111	2860	11440	195	3594
青 岛														
大 连														
宁 波														
深 圳	4000	530			2000	127	2000	403						
厦 门														
中国地图出版集团														
测绘研究院	14542213	239489	41000	90	3757000	150300	150000	18750	62893	63770	1282	5366	38	1136
地理信息中心														
卫星应用中心														

表 26　2017 年地图编制

单　位	地形图（幅）							专题地图（种）	地图集（种）	电子地图（种）
		#1:5 万	#1:1 万	#1:5000	#1:2000	#1:1000	#1:500			
合　计	**183352**	**29517**	**24511**	**2583**	**39007**	**32167**	**49781**	**2230**	**187**	**448**
北　京								960	3	6
天　津										
河　北	5624		904		169	1063	3488	214		
山　西	1532		310		102	12	1108	74	2	
内蒙古	1145		450			680		2	3	
辽　宁	1500		810		690					
吉　林									2	15
黑龙江	19006	7241	904	996	2954	1386	5128	131	5	6
上　海	34242		374		9192	13680	10996	1	1	5
江　苏									3	
浙　江								16	12	27
安　徽	18049		4612		7525	5912		88	2	
福　建								130		
江　西	129		115		14			44	1	
山　东									1	
河　南	9610		2225	234	278	3671	3197	16	3	1
湖　北									2	1
湖　南	13287		2921		8270	96	2000	76	98	2
广　东	2916			715	161	94	1946	8	2	25
广　西	4935	90	1471		198			138	5	239
海　南	1264	1042				120		8	1	
重　庆								20	8	
重庆测绘院	4811	1033	247		1200	100	2200			
四　川	27503	8953	4342		3718	2140	6503	122	5	
贵　州	1073		93		200	12	768			
云　南	2173		287		9		1877	51	3	7
西　藏	147		147					2		
陕　西	20730	11158	2691	538	2828	1270	2032	5	6	2
甘　肃	37						37	1	3	4
青　海	3678		605		336	1468	1269	23	9	40
宁　夏	388		200	100	62		26	3	1	66
新　疆	4648		803		251		3594	37	6	1
青　岛										
大　连										
宁　波	4925				850	463	3612			
深　圳										1
厦　门										
中国地图出版集团								60		
测绘研究院										
地理信息中心										
卫星应用中心										
三亚培训中心										

表 27 2017 年界线测绘和工程测量

单位	地籍测绘	房产测绘	行政区域界线测绘	工程测量（项）						
	面积（平方千米）	面积（万平方米）	长度（千米）	合计	20 万以下	20 万（含）-50 万	50 万（含）-200 万	200 万（含）-500 万	500 万（含）以上	1000 万（含）以上
合计	**263989.9**	**11821.7**	**19305.5**	**11616**	**10354**	**738**	**395**	**82**	**36**	**11**
北京		0.01	610.0	883	738	91	42	5	2	5
天津	248.0	342.93		1341	1231	65	35	8	1	1
河北	10100.0	0.01		46	16	4	8	9	9	
山西				1			1			
内蒙古	6.2									
辽宁				3		3				
吉林										
黑龙江	2502.0			336	282	20	26	6	2	
上海	249.5			715	634	50	23	2	3	3
江苏	160.0			9	6		1	1	1	
浙江	53.5	3251.1		29	15	6	4	2	1	1
安徽	89.0	118.2	63.5	15	10	3	1	1		
福建		870.0		9	4	1	2	2		
江西	50.0			94	66	12	13	2		1
山东				18	8	8	1	1		
河南	133.0	9.0		9	6	2	1			
湖北				7	7					
湖南	73.0			17	10		4	3		
广东	81.0	50.4	578.0	37	17	8	9	3		
广西	14.8	60.5		40	29	10	1			
海南				5	2	2	1			
重庆				6461	6122	253	76	3	7	
重庆测绘院	65.0	0.1		116	85	15	13	2	1	
四川	151418.9	178.7		273	70	79	89	27	8	
贵州	12.0	390.0	17841.0	16	9	5		1	1	
云南	91222.0	180.9	213.0	45	27	9	9			
西藏				2	1		1			
陕西	7396.0			161	104	38	16	3		
甘肃	104.2			35	33	1	1			
青海		220.0		27	24	1	2			
宁夏				1	1					
新疆	6.2			2	1		1			
青岛										
大连	0.6	0.7		45	43	2				
宁波		300.0		665	622	35	8			
深圳		5716.9		134	124	9	1			
厦门										
中国地图出版集团										
测绘研究院	5.0	132.1		19	7	6	5	1		
地理信息中心										
卫星应用中心										
三亚培训中心										

表 28　2017 年地理信息系统开发

单位	系统开发数量（项）			系统开发经费（万元）	
		#基于“天地图”	#基于数字城市	收费金额	免费金额
合　计	**421**	**144**	**175**	**34064.7**	**2852.9**
北　京	4			613.6	
天　津	3		3	1182.0	
河　北	19	13	11	4407.9	240.0
山　西	11	2	8	375.3	
内蒙古	3		3	99.0	605.0
辽　宁					
吉　林	1	1			20.0
黑龙江	8	5	6	571.0	
上　海	3	3		210.0	68.0
江　苏	12	9	10	3733.8	
浙　江	24	13	5	1018.0	
安　徽	2	2		17.4	
福　建	3	2	2	20.0	20.0
江　西	5	5		79.2	30.0
山　东	16	3	13	404.0	8.0
河　南	23	1	21	746.5	
湖　北	12	1	1	1113.4	109.0
湖　南	23	15	17	911.7	130.0
广　东	43	14	29	2017.0	30.0
广　西	12	6	3	763.9	
海　南	8	1	3	577.7	
重　庆	6			450.0	
重庆测绘院	16			327.5	62.0
四　川	40	17	2	2308.6	410.0
贵　州	16	4	5	736.0	220.0
云　南	11	1	1	893.8	
西　藏					
陕　西	19	9	12	4056.9	110.0
甘　肃	15	4	2	2464.4	6.8
青　海	5	2		67.7	40.0
宁　夏	7	2	7	116.0	
新　疆	10	3	1	406.0	307.3
青　岛					
大　连	2		2	98.0	
宁　波	5	2	4	614.6	20.0
深　圳	3	1	1	516.0	
厦　门	2	1	2		105.8
中国地图出版集团					
测绘研究院	25	2	1	2135.8	300.0
地理信息中心	1			12.0	
卫星应用中心	3				11.0

表 29 2017 年末全国 1∶1 万地图覆盖

计量单位：平方千米，幅

单 位	地形图		数字线划地图（DLG）		数字高程模型（DEM）		数字正射影像（DOM）	
	面 积	图幅数	面 积	图幅数	面 积	图幅数	面 积	图幅数
合 计	**5843637**	—	**5776008**	—	**5410046**	—	**5654921**	—
北 京	16410	933	16410	933	16410	933	16410	933
天 津	11900	700	11900	700	11900	700	11900	700
河 北	188000	8108	188000	8108	138100	5524	188000	8108
山 西	156700	6319	156700	6319	156700	6319	156700	6319
内蒙古	549525	21981	549525	21981	455050	18202	455050	18202
辽 宁	148000	6516	148000	6516	148000	6516	148000	6516
吉 林	187400	8636	187400	8636	130000	6974	187400	8695
黑龙江	454000	21634	454000	21634	269763	12852	454000	21634
上 海	6341	374	6341	374				
江 苏	108600	4290	108600	4290	107736	4258	107736	4258
浙 江	101800	4336	101800	4336	101800	4336	101800	4336
安 徽	139400	5474	139400	5474	139400	5474	139400	5474
福 建	124000	4689	124000	4689	124000	4689	124000	4689
江 西	166900	6197	166900	6197	166900	6197	166900	6197
山 东	157900	6432	157900	6432	157900	6432	157900	6432
河 南	167000	6562	167000	6562	167000	6562	167000	6562
湖 北	145600	5600	183162	6809	185900	7174	185900	7174
湖 南	211800	7834	211800	7834	211800	7834	211800	7834
广 东	179800	6599	179800	6599	179800	6599	179800	6599
广 西	236700	8495	236700	8495	236700	8495	236700	8495
海 南	34000	1854	34000	1854	34000	1854	34000	1854
重 庆	82400	3263	82400	3263	82400	3263	82400	3263
四 川	324700	12188	324700	12188	324700	12188	386000	13700
贵 州	176167	6637	89845	3186	176167	8397	99405	3525
云 南	394000	13878	394000	13878	394000	13878	394000	13878
西 藏	67172	2399	67172	2399	67172	2399	67172	2399
陕 西	183294	8001	205600	8347	202800	8112	158500	6340
甘 肃	280575	11223	280575	11223	304750	12190	303125	12125
青 海	72689	2832	72689	2832	97833	3730	97833	3730
宁 夏	57690	2250	57690	2250	57690	2250	57690	2250
新 疆	713175	28527	672000	26880	563675	22547	578400	23136

表 30 2017 年末数字城市地理空间框架建设

计量单位：个

单位	地级行政区			县级行政区			乡镇级行政区		
	总数	#开展建设数字城市	#建成数字城市	总数	#开展建设数字城市	#建成数字城市	总数	#开展建设数字城市	#建成数字城市
合 计	**334**	**334**	**297**	**2851**	**753**	**420**	**39890**	**57**	**28**
北 京				16	5	5	331	2	2
天 津				16			248		
河 北	11	11	11	168	141	67	2255		
山 西	11	11	11	119	20	15	1398		
内蒙古	12	12	8	103	21	4	1020		
辽 宁	14	14	14	100	2	2	1531		
吉 林	9	9	3	60	14	5	919		
黑龙江	13	13	13	128	4		1192	2	2
上 海				16			214		
江 苏	13	13	13	96	27	17	1284		
浙 江	11	11	11	89	63	63	1378		
安 徽	16	16	6	105	17	7	1486		
福 建	9	9	9	85	26	12	1105		
江 西	11	11	11	100	10	2	1561		
山 东	17	17	17	137	94	94	1824		
河 南	17	17	13	158	33	19	2441	53	24
湖 北	13	13	9	103	11	5	1234		
湖 南	14	14	14	122	72	19	1927		
广 东	21	21	21	121	122	55	1601		
广 西	14	14	14	111	20	2	1251		
海 南	4	4	3	23	8	2	218		
重 庆				38	6	5	1030		
四 川	21	21	21	183	8	4	4610		
贵 州	9	9	8	88	3		1379		
云 南	16	16	15	129	2	1	1398		
西 藏	7	7	7	74			697		
陕 西	10	10	5	107	4	2	1295		
甘 肃	14	14	14	86	5	5	1355		
青 海	8	8	8	43	1		400		
宁 夏	5	5	4	22	8	5	240		
新 疆	14	14	14	105	6	3	1068		

注：表中行政区划总数摘自《2018 中国统计摘要》。乡镇级总数包含河北省、新疆维吾尔自治区的各一个区公所。

表 31　2017 年末智慧城市时空信息云平台建设

计量单位：个

单　位	地级行政区			县级行政区			乡镇级行政区		
	总数	#开展建设智慧城市	#建成智慧城市	总数	#开展建设智慧城市	#建成智慧城市	总数	#开展建设智慧城市	#建成智慧城市
合　计	**334**	**39**	**2**	**2851**	**13**	**1**	**39890**		
北　京				16	1		331		
天　津				16			248		
河　北	11	1		168			2255		
山　西	11	1		119			1398		
内蒙古	12			103			1020		
辽　宁	14	2		100			1531		
吉　林	9	2		60			919		
黑龙江	13	2		128	1		1192		
上　海				16			214		
江　苏	13	4		96	5		1284		
浙　江	11	2		89	2		1378		
安　徽	16	2		105			1486		
福　建	9	1		85			1105		
江　西	11	3		100			1561		
山　东	17	4	1	137	1		1824		
河　南	17	2		158	1		2441		
湖　北	13	2	1	103	1	1	1234		
湖　南	14	2		122			1927		
广　东	21	3		121			1601		
广　西	14	1		111			1251		
海　南	4			23			218		
重　庆				38			1030		
四　川	21	1		183			4610		
贵　州	9			88			1379		
云　南	16			129			1398		
西　藏	7			74			697		
陕　西	10	1		107			1295		
甘　肃	14	2		86			1355		
青　海	8			43	1		400		
宁　夏	5			22			240		
新　疆	14	1		105			1068		

注：表中行政区划总数摘自《2018 中国统计摘要》。乡镇级总数包含河北省、新疆维吾尔自治区的各一个区公所。

（三）测绘成果管理与应用

表 32 2017 年测绘成果类行政审批

计量单位：件

地区	涉密基础测绘成果资料提供使用审批			对外提供我国涉密测绘成果审批		永久性测量标志拆迁审批	
	申请数	批准数		申请数	批准数	申请数	批准数
			#接受国家测绘地理信息局委托				
合 计	**13196**	**12407**	**1355**	**12**	**12**	**78**	**74**
北 京	497	417	202			1	1
天 津	4	4		11	11		
河 北	292	292					
山 西	380	380					
内蒙古	690	690					
辽 宁	202	193				1	
吉 林	502	502					
黑龙江	343	343	262				
上 海	2	2				2	2
江 苏	204	203				6	5
浙 江	228	187	30	1	1	6	6
安 徽	260	254				3	3
福 建	547	547	70				
江 西	376	376	1			4	4
山 东	624	398	98			6	5
河 南	322	309					
湖 北	372	372				5	5
湖 南	527	527				6	6
广 东	265	173	54			2	1
广 西	823	823	129			2	2
海 南	73	73					
重 庆	328	328					
四 川	942	920				3	3
贵 州	347	286				22	22
云 南	657	633					
西 藏	429	429					
陕 西	497	490					
甘 肃	844	759	237				
青 海	190	190					
宁 夏	164	153					
新 疆	761	650	272			5	5
国家测绘地理信息局	504	504				4	4

表 33　2017 年按类别分地形图和专题地图提供

计量单位：张

类　别	地形图			专题地图
	总数	#1:1 万	#1:5 万	
合　计	**252033**	**41369**	**29728**	**646724**
一、按成果领用单位类型	—	—	—	—
1. 党政机关	10337	1962	2151	355057
2. 事业单位	43856	13237	8005	54789
3. 企业	185044	25097	17894	4074
#私营企业	27372	2880	1617	169
#涉外企业	332			
4. 国（境）外组织机构	8			
5. 其他	12788	1073	1678	232804
二、按成果应用领域	—	—	—	—
1. 党政领导机关	4081	570	380	77801
#用于应急保障	429	2		1325
2. 测绘地理信息	12860	6177	5905	230431
3. 土地	4270	1678	866	7651
4. 地矿	7583	4537	2675	41
5. 城乡建设与规划	142509	1178	1301	31433
6. 交通运输	25756	13590	8666	4407
#铁道	11831	4748	5647	44
7. 水利水电	10684	5193	1765	1155
8. 电力	5050	2350	1212	1069
9. 通讯	418		83	29
10. 石油石化	2271	1237	329	1
11. 煤炭	502	286	71	
12. 农业	683	511	49	2
13. 林业	1906	652	191	35089
14. 气象	287	259	26	24
15. 地震				
16. 海洋	120	9	33	16
17. 环保	4643	44	105	62
18. 公安武警	315		34	529
19. 烟草	41	10	5	
20. 科教文卫	5168	172	70	177239
21. 出版	36	10	5	29
22. 民政	731	188	510	8657
23. 军队	2308	879	1119	40
24. 航空航天	3553	128	2587	3
25. 信息传输、软件和信息技术服务业	699	363	61	1541
#互联网和相关服务	53			
#软件和信息技术服务业	44			1500
26. 其他	15559	1348	1680	69475
三、按成果使用方式	—	—	—	—
1. 有偿使用	210149	19983	17202	628163
2. 无偿使用	41884	21386	12526	18561

表34 2017年按地区分地形图和专题地图提供

计量单位：张

地　区	地形图			专题地图
	总数	#1:1万	#1:5万	
合　计	**252033**	**41369**	**29728**	**646724**
北　京	3694	47		
天　津				
河　北	2110	1670	316	
山　西	2076	1728	341	3158
内蒙古	6415	2565	2463	6100
辽　宁	1509	1262	247	197
吉　林	3966	1927	2039	777
黑龙江	2146	1440	550	
上　海	166768			565789
江　苏	1077	895	170	
浙　江	239	12	92	
安　徽	1319	1226	93	
福　建	291	277	14	
江　西	2222	1910	275	
山　东	1389	535	851	
河　南	903	635	266	44453
湖　北	130		126	
湖　南	3134	2197	922	
广　东	3897	3703	167	10305
广　西	1365	934	425	17
海　南	304	81	223	1758
重　庆	3120	1518	165	582
四　川	1288	537	721	80
贵　州	708	3	703	
云　南	3886	3666	205	
西　藏	1279	29	1237	10328
陕　西	4588	4073	508	
甘　肃	5907	4342	1497	1358
青　海	1523	376	1091	1170
宁　夏	1089	873	216	
新　疆	8166	2908	4976	648
青　岛				
大　连	27			
宁　波	2451			1
深　圳	1066			3
厦　门	1966			
地理信息中心	10015		8829	

表 35 2017 年按类别分数字测绘成果提供

计量单位：幅，GB

类 别	数字线划地图（DLG）						数字高程模型（DEM）					
	合计		#1:1万		#1:5万		合计		#1:1万		#1:5万	
	图幅数	数据量	图幅数	数据量	图幅数	数据量	图幅数	数据量	图幅数	数据量	图幅数	数据量
合 计	**477279**	**8195.6**	**201458**	**5755.3**	**67091**	**1799.5**	**195977**	**2930.9**	**132814**	**2037.5**	**19218**	**773.5**
一、按成果领用单位类型	—	—	—	—	—	—	—	—	—	—	—	—
1. 党政机关	80990	1553.4	24868	1029.5	25366	423.4	35253	977.1	20953	447.1	5170	501.5
2. 事业单位	313727	5188.9	158193	4250.1	44407	578.0	114026	1548.6	91029	1326.3	11479	191.0
3. 企业	94214	456.8	24514	300.5	2369	29.0	42925	311.1	17369	199.8	1808	76.0
#私营企业	34935	130.1	3681	78.4	328	4.2	3553	11.4	1068	7.1	90	0.3
#涉外企业	137	0.1					24	0.02				
4. 国（境）外组织机构	2	0.002										
5. 其他	42582	996.4	6982	175.3	31420	769.1	7682	94.1	4925	64.3	786	4.9
二、按成果应用领域	—	—	—	—	—	—	—	—	—	—	—	—
1. 党政领导机关	30326	838.4	2811	45.8	24185	743.7	4456	61.7	2739	54.3	40	0.1
#用于应急保障	1025	26.4	928	26.2	8	0.1	893	6.1	764	5.9	40	0.1
2. 测绘地理信息	159567	2971.2	104907	2572.6	28770	314.7	105275	2037.9	86885	1359.2	10485	661.3
3. 土地	13398	220.7	11686	205.7	721	5.4	8474	90.7	6785	83.9	1517	6.6
4. 地矿	10140	177.8	5623	96.0	4302	78.8	1735	11.4	1051	8.8	673	2.6
5. 城乡建设与规划	200926	1027.9	21216	502.2	9442	156.7	17022	54.4	1456	12.1	176	10.2
6. 交通运输	14536	130.1	11961	105.2	1135	11.0	420	0.8	59	0.4		
#铁道	4015	29.3	3571	24.8	426	4.5	9	0.02				
7. 水利水电	24930	224.4	15277	199.6	535	8.3	5056	39.4	2725	26.2	138	2.0
8. 电力	6807	76.4	6334	73.8	149	2.1	991	10.1	708	9.7		
9. 通讯	90	0.3	43	0.2			62	0.1	16	0.1		
10. 石油石化	2910	21.3	1544	13.1	79	1.1	112	0.2			6	0.1
11. 煤炭	182	4.8	124	3.8	43	1.0	21	0.1			6	0.1
12. 农业	738	7.9	605	5.0	106	2.8	467	1.4			467	1.4
13. 林业	16597	1257.5	16356	1253.9	53	1.3	9712	88.0	9605	87.8		
14. 气象	3149	2.3	10	0.2	3139	2.1	10	0.2	10	0.2		
15. 地震	792	3.4	756	3.2	36	0.3	14	0.1	14	0.1		
16. 海洋	12940	71.3	7167	48.4	468	5.6	4394	22.0	2430	12.2		
17. 环保	19139	319.4	17443	285.9	704	12.4	15188	257.1	11286	181.9	3839	75.1
18. 公安武警	4337	30.2	4259	30.0	14	0.1	440	81.1	377	81.0		
19. 烟草	8	0.23	8	0.2								
20. 科教文卫	4944	72.3	1357	23.9	2684	44.7	2319	11.2	48	0.4	1598	9.3
21. 出版	97	0.5	20	0.3			77	0.4				
22. 民政	581	2.3	489	1.1	77	1.0	3	0.004				
23. 军队	37494	617.8	9601	196.9	24872	381.3	15050	145.3	10501	113.9	677	4.6
24. 航空航天	1131	15.0	861	12.2	219	2.4	37	0.1			11	0.03
25. 信息传输、软件和信息技术服务业	36	0.7	29	0.7			5	0.01				
#互联网和相关服务	34	0.7	29	0.7			5	0.01				
#软件和信息技术服务业	2	0.002										
26. 其他	13581	101.7	3426	75.3	6984	22.5	12347	17.4	589	5.2	82	0.1
三、按成果使用方式	—	—	—	—	—	—	—	—	—	—	—	—
1. 有偿使用	44575	360.9	11935	204.7	4169	73.8	14593	34.0	363	3.3	477	2.6
2. 无偿使用	437142	7834.6	191022	5550.6	64948	1725.7	181472	2896.9	132532	2034.1	18746	770.9

表 35 2017 年按类别分数字测绘成果提供（续）

计量单位：幅，GB

类 别	数字栅格地图（DRG）						数字正射影像图（DOM）					
	合计		#1:1 万		#1:5 万		合计		#1:1 万		#1:5 万	
	图幅数	数据量	图幅数	数据量	图幅数	数据量	图幅数	数据量	图幅数	数据量	图幅数	数据量
合 计	**23424**	**753.3**	**19339**	**661.9**	**3354**	**59.8**	**1326131**	**368780.4**	**147197**	**52835.2**	**48587**	**75819.2**
一、按成果领用单位类型	—	—	—	—	—	—	—	—	—	—	—	—
1. 党政机关	3563	111.8	2502	82.2	657	4.5	339172	74190.4	28444	14181.5	29141	38947.0
2. 事业单位	8533	214.2	6880	171.5	1478	36.6	981423	275639.0	100602	33232.7	25268	29035.3
3. 企业	11757	380.2	10515	361.6	1209	18.5	43348	14486.2	14563	5015.9	1794	7636.9
#私营企业	5444	144.5	5315	140.5	129	4.0	8137	296.2	902	240.1	5	2.2
#涉外企业												
4. 国（境）外组织机构												
5. 其他	508	47.2	373	46.6	16	0.2	35458	4464.9	5326	405.1	1293	200.0
二、按成果应用领域	—	—	—	—	—	—	—	—	—	—	—	—
1. 党政领导机关	538	2.3	538	2.3			62625	9425.6	732	226.9	23636	6370.9
#用于应急保障	510	2.3	510	2.3			263	69.5	255	67.7	8	1.8
2. 测绘地理信息	6193	181.0	5124	154.5	957	25.3	1010973	277518.3	97006	29962.5	13749	30244.8
3. 土地	932	36.8	262	8.4	248	3.6	104870	24409.4	6563	656.4	2061	16145.3
4. 地矿	1251	32.9	1072	29.9	179	3.0	721	1028.6	600	757.2	121	271.4
5. 城乡建设与规划	895	22.8	685	17.1	191	4.7	66351	7222.9	4051	1640.9	8818	2729.9
6. 交通运输	4692	125.8	4157	123.4	535	2.3	35	11.3	35	11.3		
#铁道	1357	25.9	1357	25.9								
7. 水利水电	3585	67.9	3531	67.2	21	0.5	426	272.0	426	272.0		
8. 电力	1286	55.0	1195	50.1	91	4.9	5078	607.3	224	38.8	42	253.9
9. 通讯	5	0.1	5	0.1			16	5.3	16	5.3		
10. 石油石化	624	18.1	609	17.6	15	0.5						
11. 煤炭	26	0.6	26	0.6								
12. 农业	45	1.8	29	1.3	16	0.5	14506	935.1	83	163.3		
13. 林业	547	14.5	543	14.4	4	0.1	6332	501.4	2869	431.4	3463	70.0
14. 气象	10	0.2	10	0.2								
15. 地震							756	864.3	756	864.3		
16. 海洋							2202	1428.4	2202	1428.4		
17. 环保	14	1.1	13	1.1	1	0.02	74207	31121.9	27975	8714.3	3639	18923.9
18. 公安武警	84	1.0	25	0.6	59	0.4	34089	8730.6	6946	4935.6		
19. 烟草												
20. 科教文卫	179	5.3	164	4.9	15	0.4	471	139.3	4	1.4	467	137.9
21. 出版												
22. 民政	31	0.7	31	0.7								
23. 军队	1936	99.0	1776	94.1	15	0.4	10884	2852.8	7861	2673.1	1327	114.8
24. 航空航天												
25. 信息传输、软件和信息技术服务业												
#互联网和相关服务												
#软件和信息技术服务业												
26. 其他	1554	86.4	530	73.2	1024	13.2	14962	1705.8	206	51.9	656	556.4
三、按成果使用方式	—	—	—	—	—	—	—	—	—	—	—	—
1. 有偿使用	5871	169.2	5305	151.8	536	13.3	15272	4525.9	9202	3123.2	895	795.4
2. 无偿使用	17855	584.1	14321	510.2	2833	46.5	1311621	364254.5	138650	49712.0	47799	75023.8

表 36 2017 年按地区分数字测绘成果提供

计量单位：幅，GB

地 区	数字线划地图（DLG）						数字高程模型（DEM）					
	合计		#1:1 万		#1:5 万		合计		#1:1 万		#1:5 万	
	图幅数	数据量	图幅数	数据量	图幅数	数据量	图幅数	数据量	图幅数	数据量	图幅数	数据量
合 计	**477279**	**8195.6**	**201458**	**5755.3**	**67091**	**1799.5**	**195977**	**2930.9**	**132814**	**2037.5**	**19218**	**773.5**
北 京	3448	3.1	95	0.2								
天 津	9824	12.0	213	1.2								
河 北	25200	118.8	12927	114.6	156	0.4	1720	62.5	1180	30.7	540	31.9
山 西	7287	123.4	7053	111.7	234	11.7						
内蒙古	9667	36.6	5569	29.1	3783	5.8	1437	6.8	1117	3.1	180	0.6
辽 宁	11196	168.7	10073	155.6	1100	12.8	9011	47.1	8988	47.0		
吉 林	9279	213.4	8667	136.7	612	76.7	8063	525.4	7451	112.3	612	413.1
黑龙江	10462	112.4	2528	27.2	7688	82.6	2396	7.0	2269	6.6	127	0.4
上 海	14492	30.4					13674	27.3				
江 苏	4372	137.7	4149	135.7	180	1.7	4111	35.7	4110	34.6	1	1.1
浙 江	5241	118.4	4320	112.7	321	3.6	3249	14.4	1086	12.2	10	0.04
安 徽	7650	64.6	7640	64.5	10	0.2	3373	156.7	3373	156.7		
福 建	6156	1402.1	4630	1383.6	214	5.2	15858	159.4	4661	142.6	328	6.0
江 西	19547	511.2	19284	508.7	263	2.5	14810	380.0	14800	379.9	10	0.03
山 东	27188	255.1	20767	219.4	819	3.2	10753	157.9	6678	136.3	158	0.9
河 南	4304	52.5	3975	47.9	256	3.6	1311	35.4	1277	34.7	34	0.6
湖 北	4152	20.9	4047	19.8	67	1.0	1030	10.1	1030	10.1		
湖 南	90690	502.4	23099	270.1	1328	22.9	4967	52.1	4409	41.2	558	10.9
广 东	1806	22.8	1634	18.4	148	4.1	5728	237.1	5634	236.7	70	0.3
广 西	5121	139.1	4303	110.0	809	29.0	1035	38.5	1017	37.2	18	1.3
海 南	1241	11.4	1068	7.2	156	3.9	383	10.7	305	8.9	78	1.8
重 庆	2946	5.1	216	0.5	42	0.1						
四 川	22403	803.4	18949	758.2	2308	38.8	22318	268.8	20146	191.5	2105	76.8
贵 州	4346	152.5	3879	139.7	467	12.8	7081	81.5	6496	77.9	585	3.6
云 南	10799	306.3	8679	264.5	329	15.6	10753	133.5	9034	108.8	32	0.1
西 藏	23142	875.2	5951	815.3	16495	40.9	7063	146.9	3074	80.2	3989	66.7
陕 西	11116	196.6	10402	178.0	706	18.3	9000	67.7	8402	66.1	598	1.6
甘 肃	4103	120.2	3314	97.1	416	12.2	4186	40.9	3724	36.4	89	0.9
青 海	2799	35.0	100	2.2	1511	16.8	20506	167.1	7637	23.5	5955	133.5
宁 夏	384	3.9	185	2.7	177	0.5	261	10.4			261	10.4
新 疆	5764	40.8	3443	21.7	2311	18.2	5546	26.6	4916	22.3	630	4.3
青 岛	205	0.4	171	0.3								
大 连	30	0.03										
宁 波	9731	5.7	128	0.7								
深 圳	31682	44.5										
厦 门	44428	87.1					3211	9.7				
地理信息中心	25078	1462.0			24185	1354.4	3143	13.8			2250	6.7

表36 2017年按地区分数字测绘成果提供（续）

计量单位：幅，GB

地区	数字栅格地图（DRG）						数字正射影像图（DOM）					
	合计		#1:1万		#1:5万		合计		#1:1万		#1:5万	
	图幅数	数据量	图幅数	数据量	图幅数	数据量	图幅数	数据量	图幅数	数据量	图幅数	数据量
合计	**23424**	**753.3**	**19339**	**661.9**	**3354**	**59.8**	**1326131**	**368780.4**	**147197**	**52835.2**	**48587**	**75819.2**
北京												
天津							918	51.4				
河北							17775	6000.6	14638	4840.5	156	936.0
山西	55	1.2	51	0.4								
内蒙古							2556	1151.3	2283	69.1	273	1082.2
辽宁							8232	731.9	8232	731.9		
吉林							3737	5780.3	3125	965.8	612	4814.5
黑龙江	4	0.02					261657	102209.8	1389	542.6		
上海							9672	443.9				
江苏	9	0.8	7	0.8	2	0.01	4276	13279.6	4276	13279.6		
浙江	637	6.1	628	6.0	9	0.1	9118	7758.3	4125	7382.8	331	170.6
安徽	175	13.5	49	9.6	107	2.9	14748	4192.7	7743	3770.2		
福建							47033	6190.8	1683	571.2	328	2115.3
江西							7530	1880.0	7250	1697.0		
山东	98	0.3			98	0.3	3793	1157.9	3793	1157.9		
河南							759	720.7	318	101.5	41	39.2
湖北	388	5.8	260	5.1	128	0.8	33744	1080.1	745	2.2	2405	14.1
湖南	991	116.6	925	113.2	66	3.4	421166	44953.7	34952	10883.3	382	3244.0
广东	324	3.3	324	3.3			207134	28308.0				
广西	1790	63.6	1482	52.1	282	7.4	81065	7009.6	389	48.6		
海南	410	24.2	25	0.1			3448	287.1	228	41.1	12	3.6
重庆	45	0.1	45	0.1								
四川	8433	206.4	8181	200.1	252	6.3	34147	57110.0	12951	3934.6	1113	6341.3
贵州	3284	172.3	3183	171.7	101	0.6	1898	268.2	1431	111.2	467	157.0
云南	4037	26.6	3781	25.7			21405	8795.2	9095	455.6	83	27.6
西藏	1594	89.7	133	63.1	1461	26.6	15702	35019.7	6421	1110.6	9281	33909.1
陕西	69	0.2	25	0.04	44	0.2	19500	1829.2	801	152.5	596	212.9
甘肃	178	4.2	32	0.6	146	3.6	2666	78.1	2205	64.6		
青海	44	0.1			44	0.1	21860	13851.2	7637	464.3	7301	12845.7
宁夏	208	10.1	208	10.1			24176	8604.2	5735	151.1	248	241.5
新疆	609	8.0			572	7.3	6358	765.2	5585	255.9	773	509.3
青岛												
大连												
宁波												
深圳							175	51.3	167	49.3		
厦门							15698	65.1				
地理信息中心	42	0.2			42	0.2	24185	9155.3			24185	9155.3

表 37 2017 年按类别分测绘基准成果、航摄成果和卫星影像提供

类 别	测绘基准成果（点）	航摄成果		卫星影像	
		面积（平方千米）	数据量（GB）	面积（平方千米）	数据量（GB）
合 计	**266511**	**770525**	**184585.7**	**255319750**	**530932.1**
一、按成果领用单位类型	—	—	—	—	—
1. 党政机关	17350	8148	11840.9	1971413	18230.8
2. 事业单位	160617	669755	133502.4	252382370	509990.5
3. 企业	81633	68870	3883.7	616959	2190.8
#私营企业	24098	45240	511.3	7347	196.2
#涉外企业				13	0.3
4. 国（境）外组织机构				298800	335.2
5. 其他	6911	23752	35358.7	50208	184.8
二、按成果应用领域	—	—	—	—	—
1. 党政领导机关	157	667	64.6	934724	14288.5
#用于应急保障	55	637	64.5	6657	15.0
2. 测绘地理信息	129057	705703	130912.7	164705126	367539.8
3. 土地	5566	4607	2734.4	939783	2926.3
4. 地矿	10993			17422	194.6
5. 城乡建设与规划	2824	7481	11776.3	15571	475.9
6. 交通运输	11378	10022	3196.0	68978	624.2
#铁道	6507	8562	3166.9		
7. 水利水电	10164	13871	472.0	71045586	73732.4
8. 电力	2472	510	6.1		
9. 通信	75				
10. 石油石化	2305			1191	1.0
11. 煤炭	874				
12. 农业	645			5556	195.1
13. 林业	1417			1492865	16374.5
14. 气象	10				
15. 地震	380	5	4.5		
16. 海洋	472			108783	286.7
17. 环保	376			12449665	51390.0
18. 公安武警	60	0.2	0.2	20386	123.8
19. 烟草					
20. 科教文卫	70047	41	11.2	3471151	2611.9
21. 出版				700	9.5
22. 民政	14				
23. 军队	4635	23752	35358.7	40720	146.400
24. 航空航天	122				
25. 信息传输、软件和信息技术服务业	417				
#互联网和相关服务					
#软件和信息技术服务业					
26. 其他	12051	3866	49.0	1544	11.5
三、按成果使用方式	—	—	—	—	—
1. 有偿使用	65820	68997	8734.0	1078826	13636.8
2. 无偿使用	200691	701528	175851.6	254240924	517295.3

表 38　2017 年按地区分测绘基准成果、航摄成果和卫星影像提供

地区	测绘基准成果（点）	航摄成果		卫星影像	
		面积（平方千米）	数据量（GB）	面积（平方千米）	数据量（GB）
合　计	**266511**	**770525**	**184585.7**	**255319750**	**530932.1**
北　京	6562				
天　津	8				
河　北	1071	192942	2322.4	63163	85.1
山　西	839				
内蒙古	22749	30354	9061.3	1183000	13208.9
辽　宁	1920			2808960	17272.1
吉　林	3107	42680	2382.8	360000	6613.3
黑龙江	3764			12242	76.9
上　海	15255				
江　苏	5343				
浙　江	1743	24480	14888.1	229493	3785.3
安　徽	1949	1149	5018.0	574866	8988.1
福　建	1346			1457562	8472.5
江　西	1995				
山　东	1089	1160	165.0		
河　南	160			1622706	6518.0
湖　北	2182	58092	5179.1	186900	1724.1
湖　南	6256				
广　东	1104				
广　西	86147	35070	30.1	1884363	19316.4
海　南	2177	4383	11268.3	407837	1905.4
重　庆	158			4685	2.6
四　川	1409	3999	266.1	33959	319.0
贵　州	9418	188670	2957.0	4881	1.7
云　南	7321			57042	2213.8
西　藏	10421			2000000	10546.9
陕　西	11046	33370	53421.7	1087072	726.9
甘　肃	15416			333185	1660.9
青　海	1096	90145	12195.0	1925284	28568.9
宁　夏	403			186598	1260.8
新　疆	18472	33521	20232.0	1764113	10824.3
青　岛				191	4.6
大　连					
宁　波	211			23898	286.8
深　圳	245			20141	579.0
厦　门	29				
地理信息中心	24100	30510	45198.7	1341597	68672.1
卫星应用中心				235746013	317297.8

表 39　2017 年按类别分地理国情数据提供

计量单位：GB

类　别	合计	地形地貌数据	遥感影像数据	遥感影像解译样本数据	地表覆盖数据	地理国情要素数据	专题数据	地理国情统计分析数据
合　计	**288077.8**	**819.2**	**275495.8**	**3409.8**	**422.0**	**7831.6**	**96.3**	**3.1**
一、按成果领用单位类型	—	—	—	—	—	—	—	—
1. 党政机关	14560.3	85.9	14240.8	161.0	49.4	21.4	0.6	1.1
2. 事业单位	271723.2	733.3	259467.2	3245.5	369.8	7809.7	95.6	2.1
3. 企业	1715.4		1708.9	3.3	2.8	0.4		
#私营企业								
#涉外企业								
4. 国（境）外组织机构								
5. 其他	78.8		78.8					
二、按成果应用领域	—	—	—	—	—	—	—	—
1. 党政领导机关	4690.9	38.9	4627.4		5.6	18.9		0.02
#用于应急保障								
2. 测绘地理信息	253137.2	731.6	241060.3	3210.7	251.2	7784.5	96.0	3.0
3. 土地	2274.9	27.4	2019.6	164.3	62.7	1.0		
4. 地矿	800.8		787.5		6.6	6.6		
5. 城乡建设与规划	48.0		6.2	34.8	6.2	0.4	0.3	0.1
6. 交通运输	0.1					0.1		
#铁道								
7. 水利水电	4.2				4.1	0.1		
8. 电力	253.9		253.9					
9. 通信								
10. 石油石化								
11. 煤炭								
12. 农业	19304.2		19292.2		5.3	6.8		
13. 林业	4772.8	11.7	4743.0		12.1	6.0		
14. 气象								
15. 地震	1438.0	9.7	1413.1		15.2			
16. 海洋	1.6				1.6			
17. 环保	1210.1		1187.8		15.9	6.3		
18. 公安武警	22.3		22.3					
19. 烟草								
20. 科教文卫	27.0				26.1	0.9		
21. 出版								
22. 民政								
23. 军队								
24. 航空航天								
25. 信息传输、软件和信息技术服务业								
#互联网和相关服务								
#软件和信息技术服务业								
26. 其他	91.9		82.5		9.4			
三、按成果使用方式	—	—	—	—	—	—	—	—
1. 有偿使用	299.6	1.6	264.3		1.4	0.6	31.7	
2. 无偿使用	287778.2	817.6	275231.5	3409.8	420.7	7831.0	64.6	3.1

表 40 2017 年按地区分地理国情数据提供

计量单位：GB

地区/单位	合计	地形地貌数据	遥感影像数据	遥感影像解译样本数据	地表覆盖数据	地理国情要素数据	专题数据	地理国情统计分析数据
合 计	**288077.8**	**819.2**	**275495.8**	**3409.8**	**422.0**	**7831.6**	**96.3**	**3.1**
北 京								
天 津								
河 北	10257.2		3019.6		111.4	7099.1	27.0	
山 西								
内蒙古	9485.0		7079.3	2399.3	6.4	0.1		
辽 宁	2875.5	19.3	2826.2		15.0	15.0		
吉 林								
黑龙江								
上 海	0.2					0.2		
江 苏								
浙 江	1594.1	47.0	1536.0		7.1	2.1	0.8	1.0
安 徽	7.7				7.6	0.04		
福 建	1348.2		1292.2		18.5	1.2	36.3	
江 西	3168.5	29.3	3126.3			12.9		
山 东	33.4				33.4	0.03		
河 南	4620.3	3.5	4612.0	3.5		1.3		
湖 北	3452.0	259.5	3153.1		29.4	8.0		2.0
湖 南								
广 东								
广 西	11.3				7.7	3.6		
海 南	1830.4		1828.9		0.7	0.8		
重 庆								
四 川	38438.6	27.0	38319.9		84.1	7.6		
贵 州	33.7	1.6			0.2	0.2	31.7	
云 南	4.8	4.8						
西 藏	34292.2		34291.2			1.1		
陕 西	21.0	3.2			4.5	13.4		
甘 肃	459.7		422.7	34.3		2.7		
青 海	62461.4		62198.4	151.9	95.8	15.3		
宁 夏	680.1			34.8		645.3		
新 疆	112991.4	424.0	111779.8	786.0		1.5	0.04	
青 岛								
大 连								
宁 波	10.3		10.0				0.3	0.02
深 圳	0.6				0.3	0.2		0.1
厦 门								
地理信息中心								

表 41 2017 年测绘成果汇交

地 区	汇交目录（条）	汇交副本（套）
合 计	**129029**	**1450**
北 京	29	
天 津	5	5
河 北		448
山 西		
内蒙古	6	
辽 宁	3231	
吉 林	2755	
黑龙江	2100	
上 海		
江 苏	7040	
浙 江	103058	
安 徽		40
福 建		117
江 西		
山 东		7
河 南	199	
湖 北		
湖 南		8
广 东		5
广 西		
海 南	2835	176
重 庆	282	256
四 川	837	195
贵 州		
云 南		
西 藏	10	10
陕 西		16
甘 肃	2643	
青 海	855	123
宁 夏		9
新 疆	3063	
青 岛	81	35
大 连		
宁 波		
深 圳		
厦 门		

表 42　2017 年测量标志

计量单位：点

地　区	年内新建		年内维护	年内拆除
		#迁建		
合　计	**642**	**32**	**1983**	**23**
北　京				
天　津				
河　北				
山　西				4
内蒙古	100		338	
辽　宁			106	
吉　林			246	
黑龙江				
上　海				
江　苏	57	5	251	
浙　江				6
安　徽	3	3		
福　建	1			1
江　西				
山　东	10	10	43	
河　南				
湖　北			5	
湖　南				
广　东				
广　西				
海　南				
重　庆	260			
四　川	3	3		
贵　州				
云　南	4	4	219	4
西　藏				
陕　西	30			
甘　肃	1	1	99	
青　海				
宁　夏	2	2	18	
新　疆				8
青　岛	4	4		
大　连				
宁　波	167			
深　圳			658	
厦　门				

（四）地图管理与服务

表 43 2017 年地图图书出版

出版单位	品种（种）						总印张（千印张）					
	纸质地图				电子地图	图书	纸质地图				电子地图	图书
		新版	重版	再版				新版	重版	再版		
合　计	**1509**	**357**	**1090**	**62**	**4**	**2333**	**46621**	**6345**	**38217**	**2059**		**523852**
黑龙江	129	19	110			94	3542	188	3355			798
福　建	22	6	16			19	130	37	93			428
山　东	82	42	40			20	853	511	343			1048
湖　南	109	56	53			12	493	247	246			363
广　东	71	14	20	37			296	22	51	224		
四　川	254	53	200	1		375	9151	2104	6968	80		11101
陕　西	114	79	35			97	623	601	21			689
中国地图出版集团	728	88	616	24	4	1716	31532	2637	27140	1755		509425

表 43 2017 年地图图书出版（续）

出版单位	总印数/总复制数（万幅/万册，万张）						总造货码洋（万元）					
	纸质地图				电子地图	图书	纸质地图				电子地图	图书
		新版	重版	再版				新版	重版	再版		
合 计	**1507**	**247**	**1153**	**108**	**26**	**11604**	**26580**	**6369**	**19417**	**795**	**22041**	**107113**
黑龙江	67	5	62			7	2158	374	1784			442
福 建	10	2	8			3	107	28	78			365
山 东	58	24	34			5	1452	1186	266			945
湖 南	50	25	26			7	832	441	391			925
广 东	25	3	6	16			570	64	150	356		
四 川	218	37	180	1		177	3594	1379	2137	78		4783
陕 西	47	19	29			32	593	410	183			760
中国地图出版集团	1031	132	809	91	26	11373	17275	2486	14428	360	22041	98893

表 44　2017 年地图审核

单位	地图审核（件）			地图内容审查							
	收到送审数	受理审核数	批准通过数	地图（集/册/幅）（幅）	教学教辅地图（幅）	图书报纸期刊插附地图（幅）	进口地图（幅）	地球仪（种）	导航电子地图（件）	互联网地图（件）	其他地图（幅）
合　计	**7325**	**7272**	**6234**	**24165**	**2873**	**126468**	**22266**	**106**	**176**	**288**	**1600**
北　京	14	13	13	9						4	
天　津	25	25	25	5		10					9
河　北	43	43	43	28						15	
山　西	62	62	62	32		26				4	
内蒙古	39	39	39	39							
辽　宁	89	86	86	74	4					2	
吉　林	94	80	76	1481		114					
黑龙江	178	178	175	178							
上　海	123	123	123	357	19						2
江　苏	23	23	22	19		2				1	
浙　江	335	335	335	1572	74	241				41	89
安　徽	51	51	51	33		8				8	10
福　建	194	194	189	36		133				20	
江　西	70	70	70	66						4	
山　东	121	121	119	77						21	23
河　南	38	36	34	368		24				12	
湖　北	8	8	8	25							
湖　南	215	215	215	3062		268				12	688
广　东	23	23	22	193		123					
广　西	103	103	102	511		98				14	81
海　南	119	119	119	463		46				8	
重　庆	63	60	60	469		10				2	2
四　川	118	118	118	1062	17	77				6	62
贵　州	4	4	4	7							
云　南	90	90	90	3		32				18	37
西　藏	20	20	17	8		12					
陕　西	28	28	27	38		28				1	
甘　肃	90	90	72	644		114				25	18
青　海	13	13	13	74		34				1	
宁　夏	20	20	20	120		79				1	
新　疆	68	68	68	461		98				5	
国家测绘地理信息局	4844	4814	3817	12651	2759	124891	22266	106	176	63	579

表45 2017年末“天地图”节点接入

计量单位：个

单位	省级节点接入主节点	地（市）级			县（市）级		
		行政区划总数	#接入主节点	#接入省级节点	行政区划总数	#接入主节点	#接入省级节点
合计	**31**	**334**	**189**	**227**	**2851**	**103**	**173**
北京	1				16		
天津	1				16		
河北	1	11	11	11	168		15
山西	1	11	4	10	119		
内蒙古	1	12	1	1	103		
辽宁	1	14	8	14	100	1	2
吉林	1	9	2	2	60		
黑龙江	1	13	11	11	128	2	2
上海	1				16		
江苏	1	13	13	13	96	13	13
浙江	1	11	11	11	89	63	63
安徽	1	16	10	11	105		1
福建	1	9	8	8	85	1	6
江西	1	11	10	10	100	2	2
山东	1	17	14	17	137	3	27
河南	1	17	13	13	158	1	1
湖北	1	13	4	4	103	2	3
湖南	1	14	14	14	122		
广东	1	21	6	21	121		11
广西	1	14	11	13	111	1	1
海南	1	4	3	2	23	6	6
重庆	1				38	4	4
四川	1	21	21	21	183		3
贵州	1	9			88		
云南	1	16		2	129		
西藏	1	7			74		
陕西	1	10	3	3	107	1	1
甘肃	1	14	8	10	86		1
青海	1	8		1	43		8
宁夏	1	5	2	2	22		
新疆	1	14	1	2	105	3	3

注：表中行政区划总数摘自《2018中国统计摘要》。

（五）科技

表46 2017年测绘地理信息系统科技研究

科技活动	研究项目数（项）	#新开项目数	完成项目数（项）	经费投入（万元）	财政投入	自筹资金	其他资金	项目人员（人）总数	#客座人员
合　计	**1037**	**573**	**467**	**54665.9**	**37434.8**	**14536.6**	**2694.5**	**4954**	**997**
按活动类型分：									
测绘基础研究	112	50	44	6823.0	4933.4	1666.7	223.0	632	190
测绘应用研究	571	325	261	31113.7	20965.0	8613.7	1535.0	2865	482
测绘技术开发	280	156	135	11662.5	8023.9	2732.1	906.5	1184	270
测绘软科学研究	74	42	27	5066.7	3512.6	1524.1	30.0	273	55
按计划类型分：									
国家计划	80	25	25	16740.4	13122.0	3618.4		699	207
部门计划	150	77	79	8216.7	7484.7	501.0	231.0	825	181
#国家局计划	125	64	64	6881.1	6491.1	219.0	171.0	725	162
地方计划	84	57	38	7761.2	5080.5	2616.7	64.0	493	115
省级测绘主管部门计划	165	81	91	7568.3	6158.0	1299.3	111.0	1177	188
国际合作计划	5	4	2	130.0	130.0			13	1
单位计划	447	283	174	9130.1	3876.6	5195.2	58.3	1544	256
其他计划	106	46	58	5119.3	1583.1	1306.0	2230.2	203	49

表 47 2017 年直属单位科技研究

科技活动	研究项目数（项）		完成项目数（项）	经费投入（万元）				项目人员（人）	
		#新开项目数			财政投入	自筹资金	其他资金	总数	#客座人员
合　计	**568**	**309**	**243**	**35750.0**	**25713.9**	**7798.1**	**2238.1**	**2459**	**612**
按活动类型分：									
测绘基础研究	73	34	29	5626.4	4462.2	964.2	200.0	454	172
测绘应用研究	311	174	147	20257.6	14327.0	4635.6	1295.0	1354	279
测绘技术开发	136	80	59	5552.4	3719.1	1110.2	723.1	487	131
测绘软科学研究	48	21	8	4313.7	3205.6	1088.1	20.0	164	30
按计划类型分：									
国家计划	73	24	25	16278.7	12660.3	3618.4		665	207
部门计划	107	60	60	7199.1	6937.1	202.0	60.0	616	159
#国家局计划	95	54	51	6382.5	6185.5	197.0		566	147
地方计划	15	8	5	2666.7	1646.0	1016.7	4.0	121	20
省级测绘主管部门计划	40	22	18	1894.2	1282.4	525.8	86.0	349	92
国际合作计划	5	4	2	130.0	130.0			13	1
单位计划	241	146	93	2959.5	1585.0	1370.2	4.3	532	98
其他计划	87	45	40	4621.9	1473.1	1065.0	2083.8	163	35

表 48 2017 年科技成果

指标名称	计量单位	测绘地理信息系统	
			#直属单位
完成成果	项	462	285
通过鉴定的成果	项	79	21
成果登记	项	46	21
#应用技术成果	项	42	18
发表论文	篇	1502	522
1. 国内	篇	1434	460
#SCI	篇	137	49
# EI	篇	39	34
2. 国外	篇	68	62
#SCI	篇	13	9
# EI	篇	4	2
出版科技著作	部	22	19
专利申请受理	项	96	59
#发明专利	项	76	48
专利授权	项	61	34
#发明专利	项	39	30
#境外授权	项		
成果获奖	项	94	37
1. 国际科技奖	项	1	1
2. 国家科技奖	项	2	2
#国家自然科学奖	项		
#国家技术发明奖	项		
#国家科技进步奖	项	2	2
3. 省部级科技奖	项	91	34
技术转让收入	万元	4167. 5	1229. 1
软件著作权数	项	368	178

表 49　2017 年测绘地理信息标准

计量单位：项

单　位	标准总数	#本年新制定	#本年新修订
合　计	**381**	**44**	**6**
按标准级别统计	—	—	—
国家标准	171	36	6
行业标准	131		
地方标准	79	8	
其他			
按标准功能统计	—	—	—
基础类	81	10	4
成果与产品类	69	8	
获取与处理类	122	12	1
检验与测试类	50	1	1
应用与服务类	47	12	
管理类	11	1	
其他	1		

注：此表仅包括测绘地理信息国家标准和行业标准。

（六）固定资产

表50 2017年主要固定资产投资

计量单位：万元

单位	房屋					设备			
	年末原值	本年增加原值	#财政拨款	本年减少原值	建筑面积（平方米）	年末原值	本年增加原值	#财政拨款	本年减少原值
合计	**278339.5**	**5836.4**	**2484.6**	**349.4**	**1246440.3**	**641849.3**	**55067.0**	**28151.4**	**22057.2**
北京	3686.4				56728.2	13351.0	1600.9	59.9	1750.3
天津	1866.0				13931.0	10908.5	656.4		239.7
河北	22346.0				36667.7	26949.9	1142.0	116.3	849.5
山西	3579.6	1.5			45432.6	24266.2	1541.5	428.1	2428.5
内蒙古	2298.6	178.2		47.7	18104.3	28679.7	1830.2	1611.1	70.4
辽宁	5933.4	211.2		211.2	37800.5	22713.2	273.6	173.6	727.8
吉林	548.5				26311.6	19656.2	941.9	651.1	1252.5
黑龙江	13932.5	142.1			144506.1	32870.1	1932.3	1319.1	538.3
上海	8563.3				8563.3	9924.1	947.1		341.1
江苏	579.5				17574.7	20732.8	3952.6	3470.2	121.6
浙江	1842.8				7583.6	17334.2	3108.7	1901.9	3501.2
安徽	713.3				16437.2	11496.2	1750.9	1250.4	164.0
福建	932.5				4372.0	14201.3	1481.7	359.9	395.0
江西	804.6	435.3		0.5	17093.8	20750.3	1877.4	494.7	362.8
山东	4537.8			16.1	19250.1	25541.8	1983.0	21.8	860.1
河南	1095.3				19875.6	14458.7	1001.8	404.1	63.6
湖北	15757.3				47485.1	12116.9	1953.9	1371.4	535.0
湖南	4817.4	1867.5	1834.5		26122.2	24730.9	3668.0	3288.5	354.2
广东	297.6				40.0	19310.7	2260.0	1586.5	647.8
广西	761.7				15159.4	21687.2	2766.5	1188.5	
海南	1045.4				8139.4	11595.7	1501.6	716.8	611.8
重庆	9222.6	1930.8			12908.9	8941.8	627.3		857.8
四川	9935.4	176.1			137184.3	39266.0	2962.3	1916.8	835.3
贵州	1369.4	650.1	650.1		22554.6	12332.5	66.5	50.5	
云南	915.3				19081.7	17141.1	1156.9	478.5	580.1
西藏	248.3				3300.0	518.8	68.2	2.4	27.0
陕西	18823.5				203873.9	41198.8	3340.2	2274.1	1178.7
甘肃	1009.5				17957.7	13124.0	871.0	175.4	356.8
青海	403.2				4993.4	12253.1	1869.9	143.5	508.8
宁夏						2915.3	419.7	1.7	123.0
新疆	4077.6			74.0	16785.0	15643.1	954.8	504.7	209.3
青岛									
大连						937.0	6.0		
宁波	2002.5				2338.4	4761.0	504.7		53.9
深圳	25.0				297.0	2229.6	10.0		
厦门	145.9				4065.7	955.4	31.2		
中国地图出版集团	36763.9	243.7			63722.0	2215.9	202.8		12.1
重庆测绘院	2105.8				16198.2	7345.4	393.5	388.7	68.2
测绘研究院	25528.3				44820.8	19090.4	1448.4	558.2	332.5
地理信息中心	31113.5				40893.2	21604.5	399.8	399.8	961.2
卫星应用中心	8719.5				7682.9	8906.3	767.7	677.1	
测绘宣传中心						779.5	8.9	8.9	
管理信息中心	700.0				628.2	1399.9	497.5		
地图审查中心	2149.9				1929.4	267.1	24.5	24.5	36.8
发展研究中心	899.9				807.8	165.2			
技能鉴定中心	1100.0				2243.9	108.1			12.7
质量检验中心	2351.9				11926.3	1479.0	20.6	20.4	
测绘学会	1200.0				1076.8	129.5	5.9	3.6	29.8
机关服务中心	1339.1				1201.8	347.5	107.1	1.5	
三亚培训中心	3895.9				10958.5	221.4	22.6	0.4	
国家局机关	16354.2				9831.7	2296.7	107.1	107.1	58.3

注：宁夏国土资源厅房屋均由厅机关统一管理，未作统计。

表 51 2017 年主要设备数量

计量单位：台/套

设备名称	合计	年末数量							本年增加数量	本年减少数量
		按质量状况分			按存在状态分		按设备原产地分			
		完好	待修	待废	在用	闲置	国产	进口		
全球导航卫星系统接收机	**7711**	7334	25	352	7323	388	4808	2903	669	106
全站仪	**4434**	4254	31	149	4174	260	2154	2280	284	184
水准仪	**1762**	1688	12	62	1653	109	895	867	60	43
天文测量设备	**14**	13		1	13	1	9	5	1	
重力仪	**29**	28	1		28	1	6	23	2	
基线测量设备	**10**	10			10		8	2	1	
航摄仪	**96**	95		1	88	8	56	40	15	
无人飞行器系统	**267**	264		3	264	3	228	39	72	4
多镜头多角度倾斜摄影测量系统	**34**	34			34		24	10	12	
多角度倾斜摄影真三维处理系统	**58**	58			58		49	9	2	
全数字摄影测量系统	**3796**	3746		50	3748	48	3543	253	87	13
遥感图像处理系统	**1144**	1144			1143	1	1033	111	23	1
地理信息处理软件	**4987**	4956		31	4956	31	4785	202	429	36
地理信息系统平台软件	**1912**	1912			1912		1638	274	291	
地面移动测量系统	**44**	44			43	1	33	11	7	
测深仪	**158**	156	1	1	151	7	129	29		
地下管线探测仪	**739**	713		26	698	41	274	465	26	14
手持测距仪	**2835**	2776	3	56	2747	88	1373	1462	245	38
声速仪	**31**	31			31		14	17	4	
水位计	**105**	105			105		56	49	14	
验流计	**22**	22			22		10	12	4	
浅地层剖面仪	**7**	7			7		1	6	3	
多波束测深系统	**17**	17			17		6	11	6	
侧扫声呐	**12**	12			12		6	6	4	
海洋磁力仪	**10**	10			10		4	6	2	
图形扫面议	**653**	639		14	635	18	509	144	32	8
绘图仪	**996**	959	5	32	960	36	608	388	56	39
外业数据采集设备	**2972**	2864		108	2864	108	2472	500	180	6
导航地图编辑系统	**21**	21			21		14	7	10	
高性能图形编辑计算机	**13948**	13811	20	117	13806	142	11612	2336	1676	269
服务器	**4918**	4887	1	30	4885	33	4282	636	510	53
地理信息应急监测车	**29**	29			29		27	2	2	1

表 52　2017 年各单位年末主要设备数量（一）

计量单位：台/套

单　位	全球导航卫星系统接收机	全站仪	水准仪	天文测量设备	重力仪	基线测量设备	航摄仪	无人飞行器系统	多镜头多角度倾斜摄影测量系统	多角度倾斜摄影真三维处理系统
合　计	**7711**	**4434**	**1762**	**14**	**29**	**10**	**96**	**267**	**34**	**58**
北　京	85	123	86					2		
天　津	125	114	93							
河　北	285	411	125				5	14	2	1
山　西	119	82	50			1	8	4	1	
内蒙古	433	97	45				8	9	1	1
辽　宁	421	100	69				12	9	2	2
吉　林	324	244	81				3	2	1	2
黑龙江	515	305	125	2		4	5	5	1	1
上　海	89	80	43					3		
江　苏	177	69	69		2			12	1	
浙　江	192	90	58			1		12		
安　徽	154	109	56					7		
福　建	161	52	26				2	17		
江　西	227	140	62				7	6	1	1
山　东	182	73	14		1		5	3	1	
河　南	176	206	45				1	13		
湖　北	126	98	24					5		
湖　南	468	213	33				5	13	2	2
广　东	210	128	38	2	4	1	4	4		
广　西	314	198	49					14	5	6
海　南	133	91	23				2		1	
重　庆	100	132	16				2	8		
四　川	677	361	85				3	17	2	1
贵　州	159	103	37				5	15	1	1
云　南	225	94	43	3				25	6	1
西　藏	20	15	9							
陕　西	744	208	136		18	2	2	5	1	2
甘　肃	210	85	29				3	7		
青　海	82	88	41		2		5	10	1	30
宁　夏	76	29	20			1	1	1		
新　疆	231	82	63				1	11	2	
青　岛										
大　连	15	10	6							5
宁　波	29	29	14					7	1	1
深　圳	16	14	7					3	1	1
厦　门	11	14	6							
中国地图出版集团										
重庆测绘院	122	134	24					1		
测绘研究院	71	6	4	7	2		7	3		
地理信息中心		1	7							
卫星应用中心		5								
测绘宣传中心										
管理信息中心										
地图审查中心	1									
发展研究中心										
技能鉴定中心										
质量检验中心	6	1	1							
测绘学会										
机关服务中心										
三亚培训中心										
国家局机关										

表52 2017年各单位年末主要设备数量（二）

计量单位：台/套

单位	全数字摄影测量系统	遥感图像处理系统	地理信息处理软件	地理信息系统平台软件	地面移动测量系统	测深仪	地下管线探测仪	手持测距仪	声速仪	水位计	验流计
合计	**3796**	**1144**	**4987**	**1912**	**44**	**158**	**739**	**2835**	**31**	**105**	**22**
北京	45	2	1	19	2	3	21	132			
天津	10					5	90	99			
河北	173	112	73	20		6	9	99	1	1	1
山西	129	15	92	8	1	1	1	64			
内蒙古	87	21	226	32			14	71			
辽宁	301	34	212	99		13	24	83	2	5	2
吉林	84	2	26	192	1		24	99			
黑龙江	384	38	184	91	1	10	29	239	2	5	1
上海	4						27	20			
江苏	73	24	96	15	2	15	17	134	3	10	4
浙江	168	23	247	35	3	16	8	91	6	42	3
安徽	130	48	402	87	1	1	6	137			
福建	40	34	20	6		9	7	139	4		4
江西	116	46	269	79	2	4	3	98			
山东	44	3	122	140	1	9		32	2	9	
河南	93	6	95	11		3	22	199			
湖北	71	69	55	98	4		6	74			
湖南	178	65	242	45	2	8	16	196	2	5	1
广东	65	15	282	47		13	5	68	3	10	2
广西	233	237	514	126	1	5	7	98	1		
海南	32	12	86	8	1	2	8	19			
重庆	57	6	34	62		3	72	59			
四川	354	52	367	2		5	200	74			
贵州	123	84	131	192	2	5	6	60			
云南	70	9	161	58	3	1	3	50			
西藏	13										
陕西	238	74	262	206	4	2	40	161		3	
甘肃	65	23	36	6	1		7	14			
青海	95	17	335	77	1	2	3	20			
宁夏	24	10	44	45				25			
新疆	113	34	70	6			8	40			
青岛											
大连	16		10	10	1		3	20			
宁波	17	4	24	20	3	9	10	21	3	10	3
深圳	11	2	4	5		4	1	51	2	5	1
厦门							1	17			
中国地图出版集团											
重庆测绘院	119	1	240	60	1	4	37	17			
测绘研究院	14	5	5		6			7			
地理信息中心	1	2									
卫星应用中心	2	12	6	1							
测绘宣传中心											
管理信息中心											
地图审查中心											
发展研究中心											
技能鉴定中心											
质量检验中心	4	3	14	4			4	8			
测绘学会											
机关服务中心											
三亚培训中心											
国家局机关											

表 52　2017 年各单位年末主要设备数量（三）

计量单位：台/套

单　位	浅地层剖面仪	多波束测深系统	侧扫声呐	海洋磁力仪	图形扫描仪	绘图仪	外业数据采集设备	导航地图编辑系统	高性能图形编辑计算机	服务器	地理信息应急监测车
合　计	**7**	**17**	**12**	**10**	**653**	**996**	**2972**	**21**	**13948**	**4918**	**29**
北　京					5	23	180	5	83	158	
天　津		1			28	51			477	141	
河　北		1	1		20	44	1		344	144	1
山　西					17	25	125		287	84	1
内蒙古					22	38	35		349	63	1
辽　宁		1			14	29	100		355	126	
吉　林					10	31			185	60	1
黑龙江					38	69	362		1477	165	1
上　海					15	19			600	95	
江　苏	1	2	2	1	30	32	50	10	312	167	1
浙　江	2	3	3	2	28	28	114		491	176	2
安　徽					22	31	68		364	70	1
福　建					8	21	2	2	147	141	1
江　西					13	16	5		280	69	1
山　东		1	2	2	13	13	120		348	136	
河　南					24	37	30		174	74	
湖　北					9	23	12		197	216	2
湖　南	1	1			25	32	165		437	156	1
广　东	1	3	3	1	33	34	495		863	140	
广　西	1	1			25	41	105		794	116	1
海　南					8	11	70		102	122	1
重　庆					4	17			242	93	2
四　川		1			21	79	3		947	197	3
贵　州					4	24	148	1	471	63	1
云　南					34	27	172	3	421	176	1
西　藏						1				8	
陕　西		1			52	52	66		1099	213	1
甘　肃					25	28	82		529	163	1
青　海					5	20	29		81	33	1
宁　夏					9	10	12		209	23	
新　疆					11	28	219		253	49	2
青　岛											
大　连					3	3			67	11	
宁　波					7	10			82	46	1
深　圳	1	1	1	1	7	6	4		10	14	
厦　门						5				3	
中国地图出版集团					16	7			39	58	
重庆测绘院					2	7	79		37	38	
测绘研究院				3	22	6	91		638	196	
地理信息中心					22	9				647	
卫星应用中心				2	5	20		134	224		
测绘宣传中心									13		
管理信息中心									7		
地图审查中心									3		
发展研究中心											
技能鉴定中心											
质量检验中心					2	8			4		
测绘学会											
机关服务中心											
三亚培训中心					2			23	3		
国家局机关									14		

（七）人事人才

表 53 2017 年直属单位人员

计量单位：人

直属单位	年末单位个数	从业人员年末人数					
			#女性	在岗职工		劳务派遣人员	其他从业人员
					#在编职工		
合　计	**66**	**8130**	**2729**	**6443**	**4998**	**1469**	**218**
陕　西	17	2195	818	1944	1299	163	88
黑龙江	15	1825	597	1756	1192	1	68
四　川	10	2108	533	1132	1119	976	
海　南	7	274	88	141	133	125	8
重庆测绘院	1	313	72	276	211	37	
中国地图出版集团	3	474	222	386	364	83	5
测绘研究院	1	257	97	228	226		29
地理信息中心	1	174	85	142	142	28	4
卫星应用中心	1	79	26	79	79		
测绘宣传中心	1	39	21	36	36	3	
管理信息中心	1	18	6	18	18		
地图审查中心	1	23	12	23	23		
发展研究中心	1	28	13	28	28		
技能鉴定中心	1	22	10	20	20	2	
质量检验中心	1	64	28	60	60	4	
测绘学会	1	17	7	12	12	5	
机关服务中心	1	98	52	43	20	42	13
三亚培训中心	1	19	5	16	16		3
国家局机关	1	103	37	103			

表53 2017年直属单位人员（续）

计量单位：人

直属单位	从业人员年平均人数					年末累计离退休人员		
		在岗职工		劳务派遣人员	其他从业人员		离休人员	退休人员
			#在编职工					
合　计	**8220**	**6524**	**5103**	**1469**	**227**	**4483**	**107**	**4376**
陕　西	2198	1959	1281	149	90	1470	33	1437
黑龙江	1844	1781	1197	1	62	1006	15	991
四　川	2143	1149	1125	994		889	16	873
海　南	289	143	135	130	16	41		41
重庆测绘院	309	274	209	35		200	2	198
中国地图出版集团	484	391	372	87	6	467	12	455
测绘研究院	266	231	226		35	221	13	208
地理信息中心	175	142	142	29	4	84	2	82
卫星应用中心	79	79	79					
测绘宣传中心	39	36	36	3		2		2
管理信息中心	20	20	20			5		5
地图审查中心	23	23	23			3		3
发展研究中心	28	28	28					
技能鉴定中心	22	20	20	2		1		1
质量检验中心	64	60	60	4		12		12
测绘学会	18	12	12	6		1		1
机关服务中心	98	58	20	29	11	5		5
三亚培训中心	19	16	16		3			
国家局机关	102	102	102			76	14	62

表 54 2017 年地方单位人员

计量单位：人

地方单位	年末单位个数	从业人员年末人数					
			#女 性	在岗职工		劳务派遣人员	其他从业人员
					#在编职工		
合 计	**186**	**19163**	**6008**	**15821**	**12626**	**2276**	**1066**
北 京	1	831	279	570	570	261	
天 津	1	647	190	376	376	271	
河 北	9	680	187	632	632	48	
山 西	12	698	275	698	548		
内蒙古	6	723	184	715	519		8
辽 宁	9	663	269	663	614		
吉 林	12	599	184	599	370		
上 海	2	400	92	322	322	72	6
江 苏	10	604	189	604	604		
浙 江	7	913	298	624	480	270	19
安 徽	10	764	162	640	433		124
福 建	5	457	135	457	457		
江 西	10	634	228	604	196		30
山 东	3	731	168	492	492	239	
河 南	10	522	182	522	473		
湖 北	9	517	214	517	491		
湖 南	7	814	227	702	676	20	92
广 东	5	1212	353	1212	597		
广 西	10	1234	472	989	650		245
重 庆	2	1088	227	670	257	412	6
贵 州	5	814	218	512	309		302
云 南	10	732	254	602	597	125	5
西 藏	2	53	14	46	44		7
甘 肃	7	455	139	412	412	43	
青 海	5	629	227	418	418	80	131
宁 夏	4	237	61	237	236		
新 疆	7	678	262	550	498	120	8
青 岛		5	1	5	5		
大 连	1	85	40	37	37	48	
宁 波	2	223	70	204	138	19	
深 圳	2	378	153	130	115	169	79
厦 门	1	143	54	60	60	79	4

注：表中单位个数不包括北京、天津、内蒙古、上海、安徽、山东、湖南、广东、重庆、贵州、宁夏、青岛、大连、宁波、深圳、厦门等测绘地理信息主管部门机关，从业人员中广东包括机关全部人员，其余只包括机关测绘管理部门的工作人员，下同。

表 54 2017 年地方单位人员（续）

计量单位：人

地方单位	从业人员年平均人数					年末累计离退休人员		
		在岗职工		劳务派遣人员	其他从业人员		离休人员	退休人员
			#在编职工					
合 计	**19348**	**15929**	**13418**	**2295**	**1124**	**10333**	**172**	**10161**
北 京	831	573	573	258		617	7	610
天 津	649	381	381	268		395	1	394
河 北	685	637	637	48		447	11	436
山 西	699	699	699			431	6	425
内蒙古	723	715	519		8	472	7	465
辽 宁	666	666	666			409	14	395
吉 林	599	599	599			454	14	440
上 海	409	328	328	75	6	313	3	310
江 苏	591	591	591			436	7	429
浙 江	912	629	475	265	18	347	14	333
安 徽	768	589	443		179	303	4	299
福 建	453	453	453			443	3	440
江 西	637	606	388		31	245	4	241
山 东	731	492	492	239		419	8	411
河 南	522	522	509			445	7	438
湖 北	511	511	511			424	4	420
湖 南	815	705	704	20	90	547	9	538
广 东	1178	1178	609			553	15	538
广 西	1243	999	639		244	579	5	574
重 庆	1086	668	255	413	5	131	1	130
贵 州	1010	710	407	3	297	421	2	419
云 南	738	580	580	153	5	464	7	457
西 藏	67	53	43		14			
甘 肃	466	413	413	53		380	9	371
青 海	622	416	416	73	133	392	3	389
宁 夏	238	237	236		1	79		79
新 疆	671	547	495	116	8	83	7	76
青 岛	5	5	5			3		3
大 连	88	37	37	51		31		31
宁 波	214	202	142	12		19		19
深 圳	379	128	113	170	81	26		26
厦 门	142	60	60	78	4	25		25

表 55 2017 年直属单位从业人员增减变动

计量单位：人

直属单位	年末从业人员	增加从业人员数							减少从业人员数							
		合计	从农村招收人员	从城镇招收人员	录用应届毕业生	复员转业军人安置	调入	其他	合计	退休	退职	开除、除名、辞退	终止、解除合同	死亡	调出	其他
合 计	**8130**	**514**	**19**	**45**	**199**	**4**	**91**	**156**	**789**	**165**	**12**	**41**	**283**	**5**	**116**	**167**
陕 西	2195	183			87	1	18	77	165	59		21	37	3	24	21
黑龙江	1825	76		4	44		18	10	209	50		5	52	1	23	78
四 川	2108	88		12	32	1	20	23	180	33		13	84		21	29
海 南	274	27					22	5	112	2	12	1	33	1	25	38
重庆测绘院	313	30		26	4				16	3			13			
中国地图出版集团	474	44		3	9		1	31	43	8			32		3	
测绘研究院	257	10			4			6	23	2			18		3	
地理信息中心	174	6			6				6	2					4	
卫星应用中心	79	5			4	1			6						5	1
测绘宣传中心	39	1			1				1	1						
管理信息中心	18	1					1		3	1			1		1	
地图审查中心	23	1			1				1	1						
发展研究中心	28	4			3	1			1			1				
技能鉴定中心	22	4					1	3								
质量检验中心	64	1						1	2						2	
测绘学会	17	3					3		2	1					1	
机关服务中心	98	19	19						11				10		1	
三亚培训中心	19	4			3		1		4				3		1	
国家局机关	103	7			1		6		4	2					2	

表 56　2017 年地方单位从业人员增减变动

计量单位：人

地方单位	年末从业人员	增加从业人员数							减少从业人员数							
		合计	从农村招收人员	从城镇招收人员	录用应届毕业生	复员转业军人安置	调入	其他	合计	退休	退职	开除、除名、辞退	终止、解除合同	死亡	调出	其他
合　计	**19163**	**1349**	**81**	**225**	**355**	**25**	**196**	**467**	**1253**	**414**	**30**	**55**	**427**	**25**	**145**	**157**
北　京	831	44	9	14	19	1		1	52	18			30	1	3	
天　津	647	16						16	18	9					2	7
河　北	680	7		2	3		2		40	34		1	1	3		1
山　西	698	2				1		1	21	15	1	4			1	
内蒙古	723	34		19	8		6	1	39	25			6		5	3
辽　宁	663	5					5		22	10	1	1	3	1	6	
吉　林	599	23			7		2	14	26	19			3	3	1	
上　海	400	72			4			68	17	7			10			
江　苏	604	46		2	29	4	9	2	30	12			5		13	
浙　江	913	95	8	24	39	1	14	9	90	21	2		49		17	1
安　徽	764	31		1	6		8	16	37	12		7	15		3	
福　建	457	18			16	1	1		14	8			4		2	
江　西	634	62		10	4	1	34	13	31	18	1		3		9	
山　东	731	26			8		7	11	56	15			31	4	6	
河　南	522	57		10	4	2	31	10	94	20	1	1	1		9	62
湖　北	517	29		15	7	2	3	2	27	17	4	1	1	1	3	
湖　南	814	48		2	1	3	1	41	23	11	2		1		1	8
广　东	1212	185	30	49	53		33	20	61	19	9	5	10		16	2
广　西	1234	88		2	25		10	51	132	13			74	3	15	27
重　庆	1088	97	33	16	1	2	3	42	81	30		30	19	2		
贵　州	814	65		20	16	2	2	25	59	14	4	1	32	4	4	
云　南	732	58		1	45	1	2	9	44	15	1		25		3	
西　藏	53	5			2	1	2		8	2			4		2	
甘　肃	455	18		2	12		2	2	53	11	1	1			3	37
青　海	629	47		3	7			37	16	8			7		1	
宁　夏	237	15			8	1	5	1	24	13	2	2			7	
新　疆	678	50		20	17	2	11		52	12		1	28	1	10	
青　岛	5															
大　连	85	3						3	9				9			
宁　波	223	50	1	7	11		3	28	20	2			7		2	9
深　圳	378	44						44	49	2	1		44	2		
厦　门	143	9		6	3				8	2			5		1	

表 57 2017 年末按年龄分从业人员

计量单位：人

类别＼年龄	合 计	30 岁以下	30－40	41－50	51－60	60 岁以上
总 计	**27293**	**6908**	**10596**	**5891**	**3843**	**55**
一、年末机关从业人员	**1268**	82	423	377	384	2
（一）公务员及其他行政人员	**1233**	78	415	366	372	2
（二）工勤技能人员	**21**	1	1	7	12	
（三）其他人员	**14**	3	7	4		
二、年末事业单位从业人员	**25040**	6459	9884	5319	3336	42
（一）管理人员	**3033**	146	885	1171	829	2
#具有专业技术任职资格的	**1893**	24	545	817	506	1
1. 厅局级	**60**		1	11	48	
2. 处级	**875**		90	392	392	1
3. 科级	**1695**	32	627	693	342	1
4. 科级以下	**403**	114	167	75	47	
（二）专业技术人员	**19205**	5524	7973	3702	1997	9
#同时在管理岗位任职的	**1488**	13	454	642	378	1
1. 高级	**3614**	4	1001	1635	968	6
#正高级	**497**		34	206	253	4
2. 中级	**6011**	483	3593	1311	623	1
3. 初级	**6211**	3035	2319	526	331	
4. 其他	**3369**	2002	1060	230	75	2
（三）工勤技能人员	**4290**	802	1480	1088	888	32
1. 高级技师	**46**		1	2	43	
2. 技师	**331**		8	123	199	1
3. 高级工	**907**		68	435	403	1
4. 其他	**3006**	802	1403	528	243	30
三、年末企业从业人员	**985**	367	289	195	123	11

注：“年末事业单位人员数”等于事业单位中的“管理人员数”＋“专业技术人员数”＋“工勤技能人员数”－“专业技术人员中‘同时在管理岗位任职的人员数’”，专业技术人员指在专业技术岗位上工作的人员，下同。

表 58　2017 年末按学历分从业人员

计量单位：人

类别 \ 学历	合计	博士研究生	硕士研究生	大学本科	#获得博士学位	#获得硕士学位	大学专科	中专	高中及以下
总　　计	**27293**	**348**	**3753**	**13364**	**20**	**1384**	**5244**	**1779**	**2805**
一、年末机关从业人员	**1268**	38	337	807	5	110	68	1	17
（一）公务员及其他行政人员	**1233**	37	333	802	5	110	60		1
（二）工勤技能人员	**21**		1	2			6	1	11
（三）其他人员	**14**	1	3	3			2		5
二、年末事业单位从业人员	**25040**	304	3237	12098	15	1256	4957	1737	2707
（一）管理人员	**3033**	90	424	1984	7	345	419	50	66
#具有专业技术任职资格的	**1893**	76	286	1305	6	258	186	28	12
1. 厅局级	**60**	13	11	34	1	7	2		
2. 处级	**875**	50	135	623	2	144	65	1	1
3. 科级	**1695**	26	221	1092	4	182	277	36	43
4. 科级以下	**403**	1	57	235		12	75	13	22
（二）专业技术人员	**19205**	266	3024	10560	13	1163	3570	1204	581
#同时在管理岗位任职的	**1488**	53	229	1064	5	254	114	22	6
1. 高级	**3614**	153	537	2620	7	490	276	26	2
#正高级	**497**	59	72	356	2	93	10		
2. 中级	**6011**	79	1268	3438	5	459	938	253	35
3. 初级	**6211**	16	978	3307		190	1249	459	202
4. 其他	**3369**	18	241	1195	1	24	1107	466	342
（三）工勤技能人员	**4290**	1	18	618		2	1082	505	2066
1. 高级技师	**46**			6			8	8	24
2. 技师	**331**			25			102	39	165
3. 高级工	**907**			52		1	185	83	587
4. 其他	**3006**	1	18	535		1	787	375	1290
三、年末企业从业人员	**985**	6	179	459		18	219	41	81

表 59 2017 年末按地区（单位）分从业人员

计量单位：人

单 位	年末从业人员总数	机关年末从业人员	事业单位年末从业人员	#管理人员	#专业技术人员	#工勤技能人员	企业年末从业人员
合 计	**27293**	**1268**	**25040**	**3033**	**19205**	**4290**	**985**
北 京	831	39	792	122	412	355	
天 津	647	6	641	94	221	326	
河 北	680	51	629	64	486	110	
山 西	698	39	659	133	449	116	
内蒙古	723	5	718	38	535	160	
辽 宁	663	49	614	85	517	39	
吉 林	599	33	566	92	432	42	
黑龙江	1825	40	1753	194	1521	198	32
上 海	400	6	327	64	282	42	67
江 苏	604	65	539	97	463	62	
浙 江	913	43	870	51	746	110	
安 徽	764	28	736	77	607	124	
福 建	457	39	418	74	359	40	
江 西	634	34	540	72	457	60	60
山 东	731	13	718	39	673	15	
河 南	522	30	492	52	341	99	
湖 北	517	44	473	61	393	50	
湖 南	814	28	744	75	623	98	42
广 东	1212	171	1041	122	992	28	
广 西	1234	27	1207	60	1092	82	
海 南	274	31	243	34	190	30	
重 庆	1088	15	1073	40	593	440	
四 川	2108	45	2063	269	1342	545	
贵 州	814	16	798	20	740	39	
云 南	732	32	532	68	469	28	168
西 藏	53	25	28	6	25	3	
陕 西	2195	57	2078	308	1312	632	60
甘 肃	455	33	422	34	359	39	
青 海	629	34	595	50	533	51	
宁 夏	237	19	218	54	189	23	
新 疆	678	39	639	49	555	49	
青 岛	5	5					
大 连	85	4	81	8	75		
宁 波	223	10	131	36	122	8	82
深 圳	378	6	372	33	260	84	
厦 门	143	4	139	65	61	23	
中国地图出版集团	474						474
重庆测绘院	313		313	31	264	18	
测绘研究院	257		257	74	223	7	
地理信息中心	174		174	47	110	17	
卫星应用中心	79		79	30	57		
测绘宣传中心	39		39	18	11	10	
管理信息中心	18		18	10	8		
地图审查中心	23		23	6	17		
发展研究中心	28		28	12	16		
技能鉴定中心	22		22	11	11		
质量检验中心	64		64	19	47	4	
测绘学会	17		17	11	1	5	
机关服务中心	98		98	19		79	
三亚培训中心	19		19	5	14		
国家局机关	103	103					

表 60 2017 年末按地区（单位）分机关从业人员

计量单位：人

单 位	合计	公务员及其他行政人员	工勤技能人员	其他从业人员
合 计	**1268**	**1233**	**21**	**14**
北 京	39	39		
天 津	6	6		
河 北	51	45	6	
山 西	39	37	2	
内蒙古	5	5		
辽 宁	49	47	2	
吉 林	33	32	1	
黑龙江	40	40		
上 海	6	6		
江 苏	65	64	1	
浙 江	43	43		
安 徽	28	26	2	
福 建	39	36	3	
江 西	34	34		
山 东	13	13		
河 南	30	28	2	
湖 北	44	44		
湖 南	28	28		
广 东	171	171		
广 西	27	27		
海 南	31	31		
重 庆	15	15		
四 川	45	45		
贵 州	16	16		
云 南	32	32		
西 藏	25	17	1	7
陕 西	57	56		1
甘 肃	33	33		
青 海	34	33	1	
宁 夏	19	19		
新 疆	39	39		
青 岛	5	3		2
大 连	4	4		
宁 波	10	7		3
深 圳	6	5		1
厦 门	4	4		
国家局机关	103	103		

注：表中从业人员中广东包括机关全部人员，其余只包括机关测绘管理部门的工作人员，下同。

表 61　2017 年末按地区（单位）分事业单位人员（一）

计量单位：人

单位	管理人员					
	合计	#具有专业技术任职资格人数	厅局级	处级	科级	科级以下
合计	**3033**	**1893**	**60**	**875**	**1695**	**403**
北京	122	97	3	42	64	13
天津	94	79	2	32	60	
河北	64	13		16	40	8
山西	133	51		20	72	41
内蒙古	38	25	1	24	4	9
辽宁	85	30		30	49	6
吉林	92	4		34	38	20
黑龙江	194	165		43	148	3
上海	64	61	2	25	19	18
江苏	97	86		25	68	4
浙江	51	37		30	20	1
安徽	77	72		11	62	4
福建	74	61		17	49	8
江西	72	33		20	45	7
山东	39	9	1	19	14	5
河南	52	16		17	33	2
湖北	61	31		28	18	15
湖南	75	52		21	53	1
广东	122	80		19	95	8
广西	60	42		19	36	5
海南	34	23		14	20	
重庆	40			3	24	13
四川	269	249		42	212	15
贵州	20	7		7	7	6
云南	68	41		15	49	4
西藏	6	1		1	5	
陕西	308	183		51	195	62
甘肃	34	18		20	4	10
青海	50	36		10	36	4
宁夏	54	48		14	37	3
新疆	49	15		19	15	15
青岛						
大连	8	3		4	2	2
宁波	36	35		9	27	
深圳	33	17		9	8	16
厦门	65	14		4	10	51
中国地图出版集团						
重庆测绘院	31	31	5	17	7	2
测绘研究院	74	47	7	40	10	17
地理信息中心	47	30	5	32	10	
卫星应用中心	30	8	7	13	10	
测绘宣传中心	18		3	14	1	
管理信息中心	10	8	3	5	2	
地图审查中心	6	6	3	3		
发展研究中心	12	10	3	7	2	
技能鉴定中心	11		3	8		
质量检验中心	19	13	5	11	3	
测绘学会	11	1	3	3	5	
机关服务中心	19		3	7	7	2
三亚培训中心	5	5	1	1		3
国家局机关						

表61 2017年末按地区（单位）分事业单位人员（二）

计量单位：人

单 位	专业技术人员						
	合计	#同时在管理岗位任职的	高级	#正高级	中级	初级	其他
合 计	**19205**	**1488**	**3614**	**497**	**6011**	**6211**	**3369**
北 京	412	97	90	11	150	70	102
天 津	221		70		103	48	
河 北	486	31	173	21	164	141	8
山 西	449	39	60	9	219	170	
内蒙古	535	15	84	22	153	295	3
辽 宁	517	27	175	52	245	97	
吉 林	432		127	6	117	181	7
黑龙江	1521	160	234	8	349	343	595
上 海	282	61	82	8	125	61	14
江 苏	463	83	134	20	187	115	27
浙 江	746	37	138	21	223	303	82
安 徽	607	72	75	4	161	153	218
福 建	359	55	72	16	113	145	29
江 西	457	49	107	10	201	149	
山 东	673	9	75	10	201	161	236
河 南	341		47	2	125	165	4
湖 北	393	31	78	25	135	157	23
湖 南	623	52	140	15	222	208	53
广 东	992	101	172	14	161	203	456
广 西	1092	27	117	5	248	448	279
海 南	190	11	21	1	66	70	33
重 庆	593		170	59	215	193	15
四 川	1342	93	115	9	354	504	369
贵 州	740	1	95	8	165	325	155
云 南	469	33	90	14	169	159	51
西 藏	25	6			4	19	2
陕 西	1312	174	242	9	386	558	126
甘 肃	359	10	60	3	141	110	48
青 海	533	39	45	3	209	245	34
宁 夏	189	48	46	14	75	54	14
新 疆	555	14	84	9	157	202	112
青 岛							
大 连	75	2	14	1	18	26	17
宁 波	122	35	54	9	62	5	1
深 圳	260	5	57	5	71	32	100
厦 门	61	10	17		36	8	
中国地图出版集团							
重庆测绘院	264		23	1	94	38	109
测绘研究院	223	47	135	56	65	9	14
地理信息中心	110		37	10	44	4	25
卫星应用中心	57	8	26	4	19	10	2
测绘宣传中心	11		1		8	1	1
管理信息中心	8		1		5	2	
地图审查中心	17		4		8	4	1
发展研究中心	16		3		3	8	2
技能鉴定中心	11		1		7	1	2
质量检验中心	47	6	19	2	27	1	
测绘学会	1		1				
机关服务中心							
三亚培训中心	14		3	1	1	10	
国家局机关							

表 61 2017 年末按地区（单位）分事业单位人员（三）

计量单位：人

单位	合计	工勤技能人员			
		高级技师	技师	高级工	其他
合 计	**4290**	**46**	**331**	**907**	**3006**
北 京	355			35	320
天 津	326			49	277
河 北	110	4	17	54	35
山 西	116		12	24	80
内蒙古	160	32	43	50	35
辽 宁	39		5	29	5
吉 林	42		17	18	7
黑龙江	198		81	49	68
上 海	42	3	12	20	7
江 苏	62	2	13	23	24
浙 江	110		17	10	83
安 徽	124		2	27	95
福 建	40		7	24	9
江 西	60		2	35	23
山 东	15			13	2
河 南	99		21	62	16
湖 北	50		7	38	5
湖 南	98	1	9	55	33
广 东	28		1	15	12
广 西	82		3	13	66
海 南	30	2		7	21
重 庆	440		6	5	429
四 川	545		1	87	457
贵 州	39		3	16	20
云 南	28			13	15
西 藏	3				3
陕 西	632		16	66	550
甘 肃	39		4	19	16
青 海	51			1	50
宁 夏	23		16	1	6
新 疆	49	1	3	11	34
青 岛					
大 连					
宁 波	8		8		
深 圳	84			9	75
厦 门	23			3	20
中国地图出版集团					
重庆测绘院	18		3	14	1
测绘研究院	7	1	1	2	3
地理信息中心	17			9	8
卫星应用中心					
测绘宣传中心	10		1		9
管理信息中心					
地图审查中心					
发展研究中心					
技能鉴定中心					
质量检验中心	4				4
测绘学会	5				5
机关服务中心	79			1	78
三亚培训中心					
国家局机关					

表 62　2017 年末按年龄和学历分特殊专业技术人才

计量单位：人

类别＼年龄	合 计	30 岁以下	30－40	41－50	51－60	60 岁以上
省部级及以上专家	**317**		66	93	60	98
#女性	**40**		13	7	6	14
院士	**2**					2
享受政府特殊津贴专家	**166**		1	16	52	97
#国务院	**155**			14	45	96
#省级政府	**11**		1	2	7	1
有突出贡献中青年专家	**26**		1	9	9	7
百千万人才工程国家级人选	**27**		4	12	10	1
省部级专家	**130**		60	69	1	
#国家局	**121**		54	67		
省级测绘行政主管部门评定的专家	**121**	10	82	23		6
#女性	**23**	2	18	3		

续表

类别＼学历	合 计	博 士研究生	硕 士研究生	大学本科			大学专科	中专	高中及以下
					#获得博士学位	#获得硕士学位			
省部级及以上专家	**317**	61	76	173	4	46	5	2	
#女性	**40**	5	12	22		5	1		
院士	**2**	1					1		
享受政府特殊津贴专家	**166**	26	24	109	3	11	5	2	
#国务院	**155**	23	24	101	2	9	5	2	
#省级政府	**11**	3		8	1	2			
有突出贡献中青年专家	**26**	5	7	14		2			
百千万人才工程国家级人选	**27**	13	8	6		4			
省部级专家	**130**	34	44	52	1	29			
#国家局	**121**	32	44	45	1	25			
省级测绘行政主管部门评定的专家	**121**	11	41	69		30			
#女性	**23**	2	10	11		5			

表63 2017年末按地区（单位）分特殊专业技术人才

计量单位：人

单位	省部级及以上专家									省级测绘行政主管部门评定的专家
		院士	享受政府特殊津贴专家	#国务院	#省级政府	有突出贡献中青年专家	百千万人才工程国家级人选	省部级专家	#国家局	
合计	**317**	**2**	**166**	**155**	**11**	**26**	**27**	**130**	**121**	**121**
北京	8		4		4			4	4	
天津	6		3	3				3	3	26
河北	8		1		1	2		5	3	2
山西	1							1	1	
内蒙古	1							1	1	
辽宁	7						5	2	2	
吉林	5					3		3	3	
黑龙江	15		11	9	2		1	4	4	1
上海	4		2	2				2	2	4
江苏	7		2	2		1		4	4	10
浙江	4							4	4	5
安徽	2							2	2	
福建	3							3	3	1
江西	6		2	1	1		2	3	3	2
山东	3		1	1				2	2	
河南	2							2	2	4
湖北	7					4		3	3	
湖南	6		3	2	1			3	3	10
广东	5		2	2				3	3	
广西	2							2	2	
海南	5		2	2				3	1	
重庆	17		7	6	1	3	2	6	3	1
四川	17		11	11		2		5	5	25
贵州	3		1		1			2	2	
云南										
西藏										
陕西	23		16	16			1	7	7	13
甘肃	4							4	4	7
青海	4							4	3	4
宁夏	2							2	2	
新疆	5		1	1				4	3	5
青岛										
大连										
宁波	1							1	1	
深圳	2		2	2						1
厦门										
中国地图出版集团	26		20	20				6	6	
重庆测绘院	2							2	2	
测绘研究院	63	1	53	53		10	8	10	10	
地理信息中心	25		16	16		1	6	9	9	
卫星应用中心	5		1	1			1	4	4	
测绘宣传中心										
管理信息中心										
地图审查中心										
发展研究中心	3							3	3	
技能鉴定中心										
质量检验中心	3		2	2				1	1	
测绘学会										
机关服务中心										
三亚培训中心	1						1	1	1	
国家局机关	4	1	3	3						

表 64　2017 年教育培训

指标名称	计量单位	数量
一、参加教育培训人员	—	—
1. 人员数	人	19468
#学历教育	人	598
（1）管理人员	人	2895
（2）专业技术人员	人	13966
（3）其他人员	人	2607
2. 人次数	人次	93585
#境外培训	人次	268
#党校培训	人次	1560
（1）政治理论培训	人次	24158
（2）业务培训	人次	60297
#测绘成果核心涉密人员培训	人次	2538
#发证人员	人	508
#行政执法人员培训	人次	444
（3）其他培训	人次	9130
二、教育培训经费支出	万元	3966.5
1. 组织培训	万元	2063.6
2. 参加培训	万元	1902.9
三、组织教育培训	次	6988
1. 政治理论培训	次	1796
2. 业务培训	次	4581
#测绘成果核心涉密人员培训	次	599
#行政执法人员培训	次	37
3. 其他培训	次	611

附　　录

全国测绘地理信息系统领导干部名录

国家测绘地理信息局机关司级以上干部名录

局领导

党组书记、局长	库热西・买合苏提
党组副书记、副局长	王春峰
党组成员、副局长	李维森　宋超智　闵宜仁
副局长	李朋德

局总工程师　　李志刚

办公室

主　任	周远波
副主任	王永梅　宫银勇
副巡视员	李志霞

规划财务司

司　长	张辉峰
副司长	李劲松　王大贺

国土测绘司

司　长	白贵霞
巡视员	辛少华
正厅局级干部（援藏）	陈新湖
副司长	翟义青　陈　军

法规与行业管理司

主持工作	马　赟
副司长	李维兵　赵　燕
副巡视员	杨忆兰

地理信息与地图司（测绘成果管理司）

司　长	武文忠
副司长	丁明柱　吴剑锋

科技与国际合作司

司　长	苗前军
巡视员	王　倩
副司长	燕　琴（伊春市挂职）　王　伟　姜晓虹

人事司

司长兼直属机关党委副书记	李永春
副司长	雷　斌　庞秋红

直属机关党委（直属机关纪委）

直属机关党委专职副书记、纪委书记兼人事司副司长	李赤一
直属机关党委副书记、纪委副书记	雷德容

离退休干部处

副巡视员兼处长	牛　黎

国家测绘地理信息局直属单位、社会团体领导班子成员名录

陕西测绘地理信息局

党组书记、局长	杨宏山
党组副书记、副局长	王晓国
党组成员、副局长	陈向阳　任振宇　王占宏
党组成员、纪检组组长	肖学年
副巡视员	蔺　赞　王西碚

黑龙江测绘地理信息局

党组书记、局长	徐开明
党组副书记、副局长	裴宝军
党组成员、副局长	孔金辉　马林波　殷福忠
党组成员、纪检组组长	刘文生
副巡视员	邢保国

四川测绘地理信息局

党组书记、局长	杨　升
党组成员、副局长	谢维挺　刘　宇　陈　斌
党组成员、纪检组组长	涂　军

副巡视员	曹颖华 宝珍勤

海南测绘地理信息局

党组书记、局长	王冬滨
党组副书记、副局长	岳建利
党组成员、副局长	张 云 侯振贵
党组成员、纪检组组长	李永成
巡视员	许 裕

中国地图出版集团

董事长、党委书记	王宝民
副董事长、党委副书记	杨俊岭
董事、副总经理兼总编辑	徐根才
董事、副总经理	陈 平 张学锋 邹辉东 石忠献
监事会主席、纪委书记	郭 宝

中国测绘科学研究院

党委书记、副院长	赵继成
院长、党委副书记	程鹏飞
副院长	吴 岚 马宗新 刘纪平 李成名
纪委书记	张桂侠

国家基础地理信息中心

党委书记、副主任	叶银虎
主任、党委副书记	冯先光
纪委书记	黄 鹦
总工程师	王东华
副主任	刘若梅 田海波 赵 勇

国家测绘地理信息局卫星测绘应用中心

党委书记、副主任	刘小波
主 任	王 权
副主任	孙承志 罗建军 唐新明
纪委书记	林振中
总工程师	王华斌

中国测绘宣传中心

主 任	周 星
副主任	陈兰芹 赵季青

国家测绘地理信息局管理信息中心

主 任	倪庆华
副主任	程 军 周 伟

国家测绘地理信息局地图技术审查中心

主　任　张文晖
副主任　李媛媛　韩权卫

国家测绘地理信息局测绘发展研究中心

主　任　陈常松
副主任　徐永清　王久辉

国家测绘地理信息局职业技能鉴定指导中心

主　任　易树柏
副主任　吴卫东　邢京锁

国家测绘产品质量检验测试中心

党委书记、副主任　周德军
主任、党委副书记　张继贤
副主任　袁　宏　张　莉
纪委书记　蒋民龙
总工程师　商瑶玲

国家测绘地理信息局重庆测绘院

党委书记、副院长　肖　平
院长、党委副书记　山　川
副院长　杨　洪　蒋世明
总工程师　何忠焕
纪委书记　方庆春

国家测绘地理信息局机关服务中心

主　任　吴　松
副主任　刘勤胜　于建明

国家测绘地理信息局三亚测绘技术开发服务培训中心

主　任　岳建利（兼）
副主任　廖安平

国家测绘地理信息局北戴河休养院

院　长　张锡浩
副院长　刘春艳

中国测绘地理信息学会

理事长　宋超智（兼）
副理事长、秘书长　彭震中
专职副秘书长　范京生　马振福

各省、自治区、直辖市、计划单列市测绘地理信息主管部门及有关测绘地理信息单位，新疆生产建设兵团测绘地理信息主管部门领导班子成员名录

北京市规划和国土资源管理委员会

主任、党组书记	张　维
党组副书记	刘　轩
副主任	谢俊奇
副主任、党组成员	周楠森　王　玮　曹跃进　师宏亚
党组成员、纪检组组长	何凤英
总规划师	施卫良
总工程师	丁　晓
副巡视员	陶志红　周旭峰　张亚芹　陈一昕

北京市勘察设计和测绘地理信息管理办公室

副主任	叶　嘉　李节严　王金坡

北京市测绘设计研究院

院长、党委副书记	温宗勇
党委书记	郝赛英
党委副书记、纪委书记、工会主席	王瑞平
常务副院长	杨伯钢
副院长	陈品祥　程　祥　贾光军
总工程师	贾光军
总会计师	孔令彦

天津市规划局

局长、党组书记	严定中
副局长、党组成员	鲁承斌
副局长	霍　兵
党组成员、纪检组组长	牛文辉
总建筑师	刘　荣
总规划师	田　野
副巡视员	侯学钢

天津市测绘院

党委书记、副院长	刘俊卫
院长、党委副书记	盛中杰
党委副书记	段立凯
纪委书记	仉　明

副院长　韩振镖
总工程师　胡　珂
副院长　史廷玉　刘玉财　杨玉忠

河北省地理信息局

副局长、分党组成员　李爱生　王明才　吴　京　姚承宽
总工程师　师云杰

山西省测绘地理信息局

山西省国土资源厅党组成员，
山西省测绘地理信息局局长、党组书记　李德胜
副局长、党组成员　孔令礼
总经济师、党组成员、直属机关党委书记　王秀珍
副局长、党组成员　裴彦明
总工程师、党组成员　李晓红

内蒙古自治区国土资源厅

党组书记、厅长　张利平
党组成员、副厅长　王富友
党组成员、纪检组长　火　亮
党组成员、副厅长　陈　伟　王　杰　赵大勇
党组成员、总工程师　赵　昉

内蒙古自治区测绘地理信息局

党委书记、局长　王重明
副局长　刘　秀　张贵俊

辽宁省测绘地理信息局

辽宁省国土资源厅副厅长、党组成员，
辽宁省测绘地理信息局局长、分党组书记　李建国
副局长、分党组成员　张中凯　于百云　何通海

吉林省测绘地理信息局

党组书记、局长　张立民
党组成员、副局长　张凤赞　李文忠
党组成员　张文清
党组成员、副局长　吴向东

上海市规划和国土资源管理局

局长　徐毅松
党组书记、副局长　韩志强
党组成员、副局长　史家明
党组成员、市纪委驻局纪检组组长　蒋蔚超

副局长 王训国
党组成员、副局长 岑福康 杨联萍
党组成员、总工程师 许 健

上海市测绘院

院长、党委副书记 魏子新
党委书记 孙红春
副院长、党委副书记、纪委书记 王正平
副院长、党委委员 顾建祥 陆伟军
工会主席、党委委员 杨勤华

江苏省测绘地理信息局

江苏省国土资源厅党组成员，
江苏省测绘地理信息局局长、党组书记 施建石
江苏省国土资源厅副巡视员 史照良
副局长、党组成员 谢建平 钱承新 王祥 岳春山
党组成员、直属机关党委书记 黄建东

浙江省测绘与地理信息局

党委书记、局长 盛乐山
党委委员、副局长、直属机关党委书记 鲍伟民
党委委员、副局长 钱文华 闵建平
党委委员、副巡视员 徐焕凤
副巡视员 王耀宏

安徽省国土资源厅

厅长、党组书记 胡春武
副厅长、党组成员 潘海滨 李世蕴 晏 飞
党组成员、纪检组长 罗建华
副巡视员 高国忠

安徽省测绘局（安徽省测绘总院）

党委副书记、副局长（主持工作） 李传殿
党委委员、副局长 张耀波 李绍山
党委委员、纪委书记 徐祖海
党委委员、调研员 梁 钧

福建省测绘地理信息局

党组书记、副局长 林 辉
局长、党组副书记 林孝文

江西省测绘地理信息局

局长、党委副书记 陈祥云

党委委员、副局长　敖颠根　袁仁亮
党委委员、纪委书记　龙　象
党委委员、副局长　焦三梓　李增学
党委委员、办公室主任　陈挺芳
总工程师　甘田红

山东省国土资源厅（山东省测绘地理信息局）

厅长、党组书记　李　琥
巡视员　王桂鹏
副厅长　宋守军
党组成员、副厅长　刘　鲁　李树民　王少瑾
党组成员、省纪委驻厅纪检组组长　李传谦
副巡视员　李克强
测绘地理信息局局长　赵培金

山东省国土测绘院

党委书记、院长　黄兴友
党委副书记　颜景生
党委委员、副院长　杨　颖　于福来
党委委员、纪委书记　田秀林
党委委员、副院长　张立国

河南省测绘地理信息局

河南省国土资源厅党组成员，
河南省测绘地理信息局党委书记、局长　刘济宝
党委委员、纪委书记　何　晨
党委委员、副局长　毛忠民　宋新龙

湖北省测绘地理信息局

局长、党组书记　陈文海
副局长、党组成员　何保国　郭建华
总工程师、党组成员　杨建明

湖南省国土资源厅（湖南省测绘地理信息局）

党组书记、厅长　方先知
党组副书记、副厅长　颜学毛
省政协副主席、民盟湖南省委主委、副厅长　杨维刚
党组成员、副厅长　王善明
党组成员、副厅长、总工程师　尹学朗
党组成员、纪检组长　唐新民
党组成员、副厅长　金勇章
巡视员　厉　坤
副巡视员　彭晓玉　李国清

广东省国土资源厅

党组书记、厅长	陈光荣
巡视员	邬公权
党组成员、副厅长	余云州　李俊祥　杨林安
党组成员、纪检组长	韩建清
党组成员、执法监察局局长	李　师
副巡视员	方为民　马兰峰

广西壮族自治区测绘地理信息局

局长、党组书记	周　飞
副局长、党组成员	李占元　熊　伟　周　涛（兼总工）

重庆市规划局

局长、党组书记	曹光辉
副局长、党组成员	张　远
副局长	张　睿
副局长、党组成员	王　岳
党组成员、纪检组长	何桂文
总建筑师、党组成员	曹春华
总规划师、党组成员	余　颖
副局长、党组成员	韩列松
党组成员、规划展览馆馆长	桑东升
党组成员、副巡视员	田茂明
副巡视员	胡旭伟

重庆市测绘地理信息局

局　长	曹春华（兼）
副局长	张治清　陈华刚

贵州省国土资源厅

厅　长、党组书记	周　文
省纪委派驻正厅级干部	闫海山
副厅长、党组成员	周从启　王赤兵　肖才忠　郭　强
党组成员、机关党委书记	杨真贵
副巡视员	王　龙

云南省测绘地理信息局

局长、党组书记	王卫国
副局长、党组成员	邹亚光　段世明

西藏自治区测绘局

西藏自治区国土资源厅党组成员、副厅长，

西藏自治区测绘局局长　陈新湖
副局长　次仁旺堆　张　恒
副调研员　翁　军

甘肃省测绘地理信息局

党委书记、局长　缪树德
党委委员、副局长　苗天宝　郭生亮　牟应录

青海省测绘地理信息局

党委书记、局长　董永弘
党委副书记、副局长　唐千里
副局长　卢晓平　郗利华
纪委书记　何莉丽
总工程师　黄伟星

宁夏回族自治区国土资源厅（测绘地理信息局）

党组书记、厅长　王　政
党组副书记、副厅长　陆　军
党组成员、副厅长　韦晓龙
党组成员、纪检组长　于晓峰
党组成员、总工程师　包　敏
党组成员、副厅长　陈淑惠
党组成员、土地征收储备局局长　杨兴叶
党组成员、总规划师　宋艳萍

新疆维吾尔自治区测绘地理信息局

新疆维吾尔自治区国土资源厅党组副书记、副厅长，
新疆维吾尔自治区测绘地理信息局党组书记（厅长级）　平新来
局长、党组副书记　李全战
党组成员、副巡视员、副局长　常戈军
党组成员、人事教育处处长、机关党委书记　张红彦
党组成员、副局长、办公室主任　白友兵
党组成员、纪检组长　阿克班·阿布力孜
党组成员、副局长　王瑞幺

新疆生产建设兵团国土资源局

党组成员、副局长　杨力革　李佼玉　鞠元朝（挂职）
党组成员　牛新民

青岛市国土资源和房屋管理局

局长、党委书记　张希田
副局长（正局级）、党委委员　杜本好
副局长、党委委员　张　锐

副局长（正局级）、党委委员	潘思晓
副局长	王咸宁
副局长、党委委员	潘　奇
副巡视员	杨　军

大连市规划局（大连市测绘地理信息局）

局长、党委书记	刘东立
副局长、市规划委员会办公室主任（正局级）	张继良
副局长	宋继先　陈　艳

宁波市测绘与地理信息局

局长	王丽萍
党委书记	阮志贤
党委委员、总规划师	袁朝晖
党委委员、副局长	李明华　陈为民
党委委员、市纪委驻局纪检组组长	金维连
党委委员、副局长	张晓斌　杨　斌　汪乐军
党委委员、巡视员	王立志
副巡视员	周志刚　金明强

深圳市规划和国土资源委员会（深圳市海洋局）

党组书记、主任（局长）	王幼鹏
党组成员、副主任	王　东
党组成员、副主任（副局长）	薛　峰
党组成员、副主任（副局长）兼市土地整备局局长	刘世会
党组成员、副主任（副局长）	徐　荣　王策飞
党组成员、市海洋局副局长	李喻春
党组成员、市规划土地监察局局长	覃跃良
党组成员、机关党委专职副书记	张海鹏
副巡视员	詹有力　段启武

厦门市国土资源与房产管理局

局长、党组书记	郭俊胜
副局长、党组副书记	王星旦
副局长、党组成员	戴　敏　叶德传　吴志坚
党组成员、纪检组长	缪太生
副巡视员、党组成员	张国仁
局长助理	高志松

测绘地理信息人物名录

中共中央纪委委员

库热西·买合苏提

全国政协委员

徐德明　李朋德　杨维刚　李　莉

院　士

中国科学院

陈俊勇　许厚泽　李德仁　徐冠华　童庆禧　高　俊　杨元喜　郭华东　龚健雅　周成虎

中国工程院

李德仁　刘先林　宁津生　魏子卿　王任享　刘经南　王家耀　张祖勋　许其凤　李建成　郭仁忠
谭述森

国家测绘地理信息局直属单位享受政府特殊津贴人员（1990—2017年）

刘先林　陈俊勇　杨明辉　顾旦生　田伯键　夔中羽　刘永诺　陈　军　张清浦　杜祥明　毛可标
冯浩鉴　朱德愉　刘四宁　胡建国　田　成　穆宝菡　杨　可　文沃根　邱志成　苗履丰　孙立业
左传惠　周英武　徐道盈　楚良才　赵先恒　梁振英　林宗坚　徐国华　徐伯清　王惠民　张书荣
许卓群　朱梅珍　薛　璋　王惠然　王福履　蔡金生　王满英　翟声柱　方　恒　华彬文　文湘北
郑家声　林天冲　石奉天　陆用森　赵熙林　张武冰　王增藩　张筱荣　张家庆　张伟兼　李道义
邱其宪　周祚域　周祚义　王鸿生　任维春　陈仁恕　何汉启　黄克明　蒋景瞳　戴其潮　钱天久
陈继良　姜翔鸾　张三省　赵一昌　郁期青　周光楹　周正谊　潘达忠　吴孟起　龙宗英　端木杰
刘明光　王淑华　金　符　陈振华　黄衍其　秦金泉　黄武英　李　莉　李广源　刘凤德　杨　凯
姚绪荣　卢瑞虹　高文朗　沈安生　施品浩　余国珊　彭安仁　余文芳　周　良　张学良　王谭强
吴郁芬　郭锡正　徐承天　李根洪　张燕平　关大任　丘金宏　张　骥　肖国雄　向宗藩　刘纪平
王东华　顾乃福　成燕辉　马林波　张安川　刘若梅　闵宜仁　刘宗杰　苗前军　李绍明　郭春喜
庞尚益　张开昶　王明善　肖学年　张继贤　李英成　孙晓生　程鹏飞　肖　平　李伟建　古一鸣
王　权　徐开明　蒋　捷　周　敏　杨　升　周　社　燕　琴　张江齐　徐根才　李成名　王晓国
商瑶玲　金玉平　周德军　金舒平　黄国满　高锡瑞　唐新明　王小军　党亚民　张　力　张　鹏
孙承志　王　亮　胡兴树　刘云峰　王占宏　程传录　何忠焕　倪庆华　刘建军

海外高层次人才引进计划人选

吴晓良 徐永龙 关鸿亮 单 杰 史文中 萧世伦 周国清 李志林 李荣兴 韩绍伟 朱敦尧 施建成 何宏昌 柳 林

国家高层次人才特殊支持计划人选

张继贤 王东华 刘纪平 李成名 唐新明 施 闯 曹晓航 刘耀林 汤国安 张永生 李建成 童小华 蒋 捷 袁运斌 龚 威 闫浩文 姜卫平 邵振峰 江春华 赵延平 李满春 高井祥 黄 昕

百千万工程领军人才

张继贤 王东华

百千万人才工程国家级人选

张继贤 程鹏飞 陈 军 刘若梅 王东华 蒋 捷 刘纪平 商瑶玲 徐开明 党亚民 张 力 唐新明 张 鹏 李成名 李英成 黄国满 廖安平 程传录 赵春梅

国家创新人才推进计划中青年科技创新领军人才

刘纪平 李成名

国家创新人才推进计划重点领域创新团队

国家测绘地理信息局卫星测绘应用中心卫星测绘关键技术创新团队（团队负责人唐新明）
国家基础地理信息中心国家地理信息公共服务平台天地图技术创新团队（团队负责人蒋捷）

全国新闻出版行业领军人才

徐根才 周 敏 芦仲进 倪庆华 陈 平 赫建忠 路丽华 石忠献

国家测绘地理信息局科技领军人才

陈 军 郭春喜 李满春 程鹏飞 顾行发 张 力 许才军 闫 利 党亚民 刘若梅 李 霖 艾廷华 边少锋 朱 庆 姜卫平 黄国满

国家测绘地理信息局青年学术和技术带头人
（2015—2017 年）

冯学军　陈廷武　刘光　祝晓坤　黄勇　邓世军　汪伟　陈永立　王润峰　吴文坛　杨爱民
石建军　丰勇　徐婵　王铮　刘振宇　谢岩　杨爱玲　张洪文　曲平　林富明　毛炜青
冯琰　吴张峰　卢刚　刘波　朱风云　沈飞　刘昱君　楼燕敏　曾文华　李东阳　胡传文
侯恩兵　马卫春　余丽珏　吴铭杰　吴飞　欧立业　易明华　廖明　张立国　相恒茂　张伟
王海银　李国清　卢清国　邱儒琼　段志强　洪亮　徐之俊　华亮春　肖祥红　刘华光　李成钢
吴永静　钟远军　廖超明　李毅　黄日娟　王春晓　袁超　陈良超　明镜　甘泉　陈中林
李冲　刘建川　曹振宇　刘吉　孙俊英　金宝轩　曹建成　王斌　张智　邓国庆　聂建亮
兀伟　蒋光伟　曹建君　李克恭　吴文魁　周星　王苑　许长军　杨鸿海　杨波　魏岳
刘涛　辛海强　宫林成　聂倩　李兆雄　潘建平　赵礼剑　卜庆华　朱萌　芦仲进　司连法
余凡　刘文杰　张力　刘正军　张永红　张福浩　李海涛　王继周　秘金钟　宁晓刚　张利明
翟亮　张鹏　廖安平　周旭　刘建军　孙占义　黄薇　李志才　蒋志浩　张元杰　张宏伟
常晓涛　汪汇兵　王华斌　谢俊峰　高小明　刘利　阮于洲　熊伟　吉建培　陈海鹏

先进集体和先进个人名录

全国省级测绘地理信息主管部门 2017 年度测绘地理信息工作绩效考核受表彰单位

优秀单位（10 家）

浙江省测绘与地理信息局
江苏省测绘地理信息局
四川测绘地理信息局
重庆市规划局（测绘地理信息局）
江西省测绘地理信息局
河北省地理信息局
山东省国土资源厅（测绘地理信息局）
湖南省国土资源厅（测绘地理信息局）
陕西测绘地理信息局
河南省测绘地理信息局

达标单位（21 家）

广西壮族自治区测绘地理信息局
黑龙江测绘地理信息局
山西省测绘地理信息局
福建省测绘地理信息局
湖北省测绘地理信息局
天津市规划局
海南测绘地理信息局
北京市规划和国土资源管理委员会
吉林省测绘地理信息局
新疆维吾尔自治区测绘地理信息局
广东省国土资源厅（测绘局）
云南省测绘地理信息局
上海市规划和国土资源管理局
内蒙古自治区国土资源厅
甘肃省测绘地理信息局
安徽省国土资源厅
青海省测绘地理信息局
辽宁省测绘地理信息局
贵州省国土资源厅（测绘局）
宁夏回族自治区国土资源厅（测绘地理信息局）

西藏自治区测绘局

内蒙古自治区国土资源厅

突出进步单位（6 家）

山西省测绘地理信息局
福建省测绘地理信息局
天津市规划局
北京市规划和国土资源管理委员会
上海市规划和国土资源管理局

特色工作创新单位（4 家）

黑龙江测绘地理信息局
海南测绘地理信息局
新疆维吾尔自治区测绘地理信息局
西藏自治区测绘局

第一次全国地理国情普查先进集体和先进个人

先进集体（40 个）

北京市测绘设计研究院地理国情普查实施工作办公室
天津市测绘院地理国情普查工作项目组
河北省第二测绘院
山西省综合地理信息中心
内蒙古自治区测绘院
辽宁省基础测绘院
吉林省测绘产品质量监督检查站
国家测绘地理信息局黑龙江基础地理信息中心
黑龙江第二测绘工程院
上海市测绘院地理国情普查和监测项目组
江苏省测绘工程院
浙江省第二测绘院
安徽省第一测绘院
福建省测绘产品质量监督检验站
江西省基础测绘院
山东省国土测绘院第一测绘院
河南省基础地理信息中心
武汉市测绘研究院
湖南省第三测绘院
广东省第一次全国地理国情普查领导小组办公室组织实施组
广西壮族自治区地理信息测绘院
国家测绘地理信息局第七地形测量队
重庆数字城市科技有限公司
国家测绘地理信息局重庆测绘院应用中心遥感技术应用部
四川省第三测绘工程院
四川省测绘产品质量监督检验站
贵州省测绘资料档案馆
云南省地图院
西藏自治区测绘院

陕西省第五测绘工程院
陕西省测绘产品质量监督检验站
甘肃省基础地理信息中心
青海省测绘产品质量监督检验站
宁夏回族自治区基础测绘院
新疆维吾尔自治区第二测绘院
中国测绘科学研究院地理国情监测研究中心
国家基础地理信息中心地理信息分析部
国家测绘地理信息局卫星测绘应用中心监测应用部
国家测绘产品质量检验测试中心质检二处
国家测绘地理信息局国土测绘司遥感信息处（地理国情监测处）

先进个人（60名）

王　淼　北京市测绘设计研究院高级工程师
闫　伟　天津市测绘院高级工程师
李永华　河北省第一测绘院总工办副主任、工程师
李杏莉（女）　河北省制图院地图制图部副主任、高级工程师
李　峰　山西省测绘工程院质检科科长、高级工程师
郑文忠　山西省基础地理信息院高级工程师
郑利军（女）　内蒙古自治区航空遥感测绘院高级工程师
陈立钧　辽宁省测绘地理信息局地理信息开发与应用处处长
周柏林　吉林省航测遥感院高级工程师
梁安宝　黑龙江省测绘地理信息局基础测绘处副处长
黄　微（女）　黑龙江省恒信测绘有限公司地理信息部项目经理、助理工程师
忻　静（女）　上海市测绘院第四分院国情二科科长、工程师
王圣尧（女）　江苏省基础地理信息中心工程师
叶　琳（女）　常州市国土资源局测绘管理处处长
龚旭峥　浙江省第一测绘院航测与遥感二分院副院长、工程师
张长荣　杭州市勘测设计研究院信息中心主任、高级工程师
沈旭东　安徽省第二测绘院工程师
锜言寿　福建省测绘地理信息局基础测绘处处长
董明辉　福建省地质测绘院助理工程师
刘　翔　江西省国土资源勘测规划院院长、党总支书记
曾翠云（女）　江西省测绘成果资料档案馆档案管理室主任、高级工程师
陈婷婷（女）　山东省国土资源厅国土测绘处主任科员
郭冬娥（女）　山东省国土测绘院第二测绘院副院长、高级工程师
王　伟　河南省测绘地理信息局国土测绘处处长
余海坤　河南省遥感测绘院副总工程师、高级工程师
黄海英（女）　湖北省测绘质量监督检验站监督检查室主任、高级工程师
李雪梅（女）　湖北省航测遥感院工程师
蒋星祥（瑶族）　湖南省国土资源规划院副院长、高级工程师
刘　群（女）　湖南省第一测绘院工程师
区永洪　广东省国土资源测绘院办公室副主任、工程师

张彦祥	东莞市测绘院工程部部长、高级工程师
陈瑞波	广西壮族自治区遥感信息测绘院总工办副主任、高级工程师
李正洪	广西壮族自治区地理国情监测院工程师
庞帅峰	国家测绘地理信息局第七地形测量队工程师
梁建国	重庆市勘测院副总工程师、高级工程师
段文华	国家测绘地理信息局重庆测绘院测绘产品质量检验站副站长、工程师
石江南（女）	四川省测绘地理信息局国土测绘处（地理国情监测处）副处长
张　璇（女）	四川省第二测绘地理信息工程院国土信息应用中心副主任、工程师
张　艺	贵州省第二测绘院助理工程师
马　靖	云南省航测遥感信息院地理国情调查分院院长、高级工程师
杨　帆（纳西族）	云南省测绘资料档案馆（云南省基础地理信息中心）遥感应用部副主任、高级工程师
黄训兵	西藏自治区测绘院测绘质量管理科副科长、工程师
秦先锋	陕西省第二测绘工程院六中队中队长、高级工程师
谭　龙（土家族）	陕西省第三测绘工程院地图工程分院副院长、工程师
肖德明	甘肃省测绘工程院第一测绘队副队长、助理工程师
王秀琴（女）	甘肃省地图院基础测绘三部主任、高级工程师
王晓波（女）	青海省基础地理信息中心工程师
池淑文（女）	宁夏回族自治区国土资源地理信息中心地理信息科科长、高级工程师
张玉姗（女）	新疆维吾尔自治区第一测绘院工程师
魏中华	新疆维吾尔自治区第二测绘院工程测量项目部党支部书记、工程师
翟　亮	中国测绘科学研究院地理国情监测研究中心副主任、研究员
董　春（女、彝族）	中国测绘科学研究院政府地理信息系统研究中心副主任、研究员
周　旭	国家基础地理信息中心地理国情监测部主任、高级工程师
高　崟	国家基础地理信息中心工程师
雷　兵	国家测绘地理信息局卫星测绘应用中心监测应用部主任、研究员
吴　江	中国测绘宣传中心影视宣传处处长、编辑
曾晨曦	国家测绘地理信息局职业技能鉴定指导中心职业技能处处长、工程师
张　鹤（女）	国家测绘产品质量检验测试中心质检二处副处长、高级工程师
蒋丽华（女）	国家测绘地理信息局规划财务司财务处（审计处）处长
王瑞幺	国家测绘地理信息局国土测绘司遥感信息处（地理国情监测处）处长

其他获得省部级表彰的先进集体和先进个人

先进集体

国家测绘地理信息局在财政部2016年部门决算考核评比中获得优秀等次

国家测绘地理信息局第一地形测量队（陕西省第二测绘工程院）、河北省制图院被中华全国总工会授予“全国五一劳动奖状”

四川测绘地理信息局被四川省委省政府评为2016年脱贫攻坚“五个一”帮扶力量帮扶先进集体

先进个人

国家基础地理信息中心陈军、国家测绘地理信息局卫星测绘应用中心唐新明、中国测绘科学研究院李英成获“全国创新争先奖状”

四川测绘地理信息局派驻四川省阿坝藏族羌族自治州乡城县青麦乡巴麦村第一书记訾志诚、香巴拉镇信沟村第一书记易鹏分别获评四川省优秀第一书记

四川测绘地理信息局测绘应急保障中心副主任、高级工程师程多祥被四川省委省政府授予“四川省8·8九寨沟地震抗震救灾先进个人”称号

国家测绘地理信息局第二地形测量队（陕西省第三测绘工程院）王瑞锋荣获“陕西省先进工作者”称号

陕西省第五测绘工程院孙苏利被中华全国总工会授予“全国五一劳动奖章”、被中华全国妇女联合会授予“全国巾帼建功标兵”称号

科技奖励名单

国家科技奖励

项目编号：J－25201－2－01
项目名称：国家海岛礁测绘重大关键技术与应用
获奖类别及等级：国家科技进步奖二等奖
主要完成人：党亚民、程鹏飞、章传银、罗建军、周兴华、王中祥、欧阳永忠、吴树锋、薛树强、李斐
主要完成单位：中国测绘科学研究院、国家基础地理信息中心、国家海洋局第一海洋研究所、中国人民解放军海军海洋测绘研究所、中国人民解放军61206部队、武汉大学

项目编号：J－25201－2－02
项目名称：航空航天遥感影像摄影测量网格处理关键技术与应用
获奖类别及等级：国家科技进步奖二等奖
主要完成人：张永军、张祖勋、孙明伟、万幼川、柯涛、段延松、张勇、曹辉、胡翔云、王博
主要完成单位：武汉大学、苏州中科天启遥感科技有限公司

项目编号：J－25201－2－03
项目名称：全球30米地表覆盖遥感制图关键技术与产品研发
获奖类别及等级：国家科技进步奖二等奖
主要完成人：陈军、陈晋、廖安平、陈利军、曹鑫、张宏伟、彭舒、唐娉、武昊、陈学泓
主要完成单位：国家基础地理信息中心、北京师范大学、中国科学院遥感与数字地球研究所、国家测绘地理信息局第一航测遥感院、国家测绘地理信息局黑龙江基础地理信息中心、四川省遥感信息测绘院、国信司南（北京）地理信息技术有限公司

省部级科技奖励

项 目 名 称：安徽省地理信息服务与应用体系研究
获奖类别及等级：2017 年安徽省科技进步奖三等奖
完 成 人：朱清、侯恩兵、任家锋、魏雪梅、马卫春、陈春晖
完 成 单 位：安徽省基础测绘信息中心

项 目 名 称：卫星大地测量反演地壳和断层精细变形的理论和方法
获奖类别及等级：教育部 2016 年度高等学校科学研究优秀成果奖自然科学奖一等奖
完 成 人：许才军、温扬茂、王华、伍吉仓、汪建军、刘洋、江国焰、丁开华
完 成 单 位：武汉大学、广东工业大学、同济大学

项 目 名 称：对地观测传感网实时动态 GIS 及长江流域典型应用
获奖类别及等级：教育部 2016 年度高等学校科学研究优秀成果奖科技进步奖一等奖
完 成 人：陈能成、王伟、龚健雅、李良雄、王伟、胡楚丽、董先勇、张晏方、王鹏、肖志远、卜方玲、祝宁、严颂华、王超、陈泽强
完 成 单 位：武汉大学、长江航道局、中国长江三峡集团公司、长江水利委员会水文局、中国地质大学（武汉）、武汉吉嘉伟业科技发展有限公司

项 目 名 称：空间信息智能分析与服务的理论与方法
获奖类别及等级：2017 年湖北省自然科学奖一等奖
完 成 人：乐鹏、黄昕、吴华意、呙维、张乐飞
完 成 单 位：武汉大学

项 目 名 称：高分辨率光学遥感卫星影像高精度快速处理关键技术及应用
获奖类别及等级：2017 年湖北省技术发明奖一等奖
完 成 人：王密、李德仁、金淑英、杨博、潘俊、方留杨
完 成 单 位：武汉大学

项 目 名 称：“出行地图 +”动态服务计算关键技术及应用
获奖类别及等级：2017 年湖北省科技进步奖一等奖
完 成 人：杨必胜、李必军、陆锋、陈碧宇、应申、郑明辉、张恒才、郑玲、董震、陈洁、袁辉、胡涛、张华
完 成 单 位：武汉大学、中国科学院地理科学与资源研究所、湖北民族学院

2017 年测绘科技进步奖名单

（中国测绘地理信息学会组织评选）

特等奖（6 项）

项目编号：2017－01－00－01
项目名称：全球地心坐标参考框架建立理论与动态维持关键技术

完 成 人：杨元喜、程鹏飞、成英燕、吕志平、曾安敏、王华、秘金钟、徐天河、聂桂根、李志才、崔阳、刘经南、陈正生、魏娜、徐彦田、明锋、王凡、李敏、王虎、王晓明、吴富梅、李林阳、秦显平、许长辉、于男、胡志刚、邱荣海、谷守周、陈明、王孝青

完成单位：中国测绘科学研究院、西安测绘研究所、国家基础地理信息中心、解放军信息工程大学、武汉大学

项目编号：2017 - 01 - 00 - 02

项目名称：第一次全国地理国情普查关键技术与应用

完 成 人：白贵霞、刘若梅、程鹏飞、周旭、王瑞幺、陈向阳、徐开明、杨升、张莉、刘耀林、王发良、董春、李爱生、杨波、雷兵、尹斌、何静、翟义青、冯存均、马文涛、梁安保、李见阳、锜言寿、颉继珍、高崟、栗斌、张宏伟、翟永、康风光、甘宇航

完成单位：国家基础地理信息中心、中国测绘科学研究院、陕西测绘地理信息局、黑龙江测绘地理信息局、四川测绘地理信息局、国家测绘产品质量检验测试中心、国家测绘地理信息局卫星测绘应用中心、河北省地理信息局、武汉大学、海南测绘地理信息局

项目编号：2017 - 01 - 00 - 03

项目名称：省级信息化测绘体系关键技术及应用

完 成 人：杨升、李建成、朱庆、谢维挺、赵争、吕弋培、刘宇、曹振宇、秘金钟、李见阳、王芳、苏炯、李冲、张晶晶、姜卫平、苏凤环、倪文辉、伍小洁、李亮、杨正银、程多祥、齐华、黄国满、阎凤霞、徐许雄、刘静、刘建川、张洁、黄华平、周妮娜

完成单位：四川测绘地理信息局、中国测绘科学研究院、武汉大学、西南交通大学、中国科学院．水利部成都山地灾害与环境研究所、天津航天中为数据系统科技有限公司、四川省地震局、国家测绘地理信息局重庆测绘院、中铁二院工程集团有限责任公司、四川鱼鳞图信息技术股份有限公司

项目编号：2017 - 01 - 00 - 04

项目名称：实时地理信息系统软件平台及重大工程应用

完 成 人：吴华意、龚健雅、向隆刚、刘奕夫、关雪峰、刘刚、李小龙、黄金森、吴杰、成波、桂志鹏、王琳、李锐、李真强、杨泽龙

完成单位：武汉大学、武大吉奥信息技术有限公司、东华理工大学、中国地质大学（武汉）

项目编号：2017 - 01 - 00 - 05

项目名称：测量工程空间信息获取理论方法及软件

完 成 人：郭际明、邹进贵、赵建虎、史俊波、邢诚、王爱学、花向红、梅文胜、徐进军、张鹏、丁士俊、向东、章迪、刘冠兰、许毅、苏新洲、蒋征、方孟元

完成单位：武汉大学、武汉市珞珈俊德地信科技有限公司

项目编号：2017 - 01 - 00 - 06

项目名称：可靠性地理国情普查与动态监测关键技术

完 成 人：史文中、张鹏林、郝明、王群明、苗则朗、张华、万义良、高利鹏、陈江平、王斌、邵攀、张效康、吕志勇、陈鹏飞、蔡利平、张安舒、何鹏飞、张敏、丁海勇、邓愫愫、赵元凌、李振轩、吕旭哲、金瑞、项皓东、麦娥英

完成单位：香港理工大学、武汉大学、中国矿业大学、中南大学、湖南师范大学、中国石油大学（华东）、西安理工大学、曲阜师范大学、南京信息工程大学、浙江农林大学

一等奖（13项）

项目编号：2017－01－01－01
项目名称：精密三维测量技术（装备）及集成应用
完 成 人：李清泉、毛庆洲、张德津、仲思东、胡庆武、李必军、陈小宇、朱家松、曹民、刘勇、翁国康、余建伟、林红、王新林
完成单位：深圳大学、武汉大学、武汉武大卓越科技有限责任公司、武汉海达数云技术有限公司

项目编号：2017－01－01－02
项目名称：车道级导航模型与精细道路数据众包获取技术
完 成 人：唐炉亮、朱庆、李渊、徐晋晖、张霞、杨雪、于立志、阚子涵、任畅、宋向勃、吴中恒、李清泉、孙飞、靳晨、刘章
完成单位：武汉大学、西南交通大学、厦门大学、北京四维图新科技股份有限公司

项目编号：2017－01－01－03
项目名称：城市地下管线精准探测与精细管理关键技术及应用
完 成 人：朱庆、李胜、王厚之、陈勇、王泽根、郭伟、吴思、甄艳、张书亮、胡本刚、张叶廷、朱军、徐万明、薛学轩、谭仁春
完成单位：国家测绘地理信息局地下管线勘测工程院、西南交通大学、武汉市测绘研究院、西南石油大学、南京师范大学、浙江中海达空间信息技术有限公司、成都市规划信息技术中心、四川省住房和城乡建设厅信息中心、四川国测地下空间信息科技有限公司

项目编号：2017－01－01－04
项目名称：多源卫星遥感生态环境信息专题产品生产与服务
完 成 人：王桥、胡云锋、肖桐、刘越、侯鹏、闫慧敏、申文明、徐新良、马卫峰、孙晨曦、黄玫、翟俊、孙冠楠、匡文慧、刘晓曼
完成单位：环保部卫星环境应用中心、中国科学院地理科学与资源研究所、北京数字空间科技有限公司

项目编号：2017－01－01－05
项目名称：地貌类型分类与精确划分关键技术研究及应用
完 成 人：程维明、周成虎、刘纪平、秦承志、赵尚民、杨晓梅、赵荣、包安明、肖飞、张洪岩、董春、郑明国、王随继、姚永慧、于荣花
完成单位：中国科学院地理科学与资源研究所、中国测绘科学研究院、太原理工大学、中国科学院新疆生态与地理研究所、中国科学院测量与地球物理研究所、东北师范大学

项目编号：2017－01－01－06
项目名称：多成因辐射退化遥感数据的质量改善理论、方法与应用
完 成 人：沈焕锋、张洪艳、袁强强、尹峰、吴柯、唐洪钊、田礼乔、李星华、李杰、程青、李慧芳、祁琼、贺威、刘欣鑫、张良培
完成单位：武汉大学、湖北省国土资源研究院、中国地质大学（武汉）、国家测绘地理信息局卫星测绘应用中心

项目编号：2017-01-01-07
项目名称：自然灾害遥感动态监测与评估关键技术研究及应用
完 成 人：眭海刚、杜志强、范一大、潘耀忠、王薇、陈晓玲、朱秀芳、李大军、刘俊怡、肖昶、吴玮、刘志敏、孙开敏、徐川、段艳
完成单位：武汉大学、民政部国家减灾中心、北京师范大学、湖北省基础地理信息中心（湖北省北斗卫星导航应用技术研究院）、立得空间信息技术股份有限公司

项目编号：2017-01-01-08
项目名称：对地观测卫星激光测高基础数据精细化处理关键技术
完 成 人：李松、周辉、马跃、余峰、杨晋陵、易洪、黄科、韩绍伟、郑国兴、田昕、张智宇、张文豪、于斌斌、高俊玲、郑璐
完成单位：武汉大学、武汉导航与位置服务工业技术研究院有限责任公司

项目编号：2017-01-01-09
项目名称：露天矿山环境与灾害空天地协同监测关键技术及应用
完 成 人：刘善军、吴立新、毛亚纯、包妮沙、王植、熊宏启、贺黎明、潘鹏飞、马保东、亢建民、魏恋欢、肖平、徐冬林、孙亚鑫、刘志龙
完成单位：东北大学、鞍钢集团鞍千矿业有限责任公司

项目编号：2017-01-01-10
项目名称：全国山洪灾害防御时空信息服务平台建设与应用
完 成 人：郭良、匡尚富、汪小刚、丁留谦、徐文、尚全民、黄先龙、刘荣华、刘昌军、万庆、程维明、张晓蕾、廖通逵、胡朵朵、刘业森
完成单位：中国水利水电科学研究院、中国资源卫星应用中心、中国科学院地理科学与资源研究所、北京航天宏图信息技术股份有限公司、国信司南（北京）地理信息技术有限公司

项目编号：2017-01-01-11
项目名称：高程基准现代化实现关键技术
完 成 人：姚宜斌、李姗姗、徐新禹、吴晓平、褚永海、张传定、邹贤才、金涛勇、孙占义、于锦海、李新星、乔庆华、邢志斌、朱广彬、张金辉
完成单位：武汉大学、中国人民解放军信息工程大学、中国人民解放军61081部队、国家基础地理信息中心、中国科学院大学、中国测绘科学研究院、国家测绘地理信息局卫星测绘应用中心

项目编号：2017-01-01-12
项目名称：大区域地面沉降InSAR监测的关键技术及应用
完 成 人：张永红、黄建东、吴宏安、张磊、王瑞幺、李明巨、陈少勤、骆光飞、康永辉、刘波、李爱勤、孙广通、祝传广、范雪婷、祝彦敏
完成单位：中国测绘科学研究院、江苏省测绘地理信息局、香港理工大学、浙江省测绘科学技术研究院、防灾科技学院、湖南科技大学

项目编号：2017-01-01-13
项目名称：全国地理国情普查数据库设计及构建关键技术研究
完 成 人：刘若梅、王发良、高崟、程立君、贾云鹏、张浩然、王金玉、赵慧、崔少芳、郑义、程滔、

杜娟、李广泳、周琦、毕凯
完成单位：国家基础地理信息中心、北京吉威时代软件股份有限公司、国信司南（北京）地理信息技术有限公司

二等奖（54 项，名单略）

三等奖（73 项，名单略）

2017 年全国优秀测绘工程奖名单

（中国测绘地理信息学会组织评选）

白金奖（9 项）

项目名称：北京市第一次地理国情普查项目
完成单位：北京市测绘设计研究院、北京中色测绘院有限公司、建设综合勘察研究设计院有限公司、中测新图（北京）遥感技术有限责任公司、南京市测绘勘察研究院股份有限公司、苍穹数码技术股份有限公司

项目名称：青岛市市区地下管线普查与信息化建设项目
完成单位：青岛市勘察测绘研究院

项目名称：合福铁路客运专线精密控制测量工程
完成单位：中铁第四勘察设计院集团有限公司

项目名称：湖南省第一次地理国情普查
完成单位：湖南省第一测绘院、湖南省第二测绘院、湖南省第三测绘院、湖南省测绘科技研究所、湖南省国土资源规划院、湖南省遥感中心、湖南省测绘产品质量监督检验授权站、湖南省国土资源信息中心

项目名称：青海省藏区现代测绘基准体系基础设施建设（一期工程）
完成单位：青海省第一测绘院

项目名称：重庆市 1:5000 地形图测绘
完成单位：重庆市勘测院、国家测绘地理信息局重庆测绘院、四川省遥感信息测绘院

项目名称：基于地空一体化的广州市城市基本地形图更新
完成单位：广州市城市规划勘测设计研究院

项目名称：粤东水域船舶定线制勘察测量
完成单位：交通运输部南海航海保障中心广州海事测绘中心

项目名称：江苏省“十二五”省级基础测绘五大湖泊 1∶10000 水下地形测量
完成单位：江苏省测绘工程院

金奖（39 项）

项目名称：辽宁省第一次全国地理国情普查数据生产项目
完成单位：辽宁省摄影测量与遥感院、辽宁省基础测绘院、辽宁省地理信息院、辽宁省基础地理信息中心、辽宁省地理信息资料馆、大连市测绘研究院

项目名称：北京至沈阳铁路客运专线精密工程控制测量
完成单位：中国铁路设计集团有限公司

项目名称：惠州市仲恺高新区基本比例尺数字化地形图测绘
完成单位：西安煤航信息产业有限公司

项目名称：北京地铁 14 号线工程测量与风险监测综合技术应用
完成单位：北京城建勘测设计研究院有限责任公司

项目名称：广州市第一次全国地理国情普查数据采集与整理项目
完成单位：广州市房地产测绘院（广州市测绘产品质量检验中心）

项目名称：西藏那曲地区地理国情普查与标准时点核准
完成单位：国家测绘地理信息局第三地理信息制图院（四川省第二测绘地理信息工程院）

项目名称：数字万州地理空间框架建设工程
完成单位：国家测绘地理信息局重庆测绘院

项目名称：河北省第一次全国地理国情普查数据库建设
完成单位：河北省基础地理信息中心、北京吉威时代软件股份有限公司

项目名称：北京市东城区网格化城市管理信息系统地理信息数据更新与拓展工程
完成单位：建设综合勘察研究设计院有限公司

项目名称：数字新沂地理空间框架
完成单位：江苏省基础地理信息中心

项目名称：四川省第一次全国地理国情普查（新都区等 28 个县（市、区））
完成单位：四川省第三测绘工程院

项目名称：四川省第一次全国地理国情普查（遥感院任务区）
完成单位：四川省遥感信息测绘院（国家测绘地理信息局第三航测遥感院）

项目名称：云南省第一次全国地理国情普查昆明市呈贡区等县（区）信息采集

完成单位：云南省测绘工程院

项目名称：浙江省不动产测绘与建库项目（丽水、温州、台州市）
完成单位：浙江省测绘大队

项目名称：全球地图数据库建设和数字地图出版与应用
完成单位：中国地图出版社

项目名称：中老铁路磨丁至万象段工程测量
完成单位：中铁二院工程集团有限责任公司

项目名称：重庆市自主卫星技术综合应用服务示范
完成单位：重庆市地理信息中心

项目名称：数字贵港地理空间框架建设
完成单位：广西壮族自治区地理国情监测院（原广西第一测绘院）

项目名称：广州客厅——花城广场三维空间建设工程测量及信息平台建设
完成单位：广州市城市规划勘测设计研究院

项目名称：数字凯里地理空间框架建设
完成单位：贵州省第一测绘院

项目名称：辽宁省现代测绘基准体系建设
完成单位：辽宁省基础测绘院、辽宁省地理信息院、辽宁省摄影测量与遥感院、辽宁省基础地理信息中心、国家测绘地理信息局大地测量数据处理中心、辽宁省测绘产品质量监督检验站、辽宁省地理信息资料馆、辽宁省测绘地理信息局网络中心、辽宁省测绘基础设施管理中心

项目名称：南宁市地下管线全面普查、调查项目
完成单位：南宁市勘察测绘地理信息院

项目名称：红岛经济区全域基础地理信息数字化项目
完成单位：青岛市勘察测绘研究院

项目名称：新建合福铁路铜陵公铁长江大桥测量项目
完成单位：中铁大桥局集团有限公司、中铁大桥局集团第五工程有限公司

项目名称：江阴市全市域地下空间设施〔地下建（构）筑物〕普查项目
完成单位：江苏省测绘工程院

项目名称：叙永县农村土地承包经营权确权登记勘界调查项目
完成单位：武大吉奥信息技术有限公司

项目名称：安哥拉国家电网二期输变电工程（SK 项目）
完成单位：中国电力工程顾问集团华北电力设计院有限公司

项目名称：兰州铁路局铁路地籍测量项目
完成单位：中铁工程设计咨询集团有限公司

项目名称：南京环球贸易广场项目段地铁保护区监测
完成单位：南京市测绘勘察研究院股份有限公司、北京国测信息科技有限责任公司

项目名称：莱阳市农村集体土地确权登记发证及信息系统建设项目
完成单位：山东省第四地质矿产勘查院

项目名称：西宁市综合地下管线信息管理系统建设项目
完成单位：西宁市测绘院、武汉科岛地理信息工程有限公司、保定金迪地下管线探测工程有限公司、河北天元地理信息科技工程有限公司、西宁市测绘院、广州城市信息研究所有限公司

项目名称：重庆市主城区地下管线普查与更新及综合管理系统建设
完成单位：重庆市勘测院

项目名称：贵州省地理国情普查框架数据更新与生产成果整合
完成单位：国家测绘地理信息局第三地理信息制图院

项目名称：大同市土地确权航拍与正射影像图制作项目（第二、第三包）
完成单位：西安煤航信息产业有限公司

项目名称：海原县农村宅基地和集体建设用地使用权确权登记发证
完成单位：北京舜土规划顾问有限公司

项目名称：山东省第一次全国地理国情普查数据采集（青岛测区）
完成单位：青岛市勘察测绘研究院

项目名称：面向浙江省“三改一拆”的测绘与地理信息综合技术服务
完成单位：浙江省测绘大队

项目名称：佛山市城市轨道交通三号线工程地面控制测量及地形图测绘项目
完成单位：佛山市测绘地理信息研究院

项目名称：忻州市农村土地承包经营权确权登记颁证航摄及正射影像工作底图制作项目（第二分包）
完成单位：西安煤航信息产业有限公司

银奖（128 项，名单略）

铜奖（231 项，名单略）

2017 年地理信息科技进步奖名单

（中国地理信息产业协会组织评选）

特等奖（2 项）

项目名称：全国国土资源“一张图”数据管理平台建设与应用
完成单位：国土资源部信息中心

项目名称：国家级重要地理国情监测与分析关键技术和应用
完成单位：中国测绘科学研究院、国家基础地理信息中心、陕西测绘地理信息局、四川测绘地理信息局、国家测绘地理信息局卫星测绘应用中心、国家测绘产品质量检验测试中心、河北省地理信息局、北京市测绘设计研究院、天津市测绘院、青海省基础地理信息中心、中南大学、河南省科学院地理研究所

一等奖（14 项）

项目名称：面向城市管理的城市 GIS 关键技术
完成单位：南京师范大学、中国科学院地理科学与资源研究所、南京大学

项目名称：高分辨率遥感林业应用技术与服务平台
完成单位：中国林业科学研究院资源信息研究所、国家林业局调查规划设计院、中国科学院遥感与数字地球研究所、西安科技大学

项目名称：全国土地生态状况调查与评估关键技术及工程应用
完成单位：中国土地勘测规划院、武汉大学、中国矿业大学、河南省国土资源调查规划院、江苏省土地资源调查中心、甘肃省国土资源规划研究院、内蒙古自治区土地调查规划院、重庆市国土资源和房屋勘测规划院、江苏省土地勘测规划院

项目名称：地理设计理论技术研究及空间规划应用
完成单位：重庆市地理信息中心、武汉大学、重庆市遥感中心、重庆市地理空间信息工程技术研究中心

项目名称：智能电网全生命周期一体化平台关键技术及应用
完成单位：北京恒华伟业科技股份有限公司、国网北京经济技术研究院、厦门亿力吉奥信息科技有限公司、中国电建四川电力设计咨询有限责任公司、华北电力大学、北京道亨时代科技有限公司

项目名称：基于云计算的电网地理信息服务平台研制与应用
完成单位：国网信息通信产业集团有限公司、厦门亿力吉奥信息科技有限公司

项目名称：基于空间信息技术的多维多尺度贫困精准识别与应用示范
完成单位：首都师范大学

项目名称：北京市地理国情监测与统计分析研究及应用
完成单位：北京市测绘设计研究院、武汉大学、北京市勘察设计研究院有限公司、北京市城市规划设计研究院、北京清华同衡规划设计研究院有限公司、北京工业大学、北京城垣数字科技有限责任公司、城市空间信息工程北京市重点实验室、北京测绘学会

项目名称：金华市地下综合管线智能管控信息化建设与应用
完成单位：金华市规划局、金华市测绘院、浙江中海达空间信息技术有限公司、中国冶金地质总局地球物理勘查院

项目名称：宁波市地理国情普查与监测平台
完成单位：宁波市测绘设计研究院、武汉大学

项目名称：长输油气管线多源信息采集关键技术研究与应用
完成单位：中石化石油工程地球物理有限公司

项目名称：地铁结构智能监测与安全评估系统关键技术研究与应用
完成单位：南京市测绘勘察研究院股份有限公司、东南大学、南京地铁集团有限公司

项目名称：城乡规划监督测绘全过程智能服务关键技术研究与应用
完成单位：珠海市测绘院、中山大学、珠海市住房和城乡规划建设局、中国（广东）自贸区珠海横琴新区片区管委会规划国土局

二等奖（116 项，名单略）

2017 年地理信息产业优秀工程奖名单

（中国地理信息产业协会组织评选）

金奖（48 项）

项目名称：武汉市 2016 年度地理国情监测工程
完成单位：武汉市第一次地理国情普查领导小组办公室、武汉市测绘研究院

项目名称：北京城市副中心及周边地区真三维单体化模型数据采集项目
完成单位：北京市规划和国土资源管理委员会、武汉华正空间软件技术有限公司

项目名称：苏州市基于空间分析的大数据分析平台建设项目
完成单位：苏州市发展和改革委员会、苏州云联智慧信息技术应用有限公司

项目名称：淮安市“多规合一”空间信息平台
完成单位：江苏省城镇化和城乡规划研究中心、上海数慧系统技术有限公司、江苏省城市规划设计研究院

项目名称：贵州省林业资源综合监测评价与决策管理信息系统
完成单位：贵州省林业厅、贵州省林业调查规划院、北京地林伟业科技股份有限公司

项目名称：温州市智慧城管平台建设项目
完成单位：温州市综合行政执法局、北京数字政通科技股份有限公司

项目名称：平顶山房屋交易与产权管理信息平台
完成单位：平顶山市房产管理局、广东南方数码科技股份有限公司

项目名称：三峡枢纽管理区地理信息系统
完成单位：中国长江三峡集团公司、三峡高科信息技术有限责任公司、广州城市信息研究所有限公司

项目名称：江苏省海洋综合管控系统
完成单位：江苏省海域使用动态监视监测中心、广东蓝图信息技术有限公司

项目名称：吉林省省级不动产登记信息管理基础平台建设项目
完成单位：吉林省不动产登记管理中心、北京超图软件股份有限公司

项目名称：呼和浩特市二三维一体化城市地下综合管线共享服务系统
完成单位：呼和浩特市勘察测绘研究院、北京超图软件股份有限公司

项目名称：武汉市社会服务与管理信息系统
完成单位：武汉市社会治安综合治理委员会办公室、武汉市国土资源和规划信息中心、武大吉奥信息技术有限公司、武汉力龙信息科技股份有限公司

项目名称：数字哈密（伊州区）在撤地设市和基层维稳中的测绘保障服务
完成单位：哈密市伊州区国土资源局、新疆维吾尔自治区第二测绘院、黑龙江省测绘科学研究所、河南省遥感测绘院

项目名称：安徽省第一次地理国情普查信息统计分析和数据库建库
完成单位：安徽省测绘局、安徽省基础测绘信息中心

项目名称：山东省第一次全国地理国情普查
完成单位：山东省第一次全国地理国情普查领导小组办公室、山东省国土测绘院

项目名称：嘉兴市第一次地理国情普查
完成单位：嘉兴市测绘地理信息局、嘉兴市规划设计研究院有限公司

项目名称：大理市信息资源中心建设项目
完成单位：大理市信息化发展有限责任公司、神州数码系统集成服务有限公司、北京广图软件科技有限公司

项目名称：石家庄市市本级不动产信息管理平台
完成单位：石家庄市国土资源局、北京超图软件股份有限公司

项目名称：重庆市标准地址数据库建设及动态更新维护工程
完成单位：重庆市测绘地理信息局、重庆市地理信息中心、重庆市测绘产品质量检验测试中心

项目名称：榆林市杨伙盘煤矿智慧矿山系统工程建设
完成单位：榆林市杨伙盘煤矿、西安煤航信息产业有限公司、西安煤航遥感信息有限公司

项目名称：数字毕节地理空间框架建设项目
完成单位：毕节市国土资源局、贵州省第三测绘院

项目名称：江南四区公共区域管线基础地理信息整理和补测服务项目
完成单位：南京市城市地下管线数字化管理中心、南京市测绘勘察研究院股份有限公司

项目名称：佛山市高明区农村集体土地确权登记发证及数据库建设
完成单位：佛山市高明区国土城建和水务局、广东省地质测绘院

项目名称：2016 年度山东省域优于 0.5 米航空摄影及数字正射影像（DOM）快速规模化生产
完成单位：山东省国土测绘院

项目名称：“天地图·湖南”地理信息公共服务云平台
完成单位：湖南省第三测绘院、北京超图软件股份有限公司

项目名称：哈尔滨智慧管网项目
完成单位：哈尔滨市工业和信息化委员会、哈尔滨航天恒星数据系统科技有限公司

项目名称：桂林地下管线普查及系统建设
完成单位：桂林市市政热线服务中心、广州奥格智能科技有限公司

项目名称：湖南省不动产统一登记基础数据建设数码航空摄影项目（140101、140103 等 55 个航摄分区）
完成单位：湖南省国土资源厅、湖南省第二测绘院

项目名称：常州市区地下管线普查及综合管理信息系统工程
完成单位：常州市规划局、常州市测绘院、常州市地理信息智能技术中心

项目名称：深圳市国土空间统一调查研究与应用工程
完成单位：深圳市规划和国土资源委员会、深圳市规划国土发展研究中心

项目名称：武汉市城市地下管线综合信息平台建设项目
完成单位：武汉市城乡建设委员会、武汉市测绘研究院

项目名称：北京市第一次地理国情普查数据建库与信息化建设
完成单位：北京市第一次地理国情普查领导小组办公室、北京市测绘设计研究院

项目名称：汇川区农村土地承包经营权确权登记颁证土地测量调查管理信息系统建设项目
完成单位：汇川区农村土地确权领导小组办公室、四川旭普信息产业发展有限公司

项目名称：广东省高分辨率航空影像数据建设——数字正射影像图制作（粤西）
完成单位：广东省国土资源厅、广东省国土资源测绘院

项目名称：基于 GIS 的重庆村域空间资源调查分析技术体系与示范
完成单位：重庆市规划局、重庆市测绘产品质量检验测试中心、重庆市遥感中心

项目名称：西安市临潼区智慧城市系统建设项目
完成单位：西安市临潼区人民政府办公室、武大吉奥信息技术有限公司

项目名称：重庆市第一次地理国情普查
完成单位：重庆市测绘地理信息局、重庆市地理国情普查办公室、重庆市地理信息中心、重庆市勘测院、国家测绘地理信息局重庆测绘院、重庆市测绘产品质量检验测试中心

项目名称：睢宁县新农村建设测绘保障服务及农村建设用地调查示范项目
完成单位：睢宁县国土资源局、江苏兰德数码科技有限公司

项目名称：四川省地质灾害地图集及应急专题地图制作
完成单位：四川省测绘地理信息局、国家测绘地理信息局第三地理信息制图院

项目名称：重点地区（新疆）基础测绘工程——新疆地理国情监测试点项目塔河流域地表覆盖变化监测以及信息系统和数据库建设项目
完成单位：新疆维吾尔自治区测绘地理信息局、新疆维吾尔自治区测绘科学研究院

项目名称：徐州市第一次地理国情普查
完成单位：徐州市国土资源局、江苏兰德数码科技有限公司

项目名称：海淀区城市管理基础数据建设及更新维护项目
完成单位：北京市海淀区城市服务管理指挥中心、北京市测绘设计研究院

项目名称：北京市地下管线基础信息普查及信息化建设
完成单位：北京市规划和国土资源管理委员会、北京市测绘设计研究院

项目名称：宜宾市兴文县农村土地承包经营权确权登记项目
完成单位：四川省宜宾市兴文县农业局、四川空间信息产业发展有限公司

项目名称：马来西亚砂拉越州政府信息共享平台
完成单位：STATE SERVICE MODERNISATION UNIT CHIEF MINISTERS DEPARTMENT SARAWAK、Sarawak Information Systems Sdn Bhd、北京超图软件股份有限公司

项目名称：泰州金州水务有限公司“智慧水务”信息化平台项目
完成单位：泰州金州水务有限公司、上海积成慧集信息技术有限公司

项目名称：物流运输位置服务综合平台——车辆运输监控管理子系统开发及工程实施项目
完成单位：北京华油信通科技有限公司、北京云网高科技术有限公司

项目名称："数字衡阳"市县一体化大数据与地理信息公共服务云平台
完成单位：衡阳市国土资源局、湖南省第一测绘院、湖南省地质测绘院、北京捷泰天域信息技术有限公司、湖南天湘和信息科技有限公司、衡阳师范学院

银奖（138 项，名单略）

铜奖（102 项，名单略）

2017 年卫星导航定位科技进步奖名单

（中国卫星导航定位协会组织评选）

特等奖（3 项）

项目名称：导航卫星高精度光压摄动建模研究
完成单位：北京空间飞行器总体设计部

项目名称：和芯火鸟－UFirebird 28nm 低功耗高性能 GNSS 定位芯片（UC6226）
完成单位：和芯星通科技（北京）有限公司、和芯星通（上海）科技有限公司

项目名称：新型卫星天线跟踪指向技术及应用
完成单位：北京星网卫通科技开发有限公司

一等奖（9 项）

项目名称：北斗/GNSS 监测电离层方法与关键技术及应用
完成单位：中国科学院上海天文台

项目名称：基于地月拉格朗日点的新型卫星导航系统的理论与方法研究
完成单位：北京卫星导航中心、南京大学、浙江大学、中国电子科技集团公司第五十四研究所、北京航天飞行控制中心、航天东方红卫星有限公司

项目名称：大规模卫星导航定位基准站数据融合关键技术研究与应用
完成单位：国家基础地理信息中心、江苏省测绘工程院、山东省国土测绘院、北京吉威时代科技股份有限公司

项目名称：惯性导航误差的时频分析与补偿理论研究
完成单位：西安测绘研究所、地理信息工程国家重点实验室

项目名称：全系统全频点高精度 RTK 定位模块（UM4B0）
完成单位：和芯星通科技（北京）有限公司、和芯星通（上海）科技有限公司

项目名称：超低功耗多源融合定位与导航技术
完成单位：高德软件有限公司、华为技术有限公司

项目名称：面向市政管网的高精准、全空间北斗关键技术及应用 完成单位：北京市燃气集团有限责任公司、北京讯腾智慧科技股份有限公司、清华大学、北京理工大学、北京市鼎新新技术有限公司

项目名称：面向海量用户的北斗高精度数据云播发系统
完成单位：国家测绘地理信息局第三大地测量队、中国测绘科学研究院、深圳思凯微电子有限公司

项目名称：卫星导航机场着陆增强关键技术与应用
完成单位：中国电子科技集团公司第五十四研究所

二等奖（25 项，名单略）

2017 年卫星导航定位优秀工程和产品奖名单

（中国卫星导航定位协会组织评选）

特等奖（3 项）

项目名称：应急救援型北斗减灾信息终端及其应用
完成单位：北斗天汇（北京）科技有限公司

项目名称：平黄二期海底管线水下安装精密定位
完成单位：天津水运工程勘察设计院

项目名称：基于北斗高精度位置服务的电网资源信息更新关键技术研究与应用
完成单位：国网信息通信产业集团有限公司、安徽继远软件有限公司、国网安徽省电力公司、厦门亿力吉奥信息科技有限公司、国网浙江海盐县供电公司、武汉珞珈德毅信息技术有限公司、国网安徽省电力公司合肥供电公司

一等奖（8 项）

项目名称：北斗二号民用服务平台
完成单位：北京卫星导航中心

项目名称：基于北斗 + BIM 的高速公路综合保障应用服务体系建设
完成单位：四川九洲北斗导航与位置服务有限公司

项目名称：坚固型北斗高精度平板电脑
完成单位：北京合众思壮科技股份有限公司

项目名称：北斗伴侣 M1 便携式单频 RTK 终端
完成单位：北京东方联星科技有限公司

项目名称：北斗高精度定位板卡
完成单位：上海华测导航技术股份有限公司

项目名称：广州市连续运行卫星定位服务系统整合和维护
完成单位：广州市城市规划勘测设计研究院

项目名称：温州港三大江及三大核心港区水上水下地形测绘及图形要素入库工程
完成单位：天津水运工程勘察设计院

项目名称：北斗二号通用双模型 OEM 板卡
完成单位：中国电子科技集团公司第五十四研究所

二等奖（26 项，名单略）

甲级测绘资质单位名录

（截至 2017 年底，全国共有甲级测绘资质单位 1075 家）

北京市（126 家）

九成空间科技有限公司
北京洛斯达数字遥感技术有限公司
测绘出版社
北京捷泰天域信息技术有限公司
北京图为先科技有限公司
北京三正科技股份有限公司
北京新浪互联信息服务有限公司
北京中交兴路信息科技有限公司
北京合众思壮科技股份有限公司
中国公路工程咨询集团有限公司
中国测绘科学研究院
北京星天地信息科技有限公司
北京国测信息科技有限责任公司
北京帝测科技股份有限公司
北京新兴华安智慧科技有限公司
中铁工程设计咨询集团有限公司
中航勘察设计研究院有限公司
中国石油集团工程设计有限责任公司
北京市测绘设计研究院
新华网股份有限公司
北京京昌工程测绘技术有限公司
北京力佳图测绘有限公司
北京灵图软件技术有限公司
北京时正兴测绘工程技术有限公司
北京华星勘查新技术有限公司
北京数字政通科技股份有限公司
北京威特空间科技有限公司
北京长地万方科技有限公司
北京世纪高通科技有限公司
北京世纪国源科技股份有限公司
北京市房地产勘察测绘所
北京市勘察设计研究院有限公司
北京爱地地质勘察基础工程公司
苍穹数码技术股份有限公司
北京超图软件股份有限公司
国家林业局调查规划设计院
国信司南（北京）地理信息技术有限公司
建设综合勘察研究设计院有限公司
中科宇图科技股份有限公司
中兵勘察设计研究院
北京东方新星石化工程股份有限公司
北京富地勘察测绘有限公司

北京国电经纬工程技术有限公司
航天建筑设计研究院有限公司
北京恒华伟业科技股份有限公司
国家基础地理信息中心
北京地星伟业数码科技有限公司
北京九五智驾信息技术股份有限公司
北京奇虎科技有限公司
中国国土资源航空物探遥感中心
北京天元四维科技有限公司
中国科学院遥感与数字地球研究所
北京老虎宝典科技有限责任公司
第一视频通信传媒有限公司
北京地拓科技发展有限公司
天地图有限公司
北京航天世景信息技术有限公司
北京三友宇天测绘有限公司
中国地图出版社
北京市地质工程勘察院
中测新图（北京）遥感技术有限责任公司
北京天下图数据技术有限公司
中国科学院地理科学与资源研究所
北京数字空间科技有限公司
北京地矿工程建设有限责任公司
北京城建勘测设计研究院有限责任公司
北京同创达勘测有限公司
北京四维远见信息技术有限公司
中国电建集团北京勘测设计研究院有限公司
地质出版社
北京四维空间数码科技有限公司
北京国遥新天地信息技术有限公司
人民交通出版社股份有限公司
国家测绘地理信息局卫星测绘应用中心
中石化石油工程地球物理有限公司
易图通科技（北京）有限公司
正元地理信息有限责任公司
北京京东叁佰陆拾度电子商务有限公司
中国电信股份有限公司
中国地质调查局发展研究中心（全国地质资料馆）
伟景行科技股份有限公司
中国电力工程顾问集团华北电力设计院有限公司
中国土地勘测规划院
北京道济测绘有限公司
北京市大地通途信息技术有限公司
北京四维图新科技股份有限公司
微软移动联新互联网服务有限公司
北京中天路通工程勘测有限公司
北京四维益友信息技术有限公司
北京百度网讯科技有限公司
北京车网互联科技有限公司
北京掌城科技有限公司
高德软件有限公司
北京市信息资源管理中心
中国四维测绘技术有限公司
北京搜狗信息服务有限公司
北京东方道迩信息技术股份有限公司
中航四维（北京）航空遥感技术有限公司
中国移动通信集团公司
中交宇科（北京）空间信息技术有限公司
北京鼎春德正测绘中心
北京新兴科遥信息技术有限公司
北京世纪农丰土地科技有限公司
北京辰安科技股份有限公司
北京山维科技股份有限公司
北京中天博地科技有限公司
北京中勘迈普科技有限公司
中建交通建设集团有限公司
北京京密鸿图测绘有限公司
北京瀚博林遥感测图信息工程研究院
北京天目创新科技有限公司
北京国政恒信测绘技术服务有限公司
北京北斗星地科技发展有限公司
中铁第五勘察设计院集团有限公司
北京中农信达信息技术有限公司
中勘天成（北京）科技有限公司
北京吉威数源信息技术有限公司
二十一世纪空间技术应用股份有限公司
国核电力规划设计研究院有限公司
北京舜土规划顾问有限公司
北京粤富华测绘测量有限责任公司
北京中色地科测绘有限公司
北京金房兴业测绘有限公司
北京建设数字科技股份有限公司
滴图（北京）科技有限公司
北京伟泽测绘股份有限公司

天津市（21家）

中科遥感科技集团有限公司

天津市地质工程勘察院
交通运输部北海航海保障中心天津海事测绘中心
中铁隧道勘测设计院有限公司
天津市水利勘测设计院
星际空间（天津）科技发展有限公司
中交天津港航勘察设计研究院有限公司
中交第一航务工程勘察设计院有限公司
天津水运工程勘察设计院
中国地震局第一监测中心
天津市国土资源测绘和房屋测量中心
天津市勘察院
中水北方勘测设计研究有限责任公司
天津市测绘院
天津市市政工程设计研究院
天津金宇信息技术有限公司
天津港湾水运工程有限公司
中国铁路设计集团有限公司
天津市陆海测绘有限公司
天津市普迅电力信息技术有限公司
天津市津典工程勘测有限公司

河北省（56 家）

中国石油管道局工程有限公司
河北翔通信息技术有限公司
正元地球物理有限责任公司（中国冶金地质总局地球物理勘查院）
河北省保定地质工程勘查院
河北建设勘察研究院有限公司
河北省水利水电勘测设计研究院
保定华北工程勘测设计研究院有限公司
河北中核岩土工程有限责任公司
保定金迪地下管线探测工程有限公司
石家庄市勘察测绘设计研究院
中国建筑材料工业地质勘查中心河北总队
邯郸市恒达地理信息工程有限责任公司
河北省煤田地质局物测地质队
河北水文工程地质勘察院
河北省电力勘测设计研究院
河北省第二测绘院
核工业航测遥感中心
中勘冶金勘察设计研究院有限责任公司
承德华勘五一四测绘有限公司
河北省地矿局第三地质大队
化学工业第一勘察设计院有限公司
中国二十二冶集团有限公司
中国石油集团东方地球物理勘探有限责任公司
河北省地球物理勘查院
河北省第一测绘院
河北天元地理信息科技工程有限公司
秦皇岛市测绘大队
河北省地矿局秦皇岛资源环境勘查院
河北省制图院
河北省地矿局第六地质大队
河北省基础地理信息中心
河北省地质矿产勘查开发局第四地质大队
河北卓尔地理信息技术股份有限公司
河北格瑞空间信息技术有限公司
唐山中地地质工程公司
邢台市勘察测绘院
中国兵器工业北方勘察设计研究院有限公司
河北博翔地理信息技术有限责任公司
河北地矿建设工程集团邯郸公司
河北冀东建设工程有限公司
河北九华勘查测绘有限责任公司（华北地质勘查局五一九大队）
河北省地矿局第九地质大队
河北省欣航测绘院（河北省地质测绘院）
河北省水利水电第二勘测设计研究院
河北天地资环勘测规划设计有限公司
河北恒华信息技术有限公司
河北中色测绘有限公司（北京中色测绘院有限公司）
河北省北方勘测设计有限公司
河北省第三测绘院
中冀石化工程设计有限公司
中国冶金地质总局一局五二〇队
河北省地矿局第三水文工程地质大队（河北地矿建设工程集团衡水公司）
河北省地矿局第四水文工程地质大队（沧州市海洋环境监测站）
中铁十七局集团第三工程有限公司
中佳勘察设计有限公司
唐山经纬测绘工程有限公司

山西省（28 家）

山西省交通规划勘察设计院
中国能源建设集团山西省电力勘测设计院有限公司

山西华晋岩土工程勘察有限公司
山西省第二地质工程勘察院
山西省第三地质工程勘察院
山西省勘察设计研究院
山西天昇测绘工程有限公司
山西金瓯土地矿产咨询服务有限公司
东方通用航空摄影有限公司
太原市勘察测绘研究院
中国冶金地质总局第三地质勘查院
中铁十二局集团有限公司
山西地宝能源有限公司
山西省水利水电勘测设计研究院
山西省基础地理信息院
山西省测绘工程院
阳泉新宇岩土工程有限责任公司
山西省地质测绘院（山西省地质勘查局测绘队）
山西省第六地质工程勘察院（山西省地球物理化学勘查院）
山西家豪测绘集团有限公司
山西省煤炭地质物探测绘院（山西省矿山地理信息研究院）
山西省第五地质工程勘察院
大同市勘察测绘院
山西省地图集编纂委员会办公室
山西迪奥普科技有限公司
中铁十七局集团第一工程有限公司
山西华冶勘测工程技术有限公司
山西省地图院

内蒙古自治区（21家）

内蒙古自治区地图院
内蒙古自治区水利水电勘测设计院
内蒙古电力勘测设计院有限责任公司
内蒙古自治区地质测绘院（内蒙古地质测绘有限责任公司）
包头市测绘院
内蒙古自治区航空遥感测绘院
内蒙古自治区土地调查规划院
包钢勘察测绘研究院
内蒙古乔泰国土勘测技术有限公司
内蒙古申科国土技术有限责任公司
内蒙古自治区测绘院
阿拉善盟国土资源勘测规划院
呼和浩特市勘察测绘研究院
内蒙古自治区煤田地质局勘测队（内蒙古煤炭地质勘查（集团）测绘院有限公司）
内蒙古交通设计研究院有限责任公司
核工业二〇八大队
内蒙古统壹测绘有限责任公司
内蒙古科创测绘设计有限公司
内蒙古兰德瑞规划测绘有限公司
内蒙古精功测绘科技发展有限责任公司
包头市绘宇测绘服务有限责任公司

辽宁省（41家）

辽宁宏图创展测绘勘察有限公司
沈阳柏诚测绘有限公司
大连九成测绘信息有限公司
中国建筑材料工业地质勘查中心辽宁总队
中煤科工集团沈阳设计研究院有限公司
中冶沈勘工程技术有限公司
中油辽河工程有限公司
辽宁地矿测绘院
辽宁有色地质地理信息研究院
中国能源建设集团辽宁电力勘测设计院有限公司
辽宁经纬测绘规划建设股份有限公司
辽宁省城乡建设规划设计院有限责任公司
辽宁省地理信息院
辽宁二四一测绘院
辽宁省化工地质勘查院
辽宁省基础测绘院
辽宁省基础地理信息中心
辽宁省交通规划设计院有限责任公司
辽宁省摄影测量与遥感院
大连市测绘研究院（大连市基础地理信息中心）
辽宁省水利水电勘测设计研究院
辽宁省冶金地质勘查局地质勘查研究院
辽宁达荣科技股份有限公司
大连市勘察测绘研究院有限公司
大连五星测绘科技有限公司
抚顺市勘察测绘院
国家海洋环境监测中心
沈阳地球物理勘察院
地矿抚顺工程勘察院
沈阳市勘察测绘研究院（沈阳市地理信息中心）
沈阳美行科技有限公司

沈阳经济技术开发区规划建筑设计有限公司
鞍钢集团工程技术有限公司
辽宁地质海上工程勘察院
辽宁恒睿测绘有限公司
辽宁有色勘察研究院
辽宁国源土地矿业测绘有限公司
辽宁赫远舜勘测设计有限公司
盘锦宏源土地勘测规划评估有限公司
大连佳泰土地勘测规划有限公司
辽宁中博工程勘测有限公司

吉林省（26 家）

吉林省地矿测绘院
吉林省地理信息院
吉林省航测遥感院
吉林省基础测绘院
吉林省基础地理信息中心
吉林省交通规划设计院
长春五度空间数据有限公司
吉林省水利水电勘测设计研究院
吉林市测绘院
长春市测绘院
吉林省金佰汇测绘有限公司
长春市国土测绘院
四平市地勘测绘院
中国建筑材料工业地质勘查中心吉林总队
中水东北勘测设计研究有限责任公司
中国电力工程顾问集团东北电力设计院有限公司
启明信息技术股份有限公司
吉林省昊远农林规划设计有限公司
吉林省巡遥地理信息有限公司
吉林省国土资源调查规划研究院
吉林威和航空科技有限公司
长春中科测绘地理信息有限公司
长春建工工程勘测有限公司
吉林四维航遥信息技术有限公司
中铁津桥工程检测有限公司
吉林省通用航空有限公司

黑龙江省（36 家）

黑龙江省地质测绘院（黑龙江省地质矿产局测绘院）
齐齐哈尔市国土资源勘测规划设计院有限公司
黑龙江农垦勘测设计研究院
大庆油田工程有限公司
黑龙江龙飞航空摄影有限公司
中国能源建设集团黑龙江省电力设计院有限公司
国家测绘地理信息局第二大地测量队（黑龙江第一测绘工程院）
国家测绘地理信息局第四地形测量队（黑龙江第三测绘工程院）
黑龙江地理信息工程院
黑龙江省水利水电勘测设计研究院
国家测绘地理信息局经济管理科学研究所（黑龙江省测绘科学研究所）
黑龙江文图测绘地理信息有限责任公司
黑龙江中海经测空间信息技术有限公司
齐齐哈尔市勘察测绘研究院
黑龙江省煤田地质物测队
国家测绘地理信息局第二地理信息制图院（黑龙江省第五测绘地理信息工程院）
国家测绘地理信息局第三地形测量队（黑龙江第二测绘工程院）
牡丹江市勘察测绘研究院
双鸭山市国土资源勘测规划院
鸡西市勘察测绘研究院
齐齐哈尔市水利勘测设计研究院有限责任公司
黑龙江省地星测绘科技股份有限公司
黑龙江省国土资源勘测规划院
黑龙江省林业设计研究院
哈尔滨市勘察测绘研究院
黑龙江省海天地理信息技术股份有限公司
黑龙江省航道局
哈尔滨市国土资源勘测规划院
佳木斯市勘察测绘研究院
哈尔滨公众地理信息研究所
哈尔滨地图出版社
国家测绘地理信息局黑龙江基础地理信息中心（国家测绘地理信息局黑龙江测绘资料档案馆）
哈尔滨测量高等专科学校测量工程公司
黑龙江源泉国土资源勘查设计有限公司
黑龙江华睿智慧国土科技开发股份有限公司
哈尔滨市大地勘察测绘有限公司

上海市（28 家）

上海安吉星信息服务有限公司
上海京海工程技术有限公司
上海吉图软件开发有限公司
上海杰图软件技术有限公司
号百信息服务有限公司
上海东海海洋工程勘察设计研究院
上海东亚地球物理勘查有限公司
上海航遥信息技术有限公司
上海市城市建设设计研究总院（集团）有限公司
中国电力工程顾问集团华东电力设计院有限公司
上海市不动产登记事务中心（上海市地籍事务中心）
上海市地质调查研究院
上海市岩土工程检测中心
上海市政工程设计研究总院（集团）有限公司
上海铁新地理信息有限公司
上海岩土工程勘察设计研究院有限公司
中船勘察设计研究院有限公司
中交第三航务工程勘察设计院有限公司
交通运输部东海航海保障中心上海海事测绘中心
上海达华测绘有限公司
上海市测绘院
上海新地海洋工程技术有限公司
中交上海航道勘察设计研究院有限公司
中铁上海设计院集团有限公司
上海市建筑科学研究院
中华地图学社
上海地矿工程勘察有限公司
交通运输部东海航海保障中心上海海图中心

江苏省（62 家）

长江水利委员会水文局长江下游水文水资源勘测局
淮安市水利勘测设计研究院有限公司
徐州市国测测绘信息服务有限公司
江苏省地质调查研究院
盐城市勘察测绘院
长江南京航道局
中国能源建设集团江苏省电力设计院有限公司
徐州市勘察测绘研究院
苏州工业园区测绘地理信息有限公司
南京北极测绘研究院有限公司
江苏科信岩土工程勘察有限公司
江苏兰德数码科技有限公司
江苏省测绘工程院
江苏省地质工程勘察院
江苏省地质勘查技术院
江苏省工程勘测研究院有限责任公司
江苏省金威测绘服务中心
江苏万源测绘地理信息有限公司
江苏新亚勘测设计有限公司
南京捷鹰数码测绘有限公司
南通市测绘院有限公司
南京国图信息产业有限公司
江苏煤炭地质物测队
化学工业岩土工程有限公司
江苏省金威遥感数据工程有限公司
南京市国土资源信息中心
镇江市勘察测绘研究院
江苏连云港地质工程勘察院
江苏智途科技股份有限公司
江苏省水文地质工程地质勘察院
华东有色测绘院
苏州市测绘院有限责任公司
中铁大桥局集团第二工程有限公司
江苏省土地勘测规划院
常州市测绘院
江苏星月测绘科技股份有限公司
天泽信息产业股份有限公司
南京魔盒信息科技有限公司
江苏速度信息科技股份有限公司
江苏南京地质工程勘察院
长江口水文水资源勘测局
江苏省东图城乡规划设计有限公司
神州图骥地名信息技术股份有限公司
苏州海客科技有限公司
苏州数字地图信息科技股份有限公司
无锡市测绘院有限责任公司
江苏爬山虎科技股份有限公司
江苏苏州地质工程勘察院
常州市新北规划与测绘信息中心

连云港市勘察测绘院有限公司
江苏启航数字科技有限公司
江苏省地质测绘院
江苏易图地理信息科技股份有限公司
淮安市测绘勘察研究院有限公司
江苏省基础地理信息中心
南京市测绘勘察研究院股份有限公司
南京南大岩土工程技术有限公司
苏州盛景信息科技股份有限公司
中建材岩土工程江苏有限公司
中设设计集团股份有限公司
江苏省地质矿产局第五地质大队

浙江省（42 家）

浙江煤炭测绘院
宁波上航测绘有限公司
宁波市测绘设计研究院
浙江建材测绘院
核工业湖州工程勘察院
浙江华东测绘地理信息有限公司
浙江省测绘大队
浙江省第二测绘院
嘉兴市规划设计研究院有限公司
浙江省第三地质大队
浙江省第一测绘院
浙江有色测绘院
中国水利水电第十二工程局有限公司
丽水市勘察测绘院
杭州市勘测设计研究院
杭州阿拉丁信息科技股份有限公司
浙江省地理信息中心
义乌市勘测设计研究院
浙江省水利水电勘测设计院
中国电建集团华东勘测设计研究院有限公司
阿里云计算有限公司
国家海洋局第二海洋研究所
温州市勘察测绘研究院
浙江省第一地质大队
中国能源建设集团浙江省电力设计院有限公司
浙江省工程勘察院
浙江省河海测绘院
宁波冶金勘察设计研究股份有限公司
浙江省第十一地质大队
浙江合信地理信息技术有限公司
浙江国遥地理信息技术有限公司
浙江华东建设工程有限公司
浙江省工程物探勘察院
浙江中海达空间信息技术有限公司
浙江省国土勘测规划有限公司
杭州经纬信息技术股份有限公司
宁波市鄞州区测绘院
浙江海源地理信息技术有限公司
宁波市镇海规划勘测设计研究院
千寻位置网络（浙江）有限公司
浙江中测新图地理信息技术有限公司
浙江信宇测绘信息有限公司

安徽省（28 家）

中水淮河规划设计研究有限公司
安徽二水测绘院
安徽省第一测绘院
蚌埠市勘测设计研究院
合肥市测绘设计研究院
马鞍山测绘技术院
安徽省煤田地质局物探测量队
中国能源建设集团安徽省电力设计院有限公司
安徽省地矿局安庆测绘技术院
安徽省第三测绘院
华东冶金地质勘查局测绘总队
安徽省地质测绘技术院
安徽省第四测绘院
安徽省水利水电勘测设计院
安徽省基础测绘信息中心（安徽省测绘档案资料馆）
华东冶金地质勘查局物探队
安徽长江河道测绘研究院
芜湖市勘察测绘设计研究院有限责任公司
安徽省第二测绘院
阜阳市测绘院有限责任公司
合肥九华测绘技术院
安徽同绘家园土地信息技术有限公司
安徽中汇规划勘测设计研究院股份有限公司
安徽省城建设计研究总院股份有限公司
安徽继远软件有限公司
中铁四局集团第一工程有限公司
合肥亿图网络科技有限公司

安徽美图信息科技有限公司

福建省（36 家）

厦门精图信息技术有限公司
福建绎天数字城市信息科技有限公司
福建省基础地理信息中心
厦门银据空间地理信息有限公司
福建省制图院
厦门亿力吉奥信息科技有限公司
福州市勘测院
福建省港航管理局勘测中心
福建省测绘院
福州开睿动力通信科技有限公司
龙岩市勘察测绘大队
厦门地质工程勘察院
漳州市测绘设计研究院
厦门闽矿测绘院
福建省地质测绘院
福建省交通规划设计院
泉州市规划勘测研究院
厦门地震勘测研究中心
福建省国土测绘院
漳州通正勘测设计院有限公司
莆田市城乡勘测设计研究院
福建所思达勘测设计院有限公司
福建省海陆勘测有限公司
福建省水利水电勘测设计研究院
厦门海洋工程勘察设计研究院
经纬空间信息科技有限公司
厦门市测绘与基础地理信息中心
泉州市房地产测绘队
伟志股份公司
中化地质矿山总局福建地质勘查院
福建经纬测绘信息有限公司
福建特力惠信息科技股份有限公司
福建省地质工程研究院
福建科图勘测规划有限公司
福建省电力勘测设计院
福建省硕威工程咨询有限公司

江西省（30 家）

江西省国土资源测绘工程总院有限公司
江西省基础测绘院
江西省天久地矿建设工程院
江西省勘察设计研究院
江西省地矿测绘院
九江地质工程勘察院
江西有色地质测绘院
江西省水利规划设计研究院
江西省测绘应急保障服务中心
江西南方测绘院
南昌市测绘勘察研究院
江西省地理国情监测遥感院
核工业赣州工程勘察院
中铁大桥局集团第五工程有限公司
江西省电力设计院
江西省赣西土木工程勘测设计院
江西核工业测绘院
江西省基础地理信息中心
江西省中核测绘院
核工业华东二六七工程勘察院
江西省煤田地质局测绘大队
江西省交通设计研究院有限责任公司
江西省地球物理勘察技术院
江西省地质矿产勘查开发局赣东北大队
江西省瑞华国土勘测规划工程有限公司
江西省国土资源勘测规划院
江西省地质矿产勘查开发局赣西地质调查大队
江西省煤田地质局普查综合大队
中国建筑材料工业地质勘查中心江西总队
江西核工业二六八测绘院

山东省（43 家）

山东省经纬工程测绘勘察院
日照市城乡建设勘察测绘院有限公司
潍坊市勘察测绘研究院
山东正元航空遥感技术有限公司
淄博市勘察测绘研究院有限公司
山东正元地球物理信息技术有限公司
山东省物化探勘查院
山东明嘉勘察测绘有限公司
山东正元数字城市建设有限公司
济南市勘察测绘研究院
青岛海大工程勘察设计开发院有限公司
海天地信科技有限公司
山东省地质测绘院

山东鲁迪测绘有限公司
山东省地图院
煤炭工业济南设计研究院有限公司
中石化石油工程设计有限公司
青岛市勘察测绘研究院（青岛市基础地理信息与遥感中心）
青岛捷利达地理信息集团有限公司
济南市房产测绘研究院
东营市勘察测绘院
山东省国土测绘院
山东省水利勘测设计院
临沂市国土资源局测绘院
山东省地质矿产勘查开发局第四地质大队（山东省第四地质矿产勘查院）
山东省城乡建设勘察设计研究院
山东电力工程咨询院有限公司
山东省地质矿产勘查开发局第五地质大队
山东省圣达地理信息测绘工程有限公司
山东中基地理信息科技有限公司
青岛海洋工程勘察设计研究院
山东省地质矿产勘查开发局第三水文地质工程地质大队（山东省鲁南地质工程勘察院）
中铁十四局集团有限公司
山东元鸿勘测规划设计有限公司
山东省第八地质矿产勘查院
山东建材勘察测绘研究院有限公司
中铁十局集团有限公司
山东森迈图测绘地理信息有限公司
山东省煤田地质局物探测量队
黄河水利委员会山东水文水资源局
山东正元建设工程有限责任公司
山东正维勘察测绘有限公司
济宁市勘测院

河南省（39 家）

黄河勘测规划设计有限公司
河南省中纬测绘规划信息工程有限公司
河南省交通规划设计研究院股份有限公司
河南中煤测绘公司
方宇勘测有限公司
河南省航空物探遥感中心（河南省地球物理工程勘察院）
河南省焦作地质勘察设计有限公司
中铁大桥局集团第一工程有限公司
小浪底水利水电工程有限公司
信阳公路勘察设计院
郑州中核岩土工程有限公司
河南科普信息技术工程有限公司
河南省地图院
河南省寰宇信息技术股份有限公司
河南省科学院地理研究所
河南省煤田地质局物探测量队
河南省信阳工程地质勘察院有限公司
河南省有色测绘有限公司
河南省啄木鸟地下管线检测有限公司
洛阳市规划建筑设计研究院有限公司
河南中化地质测绘院有限公司
北京华星勘查新技术公司信阳测绘院
河南省电力勘测设计院
郑州市市政工程勘测设计研究院
河南省基础地理信息中心
河南省遥感测绘院
黄河水文勘察测绘局
河南省水利勘测有限公司
郑州市规划勘测设计研究院
河南省基力勘测有限公司
河南省地质矿产勘查开发局测绘地理信息院
河南大地地理信息测绘院
河南省测绘工程院
河南省金地遥感测绘技术有限公司
河南省地质科学研究所
郑州麦普空间规划勘测设计有限公司
河南省有色金属地质矿产局第一地质大队
中铁隧道勘察设计研究院有限公司
洛阳业丰建设工程服务有限公司

湖北省（69 家）

飞燕航空遥感技术有限公司
武汉华正空间软件技术有限公司
湖北省水利水电规划勘测设计院
武汉瑞得信息工程有限责任公司
湖北同城一家网络科技有限责任公司
武汉光庭信息技术股份有限公司
中石化节能环保工程科技有限公司
武汉市房产测绘中心
武大吉奥信息技术有限公司

武汉市国土资源和规划信息中心（武汉市地理信息中心）

湖北省神龙地质工程勘察院

湖北省交通规划设计院股份有限公司

中工武大设计研究有限公司

中南勘察设计院（湖北）有限责任公司

长江航道局

中国科学院测量与地球物理研究所

中国电力工程顾问集团中南电力设计院有限公司

中铁第四勘察设计院集团有限公司

湖北省基础地理信息中心（湖北省测绘成果档案馆）

武汉中测晟图遥感技术有限公司

襄阳市测绘研究院

湖北省地图院

立得空间信息技术股份有限公司

湖北省测绘工程院

荆门市规划勘测设计研究院

武汉航天远景科技股份有限公司

中机三勘岩土工程有限公司

湖北省航测遥感院

湖北省地质局第六地质大队

中国地震局地震研究所

长江水利委员会长江科学院

武汉市政工程设计研究院有限责任公司

长江水利委员会水文局

长江三峡勘测研究院有限公司（武汉）

中国长江三峡集团公司

中铁大桥局集团有限公司

武汉市测绘研究院

湖北省电力勘测设计院

湖北省鄂西地质测绘队

武汉科岛地理信息工程有限公司

武汉中地数码科技有限公司

湖北省地质局第一地质大队

湖北省国土测绘院

长江水利委员会水文局长江中游水文水资源勘测局（长江水利委员会水文局长江中游水文水环境监测中心）

中国科学院武汉岩土力学研究所

中交第二公路勘察设计研究院有限公司

中铁大桥勘测设计院集团有限公司

长江岩土工程总公司（武汉）

中交第二航务工程勘察设计院有限公司

长江空间信息技术工程有限公司（武汉）

中冶集团武汉勘察研究院有限公司

湖北地信科技集团股份有限公司

武汉光谷信息技术股份有限公司

葛洲坝测绘地理信息技术有限公司

中交第二航务工程局有限公司

宜昌市测绘大队

武汉永业赛博能规划勘测有限公司

随州市城市规划勘测设计研究院

武汉珞珈德毅科技股份有限公司

武汉市勘察设计有限公司

中铁十一局集团有限公司

武汉恒达泰信勘测设计有限公司

武汉华中国土科技有限公司

湖北煤炭地质物探测量队

武汉锐进铁路发展有限公司

湖北省地质勘察基础工程公司

湖北金拓维信息技术有限公司

长江航道测量中心

湖北辉宏地理信息有限公司

湖南省（42家）

衡阳市规划设计院

常德市国土资源规划测绘院

湖南省工程勘察院

湖南省勘察测绘院

湖南省资源规划勘测院

湖南省水利水电勘测设计研究总院

湘潭市勘测设计院

湖南省地质科学研究院（湖南省国土资源规划院）

湖南省交通规划勘察设计院有限公司

益阳市国土资源规划设计测绘院

株洲中天高科技勘测工程有限公司

中国水利水电第八工程局有限公司

岳阳市国土资源规划勘测院

长沙市规划勘测设计研究院

长沙市国土资源测绘院

湖南图维依动网络有限公司

湖南省湘南地质勘察院

湖南省第三测绘院

中国有色金属长沙勘察设计研究院有限公司
湖南省国土资源信息中心
湖南省测绘科技研究所
湖南省第一测绘院
湖南有色测绘院有限公司
株洲市规划设计院
湖南省勘测设计院
湖南省水工环地质工程勘察院
中国电建集团中南勘测设计研究院有限公司
湖南省煤田地质局物探测量队
湖南辉达规划勘测设计研究有限公司
湖南科创电力工程技术有限公司
湖南省隧道工程总公司
湖南省地质测绘院
湖南省第二测绘院
核工业衡阳第二地质工程勘察院
株洲市国土资源规划测绘院
湖南地图出版社有限责任公司
中国冶金地质总局湖南地质勘查院
湖南省有色地质勘查局二一七队
湖南博通信息股份有限公司
湖南省煤炭地质勘查院
湖南省建设工程勘察院
浏阳市规划勘察测绘院

广东省（72家）

深圳市赛格导航科技股份有限公司
广东精一规划信息科技股份有限公司
广州华多网络科技有限公司
广东省地图院
广州欧科信息技术股份有限公司
广东省测绘技术公司
广东省地质测绘院
国家海洋局南海调查技术中心
广东省水利电力勘测设计研究院
交通运输部南海航海保障中心广州海事测绘中心
中水珠江规划勘测设计有限公司
珠海市测绘院
深圳市规划国土房产信息中心
深圳市勘察测绘院有限公司
中国能源建设集团广东省电力设计研究院有限公司
广州奥格智能科技有限公司
深圳市腾讯计算机系统有限公司
广州市四维城科信息工程有限公司
广东省惠州七五六地质测绘工程公司
广州城市信息研究所有限公司
广州市市政工程设计研究总院
深圳市凯立德科技股份有限公司
深圳市长勘勘察设计有限公司
中交广州航道局有限公司
广东省测绘工程公司
广东省核工业地质局测绘院
深圳市勘察研究院有限公司
广东省国土资源技术中心
广东明源勘测设计有限公司
深圳市地籍测绘大队
车音智能科技有限公司
深圳地质建设工程公司
广东邦鑫勘测科技股份有限公司
广东南方数码科技股份有限公司
深圳市水务规划设计院有限公司
深圳市中正测绘科技有限公司
深圳市爱华勘测工程有限公司
中交第四航务工程勘察设计院有限公司
深圳市蓝天鹤测绘有限公司
广东省国土资源测绘院
广州市城市规划勘测设计研究院
广州建通测绘地理信息技术股份有限公司
广州市房地产测绘院
深圳市美赛达科技股份有限公司
深圳中铭勘测股份有限公司
广东绘宇智能勘测科技有限公司
深圳市工勘岩土集团有限公司
广州港工程管理有限公司
广东省地质物探工程勘察院
广东中冶地理信息股份有限公司
广州科测测绘技术有限公司
东莞市测绘院
广东省工程勘察院
广州全成多维信息技术有限公司
佛山市测绘地理信息研究院
广东省有色地质测绘院
广州中科雅图信息技术有限公司
中山市测绘工程有限公司

广州南方测绘科技股份有限公司
广东置信勘测规划信息工程有限公司
广东广量测绘信息技术有限公司
广州市增城区城乡规划与测绘地理信息研究院
广州博瑞信息技术股份有限公司
广东孛特勘测设计有限公司
广州蓝图地理信息技术有限公司
深圳市建设综合勘察设计院有限公司
建材广州工程勘测院有限公司
广州国测规划信息技术有限公司
广州市天驰测绘技术有限公司
广州都市圈网络科技有限公司
广州鸿鑫勘测技术有限公司
广东佛山地质工程勘察院

广西壮族自治区（20 家）

柳州市国土规划测绘院
钦州市测绘院
中国能源建设集团广西电力设计研究院有限公司
广西壮族自治区地理国情监测院
广西壮族自治区国土测绘院
广西壮族自治区基础地理信息中心
柳州市勘察测绘研究院
南宁市勘察测绘地理信息院
北海市国土资源信息中心
广西有色勘察设计研究院
桂林市测绘研究院
广西壮族自治区遥感信息测绘院
广西壮族自治区地图院
广西壮族自治区水利电力勘测设计研究院
广西壮族自治区地理信息测绘院
广西交通规划勘察设计研究院有限公司
南宁市国土测绘地理信息中心
广西壮族自治区国土资源规划院
广西北斗星测绘科技有限公司
南宁天脉测绘有限责任公司

海南省（11 家）

国家测绘地理信息局海南测绘资料信息中心
国家测绘地理信息局海南基础地理信息中心
海南省农垦设计院
海南地质综合勘察设计院
海口市土地测绘院
海口市城市规划设计研究院
国家测绘地理信息局第四航测遥感院
国家测绘地理信息局第七地形测量队
海南天琦测绘信息工程有限公司
海南水文地质工程地质勘察院
海南图语地理信息技术有限公司

重庆市（5 家）

国家测绘地理信息局重庆测绘院
重庆市地理信息中心
重庆市国土资源和房屋勘测规划院
重庆数字城市科技有限公司
重庆市勘测院

四川省（54 家）

四川测绘地理信息局测绘技术服务中心（四川省测绘地理信息局测绘应急保障中心）
四川省地质测绘院
成都市武测地理信息工程有限公司
四川省地质工程勘察院
四川省煤田地质局一三七队
四川省地震局测绘工程院
中国石油集团川庆钻探工程有限公司地球物理勘探公司
中铁八局集团有限公司
四川省水利水电勘测设计研究院
中国建筑西南勘察设计研究院有限公司
四川省交通运输厅公路规划勘察设计研究院
中冶成都勘察研究总院有限公司
四川永鸿测绘有限公司
成都地图出版社
成都市勘察测绘研究院
四川省川核测绘地理信息有限公司
四川省冶金地质勘查局测绘工程大队
成都市国土规划地籍事务中心
四川省冶金地质勘查局六〇一大队
四川均辉土地调查整理有限公司
四川省煤田测绘工程院
四川鱼鳞图信息技术股份有限公司
四川省国土勘测规划研究院
四川中测天翔遥感技术有限责任公司
四川省基础地理信息中心（国家测绘地理信息

局四川基础地理信息中心）

四川省第二测绘地理信息工程院（国家测绘地理信息局第三地理信息制图院）

国家测绘地理信息局第六地形测量队（国家测绘地理信息局地下管线勘测工程院、四川省第三测绘工程院）

中铁二院工程集团有限责任公司

中铁二局集团有限公司

四川中水成勘院测绘工程有限责任公司

四川旭普信息产业发展有限公司

四川空间信息产业发展有限公司

四川省交通运输厅交通勘察设计研究院

中国水利水电第七工程局有限公司

四川省第一测绘工程院（国家测绘地理信息局第三大地测量队）

中节能建设工程设计院有限公司

四川省川建勘察设计院

四川省遥感信息测绘院（国家测绘地理信息局第三航测遥感院）

中国建筑材料工业地质勘查中心四川总队

中国电力工程顾问集团西南电力设计院有限公司

四川金土地实业有限公司

四川中地信息工程有限公司

四川省地质矿产勘查开发局四〇五地质队

中国水利水电第五工程局有限公司

四川西南交大铁路发展股份有限公司

四川电力设计咨询有限责任公司

四川煤田一四一建设投资有限公司

成都同飞科技有限责任公司

四川思明地理信息工程有限公司

四川德阳中地测绘规划有限公司

四川省德阳地质工程勘察院

四川省天府容大信息科技有限公司

四川新欣力测绘地理信息有限公司

四川省自贡华川勘察设计有限公司

贵州省（17 家）

中国建筑材料工业地质勘查中心贵州总队

贵州省水利水电勘测设计研究院

贵州天地通科技有限公司

中国电建集团贵阳勘测设计研究院有限公司

贵州有色地质工程勘察公司

贵州省第一测绘院

贵州省第三测绘院（贵州省国土资源遥感监测中心）

贵州地矿测绘院

中铁五局集团有限公司

贵州千景土地科技有限公司

遵义水利水电勘测设计研究院

贵阳市测绘院

贵州黔美测绘工程院

贵州省地质矿产勘查开发局一〇六地质大队

贵州省地质矿产勘查开发局一〇一地质大队

贵州省第二测绘院

贵州电力设计研究院

云南省（21 家）

国家林业局昆明勘察设计院

云南省水利水电勘测设计研究院

中国电建集团昆明勘测设计研究院有限公司

中国有色金属工业昆明勘察设计研究院有限公司

云南省交通规划设计研究院

昆明市测绘研究院

云南省地图院

云南省遥感中心

云南省测绘工程院

西南有色昆明勘测设计（院）股份有限公司

昆明市国土规划勘察测绘研究院

云南省地震局形变测量中心

中国水利水电第十四工程局有限公司

云南省地矿测绘院

昆明麦普测绘科技有限公司

昆明云金地科技有限公司

云南省测绘地理信息科技发展公司

云南新坐标科技有限公司

云南圣周伟业空间科技有限公司

云南智云信息技术股份有限公司

昆明安泰得软件股份有限公司

西藏自治区（1 家）

西藏自治区测绘院

陕西省（50 家）

西安市勘察测绘院

西安中勘工程有限公司

西北综合勘察设计研究院

中交第一公路勘察设计研究院有限公司

国家测绘地理信息局第一地形测量队（陕西省第二测绘工程院）

中国有色金属工业西安勘察设计研究院

中铁第一勘察设计院集团有限公司

宝鸡市勘察测绘院

国家测绘地理信息局陕西基础地理信息中心（国家测绘地理信息局陕西测绘资料档案馆）

中煤西安设计工程有限责任公司

中铁一局集团有限公司

咸阳市勘察测绘院

国家测绘地理信息局第一大地测量队（国家测绘地理信息局精密工程测量院、陕西省第一测绘工程院）

国家测绘地理信息局第一航测遥感院（陕西省第五测绘工程院）

国家测绘地理信息局大地测量数据处理中心（陕西省第四测绘工程院）

中铁一局集团宝鸡精密测绘工程有限公司

中国水利水电第三工程局有限公司

陕西国土测绘工程院

中陕核工业集团测绘院有限公司

机械工业勘察设计研究院有限公司

陕西天润科技股份有限公司

陕西省煤田物探测绘有限公司

西安华测航摄遥感有限公司

神华神东煤炭集团有限责任公司（地质勘探测量公司）

陕西省交通规划设计研究院

西安建材地质工程勘察院

西安大地测绘股份有限公司

西安西北有色金属测绘院有限公司

西安长庆科技工程有限责任公司

中国地震局第二监测中心

中国电力工程顾问集团西北电力设计院有限公司

国家测绘地理信息局第二地形测量队（陕西省第三测绘工程院）

国家测绘地理信息局第一地理信息制图院（陕西省第六测绘地理信息工程院）

西安地图出版社

西安中飞航空遥感技术有限公司

陕西省水利电力勘测设计研究院

中国水电建设集团十五工程局有限公司

西安中策资讯科技有限责任公司

陕西区域地质矿产研究院

中铁十七局集团第二工程有限公司

陕西秦泰工程勘察设计有限公司

陕西丽达科技股份有限公司

陕西省一八五煤田地质有限公司

西安必特思维软件有限公司

陕西迪博景源测绘地理信息有限公司

西安思达迈尔测绘工程有限公司

中煤航测遥感集团有限公司

西安天穹勘测信息有限公司

陕西鑫雅图空间信息技术有限公司

中国电建集团西北勘测设计研究院有限公司

甘肃省（18 家）

甘肃省地图院

甘肃省基础地理信息中心

甘肃煤田地质局综合普查队

甘肃省交通规划勘察设计院股份有限公司

兰州市城市建设设计院

甘肃省国土资源规划研究院

甘肃有色工程勘察设计研究院

甘肃省水利水电勘测设计研究院

甘肃省地质矿产勘查开发局测绘勘查院

甘肃省测绘工程院

兰州市勘察测绘研究院

天水三和数码测绘院有限公司

甘肃大禹九洲测绘地理信息有限公司

甘肃省核地质二一二大队

甘肃省水利水电工程局有限责任公司

兰州昌佳数码测绘有限公司

甘肃铁道综合工程勘察院有限公司

甘肃煤田地质局一四六队

青海省（11 家）

青海省第二测绘院

青海省基础地理信息中心

青海省第一测绘院

青海省水利水电勘测设计研究院

中国水利水电第四工程局有限公司

青海省地矿测绘院

西宁市测绘院

青海煤炭地质局测绘工程院

青海省柴达木综合地质矿产勘查院

青海省核工业地质局

青海天域北斗数码测绘科技有限公司

宁夏回族自治区（3 家）

宁夏回族自治区遥感测绘勘查院（宁夏回族自治区遥感中心）

宁夏回族自治区基础测绘院

宁夏回族自治区国土测绘院

新疆维吾尔自治区（18 家）

库尔勒天拓勘察测绘院

塔城地区国土资源规划研究院

新疆维吾尔自治区第一测绘院

乌鲁木齐市国土资源勘测规划院

乌鲁木齐市城市勘察测绘院（乌鲁木齐市基础地理信息中心）

新疆维吾尔自治区交通规划勘察设计研究院

新疆维吾尔自治区煤田地质局综合地质勘查队

新疆维吾尔自治区国土资源规划研究院

新疆石油工程设计有限公司

新疆维吾尔自治区基础地理信息中心

中国能源建设集团新疆电力设计院有限公司

新疆地矿测绘院

新疆兵团勘测设计院（集团）有限责任公司

水利部新疆维吾尔自治区水利水电勘测设计研究院

巴音郭楞蒙古自治州国土资源勘测规划设计院

新疆维吾尔自治区第二测绘院

新疆疆海测绘院

巴州新矿测绘中心

索 引

D

E

F

G

J

K

L

M

N

P

Q

R

W

X

Y

Z

图书在版编目（CIP）数据

中国测绘地理信息年鉴. 2018 / 中华人民共和国自然资源部编. —北京: 测绘出版社，2018.10
ISBN 978-7-5030-4170-9

Ⅰ.①中… Ⅱ.①中… Ⅲ.①测绘事业—中国—2018—年鉴 Ⅳ.① P2-54

中国版本图书馆 CIP 数据核字（2018）第 234158 号

责任编辑	赵福生　程立海　耿　雯	执行编辑	朱力维　刘　策
出版发行	测绘出版社	电　话	010-83543965（发行部）
地　址	北京市西城区三里河路 50 号		010-68531609（门市部）
邮政编码	100045		010-68531363（编辑部）
电子邮箱	smp@sinomaps.com	网　址	www.chinasmp.com
印　刷	北京华联印刷有限公司	经　销	新华书店
成品规格	185mm × 260mm	字　数	1699千字
印　张	56.25	彩　插	54面
版　次	2018 年 10 月第 1 版	印　次	2018 年 10 月第 1 次印刷
印　数	0001—2000	定　价	278.00 元

书　号 ISBN 978-7-5030-4170-9
审 图 号 GS（2018）3293号
本书如有印装质量问题，请与我社门市部联系调换。